LAROUSSE

DICCIONARIO
PRÁCTICO
ESCOLAR
plus

LAROUSSE

DICCIONARIO
PRÁCTICO
ESCOLAR
plus

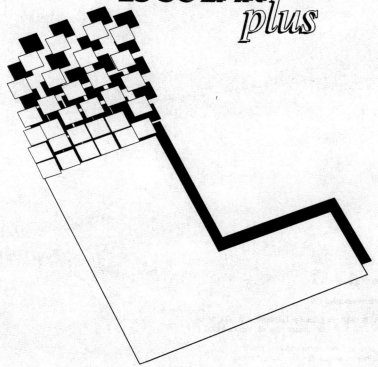

LAROUSSE

Av. Diagonal 407 Bis-10   Dinamarca 81   21 Rue du Montparnasse   Valentín Gómez 3530
08008 Barcelona   México 06600, D. F.   75298 París Cedex 06   1191 Buenos Aires

PRESENTACIÓN

El **Diccionario Práctico Escolar Plus** es una obra concebida y realizada para solucionar los problemas básicos de comprensión y de uso de la lengua española.

Este diccionario está destinado tanto a los estudiantes de los primeros cursos de enseñanza, en los que se ha pensado al seleccionar las palabras que en él se definen, como a cualquier hablante de español que quiera tener siempre a mano una obra que resuelva sus dudas sobre el significado de una palabra. Esta necesidad queda cubierta con las más de 19 000 palabras que, de manera breve y sencilla, a la vez que suficiente, se definen en este Diccionario y con los casi 300 desarrollos enciclopédicos que enriquecen la obra.

LISTA DE ABREVIATURAS

adj.	adjetivo	indef.	indefinido
adv.	adverbio	INFORM.	informática
Amér.	América	interj.	interjección
Amér. Central	América Central	interr.	interrogativo
Amér. Merid.	América Meridional	intr.	verbo intransitivo
ANAT.	anatomía	LING.	lingüística
Antill.	Antillas	loc.	locución
Argent.	Argentina	m.	sustantivo masculino
apóc.	apócope	MAR.	marina
ARQ.	arquitectura	masc.	masculino
art. det.	artículo determinado	MAT.	matemáticas
art. indet.	artículo indeterminado	MED.	medicina
ASTRON.	astronomía	Méx.	México
BIOL.	biología	m. o f.	sustantivo de género ambiguo
Bol.	Bolivia		
BOT.	botánica	MÚS.	música
Chile	Chile	m. y f.	sustantivo de género común; sustantivo masculino y femenino
CINE y TV	cine y televisión		
Colomb.	Colombia		
conj.	conjunción	Nicar.	Nicaragua
C. Rica	Costa Rica	num.	numeral
Cuba	Cuba	Pan.	Panamá
dem.	demostrativo	Par.	Paraguay
DEP.	deporte	pers.	personal
DER.	derecho	Perú	Perú
Desp.	despectivo	pl.	plural
ECOL.	ecología	pos.	posesivo
ECON.	economía	pref.	prefijo
Ecuad.	Ecuador	prep.	preposición
ELEC.	electrónica	P. Rico	Puerto Rico
Esp.	España	prnl.	verbo pronominal
ESTAD.	estadística	pron.	pronombre
exclam.	exclamativo	QUÍM.	química
f.	sustantivo femenino	R. Dom.	República Dominicana
Fam.	familiar	rel.	relativo
fem.	femenino	R. de la Plata	Río de la Plata
FILOS.	filosofía	Salv.	El Salvador
FÍS.	física	sing.	singular
FISIOL.	fisiología	TEXT.	textiles
FOT.	fotografía	tr.	verbo transitivo
GEOL.	geología	Urug.	Uruguay
Guat.	Guatemala	Venez.	Venezuela
Hond.	Honduras	Vulg.	vulgar
impers.	verbo impersonal	ZOOL.	zoología

SÍMBOLOS

1., 2., 3., ...	Separación de acepciones	●	Compuestos y locuciones
◆	Separación de acepciones con cambio de categoría gramatical	~	Sustituye a la entrada dentro del artículo
		*	Ver

ÍNDICE DE LÁMINAS

DESARROLLOS ENCICLOPÉDICOS

abedul
abeja
abejorro
abstracto, ta
acentuar
acordeón
aeromodelismo
agricultura
águila
aire
alambique
alfabeto
alga
alimento
alondra
alpinismo
ámbar
ananás
anestesia
ánfora
ángel
anglosajón, na
anguila
animado, da
animal
antigüedad
antílope
antiséptico, ca
año
araña
árbol
arce
arqueología
astrología
astronomía
atletismo
atmósfera
automóvil
ave
avestruz
bacalao
bacteria
balanza
ballena

ballet
barbero
batiscafo
bicicleta
boquerón
boxeo
branquia
brújula
budismo
caballero
caballo
cabello
cachalote
café
caimán
cal
calcio
calendario
calizo, za
calzado, da
camaleón
camello, lla
campana
cangrejo
canguro
canino, na
caracol
carbono
carnaval
carnero, ra
carroza
cartel
cartografía
casta
castor
caucho
cedilla
cedro
cefalópodo
cerámica
cerdo, da
cerilla
cetáceo, a
chacal

chimpancé
chino, na
chocolate
ciervo, va
cigarra
cine
circo
clavicémbalo
clima
cobre
cofradía
colección
colonia
cometa
cómic
consagrar
constelación
constitución
contrabajo
copia
coral
corazón
corzo, za
cretácico, ca
crisálida
cristal
cristiano, na
culebra
cuneiforme
delfín
desierto, ta
diamante
dinosaurio
dios
dirigible
ejército
electricidad
elefante, ta
enciclopedia
epopeya
escarabajo
esclavitud
escorpión
escritura

esgrima	jazz	oso, sa
especia	jirafa	paleolítico, ca
esperanto	judaísmo	paloma
estaño	lagartija	parto
estrella	langosta	pato
esturión	león, na	payaso, sa
federación	libélula	perro, rra
félido, da	lince	peso
fénix	lirón	piano
fermentación	llama	pino
ferrocarril	lobo, ba	pintura
feudo	luna	piraña
flamenco, ca	mamífero, ra	pitón
foca	mamut	plato
fósil	marta	plumaje
fruto	medusa	prehistoria
galaxia	menhir	protestantismo
gas	metal	rana
gato, ta	meteorito	ratón
gaviota	metropolitano, na	rinoceronte
géiser	mezquita	roble
geometría	microscopio	rumiante
gestación	misil	sacramento
gimnasia	molusco	sal
globo	momia	salamandra
golondrina	monarquía	saltamontes
gorila	moneda	sangre
gótico, ca	mono, na	sánscrito, ta
grabado	morsa	santateresa
gravedad	morse	sapo
gremio	mosquito	sauna
grulla	musaraña	serpiente
halcón	músculo	sinagoga
hámster	nave	talión
herramienta	necrópolis	tanque
hibernación	neolítico, ca	tauromaquia
hinduismo	níquel	televisión
hoja	nota	termes
hongo	número	tiburón
huracán	obelisco	tierra
iguana	ópera	tortuga
imprenta	orca	unicornio
insecto	oro	volcán
islam	oruga	yak
jaguar		

a

a f. **1.** Primera letra del abecedario. ◆ prep. **2.** Expresa idea de movimiento. **3.** Introduce los complementos del adjetivo: *semejante a ti*. **4.** Denota los complementos de la acción verbal: *quiero a mi madre*.

a posteriori loc. Con posterioridad.

a priori loc. Con anterioridad.

ábaco m. Cuadro con alambres y bolas para hacer cálculos.

abacorar tr. *Cuba, P. Rico y Venez.* Hostigar, perseguir a alguien.

abad, desa m. y f. Superior de un monasterio.

abadejo m. Bacalao.

abajo adv. En o hacia un lugar inferior o más bajo.

abalanzarse prnl. Lanzarse violentamente.

abalorio m. Cuenta agujereada para hacer adornos y collares.

abanderado, da m. y f. Persona que lleva bandera en desfiles, procesiones, etc.

abandonar tr. **1.** Dejar o desamparar. **2.** Desistir, renunciar. ◆ prnl. **3.** Confiarse. **4.** Descuidar el aseo personal.

abanico m. **1.** Instrumento para hacer aire. **2.** Conjunto, gama: *un ~ de posibilidades*.

abañeeme m. Guaraní moderno, hablado en la actualidad en Paraguay y regiones vecinas.

abarajar tr. **1.** *Amér.* Tomar o agarrar al vuelo. **2.** *Argent.* Adivinar las intenciones de otro. **3.** *Argent., Par. y Urug.* Parar los golpes de un adversario con un cuchillo.

abaratar tr. y prnl. Disminuir el precio de una cosa.

abarca f. Calzado rústico de cuero.

abarcar tr. **1.** Ceñir, rodear. **2.** Comprender, contener.

abarquillamiento m. Acción y efecto de abarquillar o abarquillarse.

abarquillar tr. y prnl. Encorvar un cuerpo, ancho y delgado, como un barquillo.

abarrotar tr. Ocupar totalmente un espacio o lugar.

abarrotería f. *Amér. Central.* Ferretería.

abarrotero, ra m. y f. Persona que tiene tienda de abarrotes.

abarrotes m. pl. *Amér.* Conjunto de artículos de comercio, como conservas, especias, etc.

abastecer tr. y prnl. Proveer de víveres u otras cosas.

abasto m. Provisión de víveres.

abatí m. **1.** *Argent. y Par.* Maíz. **2.** *Par.* Aguardiente de maíz.

abatir tr. y prnl. **1.** Derribar. **2.** Humillar. **3.** Hacer perder el ánimo. ◆ tr. **4.** Bajar, tumbar.

abdicar tr. Renunciar a un trono, o a otras dignidades o empleos.

abdomen m. **1.** Vientre. **2.** ZOOL. Parte posterior del cuerpo de los artrópodos.

abdominal adj. **1.** Relativo al abdomen. ◆ m. pl. **2.** Serie de ejercicios para fortalecer el abdomen.

abductor adj./m. Dícese del músculo que separa un miembro del plano medio del cuerpo.

abecé m. **1.** Abecedario. **2.** Conjunto de principios básicos de una ciencia, facultad, etc.

abecedario m. Serie ordenada de las letras de un idioma.

abedul m. Árbol de hojas pequeñas y corteza blanca.

■ **ENC.** El **abedul** llega a tener hasta 30 metros de altura. Por mucho tiempo ha sido el árbol providencial en Rusia y en el norte de Europa. Su madera se utiliza para construir casas, para hacer suelas de zapatos, zuecos y cuerdas. Con su corteza y su savia se prepara una bebida fermentada llamada vino de abedul.

abeja f. Insecto social que produce miel y cera.

■ **ENC.** Las **abejas** viven en sociedades llamadas enjambres. De las 10 000 a 60 000 abejas que forman un enjambre la mayor parte son obreras, otras cuantas son machos o zánganos y sólo una es reina. Pocos días después de nacer la reina abandona el panal para ser fecundada, en pleno vuelo, por algunos machos. Después regresa y deposita sus huevos, hasta 2 000 por día, en las celdillas del panal. Las obreras recolectan el néctar de las flores y lo transforman en miel. Con la miel alimentan a las larvas.

abejaruco m. Ave trepadora que se alimenta de abejas.

abejorro m. Insecto de cuerpo velloso, mayor que la abeja.

■ **ENC.** El **abejorro** pertenece al orden de los coleópteros. Es un insecto perjudicial para las plantas, pues se alimenta de sus raíces cuando es una larva y de sus hojas cuando es adulto.

aberración f. Desviación de lo que parece natural y lógico.

aberrante adj. Que se desvía de lo normal.

abertura f. **1.** Acción de abrir o abrirse. **2.** Agujero, grieta. **3.** FOT. Proporción entre el diámetro del diafragma y la distancia focal.

abeto m. Árbol resinoso de hojas perennes y copa cónica.

abey m. Árbol de unos 20 m de alto cuyas hojas se utilizan como alimento del ganado.

abicharse prnl. *Argent., Chile, Par. y Urug.* Agusanarse una planta o la herida de un animal.

abierto, ta adj. **1.** Comunicado con el exterior. **2.** Separado: *brazos abiertos.* **3.** Llano, raso: *campo ~.* **4.** Sincero, franco. **5.** Tolerante, que acepta nuevas ideas. **6.** LING. Dícese del fonema caracterizado por una abertura del canal bucal.

abigarrado, da adj. De muchos colores mal combinados.

abiótico, ca adj. Dícese de los lugares y condiciones impropios para la vida, como el planeta Júpiter, la Luna, el Sol o el centro de la Tierra.

abisal adj. Relativo a las profundidades oceánicas.

abismo m. Profundidad grande.

abjurar tr. e intr. Renunciar a una religión o creencia.

ablación f. Extirpación de un órgano, un tumor, etc.

ablandador, ra adj. Que ablanda.

ablandar tr. y prnl. Poner blando.

ablande m. *Argent.* Rodaje de un automóvil.

ablativo m. LING. Caso de la declinación que expresa relaciones de procedencia, modo, tiempo, etc.

ablución f. **1.** Acción de lavarse. **2.** En algunas religiones, ceremonia de purificación mediante el agua.

abnegación f. Renuncia del interés propio en beneficio de los demás.

abocar tr. **1.** Verter el contenido de un recipiente en otro. ♦ prnl. **2.** *Argent., Méx.* y *Urug.* Dedicarse plenamente a algo.

abochornar tr. y prnl. **1.** Causar bochorno. **2.** Avergonzar.

abofetear tr. Dar de bofetadas.

abogacía f. Profesión y ejercicio del abogado.

abogado, da m. y f. Persona legalmente autorizada para defender en juicio.

abogar intr. **1.** Defender en juicio. **2.** Interceder: *abogaré por ti.*

abolengo m. Ascendencia de antepasados, especialmente si son ilustres.

abolicionismo m. Doctrina que propugnaba la abolición de la esclavitud.

abolir tr. Derogar, dejar sin vigor un precepto o costumbre.

abolladura f. Acción y efecto de abollar.

abollar tr. Producir una depresión con un golpe.

abolsarse prnl. Formar bolsas.

abombar tr. Dar forma convexa.

abominar tr. **1.** Condenar, maldecir. **2.** Aborrecer, detestar.

abonar tr. **1.** Acreditar o calificar de bueno. **2.** Fertilizar la tierra. **3.** Pagar. ♦ tr. y prnl. **4.** Inscribir a alguien mediante pago para que pueda disfrutar de algún servicio.

abono m. **1.** Acción y efecto de abonar o abonarse. **2.** Derecho que adquiere el que se abona. **3.** Producto incorporado al suelo para incrementar su fertilidad.

abordaje m. Acción y efecto de abordar.

abordar tr. e intr. **1.** Chocar una embarcación con otra. ♦ tr. **2.** Atracar una nave. **3.** Acercarse a uno para tratar con él un asunto.

aborigen adj. **1.** Originario del suelo en que vive. ♦ adj./m. pl. **2.** Natural de un país.

aborrecer tr. **1.** Tener aversión. **2.** Abandonar los animales sus crías.

aborto m. Expulsión espontánea o provocada del feto antes de que sea viable.

abotargarse prnl. *Fam.* **1.** Atontarse. **2.** Hincharse el cuerpo.

abotonar tr. y prnl. Ajustar con botones.

abra f. **1.** *Amér. Central* y *Amér. Merid.* Camino abierto a través de la maleza. **2.** *Colomb.* Hoja de una ventana o puerta.

abrasar tr. y prnl. **1.** Quemar, reducir a brasa. ♦ intr. **2.** Estar algo muy caliente.

abrasión f. Acción de desgastar o arrancar por fricción.

abrazadera f. Pieza que sirve para sujetar algo ciñéndolo.

abrazar tr. y prnl. **1.** Rodear con los brazos. ♦ tr. **2.** Rodear, ceñir. **3.** Comprender, contener. **4.** Admitir, seguir: *~ el cristianismo.*

abrelatas m. Utensilio que sirve para abrir latas.

abrevadero m. Lugar donde se abreva el ganado.

abrevar tr. Dar de beber al ganado.

abreviar tr. e intr. Reducir a menos tiempo o espacio.

abreviatura f. **1.** Representación abreviada de la palabra en la escritura. **2.** Palabra representada de este modo.

abridor m. **1.** Abrelatas. **2.** Instrumento para destapar botellas.

abrigar tr. y prnl. **1.** Resguardar del frío, lluvia, etc. ♦ tr. **2.** Tratándose de ideas, afectos, etc., tenerlos: *~ una esperanza.*

abrigo m. **1.** Prenda de vestir larga que se pone sobre las demás. **2.** Lugar para resguardar o proteger de algo.

abril m. Cuarto mes del año.

abrillantar tr. Dar brillo.

abrir tr. y prnl. **1.** Descubrir lo que está cerrado u oculto. **2.** Mover el mecanismo que cierra un conducto: *~ un grifo.* **3.** Extender o desplegar. **4.** Hender, rasgar, dividir. **5.** Separar las hojas de una puerta, descorrer un cerrojo, tirar de un cajón, etc. ♦ tr. **6.** Romper o despegar cartas, paquetes, etc. **7.** Ir delante en una formación. ♦ prnl. **8.** *Amér.* Hacerse a un lado en un asunto, desentenderse.

abrochadora f. *Argent.* Grapadora.

abrochar tr. y prnl. Sujetar o cerrar con botones, broches, etc.

abrojo m. Planta de fruto espinoso, perjudicial a los sembrados.

abrumar tr. Causar molestia o apuro con excesivas alabanzas, atenciones, etc.

abrupto, ta adj. Escarpado.

absceso m. Acumulación de pus.

abscisa f. MAT. Primera de las dos coordenadas con que se fija la posición de un punto en un plano.

absentismo m. Ausencia frecuente del puesto de trabajo.

ábside m. o f. Parte posterior, generalmente semicircular, del presbiterio de una iglesia.

absolutismo m. Sistema político en que el gobernante no tiene limitación de poderes.

absoluto, ta adj. **1.** Sin restricción, limitación o condición. **2.** Que excluye toda relación o comparación. ● **En ~,** de ninguna manera.

absolver tr. **1.** Dar por libre de algún cargo u obligación. **2.** Perdonar los pecados.

absorbente adj./m. y f. **1.** Que absorbe. **2.** Dominante, que impone su autoridad.

absorber tr. **1.** Atraer un cuerpo y retener entre sus moléculas las de otro en estado líquido o gaseoso. **2.** Consumir, gastar. **3.** Atraer a sí, cautivar.

absorción f. Acción de absorber.

absorto, ta adj. Concentrado, aislado mentalmente.

abstemio, mia adj./m. y f. Que no bebe alcohol.

abstención f. Acción y efecto de abstenerse.

abstencionismo m. No participación en una votación.

abstenerse prnl. **1.** Privarse de algo. **2.** No participar en una votación

abstinencia f. **1.** Acción de abstenerse. **2.** Privación de comer carne por motivos religiosos.

abstracto, ta adj. **1.** Vago, impreciso. **2.** Dícese del arte que no se vincula a la representación de la realidad tangible.

■ **Enc.** Desde la prehistoria se encuentran formas artísticas que no representan objetos ni personas, sino formas **abstractas**. Esta clase de figuras se vuelve a encontrar en el arte vikingo, en la decoración de las iglesias de la Edad Media y en el arte de los países musulmanes donde está prohibido representar personas. A principios del siglo XX, los pintores occidentales decidieron dejar de pintar la realidad exterior para expresar libremente las formas y los colores de su imaginación.

abstraer tr. Aislar mentalmente o considerar por separado las cualidades de un objeto.

abstruso, sa adj. Difícil de comprender.

absurdo, da adj. Contrario a la razón.

abubilla f. Ave insectívora que tiene un penacho eréctil de plumas en la cabeza.

abuchear tr. Manifestar ruidosamente desagrado o protesta.

abuelo, la m. y f. Padre o madre del padre o de la madre.

abulense adj./m. y f. De Ávila (España).

abulia f. Falta de voluntad.

abulón m. Caracol marino comestible de caparazón anacarado, que abunda en las costas de Baja California, México.

abultar tr. **1.** Aumentar el volumen de una cosa. **2.** Exagerar: *~ una noticia.* ◆ intr. **3.** Hacer bulto.

abundancia f. Gran cantidad.

abundar intr. Haber gran cantidad de una cosa.

aburrir tr. y prnl. **1.** Molestar, cansar. ◆ prnl. **2.** Sufrir un estado de ánimo producido por falta de estímulo o distracción.

abusado, da adj. *Guat.* y *Méx.* Listo, despierto.

abusar intr. **1.** Usar con exceso de una cosa. **2.** Hacer objeto de trato deshonesto: *~ de una menor.*

abusivo, va adj. Que se introduce o practica por abuso.

abyección f. Bajeza, envilecimiento.

acá adv. **1.** Denota un lugar cercano, como *aquí,* pero más indeterminado. **2.** Denota el presente: *de ayer ~.*

acabar tr. y prnl. **1.** Dar fin, terminar. **2.** Apurar, consumir.

acacia f. Árbol de flores blancas y olorosas.

academia f. **1.** Sociedad o institución científica, literaria o artística. **2.** Centro docente de carácter privado.

acaecer intr. Suceder, acontecer.

acahual m. *Méx.* Nombre genérico del girasol y otras plantas de tallo grueso que suelen crecer en los barbechos.

acajú m. **1.** Árbol de América, de madera rojiza muy dura y apreciada en carpintería. **2.** Madera africana de aspecto análogo.

acalambrarse prnl. Contraerse los músculos a causa del calambre.

acallar tr. y prnl. **1.** Hacer callar. **2.** Aplacar, calmar: *~ el hambre.*

acalorar tr. Dar o causar calor.

acamaya f. *Méx.* Langostino de agua dulce de color gris.

acampar intr. Detenerse e instalarse en el campo.

acanalado, da adj. De figura larga o con estrías.

acanalar tr. **1.** Hacer canales o estrías. **2.** Dar forma de canal o teja.

acantilado m. Costa rocosa cortada casi verticalmente.

acanto m. Planta de hojas largas, rizadas y espinosas.

acaparar tr. **1.** Adquirir el total o la mayor parte de algo. **2.** Absorber la atención o la actividad.

acápite m. *Amér. Central* y *Amér. Merid.* Párrafo.

acaramelar tr. **1.** Bañar de caramelo. ◆ prnl. **2.** Mostrarse muy cariñoso.

acariciar tr. **1.** Hacer caricias. **2.** Complacerse en pensar algo con la esperanza de conseguirlo o hacerlo.

ácaro adj./m. Dícese de ciertos arácnidos muy pequeños.

acarreado, da m. y f. *Méx.* Individuo pagado para asistir a un mitin.

acarrear tr. **1.** Transportar en carro, o de otra manera. **2.** Causar.

acaso m. **1.** Casualidad. ◆ adv. **2.** Quizá, tal vez. ● **Por si ~,** o **si ~,** en previsión.

acatar tr. Tributar homenaje de sumisión y respeto.

acatarrarse prnl. Contraer catarro.

acaudalado, da adj. Rico, adinerado.

acaudillar tr. Ponerse al frente de un ejército, un bando, etc.

acceder intr. **1.** Consentir en lo que otro solicita o quiere. **2.** Tener paso o entrada a un lugar.

accesible adj. **1.** Que tiene acceso. **2.** De fácil trato.

accésit m. En un certamen, recompensa inferior al premio.

acceso m. **1.** Acción de llegar o acercarse. **2.** Entrada o paso. **3.** Arrebato, ataque: *~ de tos.* **4.** INFORM. Procedimiento de búsqueda o de registro de un dato en una memoria electrónica.

accesorio, ria adj. **1.** Dícese de lo que no es necesario o principal. ◆ m. **2.** Utensilio auxiliar.

accidente m. **1.** Suceso inesperado, especialmente desgraciado. **2.** Lo que altera la uniformidad: ~ *del terreno*. **3.** LING. Modificación en la forma de las palabras variables.

acción f. **1.** Efecto de hacer. **2.** Operación o impresión de cualquier agente en el paciente. **3.** Trama de cualquier tipo de narración, representación, etc. **4.** Batalla, combate. **5.** ECON. Cada una de las partes en que se considera dividido el capital de una sociedad anónima.

accionar tr. Dar movimiento a un mecanismo o parte de él.

accionista m. y f. Poseedor de acciones de una empresa.

acebo m. Árbol de hojas espinosas y fruto en drupa rojiza.

acebuche m. Olivo silvestre.

acechar tr. **1.** Observar, aguardar con cautela. **2.** Amenazar.

acecho m. **1.** Acción de acechar. **2.** Lugar desde el cual se acecha. ● **Al** ~ , observando a escondidas.

acéfalo, la adj. Falto de cabeza.

aceite m. Sustancia fluida y untuosa, de origen mineral, animal o vegetal.

aceituna f. Fruto del olivo.

acelerada f. *Argent., Chile, Méx. y Urug.* Acelerón.

acelerador m. Mecanismo que regula la entrada de la mezcla gaseosa en el motor de un vehículo para variar su velocidad.

acelerar tr. **1.** Aumentar la velocidad. ◆ tr. y prnl. **2.** Dar celeridad.

acelga f. Planta hortense de hojas grandes y comestibles.

acémila f. Mulo de carga.

acento m. **1.** Intensificación de la voz en una sílaba de una palabra. **2.** Signo gráfico con que se indica esta elevación. **3.** Pronunciación particular de un grupo lingüístico.

acentuar tr. Dar o poner acento a las palabras.

■ **Enc.** Se **acentúan** las palabras agudas terminadas en *n*, *s* y *vocal* (lloró, alacrán, después); las palabras graves que terminan en consonante que no sea *n* ni *s* (débil, césped) y todas las palabras esdrújulas y sobresdrújulas (crisálida, básicamente).

acepción f. Significado en que se toma una palabra o frase.

aceptar tr. **1.** Recibir uno voluntariamente lo que se le da, ofrece o encarga. **2.** Aprobar, dar por bueno.

acequia f. Canal para conducir las aguas.

acera f. Parte lateral de la calle reservada a los peatones.

acerbo, ba adj. **1.** Áspero al gusto. **2.** Cruel, riguroso.

acerca. ~ **de**, loc. Expresa el asunto de que se trata.

acercar tr. y prnl. Poner cerca o a menor distancia.

acero m. Aleación de hierro con una pequeña proporción de carbono.

acérrimo, ma adj. Muy fuerte, decidido o tenaz: *creyente* ~.

acertar tr. **1.** Dar en el punto previsto o propuesto. **2.** Tener acierto. **3.** Dar con la solución o el resultado de algo.

acertijo m. Enigma para entretenerse en acertarlo.

acervo m. **1.** Montón de cosas menudas. **2.** Conjunto de valores, patrimonio, riqueza: ~ *cultural*.

acetato m. QUÍM. **1.** Sal del ácido acético: ~ *de cobre*. **2.** TEXT. Fibra artificial obtenida por la acción del anhídrido y el ácido acético sobre la celulosa.

acético, ca adj. Dícese del ácido que da al vinagre su sabor característico.

acetileno m. Hidrocarburo gaseoso, empleado para el alumbrado, la soldadura, etc.

acetona f. Líquido incoloro, volátil e inflamable.

achacar tr. Atribuir, imputar.

achacoso, sa adj. Que sufre achaque.

achanchar tr. y prnl. **1.** *Amér.* Debilitarse. **2.** *Argent.* Perder potencia un motor. **3.** *Colomb., Ecuad. y Perú.* Hacer vida sedentaria.

achaparrado, da adj. De forma o figura baja o gruesa: *árbol* ~.

achaque m. Indisposición habitual.

achatar tr. y prnl. Poner chato.

achicar tr. y prnl. **1.** Disminuir el tamaño. **2.** *Fam.* Humillar, acobardar. ◆ tr. **3.** Sacar el agua de un lugar.

achicharrar tr. y prnl. **1.** Freír o asar en exceso. **2.** Abrasar.

achichincle m. *Méx. Fam.* Ayudante, empleado cercano al jefe.

achicoria f. Planta herbácea de cuya raíz se prepara un sucedáneo del café.

achiote m. *Amér. Central, Bol. y Méx.* Árbol de pequeño tamaño de cuyo fruto se extraen unas semillas empleadas para hacer un tinte de color rojo vivo.

achira f. *Amér. Merid.* Planta herbácea cuya raíz se utiliza en medicina popular.

achuchar tr. **1.** Azuzar. **2.** *Fam.* Aplastar, estrujar. ◆ prnl. **3.** *Argent., Par. y Urug.* Tener escalofríos.

achunchar tr. *Bol., Chile, Ecuad. y Perú.* Avergonzar o atemorizar a alguien.

achura f. *Amér. Merid.* Intestino o menudo del animal.

achurar tr. **1.** *Amér. Merid.* Matar con arma blanca. **2.** *Amér. Merid.* Matar cruelmente. **3.** *Amér. Merid.* Sacar las achuras de un ave.

aciago, ga adj. Desgraciado, de mal agüero.

acicalar tr. y prnl. Adornar.

acicate m. **1.** Espuela con una sola punta de hierro. **2.** Estímulo.

acicular adj. En forma de aguja.

ácido, da adj. **1.** Agrio. **2.** Áspero, desabrido. ◆ m. **3.** Droga alucinógena. **4.** QUÍM. Compuesto hidrogenado que actúa sobre las bases y sobre numerosos metales formando sales.

acierto m. **1.** Acción y efecto de acertar. **2.** Destreza, habilidad.

ácimo adj. Ázimo*.

aclamar tr. Dar voces la multitud en honor de una persona.

A

aclarar tr. y prnl. **1.** Hacer menos oscuro o menos espeso. **2.** Poner en claro, explicar. ◆ tr. **3.** Enjuagar con agua lo que está enjabonado. ◆ intr. y prnl. **4.** Amanecer. **5.** Serenarse el tiempo.

aclimatar tr. y prnl. Acostumbrar a un ser orgánico a un ambiente que no le es habitual.

acné f. Enfermedad cutánea caracterizada por la aparición de espinillas.

acobardar tr. y prnl. Amedrentar, causar miedo.

acocil m. *Méx.* Crustáceo, parecido al camarón, muy común en lagos y ríos mexicanos.

acodar tr. y prnl. **1.** Apoyar el codo. ◆ tr. **2.** Acodillar, doblar. **3.** Meter debajo de tierra el vástago de una planta, para que eche raíces.

acogedor, ra adj. Hospitalario, cómodo.

acoger tr. **1.** Admitir uno en su casa o compañía a otra persona. ◆ tr. y prnl. **2.** Proteger, amparar.

acolchar tr. Poner lana, algodón, etc., entre dos telas e hilvanarlas.

acolhua adj./m. y f. De un pueblo amerindio que ocupaba el Valle de México.

acólito m. **1.** Monaguillo. **2.** Persona que acompaña y sirve a otra.

acomedirse prnl. *Amér.* Prestarse espontáneamente a hacer un servicio.

acometer tr. **1.** Embestir, arremeter. **2.** Emprender, intentar.

acomodado, da adj. De buena posición económica.

acomodar tr. **1.** Ajustar una cosa con otra. ◆ tr. y prnl. **2.** Poner en sitio conveniente o cómodo.

acompañamiento m. **1.** Acción y efecto de acompañar. **2.** Gente que acompaña. **3.** MÚS. Parte instrumental o vocal, que da soporte a una principal.

acompañar tr. y prnl. **1.** Estar o ir en compañía de otro. ◆ tr. y prnl. **2.** Juntar, añadir.

acompasar tr. Poner al mismo ritmo.

acomplejar tr. y prnl. Causar un complejo psíquico o inhibición.

acondicionar tr. **1.** Dar cierta condición o calidad. **2.** Disponer una cosa a un determinado fin.

acongojar tr. y prnl. Afligir.

aconsejar tr. Dar consejo.

acontecer intr. Suceder, producirse un hecho.

acontecimiento m. Suceso importante.

acopiar tr. Juntar, reunir en gran cantidad.

acopio o **acopamiento** m. Acción y efecto de acopiar.

acoplado m. *Amér. Merid.* Remolque, vehículo remolcado.

acoplamiento m. **1.** Acción y efecto de acoplar, ajustar, unir. **2.** Dispositivo que permite unir dos o más elementos de un mecanismo.

acoplar tr. **1.** Unir o encajar dos piezas de modo que ajusten. **2.** *Amér. Merid.* Unir un vehículo a otro para que lo remolque. ◆ prnl. **3.** *Argent., Perú y Urug.* Unirse una persona a otras para acompañarlas.

acoquinar tr. y prnl. Acobardar.

acorazado m. Buque de guerra blindado.

acordar tr. **1.** Resolver algo varias personas de común acuerdo. ◆ tr. y prnl. **2.** Recordar.

acorde adj. **1.** Conforme con alguien o algo. ◆ m. MÚS. **2.** Superposición de notas que guardan las reglas de la armonía.

acordeón m. **1.** Instrumento musical de viento, con fuelle y teclado. **2.** *Méx.* Entre estudiantes, papel que se lleva oculto para copiar en los exámenes.

■ **ENC.** El primer **acordeón** se fabricó en Viena a principios del siglo XIX. Los acordeones tienen dos teclados: uno, situado a la derecha, se usa para tocar la melodía y el otro, situado a la izquierda, para tocar el acompañamiento. A este instrumento se le llama a menudo el piano de los pobres o, también, el piano de tirantes.

acordonar tr. **1.** Ceñir con un cordón. **2.** Rodear un sitio con un cordón de gente.

acorralar tr. **1.** Tener rodeada a una persona o animal para que no pueda escaparse. **2.** Dejar confundido y sin respuesta.

acortar tr., intr. y prnl. Disminuir la longitud, duración o cantidad de algo.

acosar tr. **1.** Perseguir sin descanso. **2.** Importunar, molestar.

acostar tr. y prnl. **1.** Tender a una persona para que descanse, especialmente en la cama. ◆ prnl. **2.** Tener relaciones sexuales.

acostumbrar tr. y prnl. **1.** Hacer adquirir costumbre. ◆ intr. **2.** Tener costumbre.

acotación f. Nota o señal al margen de un escrito.

acotamiento m. *Méx.* Arcén.

acotar tr. **1.** Reservar el uso de un terreno con cotos. **2.** Fijar, limitar. **3.** Poner cotas en un plano.

acracia f. Doctrina que defiende la supresión de toda autoridad.

acre adj. **1.** Áspero y picante al gusto y al olfato. **2.** Desabrido. ◆ m. **3.** Medida inglesa de superficie equivalente a 40 áreas.

acrecentar tr. y prnl. Aumentar.

acreditar tr. y prnl. **1.** Hacer digno de crédito. ◆ tr. **2.** Dar seguridad de que una persona o cosa es lo que representa o parece.

acreedor, ra adj./m. y f. Que tiene derecho a pedir el cumplimiento de una deuda.

acribillar tr. Llenar de agujeros.

acrílico, ca adj. Dícese de un tipo de pintura soluble en agua.

acritud f. **1.** Calidad de acre. **2.** Aspereza en el carácter.

acrobacia f. **1.** Profesión del acróbata. **2.** Maniobra de destreza realizada durante un vuelo.

acróbata m. y f. Persona que realiza ejercicios en el trapecio, la cuerda, etc.

acromático, ca adj. FÍS. Que deja pasar la luz blanca sin descomponerla.

acrónimo m. Voz formada por las iniciales o siglas de otras palabras, como *ovni (Objeto Volante No Identificado).*

acrópolis f. Lugar más alto y fortificado en las ciudades griegas.

acróstico, ca adj./m. Dícese de la composición poética en la que las letras iniciales, medias o finales de los versos forman, leídas verticalmente, un vocablo o frase.

acta f. **1.** Relación escrita de lo tratado o acordado en una junta. **2.** Certificado en que consta la elección de una persona.

actinio m. Elemento químico radioactivo.

actitud f. **1.** Postura del cuerpo humano. **2.** Disposición de ánimo.

activar tr. y prnl. **1.** Estimular. **2.** Hacer funcionar un mecanismo.

actividad f. **1.** Facultad de obrar. **2.** Conjunto de tareas propias de una persona o entidad: ~ *literaria*. ● ~ **volcánica**, cuando un volcán emite ruidos o expulsa material gaseoso, líquido o sólido.

activo, va adj. **1.** Que obra. **2.** Diligente, eficaz. **3.** LING. Dícese de la forma verbal que expresa la realización por el sujeto de la acción representada por el verbo. ● m. **4.** Conjunto de bienes.

acto m. **1.** Hecho o acción. **2.** Hecho público o solemne. **3.** Cada una de las partes en que se dividen las obras teatrales. ● ~ **reflejo**, acciones que obedecen a motivaciones inconscientes. ● ~ **seguido**, a continuación.

actor, triz m. y f. Persona que representa un personaje en una obra escénica, cinematográfica, etc.

actual adj. **1.** Que ocurre en el momento presente. **2.** Que está de moda.

actualidad f. Tiempo presente.

actualizar tr. Convertir una cosa pasada en actual.

actuar intr. **1.** Ejercer una persona o cosa actos propios de su naturaleza u oficio. **2.** Representar un papel en obras de teatro, cine, etc.

actuario m. Especialista en la aplicación de la estadística.

acuarela f. Pintura sobre papel, con colores diluidos en agua.

acuario m. **1.** Depósito donde se cuidan o exhiben plantas y animales acuáticos. ● m. y f./ adj. **2.** Persona nacida bajo el signo zodiacal de Acuario.

acuático, ca adj. **1.** Que vive en el agua. **2.** Relativo al agua.

acuchillar tr. y prnl. Herir o matar con cuchillo.

acuciar tr. Estimular, dar prisa.

acuclillarse prnl. Ponerse de cuclillas.

acudir intr. **1.** Ir a un sitio. **2.** Ir en ayuda de alguien.

acueducto m. Canal para transportar agua.

acuerdo m. **1.** Unión, armonía. **2.** Resolución tomada en común por varias personas. **3.** *Argent.* Pleno de ministros convocado por el presidente. **4.** *Colomb.* y *Méx.* Reunión de una autoridad gubernativa con sus colaboradores para tomar una decisión.

acuicultura f. Arte de la cría de animales y plantas acuáticas.

acuífero, ra adj./m. Que contiene agua.

acullá adv. En parte alejada del que habla: *acá y* ~.

acumulador m. Aparato que almacena y suministra energía.

acumular tr. y prnl. Juntar y amontonar.

acunar tr. Mecer al niño en la cuna.

acuñar tr. **1.** Imprimir con cuño una pieza de metal. **2.** Fabricar moneda. **3.** *Fam.* Fijar, consolidar: ~ *una expresión*.

acuoso, sa adj. **1.** Abundante en agua. **2.** De agua o parecido a ella.

acupuntura f. Método terapéutico que consiste en clavar agujas en determinados puntos del cuerpo.

acurrucarse prnl. Encogerse para resguardarse del frío.

acusado, da adj. **1.** Destacado, evidente. ● m. y f. **2.** Persona a quien se acusa.

acusar tr. y prnl. **1.** Imputar a alguien un delito o culpa. **2.** Delatar, denunciar. ● tr. **3.** Reflejar, manifestar: ~ *cansancio*.

acusativo m. LING. Caso de la declinación que expresa la función de complemento directo.

acústica f. Parte de la física que trata de los sonidos.

acutángulo adj. MAT. Dícese del triángulo que tiene los tres ángulos agudos.

AD loc. Abrev. de *Anno Domini*, equivalente a después de Jesucristo (d. J.C.).

adagio m. **1.** Sentencia breve, generalmente moral. **2.** MÚS. Tiempo musical lento.

adalid m. Caudillo militar.

adaptación f. **1.** Acción y efecto de adaptar o adaptarse. **2.** BIOL. Propiedad de los seres vivos que les permite subsistir y acomodarse cuando varían las condiciones del medio.

adaptador, ra adj./m. y f. **1.** Que adapta. ● m. **2.** Aparato que permite adaptar un mecanismo eléctrico para diversos usos.

adaptar tr. y prnl. Acomodar, acoplar una cosa a otra.

adarme m. Porción mínima de algo.

adecentar tr. y prnl. Poner decente.

adecuado, da adj. Conveniente.

adecuar tr. y prnl. Acomodar, apropiar una cosa a otra.

adefesio m. Persona o cosa muy fea o extravagante.

adelantar tr. y prnl. **1.** Mover o llevar hacia adelante. **2.** Pasar delante de una persona o cosa. ● tr. **3.** Anticipar. ● intr. **4.** Progresar.

adelante adv. **1.** Más allá: *mirar* ~. **2.** Denota tiempo futuro.

adelanto m. **1.** Anticipo. **2.** Progreso.

adelfa f. Arbusto venenoso, de flores rosadas, blancas o amarillas.

adelgazar tr. y prnl. Poner delgado.

ademán m. **1.** Gesto con que se manifiesta un afecto del ánimo. ● pl. **2.** Modales.

además adv. A más de esto o aquello: *es lista y* ~ *guapa*.

adentrarse prnl. Ir hacia la parte más interna u oculta de un lugar o asunto.

adentro adv. **1.** A o en el interior. ● m. pl. **2.** Lo interior del ánimo.

adepto, ta adj./m. y f. **1.** Miembro de una secta o asociación. **2.** Partidario de una persona o idea.

aderezar tr. **1.** Condimentar o sazonar los alimentos. ● tr. y prnl. **2.** Embellecer, arreglar.

adeudar tr. Deber, tener deudas.

adherir tr., intr. y prnl. **1.** Pegar, unir. ● prnl. **2.** Abrazar una doctrina, un partido, etc.

adhesión f. Acción y efecto de adherirse.
adhesivo, va adj. Capaz de adherirse.
adicción f. Hábito que crea en el organismo el consumo habitual de drogas, alcohol, etc.
adición f. **1.** Acción y efecto de añadir. **2.** MAT. Operación de sumar.
adicional adj. Que se añade a una cosa.
adicto, ta adj./m. y f. **1.** Partidario. **2.** Dominado por el uso de ciertas drogas tóxicas.
adiestrar tr. y prnl. Enseñar, instruir.
adinerado, da adj. Rico, que tiene mucho dinero.
¡adiós! interj. Expresión de saludo o despedida.
adiposo, sa adj. Lleno de grasa.
aditamento m. Complemento.
aditivo m. Sustancia que se añade a otras para mejorar sus cualidades.
adivinanza f. Acertijo.
adivinar tr. **1.** Predecir el futuro o descubrir lo desconocido por medios sobrenaturales o por conjeturas. **2.** Acertar.
adjetivar tr. **1.** Aplicar adjetivos. **2.** LING. Convertir en adjetivo una palabra o grupo de palabras.
adjetivo, va adj. **1.** Que se refiere a una cualidad o accidente. ◆ m. LING. **2.** Parte variable de la oración que sirve para calificar o determinar al sustantivo.
adjudicar tr. **1.** Declarar que una cosa pertenece a alguien. ◆ prnl. **2.** Apropiarse de una cosa de forma indebida.
adjuntar tr. Remitir adjunto.
adjunto, ta adj. Unido con o a otra cosa: *copia ~ al original.*
administración f. **1.** Acción y efecto de administrar. **2.** Lugar donde se administra.
administrar tr. **1.** Gobernar. **2.** Racionar una cosa para que resulte suficiente. **3.** Suministrar.
administrativo, va adj. **1.** Relativo a la administración. ◆ m. y f. **2.** Empleado de oficina.
admiración f. **1.** Acción de admirar o admirarse. **2.** Signo ortográfico que se coloca al principio (¡) y final (!) de una palabra o cláusula exclamativa.
admirar tr. **1.** Tener en gran estima a una persona o cosa que de algún modo sobresale en su línea. ◆ tr. y prnl. **2.** Ver o contemplar con sorpresa y placer.
admitir tr. **1.** Dar entrada, acoger. **2.** Aceptar. **3.** Permitir, tolerar.
admonición f. Advertencia que se le da a alguien para que no haga cierta cosa.
ADN m. Abrev. de *Ácido DesoxirriboNucleico,* constituyente esencial de los cromosomas del núcleo celular.
adobar tr. **1.** Poner en adobo. **2.** Curtir pieles.
adobe m. Masa de barro y paja moldeada en forma de ladrillo y secada al aire.
adobo m. **1.** Acción y efecto de adobar. **2.** Salsa para sazonar y conservar carnes y pescados.
adocenarse prnl. Hacerse vulgar.
adoctrinar tr. Instruir.
adolecer intr. Tener algún defecto o carencia: *~ de soberbia.*
adolescencia f. Período de la vida entre la pubertad y la edad adulta.

adonde adv. rel. A la parte que: *va ~ quiere.*
adónde adv. interr. A qué parte: *¿~ vas?*
adondequiera adv. **1.** A cualquier parte. **2.** Dondequiera.
adoptar tr. **1.** Recibir legalmente como hijo al que no lo es naturalmente. **2.** Admitir alguna opinión o doctrina. **3.** Tomar una resolución o acuerdo.
adoquín m. Piedra en forma de prisma empleada para pavimentar.
adorar tr. **1.** Rendir culto a un dios o a un ser. **2.** Amar con extremo.
adormecer tr. **1.** Causar sueño. ◆ prnl. **2.** Empezar a dormirse.
adormidera f. Planta de cuyo fruto se extrae el opio.
adormilarse prnl. Quedarse medio dormido.
adornar tr. y prnl. Embellecer con adornos.
adorno m. Cosa que sirve para embellecer.
adosar tr. Arrimar una cosa a otra por su espalda o envés.
adquirir tr. **1.** Llegar a tener, conseguir: *~ fama.* **2.** Comprar.
adrede adv. Con deliberada intención: *lo hizo ~.*
adrenalina f. Hormona que acelera el ritmo cardíaco y estimula el sistema nervioso central.
adscribir tr. **1.** Inscribir, atribuir. ◆ tr. y prnl. **2.** Agregar una persona a un servicio.
adsorber tr. Retener líquidos o gases la superficie de un cuerpo.
aduana f. Oficina que cobra los derechos a las mercancías que pasan la frontera.
aducir tr. Presentar pruebas, razones, etc.
aductor adj./m. Dícese del músculo que acerca un miembro al plano medio del cuerpo.
adueñarse prnl. Apoderarse de una cosa.
adular tr. Halagar a uno en exceso con un fin determinado.
adulterar tr. y prnl. Alterar la pureza de una cosa mezclándola con una sustancia extraña.
adulterio m. Relación carnal fuera del matrimonio.
adulto, ta adj./m. y f. Que ha llegado al término de la adolescencia.
adusto, ta adj. **1.** Seco, yermo. **2.** Huraño, desabrido en el trato.
advenedizo, za adj./m. y f. **1.** Extranjero. **2.** Que tiene un origen humilde y pretende figurar entre gente de mayor posición social.
advenimiento m. **1.** Venida o llegada, en especial si es esperada y solemne. **2.** Ascenso al trono de un rey o papa.
adventicio, cia adj. Que ocurre de manera accidental.
adverbio m. Parte invariable de la oración que modifica al verbo, al adjetivo, a otro adverbio o a una oración completa.
adversario, ria m. y f. Persona contraria o enemiga.
adversativo, va adj. LING. Que denota oposición o contrariedad: *conjunción ~.*
adverso, sa adj. Contrario.
advertencia f. Acción y efecto de advertir.
advertir tr. **1.** Percibir algo. ◆ intr. **2.** Llamar la atención sobre algo.

adviento m. En el cristianismo, tiempo de preparación de la Navidad.

adyacente adj. Colocado junto a otra cosa, próximo.

aéreo, a adj. Relativo al aire.

aerobics m. pl. Modalidad de gimnasia rítmica acompañada de música.

aerobio, bia adj./m. BIOL. Dícese de los seres vivos cuya existencia depende de la presencia de oxígeno.

aerodinámico, ca adj. 1. Dícese de la forma dada a un objeto para reducir al mínimo la resistencia del aire. ◆ f. 2. Parte de la mecánica que estudia el movimiento de los gases.

aeródromo m. Terreno preparado para el despegue y aterrizaje de aviones.

aeroespacial adj. Relativo a la vez a la aeronáutica y la astronáutica.

aerolínea f. Compañía de transporte aéreo regular.

aerolito m. Meteorito.

aeromodelismo m. Técnica de la construcción de maquetas de aviones.

■ ENC. Los clubes de **aeromodelismo** organizan campeonatos. Algunos modelos a escala pueden alcanzar velocidades de 300 km/h, en vuelo circular controlado. Cuando no llueve ni hay viento, pueden volar varios cientos de kilómetros durante más de doce horas.

aeromoza f. Amér. Merid. y Méx. Azafata.

aeronáutica f. Ciencia de la navegación aérea.

aeronave f. Vehículo capaz de navegar por el aire.

aeroparque m. Argent. Pequeño aeropuerto, especialmente el situado en área urbana.

aeroplano m. Avión.

aeropuerto m. Conjunto de instalaciones destinadas al tráfico regular de aviones.

aerosol m. Envase especial que desprende a presión partículas suspendidas en un gas.

aerostática f. Parte de la física que estudia el equilibrio de los gases.

aeróstato o aerostato m. Aeronave que navega utilizando un gas más ligero que el aire.

afable adj. Amable, cordial.

afamado, da adj. Ilustre, famoso.

afán m. 1. Trabajo excesivo y penoso. 2. Anhelo vehemente.

afanar intr. y prnl. Entregarse al trabajo con solicitud.

afasia f. Pérdida del habla a causa de lesiones cerebrales.

afear tr. y prnl. 1. Hacer o poner feo. ◆ tr. 2. Reprochar.

afección f. 1. Enfermedad. 2. Afición, inclinación.

afectar tr. 1. Atañer. 2. Poner un cuidado excesivo en las palabras, movimientos, etc.: ~ la voz. ◆ tr. y prnl. 3. Impresionar.

afectividad f. Conjunto de los fenómenos relativos al afecto.

afecto m. Amistad, cariño.

afectuosidad f. Calidad de afectuoso.

afeitadora f. Máquina de afeitar eléctrica.

afeitar tr. y prnl. Cortar el pelo de la barba, bigote, etc.

afelio m. ASTRON. Punto más alejado del Sol en la órbita de un planeta.

afeminado, da adj. Que tiene ademanes o características propios de una mujer.

aferente adj. Dícese del vaso sanguíneo o nervio que entra en un órgano.

aféresis f. LING. Supresión de algún sonido al principio de una palabra, como en ora por ahora.

aferrar tr. y prnl. 1. Agarrar con fuerza. ◆ prnl. 2. Obstinarse en una idea u opinión.

afgano, na adj./m. y f. De Afganistán.

afianzar tr. y prnl. 1. Asegurar con puntales, clavos, etc. 2. Consolidar.

afiche m. Amér. Merid. Cartel.

afición f. 1. Amor hacia alguien o algo. 2. Conjunto de personas aficionadas a una actividad.

aficionado, da adj./m. y f. 1. Que cultiva algún arte, profesión o deporte sin tenerlo por oficio. 2. Que tiene afición por algo.

aficionar tr. Inducir a uno a que guste de una persona o cosa.

afijo m. LING. Elemento que se coloca al principio, en medio o al final de las palabras para modificar su sentido o función.

afilar tr. Sacar filo o punta a un arma o instrumento.

afiliar tr. y prnl. Incluir a una persona como miembro de una sociedad, partido, etc.

afín adj. Que tiene semejanza con otra persona o cosa.

afinar tr. y prnl. 1. Hacer fino. 2. Perfeccionar. ◆ tr. MÚS. 3. Poner en tono los instrumentos musicales. ◆ intr. 4. Cantar o tocar entonando.

afincarse prnl. Fijar la residencia en un lugar: ~ en la ciudad.

afinidad f. Analogía o semejanza de una cosa con otra.

afirmar tr. y prnl. 1. Dar firmeza. ◆ tr. 2. Dar por cierta una cosa: ~ una teoría. 3. Decir que sí.

aflicción f. Pena.

afligir tr. y prnl. Causar dolor, sufrimiento, tristeza.

aflojar tr. y prnl. 1. Disminuir la presión o tirantez. ◆ intr. Fam. 2. Flaquear en un esfuerzo.

aflorar intr. Manifestarse algo oculto: ~ los sentimientos.

afluente m. Corriente de agua que desemboca en otra.

afluir intr. 1. Acudir en abundancia. 2. Verter un río o arroyo sus aguas en las de otro o en las de un lago o mar.

afonía f. Pérdida total o parcial de la voz.

aforismo m. Sentencia breve y doctrinal.

aforo m. Número de localidades de un teatro, cine, etc.

afortunado, da adj. 1. Que tiene buena suerte. 2. Feliz.

afrancesar tr. y prnl. Dar carácter francés.

afrenta f. Deshonor que resulta de algún dicho o hecho.

africado, da adj. LING. Dícese del sonido consonántico oclusivo al principio de su emisión y fricativo al final, como el de ch.

africano, na adj./m. y f. De África.
afrikaans m. Lengua neerlandesa que se habla en la República de Sudáfrica.
afroamericano, na adj./m. y f. Relativo a los negros de América.
afrocubano, na adj./m. y f. 1. Relativo a los negros cubanos de origen africano. ◆ adj. MÚS. 2. Dícese de un ritmo bailable moderno.
afrodisiaco, ca o afrodisíaco, ca adj./m. Que excita el apetito sexual.
afrontar tr. Hacer frente a un enemigo, peligro o dificultad.
afuera adv. 1. Hacia o en la parte exterior. ◆ f. pl. 2. Zona de los alrededores de una población.
agachada f. 1. Argent. Evasiva, desleal o cobarde. 2. Chile. Inclinación, adulación. 3. Urug. Artimaña.
agachar tr. y prnl. Inclinar o bajar alguna parte del cuerpo.
agalla f. 1. Branquia de los peces. ◆ pl. 2. Valentía: tener agallas.
ágape m. Banquete.
agarrado, da adj. Fam. Mezquino, avaro.
agarrar tr. y prnl. 1. Tomar fuertemente: agarrarse a una cuerda. 2. Contraer una enfermedad.
agarrón m. Amér. Riña, altercado.
agarrotarse prnl. Ponerse rígidos los miembros.
agasajar tr. 1. Tratar a alguien con atención y afecto. 2. Halagar.
ágata f. Cuarzo duro y traslúcido, con franjas de colores.
agave m. o f. Pita, planta.
agazaparse prnl. Agacharse con intención de ocultarse.
agencia f. Empresa comercial que se ocupa de diferentes asuntos.
agenciar tr. y prnl. Conseguir con diligencia o maña.
agenda f. 1. Cuaderno donde se apunta lo que conviene recordar. 2. Programa de actividades o trabajos de una persona.
agente adj./m. 1. Que obra o tiene virtud de obrar. ◆ m. y f. 2. Persona que obra por cuenta de un organismo, gobierno, etc.
ágil adj. Ligero, que se mueve con rapidez y facilidad.
agitar tr. y prnl. 1. Mover con frecuencia y violentamente. 2. Fam. Inquietar, promover disturbios: ~ a las masas.
aglomerar tr. y prnl. Reunir, amontonar.
aglutinar tr. y prnl. 1. Pegar, unir. 2. Reunir, aunar.
agnosticismo m. Doctrina que declara lo absoluto como inaccesible para el entendimiento humano.
agobiar tr. y prnl. Causar fatiga, preocupación o abatimiento.
agolparse prnl. Juntarse de golpe.
agonía f. 1. Momento de la vida que precede a la muerte. 2. Sufrimiento extremado.
ágora f. Plaza pública en las antiguas ciudades griegas.
agorero, ra adj./m. y f. 1. Que adivina por agüeros o cree en ellos. 2. Que predice males.
agostar tr. y prnl. Secar el calor las plantas.
agosto m. Octavo mes del año.

agotar tr. y prnl. 1. Extraer todo el líquido. 2. Fam. Gastar del todo. 3. Cansar, extenuar.
agraciar tr. 1. Dar gracia y belleza. 2. Conceder una gracia.
agradar intr. Complacer, gustar.
agradecer tr. Mostrar gratitud.
agrado m. 1. Amabilidad, simpatía. 2. Gusto o satisfacción.
agrandar tr. y prnl. Hacer más grande.
agrario, ria adj. Relativo al campo.
agrarismo m. 1. Conjunto de intereses referentes a la explotación agraria. 2. Tendencia política que los defiende.
agravar tr. y prnl. Hacer más grave o peligroso.
agravio m. 1. Ofensa al honor o dignidad. 2. Perjuicio.
agredir tr. Acometer a uno para hacerle daño.
agregar tr. y prnl. 1. Unir personas o cosas a otras. ◆ tr. 2. Añadir algo a lo ya dicho o escrito.
agresión f. Acción y efecto de agredir.
agreste adj. 1. Relativo al campo. 2. Áspero, inculto. 3. Tosco.
agriar tr. y prnl. 1. Poner agrio. 2. Exasperar los ánimos.
agricultura f. 1. Cultivo de la tierra. ● ~ de riego, aquella que no depende de las condiciones del medio, sino que utiliza el agua de presas, fertilizantes y maquinaria moderna para lograr altos rendimientos en la producción. ● ~ de temporal, aquella que se practica con herramientas sencillas y aprovechando las condiciones del medio, como la temporada de lluvias.

■ ENC. Los hombres vivieron de la caza y de la recolección de frutos silvestres hasta que aprendieron a cultivar las plantas y a criar animales. La agricultura con arado y animales de tiro se inició en Mesopotamia hace más de 5 000 años. Esta técnica básica duró hasta el siglo XVIII cuando aparecieron las primeras máquinas, como la segadora mecánica. Después, el uso de abonos y la posibilidad de conservar los productos del campo, permitieron un mayor desarrollo de la agricultura. En la América prehispánica, antes de que los españoles introdujeran el arado, el cultivo del maíz, la papa y otras plantas se realizó únicamente con coas y azadas.

agridulce adj. Que tiene mezcla de agrio y de dulce.
agrietar tr. y prnl. Abrir grietas.
agrimensura f. Técnica de medir las tierras.
agrio, gria adj. 1. De sabor parecido al del limón o el vinagre. 2. Desabrido. ◆ m. pl. 3. Cítrico.
agriparse prnl. Chile, Colomb. y Méx. Enfermar de gripe.
agro m. Campo de cultivo.
agroindustria f. Explotación agraria organizada como una empresa industrial.
agronomía f. Ciencia de la agricultura.
agropecuario, ria adj. Que tiene relación con la agricultura y la ganadería.
agrupar tr. y prnl. Reunir en grupo.
agrura f. Sabor acre o ácido.
agua f. 1. Líquido incoloro, inodoro e insípido, compuesto de oxígeno e hidrógeno. ◆ pl. 2. Serie de destellos que presentan algunas te-

las, piedras, etc.●~ **oxigenada**, solución acuosa de peróxido de hidrógeno. ● ~ **potable**, que se puede beber sin que dañe. ● ~ **viva** (*Argent.* y *Urug.*), medusa. ● **aguas residuales** o **negras**, aquellas en las que se han vertido desechos industriales y/o urbanos. ● **Romper aguas**, romperse la bolsa que envuelve al feto y derramarse el líquido amniótico.

aguacate m. Fruto comestible de corteza verde y pulpa espesa, dado por un árbol del mismo nombre.

aguacero m. Lluvia repentina e impetuosa.

aguachento, ta adj. *Amér. Central* y *Amér. Merid.* Dícese de lo que pierde sustancia por estar impregnado de agua.

aguacil m. **1.** Alguacil, oficial. **2.** *Argent.* y *Urug.* Libélula.

aguada f. **1.** Pintura con color disuelto en agua con goma, miel, etc. **2.** *Amér. Merid.* Abrevadero.

aguafiestas m. y f. Persona que turba una diversión.

aguamanil m. **1.** Jarro con pico para echar agua en la jofaina o en la pila donde se lavan las manos. **2.** Palangana o pila utilizada para lavarse las manos.

aguamiel f. **1.** *Amér.* Bebida hecha de agua con caña de azúcar o papelón. ◆ m. **2.** *Méx.* Jugo de maguey que, fermentado, produce el pulque.

aguantar tr. **1.** Sostener. **2.** Tolerar algo molesto o desagradable. ◆ prnl. **3.** Contenerse, reprimirse.

aguar tr. y prnl. **1.** Mezclar agua con vino u otro licor. **2.** Estropear una fiesta o diversión.

aguará m. *R. de la Plata.* Animal parecido al zorro, de largas patas y pelaje en forma de crin.

aguardar tr. Esperar.

aguardiente m. Bebida alcohólica que se obtiene por destilación del vino.

aguaribay m. *Amér. Central* y *Amér. Merid.* Árbol de tronco torcido y corteza rugosa, cuyo fruto es una baya de color rojizo.

aguarrás m. Esencia de trementina.

aguaruna adj./m. y f. De una tribu amerindia que habita en Perú.

agudizar tr. **1.** Hacer agudo. ◆ prnl. **2.** Agravarse, empeorar.

agudo, da adj. **1.** Que tiene filo o punta. **2.** Sutil, perspicaz. **3.** Gracioso. **4.** Dícese del sonido de tono alto. **5.** MAT. Dícese del ángulo de menos de 90°. ◆ adj./f. LING. **6.** Dícese de la palabra que tiene su acento en la última sílaba, como *ratón* y *matiz*.

agüero m. Presagio, señal.

aguerrido, da adj. Valiente.

aguijón m. Órgano puntiagudo con que pican algunos insectos.

águila f. Ave rapaz diurna de gran tamaño.

■ **ENC.** Las **águilas** son aves rapaces que cazan de día. En general se alimentan de roedores, pero las de mayor tamaño pueden capturar presas tan grandes como corderos y monos. Construyen sus nidos o aguileras en lo alto de las montañas, donde las hembras crían a los aguiluchos. Símbolo de fuerza y emblema de algunos países, el águila es un animal en peligro de extinción.

aguileño, ña adj. Dícese del rostro largo y afilado y de la nariz curva y delgada.

aguinaldo m. **1.** Regalo que se da en Navidad. **2.** Villancico. **3.** *Amér.* Sobresueldo que reciben los empleados como gratificación de fin de año.

aguja f. **1.** Barrita puntiaguda con un ojo por donde se pasa el hilo con que se cose. **2.** Pequeña varilla de metal utilizada para diversos usos: ~ *de reloj*. **3.** Raíl móvil que sirve para realizar los cambios de vía.

agujero m. Abertura redonda. ● ~ **negro** (ASTRON.), astro cuyo campo de gravitación impide que salga ninguna radiación de él.

agujeta f. **1.** *Amér.* Aguja de hacer punto. **2.** *Méx.* Cordón para atarse los zapatos. ◆ pl. **3.** Dolor muscular a consecuencia de un ejercicio físico intenso.

agustino, na adj./m. y f. De la orden de san Agustín.

agutí m. Roedor de cuerpo esbelto, coloración amarillento verdosa y cola corta, propio de América Central y Meridional.

aguzar tr. **1.** Sacar punta. **2.** Forzar el entendimiento o los sentidos: ~ *la vista.*

ahí adv. **1.** En o a ese lugar. **2.** En esto, en eso.

ahijado, da m. y f. Cualquier persona respecto a sus padrinos.

ahijar tr. Adoptar al hijo ajeno.

¡ahijuna! interj. *Argent., Chile* y *Urug.* Expresa enfado o asombro.

ahínco m. Esfuerzo, empeño grande.

ahíto, ta adj. **1.** Que padece indigestión. **2.** Cansado o fastidiado.

ahogar tr. y prnl. **1.** Matar o morir por asfixia. **2.** Extinguir, apagar. ◆ tr., intr. y prnl. **3.** Oprimir. ◆ prnl. **4.** Sofocarse.

ahondar tr. **1.** Hacer más hondo. ◆ tr. e intr. **2.** Estudiar un asunto a fondo. ◆ tr., intr. y prnl. **3.** Penetrar.

ahora adv. **1.** En el momento presente. ◆ conj. **2.** Indica alternancia u oposición entre dos oraciones. ●~ **bien**, pero, sin embargo. ● **Por** ~, por el momento.

ahorcar tr. y prnl. Matar a alguien colgándolo por el cuello.

ahorita adv. *Amér.* Ahora mismo, de inmediato.

ahorrar tr. y prnl. Reservar dinero separándolo del gasto ordinario.

ahorrista m. y f. *Argent.* y *Venez.* Persona que tiene cuenta de ahorros en un establecimiento de crédito.

ahuecar tr. Poner hueco. ●~ **el ala** (*Fam.*), marcharse.

ahuehuete o **ahuehué** m. Árbol conífero de madera elástica, de gran calidad y fruto en piña.

ahumar tr. **1.** Exponer al humo. ◆ tr. y prnl. **2.** Llenar de humo.

ahuyentar tr. **1.** Hacer huir. **2.** Desechar lo que molesta, asusta, etc.

aimara o **aimará** adj./m. **1.** De un pueblo amerindio que habita en Perú y Bolivia. ◆ m. **2.** Lengua que habla este pueblo.

airar tr. y prnl. Hacer sentir ira.

aire m. **1.** Gas que forma la atmósfera. **2.** Viento. **3.** Aspecto, apariencia. **4.** Garbo. **5.** MÚS.

ATLETISMO

Es un conjunto de pruebas que consiste en carreras, saltos y lanzamientos.

lanzamiento de jabalina

carrera con obstáculos

salto de altura

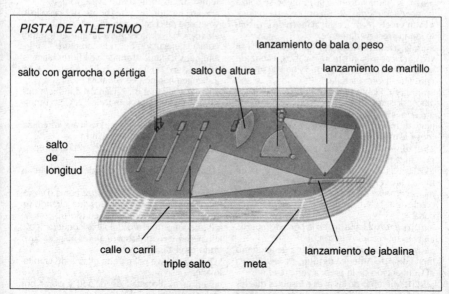

PISTA DE ATLETISMO

lanzamiento de bala o peso

salto con garrocha o pértiga

salto de altura

lanzamiento de martillo

salto
de
longitud

calle o carril

triple salto

meta

lanzamiento de jabalina

Melodía, canción.● **Cambiar de aires**, cambiar de lugar de residencia. ● **Darse aires** *(Fam.)*, presumir. ● **1. En el** ~, pendiente de decisión. **2.** Realizando una emisión.

■ **Enc.** El aire puro y el aire común están compuestos de varios gases. Los más importantes son el nitrógeno y el oxígeno. Además, el aire común contiene vapor de agua y bióxido de carbono. El bióxido de carbono lo producen principalmente los animales y las plantas al respirar. Las plantas también son capaces de transformar el bióxido de carbono en oxígeno, proceso indispensable para la vida.

airear tr. y prnl. **1.** Ventilar. ◆ tr. **2.** Divulgar una noticia.

airoso, sa adj. **1.** Que tiene garbo. **2.** Que lleva a cabo una empresa con éxito.

aislar tr. y prnl. Dejar una cosa sola y separada de otras.

¡ajá! interj. *Fam.* Denota complacencia o aprobación.

¡ajajá! interj. *Fam.* Denota sorpresa.

ajar tr. y prnl. Maltratar, deslucir.

ajedrez m. Juego que se practica en un tablero de 64 casillas con 32 piezas.

ajenjo m. **1.** Planta amarga y aromática. **2.** Licor aromatizado con esta planta.

ajeno, na adj. **1.** Que es de otro. **2.** Extraño.

ajetreo m. Trabajo o actividad muy intenso.

ají m. *Amér. Merid.* y *Antill.* Pimiento pequeño y picante.

ajiaco m. **1.** *Amér. Merid.* Guiso hecho generalmente a base de carne, papas o patatas, pimientos picantes, cebollas y legumbres. **2.** *Amér. Merid.* Salsa hecha de ajíes. **3.** *Cuba.* Tumulto, revuelo.

ajillo m. Salsa hecha a base de aceite, ajos y guindilla.

ajo m. **1.** Planta hortense cuyo bulbo se utiliza como condimento. **2.** Bulbo de esta planta. ● **Estar en el** ~ *(Fam.)*, estar al tanto de un asunto tratado reservadamente.

ajolote, axolote o **axolotl** m. Anfibio de los lagos mexicanos y norteamericanos, capaz de reproducirse en estado larvario y que raramente consigue la forma adulta.

ajonjolí m. Planta herbácea de semillas oleaginosas comestibles.

ajuar m. **1.** Ropa y enseres de una casa. **2.** Conjunto de muebles, ropas y enseres que aporta la mujer al matrimonio.

ajustadores m. pl. *Cuba.* Prenda interior femenina para el busto.

ajustar tr., intr. y prnl. **1.** Adaptar una cosa de modo que venga justo con otra. ◆ tr. **2.** Conformar, acomodar una cosa a otra. **3.** Concertar el precio de algo. **4.** Comprobar una cuenta y liquidarla.

ajusticiar tr. Aplicar a un reo la pena de muerte.

ajustón m. *Ecuad.* Apretón.

aksana m. Lengua precolombina del extremo meridional de América del Sur.

al Contracción de la prep. a y el art. el.

ala f. **1.** Miembro de las aves e insectos que les sirve para volar. **2.** Parte que en muchas cosas

se extiende hacia los lados. **3.** Tendencia dentro de un partido, organización, etc. ◆ pl. **4.** Osadía, libertad: *tener alas; dar alas.*

alabar tr. y prnl. Elogiar, reconocer o dar muestras de admiración.

alabarda f. Arma de hierro puntiagudo por un lado y cortante por el otro.

alabastro m. Piedra blanca, traslúcida y compacta.

alacaluf adj./m. y f. De un pueblo amerindio de Chile.

alacena f. Hueco hecho en la pared, con puertas y estantes.

alacrán m. Escorpión.

alacranear intr. *Argent.* Hablar mal de alguien.

alado, da adj. **1.** Con alas. **2.** Ligero, veloz.

alambique m. Aparato para destilar.

■ **Enc.** En la caldera del **alambique** se calienta el líquido que se va a destilar, por ejemplo el vino. El vapor que se libera se enfría al pasar por un tubo en forma de espiral, llamado serpentín. El líquido que resulta en este tubo es aguardiente.

alambrado m. Cerco de alambres afianzado en postes.

alambre m. Hilo de metal.

álamo m. Árbol de gran tamaño, de madera blanca y ligera.

alano, na adj./m. y f. De un pueblo bárbaro que invadió España en el s. v.

alar m. *Colomb.* Acera.

alarde m. Ostentación que se hace de una cosa.

alargar tr. y prnl. **1.** Dar más longitud o duración. ◆ tr. **2.** Estirar, extender. **3.** Alcanzar algo y darlo a otro que está apartado.

alarido m. Grito de dolor o espanto.

alarma f. **1.** Señal con que se avisa de la existencia de un peligro o anormalidad. **2.** Inquietud, temor. **3.** Dispositivo que avisa.

alazán, na adj./m. y f. Dícese del caballo o yegua de pelo color canela.

albacea m. y f. Persona a la que el testador confía la ejecución de su testamento.

albahaca f. Planta aromática de flores blancas.

albanés, sa adj./m. y f. **1.** De Albania. ◆ m. **2.** Lengua hablada en Albania.

albañal o **albañar** m. **1.** Canal o conducto que da salida a las aguas inmundas. **2.** Cosa repugnante o inmunda.

albañil m. Persona que se dedica a la realización de obras de construcción.

albarán m. Documento que acredita la recepción de mercancías.

albarda f. Aparejo principal de las caballerías de carga.

albardón m. *Argent., Par.* y *Urug.* Loma o elevación situada en terrenos bajos que, cuando suben las aguas, se convierte en islote.

albaricoque m. Fruto del albaricoquero.

albaricoquero m. Árbol de flores blancas cuyo fruto es el albaricoque.

albatros m. Ave palmípeda marina de gran tamaño.

albedrío m. Potestad de decidir y obrar por voluntad propia.

alberca f. **1.** Depósito artificial de agua. **2.** *Méx.* Piscina.

albérchigo m. Especie de melocotón, de carne blanca y jugosa.

albergar tr. y prnl. **1.** Dar o tomar albergue. ◆ tr. **2.** Tener ciertos sentimientos, ideas o intenciones.

albergue m. Lugar o edificio donde uno puede alojarse.

albino, na adj./m. y f. Que padece una carencia de pigmento en la piel, ojos y pelo.

albo, ba adj. **1.** Blanco. ◆ f. **2.** Amanecer. **3.** Primera luz del día. **4.** Vestidura talar sagrada de tela blanca.

albóndiga f. Bola de carne o pescado picado, frita y guisada.

albor m. **1.** Luz del alba. **2.** Comienzo.

alborada f. **1.** Tiempo del amanecer. **2.** Toque o música militar al alborear. **3.** Composición poética o musical destinada a cantar la mañana.

alborear impers. Amanecer.

albornoz m. Bata de tejido de toalla que se usa después del baño.

alborotar tr. y prnl. **1.** Inquietar, alterar. **2.** Amotinar. ◆ intr. **3.** Causar alboroto.

alboroto m. **1.** Griterío o estrépito. **2.** Desorden, motín.

alborozo m. Extraordinario regocijo, placer o júbilo.

albricias f. pl. Felicitación o alegría por una buena noticia.

albufera f. Extensión de agua salada separada del mar por un cordón litoral.

álbum m. **1.** Libro en blanco cuyas hojas se llenan con firmas, fotografías, etc. **2.** Disco musical de larga duración.

albumen m. Reserva nutritiva del embrión de ciertas semillas.

albúmina f. Sustancia orgánica viscosa, contenida en la clara de huevo, la leche, etc.

albuminoide m. Sustancia orgánica que constituye la parte fundamental de las células de los seres vivos.

alcachofa f. Hortaliza cuya voluminosa inflorescencia es comestible antes de abrirse.

alcahuete, ta m. y f. Persona que encubre o facilita un amor ilícito.

alcaide m. Director de una prisión.

alcalde, desa m. y f. Presidente del ayuntamiento.

álcali m. QUÍM. Hidróxido de un metal alcalino.

alcalino, na adj. QUÍM. Que contiene álcali o tiene sus propiedades.

alcaloide m. QUÍM. Sustancia orgánica similar a los álcalis por sus propiedades, como la morfina.

alcance m. **1.** Distancia a que llega una cosa. **2.** Capacidad o talento: *persona de pocos alcances.* **3.** Trascendencia.

alcancía f. Recipiente con una ranura, donde se guarda dinero.

alcanfor m. Sustancia blanca, volátil, de olor característico.

alcantarilla f. Conducto subterráneo destinado a recoger las aguas de lluvia y residuales.

alcanzable adj. Que se puede alcanzar.

alcanzar tr. **1.** Llegar a juntarse con una persona o cosa que va delante. **2.** Dar o acercar algo a alguien. **3.** Lograr, conseguir. ◆ tr. e intr. **4.** Llegar a un lugar, tocar algo. ◆ intr. **5.** Bastar.

alcaparra f. **1.** Arbusto espinoso de flores blancas y fruto en baya. **2.** Yema de la flor de este arbusto usada como condimento.

alcaraván m. Ave zancuda nocturna, de cuello largo, cola corta y plumaje de gran colorido.

alcatraz m. Ave palmípeda marina de gran tamaño.

alcaudón m. Ave de presa, de pico largo y curvado.

alcayata f. Escarpia.

alcazaba f. Recinto fortificado dentro de una población amurallada.

alcázar m. **1.** Fortaleza. **2.** Casa o palacio real.

alce m. Mamífero rumiante parecido al ciervo.

alcoba f. Dormitorio.

alcohol m. **1.** Líquido incoloro, de olor fuerte, que arde fácilmente. **2.** Bebida que contiene alcohol. **3.** QUÍM. Compuesto químico procedente de la oxidación de un hidrocarburo.

alcoholemia f. Presencia de alcohol en la sangre.

alcohólico, ca adj. **1.** Que contiene alcohol. ◆ adj./m. y f. **2.** Que padece alcoholismo.

alcoholismo m. Enfermedad causada por el abuso de bebidas alcohólicas.

alcoholizar tr. Añadir alcohol a un líquido.

alcornoque m. Árbol de cuya corteza se obtiene el corcho.

alcurnia f. Ascendencia, linaje.

aldaba f. **1.** Pieza metálica para llamar a las puertas. **2.** Barra que asegura el cierre de una puerta.

aldea f. Pueblo pequeño sin jurisdicción propia.

aldehído m. QUÍM. Compuesto químico obtenido por la oxidación de un alcohol.

aleación f. Sustancia de características metálicas obtenida por la incorporación de uno o varios elementos a un metal.

aleatorio, ria adj. Que depende de la suerte o del azar.

alebrestarse prnl. *Méx. y Venez.* Excitarse, ponerse nervioso.

aleccionador, ra adj. Que alecciona o sirve para aleccionar.

aleccionar tr. y prnl. Instruir, enseñar.

aledaño, ña adj. **1.** Limítrofe. ◆ m. pl. **2.** Zona de las inmediaciones de un lugar.

alegar tr. Presentar algo como excusa, disculpa o como fundamento de una petición.

alegato m. **1.** Razonamiento escrito. **2.** *Amér.* Disputa, altercado.

alegoría f. Ficción en virtud de la cual una cosa representa o simboliza otra distinta: *la paloma es una ~ de la paz.*

alegrar tr. **1.** Causar alegría. ◆ prnl. **2.** Sentir alegría.

alegre adj. **1.** Que siente, manifiesta o causa alegría. **2.** Vivo, con mucha luz. **3.** *Fam.* Bebido.

alegría f. Sentimiento de placer originado generalmente por una viva satisfacción.

alegro m. MÚS. Tiempo moderadamente vivo.

alejandrino, na adj./m. y f. **1.** De Alejandría. ◆ adj./m. **2.** Dícese del verso de catorce sílabas.

alejar tr. y prnl. Poner lejos o más lejos, distanciar.

alelado, da adj. Lelo, tonto.

aleluya m. o f. Aclamación litúrgica judía y cristiana.

alemán, na adj./m. y f. **1.** De Alemania. ◆ m. **2.** Lengua germánica hablada en Alemania y Austria.

alentar tr. y prnl. **1.** Animar, infundir aliento. ◆ intr. **2.** Respirar.

alerce m. Árbol de gran altura, cuyo fruto es una piña menor que la del pino.

alergia f. Sensibilidad anormal a determinadas sustancias que produce ciertos fenómenos fisiológicos.

alero m. Parte del tejado que sale fuera de la pared.

alerón m. Pieza articulada de las alas de un avión, que permite variar la inclinación del aparato.

alerta m. o f. **1.** Voz o señal que previene de algún peligro. **2.** Situación de vigilancia. ◆ adv. **3.** Con vigilancia y atención.

aleta f. Miembro o apéndice que permite nadar a numerosos animales acuáticos.

aletargar tr. **1.** Causar letargo. ◆ prnl. **2.** Padecer letargo.

aletear intr. Mover un ave las alas, sin echar a volar.

alevín m. **1.** Cría de pez destinada a la repoblación de estanques y ríos. **2.** Joven principiante.

alevosía f. DER. Cautela para asegurar la ejecución de un delito.

alfa f. Letra del alfabeto griego.

alfabetizar tr. **1.** Poner en orden alfabético. **2.** Enseñar a leer y escribir.

alfabeto m. **1.** Abecedario. **2.** Conjunto de signos empleados en un sistema de comunicación: ~ morse.

■ ENC. Entre los siglos XVII y XVI a.C. y ante las exigencias de su comercio en expansión, los fenicios inventaron una escritura que representaba todas las consonantes de su lengua. Fue una gran simplificación con respecto a los antiguos pictogramas. Hacia el siglo IX a.C., los griegos crearon el primer **alfabeto** completo que consistía en signos que representaban las consonantes y signos que representaban las vocales. Todos los alfabetos modernos, incluyendo el nuestro, descienden de este primer alfabeto.

alfajor m. **1.** Nombre dado a distintas golosinas. **2.** Alajú. **3.** Argent., Chile y Urug. Dulce formado por dos bizcochos circulares unidos entre sí por dulce de leche, chocolate, etc. **4.** Venez. Pasta de papelón, harina de yuca, piña y jengibre.

alfalfa f. Planta herbácea cultivada para forraje.

alfanumérico, ca adj. **1.** Dícese de una clasificación establecida simultáneamente a partir de las letras del alfabeto y de los números.**2.** INFORM. Dícese de los caracteres alfabéticos (A a Z), numéricos (0 a 9) o codificados mediante signos convencionales (.,&,...).

alfanúmero m. Cada uno de los números de una serie de números y letras combinados que se emplea como clave para operar con la computadora.

alfarería f. Arte de fabricar vasijas de barro.

alféizar m. Sesgo de la pared alrededor de una puerta o ventana.

alférez m. Oficial del ejército español con grado inmediatamente inferior al de teniente.

alfil m. Pieza del ajedrez que se mueve en diagonal.

alfiler m. Clavo metálico fino o joya que se prende en la ropa como sujeción o adorno.

alfombra f. Pieza de tejido grueso con que se cubre el piso.

alforja f. Tira de tela resistente, con dos bolsas en los extremos, que se cuelga sobre el hombro o al lomo de las caballerías.

alga f. Vegetal clorofílico sin raíces ni vasos, que vive en el agua o en ambientes húmedos.

■ ENC. Hay una gran variedad de **algas**. Existen las rojas, las pardas y las verdes. Hay también las que producen una luz fosforescente con la que iluminan el mar. Otras especies se emplean como alimento, como abono vegetal y en la industria farmacéutica.

algarabía f. **1.** Lengua árabe.**2.** Griterío confuso.

algarada f. Alboroto, desorden.

algarroba f. Fruto del algarrobo.

algarrobo m. Árbol leguminoso.

algazara f. Ruido de voces, generalmente alegres.

álgebra f. MAT. Ciencia del cálculo con magnitudes representadas por letras afectadas de los signos + o –.

álgido, da adj. **1.** Muy frío. **2.** Culminante, decisivo.

algo pron. **1.** Expresa el concepto general de cosa en contraposición a nada: tramar ~. **2.** Cantidad indeterminada: queda ~ de dinero. ◆ adv. **3.** Un poco.

algodón m. **1.** Planta cuyas semillas están envueltas en una borra blanca. **2.** Hilo o tela que se fabrica con esta borra.

algol m. INFORM. Lenguaje utilizado para la programación de problemas científicos o técnicos en las computadoras.

algorítmico, ca adj. **1.** Relativo al algoritmo. **2.** INFORM. Dícese de los lenguajes creados para facilitar la expresión concisa y precisa de algoritmos.

algoritmo m. MAT. Proceso de cálculo que permite llegar a un resultado final.

alguacil m. **1.** Oficial inferior de justicia. **2.** Argent. y Urug. Aguacil*.

alguien pron. Alguna persona.

algún adj. Apóc. de alguno.

alguno, na adj./pron. **1.** Se aplica a personas, animales o cosas indeterminadas. **2.** Pospuesto al sustantivo, tiene valor negativo: no sufrir cambio ~.

alhaja f. Joya.

alhajero, ra m. y f. Amér. Joyero, cofre.

alharaca f. Demostración excesiva, por ligero motivo, de la vehemencia de algún sentimiento.

alhelí m. Planta de jardín, de flores aromáticas.

alhóndiga f. Casa pública destinada a la compra y venta de granos.

A

aliado, da adj./m. y f. Dícese de la persona o país coligado con otro u otros.

alianza f. **1.** Acuerdo que se hace entre personas, naciones, etc. **2.** Parentesco por casamiento. **3.** Anillo de boda.

aliarse prnl. Unirse, coligarse.

alias m. **1.** Apodo. ♦ adv. **2.** Por otro nombre.

alicaído, da adj. **1.** Caído de alas. **2.** Débil. **3.** Triste y desanimado.

alicatar tr. Recubrir de azulejos una pared.

alicates m. pl. Tenaza de acero de puntas fuertes.

aliciente m. Estímulo que proporciona algo.

alícuota adj. MAT. Que está contenido un número entero de veces en un todo: *tres es una parte ~ de doce.*

alienar tr. y prnl. Volver loco.

alienígena adj./m. y f. **1.** Extranjero. **2.** Extraterrestre.

aliento m. **1.** Respiración. **2.** Aire que se expulsa al respirar. **3.** Vigor del ánimo, esfuerzo.

aligátor m. Caimán.

aligerar tr. y prnl. **1.** Hacer ligero o menos pesado. ♦ tr. e intr. **2.** Acelerar: *~ el paso.*

alijo m. Conjunto de géneros de contrabando: *~ de droga.*

alimaña f. Animal que se alimenta del ganado y de la caza menor.

alimentar tr. y prnl. **1.** Dar alimento. ♦ tr. **2.** Sustentar.

alimento m. **1.** Sustancia que proporciona al organismo la energía necesaria para mantenerse con vida. **2.** Sostén, pábulo. ● **~ natural**, el que se puede consumir sin haber sido modificado previamente, como la leche o la fruta fresca. ● **~ procesado**, el que se puede consumir después de haber sido transformado previamente, como las salchichas y el queso.

■ **Enc.** En una dieta balanceada los **alimentos** deben contener de 10 a 20% de proteínas (contenidas principalmente en carne, leche y huevos), 50 a 60% de carbohidratos (contenidos principalmente en los cereales como maíz y trigo) y 30% de lípidos (contenidos principalmente en las grasas de origen animal y vegetal). Además, es indispensable consumir frutas y verduras que son la fuente principal de vitaminas y minerales.

alimón. Al ~ *(Fam.)*, conjuntamente, en colaboración.

alinear tr. y prnl. **1.** Situar en línea recta. ♦ tr. **2.** Incluir a un jugador en un equipo deportivo.

aliñar tr. **1.** Condimentar, aderezar. **2.** *Chile.* Colocar en su posición los huesos dislocados.

alioli m. Salsa de ajo y aceite.

¡alirón! interj. Denota júbilo por el triunfo del vencedor en una competición deportiva.

alisar tr. y prnl. **1.** Poner liso. **2.** Peinar ligeramente el cabello.

alisio m./adj. Viento constante que sopla de la zona tórrida.

alistar tr. y prnl. **1.** Escribir en lista. ♦ prnl. **2.** Inscribirse en el ejército.

aliteración f. Repetición de uno o varios sonidos en una palabra o enunciado.

aliviar tr. **1.** Aligerar, hacer menos pesado. **2.** Disminuir un mal físico o moral.

aljamía f. Lengua castellana transcrita en caracteres árabes.

aljibe m. **1.** Cisterna. **2.** *Amér. Merid.* Pozo de agua.

allá adv. **1.** En aquel lugar. **2.** En un tiempo pasado. ● **El más ~**, la vida de ultratumba.

allanar tr. y prnl. **1.** Poner llano. ♦ tr. **2.** Vencer una dificultad. **3.** Entrar a la fuerza en casa ajena.

allegado, da adj. **1.** Cercano. ♦ adj./m. y f. **2.** Pariente o amigo.

allegar tr. **1.** Recoger, juntar. **2.** Arrimar. ♦ prnl. **3.** Adherirse a un dictamen o idea.

allende adv. De la parte de allá de: *estar ~ el mar.*

allí adv. **1.** En aquel lugar. **2.** A aquel lugar. **3.** Entonces: *a partir de ~, la película mejora.*

alma f. **1.** Principio espiritual que informa al cuerpo y con él constituye la esencia del hombre. **2.** Parte moral y emocional del hombre. **3.** Persona, individuo. **4.** Persona o cosa que da vida, aliento y fuerza. **5.** Parte interior de ciertos objetos.

almacén m. **1.** Lugar donde se guardan mercancías. **2.** *Amér. Merid.* Tienda de comestibles.

almacenar tr. **1.** Guardar en almacén. **2.** Reunir muchas cosas.

almacenero, ra m. y f. *Argent., Par.* y *Urug.* Dueño o encargado de una tienda de comestibles.

almacenista m. y f. **1.** Dueño de un almacén. **2.** Persona encargada de la custodia de las mercancías depositadas en un almacén. **3.** Comerciante mayorista.

almanaque m. Calendario en el que se recogen todos los días del año, semanas, meses, etc.

almazara f. Molino de aceite.

almeja f. Molusco bivalvo comestible.

almena f. Prisma que corona los muros de una fortaleza.

almendra f. **1.** Fruto y semilla comestible del almendro. **2.** Semilla de cualquier fruto en drupa.

almendro m. Árbol de flores blancas o rosadas, cuyo fruto es la almendra.

almíbar m. Azúcar disuelto en agua y espesado a fuego lento.

almidón m. Sustancia extraída de los cereales, que tiene usos alimenticios e industriales.

almidonar tr. Impregnar de almidón la ropa blanca.

alminar m. Torre de una mezquita.

almirante m. Persona que desempeña el cargo superior de la armada.

almirez m. Mortero de metal, pequeño y portátil.

almizcle m. Sustancia grasa de olor muy fuerte, utilizada en perfumería.

almogávar m. Soldado de una tropa muy diestra, que hacía incursiones en campo enemigo.

almohada f. Especie de cojín que sirve para reclinar sobre él la cabeza en la cama.

almohade adj./m. y f. De la dinastía musulmana que dominó la España árabe durante los siglos XII y XIII.

almohadilla f. Cojín pequeño que se coloca sobre los asientos duros.

almohadón m. Cojín grande utilizado para sentarse, recostarse o apoyar los pies en él.

almoneda f. Venta de bienes muebles en pública subasta.

almorávide adj./m. y f. De la dinastía musulmana que dominó la España árabe durante el s. XI.

almorrana f. Hemorroide.

almorzar intr. Tomar el almuerzo.

almuecín oalmuédano m. Musulmán que desde el alminar convoca a los fieles a la oración.

almuerzo m. Comida del mediodía.

alocución f. Discurso breve de un superior a sus inferiores.

aloja f. *Argent., Bol.* y *Chile*. Bebida refrescante hecha generalmente con semillas de algarroba blanca, machacadas y fermentadas.

alojado, da m. y f. *Chile* y *Ecuad.* Huésped.

alojar tr. y prnl. **1.** Hospedar. **2.** Colocar una cosa dentro de otra.

alondra f. Pájaro insectívoro de dorso pardo y vientre blanco.

■ **Enc.** Desde el amanecer se escucha el canto de la **alondra**. Es un ave que hace su nido en el suelo y siempre lo vigila mientras vuela. Como se alimenta de gusanos, orugas, hormigas y saltamontes es muy útil para la agricultura.

alopecia f. Caída del pelo.

alotropía f. QUÍM. Diferencia que en sus propiedades físicas y químicas presenta a veces un mismo cuerpo simple.

alpaca f. **1.** Mamífero rumiante suramericano parecido a la llama. **2.** Pelo de este animal y tejido hecho con él. **3.** Aleación de níquel, cinc y cobre.

alpargata f. Calzado de tela con suela de esparto trenzado.

alpinismo m. Deporte consistente en la ascensión a las altas montañas.

■ **Enc.** El **alpinismo** se inició en los alpes franceses en el siglo XVIII. El doctor Paccard y su guía Jacques Balmat, llamado el «Rey de los Alpes», ascendieron el *Mont Blanc* en 1786 para estudiar la presión atmosférica y la ebullición del agua a gran altura. En 1950 fue conquistado el monte *Annapurna* de 8 078 m de altura y en 1953 el Monte Everest de 8 846 m, la cumbre más alta del mundo. En México, al alpinismo se le llama «volcanismo» y en América del Sur «andinismo».

alpino, na adj. Relativo a los Alpes o a las altas montañas.

alpiste m. Planta gramínea cuyas semillas sirven de alimento a los pájaros.

alquería f. Casa de labranza.

alquilar tr. Dar o tomar una cosa para su uso por un precio convenido.

alquiler m. Precio en que se alquila alguna cosa.

alquimia f. Rama de la filosofía natural que buscaba la panacea universal e intentaba convertir los metales en oro.

alquitrán m. Sustancia oscura y viscosa que se obtiene de la destilación de la hulla, madera o petróleo.

alrededor adv. **1.** Denota la situación de lo que rodea alguna cosa. **2.** Cerca, sobre poco más o menos: ~ *de un año.* ◆ m. pl. **3.** Contorno, periferia.

altanería f. Orgullo, soberbia.

altar m. **1.** Monumento religioso donde se celebran sacrificios. **2.** Mesa sobre la que el sacerdote celebra el sacrificio de la misa.

altavoz m. Aparato que reproduce en voz alta los sonidos.

alterar tr. y prnl. **1.** Cambiar la esencia, forma o cualidades de una cosa. **2.** Perturbar, inquietar.

altercado m. Disputa violenta.

alternador m. Generador de corriente eléctrica alterna.

alternar tr., intr. y prnl. **1.** Hacer cosas diversas por turno y sucesivamente. ◆ intr. **2.** Tener trato las personas entre sí.

alternativo, va adj. **1.** Que se dice, hace o sucede alternándose. ◆ f. **2.** Opción entre dos cosas. **3.** Acto por el cual un matador de toros eleva a su misma categoría a un novillero.

alterno, na adj. **1.** Alternativo. **2.** FÍS. Dícese de la corriente eléctrica que cambia periódicamente de sentido.

alteza f. **1.** Elevación moral. **2.** Tratamiento dado a los príncipes.

altibajos m. pl. **1.** Desigualdad de un terreno. **2.** *Fam.* Conjunto de cambios bruscos.

altillo m. Construcción en alto en el interior de una habitación.

altiplanicie f. Meseta de gran extensión y altitud.

altisonante adj. Altamente sonoro, enfático: *lenguaje* ~.

altitud f. Altura de un punto con relación al nivel del mar.

altivo, va adj. Orgulloso, arrogante.

alto, ta adj. **1.** Levantado, elevado sobre la tierra. **2.** De estatura considerable. **3.** De superior categoría, calidad o condición. **4.** Fuerte, agudo: *voz* ~. ◆ m. **5.** Altura. **6.** Sitio elevado en el campo. **7.** Voz que se usa para que otro suspenda lo que está haciendo. **8.** Detención o parada. **9.** *Amér. Central* y *Amér. Merid.* Montón. ◆ pl. **10.** *Argent., Chile* y *Perú*. Piso o conjunto de pisos altos de una casa. ◆ f. **11.** Ingreso de una persona en un cuerpo, profesión, etc. **12.** Orden de salida del hospital, que se da al que está restablecido. ◆ adv. **13.** En lugar o parte superior. **14.** Con voz fuerte: *hablar* ~. ● **Pasar por** ~, omitir, callar.

altoparlante m. *Amér. Central* y *Amér. Merid.* Altavoz.

altorrelieve m. Relieve cuyas figuras son muy abultadas.

altozano m. Monte de poca altura en terreno llano.

altruismo m. Cuidado desinteresado en procurar el bien ajeno.

altura f. **1.** Elevación que tiene un cuerpo sobre la superficie de la tierra. **2.** Cima. **3.** Dimensión de los cuerpos perpendicular a su base. **4.** Mérito, valor. **5.** Altitud. ◆ pl. **6.** Cielo, paraíso.

alubia f. Judía.

alucinación f. Percepción ilusoria en la que el sujeto tiene conciencia plena de una realidad inexistente.

alucinar tr. e intr. **1.** Producir alucinación. ◆ intr. **2.** Gustar mucho.

alucinógeno, na adj./m. Dícese de la sustancia natural o artificial que produce alucinaciones.

alud m. **1.** Gran masa de nieve que se desprende de los montes. **2.** Lo que se desborda y precipita con ímpetu: *un ~ de gente.*

aludir intr. Hacer referencia.

alumbrado m. Conjunto de luces que iluminan un lugar.

alumbrar tr. e intr. **1.** Iluminar, dar luz. **2.** Parir la mujer.

aluminio m. Metal ligero, maleable y dúctil.

alumno, na m. y f. Cualquier discípulo, respecto de su maestro, de la materia que aprende o del centro donde estudia.

alusión f. Acción de aludir.

aluvión m. **1.** Avenida fuerte de agua. **2.** Gran cantidad.

aluzar tr. e intr. **1.** *Amér. Central, Colomb.* y *Méx.* Alumbrar. ◆ tr. **2.** *R. Dom.* y *P. Rico.* Examinar al trasluz.

alveolar adj. **1.** Relativo a los alveolos. **2.** LING. Dícese del fonema articulado a la altura de los alveolos, y de la letra que lo representa.

alveolo o **alvéolo** m. **1.** Celdilla del panal. **2.** Cavidad en que está engastado un diente. **3.** Cavidad abierta en el tejido del lóbulo pulmonar.

alza f. Subida, aumento.

alzado, da adj. **1.** *Amér.* Dícese del animal en celo. **2.** *Amér. Merid.* Dícese del animal doméstico que se vuelve bravío. ◆ adj./m. y f. **3.** *Amér.* Engreído e insolente. ◆ f. **4.** Altura del caballo.

alzamiento m. **1.** Acción y efecto de alzar o alzarse. **2.** Sublevación militar.

alzar tr. y prnl. **1.** Mover de abajo hacia arriba, levantar. **2.** Rebelar, sublevar. **3.** Aumentar, subir. ◆ tr. **4.** Construir, edificar.

ama f. **1.** Cabeza o señora de la casa o familia. **2.** Criada principal.

amable adj. Atento, cordial.

amaestrar tr. **1.** Enseñar, adiestrar. **2.** Domar los animales.

amagar tr. e intr. **1.** Dejar ver la intención de ejecutar próximamente algo. ◆ intr. **2.** Estar una cosa próxima a sobrevenir.

amainar intr. Aflojar, perder su fuerza el viento, lluvia, etc.

amalgama f. **1.** Aleación de mercurio con otro metal. **2.** Mezcla.

amamantar tr. Dar de mamar.

amancebamiento m. Vida matrimonial de un hombre y una mujer sin estar casados.

amanecer impers. Apuntar el día.

amanecer m. Tiempo en que amanece.

amanerado, da adj. **1.** Rebuscado: *lenguaje ~.* **2.** Afeminado.

amanita f. Hongo de diversos colores, con un anillo bajo el sombrero, que puede ser comestible o venenoso.

amansar tr. y prnl. **1.** Hacer manso. **2.** Sosegar, apaciguar.

amante adj./m. y f. **1.** Que ama. ◆ m. y f. **2.** Hombre o mujer que tienen relaciones amorosas.

amañar tr. **1.** Arreglar, urdir algo con maña. ◆ prnl. **2.** Darse maña.

amapola f. Planta herbácea de flores rojas.

amar tr. **1.** Tener amor a personas o cosas. **2.** Desear.

amarar intr. Posarse en la superficie del agua una aeronave.

amargar intr. y prnl. **1.** Tener alguna cosa sabor desagradable. ◆ tr. y prnl. **2.** Causar disgusto.

amargo, ga adj. **1.** Que amarga. **2.** Que causa o denota aflicción.

amarillo, lla adj./m. **1.** Dícese del color comprendido entre el verde y el anaranjado en el espectro solar. ◆ adj. **2.** De color amarillo.

amarra f. MAR. Cabo para asegurar la embarcación fondeada en un muelle.

amarrado, da adj. **1.** *Antill.* y *Chile.* Dícese de la persona de acciones y movimientos lentos. **2.** *Cuba* y *Méx.* Mezquino, tacaño.

amarrar tr. Atar, asegurar con cuerdas, cadenas, etc.

amarrete, ta adj./m. y f. **1.** Usurero, egoísta, mezquino. **2.** *Amér. Merid.* Tacaño.

amasandería f. *Chile, Colomb.* y *Venez.* Panadería.

amasar tr. **1.** Hacer masa. **2.** Reunir, juntar: *~ una fortuna.*

amasiato m. *C. Rica, Méx.* y *Perú.* Amancebamiento.

amasijo m. Masa hecha con harina o yeso y agua.

amate m. **1.** Higuera que crece en las regiones cálidas de México. **2.** Pintura hecha sobre la albura de este árbol.

amateur adj./m. y f. Aficionado.

amatista f. Piedra fina muy apreciada en joyería.

amazona f. **1.** Mujer guerrera de algunas mitologías. **2.** Mujer que monta a caballo.

ambages m. pl. Rodeos de palabras: *dímelo sin ~.*

ámbar m. **1.** Resina fósil amarillenta. **2.** Color amarillo anaranjado.

■ **Enc.** El principal yacimiento de **ámbar** se encuentra en las costas del mar Báltico. Se formó a partir de la resina de coníferas que vivieron en la Era Terciaria (hace 65 millones de años). Cuando el ámbar se frota atrae cuerpos ligeros. Por ello, en el siglo VI a.C. los griegos le llamaron electrón, palabra que después derivó en *electricidad.*

ambición f. Pasión por conseguir poder, fama, etc.

ambidiestro, tra adj./m. y f. Que emplea con igual soltura las dos manos.

ambiente m. **1.** Conjunto de circunstancias sociales, culturales, etc., que rodean a una persona o cosa. **2.** *Argent., Chile* y *Urug.* Habitación de una casa.

ambiguo, gua adj. Que puede admitir distintas interpretaciones. ● **Género** ~ (LING.), el atribuido a los sustantivos que pueden usarse en masculino o en femenino.

ámbito m. **1.** Espacio entre límites determinados. **2.** Ambiente.

ambivalencia f. Condición que presenta dos aspectos o sentidos contradictorios.

ambo m. *Argent., Chile* y *Urug.* Conjunto de chaleco y pantalón cortados de la misma tela.

ambos, bas adj./pron. El uno y el otro, los dos.

ambrosía f. Alimento de los dioses.

ambulancia f. Vehículo destinado al transporte de enfermos.

ambulante adj. Que va de un lugar a otro sin tener asiento fijo.

ambulatorio m. Dispensario.

ameba f. Ser unicelular que vive en el agua.

amebiasis f. Enfermedad intestinal causada por las amebas, que puede extenderse al hígado, a los pulmones y al cerebro.

amedrentar tr. y prnl. Infundir miedo.

amelcochar tr. y prnl. **1.** *Amér.* Dar a un dulce el punto espeso de la melcocha. ◆ prnl. **2.** *Méx. Fam.* Ablandarse.

amén m. Voz hebrea con que terminan algunas oraciones.

amenazar tr. **1.** Dar a entender que se quiere hacer algún mal a otro. ◆ tr. e intr. **2.** Presagiar la proximidad de algún peligro.

ameno, na adj. **1.** Grato, placentero. **2.** Divertido.

americanismo m. **1.** Calidad, condición o carácter de americano. **2.** Palabra o giro propio de los hispanoamericanos.

americano, na adj./m. y f. **1.** De América. **2.** Norteamericano. ◆ f. **3.** Chaqueta de hombre.

amerindio, dia adj./m. y f. De los indios de América.

ameritar intr. *Amér. Central* y *Méx.* Merecer.

amerizar intr. Posarse en el agua una aeronave.

ametralladora f. Arma de fuego que dispara ráfagas de proyectil.

amhárico m. Lengua hablada por los etíopes.

amianto m. Mineral fibroso resistente al fuego y al calor.

amiba f. Ameba*.

amígdala f. Cada uno de los dos órganos situados en ambos lados de la entrada de la faringe.

amigo, ga adj./m. y f. Que tiene amistad.

amilanar tr. **1.** Causar miedo. ◆ prnl. **2.** Abatirse, acobardarse.

aminoácido m. QUÍM. Sustancia orgánica que constituye la base de las proteínas.

aminorar tr. Disminuir: ~ *la marcha.*

amistad f. **1.** Afecto personal, desinteresado y recíproco. **2.** Amigo. ◆ pl. **3.** Conjunto de personas que son amigas.

amnesia f. Disminución o pérdida total de la memoria.

amniótico, ca adj. Dícese del líquido que rodea al feto.

amnistía f. Perdón concedido por el poder público.

amo m. Poseedor de alguna cosa.

amodorrar tr. y prnl. Causar modorra o caer en ella.

amolado, da adj. **1.** *Méx.* Modesto. **2.** *Méx.* Enfermo.

amolar tr. Afilar un arma o instrumento con la muela.

amoldar tr. y prnl. **1.** Ajustar una cosa a un molde. ◆ prnl. **2.** Ajustarse a normas, pautas, etc.

amonestar tr. Hacer presente algo a uno para que lo evite.

amoníaco o **amoniaco** m. Gas de olor muy penetrante, formado por nitrógeno e hidrógeno combinados.

amontonar tr. y prnl. Poner en montón.

amor m. **1.** Sentimiento que atrae a una persona hacia otra. **2.** Persona amada. ● ~ **platónico**, el que idealiza a una persona amada sin establecer con ella una relación real.

amoral adj./m. y f. Desprovisto de valores morales.

amordazar tr. **1.** Poner mordaza. **2.** Impedir hablar a alguien.

amorfo, fa adj. Sin forma regular o bien determinada.

amortajar tr. Poner la mortaja a un difunto.

amortiguador m. Dispositivo para disminuir la violencia en un choque, la intensidad de un sonido o la vibración de una máquina.

amortizar tr. **1.** Sacar mucho provecho a algo. **2.** ECON. Reconstituir el capital empleado en la adquisición de una cosa.

amotinar tr. y prnl. Alzar en motín a una multitud.

amparar tr. **1.** Proteger. ◆ prnl. **2.** Valerse de la protección de alguno.

amperímetro m. Instrumento para medir la intensidad de una corriente eléctrica.

amperio m. Unidad de intensidad de la corriente eléctrica en el Sistema Internacional.

ampliar tr. **1.** Hacer más extenso. **2.** Reproducir en tamaño mayor.

amplificador m. Aparato que permite aumentar la intensidad de una magnitud física, sonido, etc.

amplio, plia adj. **1.** Extenso, espacioso. **2.** Abierto, comprensivo.

amplitud f. **1.** Extensión. **2.** Capacidad de comprensión.

ampolla f. **1.** Vejiga llena de líquido que se forma en la epidermis. **2.** Recipiente de vidrio que contiene un medicamento.

ampolleta f. *Chile.* Bombilla eléctrica.

ampuloso, sa adj. Hinchado y redundante: *lenguaje ~.*

amputar tr. Cortar y separar un miembro del cuerpo.

amueblar tr. Dotar de muebles algún lugar.

amuleto m. Objeto al que se atribuye alguna virtud sobrenatural.

amurallar tr. Cercar con muro o muralla.

anabolismo m. BIOL. Conjunto de síntesis moleculares que conducen a la asimilación.

anabolizante m. Sustancia que favorece la síntesis de las proteínas y atenúa su desintegración.

anaconda f. Serpiente de gran tamaño, no venenosa.

anacoreta m. y f. Religioso que vive en lugar solitario.

anacreóntico, ca adj./f. Dícese de la composición poética que canta los placeres del amor, del vino y otros similares.

anacronismo m. Error de cronología.

ánade m. o f. Pato.

AUTOMÓVIL, NEUMÁTICOS Y MOTOR

AUTOMÓVIL

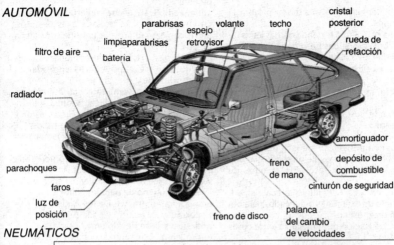

parabrisas · espejo retrovisor · volante · techo · cristal posterior · rueda de refacción · limpiaparabrisas · filtro de aire · batería · radiador · parachoques · faros · luz de posición · amortiguador · depósito de combustible · freno de mano · cinturón de seguridad · freno de disco · palanca del cambio de velocidades

NEUMÁTICOS

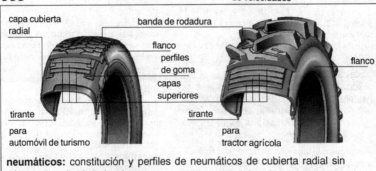

capa cubierta radial · banda de rodadura · flanco · perfiles de goma · capas superiores · flanco · tirante · para automóvil de turismo · tirante · para tractor agrícola

neumáticos: constitución y perfiles de neumáticos de cubierta radial sin cámara de aire (tubeless).

MOTOR DE COMBUSTIÓN INTERNA

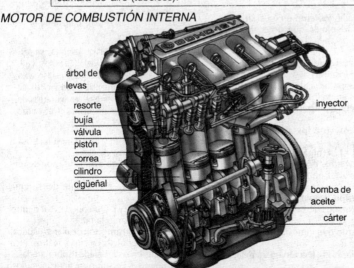

árbol de levas · resorte · bujía · válvula · pistón · correa · cilindro · cigüeñal · inyector · bomba de aceite · cárter

El motor de combustión interna es el más utilizado a pesar de ser altamente contaminante debido a los gases de escape. Se intenta evitar este gran inconveniente con la fabricación de otros motores cuyo funcionamiento sea menos perjudicial.

anaerobio adj./m. BIOL. Dícese de los microorganismos que no necesitan para vivir el oxígeno del aire.

anáfora f. Repetición de una misma palabra, al iniciar frases.

anagrama m. Palabra formada con las letras de otra palabra cambiadas de orden.

anal adj. Relativo al ano.

anales m. pl. Obra que refiere lo sucedido por años.

analfabeto, ta adj./m. y f. Que no sabe leer ni escribir.

analgésico m. Sustancia que disminuye o suprime el dolor.

análisis m. **1.** Descomposición de una sustancia en sus componentes: ~ *de sangre*. **2.** Estudio sobre las distintas partes de un todo: ~ *de una obra*. **3.** MAT. Arte de resolver problemas de álgebra.

analítico, ca adj. **1.** Relativo al análisis. ◆ f. **2.** Conjunto de exámenes practicados para obtener un diagnóstico.

analogía f. Relación de semejanza entre cosas distintas.

analógico, ca adj. **1.** Análogo. **2.** Relativo a la analogía. **3.** INFORM. Dícese de una señal cuyas variaciones son continuas.

ananás o **ananá** m. *Argent.* y *Urug.* Piña tropical.

■ **ENC.** El **ananás** o piña es originario de Sudamérica. Cristóbal Colón lo conoció en la isla Guadalupe en 1493. Posteriormente los imperios europeos (España, Portugal, Francia e Inglaterra) lo sembraron en sus colonias de África y Oceanía. Actualmente China es el principal productor de ananás.

anaquel m. Estante de un armario o librería.

anaranjado, da adj./m. **1.** Dícese del color parecido al de la naranja. ◆ adj. **2.** De color anaranjado.

anarquía f. Falta de gobierno en un estado.

anarquismo m. Ideología que desecha toda autoridad, y preconiza la libertad absoluta del individuo.

anatomía f. **1.** Estudio de la estructura y forma del organismo de los seres vivos. **2.** Disposición y tamaño de las partes externas del cuerpo humano y de los animales.

anca f. Mitad lateral de la parte posterior de un animal.

ancestral adj. Relativo a los antepasados remotos.

ancho, cha adj. **1.** Holgado, amplio. ◆ m. **2.** Anchura: *dos metros de ~*.

anchoa o **anchova** f. Boquerón curado en salmuera.

anchura f. Extensión, amplitud.

anciano, na adj./m. y f. Dícese de la persona de muchos años.

ancla f. Instrumento que inmoviliza las embarcaciones en el mar.

áncora f. **1.** Ancla. **2.** Protección en un peligro o infortunio.

andalucismo m. Vocablo o giro propios del dialecto andaluz.

andaluz, za adj./m. y f. De Andalucía (España).

andamio m. Armazón colocado en la parte alta de un edificio.

andanada f. **1.** Localidad cubierta y con gradas en la parte más alta de las plazas de toros. **2.** Descarga simultánea de una línea de batería de una nave.

andante m. MÚS. **1.** Movimiento moderadamente lento. **2.** MÚS. Composición interpretada con este movimiento.

andanza f. Suceso, aventura: *contar las andanzas*.

andar tr. **1.** Recorrer un lugar. ◆ intr. **2.** Funcionar un mecanismo: *este reloj no anda*. ◆ intr. y prnl. **3.** Ir de un lugar a otro dando pasos.

andar m. Modo de andar de las personas: *tiene andares amanerados*.

andén m. **1.** En las estaciones de tren, acera que se extiende a lo largo de las vías. **2.** *Amér. Central* y *Colomb.* Acera. **3.** *Amér. Merid.* Bancal en las laderas de un monte para los cultivos.

andino, na adj./m. y f. De los Andes.

andorrano, na adj./m. y f. De Andorra.

andrajo m. Jirón de ropa muy usada.

androceo m. Conjunto de órganos masculinos de la flor.

andrógino, na adj. Que presenta en un individuo caracteres de ambos sexos.

androide m. Autómata de figura humana.

andurrial m. Paraje extraviado o fuera de camino.

anécdota f. Relato breve de algún suceso curioso.

anegar tr. y prnl. Inundar.

anejo, ja adj./m. Anexo o unido a otra cosa.

anélido, da adj./m. Relativo a un tipo de gusanos anillados, sin patas, como la lombriz.

anemia f. Disminución del número de glóbulos rojos en la sangre.

anemómetro m. Instrumento que indica la velocidad del viento.

anémona o **anemona** f. Planta herbácea de flores grandes.

anestesia f. Privación total o parcial de la sensibilidad del cuerpo.

■ **ENC.** Desde la antigüedad los hombres recurrieron a las plantas para evitar el dolor. En el siglo XVIII, el médico alemán Franz Anton Mesmer hipnotizaba a sus pacientes para disminuir la sensibilidad del cuerpo. Sin embargo, las técnicas modernas de **anestesia** se desarrollaron hasta la ⌣ ⌣ ˙nda mitad del siglo XIX.

anexar o **anexionar** tr. y prnl. Unir una cosa a otra con dependencia de ella.

anexo, xa adj./m. Unido a otra cosa con dependencia de ella.

anfetamina f. Droga estimulante del sistema nervioso central.

anfibio, bia adj./m. y f. Que puede vivir dentro y fuera del agua, como la rana.

anfiteatro m. **1.** Construcción de planta elíptica, con gradas alrededor. **2.** En cines, teatros, etc., conjunto de asientos instalados sobre gradas.

anfitrión, na m. y f. Persona que tiene invitados.

ánfora f. Vasija alta y estrecha, usada por griegos y romanos.

■ **Enc.** Las **ánforas** servían para transportar vino, aceite, granos y para conservar higos, pescado seco, etc. El fondo puntiagudo se introducía en una base especial o se encajaba en la arena.

ángel m. **1.** Espíritu celeste creado por Dios para su ministerio. **2.** Persona muy bondadosa.

■ **Enc.** De acuerdo con la Biblia los **ángeles** son seres inmateriales, parecidos a los genios de la tradición oriental. Dios los creó y les dio la libertad de escoger entre el bien y el mal, por lo cual algunos son buenos y otros son malos. Los primeros viven en el cielo y Dios los envía con una misión al lado de los hombres. Los malos son los ángeles caídos, también llamados diablos o demonios.

ángelus m. Oración cristiana que comienza con esta palabra.
angina f. Inflamación de las amígdalas. ● **~ de pecho**, afección del corazón que se manifiesta por crisis dolorosas.
angiospermo, ma adj./f. BOT. Relativo a las plantas fanerógamas cuyas semillas están encerradas en un fruto.
anglicanismo m. Doctrina de la iglesia oficial de Inglaterra.
anglicismo m. Término de origen inglés, usado en otra lengua.
anglosajón, na adj./m. y f. **1.** De los pueblos germánicos que invadieron Inglaterra. **2.** Relativo a los pueblos de lengua y civilización inglesa. ◆ m. **3.** Lengua germánica de la cual procede el inglés.

■ **Enc.** Los **anglosajones** eran los Anglos, Jutos y Sajones, pueblos de Alemania y de Jutlandia que ocuparon Inglaterra en el siglo V.

angoleño, ña adj./m. y f. De Angola.
angolés, sa adj./m. y f. Angoleño.
angora f. Fibra textil animal.
angosto, ta adj. Estrecho.
anguila f. Pez de agua dulce, cuerpo delgado y carne apreciada.

■ **Enc.** La **anguila** europea vive durante 10 años en los ríos del continente. Después de este período, alcanza al océano Atlántico y lo cruza hasta llegar al mar de los Sargazos, donde pone sus huevos. Las larvas, llamadas angulas, tardan dos o tres años en atravesar de nuevo el Atlántico y regresar a Europa, donde permanecen hasta el siguiente desove.

angula f. Cría de la anguila.
ángulo m. Porción de plano comprendida entre dos semirrectas con el mismo origen.
angurria f. **1.** Amér. Hambre incontrolada. **2.** Amér. Egoísmo, avaricia.
angustia f. Estado de desasosiego y de inquietud profunda.
anhelar tr. Tener ansia de conseguir una cosa.
anhídrido m. QUÍM. Antigua denominación de los óxidos no metálicos.
anhidro, dra adj. QUÍM. Que no contiene agua: *sal ~*.
anidar intr. Hacer nido las aves.

anilina f. Sustancia química usada para elaborar colorantes.
anilla f. **1.** Anillo para colocar colgaduras o cortinas. **2.** Aro que se coloca en la pata de un ave. ◆ pl. **3.** Aparato de gimnasia formado por dos aros metálicos que penden de cuerdas.
anillo m. **1.** Aro de metal que se lleva en los dedos de la mano. **2.** Anilla para las aves. **3.** ASTRON. Elemento circular que rodea ciertos planetas. **4.** ZOOL. Segmento del cuerpo de un artrópodo.
ánima f. Alma del hombre que pena en el purgatorio.
animación f. **1.** Acción y efecto de animar. **2.** CINE y TV. Técnica para diseñar los movimientos de los dibujos animados.
animado, da adj. **1.** Dotado de alma. **2.** Divertido. **3.** Dotado de movimiento: *dibujos animados*.

■ **Enc.** Los primeros dibujos **animados** se realizaron antes de 1910, como las creaciones del francés Emile Cohl. En 1919 Pat Sullivan creó al gato Félix, la primera estrella de los dibujos animados. En 1926 apareció el célebre ratón Mickey, creado por el norteamericano Walt Disney, quien posteriormente realizó los primeros largometrajes de dibujos animados. Otros animadores destacados fueron Tex Avery, Paul Grimault y Norman McLaren. En la actualidad, la industria del largometraje la domina la compañía Disney, pero en la televisión se ven producciones de origen japonés.

animadversión f. Antipatía, odio, enemistad.
animal m. **1.** Ser vivo dotado de movimiento y sensibilidad. **2.** Ser animado privado de razón, en oposición al hombre. ◆ adj. **3.** Relativo a lo sensitivo. ◆ adj./m. y f. **4.** Grosero o muy ignorante.

■ **Enc.** Los **animales** se distinguen porque todos ellos, trátese de una esponja, una abeja o un león, son capaces de percibir lo que sucede a su alrededor, ingieren alimentos sólidos por una boca, tienen un tubo digestivo, eliminan los alimentos digeridos, respiran y se reproducen. En la actualidad existen alrededor de 1.3 millones de especies animales.

animar tr. y prnl. **1.** Dar ánimo o vigor. **2.** Mover. **3.** Comunicar alegría, etc.: *~ la fiesta*.
anímico, ca adj. Psíquico, espiritual: *estado ~*.
ánimo m. **1.** Estado emocional del ser humano. **2.** Valor, energía.
animosidad f. **1.** Enemistad, antipatía. **2.** Valor, esfuerzo.
anión m. Ion cargado negativamente.
aniquilar tr. y prnl. Destruir por completo.
anís m. **1.** Planta aromática. **2.** Aguardiente hecho con la semilla de esta planta.
aniversario m. Día en que se cumplen años de algún suceso.
ano m. Orificio externo del recto.
anoche adv. En la noche de ayer.
anochecer impers. Venir la noche.
anochecer m. Tiempo durante el cual anochece.
anodino, na adj. Ineficaz, insignificante.
ánodo m. Electrodo de carga positiva.

anofeles adj./m. Dícese de un género de mosquitos cuya hembra transmite el paludismo.

anómalo, la adj. Extraño, irregular.

anonadar tr. y prnl. **1.** Desconcertar a alguien. **2.** Maravillar.

anónimo, ma adj./m. y f. **1.** Dícese de la obra o escrito que no lleva el nombre de su autor. ♦ m. **2.** Escrito no firmado en que se dice algo ofensivo o amenazador contra alguien.

anorak m. Chaqueta corta impermeable, con capucha.

anorexia f. Pérdida del apetito, debida a causas psíquicas.

anormal adj. Que no es normal.

anotar tr. **1.** Tomar nota por escrito. **2.** DEP. Conseguir un tanto.

anquilosarse prnl. **1.** Producirse una disminución de los movimientos de una articulación. **2.** Detenerse algo en su progreso natural.

ánsar m. Ganso.

ansia f. **1.** Fatiga que causa inquietud. **2.** Anhelo, deseo vivo.

ansiar tr. Desear con ansia algo.

ansiedad f. Estado de inquietud del ánimo.

antagónico, ca adj. Opuesto, contrario: *posturas antagónicas.*

antagonista m. y f. Persona o cosa contraria a otra.

antaño adv. En tiempo antiguo.

antártico, ca adj. Relativo al polo sur y a las regiones que lo rodean.

ante m. **1.** Alce. **2.** Piel de algunos animales, adobada y curtida. ♦ prep. **3.** En presencia de, delante de. **4.** En comparación, respecto de: *opinar ~ un asunto.*

anteanoche adv. Durante la noche de anteayer.

anteayer adv. En el día inmediatamente anterior a ayer.

antebrazo m. Parte del brazo entre el codo y la muñeca.

antecedente m. **1.** Circunstancia anterior, que sirve para juzgar hechos posteriores. **2.** LING. Nombre o pronombre que precede al pronombre relativo y con el que guarda relación.

anteceder tr. Suceder antes: *la causa antecede al efecto.*

antecesor, ra m. **1.** Antepasado. ♦ m. y f. **2.** Persona que precedió a otra en un empleo o cargo.

antedicho, cha adj. Dicho con anterioridad.

antelación f. Anticipación de una cosa respecto a otra.

antemano. De ~, anticipadamente.

antena f. **1.** Dispositivo que permite emitir y recibir ondas radioeléctricas. **2.** ZOOL. Órgano situado en la cabeza de los artrópodos.

anteojo m. **1.** Instrumento óptico con el que se obtienen imágenes aumentadas de objetos lejanos. ♦ pl. **2.** Antiguas gafas sin patillas. **3.** *Amér.* Gafas.

antepasado m. Ascendiente.

anteponer tr. y prnl. **1.** Poner delante. **2.** Dar más importancia.

antera f. Parte del estambre de las flores que contiene el polen.

anteridio m. BOT. Célula esencial de los anterozoides.

anterior adj. **1.** Que precede en lugar o tiempo. **2.** LING. Dícese de las vocales palatales.

anterozoide m. BOT. Gameto masculino de algunos vegetales.

antes adv. **1.** Denota prioridad en el tiempo y en el espacio: *te lo dije ~.* **2.** Denota preferencia: *prefiere callar ~ que mentir.*

antesala f. Pieza que precede a una sala principal.

antiácido, da adj./m. y f. **1.** Dícese de un material que resiste el ataque de ácidos fuertes. **2.** Dícese del medicamento empleado para combatir la acidez estomacal.

antiaéreo, a adj./m. Relativo a la defensa contra los ataques aéreos.

antibiótico m. Sustancia capaz de destruir bacterias.

anticiclón m. Centro de altas presiones atmosféricas.

anticipar tr. **1.** Hacer que ocurra una cosa antes del tiempo señalado. ♦ prnl. **2.** Ocurrir una cosa antes del tiempo señalado.

anticlerical adj./m. y f. Opuesto a la influencia del clero en los asuntos públicos.

anticonceptivo, va adj./m. Que impide la fecundación de la mujer: *píldora ~.*

anticongelante m. Producto que se añade al agua del radiador de un motor para impedir que se hiele.

anticuado, da adj. Que no está de moda o no se usa ya.

anticuario, ria m. y f. Persona que comercia con objetos antiguos.

anticucho m. *Bol., Chile y Perú.* Pedazo pequeño de carne asada o frita que se vende ensartado en un palillo de madera o de metal.

anticuerpo m. Sustancia de defensa que aparece en el organismo por la introducción de un antígeno.

antidiarreico, ca adj./m. y f. Dícese del medicamento empleado para combatir la diarrea.

antídoto m. Sustancia que actúa en contra de un tóxico determinado.

antifaz m. Velo o máscara con que se cubre la cara y los ojos.

antígeno m. Sustancia que puede provocar la formación de anticuerpos en el organismo.

antiguano, na adj./m. y f. De Antigua.

antigüedad f. **1.** Período de la historia correspondiente a las civilizaciones más antiguas. ♦ pl. **2.** Conjunto de monumentos u objetos antiguos.

■ Enc. *Antigüedad egipcia.* Período que dura unos 3 000 años y que termina con la invasión de los romanos a Egipto en el año 30 a.C. *Antigüedad griega.* Período que se remonta a 2 000 años a.C. y que termina con la invasión romana en el año 197 a.C. *Antigüedad romana.* Comienza con la fundación de Roma en el 753 a.C. Su fin inicia con la división del Imperio Romano en Imperio de Oriente e Imperio de Occidente y termina con la caída del último emperador de Occidente en 476 d.C. *Medio Oriente.* Entre 1700 y 331 a.C., se sucedieron varios imperios poderosos como el Hitita, el Asirio, el Babilonio y el Persa.

antiguo, gua adj. Que existe desde hace mucho tiempo o existió en tiempo remoto.

antihistamínico, ca adj./m. y f. Dícese de la sustancia que se opone a la acción nociva de la histamina y que se emplea principalmente en el tratamiento de las enfermedades alérgicas.

antiinflamatorio, ria adj./m. y f. Dícese del medicamento empleado para combatir las inflamaciones.

antillano, na adj./m. y f. De las Antillas.

antílope m. Nombre dado a diversos rumiantes salvajes con cornamenta, como la gacela.

■ **ENC.** El **antílope** pertenece a la familia de los bóvidos. El nilgó de Asia, el antílope blanco del Sahara, el gnu y el búbalo de África son algunas de las más de 300 especies de antílopes que existen. Sus tamaños varían desde el de una cabra hasta el de un buey.

antimonio m. Cuerpo simple, de color blanco-azulado.

antinatural adj. No natural.

antioqueño, ña adj./m. y f. De Antioquía (Colombia).

antipatía f. Sentimiento que inclina a rechazar algo o a alguien.

antipirético, ca adj./m. Que reduce la fiebre.

antípoda adj./m. y f. Dícese de un habitante de la Tierra, con respecto a otro de un lugar diametralmente opuesto.

antisemitismo m. Actitud de hostilidad hacia los judíos.

antiséptico, ca adj./m. Que previene contra la infección.

■ **ENC.** Hasta la segunda mitad del siglo XIX, el desconocimiento de los agentes infecciosos frenaba el progreso de la cirugía. A menudo las amputaciones llevaban a la muerte, pues los tejidos internos se descomponían cuando entraban en contacto con el aire exterior. Pasteur demostró que la putrefacción no era causada por el oxígeno como se creía, sino por los microorganismos suspendidos en el aire. A partir de este descubrimiento, el cirujano británico Joseph Lister elaboró apósitos con una sustancia **antiséptica** capaz de eliminar a los microbios. Desde entonces la cirugía ha tenido un desarrollo formidable.

antítesis f. Oposición entre dos palabras de ideas contrarias.

antitetánico, ca adj./m. y f. Utilizado contra el tétanos.

antojarse prnl. Hacerse una cosa objeto de deseo o capricho.

antojo m. Deseo caprichoso y pasajero de algo.

antología f. Colección de fragmentos literarios o musicales.

antónimo, ma adj./m. LING. Dícese de las palabras de significados opuestos.

antonomasia f. Sustitución de un nombre común por un nombre propio, o viceversa, como el *Libertador* por *Simón Bolívar*. ● **Por** ~, por excelencia: *la pasta es el plato italiano por* ~.

antorcha f. Vela grande y gruesa.

antracita f. Carbón fósil.

antro m. **1.** Caverna, gruta. **2.** *Fam.* Lugar sórdido y de mala fama.

antropocentrismo m. Doctrina que sitúa al hombre en el centro del universo.

antropófago, ga adj./m. y f. Que come carne humana.

antropología f. Ciencia que estudia el ser humano partiendo de la relación entre su base biológica y su evolución histórica.

antropomorfo, fa adj./m. y f. **1.** Dícese de ciertos monos sin cola, como el gorila. ◆ adj. **2.** De figura humana.

anual adj. **1.** Que sucede cada año. **2.** Que dura un año.

anuario m. Publicación anual.

anudar tr. y prnl. Hacer nudos.

anuencia f. Consentimiento, permiso.

anular tr. **1.** Dar algo por nulo. ◆ tr. y prnl. **2.** Desautorizar a uno.

anular adj. **1.** Relativo al anillo. **2.** De figura de anillo: *eclipse* ~. ◆ m. **3.** Cuarto dedo de la mano, respecto del pulgar.

anunciar tr. **1.** Dar noticia de una cosa. **2.** Pronosticar. ◆ tr. y prnl. **3.** Poner un anuncio comercial.

anuncio m. **1.** Acción y efecto de anunciar. **2.** Conjunto de palabras o signos con que se anuncia comercialmente algo. **3.** Pronóstico.

anuro, ra adj./m. y f. Relativo a un orden de anfibios que, en estado adulto, están desprovistos de cola, como la rana y el sapo.

anverso m. Lado principal de una moneda o medalla.

anzuelo m. Arpón pequeño de metal que sirve para pescar.

añadir tr. **1.** Agregar una cosa a otra. **2.** Replicar, responder.

añejo, ja adj. Que es muy viejo: *vino* ~.

añicos m. pl. Conjunto de pedazos de una cosa al romperse.

añil adj./m. **1.** Dícese del color comprendido entre el azul y el violeta en el espectro solar. ◆ adj. **2.** De color añil.

año m. **1.** Tiempo convencional igual al período de revolución de la Tierra alrededor del Sol. **2.** Período de doce meses a contar desde el 1 de enero hasta el 31 de diciembre, ambos inclusive. ● ~ **luz** (ASTRON.), unidad de longitud equivalente a la distancia recorrida por la luz en el vacío durante un año.

■ **ENC.** La duración del **año** se basa en el movimiento de la Tierra alrededor del Sol. Este movimiento dura 365.242 días. El inicio del año el 1 de enero es una convención, pues los chinos lo inician con la última luna nueva de invierno y los antiguos celtas lo iniciaban el 1 de noviembre. La idea de dividir el año en meses de aproximadamente 30 días cada uno, derivó de otros sistemas que dividían el año en meses lunares (de 29 días y medio). Los mayas y los aztecas usaban una división del año muy exacta. Tenía 18 «meses» de 20 días cada uno más cinco o seis días al final de cada año.

añoranza f. Soledad, melancolía por ausencia o pérdida.

añorar tr. e intr. Sentir añoranza.

aorta f. Arteria principal del sistema circulatorio animal.

apabullar tr. y prnl. *Fam.* Abrumar, dejar confuso.

apacentar tr. **1.** Dar pasto al ganado. ◆ prnl. **2.** Pacer el ganado.

apache adj./m. y f. De un pueblo amerindio que se extendía por la zona de Nuevo México y Arizona.

apacible adj. Agradable y sereno.

apaciguar tr. y prnl. Poner en paz, aquietar.

apadrinar tr. Patrocinar, proteger.

apagado, da adj. **1.** De genio sosegado. **2.** Poco vivo: *color* ~.

apagar tr. y prnl. **1.** Extinguir el fuego o la luz. **2.** Disminuir: ~ *la sed.* **3.** Desconectar un aparato de su fuente de energía.

apagón m. Corte súbito de la energía eléctrica.

apaisado, da adj. Que es más ancho que alto: *cuadro* ~.

apalabrar tr. Concertar de palabra una cosa: ~ *una cita.*

apalancar tr. **1.** Mover con una palanca. ◆ prnl. *Fam.* **2.** Acomodarse en un lugar.

apalear tr. Golpear con un palo.

apañar tr. **1.** Apoderarse de algo ilícitamente. **2.** Remendar lo que está roto. **3.** *Argent., Bol., Nicar., Perú* y *Urug.* Encubrir, ocultar a alguien. ◆ prnl. *Fam.* **4.** Darse maña para hacer algo.

aparador m. **1.** Mueble que contiene la vajilla y el servicio de mesa. **2.** Escaparate.

aparato m. **1.** Instrumento que se usa en la realización de un trabajo. **2.** Máquina. **3.** Conjunto de órganos que realizan la misma función: ~ *respiratorio.*

aparatoso, sa adj. Exagerado, espectacular: *caída* ~.

aparcamiento m. **1.** Acción y efecto de aparcar. **2.** Lugar donde aparcan los vehículos.

aparcar tr. **1.** Situar en un lugar un vehículo. **2.** Posponer algo.

aparcería f. Convenio por el cual una persona se obliga a ceder a otra el disfrute de ciertos bienes, a cambio de obtener una parte de los beneficios.

aparear tr. y prnl. **1.** Unir dos cosas de manera que formen un par. **2.** Juntar dos animales para reproducirse o procrear.

aparecer intr. y prnl. **1.** Dejarse ver. **2.** Hallarse.

aparecido m. Espectro de un difunto.

aparejador, ra m. y f. Técnico que ayuda a un arquitecto.

aparejar tr. **1.** Poner el aparejo a caballerías o buques. ◆ tr. y prnl. **2.** Preparar, disponer.

aparejo m. **1.** Conjunto de instrumentos de una profesión, oficio o arte. **2.** Elemento necesario para montar o cargar las caballerías. **3.** Arboladura, velamen y jarcias de un buque.

aparentar tr. **1.** Dar a entender lo que no es o no hay. **2.** Tener aspecto de determinada cosa.

aparente adj. **1.** Que parece y no es. **2.** Que se muestra a la vista.

aparición f. **1.** Acción y efecto de aparecer. **2.** Aparecido.

apariencia f. **1.** Aspecto exterior. **2.** Cosa que parece y no es.

apartadero m. Vía muerta donde se apartan los vagones.

apartado, da adj. **1.** Distante, lejano. ◆ m. **2.** Párrafo de un escrito dedicado a una materia concreta. ● ~ **de correos**, sección de una oficina de correos donde se recoge la correspondencia particular.

apartamento m. Vivienda pequeña situada en un edificio.

apartar tr. y prnl. **1.** Separar, alejar. **2.** Quitar algo de un lugar.

aparte adv. **1.** En otro lugar. **2.** A distancia, desde lejos. **3.** Separadamente, con distinción. **4.** Con omisión de: ~ *de lo dicho.* ◆ m. **5.** En la escena teatral, lo que dice un personaje como hablando para sí.

apasionar tr. y prnl. **1.** Excitar alguna pasión. ◆ prnl. **2.** Aficionarse con exceso.

apatía f. Desinterés, abulia.

apátrida m. y f. Persona que no tiene patria.

apeadero m. En los trayectos ferroviarios, punto de parada sin estación.

apear tr. y prnl. Bajar de un vehículo o de una caballería.

apedrear tr. **1.** Tirar piedras a algo. ◆ impers. **2.** Caer pedrisco.

apego m. Cariño o afición hacia alguien o algo.

apelar intr. **1.** Recurrir al tribunal superior contra una sentencia. ◆ intr. y prnl. **2.** Recurrir a una persona o cosa: ~ *a su bondad.*

apelativo m. Sobrenombre.

apellido m. Nombre de familia con que se distinguen las personas.

apenar tr. y prnl. **1.** Causar o sentir pena. ◆ prnl. **2.** *Méx.* Avergonzarse.

apenas adv. **1.** Con dificultad, muy poco. **2.** Denota la inmediata sucesión de dos acciones.

apéndice m. **1.** Cosa adjunta a otra, de la cual es prolongación. **2.** ANAT. Prolongación delgada y hueca del intestino ciego.

apendicitis f. Inflamación del apéndice del intestino ciego.

apercibir tr. **1.** Amonestar, advertir. ◆ tr. y prnl. **2.** Percibir, notar.

aperitivo m. Bebida y tapas que se toman antes de la comida.

aperos m. pl. **1.** Conjunto de instrumentos de la branza. **2.** *Amér. Merid.* y *P. Rico.* Conjunto de arreos de montar más lujosos que los comunes.

apersonarse prnl. **1.** Personarse, avistarse, presentarse personalmente. **2.** DER. Comparecer como parte en un negocio el que, por sí mismo o por otro, tiene interés en él.

apertura f. **1.** Acción de abrir. **2.** Inauguración. **3.** Aceptación de ideas o actitudes avanzadas.

apesadumbrar tr. y prnl. Causar o sentir pesadumbre.

apestar tr. e intr. **1.** Arrojar mal olor. ◆ tr. y prnl. **2.** Causar la peste.

apétalo, la adj. BOT. Que carece de pétalos.

apetecer tr. **1.** Desear alguna cosa. ◆ intr. **2.** Gustar, agradar.

apetito m. Tendencia a satisfacer las necesidades orgánicas, especialmente la de comer.
apiadar tr. y prnl. Causar o tener piedad.
ápice m. **1.** Extremo superior de una cosa. **2.** Parte muy pequeña.
apicultura f. Arte de criar abejas.
apilar tr. Poner una sobre otra varias cosas.
apiñar tr. y prnl. Juntar o agrupar estrechamente.
apio m. Planta hortense de raíz y tallo comestibles.
apisonadora f. Máquina usada para allanar superficies.
aplacar tr. y prnl. Mitigar.
aplanar tr. **1.** Poner llano. ◆ prnl. **2.** Perder el vigor, desalentarse.
aplastar tr. y prnl. **1.** Disminuir el grueso de una cosa. **2.** Vencer.
aplaudir tr. Dar palmadas en señal de aprobación o entusiasmo.
aplauso m. **1.** Acción de aplaudir. **2.** Alabanza, elogio.
aplazar tr. **1.** Retrasar la ejecución de algo. **2.** *Amér.* Suspender a alguien en un examen.
aplicación f. **1.** Acción y efecto de aplicar o aplicarse. **2.** Adorno de materia distinta a la que se superpone. **3.** MAT. Operación por la que se hace corresponder a todo elemento de un conjunto un solo elemento de otro conjunto.
aplicar tr. **1.** Poner una cosa sobre otra. **2.** Hacer uso de una cosa para conseguir un fin. ◆ prnl. **3.** Ejecutar algo con esmero.
aplique m. Lámpara que se fija en la pared.
aplomo m. Serenidad.
apocalipsis m. Libro del Nuevo Testamento que contiene las revelaciones sobre el fin del mundo: *el ~ de san Juan.*
apocar tr. y prnl. Intimidar, cohibir.
apócope f. Supresión de uno o más sonidos al final de una palabra.
apócrifo, fa adj. Atribuido indebidamente: *evangelio ~.*
apoderado, da adj./m. y f. Que tiene poderes de otro para actuar en su nombre.
apoderar tr. **1.** Otorgar poderes. ◆ prnl. **2.** Hacerse dueño de una cosa.
apodo m. Sobrenombre que se da a una persona.
ápodo, da adj. ZOOL. Falto de pies.
apogeo m. **1.** Grado superior que puede alcanzar alguna cosa. **2.** ASTRON. Distancia máxima entre la Tierra y un astro.
apolillar tr. Roer la polilla la ropa u otra cosa.
apolíneo, a adj. **1.** Relativo al dios griego Apolo. **2.** Apuesto.
apolítico, ca adj. Ajeno a la política.
apología f. Discurso en alabanza o defensa de alguien o algo.
apoltronarse prnl. Llevar una vida sedentaria.
apoplejía f. Cuadro clínico consecutivo a la hemorragia cerebral.
apoquinar tr. *Fam.* Pagar uno lo que le corresponde.
aporrear tr. y prnl. Golpear con porra.
aportar tr. Dar, contribuir.
aposentar tr. y prnl. Alojar, dar aposento.
aposento m. Cuarto o pieza de una casa.

aposición f. LING. Construcción que consiste en determinar un sustantivo por medio de otro sustantivo yuxtapuesto.
apósito m. MED. Material terapéutico que se aplica a una lesión.
aposta adv. Adrede, a propósito.
apostar tr. **1.** Pactar entre sí los que tienen alguna disputa o hacen algún pronóstico. **2.** Arriesgar una cantidad de dinero en algo.
apostilla f. Nota que interpreta, aclara o completa un texto.
apóstol m. Denominación dada a los doce discípulos de Jesucristo.
apostolado m. Misión de los apóstoles y tiempo que dura.
apóstrofe m. o f. **1.** Interpelación brusca. **2.** Figura de estilo consistente en dirigirse a personas o cosas personificadas.
apóstrofo m. Signo gráfico que indica la elisión de una vocal.
apotegma m. Sentencia o dicho breve.
apotema f. MAT. Perpendicular trazada desde el centro de un polígono regular a uno de sus lados.
apoteosis f. **1.** Alabanza de alguien o algo. **2.** Final brillante.
apoyar tr. **1.** Hacer que una cosa descanse sobre otra. **2.** Ayudar.
apoyo m. **1.** Lo que sirve para sostener. **2.** Fundamento.
apozarse prnl. *Chile* y *Colomb.* Rebalsarse.
apreciación f. **1.** Juicio, valoración. **2.** Aumento del valor de una moneda.
apreciar tr. **1.** Sentir afecto. **2.** Reconocer el mérito o la importancia de algo. **3.** Percibir los rasgos de algo. ◆ tr. y prnl. **4.** Aumentar el valor de una moneda.
aprecio m. **1.** Acción y efecto de apreciar. **2.** Afecto.
aprehender tr. **1.** Prender a una persona o un alijo de contrabando. **2.** Aprender.
apremiar tr. Dar prisa.
apremio m. **1.** Acción y efecto de apremiar. **2.** Procedimiento judicial o administrativo para conseguir un fin.
aprender tr. **1.** Adquirir el conocimiento de algo. **2.** Memorizar.
aprendiz, za m. y f. **1.** Persona que aprende un arte u oficio. **2.** Persona que está en el primer grado del escalafón laboral.
aprendizaje m. Acción y efecto de aprender y tiempo que se emplea en ello.
aprensión f. **1.** Recelo. **2.** Temor hacia las enfermedades.
apresar tr. **1.** Agarrar con las garras o colmillos. **2.** Aprisionar. **3.** Sujetar a alguien impidiendo sus movimientos.
aprestar tr. y prnl. Dar consistencia a los tejidos.
apresurar tr. y prnl. Dar prisa.
apretar tr. **1.** Estrechar con fuerza. **2.** Poner tirante. ◆ intr. **3.** Obrar con gran esfuerzo o intensidad.
apretujar tr. **1.** Apretar mucho. ◆ prnl. **2.** Oprimirse varias personas en un recinto reducido.
aprieto m. Conflicto, apuro.
aprisa adv. Con rapidez.

aprisco m. Lugar donde se recoge el ganado.

aprisionar tr. 1. Poner en prisión. 2. Atar, sujetar.

aprobar tr. 1. Dar por bueno. 2. Asentir a una opinión, ruego, etc.◆ tr. e intr. 3. Alcanzar en un examen la calificación de apto.

apropiado, da adj. Adecuado para algo.

apropiarse prnl. Hacerse dueño de una cosa.

aprovechado, da adj./m. y f. Que saca provecho de todo.

aprovechar tr. 1. Emplear útilmente una cosa. ◆ prnl. 2. Sacar utilidad de alguien o algo, con astucia o abuso.

aprovisionar tr. Abastecer.

aproximar tr. y prnl. Acercar, arrimar.

áptero, ra adj. Sin alas.

aptitud f. Capacidad para ejercer un trabajo.

apto, ta adj. 1. Que tiene aptitud. 2. Adecuado para algún fin. ◆ m. 3. En los exámenes, calificación que da suficiente preparación.

apuesto, ta adj. 1. Gallardo, elegante. ◆ f. 2. Acción y efecto de apostar. 3. Cosa que se apuesta.

apunarse prnl. Amér. Merid. Indisponerse por la falta de oxígeno que hay en las grandes alturas.

apuntado, da adj. Que termina en punta.

apuntador, ra m. y f. En el teatro, persona que dicta al actor lo que debe decir cuando a éste le falla la memoria.

apuntalar tr. y prnl. 1. Poner puntales. 2. Sostener, afianzar.

apuntar tr. y prnl. 1. Inscribir en una lista. ◆ tr. 2. Señalar hacia algún lugar. 3. Tomar nota por escrito. 4. Dirigir un arma hacia algo o alguien. 5. Dictar a alguien lo que debe decir. ◆ intr. 6. Empezar a manifestarse alguna cosa.

apunte m. 1. Acción y efecto de apuntar. 2. Nota que se toma por escrito. ◆ pl. 3. Extracto de las explicaciones de un profesor.

apuntillar tr. Rematar al toro con la puntilla.

apuñalar tr. Dar puñaladas.

apurar tr. 1. Acabar. 2. Dar prisa. ◆ tr. y prnl. 3. Dar vergüenza.

apuro m. 1. Escasez grande. 2. Vergüenza.

aquejar tr. Afectar una enfermedad, vicio o defecto.

aquel, lla adj. dem./pron. dem. Designa lo que está lejos de la persona que habla y de la persona con quien se habla.

aquelarre m. Conciliábulo nocturno de brujos.

aquello pron. dem. neutro. Aquella cosa.

aquenio m. Fruto seco con una sola semilla.

aqueo, a adj./m. y f. De un pueblo de la antigua Grecia.

aquí adv. 1. En este lugar. 2. A este lugar. 3. Ahora, en este momento.

aquiescencia f. Consentimiento, conformidad.

aquietar tr. y prnl. Apaciguar, sosegar.

aquilatar tr. Medir los quilates de un objeto precioso.

ara f. Altar.

árabe adj./m. y f. 1. De Arabia. 2. Relativo a los pueblos islámicos. ◆ m. 3. Lengua semítica hablada por los pueblos árabes.

arabesco m. Decoración característica de la arquitectura árabe.

arabismo m. Palabra o giro árabe incorporado a otra lengua.

arácnido, da adj./m. Dícese del artrópodo sin antenas, con cuatro pares de patas y con cefalotórax.

arado m. Instrumento para arar.

aragonés, sa adj./m. y f. 1. De Aragón (España). ◆ m. 2. Dialecto romance.

arahuaco, ca adj./m. y f. De un pueblo amerindio que vivía en el Alto Paraguay. ◆ m. Lengua de este pueblo.

arameo, a adj./m. y f. 1. De un antiguo pueblo nómada semita. ◆ m. 2. Lengua semítica.

arancel m. Tarifa oficial de los derechos de aduanas.

arándano m. 1. Arbusto de fruto comestible. 2. Fruto de este arbusto.

arandela f. Pieza plana y redonda, con un agujero en el centro.

araña f. Arácnido con cuatro pares de patas articuladas, que segrega un hilo sedoso.

■ ENC. Las **arañas** no son insectos sino arácnidos, como los alacranes. Todas tienen un veneno que es fatal para los insectos. Sólo algunas especies tropicales son peligrosas para el hombre. Por las glándulas de su abdomen segregan la seda con la que tejen su telaraña y forman los capullos para envolver sus huevos.

arañar tr. 1. Rayar una superficie lisa. ◆ tr. y prnl. 2. Rasgar la piel con las uñas.

arar tr. Abrir surcos en la tierra con el arado.

arasá m. 1. Argent., Par. y Urug. Árbol de copa ancha y madera flexible. 2. Argent., Par. y Urug. Fruto de este árbol, del que se hacen confituras.

araucano, na adj./m. y f. 1. De un pueblo amerindio que habita en Chile y Argentina. ◆ m. 2. Lengua amerindia.

arazá m. Arasá.

arbitrar tr. e intr. DEP. 1. Ejercer de árbitro. ◆ intr. 2. Proceder libremente.

arbitrariedad f. Acto regido por la voluntad o el capricho.

arbitrario, ria adj. 1. Que depende del arbitrio. 2. Que procede con arbitrariedad.

arbitrio m. 1. Facultad de decidir. 2. Voluntad gobernada por el capricho. ◆ pl. 3. Conjunto de impuestos para gastos públicos.

árbitro m. 1. Persona que dirige un encuentro deportivo. 2. Persona elegida para solucionar un conflicto.

árbol m. 1. Planta leñosa cuyo tronco, fijado al suelo por raíces, se ramifica a partir de determinada altura. 2. Representación convencional de una estructura. ● ~ **genealógico**, tabla que indica la filiación de los miembros de una familia.

■ ENC. Hay dos clases de **árboles**: los que tienen hojas llamados frondosos y los que tienen agujas llamados coníferas. Los árboles juegan un papel importante en la conservación de los suelos, pues impiden su erosión. También son importantes para la fauna que depende de ellos, como los insectos que viven en su corteza, los animales que se alimentan de sus hojas, flores y frutos así como los pájaros que en sus ramas y troncos construyen nidos.

AVES

golondrina

tucán

fragatas

flamingo

macho hembra

petirrojo

guacamayo

pinzón real

curruca

perdiz

águila real

arboladura f. MAR. Conjunto de mástiles y vergas de un buque.

arboleda f. Sitio poblado de árboles.

arbóreo, a adj. Relativo al árbol o parecido a él.

arborícola adj. Que vive en los árboles.

arbotante m. ARQ. Arco exterior que descarga el empuje de las bóvedas sobre un contrafuerte separado del muro.

arbustivo, va adj. Que tiene la naturaleza o las cualidades del arbusto.

arbusto m. Vegetal leñoso de poca altura y tallo ramificado desde la base.

arca f. Caja grande de madera, con tapa plana.

arcabuz m. Antigua arma de fuego.

arcada f. **1.** Serie de arcos. **2.** Contracción del estómago que precede al vómito.

arcaico, ca adj. **1.** Del principio de una civilización. **2.** Anticuado.

arcaísmo m. Voz o frase que no está en uso.

arcángel m. Ángel de un orden superior.

arcano, na adj. **1.** Secreto, recóndito. ♦ m. **2.** Cosa oculta y difícil de conocer: *los arcanos del alma humana.*

arce m. Árbol de gran altura y madera muy dura.

■ **ENC.** Existen más de 24 especies de **arces.** El más conocido es el gran arce, también llamado sicómoro. En Canadá se encuentra el arce dulce cuya savia proporciona un azúcar muy apreciada. Con esta azúcar se fabrica, entre otras cosas, el jarabe de arce. La hoja de este árbol es el emblema de Canadá.

arcén m. Espacio entre la cuneta y la calzada de una carretera.

archidiócesis f. Diócesis arzobispal.

archiduque, quesa m. y f. Título de los príncipes y princesas de la casa de Austria.

archipiélago m. Conjunto de islas dispuestas en grupo.

archivar tr. **1.** Poner o guardar papeles o documentos en un archivo. **2.** INFORM. Transferir información de la memoria de una computadora, por ejemplo de un programa, a un disco duro o flexible.

archivo m. **1.** Local o mueble en que se guardan documentos. **2.** Conjunto de estos documentos. **3.** INFORM. Fichero.

arcilla f. Sustancia mineral que con agua resulta plástica.

arcipreste m. **1.** Dignidad en el cabildo catedral. **2.** Título otorgado a algunos párrocos.

arco m. **1.** Porción de curva comprendida entre dos puntos. **2.** Arma para lanzar flechas. **3.** ARQ. Construcción curvilínea que cubre el vano de un muro o la luz entre dos pilares. **4.** MÚS. Varilla con la que se hace vibrar las cuerdas de un instrumento. ● ~ **reflejo** (FISIOL.), impulso nervioso que va de los nervios receptores a los órganos efectores.

arder intr. **1.** Estar encendido o quemándose algo. **2.** Estar muy agitado por una pasión o estado de ánimo: ~ *en deseo de saber.*

ardid m. Habilidad para el logro de algún fin.

ardiente adj. **1.** Que arde o causa ardor. **2.** Apasionado.

ardilla f. Mamífero roedor de cola larga y tupida.

ardor m. **1.** Calidad de ardiente. **2.** Enardecimiento de las pasiones.

arduo, dua adj. Muy difícil.

área f. **1.** Parte de una extensión. **2.** Medida de una superficie. **3.** Unidad de superficie equivalente a 100 m². **4.** DEP. Zona del terreno de juego situada junto a la portería.

arena f. **1.** Conjunto de partículas disgregadas de las rocas. **2.** Lugar del combate o lucha. **3.** Ruedo de las plazas de toros.

arenal m. Extensión grande de terreno arenoso.

arenga f. Discurso solemne y enardecedor.

arenisca f. Roca sedimentaria formada por granitos de cuarzo.

arenque m. Pez semejante a la sardina, apreciado por su carne.

areola o **aréola** f. ANAT. **1.** Círculo pigmentado que rodea el pezón. **2.** MED. Círculo rojizo que rodea un punto inflamatorio.

arepa f. *Amér. Central* y *Amér. Merid.* Pan de maíz, amasado con huevos y manteca.

arequipa f. *Colomb.* y *Perú.* Postre de leche.

arequipeño, ña adj./m. y f. De Arequipa (Perú).

argamasa f. Mezcla de cal, arena y agua.

argelino, na adj./m. y f. **1.** De Argel o de Argelia. ♦ m. **2.** Lengua hablada en Argelia.

argentífero, ra adj. Que contiene plata.

argentino, na adj. **1.** De plata. ♦ adj./m. y f. **2.** De Argentina.

argolla f. Aro grueso que sirve de amarre o asidero.

argón m. Elemento químico gaseoso, que se halla en el aire.

argot m. Lenguaje especial de un grupo social o profesional.

argucia f. Argumento falso presentado con agudeza.

argüir tr. **1.** Sacar en claro, deducir. ♦ tr. e intr. **2.** Dar razones a favor o en contra de algo.

argumento m. **1.** Asunto de una obra. **2.** Razonamiento empleado para apoyar o negar una afirmación.

árido, da adj. **1.** Seco, estéril. ♦ m. pl. **2.** Legumbres.

aries m. y f./adj. Persona nacida bajo el signo zodiacal de Aries.

ariete m. En fútbol, delantero centro.

ario, ria adj./m. y f. **1.** De un pueblo primitivo que habitó el centro de Asia. ♦ f. MÚS. **2.** Composición escrita para una sola voz.

arisco, ca adj. Áspero, intratable.

arista f. MAT. Línea de intersección de dos planos que se cortan.

aristocracia f. **1.** Nobleza. **2.** Gobierno ejercido por la nobleza.

aritmética f. Parte de las matemáticas que estudia los números.

arlequín m. Bufón de la antigua comedia italiana.

arma f. Instrumento, o medio para atacar o defenderse.

armada f. Conjunto de fuerzas navales de un estado.

armadillo m. Mamífero con el cuerpo cubierto por placas córneas.

armador, ra m. y f. Persona que arma una embarcación.

armadura f. **1.** Armazón. **2.** Conjunto de defensas metálicas que protegían el cuerpo.

armamento m. Conjunto de armas.

armar tr. y prnl. **1.** Proveer de armas. **2.** *Fam.* Causar: ~ *jaleo.* ◆ tr. **3.** Montar las piezas que forman un objeto. **4.** MAR. Equipar una embarcación. ◆ prnl. **5.** Disponer el ánimo para lograr o soportar algo.

armario m. Mueble con puertas y anaqueles para guardar cosas.

armatoste m. Cosa grande, tosca y pesada.

armazón m. o f. Conjunto de piezas sobre las que se arma algo.

armero m. El que fabrica, vende o custodia armas.

armiño m. Mamífero parecido a la comadreja, de piel apreciada.

armisticio m. Suspensión de las hostilidades.

armonía f. **1.** Arte de formar los acordes musicales. **2.** Proporción y concordancia de unas cosas con otras.

armónico, ca adj. **1.** Relativo a la armonía: *composición* ~. ◆ f. **2.** Instrumento musical de viento, con lengüetas que vibran al soplar y al aspirar.

armonizar tr. **1.** Poner en armonía. **2.** MÚS. Escribir los acordes de una melodía. ◆ intr. **3.** Estar en armonía.

ARN m. Abrev. de *Ácido RiboNucleico*, agente fundamental en la síntesis de las proteínas.

arnés m. **1.** Armadura de guerra. ◆ pl. **2.** Guarnición de las caballerías.

árnica f. **1.** Planta medicinal, de flores y raíces muy olorosas. **2.** Tinte preparado con las flores de esta planta.

aro m. **1.** Pieza en forma de circunferencia. **2.** *Argent.* y *Chile.* Pendiente.

aroma m. Perfume, olor agradable.

arpa f. Instrumento musical de cuerda, de forma triangular.

arpegio m. MÚS. Ejecución sucesiva de las notas de un acorde.

arpía f. **1.** Ave de la mitología griega, con cabeza de mujer. **2.** *Fam.* Mujer perversa.

arpillera f. Tejido de estopa muy basta.

arpón m. Instrumento con mango y punta de hierro, usado para cazar presas.

arquear tr. y prnl. **1.** Dar forma de arco. ◆ tr. **2.** Medir la capacidad de una embarcación.

arqueolítico, ca adj. Relativo a la edad de piedra.

arqueología f. Ciencia que estudia las antiguas civilizaciones.

■ **ENC.** Las obras antiguas se empezaron a inventariar desde el Renacimiento. En el siglo XVIII se realizaron las primeras excavaciones arqueológicas en Troya, en Pompeya y en Herculano. En el siglo XIX, el francés Jean-François Champollion logró descifrar los jeroglíficos egipcios. También se abrieron los primeros museos de **arqueología** y surgió el interés por las civilizaciones precolombinas, por la prehistoria y por Creta. En la actualidad, los objetos descubiertos se pueden fechar con gran exactitud gracias al método del carbono 14. Además, los sitios arqueológicos se pueden proteger contra los agentes ambientales dañinos como los rayos solares y el viento.

arquetipo m. Modelo ideal.

arquitectura f. **1.** Arte de proyectar y construir edificios. **2.** Conjunto de edificios de una misma época, estilo, etc.

arquitrabe m. ARQ. Parte inferior de un entablamento.

arquivolta f. ARQ. Cara vertical de una arcada.

arrabal m. Barrio situado en las afueras de una población.

arraigar intr. y prnl. **1.** Echar raíces una planta. ◆ prnl. **2.** Establecerse en un lugar.

arramblar tr. y prnl. **1.** Dejar un río o torrente cubierto de arena el suelo por donde pasa. ◆ tr. **2.** Llevarse con abuso o violencia.

arrancar tr. **1.** Sacar con violencia una cosa del lugar a que está adherida o sujeta. ◆ tr. e intr. **2.** Iniciar el funcionamiento de una máquina, un vehículo, etc. ◆ intr. **3.** Tener origen, provenir.

arranque m. **1.** Acción y efecto de arrancar. **2.** Ímpetu de un sentimiento o una acción: *un* ~ *de celos.*

arras f. pl. **1.** Lo que se da como prenda en un contrato. **2.** Donación que el novio hace a la novia por razón del matrimonio.

arrasar tr. **1.** Allanar una superficie. **2.** Echar por tierra, destruir.

arrastrado, da adj. Pobre, miserable: *llevar una vida* ~.

arrastrar tr. **1.** Mover a una persona o cosa por el suelo, tirando de ella. ◆ intr. **2.** Pender hasta el suelo: *el traje le arrastra por detrás.* ◆ prnl. **3.** Humillarse indignamente.

arrastre m. Acción y efecto de arrastrar.

arrayán m. Mirto.

¡arre! interj. Se usa para arrear a las bestias.

arrear tr. **1.** Estimular a las bestias para que anden. **2.** *Fam.* Dar, asestar: ~ *un puntapié.* ◆ intr. **3.** Apresurar.

arrebatar tr. **1.** Quitar con violencia. ◆ tr. y prnl. **2.** Conmover, embelesar.

arrebato m. **1.** Furor, ímpetu de un sentimiento. **2.** Éxtasis.

arrebujar tr. **1.** Arrugar con desaliño. ◆ tr. y prnl. **2.** Cubrir y envolver bien con ropa.

arrechucho m. *Fam.* **1.** Arrebato, arranque. **2.** *Fam.* Indisposición repentina y pasajera.

arreciar tr., intr. y prnl. Dar o cobrar fuerza o intensidad.

arrecife m. Grupo de rocas casi a flor de agua en el mar.

arreglar tr. y prnl. **1.** Poner algo en la forma necesaria, o con aspecto agradable. **2.** Reparar lo estropeado.

arreglo m. **1.** Acción y efecto de arreglar o arreglarse. **2.** Acuerdo o trato. **3.** Transformación de una obra musical.

arremangar tr. y prnl. Remangar.

arremeter intr. Acometer con violencia: ~ *contra alguien.*

arremolinarse prnl. **1.** Amontonarse con desorden. **2.** Formar remolinos un líquido o gas.

arrendamiento m. Acción y efecto de arrendar.

arrendar tr. Ceder o adquirir el uso temporal de una cosa, por un precio determinado.

arreos m. pl. Conjunto de guarniciones de las caballerías.

arrepentirse prnl. 1. Pesarle a uno haber hecho o no alguna cosa. 2. Desdecirse, volverse atrás.

arrestar tr. Poner preso, detener.

arresto m. 1. Reclusión por un tiempo breve del presunto culpable. ♦ pl. 2. Arrojo, energía para emprender algo: *tener muchos arrestos.*

arriar tr. Bajar una vela o bandera que estaba izada.

arriba adv. En lugar superior o más alto.

arribar intr. Llegar una nave al puerto.

arribista m. y f./adj. Persona que quiere progresar por medios rápidos y sin escrúpulos.

arriendo m. Arrendamiento.

arriero m. El que tiene por oficio trajinar con bestias de carga.

arriesgar tr. y prnl. Poner en peligro.

arrimar tr. y prnl. Acercar, poner en contacto.

arrinconar tr. 1. Retirar una cosa del uso. 2. Acosar, acorralar.

arritmia f. Falta de ritmo regular en los latidos del corazón.

arroba f. Unidad de peso equivalente a 11 kg y 502 g.

arrobar tr. y prnl. Embelesar, cautivar.

arrodillarse prnl. Ponerse de rodillas.

arrogante adj. 1. Orgulloso, soberbio. 2. Gallardo, elegante.

arrogarse prnl. Apropiarse indebidamente de poder.

arrojar tr. y prnl. 1. Lanzar, tirar. ♦ tr. 2. Tratándose de cuentas, dar como resultado.

arrojo m. Osadía, valor.

arrollar tr. 1. Envolver en forma de rollo. 2. Pasar una cosa con violencia por encima de algo o alguien. 3. Derrotar, vencer.

arropar tr. y prnl. Abrigar con ropa.

arrostrar tr. Afrontar, resistir.

arroyo m. Corriente de agua de escaso caudal.

arroz m. 1. Planta cultivada en terrenos muy húmedos. 2. Grano comestible de esta planta.

arruga f. Pliegue que se hace en la piel, en la ropa, etc.

arrugar tr. y prnl. 1. Hacer arrugas. ♦ prnl. 2. Acobardarse.

arruinar tr. y prnl. 1. Causar ruina. 2. Destruir, hacer daño.

arrullar tr. 1. Atraer con su canto el palomo a la hembra, o al revés. 2. Adormecer al niño cantándole suavemente.

arrume m. *Colomb.* y *Venez.* Montón.

arsenal m. 1. Astillero. 2. Almacén de armas.

arsénico m. Elemento químico con componentes tóxicos.

arte m. o f. 1. Actividad creativa del hombre, para la que se recurre a facultades sensoriales, estéticas e intelectuales. 2. Conjunto de obras artísticas de un país o una época: *el ~ romano.* 3. Conjunto de reglas que rigen en una profesión: *~ culinario.* 4. Habilidad. 5. Utensilio para pescar. ● **Bellas artes**, pintura, escultura, arquitectura y música. ● **Séptimo** ~, cinematografía.

artefacto m. 1. Máquina, aparato. 2. Carga explosiva.

artejo m. 1. Nudillo de los dedos. 2. ZOOL. Pieza articulada que forma los apéndices de los artrópodos.

arteria f. Vaso que conduce la sangre del corazón a los órganos.

arteriosclerosis f. Enfermedad que consiste en el endurecimiento progresivo de las paredes de las arterias.

artero, ra adj. Astuto, malintencionado.

artesa f. Recipiente para amasar pan y otros usos.

artesanía f. 1. Trabajo que se hace manualmente. 2. Obra de artesano.

artesano, na adj. 1. Relativo a la artesanía. ♦ m. y f. 2. Persona que ejerce un oficio manual.

ártico, ca adj. Relativo al polo norte y a las regiones que lo rodean.

articulación f. 1. Acción y efecto de articular. 2. Punto de unión entre las partes de un mecanismo. 3. LING. Posición y movimientos de los órganos de la voz para la pronunciación de un sonido.

articular tr. 1. Producir los sonidos de una lengua. ♦ tr. y prnl. 2. Unir las partes de un todo en forma funcional.

artículo m. 1. Escrito inserto en un periódico o revista. 2. Mercancía, producto. 3. Disposición numerada de un tratado, ley, etc. 4. LING. Partícula gramatical que se antepone a los sustantivos e indica su género y número.

artífice m. y f. 1. Persona que ejerce un arte manual. 2. Autor.

artificial adj. 1. Hecho por la mano del hombre. 2. No natural.

artificiero m. Especialista en la manipulación de explosivos.

artificio m. 1. Arte, habilidad. 2. Artefacto, carga.

artillería f. 1. Arte de construir armas de guerra. 2. Conjunto de armas. 3. Cuerpo militar destinado a este servicio.

artilugio m. Mecanismo poco perfeccionado.

artimaña f. *Fam.* Astucia, disimulo para engañar a alguien.

artiodáctilo, la adj. y m. Relativo a un orden de ungulados que poseen un número par de dedos en cada pata, como las vacas y los cerdos.

artista m. y f. 1. Persona que ejercita alguna de las bellas artes. 2. Actor, intérprete.

artritis f. Inflamación de una articulación.

artrópodo adj./m. Dícese de un tipo de animales invertebrados de cuerpo dividido en anillos articulados, como la araña.

artrosis f. Afección degenerativa de las articulaciones.

arveja f. 1. *Argent., Chile, Colomb.* y *Urug.* Planta leguminosa de fruto en vaina. 2. *Argent., Chile, Colomb.* y *Urug.* Fruto de esta planta, guisante.

arzobispo m. Prelado de una provincia eclesiástica.

as m. 1. Naipe o cara del dado que representa el número uno. 2. Persona que sobresale en algo.

asa f. Parte de un objeto que sirve para asirlo.

asalariado, da adj./m. y f. Que percibe salario.

asaltar tr. Acometer por sorpresa, especialmente para robar.

asalto m. 1. Acción y efecto de asaltar. 2. Parte de un combate de boxeo.

asamblea f. Reunión de personas convocadas para algún fin.

asar tr. **1.** Preparar un manjar por la acción directa del fuego. ◆ **prnl. 2.** Sentir mucho calor.

asaz adv. Bastante, muy: ~ *inteligente.*

ascendencia f. Conjunto de ascendientes de una persona.

ascender intr. **1.** Pasar a un lugar más alto o a una categoría superior. **2.** Importar una cuenta: *la suma asciende a un millón.*

ascendiente m. y f. Persona de quien se desciende.

ascensión f. Acción y efecto de ascender Cristo a los cielos.

ascenso m. Acción y efecto de ascender.

ascensor m. Aparato elevador para transportar personas.

asceta m. y f. Persona que practica una vida de penitencia con fines espirituales o religiosos.

ASCII adj. Abrev. de *American Standard Code for Information Interchange* (código estándar americano para intercambio de información), código utilizado para el intercambio de datos informáticos, que define las representaciones de un juego de caracteres con la ayuda de combinaciones de siete elementos binarios.

asco m. **1.** Alteración del estómago, producida por repugnancia. **2.** Impresión desagradable causada por algo que repugna.

ascua f. Pedazo de materia que arde sin dar llama.

asear tr. y prnl. Componer, limpiar.

asechanza f. Engaño o artificio para dañar a otro.

asediar tr. **1.** Cercar un lugar enemigo para impedir que los que están en él salgan. **2.** Importunar sin descanso.

asegurar tr. **1.** Fijar sólidamente. **2.** Garantizar, dejar seguro de la certeza de una cosa. ◆ **tr.** y **prnl. 3.** Concertar un seguro.

asemejar tr. y prnl. **1.** Hacer semejante una cosa a otra. ◆ **intr.** y **prnl. 2.** Tener semejanza.

asentado, da adj. **1.** Sensato. **2.** Estable.

asentar tr. **1.** Colocar una cosa firmemente. **2.** Tratándose de pueblos o edificios, situar, fundar. **3.** Anotar algo en un libro de cuentas. ◆ **prnl. 4.** Establecerse en un lugar. **5.** Posarse un líquido.

asentir intr. Admitir como cierta una cosa: ~*con un gesto.*

aseo m. **1.** Limpieza, pulcritud. **2.** Baño, lugar para bañarse.

asépalo, la adj. BOT. Que carece de sépalos.

asepsia f. **1.** Ausencia de microorganismos patógenos. **2.** Método para preservar de gérmenes el organismo.

asequible adj. Que se puede conseguir o alcanzar.

aserción f. **1.** Acción y efecto de afirmar algo. **2.** Proposición en que se afirma alguna cosa.

aserradero m. Lugar donde se sierra la madera.

aserto m. Aserción.

asesinar tr. Matar alevosamente a una persona.

asesorar tr. y prnl. Dar consejo.

asestar tr. Descargar contra alguien o algo un proyectil o un golpe.

aseverar tr. Asegurar lo que se dice.

asexual adj. Sin participación del sexo.

asfalto m. Mezcla de hidrocarburos y minerales, negra y compacta, que se utiliza como revestimiento de calzadas.

asfixia f. Falta de oxígeno en la sangre ocasionada por el cese de la respiración.

así adv. **1.** De esta o esa manera: *está bien ~.* **2.** Precedido de la conj. *y,* introduce una consecuencia: *no explicó nada y ~ le va.*

asiático, ca adj./m. y f. De Asia.

asidero m. Parte por donde se agarra algo.

asiduo, dua adj./m. y f. Frecuente, constante: *~ colaborador.*

asiento m. **1.** Mueble para sentarse. **2.** Anotación en un libro.

asignación f. **1.** Acción y efecto de asignar. **2.** Sueldo.

asignar tr. Señalar lo que corresponde a una persona o cosa.

asignatura f. Materia que forma parte de un plan de estudios.

asilo m. **1.** Lugar de refugio. **2.** Establecimiento benéfico.

asimetría f. Falta de simetría.

asimilación f. **1.** Acción y efecto de asimilar. **2.** BIOL. Propiedad de los organismos vivos de reconstituir su propia sustancia con elementos tomados del medio.

asimilar tr. y prnl. **1.** Asemejar, comparar. ◆ **tr. 2.** Comprender lo aprendido e incorporarlo a los conocimientos previos. **3.** BIOL. Transformar en sustancia propia.

asimismo adv. De este o del mismo modo.

asíndeton m. Eliminación de los términos de enlace, en una frase o entre dos frases.

asir tr. y prnl. Tomar algo con la mano: *asirse a una rama.*

asistenta f. Criada de una casa que no pernocta en ella.

asistente m. Soldado al servicio personal de un oficial. ◆ ~ **social,** persona titulada que ayuda en temas relacionados con el bienestar social.

asistir tr. **1.** Cuidar: ~ *a un enfermo.* ◆ **intr. 2.** Estar presente.

asma m. Afección respiratoria que se manifiesta por sofocación, ahogo o tos.

asno, na m. y f. **1.** Mamífero más pequeño que el caballo, que se emplea como animal de carga. ◆ **m.** y **f./adj. 2.** Persona ruda.

asociación f. **1.** Acción de asociar o asociarse. **2.** Conjunto de personas asociadas y entidad que forman.

asociar tr. y prnl. **1.** Juntar personas o cosas para que cooperen en un mismo fin. **2.** Relacionar ideas, sentimientos, etc.

asociativo, va adj. **1.** Relativo a la asociación. **2.** MAT. Dícese de la propiedad de la suma y del producto que afirma que la agrupación parcial de operaciones no altera el resultado.

asolar tr. Destruir, arrasar.

asoleada f. *Chile, Colomb., Guat.* y *Méx.* Insolación.

asolear tr. Tener al sol una cosa por algún tiempo.

asomar intr. **1.** Empezar a mostrarse. ◆ **tr.** y **prnl. 2.** Sacar una cosa por una abertura.

asombrar tr. y prnl. Causar asombro.

asombro m. Admiración, sorpresa.

asomo m. Indicio o señal.

asonancia f. En dos o más versos, igualdad de los sonidos vocálicos a partir de la última vocal tónica.

asonante adj. Dícese de la rima en que sólo son iguales las vocales.

aspa f. **1.** Figura en forma de X. **2.** Armazón exterior del molino de viento y cada uno de sus brazos.

aspaviento m. Demostración excesiva de un sentimiento.

aspecto m. **1.** Manera de aparecer a la vista. **2.** LING. Categoría gramatical que en ciertas lenguas distingue en el verbo diferentes clases de acción.

asperjar tr. Esparcir un líquido en gotas menudas.

áspero, ra adj. **1.** Falto de suavidad al tacto. **2.** Falto de afabilidad en el trato.

aspersión f. Acción de asperjar.

áspid m. Víbora venenosa.

aspiración f. **1.** Acción y efecto de aspirar. **2.** LING. Acción de emitir un sonido acompañándolo de un soplo perceptible.

aspiradora f. Aparato eléctrico que sirve para recoger el polvo.

aspirante m. y f. **1.** Persona que ha obtenido derecho a ocupar un cargo público. **2.** Candidato.

aspirar tr. **1.** Atraer el aire exterior a los pulmones. **2.** LING. Pronunciar con aspiración. ◆ intr. **3.** Con la prep. *a,* pretender una cosa: *aspira a ser diputado.*

aspirina f. Derivado del ácido salicílico, usado para combatir la fiebre y como analgésico.

asquear tr. e intr. **1.** Causar o sentir asco. **2.** Aburrir, fastidiar.

asqueroso, sa adj. Sucio, repugnante.

asta f. **1.** Palo de lanza, pica o bandera. **2.** Cuerno de un animal.

astenia f. Estado de agotamiento sin causa orgánica.

astenosfera f. GEOL. Capa viscosa situada en el interior de la Tierra, sobre la cual se encuentra la litosfera.

asterisco m. Signo ortográfico en forma de estrella (*).

asteroide m. ASTRON. Planeta pequeño que circula entre las órbitas de Marte y Júpiter.

astigmatismo m. Defecto de la visión por el cual los rayos refractados no se juntan en un mismo punto.

astil m. **1.** Mango del hacha, azada, etc. **2.** Eje de la pluma de ave.

astilla f. Fragmento que se desprende de la madera y de los minerales al romperse.

astillero m. Lugar donde se construyen y reparan buques.

astracán m. Piel de cordero no nacido o recién nacido.

astrágalo m. **1.** Hueso del tarso articulado con la tibia y el peroné. **2.** ARQ. Moldura entre el capitel y el fuste.

astringente adj./m. Que produce estreñimiento.

astro m. Cuerpo celeste.

astrofísica f. Parte de la astronomía que estudia los cuerpos celestes.

astrolabio m. Instrumento que se utilizaba para observar la posición de los astros.

astrología f. Estudio de la influencia de los astros en las personas.

■ ENC. En la antigua Mesopotamia nació la **astrología**. Desde sus inicios esta disciplina, sin una base científica, se ha dedicado a especular cómo la posición de las estrellas y los planetas influye en la vida humana. Por eso, en el pasado, gobernantes y reyes tuvieron cerca de ellos a un astrólogo.

astronauta m. y f. Piloto o pasajero de una astronave.

astronáutica f. Navegación por el exterior de la atmósfera.

astronave f. Vehículo espacial.

astronomía f. Ciencia que estudia los astros.

■ ENC. La **astronomía** moderna nació en el siglo XVI. En 1543 Nicolás Copérnico afirmó que la Tierra giraba alrededor del Sol. En 1580 Tycho Brahe construyó el primer observatorio. Después, Johannes Kepler estableció las leyes del movimiento planetario. En 1609 Galileo introdujo el empleo del telescopio, que reveló la existencia de cuerpos celestes invisibles a simple vista. Sus descubrimientos, además, demostraron que Copérnico no se había equivocado. A fines del siglo XVII, Newton formuló el principio de la gravitación universal y las leyes de la mecánica celeste. En el siglo XVIII se descubrió que el Sistema Solar es parte de una galaxia y en el siglo XX se confirmó que el Universo se expande y que está poblado de galaxias.

astronómico, ca adj. **1.** Relativo a la astronomía. **2.** Enorme, exagerado: *cifra ~.*

astucia f. **1.** Calidad de astuto. **2.** Ardid, artimaña.

astur adj./m. y f. **1.** De un antiguo pueblo celta del norte de España. **2.** Asturiano.

asturiano, na adj./m. y f. **1.** De Asturias (España). ◆ m. **2.** Bable.

astuto, ta adj. Hábil para engañar o evitar el engaño.

asueto m. Descanso breve.

asumir tr. **1.** Hacerse cargo: *asumió la dirección del negocio.* **2.** Aceptar: *~ la derrota.*

asunceno, na adj./m. y f. Asunceño.

asunceño, ña adj./m. y f. De Asunción.

asunto m. **1.** Materia de que se trata. **2.** Negocio, ocupación.

asustar tr. y prnl. Causar susto.

atacameño, ña adj./m. y f. De Atacama (Chile).

atacar tr. **1.** Lanzarse contra alguien o algo para causarle daño. **2.** Perjudicar, dañar: *una plaga atacó la cosecha.* **3.** Combatir, oponerse a ideas o personas.

atado m. *Argent., Par.* y *Urug.* Cajetilla de cigarrillos.

atadura f. **1.** Acción y efecto de atar. **2.** Unión, vínculo.

atajar tr. **1.** Impedir el curso de una cosa. ◆ intr. **2.** Ir por el atajo.

atajo m. **1.** Senda que acorta el camino. **2.** Procedimiento rápido.

atalaya f. Torre alta para vigilar.

atañer intr. Concernir o pertenecer: *este asunto no me atañe*.

ataque m. **1.** Acción de atacar o acometer. **2.** Acceso repentino de una enfermedad, sentimiento, etc.

atar tr. **1.** Sujetar con ligaduras o nudos. **2.** Quitar movimiento.

atarazana f. Astillero.

atardecer impers. Empezar a caer la tarde.

atardecer m. Tiempo durante el cual atardece.

atarear tr. **1.** Hacer trabajar mucho a alguien. ◆ prnl. **2.** Entregarse mucho al trabajo.

atascar tr. y prnl. **1.** Obstruir un conducto. ◆ prnl. **2.** Quedarse detenido.

atasco m. **1.** Impedimento, obstáculo. **2.** Congestión de vehículos.

ataúd m. Caja donde se coloca el cadáver para enterrarlo.

ataviar tr. y prnl. Vestir, adornar a alguien.

atavío m. Vestido, adorno.

atavismo m. Reaparición de caracteres de un antepasado, no manifestados en generaciones intermedias.

ate m. *Méx.* Dulce de membrillo.

ateísmo m. Doctrina de los ateos.

atemorizar tr. y prnl. Causar o sentir temor.

atemperar tr. y prnl. **1.** Moderar, calmar. **2.** Acomodar una cosa a otra.

atenazar tr. **1.** Sujetar fuertemente. **2.** Atormentar un pensamiento.

atención f. **1.** Acción de atender. **2.** Demostración de cortesía.

atender tr. e intr. **1.** Satisfacer un deseo o mandato. **2.** Aplicar el entendimiento a algo. **3.** Cuidar de una persona o cosa.

ateneo m. **1.** Asociación cultural. **2.** Local de dicha asociación.

atenerse prnl. Ajustarse, limitarse.

ateniense adj./m. y f. De Atenas.

atentado m. Agresión contra una persona o una autoridad.

atentar intr. **1.** Ejecutar una cosa ilegal. **2.** Cometer atentado.

atento, ta adj. **1.** Que tiene fija la atención en algo. **2.** Cortés.

atenuar tr. Disminuir una cosa.

ateo, a adj./m. y f. Que niega la existencia de Dios.

aterciopelado, da adj. Semejante al terciopelo.

aterir tr. y prnl. Enfriar excesivamente.

aterrar tr. y prnl. Causar terror.

aterrizar intr. Posarse sobre el suelo una aeronave.

aterrorizar tr. y prnl. Causar terror.

atesorar tr. Reunir y guardar dinero o cosas de valor.

atestado m. DER. Documento oficial en que algo consta como cierto.

atestar tr. **1.** Llenar una cosa al máximo. **2.** DER. Testificar.

atestiguar tr. Declarar como testigo.

atezar tr. y prnl. Poner la piel morena.

atiborrar tr. **1.** Llenar al máximo. ◆ tr. y prnl. *Fam.* **2.** Hartar de comida.

ático, ca adj./m. y f. **1.** Del Ática o de Atenas. ◆ m. **2.** Último piso de un edificio.

atildar tr. y prnl. Acicalar.

atinar intr. Acertar, dar con lo que se busca.

atingencia f. **1.** *Amér.* Conexión, relación. **2.** *Perú.* Incumbencia.

atípico, ca adj. Que se sale de la normalidad.

atisbar tr. **1.** Observar disimuladamente. ◆ tr. y prnl. **2.** Vislumbrar.

atisbo m. **1.** Acción de atisbar. **2.** Indicio, sospecha.

atizador, ra adj./m. y f. **1.** Que atiza. ◆ m. **2.** Barra metálica que se emplea para avivar o atizar el fuego en los hogares de chimeneas.

atizar tr. **1.** Remover el fuego. **2.** *Fam.* Golpear.

atlante m. Estatua de hombre que sirve de columna.

atlántico, ca adj. Relativo al océano Atlántico o a los países o regiones que lo bordean.

atlas m. Colección de mapas en forma de libro.

atleta m. y f. Persona que practica el atletismo u otro deporte.

atletismo m. Conjunto de deportes individuales que comprende carreras, saltos y lanzamientos.

■ **Enc.** En la antigüedad el **atletismo** se practicaba en los Juegos Olímpicos griegos. Posteriormente, hasta el siglo XIX el atletismo reapareció en los colegios y universidades ingleses. Sin embargo, esta disciplina deportiva se desarrolló plenamente cuando Pierre de Coubertin organizó los primeros Juegos Olímpicos de la Era Moderna en 1896.

atmósfera f. **1.** Capa gaseosa que envuelve la Tierra. **2.** Unidad de medida de presión.

■ **Enc.** La **atmósfera** está formada por varias capas. La capa inferior se llama troposfera y allí tienen lugar los fenómenos meteorológicos. Su temperatura puede llegar hasta los 60°C bajo cero. La siguiente capa se llama estratosfera, con temperaturas de hasta 0°C. En ella se encuentra la capa de ozono a una altitud de 25 km. La capa de ozono hace posible la existencia de la vida sobre la Tierra, pues evita el paso de los rayos ultravioleta que emite el Sol. La siguiente capa se llama mesosfera cuya temperatura desciende hasta 100°C bajo cero. Finalmente la capa superior es la termosfera, donde la temperatura alcanza hasta 1 800°C.

atol o **atole** m. *Méx.* Bebida caliente de harina de maíz disuelta en agua o leche.

atolladero m. Situación difícil o comprometida.

atolón m. Isla de coral.

atolondrado, da adj. Que actúa sin serenidad y reflexión.

atómico, ca adj. Relativo al átomo. ● **Energía** ~, la obtenida por la fisión o fusión de núcleos atómicos.

atomizar tr. Dividir en partes muy pequeñas.

átomo m. Elemento primario de la composición química de los cuerpos. ● ~ **gramo** (QUÍM.), número de gramos de un elemento, igual a su peso atómico.

atonal adj. MÚS. Sin sujeción a una tonalidad determinada.

atonía f. Falta de ánimo o energía.

atónito, ta adj. Pasmado, estupefacto.

átono, na adj. Dícese de la palabra, sílaba o vocal que carece de acento prosódico.

atontar tr. y prnl. **1.** Aturdir. **2.** Volver o volverse tonto.

atorar tr., intr. y prnl. **1.** Obstruir. ◆ prnl. **2.** Trabarse al hablar.

atormentar tr. y prnl. Causar molestia física o moral.

atornillar tr. **1.** Introducir un tornillo. **2.** Sujetar con tornillos.

atorrante, ta m. y f. **1.** *Argent., Par.* y *Urug.* Vagabundo, holgazán. **2.** *Argent., Par.* y *Urug.* Persona desvergonzada.

atosigar tr. y prnl. Oprimir con prisas, exigencias, etc.

atracadero m. Sitio donde atracan las embarcaciones menores.

atracar tr. **1.** Asaltar para robar. ◆ tr. e intr. MAR. **2.** Arrimarse una embarcación a otra o a tierra. ◆ prnl. **3.** Comer y beber en exceso.

atracción f. **1.** Acción de atraer. **2.** Fuerza con que se atrae. ◆ pl. **3.** Conjunto de espectáculos o diversiones: *parque de atracciones.*

atraco m. Acción de atracar para robar.

atracón m. *Fam.* Acción de atracarse.

atractivo, va adj. **1.** Que atrae. ◆ m. **2.** Cualidad que atrae de una persona o cosa.

atraer tr. **1.** Traer hacia sí. **2.** Captar la voluntad, atención, etc., de alguien.

atragantarse prnl. No poder tragar algo.

atrancar tr. **1.** Asegurar la puerta o ventana con una tranca. ◆ tr. y prnl. **2.** Atascar, obstruir.

atrapar tr. Prender o apresar al que huye.

atrás adv. **1.** Hacia la parte posterior: *dar un paso ~*. **2.** Detrás: *quedarse ~*. **3.** En tiempo pasado: *pocos días ~*.

atrasar tr. y prnl. Retrasar.

atraso m. **1.** Efecto de atrasar. ◆ pl. **2.** Dinero que no ha sido cobrado.

atravesado, da adj. **1.** Que bizquea: *mirada ~*. **2.** De mala intención.

atravesar tr. y prnl. **1.** Poner algo de una parte a otra. **2.** Pasar de parte a parte. ◆ prnl. **3.** Ponerse una cosa entre otras.

atreverse prnl. Determinarse a algo arriesgado.

atribuir tr. y prnl. Aplicar cualidades a una persona o cosa.

atributo m. **1.** Propiedad de un ser. **2.** LING. Función de una palabra que califica al sujeto de una oración por medio de un verbo.

atril m. Mueble para sostener libros o papeles abiertos.

atrincherar tr. **1.** Fortificar con trincheras. ◆ prnl. **2.** Ponerse en trincheras a salvo del enemigo.

atrio m. Patio interior cercado de pórticos.

atrocidad f. **1.** Cualidad de atroz. **2.** Cosa atroz.

atrofia f. Disminución en el desarrollo de una parte del cuerpo.

atronar tr. **1.** Perturbar con ruido. **2.** Causar aturdimiento.

atropellar tr. **1.** Pasar por encima con violencia. ◆ tr. e intr. **2.** Actuar sin miramiento o respeto.

atroz adj. **1.** Fiero, inhumano. **2.** Muy grande. **3.** Muy malo.

atuendo m. Atavío, vestido.

atufar tr. y prnl. **1.** Trastornar con el tufo. **2.** Enfadar, enojar.

atún m. Pez marino de gran tamaño, apreciado por su carne.

aturdimiento m. **1.** Perturbación de los sentidos causada por un golpe, una mala noticia, etc. **2.** Falta de serenidad.

aturdir tr. y prnl. **1.** Causar aturdimiento. **2.** Confundir, pasmar.

aturrullar o **aturullar** tr. y prnl. Confundir, turbar.

atusar tr. Arreglar o alisar el pelo con la mano o el peine.

audaz adj. Atrevido, osado.

audición f. **1.** Acción y facultad de oír. **2.** Concierto o recital.

audiencia f. **1.** Acto de oír una autoridad a quienes solicitan algo. **2.** Público destinatario del mensaje de los medios de comunicación. **3.** Tribunal de justicia.

audífono m. Aparato para sordos que amplifica los sonidos.

audiovisual adj. Que combina sonido e imagen.

auditivo, va adj. **1.** Que tiene virtud para oír. **2.** Relativo al oído.

auditor m. Revisor de la contabilidad de una empresa.

auditorio m. **1.** Conjunto de oyentes. **2.** Local acondicionado para escuchar conferencias, discursos, etc.

auge m. Momento de mayor intensidad, esplendor, etc.

augurar tr. Predecir, presagiar.

augusto, ta adj. Digno de respeto y veneración.

aula f. Sala destinada a dar clases en un centro de enseñanza.

aullar intr. Dar aullidos.

aullido m. Grito agudo y prolongado del lobo, el perro, etc.

aumentar tr., intr. y prnl. Hacer más grande, numeroso o intenso.

aumentativo, va adj. **1.** Que aumenta. **2.** LING. Dícese del sufijo que aumenta el significado del vocablo al que se une. ◆ m. LING. **3.** Palabra formada con dicho sufijo.

aumento m. **1.** Acción y efecto de aumentar. **2.** Potencia amplificadora de una lente.

aun adv. Incluso, hasta, también: *iremos todos, aun tú.*

aún adv. Todavía: *~ vive.*

aunar tr. y prnl. Unir cosas distintas para lograr un fin.

aunque conj. **1.** Introduce una objeción a pesar de la cual puede ser u ocurrir una cosa: *~ estoy enfermo no faltaré*. **2.** Pero: *no traigo nada de eso, ~ sí cosas similares.*

aupar tr. y prnl. **1.** Levantar o subir a una persona. **2.** Ensalzar.

aura f. **1.** Viento suave y apacible. **2.** Irradiación luminosa que algunas personas dicen percibir alrededor de los cuerpos.

áureo, a adj. De oro o parecido a él.

aureola f. **1.** Círculo luminoso que figura en la cabeza de las imágenes santas. **2.** Fama, gloria.

aurícula f. Cavidad del corazón que recibe sangre de las venas.

auricular adj. **1.** Perteneciente o relativo al oído o a las aurículas. ◆ m. **2.** Parte del teléfono que se aplica al oído.

aurora f. Luz difusa que precede a la salida del Sol.

auscultar tr. Explorar los sonidos que se producen en el cuerpo.

ausencia f. **1.** Tiempo en que alguien está ausente. **2.** Falta de algo.

ausentarse prnl. Alejarse o separarse de una persona o lugar.

ausente adj./m. y f. Separado de alguna persona o lugar.

auspiciar tr. Favorecer.

auspicio m. **1.** Agüero. **2.** Protección, favor.

austero, ra adj. Que se reduce a lo necesario y prescinde de lo superfluo.

austral adj. Perteneciente o relativo al polo o al hemisferio sur.

australiano, na adj./m. y f. De Australia.

austriaco, ca o **austríaco, ca** adj./m. y f. De Austria.

autarquía f. Autosuficiencia económica de un estado.

auténtico, ca adj. Acreditado de cierto y positivo.

autillo m. Ave rapaz nocturna.

autismo m. Aislamiento patológico del que se encierra en sí mismo.

auto m. **1.** Composición dramática de carácter religioso. **2.** Automóvil. **3.** DER. Resolución judicial.

autobiografía f. Vida de una persona escrita por ella misma.

autobús m. Vehículo automóvil de transporte público y trayecto fijo.

autocar m. Vehículo automóvil de transporte colectivo.

autocarril m. *Bol., Chile* y *Nicar.* Coche de ferrocarril propulsado por un motor.

autocracia f. Sistema político en el que el gobernante dispone de poder absoluto.

autóctono, na adj./m. y f. Originario del país que habita.

autodeterminación f. Derecho de un pueblo a decidir por sí mismo el régimen político que le conviene.

autodidacto, ta adj./m. y f. Que se instruye por sí mismo.

autoedición f. INFORM. Conjunto de los procesos electrónicos e informáticos que permiten editar libros u otras obras impresas de pequeña tirada.

autoeditar tr. INFORM. Realizar la autoedición de un original.

autoescuela f. Escuela donde se enseña a conducir automóviles.

autogestión f. Gestión de una empresa por sus trabajadores.

autógrafo m. Firma de una persona famosa.

autómata m. Máquina que imita la figura y los movimientos de un ser animado.

automático, ca adj. **1.** Que obra o se regula por sí mismo. **2.** Maquinal, no deliberado: *movimiento ~.* **3.** Inmediato.

automóvil adj. **1.** Que se mueve por sí mismo. ◆ m. **2.** Vehículo provisto de un motor y destinado al transporte de pocas personas.

■ **ENC.** En 1886, el alemán Carl Benz fabricó el primer **automóvil** moderno con motor de explosión. Al siguiente decenio la firma francesa Peugeot inició la producción comercial de autos. Pero fue hasta 1913 que Estados Unidos generalizó el uso del automóvil, cuando lanzó la primera producción en masa del Ford modelo T. A mediados de siglo el dominio norteamericano de la industria automotriz era inobjetable. Pero desde los años 70, Japón ha ocupado un lugar muy importante en el mercado mundial. En Argentina, Brasil y México hay grandes fábricas de automóviles de marcas norteamericanas, europeas y japonesas.

automovilismo m. **1.** Conjunto de conocimientos referentes a los automóviles. **2.** Deporte que se practica con el automóvil.

autonomía f. **1.** Estado o condición del pueblo o persona que goza de independencia. **2.** En España, comunidad autónoma.

autónomo, ma adj. Que goza de autonomía.

autopista f. Vía para la circulación rápida de automóviles.

autopsia f. MED. Examen y disección de un cadáver.

autor, ra m. y f. **1.** El que es causa de alguna cosa. **2.** Persona que inventa alguna cosa o realiza una obra artística, literaria, etc.

autoridad f. **1.** Poder. **2.** Persona que tiene algún poder o mando.

autoritario, ria adj. Que impone su poder.

autorizar tr. **1.** Dar autoridad para hacer alguna cosa. **2.** Permitir.

autorretrato m. Retrato que se hace uno mismo.

autoservicio m. Establecimiento donde el cliente se sirve a sí mismo.

autostop m. Modo de viajar por carretera que consiste en parar un vehículo particular y pedir viajar en él gratuitamente.

autosuficiente adj. Que se basta a sí mismo.

autótrofo, fa adj./m. BIOL. Dícese de los vegetales capaces de elaborar su alimento a partir de elementos minerales.

autovía f. Carretera con accesos laterales y cruces a nivel.

auxiliar tr. Dar auxilio.

auxiliar adj./m. y f. **1.** Que auxilia. ◆ adj./m. LING. **2.** Dícese de los verbos que sirven para formar los tiempos compuestos de otros verbos o para expresar diversos matices del pensamiento. ◆ m. y f. **3.** Funcionario subalterno.

auxilio m. Ayuda, socorro.

auyama f. *Antill., Colomb., C. Rica* y *Venez.* Calabaza.

aval m. Firma con que se garantiza un documento de crédito.

avalancha f. Alud.

avance m. Acción y efecto de avanzar.

avanzar tr. **1.** Adelantar, mover o prolongar hacia adelante. **2.** *Cuba* y *R. Dom.* Vomitar. **3.** *Méx.* Robar. ◆ intr. **4.** Progresar. ◆ intr. y prnl. **5.** Ir hacia adelante. **6.** Transcurrir.

avaricia f. Afán excesivo de atesorar riquezas.

avaro, ra adj./m. y f. Que tiene avaricia.

avasallar tr. Someter a obediencia.

avatar m. Cambio, vicisitud.

ave f. Vertebrado ovíparo, cubierto de plumas, con alas que le sirven para volar y maxilares en forma de pico.

■ ENC. Se conocen 9 000 especies de **aves** que se distinguen por su alimentación (carnívoras, granívoras, omnívoras), su comportamiento (pescadoras, trepadoras, nadadoras, clavadistas, caminadoras, saltadoras, etc.) o su tamaño (2 a 3 cm para el colibrí; más de 2 m para el avestruz).

avecinar tr. y prnl. Acercar, aproximar.

avecindarse prnl. Establecerse en algún pueblo como vecino.

avejentar tr. y prnl. Hacer que uno parezca más viejo.

avellana f. Fruto del avellano.

avellano m. Arbusto de hojas anchas, cuyo fruto es la avellana.

avemaría f. Oración a la Virgen.

avena f. Cereal cuyos granos se utilizan para la alimentación.

avenido, da adj. 1. Con los adv. *bien* o *mal*, en armonía, o al contrario. ◆ f. 2. Crecida impetuosa de un río. 3. Vía ancha con árboles.

avenir tr. y prnl. Conciliar, ajustar las partes discordes.

aventajar tr. y prnl. Adelantar, dejar atrás.

aventar tr. 1. Echar algo al viento, especialmente los granos en la era para limpiarlos. 2. *Cuba.* Exponer el azúcar al sol y al aire. 3. *Méx.* Arrojar, tirar. ◆ prnl. 4. *Colomb.* y *Méx.* Arrojarse sobre algo o alguien. 5. *P. Rico.* Comenzar la carne a corromperse.

aventón m. *Méx. Fam.* Transporte en automóvil, principalmente el que es gratuito.

aventura f. 1. Suceso o empresa extraordinario o peligroso. 2. Relación amorosa pasajera.

aventurar tr. y prnl. 1. Arriesgar. ◆ tr. 2. Decir una cosa atrevida o de la que se duda.

avergonzar tr. y prnl. Causar, tener o sentir vergüenza.

avería f. Daño que sufre un aparato, mercancía, etc.

averiguar tr. Indagar la verdad de una cosa.

aversión f. Odio y repugnancia.

avestruz m. Ave de gran tamaño, incapacitada para volar.

■ ENC. Los **avestruces** son las aves más grandes que existen. Viven en bandadas en África y en el Cercano Oriente. Se alimentan de plantas. Sus fuertes patas con dos dedos les permiten correr muy rápido. Sus plumas se utilizan en la alta costura, especialmente las de los machos que son las más bellas.

avezar tr. y prnl. Acostumbrar.

aviación f. 1. Modalidad de locomoción que se sirve de los aviones. 2. Cuerpo militar que utiliza los aviones.

aviador, ra m. y f. Persona que tripula un avión.

aviar tr. y prnl. Preparar, arreglar.

avícola adj. Relativo a las aves.

avicultura f. Arte de criar aves y aprovechar sus productos.

ávido, da adj. Ansioso, codicioso: ~ *de poder.*

avieso, sa adj. 1. Torcido, irregular. 2. Perverso, malo.

avinagrar tr. y prnl. Poner agrio.

avión m. Vehículo de navegación aérea, provisto de alas y motor.

avisar tr. 1. Dar noticia. 2. Advertir. 3. Llamar: ~ *al médico.*

aviso m. 1. Noticia. 2. Indicio, señal. 3. Advertencia, consejo. 4. *Amér.* Anuncio.

avispa f. Insecto de cuerpo amarillo con bandas negras, provisto de aguijón.

avispado, da adj. *Fam.* Vivo, despierto.

avistar tr. Alcanzar algo con la vista.

avitaminosis f. Falta de vitaminas en el organismo.

avituallar tr. Proveer de víveres o alimentos.

avivar tr. Dar viveza.

avizor. Ojo ~, estar atento, vigilante.

avutarda f. Ave zancuda de vuelo corto y pesado.

axial o axil adj. Relativo al eje.

axila f. 1. Sobaco. 2. Punto de articulación de una parte de la planta con el tronco o una rama.

axioma m. Proposición que se admite como verdadera sin necesidad de demostración.

axis m. Segunda vértebra cervical.

¡ay! interj. Expresa aflicción o dolor.

ayacuchano, na adj./m. y f. De Ayacucho (Perú).

ayate m. *Méx.* Tela de hilo del maguey que fabrican los indios.

ayer adv. 1. En el día que precedió inmediatamente al de hoy. 2. En tiempo pasado.

ayo, ya m. y f. Persona encargada de criar o educar a un niño.

ayote m. *Amér. Central.* Calabaza.

ayuda f. 1. Acción y efecto de ayudar. 2. Persona o cosa que ayuda.

ayudar tr. 1. Prestar cooperación. 2. Socorrer. ◆ prnl. 3. Valerse de algo.

ayunar intr. Abstenerse de comer o beber.

ayuno m. Acción y efecto de ayunar. ● **En ayunas,** sin haberse desayunado.

ayuntamiento m. 1. Corporación que gobierna un municipio. 2. Acto sexual.

azabache m. Variedad de lignito, de color negro brillante.

azada f. Instrumento agrícola utilizado para cavar.

azafata f. 1. Empleada que atiende a los pasajeros en los aviones y aeropuertos. 2. Empleada que atiende a los visitantes de ferias, congresos, etc.

azafate m. Canastilla de mimbre, llana y con borde de poca altura.

azafrán m. Planta cuyos estigmas se emplean como condimento.

azahar m. Flor blanca del naranjo, del limonero y del cidro.

azar m. Casualidad. ● **Al ~,** sin propósito determinado.

azarar tr. y prnl. Azorar*.

azarearse prnl. *Chile, Guat., Hond., Nicar.* y *Perú.* Avergonzarse.

ázimo adj. Dícese del pan sin levadura.

AVIÓN Y HELICÓPTERO

AVIÓN

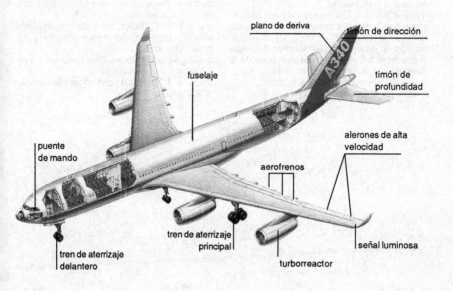

plano de deriva

timón de dirección

A340

timón de profundidad

fuselaje

alerones de alta velocidad

puente de mando

aerofrenos

tren de aterrizaje principal

señal luminosa

tren de aterrizaje delantero

turborreactor

HELICÓPTERO

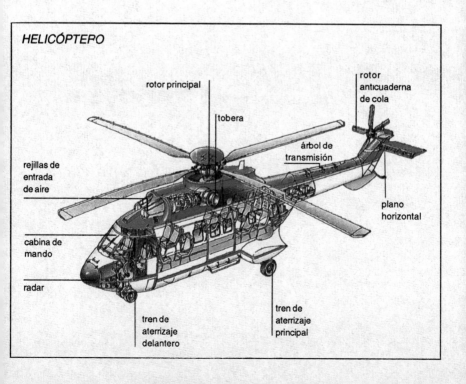

rotor principal

rotor anticuaderna de cola

tobera

árbol de transmisión

rejillas de entrada de aire

plano horizontal

cabina de mando

radar

tren de aterrizaje delantero

tren de aterrizaje principal

azogue m. Mercurio.

azolve m. *Méx.* Basura o lodo que tapa un conducto de agua.

azor m. Ave rapaz diurna.

azorar tr. y prnl. Turbar, confundir.

azotador m. *Méx.* Oruga mexicana cubierta de pelillos, que tiene propiedades urticantes.

azotaina f. *Fam.* Paliza.

azotar tr. y prnl. **1.** Dar azotes a alguien. **2.** Golpear repetida y violentamente una cosa: *las olas azotaban la orilla.*

azote m. **1.** Instrumento para azotar. **2.** Golpe dado con él. **3.** Golpe dado en las nalgas con la mano abierta. **4.** Calamidad, desgracia.

azotea f. Cubierta llana de un edificio.

azotehuela f. *Méx.* Patio de luces.

azteca adj./m. y f. De un antiguo pueblo que habitaba México.

azúcar m. o f. **1.** Sustancia blanca, muy dulce, que se extrae de la remolacha o de la caña de azúcar. **2.** QUÍM. Hidrato de carbono.

azucena f. Planta herbácea de flores grandes, blancas y olorosas.

azufre m. Elemento químico no metálico, sólido, de color amarillo.

azul adj./m. **1.** Dícese del color comprendido entre el verde y el añil en el espectro solar. ◆adj. **2.** De color azul.

azulejo, ja adj. **1.** *Amér.* Que tira a azul. ◆ m. **2.** Ladrillo pequeño vidriado.

azuzar tr. **1.** Incitar a un animal para que embista. **2.** Estimular.

b

b f. Segunda letra del abecedario.

baba f. Saliva que fluye por la boca.

babero m. Prenda que se pone a los niños en el pecho para evitar que se manchen al comer.

babia. **Estar en** ~, estar distraído.

bable m. Dialecto leonés hablado en Asturias.

babor m. MAR. Lado izquierdo de la embarcación mirando de popa a proa.

babosa f. Molusco terrestre, sin concha.

baca f. Soporte en el techo de los vehículos para llevar bultos.

bacalao m. Pez marino comestible de cuerpo alargado.

■ ENC. El **bacalao** puede medir hasta 1.80 m de largo y pesar 40 kg. Se alimenta de los moluscos y jibias que caza en profundidades de hasta 600 m. En la época de reproducción, se pesca con red, en aguas poco profundas cerca de Terranova, de Groenlandia, etc. El aceite de hígado de bacalao es rico en vitaminas A y D.

bacanal adj. **1.** Relativo al dios Baco. ◆ f. **2.** Orgía. ◆ pl. **3.** Fiestas que se celebraban en la antigua Roma en honor de Baco.

bachata f. *Antill.* Juerga, diversión bulliciosa.

bache m. **1.** Hoyo en una calzada o camino. **2.** Momento difícil.

bachiller m. y f. El que ha obtenido el grado de enseñanza media.

bachillerato m. **1.** Grado de bachiller. **2.** Estudios para obtenerlo.

bacilo m. Bacteria de forma alargada.

bacon m. Tocino magro ahumado.

bacteria f. Microorganismo unicelular sin núcleo, que puede causar enfermedades.

■ ENC. Las **bacterias** fueron los primeros organismos vivos que aparecieron sobre la Tierra. Se multiplican rápidamente y resisten fuertes variaciones de temperatura. Incluso pueden vivir sin aire. Las bacterias son muy importantes en el equilibrio del mundo vivo, pues ellas causan la fermentación, la putrefacción de la materia orgánica y la digestión intestinal. Sin embargo, algunas también provocan enfermedades.

bactericida adj./m. Que destruye las bacterias.

báculo m. Palo o cayado para apoyarse en él.

badajo m. Pieza del interior de la campana, que la hace sonar.

badana f. Piel curtida de oveja.

badén m. **1.** Zanja que forman las aguas de lluvia. **2.** Cauce que se construye en una carretera para dar paso al agua.

badil m. Paleta para remover la lumbre.

bafle m. Pantalla rígida sobre la que se monta el altavoz.

bagaje m. **1.** Equipaje. **2.** Conjunto de conocimientos de que dispone una persona: ~ *cultural.*

bagatela f. Cosa fútil.

bagual, la adj./m. y f. **1.** *Amér. Merid.* Indócil, salvaje. ◆ adj./m. **2.** *Amér.* Dícese del caballo o potro no domado.

baguarí m. *Argent., Par.* y *Urug.* Cigüeña de cuerpo blanco, alas negras, pico recto y patas rojas.

bahameño, ña adj./m. y f. De Bahamas.

bahía f. Entrada de mar en la costa.

baht o bat m. Principal unidad monetaria de Tailandia.

bailar tr. e intr. **1.** Mover el cuerpo al compás de la música. **2.** Moverse una cosa sin salirse de su sitio.

baile m. **1.** Acción o arte de bailar. **2.** Fiesta en que se baila.

bajamar f. Fin del reflujo del mar.

bajar intr. y prnl. **1.** Ir desde un lugar a otro que esté más bajo. **2.** Disminuirse alguna cosa. ◆ tr. **3.** Poner alguna cosa en lugar más bajo. **4.** Inclinar hacia abajo. **5.** Disminuir la estimación, precio o valor de alguna cosa. ◆ tr., intr. o prnl. **6.** Apearse.

bajativo m. *Amér. Merid.* Licor digestivo.

bajel m. Buque, barco.

bajeza f. **1.** Acción vil. **2.** Calidad de bajo.

bajío m. **1.** Elevación del fondo en los mares, ríos y lagos. **2.** *Amér.* Terreno bajo.

bajo, ja adj. **1.** De poca altura. **2.** Situado a poca distancia del suelo: *planta* ~. **3.** Inclinado hacia abajo. **4.** Inferior: *clase* ~. **5.** Humilde, despreciable. **6.** Tratándose de sonidos, grave. ◆ m. **7.** MÚS. Voz o instrumento que ejecuta los sonidos más graves de la escala. ◆ pl. **8.** Planta baja de un edificio. ◆ f. **9.** Disminución del precio o valor de una cosa. **10.** Cese temporal de una persona en un determinado trabajo. **11.** Documento en que se formula. **12.** Pérdida o falta de un individuo. ◆ adv. **13.** Abajo. **14.** En voz que apenas se oiga. ◆ prep. **15.** Debajo de. **16.** Durante el dominio de: ~ *los romanos.*

bajorrelieve m. En escultura, relieve cuyos motivos tienen poco resalte.

bala f. **1.** Proyectil de las armas de fuego. **2.** Fardo apretado de mercancías.

balada f. Composición poética que desarrolla un tema legendario.

baladí adj. Fútil, poco importante.

baladrón, na adj. Fanfarrón.

balalaica f. Laúd de forma triangular, con tres cuerdas.

balance m. **1.** Confrontación del activo y pasivo de una sociedad para determinar su situación económica. **2.** Valoración.

balancear tr., intr. y prnl. Mover de un lado a otro.

balanceo m. **1.** Acción y efecto de balancear o balancearse. **2.** *Amér.* Equilibrado de las ruedas de un automóvil.

balancín m. **1.** Silla para mecerse. **2.** Asiento colgante con toldo.

balandro m. Embarcación pequeña con cubierta y un solo palo.

balanza f. Instrumento que sirve para pesar.

■ Enc. Antes de ser el símbolo de la justicia humana, la **balanza** lo fue de la justicia divina. El libro de los muertos, papiro del antiguo Egipto, acompañaba a los difuntos en su tumba. Este libro representaba a Anubis, dios de las ceremonias funerarias, quien cuidaba una balanza. En uno de los platos de esta balanza, se ubicaba el alma del muerto representada por su corazón y en el otro, una pluma. Si el alma era tan ligera como una pluma, el difunto conocería la resurrección y entraría al reino de Osiris, rey de los muertos. Los cristianos de la Edad Media utilizaban una balanza sostenida por el arcángel Miguel, para representar el peso del alma durante el juicio final.

balata f. *Chile* y *Méx.* Parte del mecanismo de freno de algunos vehículos motorizados.

balaustre o **balaústre** m. Cada una de las columnas que forman una barandilla.

balboa m. Unidad monetaria de Panamá.

balbucear o **balbucir** tr. e intr. Hablar de manera vacilante y confusa.

balcón m. Hueco abierto al exterior desde el suelo de la habitación, con barandilla, generalmente saliente.

balda f. Anaquel de armario o alacena.

baldar tr. y prnl. **1.** Impedir una enfermedad o accidente el uso de un miembro. ◆ prnl. **2.** Fatigarse en exceso.

balde m. **1.** Cubo para sacar y transportar agua. ● **De ~**, gratis. ● **En ~**, en vano.

baldío, a adj. **1.** Vano, sin fundamento. ◆ adj./m. **2.** Dícese del terreno abandonado, sin labrar. ◆ m. **3.** *Argent., Bol., Chile, Guat., Par.* y *Urug.* Terreno urbano sin edificar, solar.

baldosa f. Ladrillo fino que sirve para recubrir suelos.

balear tr. *Amér.* Tirotear, disparar balas.

balear adj./m. y f. De las islas Baleares (España).

balero m. **1.** *Argent., Colomb., Ecuad., Méx., P. Rico.* y *Urug.* Juguete compuesto por un palo en cuya punta se ensarta la bola. **2.** *Argent.* y *Urug. Fam.* Cabeza humana.

balido m. Voz de algunos animales como el ciervo, la cabra, etc.

balística f. Estudio de las trayectorias de los proyectiles.

baliza f. Señal fija o móvil que indica un peligro o delimita una vía de circulación marítima, aérea y terrestre.

ballena f. Mamífero cetáceo, el mayor de los animales conocidos.

■ Enc. La **ballena** es un cetáceo que respira por los pulmones. Puede sumergirse en el agua hasta por media hora. Cuando regresa a la superficie expira el aire, saturado de vapor, por un orificio que tiene en el lomo. Para alimentarse traga mucha agua mezclada con plancton y pequeños crustáceos. Después, elimina el agua y el alimento queda detenido en las láminas de hueso que tiene en la mandíbula superior, llamadas barbas. Cazadas en exceso por su carne y su grasa, las ballenas habitan ahora sólo en los mares polares y su captura está prohibida.

ballenato m. Cría de la ballena.

ballesta f. **1.** Arma portátil para lanzar flechas. **2.** Muelle en forma de arco utilizado en la suspensión de vehículos.

ballet m. **1.** Danza clásica escénica. **2.** Música de esta danza. **3.** Compañía que interpreta este tipo de danza.

■ Enc. El **ballet** nació en Italia en el siglo XVI para entretener a las cortes. A principios del siglo XVIII, se convirtió en un espectáculo realizado por bailarines profesionales y abierto a todo el público.

balneario m. Establecimiento público de baños, en especial medicinales.

balompié m. Fútbol.

balón m. **1.** Pelota grande, hinchada de aire, usada en varios juegos. **2.** *Chile, Colomb.* y *Perú.* Recipiente metálico utilizado para contener gas combustible.

baloncesto m. Juego entre dos equipos que consiste en introducir el balón, valiéndose de las manos, en un aro sujeto a un tablero.

balonmano m. Juego entre dos equipos que consiste en introducir el balón, valiéndose de las manos, en la portería contraria.

balonvolea m. Voleibol.

balsa f. **1.** Depresión del terreno que se llena de agua. **2.** Embarcación formada por una plataforma de maderos unidos.

bálsamo m. **1.** Resina aromática que segregan ciertos árboles. **2.** Consuelo, alivio. **3.** Medicamento de uso externo.

báltico, ca adj./m. y f. Del mar Báltico o de los territorios que lo bordean.

baluarte m. **1.** Saliente pentagonal de las fortificaciones. **2.** Amparo, defensa.

baluma o **balumba** f. *Colomb.* y *Ecuad.* Tumulto, alboroto.

bambalina f. Lienzo pintado que cuelga del telar de un teatro.

bambolearse prnl. Moverse a un lado y otro sin cambiar de sitio.

bambú m. Planta gramínea de tallo leñoso, flexible y resistente.

banal adj. Trivial, vulgar.

banana f. *Argent.* y *Urug.* Plátano, fruto y planta.

banano m. Banana*.

banasta f. Cesto grande.

banca f. **1.** Asiento de madera sin respaldo. **2.** Entidad financiera donde se realizan operaciones de préstamo, cambio, etc.

bancada f. *Argent., Par., Perú* y *Urug.* Conjunto de legisladores de un mismo partido.

B

bancal m. Terreno cultivable en una pendiente.

bancarrota f. Quiebra de una empresa o negocio.

banco m. **1.** Asiento largo y estrecho para varias personas. **2.** Bandada de peces. **3.** Organismo público de crédito. ● ~ **de datos**, conjunto de informaciones almacenadas en un ordenador.

banda f. **1.** Cinta ancha que cruza el pecho. **2.** Faja, lista. **3.** Grupo de gente armada. **4.** Lado. **5.** Conjunto instrumental de viento y percusión. ● ~ **sonora**, parte de la película en la que se registra el sonido. ● **Cerrarse** uno **en** ~ (Fam.), mantenerse firme en sus propósitos.

bandada f. Grupo de aves o peces que se desplazan juntos.

bandazo m. Inclinación brusca de un barco hacia babor o estribor.

bandeja f. Pieza plana con algo de borde para servir, llevar o poner cosas. ● **Servir en** ~, dar grandes facilidades para conseguir algo.

bandera f. Trozo de tela que, sujeta a un palo, sirve de insignia.

banderilla f. Palo adornado que se clava al toro en la cerviz.

banderola f. Argent., Par. y Urug. Montante, bastidor.

bandido, da m. y f. **1.** Fugitivo de la justicia. **2.** Bandolero.

bando m. **1.** Edicto o mandato solemne. **2.** Facción o partido.

bandolero m. Ladrón, salteador de caminos.

bandoneón m. Instrumento musical parecido al acordeón.

bandurria f. Instrumento musical de doce cuerdas, menor que la guitarra.

baniva o **baniua** adj./m. y f. De un pueblo amerindio que habita en la zona fronteriza entre Venezuela y Colombia.

banjo m. Instrumento musical de cuerda, con caja de resonancia circular, cubierta por una piel tensada.

banqueta f. **1.** Asiento de tres o cuatro pies y sin respaldo. **2.** Banco pequeño para poner los pies. **3.** Guat. y Méx. Acera.

banquete m. Comida espléndida.

banquillo m. **1.** Asiento en que se coloca el acusado ante el tribunal. **2.** DEP. Lugar que ocupan los jugadores suplentes y el entrenador durante el partido.

banquina f. Amér. Arcén.

bañadera f. **1.** Amér. Central y Amér. Merid. Bañera. **2.** Urug. Ómnibus viejo de alquiler.

bañado m. Amér. Central y Amér. Merid. Terreno húmedo y cenagoso.

bañador m. Traje de baño.

bañar tr. y prnl. **1.** Meter el cuerpo o sumergir una cosa en un líquido. **2.** Tocar algún paraje el agua del mar, de un río, etc. **3.** Cubrir una cosa con una capa de otra sustancia.

bañera f. Pila para bañarse.

baño m. **1.** Acción y efecto de bañar o bañarse. **2.** Cuarto para asearse. **3.** Bañera. **4.** Capa con que queda cubierta la cosa bañada. ◆ pl. **5.** Balneario.

baptisterio m. Pila bautismal y lugar donde se encuentra.

baqueano, na adj./m. y f. Amér. Central y Amér. Merid. Dícese de la persona conocedora de un terreno y sus caminos.

baquelita f. Resina sintética.

baqueta f. **1.** Varilla para limpiar las armas de fuego. ◆ pl. **2.** Par de palillos con que se toca el tambor.

bar m. **1.** Local en que se despachan comidas y bebidas, que suelen tomarse de pie, ante el mostrador. **2.** FÍS. Unidad de medida de la presión atmosférica.

barahúnda f. Ruido y confusión.

baraja f. Conjunto de naipes que sirven para varios juegos.

barajar tr. Mezclar los naipes.

baranda f. Barandilla.

barandilla f. Especie de valla que sirve de protección y apoyo en balcones, escaleras, etc.

baratija f. Cosa de poco valor.

barato, ta adj. **1.** De bajo precio. ◆ f. **2.** Chile y Perú. Fam. Cucaracha. **3.** Méx. Venta a bajo precio. ◆ adv. **4.** Por poco precio.

baraúnda f. Barahúnda*.

barba f. **1.** Parte de la cara debajo de la boca. **2.** Pelo de la cara.

barbacoa f. **1.** Parrilla para asar al aire libre carne o pescado. **2.** Méx. Carne de cordero o de chivo, asada sobre madera verde puesta en un hoyo en la tierra.

barbada f. Bol. y Perú. Cinta para sujetar el sombrero por debajo de la barbilla.

barbaján adj./m. y f. Cuba y Méx. Tosco, grosero.

barbaridad f. **1.** Calidad de bárbaro. **2.** Dicho o hecho necio o temerario. **3.** Gran cantidad.

barbarie f. **1.** Falta de cultura o atraso en un pueblo. **2.** Crueldad.

barbarismo m. Vicio del lenguaje que consiste en pronunciar o escribir mal las palabras, o en emplear vocablos impropios.

bárbaro, ra adj./m. y f. **1.** Relativo a los pueblos germánicos que en el s. V abatieron el Imperio romano. **2.** Fiero, cruel. **3.** Temerario. **4.** Inculto, tosco. ◆ adv. **5.** Fam. Estupendamente.

barbecho m. Campo que se deja sin cultivar uno o más años.

barbero m. Persona que tiene por oficio afeitar y cortar el pelo.

■ **ENC.** Durante mucho tiempo los **barberos** europeos también eran médicos: afeitaban, hacían sangrías, ponían ventosas y curaban heridas. Hacia el siglo XIX, sin embargo, la medicina se convirtió en la especialidad de los médicos y los barberos se ocuparon sólo de la barba y el cabello.

barbijo m. **1.** Argent. y Bol. Herida en la cara. **2.** Argent., Bol., Par. y Urug. Barbiquejo.

barbilampiño, ña adj. Que no tiene barba o tiene poca.

barbilla f. Punta de la barba.

barbiquejo m. **1.** Amér. Cinta para sujetar por debajo de la barba. **2.** Perú. Pañuelo que se ata rodeando la cara.

barbitúrico, ca adj./m. Dícese de un ácido orgánico cuyos derivados poseen efectos hipnóticos y sedantes.

barbo m. Pez teleósteo de agua dulce.

barca f. Embarcación pequeña para pescar o navegar cerca de la costa o en los ríos.

barcaza f. Barca grande para carga y descarga.

barcelonés, sa adj./m. y f. De Barcelona (España).

barco m. Construcción flotante destinada al transporte de personas o mercancías.

barda f. **1.** *Argent.* Ladera acantilada. **2.** *Méx.* Tapia que rodea o separa un terreno o construcción de otro.

bardo m. Poeta.

baremo m. **1.** Libro de cuentas ajustadas. **2.** Escala convencional de valores que sirve de base para evaluar o clasificar.

baricentro m. **1.** Centro de gravedad de un cuerpo. **2.** MAT. En un triángulo, punto de intersección de las medianas.

bario m. Metal blanco amarillento, dúctil y difícil de fundir.

barisfera f. Núcleo de la Tierra formado por hierro y níquel.

barítono m. Voz media entre la de tenor y la de bajo.

barlovento m. MAR. Parte de donde viene el viento.

barniz m. Disolución de una resina en un líquido volátil que se extiende sobre pinturas o maderas para protegerlas.

barómetro m. Instrumento para medir la presión atmosférica.

barón, nesa m. y f. Título nobiliario, que en España sigue al de vizconde.

barquilla f. Cesto del globo aerostático.

barquillo m. Hoja de pasta de harina con azúcar y canela, de forma triangular o de tubo.

barra f. **1.** Pieza rígida, mucho más larga que gruesa. **2.** Pieza de pan de forma alargada. **3.** Mostrador de un bar. **4.** Banco de arena en la boca de un río. **5.** Signo gráfico que sirve para separar. **6.** *Amér. Merid.* Público que asiste a las sesiones de un tribunal. **7.** *Amér. Merid.* Pandilla de amigos. **8.** *Amér. Merid.* En un espectáculo deportivo, grupo de personas que animan a sus favoritos.

barraca f. **1.** Caseta construida con materiales ligeros. **2.** *Amér. Central* y *Amér. Merid.* Almacén de productos destinados al tráfico. **3.** *Chile* y *Urug.* Edificio destinado a depósito y venta de materiales de construcción.

barracón m. Construcción provisional destinada a albergar soldados, refugiados, etc.

barranco m. **1.** Despeñadero, precipicio. **2.** Quiebra profunda que hacen en la tierra las corrientes de las aguas.

barranquillero, ra adj./m. y f. De Barranquilla (Colombia).

barrena f. Útil para taladrar.

barrendero, ra m. y f. Persona que tiene por oficio barrer.

barrer tr. Limpiar el suelo con la escoba. ● ~ **hacia dentro**, o **para dentro**, actuar interesadamente.

barrera f. **1.** Cualquier dispositivo con el que se obstaculiza el paso. **2.** Valla de madera en las plazas de toros. **3.** Impedimento.

barretina f. Gorro catalán.

barriada f. **1.** Barrio. **2.** Parte de un barrio.

barricada f. Parapeto improvisado para entorpecer el paso al enemigo.

barriga f. Vientre.

barril m. Cuba de madera para transportar y conservar líquidos.

barrilete m. *Argent.* Cometa, juguete.

barrillo m. Pequeño grano que sale en la cara.

barrio m. Cada una de las partes en que se divide un pueblo. ● **El otro ~** *(Fam.)*, la muerte.

barritar intr. Emitir su voz el elefante.

barrizal m. Sitio lleno de barro.

barro m. **1.** Masa de tierra y agua. **2.** Grano rojizo en el rostro.

barroco, ca adj. **1.** Excesivamente ornamentado. ● m. **2.** Estilo artístico desarrollado en Europa e Hispanoamérica desde finales del s. XVI a principios del XVIII.

barrote m. **1.** Barra gruesa. **2.** Barra de hierro para afianzar algo.

barruntar tr. Presentir por algún indicio: ~ *un peligro.*

bártulos m. pl. Conjunto de enseres de uso corriente. ● **Liar los** ~ *(Fam.)*, disponerse para un viaje o una mudanza.

barullo m. Confusión, desorden.

basa f. ARQ. Base sobre la que se apoya una columna o estatua.

basalto m. Roca volcánica básica, de color negro o verdoso.

basamento m. Cuerpo formado por la basa y el pedestal de la columna.

basar tr. **1.** Asentar sobre una base. ● tr. y prnl. **2.** Fundar, apoyar.

basca f. **1.** Náusea. **2.** *Esp. Fam.* Pandilla.

báscula f. Aparato para medir pesos.

bascular intr. y prnl. Tener movimiento de vaivén.

base f. **1.** Fundamento o apoyo principal de una cosa. **2.** Línea o cara de las figuras geométricas sobre la que se supone descansan. **3.** MAT. Cantidad que ha de elevarse a una potencia dada. **4.** QUÍM. Compuesto que combinado con los ácidos forma sales. ● ~ **de datos** (INFORM.), conjunto de informaciones almacenadas en una computadora, constituido por una serie de ficheros a través de los cuales se organizan, estructuran y jerarquizan los datos.

basic m. INFORM. Lenguaje de programación adaptado para iniciarse en el manejo de ordenadores personales.

básico, ca adj. Fundamental: *conocimientos básicos.*

basílica f. Iglesia notable por su historia, antigüedad, etc.

basilisco m. **1.** Animal fabuloso que mataba con la mirada. **2.** Persona furiosa.

bastante adv. **1.** Ni mucho ni poco, suficiente: *ya tengo ~.* **2.** Algún tanto: *está ~ mejor.*

bastar intr. y prnl. Ser suficiente.

bastardo, da adj. **1.** Dícese del hijo nacido fuera de matrimonio. **2.** Que degenera de su origen o naturaleza.

bastidor m. **1.** Armazón en el que se fijan lienzos para pintar o bordar. **2.** Decoración lateral

BANDERAS DEL MUNDO

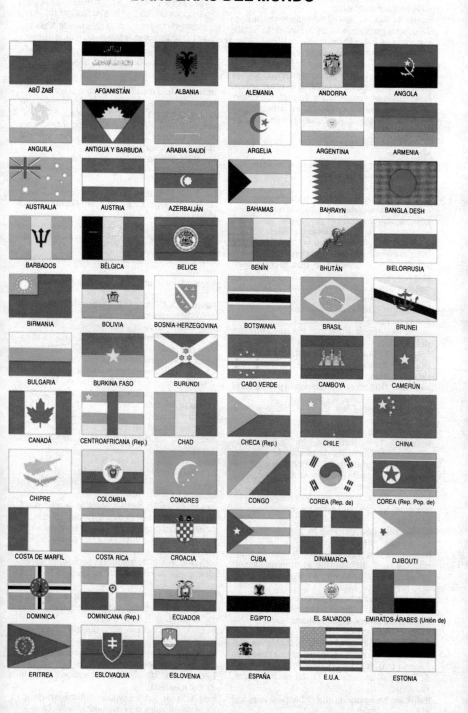

ABŪ ZABĪ	AFGANISTÁN	ALBANIA	ALEMANIA	ANDORRA	ANGOLA
ANGUILA	ANTIGUA Y BARBUDA	ARABIA SAUDÍ	ARGELIA	ARGENTINA	ARMENIA
AUSTRALIA	AUSTRIA	AZERBAIJÁN	BAHAMAS	BAHRAYN	BANGLA DESH
BARBADOS	BÉLGICA	BELICE	BENÍN	BHUTÁN	BIELORRUSIA
BIRMANIA	BOLIVIA	BOSNIA-HERZEGOVINA	BOTSWANA	BRASIL	BRUNEI
BULGARIA	BURKINA FASO	BURUNDI	CABO VERDE	CAMBOYA	CAMERÚN
CANADÁ	CENTROAFRICANA (Rep.)	CHAD	CHECA (Rep.)	CHILE	CHINA
CHIPRE	COLOMBIA	COMORES	CONGO	COREA (Rep. de)	COREA (Rep. Pop. de)
COSTA DE MARFIL	COSTA RICA	CROACIA	CUBA	DINAMARCA	DJIBOUTI
DOMINICA	DOMINICANA (Rep.)	ECUADOR	EGIPTO	EL SALVADOR	EMIRATOS-ÁRABES (Unión de)
ERITREA	ESLOVAQUIA	ESLOVENIA	ESPAÑA	E.U.A.	ESTONIA

en un teatro. **3.** *Amér. Central.* Colchón de tela metálica. **4.** *Chile.* Celosía.
bastión m. Baluarte.
basto, ta adj. **1.** Tosco, sin pulimento: *tela* ~. **2.** Inculto, grosero. ◆ m. pl. **3.** Palo de la baraja española. ◆ f. **4.** Hilván.
bastón m. Vara o palo que sirve para apoyarse al andar.
basura f. **1.** Inmundicia, desecho, suciedad. **2.** Cosa despreciable. ● ~ **inorgánica**, la formada por material no degradable como vidrio y metal. ● ~ **orgánica**, la formada por material degradable como restos de comida.
basural m. *Amér. Central* y *Amér. Merid.* Basurero, lugar.
basurero, ra m. y f. **1.** Persona que tiene por oficio recoger la basura. ◆ m. **2.** Lugar donde se arroja la basura.
bata f. Prenda de vestir holgada que se usa para estar por casa, o para el trabajo profesional en clínicas, talleres, etc.
batacazo m. **1.** Golpe fuerte que se da al caer. **2.** *Argent., Chile, Par., Perú* y *Urug.* Cualquier suceso afortunado y sorprendente.
batalla f. Combate entre dos fuerzas militares.
batallar intr. **1.** Luchar con armas. **2.** Disputar, debatir. **3.** Afanarse.
batallón m. Unidad de infantería compuesta de varias compañías.
batán m. Máquina preparatoria de la hilatura del algodón.
batata f. **1.** Planta de tallo rastrero, cultivada por sus tubérculos comestibles. **2.** Tubérculo de esta planta.
bate m. Palo con que se golpea la pelota en el béisbol.
batea f. *Argent., Chile, Colomb., Cuba* y *Perú.* Artesa para lavar.
batel m. Barco pequeño.
batería f. **1.** Aparato que almacena energía eléctrica. **2.** Conjunto de piezas de artillería. **3.** Conjunto de utensilios de cocina para guisar. **4.** Conjunto de instrumentos de percusión en una orquesta.
batey m. En las fincas agrícolas de Antillas, lugar ocupado por las viviendas, barracones, almacenes, etc.
batiburrillo o **batiborrillo** m. Mezcla de cosas sin relación entre ellas.
batido, da adj. **1.** Dícese del camino muy andado. ◆ m. **2.** Bebida que se obtiene al batir helado, leche, frutas, etc. ◆ f. **3.** Acción de batir o registrar un lugar.
batiente m. **1.** Parte del marco en que se detienen y baten las puertas o ventanas al cerrarse. **2.** Hoja de una puerta o ventana.
batín m. Bata corta.
batir tr. **1.** Golpear con fuerza. **2.** Mover con fuerza y rapidez algo. **3.** Remover una cosa para hacerla más fluida o condensarla. **4.** Derrotar. **5.** Registrar un lugar en busca de enemigos, caza, etc.
batiscafo m. Aparato sumergible para explorar el fondo del mar.

■ **ENC.** En 1948 Augusto Piccard inventó el **batiscafo.** Fue el primer aparato utilizado para la observación científica del fondo marino. En 1962, este aparato rompió la marca de profundidad al alcanzar los 10 900 m en la fosa de las islas Marianas, en el océano Pacífico. Sin embargo, era muy costoso y fue reemplazado por otras naves submarinas.

batista f. Tela muy fina de lino o algodón.
batracio, cia adj./m. Dícese del animal anfibio, sobre todo del sapo y la rana.
batuque m. **1.** *Amér. Central* y *Amér. Merid.* Confusión, barullo. **2.** *Amér. Central* y *Amér. Merid.* Baile desordenado de hombres y mujeres.
batuta f. Varilla con la que el director de una orquesta marca el compás. ● **Llevar la** ~ *(Fam.),* dirigir algo.
baúl m. **1.** Cofre, mueble parecido al arca. **2.** *Argent.* Lugar de un vehículo donde se lleva el equipaje, maletero.
bautismo m. En el cristianismo, sacramento por el cual uno se convierte en miembro de la Iglesia.
bautizar tr. **1.** Administrar el bautismo. **2.** Poner nombre.
bayeta f. Paño de tejido absorbente usado para fregar.
bayo, ya adj./m. y f. **1.** Dícese del caballo de color blanco amarillento. ◆ f. **2.** Tipo de fruto carnoso, sin hueso y con semillas.
bayoneta f. Arma blanca que se adapta al cañón del fusil.
baza f. Número de cartas que recoge el que gana la mano. ● **Meter** ~ *(Fam.),* intervenir en una conversación sin ser llamado a ello.
bazar m. **1.** Mercado público oriental. **2.** Tienda de productos varios.
bazo m. Víscera que poseen los vertebrados a la izquierda del estómago.
bazofia f. **1.** Comida muy mala. **2.** Cosa despreciable.
be f. Nombre de la letra *b.*
beatificar tr. Declarar el papa digno de culto a un difunto.
beatitud f. Bienaventuranza eterna.
beato, ta adj. **1.** Bienaventurado. ◆ adj./m. y f. **2.** Beatificado por el papa. **3.** Muy devoto.
bebé m. Niño pequeño que todavía no anda.
bebedizo m. **1.** Filtro, elixir del amor. **2.** Bebida venenosa.
beber tr. e intr. **1.** Ingerir un líquido. **2.** Aprender. ◆ intr. **3.** Brindar. **4.** Consumir bebidas alcohólicas.
bebido, da adj. **1.** Casi borracho. ◆ f. **2.** Líquido que se bebe, especialmente el que contiene alcohol.
beca f. Ayuda económica que percibe un estudiante.
becerro, rra m. y f. Toro o vaca que no ha cumplido tres años.
bechamel f. Salsa blanca hecha con harina, leche y manteca.
bedel, la m. y f. Empleado subalterno de los centros oficiales de enseñanza.

beduino, na adj./m. y f. Árabe nómada del desierto.

begonia f. Planta perenne, de hojas grandes y flores sin corola.

beige adj./m. Dícese del color castaño claro o muy claro.

béisbol m. Juego entre dos equipos, en el que los jugadores han de recorrer ciertas bases de un circuito, en combinación con el lanzamiento de una pelota.

bejuco m. Nombre de diversas plantas tropicales, de tallos largos, delgados y flexibles.

bejuquear tr. *Amér. Central, Ecuad.* y *P. Rico.* Varear, apalear.

beldad f. **1.** Belleza. **2.** Mujer de gran belleza.

belduque m. *Colomb.* Cuchillo grande de hoja puntiaguda.

belén m. Representación del nacimiento de Jesús.

belfo, fa adj./m. y f. **1.** Dícese del que tiene el labio inferior muy grueso. ♦ m. **2.** Labio del caballo y otros animales.

belga adj./m. y f. De Bélgica.

beliceño, ña adj./m. y f. De Belice.

bélico, ca adj. Perteneciente o relativo a la guerra.

beligerante adj./m. y f. Que está en guerra.

bellaco, ca adj./m. y f. **1.** Malo, pícaro. **2.** *Amér. Central* y *Amér. Merid.* Dícese de la caballería con resabios y muy difícil de gobernar.

belladona f. Planta herbácea venenosa, utilizada en medicina.

belleza f. Conjunto de cualidades cuya manifestación sensible produce un deleite espiritual, un sentimiento de admiración.

bello, lla adj. **1.** Que tiene belleza. **2.** Bueno, excelente.

bellota f. Fruto de la encina y del roble.

bemol adj. MÚS. Dícese de la nota cuya entonación es un semitono más bajo que su sonido natural.

benceno m. QUÍM. Hidrocarburo volátil e inflamable, usado como disolvente.

bencina f. **1.** Mezcla de hidrocarburos empleada como disolvente y como combustible. **2.** *Chile.* Gasolina.

bendecir tr. **1.** Alabar, ensalzar. **2.** Invocar la protección divina sobre alguien o algo. **3.** Hacer el sacerdote la señal de la cruz.

bendición f. Acción y efecto de bendecir.

bendito, ta adj. **1.** Feliz, dichoso. ♦ adj./m. y f. **2.** Bienaventurado.

benefactor, ra adj./m. y f. Bienhechor.

beneficencia f. **1.** Virtud de hacer bien. **2.** Conjunto de instituciones benéficas.

beneficiar tr. y prnl. **1.** Hacer bien. ♦ tr. **2.** Hacer que una cosa produzca beneficio.

beneficio m. **1.** Bien que se hace o se recibe. **2.** Utilidad, provecho.

benéfico, ca adj. Que hace bien.

beneplácito m. Aprobación, permiso.

benévolo, a adj. Que tiene buena voluntad o afecto.

bengala f. Fuego artificial que despide gran claridad.

benigno, na adj. **1.** Afable, benévolo. **2.** Templado, apacible: *tiempo ~.* **3.** Dícese de la enfermedad que no reviste gravedad.

benjamín, na m. y f. Hijo menor.

benzoico, ca adj./m. Dícese del ácido orgánico derivado del benceno.

benzol m. Benceno.

beodo, da adj./m. y f. Ebrio, borracho.

berberecho m. Molusco bivalvo comestible.

berbiquí m. Instrumento usado para taladrar.

beréber o **bereber** adj./m. y f. De un pueblo del norte de África.

berenjena f. **1.** Planta hortense de flores moradas y fruto alargado comestible de color morado. **2.** Fruto de esta planta.

berenjenal m. **1.** Terreno plantado de berenjenas. **2.** Enredo, lío.

bergante m. Pícaro, sinvergüenza.

bergantín m. Velero de dos palos, trinquete y vela mayor.

berilio m. Metal alcalino ligero, de color blanco y sabor dulce.

berilo m. Silicato de aluminio y berilio, variedad de esmeralda.

berlina f. **1.** Coche de caballos cerrado. **2.** Automóvil de cuatro puertas.

berma f. *Chile.* Franja lateral exterior de una carretera.

bermejo, ja adj. Rubio, rojizo.

bermellón m. Polvo de cinabrio de color rojo vivo.

bermudiano, na adj./m. y f. De Bermudas.

berrear intr. Dar berridos.

berrido m. **1.** Voz del becerro y otros animales. **2.** Grito desaforado.

berrinche m. *Fam.* Rabieta, enfado o llanto violento y corto.

berro m. Planta herbácea de hojas comestibles.

berza f. Col.

besamel f. Bechamel*.

besar tr. y prnl. Tocar con los labios en señal de amor, amistad o reverencia.

beso m. Acción de besar.

bestia adj./m. y f. *Fam.* **1.** Rudo e ignorante. ♦ f. **2.** Animal cuadrúpedo.

bestiario m. Libro que trata sobre animales reales o imaginarios.

best-seller m. Libro que constituye un éxito editorial.

besugo m. Pez teleósteo marino, de carne blanca y delicada.

beta f. Letra del alfabeto griego.

betabel f. *Méx.* Remolacha.

beterava f. *Argent.* Remolacha.

bético, ca adj./m. y f. De la antigua Bética, hoy Andalucía.

betún m. **1.** Materia mineral natural, rica en carbono e hidrógeno. **2.** Mezcla con que se lustra el calzado.

biberón m. Utensilio para la lactancia artificial.

biblia f. Conjunto de los libros canónicos del Antiguo y Nuevo Testamento.

bibliófilo, la m. y f. Persona aficionada a los libros.

bibliografía f. Relación de libros o escritos sobre un determinado tema o autor.

bibliorato m. *Argent.* y *Urug.* Carpeta.

biblioteca f. **1.** Local donde se tienen libros ordenados para su lectura. **2.** Conjunto de estos libros. **3.** Mueble para libros.

bicarbonato m. Carbonato ácido, y en particular sal de sodio.

bicéfalo, la adj. Que tiene dos cabezas.

bíceps m. Músculo doble situado en los brazos y muslos.

bicho m. **1.** Animal pequeño. **2.** Bestia. **3.** Persona de mala intención. ● ~ **de luz 4.** (*Argent.* y *Urug.*), luciérnaga.

bicicleta f. Vehículo ligero cuyas ruedas, de igual tamaño, se mueven por medio de pedales.

■ **Enc.** La **bicicleta** nació a finales del siglo XVIII y principios del XIX. Tanto el fotógrafo francés Nicéphore Niepce como el barón alemán Karl Friedrich Drais, de manera separada, la inventaron. A la bicicleta de Drais se le conoció como draisina. Poco a poco, varios inventos como la cámara de aire, los pedales y las velocidades, fueron convirtiendo a la draisina en la bicicleta actual.

bicoca f. *Fam.* Cosa muy ventajosa y que cuesta poco.

bidé m. Aparato sanitario para la higiene íntima.

bidimensional adj. Que tiene dos dimensiones.

bidón m. Recipiente hermético para el transporte de líquidos.

biela f. Barra que en las máquinas sirve para transformar el movimiento de vaivén en otro de rotación, o viceversa.

bien m. **1.** Lo bueno o correcto según la moral. **2.** Lo que es bueno o favorable. ◆ pl. **3.** Hacienda, riqueza. ◆ adv. **4.** Como es debido, de manera acertada: *portarse bien.* **5.** Sin inconveniente o dificultad. **6.** De buena gana, con gusto. **7.** Mucho, muy. ◆ conj. **8.** Se usa repetido, como partícula distributiva: *bien por una razón, bien por otra, no lo haré.*

bienal adj. **1.** Que sucede cada dos años. **2.** Que dura dos años.

bienaventurado, da adj. **1.** Feliz. ◆ adj./m. y f. **2.** Que goza de la bienaventuranza eterna.

bienaventuranza f. **1.** Vista y posesión de Dios en el cielo. **2.** Felicidad, dicha.

bienestar m. **1.** Conjunto de cosas necesarias para vivir bien. **2.** Tranquilidad de espíritu.

bienhechor, ra adj./m. y f. Que hace bien a otro.

bienio m. Período de dos años.

bienvenido, da adj. **1.** Recibido con alegría. ◆ f. **2.** Parabién que se da a uno por haber llegado.

bies m. Tira de tela cortada en sesgo que se coloca en los bordes de las prendas de vestir. ● **Al bies,** en diagonal.

bife m. **1.** *Argent., Chile* y *Urug.* Bisté. **2.** *Argent., Perú* y *Urug. Fam.* Bofetada.

bífido, da adj. Dividido en dos: *lengua ~.*

bifocal adj. Que tiene dos focos; especialmente la lente graduada para corta y larga distancia.

bifurcarse prnl. Dividirse en dos ramales, brazos o puntas.

bigamia f. Estado del que está casado con dos personas a la vez.

bígaro m. Gasterópodo marino de concha oscura.

bigote m. Pelo sobre el labio superior.

biguá m. Ave de color pardo negruzco, de unos 70 cm de largo, que habita en Argentina y Uruguay.

bikini m. Biquini*.

bilabial adj. Dícese del sonido que se pronuncia con los dos labios, como el que representan: *b, m* y *p.*

bilateral adj. Que atañe a ambas partes o aspectos de una cosa.

bilet f. *Méx.* Lápiz de labios.

bilingüismo m. Uso habitual de dos lenguas en una misma región o país, o por una misma persona.

bilis f. Líquido amarillento que segrega el hígado.

billar m. Juego que consiste en impulsar bolas de marfil con la punta de un taco en una mesa rectangular.

billete m. **1.** Tarjeta o cédula que da derecho para entrar u ocupar asiento en un local, vehículo, etc. **2.** Dinero en forma de papel.

billón m. Un millón de millones.

bimestre m. Período de dos meses.

binar tr. Arar por segunda vez las tierras de labor.

binario, ria adj. Compuesto de dos elementos.

bingo m. Juego de azar, variedad de lotería.

binocular adj. **1.** Que se realiza mediante los dos ojos. ◆ adj./m. **2.** Se aplica al instrumento óptico que se emplea con los dos ojos a la vez.

binóculo m. Anteojo con una lente para cada ojo.

binomio m. MAT. Expresión algebraica formada por la suma o la diferencia de dos términos o monomios.

biodegradable adj. Dícese del producto industrial que, una vez desechado, es destruido por las bacterias u otros agentes biológicos.

biodiversidad f. Diversidad de las especies vivientes y de sus caracteres genéticos.

biofísica f. Estudio de los fenómenos biológicos aplicando métodos propios de la física.

biografía f. Historia de la vida de una persona.

biología f. Ciencia que estudia los seres vivos.

bioma m. Cada uno de los grandes medios del planeta: océano, bosque, pradera, conjunto de las aguas dulces, etc.

biombo m. Mampara plegable.

biopsia f. Examen de un trozo de tejido tomado de un ser vivo.

bioquímica f. Parte de la química que estudia la composición y las reacciones químicas de los seres vivos.

biorritmo m. Todo fenómeno periódico en los reinos animal y vegetal.

biosfera f. BIOL. Conjunto de los medios donde se desarrollan los seres vivos.

biota f. Conjunto de la fauna y la flora de un determinado lugar.

biótico, ca adj. Relativo a la vida o que permite su desarrollo.

biotipo m. BIOL. Forma prototípica de cada especie de planta o animal.

biotopo m. BIOL. Espacio vital cuyas condiciones ambientales son las adecuadas para que en él se desarrollen seres vivos.

bióxido m. Dióxido.

bípedo, da adj./m. De dos pies.

biplano m. Avión cuyas alas forman dos planos paralelos.

biquini m. Bañador de dos piezas.

birlar tr. Hurtar, quitar algo valiéndose de intrigas.

birome f. *Argent.* y *Urug.* Bolígrafo.

birr m. Unidad monetaria principal de Etiopía.

birrete m. Gorro con borla, distintivo de catedráticos, magistrados y jueces.

birria f. Persona o cosa de poco valor, fea o ridícula.

bis adj. Que está repetido o debe repetirse.

bisabuelo, la m. y f. Padre o madre del abuelo o de la abuela.

bisagra f. Conjunto de dos láminas metálicas unidas por un eje común, sobre el cual giran las puertas, tapas, etc.

bisbisear tr. *Fam.* Musitar.

bisectriz f. MAT. Semirrecta que parte del vértice de un ángulo y lo divide en dos partes iguales.

bisel m. Corte oblicuo en el borde de una lámina.

bisexual adj./m. y f. **1.** Que tiene caracteres sexuales de los dos sexos. **2.** Dícese de la persona que siente atracción por los dos sexos.

bisiesto adj./m. Dícese del año de 366 días.

bismuto m. Metal gris rojizo, muy frágil y fácilmente fusible.

bisnieto, ta m. y f. Hijo o hija del nieto o de la nieta.

bisojo, ja adj./m. y f. Bizco.

bisonte m. Bóvido salvaje de gran tamaño, semejante al toro.

bisoñé m. Peluca que cubre la parte anterior de la cabeza.

bisoño, ña adj./m. y f. Novato, falto de experiencia.

bisté o **bistec** m. Lonja de carne para asar o freír.

bisturí m. Instrumento cortante empleado en cirugía.

bisutería f. Joyería de imitación.

bit m. INFORM. La más pequeña unidad de información que se emplea para medir la capacidad de memoria de un ordenador.

bitácora f. Armario en la cubierta de un barco para la brújula.

bitoque m. **1.** *Amér. Central* y *Amér. Merid.* Cánula de la jeringa. **2.** *Chile* y *Colomb.* Llave de agua, grifo.

bivalvo, va adj. Que tiene dos valvas.

bizantino, na adj./m. y f. De Bizancio, hoy Constantinopla. • **Discusión** ~, discusión baldía o sutil.

bizarro, rra adj. **1.** Valiente. **2.** Espléndido.

bizco, ca adj./m. y f. Que padece estrabismo.

bizcocho m. Masa de harina, huevos y azúcar, cocida al horno.

biznaga f. Planta cactácea de México, carnosa, de forma cilíndrica o redonda.

biznieto, ta m. y f. Bisnieto*.

blanco, ca adj./m. **1.** Dícese del color que resulta de la combinación de todos los colores del espectro solar. ◆ adj. **2.** De color blanco. ◆ adj./m. y f. **3.** De raza europea o caucásica. ◆ m. **4.** Hueco entre dos cosas. **5.** Objeto sobre el que se dispara. **6.** Objetivo, finalidad. ◆ f. MÚS. **7.** Figura que equivale a la mitad de una redonda.

blancura f. Calidad de blanco.

blandir tr. Mover un arma u otra cosa de forma amenazadora.

blando, da adj. **1.** Que cede fácilmente al tacto. **2.** Suave, benigno. **3.** De genio y trato apacibles.

blanquear tr. **1.** Poner blanco. **2.** Dar cal o yeso diluido en agua a las paredes o techos. ◆ intr. **3.** Tirar a blanco.

blanquillo m. **1.** *Chile* y *Perú.* Durazno de cáscara blanca. **2.** *Guat.* y *Méx.* Huevo.

blasfemia f. Palabra injuriosa contra Dios, la Virgen o los santos.

blasón m. **1.** Escudo de armas. **2.** Honor o gloria.

blástula f. ZOOL. Fase de desarrollo del embrión en la que se forma una esfera hueca constituida por una sola capa de células.

bledo m. Planta comestible de tallo rastrero. ● **Dársele, importar, valer,** etc., **un** ~, despreciar, considerar insignificante.

blenda f. Sulfuro natural de cinc.

blenorragia f. Flujo mucoso ocasionado por la inflamación de la uretra.

blindar tr. Proteger las cosas o lugares, contra los efectos de los proyectiles, el fuego, etc.

bloc m. Cuaderno.

bloque m. **1.** Trozo grande de piedra sin labrar. **2.** Manzana de casas.

bloquear tr. **1.** Cortar las comunicaciones. **2.** Impedir un movimiento o proceso.

blues m. Estilo musical del folklore negro norteamericano.

blusa f. Prenda exterior femenina, holgada y con mangas.

boa f. Serpiente de gran tamaño, vivípara y no venenosa.

boato m. Ostentación en el porte exterior.

bobina f. **1.** Carrete. **2.** Componente de un circuito eléctrico.

bobo, ba adj./m. y f. **1.** De poca inteligencia. **2.** Muy cándido.

boca f. **1.** Parte inicial del tubo digestivo del hombre y de algunos animales. **2.** Entrada o salida. **3.** Abertura, agujero. **4.** Órgano de la palabra. ● **A pedir de** ~, a medida del deseo. ● **Poner en** ~ de uno, atribuirle algún dicho o hecho.

bocacalle f. Calle secundaria que afluye a otra.

bocadillo m. Panecillo relleno.

bocado m. **1.** Porción de comida que cabe en la boca. **2.** Mordedura. **3.** Correa que ata a la quijada inferior de las caballerías sirve de freno.

bocajarro. A ~, **1.** referido a un disparo, desde muy cerca. **2.** De improviso.

bocamanga f. Parte de la manga más cercana a la muñeca.

bocana f. Paso estrecho de mar, por el que se arriba a un puerto.

bocanada f. Cantidad de líquido, humo o aire que se toma o se echa de una vez por la boca.

bocatero, ra adj./m. y f. *Amér. Central.* Fanfarrón, presumido.

bocazas m. y f. *Fam.* Persona que habla más de lo debido.

boceto m. **1.** Bosquejo de una pintura. **2.** Proyecto de obra artística.

bochinche m. Jaleo, barullo.

bochorno m. **1.** Calor sofocante. **2.** Vergüenza, rubor.

bocina f. **1.** Instrumento de metal en forma de trompeta con que se refuerza un sonido. **2.** Aparato avisador de los automóviles. **3.** *Méx.* Altavoz, amplificador.

bocio m. Aumento de la glándula tiroides.

bocón, na adj. *Chile.* Difamador, murmurador.

boda f. Casamiento y fiesta con que se solemniza.

bodega f. **1.** Lugar donde se guarda y cría el vino. **2.** Almacén de vinos. **3.** Tienda de vinos.

bodegón m. Pintura en que se representan alimentos, vasijas, etc.

bodoque m. **1.** Motivo de forma redonda bordado al realce. **2.** *Fam.* Persona de cortos alcances. **3.** *Méx.* Bulto o chichón. **4.** *Méx.* Cosa mal hecha.

bodrio m. **1.** Guiso mal aderezado. **2.** Cosa mal hecha.

bofe m. Pulmón, en especial el de las reses muertas.

bofetada f. Golpe que se da en el carrillo con la mano abierta.

boga f. Acción de bogar o remar. ● **Estar en ~**, estar de moda.

bogar intr. Remar.

bogavante m. Crustáceo marino provisto de grandes pinzas.

bogotano, na adj./m. y f. De Bogotá.

bohemio, mia adj./m. y f. **1.** Dícese de la persona inconformista, de costumbres poco convencionales. ◆ adj./f. **2.** Dícese de la vida de esta persona.

bohío m. *Amér. Central* y *Amér. Merid.* Cabaña de madera cubierta de cañas, ramas o paja.

boicot m. Acuerdo tácito o explícito para causar a un individuo o país un perjuicio y obligarle a ceder en algo.

boiler m. *Méx.* Calentador de agua.

boina f. Gorra sin visera, de una sola pieza y redonda.

boj m. Arbusto de madera muy dura.

bojote m. *Colomb., Ecuad., Hond., P. Rico, R. Dom.* y *Venez.* Lío, paquete.

bol m. Taza grande y sin asas.

bola f. **1.** Cuerpo esférico. **2.** *Fam.* Mentira. **3.** *Méx.* Grupo de personas. **4.** *Méx.* Conjunto grande de cosas. ◆ pl. **5.** *Amér. Merid. Vulg.* Testículo.

bolada f. **1.** *Argent., Par.* y *Urug.* Buena oportunidad para hacer un negocio. **2.** *Perú.* Jugarreta, embuste.

bolchevique adj./m. y f. Relativo a los miembros del partido obrero socialdemócrata ruso que apoyaron a Lenin en 1903.

boldo m. Árbol de Chile, con cuyas hojas se prepara una infusión empleada como tratamiento de ciertas enfermedades hepáticas.

boleadora f. *Amér.* Arma arrojadiza formada por dos o tres bolas unidas por una cuerda, que se utiliza para cazar animales.

bolear tr. **1.** *Argent.* y *Urug.* Echar las boleadoras a un animal. ◆ tr. y prnl. **2.** *Argent.* Confundir, aturullar. **3.** *Méx.* Lustrar los zapatos.

bolera f. Lugar donde se practica el juego de bolos.

bolero m. **1.** Música, canción y danza popular española. **2.** *Guat.* y *Hond.* Chistera, sombrero. **3.** *Méx.* Limpiabotas.

boleta f. **1.** *Amér.* Papeleta. **2.** *Amér. Central* y *Amér. Merid.* Factura, recibo.

boletería f. *Amér. Central* y *Amér. Merid.* Taquilla o despacho de billetes.

boletín m. Publicación periódica sobre una materia.

boleto m. **1.** Billete con el que se participa en una rifa o lotería. **2.** *Amér.* Billete de teatro, tren, etc. **3.** *Argent. Fam.* Mentira, embuste.

boliche m. **1.** *Argent., Par.* y *Urug.* Establecimiento comercial modesto dedicado al consumo y despacho de bebidas y comestibles. **2.** *Argent. Fam.* Discoteca, bar.

bólido m. **1.** Meteorito. **2.** Vehículo que alcanza gran velocidad.

bolígrafo m. Utensilio para escribir que tiene en su interior una carga de tinta y en la punta una bolita metálica.

bolilla f. **1.** *Argent., Par.* y *Urug.* Bola pequeña usada en los sorteos. **2.** *Argent., Par.* y *Urug.* Parte del programa de una asignatura escolar.

bolillo m. Palito para hacer encajes.

bolita f. *Argent.* Canica, juego de niños y bolitas con que se juega.

bolívar m. Unidad monetaria de Venezuela.

boliviano, na adj./m. y f. De Bolivia.

bollo m. **1.** Panecillo de harina amasada con huevos, leche, etc. **2.** Abultamiento o hueco producido por un golpe. **3.** *Argent., Chile, Hond.* y *Urug.* Puñetazo. **4.** *Chile.* Barro para hacer tejas. **5.** *Colomb.* Empanada de maíz y carne.

bolo m. **1.** Palo torneado con base plana para que pueda tenerse en pie. ◆ pl. **2.** Juego que consiste en lanzar una bola hacia un grupo de bolos, con objeto de derribarlos. ● **~ alimenticio**, masa formada por alimentos, correspondiente a una deglución.

bolsa f. **1.** Recipiente flexible, para llevar o guardar cosas. **2.** Reunión oficial de los que operan con valores mobiliarios o títulos.

bolsillo m. Bolsa hecha en la ropa para llevar alguna cosa.

bolso m. Bolsa en la que se llevan objetos de uso personal.

bomba f. **1.** Aparato para aspirar, impeler o comprimir fluidos. **2.** Proyectil hueco, cargado de materia explosiva. **3.** *Chile.* Coche y estación de bomberos. **4.** *Colomb., Hond.* y *R. Dom.* Pompa, burbuja de agua. **5.** *Cuba.* Chistera. **6.** *Ecuad., Guat., Hond.* y *Perú. Fam.* Borrachera.

bombacho adj./m. Dícese del pantalón muy ancho, ceñido por la parte inferior.

bombachas f. pl. *Amér. Central* y *Amér. Merid.* Braga.

bombardear tr. Atacar un objetivo con bombas, obuses, etc.

bombardero m. Avión diseñado para bombardear.

bombear tr. Elevar agua u otro líquido por medio de una bomba.

bombero m. Miembro del cuerpo destinado a extinguir incendios.

bombilla f. **1.** Globo de vidrio con un filamento que al paso de la corriente eléctrica se pone incandescente e ilumina. **2.** *Amér. Merid.* Caña o tubo delgado que se usa para sorber el mate.

bombillo m. *Amér. Central, Antill., Colomb.* y *Venez.* Bombilla eléctrica.

bombín m. Sombrero de fieltro, de copa baja y redondeada.

bombo m. **1.** Tambor grande que se toca con una maza. **2.** Elogio exagerado. **3.** Caja redonda y giratoria, destinada a contener las bolas de un sorteo.

bombón m. **1.** Pieza pequeña de chocolate. **2.** *Fam.* Persona atractiva.

bombona f. Vasija metálica utilizada para guardar fluidos.

bonaerense adj./m. y f. De Buenos Aires.

bonanza f. **1.** Tiempo tranquilo en el mar. **2.** Prosperidad.

bonariense adj./m. y f. Bonaerense.

bondad f. **1.** Calidad de bueno. **2.** Inclinación a hacer el bien.

bonete m. Especie de gorra de cuatro puntas.

bonetería f. **1.** *Amér.* Mercería. **2.** *Méx.* Tienda de lencería.

bongó m. Instrumento musical de percusión.

boniato m. Batata.

bonificación f. Descuento.

bonito, ta adj. **1.** Lindo, agraciado. ◆ m. **2.** Pez parecido al atún.

bono m. **1.** Vale canjeable por dinero o por algún artículo. **2.** Título de deuda.

bonsai m. **1.** Técnica de cultivo, por la que se reduce al mínimo el tamaño normal de un árbol. **2.** Árbol tratado con esta técnica.

boñiga f. Excremento del ganado vacuno.

boomerang m. Bumerán*.

boquera f. Inflamación superficial en las comisuras de los labios.

boqueriento, ta adj. **1.** *Chile.* Dícese de la persona que sufre de boquera. **2.** *Chile.* Dícese de la persona indiscreta.

boquerón m. Pez comestible, más pequeño que la sardina.

■ **ENC.** Los **boquerones** miden de 15 a 20 cm y son comunes en el Atlántico y en el Mediterráneo. Se les conoce como anchoas cuando se conservan en salmuera o en aceite.

boquete m. Agujero, brecha.

boquiabierto, ta adj. **1.** Que tiene la boca abierta. **2.** Pasmado.

boquilla f. **1.** Pieza hueca de los instrumentos de viento por donde se sopla. **2.** Tubo pequeño para fumar cigarrillos.

borbollón m. Erupción que hace el agua, de abajo hacia arriba.

borbotar o **borbotear** intr. Manar o hervir el agua impetuosamente.

borda f. Canto superior del costado de un buque.

bordado m. Labor de adorno hecha con aguja e hilo.

bordar tr. **1.** Hacer bordados. **2.** Ejecutar una cosa con perfección.

borde adj./m. y f. **1.** Malintencionado. ◆ m. **2.** Extremo, orilla.

bordear intr. **1.** Ir por el borde. **2.** Estar cerca.

bordillo m. Borde de una acera, de un andén, etc.

bordo m. Costado exterior de un barco. ● **A ~,** en un barco o en un avión.

bordona f. *Argent., Par.* y *Urug.* Cualquiera de las tres cuerdas de sonido más grave de la guitarra, preferentemente la sexta.

boreal adj. Septentrional.

bórico, ca adj. Dícese de un ácido oxigenado derivado del boro.

borla f. Conjunto de hilos o cordones sujetos por un extremo.

borlote m. *Fam.* Escándalo, alboroto.

borne m. Pieza fija a un aparato eléctrico, que permite unir o conectar conductores.

boro m. Elemento químico no metálico, de color oscuro, muy duro, que sólo existe combinado.

borona f. **1.** Mijo. **2.** Maíz. **3.** *Amér. Central, Colomb.* y *Venez.* Migaja de pan.

borra f. **1.** Parte más basta de la lana. **2.** Pelusa.

borracho, cha adj./m. y f. **1.** Que está bajo los efectos del alcohol. **2.** Que se embriaga habitualmente.

borrador m. **1.** Escrito provisional que se copia después de enmendado. **2.** Utensilio que se emplea para borrar.

borraja f. Planta anual de hojas grandes y flores azules.

borrar tr. y prnl. Hacer desaparecer por cualquier medio lo representado con lápiz, tinta, etc.

borrasca f. **1.** Región atmosférica de bajas presiones. **2.** Tempestad.

borrego, ga adj./m. y f. *Fam.* **1.** Sencillo e ignorante. ◆ m. y f. **2.** Cordero de uno o dos años. ◆ m. **3.** *Cuba* y *Méx.* Noticia engañosa y falsa.

borrico, ca adj./m. y f. **1.** Necio. ◆ m. y f. **2.** Asno.

borrón m. **1.** Mancha de tinta en el papel. **2.** Acción deshonrosa.

borroso, sa adj. Confuso, impreciso.

boruca f. *Méx.* Ruido, alboroto.

bosnio, nia adj./m. y f. De Bosnia.

bosque m. Gran extensión de terreno cubierta de árboles.

bosquejo m. **1.** Traza primera de una obra de arte. **2.** Idea vaga.

bostezar intr. Abrir la boca con un movimiento espasmódico y hacer inspiración y espiración lenta y prolongada.

bota f. **1.** Recipiente de cuero, que remata en un cuello, usado para poner vino. **2.** Cuba para líquidos. **3.** Calzado que cubre el pie y parte de la pierna. ● **Ponerse las botas,** lograr un provecho extraordinario.

botador, ra adj. *Amér. Central, Chile y Ecuad.* Derrochador.

botadura f. Acción de botar un barco.

botafumeiro m. Incensario.

botamanga f. *Amér. Merid.* Bajo de un pantalón.

botana f. **1.** *Cuba* y *Méx.* Vaina de cuero que se pone a los gallos de pelea en los espolones. **2.** *Guat.* y *Méx.* Aperitivo.

botánica f. Ciencia que estudia los vegetales.

botar tr. **1.** Echar, arrojar. **2.** Echar al agua una embarcación. ◆ intr. **3.** Saltar o levantarse la pelota u otra cosa al chocar contra el suelo. **4.** Dar saltos.

botarate adj./m. y f. *Fam.* **1.** Que tiene poco juicio. **2.** *Amér. Central* y *Amér. Merid.* Derrochador.

bote m. **1.** Acción de botar o saltar. **2.** Recipiente pequeño, generalmente cilíndrico. **3.** Barco pequeño, sin cubierta, movido por remos. ● **Chupar del ~** *(Fam.),* aprovecharse indebidamente de una situación.

botella f. Vasija de cuello estrecho.

botica f. Establecimiento donde se preparan y venden medicinas.

botijo m. Vasija de barro, de vientre abultado, con asa, boca y un pitón para beber.

botín m. **1.** Producto de un saqueo, robo, etc. **2.** Calzado que cubre la parte superior del pie y el tobillo.

botiquín m. Mueble donde se guardan medicinas.

botón m. **1.** Yema de las plantas. **2.** Capullo. **3.** Pieza pequeña que sirve para abrochar o adornar los vestidos. **4.** Pieza que se pulsa en ciertos aparatos para hacerlos funcionar.

botones m. Muchacho para recados.

boutique f. **1.** Tienda de ropa de moda. **2.** Tienda selecta.

bóveda f. Construcción de sección curva que sirve para cubrir el espacio entre dos muros o varios pilares.

bóvido, da adj./m. Dícese del mamífero rumiante que tiene cuernos óseos permanentes.

bovino, na adj. **1.** Relativo al toro, al buey o a la vaca. ◆ adj./m. **2.** Dícese de una subfamilia de bóvidos que comprende el buey, el búfalo, el bisonte, etc.

box m. *Amér.* Boxeo.

boxeo m. Deporte en el que dos personas luchan a puñetazos.

■ Enc. El **boxeo** actual apareció en Inglaterra en el siglo XVIII. A fines del siglo XIX, se establecieron reglas para reducir la violencia de los combates. Los boxeadores siempre se enfrentan con un adversario de su mismo peso, el cual está clasificado en varias categorías: peso mosca (entre 49 y 51 kg); peso pluma (entre 53 y 57 kg); peso ligero (entre 54-61 kg); peso mediano (entre 62-72 kg) y peso completo (entre 80-85 kg).

boya f. **1.** Cuerpo flotante sujeto al fondo del mar que sirve de señal. **2.** Corcho que se pone en el hilo de la caña de pescar para que flote.

boyante adj. Próspero.

boyar intr. *Amér.* Flotar.

bozal m. **1.** Pieza que se pone en el hocico a algunos animales para evitar que muerdan. **2.** *Amér.* Cabestro.

bozo m. Vello que apunta sobre el labio superior.

bracear intr. **1.** Mover los brazos. **2.** Nadar volteando los brazos fuera del agua.

bracero m. Peón, jornalero.

bráctea f. Hoja que nace del pedúnculo floral.

braga f. Prenda interior femenina.

braguero m. Aparato o vendaje para contener las hernias.

bragueta f. Abertura delantera del pantalón.

brahmanismo m. Religión de la India cuyo dios supremo es Brahma.

braille m. Sistema de lectura y escritura en relieve para ciegos.

bramadero m. *Amér. Central* y *Amér. Merid.* Poste al cual se atan los animales para herrarlos, domesticarlos o matarlos.

bramar intr. Dar bramidos.

bramido m. **1.** Voz del toro y otros animales. **2.** Grito colérico.

brandy m. Licor parecido al coñac.

branquia f. Órgano respiratorio de muchos animales acuáticos.

■ Enc. Las **branquias** permiten a los animales acuáticos extraer el oxígeno del agua y expulsar bióxido de carbono.

braquial adj. ANAT. Relativo al brazo: *vena ~.*

brasa f. Trozo incandescente de cualquier materia combustible.

brasero m. Pieza de metal en la que se hace lumbre para calentarse.

brasier m. *Colomb., Cuba, Méx.* y *Venez.* Sujetador.

brasileiro, ra adj./m. y f. Brasileño.

brasilense adj./m. y f. De Brasilia.

brasileño, ña adj./m. y f. De Brasil.

brasiliapolita adj./m. y f. Brasilense.

bravata f. Amenaza proferida con arrogancia.

bravío, a adj. Feroz, indómito.

bravo, va adj. **1.** Valiente. **2.** Referido a animales, fiero, indómito. **3.** Excelente. ● **¡Bravo!** interj. Denota aplauso o entusiasmo.

bravucón, na adj./m. y f. *Fam.* Que presume de valiente.

bravura f. **1.** Fiereza de ciertos animales. **2.** Valentía.

braza f. **1.** Medida de longitud que equivale a 1,67 m. **2.** Estilo de natación en que los brazos y piernas se estiran y encogen simultáneamente.

brazada f. *Chile, Colomb.* y *Venez.* Braza, medida de longitud.

brazalete m. Aro de adorno que se lleva en la muñeca.

brazo m. **1.** Miembro del cuerpo que comprende desde el hombro hasta la mano. **2.** Pata delantera del cuadrúpedo. **3.** Cada una de las

BANDERAS DEL MUNDO

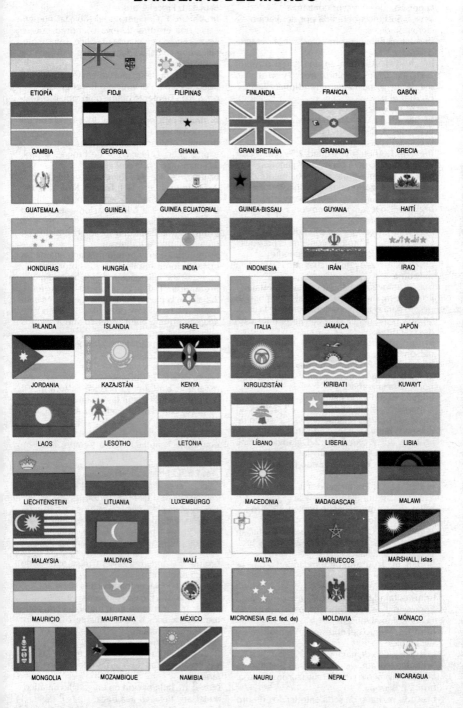

ETIOPÍA · FIDJI · FILIPINAS · FINLANDIA · FRANCIA · GABÓN

GAMBIA · GEORGIA · GHANA · GRAN BRETAÑA · GRANADA · GRECIA

GUATEMALA · GUINEA · GUINEA ECUATORIAL · GUINEA-BISSAU · GUYANA · HAITÍ

HONDURAS · HUNGRÍA · INDIA · INDONESIA · IRÁN · IRAQ

IRLANDA · ISLANDIA · ISRAEL · ITALIA · JAMAICA · JAPÓN

JORDANIA · KAZAJSTÁN · KENYA · KIRGUIZISTÁN · KIRIBATI · KUWAYT

LAOS · LESOTHO · LETONIA · LÍBANO · LIBERIA · LIBIA

LIECHTENSTEIN · LITUANIA · LUXEMBURGO · MACEDONIA · MADAGASCAR · MALAWI

MALAYSIA · MALDIVAS · MALÍ · MALTA · MARRUECOS · MARSHALL, islas

MAURICIO · MAURITANIA · MÉXICO · MICRONESIA (Est. fed. de) · MOLDAVIA · MÓNACO

MONGOLIA · MOZAMBIQUE · NAMIBIA · NAURU · NEPAL · NICARAGUA

partes en que se ramifica algo. ● **Dar** uno **su ~ a torcer**, ceder. ● **Ser el ~ derecho** de uno, ser la persona de su mayor confianza.
brea f. Sustancia obtenida por destilación de ciertas maderas.
brebaje m. Bebida de aspecto o sabor desagradables.
brecha f. **1.** Abertura en una pared o muro. **2.** Herida. **3.** *Méx.* Camino estrecho y sin asfaltar. ● **1. Abrir ~**, persuadir, impresionar. **2.** *Méx.* Facilitar el paso.
brécol m. Variedad de col.
bregar intr. **1.** Afanarse. **2.** Luchar contra las dificultades. **3.** Reñir.
bresca f. Panal de miel.
brete m. **1.** Aprieto, dificultad. **2.** *Argent., Par.* y *Urug.* Pasadizo para conducir el ganado.
breva f. **1.** Primer fruto que anualmente da la higuera. **2.** Cigarro puro algo aplastado. ● **No caerá esa ~** *(Fam.)*, no habrá esa suerte.
breve adj. De corta extensión o duración. ● **En ~**, muy pronto.
brevedad f. Corta extensión o duración.
breviario m. **1.** Libro que contiene el rezo eclesiástico de todo el año. **2.** Compendio.
brezo m. Arbusto con muchas ramas y madera muy dura.
bribón, na adj./m. y f. Que engaña o estafa.
bricolaje m. Trabajo manual realizado por uno mismo para el arreglo o decoración de la casa.
brida f. Freno del caballo con las riendas y todas las correas.
bridge m. Juego de naipes entre cuatro personas.
bridón m. **1.** El que va montado a la brida. **2.** Brida pequeña que se pone a los caballos por si falta la grande.
brigada m. **1.** Grado militar entre el de sargento primero y el de subteniente. ◆ f. **2.** Unidad integrada por dos regimientos. **3.** Conjunto de personas reunidas para ciertos trabajos.
brillante adj. **1.** Que brilla. **2.** Digno de admiración. ◆ m. **3.** Diamante tallado.
brillantina f. Cosmético usado para dar brillo al cabello.
brillar intr. **1.** Emitir, reflejar luz un cuerpo. **2.** Sobresalir por alguna cualidad.
brillo m. Luz que refleja o emite un cuerpo.
brinco m. Salto ligero.
brindar tr. **1.** Ofrecer. ◆ intr. **2.** Manifestar un deseo, levantando la copa al ir a beber. ◆ prnl. **3.** Ofrecerse a hacer algo.
brindis m. **1.** Acción de brindar. **2.** Lo que se dice al brindar.
brío m. Espíritu, resolución.
briófito, ta adj./m. y f. BOT. Dícese de la planta criptógama sin raíces ni vasos, pero provista de hojas, como el musgo.
brisa f. **1.** Viento del noreste. **2.** Viento suave y agradable.
brisca f. Juego de naipes.
británico, ca adj./m. y f. De Gran Bretaña.
brizna f. Filamento o parte muy fina de una cosa.
broca f. Barrena.
brocado m. Paño de seda entretejido con oro o plata.

brocal m. Pretil alrededor de la boca de un pozo.
brocha f. Pincel grueso.
broche m. **1.** Conjunto de dos piezas que encajan una en otra. **2.** Joya o adorno que se lleva prendida en la ropa. **3.** *Chile.* Tenaza metálica que se utiliza para mantener pliegos de papel unidos.
broma f. **1.** Burla sin mala intención. **2.** Actitud poco seria para divertirse o hacer gracia.
bromo m. Elemento químico no metálico, tóxico y corrosivo.
bromuro m. Combinación del bromo con un cuerpo simple.
bronce m. Aleación de cobre y estaño.
broncear tr. **1.** Dar color de bronce. ◆ prnl. **2.** Poner morena la piel el sol.
bronco, ca adj. **1.** De sonido desagradable. **2.** De trato áspero. ◆ f. *Fam.* **3.** Riña, disputa. **4.** *Fam.* Reprimenda. **5.** *Amér.* Enfado, rabia.
bronconeumonía f. Inflamación que afecta a bronquios y pulmones.
bronquio m. Cada uno de los conductos en que se bifurca la tráquea.
bronquiolo o **bronquíolo** m. Cada una de las ramificaciones terminales de los bronquios.
bronquitis f. Inflamación de los bronquios.
brotar intr. **1.** Nacer la planta de la tierra. **2.** Salir en la planta hojas, flores, etc. **3.** Manar.
brote m. **1.** Acción de brotar. **2.** Bulto que aparece en una planta cuando van a salir los tallos, hojas, etc.
broza f. **1.** Despojo de las plantas. **2.** Desecho de alguna cosa.
bruces. De ~, boca abajo.
brujo, ja adj. **1.** *Cuba, Méx.* y *P. Rico.* Pobre, miserable. ◆ adj./m. y f. **2.** *Chile.* Falso. ◆ m. y f. **3.** Persona que, según la opinión popular, tiene pacto con el diablo. ◆ f. *Fam.* **4.** Mujer fea y vieja.
brújula f. Instrumento para orientarse en el que una aguja imantada señala siempre la dirección norte-sur.

■ **ENC.** La **brújula** siempre apunta hacia el norte, porque el imán de su aguja es atraído por el polo magnético de la Tierra. Esta propiedad del imán la descubrieron los chinos, pero fueron los árabes quienes la dieron a conocer a los europeos en el siglo XII. En Europa la brújula se utilizó, principalmente, para guiarse en la navegación.

brulote m. *Argent.* y *Chile.* Crítica pública de carácter polémico.
bruma f. Niebla, en particular la del mar.
bruno, na adj. De color oscuro.
bruñir tr. Sacar brillo a un metal, piedra, etc.
brusco, ca adj. **1.** Poco amable o delicado. **2.** Rápido, repentino.
bruto, ta adj./m. y f. **1.** Torpe, necio. ◆ adj. **2.** Tosco, sin pulimento. **3.** Dícese de las cosas no afectadas por ciertas deducciones: *salario ~*.
bubón m. Inflamación de un ganglio linfático.
bucal adj. Relativo a la boca.
búcaro m. Jarrón.

bucear intr. **1.** Nadar debajo del agua. **2.** Explorar un asunto a fondo.

buchaca f. *Colomb., Cuba* y *Méx.* Bolsa de la tronera de la mesa de billar.

buche m. Bolsa que comunica con el esófago de las aves.

bucle m. Rizo de cabello.

bucólico, ca adj. Dícese de la poesía de asunto pastoril o campestre.

budín m. Pudín.

budismo m. Religión fundada por Buda y extendida en Asia.

■ **Enc.** Buda vivió entre los años 560 y 480 a.C. Sus enseñanzas fueron transmitidas oralmente por sus discípulos. Su doctrina, llamada **budismo**, afirma que en este mundo nada permanece, nada es estable, todo se transforma sin cesar. Los sufrimientos del hombre provienen de desear siempre lo que no posee. Mientras no apacigüe esos deseos, renacerá en otro cuerpo. Las reencarnaciones y transformaciones sólo terminan cuando se llega al nirvana, es decir, al total desapego del mundo.

buen adj. Apóc. de *bueno.*

buenaventura f. **1.** Buena suerte. **2.** Adivinación supersticiosa.

bueno, na adj. **1.** Que tiene bondad. **2.** Útil, conveniente. **3.** Gustoso, agradable. **4.** Sano. ◆ adv. **5.** Se emplea para expresar conformidad. ● **A**, o **por buenas**, o **por las buenas**, voluntariamente. ● **De buenas a primeras**, de repente.

buey m. Toro castrado.

búfalo m. Mamífero rumiante, de cuernos vueltos hacia atrás.

bufanda f. Prenda larga con que se abriga el cuello.

bufete m. **1.** Mesa de escribir con cajones. **2.** Despacho de un abogado.

bufón, na m. y f. Persona que se ocupa en hacer reír.

buhardilla f. **1.** Ventana en el tejado de una casa. **2.** Desván.

búho m. Ave rapaz nocturna de ojos grandes.

buhonería f. Conjunto de baratijas, como botones, cintas, etc.

buitre m. Ave rapaz diurna que se alimenta de carroña.

buje m. *Argent.* Cojinete de una sola pieza.

bujía f. **1.** Vela de cera blanca. **2.** Pieza del motor de explosión que produce la chispa en los cilindros.

bula f. Documento que lleva el sello pontificio.

bulbo m. **1.** Tallo subterráneo de algunos vegetales. **2.** Parte abultada y blanda de algunos órganos. **3.** *Méx.* Calabaza. **4.** *Méx.* Vasija hecha de este fruto. ● ~ **olfatorio**, divertículo del hemisferio cerebral que recibe los filamentos del nervio olfatorio proveniente de las fosas nasales. ● ~ **raquídeo**, porción inferior del encéfalo de los vertebrados, que controla la circulación sanguínea y la respiración.

bulerías f. pl. Cante y baile popular andaluz.

bulevar m. Calle ancha con árboles.

búlgaro, ra adj./m. y f. **1.** De Bulgaria. ◆ m. **2.** Lengua eslava hablada en Bulgaria.

bulimia f. Hambre excesiva.

bulla f. **1.** Algarabía de voces, gritos y risas. **2.** Reunión de mucha gente.

bullicio m. **1.** Ruido que causa mucha gente reunida. **2.** Tumulto.

bullir intr. **1.** Hervir. **2.** Moverse, agitarse.

bulo m. Noticia falsa que se propaga con algún fin.

bulón m. *Argent.* Tornillo grande de cabeza redondeada.

bulto m. **1.** Volumen de una cosa. **2.** Cuerpo que se percibe de forma confusa. **3.** Fardo, maleta. **4.** Abultamiento. ● **A** ~, sin medir. ● **Escurrir el** ~ *(Fam.)*, eludir un trabajo, problema, etc.

bumerán m. Arma arrojadiza capaz de girar para volver a su punto de partida.

bungalow m. Casa pequeña de campo, de una sola planta.

búnker m. Refugio subterráneo.

buñuelo m. Masa de harina, agua, etc., bien batida y frita.

buque m. Embarcación destinada a la navegación en alta mar.

burbuja f. Bolsa de aire u otro gas que se forma en un líquido.

burdel m. Casa de prostitución.

burdo, da adj. Tosco, basto.

burga f. Manantial de agua caliente.

burgo m. Población muy pequeña que depende de otra principal.

burgués, sa adj. **1.** Relativo al burgo y a la burguesía. ◆ m. y f. **2.** Miembro de dicha clase social.

burguesía f. Clase social constituida por personas de clase alta o media alta.

buril m. Punzón de acero para grabar.

burla f. **1.** Acción o palabra con que se procura poner en ridículo a personas o cosas. **2.** Broma. **3.** Engaño.

burladero m. Trozo de valla en las plazas de toros para resguardo del torero.

burlar tr. **1.** Engañar. **2.** Eludir, esquivar. ◆ intr. y prnl. **3.** Hacer burla.

buró m. *Méx.* Mesilla de noche.

burocracia f. Conjunto de funcionarios públicos.

burro, rra adj./m. y f. *Fam.* **1.** Que es rudo y de poco entendimiento. ◆ m. y f. **2.** Asno. ◆ m. **3.** *Argent. Fam.* Caballo de carreras. **4.** *Méx.* Escalera de tijera. **5.** *Méx.* Tabla de planchar. ● ~ **de arranque** *(Argent.)*, dispositivo eléctrico que sirve para poner en marcha un automóvil.

bursátil adj. Relativo a la bolsa.

burucuyá m. **1.** *Argent., Par.* y *Urug.* Planta trepadora de flores blancas y olorosas. **2.** Flor de esta planta.

buscar tr. **1.** Hacer algo para hallar a alguna persona o cosa. **2.** *Argent., Chile* y *Méx.* Provocar.

buscavidas m. y f. *Fam.* Persona que sabe buscar su subsistencia.

buseta f. *Colomb., Ecuad.* y *Venez.* Autobús pequeño.

búsqueda f. Acción de buscar.

busto m. **1.** Parte superior del cuerpo humano. **2.** Pecho femenino. **3.** Escultura o pintura de la cabeza y parte superior del tórax.

butaca f. Silla de brazos con el respaldo inclinado hacia atrás.

butano m./adj. QUÍM. Hidrocarburo gaseoso empleado como combustible, que se vende envasado a presión.

butifarra f. Embutido de carne de cerdo.

buzo m. **1.** Persona que tiene por oficio trabajar sumergida en el agua. **2.** *Argent., Chile, Perú* y *Urug.* Jersey.

buzón m. **1.** Abertura por donde se echan las cartas para el correo. **2.** Caja en donde quedan depositadas.

byte m. INFORM. Conjunto de 8 bits.

C

c f. Tercera letra del abecedario.

cabal adj. 1. Completo, exacto. 2. Sensato.

cábala f. 1. Interpretación de la Biblia por los judíos. 2. Conjetura, suposición.

cabalgar tr. e intr. Montar en una caballería.

cabalgata f. Desfile de personas, carruajes, etc.

caballa f. Pez marino de carne apreciada.

caballerango m. *Méx.* Mozo que cuida los caballos.

caballería f. 1. Animal que sirve para cabalgar en él. 2. Cuerpo de soldados montados a caballo.

caballeriza f. Cuadra para las caballerías.

caballero m. 1. Miembro de una orden de caballería. 2. Señor, tratamiento de cortesía.

■ **Enc.** En la Edad Media un joven noble se convertía en **caballero**, después de haber sido paje, sirviente y escudero de un señor. Este nombramiento se realizaba mediante la ceremonia de investidura: el joven iniciaba su preparación con la vela de armas en la capilla del castillo. Aquí, oraba toda la noche y colocaba su espada sobre el altar para santificarla. Al día siguiente un valiente caballero, elegido para ser su padrino, le ponía la armadura, el yelmo, las espuelas y le entregaba la espada y el escudo. Después, tenía lugar la acolada o espaldarazo que consistía en golpear fuertemente la nuca del futuro caballero. Este golpe se daba con la palma de la mano o con la hoja de la espada y su fin era probar la resistencia del joven. Finalmente, para ser recibido entre los demás caballeros, el muchacho juraba sobre la Biblia defender a los débiles y servir a Dios.

caballete m. 1. Soporte que forma un triángulo. 2. Línea en que confluyen las dos vertientes de un tejado.

caballo m. 1. Mamífero doméstico, usado como montura o animal de tiro. 2. En el ajedrez, pieza con forma de caballo. 3. *Esp. Fam.* Heroína, estupefaciente. ● **~ de vapor**, unidad de potencia equivalente a unos 735 vatios.

■ **Enc.** El **caballo** pertenece a la familia de los équidos. A la hembra se le denomina yegua y a la cría, potro. Originario de las estepas del Asia central, el caballo se adapta a todos los climas. Por eso, actualmente se le encuentra en todos los países del mundo. Fue domesticado desde la prehistoria y ha participado en la mayoría de las actividades humanas, tanto como animal de tiro, como animal de silla.

cabaña f. 1. Casa de campo tosca y rústica. 2. *Argent.* y *Urug.* Finca destinada a la cría de ganado de raza.

cabarga f. *Bol.* y *Perú.* Envoltura de cuero que, en lugar de la herradura, se pone al ganado vacuno.

cabe prep. Significa 'cerca de'.

cabeceador m. *Chile* y *Méx.* Correa del caballo.

cabecear intr. 1. Mover la cabeza. 2. Moverse la embarcación de proa a popa. 3. En fútbol, golpear el balón con la cabeza.

cabecera f. 1. Principio o parte principal de alguna cosa. 2. Parte superior de la cama.

cabecilla m. Líder de un grupo.

cabellera f. Conjunto de pelos de la cabeza.

cabello m. 1. Pelo de la cabeza de una persona. 2. Conjunto de todos ellos.

■ **Enc.** Un adulto joven tiene de 100 000 a 150 000 **cabellos**. Éstos crecen cerca de un centímetro por mes. Una persona pierde un promedio de 50 a 100 cabellos por día. Esta cifra es mayor en el otoño y primavera de los países fríos. Sin embargo, el cabello se renueva constantemente.

caber intr. 1. Poder contenerse una cosa dentro de otra. 2. Tener lugar o entrada.

cabestrillo m. Tipo de vendaje que se anuda al cuello para sostener la mano o el brazo lesionados.

cabestro m. 1. Correa que se ata a la cabeza de las caballerías. 2. Buey manso que guía al ganado bravo.

cabeza f. 1. Parte superior del cuerpo humano, y anterior de muchos animales. 2. Res. ◆ m. y f. 3. Persona más importante de un grupo. ● **~ de turco** *(Fam.)*, persona a la que se culpa de algo sin razón.

cabezada f. 1. Golpe que se da con la cabeza. 2. Inclinación de la cabeza al saludar o al dormir. 3. *Argent.* y *Cuba.* Cabecera de un río. 4. *Ecuad.* y *Par.* Pieza de madera de la silla de montar.

cabezal m. 1. Cabecera de la cama. 2. Almohada larga. 3. Parte de un mecanismo que ocupa una parte extrema.

cabezón, na adj./m. y f. *Fam.* Terco, obstinado.

cabezota adj./m. y f. Cabezón.

cabida f. Capacidad de una cosa para contener una cosa.

cabildo m. 1. Comunidad de eclesiásticos capitulares de una catedral. 2. Ayuntamiento.

cabina f. Pequeño departamento aislado: ~ *telefónica.*

cabinera f. *Colomb.* Azafata.

cabizbajo, ja adj. Preocupado, avergonzado.

cable m. 1. Maroma gruesa. 2. Hilo metálico para la conducción de la electricidad.

cableado, da m. y f. 1. Acción y efecto de cablear. 2. Conjunto de cables de una instalación eléctrica.

56

cabo m. 1. Extremo de una cosa. 2. Porción de terreno que entra en el mar. 3. Grado menos elevado de la jerarquía militar. 4. Cuerda. ● ~ suelto, circunstancia que queda sin resolver.

cabotaje m. 1. Navegación por las costas de un mismo país. 2. Argent. Transporte público aeronáutico entre puntos de un mismo país.

cabra f. Mamífero rumiante, con cuernos arqueados hacia atrás.

cabrear tr. y prnl. Fam. Enfadar, poner malhumorado.

cabrestante m. Torno de eje vertical.

cabrío, ría adj. Relativo a las cabras.

cabriola f. Voltereta o salto que se ejecuta en el aire.

cabriolé m. Carruaje de caballos con capota plegable.

cabro m. Bol., Chile y Ecuad. Chico, chaval.

cabrón m. 1. Macho de la cabra. ◆ m. Vulg. 2. Hombre que consiente el adulterio de su mujer. 3. Vulg. Persona que hace malas pasadas a otra.

cabuya f. Amér. Cuerda.

caca f. 1. Excremento. 2. Suciedad.

cacahuate o cacahuete m. 1. Planta tropical, de cuyas semillas comestibles se extrae aceite. 2. Fruto de esta planta.

cacao m. 1. Árbol tropical. 2. Semilla de este árbol. 3. Polvo soluble comestible, extraído de la semilla.

cacarear intr. Dar voces el gallo o la gallina.

cacatúa f. Pájaro de plumaje blanco con penacho amarillo o rojo.

cacereño, ña adj./m. y f. De Cáceres (España).

cacería f. Partida de caza.

cacerola f. Utensilio con asas para guisar.

cacha f. 1. Nalga. 2. Pieza del mango de un arma blanca. 3. Culata de ciertas armas de fuego.

cachaco, ca adj. 1. Colomb. Dícese del joven elegante, servicial y caballeroso. 2. Colomb., Ecuad. y Venez. Lechuguino, petimetre. ◆ m. 3. Perú. Desp. Policía o soldado uniformado.

cachada f. 1. Argent., Par. y Urug. Broma hecha a una persona. 2. Chile, Colomb., Ecuad., Hond., Nicar., Salv. y Urug. Cornada.

cachalote m. Mamífero parecido a la ballena, con dientes en la mandíbula inferior.

■ Enc. El cachalote es un cetáceo tan grande como la ballena (de 12 a 25 m) que vive en los mares tropicales. Su enorme cabeza abarca una tercera parte del cuerpo y contiene la grasa o «esperma» de ballena. En el pasado, esta grasa se utilizaba para hacer velas y como lubricante. La mandíbula inferior de este mamífero está provista de 40 a 50 dientes, que le sirven para devorar peces y calamares principalmente. Cuando la tinta del calamar se digiere en el intestino del cachalote, se produce el "ámbar gris", producto muy apreciado en perfumería por su aroma parecido al almizcle. Actualmente, el cachalote es un animal protegido.

cachar tr. 1. Amér. Central, Chile y Colomb. Dar cornadas. 2. Amér. Central. Robar. 3. Amér.

Merid. y C. Rica. Fam. Hacer bromas o burlarse de alguien. 4. Argent., Chile y Méx. Fam. Sorprender a alguien, descubrirle. 5. Argent., Nicar. y Urug. Vulg. Agarrar, asir.

cacharpas f. pl. Amér. Merid. Conjunto de trastos.

cacharro m. 1. Recipiente para usos culinarios. 2. Fam. Trasto, cachivache. 3. Desp. Máquina vieja que funciona mal.

cachava f. Bastón curvado en la parte superior.

cachaza f. 1. Lentitud, sosiego. 2. Aguardiente de melaza.

cachear tr. 1. Registrar a alguien para ver si lleva algo oculto. 2. Chile y Méx. Dar cornadas.

cachetada f. Amér. Bofetada.

cachete m. 1. Bofetada. 2. Carrillo abultado.

cachetear tr. Amér. Abofetear.

cachifo, fa m. y f. Colomb. y Venez. Muchacho, niño.

cachimba f. Pipa para fumar.

cachimbo m. 1. Amér. Central y Amér. Merid. Cachimba. 2. Perú. Estudiante de enseñanza superior que cursa el primer año. 3. Perú. Desp. Guardia nacional.

cachiporra f. Palo con una bola en uno de sus extremos.

cachivache m. Cacharro, trasto.

cacho m. 1. Pedazo pequeño de alguna cosa. 2. Amér. Merid. Cuerno de animal. 3. Amér. Merid. Cubilete de los dados. 4. Argent., Par. y Urug. Racimo de bananas. 5. Chile. Artículo de comercio que ya no se vende. 6. Chile y Guat. Vaso de cuerno. 7. Chile y Guat. Objeto inservible. 8. Ecuad. Chascarrillo, generalmente obsceno.

cachondearse prnl. Vulg. Burlarse.

cachorro, rra m. y f. Cría de los mamíferos.

cachucha f. 1. Chile. Bofetada. 2. Chile. Cometa pequeña con forma similar al cucurucho.

cacique m. 1. Persona que ejerce una autoridad abusiva en un lugar. 2. Jefe de algunas tribus amerindias.

caco m. Ladrón.

cacofonía f. Repetición de un sonido en una frase o palabra.

cactáceo, a adj./f. Relativo a una familia de plantas, cuyas hojas han quedado reducidas a espinas, como el cacto.

cacto o cactus m. Planta de tallo grueso, rico en agua.

cacumen m. Fam. Inteligencia.

cacuy m. Ave de color pardusco, párpados ribeteados de amarillo y canto quejumbroso, que vive en Argentina.

cada adj. 1. Tiene un sentido distributivo, individualizador y diferenciador: dar a ~ uno lo suyo. 2. Indica correlación y correspondencia: ~ cosa a su tiempo.

cadalso m. Tablado que se erige para patíbulo.

cadáver m. Cuerpo muerto.

cadejo m. Amér. Central. Cuadrúpedo fantástico que de noche acometía a los que encontraba por las calles.

cadena f. 1. Sucesión de anillas metálicas enlazadas. 2. Conjunto de establecimientos comerciales. 3. Canal de televisión. 4. Equipo de

alta fidelidad. **5.** QUÍM. Conjunto de átomos unidos linealmente. ● ~ **alimentaria, trófica** o **de nutrición,** conjunto de especies vivas cada una de las cuales se alimenta de la precedente (vegetal, herbívoro, carnívoro).
cadencia f. Repetición de sonidos o movimientos.
cadera f. Región formada a ambos lados del cuerpo por la pelvis.
cadete m. Alumno de una academia militar.
cadmio m. Elemento químico metálico, blanco, dúctil y maleable.
caducar intr. Perder validez.
caducifolio, lia adj. BOT. Dícese de los árboles que pierden sus hojas en invierno.
caduco, ca adj. **1.** Viejo, decrépito. **2.** Perecedero, temporal. **3.** BOT. Dícese de los órganos de las plantas destinados a caerse.
caer intr. y prnl. **1.** Ir un cuerpo hacia abajo por su propio peso. **2.** Perder el equilibrio. ◆ intr. **3.** Ser apresado mediante un engaño. **4.** Incurrir: ~ *en pecado.*
café m. **1.** Cafeto, arbusto. **2.** Semilla del fruto de este arbusto. **3.** Infusión hecha con estas semillas tostadas. **4.** Establecimiento donde se sirve café u otras bebidas. **5.** *Amér. Merid.* Reprimenda. **6.** *Argent., Chile, Méx.* y *Urug.* Color marrón. **7.** *Méx.* Disgusto, berrinche.

■ ENC. El **café** contiene una sustancia estimulante llamada cafeína. Fue domesticado en Etiopía y se cultivó en los países árabes durante siglos. Los turcos introdujeron en Europa la costumbre de beber café y de allí se extendió a las colonias americanas. En la actualidad, Brasil es el principal productor de café. Otros productores importantes son Colombia y México en América, Etiopía en África e Indonesia en Asia.

cafeína f. Sustancia estimulante del café, té, etc.
cafeto m. Arbusto cuyas semillas constituyen el café.
cafre adj./m. y f. Bárbaro, cruel.
cagar tr., intr. y prnl. **1.** Evacuar el vientre. ◆ intr. *Vulg.* **2.** Estropear algo. ◆ prnl. *Vulg.* **3.** Acobardarse.
caguama f. **1.** Tortuga marina, algo mayor que el carey. **2.** Materia córnea de esta tortuga, de calidad inferior al carey.
caído, da adj. **1.** Que tiene demasiado declive en una parte del cuerpo: ~ *de hombros.* ◆ adj./ m. **2.** Muerto en la lucha. ◆ f. **3.** Acción y efecto de caer. **4.** Declive de alguna cosa. ●~ **libre** (FÍS.), la que experimenta un cuerpo por la acción de la gravedad.
caimán m. Tipo de cocodrilo americano.

■ ENC. En curtiduría, se conoce como "piel de cocodrilo" a la piel que proviene del vientre y los costados del **caimán.** Los caimanes «con anteojos» y los de frente liso son generalmente tranquilos y poco peligrosos. Se alimentan sobre todo de mariscos, de peces o de serpientes. Sólo el caimán negro ataca a los mamíferos grandes e incluso al hombre. El caimán vive cerca del agua y sus crías nacen de huevos.

caja f. **1.** Recipiente con tapa, para guardar cosas. **2.** Ataúd. **3.** Oficina de un comercio donde se paga. **4.** *Chile.* Lecho de los ríos. **5.** MÚS. Parte exterior de algunos instrumentos. ●~ **de cambios,** mecanismo para cambiar de velocidad en un vehículo.
cajero, ra m. y f. Persona encargada del control de la caja en un comercio, banco, etc. ●~ **automático,** máquina que depende directamente de un banco y que manejan los clientes mediante claves personales para realizar operaciones sobre sus cuentas.
cajeta f. *Amér. Central* y *Méx.* Dulce hecho de leche quemada, azúcar, vainilla, canela y otros ingredientes.
cajete m. **1.** *Guat., Méx.* y *Salv.* Cuenco o cazuela honda de barro. **2.** *Méx.* Hueco más ancho que hondo que se hace en la tierra para plantar matas.
cajetilla f. Paquete de tabaco.
cajetín m. Caja de distribución de una instalación eléctrica.
cajón m. **1.** Receptáculo de un mueble colocado en un hueco al que se ajusta. **2.** *Amér.* En algunos lugares, tienda de comestibles. **3.** *Amér. Merid.* Ataúd. **4.** *Argent.* y *Chile.* Cañada larga por cuyo fondo corre un río o arroyo.
cajuela f. *Méx.* Maletero de un automóvil.
cal f. Óxido de calcio.

■ ENC. La **cal** se obtiene al cocer piedras calizas en hornos (a este proceso se le llama calcinar). La cal se utiliza para hacer el mortero, para mejorar las tierras agrícolas y para «encalar» las paredes. En algunos países de América, como México, se utiliza para cocer el maíz y preparar el nixtamal. El cemento es una mezcla de cal y de arcilla.

cala f. **1.** Acción y efecto de calar una fruta. **2.** Parte más baja en el interior de un buque. **3.** Bahía pequeña. **4.** *Vulg.* Peseta.
calabacera f. Planta herbácea, una de cuyas variedades da la calabaza y otra el calabacín.
calabacín m. Calabaza pequeña comestible, de carne blanca.
calabaza f. **1.** Calabacera. **2.** *Fam.* Cabeza. ● **1. Dar calabazas** *(Fam.),* suspender en los exámenes. **2.** Rechazar a un pretendiente.
calabobos m. Lluvia menuda y continua.
calabozo m. Celda en que se incomunica a los reos.
calado, da adj./m. **1.** Que tiene aberturas. ◆ m. **2.** Labor en una tela. **3.** Medida vertical de la parte sumergida del buque. ◆ f. **4.** Acción y efecto de calar o calarse. **5.** *Fam.* Chupada dada a un cigarrillo.
calador m. *Amér.* Tubo acanalado terminado en punzón para sacar muestras de las mercaderías sin abrir los bultos que las contienen.
calafatear tr. Tapar las junturas de un barco.
calamar m. Molusco comestible con diez tentáculos.
calambre m. Contracción involuntaria de un músculo.
calambur m. Juego de palabras.

calamidad f. **1.** Desgracia. **2.** Persona torpe o con mala suerte.

calamina f. Silicato de cinc hidratado, principal fuente del cinc.

cálamo m. Pluma para escribir.

calandria f. **1.** Ave parecida a la alondra. **2.** *Méx.* Carruaje tirado por caballos, en el que se realizan recorridos urbanos por lugares turísticos.

calaña f. Índole, naturaleza.

calar tr. **1.** Penetrar un líquido en un cuerpo. **2.** Bordar con calados una tela. **3.** *Amér.* Sacar con el calador una muestra en un fardo. **4.** *Colomb.* Confundir, apabullar. ◆ tr. y prnl. **5.** Ponerse la gorra, el sombrero, etc. **6.** Pararse el motor de un vehículo. ◆ intr. **7.** Alcanzar profundidad la parte sumergida de un buque. ◆ prnl. **8.** Mojarse, empaparse.

calato, ta adj. *Perú.* Desnudo.

calavera f. **1.** Cabeza de un esqueleto. **2.** *Méx.* Cada una de las luces traseras de un automóvil. ◆ m. **3.** *Perú.* Depósito para el reparto y recepción de agua.

calcar tr. Sacar copia de un dibujo, inscripción, etc., por contacto con un papel, tela, etc.

calcáreo, a adj. Que tiene cal.

calce m. *Amér. Central* y *Méx.* Pie de un documento.

calcedonia f. Variedad de cuarzo traslúcida.

calceta. Hacer ~, confeccionar a mano prendas de punto.

calcetín m. Media que no pasa de la rodilla.

calcificación f. **1.** Acción y efecto de calcificar. **2.** Aporte y fijación de sales calcáreas en los tejidos orgánicos.

calcinar tr. Quemar, abrasar.

calcio m. Elemento químico, importante para el cuerpo humano.

■ **ENC.** El carbonato de **calcio** se deposita en las grutas y forma estalagmitas y estalactitas. Los caparazones de los caracoles y crustáceos, la cáscara de huevo y los huesos están constituidos por carbonato de calcio. Se dice que un organismo se descalcifica cuando pierde el calcio que necesita.

calco m. **1.** Acción y efecto de calcar. **2.** Papel de calcar.

calcomanía f. **1.** Procedimiento que permite transportar imágenes coloreadas sobre una superficie. **2.** Imagen así obtenida. **3.** Papel que tiene la figura, antes de transportarla.

calculador, ra adj./m. y f. **1.** Egoísta. ◆ f. **2.** Máquina que efectúa cálculos matemáticos.

calcular tr. **1.** Hacer operaciones para determinar el valor de una cantidad. **2.** Conjeturar, considerar.

cálculo m. **1.** Acción y efecto de calcular. **2.** Nombre de distintas ramas de las matemáticas. **3.** MED. Piedra que se forma en el interior de algún tejido o conducto: ~ renal.

caldear tr. y prnl. **1.** Calentar. **2.** Animar, excitar.

caldera f. **1.** Generador usado para calefacción o producción de energía. **2.** Recipiente metálico para calentar, hervir, etc. **3.** *Argent.* y *Chile.* Pava o tetera para hacer el mate.

calderilla f. Conjunto de monedas de poco valor.

caldero m. Caldera pequeña de fondo casi semiesférico.

calderón m. MÚS. Signo que representa la suspensión del compás.

caldo m. **1.** Alimento líquido que se obtiene hirviendo en agua varios ingredientes. **2.** Vino.

calé adj./m. y f. Gitano.

calefacción f. Conjunto de aparatos que calientan un lugar.

calefón f. *Argent.* y *Chile.* Calentador doméstico.

caleidoscopio m. Calidoscopio*.

calendario m. Catálogo con los días, semanas y meses del año.

■ **ENC.** En el Imperio Romano el año comenzaba el 1 de marzo. En el 46 a.C., el emperador Julio César lo reformó y mandó elaborar el calendario juliano. En este **calendario** el año comenzaba el 1 de enero. Sin embargo, con el paso de los siglos, el inicio de las estaciones no concordaba con las fechas del calendario de Julio César. Así, en el siglo XVI, el papa Gregorio XIII reformó el calendario juliano por el gregoriano que incluía los años bisiestos. El calendario gregoriano es el calendario que usamos actualmente. Cuando el papa Gregorio lo puso en vigor en 1582 ¡se pasó del 4 al 15 de octubre en un solo día!

calentar tr. y prnl. **1.** Hacer subir la temperatura. ◆ tr. **2.** Enardecer, animar. **3.** *Vulg.* Excitar sexualmente.

calentura f. Fiebre.

caleño, ña adj./m. y f. De Cali (Colombia).

calesa f. Carruaje con la caja abierta por delante y con capota.

calesita f. *Amér. Merid.* Tiovivo.

caleta f. *Venez.* Gremio de cargadores de mercancías en los puertos de mar.

calibre m. **1.** Diámetro interior del cañón de las armas de fuego. **2.** Tamaño, importancia. **3.** Instrumento que mide diámetros.

caliche m. *Bol., Chile* y *Perú.* Nitrato de sosa.

calidad f. **1.** Manera de ser de una persona o cosa. **2.** Superioridad en su línea. **3.** Condición o función: ~ de ciudadano.

cálido, da adj. **1.** Caliente. **2.** Afectuoso.

calidoscopio m. Aparato óptico formado por un tubo con espejos.

caliense adj./m. y f. Caleño.

caliente adj. Dotado de calor.

califa m. Jefe supremo del Islam, sucesor de Mahoma.

calificar tr. **1.** Determinar las cualidades de una persona o cosa. **2.** Resolver las notas que se han de dar al examinado.

calificativo, va adj./m. LING. Dícese del adjetivo que denota alguna cualidad del nombre.

calígine f. **1.** Niebla, oscuridad. **2.** *Fam.* Bochorno.

caligrafía f. **1.** Arte de escribir con buena letra. **2.** Conjunto de rasgos que caracterizan una escritura.

caligrama m. Composición poética en que se representa una idea por medio de dibujos realizados con las palabras.

calima adj./m. y f. **1.** Caleño. ◆ f. **2.** Neblina que enturbia el aire.

BANDERAS DEL MUNDO

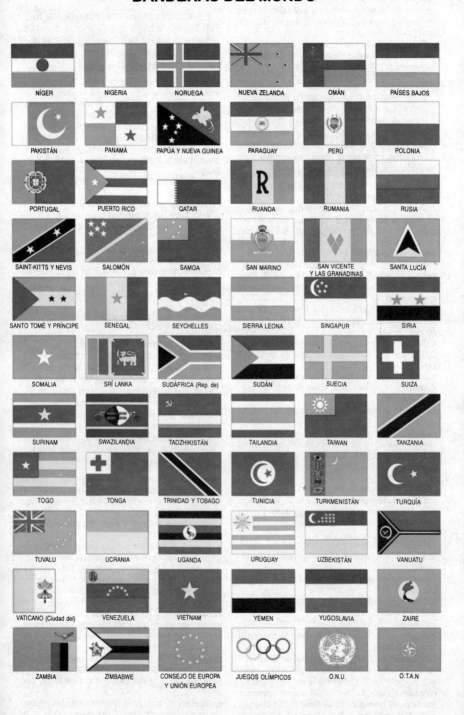

NÍGER	NIGERIA	NORUEGA	NUEVA ZELANDA	OMÁN	PAÍSES BAJOS
PAKISTÁN	PANAMÁ	PAPÚA Y NUEVA GUINEA	PARAGUAY	PERÚ	POLONIA
PORTUGAL	PUERTO RICO	QATAR	RUANDA	RUMANIA	RUSIA
SAINT-KITTS Y NEVIS	SALOMÓN	SAMOA	SAN MARINO	SAN VICENTE Y LAS GRANADINAS	SANTA LUCÍA
SANTO TOMÉ Y PRÍNCIPE	SENEGAL	SEYCHELLES	SIERRA LEONA	SINGAPUR	SIRIA
SOMALIA	SRÎ LANKA	SUDÁFRICA (Rep. de)	SUDÁN	SUECIA	SUIZA
SURINAM	SWAZILANDIA	TADZHIKISTÁN	TAILANDIA	TAIWAN	TANZANIA
TOGO	TONGA	TRINIDAD Y TOBAGO	TUNICIA	TURKMENISTÁN	TURQUÍA
TUVALU	UCRANIA	UGANDA	URUGUAY	UZBEKISTÁN	VANUATU
VATICANO (Ciudad del)	VENEZUELA	VIETNAM	YEMEN	YUGOSLAVIA	ZAIRE
ZAMBIA	ZIMBABWE	CONSEJO DE EUROPA Y UNIÓN EUROPEA	JUEGOS OLÍMPICOS	O.N.U.	O.T.A.N

calina f. Calima.

caliqueño, ña adj./m. y f. Caleño.

cáliz m. **1.** Vaso en el que se consagra el vino en la misa. **2.** BOT. Conjunto de los sépalos de una flor.

calizo, za adj. **1.** Que contiene cal: *terreno ~*. ◆ f. **2.** Roca formada de carbonato de cal.

■ ENC. Las tierras calcáreas son rocas **calizas** que están compuestas de carbonato de calcio. Este compuesto proviene de los caparazones de animales marinos que vivieron hace millones de años, cuando el mar cubría grandes extensiones de continente. Existen rocas calizas suaves que se desmenuzan con facilidad, como la tiza o el gis. Otras rocas son muy duras, como el mármol. Las rocas calizas se utilizan principalmente en la construcción.

callana f. *Amér. Merid.* Vasija tosca para tostar maíz, trigo, etcétera.

callar tr. y prnl. **1.** No decir lo que se siente o se sabe. ◆ intr. y prnl. **2.** Guardar silencio.

calle f. **1.** Vía de una población. **2.** Conjunto de ciudadanos: *lenguaje de la ~*. **3.** Zona de una pista de atletismo o de natación.

callejear intr. Andar paseando por las calles.

callejero, ra adj. **1.** Relativo a la calle. **2.** Que gusta de callejear. ◆ m. **3.** Lista de las calles de una ciudad.

callejón m. **1.** Calle estrecha y larga. **2.** En una plaza de toros, espacio entre la barrera y el muro.

callo m. **1.** Dureza en los pies o manos. ◆ pl. **2.** Pedazo del estómago de algunos animales que se come guisado.

calma f. **1.** Estado de la atmósfera o del mar cuando no hay viento. **2.** Cese de alguna cosa. **3.** Tranquilidad, serenidad.

calmar tr. y prnl. **1.** Sosegar. **2.** Aliviar alguna cosa.

calmecac m. Entre los aztecas, escuelas en las que se educaba a los jóvenes de elevada estirpe.

calmo, ma adj. **1.** Que está en descanso. **2.** *Argent., Chile y Urug.* Que está calmado, en reposo.

caló m. Lenguaje de los gitanos.

calor m. **1.** Temperatura elevada. **2.** Sensación que produce un cuerpo caliente. **3.** FÍS. Forma de energía, capaz de elevar la temperatura de un cuerpo.

caloría f. **1.** Unidad de cantidad de calor. **2.** Unidad del contenido energético de los alimentos.

calorífico, ca adj. **1.** Relativo al calor. **2.** Que produce calor.

calostro m. Primera leche de la hembra después de parir.

calumnia f. Acusación falsa.

calvario m. **1.** Vía crucis. **2.** *Fam.* Sufrimiento prolongado.

calvinismo m. Doctrina religiosa de Calvino.

calvo, va adj./m. y f. **1.** Que ha perdido el pelo. ◆ f. **2.** Parte de la cabeza que no tiene pelo.

calzado, da adj. **1.** Dícese del animal cuyas extremidades tienen color distinto al del cuerpo. ◆ m. **2.** Prenda que cubre el pie. ◆ f. **3.** Camino empedrado y ancho. **4.** Parte de una vía reservada a la circulación de vehículos.

■ ENC. Existen muchos tipos de **calzado**: bota, botín, borceguí, escarpín, escarpín de bebé, chanclo, chancla, almadreña, sandalias, zuecos, alpargatas, tenis, mocasines, babuchas, coturnos, zapatillas, zapatillas de ballet, etcétera.

calzar tr. **1.** Proveer de calzado. **2.** Impedir el movimiento de algo poniendo cuñas. **3.** *Colomb. y Ecuad.* Empastar un diente o muela. ◆ tr. y prnl. **4.** Cubrir el pie con el calzado.

calzón m. **1.** Prenda que cubre desde la cintura hasta las rodillas. **2.** *Argent., Chile, Méx. y Perú.* Prenda interior femenina. **3.** *Méx.* Enfermedad de la caña de azúcar. ◆ pl. **4.** *Chile.* Braga.

calzonazos m. *Fam.* Hombre débil y condescendiente.

calzoncillos m. pl. Prenda interior masculina que se lleva debajo de los pantalones.

cama f. **1.** Mueble para dormir. **2.** Pieza curva del arado.

camada f. Conjunto de crías de un mamífero paridas de una vez.

camafeo m. Piedra preciosa con un relieve tallado.

camagüeyano, na adj./m. y f. De Camagüey (Cuba).

camaleón m. Pequeño reptil que cambia de color para camuflarse.

■ ENC. El **camaleón** mide de 4 a 60 cm de largo. Tiene una fuerte cola que le permite colgarse de las ramas. Su lengua es tan larga como su cuerpo y la usa para atrapar insectos. Su vista es excelente y sus ojos pueden moverse independientemente uno del otro. Cambia de piel tres veces al año, pero la característica más importante de esta piel es que cambia de color de acuerdo al estado de ánimo del camaleón: es verde cuando está contento, negra cuando tiene miedo y gris cuando está dormido, enfermo o muerto.

camalote m. *Amér. Merid., Méx. y Salv.* Nombre de ciertas plantas acuáticas que crecen en las orillas de los ríos, lagunas, etc., y tienen hojas y flores flotantes.

camanchaca f. *Chile y Perú.* Niebla espesa y baja.

cámara f. **1.** Aparato para la captación de imágenes: *~ fotográfica*. **2.** Habitación o sala: *~ nupcial*. **3.** Organismo, junta. **4.** Tubo anular de goma en el interior de un neumático. ◆ m. y f. **5.** Persona que maneja una cámara de cine o televisión.

camarada m. y f. Compañero.

camarero, ra m. y f. Persona que se dedica al servicio en hoteles, o que sirve a los clientes en bares.

camarilla f. Grupo de personas que influye en las decisiones de alguien importante.

camarín m. Capilla pequeña, detrás de un altar.

camarista m. **1.** *Argent.* Miembro de la cámara de apelaciones. **2.** *Méx.* Camarero.

camarógrafo, fa m. y f. Persona que maneja una cámara de cine o televisión.
camarón m. Pequeño crustáceo de carne muy apreciada.
camarote m. Dormitorio de un barco.
camastro m. *Desp.* Lecho pobre y sin aliño.
cambado, da adj. *Amér.* Patizambo.
cambalache m. **1.** Trueque de objetos de poco valor. **2.** *Argent.* y *Urug.* Tienda de compra y venta de objetos usados.
cambiar tr., intr. y prnl. **1.** Dar, tomar o poner una cosa por otra. **2.** Mudar, variar: ~ *las ideas.* ◆ prnl. **3.** Mudarse.
cambio m. **1.** Acción y efecto de cambiar. **2.** Dinero menudo. **3.** Engranaje para pasar de una marcha a otra en un vehículo.
cambista m. Persona dedicada a un tipo de operaciones bancarias.
camboyano, na adj./m. y f. De Camboya.
cámbrico, ca adj./m. GEOL. Dícese del primer período del paleozoico.
cambujo, ja adj./m. y f. *Amér. Central* y *Méx.* Persona muy morena, especialmente el mestizo de negro.
cambullón m. **1.** *Chile* y *Perú.* Enredo, trampa, confabulación. **2.** *Colomb.* Trueque, cambalache.
camelar tr. *Fam.* **1.** Cortejar a una mujer. **2.** *Fam.* Engañar adulando.
camelia f. **1.** Arbusto de flores blancas, rojas o rosadas. **2.** Flor de esta planta.
camello, lla m. y f. **1.** Mamífero rumiante que posee dos gibas llenas de grasa. ◆ m. *Esp. Fam.* **2.** Traficante de droga.

■ ENC. El **camello** está adaptado para vivir en las regiones desérticas. Puede resistir varios días con poco alimento y sin tomar agua. Se utiliza como animal de silla o como bestia de carga.

camerino m. Cuarto donde se visten los actores.
camilla f. **1.** Cama para transportar enfermos y heridos. **2.** Mesa redonda con tarima para colocar el brasero.
caminar tr. **1.** Recorrer una distancia. ◆ intr. **2.** Trasladarse andando.
caminata f. *Fam.* Recorrido largo a pie.
camino m. **1.** Vía más ancha que la vereda y más estrecha que la carretera. **2.** Método para hacer algo.
camión m. **1.** Vehículo automóvil de gran tamaño. **2.** *Méx.* y *Venez.* Autobús.
camisa f. **1.** Prenda de vestir con cuello, abotonada por delante. **2.** Epidermis que se desprende de las serpientes.
camiseta f. Prenda interior sin cuello.
camisón m. **1.** Prenda femenina usada para dormir. **2.** *Antill.* y *C. Rica.* Blusa. **3.** *Chile, Colomb.* y *Venez.* Vestido femenino, exceptuando el de seda negra.
camomila f. Manzanilla.
camorra f. *Fam.* Riña.
camote m. **1.** *Amér.* Batata. **2.** *Amér.* En algunos lugares, enamoramiento. **3.** *Chile.* Mentira, bola. **4.** *Chile.* Lío, desorden, dificultad. **5.** *Ecuad.* y *Méx.* Tonto, bobo.

campal adj. Dícese de la batalla que se efectúa en un espacio abierto.
campamento m. Instalación en terreno abierto, de fuerzas militares, excursionistas, etc.
campana f. Instrumento de metal, que se hace sonar golpeándolo con un badajo.

■ ENC. Las **campanas** se fabrican por medio de moldes enterrados a los que se les vierte bronce derretido. Cuando el metal se solidifica la campana se saca del molde. Para obtener el tono deseado el metal se lima en lugares precisos. El sonido es diferente según el tamaño de la campana y el espesor del metal.

campanario m. Torre de iglesia donde están las campanas.
campanilla f. **1.** Campana pequeña con mango. **2.** ANAT. Pequeña masa muscular que cuelga al final del velo del paladar.
campante adj. *Fam.* Despreocupado: *quedarse tan ~.*
campaña f. **1.** Expedición militar. **2.** Conjunto de actividades aplicadas a un fin: ~ *electoral.*
campear intr. Sobresalir, destacar.
campechano, na adj./m. y f. *Fam.* Cordial, llano.
campeón, na m. y f. Persona o equipo que gana en un campeonato.
campeonato m. **1.** Certamen en que se disputa un premio. **2.** Triunfo obtenido en este certamen.
campero, ra adj. **1.** *Amér. Central* y *Amér. Merid.* Dícese del animal muy adiestrado en el paso de ríos y caminos peligrosos. **2.** *Argent., Par.* y *Urug.* Hábil en las labores del campo. ◆ f. **3.** *Argent., Chile* y *Urug.* Chaqueta de abrigo, cazadora.
campesino, na m. y f. Persona que vive y trabaja en el campo.
campestre adj. Propio del campo.
camping m. **1.** Actividad que consiste en acampar al aire libre en tiendas de campaña. **2.** Lugar preparado para esta actividad.
campiña f. Espacio de tierra dedicada al cultivo.
campirano, na adj. **1.** *C. Rica.* Patán, rústico. ◆ adj./m. y f. **2.** *Méx.* Relativo al campo. **3.** *Méx.* Entendido en las faenas del campo.
campo m. **1.** Terreno extenso fuera de poblado. **2.** Terreno preparado para una actividad: ~ *de fútbol.* **3.** Espacio que abarca un asunto: *el ~ de la ciencia.* **4.** FÍS. Espacio en que se siente una fuerza: ~ *magnético.*
camposanto m. Cementerio.
campus m. Conjunto de instalaciones universitarias.
camuflar tr. Disimular, ocultar.
can m. Perro.
canadiense adj./m. y f. De Canadá.
canal m. **1.** Paso entre dos mares. **2.** Banda de frecuencia de una emisora. ◆ m. o f. **3.** Vía artificial de agua. **4.** *Amér. Central* y *Amér. Merid.* Centro de la corriente de un río.
canaleta f. *Amér. Merid.* Canalón, tubo.
canalizar tr. **1.** Abrir canales. **2.** Regularizar el cauce de un río, arroyo, etc. **3.** Orientar hacia un fin concreto.

canalla m. y f. *Fam.* Persona ruin y despreciable.

canalón m. Tubo para desaguar el agua de lluvia desde los tejados hasta la calle.

canana f. Cinto para llevar cartuchos.

canapé m. **1.** Especie de sofá o diván. **2.** Rebanada pequeña de pan sobre la que se extiende o coloca algún alimento, que se come como aperitivo.

canario, ria adj./m. y f. **1.** De las islas Canarias (España). ◆ m. **2.** Ave doméstica de plumaje amarillo.

canasta f. **1.** Cesto de mimbre, de boca ancha. **2.** En el baloncesto, aro con una red por el que se introduce el balón. **3.** En el baloncesto, tanto conseguido.

canastilla f. **1.** Cesta pequeña de mimbre de uso doméstico. **2.** Ropa que se prepara para un recién nacido.

canasto m. Canasta alta.

cáncamo m. Tornillo con una anilla.

cancela f. Verja que se pone en el umbral de algunas casas.

cancelar tr. **1.** Dejar sin validez alguna cosa. **2.** Suspender, anular.

cáncer m. **1.** Tumor maligno. ◆ m. y f./adj. **2.** Persona nacida bajo el signo zodiacal de Cáncer.

cancerbero m. **1.** Perro de tres cabezas que, según la fábula, guardaba los infiernos. **2.** Guarda severo o violento. **3.** DEP. Portero.

cancha f. **1.** Local destinado a la práctica de deportes. **2.** *Amér.* Terreno o sitio llano y desembarazado. **3.** *Amér. Merid.* Parte ancha y despejada de un río.

canchero, ra adj./m. y f. **1.** *Amér. Central* y *Amér. Merid.* Que tiene una cancha de juego o cuida de ella. **2.** *Amér. Merid.* Experto en determinada actividad. **3.** *Chile.* Dícese de la persona que busca trabajos de poca duración y esfuerzo.

canciller m. **1.** En algunos estados europeos, jefe del gobierno. **2.** Empleado auxiliar en las embajadas, legaciones, etc.

canción f. Composición musical para ser cantada.

cancionero m. Colección de poesías, de autores diversos.

canco m. **1.** *Bol.* y *Chile.* Nalga. **2.** *Chile.* Olla o vasija destinada a diversos usos domésticos. **3.** *Chile.* Maceta. ◆ pl. **4.** *Chile.* En la mujer, caderas anchas.

candado m. Cerradura suelta que asegura puertas, cofres, etc.

candeal adj./m. Dícese de una especie de trigo muy blanco.

candela f. **1.** Vela, cilindro para alumbrar. **2.** Lumbre, combustible.

candelabro m. Candelero sujeto en la pared o sobre su pie.

candelero m. Utensilio para sostener una vela.

candente adj. **1.** Dícese del metal, cuando se enrojece por la acción del fuego. **2.** De actualidad: *noticia ~.*

candidato, ta m. y f. Persona que aspira a un cargo.

cándido, da adj./m. y f. Ingenuo, sin malicia.

candil m. Lámpara de aceite.

candilejas f. pl. Línea de luces, en el proscenio de un teatro.

candombe m. Ritmo típico de Uruguay.

candor m. Inocencia, ingenuidad.

caneca f. **1.** *Colomb.* Cubo de la basura. **2.** *Colomb.* y *Ecuad.* Tambor de hojalata para transportar petróleo y otros líquidos.

canela f. **1.** Condimento de color rojo amarillento. **2.** *Fam.* Cosa muy fina y exquisita.

canelo m. Árbol de cuya corteza se extrae la canela.

canelón m. Pieza de pasta, rellena y enrollada.

canesú m. **1.** Cuerpo de un vestido, sin mangas. **2.** Pieza superior de una camisa, a la que se cose el resto de la prenda.

cangalla f. **1.** *Argent.* y *Chile.* Conjunto de desperdicios minerales. **2.** *Bol.* Aparejo que se utiliza para que las bestias transporten carga. **3.** *Colomb.* Animal o persona delgado.

cangallar tr. **1.** *Bol.* y *Chile.* Robar en las minas. **2.** *Chile.* Defraudar al fisco.

cangrejal m. *Argent.* y *Urug.* Terreno pantanoso e intransitable por la abundancia de cangrejillos negruzcos.

cangrejo m. Crustáceo marino comestible. ● **~ de río**, crustáceo cuyas patas delanteras están provistas de pinzas.

■ ENC. Existen en el mundo cerca de 3 000 especies de **cangrejos**. Algunos viven en las playas, mientras otros permanecen en el fondo del mar. Los más pequeños viven en el mar Mediterráneo y miden menos de 5 mm. En Japón hay un cangrejo gigante con un caparazón de 40 cm de diámetro y una envergadura de 3.50 m.

canguro m. **1.** Mamífero marsupial, con las extremidades traseras muy largas. ◆ m. y f. *Esp.* **2.** Persona que cuida niños en ausencia de sus padres.

■ ENC. El **canguro** mide hasta 1.50 m sin incluir la cola y llega a pesar 100 kg. Se desplaza a saltos que pueden alcanzar los 10 m de longitud, gracias al gran tamaño que tienen sus patas traseras. Después de nacer, los canguros pasan 6 meses en la bolsa ventral de la madre.

caníbal adj./m. y f. Antropófago.

canica f. **1.** Juego de niños. **2.** Bola de este juego.

canícula f. Período en que arrecia el calor.

cánido adj./m. Relativo a una familia de mamíferos carnívoros, de garras no retráctiles, como el perro.

canijo, ja adj./m. y f. *Fam.* **1.** Raquítico. ◆ adj. **2.** *Méx.* Malo, desalmado. **3.** *Méx. Fam.* Difícil, complicado.

canilla f. **1.** Hueso largo de la pierna o del brazo. **2.** Pequeño cilindro sobre el que se arrollan los hilos en la lanzadera. **3.** *Argent.* y *Chile.* Espinilla, parte anterior de la pierna. **4.** *Argent.* y *Urug.* Grifo, dispositivo que sirve para regular el paso de un líquido. **5.** *Colomb.* y *Perú.* Pantorrilla.

canillera f. **1.** *Amér. Central.* Temblor de piernas originado por el miedo. **2.** *Argent.* y *Chile.* Almohadilla que protege la parte anterior de la pierna.

canillita m. *Amér. Merid.* y *R. Dom.* Muchacho que vende periódicos o billetes de lotería.

canino, na adj. **1.** Relativo al perro. ◆ m. **2.** Cada uno de los dientes puntiagudos, situados entre los incisivos y los premolares.

■ **ENC.** El hombre tiene cuatro **caninos** o colmillos que le permiten desmenuzar los alimentos. Entre algunos carnívoros, como el tigre y el lobo, estos dientes están muy desarrollados y los utilizan como armas de caza. En otro tipo de animales, como el jabalí, los caninos sobresalen de la boca y los utilizan como armas de defensa. En los mamíferos vegetarianos, como los roedores o los bóvidos, estos dientes se han reducido o son inexistentes.

canjear tr. Realizar un intercambio.

cánnabis m. Género de plantas de hojas compuestas y flores verdes, como el cáñamo.

cano, na adj. **1.** Con canas o cabellera blanca. ◆ f. **2.** Cabello blanco.

canoa f. Embarcación ligera, propulsada a remo, vela o motor.

canódromo m. Recinto para las carreras de galgos.

canon m. **1.** Regla, precepto. **2.** Modelo de características perfectas. **3.** Ley establecida por la Iglesia católica. **4.** Composición musical en la que sucesivamente van entrando voces o instrumentos. ◆ pl. **5.** Derecho canónico o eclesiástico.

canónico, ca adj. Conforme a los cánones.

canónigo m. Sacerdote del cabildo de una catedral.

canonizar tr. Declarar el papa santa a una persona beatificada.

cansancio m. **1.** Falta de fuerzas por fatiga. **2.** Aburrimiento.

cansar tr. y prnl. **1.** Causar cansancio. **2.** Enfadar, aburrir.

cantábrico, ca adj./m. y f. De Cantabria o del mar Cantábrico (España).

cántabro, bra adj./m. y f. **1.** De Cantabria (España). **2.** De un antiguo pueblo celta asentado en esta región.

cantar intr. y tr. **1.** Emitir con la voz sonidos modulados. **2.** Emitir su voz las aves. **3.** Producir sonidos ciertos insectos.

cantar m. Composición breve, nacida de la lírica popular.

cántaro m. Vasija grande de barro.

cantata f. Composición musical escrita para una o varias voces.

cantautor, ra m. y f. Cantante que escribe sus composiciones.

cante m. **1.** Acción de cantar. **2.** Canto popular andaluz.

cantegril m. *Urug.* Barrio marginal de chabolas.

cantera f. **1.** Terreno del que se extrae piedra para la construcción. **2.** Lugar donde se forman personas en alguna disciplina.

cantero m. *Amér. Central* y *Amér. Merid.* Espacio de jardín donde se siembra y trabaja.

cántico m. Canto religioso de acción de gracias.

cantidad f. **1.** Carácter de lo que puede ser medido o contado. **2.** Porción de algo. **3.** Suma de dinero. **4.** Cifra.

cantiga o **cántiga** f. Antigua composición poética destinada al canto.

cantilena f. **1.** Composición poética breve, hecha para ser cantada. **2.** *Fam.* Repetición molesta e inoportuna.

cantimplora f. Vasija para llevar agua en viajes y excursiones.

cantina f. Local público en que se venden bebidas y comida.

cantinela f. Cantilena.

canto m. **1.** Acción, efecto y arte de cantar. **2.** Extremidad o borde de algo. **3.** Piedra gastada por la erosión: ~ *rodado.*

cantón m. **1.** Esquina. **2.** División administrativa de ciertos territorios: ~ *suizo.*

cantor, ra adj./m. y f. **1.** Dícese del ave de canto melodioso y variado. **2.** Poeta.

canturrear intr. *Fam.* Cantar a media voz.

cánula f. **1.** Tubo que se introduce en el cuerpo, usado en medicina. **2.** Porción terminal de las jeringas.

canuto m. **1.** Tubo corto y no muy grueso. **2.** *Fam. Esp.* Cigarrillo de mariguana o hachís.

caña f. **1.** Tallo de las plantas gramíneas. **2.** Vaso cónico, alto y estrecho. **3.** Vara larga y flexible, que se emplea para pescar.

cañada f. **1.** Paso estrecho entre dos montañas. **2.** Vía para el ganado trashumante. **3.** *Argent., Par.* y *Urug.* Terreno bajo entre lomas, bañado de agua y con vegetación propia de tierras húmedas.

cañadón m. *Argent., Cuba* y *Urug.* Cauce antiguo y profundo entre dos lomas o sierras.

cañamazo m. Tela que se emplea para bordar.

cáñamo m. **1.** Planta cultivada por su tallo, que proporciona una excelente fibra textil. **2.** Fibra textil obtenida de esta planta.

cañaveral m. Terreno poblado de cañas.

cañería f. Conducto formado de caños por donde circula un fluido.

cañí adj./m. y f. Gitano.

caño m. **1.** Tubo por donde cae el agua. **2.** Conducto de desagüe. **3.** Chorro, líquido que sale de un orificio.

cañón m. **1.** Pieza hueca y larga de diversos objetos: ~ *de fusil.* **2.** Arma de fuego no portátil. **3.** Valle estrecho con paredes abruptas.

caoba f. **1.** Árbol cuya madera rojiza es muy apreciada en ebanistería. **2.** Color similar al de esta madera.

caolín m. Arcilla blanca usada en la fabricación de porcelana.

caos m. Confusión, desorden: *reinar el* ~.

capa f. **1.** Prenda de vestir larga, sin mangas y abierta por delante. **2.** Baño, revestimiento: ~ *de caramelo.* **3.** Plano superpuesto de una cosa: ~ *terrestre.* **4.** Capote de torero.

capacha f. *Bol.* y *Chile.* Cárcel.

capacho m. Espuerta de mimbres, cuero o estopa.

capacidad f. **1.** Espacio de una cosa para contener otra: *sala de mucha* ~. **2.** Aptitud, talento o disposición para algo.

capacitar tr. y prnl. Hacer a uno apto para alguna cosa.

capar tr. Castrar.

caparazón m. Cubierta dura y sólida, que protege las partes blandas de diversos animales.

capataz m. **1.** Persona que dirige y vigila a un grupo de trabajadores. **2.** Persona que está a cargo de la labranza y administración de una hacienda.

capaz adj. Que tiene capacidad o disposición para una cosa.

capcioso, sa adj. Engañoso, que induce a error: *pregunta* ~.

capea f. **1.** Acción de capear. **2.** Fiesta taurina con novillos o becerros en la que participan aficionados.

capear tr. **1.** Torear con la capa. **2.** Entretener con evasivas: ~ *la situación*. **3.** *Chile* y *Guat.* Faltar a clase, hacer novillos.

capellán m. Sacerdote que ejerce sus funciones en una institución religiosa, seglar, etc.

caperuza f. **1.** Capucha suelta. **2.** Pieza que cubre la extremidad de algo.

capia f. *Argent.*, *Colomb.* y *Perú.* Maíz blanco muy dulce que se usa para preparar golosinas.

capicúa adj./m. y f. Dícese del número que es igual leído de izquierda a derecha que de derecha a izquierda.

capilar adj. **1.** Relativo al cabello: *loción* ~. ◆ adj./m. **2.** Dícese de las últimas ramificaciones de los vasos sanguíneos.

capilla f. Iglesia pequeña aneja a otra mayor.

capirotazo m. Golpe dado en la cabeza, con un dedo.

capirote m. **1.** Caperuza con que se cubre la cabeza de las aves de cetrería. **2.** Cucurucho usado por los cofrades en las procesiones.

capital adj. **1.** Principal, importante. ◆ adj./f. **2.** Dícese de la letra mayúscula. ◆ m. **3.** Conjunto de los bienes poseídos. **4.** Dinero. ◆ f. **5.** Ciudad donde reside el gobierno de un estado.

capitalismo m. Sistema económico y social basado en el dinero y en la propiedad privada de los medios de producción.

capitalizar tr. **1.** Transformar intereses en capital. **2.** Utilizar una renta transformándola en medio de producción.

capitán, na m. **1.** Oficial de grado intermedio entre el teniente y el comandante. **2.** Persona que tiene el mando de un buque. ◆ m. y f. **3.** Jefe de un equipo deportivo.

capitel m. ARQ. Parte superior de una columna.

capitolio m. **1.** Edificio majestuoso y elevado. **2.** Acrópolis.

capitoné m. Vehículo destinado al transporte de muebles.

capitulación f. Convenio en el que se estipulan las condiciones de una rendición.

capítulo m. **1.** División que se hace en un libro. **2.** Apartado, tema. **3.** Reunión de religiosos de una orden.

capo m. Jefe de la mafia.

capó m. Cubierta metálica del motor de un vehículo.

capón m. Pollo castrado que se ceba para comerlo.

caporal m. **1.** Persona que manda un grupo de gente. **2.** Persona que se encarga del ganado de labranza. **3.** *Amér.* Capataz de una estancia ganadera.

capota f. Cubierta plegable de un automóvil.

capote m. **1.** Prenda parecida a la capa, con mangas. **2.** Capa corta que usan los toreros para la lidia.

capricho m. **1.** Idea o propósito repentino. **2.** Deseo, antojo.

capricornio m. y f./adj. Persona nacida bajo el signo zodiacal de Capricornio.

caprino, na adj. **1.** Cabrío. ◆ adj./m. **2.** Mamíferos rumiantes de la familia bóvidos, de cuernos replegados hacia atrás.

cápsula f. **1.** Casquillo metálico que cierra ciertas botellas. **2.** Envoltura soluble de ciertos medicamentos. **3.** Compartimiento habitable de una nave espacial.

captar tr. **1.** Percibir, comprender. **2.** Recibir una emisión radiofónica. ◆ tr. y prnl. **3.** Atraer, conseguir: ~ *su simpatía*.

capturar tr. Aprehender a alguien a quien se busca.

capucha f. Prenda de vestir para cubrir la cabeza.

capuchino, na adj./m. y f. Dícese del religioso de una rama reformada de la orden de los franciscanos.

capullo m. **1.** Envoltura de ciertas crisálidas y de los huevos de las arañas. **2.** Yema floral a punto de abrirse. **3.** *Vulg.* Estúpido.

caquexia f. MED. Estado de debilidad y delgadez extremas.

caqui m. **1.** Árbol de hoja caduca y fruto comestible. **2.** Fruto de este árbol. **3.** Color entre el amarillo ocre y el verde gris.

cara f. **1.** Parte anterior de la cabeza del hombre. **2.** Anverso de una moneda. **3.** Expresión en el rostro. **4.** Descaro. **5.** MAT. Cada uno de los polígonos que limitan un poliedro. ● **Dar la** ~, responder de los propios actos. ● **Echar en** ~, reprochar. ● **Plantar** ~ a alguien, desafiarle.

carabela f. Antigua embarcación de vela.

carabina f. Fusil de cañón rayado.

carabinero m. Soldado armado de una carabina.

caracol m. **1.** Molusco gasterópodo, provisto de concha en espiral. **2.** Rizo de pelo. **3.** ANAT. Parte del oído interno.

■ **ENC. El caracol** terrestre es un animal que evita los rayos solares por lo que, generalmente, se le ve cuando llueve. Las contracciones de su pie ventral le permiten desplazarse a una velocidad de 112 m por hora. Este pie también secreta baba lustrosa o moco, que sirve al caracol para adherirse al suelo. Este molusco tiene cuatro tentáculos en la cabeza llamados cuernos: los más cortos son órganos del tacto y los más largos tienen los ojos. El caracol es un terrible devorador de hojas. Es hermafrodita, pero se acopla con otro caracol para fecundar o ser fecundado. Sus huevos tardan un mes en incubarse. El caracol hiberna.

caracola f. **1.** Caracol marino, con concha en espiral de forma cónica. **2.** Concha de este caracol.

carácter m. **1.** Conjunto de cualidades que individualizan la personalidad del hombre. **2.** Condición, naturaleza: *visita de ~ privado*. **3.** Energía, genio. **4.** Signo de escritura. **5.** Particularidad transmisible según las leyes de la herencia.

característico, ca adj./f. **1.** Singular, distintivo: *rasgo ~*. ◆ f. **2.** *Argent.* y *Urug.* Prefijo telefónico.

caracterizar tr. y prnl. **1.** Determinar a alguien o algo por sus cualidades: *la franqueza le caracteriza*. ◆ tr. **2.** Representar un actor su papel. ◆ prnl. **3.** Maquillarse y vestirse el actor.

caracú m. *Amér.* Hueso con tuétano usado en guisos.

caradura adj./m. y f. Sinvergüenza.

caramanchel m. **1.** *Chile.* Cantina. **2.** *Colomb.* Tugurio. **3.** *Ecuad.* Puesto del vendedor ambulante. **4.** *Perú.* Cobertizo.

caramañola o **caramayola** f. *Amér. Merid.* Cantimplora de soldado.

¡caramba! interj. Denota extrañeza o enfado.

carámbano m. Pedazo de hielo largo y puntiagudo.

carambola f. Lance del juego del billar.

caramelo m. **1.** Azúcar fundido y tostado. **2.** Golosina compuesta de azúcar y leche o crema.

carancho m. **1.** *Argent.* y *Urug.* Ave de presa, de color pardo, que se alimenta de animales muertos, insectos, etc. **2.** *Perú.* Búho.

carantoñas f. pl. Halagos y lisonjas para conseguir algo.

caráota f. *Venez.* Judía, alubia.

caraqueño, ña adj./m. y f. De Caracas.

caratula f. **1.** *Argent.* Cubierta con que se resguardan y presentan legajos u otros documentos administrativos. **2.** *Argent.* Denominación, rótulo del expediente de un caso judicial.

carátula f. **1.** Portada de un libro o funda de un disco. **2.** *Méx.* Esfera del reloj.

caravana f. **1.** Hilera de vehículos que dificulta el tránsito. **2.** Remolque acondicionado para vivienda.

carayá m. *Argent., Colomb.* y *Par.* Nombre de dos especies de monos americanos, de cola larga y pelaje espeso.

carbón m. **1.** Combustible sólido de color negro, que contiene una elevada proporción de carbono. **2.** Carboncillo.

carbonada f. *Amér. Merid.* Guiso compuesto de pedazos de carne, maíz, calabaza, patatas y arroz.

carbonato m. Sal derivada del ácido carbónico.

carboncillo m. Palillo de carbón usado para dibujar.

carbónico, ca adj. **1.** Relativo al carbono. **2.** Dícese de las combinaciones en las que entra el carbono.

carbonífero, ra adj. **1.** Que contiene carbón. ◆ adj./m. GEOL. **2.** Dícese del quinto período del paleozoico.

carbonilla f. **1.** Carbón menudo. **2.** Ceniza del carbón.

carbonizar tr. y prnl. **1.** Quemar completamente. **2.** Transformar en carbón.

carbono m. Elemento no metálico, que constituye el elemento esencial de los carbones naturales y los compuestos orgánicos.

■ ENC. El **carbono** es la base de la mayor parte de los carbones naturales como la hulla, el lignito y la antracita. En forma cristalizada se encuentra en el diamante, cuando está puro y en el grafito, cuando está casi puro. Los compuestos que forma con otros elementos simples como el oxígeno, el hidrógeno o el nitrógeno son estudiados por la Química Orgánica.

carbunco m. Enfermedad infecciosa de ciertos animales domésticos.

carburador m. Aparato que prepara la mezcla de gasolina y aire en los motores de explosión.

carburante adj./m. **1.** Que contiene un hidrocarburo. ◆ m. **2.** Combustible utilizado en los motores de explosión.

carburar tr. Mezclar un gas con los carburantes gaseosos para hacerlos combustibles.

carburo m. Combinación del carbono con otro cuerpo simple.

carca adj./m. y f. *Esp.* Retrógrado, de ideas muy conservadoras.

carcajada f. Risa impetuosa y ruidosa.

carcamal adj./m. *Fam.* Viejo y achacoso.

cárcava f. **1.** Hoya que hacen las avenidas de agua. **2.** Zanja o foso.

cárcel f. Edificio destinado a la reclusión de los presos.

carcinógeno, na adj. Que produce cáncer.

carcinoma m. Cáncer del tejido epitelial.

carcoma f. Insecto cuya larva excava galerías en la madera.

carda f. **1.** Acción y efecto de cardar. **2.** Cepillo usado para cardar.

cardar tr. **1.** Peinar y limpiar las materias textiles antes de hilarlas. **2.** Sacar el pelo con la carda a los paños. **3.** Peinar ahuecando el cabello.

cardenal m. **1.** Elector y consejero del Papa. **2.** Mancha morada en la piel producida por un golpe. **3.** Ave de penacho rojo escarlata.

cárdeno, na adj./m. Morado.

cardiaco, ca o **cardíaco, ca** adj. **1.** Relativo al corazón. ◆ adj./m. y f. **2.** Que está enfermo del corazón.

cardias m. Orificio que comunica el estómago con el esófago.

cardillo m. Hierba cuyas pencas se comen cocidas.

cardinal adj. **1.** Principal, fundamental. **2.** Se aplica al numeral que expresa cantidad. ● **Puntos cardinales**, los cuatro puntos de referencia que permiten orientarse: norte, sur, este y oeste.

cardiograma m. Gráfico que refleja los movimientos del corazón.

cardiología f. Parte de la medicina que estudia las enfermedades del corazón.

cardiopatía f. Enfermedad del corazón.

cardo m. **1.** Planta de hojas grandes y espinosas. **2.** *Fam.* Persona arisca.

cardón m. *Amér. Merid.* y *Méx.* Nombre de diversas plantas arbóreas de zonas áridas, de flores grandes y fruto carnoso.

carear tr. Confrontar personas para resolver un asunto.

carecer intr. Tener carencia de algo: ~ *de lo indispensable.*

carencia f. Falta o privación de alguna cosa.

carestía f. **1.** Precio elevado de las cosas. **2.** Escasez, pobreza.

careta f. **1.** Máscara para cubrir la cara. **2.** Mascarilla de alambre usada en esgrima.

carey m. **1.** Tortuga marina cuyos huevos son muy apreciados. **2.** Materia córnea que se obtiene del caparazón de este animal.

carga f. **1.** Acción y efecto de cargar. **2.** Cosa que se transporta. **3.** Peso sostenido por una estructura. **4.** Suplicio. **5.** Repuesto de cierto material: ~ *de un bolígrafo.* **6.** Cantidad de materia que asegura la propulsión de un proyectil. **7.** Gravamen, tributo.

cargado, da adj. **1.** Dícese del tiempo que amenaza lluvia. **2.** Fuerte, espeso: *café ~.*

cargador, ra m. y f. *Amér.* Mozo de cordel.

cargamento m. Conjunto de mercancías para ser cargadas.

cargar tr. **1.** Poner pesos sobre una persona, un animal o un vehículo para transportarlos. **2.** Poner demasiado de algo. **3.** Imponer un gravamen. **4.** Achacar algo a alguien. **5.** Poner en un dispositivo el material que ha de consumir: ~ *una pistola.* **6.** Acumular electricidad: ~ *una batería.* ◆ tr. y prnl. **7.** Incomodar, molestar. ◆ intr. **8.** Descansar una cosa sobre otra más firme. **9.** Atacar: ~ *contra los manifestantes.* **10.** Tener sobre sí algún peso u obligación. ◆ intr. y prnl. **11.** Inclinarse una cosa. ◆ prnl. **12.** Llegar a tener abundancia de ciertas cosas: *cargarse de deudas.* **13.** *Fam.* Matar, romper: *cargarse un jarrón.*

cargo m. **1.** Empleo o puesto. **2.** Gobierno, dirección. **3.** Falta que se imputa a uno: ~ *contra el sospechoso.*

cargoso, sa adj. *Argent., Chile* y *Urug.* Dícese de la persona que molesta reiteradamente.

cariacontecido, da adj. *Fam.* Que muestra en el semblante aflicción o sobresalto.

cariátide f. Columna con figura de mujer.

caribe adj. **1.** Caribeño. ◆ adj./m. y f. **2.** Relativo a un grupo de pueblos del continente americano. ◆ m. **3.** Conjunto de lenguas de estos pueblos.

caribeño, ña adj./m. y f. Del Caribe.

caricatura f. **1.** Dibujo satírico o grotesco. **2.** *Méx.* Cortometraje de dibujos animados.

caricia f. Demostración cariñosa que se hace rozando con la mano.

caridad f. **1.** Actitud solidaria con el sufrimiento ajeno. **2.** Limosna.

caries f. Infección del diente que produce su destrucción.

carillón m. Conjunto de campanas acordadas.

cariño m. **1.** Sentimiento y expresión de amor y afecto. **2.** Esmero con que se hace algo.

carioca adj./m. y f. De Río de Janeiro (Brasil).

carisma m. **1.** Don espiritual que concede Dios para realizar misiones cristianas. **2.** Cualidad para atraer a los demás.

cariz m. Aspecto de la atmósfera o de un asunto.

carlinga f. Parte del avión para la tripulación.

carlismo m. Movimiento político conservador.

carmelita adj./m. y f. Dícese del religioso o la religiosa de la orden del Carmelo.

carmesí m. Color grana muy vivo.

carmín m. **1.** Pigmento rojo, que se extrae de la cochinilla. **2.** Color rojo intenso. **3.** Barra para colorear los labios.

carnada f. Cebo para pescar o cazar.

carnal adj. **1.** Relativo a la carne, en oposición al espíritu. **2.** Dícese de los parientes en primer grado: *tío ~.*

carnaval m. Período que precede al miércoles de ceniza y fiestas que se celebran en este período.

■ **Enc.** Entre los **carnavales** más célebres se encuentran el de Niza, el de Venecia y el de Río de Janeiro. En estas fiestas se organizan desfiles de carros alegóricos y la gente baila durante varios días, como en el carnaval de Río de Janeiro y el de las Antillas.

carnaza f. **1.** Cara de las pieles que ha estado en contacto con la carne. **2.** Carnada.

carne f. **1.** Sustancia fibrosa del cuerpo que constituye los músculos. **2.** Alimento animal comestible. **3.** Parte blanda de la fruta. **4.** Cuerpo humano, en oposición al espíritu. ● ~ **de gallina**, piel humana cuando el vello se eriza por efecto de ciertas sensaciones.

carné m. Tarjeta de identificación: ~ *de identidad.*

carnear tr. **1.** *Amér. Central* y *Amér. Merid.* Matar y descuartizar las reses para el consumo. **2.** *Chile. Vulg.* Engañar o hacer burla de alguien.

carnero, ra adj. **1.** *Argent., Chile, Par.* y *Perú.* Sin voluntad e iniciativa. ◆ m. y f. **2.** *Argent., Chile* y *Par.* Esquirol. ◆ m. **3.** Rumiante doméstico, macho, que se cría por su carne y su lana.

■ **Enc.** El **carnero** pertenece a la familia de los ovinos. Mide alrededor de 1.50 m, pesa hasta 150 kg y puede vivir hasta diez años. A los machos no castrados se les conoce como carneros padres o morueco. La hembra se llama oveja y la cría cordero o borrego. Algunas variedades son apreciadas por su lana, como la merina, o por su piel como el caracul que produce el astracán. Con la leche de oveja se fabrica el queso francés Roquefort.

carnet m. Carné*.

carnicería f. Tienda donde se vende carne.

carnicero, ra adj./s. **1.** Dícese del animal que mata para comer. ◆ s. **2.** Persona que vende carne.

carnívoro, ra adj./m. **1.** Dícese del mamífero que se alimenta de carne. ◆ adj./f. **2.** Dícese de las plantas que se alimentan de insectos.

carnoso, sa adj. **1.** De carne. **2.** Dícese de los órganos vegetales blandos y llenos de jugo.

BICICLETA Y MOTOCICLETA

BICICLETA

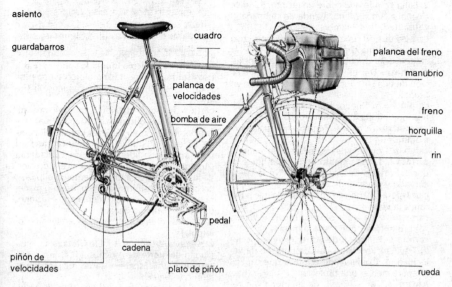

asiento

guardabarros

cuadro

palanca del freno

manubrio

palanca de velocidades

bomba de aire

freno

horquilla

rin

piñón de velocidades

pedal

cadena

plato de piñón

rueda

MOTOCICLETA

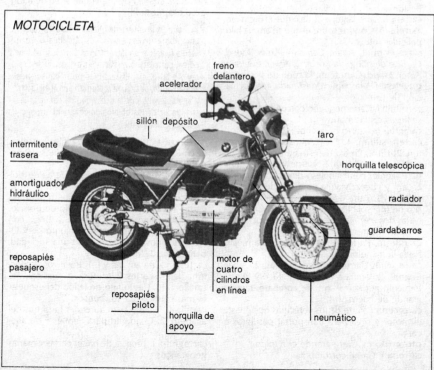

freno delantero

acelerador

sillón   depósito

faro

intermitente trasera

horquilla telescópica

amortiguador hidráulico

radiador

guardabarros

reposapiés pasajero

motor de cuatro cilindros en línea

reposapiés piloto

horquilla de apoyo

neumático

caro, ra adj. **1.** De precio elevado. ◆ adv. **2.** A un alto precio.

carolingio, gia adj./m. y f. Relativo a Carlomagno.

carótida f./adj. Cada una de las arterias que conducen la sangre del corazón a la cabeza.

carozo m. Corazón de la mazorca de maíz.

carpa f. **1.** Pez de agua dulce, comestible. **2.** Lona grande que cubre un recinto. **3.** *Amér. Central* y *Amér. Merid.* Tienda de campaña.

carpanta f. *Fam.* Hambre violenta.

carpelo m. Cada una de las piezas florales cuyo conjunto forma el pistilo de las flores.

carpeta f. Par de cubiertas para guardar papeles.

carpetazo. Dar el ~, 1. suspender la tramitación de una solicitud. **2.** Dar por terminado un asunto.

carpincho m. Roedor adaptado a la vida acuática, que habita en América del Sur.

carpintero, ra m. y f. Persona que trabaja la madera.

carpo m. Conjunto de los huesos de la muñeca.

carraca f. **1.** Instrumento de madera que produce un ruido desapacible. **2.** Ave de pico curvado y plumaje de colores.

carraspera f. Aspereza en la garganta que pone ronca la voz.

carrasposo, sa adj. *Colomb., Ecuad.* y *Venez.* Áspero al tacto, que raspa la mano.

carrera f. **1.** Acción de correr cierto espacio. **2.** Trayecto, recorrido. **3.** Competición de velocidad. **4.** Conjunto de estudios que capacitan para ejercer una profesión.

carrerilla. De ~ *(Fam.),* de memoria, sin reflexión.

carreta f. Carro largo, más bajo que el ordinario.

carrete m. Cilindro sobre el que se arrolla hilo, películas, etc.

carretel m. **1.** *Amér. Central* y *Amér. Merid.* Carrete de hilo para coser. **2.** *Amér. Central* y *Amér. Merid.* Carrete de la caña de pescar.

carretera f. Vía pública destinada a la circulación de vehículos.

carretilla f. Carro pequeño con una rueda, que se lleva con las manos.

carretón m. Carro pequeño.

carretonaje m. **1.** *Chile.* Transporte en carretón. **2.** *Chile.* Precio de este transporte.

carriel m. **1.** *C. Rica.* Bolsa de viaje con compartimientos para papeles y dinero. **2.** *Colomb., Ecuad.* y *Venez.* Maleta pequeña de cuero.

carril m. **1.** Parte de una vía destinada al tránsito de una sola fila de vehículos. **2.** Cada una de las dos barras de hierro paralelas por donde circulan los trenes.

carrillo m. Parte de la cara, desde la mejilla hasta la mandíbula.

carro m. **1.** Carruaje de dos ruedas. **2.** *Amér. Central, Colomb., Méx., Perú, P. Rico* y *Venez.* Vehículo automóvil. ● **~ de combate,** tanque grande de guerra.

carrocería f. Parte de los vehículos que reviste el motor y sirve para transportar pasajeros o carga.

carromato m. Carro grande con toldo.

carroña f. Carne corrompida.

carroñero, ra adj./m. y f. Dícese del animal que se alimenta de carroña.

carroza f. **1.** Carro lujoso cubierto, tirado por caballos. **2.** *Argent., Chile, Méx., Par.* y *Urug.* Vehículo especial en que se transporta a los difuntos al cementerio.

■ **Enc.** Antes de que Catalina de Médicis introdujera las **carrozas** en Francia en el siglo XVI, la gente se desplazaba en caballos, mulas y burros. Las carrozas se usaron hasta el siglo XIX, pero aún hoy en día las familias reales las ocupan en algunas ceremonias especiales.

carruaje m. Vehículo montado sobre ruedas.

carrusel m. **1.** Espectáculo hípico en que los jinetes ejecutan movimientos rítmicos. **2.** Tiovivo.

carta f. **1.** Escrito dirigido a una persona ausente. **2.** Menú o minuta. **3.** Mapa: ~ *de navegación.* **4.** Conjunto de leyes constitucionales de un estado. **5.** Naipe. ● **~ blanca,** facultad para obrar con libertad. ● **~ de ciudadanía** *(Argent.),* documento por el que el estado otorga la nacionalidad a un residente en el país.

cartabón m. Instrumento de plástico o madera en forma de triángulo rectángulo escaleno, usado en el dibujo lineal.

cartagenero, ra adj./m. y f. De Cartagena (Colombia).

cartaginés, sa adj./m. y f. De Cartago, antigua ciudad del norte de África.

cartearse prnl. Escribirse cartas recíprocamente: ~ *con alguien.*

cartel m. Lámina de papel que sirve de anuncio o propaganda.

■ **Enc.** En la antigüedad, los anuncios se escribían sobre muros enyesados. Durante la Edad Media aparecieron los primeros **carteles** manuscritos, pero estaban reservados exclusivamente al rey y a la Iglesia. El cartel, como lo conocemos actualmente, nació con la litografía en el siglo XIX y se desarrolló por la necesidad de anunciar las cualidades de los objetos de consumo, producidos industrialmente.

cartelera f. **1.** Armazón para fijar carteles. **2.** En los periódicos, sección donde se anuncian los espectáculos.

carterista m. y f. Ladrón de carteras de bolsillo.

cartero, ra m. y f. **1.** Persona que reparte las cartas del correo.◆ f. **2.** Utensilio de bolsillo, para llevar dinero, papeles, etc. **3.** Bolsa con asa, para llevar papeles. **4.** Conjunto de valores o pedidos de que dispone una sociedad, banco, etc. **5.** Ministerio.

cartesiano, na adj./m. y f. **1.** Relativo a la doctrina de Descartes. **2.** Metódico, racional.

cartílago m. Cierto tipo de tejido del esqueleto más elástico que los huesos.

cartilla f. **1.** Libro para aprender las letras del alfabeto. **2.** Cuaderno para anotar: ~ *de ahorros.*

cartografía f. Técnica de hacer cartas y mapas geográficos.

■ **ENC.** Los primeros mapas del mundo datan de la antigüedad griega (III siglo a.C.). La **cartografía** tuvo un enorme progreso a partir de los viajes de los navegantes genoveses y venecianos en los siglos XIV y XV. En la actualidad el uso de la fotografía aérea y de satélite, así como el uso de computadoras para dibujar los mapas, han revolucionado la técnica de la cartografía.

cartomancia f. Arte de adivinar el futuro por medio de naipes.

cartón m. Lámina gruesa hecha de pasta de papel endurecida.

cartucho m. **1.** Cilindro que contiene la carga para un arma de fuego. **2.** Repuesto de ciertos instrumentos: ~ *de pluma*.

cartulina f. Cartón delgado y terso.

casa f. **1.** Vivienda, lugar en que habita una persona o familia. **2.** Conjunto de individuos que viven juntos. **3.** Linaje, estirpe. ● ~ **consistorial**, ayuntamiento.

casaca f. **1.** Prenda de vestir ceñida, con faldones y manga larga. **2.** Chaqueta.

casal m. *Amér. Merid.* Pareja de macho y hembra: *un ~ de lechuzas*.

casar intr. y prnl. **1.** Contraer matrimonio. ◆ tr. **2.** Dar o unir en matrimonio: ~ *a un hijo*. **3.** Unir una cosa con otra. **4.** DER. Anular, derogar. ◆ tr. e intr. **5.** Ordenar cosas para que armonicen.

cascabel m. Bola de metal, hueca y agujereada, con algo dentro para que suene al moverla.

cascada f. Caída de agua desde cierta altura.

cascajo m. Fragmento de un material.

cascar tr. y prnl. **1.** Romper una cosa quebradiza. ◆ tr. *Fam.* **2.** Pegar, golpear. ◆ tr. e intr. *Vulg.* **3.** Morir.

cáscara f. Corteza o cubierta exterior de algunas cosas.

cascarrabias m. y f. *Fam.* Persona que se irrita fácilmente.

casco m. **1.** Pieza que cubre la cabeza. **2.** Botella para contener líquidos. **3.** Uña de las caballerías. **4.** Cuerpo de un buque o avión.

cascote m. Fragmento de algún edificio derribado.

caserío m. **1.** Conjunto de casas que no constituyen un pueblo. **2.** Casa aislada en el campo.

casero, ra adj. **1.** Que se hace en casa: *pan ~*. **2.** *Chile* y *Perú.* Dícese del cliente habitual de un establecimiento. ◆ m. y f. **3.** Persona que tiene una casa y la alquila a otra.

caseta f. **1.** Lugar pequeño para cambiarse de ropa. **2.** Tenderete, barracón. **3.** *Méx.* Cabina telefónica.

casete f. **1.** Caja pequeña de plástico que contiene una cinta magnética, para grabar o reproducir sonidos. ◆ m. **2.** Aparato grabador o reproductor de sonidos.

casi adv. Cerca de, por poco, aproximadamente: ~ *un año*.

casilla f. **1.** Albergue pequeño y aislado. **2.** Cada uno de los compartimentos de un casillero. **3.** Cada uno de los cuadros que componen el tablero de algunos juegos. **4.** *Cuba.* Trampa para cazar pájaros. **5.** *Ecuad.* Retrete. ● ~ **postal** *(Amér.)*, apartado de correos.

casillero m. Mueble con compartimentos o casillas.

casino m. **1.** Asociación recreativa o cultural. **2.** Casa de juegos.

caso m. **1.** Suceso, acontecimiento. **2.** Oportunidad, ocasión: *llegado el ~, actuaré*. **3.** LING. Posibilidad de variación de la forma de algunas palabras según su función en la oración.

caspa f. Pequeñas escamas que se forman en el cuero cabelludo.

casquería f. Tienda donde se venden los despojos de las reses.

casquete m. Cubierta de tela o cuero que se ajusta a la cabeza.

casquillo m. **1.** Cartucho metálico vacío: ~ *de bala*. **2.** Parte metálica de la bombilla que permite conectarla con el circuito eléctrico.

casquivano, na adj. *Fam.* De poco juicio y reflexión.

cassette f. Casete*.

casta f. **1.** Generación o linaje. **2.** Grupo social muy cerrado que constituye una clase especial. **3.** Especie, calidad.

■ **ENC.** La sociedad tradicional de la India estaba dividida en cuatro **castas** principales: los brahmanes o sacerdotes, los guerreros, los mercaderes y finalmente los campesinos, artesanos y sirvientes. Desde el nacimiento se pertenecía a una de las castas. Sólo los parias no pertenecían a ninguna.

castaño, ña adj./m. **1.** Dícese del color pardo oscuro. ◆ m. **2.** Árbol cuyo fruto es la castaña. ◆ f. **3.** Fruto comestible del castaño.

castañuela f. Instrumento musical compuesto de dos piezas de madera, que se hacen chocar entre sí.

castellano, na adj./m. y f. **1.** De Castilla (España). ◆ m. **2.** Dialecto del antiguo reino de Castilla. **3.** Idioma español.

castidad f. Abstinencia sexual por motivos morales o religiosos.

castigo m. **1.** Pena impuesta al que ha cometido un delito o falta. **2.** Tormento, daño.

castillo m. Edificio cercado de fortificaciones.

castizo, za adj. Típico de un lugar o una época: *lenguaje ~*.

casto, ta adj. Que practica la castidad.

castor m. Mamífero roedor de patas posteriores palmeadas.

■ **ENC.** El **castor** mide en promedio 95 cm y pesa 25 kg. Puede sumergirse en el agua y permanecer 10 min sin respirar. Su cola, que comprende un tercio de la longitud del cuerpo, le sirve de aleta y de timón. Su madriguera, hecha de ramas, tiene la entrada debajo del agua y una cámara interna que sobresale en la superficie. Para que el agua no invada esta cámara, construye barreras con troncos y ramas que mantienen el nivel del agua constante. En invierno, se alimenta de la corteza y de las hojas del sauce y del álamo, árboles que puede derribar al roer la base del tronco con sus fuertes incisivos.

castrar tr. Extirpar los órganos genitales.

castrense adj. Relativo al ejército y al estado militar.

casualidad f. **1.** Combinación de circunstancias que no se pueden prever ni evitar. **2.** Suceso imprevisto.

casuística f. Conjunto de casos particulares en que es posible explicar una teoría, norma, etc.

casulla f. Vestido litúrgico usado durante la misa.

catabolismo m. Conjunto de reacciones bioquímicas que transforman la materia viva en desechos.

cataclismo m. Trastorno físico destructivo del globo terráqueo.

catacumbas f. pl. Conjunto de galerías subterráneas para uso funerario de los primitivos cristianos.

catalán, na adj./m. y f. **1.** De Cataluña (España). ◆ m. **2.** Lengua hablada en Cataluña y zonas de la antigua corona de Aragón.

catalejo m. Anteojo de larga vista.

catalepsia f. Alteración nerviosa repentina que suspende la sensibilidad e inmoviliza el cuerpo.

catálisis f. QUÍM. Aceleración de una reacción química.

catalizador m. QUÍM. Cuerpo que provoca una catálisis.

catálogo m. Lista ordenada de personas, cosas o sucesos.

cataplasma f. Masa medicinal calmante de aplicación externa.

catapulta f. Máquina antigua de guerra para lanzar piedras.

catar tr. Probar algo para examinar su sabor.

catarata f. **1.** Caída de agua en el curso de un río. **2.** Opacidad del cristalino del ojo o de sus membranas.

catarro m. Inflamación de las mucosas nasales, acompañada de un aumento de secreción.

catarsis f. Descarga emotiva.

catastro m. **1.** Censo de las fincas rústicas y urbanas. **2.** Impuesto que se paga por la posesión de una finca.

catástrofe f. Suceso desgraciado.

catear tr. Fam. **1.** Suspender en los exámenes. **2.** Amér. Registrar la policía la casa de alguno o a alguien. **3.** Amér. Merid. Explorar terrenos en busca de una veta mineral.

catecismo m. Libro que explica el dogma de la religión cristiana.

cátedra f. **1.** Aula. **2.** Cargo o plaza de catedrático. ● **Sentar ~**, hablar dándoselas de entendido.

catedral f. Iglesia episcopal de una diócesis.

catedrático, ca m. y f. Profesor que ocupa una cátedra.

categoría f. **1.** Cada uno de los grupos en que se pueden clasificar personas o cosas. **2.** Nivel, calidad. **3.** LING. Unidad de clasificación gramatical de los elementos del lenguaje.

categórico, ca adj. Que afirma o niega de una manera absoluta.

catequizar tr. Instruir en la religión católica.

caterva f. Tropel.

catéter m. Sonda que se introduce en un conducto del organismo.

cateto, ta m. y f. **1.** Palurdo. ◆ m. MAT. **2.** Cada uno de los dos lados que forman el ángulo recto en un triángulo rectángulo.

catío adj./m. y f. De un pueblo amerindio que vive en la costa atlántica de Colombia, cerca de la desembocadura del Cauca.

catión m. Ion de carga positiva.

catire, ra adj./m. y f. Colomb., Cuba, Perú y Venez. Dícese de la persona rubia de ojos verdosos o amarillentos.

cátodo m. Polo negativo.

catolicismo m. Doctrina de la Iglesia católica romana.

catón m. Libro para aprender a leer.

catorce adj./m. **1.** Diez y cuatro. ◆ adj./m. y f. **2.** Decimocuarto.

catre m. Cama ligera para una persona.

catrín, na adj./m. y f. **1.** Guat. y Nicar. Muy rico. ◆ m. y f. **2.** Amér. Central y Méx. Persona elegante y presumida.

caucasiano, na adj./m. y f. Del Cáucaso.

caucásico, ca adj./m. y f. Dícese de la raza blanca o indoeuropea.

cauce m. **1.** Lecho de ríos y arroyos. **2.** Procedimiento, modo.

caucho m. **1.** Sustancia elástica que se halla en ciertos árboles. **2.** Colomb. y Venez. Cubierta, banda que recubre una rueda.

■ **ENC.** Hacia 1740, durante una expedición en América del Sur, el sabio francés Charles de La Condamine vio a los indios del amazonas hacer incisiones en la corteza del árbol hevea o jebe y recoger su savia. Esta savia de color blanco —el látex— la recolectaban en un cubilete y la dejaban solidificar. El producto era una materia elástica con la cual impermeabilizaban sus vestimentas. Esta materia era el **caucho** y se le llamó así, porque los indios llamaban al árbol hevea caa-o-chu, es decir, «madera que llora».

caudal adj. **1.** Relativo a la cola: aleta ~. ◆ m. **2.** Hacienda, dinero. **3.** Cantidad de agua de un curso fluvial.

caudaloso, sa adj. De mucha agua.

caudillaje m. **1.** Amér. Central y Amér. Merid. Forma de autoridad del cacique. **2.** Argent., Chile y Perú. Conjunto o sucesión de caudillos. **3.** Argent. y Perú. Época de su predominio histórico.

caudillo m. Jefe de guerra.

caula f. Chile, Guat. y Hond. Treta, engaño, ardid.

causa f. **1.** Fundamento u origen de algo. **2.** Razón, motivo. **3.** Empresa en que se tiene interés o partido: abrazar la ~ liberal. **4.** Pleito, proceso judicial.

causal adj. **1.** Dícese de la relación de causa entre dos o más hechos. ◆ adj./f. LING. **2.** Dícese de las oraciones subordinadas que indican causa y de las conjunciones que las introducen.

causar tr. Producir un efecto o ser motivo de ello.

cáustico, ca adj./m. **1.** Que ataca a los tejidos orgánicos. ◆ adj./m. y f. **2.** Mordaz, agresivo.

cautela f. Precaución, reserva.

cauterizar tr. Quemar una herida para cicatrizarla.

cautivar tr. **1.** Aprisionar al enemigo. **2.** Atraer, seducir.

cauto, ta adj. Que actúa con cautela.

cava m. **1.** Vino blanco espumoso elaborado en España. ◆ f. **2.** Acción de cavar. **3.** Lugar subterráneo en el que se guarda el vino. **4.** ANAT. Cada una de las dos venas que van a la aurícula derecha del corazón.

cavar tr. e intr. **1.** Mover la tierra con la azada. **2.** Hacer un hoyo o zanja.

caverna f. Gruta o cavidad natural, vasta y profunda.

caviar m. Huevas de esturión aderezadas.

cavidad f. Espacio hueco de un cuerpo.

cavilar tr. e intr. Reflexionar sobre algo.

cayado m. **1.** Bastón corvo por la parte superior. **2.** Báculo de los obispos.

cayo m. Tipo de isla rasa y arenosa.

cayuco, ca adj./m. y f. *Antill.* y *Méx.* Dícese de las personas que tienen la cabeza estrecha y alargada.

caza f. **1.** Acción de cazar. **2.** Animal que se caza. ◆ m. **3.** Avión de combate de gran velocidad.

cazabe m. *Amér. Central, Antill., Colomb.* y *Venez.* Torta hecha de harina de mandioca.

cazador, ra adj./m. y f. **1.** Dícese de los animales que cazan a otros. ◆ f. **2.** Chaqueta que llega hasta la cintura.

cazar tr. Perseguir animales para apresarlos o matarlos.

cazo m. Vasija semiesférica y con mango largo.

cazoleta f. Receptáculo pequeño de algunos objetos: ~ *de la pipa*.

cazuela f. Vasija redonda, más ancha que honda, para guisar.

CD-ROM m. INFORM. Abrev. de *Compact Disc-Read Only Memory* (disco compacto de memoria que sólo permite la lectura), disco compacto de gran memoria para almacenar textos, imágenes y sonido.

ce f. Nombre de la letra c.

cebada f. **1.** Planta con flores en espiga, de interés industrial y nutritivo. **2.** Semilla de esta planta.

cebar tr. **1.** Dar cebo a los animales. **2.** Poner cebo en el anzuelo. **3.** *Amér. Merid.* Preparar la infusión de mate.

cebiche m. *C. Rica, Chile, Ecuad., Méx., Pan.* y *Perú.* Plato de pescado o marisco crudo, troceado y preparado con un adobo de jugo de limón, cebolla picada, sal y ají.

cebo m. **1.** Comida que se da a los animales para engordarlos. **2.** Señuelo para atraer la caza o la pesca.

cebolla f. **1.** Hortaliza de bulbo comestible. **2.** Bulbo de esta planta.

cebra f. Mamífero parecido al caballo, con rayas negras o pardas. ● **Paso de** ~, paso de peatones marcado en la calzada.

cebú m. Bóvido rumiante parecido al buey.

ceca f. **1.** Antigua casa de moneda. **2.** *Argent.* Reverso de la moneda, cruz.

cecear intr. Pronunciar la s como z.

cecina f. Carne salada y seca.

cedazo m. Instrumento que sirve para cerner.

ceder tr. **1.** Dar, transferir: ~ *los bienes.* ◆ intr. **2.** Cesar la resistencia de algo o alguien. **3.** Mitigarse una fuerza.

cedilla f. **1.** Signo gráfico que representa una c con una virgulilla ç. **2.** Esta misma virgulilla.

■ ENC. En la Edad Media, los copistas franceses transcribían el sonido [s] añadiendo una e junto a la c. Así, escribían receut en lugar de reçut. Después de 1530, la imprenta impuso el empleo de la **cedilla**.

cedro m. Árbol de gran altura, y madera compacta y duradera.

■ ENC. El **cedro** tiene un tronco rugoso muy derecho y muy alto (hasta 40 m). Generalmente, su punta se encuentra inclinada hacia el norte. Su madera es de color rojo, muy aromática y no se pudre. El cedro es el emblema de Líbano.

cedrón m. Planta originaria de América, cuyas semillas se utilizan contra el veneno de las serpientes.

cédula f. **1.** Pedazo de papel o pergamino. **2.** Documento escrito en que se notifica algo. ●~ **de identidad** (*Argent., Chile* y *Urug.*), tarjeta de identidad.

cefalea f. Dolor de cabeza.

cefalópodo adj./m. Relativo a una clase de moluscos marinos, con tentáculos provistos de ventosas, como el calamar.

■ ENC. Los **cefalópodos** (calamares y pulpos) viven en los huecos de las rocas que están cerca de las costas. Ahí, se alimentan de otros moluscos y de crustáceos. El calamar gigante alcanza los 17 m de longitud. Es el invertebrado más grande que existe.

cefalorraquídeo adj. Relativo a la cabeza y a la médula espinal.

cefalotórax m. Región anterior del cuerpo de los arácnidos y de los crustáceos, que comprende la cabeza y el tórax.

céfiro m. **1.** Viento de poniente. **2.** Viento suave y apacible.

cegar intr. **1.** Perder la vista. ◆ tr. **2.** Quitar la vista a uno: *le cegó la luz.* **3.** Cerrar u obstruir. ◆ tr. e intr. **4.** Obcecar la razón.

cegesimal adj. Dícese del sistema de medidas que tiene como base el centímetro, el gramo y el segundo.

ceguera f. **1.** Pérdida de la visión. **2.** Alucinación, ofuscación.

ceilandés, sa adj./m. y f. De Ceilán, actual Sri Lanka.

ceja f. **1.** Formación pilosa que está encima del ojo. **2.** Pieza que se aplica sobre las cuerdas de un instrumento.

cejar intr. Ceder en un empeño o discusión.

cejijunto, ta adj. De cejas casi juntas.

cejilla f. Ceja de los instrumentos de cuerda.

celada f. **1.** Emboscada, trampa. **2.** Pieza de la armadura que cubría la cabeza.

celar tr. **1.** Vigilar. ◆ tr. y prnl. **2.** Ocultar: ~ *algún secreto.*

celda f. 1. Aposento pequeño. 2. Casilla de un panal de abejas.

celdilla f. 1. Cada uno de los alvéolos de cera de un panal. 2. Cavidad o seno.

celebérrimo, ma adj. Muy célebre.

celebrar tr. 1. Llevar a cabo un acto. 2. Festejar un acontecimiento: ~ un cumpleaños. ◆ tr. e intr. 3. Decir misa.

célebre adj. Que tiene fama o renombre.

celemín m. Medida para áridos equivalente a 4,625 litros.

celentéreo adj./m. Dícese del animal marino provisto de tentáculos, como la medusa.

celeridad f. Prontitud, rapidez.

celeste adj. 1. Relativo al cielo: cuerpo ~. ◆ m. 2. Color azul claro.

celestina f. Alcahueta.

celiaco, ca o celíaco, ca adj. Relativo al vientre o a los intestinos: arteria ~.

célibe adj./m. y f. Soltero.

celo m. 1. Cuidado y esmero al hacer algo. 2. Época en que aumenta el apetito sexual de algunos animales. 3. Cinta adhesiva transparente. ◆ pl. 4. Temor de que otra persona pueda ser preferida a uno. 5. Envidia de alguien.

celofán f. Película transparente de celulosa.

celoma m. Cavidad interna de los animales superiores.

celosía f. Enrejado tupido de una ventana.

celoso, sa adj. Amér. Dícese del arma o resorte que se dispara con demasiada facilidad.

celta adj./m. y f. 1. De un antiguo pueblo indoeuropeo establecido en el occidente de Europa. ◆ m. 2. Idioma hablado por este pueblo.

celtíbero, ra o celtibero, ra adj./m. y f. 1. De un pueblo prerromano de la España primitiva, de cultura celta. ◆ m. 2. Lengua primitiva de la península Ibérica.

célula f. 1. Pequeña celda, cavidad o seno. 2. BIOL. Elemento constitutivo de todo ser vivo.

celulitis f. Inflamación del tejido celular subcutáneo.

celuloide m. Materia plástica, usada en fotografía y en cine.

celulosa f. Sustancia vegetal sólida, de uso industrial.

cementar tr. Calentar un metal en contacto con un cemento.

cementerio m. Terreno destinado a enterrar cadáveres.

cemento m. Materia que forma con el agua una pasta plástica capaz de solidificarse.

cemita f. Amér. Pan hecho con mezcla de salvado y harina.

cempasúchil m. 1. Méx. Planta herbácea de la familia de las compuestas cuyas flores, de color amarillo o anaranjado, se emplean como ofrenda para los muertos. 2. Méx. Flor de esta planta.

cena f. Comida que se hace por la noche.

cenáculo m. Conjunto de personas con aficiones comunes.

cenagal m. Lugar lleno de cieno.

cenar intr. Tomar la cena.

cencerro m. Campanilla tosca que llevan las reses.

cenefa f. Dibujo de ornamentación en forma de tira o lista.

ceniciento, ta adj. De color de ceniza.

cenit m. 1. Momento de apogeo: el ~ de su carrera. 2. ASTRON. Punto del cielo situado en la vertical de un lugar de la Tierra.

ceniza f. 1. Polvo mineral que queda tras una combustión completa. ◆ pl. 2. Residuos de un cadáver.

cenizo m. Fam. Persona que trae a los demás mala suerte.

cenobio m. Monasterio.

cenote m. Guat., Hond. y Méx. Manantial situado a grandes profundidades.

cenozoico, ca adj./m. GEOL. Dícese de la tercera y última era geológica.

censo m. 1. Lista de la población o riqueza de un lugar. 2. DER. Sujeción de un inmueble al pago de un canon anual.

censor m. Funcionario que censura los escritos y obras destinados a la difusión.

censurar tr. 1. Prohibir la difusión de parte de una obra. 2. Corregir, reprobar.

centauro m. Ser mitológico, mitad hombre y mitad caballo.

centavo, va adj./m. 1. Dícese de cada una de las cien partes en que se divide un todo. ◆ m. 2. Centésima parte de la unidad monetaria en muchos países americanos.

centella f. 1. Rayo de poca intensidad. 2. Partícula incandescente.

centellear intr. Despedir rayos de luz.

centena f. Conjunto de cien unidades.

centenar m. Centena.

centenario, ria adj. 1. Relativo a la centena. ◆ adj./m. y f. 2. Que tiene cien años de edad. ◆ m. 3. Espacio de cien años. 4. Día en que se cumplen una o más centenas de años de algún suceso.

centeno m. 1. Cereal cultivado como forraje. 2. Grano de esta planta.

centésimo, ma adj. 1. Que ocupa el último lugar en una serie de cien. ◆ adj./m. y f. 2. Que cabe cien veces en un todo.

centígrado, da adj. Que tiene la escala dividida en cien grados: termómetro ~.

centímetro m. Centésima parte del metro.

céntimo, ma adj. 1. Centésimo, que cabe cien veces en un todo. ◆ m. 2. Centésima parte de la unidad monetaria.

centinela m. Soldado que está de vigilancia en un puesto.

centollo m. Crustáceo marino, comestible y de gran tamaño.

central adj. 1. Relativo al centro o que está en él. 2. Principal, fundamental. ◆ m. y f. 3. P. Rico. Dueño de una fábrica de azúcar. ◆ f. 4. Instalación para la producción de energía eléctrica. 5. Cuba y P. Rico. Fábrica de azúcar.

centralismo m. Sistema en que la acción política y administrativa está centrada en un gobierno único.

centrar tr. 1. Determinar el punto céntrico de una cosa. 2. Colocar una cosa de manera que su centro coincida con el de otra. ◆ tr. e intr. DEP. 3. Lanzar la pelota desde la banda hacia la portería contraria. ◆ prnl. **4.** Dominar una situación y obrar con seguridad.

céntrico, ca adj. Que está en el centro.

centrífugo, ga adj. Que tiende a alejar del centro.

centrípeto, ta adj. Que tiende a aproximar al centro.

centro m. **1.** Punto situado en medio de una cosa. **2.** Organismo dedicado a una actividad. **3.** Conjunto de tendencias políticas situadas entre la derecha y la izquierda. **4.** DEP. Acción de centrar la pelota.

centroafricano, na adj./m. y f. **1.** De África Central. **2.** De la República Centroafricana.

centroamericano, na adj./m. y f. De Centroamérica.

céntuplo, pla adj./m. Dícese del producto de multiplicar por cien una cantidad.

centuria f. **1.** Siglo. **2.** Compañía de cien hombres en la milicia romana.

centurión m. Jefe de una centuria en la milicia romana.

cenzontle m. Pájaro americano de color gris pardo, que puede imitar los cantos de otras aves.

ceñir tr. **1.** Rodear una cosa a otra. ◆ tr. y prnl. **2.** Colocar algo de manera que ajuste o apriete. ◆ prnl. **3.** Amoldarse, limitarse.

ceño m. Gesto de disgusto que consiste en arrugar el entrecejo.

cepa f. **1.** Parte del tronco de una planta que está unida a las raíces. **2.** Tronco y planta de la vid.

cepillo m. **1.** Arca con una ranura para recoger limosnas. **2.** Utensilio que consta de unos filamentos fláccidos fijados a una placa. **3.** Instrumento con una cuchilla para alisar la madera.

cepo m. **1.** Dispositivo que inmoviliza o aprisiona. **2.** Trampa para cazar animales.

cera f. **1.** Sustancia elaborada por las abejas. **2.** Cerumen.

cerámica f. Arte de fabricar objetos de barro, loza, etc.

■ ENC. Los objetos de barro o **cerámica** aparecieron desde el Neolítico y se usaron para almacenar granos, líquidos y otros productos. En el IV milenio a.C., los egipcios y los mesopotamios fueron los primeros en pintar los objetos hechos de cerámica. La cerámica etrusca de color negro semeja al metal y las vasijas griegas son célebres por sus figuras en negro y rojo.

cerbatana f. Tubo largo para lanzar, soplando, un dardo.

cerca f. **1.** Valla con que se rodea algún espacio. ◆ adv. **2.** Denota proximidad inmediata.

cercado m. **1.** Terreno rodeado con una cerca o seto. **2.** Cerca, valla. **3.** *Bol.* y *Perú.* Capital de un estado o provincia y pueblos que dependen de ella.

cercano, na adj. Próximo.

cercar tr. **1.** Rodear un sitio con una cerca. **2.** Rodear mucha gente a una persona o cosa. **3.** Asediar una fortaleza.

cercenar tr. **1.** Cortar las extremidades de una cosa. **2.** Acortar.

cerciorarse prnl. Adquirir la certeza de algo: ~ *de un hecho.*

cerco m. **1.** Cosa que ciñe o rodea. **2.** Cerca, valla. **3.** Asedio de una plaza o ciudad.

cerdo, da m. y f. **1.** Mamífero doméstico, cuya carne se aprovecha en alimentación. **2.** *Fam.* Persona sucia o grosera. ◆ f. **3.** Pelo grueso y duro de algunos animales y de un cepillo.

■ ENC. Al puerco doméstico se le dice también **cerdo**, cochino o chancho y al puerco salvaje se le dice jabalí.

cereal m. **1.** Planta cuyas semillas sirven para la alimentación, como el trigo. **2.** Semilla de esta planta.

cerebelo m. Centro nervioso situado debajo del cerebro.

cerebro m. **1.** Centro nervioso situado en el cráneo de los vertebrados. **2.** Conjunto de las facultades mentales. **3.** Inteligencia, talento.

ceremonia f. **1.** Acto solemne que se celebra según ciertas normas. **2.** Solemnidad, deferencia.

cereza f. Fruto comestible del cerezo.

cerezo m. **1.** Árbol cuyo fruto es la cereza. **2.** Madera de este árbol.

cerilla f. Fósforo para encender fuego.

■ ENC. Las **cerillas** antiguas consistían en un palito mojado en azufre líquido. Estas cerillas se prendían sólo al contacto con una flama. En 1831, Charles Sauria inventó las cerillas de fósforo que se encendían por fricción en cualquier superficie rugosa. Como eran peligrosas, los suecos mejoraron el invento con las cerillas de seguridad, que necesitan frotarse en una superficie especial.

cerillo m. *Méx.* Fósforo, cerilla.

cerner tr. **1.** Separar con el cedazo lo grueso de lo fino. ◆ tr. y prnl. **2.** Amenazar algún mal. **3.** Mantenerse las aves en el aire.

cernícalo m. Ave de rapiña de plumaje rojizo.

cernir tr. Cerner*.

cero adj. **1.** Ninguno: ~ *pesetas.* ◆ m. **2.** Número que indica el valor nulo de una magnitud. **3.** Nada. **4.** FÍS. Punto de partida de la escala de graduación de un instrumento de medida.

cerrado, da adj. **1.** No abierto. **2.** Incomprensible, oculto. **3.** LING. Dícese de la vocal pronunciada con un estrechamiento del paso del aire.

cerradura f. Mecanismo que cierra con llave.

cerrajero, ra m. y f. Persona que hace cerraduras.

cerrar tr. **1.** Hacer que el interior de un lugar quede incomunicado con el exterior. **2.** Concluir una cosa: ~ *un negocio.* ◆ tr. y prnl. **3.** Tapar una abertura. ◆ tr., intr. y prnl. **4.** Encajar en su marco la hoja de una puerta. ◆ intr. y prnl. **5.** Cicatrizar las heridas. ◆ prnl. **6.** Mostrarse reacio a algo.

cerrazón f. Incapacidad de comprender algo.

cerril adj. **1.** Dícese del terreno escabroso y del ganado salvaje. **2.** *Fam.* Obstinado, terco.

cerro m. Elevación menor que el monte.

cerrojo m. Pasador de una cerradura.

certamen m. 1. Concurso abierto para estimular el cultivo de actividades culturales. 2. Discusión literaria.

certero, ra adj. 1. Diestro en tirar. 2. Seguro, acertado.

certeza o certidumbre f. Conocimiento seguro de las cosas.

certificar tr. 1. Afirmar una cosa. 2. Hacer registrar los envíos por correo.

cerumen m. Cera que segregan los oídos.

cerveza f. Bebida alcohólica hecha con granos de cebada.

cervical adj. 1. Relativo al cuello. ◆ f. 2. Vértebra del cuello.

cérvido adj./m. Relativo a una familia de rumiantes.

cerviz f. Parte posterior del cuello.

cesantear tr. Amér. Central y Amér. Merid. Rescindir un contrato laboral.

cesar intr. 1. Suspenderse, acabarse, o dejar de hacer una cosa. 2. Dejar de desempeñar un empleo o cargo.

césar m. Título de los emperadores romanos.

cesárea f. Operación quirúrgica para extraer el feto, por medio de una incisión en las paredes del abdomen y del útero.

cese m. 1. Acción y efecto de cesar. 2. Diligencia que acredita que alguien cesa de su empleo o función.

cesio m. Metal alcalino, parecido al potasio.

cesión f. Acción y efecto de ceder o renunciar a algo.

césped m. Hierba menuda y tupida que cubre el suelo.

cesta f. 1. Recipiente hecho de mimbre. 2. En baloncesto, canasta.

cesto m. 1. Cesta más ancha que alta. 2. En baloncesto, canasta.

cesura f. Pausa situada en el interior de un verso.

cetáceo, a adj./m. Relativo a un orden de mamíferos marinos, como la ballena.

■ Enc. Los animales más grandes que existen son los cetáceos. No tienen pelo, sus miembros delanteros son aletas y su cuerpo termina en una cola horizontal. Los cetáceos pueden tener dientes o barbas. A estas últimas se les llama ballenas. Son casi ciegos y el sentido del olfato lo tienen poco desarrollado. Sin embargo, tienen un oído muy refinado. Los cetáceos viven en grupos y tienen crías cada dos o tres años.

cetrería f. 1. Arte de criar aves para la caza. 2. Caza con aves de presa.

cetrino, na adj./m. 1. Dícese del color amarillo verdoso. ◆ adj. 2. De color cetrino.

cetro m. 1. Bastón de mando. 2. Superioridad en algo.

ceutí adj./m. y f. De Ceuta (España).

ch f. Letra doble que representa un sonido consonántico palatal africado y sordo.

chabacano, na adj. 1. Grosero, de mal gusto. ◆ m. 2. Méx. Albaricoque.

chabola f. Esp. Vivienda en los suburbios de las ciudades.

chacal m. Mamífero carnívoro que se alimenta de carroña.

■ Enc. Habitante de praderas y bosques, el chacal se alimenta, principalmente, de las sobras que dejan las grandes aves de rapiña. Sin embargo, también puede cazar pequeños rumiantes. En el antiguo Egipto se representaba a Anubis, dios de los muertos, con cabeza de chacal.

chacarero, ra m. y f. 1. Amér. Central y Amér. Merid. Dueño o trabajador de una chacra. ◆ f. 2. Baile de Argentina y Uruguay, de ritmo rápido acompañado por castañeteos y zapateo. 3. Música y letra de este baile.

chacho, cha adj./m. y f. 1. Amér. Central. Dícese del hermano gemelo. ◆ f. Fam. 2. Niñera. 3. Fam. Criada.

chachalaca f. 1. Amér. Central y Méx. Especie de gallina de plumas muy largas, verdes tornasoladas en la cola, cuya carne es comestible. 2. Amér. Central. Persona locuaz.

cháchara f. Fam. Charla inútil o intrascendente.

chacina f. 1. Cecina. 2. Carne de cerdo para hacer embutidos.

chaco m. Amér. Terreno bajo y llano con ríos, lagunas, etc.

chacolí m. Vino ligero y agrio elaborado en el País Vasco.

chacra f. 1. Amér. Central y Amér. Merid. Granja. 2. Chile. Terreno de extensión reducida destinado al cultivo de hortalizas.

chafar tr. y prnl. Aplastar algo.

chaflán m. 1. Cara que se obtiene cortando la arista de un cuerpo sólido. 2. Fachada que sustituye una esquina de un edificio.

chagual m. Argent., Chile y Perú. Planta de tronco escamoso y médula comestible.

cháguar m. Amér. Merid. Especie de pita que se utiliza como planta textil.

chajá m. Argent., Par. y Urug. Ave zancuda de color generalmente grisáceo, que se caracteriza por su fuerte grito.

chal m. Prenda que se ponen las mujeres sobre los hombros.

chala f. Amér. Merid. Hoja que envuelve la mazorca del maíz y que, una vez seca, se usa para liar cigarros.

chalaco, ca adj./m. y f. De El Callao (Perú).

chalado, da adj. Fam. 1. Falto de juicio. 2. Fam. Muy enamorado.

chalán, na m. 1. Colomb. y Perú. Domador de caballos. 2. Méx. Ayudante de albañil.

chalé m. Casa generalmente rodeada de un jardín.

chaleco m. Prenda sin mangas que se pone encima de la camisa.

chalet m. Chalé*.

chalina f. 1. Corbata de caídas largas. 2. Argent., Colomb. y C. Rica. Chal estrecho usado por las mujeres.

chalupa f. Embarcación pequeña con cubierta y dos palos.

chamaco, ca m. y f. Méx. Niño, muchacho.

CASA Y CUBIERTAS

CASA

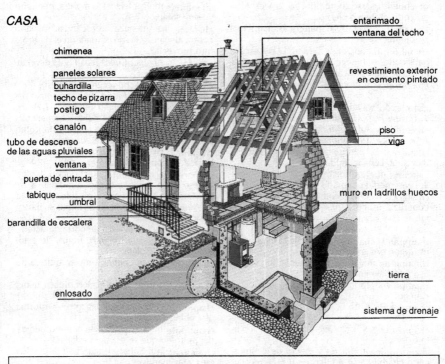

chimenea
paneles solares
buhardilla
techo de pizarra
postigo
canalón
tubo de descenso
de las aguas pluviales
ventana
puerta de entrada
tabique
umbral
barandilla de escalera
enlosado

entarimado
ventana del techo
revestimiento exterior
en cemento pintado
piso
viga
muro en ladrillos huecos
tierra
sistema de drenaje

CUBIERTAS

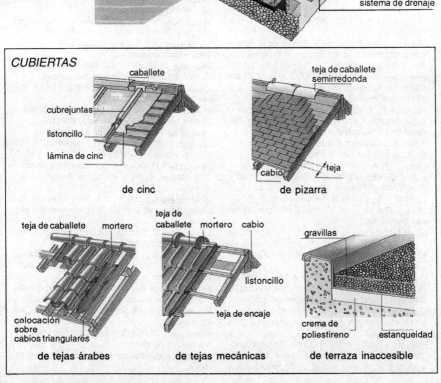

caballete
cubrejuntas
listoncillo
lámina de cinc
de cinc

teja de caballete
semirredonda
cabio
teja
de pizarra

teja de caballete   mortero
colocación
sobre
cabios triangulares
de tejas árabes

teja de
caballete   mortero   cabio
listoncillo
teja de encaje
de tejas mecánicas

gravillas
crema de
poliestireno   estanqueidad
de terraza inaccesible

chamán m. Hechicero al que se supone dotado de poderes sobrenaturales.

chamarilero, ra m. y f. *Esp.* Persona que comercia con trastos viejos.

chamarra f. **1.** *Amér. Central* y *Venez.* Manta que puede usarse como poncho. **2.** *Méx.* Abrigo corto de tela o piel.

chamba f. *Méx. Fam.* Trabajo ocasional y mal remunerado.

chambón, na adj./m. y f. *Fam.* **1.** De escasa habilidad en el juego o los deportes. **2.** Que consigue algo por casualidad.

chambrana f. *Colomb.* y *Venez.* Bullicio, algazara.

chamicado, da adj. **1.** *Chile* y *Perú.* Taciturno. **2.** *Chile* y *Perú.* Ligeramente borracho.

chamico m. *Amér. Merid., Cuba* y *R. Dom.* Arbusto silvestre, variedad del estramonio.

chamiza f. **1.** Hierba gramínea, silvestre y medicinal. **2.** Leña menuda.

chamizo m. **1.** Choza cubierta de chamiza. **2.** Leño medio quemado.

champa f. **1.** *Amér. Central.* Tienda de palma o cobertizo rústico. **2.** *Amér. Merid.* Conjunto de raíces con tierra que forman una masa compacta.

champán o **champaña** m. Vino blanco espumoso, de origen francés.

champiñón m. Hongo comestible que se cultiva artificialmente.

champú m. Jabón líquido para el lavado del cabello.

chamuchina f. *Chile, Cuba, Ecuad., Hond.* y *Perú.* Plebe.

chamuscar tr. y prnl. Quemar algo por la parte exterior.

chamusquina f. Acción y efecto de chamuscar o chamuscarse. ● **Oler a ~** *(Fam.)*, recelar, barruntar un peligro.

chancaca f. *Amér. Central, Chile* y *Perú.* Dulce sólido hecho con melaza de caña de azúcar y cacahuete molido.

chancar tr. **1.** *Amér. Central, Argent., Chile* y *Perú.* Triturar, machacar. **2.** *Chile* y *Ecuad.* Ejecutar una cosa mal o a medias. **3.** *Chile* y *Perú.* Apalear, maltratar. **4.** *Chile* y *Perú.* Apabullar. **5.** *Perú.* Estudiar con ahínco.

chance m. o f. *Amér.* Oportunidad.

chancho, cha adj./m. y f. **1.** *Amér. Central* y *Amér. Merid.* Puerco, sucio. ● m. y f. **2.** *Amér. Central* y *Amér. Merid.* Cerdo, animal.

chanchullo m. *Fam.* Manejo ilícito para obtener provecho.

chancleta o **chancla** f. Zapatilla sin talón o con el talón caído.

chándal m. Prenda deportiva compuesta de pantalón y jersey.

chanfle m. **1.** *Argent., Chile* y *Méx.* Chaflán. **2.** *Argent., Chile* y *Méx.* Golpe oblicuo que se da a una pelota para que cambie su dirección.

changador m. *Argent., Bol.* y *Urug.* Mozo que en las estaciones y aeropuertos se ofrece para llevar cargas.

chango, ga adj./m. y f. **1.** *Chile.* Torpe y fastidioso. **2.** *P. Rico, R. Dom.* y *Venez.* Bromista. ● m. y f. **3.** *Argent.* y *Bol.* Niño, muchacho.

● m. **4.** *Méx.* Mono, en general cualquier simio. ● f. **5.** *Amér. Merid.* Trabajo eventual. **6.** *Amér. Merid.* Servicio que presta el changador y retribución que se le da. **7.** *Amér. Merid.* y *Cuba.* Chanza, burla.

chanquete m. Pez teleósteo marino, pequeño y comestible.

chantaje m. Amenaza de escándalo o daño contra alguien, a fin de obtener de él dinero u otro provecho.

chantar tr. *Argent., Chile, Ecuad.* y *Perú.* Plantar cara a alguien.

chanza f. Burla, dicho alegre y gracioso.

chañar m. **1.** *Amér. Merid.* Árbol espinoso parecido al olivo en el tamaño y las hojas. **2.** *Amér. Merid.* Fruto de este árbol, dulce y comestible.

chaño m. *Chile.* Manta de lana usada como colchón o como prenda de abrigo.

chapa f. **1.** Hoja de metal, madera, u otra materia. **2.** Tapón metálico.

chaparro, rra adj./m. y f. **1.** Rechoncho. **2.** *Méx.* Dícese de la persona de estatura baja. ● m. **3.** Mata ramosa de encina o roble. **4.** Planta de América Central con cuyas ramas se hacen bastones.

chaparrón m. Lluvia recia de corta duración.

chape m. **1.** *Chile* y *Colomb.* Trenza de pelo. ● pl. **2.** *Chile.* Coleta.

chapear tr. *Amér. Central.* Limpiar la tierra de malas hierbas.

chapisca f. *Amér. Central.* Recolección del maíz.

chapitel m. **1.** Remate de las torres en forma piramidal. **2.** Capitel.

chapopote m. *Méx.* Sustancia negra obtenida del petróleo que se usa para asfaltar.

chapotear intr. Sonar el agua batida por los pies y las manos.

chapulín m. **1.** *Amér. Central.* Niño pequeño. **2.** *Amér. Central* y *Méx.* Langosta, insecto.

chapurrear o **chapurrar** tr. e intr. Hablar mal un idioma.

chapuza f. **1.** Trabajo de poca monta. **2.** Trabajo mal hecho. **3.** *Méx.* Trampa, engaño.

chapuzón m. Entrada brusca en el agua.

chaqué m. Prenda de vestir masculina, parecida a la levita.

chaqueta f. Prenda exterior de vestir, con mangas, que se ajusta al cuerpo y llega a las caderas.

chaquetero, ra adj./m. y f. *Fam.* Que cambia de opinión o de partido por conveniencia personal.

chaquetón m. Prenda más larga y de más abrigo que la chaqueta.

charada f. Acertijo que consiste en adivinar una palabra mediante la combinación de otras formadas con sus sílabas.

charal m. *Méx.* Pez comestible de cuerpo comprimido y espinoso que abunda en los lagos y lagunas. ● Estar alguien **hecho un ~** *(Méx.)*, estar muy flaco.

charanga f. Banda de música formada por instrumentos de viento.

charca f. Depósito de agua detenida en el terreno.

charco m. Charca pequeña.
charcutería f. *Esp.* Establecimiento donde se venden embutidos.
charlar intr. **1.** *Fam.* Hablar mucho y sin valor. **2.** *Fam.* Conversar.
charlatán, na adj./m. y f. **1.** Que habla mucho. **2.** Embaucador.
charlestón m. Baile de ritmo rápido.
charol m. **1.** Barniz muy lustroso y permanente. **2.** Cuero tratado con este barniz. **3.** *Amér. Central, Bol., Colomb., Cuba, Ecuad.* y *Perú.* Bandeja.
charola f. **1.** *Méx.* Bandeja. **2.** *Méx. Fam.* Documento de identificación.
charqui o **charque** m. **1.** *Amér. Merid.* Tasajo. **2.** *Amér. Merid.* Tajada de algunas frutas que ha sido secada al sol.
charrán, na adj./m. y f. Pillo, tunante.
charro, rra adj./m. y f. **1.** Aldeano de Salamanca. ◆ m. **2.** *Méx.* Jinete que viste un traje de chaqueta con bordados, pantalón ajustado, camisa blanca y sombrero cónico de ala ancha.
chascar tr. e intr. Dar chasquidos.
chascarrillo m. *Fam.* Anécdota ligera o frase equívoca y graciosa.
chasco, ca adj. **1.** *Bol., Chile* y *Perú.* Dícese del cabello recio y ensortijado. ◆ m. **2.** Burla o engaño. **3.** Decepción, desengaño.
chasis m. Armazón que sostiene la carrocería del automóvil.
chasque m. Chasqui*.
chasquear tr. **1.** Dar chasco. **2.** Dar chasquidos.
chasqui m. *Argent., Bol., Chile, Perú* y *Urug.* Emisario.
chasquido m. **1.** Ruido seco y repentino. **2.** Ruido producido con la lengua al separarla súbitamente del paladar.
chatarra f. Hierro viejo.
chato, ta adj./m. y f. **1.** De nariz pequeña y aplastada. ◆ adj. **2.** Bajo y aplanado. ◆ m. *Fam.* **3.** Vaso bajo y ancho de vino.
chatre adj. *Chile* y *Ecuad.* Elegante, acicalado.
chaucha f. **1.** *Argent.* Vaina de algunas semillas, como las de la algarroba. **2.** *Argent., Bol., Chile* y *Perú.* Moneda de poco valor. **3.** *Argent.* y *Urug.* Judía verde. **4.** *Chile, Ecuad.* y *Perú.* Patata temprana y menuda.
chauvinismo m. Patriotismo exagerado.
chaval, la adj./m. y f. *Fam.* Niño o muchacho.
chaveta f. Clavo, clavija.
chavo m. Moneda de escaso valor.
che f. Nombre de la letra doble *ch.*
checar tr. **1.** *Méx.* Verificar, comprobar. **2.** *Méx.* Registrar las horas de entrada y salida del trabajo.
chécheres m. pl. *Colomb.* y *C. Rica.* Cachivache, baratija.
checo, ca adj./m. y f. **1.** De la República Checa. ◆ m. **2.** Lengua eslava que se habla en Bohemia, Moravia y una parte de Silecia.
chelín m. **1.** Moneda británica que valía una vigésima parte de la libra esterlina. **2.** Unidad monetaria principal de Austria y Somalia.
chepa f. *Fam.* Joroba.
cheque m. Documento en que el librador ordena a un centro bancario el pago de una cantidad con cargo a su cuenta bancaria.

chequeo m. Reconocimiento médico general.
chévere adj. **1.** *Colomb.* y *Venez.* Excelente. **2.** *Cuba, Perú* y *Venez.* Benévolo, indulgente. **3.** *Ecuad., Perú, P. Rico* y *Venez.* Primoroso, gracioso, agradable.
chicano, na m. y f./adj. Persona de origen mexicano que habita en los Estados Unidos de América.
chicha f. *Fam.* **1.** Carne. **2.** *Amér. Merid.* Bebida que resulta de la fermentación del maíz en agua azucarada. **3.** *Chile.* Bebida que se obtiene de la fermentación del zumo de la uva o la manzana. ● **No ser ni ~ ni limonada** (*Fam.*), no valer para nada, ser baladí.
chicharra f. **1.** Cigarra. **2.** Timbre eléctrico de sonido sordo.
chicharrón m. Residuo frito de las pellas del cerdo.
chiche adj. **1.** *Amér. Merid.* Pequeño, bonito. ◆ m. **2.** *Amér. Central* y *Amér. Merid.* Juguete. **3.** *Argent., Chile* y *Urug.* Pequeño objeto para adorno. **4.** *Salv.* Pecho de la mujer.
chichi adj. **1.** *Amér. Central.* Cómodo, sencillo. ◆ f. **2.** *Méx.* Nodriza. **3.** *Méx.* Teta, mama, ubre.
chichicuilote m. *Méx.* Ave pequeña, parecida a la paloma, de pico delgado y recto, que vive cerca del mar, lagos o pantanos y cuya carne es comestible.
chichón m. Bulto en la cabeza como consecuencia de un golpe.
chicle m. Goma de mascar aromatizada.
chico, ca adj. **1.** Pequeño. ◆ m. y f./adj. **2.** Niño, muchacho.
chicote m. *Amér.* Látigo.
chiflar intr. **1.** Silbar. ◆ prnl. *Fam.* **2.** Perder la razón.
chifle m. **1.** *Argent.* Cantimplora. **2.** *Argent.* y *Urug.* Recipiente de cuerno para llevar agua u otros líquidos.
chiflón m. **1.** *Amér.* Corriente muy sutil de aire. **2.** *Chile.* Derrumbe de piedra en el interior de las minas.
chiíta adj./m. y f. De una de las dos grandes divisiones religiosas del mundo islámico.
chijete m. **1.** *Argent. Fam.* Chorro de líquido que sale violentamente. **2.** *Argent. Fam.* Corriente de aire.
chilaba f. Túnica con capucha que usan los árabes.
chilacayote m. *Méx.* Variedad de calabaza cuyo fruto comestible se emplea en la elaboración de diversos guisos.
chilca f. *Colomb.* y *Guat.* Planta resinosa que se utiliza en veterinaria para tratar tumores.
chile m. **1.** Pimiento picante. **2.** *Amér. Central, Amér. Merid.* y *Méx.* Ají o pimiento picante. **3.** *Guat.* Mentira, cuento.
chileno, na adj./m. y f. De Chile.
chilillo m. *Amér. Central* y *Méx.* Látigo, azote.
chillar intr. **1.** Dar chillidos. **2.** Reñir dando voces.
chillido m. Sonido inarticulado de la voz, agudo y desagradable.
chillón, na adj./m. y f. *Fam.* **1.** Que chilla mucho. ◆ adj. **2.** Dícese de los colores demasiado vivos o mal combinados.

chilpe m. **1.** *Chile.* Andrajo, jirón de ropa muy usada. **2.** *Ecuad.* Cabuya, cordel. **3.** *Ecuad.* Hoja seca de maíz.

chimalteco, ca adj./m. y f. De Chimaltenango (Guatemala).

chimango m. Ave de rapiña, que vive en América Meridional.

chimarse prnl. *Amér. Central.* Lastimarse.

chimba f. **1.** *Amér. Merid.* Trenza de pelo. **2.** *Chile* y *Perú.* Orilla opuesta de un río.

chimenea f. **1.** Conducto de salida de humo. **2.** Hogar.

chimpancé m. Mono antropomorfo de cabeza grande y brazos largos.

■ **ENC.** El **chimpancé** mide 1.40 m de altura, pesa 75 kg y vive 50 años. Es un animal muy inteligente, capaz de manejar herramientas sencillas y aprender un lenguaje de señas elemental.

chimuelo, la adj. *Méx.* Dícese de la persona a la que le falta uno o más dientes.

chinaco m. *Méx.* Hombre del pueblo que peleó en la guerra de la independencia y en la de reforma del s. XIX.

chinampa f. *Méx.* Terreno flotante donde se cultivan verduras y flores.

chinanteca adj./m. y f. De un pueblo amerindio que vive en las montañas entre los estados de Veracruz y Oaxaca, México.

chinchar tr. y prnl. *Vulg.* Molestar, fastidiar.

chinche f. Insecto hemíptero rojo, que chupa la sangre humana.

chincheta f. Clavo corto de cabeza muy ancha.

chinchilla f. Mamífero roedor sudamericano de piel muy estimada.

chinchorro m. *Antill., Chile, Colomb., Méx.* y *Venez.* Hamaca hecha de red.

chinchudo, da adj./m. y f. *Argent. Fam.* Malhumorado.

chinchulín m. *Bol., Ecuad.* y *R. de la Plata.* Asadura, intestino de ovino o vacuno.

chinela f. Calzado sin talón, que se usa como zapatilla.

chingar tr. **1.** Practicar el coito. **2.** *Amér. Central.* Cortarle el rabo a un animal. ◆ tr. y prnl. **3.** *Méx. Vulg.* Estropear algo. ◆ intr. **4.** *Argent.* y *Urug.* Colgar un vestido más de un lado que de otro. ◆ prnl. **5.** *Méx. Vulg.* Robar. **6.** *Méx. Vulg.* Padecer un contratiempo.

chingo, ga adj. **1.** *Amér. Central.* Dícese del animal rabón. **2.** *Amér. Central.* Dícese del vestido corto. **3.** *Amér. Central* y *Venez.* Chato. **4.** *C. Rica.* Desnudo. **5.** *Venez.* Deseoso, ávido. ◆ m. **6.** *Méx. Vulg.* Cantidad exagerada de algo. ◆ f. **7.** *Amér. Central* y *Amér. Merid.* Mofeta. **8.** *C. Rica.* Colilla del cigarro. **9.** *Méx. Vulg.* Cosa molesta y pesada.

chino, na adj./m. y f. **1.** De China. **2.** *Amér. Merid.* Dícese de la persona con rasgos indios. **3.** *Méx.* Dícese del pelo rizado y de la persona que así lo tiene. **4.** *Perú.* Cholo. ◆ m. **5.** Lengua hablada en China. **6.** *Méx.* Rizo del cabello. ◆ f. **7.** Piedra pequeña. **8.** *Amér. Merid.* India o mestiza en general. **9.** *Argent.* Mujer del gaucho.

■ **ENC.** Los **chinos** emplean muchísimos caracteres llamados ideogramas para escribir su lengua. Existen alrededor de 50 000 ideogramas, pero la mayoría de los chinos sólo conoce entre 3 000 y 5 000. La entonación es muy importante en este idioma, pues el sentido de una palabra cambia según el tono alto o bajo que se utilice al pronunciarla. Por eso se dice que es una lengua tonal.

chip m. Placa pequeña de silicio, que sirve de soporte a un circuito integrado, como el de las computadoras.

chipa o **chipá** m. *Argent., Par.* y *Urug.* Torta de harina de mandioca o maíz.

chipa f. **1.** *Colomb.* Cesto de paja para recoger frutas y legumbres. **2.** *Colomb.* Rodete para cargar a la cabeza, mantener en pie una vasija redonda, etc. **3.** *Colomb.* Materia enrollada.

chipirón m. Calamar pequeño.

chipote m. *Guat.* y *Méx.* Chichón.

chipriota adj./m. y f. De Chipre.

chiquero m. **1.** Pocilga. **2.** Toril.

chiquihuite m. *Guat., Hond.* y *Méx.* Cesto o canasta sin asas.

chiquillo, lla adj./m. y f. Chico, niño, muchacho.

chirca f. Planta americana de madera dura, flores amarillas y fruto en forma de almendra.

chiribita f. **1.** Chispa. ◆ pl. *Fam.* **2.** Conjunto de luces que dificultan la visión.

chirigota f. *Fam.* Cuchufleta.

chiriguano adj./m. y f. De un pueblo amerindio que vive en Bolivia, a orillas del Pilcomayo.

chirimbolo m. *Fam.* Utensilio, vasija o cosa análoga.

chiringuito m. Quiosco de bebidas y comidas al aire libre.

chiripa f. Suerte, acierto, en especial en el juego.

chiripá m. o f. **1.** *Amér. Merid.* Prenda de vestir del gaucho que consiste en un paño pasado entre las piernas y sujeto a la cintura por la faja. **2.** *Argent.* Pañal que por su forma recuerda a dicha prenda.

chirla f. Molusco bivalvo, más pequeño que la almeja.

chirona f. *Fam.* Cárcel.

chiroso, sa adj. *Amér. Central.* Andrajoso.

chirriar intr. Producir un sonido agudo y molesto ciertas cosas.

chisgarabís m. *Fam.* Zascandil, mequetrefe.

chisme m. **1.** Noticia sobre la que se murmura. **2.** *Fam.* Trasto.

chismorrear intr. *Fam.* Traer y llevar chismes.

chispa f. **1.** Partícula inflamada que salta. **2.** Viveza de ingenio. **3.** Fenómeno luminoso debido a una descarga eléctrica. ● **Echar chispas** (*Fam.*), estar furioso.

chispear intr. **1.** Echar chispas. **2.** Relucir. ◆ impers. **3.** Lloviznar.

chisquero m. Encendedor de bolsillo.

chistar intr. Hacer ademán de hablar.

chiste m. *Esp.* Anécdota relatada o dibujada que provoca risa.

chistera f. *Fam.* Sombrero masculino de copa alta.

chistu m. Flauta típica del País Vasco.

chivato, ta adj./m. y f. 1. Que acusa o denuncia en secreto. ◆ m. 2. Dispositivo que advierte de una anormalidad.

chivar tr. y prnl. 1. Amér. Central y Amér. Merid. Fastidiar, molestar. ◆ prnl. 2. Decir algo que perjudique a otro. 3. Amér. Merid. y Guat. Enojarse, irritarse.

chivo, va m. y f. 1. Cría de la cabra. ◆ f. 2. Amér. Perilla, barba. 3. Amér. Central. Manta, colcha. 4. Méx. Fam. Objeto cuyo nombre se desconoce o no se quiere mencionar. ◆ pl. 5. Méx. Fam. Conjunto de objetos personales.

chocante adj. Argent., Colomb., C. Rica, Ecuad., Méx. y Perú. Antipático, presuntuoso.

chocar intr. 1. Encontrarse violentamente una cosa con otra. 2. Causar extrañeza algo.

chocarrería f. Chiste grosero.

chochear intr. Tener debilitadas las facultades mentales por efecto de la edad.

choclo m. Amér. Merid. Mazorca tierna de maíz.

choco, ca adj. 1. Amér. Central y Amér. Merid. Mutilado. 2. Bol. De color rojo oscuro. 3. Colomb. De tez morena. 4. Guat. y Hond. Tuerto, torcido.

chocolate m. 1. Pasta hecha de cacao y azúcar. 2. Esp. Fam. Hachís.

■ ENC. La historia del **chocolate** comienza en Mesoamérica, donde los indígenas preparaban una bebida fría y espumosa con las semillas del cacao. En el siglo XVI los conquistadores españoles introdujeron el chocolate en Europa, donde se le bebía caliente y mezclado con azúcar y vainilla.

chófer o chofer m. y f. Conductor de automóvil.

cholga f. Argent. y Chile. Molusco parecido al mejillón.

cholla f. Amér. Central. Pereza.

chollar tr. Amér. Central. Desollar, pelar.

chollo m. Fam. Ganga.

cholo, la adj./m. y f. Amér. Central y Amér. Merid. Mestizo de blanco e india.

chompa o chomba f. Amér. Merid. Jersey.

chompipe f. Amér. Central. Pavo.

chongo m. 1. Chile. Cuchillo sin filo. 2. Guat. Rizo de pelo. 3. Méx. Trenza, moño de pelo. ◆ pl. 4. Méx. Dulce típico preparado con leche cuajada, azúcar y canela.

chonguear intr. y prnl. Guat. y Méx. Burlarse.

chontal adj./m. y f. Amér. Central, Colomb. y Venez. Rústico e inculto.

chopo m. Álamo.

choque m. 1. Acción de chocar. 2. MED. Shock.

chorizo m. 1. Embutido hecho con carne de cerdo picada y adobada. 2. Argent. Embutido de carne porcina que se sirve asado. 3. Argent., Par. y Urug. Carne de lomo vacuno situada a ambos lados del espinazo.

chorlito m. Ave de patas altas y delgadas y pico recto.

choro, ra adj. 1. Chile. Fam. Dícese de la persona valiente y decidida. ◆ m. 2. Chile. Mejillón. 3. Chile. Ladrón. 4. Chile. Vulg. Nombre que se da al aparato genital femenino.

chorote m. Colomb. Vasija de barro.

chorreado, da adj. Amér. Sucio, manchado.

chorrear intr. Caer un líquido a chorro, o goteando.

chorro m. Líquido o gas que sale o cae con fuerza y continuidad.

chotacabras m. o f. Ave insectívora de costumbres nocturnas.

chotearse prnl. Vulg. Burlarse.

chotis m. Música y baile de parejas, muy popular en Madrid.

choto, ta m. y f. 1. Cría de la cabra mientras mama. 2. Ternero.

chovinismo m. Chauvinismo*.

choza f. Cabaña.

chubasco m. Chaparrón o aguacero con mucho viento.

chubasquero m. Impermeable.

chúcaro, ra adj. Amér. Central y Amér. Merid. Dícese del ganado equino y vacuno no desbravado, arisco o bravío.

chuchería f. Golosina.

chucho, cha m. y f. Fam. 1. Perro. ◆ m. 2. Amér. Fiebre intermitente. 3. Amér. Central y Amér. Merid. Estremecimiento, escalofrío. 4. Argent. Urug. Fam. Miedo.

chueco, ca adj. 1. Amér. Que tiene las puntas de los pies torcidas hacia dentro. 2. Amér. Torcido.

chufa f. Planta de tubérculos comestibles con los que se prepara horchata.

chuleta f. 1. Costilla de ternera, carnero o cerdo, sin descarnar. 2. Fam. Entre estudiantes, papel que se lleva escondido para copiar en los exámenes.

chullo, lla adj./m. y f. 1. Bol., Ecuad. y Perú. Persona de la clase media. ◆ m. 2. Bol. y Perú. Gorro tejido de lana.

chulo, la adj./m. y f. 1. Que toma una actitud insolente. ◆ m. y f. 2. Madrileño castizo. ◆ m. 3. Rufián.

chumbera f. Planta con el tallo en forma de pala con espinas, que tiene por fruto el higo chumbo.

chungo, ga adj. Fam. 1. Malo. ◆ f. Fam. 2. Broma, burla.

chuña f. Ave zancuda corredora originaria de América del Sur.

chuño m. 1. Amér. Merid. Fécula de patata. 2. Amér. Merid. Alimento que se prepara con fécula de patata y leche.

chupa f. Chaqueta o cazadora.

chupado, da adj. Fam. 1. Muy flaco y extenuado. 2. Fam. Muy fácil.

chupar tr. e intr. 1. Sacar con los labios el jugo de una cosa. ◆ tr. 2. Absorber. 3. Humedecer una cosa con la lengua. 4. Amér. Beber, particularmente referido a las bebidas alcohólicas.

chupe m. Chile y Perú. Guiso hecho con patatas, carne o pescado, queso, ají, tomate, etc.

chupete m. Objeto en forma de pezón que se da a chupar a los niños pequeños.

chupinazo m. Disparo en los fuegos artificiales.

churrete m. Mancha que ensucia alguna parte visible del cuerpo.

churrigueresco, ca adj. Dícese de un estilo arquitectónico barroco, muy recargado de adornos.

churro m. **1.** Masa de harina y agua, de forma alargada, frita en aceite. **2.** *Fam.* Chapuza, cosa mal hecha.

churruscar tr. y prnl. Asar o tostar demasiado una cosa.

churumbel m. *Esp. Fam.* Niño.

chusco, ca adj./m. y f. **1.** Gracioso. ◆ m. **2.** Pedazo de pan.

chusma f. *Fam.* Conjunto de gente soez.

chuspa f. **1.** *Amér. Merid.* Morral. **2.** *Urug.* Bolsa para el tabaco.

chutar tr. e intr. En el fútbol, lanzar el balón con el pie.

chuza f. **1.** *Argent.* y *Urug.* Lanza parecida al chuzo. **2.** *Chile* y *Méx.* Lance en el juego de los bolos que consiste en derribar todos los palos de una vez.

chuzo m. **1.** Palo armado con un pincho de hierro. **2.** *Chile.* Barra de hierro puntiaguda usada para abrir suelos. **3.** *Chile.* Persona incompetente, torpe.

cianhídrico, ca adj. Dícese de un ácido de gran toxicidad.

cianuro m. Sal del ácido cianhídrico.

ciático, ca adj. **1.** De la cadera. ◆ adj./m. **2.** Dícese del nervio que recorre los músculos del muslo y de la pierna. ◆ f. **3.** Neuralgia del nervio ciático.

ciberespacio m. INFORM. Espacio percibido a partir de un entorno de realidad virtual.

cibernética f. Ciencia que estudia los mecanismos de control en las máquinas y los seres vivos.

cibernético, ca adj. **1.** Relativo a la cibernética. **2.** Dícese de un arte que tiende a representar objetos en movimiento, como un robot. ◆ m. **3.** Especialista en cibernética.

cicatero, ra adj./m. y f. Avaro, tacaño, mezquino.

cicatriz f. Señal que queda de una herida o llaga.

cicatrizar tr., intr. y prnl. Cerrar una herida o llaga.

cicerone m. y f. Persona que enseña y explica a otras las curiosidades de un lugar.

ciclismo m. Deporte que se practica con la bicicleta.

ciclo m. Sucesión de períodos o fenómenos que se repiten en un orden determinado.

ciclomotor m. Motocicleta de pequeña cilindrada.

ciclón m. Huracán.

cíclope o **ciclope** m. Gigante mitológico con un solo ojo.

ciclostil o **ciclostilo** m. Aparato que sirve para copiar muchas veces un escrito o dibujo.

cicuta f. Planta umbelífera venenosa.

cidra f. Fruto del cidro.

cidro m. Árbol de flores encarnadas, cuyo fruto es la cidra.

ciego, ga adj./m. y f. **1.** Privado de la vista. ◆ adj./m. ANAT. **2.** Dícese de la parte inicial del intestino grueso.

cielo m. **1.** Espacio que rodea la Tierra. **2.** Según algunas religiones, morada de los bienaventurados.

ciempiés m. Artrópodo terrestre cuyo cuerpo, formado por anillos, está provisto de numerosas patas.

cien adj. Apóc. de *ciento*, cuando va antepuesto al nombre.

ciénaga f. Lugar lleno de cieno.

ciencia f. **1.** Conocimiento cierto de las cosas por sus principios y causas. **2.** Saber o conocimiento.

cieno m. Lodo que se forma en el fondo de los ríos, lagos, etc.

científico, ca adj. **1.** Relativo a la ciencia. ◆ adj./m. y f. **2.** Que se dedica a la investigación científica.

ciento adj./m. **1.** Diez veces diez. ◆ adj./m. y f. **2.** Centésimo. ◆ m. **3.** Centenar.

ciernes. En ~, en los comienzos.

cierre m. **1.** Acción y efecto de cerrar. **2.** Lo que sirve para cerrar.

cierto, ta adj. **1.** Verdadero, seguro. **2.** Alguno: *tengo ciertas dudas.* ◆ adv. **3.** Sí, con certeza.

ciervo, va m. y f. Mamífero rumiante cérvido, de cuerpo esbelto.

■ ENC. El **ciervo** forma parte, junto con el reno y el corzo, de la familia de los cérvidos. Vive en pequeñas manadas en los bosques de Europa, de América y de Asia. Llega a medir 1.50 m de longitud y a pesar hasta 150 kg. Los machos mudan sus astas todos los años. Las astas nuevas siempre salen con una rama más que la anterior, llamada candil.

cierzo m. Viento frío del norte.

cifra f. **1.** Cada uno de los signos con que se representan los números. **2.** Número, cantidad. **3.** Escritura secreta.

cifrar tr. **1.** Escribir en clave. ◆ tr. y prnl. **2.** Compendiar, resumir.

cigala f. Crustáceo decápodo marino, parecido a la langosta.

cigarra f. Insecto de color amarillo verdoso, que produce un sonido estridente y monótono.

■ ENC. Las hembras de la **cigarra** desovan en los tallos de las plantas. Después, las larvas se dejan caer al suelo y escarban hasta las raíces, donde se alimentan de su savia. Después de dos o cuatro años regresan a la superficie, suben al tronco de un árbol y se convierten en adultas.

cigarrería f. *Amér.* Tienda en que se vende tabaco.

cigarrillo m. Cilindro de papel especial relleno de tabaco picado.

cigarro m. **1.** Rollo de hojas de tabaco para fumar. **2.** Cigarrillo.

cigoto m. BIOL. Célula resultante de la fecundación.

cigüeña f. Ave zancuda migratoria de gran tamaño.

cigüeñal m. Pieza del motor que transforma el movimiento rectilíneo en circular.

cilampa f. *C. Rica* y *Salv.* Llovizna.

ciliado, da adj./m. Dícese del protozoo provisto de cilios.

cilindro m. Cuerpo limitado por una superficie curva cerrada y dos planos que la cortan.

cilio m. Filamento delgado que emerge de ciertos protozoos y de otras células.

cima f. **1.** Parte más alta de una montaña, árbol, etc. **2.** Apogeo.

cimarrón, na adj./m. y f. Dícese del animal doméstico que se hace montaraz.

cimba f. *Bol.* y *Perú.* Trenza que usan algunos indios.

címbalo m. Instrumento musical de percusión, parecido a los platillos.

cimborrio m. Cuerpo cilíndrico que sirve de base a la cúpula.

cimbrear tr. y prnl. Hacer vibrar un objeto flexible.

cimbrón m. **1.** *Argent., Colomb.* y *C. Rica.* Tirón fuerte o súbito del lazo u otra cuerda. **2.** *Ecuad.* Punzada, dolor.

cimbronazo m. **1.** *Argent.* Cimbrón, tirón fuerte. **2.** *Argent., Colomb.* y *C. Rica.* Estremecimiento nervioso muy fuerte.

cimiento m. **1.** Parte del edificio que está debajo de tierra. **2.** Principio y raíz de algo.

cimpa f. *Bol.* y *Perú.* Cimba*.

cinc m. Metal de color blanco azulado, empleado en aleaciones.

cincel m. Herramienta usada para labrar piedras y metales.

cincha f. Faja con que se asegura la silla sobre la cabalgadura.

cinchar intr. *Argent.* y *Urug.* Trabajar con esfuerzo.

cincho m. *Chile* y *Méx.* Cincha.

cinco adj./m. **1.** Cuatro y uno. ◆ adj./m. y f. **2.** Quinto.

cincuenta adj./m. **1.** Cinco veces diez. ◆ adj./m. y f. **2.** Quincuagésimo.

cine m. **1.** Local destinado a la proyección de películas. **2.** Cinematografía.

■ ENC. En 1895 los hermanos Lumière construyeron el primer aparato de filmación y de proyección. Así comenzó la época del **cine** mudo. Después George Meliès, mago e ilusionista, realizó los primeros filmes en estudio e inventó los trucos cinematográficos. Las primeras películas del cine hablado, o cine sonoro, aparecieron en 1927 y los primeros largometrajes en color en 1935. El cine ha llegado a ser un reconocido medio de expresión artística y se le llama actualmente el séptimo arte.

cinegética f. Arte de la caza.

cinemática f. Parte de la mecánica que estudia el movimiento con independencia de las fuerzas que lo producen.

cinematografía f. Arte de representar, sobre una pantalla, imágenes en movimiento por medio de la fotografía.

cinerario, ria adj. Destinado a contener cenizas de cadáveres.

cinética f. Parte de la mecánica que trata del movimiento.

cingalés, sa adj./m. y f. Ceilandés.

cíngaro, ra adj./m. y f. Gitano.

cínico, ca adj./m. y f. Impúdico, inmoral.

cinta f. Tira larga y estrecha de material flexible.

cintillo m. **1.** *Chile.* Diadema. **2.** *Colomb.* Collar pequeño.

cinto m. Faja para ceñir la cintura.

cintura f. **1.** Parte del cuerpo humano entre el tórax y las caderas. **2.** Parte del vestido que corresponde a esa parte del cuerpo.

cinturón m. Tira de cuero o de tejido fuerte que ciñe las prendas de vestir en el talle.

cipe adj. *C. Rica, Hond.* y *Salv.* Dícese del niño enfermizo.

cipote m. **1.** *Esp. Vulg.* Pene. **2.** *Hond., Nicar.* y *Salv.* Muchacho.

ciprés m. Árbol de tronco alto y recto, y copa cónica.

circo m. **1.** En la antigua Roma, lugar destinado a espectáculos públicos. **2.** Espectáculo en que intervienen acróbatas, payasos, etc.

■ ENC. El **circo** nació en 1770, cuando el jinete inglés Philip Astley tuvo la idea de presentar ejercicios de equitación espectaculares sobre una pista cubierta. A esta presentación le añadió algunos números de acrobacia, de domadores y de payasos. La mayoría de los circos son itinerantes, pero algunos están fijos en las grandes ciudades y dan sus representaciones bajo una carpa de concreto.

circuito m. **1.** Terreno comprendido dentro de un perímetro. **2.** FÍS. Sucesión de conductores eléctricos por donde pasa una corriente.

circular intr. **1.** Moverse en derredor. **2.** Transitar. **3.** Correr o pasar una cosa de una persona a otra: ~ *una noticia.*

circular adj. **1.** De figura de círculo. ◆ f. **2.** Escrito dirigido a varias personas para notificar algo.

círculo m. **1.** Superficie plana contenida dentro de una circunferencia. **2.** Circunferencia. **3.** Casino, sociedad.

circuncisión m. Operación que consiste en seccionar el prepucio.

circundar tr. Cercar, rodear.

circunferencia f. Curva plana cerrada, cuyos puntos equidistan del centro.

circunflejo, ja adj. LING. Dícese del acento que se representa como un ángulo con el vértice hacia arriba.

circunloquio m. Modo de expresar algo por medio de rodeos.

circunscribir tr. y prnl. **1.** Reducir a ciertos límites. **2.** Trazar una figura de modo que otra quede dentro de ella.

circunspecto, ta adj. Prudente.

circunstancia f. **1.** Accidente de tiempo, lugar, modo, etc. **2.** Conjunto de lo que está en torno a uno.

circunvalar tr. Cercar, rodear.

circunvolución f. Vuelta o rodeo de alguna cosa.

cirílico, ca adj. Dícese del alfabeto usado en ruso y otras lenguas eslavas.

cirio m. Vela de cera larga y gruesa.

cirquero, ra adj. 1. *Amér.* Relativo al circo. ◆ adj./m. y f. 2. *Argent. Fam.* Extravagante, histriónico.

cirro m. 1. Nube blanca y alta, en forma de filamentos. 2. Tumor duro e indoloro.

cirrosis f. Proceso degenerativo de un órgano, en especial del hígado.

ciruela f. Fruto del ciruelo.

ciruelo m. Árbol frutal de flor blanca, que produce las ciruelas.

cirugía f. Parte de la medicina que tiene por objeto curar mediante operaciones.

ciruja m. y f. *Argent.* Persona que busca, entre los desperdicios, objetos para vender.

cirujano, na m. y f. Médico que ejerce la cirugía.

cisco m. 1. Carbón vegetal menudo. 2. *Fam.* Bullicio.

cisma m. División en el seno de una iglesia o religión.

cisne m. Ave palmípeda de cuello largo y flexible.

cisterciense adj. De la orden religiosa del Cister.

cisterna f. Depósito en el que se recoge el agua de la lluvia.

cistitis f. Inflamación de la vejiga urinaria.

cisura f. Hendidura sutil.

cita f. 1. Asignación de día, hora y lugar para hablarse dos o más personas. 2. Nota que se alega en lo que se dice o escribe.

citar tr. 1. Dar cita. 2. Mencionar.

cítara f. Instrumento musical antiguo parecido a la lira.

citerior adj. Que está en la parte de acá.

citología f. Parte de la biología que estudia la célula.

citoplasma m. Parte de la célula que contiene el núcleo.

cítrico, ca adj. 1. Relativo al limón. ◆ m. 2. Fruta agridulce o ácida.

ciudad f. Núcleo urbano de población generalmente densa.

ciudadano, na adj. 1. Relativo a la ciudad. ◆ adj./m. y f. 2. Habitante y vecino de una ciudad.

ciudadela f. Fortaleza en el interior de una ciudad.

cívico, ca adj. 1. Relativo a la ciudad o a los ciudadanos. 2. Que muestra civismo.

civil adj. 1. Ciudadano. 2. Que no es militar ni eclesiástico.

civilización f. Conjunto de conocimientos, cultura y formas de vida de un pueblo.

civilizar tr. y prnl. 1. Sacar del estado salvaje. 2. Educar.

civismo m. 1. Cualidad de buen ciudadano. 2. Cualidad de educado.

cizalla f. Instrumento a modo de tijeras, para cortar metales.

cizaña f. 1. Planta gramínea perjudicial para los sembrados. 2. Discordia.

clamar intr. Dar voces quejándose, pidiendo favor o ayuda.

clamor m. 1. Grito colectivo. 2. Grito de dolor, protesta, etc.

clan m. Grupo de personas unidas por un interés común.

clandestino, na adj. Secreto, oculto, que contraviene la ley.

claraboya f. Ventana en el techo o en la parte alta de una pared.

clarear tr. 1. Dar claridad. ◆ intr. e impers. 2. Empezar a amanecer. 3. Irse disipando las nubes.

claridad f. 1. Calidad de claro. 2. Efecto de la luz al iluminar un espacio.

clarín m. Instrumento musical de viento, parecido a la trompeta.

clarinete m. Instrumento musical de viento compuesto por un tubo de madera con agujeros y una boquilla con lengüeta.

clarividencia f. Facultad de comprender y discernir con claridad.

claro, ra adj. 1. Que recibe luz o mucha luz. 2. Transparente. 3. Dícese del color poco subido: azul ~. 4. Poco espeso. 5. Fácil de comprender. ◆ m. 6. Espacio que queda entre ciertas cosas. ◆ f. 7. Materia blanca que rodea la yema del huevo.

claroscuro m. Contraste de luces y sombras en un cuadro.

clase f. 1. Cada una de las categorías en que se pueden clasificar las personas o las cosas. 2. Conjunto de personas de la misma condición social. 3. Conjunto de estudiantes que reciben un mismo grado de enseñanza. 4. Aula. 5. BIOL. Cada una de las grandes divisiones de un tipo de seres vivos.

clasicismo m. Tendencia estética basada en la imitación de los modelos de la antigüedad griega y romana.

clásico, ca adj./m. y f. 1. Relativo a la antigüedad grecolatina. 2. Dícese del autor u obra que se tiene como modelo digno de imitación.

clasificar tr. 1. Ordenar por clases. ◆ prnl. 2. Obtener determinado puesto en una competición.

clasista adj./m. y f. Partidario de las diferencias de clase.

claudicar intr. 1. Faltar a los deberes o principios. 2. Transigir.

claustro m. 1. Galería en torno al patio principal de un monasterio o templo. 2. Junta de profesores.

claustrofobia f. Temor a los espacios cerrados.

cláusula f. 1. Cada una de las disposiciones de un contrato. 2. Conjunto de palabras que expresan un pensamiento completo.

clausura f. 1. Acción y efecto de clausurar. 2. Vida religiosa en el interior de un convento, sin salir de él.

clausurar tr. 1. Cerrar por orden gubernativa. 2. Poner fin solemne a un acto.

clavar tr. y prnl. 1. Introducir una cosa puntiaguda en un cuerpo. 2. Fijar, poner: ~ *la mirada*. ◆ tr. 3. Asegurar con clavos.

clave f. 1. Información necesaria para entender bien una cosa. 2. Explicación de los signos para escribir en cifra. 3. ARQ. Piedra central con que se cierra un arco. 4. MÚS. Signo que se coloca al principio del pentagrama para determinar el nombre de las notas. ◆ ~ de acceso (INFORM.), serie de caracteres que sirven de

CASETE, DISCO COMPACTO Y ALTAVOZ

CASETE

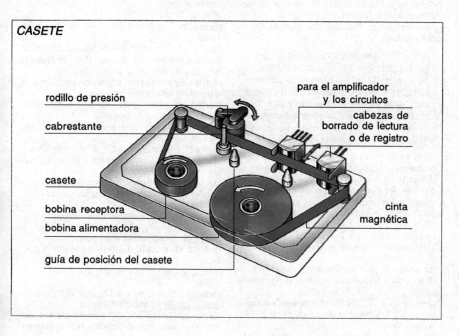

rodillo de presión

cabrestante

casete

bobina receptora

bobina alimentadora

guía de posición del casete

para el amplificador y los circuitos

cabezas de borrado de lectura o de registro

cinta magnética

LECTOR DE DISCOS COMPACTOS

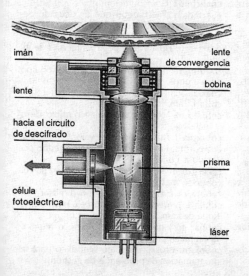

imán

lente

hacia el circuito de descifrado

célula fotoeléctrica

lente de convergencia

bobina

prisma

láser

ALTAVOZ

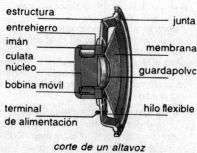

estructura

entrehierro

imán

culata

núcleo

bobina móvil

terminal de alimentación

junta

membrana

guardapolvc

hilo flexible

corte de un altavoz

agudos (frecuencias elevadas)

medios (frecuencias medias)

graves (frecuencias bajas)

disposición de los altavoces en una caja acústica

código personalizado y dan autorización para utilizar un programa, datos o un servicio de la computadora.

clavel m. **1.** Planta con flores olorosas de borde dentado. **2.** Flor de esta planta.

clavicémbalo m. Instrumento musical de cuerdas y teclado.

■ ENC. El **clavicémbalo** se tocó principalmente entre los siglos XVI y XVII, antes de la invención del piano. Bach, Couperin, Rameau y Scarlatti fueron los más célebres compositores de música para este instrumento. Durante la Revolución Francesa, se consideró al clavicémbalo símbolo de la aristocracia y por ese motivo se les quemó en las calles de París. Actualmente, comienza a usarse de nuevo.

clavicordio m. Instrumento musical de cuerda, precursor del piano.

clavícula f. Cada uno de los dos huesos largos que van del esternón al omóplato.

clavija f. Pieza que se encaja en un agujero para sujetar, ensamblar o conectar algo.

clavo m. **1.** Pieza metálica, larga y delgada, con cabeza y punta. **2.** *Argent.* y *Chile.* Artículo de comercio que no se vende. ● **Dar en el ~** *(Fam.),* acertar.

claxon m. Bocina de automóvil.

clemencia f. Virtud que modera el rigor de la justicia.

cleptomanía f. Propensión patológica al robo.

clerecía f. **1.** Conjunto de los clérigos. **2.** Estado de clérigo.

clérigo m. Hombre que ha recibido las órdenes sagradas.

clero m. Conjunto de los clérigos.

cliché m. **1.** Imagen fotográfica negativa. **2.** Tópico, estereotipo.

cliente, ta m. y f. Persona que utiliza los servicios de un profesional, un establecimiento o una empresa.

clima m. **1.** Conjunto de condiciones atmosféricas que caracterizan una región. **2.** Ambiente, conjunto de circunstancias que rodean a una persona.

■ ENC. El **clima** varía en las distintas regiones de la Tierra. El clima polar tiene un invierno perpetuo, con temperaturas que descienden hasta –50°C. El clima continental es caluroso en verano y frío en invierno. El clima oceánico es templado y húmedo todo el año. En el clima mediterráneo los inviernos son templados y los veranos son calientes y secos. En el clima tropical existe una larga estación seca y un verano muy lluvioso. El clima ecuatorial es caliente y húmedo todo el año. El clima desértico siempre es seco, con calor agobiante durante el día y fresco durante la noche. Las lluvias, cuando las hay, son breves y torrenciales.

climatizar tr. Acondicionar la temperatura de un recinto.

climatología f. Ciencia que estudia o describe los climas.

clímax m. Momento culminante de un proceso o una obra dramática.

clínico, ca adj. **1.** Relativo a la clínica. ◆ f. **2.** Hospital privado.

clip m. Pequeño instrumento de metal para sujetar papeles.

clisé m. Cliché*.

clítoris m. Pequeño órgano eréctil, situado en la vulva.

cloaca f. **1.** Conducto por donde van las aguas sucias o inmundicias. **2.** ZOOL. Porción final del intestino de las aves y otros animales.

clon m. Reproducción exacta de un individuo a partir de una célula originaria.

clorhídrico, ca adj. QUÍM. Dícese del ácido compuesto de cloro e hidrógeno.

cloro m. Elemento gaseoso amarillo verdoso, de olor sofocante.

clorofila f. Pigmento verde de los vegetales.

cloroformo m. Líquido volátil e incoloro, usado como anestésico.

cloroplasto m. Corpúsculo de las células vegetales coloreado por la clorofila, que asegura la fotosíntesis.

cloruro m. QUÍM. Combinación del cloro con un metal.

closet m. *Amér.* Armario empotrado.

club m. Asociación deportiva, cultural o política.

clueco, ca adj./f. Dícese del ave cuando empolla.

cluniacense adj./m. y f. De la abadía o congregación de Cluny, en Borgoña.

cnidario, ria adj./m. Dícese de ciertos celentéreos provistos de células que producen picores, como las medusas.

coa f. **1.** *Chile.* Jerga dialectal. **2.** *Méx., Pan.* y *Venez.* Pala usada para labranza. **3.** *Venez.* Siembra.

coacción f. Violencia con que se obliga a uno a hacer o decir una cosa.

coadyuvar tr. e intr. Contribuir a la consecución de algo.

coagular tr. y prnl. Cuajar, solidificar lo líquido.

coalición f. Confederación.

coartada f. Prueba con que un acusado demuestra que no ha estado presente en el momento y lugar del delito.

coartar tr. Limitar o impedir la libertad de alguien.

coautor, ra m. y f. Autor en colaboración con otro u otros.

coaxial adj. Que tiene un eje común.

coba f. *Fam.* Halago fingido.

cobalto m. Metal de color blanco rojizo, duro y maleable.

cobardía f. Falta de ánimo y valor.

cobaya m. o f. Pequeño mamífero roedor, parecido al conejo.

cobertizo m. Tejado que sobresale de una pared.

cobertor m. Colcha.

cobertura f. **1.** Cubierta. **2.** Apoyo militar.

cobija f. **1.** *Mex.* y *Venez.* Manta. ◆ pl. **2.** *Amér.* Ropa de cama.

cobijar tr. y prnl. **1.** Dar albergue o refugio. **2.** Amparar, proteger.

cobol m. INFORM. Lenguaje simbólico para la programación de problemas de gestión.

cobra f. Serpiente venenosa cuya longitud rebasa los 4 m.

cobrar tr. **1.** Recibir una cantidad como pago de algo. **2.** Adquirir, conseguir: ~ *fama*.

cobre m. Metal rojizo, dúctil, maleable y brillante.

■ **ENC.** El **cobre** puro es rojo y puede formar numerosas aleaciones, como en el latón y el bronce. Después de la plata, es el mejor conductor de electricidad. Cuando el cobre se expone al aire húmedo, se forma sobre él una capa verdosa llamada comúnmente verdín o cardenillo. Este metal se comenzó a martillar en el 9000 a.C. y a fundirlo en el 7000 a.C. Así nació la metalurgia.

coca f. **1.** Arbusto de cuyas hojas se extrae la cocaína. **2.** Cocaína.

cocacho m. **1.** *Amér. Merid.* Coscorrón. **2.** *Perú.* Variedad de frijol que se endurece al cocer.

cocada f. **1.** *Bol., Colomb.* y *Perú.* Especie de turrón. **2.** *Chile* y *Méx.* Dulce de coco. **3.** *Perú.* Provisión de hojas de coca.

cocaína f. Sustancia extraída de las hojas de coca, utilizada como droga.

cóccix m. Coxis*.

cocer tr. **1.** Preparar los alimentos sometiéndolos a la acción del fuego. ◆ intr. **2.** Hervir.

cochabambino, na adj./m. y f. De Cochabamba (Bolivia).

cochambre m. o f. *Fam.* Suciedad, basura.

cochayuyo m. *Amér. Merid.* Alga marina comestible.

coche m. **1.** Automóvil. **2.** Vagón del tren. **3.** Carruaje para viajeros.

cochinilla f. Insecto que produce graves plagas en los cultivos.

cochino, na adj./m. y f. **1.** Dícese de la persona sucia. ◆ m. y f. **2.** Cerdo.

cocho, cha adj. **1.** *Colomb.* Que no está cocido, crudo. ◆ m. y f. **2.** Cochino, cerdo. ◆ m. **3.** *Chile.* Mazamorra de harina tostada. ◆ f. **4.** *Chile, Colomb.* y *Ecuad.* Charco, laguna.

cocido m. Guiso de carne, tocino, legumbres y hortalizas.

cociente m. MAT. Resultado de la división.

cocina f. **1.** Habitación de la casa donde se guisa. **2.** Aparato con fuegos para cocer los alimentos.

cocinar tr. e intr. Preparar un alimento para que se pueda comer.

cocinería f. *Chile* y *Perú.* Tienda de comidas preparadas.

coco m. **1.** Fruto del cocotero. **2.** Bacteria de forma redondeada. **3.** *Fam.* Fantasma con el que se asusta a los niños.

cocodrilo m. Reptil anfibio de gran tamaño, de piel escamosa.

cocotero m. Palmera tropical cuyo fruto es el coco.

cóctel o **coctel** m. **1.** Mezcla de varios licores. **2.** Reunión o fiesta en la que se sirven cócteles.

cocuyo m. *Amér.* Especie de luciérnaga.

codear intr. **1.** Mover los codos. ◆ prnl. **2.** Tratarse de igual a igual con otra persona.

codera f. Adorno o refuerzo que se pone en los codos.

códice m. Libro manuscrito antiguo.

codicia f. Deseo exagerado de riquezas u otras cosas.

codificar tr. Formular un mensaje según las reglas de un código.

código m. **1.** Recopilación sistemática de leyes. **2.** Sistema de signos y reglas que permite formular y comprender un mensaje. ● ~ **de barras**, trazos verticales que, a través de una lectura óptica, dan información específica acerca del objeto que los posee, como el precio de un producto.

codillo m. En los cuadrúpedos, articulación del brazo próxima al pecho.

codo m. Parte posterior de la articulación del brazo con el antebrazo.

codorniz f. Ave migratoria parecida a la perdiz.

coeficiente m. MAT. En un monomio, factor constante que multiplica la parte algebraica variable.

coercer tr. Contener, refrenar.

coetáneo, a adj./m. y f. De la misma edad o época.

coexistir intr. Existir simultáneamente.

cofia f. Tocado femenino que recoge el pelo.

cofradía f. Congregación o hermandad.

■ **ENC.** En la Edad Media, las **cofradías** eran asociaciones piadosas bajo la protección de un santo patrón. A menudo agrupaban artesanos de una misma corporación. Estas cofradías organizaban ceremonias religiosas, proporcionaban asistencia a los trabajadores, se ocupaban de los pobres y administraban los bienes de la comunidad. En América Latina, las cofradías han seguido siendo importantes en las comunidades indígenas y rurales.

cofre m. **1.** Arca o caja para guardar objetos de valor. **2.** *Colomb.* Joyero, cajita para guardar joyas. **3.** *Méx.* Tapa que protege el motor de los automóviles.

coger tr. y prnl. **1.** Asir, agarrar, tomar. ◆ tr. **2.** Recoger, recolectar. **3.** Apresar. **4.** Adquirir, contraer o padecer lo que se indica: ~ *un resfriado*. **5.** Montar en un vehículo: ~ *un taxi*. **6.** Alcanzar. ◆ intr. **7.** *Amér. Vulg.* Realizar el acto sexual. **8.** *Esp.* Hallarse, encontrarse: *la oficina coge lejos*.

cognoscible adj. Que se puede conocer.

cogollo m. Parte interior de las hortalizas, como la lechuga.

cogote m. Parte superior y posterior del cuello.

cogotudo, da adj./m. y f. *Amér. Central* y *Amér. Merid.* Que es adinerado y orgulloso.

cohabitar intr. Vivir con otra persona.

cohecho m. Soborno a un juez o funcionario público.

coherencia f. **1.** Relación lógica de una cosa con otra. **2.** Cohesión.

cohesión f. Unión de personas o cosas entre sí.

cohete m. **1.** Artefacto propulsado por reacción a chorro. **2.** Artificio pirotécnico que asciende y estalla en el aire.

cohibir tr. Refrenar, reprimir.

cohorte f. **1.** División de la legión romana. **2.** *Fam.* Grupo de gente.

coima f. *Argent., Chile, Ecuad., Perú y Urug.* Soborno.

coincidir intr. **1.** Estar de acuerdo o ser iguales dos o más personas o cosas. **2.** Ocurrir dos o más cosas al mismo tiempo.

coipo m. *Argent. y Chile.* Roedor de hábitos acuáticos.

coirón m. *Bol. y Chile.* Planta gramínea de hojas duras y punzantes, que se utiliza principalmente para poner techos a las casas.

coito m. Unión sexual.

cojear intr. Andar con dificultad.

cojín m. Almohadón.

cojinete m. Elemento que sirve para guiar el eje de una máquina.

cojo, ja adj./m. y f. Que cojea o carece de una pierna o pata.

col f. Planta hortense comestible de hojas anchas y radiales.

cola f. **1.** Extremidad posterior de numerosos vertebrados. **2.** Parte posterior o final de una cosa. **3.** Hilera de personas que esperan su turno. **4.** Pasta adhesiva.

colaborar intr. Trabajar con otros en una misma obra.

colación f. **1.** Comida ligera. **2.** Cotejo. **3.** *Amér.* Golosina recubierta con un baño de azúcar. ● **Sacar a ~,** mencionar.

colada f. Lavado periódico de la ropa de casa.

colágeno m. Proteína compleja que constituye la sustancia fundamental de algunos tejidos.

colapso m. MED. Debilitación extrema y brusca de las actividades vitales.

colar tr. **1.** Filtrar un líquido. ◆ prnl. *Fam.* **2.** Introducirse ocultamente en un lugar.

colateral adj. Que está a uno y otro lado.

colcha f. Cobertura de cama que sirve de adorno y abrigo.

colchón m. Pieza plana, que se pone sobre la cama para dormir en él.

colchoneta f. Colchón delgado y estrecho.

colear tr. **1.** *Chile.* Frustrar a alguien un intento o pretensión. **2.** *Colomb.* Molestar. **3.** *Méx. y Venez.* Tirar de la cola de una res para derribarla.

colección f. Conjunto de cosas de una misma clase.

■ **Enc.** Existen toda clase de **colecciones:** de estampillas (filatelia), de libros (bibliofilia), de tarjetas postales, de llaveros, de discos (discofilia), de obras de arte, de carros en miniatura, de insignias, etc.

colecta f. Recaudación de donativos.

colectividad f. Conjunto de personas reunidas para un fin.

colectivo, va adj. **1.** Relativo a un grupo o colectividad. ◆ m. **2.** Colectividad. **3.** *Argent., Bol. y Perú.* Autobús. **4.** *Chile.* Taxi con recorrido fijo que recoge pasaje hasta llenarse.

colector, ra adj. **1.** Que recoge. ◆ m. **2.** Conducto subterráneo en el cual vierten las alcantarillas sus aguas.

colega m. y f. **1.** Persona que tiene la misma profesión que otra. **2.** *Fam.* Compañero, amigo.

colegiarse prnl. **1.** Constituirse en colegio. **2.** Afiliarse a un colegio.

colegiata f. Iglesia que posee un cabildo de canónigos.

colegio m. **1.** Centro de enseñanza. **2.** Corporación de personas de la misma profesión.

colegir tr. Inferir, deducir una cosa de otra.

coleóptero, ra adj./m. Relativo a un orden de insectos provistos de boca masticatoria y alas posteriores plegables.

cólera m. **1.** Enfermedad infecciosa y epidémica. ◆ f. **2.** Ira.

colesterol m. Sustancia grasa presente en todas las células, en la sangre y en la bilis.

coleta f. Pelo recogido en forma de cola.

coletilla f. Adición breve a lo escrito o hablado.

colgar tr. **1.** Poner una cosa pendiente de otra sin que llegue al suelo. **2.** Cortar una comunicación telefónica. **3.** *Fam.* Ahorcar. ◆ intr. **4.** Estar una cosa pendiente o asida de otra.

colibrí m. Ave de pequeño tamaño, pico largo y plumaje brillante.

cólico m. Dolor abdominal agudo, con contracciones espasmódicas.

coliflor f. Variedad de col cuyos brotes forman una masa blanca.

coligarse prnl. Unirse o asociarse para algún fin.

coligüe m. *Argent. y Chile.* Planta gramínea trepadora de hojas perennes y madera muy dura.

colilla f. Punta del cigarro que ya no se fuma.

colina f. Elevación de terreno menor que la de un monte.

colindar intr. Lindar entre sí.

colirio m. Medicamento para enfermedades oculares.

coliseo m. Cine o teatro de alguna importancia.

colisión f. Choque de dos cuerpos.

colista adj./m. y f. Que va al último en una competición.

collado m. **1.** Colina. **2.** Depresión que facilita el paso de una sierra.

collage m. Obra y técnica pictórica que consiste en pegar sobre el lienzo diversos materiales, especialmente papeles.

collar m. **1.** Adorno que rodea el cuello. **2.** Correa que ciñe el pescuezo de los animales domésticos.

colmado m. Tienda de comestibles.

colmar tr. **1.** Llenar algo hasta el borde. **2.** Satisfacer plenamente.

colmena f. Lugar o recipiente en el que viven las abejas.

colmillo m. **1.** Diente agudo situado entre los incisivos y los molares. **2.** Cada uno de los dos incisivos de los elefantes.

colmo m. Parte de una sustancia que desborda el recipiente que la contiene. ● **Ser** una cosa **el ~,** rebasar la medida.

colocar tr. y prnl. **1.** Poner a una persona o cosa en su debido lugar. **2.** Proporcionar un estado o empleo.

colofón m. **1.** Anotación al final de un libro. **2.** Término, remate.

colombiano, na adj./m. y f. De Colombia.

colombino, na adj. Relativo a Cristóbal Colón.

colon m. Parte del intestino grueso, entre el ciego y el recto.

colón m. Unidad monetaria de El Salvador y Costa Rica.

colonia f. **1.** Territorio ocupado y administrado por una potencia extranjera. **2.** Conjunto de individuos de un país que viven en otro. **3.** Grupo de animales que viven juntos. **4.** Perfume compuesto de agua, alcohol y esencias aromáticas. **5.** *Amér.* Coloniaje. **6.** *Méx.* Barrio urbano.

■ **ENC.** En el siglo XVI, gracias a los progresos de la navegación y de la artillería, comenzó la colonización europea de una gran parte del mundo. El sur de América fue posesión de españoles y portugueses. El norte, de ingleses y franceses. Dos siglos después, los británicos también colonizaron la India. A finales del siglo XIX, una nueva ola colonizadora alcanzó sobre todo África y el Medio Oriente. Desde el siglo XVIII, las **colonias** americanas reclamaron su independencia e iniciaron la descolonización.

coloniaje m. *Amér. Central* y *Amér. Merid.* Período que duró la dominación española en América.

colonizar tr. Establecer colonias en un territorio.

colono m. **1.** Habitante de una colonia. **2.** Labrador arrendatario.

coloquial adj. Dícese del lenguaje usado corrientemente en la conversación.

coloquio m. Conversación entre dos o más personas.

color m. **1.** Impresión que produce en el ojo la luz emitida por los focos luminosos o difundida por los cuerpos. **2.** Sustancia preparada para pintar o teñir. **3.** Colorido.

colorado, da adj. De color rojo.

colorante adj./m. Que colora o tiñe.

colorar o **colorear** tr. Dar color.

colorete m. Cosmético encarnado que se aplica sobre los pómulos.

colorido m. **1.** Disposición de los colores. **2.** Animación, viveza.

colorinche adj. *Amér. Fam.* Relativo a la mala combinación de colores con resultado chillón.

colosal adj. **1.** De estatura propia de un coloso. **2.** Extraordinario.

coloso m. Estatua que excede mucho del tamaño natural.

columbiforme adj./m. Relativo a un orden de aves que comprende, entre otras, la paloma y la tórtola.

columna f. **1.** Elemento arquitectónico, generalmente cilíndrico, que sirve de apoyo y sostén. **2.** Pila de cosas colocadas unas sobre las otras. **3.** Tropa en formación, de poco frente y mucho fondo.

columnista m. y f. Colaborador de un periódico que tiene a su cargo la redacción de una sección especial.

columpio m. Asiento suspendido para balancearse.

colza f. Variedad de nabo de cuyas semillas se extrae aceite.

coma m. **1.** Estado caracterizado por la pérdida de la conciencia y la motricidad. ◆ f. **2.** Signo ortográfico (,) que indica la división de las frases o miembros más cortos de la oración. **3.** MAT. Signo que separa los enteros de los decimales.

comadre f. **1.** Madrina de un niño respecto del padre, la madre o el padrino del mismo. **2.** *Fam.* Vecina y amiga.

comadreja f. Mamífero carnívoro nocturno.

comadrón, na m. y f. Auxiliar médico que ayuda en los partos.

comal m. *Amér. Central* y *Méx.* Disco bajo y delgado de metal o barro sin vidriar, que se usa para asar alimentos y para tostar el café y el cacao.

comandante m. Oficial de los ejércitos de tierra y aire.

comando m. Pequeño grupo de tropas de choque.

comarca f. Territorio con clara unidad geográfica, más pequeño que una región.

comba f. **1.** Inflexión que toman algunos cuerpos sólidos cuando se encorvan. **2.** Juego de niños en que se salta con una cuerda.

combate m. Lucha, especialmente entre gente armada.

combatir tr. **1.** Contradecir, impugnar. ◆ intr. y prnl. **2.** Luchar.

combinación f. **1.** Acción y efecto de combinar. **2.** *Esp.* Prenda interior femenina de una sola pieza.

combinar tr. **1.** Unir cosas diversas de manera que formen un compuesto. **2.** Disponer elementos para conseguir un fin.

comburente adj./m. Dícese de un cuerpo que, por combinación con otro, produce la combustión de este último.

combustible adj. **1.** Que arde con facilidad. ◆ m. **2.** Material cuya combustión produce energía calorífica.

combustión f. Acción y efecto de arder o quemar.

comedia f. **1.** Obra dramática. **2.** Obra teatral o cinematográfica de tema ligero y desenlace feliz. **3.** Farsa o fingimiento.

comediógrafo, fa m. y f. Autor de comedias.

comedirse prnl. **1.** Moderarse, contenerse. **2.** *Amér.* Ofrecerse o disponerse para alguna cosa.

comedor, ra adj. **1.** Que come mucho. ◆ m. **2.** Habitación donde se come.

comendador m. Caballero que tiene encomienda en alguna de las órdenes militares o de caballeros.

comensal m. y f. Cada una de las personas que comen en una misma mesa.

comentario m. Opinión que se dice o escribe sobre alguien o algo.

comenzar tr. Empezar, dar principio a algo.

comer tr. e intr. **1.** Masticar y tragar el alimento. **2.** Tomar alimento. ◆ intr. **3.** Tomar la comida principal del día.

comercial adj. Relativo al comercio.

comerciar intr. Comprar, vender y permutar con fin lucrativo.
comercio m. 1. Acción y efecto de comerciar. 2. Tienda.
comestible adj. 1. Que se puede comer. ◆ m. 2. Artículo alimenticio.
cometa m. ASTRON. 1. Astro formado por un núcleo poco denso acompañado de una larga cola luminosa. ◆ f. 2. Juguete consistente en un armazón plano y ligero que se hace volar mediante una larga cuerda.

■ **Enc.** En la Tierra se han registrado alrededor de 1 200 apariciones de **cometas** desde la antigüedad. Sin embargo, los astrónomos piensan que hay miles de millones en el espacio. El célebre cometa *Halley* se observó en 1986 y volverá a pasar en el año 2062. Durante abril y mayo de 1997 fue posible observar en el hemisferio norte el cometa *Hale-Bopp*.

cometer tr. Incurrir en alguna culpa, error o delito.
cometido m. 1. Comisión, encargo. 2. Deber, obligación.
comezón f. 1. Picor. 2. Desasosiego.
cómic m. Secuencia de viñetas con desarrollo narrativo.

■ **Enc.** El **cómic** o historieta apareció en los periódicos estadounidenses a principios del siglo XX. *Tarzán*, *Flash Gordon*, *El ratón Mickey*, *El pato Donald*, *Supermán* y *Batman* son los héroes que inspiraron sueños entre las dos guerras mundiales. *Tintín*, creado por el diseñador belga Herg, inició sus aventuras «en el país de los sóviets» en 1929. Hacia 1950, sobresalen en Europa *Lucky Luke* y *Asterix* y aparece en Estados Unidos *Charlie Brown*. En los años 60 se publicaron los primeros cómics para adultos. En México han sido célebres *La familia Burrón*, *Los Supermachos*, el *Memín Pingüín* y *Chanoc*. En Chile surgió *Condorito* y en Argentina *Fúlmine*, *Ramona*, *Don Fulgencio*, *El otro yo del Dr. Merengue* y *Mafalda*.

comicios m. pl. Elecciones.
cómico, ca adj. 1. Relativo a la comedia. 2. Que hace reír. ◆ m. y f. *Fam.* 3. Actor.
comida f. 1. Alimento. 2. Alimento que se toma al mediodía.
comidilla f. *Fam.* Tema o motivo de murmuración.
comienzo m. Principio, origen.
comillas f. pl. Signo ortográfico con que se encierran las citas o expresiones inusuales o que se quieren destacar.
comino m. 1. Planta herbácea de semillas aromáticas. 2. Cosa de ínfimo valor.
comisaría f. *Esp.* Oficina de la policía.
comisariato m. *Colomb.*, *Nicar.* y *Pan.* Economato, almacén.
comisario, ria m. y f. 1. Persona que ha recibido poder para llevar a cabo una gestión. 2. Agente de policía.
comisión f. 1. Acción de cometer. 2. Encargo. 3. Porcentaje que cobra un vendedor. 4. Conjunto de personas encargadas de algo.

comiso m. Cosa confiscada.
comisura f. Punto de unión de los labios, párpados, etc.
comité m. Comisión de personas delegadas para un asunto.
comitiva f. Séquito.
como adv. 1. Denota idea de equivalencia, semejanza o igualdad. 2. Según, conforme: ~ *dijiste*. 3. En calidad de: ~ *testigo*. ◆ conj. 4. Porque: ~ *tardé no le vi*. 5. Si, en caso que: ~ *lloras me enfadaré*.
cómo adv. interr. 1. De qué modo o manera: *no sé* ~ *empezar*. 2. Por qué motivo: ¿~ *dices esto?* ◆ interj. 3. Denota enfado o extrañeza: *¡cómo! ¿no lo sabes?* ◆ m. 4. Modo, manera.
comodín m. 1. En algunos juegos de naipes, carta que toma el valor que le da el que la posee. 2. Lo que sirve para fines diversos.
cómodo, da adj. 1. Dícese de lo que contribuye a que uno se sienta a gusto. 2. Oportuno, fácil. ◆ f. 3. Mueble con cajones.
comoquiera adv. De cualquier manera.
compacto, ta adj. De textura apretada y poco porosa.
compadecer tr. y prnl. Compartir la desgracia ajena.
compadre m. 1. Padrino de un niño respecto del padre, la madre, o la madrina del mismo. 2. *Fam.* Amigo, compañero.
compadrear intr. *Argent.*, *Par.* y *Urug.* Jactarse, envanecerse.
compaginar tr. y prnl. Poner en buen orden cosas que guardan relación.
compañerismo m. Armonía entre compañeros.
compañero, ra m. y f. Persona que juega, trabaja o vive con otra.
compañía f. 1. Efecto de acompañar. 2. Persona o cosa que acompaña. 3. Sociedad comercial. 4. Unidad al mando de un capitán.
comparar tr. Examinar dos o más cosas para descubrir sus diferencias o semejanzas.
comparativo, va adj. 1. Que compara o sirve para comparar. ◆ adj./f. LING. 2. Dícese de la oración subordinada que denota comparación.
comparecer intr. Presentarse.
comparsa m. y f. Persona que representa papeles de poca importancia en el teatro.
compartir tr. 1. Distribuir en partes. 2. Poseer en común.
compás m. 1. Instrumento para trazar curvas y medir distancias. 2. MÚS. Ritmo de una pieza musical.
compasión f. Sentimiento de lástima por la desgracia ajena.
compatibilidad f. 1. Calidad de compatible. 2. INFORM. Cualidad relativa de dos computadoras, en que una puede ejecutar programas escritos para la otra sin necesidad de traducción o de reescritura.
compatible adj. Que puede ocurrir o hacerse con otra cosa.
compatriota m. y f. Persona de la misma patria que otra.
compendio m. Breve exposición de lo más esencial de una materia.

compenetrarse prnl. Identificarse en ideas y sentimientos.

compensar tr. y prnl. **1.** Igualar el efecto de una cosa con el de otra. **2.** Dar o hacer una cosa en pago del daño causado.

competencia f. **1.** Rivalidad. **2.** Obligación de hacer una cosa. **3.** Aptitud, capacidad. **4.** *Amér.* Competición.

competente adj. Experto, apto.

competer intr. Pertenecer, tocar o incumbir a uno una cosa.

competir intr. y prnl. Contender dos o más personas para lograr la misma cosa.

compilar tr. Reunir en una sola obra partes o textos de otras.

compinche m. y f. *Fam.* Amigo, colega.

complacer tr. **1.** Acceder a los deseos de otro. ◆ prnl. **2.** Hallar plena satisfacción en una cosa.

complejo, ja adj. **1.** Que se compone de elementos diversos. **2.** Difícil. ◆ m. **3.** Conjunto de cosas. **4.** Sentimiento de inferioridad. ● **Número ~** (MAT.), número que consta de una parte real y otra imaginaria.

complemento m. Cosa que se añade a otra para completarla.

completar tr. Hacer completa una cosa.

completivo, va adj./f. LING. Dícese de la oración subordinada que tiene la función de complemento directo.

completo, ta adj. **1.** Entero, íntegro. **2.** Acabado, perfecto.

complexión f. Constitución física de una persona o animal.

complicar tr. y prnl. Enredar, dificultar, confundir.

cómplice m. y f. Persona que colabora en un delito.

complot m. Conspiración, confabulación.

componedor m. *Argent., Chile y Colomb.* Persona diestra en tratar dislocaciones de huesos.

componenda f. Arreglo provisional.

componente adj./m. Que compone o entra en la composición de algo.

componer tr. **1.** Formar un todo juntando elementos diversos. **2.** Reparar lo estropeado o roto. **3.** Producir obras literarias o musicales. **4.** *Amér.* Colocar en su lugar los huesos dislocados. ◆ tr. y prnl. **5.** Constituir, formar. **6.** Adornar, acicalar.

comportar tr. **1.** Implicar. ◆ prnl. **2.** Portarse.

composición f. **1.** Acción y efecto de componer. **2.** Obra científica, literaria o musical.

compositor, ra m. y f. Persona que compone música.

compostelano, na adj./m. y f. De Santiago de Compostela (España).

compostura f. **1.** Reparación de una cosa descompuesta. **2.** Aseo, adorno.

comprar tr. **1.** Adquirir algo por dinero. **2.** Sobornar.

comprender tr. **1.** Abarcar, incluir dentro de sí. **2.** Entender.

compresa f. Lienzo fino o gasa para usos médicos.

compresor m. Aparato que sirve para comprimir un fluido.

comprimido, da adj. **1.** Reducido a menor volumen. ◆ m. **2.** Pastilla.

comprimir tr. y prnl. Reducir por presión el volumen de algo.

comprobar tr. Verificar, confirmar una cosa mediante prueba.

comprometer tr. y prnl. **1.** Poner en manos de un tercero la determinación de algo. **2.** Exponer a un riesgo. **3.** Asignar o adquirir una obligación.

compromisario, ria adj./m. y f. Dícese de la persona delegada para resolver o realizar algo.

compromiso m. **1.** Promesa. **2.** Dificultad, apuro.

compuerta f. Dispositivo que sirve para controlar el paso del agua de un canal, presa, etc.

compuesto, ta adj. **1.** Formado por varios elementos. ◆ adj./m. ARQ. **2.** Dícese del orden de la arquitectura griega caracterizado por un capitel formado por volutas jónicas y hojas corintias.

compulsar tr. Comprobar un texto con el original.

compungido, da adj. Apenado, afligido.

computador, ra m. y f. Ordenador.

computar tr. Determinar una cantidad por el cálculo de ciertos datos.

comulgar tr. **1.** Dar la sagrada comunión. ◆ intr. **2.** Recibirla. **3.** Coincidir en ideas o sentimientos con otra persona.

común adj. **1.** Compartido por varios a la vez. **2.** Frecuente, usual. **3.** Vulgar.

comuna f. **1.** Organización de personas que viven en comunidad. **2.** *Amér. Central y Amér. Merid.* Municipio, ayuntamiento.

comunicación f. **1.** Acción y efecto de comunicar o comunicarse. **2.** Medio de unión entre lugares.

comunicar tr. **1.** Hacer saber una cosa a alguien. ◆ tr., intr. y prnl. **2.** Tratar con alguien de palabra o por escrito. ◆ intr. **3.** Dar un teléfono la señal de línea ocupada. ◆ intr. y prnl. **4.** Establecer paso de un lugar a otro.

comunidad f. **1.** Calidad de común, de compartido. **2.** Grupo social o agrupación de personas con intereses comunes. **3.** ECOL. Poblaciones de un área determinada que se interrelacionan.

comunión f. **1.** Participación en lo que es común. **2.** En el cristianismo, sacramento de la eucaristía.

comunismo m. Doctrina que propugna la abolición de la propiedad privada.

con prep. **1.** Significa el instrumento, medio o modo para hacer algo. **2.** En compañía: *llegó con su padre.* **3.** Expresa reciprocidad o comparación: *se escribe con ella.* **4.** Con infinitivo, equivale a gerundio: *con declarar se eximió del tormento.* **5.** A pesar de: *con lo joven que es y ya es director.* ◆

conato m. Acción o suceso que no llega a realizarse plenamente.

concatenar o **concadenar** tr. Unir o enlazar unas cosas con otras.

cóncavo, va adj. Que tiene la superficie deprimida por el centro.

concebir tr. e intr. 1. Quedar fecundada la hembra. 2. Formar en la mente una idea de algo.

conceder tr. Dar, otorgar.

concejal, la m. y f. Miembro de un concejo o ayuntamiento.

concejo m. 1. Ayuntamiento. 2. Municipio.

concentrar tr. y prnl. 1. Reunir en un centro o punto. 2. Aumentar la densidad. ◆ prnl. 3. Fijar la atención.

concéntrico, ca adj. Dícese de las figuras geométricas que tienen un mismo centro.

concepción f. Acción y efecto de concebir.

conceptismo m. Estilo literario caracterizado por el uso de conceptos rebuscados.

concepto m. 1. Idea abstracta y general. 2. Pensamiento expresado con palabras. 3. Opinión, juicio. 4. Calidad, título.

concernir intr. Afectar, atañer.

concertar tr. y prnl. 1. Pactar, acordar. ◆ intr. 2. Convenir entre sí una cosa con otra.

concesión f. Acción y efecto de conceder.

concesivo, va adj. 1. Que se concede o puede concederse. ◆ adj./f. LING. 2. Dícese de la oración subordinada que expresa una objeción, pero no impide la realización de la principal.

concha f. 1. Caparazón o cubierta de algunos animales. 2. Amér. Central y Amér. Merid. Vulg. Órgano genital de la mujer.

conchabar tr. 1. Unir, asociar. ◆ tr. y prnl. 2. Amér. Merid. y Méx. Tomar sirviente a sueldo. 3. Chile. Cambiar cosas de escaso valor. ◆ prnl. Fam. 4. Confabularse.

conchudo, da adj./m. y f. 1. Amér. Fam. Sinvergüenza, caradura. 2. Amér. Central y Amér. Merid. Vulg. Estúpido, bobo. 3. Méx. Indiferente, desentendido. 4. Méx. Perezoso.

conciencia f. 1. Conocimiento que el ser humano tiene de sí mismo, de su existencia y de las cosas que le rodean. 2. Integridad moral.

concierto m. 1. Buen orden y disposición de las cosas. 2. Sesión en la que se interpretan obras musicales.

conciliábulo m. Junta para tratar algo y cuyo resultado se desea mantener en secreto.

conciliar tr. Poner de acuerdo.

conciliar adj. Relativo a los concilios.

concilio m. Asamblea regular de obispos.

conciso, sa adj. Breve y preciso en el modo de expresar los conceptos.

conciudadano, na m. y f. Ciudadano de una misma ciudad respecto de los demás.

cónclave o conclave m. Asamblea de cardenales.

concluir tr. e intr. 1. Acabar. ◆ tr. y prnl. 2. Inferir, deducir una verdad.

concomerse prnl. Sentir comezón interior.

concomitancia f. Hecho de acompañar una cosa a otra u obrar junto con ella.

concordar tr. 1. Poner de acuerdo lo que no lo está. ◆ intr. 2. Coincidir una cosa con otra.

concordia f. Acuerdo, armonía.

concreción f. Masa formada por acumulación de partículas.

concretar tr. 1. Precisar, hacer concreto. 2. Reducir a lo esencial. ◆ prnl. 3. Limitarse a tratar de una sola cosa.

concreto, ta adj. 1. Dícese de cualquier objeto considerado en sí mismo. 2. Preciso, exacto. ◆ m. 3. Amér. Cemento armado.

concubina f. Mujer que hace vida marital con un hombre que no es su marido.

conculcar tr. Quebrantar una ley.

concuñado, da m. y f. Respecto de una persona, el cuñado de un hermano suyo o el cónyuge de un cuñado.

concupiscencia f. Deseo excesivo de bienes y placeres terrenos.

concurrir intr. Juntarse en un mismo lugar o tiempo diferentes personas, sucesos o cosas.

concurso m. 1. Competición en la que se disputa un premio. 2. Oposición, procedimiento para obtener un puesto de trabajo.

conde, desa m. y f. Título nobiliario inferior al de marqués.

condecorar tr. Enaltecer a uno con honores o distinciones.

condena f. 1. Castigo que se impone a quien comete una falta. 2. Sentencia de un juez.

condenar tr. 1. Dictar sentencia el juez imponiendo una pena o castigo. 2. Reprobar, desaprobar.

condensar tr. y prnl. Reducir el volumen de algo dándole mayor densidad.

condescender intr. Acomodarse a la voluntad o parecer de otro.

condición f. 1. Índole, naturaleza o propiedad de las cosas. 2. Circunstancia para que una cosa sea u ocurra. ◆ pl. 3. Aptitud.

condicional adj. 1. Que incluye una condición. ◆ adj./f. LING. 2. Dícese de la oración subordinada que establece una condición para que se cumpla lo expresado en la principal. ◆ m. LING. 3. Tiempo verbal que indica una acción futura, respecto de otra pasada.

condimentar tr. Añadir condimento a un alimento.

condimento m. Sustancia que se emplea para hacer más sabrosos los alimentos.

condolerse prnl. Compadecerse.

condón m. Preservativo.

condonar tr. Perdonar una pena o deuda.

cóndor m. Ave rapaz de gran tamaño, de color negro y blanco.

conducir tr. 1. Llevar, transportar. 2. Guiar o dirigir. 3. Manejar un vehículo automóvil. ◆ prnl. 4. Comportarse.

conducta f. Manera de conducirse.

conductividad f. FÍS. Propiedad que tienen los cuerpos de transmitir el calor o la electricidad.

conducto m. 1. Canal o tubo por el que circula un fluido. 2. Medio o vía que se sigue en algún negocio.

conductor, ra adj./m. y f. 1. Que conduce. ◆ adj./m. FÍS. 2. Dícese del cuerpo capaz de transmitir calor o electricidad.

conectar tr. Poner en contacto.

conejo, ja m. y f. Mamífero roedor de carne comestible.

conexión f. Relación o enlace entre personas, ideas, etc.

confabularse prnl. Acordar una acción, generalmente en contra de alguien.

CLASES DE CÉLULAS
Y LAS ARTICULACIONES

CLASES DE CÉLULAS

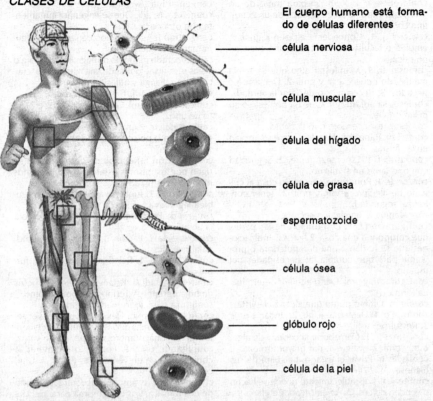

El cuerpo humano está formado de células diferentes

célula nerviosa

célula muscular

célula del hígado

célula de grasa

espermatozoide

célula ósea

glóbulo rojo

célula de la piel

LAS ARTICULACIONES
Las articulaciones unen dos o más huesos

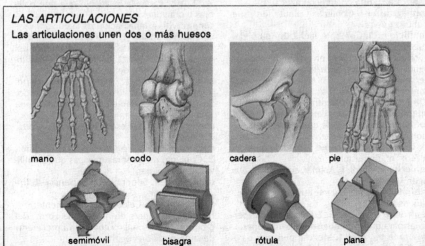

mano   codo   cadera   pie

semimóvil   bisagra   rótula   plana

confección f. Acción y efecto de confeccionar, especialmente prendas de vestir.

confeccionar tr. Hacer una obra combinando sus diversos elementos.

confederación f. Alianza entre personas, grupos o estados.

conferencia f. **1.** Reunión para tratar de un asunto. **2.** Exposición en público de una cuestión concreta.

conferir tr. **1.** Conceder a alguien dignidad, empleo o facultades. **2.** Atribuir una cualidad no física.

confesar tr. **1.** Manifestar algo que se había mantenido oculto. ◆ tr. y prnl. **2.** Declarar los pecados. **3.** Reconocer o declarar la verdad.

confeso, sa adj./m. y f. Que ha confesado su delito o falta.

confesor m. Sacerdote que confiesa.

confeti m. Papelitos de colores que se arrojan en las fiestas.

confianza f. **1.** Esperanza firme. **2.** Seguridad que uno tiene en sí mismo.

confiar tr. **1.** Poner una persona o cosa al cuidado de alguien. ◆ intr. y prnl. **2.** Tener confianza, seguridad.

confidencia f. Revelación secreta.

configuración f. **1.** Disposición de las partes que componen una cosa. **2.** INFORM. Indicaciones que se le dan a una computadora o programa para que cumpla las necesidades del usuario.

configurar tr. y prnl. Dar o adquirir determinada forma.

confín m. Último punto que alcanza la vista.

confinar tr. **1.** Desterrar. ◆ intr. **2.** Lindar. ◆ prnl. **3.** Recluirse.

confirmar tr. **1.** Corroborar la certeza de algo. ◆ tr. y prnl. **2.** Asegurar, dar mayor firmeza.

confiscar tr. Privar el estado a alguien de sus bienes.

confitería f. **1.** Establecimiento donde se hacen o venden dulces. **2.** *Amér. Merid.* Cafetería.

confitura f. Fruta cocida con azúcar.

conflagración f. Conflicto violento, en especial una guerra.

conflicto m. **1.** Combate, lucha. **2.** Apuro, dificultad.

confluir intr. **1.** Juntarse en un punto varios caminos, ríos, etc. **2.** Concurrir en un sitio mucha gente.

conformar tr. **1.** Dar forma. ◆ tr., intr. y prnl. **2.** Ajustar una cosa con otra. ◆ prnl. **3.** Aceptar sin protesta algo malo o insuficiente.

conforme adj. **1.** Acorde con una cosa u opinión. **2.** Resignado. ◆ adv. **3.** Según, con arreglo a. **4.** Tan pronto como, a medida que.

confort m. Bienestar.

confortar tr. y prnl. **1.** Animar, consolar. **2.** Dar vigor.

confraternizar intr. Tratarse con amistad y compañerismo.

confrontar tr. **1.** Cotejar. **2.** Enfrentar a dos personas para que defiendan sus afirmaciones.

confundir tr. y prnl. **1.** Mezclar personas o cosas. **2.** Tomar erróneamente una cosa por otra. **3.** Dejar confuso.

confuso, sa adj. **1.** Oscuro, dudoso. **2.** Difícil de distinguir. **3.** Turbado, perplejo.

conga f. Danza popular cubana.

congelar tr. y prnl. **1.** Transformar un líquido en sólido por efecto del frío. **2.** Someter algo al frío para su conservación.

congeniar intr. Avenirse.

congénito, ta adj. Que se engendra juntamente con otra cosa.

congestión f. Acumulación de sangre en alguna parte del cuerpo.

conglomerado m. Unión de fragmentos de una o varias sustancias formando una masa compacta.

congoja f. Fatiga y aflicción del ánimo.

congoleño, ña adj./f. y m. Del Congo.

congraciar tr. y prnl. Ganar la bondad o el afecto de uno.

congratular tr. y prnl. Manifestar alegría y satisfacción a la persona a quien ha acaecido un suceso feliz.

congregación f. Reunión de personas que se rigen por los mismos estatutos o siguen unos mismos fines piadosos.

congreso m. **1.** Junta para deliberar. **2.** Asamblea legislativa.

congrio m. Pez marino comestible, parecido a la anguila.

congruencia f. Ilación o conexión de ideas, palabras, etc.

cónico, ca adj. **1.** Relativo al cono. **2.** De forma de cono.

conífero, ra adj./f. Relativo a ciertos árboles de hoja perenne, y resinosos, como el pino.

conjetura f. Juicio formado por indicios.

conjugación f. LING. Flexión propia del verbo, que adopta formas distintas según los accidentes de persona, número, tiempo, modo y voz.

conjugar tr. LING. **1.** Formar o enumerar la conjugación de un verbo. ◆ tr. y prnl. **2.** Unir, combinar.

conjunción f. ASTRON. **1.** Encuentro aparente de dos o más astros en la misma parte del cielo. **2.** LING. Partícula invariable que une palabras u oraciones.

conjuntivitis f. Inflamación de la conjuntiva.

conjuntivo, va adj. **1.** Que une. ◆ f. **2.** Membrana mucosa que cubre la parte anterior del ojo. ● **Tejido** ~ (ANAT.), tejido que realiza funciones de sostén o de protección.

conjunto, ta adj. **1.** Unido, contiguo. ◆ m. **2.** Agrupación de varios elementos en un todo. **3.** MAT. Grupo de elementos que cumplen una propiedad.

conjurar tr. **1.** Usar exorcismos. ◆ intr. y prnl. **2.** Conspirar.

conjuro m. **1.** Acción y efecto de conjurar. **2.** Conjunto de palabras mágicas que se utilizan para conjurar.

conllevar tr. **1.** Soportar con paciencia. **2.** Implicar, suponer.

conmemorar tr. Celebrar solemnemente.

conmigo pron. pers. de 1a. persona. Forma del pronombre personal *mí* cuando va precedido de la preposición *con*.

conminar tr. Amenazar con alguna pena o castigo.

conmiseración f. Compasión por la desgracia ajena.

conmoción f. Violenta perturbación del ánimo o del cuerpo.

conmover tr. y prnl. **1.** Perturbar, mover con fuerza. **2.** Enternecer.

conmutador m. **1.** Aparato que modifica las conexiones entre circuitos. **2.** *Amér.* Central telefónica.

conmutar tr. Trocar, permutar.

conmutativo, va adj. MAT. Dícese de la propiedad de las operaciones en las que el orden de sus elementos no altera el resultado.

connatural adj. Propio de la naturaleza de cada ser.

connivencia f. Tolerancia de un superior con sus subordinados.

connotar tr. Sugerir la palabra, además de su significado propio, otro por asociación.

cono m. Cuerpo geométrico limitado por una base circular y la superficie generada por rectas que unen la base con el vértice.

conocer tr. **1.** Averiguar por el intelecto la naturaleza y relaciones de las cosas. **2.** Reconocer, distinguir. ◆ tr. y prnl. **3.** Tener trato con una persona.

conocido, da adj. **1.** Distinguido, acreditado. ◆ m. y f. **2.** Persona con quien se tiene trato, pero no amistad.

conocimiento m. **1.** Acción y efecto de conocer. **2.** Entendimiento, inteligencia. **3.** Conciencia de la propia existencia.

conque conj. Anuncia una consecuencia natural de lo dicho o de lo ya sabido.

conquense adj./m. y f. De Cuenca (España).

conquistar tr. **1.** Tomar por las armas un territorio. **2.** Ganar la voluntad o el amor de otro.

consabido, da adj. **1.** Sabido de antemano. **2.** Habitual.

consagrar tr. **1.** Hacer sagrado. ◆ tr. y prnl. **2.** Dedicar a Dios. **3.** Dedicar, emplear. **4.** Conferir a alguien fama o reputación.

■ **ENC.** El ritual de **consagrar** a un monarca se inició en el año 751 en Francia, por Pipino el Breve. Esta ceremonia tenía por objeto afirmar el derecho divino de los reyes: el futuro monarca era primero proclamado y después frotado con los santos óleos. Posteriormente, era coronado, recibía las insignias de la realeza y los señores le rendían homenaje. Finalmente, juraba respetar el orden establecido e impartir la justicia.

consanguinidad f. Carácter de los que pertenecen a un mismo tronco de familia.

consciencia f. Conciencia*.

consciente adj. Que tiene conciencia, conocimiento.

conscripción f. *Argent.* Servicio militar.

consecuencia f. **1.** Hecho que resulta o se sigue de otro. **2.** Proposición que se deduce de otra.

consecutivo, va adj. **1.** Que sigue a otra cosa. ◆ adj./f. LING. **2.** Dícese de la oración subordinada que expresa consecuencia de lo indicado en otra.

conseguir tr. Alcanzar, obtener lo que se pretende o desea.

consejero, ra m. y f. **1.** Persona que aconseja. **2.** Miembro de un consejo.

consejo m. **1.** Advertencia hecha a alguien sobre lo que se debe hacer. **2.** Organismo de consulta, administración o gobierno. **3.** Reunión celebrada por este organismo.

consenso m. Acuerdo.

consentir tr. e intr. **1.** Permitir algo, condescender. ◆ tr. **2.** Mimar.

conserje m. y f. Persona que custodia un edificio o establecimiento público.

conserva f. Alimento preparado y envasado para que se conserve durante mucho tiempo.

conservador, ra adj./m. y f. **1.** Que conserva. **2.** Partidario de mantener el orden social establecido.

conservar tr. y prnl. **1.** Mantener una cosa o cuidar de su permanencia. ◆ tr. **2.** Guardar con cuidado.

conservatorio m. Escuela oficial de música, danza, etc.

considerable adj. **1.** Digno de consideración. **2.** Grande.

consideración f. **1.** Acción y efecto de considerar. **2.** Respeto.

considerar tr. **1.** Pensar una cosa con atención. **2.** Tratar con respeto. ◆ tr. y prnl. **3.** Juzgar, estimar.

consigna f. **1.** Orden dada a un subordinado. **2.** Lugar de una estación donde se puede depositar el equipaje.

consignar tr. **1.** Señalar en un presupuesto una cantidad para determinado fin. **2.** Poner por escrito.

consigo pron. pers. de 3a. persona. Forma del pronombre personal reflexivo *sí* cuando va precedido de la preposición *con*.

consiguiente adj. Que depende y se deduce de otra cosa.

consistencia f. Duración, estabilidad, solidez.

consistir intr. **1.** Estar fundada una cosa en otra. **2.** Ser, estar formado por lo que se indica.

consistorio m. **1.** Asamblea de cardenales. **2.** *Esp.* Ayuntamiento.

consola f. **1.** Mesa de adorno arrimada a la pared. **2.** INFORM. Terminal de ordenador que comunica con la unidad central.

consolar tr. y prnl. Aliviar la pena o aflicción de uno.

consolidar tr. y prnl. Dar firmeza o solidez.

consomé m. Caldo de carne.

consonancia f. Coincidencia de sonidos, desde la última vocal acentuada, en dos o más versos.

consonante adj. **1.** Que tiene consonancia. ◆ f. **2.** Sonido articulado por el cierre completo o parcial de la boca, seguido de una apertura. **3.** Letra que lo representa.

consorcio m. Agrupación de entidades para negocios importantes.

consorte m. y f. Cónyuge.

conspicuo, cua adj. Ilustre, sobresaliente.

conspirar intr. Obrar de acuerdo con otros contra alguien o algo.

constancia f. **1.** Firmeza y perseverancia del ánimo. **2.** Certeza.

constante adj. **1.** Que tiene constancia. **2.** Que no se interrumpe. **3.** Muy frecuente.

constar intr. **1.** Ser cierto y evidente. **2.** Tener un todo determinadas partes.

constatar tr. Comprobar un hecho o dar constancia de él.

constelación f. ASTRON. Grupo de estrellas que presentan una figura convencional determinada.

■ **ENC.** Las estrellas que forman las **constelaciones** pueden estar muy lejanas unas de otras. Agrupar las estrellas en constelaciones no corresponde a una realidad astronómica, sino que es un medio práctico para orientarse en el cielo. Existen 88 constelaciones. Sin embargo, no se pueden ver todas a la vez desde un mismo punto de la Tierra.

consternar tr. y prnl. Inquietar mucho y abatir el ánimo.

constiparse prnl. Acatarrarse.

constitución f. **1.** Acción y efecto de constituir. **2.** Manera de estar constituido. **3.** Ley fundamental de la organización de un estado.

■ **ENC.** La **constitución** establece la forma de gobierno de un país, los derechos y las obligaciones de los ciudadanos y del Estado. Fija los poderes del rey, del presidente de la República, de los ministros y del Parlamento. Indica también los derechos ciudadanos al voto y a la justicia, así como los derechos de los extranjeros, etc.

constituir tr. **1.** Formar, componer. ◆ tr. y prnl. **2.** Fundar, erigir.

constituyente adj. Que constituye.

constreñir tr. **1.** Obligar. ◆ tr. y prnl. **2.** Limitar, reducir.

construcción f. **1.** Acción y efecto de construir. **2.** Obra construida. **3.** LING. Disposición sintáctica de las palabras y oraciones. ● ~ **de material** (*Amér. Merid.* y *P. Rico*), obra hecha de ladrillos.

construir tr. Hacer una obra juntando los elementos según un plan.

consuegro, gra m. y f. Padre o madre de un cónyuge respecto del padre o madre del otro.

consuelo m. Cosa que consuela.

consuetudinario, ria adj. Que es por costumbre.

cónsul m. y f. Agente diplomático en una ciudad extranjera.

consultar tr. **1.** Pedir parecer. **2.** Buscar datos o información en un libro, texto, etc.

consultorio m. Despacho donde el médico recibe a los enfermos.

consumar tr. Llevar a cabo totalmente una cosa.

consumir tr. **1.** Utilizar una cosa como fuente de energía o para satisfacer necesidades. ◆ tr. y prnl. **2.** Extinguir, gastar.

consumo m. **1.** Gasto de las cosas que con el uso se extinguen. **2.** Utilización de un bien para satisfacer necesidades.

contabilidad f. **1.** Disciplina encargada de llevar las cuentas de una empresa, sociedad, etc. **2.** Conjunto de esas cuentas.

contabilizar tr. Apuntar una cantidad en los libros de cuentas.

contable adj. **1.** Que puede ser contado. ◆ m. y f. **2.** Persona que lleva la contabilidad.

contacto m. **1.** Relación entre cosas que se tocan. **2.** Trato entre personas. **3.** Conexión entre dos partes de un circuito eléctrico.

contado, da adj. Raro, escaso. ● **Al ~,** con dinero contante.

contagiar tr. y prnl. Transmitir por contacto una enfermedad.

contaminación f. Acción y efecto de contaminar o contaminarse.

contaminar tr. y prnl. **1.** Alterar nocivamente una sustancia u organismo debido a la actividad humana o por la presencia de gérmenes. **2.** Contagiar. **3.** LING. Alterar la forma de un vocablo o texto por influencia de otro.

contante adj. Dícese del dinero en efectivo.

contar tr. **1.** Determinar el número de elementos de un conjunto para saber cuántas unidades hay. **2.** Referir, narrar. ◆ intr. **3.** Hacer cuentas. **4.** Seguido de la prep. *con*, confiar.

contemplar tr. **1.** Mirar con atención. **2.** Tener en cuenta.

contemporáneo, a adj./m. y f. **1.** Que existe al mismo tiempo. **2.** De la época actual.

contemporizar intr. Acomodarse al gusto o dictamen ajeno.

contencioso, sa adj. DER. Que es objeto de litigio.

contender intr. **1.** Pelear, luchar. **2.** Competir. **3.** Discutir.

contenedor m. Recipiente metálico grande.

contener tr. y prnl. **1.** Llevar o tener dentro de sí. **2.** Dominar un impulso, sentimiento, etc.

contenido, da adj. **1.** Moderado. ◆ m. **2.** Lo que se contiene dentro de una cosa. **3.** Significado del signo lingüístico.

contento, ta adj. **1.** Alegre, satisfecho. ◆ m. **2.** Alegría, satisfacción.

contertulio, lia m. y f. Persona que asiste a la misma tertulia que otra.

contesta f. *Amér. Central* y *Amér. Merid.* Respuesta.

contestar tr. Responder a lo que se pregunta, se habla o escribe.

contexto m. Conjunto de circunstancias en que se sitúa un hecho.

contextura f. Disposición de las partes de un todo.

contienda f. Acción de contender.

contigo pron. pers. de 2a. persona. Forma del pronombre personal *tú* cuando va precedido de la preposición *con*.

contiguo, gua adj. Que está junto a otra cosa.

continente adj./m. **1.** Que contiene en sí a otra cosa. ◆ m. **2.** Extensa superficie de tierra emergida.

contingencia f. **1.** Posibilidad de que una cosa suceda o no. **2.** Suceso posible. **3.** Riesgo.

contingente adj. **1.** Que puede suceder o no. ◆ m. **2.** Parte proporcional con que cada uno contribuye a un fin.

continuar tr. **1.** Proseguir, llevar adelante lo comenzado. ◆ intr. **2.** Durar, permanecer. ◆ intr. y prnl. **3.** Seguir, extenderse.

continuo, nua adj. **1.** Sin interrupción. **2.** Constante, frecuente.

contonearse prnl. Mover con exageración los hombros y caderas al andar.

contorno m. **1.** Conjunto de líneas que limitan una figura. **2.** Territorio que rodea un lugar.

contorsión f. Posición forzada del cuerpo o una parte de él.

contra prep. **1.** Denota oposición o contrariedad. **2.** Enfrente. ◆ m. **3.** Concepto opuesto o contrario a otro: *el pro y el ~.* ◆ f. **4.** Dificultad, inconveniente.

contraataque m. Respuesta ofensiva a un ataque.

contrabajo m. **1.** El mayor y más grave de los instrumentos de la familia del violín. **2.** MÚS. Voz más grave que la del bajo.

■ **ENC.** El **contrabajo** apareció al final del siglo XVI. Tiene la misma forma que el violonchelo y un sonido una octava más abajo. Mide de 1.60 a 2 m de altura y tiene cuatro cuerdas. Se toca con los dedos (en pizzicato) o con un arco. Se le utiliza en las orquestas de música sinfónica y en los conjuntos de jazz.

contrabando m. Introducción ilegal de géneros.

contracción f. **1.** Acción y efecto de contraer o contraerse. **2.** LING. Unión de dos palabras o dos sílabas en una sola.

contradecir tr. y prnl. Decir lo contrario de lo que otro afirma.

contradicción f. Acción y efecto de contradecir o contradecirse.

contraer tr. y prnl. **1.** Reducir una cosa. ◆ tr. **2.** Adquirir una enfermedad, obligación, etc.

contrafuerte m. ARQ. Pilar adosado a un muro para reforzarlo.

contrahecho, cha adj./m. y f. Que tiene torcido el cuerpo.

contraindicación f. Circunstancia que se opone al empleo de un medicamento.

contralor m. *Chile, Colomb., Méx. y Venez.* Funcionario que controla los gastos públicos.

contraloría f. *Amér.* Oficina de la nación, encargada de revisar las cuentas del gobierno.

contralto m. MÚS. Voz media entre la de tiple y la de tenor.

contraluz m. o f. Aspecto de las cosas desde el lado opuesto a la luz.

contramaestre m. Oficial encargado de la tripulación.

contraofensiva f. Operación militar que responde a una ofensiva del enemigo.

contraorden f. Orden con que se revoca otra anterior.

contrapartida f. Cosa con que se compensa o resarce.

contrapelo. A ~, contra la dirección del pelo.

contrapeso m. Peso que equilibra otro.

contraponer tr. **1.** Comparar. ◆ tr. y prnl. **2.** Oponer.

contraproducente adj. De efectos opuestos a los que se pretende.

contrapunto m. MÚS. Concordancia armoniosa de voces superpuestas.

contrariedad f. **1.** Oposición. **2.** Contratiempo.

contrario, ria adj. **1.** Opuesto. **2.** Que daña o perjudica. ◆ m. y f. **3.** Enemigo, adversario.

contrarreforma f. Movimiento producido en el seno del catolicismo para oponerse a la reforma protestante.

contrarrestar tr. **1.** Hacer frente u oposición a algo. **2.** Neutralizar una cosa los efectos de otra.

contrasentido m. Acción, actitud o razonamiento sin lógica.

contraseña f. Señal convenida para reconocerse.

contrastar tr. **1.** Comprobar. ◆ intr. **2.** Mostrar notable diferencia dos cosas.

contrata f. Contrato para ejecutar una obra o prestar un servicio por precio determinado.

contratar tr. Pactar, convenir, hacer contratos o contratas.

contratiempo m. Accidente perjudicial e inesperado.

contratista m. y f. Persona que ejecuta una obra por contrata.

contrato m. Pacto por el que dos o más personas se obligan al cumplimiento de una cosa.

contravenir tr. Obrar en contra de lo mandado.

contrayente adj./m. y f. Dícese del que contrae matrimonio.

contribuir tr. e intr. **1.** Pagar un impuesto. ◆ intr. **2.** Cooperar con otros al logro de algún fin.

contrición f. Dolor o pesar por haber ofendido a Dios.

contrincante m. y f. Rival.

control m. **1.** Comprobación, inspección. **2.** Dirección, mando. ● **~ remoto,** aparato que permite manejar objetos a distancia, generalmente por enlace eléctrico.

controversia f. Discusión.

contubernio m. **1.** Amancebamiento. **2.** Alianza censurable.

contumaz adj. Tenaz en mantener un error.

contundente adj. **1.** Que produce contusión. **2.** Convincente.

contusión f. Lesión producida por un golpe, sin herida exterior.

convalecencia f. Estado de la persona que se recupera de una enfermedad y tiempo que dura.

convalidar tr. Confirmar, revalidar lo ya aprobado.

convección f. FÍS. Transporte de calor acompañado de transporte de materia en estado de fluido.

convencer tr. y prnl. Conseguir que alguien haga, crea o acepte cierta cosa.

convención f. **1.** Pacto. **2.** Reunión de personas para tratar un asunto. **3.** Norma o práctica admitida tácitamente.

convencional adj. Establecido por costumbre.

conveniente adj. Útil, provechoso.

convenio m. Acuerdo, pacto.

convenir tr. y prnl. **1.** Llegar a un acuerdo. ◆ intr. **2.** Ser de un mismo parecer. **3.** Ser oportuno, útil.

conventillo m. *Amér. Merid.* Casa grande que contiene muchas viviendas reducidas.

convento m. Casa donde vive una comunidad religiosa.

convergir o converger intr. Dirigirse a un mismo punto.

conversar intr. Hablar unas personas con otras.

conversión f. Acción y efecto de convertir.

converso, sa adj./m. y f. Dícese de los moros y judíos convertidos al cristianismo.

convertir tr. y prnl. 1. Mudar, transformar. 2. Hacer cambiar a alguien su religión.

convexo, xa adj. Que tiene la superficie más prominente en el centro.

convicción f. 1. Seguridad, certeza. ◆ pl. 2. Conjunto de ideas o creencias.

convicto, ta adj. Dícese del reo cuyo delito ha sido probado.

convidar tr. 1. Invitar. 2. Incitar.

convincente adj. Que convence.

convite m. Comida, banquete, etc., a que uno es convidado.

convivir intr. Vivir en compañía de otro u otros.

convocar tr. Llamar a varias personas para que concurran a un lugar o acto.

convocatoria f. Escrito con que se convoca.

convoy m. 1. Escolta. 2. Conjunto de vehículos escoltados.

convulsión f. 1. Contracción involuntaria de los músculos. 2. Agitación social violenta.

cónyuge m. y f. Marido respecto de la mujer y viceversa.

coñac m. Aguardiente hecho a partir de vinos añejos.

coño m. Vulg. 1. Parte externa del aparato genital femenino. ◆ interj. Vulg. 2. Denota enfado o extrañeza.

cooperar intr. Obrar juntamente con otros para un mismo fin.

cooperativa f. Asociación de consumidores, comerciantes o productores con intereses comunes.

coordenado, da adj./f. Dícese de las líneas que sirven para determinar la posición de un punto.

coordinado, da adj. LING. Dícese de las oraciones sin vínculos de subordinación entre ellas.

coordinar tr. Concertar medios, esfuerzos, etc., para conseguir un objetivo determinado.

copa f. 1. Vaso con pie para beber y líquido que contiene. 2. Conjunto de las ramas y hojas de un árbol. 3. Parte hueca del sombrero. ◆ pl. 4. Palo de la baraja española.

copar tr. Conseguir en una elección todos los puestos.

copear intr. Tomar copas.

copia f. 1. Reproducción exacta de un escrito, obra, etc. 2. Imitación.

■ ENC. Antes de la invención de la imprenta todos los libros se escribían a mano. En la antigüedad los escribas eran esclavos cuyos talentos eran muy solicitados. En la Edad Media, los monjes asumieron estas funciones y se dedicaron a obtener **copias** de los textos sagrados y profanos. Gracias a ellos, llegaron a nosotros un gran número de obras de la antigüedad griega y romana.

copihue m. Chile. Planta arbustiva trepadora de flores rojas y blancas que produce una baya semejante al ají.

copioso, sa adj. Abundante.

copla f. 1. Estrofa. 2. Canción popular. ◆ pl. Fam. 3. Versos.

copo m. Pequeña masa que cae cuando nieva.

copón m. Copa en la que se guardan las hostias consagradas.

coproducción f. Producción en común.

cópula f. 1. Unión sexual. 2. Atadura, unión.

copulativo, va adj. LING. Dícese de la palabra que une dos elementos de una oración, un sintagma, etc: verbo ~.

coque m. Combustible sólido de gran poder calorífico.

coquear intr. Argent. y Bol. Mascar coca.

coqueto, ta adj./m. y f. 1. Que trata de agradar con actitudes estudiadas. 2. Que cuida excesivamente su aspecto.

cora adj./m. y f. De un pueblo amerindio que vive en Nayarit, México.

coraje m. 1. Valor, decisión. 2. Ira.

coral adj. 1. Relativo al coro. ◆ m. 2. Celentéreo que vive formando colonias de estructura calcárea.

■ ENC. Los **corales** están formados por pequeños animales con forma de tubo llamados pólipos. Estos pólipos están dotados de tentáculos con los que atrapan a sus presas. Viven fijos a un "esqueleto" de carbonato de calcio que ellos mismos secretan y que les sirve para ocultarse. Cuando los esqueletos son muy grandes forman arrecifes.

corallilo m. Méx. Serpiente muy venenosa, con anillos de color rojo, amarillo y negro alternados, que habita en regiones calurosas cercanas a las costas.

coraza f. 1. Armadura que protegía el pecho y la espalda. 2. Caparazón.

corazón m. 1. Órgano muscular que constituye el centro del aparato circulatorio. 2. Sentimiento, afecto. 3. Parte central de algo. ◆ adj./m. 4. Dícese del tercer dedo de la mano.

■ ENC. El **corazón** es una bomba: recibe la sangre venosa, que está cargada de bióxido de carbono, y la impulsa a los pulmones donde se llena de oxígeno. De allí, la sangre regresa al corazón y éste la envía por las arterias para oxigenar las células de todo el cuerpo.

corazonada f. Presentimiento.

corbata f. Tira de tela que se anuda alrededor del cuello.

corbeta f. Embarcación de guerra, menor que la fragata.

corcel m. Caballo ligero y de mucha alzada.

corchea f. MÚS. Figura equivalente a la mitad de la negra.

corchete m. 1. Gancho de metal que se introduce en una anilla para abrochar una prenda. 2. Signo ortográfico, ([ ]), equivalente al paréntesis.

corcho m. 1. Tejido vegetal que reviste el tallo y la raíz del alcornoque. 2. Tapón de este material.

corcholata f. *Méx.* Tapón metálico de botella, chapa.

cordado, da adj./m. Dícese de un tipo de animales que presentan un cordón esquelético dorsal.

cordel m. Cuerda delgada.

cordero, ra m. y f. Cría de la oveja de menos de un año.

cordial adj. Afectuoso.

cordillera f. Cadena de montañas.

córdoba m. Unidad monetaria de Nicaragua.

cordobés, sa adj./m. y f. 1. De Córdoba (Argentina). 2. De Córdoba (España).

cordón m. 1. Cuerda fina y redonda. 2. *Amér. Merid.* y *Cuba.* Bordillo de la acera. 3. *Colomb.* Corriente de agua de un río.

cordubense adj./m. y f. Cordobés.

cordura f. Prudencia.

coreano, na adj./m. y f. 1. De Corea. ◆ m. 2. Lengua hablada en Corea.

corear tr. Recitar o cantar varias personas a la vez.

coreografía f. Arte de componer una danza.

coriáceo, a adj. Parecido al cuero.

corintio, tia adj./m. ARQ. Dícese del orden de la arquitectura griega caracterizado por un capitel adornado con hojas de acanto.

corista f. En las revistas o espectáculos musicales, mujer que forma parte del coro.

cormofito, ta adj./f. BOT. Dícese de las plantas caracterizadas por la presencia de tejidos.

cornada f. Golpe o herida producida con la punta del cuerno.

cornamenta f. Conjunto de los cuernos de un animal.

corneja f. Ave parecida al cuervo pero de menor tamaño.

córneo, a adj. 1. Parecido al cuerno. ◆ f. 2. Parte anterior y transparente del globo ocular.

córner m. En fútbol, saque desde la esquina del campo de juego.

corneta f. Instrumento musical de viento, sin llaves ni pistones.

cornetín m. Instrumento musical de viento con tres pistones.

cornisa f. Conjunto de molduras o salientes que rematan la parte superior de un edificio.

cornúpeta m. Toro de lidia.

coro m. 1. Conjunto de personas que cantan juntas. 2. Pieza musical que cantan. 3. Parte de la iglesia destinada al coro.

coroides f. Membrana del ojo entre la retina y la esclerótica.

corola f. BOT. Conjunto de pétalos de la flor.

corona f. 1. Cerco que ciñe la cabeza en señal de premio o dignidad. 2. Reino o monarquía. 3. Aureola. 4. Unidad monetaria de Dinamarca, Islandia, Suecia y otros países.

coronar tr. y prnl. 1. Poner una corona a alguien. ◆ tr. 2. Completar una obra.

coronel m. Jefe militar que manda un regimiento.

coronilla f. Parte superior y posterior de la cabeza humana. ● **Estar hasta la** ~ *(Fam.),* estar harto.

coronta f. *Amér. Merid.* Mazorca de maíz desgranada.

corotos m. pl. *Colomb.* y *Venez.* Trastos, cosas.

corpiño m. Prenda femenina sin mangas, que se ciñe al cuerpo desde el busto hasta la cintura.

corporación f. Entidad pública.

corporal adj. Relativo al cuerpo.

corpóreo, a adj. Que tiene cuerpo.

corpulento, ta adj. De cuerpo grande.

corpus m. Recopilación de materiales sobre una misma materia, doctrina, etc.

corpúsculo m. Partícula, cuerpo muy pequeño.

corral m. Lugar cerrado y descubierto donde se guardan animales.

correa f. Tira de cuero.

corrección f. 1. Acción y efecto de corregir. 2. Cortesía, educación.

correccional m. Establecimiento penitenciario.

correctivo, va adj./m. 1. Que corrige. ◆ m. 2. Castigo.

correcto, ta adj. 1. Libre de errores o defectos. 2. Educado.

corredera f. Ranura o carril por la que se desliza una pieza.

corredor, ra adj./m. y f. 1. Que corre. ◆ m. y f. 2. Persona que participa en una carrera. ◆ m. 3. Pasillo. 4. Persona que media en operaciones de comercio. ◆ f. 5. Aves de gran tamaño, incapaces de volar y dotadas de patas fuertes que les permiten alcanzar gran velocidad, como el avestruz.

corregir tr. y prnl. 1. Enmendar lo errado o defectuoso. 2. Examinar y valorar el profesor los ejercicios de los alumnos.

correlación f. Relación recíproca entre dos o más cosas.

correligionario, ria adj./m. y f. Que tiene la misma religión o ideas políticas que otro.

correntada f. *Amér. Merid.* Corriente fuerte de un río o arroyo.

correntoso, sa adj. *Amér. Central* y *Amér. Merid.* Dícese del curso de agua de corriente muy rápida.

correo m. 1. Servicio público de transporte de correspondencia. 2. Conjunto de cartas y paquetes expedidos o recibidos. ● ~ **electrónico,** sistema de transmisión de mensajes escritos a través de una computadora.

correoso, sa adj. Blando, flexible y difícil de partir.

correr intr. 1. Andar velozmente. 2. Hacer algo con rapidez. 3. Fluir. 4. Circular. ◆ tr. 5. Extender o recoger las velas, cortinas, etc. 6. Estar expuesto a peligros. 7. Recorrer. ◆ tr. y prnl. 8. Mover o apartar a una persona o cosa. ◆ prnl. *Esp. Vulg.* 9. Llegar al orgasmo.

correría f. Incursión en territorio enemigo.

correspondencia f. 1. Acción de corresponder. 2. Trato recíproco entre dos personas por correo. 3. Conjunto de cartas que se envían o reciben.

corresponder intr. 1. Compensar los afectos, favores, etc. 2. Pertenecer. ◆ intr. y prnl. 3. Tener proporción una cosa con otra.

corresponsal m. y f. Periodista que informa desde el extranjero.

corretear intr. Ir corriendo de un lado para otro.

correveidile m. y f. Persona que lleva y trae chismes.

corrido, da adj. **1.** Avergonzado. ◆ adj./m. y f. *Fam.* **2.** Experimentado. ◆ f. **3.** Carrera. **4.** Lidia de toros en una plaza cerrada.

corriente adj. **1.** Que corre. **2.** Ordinario, habitual. **3.** Dícese del día, mes, etc., actual. ◆ f. **4.** Fluido que corre por un cauce o conducción. **5.** Conjunto de ideas, modas, etc. **6.** Electricidad transmitida por un conductor.

corrillo m. Corro donde se juntan algunos a discutir y hablar.

corro m. **1.** Círculo formado por personas. **2.** Espacio más o menos circular.

corroborar tr. y prnl. Confirmar una idea o teoría con nuevos argumentos o datos.

corroer tr. y prnl. Desgastar lentamente una cosa.

corromper tr. y prnl. **1.** Echar a perder, pudrir. **2.** Pervertir. ◆ tr. **3.** Sobornar.

corrosión f. Desgaste lento y paulatino.

corrupción f. Acción y efecto de corromper o corromperse.

corruptela f. **1.** Corrupción. **2.** Abuso en contra de la ley.

corrusco m. *Fam.* Pedazo de pan duro.

corsario, ria adj./m. y f. Dícese de los tripulantes y de la embarcación que atacaban a barcos mercantes de otros países.

corsé m. Prenda interior femenina que se ajusta al cuerpo.

corso, sa adj./m. y f. De Córcega.

cortadera f. *Argent., Chile* y *Cuba.* Planta herbácea de hojas con bordes cortantes.

cortado, da adj. **1.** Tímido, apocado. ◆ m. **2.** Café con algo de leche. ◆ f. *Amér.* **3.** Herida hecha con un instrumento cortante. **4.** *Argent.* Calle corta sin salida. **5.** *Argent., Par.* y *Urug.* Atajo.

cortafuego m. Vereda que se deja en los bosques para que no se propaguen los incendios.

cortapisa f. Condición que limita, estorbo.

cortar tr. **1.** Dividir una cosa o separar sus partes con un instrumento afilado. **2.** Suspender, interrumpir. ◆ tr. y prnl. **3.** Separar los componentes de la leche, salsas, etc. ◆ prnl. **4.** Turbarse, no saber qué decir. **5.** Hacerse un corte.

corte m. **1.** Acción y efecto de cortar. **2.** Filo de un instrumento. **3.** *Fam.* Turbación, vergüenza. ◆ f. **4.** Población donde reside el soberano. **5.** Conjunto de las personas que componen la familia y comitiva del rey. **6.** *Amér.* Tribunal de justicia. ◆ pl. **7.** En España, poder legislativo.

cortejar tr. Procurar captarse el amor de una mujer.

cortejo m. **1.** Acción de cortejar. **2.** Séquito o acompañamiento.

cortés adj. Que respeta las normas sociales establecidas.

cortesano, na adj. **1.** Relativo a la corte. ◆ m. **2.** Persona que sirve al rey en la corte. ◆ f. **3.** Prostituta.

cortesía f. **1.** Calidad de cortés. **2.** Demostración de respeto.

corteza f. **1.** Capa exterior del tronco y las ramas de los árboles. **2.** Parte exterior.

cortical adj. Relativo a la corteza.

cortijo m. Hacienda y casa de labor de Andalucía.

cortina f. Paño colgante para cubrir puertas, ventanas, etc.

cortisona f. Compuesto químico usado como antiinflamatorio.

corto, ta adj. **1.** De poca longitud o extensión. **2.** De poca duración, breve. **3.** Escaso o defectuoso. **4.** De poco talento.

cortocircuito m. Fenómeno eléctrico con descarga que se produce al unirse accidentalmente dos conductores.

cortometraje m. Película de duración inferior a treinta minutos.

corvo, va adj. **1.** Curvo. ◆ f. **2.** Parte de la pierna opuesta a la rodilla.

corzo, za m. y f. Rumiante cérvido, algo mayor que la cabra.

■ **ENC.** Como el ciervo y el reno, el **corzo** pertenece a la familia de los cérvidos. Sus astas son verticales y no tienen más que dos ramas llamadas cuernos. Este animal vive hasta 15 años.

cosa f. **1.** Todo lo que existe, sea corporal o espiritual, real o abstracto. **2.** Objeto inanimado. ● **Como si tal ~**, como si no hubiera pasado nada.

cosaco, ca adj./m. y f. De una población del sur de Rusia.

coscorrón m. Golpe dado en la cabeza.

cosecante f. MAT. Secante del complemento de un ángulo o un arco.

cosecha f. **1.** Conjunto de productos obtenidos de la tierra. **2.** Acción y tiempo de recogerlos.

cosechar tr. e intr. Recoger la cosecha.

coseno m. MAT. Para un ángulo agudo de un triángulo rectángulo, razón entre el cateto contiguo y la hipotenusa.

coser tr. **1.** Unir con hilo pedazos de tela, cuero, etc. **2.** Producir a alguien varias heridas en el cuerpo: ~ *a balazos.* ● **Ser algo ~ y cantar** *(Fam.)*, ser muy fácil.

cosmético, ca adj./m. **1.** Dícese del producto que embellece y limpia la piel. ◆ f. **2.** Arte de preparar y aplicar cosméticos.

cósmico, ca adj. Relativo al cosmos.

cosmogonía f. Ciencia que estudia el origen del universo.

cosmografía f. Astronomía descriptiva.

cosmología f. Estudio del universo y sus leyes.

cosmonauta m. y f. Astronauta.

cosmopolita adj. **1.** Común a muchos países. ◆ adj./m. y f. **2.** Dícese de la persona que ha vivido en muchos países.

cosmos m. Universo.

coso m. **1.** Plaza de toros. **2.** Calle principal.

cosquillas f. pl. Sensación producida sobre ciertas partes del cuerpo que provoca risa involuntaria.

costa f. **1.** Tierra en contacto con el mar o cerca de él. **2.** Coste. ◆ pl. DER. **3.** Gastos de un juicio.

costado m. **1.** Parte lateral del cuerpo humano. **2.** Lado.

COLAS Y HUEVOS

ALGUNOS TIPOS DE COLAS Y SU FUNCIÓN

ardilla
para equilibrio

serpiente
de cascabel
para defensa
(ruido)

alacrán
para defensa
y ataque

paloma
como timón

camaleón
para sujetarse

canguro
para equilibrio

lagarto
para defensa

castor
para nadar
y defensa
(ruido)

ballena
para nadar

langosta
para nadar (en reversa)

mono araña
para sujetarse

pavo
para atraer a la
hembra

HUEVOS

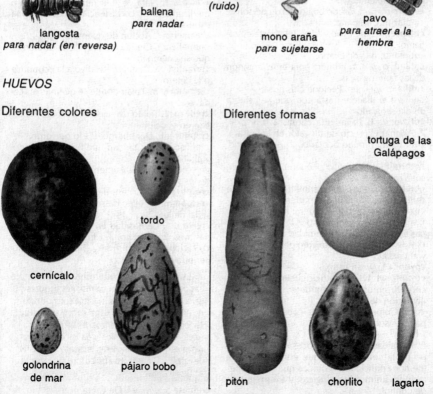

Diferentes colores

cernícalo

tordo

golondrina
de mar

pájaro bobo

Diferentes formas

tortuga de las
Galápagos

pitón

chorlito

lagarto

costal adj. **1.** Relativo a las costillas. ◆ m. **2.** Saco grande.

costar intr. **1.** Valer una cosa determinado precio. **2.** Causar una cosa disgustos, molestias, etc.

costarricense adj./m. y f. De Costa Rica.

coste m. *Esp.* Cantidad pagada por algo.

costear tr. **1.** Navegar bordeando la costa. **2.** *Chile.* Alisar los cantos de las suelas de los zapatos. **3.** *Perú.* Burlarse de uno. ◆ tr. y prnl. **4.** Pagar el coste de una cosa. ◆ intr. *Méx.* **5.** Resultar algo buen negocio. ◆ prnl. **6.** *Argent., Chile* y *Urug.* Tomarse la molestia de ir hasta un sitio distante o de difícil acceso.

costilla f. Cada uno de los huesos largos y arqueados que parten de la columna vertebral.

costo m. Coste.

costra f. Corteza exterior que se endurece o se seca sobre algo.

costumbre f. Hábito, modo de obrar establecido por tradición o adquirido por la repetición de los mismos actos.

costumbrismo m. Género literario y pictórico que concede especial atención al reflejo de las costumbres de un lugar.

costura f. **1.** Acción de coser. **2.** Unión de dos piezas cosidas.

cota f. Número que en los planos indica la altura de un punto.

cotangente f. MAT. Tangente de un ángulo o arco complementario.

cotarro m. *Fam.* Grupo bullicioso de personas.

cotejar tr. Comparar.

cotense m. *Bol., Chile* y *Méx.* Tela basta de cáñamo.

cotidiano, na adj. Diario.

cotiledón m. BOT. Primera hoja en el embrión de las fanerógamas.

cotilla m. y f. *Fam.* Persona chismosa.

cotillón m. Baile y fiesta con que se celebra un día señalado.

cotizar tr. **1.** Pagar una cuota. ◆ tr. y prnl. **2.** Asignar el precio de un valor en la bolsa.

coto m. **1.** Terreno acotado. **2.** *Amér. Merid.* Bocio.

cotorra f. **1.** Papagayo pequeño. **2.** *Fam.* Persona muy habladora.

covalencia f. QUÍM. Unión entre dos átomos que se establece cuando comparten electrones.

coxal adj. Relativo a la cadera: *hueso ~.*

coxis m. Hueso formado por la fusión de varias vértebras, en la extremidad del sacro.

coyote m. Mamífero carnívoro parecido al lobo y al chacal.

coyunda f. *Nicar.* Látigo.

coyuntura f. **1.** Conjunto de circunstancias que constituyen una situación determinada. **2.** Articulación de dos huesos.

coz f. Golpe dado por una caballería con las patas traseras.

CPU m. INFORM. Abrev. de *Central Processing Unit* (unidad central de procesamiento), equipo de la computadora que comprende a la memoria principal, a la unidad que realiza operaciones aritméticas y lógicas, y a los registros de control.

crac m. Quiebra comercial.

cráneo m. Cavidad ósea que contiene el encéfalo.

crápula f. **1.** Libertinaje. ◆ m. y f. **2.** Persona viciosa.

craso, sa adj. Grueso, gordo.

cráter m. Boca de un volcán.

crear tr. **1.** Hacer algo de la nada. **2.** Fundar, establecer. **3.** Componer artística o intelectualmente. ◆ prnl. **4.** Imaginarse, idear.

crecer intr. **1.** Aumentar de tamaño o altura. **2.** Extenderse, propagarse. ◆ prnl. **3.** Tomar uno mayor seguridad o atrevimiento.

creces. Con ~, ampliamente.

crecido, da adj. **1.** Grande, numeroso. ◆ f. **2.** Aumento del caudal de un río.

creciente adj. Que crece.

credencial f. Documento que acredita.

crédito m. **1.** Dinero que se pide prestado a un banco. **2.** Aceptación de algo como verdadero. **3.** Buena fama.

credo m. Oración con los fundamentos de la fe católica.

crédulo, la adj. Que cree con excesiva facilidad.

creencia f. **1.** Firme asentimiento y conformidad con una cosa. **2.** Religión.

creer tr. **1.** Pensar. ◆ tr. e intr. **2.** Dar por cierta una cosa. **3.** Tener fe en una religión. ◆ tr. y prnl. **4.** Tener algo por verosímil.

crema f. **1.** Nata de la leche. **2.** Cosmético o medicamento de consistencia pastosa. **3.** Sopa espesa.

cremación f. Acción de quemar.

cremallera f. Cierre con dos hileras de dientes que se engranan.

crematístico, ca adj./f. Relativo a la economía o al dinero.

crematorio m. Lugar donde se queman los cadáveres.

crepé m. **1.** Tejido parecido al crespón. **2.** Postizo en el pelo.

crepitar intr. Dar chasquidos lo que arde.

crepúsculo m. Claridad que hay al amanecer y al anochecer.

crescendo m. MÚS. Aumento de la intensidad de los sonidos.

crespo, pa adj. Dícese del cabello rizado.

crespón m. **1.** Tejido de seda. **2.** Tela negra en señal de luto.

cresta f. **1.** Carnosidad en la cabeza de algunas aves. **2.** Penacho. **3.** Cima de una ola.

cretácico, ca adj./m. GEOL. Dícese del último período del mezosoico.

■ **ENC.** En el **cretácico** se formaron las rocas calizas por la sedimentación de residuos de rocas y seres vivos. En esta época, se formó el sur del océano Atlántico y se abrió el Canal de la Mancha. Fue también la época de los erizos, de los reptiles marinos, de los pterodáctilos y de los dinosaurios gigantes que desaparecieron bruscamente al final de esta Era. Durante el cretácico ¡crecían higueras en Groenlandia!

cretense adj./m. y f. De Creta.

cretino, na adj./m. y f. Estúpido.

creyente adj./m. y f. Que cree.

cría f. 1. Acción y efecto de criar. 2. Animal que se está criando.

criadilla f. Testículo de algunos animales.

criado, da m. y f. Persona empleada en el servicio doméstico.

crianza f. 1. Acción y efecto de criar. 2. Época de la lactancia.

criar tr. 1. Nutrir la madre al hijo. 2. Hacer que se reproduzcan plantas o animales. ◆ prnl. 3. Crecer, desarrollarse.

criatura f. 1. Toda cosa creada. 2. Niño de poca edad.

criba f. Instrumento usado para separar lo menudo de lo grueso.

crimen m. Delito grave.

criminal adj. 1. Que constituye un crimen o relativo a él. ◆ adj./m. y f. 2. Que ha cometido un crimen.

crin f. Conjunto de pelos que tienen algunos animales en la cerviz y en la cola.

crinolina f. Méx. Miriñaque.

crío, a m. y f. Niño de corta edad.

criollo, lla adj./m. y f. Dícese del hispanoamericano descendiente de españoles.

cripta f. Lugar subterráneo.

criptógamo, ma adj./f. BOT. Relativo a un grupo de plantas que carecen de flores, frutos y semillas.

criptografía f. Técnica de escribir con clave secreta.

criptón m. Gas noble existente en pequeña cantidad en la atmósfera.

crisálida f. Ninfa de los insectos lepidópteros.

■ ENC. Antes de cambiar a **crisálida**, algunas larvas se deslizan en una hoja enrollada. Otras, como la oruga, se envuelven en un capullo sedoso. La crisálida es como una pequeña momia embalsamada, donde las alas, patas y trompa permanecen apretadas contra el pecho. El insecto puede permanecer en este estado desde algunos días hasta uno o dos años. Al momento de salir, la mariposa rompe su envoltura y emerge lentamente desplegando sus alas.

crisantemo m. 1. Planta ornamental. 2. Flor de esta planta.

crisis f. 1. Momento decisivo y grave en un asunto. 2. Escasez.

crisma m. o f. 1. Mezcla de aceite y bálsamo usada en ciertas ceremonias religiosas. ◆ f. Fam. 2. Cabeza.

crisol m. Recipiente para fundir metales.

crispar tr. y prnl. 1. Contraer un músculo. 2. Irritar, exasperar.

cristal m. 1. Vidrio transparente, compuesto por sílice, óxido de plomo y potasa. 2. Hoja de vidrio. 3. Mineral con forma geométrica.

■ ENC. El **cristal** existe bajo dos formas: el cristal natural o cristal de roca y el cristal artificial, que es una variedad de vidrio fabricado con potasio, sílice y óxido de plomo.

cristalino, na adj. 1. De cristal o parecido a él. ◆ m. ANAT. 2. Cuerpo transparente, situado detrás de la pupila.

cristalizar intr. y prnl. Tomar una sustancia forma cristalina.

cristalografía f. Ciencia que estudia los cristales.

cristianismo m. Religión de Cristo.

cristiano, na adj. 1. Relativo al cristianismo. ◆ adj./m. y f. 2. Que profesa el cristianismo.

■ ENC. Los **cristianos** son monoteístas, es decir, creen en un solo Dios. Los primeros cristianos fueron los doce apóstoles y los discípulos de Jesús, considerado como el Hijo de Dios y el fundador del cristianismo. Los cristianos se dividen en tres grupos principales: los católicos, los protestantes y los ortodoxos. El culto se celebra por un sacerdote llamado cura entre los católicos, pope entre los ortodoxos y pastor entre los protestantes. El libro sagrado de los cristianos es la Biblia, que comprende el Antiguo y el Nuevo Testamento.

criterio m. 1. Norma de discernimiento o decisión. 2. Opinión.

criticar tr. 1. Juzgar una obra artística. 2. Censurar, reprobar.

crítico, ca adj. 1. Relativo a la crisis. 2. Relativo a la crítica. ◆ m. y f. 3. Persona que se dedica a la crítica. ◆ f. 4. Arte de juzgar una obra artística. 5. Acción de criticar, censurar.

croar intr. Cantar la rana.

croata adj./m. y f. 1. De Croacia. ◆ m. 2. Lengua hablada en Croacia.

crol m. DEP. Estilo de natación.

cromático, ca adj. Relativo a los colores.

cromatina f. Sustancia característica del núcleo de las células.

crómlech m. Monumento megalítico dispuesto en círculo.

cromo m. 1. Metal inoxidable. 2. Estampa, grabado.

cromosfera f. Capa media de la atmósfera solar.

cromosoma m. Elemento de la célula que contiene los caracteres hereditarios.

crónico, ca adj. 1. Dícese de la enfermedad larga. ◆ f. 2. Recopilación de hechos históricos en orden cronológico. 3. Artículo periodístico que trata un tema de actualidad.

cronista m. y f. Autor de una crónica.

cronología f. 1. Ciencia que determina el orden y las fechas de los sucesos históricos. 2. Ordenación de sucesos según sus fechas.

cronómetro m. Reloj de alta precisión.

croqueta f. Masa unida con bechamel, rebozada y frita.

croquis m. Dibujo rápido o esquemático.

crótalo m. Serpiente venenosa de América.

cruce m. 1. Acción y efecto de cruzar o cruzarse. 2. Punto donde se cruzan dos o más líneas, caminos, etc. 3. Interferencia telefónica.

crucería f. Conjunto de nervios que refuerzan las bóvedas.

crucero m. 1. Espacio en que se cruzan las naves central y transversal de una iglesia. 2. Viaje turístico en barco.

cruceta m. **1.** *Chile.* Dispositivo colocado en las entradas para que las personas pasen ordenadamente. **2.** *Méx.* Palo con los extremos terminados en cruz.

crucial adj. Decisivo, esencial.

crucificar tr. Clavar a alguien en una cruz.

crucifijo m. Imagen de Cristo crucificado.

crucigrama m. Pasatiempo que consiste en averiguar palabras y transcribirlas en casillas.

crudo, da adj. **1.** No cocido. ◆ adj./m. **2.** Dícese del petróleo sin refinar. **3.** Dícese del color beige.

cruel adj. Que se complace en hacer sufrir.

cruento, ta adj. Que causa derramamiento de sangre.

crujir intr. Hacer ruido los cuerpos al frotarse o romperse.

crustáceo, a adj./m. Dícese del artrópodo con el cuerpo cubierto por un caparazón.

cruz f. **1.** Figura formada por dos líneas que se cruzan perpendicularmente. **2.** Reverso de una moneda.

cruzado, da adj. **1.** Que está atravesado o en cruz. ◆ adj./m. **2.** Dícese del que iba a una cruzada. ◆ f. **3.** Expedición militar con finalidad religiosa.

cruzar tr. **1.** Atravesar pasando de una parte a otra. ◆ tr. y prnl. **2.** Juntar un macho y una hembra de distinta raza. ◆ prnl. **3.** Encontrarse de frente.

cruzeiro m. Antigua unidad monetaria principal de Brasil. (De 1986 a 1990 fue sustituida por el cruzado, y en 1994, por el real.)

cu f. Nombre de la letra *q.*

cuache, cha adj. **1.** *Guat.* Dícese de las cosas que constan de dos partes iguales y ofrecen duplicidad. ◆ adj./m. y f. **2.** *Guat.* Gemelo de parto.

cuaderna f. Cada uno de los elementos rígidos transversales del armazón de un barco. ◆ ~ **vía**, estrofa de cuatro versos alejandrinos y una sola rima.

cuaderno m. Conjunto de pliegos de papel, en forma de libro.

cuadra f. **1.** Lugar para estancia de las caballerías. **2.** Conjunto de caballos de un mismo dueño. **3.** *Amér.* Manzana de casas. **4.** *Amér.* Medida de longitud variable según los países. **5.** *Perú.* Sala para recibir.

cuadrado, da adj. **1.** Que tiene la forma de un cuadrado. ◆ m. **2.** Cuadrilátero de lados iguales y ángulos rectos. **3.** MAT. Resultado de multiplicar un factor por sí mismo.

cuadragésimo, ma adj./m. y f. Que corresponde en orden al número cuarenta.

cuadrangular adj. Que tiene cuatro ángulos.

cuadrante m. Cuarta parte de una circunferencia o círculo.

cuadrar tr. **1.** Dar a una cosa figura cuadrada. **2.** *Amér.* Sentar bien o mal en una persona una cosa. **3.** *Venez.* Agradar, quedar airoso. ◆ intr. **4.** Ajustarse una cosa con otra. ◆ prnl. **5.** Ponerse una persona en posición erguida. **6.** *Chile.* Suscribirse con una importante cantidad de dinero.

cuadrícula f. Conjunto de cuadrados que resultan de cortarse dos series de rectas paralelas.

cuadriga f. Tiro de cuatro caballos.

cuadrilátero m. MAT. **1.** Polígono de cuatro lados. **2.** En boxeo, recinto en que se desarrolla el combate.

cuadrilla f. Grupo de personas reunidas para desempeñar un trabajo.

cuadro m. **1.** Figura en forma de cuadrado. **2.** Pintura ejecutada sobre papel o tela y colocada en un marco.

cuadrúmano, na adj./m. Que tiene cuatro manos.

cuadrúpedo, da adj./m. Dícese del animal de cuatro patas.

cuádruple o **cuádruplo, pla** adj./m. Que contiene un número cuatro veces exactamente.

cuajada f. Parte de la leche que sirve para elaborar el queso.

cuajar tr. y prnl. **1.** Espesar un líquido para convertirlo en sólido. ◆ intr. y prnl. **2.** Ser aceptada o tener efecto una cosa.

cuajar m. Última cavidad del estómago de los rumiantes.

cual pron. rel. **1.** Precedido de artículo, equivale a *que: el libro del cual te hablé.* **2.** Se usa en oraciones comparativas: *dulce cual la miel.* ◆ adv. rel. **3.** Equivale a *como, de igual manera: blancos cual perlas.*

cuál pron. interr. Pregunta sobre las personas o cosas: *¿~ es tu nombre?*

cualidad f. Circunstancia que distingue.

cualificado, da adj. Que está muy preparado para una tarea.

cualitativo, va adj. Relativo a la cualidad.

cualquier adj. Apóc. de *cualquiera,* que se usa antepuesto al sustantivo: *~ persona podría hacerlo.*

cualquiera adj./pron. **1.** Expresa la indistinción de una o varias personas o cosas en una serie. ◆ m. y f. **2.** Persona vulgar. ◆ f. **3.** Prostituta.

cuán adv. exclam. Apóc. de *cuánto,* que se usa antepuesto al adjetivo o al adverbio para encarecerlos.

cuando adv. rel. **1.** En el tiempo, en el momento en que: *llegó justo ~ te ibas.* ◆ conj. **2.** En caso de que, puesto que, si: *~ él lo dice será verdad.*

cuándo adv. interr. ¿En qué tiempo: *¿~ vendrás?*

cuantía f. Cantidad.

cuantitativo, va adj. Relativo a la cantidad.

cuanto, ta pron. rel. **1.** Se usa en correlación con *tanto: ~ alegría él lleva, tanta tristeza nos deja.* **2.** Todo lo que: *anotaba ~ decía.* ◆ adv. rel. **3.** Se usa antepuesto a otros adverbios o con *tanto: ~ más habla, menos le entiendo.* ◆ m. FÍS. **4.** Cantidad mínima de energía que puede ser emitida o absorbida.

cuánto, ta pron. interr. y exclam. Sirve para preguntar o encarecer la cantidad o intensidad de una cosa: *¿ ~ necesitas?*

cuarcita f. Roca dura compuesta de cuarzo.

cuarenta adj./m. **1.** Cuatro veces diez. ◆ adj./m. y f. **2.** Cuadragésimo.

cuarentena f. **1.** Conjunto de cuarenta unidades. **2.** Aislamiento impuesto a personas o lugares afectados de epidemia.

cuaresma f. Período entre el miércoles de ceniza y el domingo de Pascua.

cuartear tr. **1.** Partir una cosa en trozos. ◆ prnl. **2.** Agrietarse.

cuartel m. Edificio donde se aloja la tropa.

cuartería f. *Chile, Cuba* y *R. Dom.* Casa de varios vecinos, por lo común en una hacienda de campo.

cuartero, ra adj. *Amér.* Dícese del animal que tira de un carro.

cuarteta f. Estrofa de cuatro versos octosílabos.

cuarteto m. **1.** Estrofa de cuatro versos de más de ocho sílabas. **2.** MÚS. Conjunto de cuatro voces o de cuatro instrumentos.

cuartilla f. Cuarta parte de un pliego de papel.

cuarto, ta adj./m. y f. **1.** Que corresponde en orden al número cuatro. ◆ adj./m. **2.** Dícese de cada una de las cuatro partes iguales en que se divide un todo. ◆ m. **3.** Pieza de una casa. ◆ f. **4.** Palmo, medida. **5.** *Argent.* Cosa utilizada para tirar de un vehículo. **6.** *Méx.* Látigo para las caballerías.

cuarzo m. Mineral de color blanco y mucha dureza.

cuásar m. Quásar*.

cuate, ta adj./m. y f. **1.** *Guat.* y *Méx.* Amigo. **2.** *Méx.* Mellizo, gemelo.

cuaternario, ria adj./m. GEOL. Dícese del último período geológico.

cuatrero, ra m. y f. Ladrón de ganado.

cuatrimestre m. Período de cuatro meses.

cuatro adj./m. **1.** Tres y uno. ◆ adj./m. y f. **2.** Cuarto. ◆ m. *Méx.* **3.** Trampa, celada. **4.** *P. Rico* y *Venez.* Guitarra de cuatro cuerdas.

cuatrocientos, tas adj./m. **1.** Cuatro veces ciento. ◆ adj./m. y f. **2.** Que corresponde en orden al número cuatrocientos.

cuba f. Recipiente de madera para contener líquidos.

cubano, na adj./m. y f. De Cuba.

cubeta f. **1.** Recipiente usado en los laboratorios. **2.** *Méx.* Cubo, balde.

cubicar tr. Determinar el volumen o la capacidad de un cuerpo.

cúbico, ca adj. **1.** De figura de cubo geométrico. **2.** Relativo al cubo, producto de tres factores: *raíz ~*. **3.** Dícese de las unidades de medida de volúmenes.

cubierto, ta adj. **1.** Tapado. ◆ m. **2.** Juego de tenedor, cuchara y cuchillo. **3.** Servicio de mesa para un comensal. ◆ f. **4.** Lo que cubre una cosa para taparla o resguardarla. **5.** Banda de caucho que recubre exteriormente la cámara de la rueda de un vehículo. **6.** Cada uno de los pisos del barco.

cubil m. Lugar donde las fieras se recogen para dormir.

cubilete m. Vaso usado para remover los dados.

cubismo m. Movimiento artístico que se caracteriza por el empleo de formas geométricas.

cúbito m. Hueso más grueso del antebrazo.

cubo m. **1.** Recipiente más ancho por la boca que por el fondo, con asa. **2.** Paralelepípedo rectángulo de aristas y ángulos iguales. **3.** MAT. Tercera potencia de un número.

cubrir tr. y prnl. Tapar u ocultar una cosa con otra.

cucaña f. Palo resbaladizo por el que se ha de trepar para ganar un premio.

cucaracha f. Insecto de cuerpo aplanado, corredor y nocturno.

cuchara f. **1.** Utensilio de mesa compuesto de un mango y una parte cóncava. **2.** *Amér. Central, Amér. Merid., Cuba* y *Méx.* Llana de los albañiles.

cucharón m. **1.** Cazo con mango. **2.** *Guat.* Tucán.

cuchichear intr. Hablar a alguien en voz baja o al oído.

cuchilla f. **1.** Cuchillo grande. **2.** Hoja de afeitar.

cuchillo m. Instrumento cortante compuesto de una hoja de acero y un mango.

cuchitril m. **1.** Pocilga. **2.** Habitación pequeña y sucia.

cuchufleta f. *Fam.* Dicho de broma.

cuclillas. **En ~**, agachado con las piernas flexionadas.

cuclillo m. Cuco, ave.

cuco, ca adj. **1.** Bonito, gracioso. ◆ adj./m. y f. **2.** Astuto. ◆ m. **3.** Ave trepadora de grito característico.

cucuiza f. *Amér.* Hilo obtenido de la pita.

cucurbitáceo, a adj./f. Dícese de una familia de plantas de frutos grandes, como la calabaza.

cucurucho m. **1.** Papel arrollado en forma cónica. **2.** Cono de barquillo con helado.

cueca f. **1.** *Amér. Merid.* Danza de pareja suelta que se baila con pañuelos. **2.** *Chile.* Baile popular por parejas, de ritmo vivo.

cuello m. **1.** Parte del cuerpo entre el tronco y la cabeza. **2.** Parte más estrecha y delgada de una cosa.

cuenca f. **1.** Cavidad en que está el ojo. **2.** Territorio cuyas aguas afluyen a un mismo cauce. **3.** Región con un yacimiento mineral.

cuenco m. Vasija de barro, ancha y sin borde.

cuenta f. **1.** Acción y efecto de contar. **2.** Cálculo aritmético. **3.** Nota en la que consta el precio que se debe pagar. **4.** Razón: *debes dar ~ de tus actos.* **5.** Bola perforada con que se hacen collares. ● **~ corriente**, depósito bancario.

cuentagotas m. Aparato para verter un líquido gota a gota.

cuentakilómetros m. Contador que indica el número de kilómetros recorridos por un vehículo.

cuentear intr. **1.** *Amér.* Chismorrear. **2.** *Méx. Fam.* Engañar, decir mentiras.

cuentista adj./m. y f. **1.** Chismoso. ◆ m. y f. **2.** Persona que narra o escribe cuentos.

cuento m. **1.** Relato breve. **2.** Mentira, engaño, chisme.

cuerdo, da adj./m. y f. **1.** Que está en su juicio. ◆ f. **2.** Conjunto de hilos que retorcidos forman uno, grueso y flexible. **3.** Hilo que, al vibrar, produce sonido en un instrumento musical. **4.** MAT. Segmento que une dos puntos de una curva. ● **~ floja**, cable para hacer acrobacias. ● **Cuerdas vocales**, membranas de la laringe que producen la voz.

cuerear tr. **1.** *Amér.* Azotar. **2.** *Argent.* y *Urug.* Despellejar.

cuerno m. **1.** Apéndice óseo puntiagudo de la cabeza de algunos animales. **2.** Instrumento musical de viento, de forma corva.

cuero m. **1.** Piel de los animales. **2.** Pellejo curtido de un animal.

cuerpear intr. *Argent.* y *Urug.* Esquivar, evadirse.

cuerpo m. **1.** Sustancia material o cosa de extensión limitada. **2.** Tronco, por oposición a la cabeza y las extremidades. **3.** Conjunto de personas de una comunidad, o que ejercen la misma profesión.

cuerudo, da adj. **1.** *Amér.* Dícese de las caballerías lerdas. **2.** *Amér.* Que tiene la piel muy gruesa y dura. **3.** *Colomb.* Tonto.

cuervo m. Ave con el plumaje, las patas y el pico negros.

cuesco m. **1.** Hueso de la fruta. **2.** *Fam.* Pedo ruidoso. **3.** *Chile.* Hombre enamorado. **4.** *Méx.* Masa redonda de mineral de gran tamaño.

cuesta f. Terreno en pendiente.

cuestación f. Petición de limosnas para un fin benéfico.

cuestión f. **1.** Asunto de que se trata. **2.** Pregunta, duda.

cuestionario m. Lista de preguntas sobre un tema o materia.

cueva f. Cavidad de la tierra.

cuévano m. Cesto grande y hondo, usado en la vendimia.

cui m. *Amér. Merid.* Cobaya.

cuicateco adj./m. y f. De un pueblo amerindio que habita Oaxaca, México.

cuidado m. Atención que se pone en hacer bien una cosa.

cuidar tr. e intr. **1.** Poner atención en la ejecución de una cosa. **2.** Asistir a un enfermo. ◆ prnl. **3.** Preocuparse uno por su salud.

cuis m. *Amér. Merid.* Cui*.

cuitlateca adj./m. y f. De un pueblo amerindio que habita Guerrero, México.

cujinillo m. **1.** *Guat.* Alforja o maleta que se tercia sobre una bestia, para acarrear el agua. ◆ pl. **2.** *Hond.* Alforjas.

culata f. **1.** Anca. **2.** Parte posterior de un arma de fuego portátil. **3.** Cubierta que cierra los cilindros en un motor de explosión.

culebra f. Nombre de diversos reptiles ofidios no venenosos.

■ **ENC.** Las **culebras** son ovíparas y son muy útiles para los agricultores, pues se alimentan de roedores. Se distinguen de las víboras por su cola larga y su pupila redonda.

culinario, ria adj. Relativo a la cocina.

culminante adj. Superior, sobresaliente.

culminar tr. **1.** Dar fin. ◆ intr. **2.** Llegar una cosa a su punto más alto.

culo m. **1.** Nalga. **2.** Ano. **3.** Extremidad inferior o posterior de una cosa.

culombio m. Fís. Unidad de carga eléctrica.

culpa f. **1.** Falta cometida voluntariamente. **2.** Causa de un daño o perjuicio. **3.** DER. Acción que causa un resultado dañoso, penado por la ley.

culpable adj./m. y f. Que tiene la culpa de una cosa.

culteranismo m. Estilo literario caracterizado por el empleo de metáforas violentas, sintaxis complicada, latinismos, etc.

cultismo m. Vocablo tomado de una lengua clásica.

cultivar tr. **1.** Dar a la tierra y a las plantas las labores necesarias para que fructifiquen. **2.** Ejercitarse en algo.

cultivo m. **1.** Acción y efecto de cultivar. **2.** Tierra cultivada.

culto, ta adj. **1.** Dotado de cultura. ◆ m. **2.** Homenaje que el hombre tributa a un dios. **3.** Admiración.

cultura f. **1.** Conjunto de conocimientos adquiridos. **2.** Conjunto de conocimientos y manifestaciones de una sociedad.

cumbia f. Baile típico de Colombia.

cumbre f. Parte más alta de una montaña.

cumpleaños m. Aniversario del nacimiento de una persona.

cumplido, da adj. **1.** Completo. **2.** Cortés. ◆ m. **3.** Atención, cortesía.

cumplimentar tr. **1.** Saludar con determinadas normas a alguien. **2.** Ejecutar una orden o trámite.

cumplir tr. **1.** Llevar a cabo. **2.** Llegar a tener un número determinado de años o meses. ◆ intr. **3.** Hacer uno aquello que debe.

cúmulo m. **1.** Montón, acumulación. **2.** Nube densa vertical.

cuna f. **1.** Cama para bebés. **2.** Estirpe. **3.** Origen o principio.

cundir intr. **1.** Propagarse, extenderse. **2.** Dar mucho de sí.

cuneiforme adj. Con forma de cuña.

■ **ENC.** La escritura **cuneiforme** se inventó en el 3500 a.C. Era la escritura de los asirios, de los medos y de los persas de la antigüedad. Se compone de trazos en forma de cuña que forman ángulos entre sí. Estos trazos se cavaban en la arcilla fresca con la ayuda de una cuña afilada. La escritura cuneiforme se utilizó hasta el siglo I d.C. y permaneció indescifrable hasta 1802.

cuneta f. Zanja en el borde de una carretera o un camino.

cuña f. **1.** Pieza triangular para hender, ajustar, etc. **2.** Breve espacio publicitario. **3.** *Amér.* Influencia, enchufe.

cuñado, da m. y f. Hermano o hermana de un cónyuge respecto del otro.

cuño m. **1.** Troquel con que se sellan las monedas y otros objetos. **2.** *Argent., Colomb., Méx.* y *Pan.* Cabida. **3.** *Colomb.* y *Pan.* Plaza en un vehículo.

cuota f. Cantidad que paga cada miembro de una sociedad.

cuplé m. Canción corta y ligera.

cupo m. **1.** Cuota o parte asignada. **2.** Número de reclutas que pueden entrar en filas.

cupón m. Parte de un documento, envase, etc., fácilmente recortable, que tiene un valor asignado.

cúprico, ca adj. Relativo al cobre o que lo contiene.

cúpula f. Bóveda semiesférica en lo alto de un edificio.

cura m. 1. Sacerdote católico. ◆ f. 2. Acción y efecto de curar o curarse.

curandero, ra m. y f. Persona que cura con prácticas mágicas o procedimientos naturales.

curar tr., intr. y prnl. 1. Recobrar la salud. ◆ tr. y prnl. 2. Aplicar al enfermo el remedio a su enfermedad. ◆ tr. 3. Preparar un alimento para su conservación. 4. Curtir las pieles.

curco, ca adj./m. y f. Chile, Ecuad. y Perú. Jorobado.

curcuncho, cha adj./m. y f. Amér. Merid. Jorobado.

curia f. 1. Organismo de gobierno de las diócesis católicas. 2. Conjunto de personas de la administración de justicia.

curiosear tr. e intr. Procurar enterarse de cosas ajenas.

curiosidad f. 1. Deseo de saber alguna cosa. 2. Aseo, limpieza. 3. Cuidado de hacer una cosa con primor.

curriculum vitae m. Conjunto de datos personales y aptitudes profesionales de una persona.

cursar tr. 1. Estudiar una materia en un centro. 2. Tramitar un documento, un expediente, etc.

cursi adj./m. y f. Que parece fino y elegante sin serlo.

cursillo m. 1. Curso de poca duración. 2. Breve serie de conferencias acerca de una materia.

cursivo, va adj./f. Dícese de la letra inclinada a la derecha.

curso m. 1. Movimiento del agua que corre. 2. Conjunto de enseñanzas expuestas en un período de tiempo, y este mismo período.

curtiembre m. Amér. Central y Amér. Merid. Lugar donde se curten las pieles.

curtir tr. 1. Preparar las pieles para varios usos. 2. Amér. Castigar con azotes. ◆ tr. y prnl. 3. Tostar el cutis el sol o el aire. 4. Acostumbrarse a la vida dura.

curvilíneo, a adj. Formado por curvas.

curvo, va adj. 1. Que se aparta de la dirección recta, sin formar ángulos. ◆ f. 2. Línea curva. 3. En una carretera, camino, etc., tramo que no es recto.

cuscurro m. Parte del pan más tostada.

cúspide f. 1. Cumbre de una montaña. 2. Remate superior de una cosa.

custodia f. 1. Acción y efecto de custodiar. 2. Receptáculo en que se expone la eucaristía. 3. Chile. Consigna de una estación o aeropuerto.

custodiar tr. Guardar, vigilar con cuidado.

cusuco m. Amér. Central. Armadillo.

cususa f. Amér. Central. Aguardiente de caña.

cutama f. 1. Chile. Costal, talego. 2. Chile. Persona torpe.

cutáneo, a adj. Relativo a la piel o al cutis.

cutícula f. 1. Piel delgada. 2. Capa más externa de la piel.

cutis m. Piel del rostro humano.

cuy m. Amér. Merid. Cui*.

cuyo, ya pron. rel. Forma de carácter posesivo, equivalente al pronombre que en función adjetiva: el amigo a ~ casa me dirijo.

cuzcoense adj./m. y f. Cuzqueño.

cuzqueño, ña adj./m. y f. De Cuzco (Perú).

d

d f. Cuarta letra del abecedario.

dactilar adj. Digital: *huellas dactilares.*

dactilografía f. Mecanografía.

dactiloscopia f. Identificación de personas por medio de las huellas digitales.

dadá o **dadaísmo** m. Movimiento artístico que rechazaba los valores tradicionales y se apoyaba en lo irracional.

dádiva f. Don, regalo.

dado, da adj. **1.** Supuesto. ◆ m. **2.** Pieza cúbica usada en juegos de azar.

daga f. Arma blanca de hoja corta.

daguerrotipo m. **1.** Dispositivo que permite registrar una imagen sobre una placa de metal. **2.** Imagen así obtenida.

dalia f. **1.** Planta de flores ornamentales. **2.** Flor de esta planta.

dálmata adj./m. y f. **1.** De Dalmacia. **2.** Dícese de una raza de perros de pelaje blanco con manchas negras.

daltonismo m. Anomalía en la visión de los colores.

dama f. **1.** Mujer distinguida. **2.** En el ajedrez, reina. ◆ pl. **3.** Juego de tablero con 24 fichas.

damajuana f. Garrafa de vidrio con una funda de mimbre.

damasco m. Tejido de seda o de lana, con dibujos labrados.

damasquinar tr. Incrustar hilos de oro o plata sobre hierro.

damnificado, da adj./m. y f. Que ha sufrido un gran daño.

dandi m. Hombre elegante y refinado.

danés, sa adj./m. y f. **1.** De Dinamarca. ◆ m. **2.** Lengua nórdica hablada en Dinamarca.

dantesco, ca adj. Aterrador: *visión ~.*

danza f. Sucesión de pasos ejecutados según un ritmo musical.

daño m. **1.** Perjuicio sufrido por alguien o algo. **2.** Dolor.

dar tr. **1.** Ceder gratuitamente. **2.** Entregar. **3.** Otorgar: *dar permiso.* **4.** Producir beneficio. **5.** Causar. **6.** Ejecutar una acción: *dar un paseo.* ◆ intr. **7.** Sobrevenir: *le dio una embolia.* **8.** Acertar: *dar en el clavo.* ◆ intr. y prnl. **9.** Considerar: *dar por bien empleado.* ◆ prnl. **10.** Suceder.

dardo m. **1.** Flecha pequeña arrojadiza. **2.** Dicho satírico.

dársena f. Parte más resguardada de un puerto.

DAT m. Abrev. de *Digital Audio Tape* (cinta de audio digital), banda magnética que sirve de soporte para el registro digital del sonido.

datar tr. **1.** Poner fecha. ◆ intr. **2.** Existir desde una determinada época.

dátil m. Fruto de la palmera.

dativo m. LING. Caso de la declinación que expresa la función de complemento indirecto.

dato m. Hecho que sirve de base a un razonamiento.

de f. **1.** Nombre de la letra *d.* ◆ prep. **2.** Indica la materia de que está hecha una cosa: *mesa de madera.* **3.** Denota posesión o pertenencia. **4.** Expresa asunto o tema: *lección de historia.* **5.** Indica el origen: *viene de fuera.* **6.** Denota la causa de algo: *morirse de miedo.* **7.** Sirve para expresar el modo: *estar de pie.* **8.** Indica destino o finalidad: *máquina de afeitar.* **9.** Desde: *de Madrid a Valencia.*

deambular intr. Andar o pasear sin objeto determinado.

debacle f. Desastre, catástrofe.

debajo adv. **1.** En lugar inferior. **2.** Con dependencia: *por ~ del director.*

debate m. Discusión, disputa.

debatir tr. **1.** Discutir sobre algo. ◆ prnl. **2.** Luchar.

debe m. Parte de una cuenta en la que constan las cantidades que el titular ha de pagar.

deber tr. **1.** Estar obligado: *debo trabajar.* **2.** Tener obligación de cumplir una deuda. ◆ prnl. **3.** Sentirse obligado a algo. **4.** Tener por causa: *esta situación se debe a un error.*

deber m. **1.** Obligación de obrar de algún modo. ◆ pl. **2.** Trabajo que los alumnos deben realizar en su casa.

debido, da adj. Justo, razonable.

débil adj. **1.** Falto de fuerza o resistencia: *luz ~.* **2.** LING. Dícese de la sílaba no acentuada. **3.** LING. Dícese de las vocales *i* y *u.* ◆ adj./m. y f. **4.** Que no tiene suficiente fuerza física o moral.

debilitar tr. y prnl. Disminuir la fuerza o poder.

débito m. Deuda.

debut m. Estreno, comienzo de una actividad.

década f. Período de diez años.

decadencia f. Proceso por el que una cosa tiende a debilitarse.

decaedro m. MAT. Sólido de diez caras.

decaer intr. Ir a menos: *su fama ha decaído.*

decágono m. MAT. Polígono de diez lados.

decálogo m. Conjunto de diez leyes, normas, etc.

decámetro m. Medida de longitud equivalente a 10 m.

decano, na m. y f. Persona que dirige un centro universitario.

decantación f. Acción y efecto de decantar o decantarse.

decantar tr. **1.** Inclinar una vasija para que caiga el líquido que contiene. ◆ prnl. **2.** Decidirse por alguien o algo.

decapitar tr. Cortar la cabeza.

decápodo, da adj./m. Dícese de un orden de crustáceos marinos, con cinco pares de patas, como el cangrejo de mar.

decena f. Conjunto de diez unidades.

decenio m. Período de diez años.

decente adj. Digno, que obra de acuerdo con la moral o las buenas costumbres.

decepción f. Sensación de pasar por un desengaño.

deceso m. Muerte.

dechado m. Ejemplo, modelo a imitar: ~ *de virtudes.*

decibelio o **decibel** m. FÍS. Unidad para definir una escala de intensidad sonora.

decidido, da adj. Resuelto, audaz.

decidir tr. y prnl. Resolver, tomar una determinación.

decimal adj. **1.** Dícese de cada una de las diez partes iguales en que se divide un todo. **2.** MAT. Dícese del sistema métrico de base diez. ● **Número** ~, el formado por una parte entera y otra inferior separada por una coma, como *3,14.*

decímetro m. Medida de longitud equivalente a la décima parte del metro.

décimo, ma adj./m. y f. **1.** Que corresponde en orden al número diez. ◆ adj./m. **2.** Dícese de cada una de las diez partes iguales en que se divide un todo. ◆ f. **3.** Décima parte de un grado del termómetro clínico. **4.** Estrofa de ocho versos.

decimonónico, ca adj. **1.** Relativo al siglo XIX. **2.** Anticuado.

decir tr. Manifestar con palabras el pensamiento.

decir m. Dicho.

decisión f. **1.** Resolución, determinación. **2.** Firmeza de carácter.

decisivo, va adj. Determinante, concluyente: *combate ~.*

declamar tr. e intr. Hablar o recitar en voz alta.

declarar tr. **1.** Explicar lo que está oculto o no se entiende bien. **2.** Determinar, decidir los jueces. ◆ tr. e intr. **3.** Manifestar ante el juez. ◆ prnl. **4.** Producirse algo.

declinación f. **1.** Caída, descenso. **2.** ASTRON. Distancia de un astro al ecuador celeste. **3.** LING. Serie de los casos gramaticales.

declinar tr. **1.** Rehusar. **2.** LING. Poner en los casos gramaticales las voces que tienen declinación. ◆ intr. **3.** Decaer, disminuir. **4.** Inclinarse hacia abajo o hacia un lado u otro. **5.** Aproximarse una cosa a su fin.

declive m. **1.** Desnivel de una superficie. **2.** Decadencia.

decolorar tr. y prnl. Quitar o rebajar el color.

decomisar tr. Confiscar el estado un bien.

decorado m. Conjunto de muebles, objetos, etc., que componen el ambiente de una escena teatral o cinematográfica.

decorar tr. Adornar, embellecer.

decoro m. **1.** Honor, respeto. **2.** Dignidad requerida conforme a una categoría. **3.** Pudor, recato.

decrecer intr. Disminuir.

decrépito, ta adj./m. y f. Que está en gran decadencia.

decretar tr. Ordenar por decreto.

decreto m. Decisión tomada por la autoridad competente.

decúbito m. Posición del cuerpo sobre un plano horizontal.

décuplo, pla adj./m. Que contiene un número diez veces exactamente.

decurso m. Sucesión o transcurso del tiempo.

dedal m. Utensilio que protege la punta del dedo al coser.

dedicar tr. **1.** Dirigir a una persona algo como obsequio. ◆ tr. y prnl. **2.** Emplear, destinar. ◆ prnl. **3.** Tener un oficio.

dedo m. Cada una de las partes en que terminan las manos y los pies del hombre.

deducir tr. **1.** Sacar consecuencias de un principio anterior. **2.** Descontar de una cantidad.

defecar tr. e intr. Expeler los excrementos.

defección f. Acción de separarse con deslealtad de una causa.

defectivo, va adj. **1.** Imperfecto, defectuoso. **2.** LING. Dícese del verbo que sólo se conjuga en determinados tiempos, modos o personas.

defecto m. Imperfección natural o moral.

defender tr. y prnl. **1.** Proteger. ◆ tr. **2.** Abogar en favor de alguien.

defenestrar tr. Destituir.

defensa f. **1.** Protección, socorro. **2.** Abogado defensor. **3.** DEP. Jugador encargado de proteger la portería.

defeño, ña adj./m. y f. De México D. F.

deferencia f. Muestra de respeto hacia alguien.

deferente adj. **1.** Que muestra deferencia. **2.** ANAT. Que conduce hacia el exterior: *conducto ~.*

deficiencia f. Defecto.

deficiente adj. Incompleto, insuficiente.

déficit m. Lo que falta a los ingresos para equilibrarse con los gastos.

definición f. Acción y efecto de definir.

definir tr. **1.** Enunciar con exactitud la significación de una palabra o concepto. ◆ tr. y prnl. **2.** Expresar alguien su actitud.

definitivo, va adj. Que decide o concluye.

deflación f. ECON. Disminución del nivel general de los precios.

deflagrar intr. Arder rápidamente con llama y sin explosión.

deflexión f. FÍS. Cambio de dirección de un haz luminoso.

deforestación f. Acción y efecto de deforestar.

deforestar tr. Despojar un terreno de plantas forestales.

deformar tr. y prnl. **1.** Alterar una cosa en su forma. **2.** Tergiversar.

deforme adj. Que tiene forma anormal.

defraudar tr. **1.** Eludir el pago de los impuestos. **2.** Decepcionar.

defunción f. Muerte.

degenerar intr. **1.** Perder cualidades. **2.** Decaer, declinar.

deglutir tr. e intr. Tragar los alimentos.

degollar tr. Cortar el cuello.

degradar tr. **1.** Deponer a una persona de sus dignidades. ◆ tr. y prnl. **2.** Humillar. **3.** Disminuir la intensidad del color o de la luz.

A
B
C
D
E
F
G
H
I
J
K
L
M
N
Ñ
O
P
Q
R
S
T
U
V
W
X
Y
Z

degüello m. Acción de degollar.

degustar tr. Probar una comida o bebida para valorar su sabor.

dehesa f. Tierra acotada y destinada a pastos.

deidad f. 1. Ser o esencia divinos. 2. Divinidad de la mitología.

deificar tr. Hacer divino.

deixis f. LING. Función de algunos elementos consistente en señalar algo presente.

dejante prep. Chile, Colomb. y Guat. Aparte de, además de.

dejar tr. 1. Poner algo en algún sitio. 2. Seguido de un participio pasivo, explica la acción de lo que éste significa: ~ sumido en un profundo sueño. 3. Prestar. ♦ prnl. 4. Abandonarse, descuidarse.

dejo o **deje** m. 1. Modo de hablar. 2. Gusto que queda de la comida.

del. Contracción de la preposición de y el artículo el.

delación f. Acción y efecto de delatar.

delantal m. Prenda que protege la parte delantera del traje.

delante adv. 1. Con prioridad de lugar, en la parte anterior o en el sitio tras el cual está una persona o cosa: déjalo ~ de su puerta. 2. A la vista, en presencia: hablar ~ de todos.

delantero, ra adj. 1. Que está delante. ♦ m. y f. DEP. 2. Jugador que forma parte de la línea de ataque. ♦ f. 3. Parte anterior de algo.

delatar tr. 1. Denunciar, acusar. 2. Descubrir, revelar. ♦ prnl. 3. Dar a conocer algo involuntariamente.

delco m. Dispositivo de encendido de los motores de explosión.

delectación f. Deleite.

delegación f. 1. Nombre dado a determinados organismos de la administración pública. 2. Méx. Comisaría.

delegar tr. Transferir el poder de una persona a otra.

deleite m. Placer.

deletrear tr. e intr. Decir por orden las letras de una palabra.

deleznable adj. 1. Que se rompe fácilmente. 2. Despreciable.

delfín m. 1. Mamífero marino del orden de los cetáceos. 2. Heredero de la corona de Francia.

■ **Enc.** Los **delfines** se comunican entre sí mediante silbidos cortos. Con estos silbidos son capaces de intercambiar mensajes complejos. El lenguaje de los delfines es estudiado por los científicos.

delgado, da adj. 1. Flaco. 2. De poco grosor.

deliberado, da adj. Hecho a propósito, premeditado.

deliberar intr. Examinar una decisión, antes de realizarla.

delicadeza f. 1. Cualidad de delicado. 2. Cortesía, miramiento.

delicado, da adj. 1. Frágil. 2. Enfermizo. 3. Exquisito, sabroso. 4. Difícil, problemático. 5. Escrupuloso, remilgado.

delicia f. 1. Placer intenso. 2. Cosa que causa alegría o placer.

delicuescencia f. QUÍM. Propiedad que tienen ciertos cuerpos de convertirse en líquidos.

delimitar tr. Señalar los límites.

delincuencia f. 1. Actividad de delinquir. 2. Conjunto de delitos.

delineante m. y f. Persona que tiene por oficio trazar planos.

delinquir intr. Cometer un delito.

delirar intr. 1. Tener delirios. 2. Decir o hacer disparates.

delirio m. Trastorno psíquico en que se sufren alucinaciones.

delito m. Quebrantamiento de la ley.

delta m. 1. Terreno triangular formado por un río en su desembocadura. ♦ f. 2. Letra del alfabeto griego.

deltoides m. Músculo de la espalda, de forma triangular, que permite levantar el brazo.

demacrar tr. y prnl. Poner pálido y delgado.

demagogia f. Política que halaga las pasiones de la plebe.

demanda f. 1. Solicitud. 2. DER. Petición que un litigante sustenta en el juicio. 3. ECON. Cantidad de algo que los consumidores están dispuestos a comprar.

demandar tr. 1. Pedir, rogar, preguntar. 2. DER. Formular una demanda ante los tribunales.

demarcar tr. Señalar los límites de un país o terreno.

demás pron. El resto, la parte no mencionada de un todo: ordene que salgan los ~.

demasiado, da adj. 1. En mayor número de lo conveniente: has hecho ~ estofado. ♦ adv. 2. Con exceso: llueve ~.

demencia f. Pérdida irreversible de las facultades mentales.

demente adj./m. y f. 1. Loco. 2. Que padece demencia.

democracia f. Gobierno en que el pueblo ejerce el poder.

demografía f. Estudio estadístico de la población humana.

demoler tr. Deshacer, derribar.

demonio m. 1. Diablo. 2. Persona muy mala, fea o astuta.

demora f. Tardanza, retraso.

demorar tr. 1. Retardar, atrasar. ♦ prnl. 2. Detenerse en algún lugar.

demostración f. Comprobación experimental de un principio.

demostrar tr. 1. Probar algo con ejemplos. 2. Manifestar.

demostrativo, va adj./m. LING. Dícese de los adjetivos y pronombres que sirven para situar un objeto en relación con las personas gramaticales, como este, esa, aquello, etc.

demudar tr. 1. Mudar, variar. ♦ prnl. 2. Cambiarse repentinamente el gesto del rostro.

denario m. Antigua moneda romana de plata.

denegar tr. No conceder lo que se pide o solicita.

dengue m. Melindre.

denigrar tr. Hablar mal de una persona o cosa.

denodado, da adj. Intrépido.

denominación f. 1. Acción de denominar. 2. Nombre.

COLOR, LENTES Y PRISMA

COLOR

Color pigmento

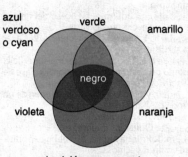

azul verdoso o cyan

verde

amarillo

negro

violeta

naranja

rojo violáceo o magenta

Al mezclar colores llamados primarios (amarillo, rojo violáceo y azul verdoso) podemos obtener los colores llamados secundarios (naranja, violeta y verde) y obtendremos el negro si mezclamos los tres colores primarios.

Color luz

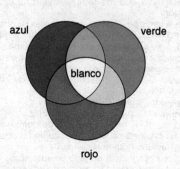

azul

verde

blanco

rojo

Si se proyectan luces de colores (azul, verde y rojo) en idéntica proporción en una pantalla blanca se obtendrá una luz blanca.

LENTES

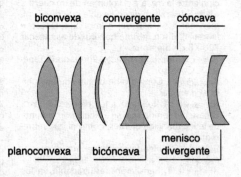

biconvexa   convergente   cóncava

planoconvexa   bicóncava   menisco divergente

PRISMA

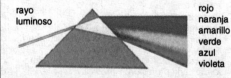

rayo luminoso

rojo
naranja
amarillo
verde
azul
violeta

Descomposición de la luz blanca por un prisma

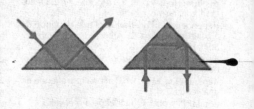

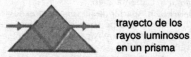

trayecto de los rayos luminosos en un prisma

denominador m. MAT. Término inferior de una fracción.

denominar tr. y prnl. Aplicar un nombre a una persona o cosa.

denostar tr. Injuriar, ofender.

denotar tr. Indicar, significar.

densidad f. **1.** Calidad de denso. **2.** FÍS. Relación entre la masa y el volumen de un cuerpo. ● **Alta ~** (INFORM.), disco flexible que puede almacenar 1.44 MB de memoria. ● **Doble ~** (INFORM.), disco flexible que puede almacenar 720 KB de memoria.

denso, sa adj. **1.** Compacto, apretado. **2.** Espeso. **3.** Confuso.

dentadura f. Conjunto de dientes de una persona o animal.

dental adj. **1.** Relativo a los dientes. **2.** LING. Dícese del sonido que se articula con la punta de la lengua y los dientes, como el que representan *d* y *t*.

dentellada f. Herida que hacen los dientes al morder.

dentera f. **1.** Sensación desagradable en los dientes. **2.** *Fam.* Envidia.

dentición f. Formación, número y disposición de los dientes.

dentífrico m. Sustancia usada para limpiar los dientes.

dentista m. y f. Médico especializado en la conservación y reparación de los dientes.

dentro adv. **1.** A o en la parte interior: *~ de mi alma.* **2.** Durante un tiempo: *~ de un momento.*

denuedo m. Brío, esfuerzo.

denuesto m. Injuria.

denunciar tr. **1.** Comunicar a la autoridad un delito. **2.** Poner de manifiesto.

deontología f. Ciencia de las normas y deberes de cada profesión: *~ médica.*

deparar tr. Dar, proporcionar.

departamento m. **1.** Cada una de las partes en que se divide un lugar. **2.** Nombre de algunas divisiones administrativas de Hispanoamérica. **3.** *Amér.* Apartamento.

departir intr. Conversar, hablar.

depauperar tr. y prnl. **1.** Empobrecer. **2.** Debilitar el organismo.

dependencia f. **1.** Estado del que depende de alguien o de algo. **2.** Adicción: *~ del tabaco.* **3.** Habitación.

depender intr. Estar subordinado a una persona o cosa.

dependiente, ta m. y f. Persona que atiende en una tienda.

depilar tr. y prnl. Quitar el pelo o el vello.

deplorar tr. Lamentar algo.

deponer tr. **1.** Apartar de sí: *~ una actitud hostil.* **2.** Privar a una persona de su empleo. **3.** *Guat., Hond., Méx.* y *Nicar.* Vomitar. ◆ intr. **4.** Evacuar el vientre.

deportar tr. Desterrar por motivos políticos o como castigo.

deporte m. Ejercicio físico que se practica según ciertas reglas.

deportista m. y f./adj. Persona que practica algún deporte.

deposición f. **1.** Exposición o declaración. **2.** Evacuación de vientre.

depositar tr. **1.** Poner algo bajo la custodia de alguien. **2.** Colocar en un sitio.

depositario, ria adj./m. y f. Dícese de la persona o entidad que guarda bienes confiados por otros.

depósito m. **1.** Cosa depositada. **2.** Lugar para guardar alguna cosa.

depravar tr. y prnl. Viciar, corromper.

depreciar tr. y prnl. Disminuir el valor o precio de una cosa.

depredador, ra adj./m. y f. Dícese del animal que caza y devora piezas vivas.

depredar tr. **1.** Saquear con violencia. **2.** Cazar para subsistir.

depresión f. **1.** Concavidad de una superficie. **2.** Estado de abatimiento del ánimo. **3.** Fase de baja actividad económica.

deprimir tr. y prnl. **1.** Reducir el volumen de un cuerpo. **2.** Abatir, quitar el ánimo.

deprisa adv. Con rapidez.

depurar tr. Quitar las impurezas.

derby m. **1.** Prueba hípica. **2.** Prueba deportiva entre equipos vecinos.

derecho, cha adj. **1.** Dícese de las cosas y de las partes del cuerpo que están situadas en el lado opuesto al corazón. **2.** Recto, directo. **3.** En posición vertical. ◆ m. **4.** Conjunto de leyes a que están sometidos los hombres, y ciencia que las estudia. **5.** Facultad de hacer o exigir algo. ◆ pl. **6.** Cantidad que se paga por algo: *derechos de autor.* ◆ f. **7.** Conjunto de las organizaciones políticas y de las personas de ideas conservadoras.

deriva f. Desvío del rumbo de una nave debido al azar.

derivación f. **1.** Camino o cable que sale de otro. **2.** LING. Procedimiento de formación de palabras a partir de otras ya existentes.

derivado, da adj./m. **1.** Que deriva. ◆ f. MAT. **2.** Magnitud que indica la variación de una función.

derivar intr. y prnl. **1.** Proceder una cosa de otra. ◆ intr. LING. **2.** Proceder una palabra por derivación. **3.** MAR. Desviarse una nave del rumbo.

dermatología f. Parte de la medicina que trata de las enfermedades de la piel.

dermis f. Capa de la piel entre la epidermis y la hipodermis.

derogar tr. Anular, abolir.

derramar tr. y prnl. Verter, esparcir.

derrame m. **1.** Acción y efecto de derramar. **2.** MED. Existencia anormal de líquido en alguna estructura, órgano o cavidad.

derrapar intr. Patinar de lado un automóvil.

derredor m. Circuito, contorno de una cosa.

derrengar tr. y prnl. **1.** Lastimar el espinazo. **2.** Fatigar, fatigar.

derretir tr. y prnl. Disolver por medio de calor un sólido.

derribar tr. **1.** Echar abajo una construcción. **2.** Hacer caer al suelo.

derriscar tr. y prnl. *Cuba* y *P. Rico.* Despeñar.

derrocar tr. Hacer perder a una persona su empleo, poder o dignidad por medios violentos.

derrochar tr. Malgastar el dinero o los bienes.

derrota f. **1.** Fracaso, pérdida. **2.** Rumbo de una nave.

derrotar tr. Vencer a alguien en una competición o en la guerra.

derrotero m. **1.** Rumbo de una nave. **2.** Camino tomado para lograr el fin propuesto.

derrotista adj./m. y f. Pesimista.

derrubio m. Desgaste que produce un curso de agua.

derruir tr. Derribar un edificio.

derrumbar tr. y prnl. **1.** Derribar una construcción. **2.** Despeñar. **3.** Hundir moralmente.

desaborido, da adj. **1.** Sin sabor. ♦ adj./m. y f. *Fam.* **2.** Dícese de la persona sosa.

desabrido, da adj. **1.** Soso, insípido. **2.** Áspero en el trato.

desabrigar tr. y prnl. Quitar la ropa que abriga.

desabrochar tr. y prnl. Soltar los broches de una prenda de vestir.

desacato m. **1.** Falta de respeto. **2.** DER. Delito que se comete insultando a una autoridad en el ejercicio de sus funciones.

desacierto m. Dicho o hecho falto de acierto.

desaconsejar tr. Disuadir.

desacostumbrado, da adj. Que está fuera del uso y orden común.

desacreditar tr. y prnl. Disminuir el crédito o valor.

desactivar tr. Anular el sistema detonador de un artefacto explosivo o la actividad de un proceso.

desacuerdo m. Discordia, falta de acuerdo.

desafecto, ta adj. Que no estima una cosa.

desafiar tr. **1.** Provocar a duelo, combate o discusión. **2.** Afrontar.

desafinar intr. y prnl. MÚS. Apartarse de la debida entonación.

desaforado, da adj. Grande, desmedido.

desafortunado, da adj. **1.** Inoportuno. ♦ adj./m. y f. **2.** Sin fortuna.

desafuero m. Acto violento contra la ley o la razón.

desagradar intr. y prnl. No gustar, causar rechazo.

desagradecido, da adj./m. y f. Que no agradece los favores.

desagraviar tr. y prnl. Reparar el agravio hecho a alguien.

desaguar tr. **1.** Extraer el agua de un lugar. ♦ intr. **2.** Desembocar un río en el mar.

desagüe m. Conducto por donde desagua un líquido.

desaguisado m. **1.** Agravio, delito. **2.** Destrozo, fechoría.

desahogar tr. y prnl. **1.** Aliviar. **2.** Expresar libremente un sentimiento. ♦ prnl. **3.** Hacer confidencias una persona a otra.

desahogo m. **1.** Alivio, descanso. **2.** Holgura, comodidad.

desahuciar tr. **1.** Considerar el médico al enfermo sin esperanza de salvación. **2.** Expulsar al inquilino. ♦ tr. y prnl. **3.** Desengañar.

desairar tr. Despreciar, desestimar.

desaire m. **1.** Falta de garbo. **2.** Afrenta.

desajustar tr. **1.** Separar lo ajustado. ♦ prnl. **2.** Apartarse del ajuste.

desalar tr. Quitar la sal.

desalentar tr. y prnl. Quitar el ánimo.

desaliño m. Descuido en el aseo personal.

desalmado, da adj./m. y f. Cruel, malvado.

desalojar tr. **1.** Dejar vacío un sitio. **2.** Expulsar.

desamarrar tr. y prnl. Soltar las amarras de una nave.

desamor m. Falta de amor.

desamortizar tr. Liberar bienes amortizados, por vía legal.

desamparar tr. Abandonar, dejar sin amparo.

desandar tr. Retroceder en el camino ya andado.

desangelado, da adj. Falto de ángel, soso.

desangrar tr. y prnl. Salir o perder mucha sangre.

desanimar tr. y prnl. Desalentar.

desapacible adj. Desagradable: *tiempo* ~.

desaparecer intr. **1.** Ocultarse. **2.** Dejar de existir.

desapego m. Falta de afición o interés.

desapercibido, da adj. No apercibido.

desaprensivo, va adj./m. y f. Que no obra honrada o justamente.

desaprobar tr. Reprobar.

desaprovechar tr. Desperdiciar o emplear mal una cosa.

desarbolar tr. **1.** Debilitar. **2.** MAR. Quitar o derribar la arboladura.

desarmador m. *Méx.* Destornillador.

desarmar tr. **1.** Separar las piezas de una cosa. **2.** Quitar las armas.

desarme m. **1.** Acción y efecto de desarmar. **2.** Reducción del armamento de un país.

desarraigar tr. y prnl. **1.** Arrancar de raíz un árbol o una planta. **2.** Desterrar a uno del lugar donde vive. **3.** Extinguir una pasión.

desarrapado, da adj./m. y f. Desharrapado*.

desarreglar tr. y prnl. Estropear o desordenar.

desarrollar tr. y prnl. **1.** Hacer que una cosa aumente o progrese. ♦ tr. **2.** Explicar una teoría o idea. **3.** Acrecentar el valor o riqueza de algo. **4.** Llevar a cabo. ♦ prnl. **5.** Suceder, ocurrir.

desarrollo m. Crecimiento, progreso.

desarropar tr. y prnl. Quitar o apartar la ropa.

desarticular tr. **1.** Separar las piezas de una máquina o artefacto. **2.** Deshacer un plan, una organización.

desasir tr. y prnl. **1.** Soltar lo asido. ♦ prnl. **2.** Desprenderse.

desasistir tr. No prestar a alguien la ayuda que necesita.

desasosiego m. Intranquilidad.

desastrado, da adj./m. y f. **1.** Desgraciado. **2.** Falto de aseo.

desastre m. **1.** Desgracia grande. **2.** Hecho frustrado o perjudicial.

desatar tr. y prnl. Soltar lo atado.

desatascar tr. y prnl. Dejar libre un conducto obstruido.

desatender tr. No prestar atención o no hacer caso.

desatento, ta adj./m. y f. **1.** Que no pone atención. **2.** Grosero, descortés.

desatino m. **1.** Falta de tino o acierto. **2.** Locura, despropósito.

desatornillar tr. y prnl. Sacar un tornillo dándole vueltas.

desautorizar tr. y prnl. Quitar autoridad: ~ *un acto.*

desavenencia f. Falta de acuerdo o armonía.

desayuno m. Primer alimento que se toma por la mañana.

desazón f. **1.** Malestar, molestia. **2.** Disgusto, inquietud.

desbancar tr. Quitar a alguien de un puesto y ocuparlo uno mismo.

desbandarse prnl. Huir en desorden.

desbarajuste m. Desorden, confusión.

desbaratar tr. **1.** Deshacer algo, impedir que se realice. **2.** Malgastar los bienes.

desbarrar intr. Discurrir, hablar u obrar fuera de razón.

desbastar tr. Quitar las partes más bastas de una cosa.

desbloquear tr. Eliminar un obstáculo que bloquea un proceso.

desbocarse prnl. No obedecer la caballería a la acción del freno.

desbordar tr. **1.** Rebasar, sobrepasar. ◆ intr. y prnl. **2.** Salir de los bordes. **3.** Manifestar vivamente un sentimiento o pasión.

descabalgar intr. Desmontar de una caballería.

descabellado, da adj. Absurdo, sin sentido.

descabellar tr. Matar al toro, hiriéndole en la cerviz.

descabezar tr. Cortar la cabeza o parte superior de algo.

descafeinado, da adj./m. Dícese del café sin cafeína.

descalabrar tr. y prnl. **1.** Herir en la cabeza. ◆ tr. **2.** Causar daño.

descalificar tr. **1.** Desacreditar. **2.** Eliminar de una competición.

descalzar tr. y prnl. Quitar el calzado.

descaminado, da adj. Equivocado, mal orientado.

descamisado, da adj. **1.** Sin camisa. ◆ adj./m. y f. **2.** Muy pobre.

descampado m. Terreno descubierto y sin malezas.

descansar tr. **1.** Aliviar la fatiga. ◆ tr. e intr. **2.** Apoyarse una cosa sobre otra. ◆ intr. **3.** Cesar en el trabajo, reposar.

descansillo m. Plataforma entre los tramos de una escalera.

descapotable adj./m. Dícese del automóvil con capota plegable.

descarado, da adj./m. y f. Que habla u obra con desvergüenza.

descarga f. **1.** Acción y efecto de descargar. **2.** Fenómeno que se produce cuando un cuerpo electrizado pierde su carga.

descargar tr. **1.** Quitar o aliviar la carga. **2.** Disparar con arma de fuego, o extraer de ella la carga. **3.** Anular una carga eléctrica. ◆ tr. e intr. **4.** Dar un golpe con violencia.

descargo m. Excusa que da alguien para satisfacer una acusación.

descarnado, da adj. Dícese de los relatos crudos o realistas.

descarnar tr. y prnl. Quitar la carne al hueso.

descaro m. Desvergüenza, atrevimiento.

descarriar tr. y prnl. **1.** Apartar a una persona o cosa de su camino. **2.** Apartar del rebaño una o varias reses.

descarrilar intr. Salir fuera del carril un tren o tranvía.

descartar tr. Apartar, rechazar.

descastado, da adj./m. y f. Que muestra poco cariño hacia sus parientes o amigos.

descendencia f. **1.** Conjunto de descendientes. **2.** Casta, estirpe.

descender intr. **1.** Bajar, pasar o poner en un lugar o estado más bajo: ~ *de categoría.* **2.** Proceder de una persona o linaje.

descendiente m. y f. Persona que desciende de otra.

descenso m. Acción y efecto de descender.

descentralizar tr. Hacer menos dependiente del poder central.

descentrar tr. y prnl. Sacar una cosa de su centro.

descharchar tr. *Amér. Central.* Dejar a uno sin su empleo.

deschavetarse prnl. *Chile, Colomb., Méx., Perú* y *Urug.* Perder el juicio.

descifrar tr. Entender algo oscuro e intrincado.

desclavar tr. Quitar los clavos.

descocado, da adj./m. y f. Descarado.

descolgar tr. **1.** Bajar o quitar lo que está colgado. **2.** Separar el auricular del teléfono.

descollar intr. y prnl. Sobresalir, destacar: ~ *en los estudios.*

descolorido, da adj. Que ha perdido su color natural.

descomedido, da adj. **1.** Excesivo. ◆ adj./m. y f. **2.** Descortés.

descompensar tr. y prnl. Hacer perder la compensación o el equilibrio: ~ *un presupuesto.*

descomponedor, ra adj./m. y f. Organismo que puede degradar compuestos orgánicos complejos, para producir sustancias sencillas utilizadas por los productores.

descomponer tr. y prnl. **1.** Desordenar. **2.** Corromper, pudrir. **3.** Separar las partes que forman un todo: ~ *la luz.* **4.** *Argent., Méx.* y *Urug.* Averiar, estropear.

descompostura f. **1.** Desaliño. **2.** Descaro, insolencia.

descompresión f. Reducción de la presión a que ha estado sometido un gas o un líquido.

descomunal adj. Gigantesco, fuera de lo normal.

desconcertar tr. y prnl. **1.** Alterar el orden. ◆ tr. **2.** Sorprender.

desconchabar tr. y prnl. *Amér. Central, Chile* y *Méx.* Descomponer, descoyuntar.

desconchar tr. y prnl. Quitar parte del enlucido de algo.

desconectar tr. y prnl. Interrumpir una conexión eléctrica.

desconfiar intr. Recelar, no fiarse: ~ *de alguien.*

descongelar tr. **1.** Devolver un producto congelado a su estado ordinario. **2.** Liberar precios que se hallaban inmovilizados.

descongestionar tr. y prnl. Quitar la congestión.

desconocer tr. **1.** No conocer. **2.** No reconocer.

desconsideración f. Falta de educación y respeto.

desconsolar tr. y prnl. Afligir, entristecer.

descontado. Por ~, con toda seguridad.
descontar tr. Rebajar cierta cantidad a algo.
descontento, ta adj./m. y f. **1.** Que no es feliz. ◆ m. **2.** Disgusto.
descontrol m. Falta de control, de orden.
desconvocar tr. Anular una convocatoria: *~ una huelga.*
descorazonar tr. y prnl. Desanimar, desalentar.
descorchar tr. Quitar el corcho al alcornoque o a una botella.
descorrer tr. **1.** Plegar lo que estaba estirado: *~ las cortinas.* **2.** Dar al cerrojo el movimiento necesario para abrir.
descortés adj./m. y f. Que carece de cortesía.
descosido m. Parte que se ha abierto en la costura de una prenda.
descoyuntar tr. y prnl. Dislocar un hueso.
descrédito m. Pérdida del crédito o reputación.
descreído, da adj./m. y f. Que no tiene fe.
descremado, da adj. Sin grasa: *leche ~.*
describir tr. **1.** Dibujar. **2.** Representar por medio del lenguaje.
descripción f. Acción y efecto de describir.
descuajaringar tr. y prnl. **1.** Desvencijar, desunir. ◆ prnl. *Fam.* **2.** Agotarse, cansarse. **3.** *Fam.* Desternillarse de risa.
descuajeringado, da adj. **1.** *Amér.* Desvencijado. **2.** *Amér.* Descuidado en el aseo y en el vestir.
descuajeringar tr. y prnl. Descuajaringar*.
descuartizar tr. Dividir un cuerpo en trozos.
descubierto, ta adj. **1.** Que no está cubierto. ◆ m. **2.** Falta de fondos en una cuenta bancaria.
descubrir tr. **1.** Destapar lo cubierto. **2.** Enterarse de algo ignorado u oculto. **3.** Inventar. ◆ prnl. **4.** Quitarse de la cabeza el sombrero.
descuento m. Rebaja.
descuidar tr. y prnl. **1.** No prestar el cuidado debido. ◆ tr. e intr. **2.** Descargar a uno del cuidado que debía tener: *descuida, iré.*
descuido m. **1.** Falta de cuidado. **2.** Olvido. **3.** Desliz, tropiezo.
desde prep. **1.** Indica punto de origen o procedencia en el tiempo o en el espacio: *~ hoy; ~ aquí veo la playa.* **2.** Después de.
desdecir intr. **1.** Degenerar una persona o cosa de su origen. **2.** No convenir, desentonar. ◆ prnl. **3.** Retractarse de lo dicho.
desdén m. Indiferencia y desapego.
desdentado, da adj. **1.** Sin dientes. ◆ adj./m. **2.** Dícese de un orden de mamíferos sin dientes, como el oso hormiguero.
desdeñar tr. **1.** Tratar con desdén. ◆ tr. y prnl. **2.** Desechar.
desdibujar tr. y prnl. Hacer confusa o borrosa una imagen.
desdicha f. Desgracia, suerte adversa.
desdoblar tr. y prnl. **1.** Extender lo que estaba doblado. **2.** Duplicar.
desear tr. **1.** Querer intensamente algo. **2.** Sentir atracción sexual.
desecar tr. y prnl. Eliminar la humedad de un cuerpo.
desechar tr. **1.** Rechazar. **2.** Apartar de sí un temor.

desecho m. Cosa que se ha desechado. ● **~ fabril**, residuo proveniente de fábricas. ● **~ gaseoso**, emanación proveniente de fábricas o automóviles que se vierte al aire. ● **~ líquido**, residuo mezclado con agua proveniente de la industria y actividades domésticas y agrícolas. ● **~ sólido**, residuo de origen animal, vegetal y mineral generado por las actividades industriales y domésticas.
desembarazar tr. y prnl. **1.** Dejar una cosa libre de obstáculos. ◆ prnl. **2.** Apartar uno de sí lo que le estorba.
desembarcar tr., intr. y prnl. Descender de un barco.
desembocadura f. **1.** Lugar donde desemboca un río. **2.** Sitio por donde algo desemboca.
desembocar intr. **1.** Entrar una corriente de agua en el mar. **2.** Tener salida una calle a un lugar. **3.** Tener algo determinado desenlace.
desembolsar tr. Pagar una cantidad de dinero.
desembragar tr. **1.** Desconectar del eje motor un mecanismo. **2.** Pisar el pedal del embrague.
desembuchar tr. **1.** Echar las aves lo que tienen en el buche. **2.** *Fam.* Decir todo lo que uno sabe.
desempañar tr. Limpiar una cosa empañada.
desempeñar tr. **1.** Recuperar lo empeñado. **2.** Ejercer un trabajo.
desempleo m. Paro, falta de trabajo.
desempolvar tr. y prnl. **1.** Quitar el polvo. ◆ tr. **2.** Volver a usar algo abandonado u olvidado.
desencadenar tr. **1.** Soltar las cadenas. ◆ tr. y prnl. **2.** Traer como consecuencia. ◆ prnl. **3.** Estallar una pasión o fuerza natural.
desencajar tr. y prnl. **1.** Sacar una cosa de donde estaba encajada. ◆ prnl. **2.** Desfigurarse el semblante.
desencaminar tr. Apartar del camino.
desencantar tr. y prnl. **1.** Deshacer el encanto. **2.** Desengañar.
desenchufar tr. Desconectar de la red eléctrica.
desenfadado, da adj. Divertido, espontáneo: *obra ~.*
desenfado m. Desenvoltura, desparpajo.
desenfrenar tr. **1.** Quitar el freno. ◆ prnl. **2.** Entregarse a vicios y pasiones.
desenganchar tr. y prnl. Soltar lo que está enganchado.
desengañar tr. y prnl. **1.** Hacer conocer a alguien el engaño en que está. **2.** Quitar las esperanzas o ilusiones.
desenlace m. Final de un suceso o una obra.
desenmarañar tr. Desenredar.
desenmascarar tr. y prnl. **1.** Quitar la máscara. **2.** Dar a conocer los verdaderos propósitos de una persona o acción.
desenredar tr. **1.** Deshacer lo enredado. ◆ prnl. **2.** Salir de un apuro.
desenrollar tr. Extender una cosa arrollada.
desenroscar tr. y prnl. **1.** Extender lo enroscado. **2.** Sacar un tornillo de donde está enroscado.
desentenderse prnl. **1.** Fingir ignorancia. **2.** Eludir alguna cosa.
desenterrar tr. **1.** Sacar lo enterrado. **2.** Recordar lo olvidado.
desentonar intr. **1.** Desafinar. ◆ intr. y prnl. **2.** Contrastar con lo que hay alrededor.

desentrañar tr. Descifrar, llegar al fondo de algo.

desenvainar tr. Sacar de la vaina un arma.

desenvoltura f. **1.** Agilidad, soltura. **2.** Falta de timidez.

desenvolver tr. y prnl. **1.** Extender lo envuelto. ◆ prnl. **2.** Actuar con soltura.

deseo m. **1.** Acción y efecto de desear. **2.** Aquello que se desea.

desequilibrar tr. y prnl. **1.** Hacer perder el equilibrio. **2.** Enloquecer.

desertar tr., intr. y prnl. **1.** Abandonar una causa. **2.** Abandonar un soldado su puesto sin autorización.

desértico, ca adj. **1.** Deshabitado. **2.** Propio del desierto.

desesperanzar tr. y prnl. Quitar o perder la esperanza.

desesperar tr., intr. y prnl. **1.** Desesperanzar. ◆ tr. y prnl. **2.** Impacientar, exasperar. ◆ prnl. **3.** Sentir disgusto por algo.

desestimar tr. **1.** Menospreciar, valorar poco. **2.** Denegar, rechazar.

desfachatez f. Descaro.

desfalco m. Sustracción de dinero por una persona que está a cargo de su custodia.

desfallecer intr. **1.** Debilitarse. **2.** Desmayarse. **3.** Perder el ánimo.

desfase m. Falta de adaptación entre personas o cosas y las circunstancias de su tiempo.

desfavorable adj. Poco favorable, adverso.

desfigurar tr. **1.** Deformar, afear. **2.** Modificar un suceso al referirlo. ◆ prnl. **3.** Turbarse por una emoción, susto, etc.

desfiladero m. Paso estrecho entre montañas.

desfilar intr. **1.** Marchar en fila. **2.** Ir saliendo la gente de un lugar. **3.** Pasar las tropas en orden ante un superior.

desfogar tr. y prnl. Exteriorizar con ardor un estado de ánimo.

desfondar tr. y prnl. **1.** Romper el fondo. **2.** DEP. Perder fuerzas.

desgajar tr. y prnl. **1.** Arrancar una rama del tronco. **2.** Separar una parte de una cosa unida.

desgalichado, da adj. Desastrado, desgarbado.

desgana f. **1.** Falta de apetito. **2.** Falta de interés, indiferencia.

desgañitarse prnl. *Fam.* Gritar con gran esfuerzo.

desgarbado, da adj. Falto de garbo.

desgarrar tr. y prnl. **1.** Rasgar, romper. **2.** Herir los sentimientos.

desgarro m. **1.** Rotura. **2.** Arrojo, descaro.

desgastar tr. y prnl. **1.** Gastar una cosa. ◆ prnl. **2.** Perder fuerza.

desglosar tr. Separar una cuestión de otras.

desgracia f. **1.** Suerte adversa. **2.** Suceso funesto.

desgraciado, da adj./m. y f. **1.** Que padece o implica desgracia. ◆ m. y f. **2.** Persona que inspira compasión. **3.** Mala persona.

desgranar tr. y prnl. **1.** Sacar los granos de una cosa. ◆ prnl. **2.** Soltarse las piezas ensartadas.

desgravar tr. Rebajar los impuestos sobre determinados objetos.

desguazar tr. Deshacer o desmontar una estructura.

deshabitar tr. Dejar de habitar o sin habitantes un lugar.

deshacer tr. y prnl. **1.** Destruir lo que estaba hecho. **2.** Derretir, desleír. **3.** Desgastar, estropear.

desharrapado, da adj./m. y f. Lleno de harapos.

deshecho, cha adj. **1.** Abatido. **2.** Muy cansado.

desheredar tr. Excluir a una persona de la herencia.

deshidratar tr. y prnl. Eliminar el agua de un cuerpo.

deshielo m. Fusión de la nieve y el hielo, por el calor.

deshilar tr. y prnl. Sacar hilos de una tela.

deshilvanado, da adj. Dícese del discurso sin conexión entres sus partes.

deshojar tr. y prnl. Quitar las hojas.

deshollejar tr. Quitar el hollejo.

deshollinador, ra adj./m. y f. **1.** Que tiene por oficio limpiar chimeneas. ◆ m. **2.** Utensilio para quitar el hollín.

deshonesto, ta adj. Falto de honestidad, inmoral.

deshonor m. Pérdida del honor, afrenta.

deshonrar tr. y prnl. Quitar la honra.

deshora. A ~, fuera de hora o tiempo.

deshuesar tr. Quitar los huesos.

desiderativo, va adj. Que expresa deseo: *oración ~*.

desidia f. Negligencia.

desierto, ta adj. **1.** No poblado. ◆ m. **2.** Lugar seco de escasa vegetación.

■ **ENC.** Los **desiertos** ocupan aproximadamente una tercera parte de la superficie del globo terráqueo. Los más grandes se encuentran en África (el Sahara), en Asia occidental (desiertos de Arabia, de Siria, gran desierto de la India) y en Asia central (desierto de Gobi). Las condiciones de vida en el desierto son muy difíciles a causa del clima: precipitaciones escasas y temperaturas extremosas entre el día y la noche. Los pocos animales y plantas que viven en este hábitat están adaptados para resistir la sequía. Algunas de las poblaciones humanas que habitan los desiertos viven cerca de los oasis, son sedentarias y se dedican al cultivo de dátiles. Otras poblaciones son nómadas y viven del pastoreo, de la caza y de la recolección.

designar tr. **1.** Denominar. **2.** Señalar a una persona o cosa para un determinado fin.

designio m. Propósito de hacer cierta cosa.

desigual adj. **1.** Que no es igual. **2.** No liso. **3.** Variable.

desigualdad f. **1.** Calidad de desigual. **2.** Injusticia.

desilusión f. **1.** Pérdida de las ilusiones. **2.** Decepción, chasco.

desinencia f. LING. Terminación variable de las palabras.

desinfectar tr. y prnl. Destruir gérmenes infecciosos.

desinflar tr. y prnl. Sacar el aire de un cuerpo inflado.

COMPUTADORA Y FAX

COMPUTADORA

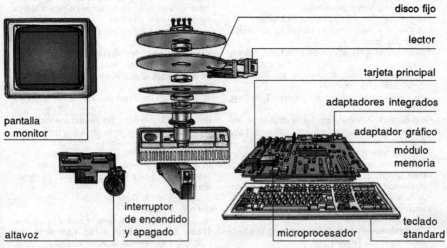

pantalla o monitor

altavoz

interruptor de encendido y apagado

disco fijo

lector

tarjeta principal

adaptadores integrados

adaptador gráfico

módulo memoria

microprocesador

teclado standard

FAX

emisión

introducción del original

recuperación del original

transmisión por la red telefónica

recepción

llamada telefónica al receptor

1 El emisor marca el número telefónico del receptor
2 Introducción del documento en el fax
3 El fax del receptor recibe la señal e imprime el documento
4 La línea telefónica del receptor queda libre

salida del documento reproducido

desinhibirse prnl. Comportarse con espontaneidad.

desintegrar tr. y prnl. Separar los diversos elementos que forman un todo.

desinterés m. **1.** Falta de interés. **2.** Generosidad, altruismo.

desistir intr. Abandonar un propósito o intento.

deslavazado, da adj. **1.** Desordenado, disperso. **2.** Falto de firmeza.

deslave m. *Amér.* Derrubio.

desleal adj./m. y f. Que obra sin lealtad.

desleír tr. y prnl. Disolver un sólido por medio de un líquido.

deslenguado, da adj. Desvergonzado, mal hablado.

desligar tr. y prnl. **1.** Desatar las ligaduras. **2.** Separar, desunir.

deslindar tr. **1.** Señalar los límites. **2.** Aclarar, definir.

desliz m. **1.** Acción y efecto de deslizar o deslizarse. **2.** Desacierto, equivocación. **3.** Falta moral.

deslizar intr. y prnl. **1.** Correr los pies u otro cuerpo por encima de una superficie lisa o mojada. ♦ prnl. **2.** Escabullirse.

deslomar tr. y prnl. **1.** Lastimar los lomos. **2.** *Fam.* Dar una paliza.

deslucir tr. y prnl. **1.** Quitar la buena apariencia. **2.** Desacreditar.

deslumbrar tr. y prnl. **1.** Ofuscar la vista un exceso de luz. **2.** Fascinar.

desmadrarse prnl. *Fam.* Excederse, actuar con desenfreno.

desmán m. Desorden, tropelía.

desmandarse prnl. Dejar de obedecer, sublevarse.

desmantelar tr. **1.** Derribar una fortificación. **2.** Despojar una casa de sus complementos. **3.** Desarbolar una embarcación.

desmayo m. Pérdida momentánea del conocimiento.

desmedido, da adj. Falto de medida o proporción.

desmejorar tr. **1.** Deslucir. ♦ intr. y prnl. **2.** Ir perdiendo la salud.

desmembrar tr. **1.** Separar los miembros del cuerpo. ♦ tr. y prnl. **2.** Separar en partes un conjunto.

desmemoriado, da adj./m. y f. Que tiene poca memoria.

desmentir tr. Sostener la falsedad de algo.

desmenuzar tr. y prnl. Deshacer una cosa en partes menudas.

desmerecer tr. **1.** No merecer algo. ♦ intr. **2.** Perder una cosa su valor.

desmesurado, da adj. **1.** Excesivo. ♦ adj./m. y f. **2.** Descortés.

desmirriado, da adj. *Fam.* Esmirriado.

desmitificar tr. Eliminar el sentido mítico de algo.

desmontar tr. **1.** Desunir las piezas de una cosa. ♦ tr., intr. y prnl. **2.** Bajar a alguien de una caballería.

desmoralizar tr. y prnl. Desanimar, desalentar.

desmoronar tr. y prnl. **1.** Deshacer y arruinar poco a poco. ♦ prnl. **2.** Decaer.

desmotivar tr. Desalentar, disuadir.

desnatar tr. Quitar la nata a la leche o a otro producto lácteo.

desnaturalizar tr. Alterar, adulterar.

desnivel m. **1.** Falta de nivel. **2.** Diferencia de altura entre dos o más puntos.

desnucar tr. y prnl. Fracturar los huesos de la nuca.

desnudo, da adj. **1.** Sin ropa. **2.** Falto de lo que adorna. ♦ m. **3.** En las bellas artes, figura humana desprovista de ropas.

desnutrición f. Estado de debilidad por una nutrición deficiente.

desobedecer tr. No obedecer.

desobligado m. *Méx.* Irresponsable.

desocupar tr. Dejar libre un lugar o sacar lo que hay dentro.

desodorante m. Producto que elimina el olor corporal.

desoír tr. Desatender, no prestar atención.

desolar tr. **1.** Asolar, destruir. ♦ tr. y prnl. **2.** Afligir, apenar.

desollar tr. y prnl. Quitar la piel o pellejo.

desorbitar tr. y prnl. **1.** Hacer que una cosa salga de su órbita habitual. ♦ tr. **2.** Exagerar, abultar.

desorden m. **1.** Falta de orden. **2.** Alteración del orden público.

desorejado, da adj. **1.** *Amér. Central* y *Colomb.* Tonto. **2.** *Amér. Merid.* y *Pan.* Que tiene mal oído para la música. **3.** *Argent., Cuba* y *Urug.* Derrochador. **4.** *Argent.* y *Urug.* Irresponsable, descarado.

desorganizar tr. y prnl. Destruir el orden u organización de algo.

desorientar tr. y prnl. **1.** Hacer perder la orientación. **2.** Confundir.

desosar tr. Deshuesar*.

desovar intr. Depositar sus huevos las hembras de los peces, insectos y anfibios.

despabilar tr. Espabilar*.

despachar tr. **1.** Concluir algo con prontitud. **2.** Enviar. **3.** Despedir de un empleo. ♦ tr. e intr. **4.** Resolver y decidir negocios. **5.** Atender a los compradores en un comercio.

despacho m. **1.** Habitación para trabajar. **2.** Comunicación oficial. **3.** *Chile.* Tienda pequeña de comestibles.

despachurrar tr. y prnl. *Fam.* Aplastar o reventar una cosa.

despacio adv. **1.** Lentamente. **2.** Por tiempo dilatado. **3.** *Amér. Central* y *Amér. Merid.* En voz baja.

despampanante adj. *Fam.* Asombroso, llamativo.

desparpajo m. **1.** *Fam.* Desenvoltura para decir o hacer algo. **2.** *Amér. Central. Fam.* Desorden, confusión.

desparramar tr. y prnl. Esparcir lo que está junto.

desparramo m. *Argent., Chile* y *Urug.* Desbarajuste.

despavorido, da adj. Lleno de pavor.

despecho m. Indignación causada por un desengaño.

despectivo, va adj. Que desprecia o indica desprecio.

despedazar tr. y prnl. **1.** Hacer pedazos. **2.** Causar un daño moral.

despedir tr. **1.** Lanzar, arrojar. ◆ tr. y prnl. **2.** Acompañar a una persona para decirle adiós. **3.** Echar de un empleo.

despegar tr. y prnl. **1.** Separar lo pegado. ◆ intr. **2.** Separarse del suelo un avión.

despeinar tr. y prnl. Deshacer el peinado, desordenar el cabello.

despejar tr. **1.** Desocupar un lugar. **2.** DEP. Alejar el balón del campo propio. **3.** MAT. Aislar una incógnita en una ecuación. ◆ tr. y prnl. **4.** Aclarar lo confuso. ◆ prnl. **5.** Aclararse el cielo.

despellejar tr. y prnl. Desollar.

despensa f. Lugar de la casa donde se guardan los alimentos.

despeñadero m. Precipicio, declive alto y escarpado.

despeñar tr. y prnl. Arrojar o caer desde un precipicio.

desperdiciar tr. Malgastar algo o no usarlo.

desperdicio m. **1.** Acción y efecto de desperdiciar. **2.** Residuo que no se aprovecha.

desperdigar tr. y prnl. Separar, esparcir.

desperezarse prnl. Estirar los miembros para quitarse la pereza.

desperfecto m. Leve deterioro.

despersonalizar tr. y prnl. Hacer perder los rasgos o atributos de persona.

despertador m. Reloj con timbre para despertar.

despertar tr., intr. y prnl. **1.** Interrumpir el sueño. ◆ tr. **2.** Estimular, provocar: ~ simpatías. ◆ intr. **3.** Hacerse más listo.

despezuñarse prnl. **1.** Chile, Colomb., Hond. y P. Rico. Andar muy deprisa. **2.** Chile, Colomb., Hond. y P. Rico. Desvivirse.

despiadado, da adj. Inhumano, cruel.

despido m. Acción y efecto de despedir de un empleo.

despierto, ta adj. Espabilado, listo.

despilfarrar tr. Derrochar, malgastar.

despintar tr. Chile, Colomb. y P. Rico. Apartar la vista.

despistar tr. y prnl. Desorientar, desconcertar.

desplante m. Dicho o hecho arrogante.

desplayado m. **1.** Argent. Playa de arena que aparece con la marea baja. **2.** Argent., Guat. y Urug. Descampado, terreno sin maleza.

desplazar tr. y prnl. **1.** Trasladar, mover. ◆ tr. **2.** Desalojar un cuerpo un volumen de líquido igual al de la parte sumergida.

desplegar tr. y prnl. **1.** Extender lo que está plegado. ◆ tr. **2.** Ejercitar una actividad o manifestar una cualidad.

desplomarse prnl. **1.** Caer una cosa con todo su peso: ~ un edificio. **2.** Caer sin vida o sin conocimiento una persona.

desplumar tr. y prnl. Quitar las plumas a un ave.

despoblar tr. y prnl. Disminuir la población de un lugar.

despojar tr. **1.** Desposeer. **2.** Quitar a una cosa algo que la completa, cubre, etc. ◆ prnl. **3.** Desvestirse.

despojo m. **1.** Acción y efecto de despojar o despojarse. ◆ pl. **2.** Conjunto de residuos.

3. Conjunto de vísceras de aves y reses. **4.** Cadáver, restos mortales.

desposar tr. **1.** Unir el sacerdote en matrimonio a una pareja. ◆ prnl. **2.** Contraer matrimonio.

desposeer tr. Privar a alguien de lo que posee.

despostar tr. Amér. Merid. Descuartizar una res o ave.

despostillar tr. Amér. Deteriorar una cosa en su boca o canto.

déspota m. Persona que abusa de su poder o autoridad.

despotismo m. **1.** Autoridad absoluta. **2.** Abuso de poder.

despotricar intr. y prnl. Hablar sin reparo: ~ contra alguien.

despreciar tr. **1.** Considerar a una persona o cosa indigna de aprecio o estima. **2.** Rechazar.

desprender tr. y prnl. **1.** Desunir lo unido. ◆ prnl. **3.** Renunciar a una cosa. **4.** Deducirse, inferirse.

desprendido, da adj. Generoso, desinteresado.

despreocuparse prnl. Librarse de una preocupación.

desprestigiar tr. y prnl. Quitar el prestigio, desacreditar.

desprevenido, da adj. Que no está prevenido para algo.

despropósito m. Disparate.

desprovisto, ta adj. Falto de lo necesario.

después adj. **1.** Expresa posterioridad: un año ~. ◆ adv. **2.** Indica posterioridad de tiempo: ~ de comer. **3.** Denota posterioridad de orden: es el primero, ~ del director. ◆ conj. **4.** Se usa con valor adversativo: ~ de mi esfuerzo, recibo esto.

despuntar tr. y prnl. **1.** Quitar la punta de algo: ~ un lápiz. ◆ intr. **2.** Sobresalir. **3.** Empezar a manifestarse algo: ~ el día.

despunte m. Argent. y Chile. Leña delgada.

desquiciar tr. y prnl. **1.** Desencajar una cosa. **2.** Trastornar.

desquitar tr. y prnl. **1.** Restaurar la pérdida sufrida. ◆ prnl. **2.** Vengarse de algo.

desrielar intr. y prnl. Amér. Central, Bol., Chile, Perú y Venez. Descarrilar.

desriñonar tr. y prnl. Deslomar.

destacamento m. Grupo de soldados con una misión.

destacar tr., intr. y prnl. **1.** Poner de relieve. ◆ tr. y prnl. **2.** Separar una parte de tropa del ejército. ◆ intr. y prnl. **3.** Sobresalir.

destajar tr. Ecuad. y Méx. Descuartizar una res.

destajo m. Trabajo que se ajusta por un tanto convenido.

destapar tr. **1.** Quitar la tapa o tapón. ◆ tr. y prnl. **2.** Desarropar.

destartalado, da adj. Deteriorado, desarmado.

destello m. **1.** Ráfaga de luz intensa y breve. **2.** Manifestación momentánea de algo: ~ de alegría.

destemplado, da adj. **1.** Que siente frío y malestar físico. **2.** Que es brusco o está irritado. **3.** Dícese del tiempo desapacible.

destemplar tr. **1.** Alterar el orden de una cosa. ◆ tr. y prnl. **2.** Desafinar un instrumento musical. **3.** Quitar el temple al acero. ◆ prnl. **4.** Sentir malestar físico y frío. **5.** Perder la moderación.

desteñir tr., intr. y prnl. Borrar los colores del tinte.

desternillarse prnl. Reírse mucho, troncharse.

desterrar tr. 1. Expulsar a uno de un lugar por causas políticas. 2. Apartar de sí, desechar.

destetar tr. y prnl. Hacer que deje de mamar el niño o un animal.

destiempo. A ~, fuera de plazo, en momento no oportuno.

destierro m. Pena del desterrado y lugar donde reside.

destilar tr. e intr. 1. Separar un líquido volátil mediante calor. 2. Correr un líquido gota a gota. ◆ tr. y prnl. 3. Filtrar.

destilería f. Fábrica donde se destilan bebidas alcohólicas.

destinar tr. Señalar o utilizar una cosa para un fin concreto.

destinatario, ria m. y f. Persona a quien va dirigida una cosa.

destino m. 1. Fuerza imaginaria que regula los acontecimientos. 2. Lugar al que se dirige una persona o cosa.

destituir tr. Desposeer a alguien de su empleo o cargo.

destornillador m. Instrumento para atornillar y desatornillar.

destornillar tr. Desatornillar.

destreza f. Agilidad, habilidad.

destronar tr. Echar del trono a un rey.

destrozar tr. y prnl. 1. Romper, hacer trozos. ◆ tr. 2. Causar gran daño moral.

destructor m. Buque de guerra.

destruir tr. y prnl. Deshacer una cosa material o inmaterial.

desunir tr. y prnl. Separar lo unido.

desuso m. Falta de uso: caer una moda en ~.

desvaído, da adj. 1. De color pálido. 2. Poco definido, impreciso.

desvalido, da adj./m. y f. Falto de ayuda y protección.

desvalijar tr. Robar o despojar a alguien de lo que tiene.

desván m. Parte más alta de la casa, debajo del tejado.

desvanecer tr. y prnl. 1. Disgregar las partículas de un cuerpo hasta hacerlo desaparecer. ◆ prnl. 2. Evaporarse algo. 3. Desmayarse.

desvariar intr. Decir locuras.

desvelar tr. 1. Revelar: ~ un secreto. ◆ tr. y prnl. 2. Quitar el sueño. ◆ prnl. 3. Poner cuidado en lo que se desea hacer.

desvencijar tr. y prnl. Descomponer, desarmar.

desventaja f. Situación menos favorable de una persona o cosa con respecto a otra.

desventura f. Desgracia.

desvergüenza f. 1. Insolencia. 2. Dicho o hecho impúdico.

desvestir tr. y prnl. Quitar la ropa.

desviar tr. y prnl. Apartar de su camino a una persona o cosa.

desvío m. 1. Camino que se aparta de otro. 2. Amér. Merid. y P. Rico. Apartadero de una línea férrea.

desvirgar tr. Quitar la virginidad a una mujer.

desvirtuar tr. y prnl. Quitar la virtud o mérito de algo.

desvivirse prnl. Mostrar gran afecto por una persona o cosa.

detallar tr. 1. Relatar con detalle. 2. Vender al por menor.

detalle m. 1. Pormenor. 2. Rasgo de atención, cortesía o delicadeza.

detallista adj./m. y f. 1. Que cuida mucho de los detalles. ◆ m. y f. 2. Comerciante que vende al por menor.

detectar tr. 1. Localizar con ayuda de aparatos. 2. Notar, captar.

detective m. y f. Persona dedicada a la investigación privada.

detener tr. y prnl. 1. Parar, cesar en el movimiento o en la acción. ◆ tr. 2. Poner en prisión. ◆ prnl. 3. Pararse a considerar una cosa.

detentar tr. Atribuirse uno lo que no le pertenece.

detergente m. Sustancia o producto que limpia.

deteriorar tr. y prnl. Estropear, dañar.

determinación f. 1. Acción y efecto de determinar. 2. Decisión, resolución.

determinado, da adj. LING. Dícese del artículo que presenta un sustantivo ya conocido por el hablante, como el.

determinante m. LING. Término que concreta al sustantivo.

determinar tr. 1. Fijar los términos de una cosa. 2. DER. Sentenciar. 3. LING. Precisar el sentido de una palabra. ◆ tr. y prnl. 4. Tomar o hacer tomar una decisión.

detestar tr. Aborrecer, odiar.

detonar intr. Dar un estampido.

detractar tr. Difamar.

detrás adv. En la parte posterior: esconderse ~ de la puerta.

detrimento m. Daño, perjuicio.

detrito o detritus m. Resultado de la disgregación en partículas.

deudo, da m. y f. 1. Pariente, familiar. ◆ f. 2. Obligación que uno tiene de devolver dinero a otro.

devaluar tr. Disminuir el valor de la moneda de un país.

devanar tr. Arrollar en ovillo.

devaneo m. 1. Pasatiempo vano. 2. Amorío pasajero.

devastar tr. Destruir, arrasar.

devengar tr. Adquirir derecho a retribución: ~ salarios.

devenir intr. 1. Acaecer. 2. Llegar a ser.

devenir m. FILOS. Movimiento por el cual las cosas se realizan o se transforman.

devoción f. 1. Veneración y fervor religiosos. 2. Predilección.

devolver tr. 1. Volver una cosa a su estado original. 2. Restituir. 3. Corresponder a algo. 4. Vomitar. 5. Dar la vuelta a quien ha hecho un pago. ◆ prnl. 6. Amér. Regresar.

devónico, ca adj. GEOL. Dícese del cuarto período del paleozoico.

devorar tr. 1. Comer con ansia y apresuradamente. 2. Comer los animales su presa. 3. Hacer algo con avidez: ~ un libro.

devoto, ta adj./m. y f. Que tiene devoción.

deyección f. **1.** Expulsión de los excrementos. **2.** Excremento.

D.F. Abrev. de *Distrito Federal*.

día m. **1.** Tiempo que tarda la Tierra en dar una vuelta sobre su eje. **2.** Tiempo que dura la claridad del Sol. **3.** Tiempo atmosférico: ~ *nublado*. ◆ pl. **4.** Vida: *llegó al fin de sus días*.

diabetes f. Enfermedad provocada por la falta de insulina.

diablo m. **1.** Nombre dado a los ángeles que se rebelaron contra Dios. **2.** Persona traviesa.

diablura f. Travesura.

diabólico, ca adj. **1.** Relativo al diablo. **2.** *Fam.* Malo, perverso.

diábolo m. Juguete que se baila con un cordón y dos palos.

diaclasa f. GEOL. Fisura que afecta a las rocas y que facilita la penetración del agua.

diácono m. Clérigo que ha recibido la orden inmediatamente inferior al sacerdocio.

diacrítico, ca adj. LING. Dícese del signo gráfico que da a una letra un valor especial, como el acento.

diacronía f. Estudio de los hechos sociales a través del tiempo.

diadema f. **1.** Corona. **2.** Tocado en forma de media corona.

diáfano, na adj. **1.** Que permite el paso de la luz. **2.** Claro, limpio.

diafragma m. **1.** Músculo que separa la cavidad torácica y abdominal. **2.** Disco regulador de luz de las cámaras fotográficas.

diagnosis f. Conocimiento de los síntomas de las distintas enfermedades.

diagnóstico m. Determinación de una enfermedad por sus síntomas.

diagonal f. Recta que une dos vértices no consecutivos de un polígono, o dos vértices de un poliedro, de diferente cara.

diagrama m. Figura que representa gráficamente una cosa.

diagramar tr. *Argent.* Organizar, planificar una secuencia de tareas o funciones.

dial m. Superficie en la que un indicador señala una magnitud.

dialéctica f. Arte del diálogo y de la discusión.

dialecto m. Variedad regional de una lengua.

diálisis f. Eliminación artificial de los desechos de la sangre.

diálogo m. Conversación entre dos o más personas.

diamante m. Piedra preciosa compuesta de carbono cristalizado.

■ **Enc.** El **diamante** es la piedra preciosa más apreciada del mundo. Se encuentra en minas de África del Sur, de Zaire, de Rusia, etc. En joyería, el diamante se talla para sacarle brillo.

diametralmente adv. **1.** De un extremo al opuesto. **2.** Completamente: *son cosas ~ opuestas*.

diámetro m. Recta que, pasando por el centro, une dos puntos opuestos de una circunferencia.

diana f. **1.** Punto central de un blanco de tiro. **2.** Toque militar para despertar a la tropa.

diapasón m. MÚS. Instrumento que al vibrar da un tono.

diapositiva f. Imagen fotográfica que se proyecta en pantalla.

diariero, ra m. y f. *Amér. Merid.* Vendedor de diarios.

diario, ria adj. **1.** De todos los días. ◆ m. **2.** Libro en que se recogen sucesos y reflexiones. **3.** Periódico que se publica todos los días.

diarrea f. Conjunto de deposiciones líquidas y frecuentes.

diáspora f. Conjunto de comunidades del mismo origen, establecidas en países diferentes.

diástole f. Movimiento de dilatación del corazón.

diatómico, ca adj. QUÍM. Dícese de la molécula formada por dos átomos.

diatónico, ca adj. MÚS. Que procede por tonos y semitonos.

diatriba f. Discurso o escrito violento o injurioso.

dibujar tr. y prnl. Representar una figura por medio de líneas y sombras.

dibujo m. **1.** Arte y acción de dibujar. **2.** Imagen dibujada.

dicción f. Manera de hablar, escribir o pronunciar.

diccionario m. Recopilación de las palabras de una lengua, de una materia, etc., colocadas alfabéticamente y seguidas de su definición o traducción a otra lengua.

dicha f. Felicidad.

dicharachero, ra adj./m. y f. *Fam.* Que emplea bromas y dichos.

dicho m. **1.** Palabra o conjunto de palabras con que se expresa un concepto. **2.** Ocurrencia ingeniosa y oportuna.

dichoso, sa adj. **1.** Feliz. **2.** *Fam.* Molesto: *¡~ despertador!*

diciembre m. Duodécimo mes del año.

dicotiledóneo, a adj./f. BOT. Relativo a las plantas angiospermas cuyas semillas tienen dos cotiledones.

dicotomía f. División en dos partes de una cosa o asunto.

dictado m. **1.** Acción y efecto de dictar. ◆ pl. **2.** Conjunto de inspiraciones o preceptos de la razón o de la conciencia.

dictador, ra m. y f. Gobernante que concentra en sí todos los poderes políticos de un país.

dictadura f. Ejercicio del poder absoluto.

dictáfono m. Aparato que recoge y reproduce lo que se habla.

dictamen m. Opinión que se forma sobre una cosa.

dictar tr. **1.** Decir algo para que otro lo escriba. **2.** Promulgar leyes, fallos, etc. **3.** Inspirar, sugerir.

didáctico, ca adj. **1.** Que tiene por objeto enseñar. **2.** Relativo a la didáctica. ◆ f. **3.** Ciencia que estudia los métodos de enseñanza.

diedro adj./m. MAT. Dícese del ángulo formado por dos planos que se cortan.

dieléctrico, ca adj./m. Dícese del cuerpo que no conduce la corriente eléctrica.

diente m. **1.** Cada uno de los huesos engastados en las mandíbulas. **2.** Cada una de las puntas de ciertas herramientas o mecanismos.

diéresis f. **1.** Pronunciación de dos vocales consecutivas, en dos sílabas. **2.** Signo diacrítico (¨) que en español se coloca sobre la *u*.
diesel m. Motor en el que la explosión del combustible en el cilindro se produce sin necesidad de bujía.
diestro, tra adj. **1.** Hábil, experto. ◆ adj./m. y f. **2.** Que usa con preferencia la mano derecha. ◆ m. **3.** Torero. ◆ f. **4.** Mano derecha.
dieta f. **1.** Régimen en las comidas. **2.** Retribución que se da a un empleado por trabajar fuera de su residencia.
dietario m. **1.** Libro en que se anotan las cuentas diarias. **2.** Agenda.
dietética f. Ciencia que trata de la alimentación.
diez adj./m. **1.** Nueve y uno. ◆ adj./m. y f. **2.** Décimo.
diezmar tr. **1.** Sacar de diez, uno. **2.** Causar gran mortandad.
diezmo m. Impuesto que se pagaba a la Iglesia o al rey.
difamar tr. Desacreditar a alguien.
diferencia f. **1.** Cualidad por la cual una cosa se distingue de otra. **2.** Desacuerdo, disputa. **3.** MAT. Resultado de una resta.
diferencial adj. **1.** Relativo a la diferencia. **2.** MAT. Dícese de la cantidad infinitamente pequeña de una variable. ◆ m. **3.** En un automóvil, mecanismo que permite el movimiento independiente de las dos ruedas del eje sobre el que actúa el motor.
diferenciar tr. **1.** Hacer distinción o señalar diferencias entre las cosas. ◆ prnl. **2.** Distinguirse, no ser igual.
diferendo m. *Amér. Merid.* Diferencia, desacuerdo entre instituciones o estados.
diferente adj. **1.** Que no es igual. ◆ adv. **2.** De modo distinto.
diferir intr. Ser diferente: *mi opinión difiere de la tuya.*
difícil adj. Que requiere esfuerzo para hacerlo o entenderlo.
dificultad f. **1.** Calidad de difícil. **2.** Situación o cosa difícil.
dificultar tr. Poner dificultades o hacer difícil una cosa.
difracción f. Desviación de las ondas por choque con un cuerpo.
difteria f. Enfermedad infecciosa de la garganta.
difuminar tr. Extender los trazos de lápiz o carboncillo.
difundir tr. y prnl. **1.** Extender, esparcir. **2.** Hacer que una noticia llegue a mucha gente.
difunto, ta m. y f. Persona muerta.
difusión f. Acción y efecto de difundir o difundirse.
difuso, sa adj. **1.** Ancho, dilatado: *espacio ~.* **2.** Poco preciso.
digerir tr. Hacer la digestión.
digestión f. Transformación de los alimentos en sustancia apta para la nutrición.
digestivo, va adj. **1.** Dícese de las partes del organismo que realizan la digestión. ◆ adj./m. **2.** Dícese de la sustancia que facilita la digestión.

digital adj. **1.** Relativo a los dedos: *huellas digitales.* **2.** Que se expresa por medio de números.
dígito m. Número que se expresa con una sola cifra.
diglosia f. Bilingüismo.
dignarse prnl. Consentir en hacer algo.
dignatario m. Persona que tiene un cargo o dignidad elevados.
dignidad f. **1.** Cualidad de digno. **2.** Integridad en el comportamiento.
digno, na adj. **1.** Que merece algo. **2.** Decente.
digresión f. Parte de un discurso que se aparta del tema.
dilacerar tr. y prnl. MED. Desgarrar los tejidos.
dilación f. Retraso, demora.
dilapidar tr. Despilfarrar.
dilatación f. **1.** Acción y efecto de dilatar o dilatarse. **2.** MED. Aumento del calibre de un conducto natural. **3.** FÍS. Aumento de tamaño de un cuerpo sin cambios en su naturaleza.
dilatar tr. y prnl. **1.** Aumentar la longitud o el volumen. **2.** Hacer que una cosa dure más tiempo.
dilección f. Amor tierno y puro.
dilema m. **1.** Duda entre dos cosas. **2.** Razonamiento formado por dos premisas contradictorias.
diletante adj./m. y f. Que cultiva un arte por afición.
diligencia f. **1.** Cuidado y rapidez en hacer una cosa. **2.** Carruaje que servía para el transporte de viajeros. **3.** Acta en la que se consignan las actuaciones judiciales. **4.** Gestión, encargo.
dilucidar tr. Aclarar un asunto.
diluir tr. y prnl. Disolver.
diluvial adj. Dícese del terreno formado por materiales arrastrados por el agua.
diluvio m. Lluvia muy copiosa.
diluyente m. Sustancia que hace más líquida una solución.
dimanar intr. **1.** Proceder el agua de sus manantiales. **2.** Provenir una cosa de otra.
dimensión f. Cada una de las magnitudes, como la longitud, el área, etc. ● **Cuarta ~**, el tiempo en la teoría de la relatividad.
dimes m. **~ y diretes** *(Fam.)*, contestaciones, réplicas.
diminutivo, va adj. LING. **1.** Dícese del sufijo que expresa pequeñez, poca importancia, etc., como *-ito.* ◆ m. LING. **2.** Palabra formada con dicho sufijo, como *arbolito.*
diminuto, ta adj. Muy pequeño.
dimitir tr. e intr. Renunciar a un cargo.
dimorfismo m. Propiedad de los cuerpos dimorfos. ● **~ sexual** (BIOL.), conjunto de caracteres no indispensables para la reproducción y que permiten distinguir los dos sexos de una especie.
dimorfo, fa adj. Que puede revestir dos formas diferentes.
dina f. FÍS. Unidad de medida de fuerza, que equivale a 10^5 newton.
dinamarqués, sa adj./m. y f. Danés.
dinámico, ca adj. **1.** Relativo a la dinámica. **2.** *Fam.* Activo, enérgico. ◆ f. **3.** Parte de la

mecánica que estudia las relaciones entre las fuerzas y los movimientos causados por ellas.

dinamita f. Explosivo compuesto de nitroglicerina.

dinamo o **dínamo** f. Máquina que transforma la energía mecánica en energía eléctrica.

dinamómetro m. Instrumento para medir fuerzas.

dinar m. Unidad monetaria de Croacia, Irak, Libia y otros países.

dinastía f. Serie de soberanos de una misma familia.

dinero m. **1.** Moneda corriente. **2.** Caudal, fortuna.

dinosaurio adj./m. Dícese de ciertos reptiles que vivieron en el mesozoico.

■ **Enc.** Los **dinosaurios** aparecieron sobre la Tierra hace unos 200 millones de años y desaparecieron hace 65 millones de años. Se cree que su extinción se debió a cambios climáticos originados por erupciones volcánicas o por la caída de un enorme meteorito.

dintel m. Parte superior de la puerta o ventana.

diñar tr. Dar algo. ● **Diñarla,** morir.

diócesis o **diócesi** f. Territorio de la jurisdicción de un obispo.

diodo f. Componente electrónico con dos electrodos.

dioico, ca adj. BOT. Dícese de las plantas que tienen las flores femeninas y las masculinas en pies separados.

dioptría f. Unidad de potencia de una lente.

dios m. Entidad objeto de culto religioso.

■ **Enc.** En la antigüedad, los pueblos de Egipto, Mesopotamia, Grecia y Roma tenían muchos **dioses** y diosas. Es en el pueblo hebreo donde aparece un Dios único y donde se excluye a todo otro objeto de adoración. Con el tiempo, este Dios deja de ser exclusivo del pueblo judío y se convierte en un Dios universal. Es el Dios que, para los cristianos, encarnó en Jesucristo y, para los musulmanes, dictó el Corán a Mahoma.

diosa f. Divinidad de sexo femenino.

dióxido m. QUÍM. Óxido que contiene dos átomos de oxígeno. ● **~ de carbono** (QUÍM.), óxido que contiene dos átomos de oxígeno y uno de carbono, producto principal de la combustión y la respiración aerobia y utilizado por las plantas en la fotosíntesis.

diplodoco m. Dinosaurio de gran tamaño.

diploma m. Documento que acredita que alguien posee un título, premio, etc.

diplomacia f. **1.** Ciencia de las relaciones internacionales. **2.** Fam. Habilidad para tratar a las personas.

diplomático, ca adj. **1.** Relativo a la diplomacia. **2.** Que tiene habilidad para tratar a la gente. ◆ adj./m. y f. **3.** Dícese de la persona que interviene en negocios de estado internacionales.

dipneo, a adj./m. y f. Dícese de los animales dotados de respiración branquial y pulmonar.

díptero, ra adj. **1.** Que tiene dos alas. ◆ adj./m. **2.** Relativo a un orden de insectos chupadores, como el mosquito.

díptico m. Obra de arte compuesta por dos paneles.

diptongo m. LING. Unión de dos vocales en una sola sílaba.

diputado, da m. y f. Persona elegida para formar parte de una cámara legislativa.

dique m. **1.** Muro para contener las aguas. **2.** Cavidad en un puerto donde se limpian y reparan los buques.

dirección f. **1.** Acción y efecto de dirigir. **2.** Sentido o rumbo de un cuerpo en movimiento. **3.** Cargo y oficina del director. **4.** Señas de un lugar. **5.** Mecanismo que guía a un vehículo.

directivo, va adj./m. y f. **1.** Que tiene facultad para dirigir. ◆ f. **2.** Norma, regla. **3.** Mesa o junta de gobierno.

directo, ta adj. **1.** En línea recta. `2.` Que va de una parte a otra sin detenerse. **3.** Sin rodeos. ◆ f. **4.** Mayor velocidad de un vehículo. ● **Objeto ~** (LING.), elemento que completa el significado de un verbo transitivo.

directorio, ria adj. **1.** Que sirve para dirigir. ◆ m. **2.** Conjunto de normas. **3.** INFORM. Espacio de un disco que contiene ficheros.

directriz f. **1.** Norma. **2.** MAT. Línea sobre la que se apoya constantemente otra *(generatriz)* para engendrar una superficie.

dirham m. Unidad monetaria de los Emiratos Árabes y de Marruecos.

dirigible adj. **1.** Que puede ser dirigido. ◆ m. **2.** Aeróstato provisto de un sistema de dirección.

■ **Enc.** El primer **dirigible** data de 1884. Durante la Primera Guerra Mundial, se utilizó como nave de reconocimiento. Después de la guerra, sirvió como medio de transporte para pasajeros, especialmente en travesías trasatlánticas. El dirigible más célebre fue el zepelín alemán.

dirigir tr. y prnl. **1.** Guiar, encaminar hacia un lugar. ◆ tr. **2.** Poner la dirección en una carta. **3.** Gobernar, regir. **4.** Aconsejar, guiar.

dirimir tr. **1.** Anular: ~ *el matrimonio.* **2.** Resolver una controversia.

discar tr. Argent. y Urug. Marcar un número de teléfono.

discernir tr. Distinguir una cosa de otra.

disciplina f. **1.** Observancia de las leyes. **2.** Sujeción de las personas a estas leyes. **3.** Asignatura. **4.** Arte, facultad o ciencia.

discípulo, la m. y f. Persona que sigue a un maestro o escuela.

disco m. **1.** Cuerpo cilíndrico más ancho que alto. **2.** Placa circular que registra y reproduce sonidos, imágenes o datos informáticos. ● **~ compacto** (ELEC.), disco que utiliza la técnica de grabación digital del sonido. ● **~ duro** (INFORM.), unidad usualmente integrada a la computadora, utilizada para almacenar memoria no sujeta a eliminación. ● **~ interactivo** (ELEC.), sistema constituido por un microprocesador y un lector de discos compactos, para la exploración interactiva de sonido, imagen y texto. ● ~ **óptico** (INFORM.), disco en el que la grabación y la lectura se hacen por procedimiento óptico.

díscolo, la adj./m. y f. Desobediente, rebelde.

discontinuo, nua adj. Que se interrumpe.

discordar intr. **1.** Discrepar. **2.** MÚS. No estar acordes las voces o instrumentos.

discordia f. Falta de acuerdo.

discoteca f. **1.** Colección de discos. **2.** Local donde se baila y escucha música grabada.

discreción f. **1.** Prudencia. **2.** Capacidad para guardar un secreto.

discrepar intr. Estar en desacuerdo.

discreto, ta adj./m. y f. Dotado de discreción.

discriminar tr. **1.** Separar, diferenciar una cosa de otra. **2.** Dar trato de inferioridad a una persona o colectividad.

disculpa f. Razón que se da para excusarse de una culpa.

discurrir intr. **1.** Pasar continuamente por un sitio: *el río discurre entre montañas.* **2.** Transcurrir el tiempo. **3.** Razonar.

discurso m. **1.** Exposición hablada en público. **2.** Acto de discurrir o razonar. **3.** Escrito, tratado.

discusión f. Acción y efecto de discutir. ● **Sin ~,** sin duda.

discutir tr. **1.** Examinar y tratar una cuestión. ◆ tr. e intr. **2.** Contender y alegar razones contra el parecer de otro.

disecar tr. **1.** Preparar un animal muerto para conservarlo con la apariencia de vivo. **2.** Abrir un organismo para su estudio.

disección f. Acción y efecto de disecar.

diseminar tr. y prnl. Desparramar, esparcir.

disensión f. **1.** Desacuerdo. **2.** Riña.

disentería f. Enfermedad que provoca una diarrea sanguinolenta.

disentir intr. Discrepar.

diseño m. **1.** Trazado de una figura. **2.** Descripción de alguna cosa. **3.** Disciplina que pretende una armonización del entorno humano.

disertar intr. Razonar sobre una materia, en público.

disfraz m. **1.** Artificio para disimular una cosa. **2.** Traje o máscara que se utiliza en fiestas y carnavales.

disfrutar tr. **1.** Beneficiarse de las utilidades de una cosa. ◆ intr. **2.** Sentir placer.

disfunción f. Trastorno de la función de un órgano del cuerpo.

disgregar tr. y prnl. Separar lo que estaba unido.

disgusto m. Pesadumbre causada por una desgracia.

disidente adj./m. y f. Que se separa de una doctrina o partido.

disimilitud f. Diferencia.

disimular tr. e intr. **1.** Ocultar algo. **2.** Encubrir la intención o los sentimientos.

disipado, da adj./m. y f. Entregado con exceso a los placeres.

disipar tr. y prnl. Hacer desaparecer algo volátil o inmaterial.

dislate m. Disparate.

dislexia f. Dificultad para aprender a leer y escribir.

dislocar tr. y prnl. **1.** Desencajar un hueso del cuerpo. **2.** Alterar.

disminuir tr., intr. y prnl. Hacer menor la extensión, intensidad, importancia o número de algo.

disociar tr. y prnl. Separar dos cosas unidas.

disolución f. **1.** Acción y efecto de disolver o disolverse. **2.** Relajación de la moral. **3.** Mezcla homogénea de dos sustancias.

disoluto, ta adj./m. y f. Entregado a los vicios.

disolvente m. Líquido incorporado a las pinturas y barnices.

disolver tr. y prnl. **1.** Deshacer una sustancia en un líquido hasta conseguir una mezcla homogénea. **2.** Separar lo que está unido: ~ *el matrimonio.*

disonar intr. **1.** Sonar mal. **2.** Discrepar.

dispar adj. Desigual, diferente.

disparada f. *Argent., Méx., Nicar.* y *Urug.* Fuga, huida.

disparar tr., intr. y prnl. **1.** Lanzar un proyectil con un arma. ◆ tr. **2.** Lanzar con violencia una cosa. **3.** *Méx. Fam.* Invitar.

disparate m. Cosa absurda.

dispendio m. Gasto excesivo.

dispensar tr. **1.** Perdonar. ◆ tr. y prnl. **2.** Librar de una obligación.

dispensario m. Local en que se realiza la visita médica sin que los pacientes puedan ser hospitalizados.

dispersar tr. y prnl. Separar y alejar lo que está unido.

displicencia f. **1.** Desagrado, indiferencia. **2.** Negligencia.

disponer tr. y prnl. **1.** Preparar de manera conveniente: ~ *los cubiertos.* ◆ tr. **2.** Ordenar, mandar. ◆ intr. **3.** Valerse de una persona o cosa: *puede ~ de mí.* ◆ prnl. **4.** Prepararse para hacer algo.

disposición f. **1.** Acción y efecto de disponer o disponerse. **2.** Estado de ánimo para hacer algo. **3.** Orden de una autoridad.

dispositivo m. Mecanismo, aparato, máquina.

dispuesto, ta adj. Preparado para llevar a cabo cierta cosa.

disputar tr. e intr. **1.** Discutir. ◆ tr. y prnl. **2.** Competir.

disquete m. INFORM. Soporte magnético de información.

disquisición f. Examen riguroso de algo.

distancia f. Espacio o tiempo entre dos cosas o sucesos.

distante adj. **1.** Lejano. **2.** Altivo.

distar intr. Estar apartadas dos cosas en el espacio o el tiempo.

distender tr. **1.** Aflojar lo que está tenso. ◆ tr. y prnl. MED. **2.** Causar una tensión brusca en los tejidos.

distinción f. **1.** Acción y efecto de distinguir o distinguirse. **2.** Honor, privilegio. **3.** Elegancia.

distinguido, da adj. Ilustre.

distinguir tr. **1.** Reconocer la diferencia entre las cosas. **2.** Caracterizar: *la razón distingue al hombre.* **3.** Ver. **4.** Otorgar a alguien un privilegio. ◆ tr. y prnl. **5.** Hacer que una cosa se dife-

CONSTELACIONES: HEMISFERIO NORTE

CONSTELACIONES

Las constelaciones son conjuntos de estrellas en los que los hombres han creído ver figuras. A lo largo del año y en cada hemisferio, se ven constelaciones diferentes debido al movimiento de traslación de la Tierra.

Hemisferio norte

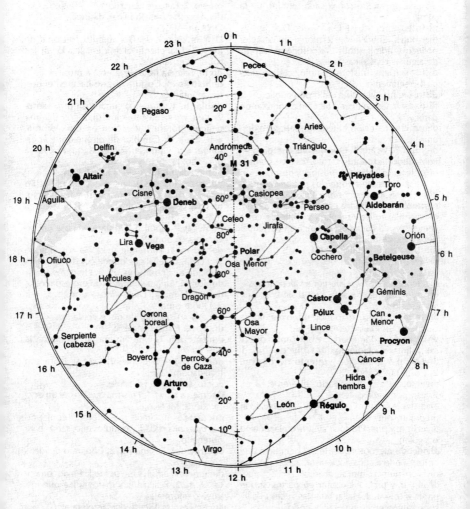

rencie de otra por medio de alguna señal.
♦ prnl. **6.** Sobresalir.
distintivo, va adj. **1.** Que distingue. ♦ m.
2. Insignia, señal.
distinto, ta adj. **1.** Que no es igual. **2.** Claro,
sin confusión.
distorsión f. **1.** Torsión de una parte del cuerpo. **2.** Deformación.
distraer tr. y prnl. **1.** Entretener, divertir. **2.** Apartar la atención.
distribuir tr. **1.** Repartir una cosa entre varias
personas. ♦ tr. y prnl. **2.** Dar a cada cosa su
colocación o destino.
distributivo, va adj. **1.** Relativo a la distribución.
2. MAT. Dícese de la operación que, aplicada a
una suma, da el mismo resultado que se obtiene sumando los resultados obtenidos efectuando esta operación sobre cada término de la
suma.
distritense adj./m. y f. De México D. F.
distrito m. Subdivisión territorial de carácter
político y administrativo. ● ~ **federal**, capital
de algunas repúblicas federales.
distrofia f. MED. Trastorno patológico que afecta al crecimiento.
disturbio m. Alteración del orden público.
disuadir tr. Convencer a alguien a cambiar de
parecer.
disyunción f. Acción y efecto de separar o desunir.
disyuntivo, va adj. **1.** Que desune o implica incompatibilidad. ♦ adj./f. LING. **2.** Que plantea
una elección entre dos posibilidades: *oración*
~. ♦ f. **3.** Alternativa entre dos posibilidades.
dita f. *Amér. Central* y *Chile.* Deuda.
ditirambo m. Alabanza entusiasta y exagerada.
diuca f. Pájaro de Argentina y Chile de color
ceniciento, con una franja blanca en el vientre.
diurético, ca adj./m. Que hace orinar.
diurno, na adj. Relativo al día.
divagar intr. Apartarse del asunto de que se
trata.
divalente adj. QUÍM. Que tiene valencia dos.
diván m. Especie de sofá, con o sin brazos, y
sin respaldo.
divergir intr. **1.** Irse apartando dos o más líneas
o superficies. **2.** Discrepar.
diversidad f. **1.** Variedad. **2.** Abundancia de cosas distintas. ●~ **biológica** (BIOL.), biodiversidad.
diversión f. **1.** Acción y efecto de divertir.
2. Cosa que divierte.
diverso, sa adj. **1.** Variado, diferente. ♦ pl.
2. Varios, muchos.
divertículo m. MED. Cavidad que comunica con
un órgano hueco.
divertir tr. y prnl. Producir alegría o placer algo
o alguien.
dividendo m. ECON. **1.** Parte del beneficio que
corresponde a cada accionista. **2.** MAT. En una
división, número que se divide.
dividir tr. y prnl. **1.** Separar en partes. **2.** Repartir. ♦ tr. MAT. **3.** Hallar cuántas veces el divisor está contenido en el dividendo.
divieso m. MED. Forúnculo.
divinidad f. **1.** Naturaleza divina. **2.** Dios.
3. Persona o cosa dotada de gran hermosura.

divino, na adj. **1.** Relativo a Dios o a un dios.
2. Extraordinario.
divisa f. **1.** Señal exterior que distingue. **2.** Moneda extranjera.
divisar tr. y prnl. Ver confusamente o a distancia un objeto.
divisible adj. **1.** Que se puede dividir. **2.** MAT.
Dícese de la cantidad que contiene a otra un
número exacto de veces.
división f. **1.** Acción y efecto de dividir. **2.** Parte de un cuerpo del ejército. **3.** DEP. Agrupación de los equipos según méritos o categoría.
4. MAT. Operación de dividir.
divisor m. MAT. Cantidad por la cual ha de dividirse otra.
divo, va m. y f. Artista o cantante de gran mérito.
divorcio m. **1.** Disolución judicial de un matrimonio. **2.** Falta de acuerdo.
divulgar tr. y prnl. Publicar, difundir.
DNA m. ADN*.
DNI m. Abrev. de *Documento Nacional* de
Identidad, tarjeta oficial de identificación de los
súbditos españoles.
do m. Primera nota de la escala musical.
dobladillo m. Costura que se hace en el borde de una tela.
doblar tr. **1.** Aumentar una cosa otro tanto.
2. CINE y TV. Sustituir los diálogos de una
película por su traducción en otro idioma.
♦ tr. e intr. **3.** Cambiar de dirección: ~ *la esquina.* ♦ tr. y prnl. **4.** Torcer algo que estaba
derecho.
doble adj./m. **1.** Duplo. ♦ adj. **2.** Que se compone de dos cosas iguales. ♦ m. pl. **3.** En
tenis, partido por parejas. ♦ m. y f. **4.** Persona muy parecida a otra. ♦ adv. **5.** Dos veces
más.
doblegar tr. y prnl. **1.** Doblar una cosa encorvándola. **2.** Someter.
doblez m. **1.** Parte que se dobla o pliega de
una cosa. **2.** Señal que queda por donde se ha
doblado una cosa. ♦ m. o f. **3.** Hipocresía.
doblón m. Antigua moneda de oro española.
doce adj./m. **1.** Diez y dos. ♦ adj./m. y f.
2. Duodécimo.
docena f. Conjunto de doce unidades.
docencia f. Enseñanza.
docente adj. **1.** Que enseña. **2.** Relativo a la
enseñanza.
dócil adj. **1.** Obediente. **2.** Que se labra con
facilidad: *metal* ~.
docto, ta adj./m. y f. Sabio.
doctor, ra m. y f. **1.** Persona que posee un doctorado. **2.** Médico.
doctorado m. Grado más elevado conferido
por una universidad, y estudios necesarios para
obtenerlo.
doctrina f. **1.** Enseñanza. **2.** Conjunto de ideas
o principios.
documental adj. **1.** Que se funda en documentos. ♦ m. **2.** Película cinematográfica que instruye o informa.
documento m. Escrito que acredita algo.
dogma m. **1.** Punto fundamental de doctrina,
en religión o en filosofía. **2.** Conjunto de creencias o principios.

dogmático, ca adj. **1.** Relativo a los dogmas. ♦ adj./m. y f. **2.** Que expresa una opinión de manera categórica e irrefutable.

dogmatismo m. **1.** Cualidad de dogmático. **2.** Conjunto de principios que se tienen por innegables en una religión, doctrina, etc.

dólar m. Unidad monetaria de EE UU, Australia, Canadá y otros países.

dolencia f. Enfermedad.

doler intr. **1.** Sentir dolor en una parte del cuerpo. ♦ intr. y prnl. **2.** Causar o sentir disgusto o tristeza. ♦ prnl. **3.** Quejarse.

dolmen m. Monumento funerario en forma de mesa.

dolomita f. Carbonato natural doble de calcio y magnesio.

dolor m. **1.** Sensación de sufrimiento físico. **2.** Tristeza, pesar.

domar tr. **1.** Hacer dócil a un animal. **2.** Someter, reprimir.

domesticación f. Acción y efecto de domesticar.

domesticar tr. Hacer dócil y obediente a un animal salvaje.

doméstico, ca adj. **1.** Relativo a la casa. **2.** Dícese del animal que se cría en compañía del hombre.

domicilio m. Casa donde uno habita o se hospeda.

dominar tr. **1.** Tener bajo dominio. **2.** Conocer a fondo una ciencia o arte. ♦ tr. y prnl. **3.** Reprimir. ♦ tr. e intr. **4.** Predominar.

domingo m. Séptimo día de la semana.

dominical adj. **1.** Relativo al domingo. ♦ m. **2.** Suplemento que algunos periódicos editan los domingos.

dominicano, na adj./m. y f. **1.** De Dominica. **2.** De la República Dominicana. **3.** De Santo Domingo.

dominico, ca adj./m. y f. De la orden de santo Domingo.

dominio m. **1.** Poder que se tiene sobre personas o cosas. **2.** Derecho de propiedad. **3.** Conocimiento profundo de algo. **4.** Campo de una ciencia, arte, etc.

dominó m. Juego en el que se usan 28 fichas rectangulares.

domo m. ARQ. Cúpula.

don m. **1.** Tratamiento de cortesía que se antepone al nombre de pila masculino. **2.** Regalo. **3.** Talento, habilidad.

dona f. *Amér. Central*, *Méx*. y *P. Rico*. Rosquilla de masa esponjosa, frita en aceite y cubierta con chocolate o azúcar.

donaire m. **1.** Gracia en el hablar. **2.** Chiste. **3.** Garbo.

donar tr. Dar, ceder.

donativo m. Regalo, dádiva.

doncel, lla m. y f. **1.** Joven adolescente y virgen. ♦ m. **2.** En la Edad Media, joven antes de ser armado caballero. ♦ f. **3.** Criada.

donde adv. rel. **1.** En el que, en la que, etc.: *la calle ~ nací.* **2.** En el lugar en que. **3.** Adonde: *podrás ir ~ tú quieras.*

dónde adv. interr. En qué lugar: *¿~ estás?*

dondequiera adv. En cualquier parte. ● **~ que**, donde.

dong m. Unidad monetaria de Vietnam.

donjuán m. Hombre seductor.

donostiarra adj./m. y f. De San Sebastián (España).

doña f. Tratamiento de cortesía que se antepone al nombre de pila femenino.

dopar tr. y prnl. DEP. Administrar fármacos o estimulantes para potenciar el rendimiento.

doquier o **doquiera** adv. Dondequiera.

dorado, da adj. **1.** De color de oro. ♦ m. **2.** Operación de dorar metales. ♦ f. **3.** Pez con una mancha dorada en la cabeza.

dorar tr. **1.** Recubrir con una capa de oro. ♦ tr. y prnl. **2.** Freír. ♦ prnl. **3.** Tomar color dorado: *las espigas se doran en el campo.*

dórico, ca adj./m. y f. **1.** De la Dórida. ♦ adj./m. ARQ. **2.** Dícese de un orden de la arquitectura griega caracterizado por la columna sin estrías y el capitel sin molduras. ♦ m. **3.** Dialecto de los dorios.

dorio, ria adj./m. y f. De un pueblo que invadió Grecia a partir del s. XII a.C.

dormir intr., tr. y prnl. **1.** Estar, entrar o hacer entrar en el estado periódico de reposo y sueño. ♦ intr. **2.** Pernoctar. ♦ tr. **3.** Anestesiar. ♦ prnl. **4.** Quedarse un miembro sin sensibilidad.

dormitar intr. Dormir con sueño poco profundo.

dormitorio m. Habitación para dormir y muebles que la ocupan.

dorsal adj. **1.** Relativo al dorso. **2.** LING. Dícese del sonido en cuya articulación interviene el dorso de la lengua, como el que representan *ch*, *ñ* y *k*. ♦ m. **3.** Número que llevan los deportistas en la espalda durante la competición. ♦ f. **4.** Línea continua de montañas terrestres o submarinas. ● **Espina ~** (ANAT.), columna vertebral.

dorso m. **1.** Espalda. **2.** Revés de una cosa.

dos adj./m. **1.** Uno y uno. ♦ adj./m. y f. **2.** Segundo.

DOS m. INFORM. Abrev. de *Disk Operating System* (sistema operativo en disco), uno de los sistemas operativos para computadoras PC, que realiza un solo proceso.

doscientos, tas adj./m. **1.** Dos veces ciento. ♦ adj./m. y f. **2.** Que corresponde en orden al número doscientos.

dosel m. **1.** Cubierta ornamental de un trono. **2.** Tapiz. **3.** ECOL. Sección que forman las copas de los árboles en un bosque o selva.

dosis f. **1.** Cantidad de medicamento que se toma de una vez. **2.** Cantidad o porción de algo.

dossier m. Expediente.

dotación f. **1.** Acción y efecto de dotar. **2.** Tripulación de un buque.

dotar tr. **1.** Dar dote a la mujer. **2.** Dar la naturaleza cualidades a una persona o cosa. **3.** Proveer de personal o de dinero.

dote m. o f. **1.** Conjunto de bienes que aporta la mujer al matrimonio o que entrega al convento en que ingresa. ♦ f. pl. **2.** Conjunto de cualidades que posee una persona.

dracma f. Unidad monetaria de la antigua Grecia y de la actual.

draconiano, na adj. Muy cruel o severo.

dragar tr. Limpiar el fondo de los puertos de mar, los ríos, etc.

dragón m. **1.** Monstruo fabuloso con alas y con cola de serpiente. **2.** Reptil parecido al lagarto.

drama m. **1.** Obra teatral. **2.** Género literario que comprende las obras escritas para ser representadas. **3.** Suceso capaz de conmover.

dramatizar tr. **1.** Dar condiciones de drama. **2.** Exagerar algo.

dramaturgo, ga m. y f. Persona que escribe obras de teatro.

drástico, ca adj. Rápido, enérgico.

drenaje m. **1.** Eliminación del agua de una zona. **2.** MED. Técnica de evacuación de secreciones de una cavidad del organismo.

driblar tr. e intr. DEP. Regatear.

droga f. **1.** Sustancia que produce efectos alucinógenos o estimulantes y que puede crear hábito. **2.** Nombre de ciertas sustancias usadas en química, medicina, etc.

drogadicto, ta adj./m. y f. Toxicómano.

droguería f. **1.** Amér. Central. Farmacia. **2.** Esp. Tienda de productos de limpieza y pinturas.

dromedario m. Camello con una sola joroba.

drupa f. BOT. Fruto carnoso cuyo endocarpio forma un hueso.

dual adj./m. **1.** Que tiene dos partes, aspectos, etc. **2.** LING. En ciertas lenguas, número gramatical que se usa para designar dos personas o cosas.

dubitativo, va adj. Que implica o denota duda.

ducado m. **1.** Título o dignidad de duque. **2.** Territorio del duque. **3.** Antigua moneda de oro.

ducho, cha adj. **1.** Experto. ◆ f. **2.** Aplicación de agua, en forma de chorro, sobre el cuerpo.

dúctil adj. Dícese del metal que se puede reducir a hilos.

duda f. **1.** Falta de determinación entre dos decisiones. **2.** Sospecha.

dudar tr. **1.** Dar poco crédito. ◆ intr. **2.** Estar en duda.

duelo m. **1.** Combate entre dos adversarios. **2.** Demostración de pesar por la muerte de alguien. **3.** Reunión de personas en un entierro.

duende m. **1.** Espíritu fantástico. **2.** Encanto de una persona o cosa.

dueño, ña m. y f. Persona que posee una cosa.

dueto m. Dúo musical.

dulce adj. **1.** Que causa al paladar una sensación azucarada. **2.** Grato, apacible: voz ~. ◆ m. **3.** Manjar hecho o cocido con azúcar o almíbar.

dulzaina f. Instrumento musical parecido al clarinete.

dulzura f. **1.** Calidad de dulce. **2.** Bondad. **3.** Suavidad, deleite.

duna f. Colina formada por un montón de arena.

dúo m. Pieza musical para dos voces o instrumentos.

duodécimo, ma adj./m. y f. Que corresponde en orden al número doce.

duodeno m. Segmento del intestino delgado, que va desde el estómago hasta el yeyuno.

duplicar tr. **1.** Multiplicar por dos. ◆ tr. y prnl. **2.** Hacer doble algo.

duplo, pla adj./m. Que contiene un número dos veces exactamente.

duque, quesa m. y f. Título nobiliario inferior al de príncipe y superior al de marqués y conde.

durante prep. Denota el espacio de tiempo en que dura algo.

durar intr. **1.** Estar ocurriendo algo en un espacio de tiempo. **2.** Seguir existiendo, permanecer.

durazno m. **1.** Argent. y Chile. Melocotonero y variedades de este árbol. **2.** Argent. y Chile. Fruto de estos árboles.

dureza f. **1.** Calidad de duro. **2.** Callo.

duro, ra adj. **1.** Que es poco blando u ofrece resistencia a ser modificado. **2.** Difícil: vida ~. **3.** Insensible: un tipo ~. ◆ m. **4.** Moneda que vale cinco pesetas. ◆ adv. **5.** Con fuerza.

dux m. Jefe de las antiguas repúblicas de Génova y Venecia.

e

e f. **1.** Quinta letra del abecedario. ◆ conj. **2.** Se emplea en vez de *y* ante palabras que empiezan por *i* o *hi: parcial e injusto*.

ebanista m. y f. Carpintero de muebles y trabajos finos.

ébano m. Árbol de madera negra y dura.

ebrio, bria adj./m. y f. Borracho.

ebullición f. **1.** Paso de un líquido al estado gaseoso. **2.** Agitación.

ebúrneo, a adj. De marfil.

eccema m. Inflamación de la piel.

echador, ra adj./m. y f. *Cuba, Méx.* y *Venez.* Fanfarrón.

echar tr. **1.** Hacer que una cosa vaya a parar a alguna parte, dándole impulso. **2.** Despedir de sí: ~ *humo*. **3.** Hacer salir a uno de algún lugar. ◆ tr. e intr. **4.** Producir un organismo vivo algo que brota de él. ◆ tr. y prnl. **5.** Ser causa de la acción que se expresa: ~ *a rodar la pelota*. ◆ prnl. **6.** Tenderse o acostarse.

eclecticismo m. Método que escoge ideas de diversos sistemas para formar una doctrina.

eclesiástico, ca adj. **1.** Relativo a la Iglesia. ◆ m. **2.** Clérigo.

eclipsar tr. y prnl. **1.** Provocar un eclipse. **2.** Anular una persona o cosa las cualidades de otra con las suyas.

eclipse m. ASTRON. Ocultación de un astro por la interposición de otro, entre él y un tercero.

eclíptica f. ASTRON. Círculo máximo de la esfera celeste descrito en un año por el Sol, y plano determinado por este círculo.

eclosión f. Brote, nacimiento, aparición súbita.

eco m. **1.** Repetición de un sonido por la reflexión de las ondas en un obstáculo. **2.** Rumor. **3.** Difusión que abarca un suceso.

ecografía f. MED. Método de exploración de los órganos del cuerpo mediante ultrasonidos.

ecología f. **1.** Ciencia que estudia las relaciones entre los seres vivos y su medio ambiente. **2.** Defensa del medio ambiente.

economato m. Almacén destinado a socios, donde pueden adquirir los productos más baratos que en las tiendas.

economía f. **1.** Ciencia que estudia la producción y uso de la riqueza. **2.** Recta administración de los bienes. ●~ **sumergida** o **subterránea**, actividad económica al margen de la ley.

economizar tr. Ahorrar.

ecosistema m. BIOL. Conjunto de seres vivos que viven en un mismo medio y de los elementos unidos a ellos.

ecu m. Unidad monetaria de la Unión Europea.

ecuación f. MAT. Igualdad entre dos expresiones que contiene una o más incógnitas.

ecuador m. ASTRON. Círculo imaginario de la esfera terrestre cuyo plano es equidistante y perpendicular a la línea de los polos.

ecualizador m. Aparato que amplía las bajas frecuencias y atenúa las altas, en un equipo de sonido.

ecuanimidad f. **1.** Constancia de ánimo. **2.** Imparcialidad.

ecuatoriano, na adj./m. y f. De Ecuador.

ecuestre adj. **1.** Relativo al caballero, o a la orden y ejército de caballería. **2.** Relativo al caballo.

ecuménico, ca adj. Aplicado al concilio eclesiástico, universal.

eczema m. Eccema*.

edad f. **1.** Tiempo que una persona ha vivido desde su nacimiento. **2.** Época. **3.** Cada uno de los períodos de tiempo de la historia.

edafología f. Ciencia que estudia la composición del suelo.

edecán m. **1.** Auxiliar, acompañante. **2.** *Méx.* Persona que en reuniones oficiales y actos públicos, atiende a los invitados o participantes.

edema m. Hinchazón de una parte del cuerpo.

edén m. **1.** Paraíso terrenal. **2.** Lugar agradable, ameno y delicioso.

edición f. **1.** Impresión o grabación y publicación de una obra o disco. **2.** Conjunto de ejemplares de una obra impresos de una vez.

edicto m. Decreto publicado por la autoridad competente.

edificar tr. **1.** Construir un edificio. **2.** Dar buen ejemplo.

edificio m. Construcción destinada a vivienda o a otros usos.

edil, la m. y f. Concejal.

edilicia, cia adj. *Argent.* y *Chile.* Relativo a los edificios o a la construcción.

editar tr. Publicar un libro, periódico, disco, etc.

editor, ra m. y f. Persona o entidad que edita una obra.

editorial adj. **1.** Relativo al editor o a la edición. ◆ m. **2.** Artículo periodístico no firmado, que refleja la opinión de la dirección en un asunto. ◆ f. **3.** Empresa que edita.

edredón m. Cobertor relleno de plumón u otro material.

educación f. **1.** Acción y efecto de educar, enseñar. **2.** Conocimiento de las costumbres y buenos modales de la sociedad.

educado, da adj. Que tiene buena educación o buenos modales.

educar tr. **1.** Enseñar, instruir. **2.** Desarrollar las facultades intelectuales, morales o físicas.

edulcorante m. Sustancia que endulza alimentos y medicamentos.

efe f. Nombre de la letra f.

efebo m. Muchacho.

efectivamente adv. Real y verdaderamente.

efectivo, va adj. **1.** Que produce efecto. **2.** Real, verdadero. ◆ m. **3.** Dinero disponible. ◆ pl. **4.** Conjunto de tropas del ejército.

efecto m. **1.** Resultado de una causa. **2.** Impresión causada en el ánimo. **3.** Rotación que se da a una bola tocándola por un lado. ◆ pl. **4.** Conjunto de enseres. ● **Efectos especiales,** trucos de cine.

efectuar tr. y prnl. Realizar, llevar a cabo.

efeméride f. **1.** Suceso notable. ◆ pl. **2.** Libro que indica los hechos sucedidos el mismo día del año, en diferentes épocas.

efervescencia f. **1.** Desprendimiento de burbujas gaseosas a través de un líquido. **2.** Gran agitación.

eficaz adj. Que produce el efecto deseado.

eficiencia f. Facultad para lograr un efecto determinado.

efigie f. **1.** Imagen de una persona real. **2.** Personificación de una cosa abstracta: *la ~ del dolor.*

efímero, ra adj. De corta duración.

eflorescencia f. Eccema que sale en la piel del rostro.

efluvio m. Emisión de pequeñas partículas.

efusión f. Expresión de sentimientos afectuosos o alegres.

egipcio, cia adj./m. y f. De Egipto.

egiptología f. Estudio de la antigüedad egipcia.

égloga f. Composición poética de tema pastoril.

ego m. En psicoanálisis, parte consciente de la personalidad.

egocentrismo m. Tendencia a considerar sólo el propio punto de vista y los propios intereses.

egoísmo m. Afecto excesivo de alguien para consigo mismo.

egolatría f. Culto excesivo de la propia persona.

egregio, gia adj. Insigne, ilustre.

egresar intr. *Amér.* Terminar un ciclo de estudios medios y superiores con la obtención del título correspondiente.

eirá m. *Argent.* y *Par.* Pequeño carnívoro semejante al hurón.

eje m. **1.** Barra que atraviesa un cuerpo y le sirve de sostén. **2.** Línea imaginaria alrededor de la cual se mueve un cuerpo.

ejecutar tr. **1.** Realizar algo. **2.** Matar a un condenado.

ejecutivo, va adj./m. **1.** Dícese del poder que aplica las leyes. ◆ m. y f. **2.** Persona que ejerce tareas directivas en una empresa. ◆ f. **3.** Junta directiva de una corporación o sociedad.

ejemplar adj. **1.** Que sirve de ejemplo o enseñanza. ◆ m. **2.** Cada una de las obras obtenidas de un mismo original.

ejemplo m. **1.** Caso o hecho digno de ser imitado, o que puede ser motivo de imitación. **2.** Texto, hecho, etc., que se cita para ilustrar una cosa.

ejercer tr. e intr. Realizar las tareas propias de una profesión.

ejercicio m. **1.** Acción y efecto de ejercer o ejercitarse. **2.** Esfuerzo que tiene por objeto la adquisición o conservación de una facultad o aptitud.

ejercitar tr. **1.** Usar un poder, facultad, etc. **2.** Dedicarse al ejercicio de un arte, oficio o profesión. ◆ tr. y prnl. **3.** Hacer que se practique algo para adiestrarse en ello.

ejército m. Conjunto de las fuerzas militares de un país.

■ **ENC.** Los diferentes cuerpos del **ejército** son la fuerza aérea o aviación militar, la armada o marina de guerra y el ejército terrestre que se compone de infantería, caballería, artillería y unidades blindadas.

ejido m. **1.** Campo común de un pueblo. **2.** *Méx.* Terreno que el gobierno concede a un grupo de campesinos para su explotación.

ejote m. **1.** *Amér. Central* y *Méx.* Judía verde. **2.** *Amér. Central* y *Méx.* Puntada grande y mal hecha en la costura.

el art. det. masc. sing. Se antepone a los sustantivos para individualizarlos: *el toro.*

él pron. pers. masc. de 3a. persona sing. Funciona como sujeto o como complemento con preposición.

elaborar tr. y prnl. **1.** Preparar un producto por medio de un trabajo adecuado. **2.** Idear un proyecto o teoría.

elástico, ca adj. **1.** Dícese del cuerpo deformado que puede recobrar la forma original. **2.** Que se ajusta. ◆ m. **3.** Tejido de goma.

ele f. Nombre de la letra l.

elección f. **1.** Acción y efecto de elegir. ◆ pl. **2.** Votación para elegir cargos políticos.

electo, ta adj./m. y f. Que acaba de ser elegido para un cargo.

elector, ra m. y f. Persona que vota en unas elecciones.

electricidad f. Forma de energía que manifiesta su acción por fenómenos mecánicos, caloríficos, etc.

■ **ENC.** La **electricidad** se obtiene a partir de diminutas partículas invisibles que se llaman electrones. Éstos se encuentran en toda la materia y producen electricidad cuando se desplazan por diferentes objetos; por ejemplo, un cable metálico. Las centrales eléctricas transforman diferentes formas de energía (hidráulica, solar, nuclear, química, etc.) en electricidad al poner en movimiento los electrones.

electrificar tr. Dotar de instalación eléctrica.

electrizar tr. y prnl. Producir la electricidad en un cuerpo.

electrochoque m. Electroshock*.

electrocutar tr. y prnl. Matar o morir por descarga eléctrica.

electrodo m. Extremo de cada uno de los conductores fijados a los polos de un generador eléctrico.

electrodoméstico m. Aparato eléctrico de uso doméstico.

electrógeno, na adj. Que produce electricidad.

electroimán m. Barra imantada por la acción de una corriente eléctrica.

electrólisis f. QUÍM. Descomposición de un cuerpo o sustancia mediante el paso de una corriente eléctrica.

electrólito m. QUÍM. Compuesto químico que puede descomponerse por electrólisis.

electromagnetismo m. Parte de la física que estudia las interacciones entre corrientes eléctricas y campos magnéticos.

electrómetro m. Instrumento para medir la carga eléctrica.

electrón m. FÍS. Partícula elemental de un átomo cargada de electricidad negativa.

electrónica f. Parte de la física que estudia el comportamiento de los electrones libres.

electroscopio m. Instrumento que permite detectar las cargas eléctricas en un cuerpo.

electroshock m. Terapéutica de algunas enfermedades mentales por aplicación al cerebro de una descarga eléctrica.

electrostática f. Parte de la física que estudia los sistemas de cuerpos electrizados en equilibrio.

elefante, ta m. y f. Mamífero de piel gruesa, y trompa prensil.

■ **ENC.** El **elefante** es el animal terrestre más grande. El africano puede llegar a los 3.70 m de altura, pesar 7 toneladas y vivir 120 años; el asiático llega a medir 3 m y a pesar 4 toneladas. Actualmente, el elefante africano está protegido. La caza sin control por obtener sus hermosos colmillos lo llevó a ser una especie en peligro de extinción.

elegante adj. **1.** Que viste con buen gusto. **2.** Dotado de gracia y sencillez.

elegía f. Poema lírico por la muerte de una persona.

elegir tr. Preferir a una persona, animal o cosa entre otros.

elemental adj. **1.** Relativo a los principios o elementos de una ciencia o arte. **2.** Fundamental. **3.** De fácil comprensión.

elemento m. **1.** Fundamento o parte integrante de una cosa. **2.** QUÍM. Cuerpo simple. ◆ pl. **3.** Conjunto de fuerzas de la naturaleza.

elenco m. **1.** Índice. **2.** Conjunto de artistas de un espectáculo.

elevado, da adj. **1.** Alto. **2.** Excelente.

elevador m. Amér. Ascensor.

elevar tr. y prnl. **1.** Alzar o levantar. **2.** Colocar a una persona o cosa en un lugar mejor. ◆ tr. MAT. **3.** Calcular una potencia.

elidir tr. **1.** Frustrar una cosa. **2.** LING. Suprimir la vocal final de una palabra ante la vocal inicial de la palabra siguiente.

eliminar tr. **1.** Quitar, suprimir. **2.** MED. Expeler del organismo.

eliminatorio, ria adj. **1.** Que sirve para eliminar. ◆ f. **2.** Prueba selectiva que se hace a los participantes en una competición.

elipse f. MAT. Curva cerrada, simétrica respecto de dos ejes perpendiculares entre sí.

elipsis f. LING. Supresión en una frase de una o más palabras.

elipsoide m. MAT. Cuerpo engendrado por la revolución de una elipse alrededor de uno de sus ejes.

élite o **elite** f. Minoría selecta.

elixir o **elíxir** m. Medicamento disuelto en alcohol.

ella pron. pers. fem. de 3a. persona sing. Funciona como sujeto o como complemento con preposición.

elle f. Nombre de la letra doble *ll*.

ello pron. pers. neutro de 3a. persona. Funciona como sujeto o como complemento con preposición.

ellos, ellas pron. pers. de 3a. persona pl. Funciona como sujeto o como complemento con preposición.

elocuencia f. Facultad de hablar o escribir de modo eficaz.

elogio m. Alabanza.

elongación f. ASTRON. **1.** Distancia de un astro al Sol con relación a la Tierra. **2.** MED. Aumento de la longitud de un miembro.

elote m. Amér. Central y Méx. Mazorca tierna de maíz.

elucubrar tr. Hacer cábalas.

eludir tr. Evitar o librarse de una dificultad o molestia.

emanar tr. e intr. **1.** Hablando de un olor, de la luz, etc., desprenderse de un cuerpo. **2.** Provenir, tener su origen en algo.

emancipar tr. y prnl. Liberar o liberarse de la tutela o servidumbre.

embadurnar tr. y prnl. Untar, embarrar.

embajada f. Cargo y oficina del embajador.

embajador, ra m. y f. **1.** Diplomático que representa a su país en una nación extranjera. **2.** Emisario, mensajero.

embalar tr. **1.** Empaquetar lo que se ha de transportar. ◆ tr. y prnl. **2.** Aumentar la velocidad.

embalsamar tr. Preparar un cadáver para evitar su putrefacción.

embalse m. Depósito artificial para almacenar el agua de un río.

embarazar tr. **1.** Estorbar. **2.** Hacer que alguien se sienta cohibido. ◆ tr. y prnl. **3.** Poner o quedarse encinta una mujer.

embarazo m. **1.** Acción y efecto de embarazar o embarazarse. **2.** Estado de la mujer encinta y tiempo que dura ese estado.

embarcación f. Objeto flotante para el transporte por agua.

embarcadero m. Lugar destinado para embarcar.

embarcar tr., intr. y prnl. Dar ingreso a una persona, cosa o mercancía en una embarcación, tren o avión.

embargar tr. **1.** Enajenar los sentidos. **2.** DER. Retener los bienes.

embargo m. **1.** Acción y efecto de embargar. **2.** DER. Retención de bienes por mandato judicial. ● **Sin ~,** no obstante.

embarrancar tr. e intr. Encallarse un buque en el fondo.

embarrar tr. y prnl. **1.** Cubrir o manchar con barro. **2.** Amér. Calumniar. **3.** Amér. Cometer algún delito. **4.** Amér. Central y Méx. Complicar a alguien en un asunto sucio.

embarullar tr. y prnl. Fam. Mezclar sin orden cosas, ideas, etc.

embastar tr. Hilvanar una tela.

embate m. **1.** Golpe impetuoso del mar. **2.** Acometida impetuosa.

embaucar tr. Engañar, engatusar, alucinar.

embeber tr. **1.** Absorber un cuerpo sólido otro en estado líquido. ◆ intr. **2.** Encogerse, túpirse. ◆ prnl. **3.** Concentrarse, ensimismarse.

embejucar tr. **1.** *Antill., Colomb.* y *Venez.* Cubrir con bejucos. **2.** *Colomb.* Desorientar. ◆ prnl. **3.** *Colomb.* Enfadarse. **4.** *Colomb.* y *Venez.* Enredarse.

embeleco m. Embuste, engaño.

embelesar tr. y prnl. Cautivar los sentidos, encantar.

embellecer tr. y prnl. Poner bello.

embestir tr. e intr. Arrojarse con ímpetu un toro.

emblema m. **1.** Figura simbólica con un lema. **2.** Símbolo.

embobar tr. **1.** Causar admiración. ◆ prnl. **2.** Quedarse admirado.

embocadura f. MAR. **1.** Boca de un canal, de un río o de un puerto. **2.** MÚS. Boquilla de un instrumento de viento.

embocar tr. **1.** Meter por la boca. **2.** MAR. Entrar por un paso estrecho. **3.** MÚS. Aplicar los labios a la boquilla de un instrumento de viento.

embolatar tr. **1.** *Colomb.* Dilatar, demorar. **2.** *Colomb.* y *Pan.* Engañar. **3.** *Colomb.* y *Pan.* Enredar, enmarañar. ◆ prnl. **4.** *Colomb.* Estar absorbido por un asunto, entretenerse.

embolia f. MED. Obstrucción de un vaso sanguíneo por un coágulo.

émbolo m. **1.** Disco que se mueve entre dos fluidos, para transmitir un esfuerzo motor. **2.** MED. Coágulo que produce la embolia.

embolsar tr. **1.** Guardar algo en una bolsa. ◆ prnl. **2.** Ganar dinero.

embonar tr. *Cuba, Ecuad.* y *Méx.* Empalmar una cosa con otra.

emboquillar tr. Poner boquillas a los cigarrillos.

emborrachar tr. y prnl. **1.** Poner borracho. **2.** Atontar, adormecer.

emborronar tr. Hacer borrones en un escrito, dibujo, etc.

emboscada f. **1.** Ataque por sorpresa. **2.** Asechanza.

embotar tr. y prnl. **1.** Engrosar el filo de un instrumento cortante. **2.** Debilitar los sentidos.

embotellar tr. **1.** Poner en botellas. **2.** Entorpecer el tráfico.

embozar tr. y prnl. **1.** Cubrir el rostro por la parte inferior. **2.** Disfrazar, ocultar. **3.** Obstruir un conducto.

embozo m. **1.** Parte de una prenda con que uno se emboza. **2.** Doblez de la sábana por la parte que toca el rostro. **3.** Disimulo.

embragar tr. Establecer comunicación entre dos ejes en rotación.

embrague m. **1.** Mecanismo que permite poner en movimiento una máquina acoplándola al motor. **2.** Pedal de dicho mecanismo.

embriagar tr. y prnl. **1.** Emborrachar. **2.** Cautivar, enajenar.

embrión m. **1.** Organismo en vías de desarrollo, antes de la fase de diferenciación de los órganos principales. **2.** Principio de algo.

embrollo m. **1.** Enredo, lío. **2.** Mentira. **3.** Situación embarazosa.

embromar tr. **1.** Gastar una broma. ◆ tr. y prnl. **2.** *Amér.* Fastidiar, perjudicar. **3.** *Chile, Méx.* y *Perú.* Hacer perder el tiempo.

embrujar tr. Hechizar.

embrutecer tr. y prnl. Entorpecer las facultades del espíritu.

embuchado m. Tripa rellena de carne picada.

embudo m. Utensilio en forma de cono para trasvasar líquidos.

emburujar tr. **1.** *Cuba.* Embarullar, confundir. ◆ prnl. **2.** *Colomb., Méx., P. Rico* y *Venez.* Arrebujarse, arroparse.

embuste m. Mentira.

embutido m. **1.** Acción y efecto de embutir. **2.** Tripa rellena de carne de cerdo u otra carne picada y aderezada.

embutir tr. **1.** Llenar una cosa con otra y apretarla. **2.** Rellenar una tripa para hacer embutidos.

eme f. Nombre de la letra *m*.

emergencia f. **1.** Acción y efecto de emerger. **2.** Suceso urgente.

emerger intr. **1.** Salir del agua u otro líquido. **2.** Surgir, aparecer.

emersión f. Movimiento de un cuerpo que sale de un fluido en el que estaba sumergido.

emigrar intr. **1.** Dejar el propio país para establecerse en otro. **2.** Cambiar de lugar algunas especies animales a causa del cambio de estación.

eminencia f. **1.** Elevación del terreno. **2.** Persona eminente.

eminente adj. **1.** Alto. **2.** Que sobresale entre los de su clase.

emir m. Príncipe o jefe árabe.

emisario, ria m. y f. Mensajero.

emisor, ra adj./m. y f. **1.** Que emite. ◆ m. **2.** Aparato que emite señales o sonidos. ◆ f. **3.** Lugar desde el que emite el emisor de radio.

emitir tr. **1.** Despedir una cosa hacia afuera. **2.** Exponer. ◆ tr. e intr. **3.** Transmitir por radio o televisión.

emoción f. Agitación del ánimo que nace de una causa pasajera.

emolumento m. Retribución.

emotivo, va adj. **1.** Relativo a la emoción o que la produce. **2.** Sensible a las emociones.

empacar tr. **1.** Empaquetar. **2.** *Méx.* Poner en conserva. ◆ tr. e intr. **3.** *Amér.* Hacer las maletas. ◆ prnl. **4.** *Amér. Central* y *Amér. Merid.* Pararse una caballería y no querer avanzar.

empachar tr. y prnl. Causar indigestión.

empadronar tr. y prnl. Inscribir a uno en el padrón o registro.

empalagar tr., intr. y prnl. Cansar un alimento dulce.

empalar tr. **1.** Atravesar a uno con un palo. ◆ prnl. **2.** *Chile.* Entumecerse. **3.** *Chile* y *Perú.* Obstinarse, encapricharse.

empalizada f. Cerca hecha con tablas clavadas en el suelo.

empalmar tr. **1.** Unir dos cosas. ◆ intr. **2.** Unirse dos ferrocarriles, carreteras, etc. ◆ intr. y prnl. **3.** Seguir una cosa a continuación de otra sin interrupción.

CONSTELACIONES: HEMISFERIO SUR

CONSTELACIONES

Las constelaciones son conjuntos de estrellas en los que los hombres han creído ver figuras.
A lo largo del año y en cada hemisferio, se ven constelaciones diferentes debido al movimiento
de traslación de la Tierra.

Hemisferio sur

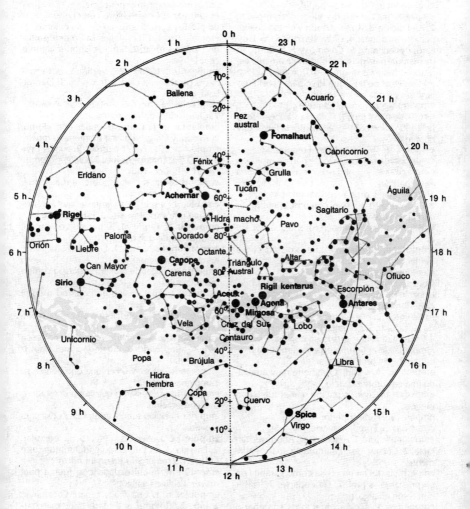

empanada f. Envoltura de pan rellena de distintos ingredientes.
empanadilla f. Pastel pequeño en forma de media luna y relleno.
empanar tr. **1.** Rellenar una empanada. **2.** Rebozar con pan rallado.
empanizar tr. *Méx.* Empanar.
empantanar tr. y prnl. **1.** Inundar un terreno. **2.** Detener un asunto.
empañar tr. y prnl. Quitar el brillo o la transparencia.
empañetar tr. **1.** *Amér. Central, Ecuad.* y *P. Rico.* Cubrir una pared con barro y paja. **2.** *Colomb.* y *P. Rico.* Enlucir las paredes.
empapar tr. y prnl. **1.** Penetrar un líquido en un cuerpo. **2.** Absorber. ◆ prnl. **3.** *Fam.* Enterarse bien de algo.
empapelar tr. Cubrir con papel.
empaque m. **1.** Acción y efecto de empacar. **2.** Afectación. **3.** *Amér.* Acción y efecto de empacarse un animal. **4.** *Chile, Perú* y *P. Rico.* Descaro, desfachatez. **5.** *Colomb.* y *P. Rico.* Trozo de material para mantener herméticamente cerradas dos piezas distintas. **6.** *Colomb., C. Rica* y *Méx.* Pieza de hule que sirve para apretar las junturas de dos piezas de un aparato.
empaquetar tr. Formar paquetes.
emparamar tr. y prnl. **1.** *Colomb.* y *Venez.* Aterir, helar. **2.** *Colomb.* y *Venez.* Mojar la lluvia o la humedad.
empardar tr. *Argent.* y *Urug.* Empatar.
emparedado m. Bocadillo de pan de molde.
emparedar tr. y prnl. Encerrar a una persona entre paredes.
emparejar tr. y prnl. **1.** Formar una pareja. ◆ tr. **2.** Poner una cosa a nivel con otra. ◆ intr. **3.** Ser pareja una cosa con otra.
emparentar intr. Contraer parentesco por vía de casamiento.
empastar tr. **1.** Rellenar el hueco de una caries dental. ◆ tr. y prnl. **2.** *Argent.* y *Chile.* Padecer meteorismo el animal. **3.** *Chile, Méx.* y *Nicar.* Convertir en prado un terreno. ◆ prnl. **4.** *Chile.* Llenarse de maleza un terreno sembrado.
empatar tr. e intr. **1.** Obtener el mismo número de votos. **2.** DEP. Obtener el mismo número de tantos. ◆ tr. **3.** *Colomb., C. Rica, Méx., P. Rico* y *Venez.* Empalmar una cosa con otra. **4.** *Colomb.* Gastar el tiempo en cosas molestas.
empecinarse prnl. Obstinarse.
empedernido, da adj. Que tiene muy arraigada una costumbre o vicio.
empedrar tr. Cubrir o pavimentar el suelo con piedras.
empeine m. Parte superior del pie.
empellón m. Empujón fuerte.
empelotarse prnl. **1.** *Argent. Vulg.* Aburrirse, hartarse. **2.** *Cuba* y *Méx.* Enamorarse apasionadamente.
empeñar tr. **1.** Dar una cosa como garantía de un préstamo. ◆ prnl. **2.** Endeudarse. **3.** Insistir con tesón en algo.
empeño m. **1.** Acción y efecto de empeñar o empeñarse. **2.** Deseo intenso. **3.** Tesón y constancia. **4.** Intento, empresa.
empeorar tr., intr. y prnl. Poner peor.

empequeñecer tr., intr. y prnl. Hacer una cosa más pequeña.
emperador m. **1.** Soberano de un imperio. **2.** Pez espada.
emperatriz f. **1.** Soberana de un imperio. **2.** Mujer del emperador.
emperifollar tr. y prnl. *Fam.* Adornar en exceso.
empero conj. Pero, sin embargo.
emperrarse prnl. *Fam.* Empeñarse en una cosa.
empezar tr. **1.** Dar principio a algo. ◆ intr. **2.** Tener principio.
empinar tr. **1.** Levantar en alto. ◆ prnl. **2.** Levantarse sobre las puntas de los pies.
empipada f. *Chile, Ecuad.* y *P. Rico.* Atracón.
empírico, ca adj. Que se apoya en la experiencia.
empirismo m. Corriente filosófica que basa el conocimiento en la experiencia.
empitonar tr. Coger el toro con el pitón.
emplasto m. Medicamento de uso externo.
emplazar tr. **1.** Citar a alguien en determinado tiempo y lugar. **2.** Situar, disponer algunas cosas.
emplear tr. **1.** Utilizar. **2.** Invertir una cosa para hacer o conseguir algo. ◆ tr. y prnl. **3.** Dar trabajo, empleo.
empleo m. **1.** Acción y efecto de emplear. **2.** Ocupación, trabajo retribuido.
emplomar tr. **1.** Cubrir o soldar con plomo. **2.** *Argent.* y *Urug.* Empastar un diente o muela.
emplumar tr. **1.** Poner plumas. **2.** *Amér. Central* y *Cuba.* Engañar. ◆ intr. **3.** *Chile, Colomb., Ecuad.* y *P. Rico.* Huir.
empobrecer tr. **1.** Hacer pobre. ◆ intr. y prnl. **2.** Caer en la pobreza.
empollar tr. y prnl. **1.** Calentar el ave los huevos para sacar pollos. ◆ tr. **2.** Estudiar mucho.
empolvar tr. y prnl. **1.** Echar polvo. ◆ prnl. **2.** Cubrirse de polvo.
emponzoñar tr. y prnl. **1.** Dar ponzoña, envenenar. **2.** Corromper.
emporio m. Lugar de gran importancia comercial o cultural.
empotrar tr. Hincar algo en la pared o en el suelo.
emprender tr. Dar principio a una obra o empresa.
empresa f. **1.** Acción de emprender y cosa que se emprende. **2.** Sociedad industrial o mercantil.
empresario, ria m. y f. Persona que tiene a su cargo una empresa.
empréstito m. Préstamo que toma el estado o una corporación.
empujar tr. Hacer fuerza contra una cosa para moverla.
empuje m. **1.** Acción y efecto de empujar. **2.** Energía. **3.** FÍS. Fuerza ascendente que sufre un cuerpo sumergido en un líquido.
empujón m. Impulso dado con fuerza para mover a alguien o algo.
empuntar tr. **1.** *Colomb.* y *Ecuad.* Encaminar. ◆ intr. **2.** *Colomb.* y *Ecuad.* Irse, marcharse. ◆ prnl. **3.** *Venez.* Obstinarse.
empuñadura f. Puño de la espada.
empuñar tr. Asir por el puño una cosa.

emular tr. y prnl. Imitar las acciones de otro.

emulsión f. Líquido que contiene partículas insolubles en agua.

en prep. **1.** Indica el tiempo, lugar o modo en que se determina la acción: *vivir en el campo*. **2.** Expresa materia, medio o instrumento: *pagar en monedas*.

enagua f. **1.** Prenda interior femenina, que se lleva bajo la falda. ◆ pl. **2.** *Méx.* Falda.

enajenación f. **1.** Acción y efecto de enajenar. **2.** Locura.

enajenar tr. **1.** Transmitir a otro una propiedad. ◆ tr. y prnl. **2.** Sacar fuera de sí. **3.** Embelesar. ◆ prnl. **4.** Desprenderse de algo.

enaltecer tr. y prnl. Ensalzar.

enamorar tr. **1.** Despertar amor en una persona. **2.** Cortejar. ◆ prnl. **3.** Sentir amor. **4.** Aficionarse a una cosa.

enancarse prnl. **1.** *Amér.* Montar a las ancas. **2.** *Amér.* Meterse uno donde no lo llaman.

enanismo m. Trastorno del crecimiento caracterizado por una talla inferior a la considerada normal para su especie o raza.

enano, na adj. **1.** Diminuto. ◆ m. y f. **2.** Persona afectada de enanismo.

enarbolar tr. Levantar en alto un estandarte, bandera, etc.

enardecer tr. y prnl. Excitar o avivar.

encabezado m. *Argent., Chile, Guat.* y *Méx.* Titular de un periódico.

encabezamiento m. Fórmula inicial de un escrito.

encabezar tr. **1.** Iniciar una lista. **2.** Poner el encabezamiento. **3.** Estar al frente de algo.

encabritarse prnl. **1.** Empinarse el caballo. **2.** Enojarse.

encachar tr. **1.** *Chile.* Agachar la cabeza el animal vacuno para acometer. ◆ prnl. **2.** *Chile* y *Venez.* Obstinarse, emperrarse.

encadenar tr. **1.** Atar con cadena. ◆ tr. y prnl. **2.** Enlazar cosas.

encajar tr. **1.** Meter una cosa dentro de otra ajustadamente. **2.** DEP. Recibir tantos del contrario. ◆ intr. **3.** Coincidir dos noticias, hechos, etc.

encaje m. **1.** Acción de encajar dos cosas. **2.** Tejido de adorno, calado y con dibujos. **3.** Hueco en que se encaja una pieza.

encajonar tr. **1.** Meter una cosa en un cajón. ◆ tr. y prnl. **2.** Meter en un sitio estrecho.

encalambrarse prnl. *Chile, Colomb.* y *P. Rico.* Entumecerse, aterirse.

encalamocar tr. y prnl. *Colomb.* y *Venez.* Alelar.

encalar tr. Blanquear con cal.

encallar intr. Quedar una embarcación inmovilizada en arena o entre piedras.

encallecer intr. y prnl. **1.** Criar callos. ◆ prnl. **2.** Endurecerse, curtirse.

encaminar tr. **1.** Dirigir hacia un punto o fin. ◆ tr. y prnl. **2.** Guiar, enseñar el camino.

encamotarse prnl. *Amér. Merid.* y *C. Rica.* Enamorarse.

encandilar tr. y prnl. **1.** Deslumbrar. **2.** Enamorar. ◆ prnl. **3.** Encenderse los ojos.

encantado, da adj. **1.** Distraído o embobado. **2.** Muy complacido.

encantar tr. **1.** Ejercer sobre algo o alguien artes de magia. **2.** Gustar o complacer.

encanto m. **1.** Persona o cosa que embelesa. ◆ pl. **2.** Conjunto de atractivos físicos.

encañonar tr. Apuntar con un arma de fuego.

encapotarse prnl. Cubrirse el cielo de nubes.

encapricharse prnl. Empeñarse en conseguir un capricho.

encaramar tr. y prnl. Subir a una persona o cosa a un lugar elevado.

encarar tr. **1.** Contraponer dos aspectos de algo. ◆ tr. y prnl. **2.** Poner cara a cara o hacer frente a alguien, o a una dificultad.

encarcelar tr. Poner a uno preso en la cárcel.

encarecer tr., intr. y prnl. **1.** Aumentar el precio. ◆ tr. **2.** Ponderar. **3.** Recomendar con empeño.

encargado, da m. y f. Persona que tiene a su cargo un negocio.

encargar tr. **1.** Decirle a alguien que haga algo. ◆ tr. y prnl. **2.** Poner una cosa al cuidado de uno.

encariñar tr. y prnl. Tomar cariño.

encarnación f. **1.** Acción de encarnar. **2.** Representación de una idea, doctrina, etc.

encarnado, da adj./m. **1.** Rojo. **2.** De color carne.

encarnar tr. **1.** Representar alguna idea o doctrina. **2.** Representar un personaje en el teatro o el cine. ◆ intr. **3.** Tomar forma carnal un ser espiritual.

encarnizarse prnl. **1.** Cebarse los animales en su víctima. **2.** Mostrarse muy cruel.

encarpetar tr. **1.** Guardar en carpetas. **2.** *Amér. Merid.* y *Nicar.* Suspender la tramitación de un expediente.

encarrerarse prnl. **1.** *Méx.* Acelerar el paso. **2.** *Méx.* Encarrilarse.

encarrilar tr. **1.** Colocar sobre carriles. ◆ tr. y prnl. **2.** Encaminar.

encartar tr. **1.** Echar carta de un palo que el otro tiene que seguir. ◆ prnl. **2.** Tomar cartas o quedarse con ellas.

encartuchar tr. y prnl. *Chile, Colomb., Ecuad.* y *P. Rico.* Enrollar en forma de cucurucho.

encasillar tr. **1.** Poner en casillas. **2.** Clasificar personas o cosas.

encasquetar tr. y prnl. **1.** Calarse el sombrero. ◆ prnl. **2.** Empeñarse en algo.

encasquillar tr. **1.** Poner casquillos. **2.** *Amér. Central* y *Amér. Merid.* Herrar una caballería. ◆ prnl. **3.** Atascarse un arma de fuego.

encausar tr. DER. Formar causa judicial contra alguien.

encauzar tr. **1.** Conducir una corriente por un cauce. **2.** Encaminar.

encéfalo m. Conjunto de centros nerviosos del cráneo.

encenagarse prnl. **1.** Meterse en el cieno. **2.** Envilecerse.

encendedor m. Aparato de pequeño tamaño que sirve para encender.

encender tr. y prnl. **1.** Originar luz o fuego en algo. **2.** Conectar un circuito eléctrico. **3.** Suscitar pasiones. ◆ prnl. **4.** Ruborizarse.

encerado m. **1.** Acción y efecto de encerar. **2.** Cuadro usado para escribir en él con tiza.

E

encerar tr. Aplicar cera.

encerrar tr. y prnl. **1.** Meter en un sitio cerrado. ◆ tr. **2.** Contener, incluir.

encerrona f. *Fam.* Trampa.

encestar tr. En baloncesto, meter la pelota en la cesta.

encharcar tr. y prnl. **1.** Cubrir de agua un terreno. ◆ prnl. **2.** Llenar un líquido un órgano o cavidad.

enchilada f. *Guat., Méx.* y *Nicar.* Tortilla de maíz rellena y aderezada con chile.

enchinar tr. *Méx.* Formar rizos en los cabellos.

enchinchar tr. **1.** *Guat.* y *Méx.* Fastidiar, molestar. ◆ prnl. *Amér.* **2.** Enojarse.

enchironar tr. *Fam.* Encarcelar.

enchivarse prnl. *Colomb., Ecuad.* y *P. Rico.* Encolerizarse.

enchuecar tr. y prnl. *Chile* y *Méx. Fam.* Torcer, encorvar.

enchufar tr. **1.** Hacer una conexión eléctrica. ◆ tr. y prnl. **2.** *Esp. Fam.* Obtener un empleo por medio de recomendaciones o influencias.

enchufe m. **1.** Clavija que conecta un aparato a la red eléctrica. **2.** *Esp. Fam.* Cargo que se obtiene por recomendaciones o influencias.

enchumbar tr. *Antill.* y *Colomb.* Empapar de agua.

encía f. Carne que rodea la base de los dientes.

encíclica f. Carta que el papa dirige a los obispos y fieles.

enciclopedia f. **1.** Conjunto de todas las ciencias. **2.** Obra en que se expone el conjunto de los conocimientos humanos o los referentes a una ciencia.

■ **ENC.** La **Enciclopedia** de D'Alambert y Diderot, redactada de 1751 a 1772, constituye la primera obra de este género. Una enciclopedia no es un diccionario. Éste informa sobre las palabras, su ortografía, su origen y sus diferentes sentidos, mientras que una enciclopedia trata sobre los seres y las cosas que estas palabras designan y documenta cada tema. En el siglo XIX, Pierre Larousse inventó el diccionario enciclopédico que trata a la vez de las palabras y de los seres y las cosas que estas palabras designan.

encierro m. **1.** Acción y efecto de encerrar o encerrarse. **2.** Lugar donde se encierra. **3.** Acto de conducir los toros al toril.

encima adv. **1.** En lugar más alto que otro. **2.** En una situación superior: *por ~ de sus posibilidades.* **3.** Cerca: *ya están ~ las fiestas.* **4.** Además.

encina f. Árbol de tronco grueso, cuyo fruto es la bellota.

encinta adj. Dícese de la mujer que ha concebido y va tener un hijo.

enclaustrar tr. y prnl. Encerrar en un claustro o en otro sitio.

enclavar tr. y prnl. Colocar.

enclave m. Territorio o grupo humano incluido en otro.

enclenque adj./m. y f. Enfermizo, débil, raquítico.

encofrado m. Conjunto de planchas de madera dispuestas para recibir hormigón.

encoger tr., intr. y prnl. Reducir a menor volumen o extensión.

encolar tr. Pegar con cola una cosa.

encolerizar tr. y prnl. Poner furioso.

encomendar tr. **1.** Encargar. ◆ prnl. **2.** Confiarse al amparo de alguien.

encomiar tr. Alabar, celebrar.

encomienda f. **1.** Acción y efecto de encomendar. **2.** Cosa encomendada. **3.** *Amér. Merid., C. Rica, Guat.* y *Pan.* Paquete postal.

enconar tr. y prnl. **1.** Inflamar una herida. **2.** Intensificar una lucha.

encono m. Odio, rencor.

encontrado, da adj. **1.** Puesto enfrente. **2.** Opuesto, antitético.

encontrar tr. y prnl. **1.** Hallar. ◆ intr. y prnl. **2.** Topar violentamente dos cosas. ◆ prnl. **3.** Reunirse. **4.** Oponerse.

encorajinar tr. y prnl. Irritar o enfadar mucho a alguien.

encordadura f. Conjunto de las cuerdas de un instrumento musical.

encordar tr. Poner cuerdas a un instrumento musical.

encorozar tr. *Chile.* Emparejar una pared.

encorsetar tr. y prnl. **1.** Poner corsé. **2.** Oprimir, limitar.

encorvar tr. y prnl. Hacer que alguien o algo tome forma curva.

encrespar tr. y prnl. **1.** Rizar. **2.** Erizarse el pelo. **3.** Enfurecer.

encrucijada f. **1.** Cruce de caminos. **2.** Situación difícil, dilema.

encuadernar tr. Coser las hojas de un libro y ponerles tapa.

encuadrar tr. **1.** Colocar en un cuadro. **2.** Encajar una cosa en otra. ◆ tr. y prnl. **3.** Incorporar.

encubrir tr. y prnl. **1.** Ocultar algo. ◆ tr. DER. **2.** Ayudar a un delincuente.

encuentro m. **1.** Acción de encontrar o encontrarse. **2.** Competición, prueba deportiva.

encuesta f. Estudio de un tema reuniendo testimonios y documentos.

encularse prnl. **1.** *Argent.* Enojarse. **2.** *Méx. Vulg.* Enamorarse.

encumbrar tr. y prnl. **1.** Levantar en alto. **2.** Ensalzar.

ende. Por ~, por tanto, por consiguiente.

endeble adj. Débil, poco resistente.

endecasílabo, ba adj./m. Dícese del verso de once sílabas.

endecha f. Poema de temática triste, de cuatro versos.

endemia f. Enfermedad que afecta a una región.

endémico, ca adj. **1.** Con caracteres de endemia. **2.** BIOL. Dícese de las especies vegetales y animales propias de un área restringida.

endemoniado, da adj./m. y f. **1.** Poseído del demonio. **2.** Malo, perverso. ◆ adj. **3.** Que fastidia, molesta o da mucho trabajo.

enderezar tr. y prnl. **1.** Poner derecho lo torcido. ◆ intr. y prnl. **2.** Dirigirse a un lugar.

endeudarse prnl. **1.** Llenarse de deudas. **2.** Reconocerse obligado.

endiablado, da adj. Endemoniado.

endibia f. Variedad de escarola, de hojas blancas.

endilgar tr. *Fam.* Encajar, endosar algo desagradable.

endiosar tr. y prnl. **1.** Envanecer en exceso. ◆ prnl. **2.** Engreírse.

endivia f. Endibia*.

endocardio m. Membrana interna que recubre el corazón.

endocarpo o **endocarpio** m. BOT. Parte más interna del fruto.

endocrino, na adj. **1.** Dícese de las glándulas de secreción interna, como la hipófisis. ◆ m. y f. **2.** Médico especializado en el estudio de estas glándulas.

endogamia f. Obligación que tiene un individuo de contraer matrimonio en el interior de su propio grupo.

endógeno, na adj. Que se forma en el interior.

endolinfa f. ANAT. Líquido que se encuentra en el laberinto del oído interno.

endomingarse prnl. Vestirse con la ropa de fiesta.

endoplasma m. Parte interna de una célula.

endosar tr. **1.** Ceder a otro un documento de crédito. **2.** Encargar a alguien una cosa molesta.

endoscopio m. Aparato para examinar una cavidad interna.

endosfera f. Núcleo central de la esfera terrestre.

endosperma o **endospermo** m. BOT. Tejido de algunas plantas que nutre al embrión.

endrina f. Fruto del endrino.

endrino m. Ciruelo silvestre de fruto pequeño, negro azulado y áspero al gusto.

endrogarse prnl. **1.** *Chile, Méx.* y *Perú.* Contraer deudas. **2.** *P. Rico* y *R. Dom.* Drogarse.

endulzar tr. y prnl. **1.** Hacer dulce una cosa. **2.** Atenuar, suavizar.

endurecer tr. y prnl. **1.** Poner dura una cosa. **2.** Hacer cruel a uno.

ene f. Nombre de la letra *n.*

eneágono m. Polígono de nueve lados.

enebro m. Arbusto de copa espesa y bayas de color violeta.

enema m. Líquido que se inyecta en el recto con fin terapéutico.

enemigo, ga adj. **1.** Contrario. ◆ m. y f. **2.** Persona que hace mal a otra.

enemistar tr. y prnl. Hacer perder la amistad.

eneolítico, ca adj./m. Dícese del período prehistórico en que se empezó a usar el cobre.

energético, ca adj. Relativo a la energía.

energía f. **1.** Potencia activa de un organismo. **2.** Fuerza de voluntad. **3.** FÍS. Facultad que posee un cuerpo para realizar un trabajo.

energizar tr. **1.** *Colomb.* Estimular. ◆ intr. y prnl. **2.** *Colomb.* Obrar con energía.

energúmeno, na m. y f. Persona muy furiosa o violenta.

enero m. Primer mes del año.

enervar tr. y prnl. **1.** Quitar las fuerzas. **2.** Poner nervioso.

enésimo, ma adj. **1.** Que se repite un número indeterminado de veces. **2.** MAT. Que ocupa un lugar indeterminado en una sucesión.

enfadar tr. y prnl. Causar enfado.

enfado m. Enojo, disgusto.

enfangar tr. y prnl. Meter en el fango o cubrir con él.

énfasis m. Exageración en la expresión o en el tono de voz.

enfermedad f. Alteración de la salud.

enfermero, ra m. y f. Persona que atiende a los enfermos.

enfermizo, za adj. **1.** Que tiene poca salud. **2.** Propio de un enfermo.

enfermo, ma adj./m. y f. Que padece una enfermedad.

enfervorizar tr. y prnl. Despertar fervor.

enfilar tr. **1.** Poner en fila. ◆ tr., intr. y prnl. **2.** Ir a un lugar.

enfisema m. MED. Hinchazón del tejido celular por introducción de aire o gas.

enflautar tr. *Colomb.* y *Guat. Fam.* Encajar algo inoportuno o molesto.

enfocar tr. **1.** Hacer que una imagen, obtenida en un aparato óptico, se produzca exactamente en un plano. **2.** Centrar la imagen en el visor de una cámara. **3.** Considerar un asunto.

enfrascarse prnl. Aplicarse con mucha intensidad a una cosa.

enfrentar tr., intr. y prnl. **1.** Poner frente a frente. **2.** Afrontar.

enfrente adv. **1.** Delante. **2.** En contra.

enfriar tr., intr. y prnl. **1.** Poner fría una cosa. ◆ tr. y prnl. **2.** Entibiar: *enfriarse una amistad.* ◆ prnl. **3.** Acatarrarse.

enfundar tr. **1.** Poner una cosa dentro de su funda. ◆ tr. y prnl. **2.** Cubrirse con una prenda de vestir.

enfurecer tr. y prnl. Irritar a uno o ponerle furioso.

enfurruñarse prnl. *Fam.* Enfadarse.

engalanar tr. y prnl. Arreglar con galas y adornos.

enganchar tr., intr. y prnl. **1.** Agarrar con gancho o colgar de él. **2.** Apresar una cosa. ◆ prnl. **3.** Hacerse adicto a una droga.

enganche m. **1.** Acción y efecto de enganchar. **2.** *Méx.* Cantidad de dinero que se da como anticipo para comprar algo a plazos.

engañar tr. **1.** Hacer creer algo que no es verdad. **2.** Estafar. **3.** Cometer adulterio. ◆ prnl. **4.** Negarse a aceptar la realidad.

engaño m. Acción y efecto de engañar o engañarse.

engarrotar tr. y prnl. Entumecer los miembros el frío o la enfermedad.

engarzar tr. **1.** Trabar cosas. **2.** Engastar. **3.** Enlazar, relacionar.

engastar tr. Encajar una cosa en otra: ~ un rubí.

engatusar tr. *Fam.* Ganarse a alguien con halagos y engaños.

engendrar tr. Producir un animal seres de su misma especie.

engendro m. **1.** Feto. **2.** Ser desproporcionado o repulsivo.

englobar tr. Reunir varias cosas en una.

engolado, da adj. *Chile* y *Méx.* Muy acicalado.

engorda f. **1.** *Chile* y *Méx.* Acción de engordar, cebar. **2.** *Chile* y *Méx.* Conjunto de animales que se ceban para la matanza.

engordar tr. 1. Cebar a los animales. ◆ intr. 2. Ponerse gordo.

engorrar tr. *P. Rico* y *Venez.* Fastidiar, molestar.

engorro m. Estorbo, molestia.

engranaje m. Conjunto de piñones y ruedas que engranan.

engranar intr. y tr. 1. Encajar. 2. Enlazar o trabar ideas.

engrandecer tr. 1. Hacer grande una cosa. ◆ tr. y prnl. 2. Enaltecer.

engrapadora f. Grapadora*.

engrasar tr. y prnl. Untar con grasa.

engreído, da adj. Que se muestra convencido de su propio valor.

engreír tr. y prnl. 1. Envanecer. 2. *Amér.* Aficionar, encariñar.

engrosar tr. y prnl. 1. Hacer grueso. ◆ tr. 2. Aumentar, hacer crecer.

engrudo m. Masa de harina, almidón y agua, usada para pegar.

engullir tr. e intr. Tragar la comida atropelladamente.

enhebrar tr. Pasar el hilo por el ojo de la aguja.

enhiesto, ta adj. Levantado, derecho, erguido.

enhorabuena f. 1. Expresión con que se felicita. ◆ adv. 2. En hora buena.

enhorquetar tr. y prnl. *Argent., Cuba, P. Rico* y *Urug.* Poner a horcajadas.

enigma m. Cosa que debe adivinarse a partir de unos datos.

enjabonar tr. Frotar con jabón.

enjambre m. Conjunto de abejas con su reina.

enjaular tr. Encerrar en una jaula.

enjuagar tr. 1. Aclarar con agua limpia lo que se ha enjabonado o fregado. ◆ tr. y prnl. 2. Limpiar la boca y los dientes con líquido.

enjugar tr. 1. Secar la humedad. ◆ tr. y prnl. 2. Pagar una deuda.

enjuiciar tr. 1. Someter algo a juicio. 2. DER. Instruir una causa.

enjuto, ta adj. Delgado, flaco.

enlace m. 1. Acción y efecto de enlazar. 2. QUÍM. Unión de dos átomos en una combinación.

enlajado m. *Venez.* Suelo cubierto de piedras lisas.

enlatar tr. Meter en latas.

enlazar tr. 1. Unir con lazos. ◆ tr. y prnl. 2. Atar una cosa con otra.

enloquecer tr. 1. Hacer perder el juicio. ◆ intr. 2. Volverse loco.

enlucir tr. Cubrir paredes o techos con una capa de yeso u otro material.

enlutar tr. y prnl. Cubrir o vestir de luto.

enmadrarse prnl. Encariñarse mucho el hijo con la madre.

enmarañar tr. y prnl. 1. Formar una maraña. 2. Enredar.

enmarcar tr. Encuadrar.

enmascarar tr. y prnl. Cubrir con máscara el rostro.

enmendar tr. y prnl. 1. Corregir defectos. 2. Subsanar los daños.

enmicado m. *Méx.* Funda plástica.

enmienda f. 1. Acción de enmendar. 2. Propuesta de modificación que se hace a un proyecto o ley. 3. Corrección de un escrito.

enmudecer tr. 1. Hacer callar. ◆ intr. 2. Quedar mudo o estar callado.

enmugrar tr. *Chile, Colomb.* y *Méx.* Enmugrecer.

enmugrecer tr. y prnl. Cubrir de mugre.

ennoblecer tr. y prnl. 1. Dignificar y dar esplendor. 2. Adornar.

enojar tr. y prnl. 1. Causar enojo. 2. Molestar.

enojo m. 1. Alteración del ánimo por algo que contraría. 2. Molestia.

enología f. Ciencia que estudia la elaboración de los vinos.

enorgullecer tr. y prnl. Llenar de orgullo.

enorme adj. Muy grande.

enormidad f. 1. Cualidad de enorme. 2. Desatino.

enquistarse prnl. Formarse un quiste.

enraizar intr. Echar raíces.

enramada f. 1. Conjunto de ramas. 2. Adorno de ramas de árboles.

enrarecer tr. y prnl. 1. Hacer menos denso un gas. 2. Hacer menos respirable. ◆ tr., intr. y prnl. 3. Hacer que escasee una cosa.

enredadera f. Planta trepadora.

enredar tr. 1. Tramar enredos. 2. Comprometer a alguien en un asunto peligroso. ◆ tr. y prnl. 3. Complicar algo. ◆ prnl. 4. Equivocarse.

enredista m. y f. *Chile, Colomb.* y *Perú.* Chismoso, murmurador.

enredo m. 1. Conjunto desordenado de cosas. 2. En la literatura, conjunto de sucesos que preceden al desenlace.

enrejado m. 1. Conjunto de rejas. 2. Celosía de cañas entretejidas.

enrevesado, da adj. 1. Intrincado. 2. Difícil de hacer o entender.

enrielar tr. 1. *Chile.* Encauzar un asunto. ◆ tr. y prnl. 2. *Chile* y *Méx.* Encarrilar un vagón.

enriquecer tr. 1. Adornar, engrandecer. ◆ tr., intr. y prnl. 2. Hacer rica o próspera a una persona o cosa.

enristrar tr. 1. Poner la lanza en el ristre. 2. Hacer ristras con ajos, cebollas, etc.

enrojecer tr. y prnl. 1. Poner rojo o dar color rojo a una cosa. ◆ tr., intr. y prnl. 2. Sentir rubor.

enrolar tr. y prnl. 1. Inscribir en un buque. 2. Alistar.

enrollar tr. y prnl. 1. Poner en forma de rollo. ◆ prnl. 2. Hablar mucho o confusamente. 3. *Fam.* Liarse en un asunto.

enroscar tr. y prnl. 1. Poner en forma de rosca. ◆ tr. 2. Introducir una cosa a vuelta de rosca.

enrostrar tr. *Amér.* Reprochar.

ensaimada f. Bollo de pasta hojaldrada en forma de espiral.

ensalada f. Plato preparado con hortalizas cortadas y aliñadas.

ensaladilla f. Ensalada de legumbres y verduras, con mayonesa.

ensalmar tr. 1. Componer un hueso roto. 2. Curar con ensalmos.

ensalmo m. Rezo o modo supersticioso con que se pretende curar.

ensalzar tr. 1. Exaltar. ◆ tr. y prnl. 2. Alabar, elogiar.

ensamblar tr. Unir, juntar.

ensanchar tr. Hacer más ancho.

ensanche m. 1. Dilatación. 2. Ampliación del casco urbano.

ensangrentar tr. y prnl. Manchar o teñir de sangre.

ensañarse prnl. Deleitarse en hacer daño.

ensartar tr. 1. Pasar por un hilo varias cosas. 2. Enhebrar. ◆ tr. y prnl. 3. *Argent., Chile, Méx., Nicar., Perú* y *Urug.* Hacer caer en un engaño o trampa.

ensayar tr. 1. Hacer la prueba de algo antes de ejecutarlo en público o para ver el resultado. ◆ intr. y prnl. 2. Intentar hacer algo.

ensayo m. 1. Acción y efecto de ensayar. 2. Género literario breve, en prosa, que trata de temas filosóficos, históricos, etc.

enseguida adv. En seguida.

ensenada f. Entrada de mar en la tierra formando seno.

enseña f. Insignia, estandarte.

enseñanza f. 1. Acción y efecto de enseñar. 2. Ejemplo.

enseñar tr. 1. Hacer que alguien aprenda algo. 2. Dar ejemplo. 3. Mostrar algo a alguien o dejarlo ver involuntariamente.

enseres m. pl. Conjunto de muebles o utensilios.

ensillar tr. Poner la silla a una caballería.

ensimismarse prnl. 1. Abstraerse, quedar pensativo: ~ *con la música.* 2. *Chile* y *Colomb.* Engreírse.

ensombrecer tr. y prnl. 1. Cubrir de sombras. ◆ prnl. 2. Entristecerse.

ensopar tr. y prnl. *Amér. Merid.* Empapar.

ensordecer tr. 1. Causar sordera. 2. Dejar sordo un ruido. 3. LING. Convertir una consonante sonora en sorda. ◆ intr. 4. Quedarse sordo.

ensortijar tr. y prnl. Rizar el cabello.

ensuciar tr. y prnl. Poner sucio.

ensueño m. Ilusión, fantasía.

entablamento m. ARQ. Parte superior de un edificio o de un orden arquitectónico.

entablar tr. 1. Asegurar con tablas. 2. Dar comienzo a algo. 3. *Amér.* Igualar, empatar.

entallar tr. 1. Hacer cortes en una pieza de madera. 2. Esculpir. ◆ tr., intr. y prnl. 3. Ajustar una prenda de vestir al talle.

ente m. 1. Aquello que es o existe. 2. Entidad: ~ *público.*

entelequia f. 1. Entidad ficticia. 2. FILOS. Estado de perfección hacia el que tiende cada ser.

entelerido, da adj. *C. Rica, Hond.* y *Venez.* Flaco, enclenque.

entender tr. 1. Percibir el sentido y las causas de algo. 2. Conocer una materia. ◆ prnl. 3. Estar de acuerdo.

entendido, da adj. Que sabe mucho sobre algo: ~ *en leyes.*

entendimiento m. 1. Facultad para comprender. 2. Razón humana.

entente f. Acuerdo entre estados, grupos o empresas.

enterado, da adj./m. y f. 1. Entendido. 2. Que se pasa de listo. 3. *Chile.* Orgulloso, estirado.

enterar tr. 1. Hacer conocer algo. ◆ prnl. 2. Darse cuenta de algo.

entereza f. Firmeza de ánimo.

enternecer tr. y prnl. 1. Poner tierno. 2. Mover a ternura.

entero, ra adj. 1. Sin falta alguna. 2. Que tiene entereza. ◆ adj./m. MAT. 3. Dícese del número racional no decimal. ◆ m. 4. Unidad en que se miden los cambios bursátiles. 5. *Chile, Colomb.* y *C. Rica.* Entrega de dinero.

enterrar tr. 1. Poner debajo de tierra. 2. Dar sepultura a un cadáver. ◆ tr. y prnl. 3. *Amér.* Clavar, hincar algo punzante. ◆ prnl. 4. Retirarse del trato de los demás.

entibiar tr. y prnl. 1. Poner tibio. 2. Moderar una pasión o afecto.

entidad f. 1. Ente o realidad, que no es material. 2. Asociación de personas reconocida jurídicamente. 3. Valor, importancia.

entierro m. Acción y efecto de enterrar un cadáver.

entomología f. Parte de la zoología que estudia los insectos.

entonar tr. e intr. 1. Dar el tono debido al cantar. 2. Dar determinado tono a la voz. ◆ prnl. 3. Engreírse. 4. *Fam.* Animarse.

entonces adv. 1. En ese momento u ocasión: *me enteré* ~. 2. Expresa una consecuencia de lo dicho: ~ *no hablemos más.*

entornar tr. Cerrar algo a medias.

entorno m. Conjunto de circunstancias que rodean a personas o cosas.

entorpecer tr. y prnl. 1. Poner torpe. 2. Retardar, dificultar.

entrado, da adj. 1. *Méx. Fam.* Dedicado por completo a algo. ◆ f. 2. Espacio por donde se entra. 3. Acción de entrar. 4. Billete para entrar en un espectáculo. 5. En un diccionario, palabra que encabeza un artículo. 6. *Argent., Chile* y *Urug.* Ingreso económico. 7. *Cuba.* Zurra.

entrador, ra adj. 1. *Argent.* y *C. Rica.* Simpático, agradable. 2. *Chile* y *Perú.* Entrometido, intruso. 3. *Perú* y *Venez.* Que acomete fácilmente empresas arriesgadas.

entramado m. Armazón de madera que sirve de soporte en una obra.

entrambos, as adj./pron. Ambos.

entrampar tr. 1. Hacer caer en una trampa. ◆ tr. y prnl. 2. Endeudar.

entraña f. 1. Órgano de la cavidad torácica o abdominal. ◆ pl. 2. Parte más oculta de una cosa. 3. Conjunto de sentimientos.

entrañable adj. 1. Íntimo. 2. Muy afectuoso.

entrañar tr. Llevar dentro de sí.

entrar tr. 1. Introducir. ◆ intr. 2. Pasar de fuera a dentro. 3. Meterse una cosa en otra. 4. Empezar a sentir algo: ~ *sed.*

entre prep. 1. Indica intervalo, relación o reciprocidad: ~ *Madrid y Barcelona;* ~ *las once y las doce;* ~ *amigos.* 2. Indica estado o situación intermedia.

entreabrir tr. y prnl. Abrir un poco o a medias.

entreacto m. Intermedio entre los actos de un espectáculo.

entrecejo m. 1. Ceño. 2. Espacio entre las cejas.

entrecortar tr. Cortar algo a medias.

entredicho m. Duda sobre la veracidad de alguien o algo.

entrega f. **1.** Acción y efecto de entregar o entregarse. **2.** Cosa que se entrega de una vez.

entregar tr. **1.** Poner en poder de otro. ◆ prnl. **2.** Ponerse en manos de uno. **3.** Dedicarse enteramente a algo.

entreguista m. y f. *Argent., Chile, Méx., Par.* y *Urug. Fam.* Persona que traiciona a sus representados en una negociación.

entrelazar tr. y prnl. Enlazar una cosa con otra.

entremedias o **entremedio** adv. Entre uno y otro tiempo, espacio, lugar o cosa.

entremés m. **1.** Comida ligera que se sirve antes del primer plato. **2.** Obra dramática jocosa de un solo acto.

entremeter tr. **1.** Meter una cosa entre otras. ◆ prnl. **2.** Entrometerse.

entrenar tr. y prnl. Adiestrar y ejercitar para la práctica de un deporte u otra actividad.

entrepierna f. Parte interior de los muslos.

entresijo m. **1.** Mesenterio. **2.** Cosa interior, escondida.

entresuelo m. Piso inmediatamente superior a los bajos.

entretanto adv. Entre tanto, mientras.

entretecho m. *Chile* y *Colomb.* Desván.

entretejer tr. **1.** Tejer conjuntamente. **2.** Mezclar, trabar.

entretener tr. y prnl. Divertir, hacer pasar un rato agradable.

entretiempo m. Tiempo de primavera y otoño.

entrever tr. **1.** Ver algo confusamente. **2.** Saber por conjeturas.

entreverar tr. **1.** Introducir una cosa entre otras. ◆ prnl. **2.** *Argent.* Chocar dos masas de caballería y luchar los jinetes. **3.** *Argent.* y *Perú.* Mezclarse desordenadamente.

entrevero m. **1.** *Amér. Merid.* Acción y efecto de entreverarse. **2.** *Argent., Chile, Perú* y *Urug.* Confusión, desorden.

entrevista f. **1.** Reunión concertada. **2.** Diálogo entre un periodista y una persona famosa, para publicar sus opiniones.

entristecer tr. y prnl. **1.** Poner triste. ◆ tr. **2.** Dar aspecto triste.

entrometerse prnl. Meterse alguien donde no le llaman.

entrón, na adj. *Méx.* Animoso, atrevido, valiente.

entroncar intr. **1.** Emparentar. ◆ intr. y prnl. **2.** *Cuba, Perú* y *P. Rico.* Combinarse dos líneas de transporte.

entronizar tr. y prnl. **1.** Colocar a alguien en el trono. **2.** Ensalzar.

entuerto m. **1.** Injusticia. **2.** Dolor intenso tras el parto.

entumecer tr. y prnl. Entorpecer el movimiento de un miembro.

enturbiar tr. y prnl. **1.** Poner turbio. **2.** Alterar, oscurecer.

entusiasmo m. Exaltación por un sentimiento de admiración.

enumerar tr. Exponer algo de forma sucesiva y ordenada.

enunciado m. **1.** Acción y efecto de enunciar. **2.** LING. Secuencia de palabras delimitada por silencios marcados.

enunciar tr. Expresar oralmente o por escrito.

envainar tr. Meter un arma en la vaina.

envalentonar tr. **1.** Infundir valentía. ◆ prnl. **2.** Ponerse desafiante.

envanecer tr. y prnl. Infundir soberbia o vanagloria.

envasar tr. Introducir en recipientes: líquidos, granos, etc.

envase m. **1.** Acción y efecto de envasar. **2.** Recipiente.

envejecer tr., intr. y prnl. **1.** Hacer o hacerse viejo. ◆ intr. **2.** Durar, permanecer por mucho tiempo.

envenenar tr. y prnl. **1.** Hacer enfermar o matar a alguien con veneno. ◆ tr. **2.** Poner veneno en algo.

envergadura f. **1.** Importancia, prestigio. **2.** Dimensión de las alas de un avión o un ave. **3.** MAR. Ancho de una vela.

envés m. Revés, lado opuesto.

enviar tr. Hacer que alguien o algo vaya a alguna parte.

enviciar tr. **1.** Corromper con un vicio. ◆ prnl. **2.** Aficionarse mucho.

envidia f. Pesar por el bien ajeno.

envilecer tr. y prnl. Hacer vil.

envite m. Apuesta que se hace en algunos juegos de azar.

envoltorio m. Cosa que sirve para envolver.

envoltura m. Capa exterior que envuelve una cosa.

envolver tr. **1.** Cubrir una cosa rodeándola. ◆ tr. y prnl. **2.** Mezclar a uno en un asunto.

enyesar tr. **1.** Tapar con yeso. **2.** Allanar con yeso. **3.** Inmovilizar un miembro con yeso.

enzarzar tr. **1.** Cubrir de zarzas. ◆ prnl. **2.** Entablar una disputa.

enzima m. o f. QUÍM. Sustancia soluble que provoca o acelera una reacción bioquímica.

enzolvar tr. *Méx.* Cegar un conducto.

eñe f. Nombre de la letra ñ.

eólico, ca adj. Relativo al viento o producido por él.

epazote m. *Méx.* Planta herbácea de hojas olorosas y flores pequeñas, que se usa mucho como condimento.

epicarpio m. Capa externa que cubre el fruto de las plantas.

epiceno adj./m. Dícese del género de los sustantivos que tienen una misma terminación y artículo para el macho y para la hembra.

epicentro m. Punto de la superficie terrestre donde un seísmo ha sido más intenso.

épico, ca adj. **1.** Relativo a la epopeya. ◆ f. **2.** Género de poesía que narra las hazañas de un héroe o un pueblo.

epicureísmo m. **1.** Doctrina de Epicuro. **2.** Actitud del que tiende a disfrutar de los placeres de la vida.

epidemia f. Enfermedad infecciosa, que aparece en un lugar.

epidermis f. **1.** Membrana que cubre el cuerpo de los animales. **2.** BOT. Película que recubre las hojas, los tallos y las raíces jóvenes.

epidídimo m. ANAT. Pequeña estructura situada en el polo superior de cada testículo.

epifanía f. Fiesta cristiana que se celebra el 6 de enero.

CRISTALES

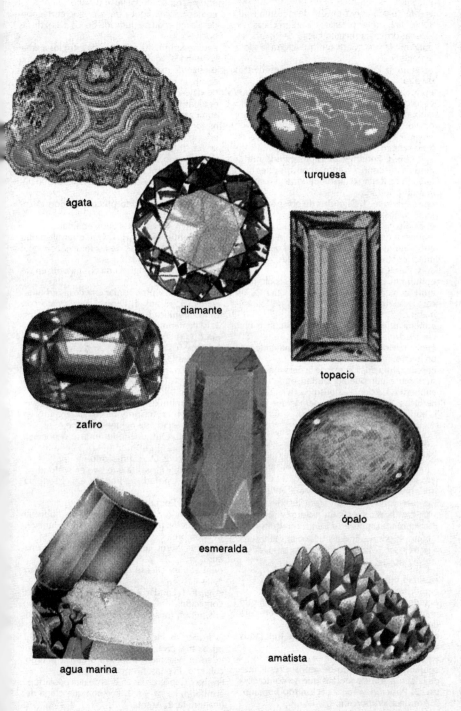

ágata

turquesa

diamante

topacio

zafiro

esmeralda

ópalo

agua marina

amatista

epífisis f. ANAT. **1.** Extremidad de un hueso largo. **2.** ANAT. Glándula situada en el dorso del encéfalo.

epífita, to adj./m. y f. Dícese de la planta fijada sobre otra, sin ser parásita, como en el caso de algunas orquídeas ecuatoriales y de los árboles.

epiglotis f. ANAT. Cartílago que cierra la glotis al deglutir.

epígono m. Persona que sigue las enseñanzas de otra.

epígrafe m. **1.** Expresión que precede a un escrito, anunciando su contenido. **2.** Escrito grabado sobre piedra, metal, etc. **3.** Título, rótulo.

epigrama m. Composición poética breve de tono satírico.

epilepsia f. Enfermedad caracterizada por la pérdida del conocimiento y convulsiones.

epílogo m. Recapitulación de todo lo dicho en una obra literaria.

episcopado m. **1.** Dignidad de obispo. **2.** Conjunto de los obispos.

episodio m. Cada uno de los sucesos que forman un todo.

epistemología f. Estudio crítico del desarrollo, métodos y resultados de las ciencias.

epístola f. Carta, misiva.

epitafio m. Escrito grabado en un sepulcro.

epitelio m. Tejido que recubre el cuerpo, las cavidades internas y los órganos de los animales.

epíteto m. Adjetivo que da al sustantivo una cualidad inherente.

época f. Momento de la historia marcado por un hecho.

epónimo, ma adj. Dícese de la persona que da su nombre a un pueblo, ciudad, etc.

epopeya f. **1.** Poema extenso que relata hechos heroicos. **2.** Conjunto de poemas que forman la tradición épica de un pueblo.

■ ENC. Cada civilización cuenta con sus **epopeyas**: narraciones de autor desconocido en las cuales los héroes, cercanos a los dioses, enfrentan innumerables peligros. *La Epopeya de Gilgamesh* procede de Mesopotamia y cuenta el acceso a la sabiduría del rey Uruk, que había sido un tirano. *El Mahabarata* es una epopeya de la India antigua que cuenta cómo los cinco hijos del rey Pându lucharon victoriosamente contra sus primos. La *Iliada* y la *Odisea* son epopeyas griegas. Eran contadas o cantadas por un recitador. Todas las epopeyas mezclan lo real y lo sobrenatural.

equidad f. Trato justo y proporcional.

equidistar intr. Estar a igual distancia.

équido, da adj./m. Relativo a una familia de mamíferos ungulados, que poseen un solo dedo por pata, como el caballo.

equilátero, ra adj. Que tiene los tres lados iguales.

equilibrar tr. y prnl. Poner en equilibrio.

equilibrio m. **1.** Estado de reposo, resultante de la actuación de fuerzas que se contrarrestan. **2.** Posición vertical del cuerpo humano. **3.** Armonía, proporción.

equilibrista adj./m. y f. Que realiza ejercicios de destreza o de equilibrio acrobático.

equino, na adj. Relativo al caballo.

equinoccio m. Época del año que corresponde a la igualdad de duración de los días y de las noches.

equinodermo, ma adj./m. Relativo a los animales marinos radiados con la piel espinosa, como el erizo de mar.

equipaje m. Conjunto de cosas que se llevan de viaje.

equipar tr. y prnl. Proveer de lo necesario.

equiparar tr. Considerar iguales a dos personas o cosas.

equipo m. **1.** Conjunto de cosas necesarias para un fin. **2.** Grupo de personas con un servicio determinado. **3.** DEP. Grupo de jugadores.

equis f. **1.** Nombre de la letra x. **2.** Signo de la incógnita en el cálculo. ◆ adj. **3.** Denota un número desconocido.

equitación f. Deporte practicado con el caballo.

equitativo, va adj. Que tiene equidad.

equivalente adj./m. y f. **1.** Que equivale a otra cosa. ◆ adj. **2.** Dícese de las figuras con igual área y distinta forma.

equivaler intr. Ser igual una cosa a otra, en valor o eficacia.

equivocar tr. y prnl. Tomar una cosa por otra.

equívoco, ca adj. **1.** Dícese del término con varios significados. **2.** Que confunde. ◆ m. **3.** Malentendido.

era f. **1.** Fecha a partir de la cual empiezan a contarse los años. **2.** Espacio donde se trillan las mieses. **3.** GEOL. Subdivisión de los tiempos geológicos.

erario m. **1.** Tesoro público. **2.** Lugar donde se guarda.

ere f. Nombre de la letra r en su sonido suave.

erección f. **1.** Acción y efecto de erguir o erguirse. **2.** Estado de rigidez del pene.

eréctil adj. Que puede levantarse o ponerse rígido.

erecto, ta adj. Derecho, rígido.

eremita m. y f. Asceta que vive en soledad.

ergio m. Unidad de trabajo en el sistema cegesimal.

ergo conj. Por tanto, luego, pues.

ergonomía f. Conjunto de estudios sobre la organización metódica del trabajo, en función del hombre.

erguir tr. y prnl. Levantar y poner derecha una cosa.

erial adj./m. Dícese de la tierra o campo sin cultivar.

erigir tr. **1.** Fundar. ◆ tr. y prnl. **2.** Elevar a cierta condición.

erisipela f. Inflamación de la superficie de la piel.

eritrocito m. Hematíe.

erizar tr. y prnl. Poner rígida y tiesa una cosa.

erizo m. Mamífero insectívoro con el cuerpo cubierto de púas.

ermita f. Capilla en las afueras de una población.

ermitaño, ña m. y f. **1.** Persona que cuida de una ermita. **2.** Asceta.

erogación f. **1.** Acción de erogar. **2.** *Bol.* y *Méx.* Gasto, pago.

erogar tr. **1.** Distribuir bienes o caudales. **2.** *Argent., Bol.* y *Méx.* Gastar el dinero, pagar.

erógeno, na adj. Que excita sexualmente.

erosión f. Desgaste producido en un cuerpo por el roce de otro.

erótico, ca adj. **1.** Relativo al amor sexual. **2.** Que excita el apetito sexual.

erradicar tr. Arrancar de raíz, eliminar completamente.

errar tr., intr. y prnl. **1.** No acertar. ◆ intr. **2.** Andar vagando.

errata f. Equivocación en lo impreso o lo manuscrito.

erre f. Nombre de la letra *r* en su sonido fuerte.

erróneo, a adj. Que contiene error.

error m. Concepto equivocado.

eructar intr. Echar por la boca los gases del estómago.

erudición f. Conocimiento profundo de un tema o materia.

erupción f. **1.** Aparición de manchas o granos en la piel. **2.** GEOL. Emisión de materia, procedente de un volcán.

esbelto, ta adj. Delgado y alto.

esbirro m. Persona que cobra por realizar acciones violentas.

esbozo m. Bosquejo.

escabeche m. Adobo, salsa.

escabechina f. *Fam.* Estrago.

escabroso, sa adj. **1.** Abrupto, áspero. **2.** Difícil de resolver.

escabullirse prnl. **1.** Escaparse de las manos. **2.** Irse con disimulo.

escafandra f. Equipo que usan los buzos en el agua.

escafoides m. Nombre de un hueso del carpo.

escala f. **1.** Escalera de mano. **2.** Serie graduada. **3.** Sucesión de notas musicales. **4.** Parada de un barco o un avión en su trayecto. **5.** Relación entre las distancias del mapa y las reales.

escalafón m. Lista de los integrantes de un cuerpo.

escalar tr. **1.** Trepar a gran altura. **2.** Subir a un puesto elevado.

escalar adj. MAT. Dícese de una magnitud enteramente definida por su medida, en función de una cierta unidad.

escaldar tr. y prnl. Bañar con agua hirviendo una cosa.

escaleno adj. MAT. Dícese del triángulo que tiene los tres lados desiguales.

escalera f. Serie de escalones o peldaños.

escalinata f. Escalera exterior de un tramo.

escalofrío m. Contracción muscular breve por frío o miedo.

escalón m. **1.** Peldaño. **2.** Cada uno de los grados de una serie.

escalonar tr. y prnl. Situar ordenada y gradualmente en el tiempo o en el espacio las partes de una serie.

escalope f. Loncha delgada de vaca o ternera rebozada.

escalpelo m. Instrumento de corte empleado en cirugía.

escama f. Cada una de las láminas que cubren a algunos animales.

escamar tr. **1.** Quitar las escamas a los peces. ◆ tr. y prnl. *Fam.* **2.** Causar desconfianza.

escamotear tr. **1.** Hacer desaparecer algo con habilidad. **2.** Robar.

escampar impers. Dejar de llover.

escanciar tr. Servir el vino.

escándalo m. **1.** Acción que provoca indignación u horror. **2.** Alboroto, ruido grande.

escandinavo, va adj./m. y f. De Escandinavia.

escaño m. Banco de los diputados en las cámaras legislativas.

escapar intr. y prnl. **1.** Salir uno de prisa. **2.** Salir de un encierro. ◆ prnl. **3.** Salirse un fluido por un orificio. **4.** Soltarse algo.

escaparate m. Espacio en las fachadas de las tiendas que sirve para exponer las mercancías.

escape m. **1.** Acción de escapar. **2.** Pérdida de un fluido por un orificio. **3.** Solución. **4.** Expulsión de los gases de un motor.

escápula f. Omóplato.

escapulario m. Pieza del vestido monástico que consiste en dos trozos de tela que caen sobre el dorso y el pecho.

escaquearse prnl. Eludir o esquivar un trabajo.

escarabajo m. Insecto coleóptero de cuerpo ovalado.

■ ENC. Entre los egipcios el **escarabajo**, símbolo de la inmortalidad y del renacimiento, era sagrado. Su imagen se confeccionaba en oro, en marfil, en barro, etc. Era usado igualmente como sello para cartas o como amuleto. Éste tenía sobre el «vientre» jeroglíficos o dibujos grabados y en el "dorso" una imagen casi fiel de un escarabajo.

escaramuza f. En la guerra, combate de poca importancia.

escarapela f. Adorno de cintas.

escarapelar intr. **1.** *Colomb.* Ajar, manosear. ◆ intr. y prnl. **2.** *Colomb., C. Rica* y *Venez.* Agrietar. ◆ prnl. **3.** *Perú.* Ponérsele a uno carne de gallina.

escarbar tr. **1.** Remover la tierra. ◆ tr. y prnl. **2.** Hurgar.

escarcear intr. *Argent., Urug.* y *Venez.* Hacer escarceos el caballo.

escarceo m. **1.** Oleaje menudo. **2.** Tentativa que se realiza antes de iniciar algo. ◆ pl. **3.** Conjunto de vueltas que dan los caballos.

escarcha f. Rocío congelado.

escardar tr. Arrancar las malas hierbas.

escarlata adj./m. De color rojo vivo.

escarlatina f. Enfermedad contagiosa, caracterizada por la formación de placas escarlatas en la piel.

escarmentar tr. **1.** Corregir con rigor. ◆ intr. **2.** Aprender de la experiencia propia o ajena.

escarnecer tr. Hacer mofa y burla de otro.

escarnio m. Burla humillante.

escarola f. Hortaliza de hojas rizadas.

escarpa f. Declive áspero de cualquier terreno.

escarpado, da adj. Dícese del terreno con mucha pendiente.

escarpia f. Clavo con cabeza doblada en forma de codo.

escaso, sa adj. Que tiene poca cantidad.

escatimar tr. Dar lo menos posible de algo.

escatología f. **1.** Conjunto de doctrinas relacionadas con el destino último del hombre y del universo. **2.** Estudio de los excrementos.

escayola f. Yeso calcinado que se usa en escultura y medicina.

escena f. **1.** Escenario para actuar. **2.** Cada parte de una obra. **3.** Teatro, literatura dramática.

escenario m. **1.** Lugar del teatro en que se actúa. **2.** Lugar en que ocurre algo. **3.** Conjunto de cosas que rodean a algo o a alguien.

escenografía f. **1.** Arte de hacer decorados. **2.** Conjunto de decorados.

escepticismo m. Doctrina que pone en duda la posibilidad del conocimiento de la realidad.

escindir tr. y prnl. Cortar, dividir, separar.

escisión f. **1.** Corte. **2.** Eliminación de una parte de tejido.

esclarecer tr. **1.** Poner en claro. ◆ impers. **2.** Empezar a amanecer.

esclavitud f. **1.** Estado de esclavo. **2.** Sujeción excesiva.

■ **ENC.** La trata de negros, que casi había desaparecido hacia el siglo XVI, resurgió con el descubrimiento de América. De uno a tres millones de esclavos fueron transportados al Nuevo Mundo desde las costas orientales y occidentales de África. Allí fueron sometidos a un trabajo agobiante, tanto en las plantaciones de caña de azúcar del Noroeste brasileño o de las Antillas, como en los campos de algodón del sur de Estados Unidos. El esclavo podía ser comprado, vendido o cambiado. A fines del siglo XVIII las atrocidades de los esclavistas provocaron una reacción en Occidente, donde se reclamó el fin de la **esclavitud**. Así lo hizo, por ejemplo, Voltaire. Pero Inglaterra sólo decretó la abolición a partir de 1833 y Francia lo hizo en 1848. En América Latina el fin de la esclavitud llegó con la Independencia, si bien persistieron algunas formas solapadas hasta entrado el presente siglo. En los Estados Unidos hubo que esperar el fin de la Guerra de Secesión, en enero de 1865, para que la esclavitud terminara. Ésta subsistió en las costas del Mar Rojo después de la Segunda Guerra Mundial. Arabia Saudita la abolió oficialmente en 1963. En los años setenta las denuncias y condenas a la esclavitud eran todavía frecuentes en Nigeria.

esclavo, va adj./m. y f. **1.** Que se encuentra bajo el dominio de un amo y carece de libertad. **2.** Sometido a alguien o algo.

esclerosis f. MED. Endurecimiento de un tejido u órgano.

esclerótica f. Membrana externa del globo ocular.

esclusa f. Recinto de un canal que permite a los barcos franquear un desnivel.

escoba f. **1.** Utensilio para barrer. **2.** C. Rica y Nicar. Arbusto con el cual se hacen escobas.

escobajo m. Racimo sin uvas.

escobillar tr. Amér. En algunos bailes tradicionales, zapatear suavemente.

escocer intr. **1.** Causar o sentir escozor. ◆ prnl. **2.** Ponerse irritadas algunas partes del cuerpo.

escocés, sa adj./m. y f. **1.** De Escocia. **2.** Dícese de la tela con cuadros de colores.

escofina f. Herramienta a modo de lima, de dientes gruesos.

escoger tr. Tomar una o más cosas o personas de entre otras.

escolar adj. **1.** Relativo al estudiante o a la escuela. ◆ m. y f. **2.** Estudiante.

escolaridad f. Período durante el cual se asiste a la escuela.

escolarizar tr. Suministrar instrucción en régimen escolar.

escolástica f. Enseñanza medieval basada en la tradición aristotélica.

escoliosis f. Desviación lateral de la columna vertebral.

escollar intr. Argent. y Chile. Malograrse un proyecto.

escollera f. Dique de defensa contra el oleaje.

escollo m. **1.** Peñasco a flor de agua. **2.** Peligro, dificultad.

escolopendra f. Artrópodo que tiene las patas del primer par en forma de uñas venenosas.

escolta f. **1.** Formación militar encargada de escoltar. **2.** Conjunto de personas que escoltan.

escoltar tr. Acompañar para proteger o vigilar.

escombro m. Desecho que queda de una obra de albañilería o de la explotación de una mina o de una fábrica.

esconder tr. y prnl. **1.** Situar en un lugar secreto. **2.** Encerrar, incluir en sí: ~ *un doble sentido.*

escondite m. Juego infantil en el cual uno de los jugadores busca a sus compañeros escondidos.

escopeta f. Arma de fuego portátil, con uno o dos cañones.

escoplo m. Especie de cincel de hierro acerado.

escora f. **1.** Inclinación de una embarcación por la fuerza del viento. **2.** MAR. Puntal que sostiene los costados de un buque en construcción o reparación.

escorbuto m. Enfermedad producida por la carencia de vitamina C.

escoria f. **1.** Sustancia vítrea que flota en un baño de metal fundido y contiene impurezas. **2.** Persona o cosa despreciable.

escorpión m. **1.** Artrópodo dotado de un aguijón venenoso. ◆ m. y f./adj. **2.** Persona nacida bajo el signo zodiacal de Escorpión.

■ **ENC.** El tamaño del **escorpión** varía de 3 a 20 cm. Son animales nocturnos y carnívoros que se alimentan de insectos. Son muy resistentes y pueden permanecer cerca de un año sin tomar alimento. Viven bajo las piedras, en los viejos muros y en los lugares áridos. Sus piquetes son muy dolorosos y a veces mortales.

escorzo m. Representación de una figura, cuando una parte de ella está vuelta con respecto al resto.

escote m. **1.** Abertura alrededor del cuello, en una prenda de vestir. **2.** Parte que debe pagar cada una de las personas que han hecho un gasto en común.

escotilla f. MAR. Abertura en la cubierta de un buque.

escozor m. Sensación cutánea, poco dolorosa y molesta.

escriba m. **1.** Escribano. **2.** Intérprete de la ley, entre los hebreos.

escribanía f. **1.** Oficio y oficina del secretario judicial en los juzgados de primera instancia e instrucción. **2.** Escritorio.

escribano, na m. y f. Persona que copia o escribe a mano.

escribir tr. **1.** Representar palabras o ideas con letras u otros signos convencionales. ◆ tr. e intr. **2.** Comunicar a uno por escrito algo. **3.** Componer: ~ *poesía.*

escrito m. **1.** Papel manuscrito, impreso, etc. **2.** Obra científica o literaria. **3.** DER. Petición en un pleito o causa.

escritor, ra m. y f. Persona que escribe obras de creación.

escritorio m. Mueble para guardar papeles o escribir sobre él.

escritura f. **1.** Representación del pensamiento por signos gráficos convencionales. **2.** Conjunto de libros de la Biblia. **3.** DER. Documento en que consta un negocio jurídico.

■ **ENC.** Se piensa que el hombre habla desde hace 35 000 años y se sabe que escribe desde hace 5 500 años. Las evidencias más antiguas de la **escritura** se han encontrado en el Medio Oriente. Se trata de la contabilidad del templo de Uruk, en Sumeria, inscrita sobre tablillas de arcilla. Hay dos maneras de escribir una lengua: representando los sonidos con un alfabeto o representando las cosas y las ideas por medio de dibujos, que pueden ser pictogramas o ideogramas. El español, el griego, el ruso y el armenio se escriben con alfabetos diferentes, pero todos representan las vocales y las consonantes y se leen de izquierda a derecha. El árabe y el hebreo se leen de derecha a izquierda y representan básicamente las consonantes. El japonés y el chino se escriben con ideogramas y se escriben de arriba hacia abajo partiendo de la derecha. Los jeroglíficos del antiguo Egipto pueden leerse en cualquier dirección y la orientación de los dibujos indica el sentido de la lectura.

escriturar tr. **1.** Hacer constar en escritura un hecho. **2.** Contratar.

escroto m. Bolsa en cuyo interior se alojan los testículos.

escrúpulo m. **1.** Duda y recelo que inquieta. **2.** Asco, repugnancia.

escrutar tr. **1.** Examinar cuidadosamente algo. **2.** Contabilizar los sufragios de una votación, los boletos en una apuesta, etc.

escrutinio m. **1.** Examen detallado de algo. **2.** Recuento de votos.

escuadra f. **1.** Instrumento de dibujo que tiene un ángulo recto. **2.** Conjunto de buques de guerra. **3.** Grupo de soldados a las órdenes de un cabo.

escuadrar tr. Disponer las caras planas de un objeto para que formen entre sí ángulos rectos.

escuadrilla f. **1.** Escuadra de buques de pequeño porte. **2.** Grupo de aviones que realizan un mismo vuelo.

escuadrón m. **1.** Unidad de caballería, al mando de un capitán. **2.** Unidad táctica y administrativa de las fuerzas aéreas.

escuálido, da adj. Flaco.

escuchar tr. **1.** Prestar atención a lo que se oye. **2.** Atender: ~ *un consejo.* ◆ prnl. **3.** Hablar con afectación.

escuchimizado, da adj. Muy flaco y débil.

escudar tr. y prnl. **1.** Resguardar con el escudo. ◆ tr. **2.** Defender de algún peligro. ◆ prnl. **3.** Usar algo como pretexto.

escudería f. Equipo de competición adscrito a una marca, club, etc., automovilísticos.

escudero m. Paje que acompañaba a un caballero.

escudilla f. Vasija pequeña semiesférica para servir caldo.

escudo m. **1.** Arma de defensa que se lleva en el brazo izquierdo. **2.** Unidad monetaria de Portugal y de Cabo Verde.

escudriñar tr. Examinar cuidadosamente algo.

escuela f. **1.** Lugar donde se imparte enseñanza. **2.** Método de enseñanza. **3.** Conjunto de seguidores de un maestro o doctrina. **4.** Enseñanza que se da o se adquiere: *tener buena ~.* **5.** Cosa que da ejemplo y experiencia: *la ~ de la vida.*

escueto, ta adj. **1.** Sencillo, sobrio. **2.** Conciso, breve.

escuincle m. *Méx. Fam.* Chaval.

esculpir tr. Labrar a mano piedras y metales.

escultismo m. Movimiento juvenil, cuyo objetivo es mejorar la formación de los jóvenes, con actividades al aire libre.

escultor, ra m. y f. Persona que esculpe obras de arte.

escultura f. **1.** Arte de esculpir. **2.** Conjunto de obras esculpidas.

escupidera f. **1.** Recipiente para escupir en él. **2.** *Argent., Chile, Ecuad.* y *Urug.* Orinal.

escupir tr. **1.** Arrojar algo con la boca. ◆ intr. **2.** Arrojar saliva o flema por la boca.

escurrir tr. y prnl. **1.** Hacer que una cosa mojada suelte el agua. ◆ tr. **2.** Apurar el contenido de una vasija. ◆ intr. y prnl. **3.** Correr o deslizarse una cosa por encima de otra.

escusado m. Retrete.

esdrújulo, la adj./f. LING. Dícese de la palabra que tiene su acento en la antepenúltima sílaba, como *máximo* o *mecánica.*

ese, sa adj. dem./pron. dem. **1.** Expresa proximidad en el espacio o el tiempo respecto a la persona que escucha. ◆ f. **2.** Nombre de la letra *s.*

esencia f. **1.** Naturaleza propia y necesaria de cada ser. **2.** Parte fundamental de una cosa. **3.** Perfume muy concentrado. ● **Quinta ~,** lo más puro de una cosa: *la quinta ~ del toreo.*

esencial adj. **1.** Relativo a la esencia. **2.** Sustancial, principal.

esfenoides m. Hueso situado en la base del cráneo.

esfera f. **1.** Sólido limitado por una curva cuyos puntos equidistan del centro. **2.** Círculo en que giran las agujas del reloj.

esfinge f. Monstruo con cuerpo de león y cabeza humana.

esfínter m. Músculo que cierra un orificio natural.

esfuerzo m. **1.** Empleo enérgico de las fuerzas físicas, intelectuales o morales para conseguir algo. **2.** Sacrificio.

esfumar tr. **1.** Difuminar. **2.** Rebajar los contornos de una composición pictórica. ◆ prnl. **3.** Desvanecerse. **4.** Fam. Irse de un lugar.

esgrima f. Arte del manejo del florete, la espada y el sable.

■ **ENC.** En el siglo XVII, los duelos de espadas causaban graves heridas a los caballeros franceses. Por ello, la espada se reemplazó por el florete. Esta arma tiene un botón en la punta que la hace inofensiva. A fines del siglo XVIII los grandes maestros de la **esgrima** establecieron sus reglas y aparecieron la máscara, los guantes y la chaqueta. Desde 1896 la esgrima deportiva forma parte de las pruebas olímpicas.

esgrimir tr. **1.** Manejar un arma en actitud de usarla contra alguien. **2.** Usar una cosa como arma para atacar o defenderse: ~ *argumentos*.

esguince m. Distensión de ligamentos de una articulación.

eslabón m. Pieza que, enlazada con otras, forma una cadena.

eslalon m. En esquí, carrera de habilidad en el descenso.

eslavo, va adj./m. y f. **1.** Del grupo étnico formado por rusos, polacos, serbios, etc. ◆ m. **2.** Conjunto de lenguas indoeuropeas habladas por los eslavos.

eslogan m. **1.** Frase publicitaria breve y expresiva. **2.** Lema.

eslora f. MAR. Longitud de un barco de proa a popa.

eslovaco, ca adj./m. y f. **1.** De Eslovaquia. ◆ m. **2.** Lengua eslava hablada en Eslovaquia.

esloveno, na adj./m. y f. **1.** De Eslovenia, en la antigua Yugoslavia. ◆ m. **2.** Lengua hablada en Eslovenia.

esmalte m. **1.** Sustancia vítrea con la que se recubren algunas materias. **2.** Sustancia dura y blanca que recubre los dientes.

esmeralda f. Piedra preciosa de color verde.

esmeril m. Roca negruzca de gran dureza.

esmero m. Máxima atención en hacer las cosas.

esmirriado, da adj. Fam. Flaco, extenuado, raquítico.

esmog m. Mezcla de humo y niebla que se acumula encima de ciudades y zonas industriales.

esmoquin m. Chaqueta masculina con solapas de raso, sin faldones.

esnifar tr. Inhalar drogas por la nariz.

esnob adj./m. y f. Que adopta costumbres que están de moda.

eso pron. dem. neutro. Esa cosa.

esófago m. Conducto que va de la faringe hasta el estómago.

esotérico, ca adj. **1.** Que es enseñado sólo a los iniciados o discípulos. **2.** Que es difícil de entender: *lenguaje* ~. **3.** Oculto.

espabilar tr. **1.** Acabar algo con rapidez. ◆ tr. y prnl. **2.** Avivar el ingenio. ◆ prnl. **3.** Despertarse.

espaciar tr. y prnl. **1.** Separar las cosas en el tiempo o en el espacio. **2.** Separar las palabras, letras o renglones con espacios. ◆ prnl. **3.** Dejar pasar un período de tiempo.

espacio m. **1.** Extensión indefinida que contiene todo lo existente. **2.** Parte de esta extensión que ocupa cada cuerpo. **3.** Distancia entre objetos. **4.** En imprenta, pieza para separar las palabras. **5.** MÚS. Separación entre dos líneas consecutivas del pentagrama.

espada f. **1.** Arma blanca, larga, recta y cortante. ◆ m. **2.** Espadachín. **3.** Matador de toros. ◆ pl. **4.** Palo de la baraja española.

espadachín m. Persona que sabe manejar bien la espada.

espadaña f. **1.** Planta que crece junto a las aguas estancadas. **2.** Campanario con una sola pared, y huecos para las campanas.

espagueti m. Pasta alimenticia de forma larga y delgada.

espalda f. **1.** Parte posterior del cuerpo humano, desde los hombros hasta la cintura. **2.** Parte posterior de una cosa.

espantada f. Huida repentina de un animal.

espantapájaros m. Muñeco que se pone en árboles y sembrados para ahuyentar a los pájaros.

espantar tr. **1.** Ahuyentar. ◆ tr. e intr. **2.** Causar espanto, infundir miedo. ◆ prnl. **3.** Asustarse.

espantasuegras m. Méx. Matasuegras.

espanto m. **1.** Terror. **2.** Méx. Fantasma.

español, la adj./m. y f. **1.** De España. ◆ m. **2.** Lengua hablada en España, en Hispanoamérica y en otros territorios de cultura hispánica.

esparadrapo m. Tira adherente de tela o de papel, usada para sujetar vendajes.

esparcir tr. y prnl. **1.** Extender lo que estaba junto. **2.** Divulgar una noticia.

espárrago m. Brote tierno comestible de la esparraguera.

esparraguera f. Hortaliza de la que se comen los brotes tiernos.

espartano, na adj./m. y f. **1.** De Esparta. ◆ adj. **2.** Severo, austero.

esparto m. Planta con cuyas hojas se hacen sogas, esteras, etc.

espasmo m. Contracción involuntaria de los músculos.

espato m. Cualquier mineral de estructura laminar.

espátula f. Utensilio en forma de paleta plana.

especia f. Sustancia aromática usada como condimento.

■ **Enc.** En la Edad Media se consumían muchas **especias** en Occidente. La mayoría venían de Oriente, donde se les utilizaba desde la más remota antigüedad para acompañar los platillos, para conservar las carnes o para confeccionar pomadas o pociones fortificantes. Los ricos mercaderes de Venecia monopolizaron el comercio de las especias y ofrecían 288 tipos diferentes. Como su precio aumentaba constantemente, la búsqueda de nuevas rutas para obtener las especias fue una de las causas principales que originaron grandes acontecimientos. Por ejemplo, el descubrimiento de América.

especial adj. **1.** Singular, distinto. **2.** Muy propio para algún efecto.

especialidad f. Rama de una ciencia o arte.

especialista adj./m. y f. Que cultiva una rama de determinado arte o ciencia y sobresale en él.

especie f. **1.** Clase, tipo. **2.** BIOL. Categoría para definir a los seres vivos, que abarca a un conjunto de individuos que tienen caracteres comunes y son fecundos entre sí.

especificar tr. Determinar o precisar.

específico, ca adj. Que caracteriza una especie.

espécimen m. Ejemplar, muestra.

espectáculo m. Cualquier acción que se ejecuta en público para divertir o recrear.

espectador, ra adj./m. y f. Que asiste a un espectáculo.

espectro m. **1.** Imagen o fantasma. **2.** FÍS. Conjunto de las líneas resultantes de la descomposición de una luz compleja.

especular tr. e intr. **1.** Reflexionar. ◆ intr. **2.** Comerciar, negociar.

espejismo m. Ilusión óptica que consiste en ver ciertas imágenes en la lejanía.

espejo m. Superficie pulida que refleja la luz y da imágenes de los objetos.

espeleología f. Estudio de las cavidades naturales del subsuelo.

espeluznante adj. Que causa mucho miedo.

espera f. Acción y efecto de esperar.

esperanto m. Idioma artificial creado para servir como lengua universal.

■ **Enc.** Zamenhof fue un judío polaco que creció en una región donde se hablaban varias lenguas y donde existía un enorme racismo. Pensó que el odio se debía a la incomprensión entre los hombres. Por ello, creó a partir de las lenguas romances (derivadas del latín) una lengua artificial y fácil de aprender que permitiera a los hombres entenderse. Así nació el **esperanto**.

esperanza f. Confianza de que ocurra o se logre lo que se desea.

esperar tr. **1.** Tener esperanza. **2.** Permanecer en un sitio hasta que llegue alguien o suceda algo.

esperma m. o f. Líquido que secretan las glándulas reproductoras masculinas y que contiene los espermatozoides.

espermatozoide m. Célula sexual masculina destinada a fecundar el óvulo en la reproducción sexual.

espermatozoo m. Espermatozoide de los animales.

esperpento m. *Fam.* **1.** Persona o cosa fea y ridícula. **2.** Género literario en el que se deforma la realidad valiéndose de rasgos grotescos.

espeso, sa adj. **1.** Dícese de los líquidos que fluyen con dificultad. **2.** Dícese de las cosas que están muy juntas y apretadas. **3.** *Perú* y *Venez.* Pesado, impertinente.

espesor m. **1.** Grueso de un sólido. **2.** Calidad de espeso.

espesura f. **1.** Calidad de espeso. **2.** Vegetación densa.

espetar tr. **1.** Atravesar un cuerpo con un instrumento puntiagudo. **2.** *Fam.* Decir bruscamente a uno algo que le sorprenda o moleste.

espiar tr. Observar con disimulo, especialmente para tratar de obtener información secreta.

espiga f. Inflorescencia formada por un conjunto de flores dispuestas a lo largo de un tallo.

espigado, da adj. Alto.

espigón m. **1.** Dique, malecón. **2.** Punta de un instrumento puntiagudo.

espina f. **1.** Hueso largo y puntiagudo de los peces. **2.** BOT. Órgano vegetal endurecido y puntiagudo.

espinaca f. Hortaliza de hojas comestibles.

espinal adj. Relativo a la columna vertebral o espinazo.

espinazo m. Columna vertebral.

espinilla f. **1.** Parte anterior de la tibia. **2.** Especie de barrillo.

espino m. **1.** Planta arbórea de ramas espinosas y flores blancas. **2.** *Argent.* Arbusto leguminoso de madera muy apreciada.

espinoso, sa adj. **1.** Que tiene espinas. **2.** Arduo, difícil.

espionaje m. Acción de espiar.

espira f. Vuelta de una espiral o una hélice.

espiral f. Curva que se desarrolla alrededor de un punto, del cual se aleja progresivamente.

espirar tr. e intr. Expulsar el aire aspirado.

espiritismo m. Creencia según la cual los seres vivos pueden entrar en comunicación con los muertos.

espiritrompa f. Aparato bucal chupador de los lepidópteros.

espíritu m. **1.** Parte inmaterial del hombre que le capacita para pensar, querer, sentir, etc. **2.** Ser inmaterial dotado de razón.

espita f. Canuto que se mete en el agujero de un recipiente para que salga por él el líquido que contiene.

espléndido, da adj. **1.** Magnífico, estupendo. **2.** Generoso.

esplendor m. **1.** Resplandor, brillo. **2.** Apogeo.

espliego m. Planta aromática de flores azules en espiga.

espolear tr. **1.** Estimular con la espuela. **2.** Estimular, incitar.

espoleta f. Mecanismo para hacer explotar granadas.

espolón m. **1.** Apéndice óseo situado en las extremidades de algunos animales. **2.** Malecón. **3.** ARQ. Contrafuerte.

espolvorear tr. Esparcir algo hecho polvo.

esponja f. **1.** Nombre común de diversas especies de metazoos acuáticos de esqueleto poroso y elástico. **2.** Objeto elástico poroso utilizado para el aseo.

esponsales m. pl. Mutua promesa de matrimonio.

espontáneo, a adj. Que procede de un impulso interior.

espora f. BOT. Célula reproductora que no necesita ser fecundada.

esporádico, ca adj. Ocasional, poco frecuente.

esposo, sa m. y f. **1.** Persona casada respecto de su cónyuge. ◆ f. pl. **2.** Par de manillas de hierro para sujetar a los presos por las muñecas.

esprea f. *Méx.* Llave que deja salir la gasolina en el motor del automóvil.

esprintar intr. Realizar un sprint.

espuela f. **1.** Instrumento que se ajusta al talón de la bota para picar a la cabalgadura. **2.** *Amér.* Espolón de las aves.

espuerta f. Recipiente cóncavo con dos asas, de esparto u otra materia.

espulgar tr. y prnl. Quitar las pulgas o piojos.

espuma f. Conjunto de burbujas en la superficie de un líquido.

espumadera f. Cucharón con agujeros que sirve para sacar de la sartén los alimentos fritos.

espurio, ria o **espúreo, a** adj. **1.** Bastardo. **2.** Falso.

esputo m. Secreción de las vías respiratorias, que se arroja por la boca.

esqueje m. Brote joven que se introduce en tierra para que dé origen a un nuevo tallo.

esquela f. **1.** Notificación de la muerte de alguien. **2.** Carta breve.

esqueleto m. **1.** Armazón del cuerpo de los vertebrados, de naturaleza ósea o cartilaginosa. **2.** Armazón duro de algunos invertebrados. **3.** *Colomb., C. Rica, Guat., Méx. y Nicar.* Modelo impreso con espacios en blanco que se rellenan a mano.

esquema m. Representación gráfica y simbólica de una cosa.

esquí m. **1.** Plancha larga y estrecha para deslizarse sobre la nieve o el agua. **2.** Deporte practicado sobre estas planchas.

esquife m. Bote que se lleva en el navío para saltar a tierra.

esquilar tr. Cortar el pelo o lana de un animal.

esquilmo m. **1.** *Chile.* Escobajo de la uva. **2.** *Méx.* Conjunto de provechos de menor cuantía obtenidos del cultivo o la ganadería.

esquimal adj./m. y f. De un pueblo de raza mongólica que habita en tierras árticas.

esquina f. Arista, especialmente la que resulta del encuentro de las paredes de un edificio.

esquinera f. *Amér.* Mueble para colocar en un rincón o esquina.

esquirla f. Astilla desprendida de un hueso, piedra, etc.

esquirol m. Obrero que no sigue la orden de huelga.

esquisto m. Roca de textura pizarrosa.

esquivar tr. Evitar, rehuir.

esquivo, va adj. Huraño, arisco.

esquizofrenia f. Enfermedad mental.

estabilidad f. **1.** Cualidad de estable. **2.** Capacidad de un cuerpo de mantener el equilibrio.

estable adj. Firme, permanente.

establecer tr. **1.** Crear algo en un lugar. **2.** Disponer, ordenar. ◆ prnl. **3.** Fijar la residencia en alguna parte.

establecimiento m. Lugar donde se ejerce una industria o profesión.

establo m. Lugar cubierto en que se encierra el ganado.

estaca f. Palo con punta en un extremo para clavarlo.

estacar tr. **1.** *Amér. Central y Amér. Merid.* Extender alguna cosa sujetándola con estacas. ◆ prnl. **2.** *Colomb. y C. Rica.* Clavarse una astilla.

estación f. **1.** Temporada: ~ *turística.* **2.** Cada uno de los cuatro períodos en que se divide el año. **3.** Conjunto de edificios y vías férreas destinado al servicio de pasajeros y mercancías.

estacionar tr. y prnl. Dejar en un lugar un vehículo.

estacionario, ria adj. Que permanece en el mismo estado.

estadía f. Permanencia en un lugar, estancia.

estadio m. **1.** Lugar público destinado a competiciones deportivas. **2.** Grado de desarrollo de un proceso.

estadista m. y f. Persona versada en asuntos de estado.

estadística f. **1.** Ciencia cuyo objeto es reunir una información cuantitativa concerniente a hechos de un mismo tipo. **2.** Conjunto de estas informaciones.

estado m. **1.** Situación en que está una persona o cosa: ~ *de salud.* **2.** Conjunto de los órganos de gobierno de una nación. **3.** Clase o condición de una persona en el orden social. **4.** Territorio o población correspondiente a una nación. **5.** FÍS. Manera de ser de un cuerpo en relación a sus átomos: ~ *sólido.*

estadounidense adj./m. y f. De los Estados Unidos de América.

estafar tr. Obtener dinero o cosas de valor con engaño o ánimo de no pagar.

estafeta f. Oficina de correos.

estafilococo m. Bacteria cuyos individuos se presentan agrupados en racimos.

estalactita f. Masa calcárea que pende del techo de una caverna.

estalagmita f. Masa calcárea que se forma en el suelo de una caverna.

estallar intr. **1.** Reventar de golpe y con ruido una cosa. **2.** Sobrevenir algo de forma repentina.

estambre m. **1.** Lana de hebras largas. **2.** BOT. Órgano sexual masculino de las flores que contiene el polen.

estamento m. Grupo social integrado por las personas que tienen una misma situación jurídica y gozan de unos mismos privilegios.

estampa f. **1.** Figura impresa. **2.** Imprenta o impresión.

estampar tr. e intr. **1.** Imprimir. ◆ tr. y prnl. **2.** Dejar huella una cosa en otra. **3.** *Fam.* Arrojar, lanzar.

estampida f. Carrera rápida e impetuosa.

estampido m. Ruido fuerte.

ESQUELETO Y MÚSCULOS

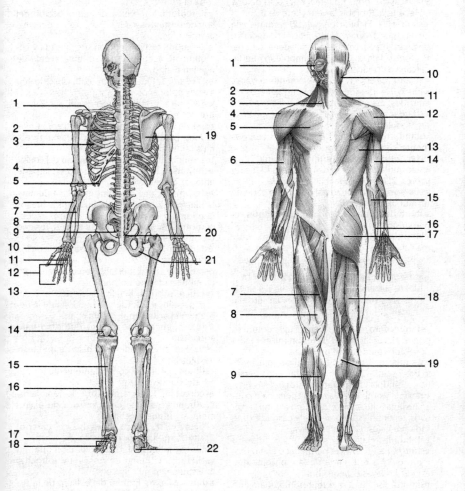

ESQUELETO

1 clavícula
2 esternón
3 costillas
4 húmero
5 costilla flotante
6 radio
7 cúbito
8 hueso iliaco
9 sacro
10 carpo
11 metacarpo
12 falanges
13 fémur
14 rótula
15 tibia
16 peroné
17 tarso
18 metatarso
19 omóplato
20 cóccix
21 isquión
22 calcáneo

MÚSCULOS

1 orbicular del párpado
2 trapecio
3 esternocleido-mastoideo
4 deltoides
5 pectoral
6 bíceps
7 sartorio
8 cuadríceps
9 gemelo interno
10 esternocleido-mastoideo
11 trapecio
12 deltoides
13 dorsal mayor
14 tríceps
15 cubital anterior
16 cubital posterior
17 glúteo mayor
18 bíceps femoral
19 gemelos

estampilla f. **1.** Sello que contiene en facsímil la firma y rúbrica de una persona. **2.** *Amér.* Sello de correos o fiscal.

estancar tr. y prnl. **1.** Detener el curso de una cosa. ♦ tr. **2.** Prohibir la venta libre de algo.

estancia f. **1.** Habitación, sala. **2.** Permanencia en un lugar. **3.** *Amér. Merid.* Hacienda agrícola, destinada especialmente a la ganadería. **4.** *Cuba, R. Dom.* y *Venez.* Casa de campo con huerta, cercana a la ciudad.

estanco, ca adj. **1.** Completamente cerrado. ♦ m. **2.** Tienda donde se venden géneros estancados, especialmente sellos y tabaco.

estándar adj. Que está unificado respecto a un modelo.

estandarte m. Bandera que usan los cuerpos montados y algunas corporaciones.

estanque m. Depósito artificial de agua.

estanquillo m. **1.** *Ecuad.* Taberna de vinos y licores. **2.** *Méx.* Tienda mal abastecida.

estante m. Tabla horizontal que forma parte de un mueble o está adosada a la pared.

estantería f. Mueble formado por estantes superpuestos.

estaño m. Metal corriente, blanco, y muy maleable.

■ ENC. El **estaño** es inalterable y no es tóxico. Por eso se utiliza para fabricar tubos de pasta dentrífica, latas de conservas, etc. En aleación con el plomo sirve como soldadura y con el cobre produce el bronce.

estaqueadero m. *Amér. Merid.* Lugar donde se ponen al aire las pieles de los animales recién desollados para que se oreen.

estaquear tr. **1.** *Argent.* Estirar el cuero fijándolo con estacas. **2.** *Argent.* Torturar a una persona estirándola entre cuatro estacas.

estar intr. y prnl. **1.** Hallarse una persona o cosa en un lugar, situación, etc. **2.** Con algunos adjetivos, tener en ese momento, la calidad expresada por éstos: *la calle está sucia.*

estatal adj. Relativo al estado.

estático, ca adj. **1.** Que permanece en un mismo estado. ♦ f. **2.** Parte de la mecánica que estudia las leyes del equilibrio.

estatua f. Escultura que representa una figura humana.

estatura f. Altura de una persona.

estatuto m. Conjunto de normas que rigen la organización y vida de una colectividad.

este m. Punto cardinal por donde sale el Sol.

este, ta adj. dem./pron. dem. Expresa proximidad en el espacio o el tiempo respecto a la persona que habla.

estela f. Rastro que deja en el agua una embarcación.

estelar adj. **1.** Relativo a las estrellas. **2.** De gran categoría.

estenotipia f. Taquigrafía a máquina.

estentóreo, a adj. Muy fuerte, ruidoso o retumbante.

estepa f. Erial llano y extenso.

éster m. QUÍM. Cuerpo resultante de la acción de un ácido sobre un alcohol, con eliminación de agua.

estera f. Tejido grueso de esparto, junco, etc., que sirve para cubrir el suelo.

estercolero m. Lugar donde se recoge y amontona el estiércol.

estereofonía f. Técnica de reproducción del sonido destinada a dar la impresión de relieve acústico.

estereotipo m. Concepción simplificada y comúnmente aceptada que se tiene acerca de alguien o algo.

estéril adj. **1.** Que no da fruto. **2.** Libre de gérmenes patógenos.

esterilizar tr. y prnl. **1.** Hacer estéril. ♦ tr. **2.** Destruir los gérmenes patógenos.

esterilla f. **1.** Estera pequeña. **2.** *Argent., Chile, C. Rica, Ecuad.* y *Urug.* Tejido de trama parecida a la del cañamazo.

esternocleidomastoideo m. Músculo del cuello.

esternón m. Hueso plano situado en la parte anterior del pecho.

estero m. **1.** Zona del litoral inundada durante la pleamar. **2.** *Amér.* Cada uno de los brazos que forman los ríos que enlazan unos cauces con otros. **3.** *Bol., Colomb.,* y *Venez.* Terreno cenagoso. **4.** *Chile.* Arroyo.

estertor m. Respiración anhelosa propia de los moribundos.

esteticista m. y f. Especialista en el tratamiento y embellecimiento corporal.

estético, ca adj. **1.** Relativo a la estética. **2.** Artístico, bello. ♦ f. **3.** Ciencia que trata de la belleza en el arte y en la naturaleza.

estetoscopio m. Instrumento que sirve para auscultar.

estiaje m. Nivel medio más bajo de un curso de agua.

estibar tr. Distribuir convenientemente los pesos del buque.

estiércol m. **1.** Excremento de los animales. **2.** Abono resultante de la mezcla de excrementos y restos vegetales.

estigma m. **1.** Marca o señal en el cuerpo. **2.** BOT. Parte superior del pistilo.

estilar tr., intr. y prnl. Usar, estar de moda.

estilete m. **1.** Puñal de hoja muy estrecha. **2.** Instrumento quirúrgico.

estilística f. LING. Estudio del estilo o de la expresión lingüística en general.

estilizar tr. Interpretar la forma de un objeto, haciendo resaltar tan sólo sus rasgos elementales.

estilo m. **1.** Modo, forma: ~ *de vida.* **2.** Manera peculiar de ejecutar una obra, propia de un artista, un género, una época o un país: ~ *barroco.* **3.** BOT. Región media del pistilo, entre el ovario y el estigma.

estilográfica adj./f. Dícese de la pluma cuyo mango contiene un depósito de tinta.

estima f. Consideración, afecto.

estimar tr. **1.** Valorar, atribuir un valor. **2.** Juzgar, creer. ♦ tr. y prnl. **3.** Sentir afecto por alguien.

estimular tr. **1.** Incitar a uno a la ejecución de una cosa. **2.** Avivar una actividad, operación o función.

estímulo m. Impulso, acicate.

estío m. Verano.
estipendio m. Sueldo.
estiptiquez f. *Amér. Central, Chile, Colomb., Ecuad.* y *Venez.* Estreñimiento.
estipular tr. Convenir, concertar.
estirado, da adj. Orgulloso, arrogante.
estirar tr. y prnl. **1.** Alargar una cosa tirando de sus extremos. ◆ prnl. **2.** Desperezarse. **3.** Tenderse.
estirpe f. Raíz y tronco de una familia o linaje.
estival adj. Relativo al estío.
esto pron. dem. neutro. Esta cosa.
estofa f. Calidad, clase.
estofado m. Guiso de carne cocido a fuego lento.
estoicismo m. Fortaleza y dominio de los sentimientos.
estola f. Especie de túnica que utilizaban los antiguos griegos y romanos.
estoma m. BOT. Cada una de las aberturas microscópicas de la epidermis de las plantas superiores, en especial de las hojas o partes verdes.
estomacal adj. **1.** Relativo al estómago. ◆ adj./m. **2.** Dícese del medicamento o licor que favorece la digestión.
estómago m. Parte del tubo digestivo en forma de bolsa situado entre el esófago y el duodeno.
estomatología f. Especialidad médica que estudia las afecciones de la boca.
estonio, nia adj./m. y f. **1.** De Estonia. ◆ m. **2.** Lengua ugrofinesa hablada en Estonia.
estopa f. Parte basta del lino o cáñamo.
estoque m. Espada estrecha afilada sólo en la punta.
estorbar tr. **1.** Obstaculizar la ejecución de una cosa. **2.** Molestar.
estornino m. Pájaro insectívoro de plumaje oscuro con pintas blancas.
estornudar intr. Arrojar violenta y ruidosamente el aire de los pulmones por la boca y la nariz.
estrabismo m. Defecto de la vista que hace que los dos ojos miren en distinta dirección.
estrado m. **1.** Tarima sobre la que se pone el trono real o la mesa presidencial en actos solemnes. ◆ pl. **2.** Conjunto de salas de los tribunales.
estrafalario, ria adj. *Fam.* Extravagante.
estrago m. Daño, ruina.
estrambótico, ca adj. *Fam.* Extravagante, raro.
estramonio m. Planta venenosa de grandes flores blancas.
estrangular tr. y prnl. Ahogar oprimiendo el cuello.
estraperlo m. Mercado negro, comercio ilegal de mercancías.
estratagema f. **1.** Ardid de guerra. **2.** Astucia.
estrategia f. **1.** Arte de dirigir operaciones militares. **2.** Habilidad para dirigir un asunto hasta conseguir el objetivo propuesto.
estrato m. **1.** Cada una de las capas de materiales que constituyen un terreno. **2.** Nube baja y estrecha. **3.** Clase o nivel social.
estratosfera f. Zona superior de la atmósfera.
estraza f. Trapo, pedazo de ropa basta. ● **Papel de ~**, papel áspero y basto.

estrechar tr. **1.** Hacer estrecho o más estrecho. ◆ prnl. **2.** Apretarse.
estrechez f. **1.** Calidad de estrecho. **2.** Escasez de medios económicos.
estrecho, cha adj. **1.** De poca anchura. **2.** Ajustado, apretado. ◆ m. **3.** Paso angosto en el mar entre dos costas.
estregar tr. y prnl. Frotar con fuerza una cosa contra otra.
estrella f. **1.** Astro dotado de luz propia. **2.** Suerte, destino. **3.** Persona que destaca en su profesión, especialmente un artista o deportista.

■ **ENC.** Las **estrellas** viven y mueren, pero su vida dura varios miles de millones de años. Nacen cuando una nebulosa, inmensa nube de gas y polvo, se contrae y se calienta. La estrella «quema» su hidrógeno durante millones o miles de millones de años, según su tamaño. Cuando el hidrógeno comienza a agotarse, la estrella crece y se vuelve una *gigante roja*. Nuestro Sol alcanzará ese estado en 5 mil millones de años aproximadamente. Su radio aumentará 50 veces y la temperatura sobre la Tierra será de alrededor de 2000 C. Las estrellas medianas decrecen rápidamente, se enfrían y se convierten en *enanas blancas*. Las más grandes explotan y se convierten en *supernovas* extraordinariamente luminosas.

estrellar tr. y prnl. *Fam.* **1.** Arrojar con violencia una cosa contra otra, haciéndola pedazos. ◆ prnl. **2.** Quedar malparado por efecto de un choque violento.
estremecer tr. **1.** Hacer temblar. **2.** Sufrir un sobresalto. ◆ prnl. **3.** Temblar con movimiento agitado y repentino.
estremezón m. *Colomb.* Acción y efecto de estremecerse.
estrenar tr. **1.** Hacer uso por primera vez de una cosa. **2.** Representar por primera vez un espectáculo.
estreñimiento m. Dificultad en la eliminación de excrementos.
estrépito m. Estruendo, ruido.
estreptococo m. Bacteria redondeada que se agrupa con otras formando cadena.
estrés m. Estado de gran tensión nerviosa causado por la ansiedad, el exceso de trabajo, etc.
estría f. Surco, hendidura lineal.
estribar intr. **1.** Descansar el peso de una cosa en otra. **2.** Fundarse.
estribillo m. Verso o conjunto de versos que se repiten al final de cada estrofa de una composición poética o canción.
estribo m. **1.** Pieza en que el jinete apoya el pie. **2.** Especie de escalón de ciertos vehículos. **3.** ANAT. Hueso del oído medio. ● **Perder los estribos**, desbarrar, impacientarse.
estribor m. MAR. Lado derecho de la embarcación mirando de popa a proa.
estricto, ta adj. Riguroso, ajustado a la necesidad o la ley.
estridente adj. Dícese del ruido agudo y chirriante.

estrofa f. Grupo de versos que forman una unidad y tiene correspondencia métrica con uno o varios grupos semejantes.

estrógeno m. Hormona que provoca la maduración de los óvulos en los mamíferos.

estroncio m. Metal amarillo, dúctil y maleable.

estropajo m. Porción de esparto usado para fregar.

estropear tr. y prnl. **1.** Maltratar, deteriorar. **2.** Echar a perder.

estropicio m. Destrozo o rotura con mucho ruido.

estructura f. **1.** Distribución y orden de las distintas partes de un todo. **2.** Armazón, soporte.

estruendo m. **1.** Ruido grande. **2.** Confusión, bullicio.

estrujar tr. Apretar una cosa para sacarle el jugo.

estuario m. Desembocadura de un río de amplia abertura.

estuche m. Caja o funda adecuada para guardar objetos.

estuco m. Masa de yeso blanco y agua de cola.

estudiado, da adj. Afectado, amanerado: *gestos estudiados.*

estudiante m. y f. Persona que cursa estudios.

estudiantina f. Grupo de estudiantes vestidos de época, que salen por las calles cantando y tocando instrumentos.

estudiar tr. **1.** Ejercitar el entendimiento para comprender o aprender algo. ◆ tr. e intr. **2.** Realizar estudios en un centro.

estudio m. **1.** Acción de estudiar. **2.** Trabajo en que un autor trata una cuestión. **3.** Despacho o local de ciertos artistas o profesionales. ◆ pl. **4.** *Chile* y *R. de la Plata.* Bufete de abogado.

estufa f. **1.** Aparato que caldea un recinto. **2.** *Méx.* Cocina.

estupefaciente m. Sustancia narcótica cuyo consumo crea hábito.

estupefacto, ta adj. Atónito, pasmado.

estupendo, da adj. Muy bueno, magnífico.

estúpido, da adj./m. y f. Torpe, de poca inteligencia.

estupor m. **1.** Asombro, pasmo. **2.** Disminución de las funciones físicas y psíquicas de una persona, y de su reacción a los estímulos.

estupro m. DER. Delito que consiste en el acceso carnal de un adulto con un menor de edad.

esturión m. Pez teleósteo marino que remonta los ríos para desovar.

■ **ENC.** El **esturión** puede pesar 200 kg y medir 6 m de largo. El más grande vive en Europa oriental, puede alcanzar una talla de 8 m y un peso de 1 000 kg. En la primavera, las hembras remontan los ríos para poner hasta 3 o 4 millones de huevos. Los huevos del esturión son comestibles y se les llama caviar.

esvástica f. Cruz gamada.

etano m. Hidrocarburo formado por dos átomos de carbono y seis de hidrógeno.

etapa f. **1.** Tramo recorrido entre dos paradas. **2.** Fase en el desarrollo de una acción o proceso.

etcétera m. Palabra que sustituye el final de una enumeración larga o algo que ya se sobrentiende.

éter m. **1.** Fluido invisible que se supone llena todo el espacio. **2.** QUÍM. Nombre común de compuestos orgánicos en cuya molécula se combina un átomo de oxígeno con dos radicales de hidrocarburos.

etéreo, a adj. **1.** Relativo al éter. **2.** Inmaterial, vago.

eternidad f. **1.** Lo que no tiene principio ni fin. **2.** Vida después de la muerte. **3.** Espacio de tiempo muy largo.

eterno, na adj. **1.** Que no tiene principio ni fin. **2.** Que tiene larga duración. **3.** Que se repite con frecuencia. ● **Sueño ~,** muerte.

ética f. Parte de la filosofía que intenta fundamentar la moralidad de los actos humanos.

etileno m. Hidrocarburo gaseoso incoloro.

etilo m. QUÍM. Radical del etano, formado por dos átomos de carbono y cinco de hidrógeno.

etimología f. **1.** Origen de una palabra. **2.** LING. Ciencia que estudia el origen de las palabras.

etiología f. Estudio de las causas de las enfermedades.

etíope adj./m. y f. De Etiopía.

etiqueta f. **1.** Trozo de papel u otro material que se adhiere a un objeto para identificarlo, clasificarlo, etc. **2.** Ceremonia que se debe observar en ciertos actos oficiales o solemnes.

etmoides m. Hueso impar del cráneo, que forma la parte superior del esqueleto de la nariz.

etnia f. Grupo humano de una misma raza y con un origen, lengua, religión y cultura propios.

etnografía f. Rama de la antropología que objetivo es el estudio descriptivo de las etnias.

etnología f. Rama de la antropología que se centra en el estudio comparativo de razas, pueblos y culturas.

etología f. Estudio científico del comportamiento de los animales en su medio natural.

etrusco, ca adj./m. y f. De Etruria, antigua región de Italia.

eucalipto m. Árbol de gran altura, de cuyas hojas se extrae una esencia balsámica.

eucaristía f. Sacramento del cristianismo que conmemora el sacrificio de Cristo con la transformación del pan y el vino en su cuerpo y sangre.

eufemismo m. Modo de expresar con disimulo palabras malsonantes.

euforia f. Estado de exaltación y júbilo.

eugenesia f. Aplicación de las leyes biológicas de la herencia al perfeccionamiento de la especie humana.

eunuco m. Varón castrado.

¡eureka! interj. Denota júbilo por el hallazgo de algo que se buscaba con afán.

europeo, a adj./m. y f. De Europa.

euskaldún, na adj./m. y f. Que habla euskara.

euskara m. Lengua vasca.

eutanasia f. Acción de acortar la vida de un enfermo incurable, a fin de evitarle una agonía prolongada.

evacuar tr. **1.** Desocupar, desalojar. **2.** Expeler los excrementos.

evadir tr. y prnl. **1.** Eludir con arte y astucia una dificultad, peligro, etc. ◆ prnl. **2.** Fugarse.

evaluar tr. Estimar el valor de una cosa.

evanescente adj. Que se desvanece.

evangelio m. **1.** Historia de la vida y doctrina de Jesucristo. **2.** Cada uno de los cuatro libros del Nuevo Testamento que la contienen.

evangelista m. **1.** Cada uno de los autores de los Evangelios de Jesucristo. **2.** Méx. Persona que tiene por oficio escribir cartas u otros papeles que necesita la gente que no sabe hacerlo.

evangelizar tr. Predicar el evangelio y la fe cristiana.

evaporar tr. y prnl. **1.** Convertir en vapor. **2.** Disipar, desvanecer.

evasión f. Acción y efecto de evadir o evadirse.

evasiva f. Rodeo, excusa.

evento m. Acontecimiento.

eventual adj. Que no es fijo o regular.

evidencia f. **1.** Certeza clara y manifiesta de una cosa. **2.** Amér. Prueba judicial.

evitar tr. **1.** Impedir que suceda algún mal, peligro o molestia. ◆ tr. y prnl. **2.** Procurar no hacer cierta cosa: ~ una discusión.

evocar tr. Traer algo a la memoria o a la imaginación.

evolución f. **1.** Cambio progresivo. **2.** BIOL. Serie de transformaciones sucesivas de los seres vivos.

exabrupto m. Salida de tono.

exacción f. Acción y efecto de exigir impuestos, multas, etc.

exacerbar tr. y prnl. Irritar, causar gran enfado.

exacto, ta adj. Dicho o hecho con todo rigor.

exagerar tr. e intr. Dar proporciones excesivas a una cosa.

exaltar tr. **1.** Elevar a mayor dignidad o auge. **2.** Ensalzar, alabar con exceso. ◆ prnl. **3.** Dejarse arrebatar de una pasión.

examen m. **1.** Análisis cuidadoso de las cualidades y estado de algo. **2.** Prueba que se realiza para demostrar aptitudes.

examinar tr. **1.** Someter algo a examen. ◆ tr. y prnl. **2.** Juzgar mediante pruebas las aptitudes de alguien.

exánime adj. **1.** Sin señal de vida o sin vida. **2.** Muy debilitado.

exasperar tr. y prnl. Enfurecer.

excarcelar tr. y prnl. Libertar a un preso.

excavar tr. Hacer hoyos o cavidades.

excedente adj./m. Que excede.

exceder tr. **1.** Superar, aventajar. ◆ prnl. **2.** Ir más allá de lo justo o razonable.

excelencia f. **1.** Cualidad de excelente. **2.** Tratamiento de cortesía que se da a algunas personas por su dignidad y empleo.

excelente adj. Que sobresale en bondad, mérito y estimación.

excelso, sa adj. De elevada categoría.

excéntrico, ca adj. **1.** Situado fuera del centro. ◆ adj./m. y f. **2.** De carácter raro, extravagante.

excepción f. **1.** Acción y efecto de exceptuar. **2.** Lo que se aparta de la regla general.

excepcional adj. Que es una excepción u ocurre rara vez.

excepto prep. A excepción de, exceptuando lo que se expresa.

exceptuar tr. y prnl. Excluir del grupo general de que se trata o de la regla común.

excesivo, va adj. Que excede la regla.

exceso m. Parte que excede de la medida o regla.

excitar tr. **1.** Estimular, provocar algún sentimiento, pasión o movimiento. ◆ prnl. **2.** Alterarse por el enojo, la alegría, etc.

exclamación f. **1.** Grito o frase que expresa con intensidad un sentimiento. **2.** Signo ortográfico (¡!) con que se representa.

excluir tr. **1.** Dejar fuera de un grupo a alguien o algo. **2.** Rechazar.

exclusive adv. Sin tomar en cuenta el último elemento mencionado como límite de una serie: hasta abril ~.

exclusivo, va adj. **1.** Que excluye o puede excluir. **2.** Único. ◆ f. **3.** Privilegio por el que una entidad o persona es la única autorizada para algo.

excomulgar tr. Apartar la autoridad eclesiástica a alguien de la comunidad de los fieles.

excrecencia f. Prominencia anormal que aparece en la superficie de un organismo animal o vegetal.

excremento m. Conjunto de residuos que el organismo elimina de forma natural.

excretar intr. Expeler el excremento, la orina, el sudor, etc.

exculpar tr. y prnl. Descargar de culpa.

excursión f. Viaje de corta duración con fines didácticos, recreativos, etc.

excusa f. **1.** Explicación con que una persona se disculpa o justifica. **2.** Pretexto que se da para hacer o dejar de hacer algo.

excusado, da adj. **1.** Separado del uso común. ◆ m. **2.** Retrete.

excusar tr. y prnl. **1.** Alegar excusas. ◆ prnl. **2.** Justificarse, dar razones para disculparse.

execrar tr. Condenar, reprobar.

exención f. Privilegio que exime de una obligación.

exento, ta adj. Libre de lo que se indica.

exequias f. pl. Honras fúnebres.

exfoliación f. División en escamas o láminas.

exfoliador, ra adj. Amér. Dícese del cuaderno de hojas desprendibles.

exhalar tr. y prnl. Despedir gases, vapores u olores.

exhaustivo, va adj. Minucioso, hecho a fondo: estudio ~.

exhausto, ta adj. Agotado, muy debilitado.

exhibicionismo m. **1.** Deseo de exhibirse. **2.** Tendencia patológica que busca placer sexual mostrando en público los genitales.

exhibir tr. y prnl. **1.** Manifestar, mostrar en público. ◆ tr. **2.** Méx. Pagar una cantidad.

exhortar tr. Inducir con razones o ruegos.

exhumar tr. Desenterrar, en especial un cadáver.

exigir tr. **1.** Pedir algo por derecho. **2.** Necesitar, requerir.

exiguo, gua adj. Insuficiente.

exiliar tr. **1.** Obligar a alguien a dejar su patria. ◆ prnl. **2.** Abandonar alguien su patria, normalmente por motivos políticos.

eximio, mia adj. Ilustre.

eximir tr. y prnl. Librar a uno de una obligación, carga, etc.

existencia f. **1.** Acto de existir. **2.** Vida del hombre.

existencialismo m. Doctrina filosófica que se interroga sobre la noción de ser, a partir de la existencia vivida por el hombre.

existir intr. **1.** Tener una cosa ser real y verdadero. **2.** Tener vida. **3.** Haber, hallarse.

éxito m. **1.** Buen resultado. **2.** Fama.

éxodo m. Emigración de un grupo o pueblo.

exogamia f. Regla social que obliga a un individuo a escoger a su cónyuge fuera del grupo al que pertenece.

exógeno, na adj. Que se forma u origina en el exterior.

exonerar tr. y prnl. Librar de una carga u obligación.

exorbitante adj. Excesivo.

exorcismo m. Rito de imprecación contra el demonio, realizado para conjurar su influencia.

exordio m. Preámbulo de una obra, discurso o conversación.

exosfera f. Capa más externa de la atmósfera terrestre.

exótico, ca adj. **1.** De un país lejano. **2.** Extraño, singular.

expandir tr. y prnl. Extender, dilatar, difundir.

expansión f. **1.** Acción y efecto de expandir o expandirse. **2.** Desahogo del ánimo. **3.** Diversión.

expatriar tr. **1.** Hacer abandonar la patria. ◆ prnl. **2.** Abandonar la patria.

expectación f. Gran interés con que se espera alguna cosa.

expectativa f. Esperanza de conseguir una cosa.

expectorar tr. Expulsar por la boca las secreciones de las vías respiratorias.

expedición f. **1.** Acción y efecto de expedir. **2.** Viaje o marcha con un fin militar, científico, etc., y personas que la componen.

expediente m. **1.** Conjunto de documentos relacionados con un asunto. **2.** Procedimiento para enjuiciar la actuación de un funcionario o empleado.

expedir tr. **1.** Enviar, remitir. **2.** Extender un documento. ◆ prnl. **3.** Chile y Urug. Desenvolverse en asuntos o actividades.

expeditivo, va adj. Que obra con eficacia y rapidez.

expedito, ta adj. **1.** Libre de estorbo. **2.** Rápido en actuar.

expeler tr. Arrojar violentamente algo contenido en un sitio.

expendeduría f. Tienda en que se vende al por menor tabaco, sellos, etc.

expender tr. Vender al por menor.

expendio m. **1.** Argent., Méx., Perú y Urug. Venta al por menor. **2.** Méx. Expendeduría.

expensar tr. Chile. Costear los gastos de algún negocio.

expensas f. pl. Gastos, costas.

experiencia f. **1.** Enseñanza adquirida con la práctica. **2.** Experimento.

experimentar tr. **1.** Examinar las condiciones o propiedades de algo a través de experimen-

tos. **2.** Sentir una cosa por uno mismo. **3.** Sufrir un cambio.

experimento m. Método de investigación científica que establece la validez de una hipótesis a partir de la observación y análisis de un fenómeno.

experto, ta adj./m. y f. Entendido.

expiar tr. **1.** Borrar las culpas mediante el sacrificio. **2.** Padecer el castigo correspondiente al delito cometido.

expirar intr. **1.** Morir, acabar la vida. **2.** Acabarse un período de tiempo: ~ el plazo.

explanada f. Espacio de tierra llano o allanado.

explayar tr. y prnl. **1.** Ensanchar, extender. ◆ prnl. **2.** Expresarse con extensión excesiva. **3.** Distraerse. **4.** Desahogarse.

explicar tr. **1.** Exponer una materia de manera que sea más comprensible. **2.** Dar a conocer la causa de una cosa. ◆ tr. y prnl. **3.** Declarar lo que uno piensa o siente. ◆ prnl. **4.** Llegar a comprender.

explícito, ta adj. Manifiesto, claramente expresado.

explorar tr. **1.** Recorrer un lugar, país, etc., para conocerlo. **2.** MED. Reconocer una parte interna del cuerpo para formar un diagnóstico.

explosión f. Acción de reventar un cuerpo violenta y ruidosamente.

explosivo, va adj./m. Que hace o puede hacer explosión.

explotar tr. **1.** Sacar provecho de algo. **2.** Hacer alguien trabajar para su provecho a otro, con abuso. ◆ intr. **3.** Hacer explosión.

expoliar tr. Despojar con violencia o sin derecho.

exponente adj./m. y f. **1.** Que expone. ◆ m. **2.** Persona o cosa representativa de lo más característico en un género. **3.** MAT. Signo o cifra que indica la potencia a la que se eleva una cantidad.

exponer tr. **1.** Presentar una cosa para que sea vista. **2.** Someter a la acción de un agente: ~ la piel al sol. **3.** Decir o escribir algo. ◆ tr. y prnl. **4.** Arriesgar.

exportar tr. Enviar o vender al extranjero productos nacionales.

exposición f. Acción y efecto de exponer o exponerse.

expósito, ta adj./m. y f. Dícese del recién nacido que ha sido abandonado o dejado en un establecimiento benéfico.

exprés adj. Rápido.

expresar tr. y prnl. Manifestar lo que uno piensa o siente.

expresión f. **1.** Acción y efecto de expresar. **2.** Palabra o frase. **3.** Gesto o aspecto del rostro que muestra un sentimiento.

expresionismo m. Tendencia artística europea del s. XX, caracterizada por la intensidad expresiva de sus creaciones.

expresivo, va adj. Que expresa con gran viveza una emoción, un sentimiento, etc.

expreso, sa adj. **1.** Explícito, patente. ◆ adj./m. **2.** Dícese del tren rápido de viajeros. ◆ m. **3.** Correo extraordinario. ◆ adv. **4.** Adrede.

exprimir tr. Extraer el zumo o líquido de una cosa apretándola o retorciéndola.

expropiar tr. Desposeer a alguien de su propiedad, a cambio de una indemnización.

expuesto, ta adj. Peligroso.

expugnar tr. Tomar por las armas una fortaleza, ciudad, etc.

expulsar tr. Echar fuera.

expurgar tr. **1.** Limpiar, purificar. **2.** Suprimir una autoridad párrafos de un libro, escrito, etc.

exquisito, ta adj. De extraordinaria calidad, primor o gusto.

extasiarse prnl. Embelesarse.

éxtasis m. Estado del alma embargada por un intenso sentimiento de gozo, alegría o admiración.

extender tr. y prnl. **1.** Hacer que una cosa ocupe más espacio. **2.** Esparcir, desperdigar. ◆ tr. **3.** Poner por escrito un documento. ◆ prnl. **4.** Ocupar cierto espacio o tiempo. **5.** Divulgarse.

extensible adj. **1.** Que se puede extender. ◆ f. **2.** Méx. Pulsera de reloj.

extensión f. **1.** Acción y efecto de extender o extenderse. **2.** Dimensión, superficie. **3.** Duración en el tiempo. **4.** Argent. y Méx. Cable que se le añade a un aparato eléctrico para que pueda enchufarse desde más lejos.

extenso, sa adj. De mucha extensión.

extensor, ra adj./m. Dícese de los músculos que facilitan el estiramiento de pies y manos.

extenuar tr. y prnl. Debilitar o cansar en extremo.

exterior adj. **1.** Que está en la parte de fuera. **2.** Relativo a otros países. ◆ m. **3.** Superficie externa.

exteriorizar tr. y prnl. Revelar o mostrar algo al exterior.

exterminar tr. **1.** Acabar del todo con una cosa. **2.** Desolar, devastar.

externo, na adj. Que está, se manifiesta o actúa por fuera.

extinguir tr. y prnl. **1.** Hacer que cese el fuego o la luz. **2.** Hacer que desaparezca poco a poco una cosa.

extirpar tr. Seccionar un órgano en una operación quirúrgica.

extorsión f. **1.** Molestia, perjuicio. **2.** Delito por el que se obtiene algo de alguien mediante la violencia y la intimidación.

extra adj. **1.** Extraordinario. ◆ adj./m. **2.** Que se hace o da por añadidura: horas extras. ◆ m. y f. **3.** Persona que participa en una película sin un papel determinado.

extracto m. **1.** Resumen de un escrito, en sus puntos esenciales. **2.** Sustancia extraída de otra por evaporación o cocción.

extradición f. Acto por el que un estado entrega un reo refugiado en su país a las autoridades de otro que lo reclama.

extraer tr. **1.** Sacar. **2.** Obtener la sustancia de algunos frutos u otros cuerpos. **3.** MAT. Calcular la raíz de un número.

extralimitarse prnl. Excederse en sus facultades o poderes.

extramuros adv. Fuera del recinto de una población.

extranjero, ra adj./m. y f. **1.** Que procede o es de otro país. ◆ m. **2.** Toda nación que no es la propia.

extrañar tr. y prnl. **1.** Encontrar extraño. ◆ tr. **2.** Echar de menos.

extraño, ña adj./m. y f. **1.** De otra nación, familia, condición, etc. ◆ adj. **2.** Raro, singular. **3.** Que no tiene parte en algo.

extraordinario, ria adj. **1.** Fuera de lo natural o común. **2.** Mayor o mejor que lo ordinario.

extrapolar intr. **1.** Deducir a partir de datos parciales. **2.** Sacar de su contexto un dato, frase, etc.

extrarradio m. Sector que rodea el casco urbano.

extraterrestre adj. **1.** Que está fuera del globo terráqueo. ◆ m. y f. **2.** Habitante de otro planeta.

extravagante adj./m. y f. Fuera de lo común, raro.

extravertido, da adj./m. y f. Volcado hacia el mundo exterior.

extraviar tr. y prnl. **1.** Hacer perder el camino. **2.** Perder alguien una cosa. ◆ tr. **3.** No fijar la vista.

extremado, da adj. Sumamente bueno o malo en su género.

extremar tr. Llevar una cosa al extremo.

extremaunción f. En la Iglesia católica, sacramento que administra el sacerdote a los enfermos moribundos.

extremeño, ña adj./m. y f. De Extremadura (España).

extremidad f. **1.** Parte extrema o última. ◆ pl. **2.** Cabeza, pies, manos y cola de los animales. **3.** Brazos, piernas o patas.

extremo, ma adj. **1.** Último. **2.** Dícese del grado máximo que alcanza una cosa. ◆ m. **3.** Parte que está al principio o al final de una cosa.

extrínseco, ca adj. Externo.

extrovertido, da adj./m. y f. Extravertido*.

exuberancia f. Abundancia excesiva.

exudar tr. e intr. Salir un líquido fuera de su vaso, conducto, glándula, etc.

exultar intr. Mostrar gran alegría.

eyacular tr. Lanzar con fuerza el contenido de un órgano.

f

f f. Sexta letra del abecedario.
fa m. Cuarta nota de la escala musical.
fabada f. Potaje de judías.
fábrica f. Edificio donde se fabrican determinados productos.
fabricar tr. **1.** Hacer un producto industrial por medios mecánicos. **2.** Construir, elaborar.
fábula f. **1.** Narración corta de la que se extrae una moraleja. **2.** Relato inventado, ficción.
fabuloso, sa adj. **1.** Inventado, imaginario. **2.** Fantástico.
faca f. **1.** Cuchillo corvo. **2.** Cuchillo grande y con punta.
facción f. **1.** Grupo de gente que se rebela. **2.** Parte del rostro humano.
faccioso, sa adj./m. y f. Que pertenece a una facción, rebelde.
faceto, ta adj. **1.** *Méx.* Chistoso sin gracia. **2.** *Méx.* Presuntuoso. ◆ f. **3.** Lado o cara de un poliedro. **4.** Aspecto.
facha f. Traza, figura, aspecto.
fachada f. **1.** Parte exterior de un edificio. **2.** Aspecto exterior.
fachinal m. *Argent.* Lugar que se inunda con frecuencia, cubierto de vegetación.
fachoso, sa adj. **1.** *Chile, Ecuad.* y *Méx.* Presuntuoso. **2.** *Méx.* Que viste de forma inadecuada.
facial adj. Relativo al rostro.
fácil adj. **1.** Que no supone gran esfuerzo. **2.** Dócil, obediente.
facilidad f. **1.** Calidad de fácil. **2.** Disposición para hacer una cosa sin gran trabajo.
facineroso, sa adj./m. y f. **1.** Delincuente habitual. **2.** Malvado.
facón m. *Argent., Bol.* y *Urug.* Cuchillo grande y puntiagudo usado por el paisano.
facsímil o **facsímile** m. Reproducción exacta de firmas, escritos, pinturas, etc.
factible adj. Que se puede hacer.
factor m. **1.** Cosa que contribuye a causar un efecto. **2.** MAT. Cada uno de los números que figuran en un producto. ● **~ abiótico**, condición ambiental que prevalece en un hábitat determinado, como la temperatura y la humedad. ● **~ biótico**, formado por todos los organismos que comparten un mismo hábitat.
factoría f. Fábrica.
factorial f. MAT. Producto de todos los términos de una progresión aritmética.
factura f. **1.** Hechura, ejecución. **2.** Cuenta detallada. **3.** *Argent.* Toda clase de panecillos dulces que suelen fabricarse y venderse en las panaderías.
facturar tr. **1.** Extender facturas. **2.** Registrar en las estaciones, puertos, etc., mercancías o equipajes para que sean expedidos.

facultad f. **1.** Aptitud, potencia física o moral. **2.** Poder, derecho para hacer una cosa. **3.** Centro universitario que coordina las enseñanzas de una determinada rama del saber.
facultativo, va adj. **1.** Perteneciente a una facultad. **2.** Voluntario. ◆ m. y f. **3.** Médico.
fado m. Canción popular portuguesa.
faena f. **1.** Trabajo corporal o mental. **2.** *Fam.* Mala pasada. **3.** *Chile.* Cuadrilla de obreros.
fagocito m. Célula del organismo capaz de englobar a cuerpos extraños para digerirlos.
fagot m. Instrumento musical de viento de la familia de los oboes.
faisán m. Ave de cola larga y brillante plumaje.
faja f. Tira de cualquier materia que rodea una persona o una cosa ciñéndola.
fajina f. **1.** Conjunto de haces de mies en las eras. **2.** *Méx.* En el trabajo del campo, comida que se hace al mediodía.
fajo m. Haz, paquete.
falacia f. Engaño, fraude.
falange f. Cada uno de los huesos de los dedos.
falaz adj. **1.** Embustero, falso. **2.** Que atrae con falsas apariencias.
falca f. **1.** *Colomb.* Cerco que se pone como suplemento a las pailas. **2.** *Méx.* y *Venez.* Especie de canoa grande con techo.
falda f. **1.** Prenda de vestir, especialmente femenina, que cae de la cintura hacia abajo. **2.** Parte baja de las vertientes montañosas.
faldeo m. *Argent., Chile* y *Cuba.* Falda de un monte.
faldón m. **1.** En prendas de vestir, parte que cae suelta desde la cintura. **2.** Vertiente triangular de un tejado.
faldriquera f. Faltriquera*.
falencia f. **1.** *Argent.* Quiebra de un comerciante. **2.** *Argent.* Carencia, defecto.
falible adj. Que puede faltar o fallar.
falla f. **1.** Defecto material. **2.** Fractura de las capas geológicas, acompañada de un desplazamiento de los bloques. **3.** *Amér.* Fallo, deficiencia.
fallar tr. e intr. **1.** Decidir un jurado o un tribunal. ◆ intr. **2.** Frustrarse o salir fallida una cosa. **3.** Perder resistencia.
fallecer intr. Morir, expirar.
fallido, da adj. Frustrado.
fallo m. **1.** Sentencia del jurado o tribunal. **2.** Falta, error.
falluto, ta adj. *Argent.* y *Urug. Vulg.* Hipócrita.
falo m. Miembro viril.
falsear tr. Adulterar o corromper una cosa.
falsedad f. **1.** Cualidad de falso. **2.** Dicho o hecho falso.

falsete m. Voz artificial, más aguda que la natural.

falsificar tr. **1.** Fabricar una cosa falsa. **2.** Falsear.

falso, sa adj. **1.** Que no es verdadero o auténtico. **2.** Hipócrita.

faltar intr. **1.** No estar una persona o cosa donde debiera. **2.** No haber una cosa o ser insuficiente. **3.** Quedar un remanente de tiempo o alguna acción sin realizar. **4.** Ofender.

falto, ta adj. **1.** Defectuoso o necesitado de alguna cosa. ◆ f. **2.** Carencia de una cosa. **3.** Ausencia de una persona. **4.** DEP. Infracción del reglamento.

faltriquera f. Bolsillo de las prendas de vestir.

fama f. **1.** Circunstancia de ser alguien o algo muy conocido. **2.** Opinión sobre alguien o algo.

famélico, ca adj. Que tiene mucha hambre.

familia f. **1.** Conjunto de personas que provienen de una misma sangre. **2.** Prole. **3.** BIOL. Unidad sistemática de clasificación que comprende de varios géneros y es inferior al orden.

familiar adj. **1.** Relativo a la familia. **2.** Sencillo, sin ceremonia. **3.** Dícese del lenguaje coloquial. ◆ adj./m. **4.** Pariente.

famoso, sa adj./m. y f. Que tiene fama.

fan m. y f. Fanático seguidor de una persona o de una moda.

fanático, ca adj./m. y f. Que defiende con excesivo celo y apasionamiento una creencia, una causa, etc.

fandango m. Baile popular español y música con que se acompaña.

fanega f. **1.** Medida de capacidad para áridos. **2.** Medida agraria.

fanerógamo, ma adj./f. BOT. Relativo a un grupo de plantas que se reproducen por flores y semillas.

fanfarrón, na adj./m. y f. Que presume de lo que no es.

fango m. Mezcla de tierra y agua.

fantasía f. **1.** Facultad de la mente para imaginar o inventar cosas que no existen. **2.** Producto mental de la imaginación.

fantasma m. **1.** Aparición de algo imaginado o de un ser inmaterial, como el espectro de un difunto. **2.** Fam. Persona presuntuosa.

fantasmagoría f. Alucinación.

fantástico, ca adj. **1.** Producto de la fantasía. **2.** Estupendo.

fantoche m. **1.** Títere. **2.** Persona de figura ridícula o grotesca.

fañoso, sa adj. Antill., Méx. y Venez. Gangoso.

faquir m. **1.** En la India, asceta que realiza actos de mortificación. **2.** Artista de circo que hace actos semejantes.

faradio m. Unidad de medida de capacidad eléctrica.

farallón m. Roca alta y en pico que sobresale en el mar.

farándula f. Arte, trabajo y profesión de los cómicos.

faraón m. Soberano del antiguo Egipto.

fardar intr. Fam. Esp. Alardear, ostentar: ~ de moto.

fardo m. Paquete grande y apretado.

farfolla f. Envoltura de las panochas del maíz, mijo y panizo.

farfullar tr. Fam. Hablar deprisa y atropelladamente.

faringe f. Región entre la boca y el esófago, común a las vías digestivas y respiratorias.

faringitis f. Inflamación de la faringe.

fariña f. Argent., Bol., Colomb., Perú y Urug. Harina gruesa de mandioca.

fariseo m. **1.** Miembro de una antigua secta judía que afectaba rigor y austeridad. **2.** Hombre hipócrita.

farmacia f. **1.** Ciencia que tiene por objeto la preparación de medicamentos. **2.** Local donde se venden los medicamentos.

fármaco m. Medicamento.

farmacodependencia f. Estado de quien experimenta una necesidad absoluta de ingerir a intervalos regulares una sustancia medicamentosa.

farmacopea f. Relación de indicaciones relativas a los medicamentos más comunes.

faro m. **1.** Torre con un potente foco luminoso para guiar de noche a los navegantes. **2.** Proyector de luz que llevan en la parte delantera los vehículos.

farol m. **1.** Caja de materia transparente dentro de la cual va una luz. **2.** Envite falso hecho para deslumbrar o desorientar.

farolazo m. Amér. Central y Méx. Trago de licor.

farra f. Juerga, jarana.

farragoso, sa adj. Desordenado y confuso.

farruco, ca adj. Esp. Fam. Valiente.

farruto, ta adj. Bol. y Chile. Enfermizo.

farsa f. **1.** Pieza cómica breve. **2.** Enredo para aparentar o engañar.

fascículo m. Cada uno de los cuadernos en que se suele dividir un libro que se publica por partes.

fascinar tr. Atraer irresistiblemente.

fascismo m. Régimen basado en la dictadura de un partido único, y en la exaltación nacionalista.

fase f. **1.** Cada uno de los cambios sucesivos de un fenómeno en evolución. **2.** ASTRON. Cada uno de los aspectos que presentan la Luna y otros planetas según los ilumina el Sol.

fastidio m. **1.** Disgusto, molestia. **2.** Aburrimiento.

fasto, ta adj. **1.** Memorable, venturoso. ◆ m. **2.** Fausto, lujo.

fastuoso, sa adj. Ostentoso, amigo del lujo.

fatal adj. **1.** Inevitable: destino ~. **2.** Desgraciado, funesto.

fatídico, ca adj. Que anuncia desgracias o las trae.

fatiga f. **1.** Agotamiento, cansancio. **2.** Dificultad al respirar.

fatuo, tua adj./m. y f. Presuntuoso.

fauces f. pl. Parte posterior de la boca de los mamíferos.

fauna f. Conjunto de los animales de un país o región.

fausto, ta adj. **1.** Feliz, afortunado. ◆ m. **2.** Suntuosidad, lujo.

A B C D E F G H I J K L M N Ñ O P Q R S T U V W X Y Z

favela f. *Amér.* Vivienda de los suburbios, referido especialmente a Brasil.

favor m. **1.** Ayuda, servicio o protección gratuita. **2.** Apoyo.

favorable adj. Que beneficia.

favorecer tr. **1.** Ayudar, beneficiar. ♦ tr. e intr. **2.** Sentar bien.

favorito, ta adj. Que se estima o aprecia con preferencia.

fax m. Telefax.

faz f. **1.** Rostro o cara. **2.** Anverso.

fe f. **1.** Creencia no basada en argumentos racionales. **2.** Confianza. **3.** Conjunto de creencias religiosas. ● **Dar fe**, asegurar, acreditar.

fealdad f. Calidad de feo.

febrero m. Segundo mes del año.

febril adj. **1.** Relativo a la fiebre. **2.** Muy intenso: *actividad* ~.

fecal adj. Relativo a los excrementos.

fecha f. **1.** Indicación del tiempo en que se hace u ocurre algo. **2.** Tiempo o momento actual.

fechoría f. Acción especialmente mala, desmán.

fécula f. Sustancia compuesta de granos de almidón, abundante en determinados tubérculos.

fecundar tr. **1.** Hacer productiva una cosa. **2.** Unirse el elemento reproductor masculino al femenino para dar origen a un nuevo ser.

fecundo, da adj. **1.** Que produce o se reproduce. **2.** Que produce mucho.

federación f. **1.** Agrupación de estados autónomos bajo una autoridad central. **2.** Agrupación orgánica de colectividades humanas.

■ **ENC.** En una **federación**, el Estado Central tiene la responsabilidad de la política exterior, de la defensa, de las finanzas públicas, de los derechos civiles, de la seguridad interna y de la comunicación. Sin embargo, cada uno de los estados puede tener sus propias leyes internas para la educación, comercio, criminalidad, salud pública, etc.

federalismo m. Sistema político en el que varios estados independientes comparten soberanía con una autoridad superior.

féferes m. pl. *Colomb., C. Rica, Ecuad., Méx.* y *R. Dom.* Bártulos, trastos.

fehaciente adj. Que da fe o atestigua como cierto.

feldespato m. Silicato natural de potasio, sodio y calcio.

felicidad f. Estado del ánimo que se complace en la posesión de un bien.

felicitar tr. y prnl. **1.** Expresar buenos deseos, congratular. **2.** Expresar el deseo de que una persona sea feliz.

félido, da adj./m. Relativo a una familia de mamíferos carnívoros con garras retráctiles, como el gato.

■ **ENC.** Los **félidos** o felinos tienen garras retráctiles que les permiten esconder las uñas para aproximarse sigilosamente a sus presas. Cazan al acecho, salvo el veloz guepardo que persigue a su víctima hasta atraparla. Los félidos matan a sus presas con las garras y los colmillos. Sólo el gato y el guepardo se puedan domesticar.

feligrés, sa m. y f. Miembro de una parroquia.

felino, na adj. **1.** Relativo al gato. ♦ adj./m. **2.** Félido.

feliz adj. **1.** Que tiene u ocasiona felicidad. **2.** Oportuno.

felonía f. Deslealtad, traición.

felpa f. Tela aterciopelada de algodón, seda, lana, etc.

felpear tr. *Argent.* y *Urug.* Reprender ásperamente.

felpudo m. Alfombra colocada a la entrada de las casas.

femenino, na adj. **1.** Propio de la mujer. **2.** Dícese del ser dotado de órganos para ser fecundado. ♦ adj./m. LING. **3.** Que tiene la forma gramatical atribuida a los nombres que designan, en principio, seres del sexo femenino.

feminismo m. Doctrina y movimiento que defiende la igualdad social, laboral, etc., entre el hombre y la mujer.

femoral adj. Relativo al fémur.

fémur m. Hueso del muslo.

fenecer intr. Morir, fallecer.

fenicio, cia adj./m. y f. De Fenicia.

fénix m. Ave mitológica que renace de sus cenizas.

■ **ENC.** El ave **fénix** proviene de la mitología egipcia. Es del tamaño de un águila, con alas rojas y doradas. Se decía que vivía en los desiertos de Etiopía o de Arabia.

fenol m. QUÍM. Derivado oxigenado del benceno.

fenómeno m. **1.** Cualquier manifestación material o espiritual. **2.** Cosa extraordinaria o sorprendente.

fenomenología f. Estudio filosófico de los fenómenos.

fenotipo m. BIOL. Conjunto de caracteres que se manifiestan visiblemente en un individuo.

feo, a adj. **1.** Que carece de belleza. ♦ m. **2.** Desprecio, desaire.

féretro m. Ataúd, caja.

feria f. **1.** Mercado o exposición que se celebra en lugar y fecha determinados. **2.** Fiesta con espectáculos y diversiones. **3.** *Méx.* Dinero menudo, cambio.

fermentación m. Degradación de sustancias orgánicas por la acción de microorganismos.

■ **ENC.** En 1860 Luis Pasteur descubrió que la **fermentación** la producen microorganismos vivos, como levaduras, bacterias y mohos.

fermento m. Sustancia que provoca la fermentación.

feroz adj. Fiero, cruel.

férreo, a adj. **1.** De hierro. **2.** Duro, tenaz. **3.** Del ferrocarril.

ferretería f. Tienda donde se venden herramientas, clavos, etc.

ferrocarril m. **1.** Camino con dos rieles paralelos, sobre los cuales ruedan los trenes. **2.** Tren. →

ESTACIONES Y UNIVERSO

ESTACIONES

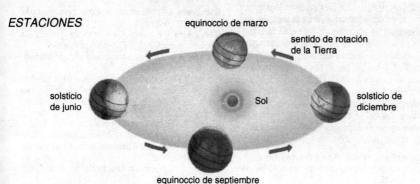

equinoccio de marzo

sentido de rotación de la Tierra

solsticio de junio

Sol

solsticio de diciembre

equinoccio de septiembre

El eje de rotación de la Tierra está inclinado. Por ello, cuando ésta gira alrededor del Sol recibe sus rayos de diferente manera, lo que provoca que la duración del día y la noche varíen a lo largo del año y se generen las estaciones.

Equinoccio de marzo
HN primavera   La duración del día
HS otoño   y la noche es igual

Solsticio de junio
HN verano   El día más largo del año
HS invierno   El día más corto del año

Equinoccio de septiembre
HN otoño   La duración del día y
HS primavera   la noche es igual

Solsticio de diciembre
HN invierno   El día más corto del año
HS verano   El día más largo del año

HN= *Hemisferio Norte*   HS= *Hemisferio Sur*

ESCALA DE LAS DISTANCIAS EN EL UNIVERSO

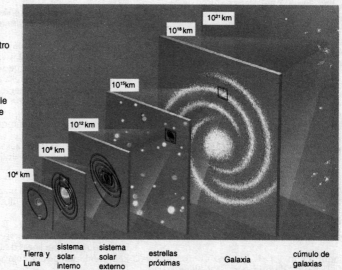

De un dibujo al otro las dimensiones se multiplican 1000 veces

El año luz equivale aproximadamente a 10^{13} km

10^{21} km
10^{18} km
10^{15} km
10^{12} km
10^{9} km
10^{4} km

Tierra y Luna | sistema solar interno | sistema solar externo | estrellas próximas | Galaxia | cúmulo de galaxias

■ Enc. Los **ferrocarriles** se desarrollaron entre 1825 y 1830 en países industrializados como Inglaterra, Estados Unidos y Francia. Durante la segunda mitad del siglo XIX y la primera mitad del XX constituyeron la columna vertebral del transporte de carga y de pasajeros de Europa y algunos países de América. En Estados Unidos, el ferrocarril transcontinental se terminó en 1869. En Cuba funcionó una línea entre La Habana y Bejucal desde 1837. En México fueron importantes las líneas que comunicaban a México D. F. con Veracruz (1873) y con la frontera norte. En Argentina existe una red de casi 40,000 km que tiene a Buenos Aires como centro.

ferrocarrilero, ra adj. *Amér.* Ferroviario.
ferroso, sa adj. Dícese del compuesto de hierro divalente.
ferroviario, ria adj. **1.** Relativo al ferrocarril. ◆ m. y f. **2.** Empleado del ferrocarril.
ferruginoso, sa adj. Que contiene hierro.
fértil adj. **1.** Que produce mucho. **2.** BIOL. Dícese del ser vivo que puede reproducirse.
fertilizar tr. Hacer fértil, especialmente la tierra.
férula f. **1.** Palmeta. **2.** Tablilla para inmovilizar miembros fracturados. **3.** Autoridad y dominio.
fervor m. Sentimiento religioso intenso.
festejar tr. **1.** Celebrar fiestas. **2.** Cortejar a una mujer.
festejo m. Acción y efecto de festejar.
festín m. Banquete espléndido.
festival m. Gran fiesta, especialmente musical.
festividad f. Fiesta con que se celebra algo.
festón m. Bordado en forma de ondas o puntas, que adorna el borde de una cosa.
feta f. *Argent.* Lonja de fiambre.
fetiche m. Ídolo u objeto de veneración.
fetichismo m. Culto a los fetiches.
fétido, da adj. Que huele mal.
feto m. Producto de la concepción que no ha llegado a nacer, pero que tiene las formas de la especie.
feudalismo m. Sistema socioeconómico y político de la Edad Media.
feudo m. Tierra u otro bien entregado por el rey o un señor a su vasallo a cambio de servicios y obligaciones.

■ Enc. En la Edad Media, después de la ceremonia de homenaje y el juramento de fidelidad, el señor entregaba a su vasallo un objeto que simbolizaba el **feudo**. Este objeto podía ser un terrón, una lanza o un estandarte. Cuando los hijos del vasallo heredaban el feudo, debían a su vez prestar juramento de fidelidad al señor.

fez m. Gorro de fieltro rojo usado por turcos y moros.
fiaca f. *Argent., Chile, Méx.* y *Urug. Fam.* Pereza.
fiador, ra m. y f. **1.** Persona que responde de la deuda de otra. ◆ m. **2.** *Chile* y *Ecuad.* Cinta que sujeta el sombrero por debajo de la barba.

fiambre m. Alimento cocinado y preparado para comerse frío.
fiambrera f. **1.** Recipiente con tapa ajustada para llevar comida. **2.** *Argent.* y *Urug.* Fresquera.
fiambrería f. *Argent., Chile* y *Urug.* Tienda en la que se venden o preparan fiambres.
fianza f. Garantía prestada para el cumplimiento de una obligación.
fiar tr. **1.** Responder uno de que otro pagará lo que debe. **2.** Vender sin cobrar el precio para recibirlo en adelante. ◆ intr. y prnl. **3.** Confiar.
fibra f. **1.** Filamento que constituye determinados tejidos orgánicos o determinadas sustancias minerales. **2.** Filamento artificial usado en la industria textil.
ficción f. **1.** Acción y efecto de fingir. **2.** Cosa inventada.
ficha f. **1.** Pequeña pieza de cartón, metal, etc., a la que se asigna un uso o valor convencional. **2.** Cada una de las piezas que se mueven en ciertos juegos de mesa. **3.** Hoja de papel o cartulina para anotar datos.
fichar tr. **1.** Rellenar una ficha con datos y clasificarla donde corresponda. **2.** DEP. Contratar a un jugador o entrenador.
fichero m. **1.** Caja o mueble para fichas. **2.** INFORM. Conjunto de datos agrupados en una unidad independiente de tratamiento de la información.
ficticio, cia adj. Falso, no verdadero.
fidedigno, na adj. Digno de fe.
fideicomiso m. DER. Disposición por la que el testador deja su herencia a una persona para que haga con ella lo que se le señala.
fidelidad f. Cualidad de fiel. ● Alta ~, sistema de reproducción del sonido con una gran calidad.
fideo m. Pasta de harina de trigo, en forma de hilo.
fiduciario, ria adj. Dícese de los valores ficticios, basados en el crédito o confianza: *moneda ~*.
fiebre f. **1.** Elevación patológica de la temperatura normal del cuerpo. **2.** Gran agitación.
fiel adj. **1.** Dícese de la persona que corresponde a lo que exige de ella el amor, la amistad, el deber, etc. **2.** Exacto. ◆ adj./m. y f. **3.** Creyente de una religión. ◆ m. **4.** Aguja de las balanzas.
fieltro m. Especie de paño que no va tejido, sino prensado.
fiero, ra adj. **1.** Relativo a las fieras. **2.** Cruel, violento. ◆ f. **3.** Animal salvaje, cruel y carnicero.
fierro m. *Amér.* Hierro.
fiesta f. **1.** Reunión social para divertirse o celebrar algún acontecimiento. **2.** Día no laborable.
figura f. **1.** Forma exterior. **2.** Persona de renombre. **3.** Cosa que representa otra. **4.** MAT. Espacio cerrado por líneas o superficies. **5.** MÚS. Representación de una nota, que indica su duración.
figurado, da adj. Que se aparta de su sentido literal.

figurar tr. **1.** Aparentar. ◆ intr. **2.** Estar entre determinadas personas o cosas. ◆ prnl. **3.** Imaginarse.

figurativo, va adj. **1.** Que es o sirve de representación de una cosa. **2.** Dícese del arte que representa cosas de la realidad.

fijación f. **1.** Acción y efecto de fijar. **2.** Obsesión, manía.

fijador m. Producto que sirve para fijar los cabellos.

fijar tr. **1.** Poner fijo. **2.** Determinar, establecer. **3.** Centrar la atención, la mirada. ◆ prnl. **4.** Darse cuenta.

fijo, ja adj. **1.** Sujeto a algo, inmóvil. **2.** No sujeto a cambios.

fila f. Serie de personas o cosas puestas en línea.

filamento m. Cuerpo filiforme.

filantropía f. Amor al género humano.

filarmonía f. Afición a la música.

filatelia f. Estudio de los sellos y afición a coleccionarlos.

filete m. **1.** Lonja de carne o de pescado. **2.** Línea fina de adorno.

filiación f. **1.** Conjunto de datos personales. **2.** Procedencia.

filial adj. **1.** Relativo al hijo. ◆ adj./f. **2.** Dícese del establecimiento, organismo, etc., que depende de otro principal.

filiforme adj. Que tiene forma de hilo.

filigrana f. **1.** Obra de orfebrería hecha con hilos de plata u oro. **2.** Obra de gran habilidad y finura.

filípica f. Invectiva, censura acre.

filipino, na adj./m. y f. De Filipinas.

filisteo, a adj./m. y f. De un antiguo pueblo enemigo de los israelitas.

filme o **film** m. Película cinematográfica.

filmografía f. Conjunto de filmes de un género, un director, etc.

filmoteca f. Lugar donde se guardan filmes.

filo m. Lado afilado de un instrumento cortante.

filogenia f. Estudio de la formación y encadenamiento de líneas evolutivas animales o vegetales.

filología f. Estudio de una lengua y de los documentos escritos que la dan a conocer.

filón m. Fisura del terreno llena de roca eruptiva o mineral.

filoso, sa adj. **1.** *Amér.* Que tiene filo. **2.** *Méx.* Dícese de la persona dispuesta o bien preparada para hacer algo.

filosofía f. Conjunto de reflexiones sobre los principios del conocimiento, pensamiento y acción humanos.

filoxera f. **1.** Insecto que ataca la vid. **2.** Enfermedad de la vid causada por este insecto.

filtrar tr. **1.** Hacer pasar por un filtro. ◆ tr., intr. y prnl. **2.** Dejar un cuerpo sólido pasar un fluido a través de sus poros o resquicios. ◆ intr. y prnl. **3.** Pasar subrepticiamente una noticia.

filtro m. **1.** Cuerpo poroso a través del cual se hace pasar un fluido para depurarlo. **2.** Poción a la que se atribuyen poderes mágicos.

fimosis f. Estrechez del prepucio que impide descubrir el glande.

fin m. **1.** Hecho de terminarse una cosa. **2.** Finalidad o motivo de algo. ● **A fin de**, para. ● **Al fin y al cabo**, se emplea para afirmar una cosa que está en oposición con algo dicho anteriormente.

finado, da m. y f. Persona muerta.

final adj. **1.** Que termina una cosa. ◆ adj./f. LING. **2.** Dícese de la oración subordinada que expresa finalidad. ◆ m. **3.** Fin, término. ◆ f. **4.** Última y decisiva competición de un campeonato o concurso.

finalidad f. Objetivo o utilidad de algo.

finalista adj./m. y f. Que llega a la prueba final.

finalizar tr. e intr. Terminar, acabar.

financiar tr. Dar dinero para fomentar un negocio o actividad.

financista m. y f. *Amér.* Persona que financia.

finanzas f. pl. Conjunto de actividades relacionadas con la inversión del dinero.

finca f. Propiedad inmueble.

fincar intr. *Méx.* Construir una casa.

finés, sa adj./m. y f. **1.** De Finlandia. ◆ m. **2.** Lengua ugrofinesa hablada en Finlandia.

fingir tr. y prnl. **1.** Hacer creer con palabras, gestos o acciones algo que no es verdad. **2.** Simular.

finiquitar tr. **1.** Pagar por completo una cuenta. **2.** *Fam.* Acabar.

finisecular adj. Relativo al fin de un siglo determinado.

finito, ta adj. Que tiene fin.

finlandés, sa adj./m. y f. De Finlandia.

fino, na adj. **1.** De poco grosor. **2.** De buena calidad. **3.** Educado.

finta f. Además o amago que se hace con intención de engañar.

fiordo m. Antiguo valle glaciar invadido por el mar.

fique m. *Colomb., Méx.* y *Venez.* Fibra de la pita.

firma f. **1.** Nombre de una persona, generalmente acompañado de una rúbrica. **2.** Acción de firmar. **3.** Empresa comercial.

firmamento m. Cielo.

firme adj. **1.** Que no se mueve ni vacila. **2.** Constante, entero. ◆ m. **3.** Pavimento de una carretera, calle, etc. ◆ adv. **4.** Con firmeza.

firmeza f. **1.** Estabilidad, solidez. **2.** Entereza, fuerza moral.

firulete m. *Amér. Merid.* Adorno superfluo y de mal gusto.

fiscal adj. **1.** Relativo al fisco o al oficio del fiscal. ◆ m. y f. **2.** Persona que representa el ministerio público en los tribunales. **3.** *Bol.* y *Chile.* Seglar que cuida de una capilla rural.

fiscalizar tr. Sujetar a la inspección fiscal.

fisco m. Tesoro público.

fisgar tr. e intr. Procurar enterarse de cosas ajenas.

físico, ca adj. **1.** Relativo a la física. **2.** Del cuerpo. **3.** *Cuba* y *Méx.* Pedante. ◆ m. y f. **4.** Persona que se dedica a la física. ◆ m. **5.** Aspecto exterior de una persona. ◆ f. **6.** Ciencia que estudia las propiedades de la materia y las leyes que rigen los fenómenos naturales.

fisiología f. Ciencia que estudia los órganos y sus funciones.

fisión f. FÍS. División del núcleo de un átomo pesado en dos o varios fragmentos.

fisioterapia f. Tratamiento médico con agentes naturales.

fisonomía f. Aspecto del rostro de una persona.

fístula f. MED. Conducto anormal que comunica un órgano con el exterior o con otro órgano.

fisura f. Grieta, raja.

fitófago, ga adj./m. Que se alimenta de vegetales.

fitoplancton m. Plancton vegetal.

fláccido, da o **flácido, da** adj. Blando, flojo.

flaco, ca adj. **1.** De pocas carnes. **2.** Endeble, sin fuerza.

flagelar tr. y prnl. Pegar golpes con un flagelo.

flagelo m. **1.** Azote. **2.** BIOL. Filamento móvil de ciertos protozoos.

flagrante adj. Claro, evidente.

flama f. **1.** Llama. **2.** Reflejo o reverbero de una llama.

flamante adj. **1.** Brillante, resplandeciente. **2.** Nuevo, reciente.

flamboyán m. Méx. Árbol de tronco ramificado y abundantes flores rojas.

flamear intr. **1.** Despedir llamas. **2.** Ondear las velas o las banderas.

flamenco, ca adj./m. y f. **1.** De Flandes. **2.** Dícese del conjunto de cantes y bailes gitanos influidos por rasgos andaluces y orientales. ◆ m. **3.** Idioma hablado en Flandes. **4.** Ave zancuda de gran tamaño.

■ **ENC.** Los **flamencos** pertenecen al orden de las aves zancudas y viven en los pantanos. En la costa norte de Yucatán, México, frecuentemente se ven parvadas de flamencos rosas.

flamígero, ra adj. **1.** Que arroja llamas o imita su figura. **2.** ARQ. Dícese del último período del estilo gótico.

flan m. Dulce de yemas de huevo, leche y azúcar batidos y cuajados en un molde.

flanco m. Costado, lado.

flanquear tr. Estar colocado o colocarse al flanco de una cosa.

flaquear intr. Debilitarse, ir perdiendo la fuerza.

flaqueza f. Acción reprensible cometida por debilidad.

flash m. Aparato productor de intensos destellos luminosos para tomar fotografías.

flato m. Acumulación de gases en el tubo digestivo.

flauta f. Instrumento musical de viento en forma de tubo con orificios.

flebitis f. Inflamación de una vena.

flecha f. **1.** Arma arrojadiza consistente en una punta afilada triangular unida a una vara. **2.** Cosa que tiene esta forma.

flechazo m. **1.** Herida o disparo de flecha. **2.** Enamoramiento súbito.

fleco m. Adorno formado por una serie de hilos o cordoncillos colgantes.

flema f. **1.** Mucosidad que se arroja por la boca. **2.** Lentitud, calma.

flemón m. Inflamación de las encías.

flequillo m. Mechón de cabello sobre la frente.

fletante m. y f. Chile y Ecuad. Persona que da en alquiler una nave o una bestia para transportar personas o mercancías.

fletar tr. **1.** Contratar un vehículo para el transporte de personas o mercancías. **2.** Argent., Chile y Urug. Despedir a alguien de un trabajo. **3.** Chile y Perú. Soltar palabras inconvenientes. ◆ prnl. **4.** Cuba. Marcharse de pronto. **5.** Méx. Encargarse a disgusto de un trabajo pesado.

flete m. **1.** Carga de un buque. **2.** Argent. Vehículo que hace transporte de mercancías por alquiler. **3.** Argent. y Urug. Caballo ligero.

fletero, ra adj. **1.** Amér. Dícese del vehículo que se alquila para transporte. ◆ adj./m. y f. **2.** Amér. Dícese del que tiene por oficio hacer transportes.

flexible adj. Que se dobla fácilmente.

flexión f. **1.** Acción y efecto de doblar o doblarse. **2.** LING. Alteración de las voces conjugables y declinables con el cambio de desinencias.

flexo m. Lámpara de mesa con brazo flexible.

flexor, ra adj. **1.** Que dobla. ◆ adj./m. **2.** Dícese del músculo que ejerce un movimiento de flexión.

flirtear intr. Coquetear.

flojo, ja adj. **1.** Poco apretado o tirante. **2.** Falto de vigor.

flor f. **1.** Órgano reproductor de las plantas, formado por hojas de vivos colores. **2.** Piropo. ● ~ **y nata**, lo mejor y más selecto.

flora f. Conjunto de las especies vegetales de una región.

florecer intr. **1.** Echar flor. **2.** Prosperar. ◆ prnl. **3.** Ponerse mohoso.

floresta f. Bosque frondoso o lugar poblado de vegetación.

florete m. Espada delgada que se emplea en esgrima.

floricultura f. Cultivo de las flores.

florido, da adj. Que tiene flores.

florín m. Unidad monetaria de los Países Bajos, Surinam y Hungría.

floritura f. MÚS. Adorno en el canto.

flota f. **1.** Conjunto de navíos. **2.** Chile. Multitud. **3.** Colomb. Autobús de servicio intermunicipal. **4.** Colomb. Fanfarronada.

flotar intr. Sostenerse un cuerpo en la superficie de un líquido o en suspensión en un medio gaseoso.

fluctuar intr. **1.** Variar, oscilar. **2.** Dudar en la resolución de algo.

fluido, da adj./m. Dícese de los cuerpos que toman siempre la forma del recipiente que los contiene.

fluir intr. **1.** Correr un fluido. **2.** Surgir de forma fácil y natural.

flujo m. **1.** Movimiento de las cosas fluidas. **2.** Subida de la marea. **3.** MED. Secreción externa, normal o patológica.

fluminense adj./m. y f. Carioca.

flúor m. Cuerpo simple gaseoso, amarillo verdoso, de efectos corrosivos y sofocantes.

fluorescencia f. FÍS. Propiedad de algunos cuerpos de emitir luz cuando reciben una radiación, que puede ser invisible.

fluorita f. Mineral compuesto de flúor y calcio.

flus m. *Colomb.* y *Venez.* Traje completo de hombre.

fluvial adj. Relativo a los ríos.

fobia f. Temor irracional a ciertas situaciones, personas, etc.

foca f. Mamífero de costumbres acuáticas, dotado de aletas.

■ **ENC.** Las **focas** se alimentan de crustáceos, de peces, de calamares y de sepias. Pueden permanecer bajo los mantos de hielo, donde hacen agujeros para salir a respirar. Sus cortas patas no les permiten caminar. Los principales enemigos de las focas son el zorro, el perro de trineo y algunos cetáceos. Sin embargo, el más peligroso es el hombre que las caza para aprovechar su piel.

foco m. **1.** Lámpara que emite una luz potente. **2.** Punto central de donde proviene algo. **3.** Punto de donde parten o donde se concentran radiaciones u ondas. **4.** *Amér.* Bombilla. **5.** *Amér. Central* y *Amér. Merid.* Faro o farola.

fofo, fa adj. Blando y de poca consistencia.

fogata f. Fuego que levanta llama.

fogón m. **1.** Sitio adecuado en las cocinas para hacer fuego y guisar. **2.** *Argent., Chile, C. Rica* y *Urug.* Fogata.

fogoso, sa adj. Ardiente.

folclor o **folclore** m. Folklore*.

foliáceo, a adj. Relativo o parecido a las hojas.

foliación f. **1.** Numeración de los folios de un manuscrito, libro, etc. **2.** BOT. Acción y efecto de echar hojas las plantas.

folículo m. **1.** Fruto seco que se abre por una sola hendidura. **2.** ANAT. Órgano pequeño en forma de saco.

folio m. Hoja de un libro o cuaderno.

folíolo o **foliolo** m. BOT. Cada división de una hoja compuesta.

folklore m. Cultura popular.

follaje m. Conjunto de hojas de un árbol.

follar tr. e intr. *Esp. Vulg.* Practicar el coito.

folletín m. **1.** Trabajo literario publicado por entregas en un periódico. **2.** Novela o filme de enredo, poco verosímil.

folleto m. **1.** Obra impresa de corta extensión. **2.** Prospecto.

follisca f. *Amér. Central, Antill., Colomb.* y *Venez.* Riña.

follón m. Alboroto, discusión tumultuosa.

fomentar tr. Aumentar la actividad o intensidad de algo.

fonación f. Emisión de la voz.

fonda f. Establecimiento donde se da hospedaje y se sirven comidas.

fondear tr. e intr. **1.** Asegurar una embarcación con anclas o pesos. ◆ tr. y prnl. **2.** *Chile.* Aislar, esconder.

fondo m. **1.** Parte inferior de una cosa hueca. **2.** Parte opuesta a la entrada. **3.** Suelo del mar, de un río, etc. **4.** Lo esencial o constitutivo de algo. **5.** *Cuba.* Caldera usada en los ingenios.

6. *Méx.* Saya blanca que las mujeres llevan debajo de las enaguas. ◆ pl. **7.** Dinero disponible.

fonema m. LING. Cada una de las unidades fonológicas mínimas que pueden oponerse a otras en contraste significativo.

fonendoscopio m. Instrumento médico empleado para auscultar.

fonética f. LING. Estudio de los sonidos del lenguaje desde el punto de vista de su articulación o de su recepción auditiva.

fonético, ca adj. Relativo a los sonidos del lenguaje.

foniatría f. Estudio de los trastornos de la fonación.

fónico, ca adj. Relativo a los sonidos o a la voz.

fonología f. Ciencia lingüística que estudia los fonemas.

fonoteca f. Lugar donde se conservan documentos sonoros.

fontana f. Fuente.

fontanero, ra m. y f. Persona que tiene por oficio instalar cañerías.

forajido, da adj./m. y f. Malhechor que huye de la justicia.

foral adj. Relativo al fuero.

foráneo, a adj. Forastero.

forastero, ra adj./m. y f. De otro país o lugar.

forcejear intr. Hacer fuerza para vencer una resistencia.

fórceps m. Instrumento de cirugía para partos difíciles.

forense adj./m. y f. Dícese del médico que asiste al juez en asuntos legales.

forestal adj. Relativo a los bosques.

forestar tr. Poblar un terreno con plantas forestales.

forjar tr. **1.** Dar forma al metal. **2.** Inventar, imaginar.

forma f. **1.** Figura y aspecto exterior de la materia. **2.** Manera de hacer o proceder. **3.** Condición física. ◆ pl. **4.** Modales.

formación f. Acción y efecto de formar o formarse.

formal adj. **1.** Relativo a la forma. **2.** Que tiene formalidad.

formalidad f. **1.** Seriedad, responsabilidad. **2.** Requisito indispensable para alguna cosa.

formalismo m. Aplicación y observancia rigurosa en las formas o normas puramente externas.

formalizar tr. **1.** Dar a una cosa carácter legal. **2.** Concretar.

formar tr. **1.** Dar forma a algo. ◆ tr. y prnl. **2.** Crear. **3.** Adiestrar, educar. **4.** Disponer las tropas en orden.

formato m. Tamaño y forma de un libro, fotografía, etc.

fórmico, ca adj. QUÍM. Dícese del ácido orgánico que se encuentra en ortigas, hormigas, orugas, etc.

formidable adj. **1.** Magnífico. **2.** Muy grande. **3.** Muy temible.

formol m. Solución acuosa de aldehído fórmico, utilizada como antiséptico.

F

fórmula f. **1.** Forma establecida para expresar o realizar alguna cosa. **2.** Conjunto de símbolos y de números que expresan una ley física o matemática, o la composición de una combinación química.

formular tr. **1.** Expresar algo con una fórmula. **2.** Recetar.

formulario m. **1.** Impreso en el que se formulan las preguntas que los interesados han de responder. **2.** Libro de fórmulas.

fornicar intr. Practicar el coito fuera del matrimonio.

fornido, da adj. Robusto.

foro m. **1.** Plaza de las antiguas ciudades romanas donde se trataban los asuntos públicos. **2.** Coloquio, debate. **3.** Fondo del escenario.

forofo, fa adj./m. y f. Seguidor apasionado.

forraje m. Pasto para alimentar los animales.

forro m. Material con que se reviste una cosa.

fortalecer tr. y prnl. Dar fuerza material o moral.

fortaleza f. **1.** Fuerza. **2.** Capacidad para soportar las adversidades. **3.** Recinto fortificado.

fortificar tr. **1.** Fortalecer. ◆ tr. y prnl. **2.** Proteger con obras de defensa.

fortín m. Fuerte pequeño.

FORTRAN m. INFORM. Abrev. de *FORmula TRANslator* (traductor de fórmulas), lenguaje de programación utilizado por algunas computadoras, especialmente para los cálculos científicos y técnicos.

fortuito, ta adj. Que sucede o se da por casualidad.

fortuna f. **1.** Causa indeterminable a la que se atribuyen los sucesos. **2.** Suerte favorable. **3.** Conjunto de bienes, dinero, etc.

forúnculo m. Tumor inflamatorio en la dermis.

forzar tr. **1.** Hacer que algo ceda mediante la fuerza o la violencia. ◆ tr. y prnl. **2.** Obligar a que se realice una cosa.

fosa f. **1.** Hoyo en la tierra hecho como sepultura. **2.** ANAT. Nombre dado a algunas estructuras óseas del organismo. **3.** GEOL. Depresión alargada del fondo de los océanos.

fosfato m. QUÍM. Sal del ácido fosfórico, que se emplea como fertilizante.

fosforescencia f. FÍS. Propiedad de ciertos cuerpos de desprender luz.

fosfórico, ca adj. QUÍM. Que contiene fósforo.

fósforo m. **1.** Cuerpo simple, muy inflamable y luminoso en la oscuridad. **2.** Cerilla.

fósil adj./m. Dícese del resto orgánico que se ha conservado petrificado en los sedimentos geológicos.

■ **ENC.** Los **fósiles** están constituidos por las partes duras de animales que vivieron hace millones de años. Estas partes pueden ser los huesos, los dientes y los caparazones. Los fósiles también pueden ser impresiones en roca de las partes blandas de un organismo como, por ejemplo, una hoja. El estudio de los fósiles proporciona evidencias muy importantes para comprender la evolución de la flora y de la fauna.

foso m. **1.** Hoyo. **2.** Espacio situado debajo del escenario de un teatro. **3.** Excavación que rodea un castillo o fortaleza.

foto f. *Fam.* Apóc. de *fotografía*.

fotocopia f. Reproducción fotográfica de un documento.

fotogénico, ca adj. Apto para la reproducción fotográfica.

fotografía f. **1.** Arte de fijar, mediante la luz, la imagen de los objetos sobre una superficie sensible. **2.** Imagen así obtenida.

fotómetro m. Instrumento que mide la intensidad de la luz.

fotón m. FÍS. Partícula mínima de energía luminosa.

fotosfera f. ASTRON. Superficie luminosa que delimita el contorno aparente del Sol y de las estrellas.

fotosíntesis f. Síntesis de una sustancia orgánica realizada por las plantas mediante la energía luminosa.

fototropismo m. Orientación de una planta hacia la luz.

frac m. Chaqueta masculina de ceremonia, provista de dos faldones por la parte posterior.

fracasar intr. Frustrarse una pretensión o un proyecto.

fracción f. **1.** División de un todo en partes. **2.** MAT. Expresión que indica la división de dos cantidades.

fraccionadora f. *Méx.* Inmobiliaria.

fraccionamiento m. *Méx.* Terreno urbanizado y dividido en lotes para la construcción de casas.

fractal adj./f. MAT. Dícese de los objetos matemáticos cuya creación o forma no encuentra sus reglas más que en la irregularidad o la fragmentación.

fracturar tr. y prnl. Romper o quebrar violentamente algo.

fragancia f. Olor suave y delicioso.

fragata f. Buque de guerra menor que el destructor.

frágil adj. **1.** Que se rompe fácilmente. **2.** Débil.

fragmento m. Cada una de las partes en que se rompe o divide algo.

fragor m. Ruido grande.

fragua f. Fogón para forjar metales.

fraguar tr. **1.** Forjar el metal. **2.** Idear, planear.

fraile m. Religioso de ciertas órdenes.

frambuesa f. Fruto del frambueso.

frambueso m. Planta parecida a la zarza.

francés, sa adj./m. y f. **1.** De Francia. ◆ m. **2.** Lengua oficial de Francia.

franciscano, na adj./m. y f. De la orden de san Francisco de Asís.

franco, ca adj. **1.** Sincero. **2.** Exento, no sujeto a pago. ◆ adj./m. y f. **3.** Francés. **4.** Relativo a los pueblos germanos que conquistaron Francia. ◆ m. **5.** Unidad monetaria de Francia, Bélgica, Ruanda y otros países.

francotirador, ra m. y f. Tirador que actúa aisladamente.

franela f. Tejido fino ligeramente cardado por una de sus caras.

franja f. Faja, lista o tira.

franquear tr. **1.** Dejar una cosa libre de estorbos. **2.** Poner los sellos a una carta o paquete.

franqueza f. Sinceridad.

ESTILOS ARQUITECTÓNICOS

s. V a.C: El Partenón, Atenas (griego clásico)

s. XIV: Santa Capilla, París (gótico)

s. XVII: María de la Salud, Venecia (renacentista)

s. XX: Ópera de Sidney, Australia (contemporáneo)

franquicia f. Exención del pago de ciertos derechos.

frasca f. *Méx.* Fiesta, bulla.

frasco m. Recipiente de vidrio de formas variadas.

frase f. Conjunto de palabras que tiene sentido. ● ~ **hecha**, la que tiene una forma inalterable.

fraternal adj. Propio de hermanos.

fraternidad f. Unión y afecto entre hermanos o entre los que se tratan como tales.

fraterno, na adj. Fraternal.

fratricidio m. Asesinato de un hermano.

fraude m. **1.** Engaño. **2.** Acto que elude una disposición legal.

fray m. Apóc. de *fraile.*

freático, ca adj. Dícese de la capa de agua subterránea formada por la filtración de las aguas de lluvia.

frecuencia f. **1.** Repetición de un acto o suceso. **2.** FÍS. En un fenómeno periódico, número de vibraciones por unidad de tiempo.

frecuentar tr. Ir a menudo a alguna parte.

fregadero m. Pila para fregar los utensilios de cocina.

fregado, da adj. **1.** *Amér.* Majadero, fastidioso. **2.** *Colomb., Ecuad.* y *Perú.* Terco. **3.** *C. Rica, Ecuad.* y *Méx.* Bellaco. **4.** *C. Rica, Ecuad.* y *Pan.* Severo.

fregar tr. **1.** Restregar una cosa con otra. **2.** Limpiar algo restregándolo con un cepillo, bayeta, etc. ◆ tr. y prnl. **3.** *Amér. Fam.* Molestar.

freír tr. y prnl. Guisar un alimento en aceite hirviendo.

fréjol m. Judía.

frenada f. **1.** *Argent., Bol., Chile, Salv., Méx.* y *Par.* Acción y efecto de frenar súbita o violentamente. **2.** *Argent.* y *Chile. Fam.* Reto, llamada de atención.

frenar tr. **1.** Parar con el freno. **2.** Moderar los ímpetus.

frenesí m. **1.** Delirio furioso. **2.** Violenta exaltación del ánimo.

frenético, ca adj. **1.** Poseído de frenesí. **2.** *Fam.* Furioso.

frenillo m. Nombre de varias estructuras anatómicas que limitan el movimiento de algún órgano.

freno m. **1.** Mecanismo destinado a disminuir o detener el movimiento de una máquina o vehículo. **2.** Pieza de hierro que se coloca en la boca de las caballerías para dirigirlas.

frente m. **1.** Zona de combate. **2.** Coalición de partidos políticos, organizaciones, etc. ◆ f. **3.** Parte superior de la cara. **4.** Parte delantera de una cosa. ● **Hacer** ~, enfrentarse.

fresa f. **1.** Planta herbácea rastrera de fruto rojo comestible. **2.** Fruto de esta planta. **3.** Herramienta giratoria cortante.

fresar tr. Trabajar los materiales por medio de la fresa.

fresco, ca adj. **1.** Moderadamente frío. **2.** Reciente. ◆ adj./m. y f. *Fam.* **3.** Descarado. ◆ m. **4.** Frío moderado. **5.** Pintura hecha sobre una pared todavía húmeda. ◆ f. **6.** Frío agradable.

fresno m. Árbol de tronco grueso y madera flexible.

fresquera f. Lugar para conservar frescos los alimentos.

fresquería f. *Amér. Central, Ecuad., Perú* y *Venez.* Establecimiento donde se hacen y venden bebidas frías y helados.

freza f. Puesta de huevos de ciertos animales.

frialdad f. **1.** Sensación de frío. **2.** Indiferencia.

fricativo, va adj./f. LING. Dícese del sonido cuya articulación hace salir el aire con fricción entre los órganos bucales, como el que representan *f, j, s, z*, etc.

fricción f. **1.** Acción y efecto de friccionar. **2.** Roce.

friccionar tr. Dar friegas.

friega f. **1.** Acción de frotar una parte del cuerpo. **2.** *Amér.* Molestia, fastidio.

frigidez f. Ausencia anormal de deseo o goce sexual.

frigorífico, ca adj. **1.** Que produce frío. ◆ adj./m. **2.** Dícese de la cámara refrigerada artificialmente para conservar alimentos.

fríjol o **frijol** m. Fréjol*.

frío, a adj. **1.** Que tiene menos temperatura de la conveniente. **2.** Indiferente. ◆ m. **3.** Ausencia total o parcial de calor.

friolero, ra adj. **1.** Muy sensible al frío. ◆ f. *Fam.* **2.** Gran cantidad.

friso m. ARQ. Parte situada entre el arquitrabe y la cornisa.

fritar tr. *Argent., Colomb.* y *Urug.* Freír.

frito, ta adj./m. Dícese del alimento guisado en aceite hirviendo.

frívolo, la adj. Veleidoso, insustancial.

fronda f. Conjunto de hojas.

frondoso, sa adj. Con abundantes hojas y ramas.

frontal adj. **1.** Relativo a la frente. **2.** Situado en la parte delantera. ◆ adj./m. **3.** Dícese de uno de los huesos que forman la cavidad craneal.

frontera f. Confín de un estado.

frontis m. Fachada o frontispicio.

frontispicio m. **1.** Parte delantera de un edificio, mueble, etc. **2.** ARQ. Frontón.

frontón m. **1.** Lugar donde se juega a la pelota vasca. **2.** ARQ. Remate triangular.

frotar tr. y prnl. Pasar con fuerza una cosa sobre otra.

fructífero, ra adj. Que produce fruto.

fructificar intr. Dar fruto.

fructosa f. Azúcar contenida en la fruta.

frugal adj. Parco en comer y beber.

frugívoro, ra adj. Que se alimenta de frutos.

fruición f. Goce intenso.

fruncir tr. Arrugar la frente, las cejas, etc.

fruslería f. Cosa de poco valor.

frustrar tr. **1.** Privar a uno de lo que esperaba. ◆ tr. y prnl. **2.** Dejar sin efecto un intento.

fruta f. Fruto comestible.

frutilla f. *Amér. Merid.* Fresa.

fruto m. **1.** Órgano que contiene las semillas de una planta y que procede generalmente del ovario de la flor. **2.** Producto, utilidad.

■ Enc. Entre los **frutos** comestibles los hay rojos (fresa, frambuesa, grosella, arándano), con hueso (melocotón, ciruela, cereza, albaricoque), con pepitas (manzana, pera, membrillo, uva), de cáscara dura (nuez, avellana, almendra), cítricos (naranja, mandarina, limón, pomelo), etc. El tomate, el pepino, el melón, las habichuelas o ejotes son frutos, pero se les consume como verduras.

fucsia adj./m. **1.** De color rojo violáceo. ◆ f. **2.** Arbusto de jardín, de hojas ovaladas y flores rojas.

fuego m. **1.** Desprendimiento de calor, luz y llamas, producido por la combustión de un cuerpo. **2.** Materia en combustión. **3.** Incendio.

fuel o **fuel-oil** m. Combustible líquido de color oscuro.

fuelle m. **1.** Instrumento para soplar o producir aire. **2.** Pieza plegable que regula la capacidad de ciertos objetos.

fuente f. **1.** Manantial. **2.** Construcción con caños por donde sale el agua. **3.** Plato grande para servir la comida. **4.** Origen de algo.

fuera adv. **1.** A o en la parte exterior. **2.** Antes o después de tiempo. ● ~ **de**, excepto, salvo.

fuero m. **1.** Cada uno de los derechos o privilegios concedidos a un territorio o persona. **2.** Compilación jurídica. **3.** Jurisdicción.

fuerte adj. **1.** Que tiene fuerza y resistencia. **2.** Robusto, corpulento. **3.** Intenso: *sonido ~*. ◆ m. **4.** Recinto fortificado. ◆ adv. **5.** Con fuerza: *pegar ~*.

fuerza f. **1.** Resistencia, capacidad de soportar un peso o de oponerse a un impulso. **2.** Utilización del poder físico o moral. **3.** Autoridad, poder. **4.** FÍS. Causa capaz de deformar un cuerpo o de modificar su velocidad.

fuete m. *Amér.* Látigo.

fuga f. **1.** Acción y efecto de fugarse. **2.** Escape de un fluido.

fugarse prnl. Escaparse, huir.

fugaz adj. **1.** Que dura poco. **2.** Que huye y desaparece con velocidad.

fugitivo, va adj./m. y f. Que está en fuga o huye.

fulano, na m. y f. **1.** Voz con que se suple el nombre de una persona. **2.** Persona indeterminada. ◆ f. **3.** Prostituta.

fulgir intr. Resplandecer.

fulgor m. Brillo, resplandor.

fullería f. **1.** Trampa, engaño. **2.** Astucia, treta.

fulminante adj. **1.** Que fulmina. **2.** Rápido.

fulminar tr. **1.** Arrojar rayos. **2.** Herir, matar o causar daños un rayo. **3.** Matar con armas o explosivos.

fumar tr. e intr. **1.** Aspirar y despedir el humo del tabaco, opio, etc. ◆ tr. **2.** *Cuba, Méx.* y *P. Rico.* Dominar a alguien.

fumarola f. Emisión de gases de origen volcánico.

fumigar tr. Desinfectar por medio de humo, gas o vapores.

funámbulo, la m. y f. Acróbata que hace ejercicios sobre la cuerda floja o el trapecio.

funche m. *Antill., Colomb.* y *Méx.* Especie de gachas de harina de maíz.

función f. **1.** Actividad particular que corresponde a alguien o a algo. **2.** Ejercicio de un empleo. **3.** Representación teatral. **4.** LING. Papel sintáctico de un elemento dentro de una frase. **5.** MAT. Magnitud dependiente de una o de varias variables.

funcional adj. **1.** Relativo a la función. **2.** Práctico, utilitario.

funcionar intr. Ejecutar algo o alguien las funciones que le son propias.

funcionario, ria m. y f. Empleado público.

funda f. Cubierta con que se cubre o resguarda una cosa.

fundación f. **1.** Acción y efecto de fundar. **2.** Institución benéfica, cultural, etc., sin finalidad lucrativa.

fundamental adj. Que sirve de fundamento o es lo principal.

fundamentalismo m. Integrismo.

fundamentar tr. **1.** Echar los cimientos de un edificio. **2.** Establecer o poner fundamentos.

fundamento m. **1.** Cimiento de un edificio. **2.** Principio o base de una cosa. **3.** Razón, motivo.

fundar tr. **1.** Crear una ciudad, negocio, etc. ◆ tr. y prnl. **2.** Apoyar.

fundido, da adj. *Argent. Fam.* Muy cansado, abatido.

fundir tr. y prnl. **1.** Transformar en líquido un cuerpo sólido calentándolo. **2.** Unir ideas, intereses, etc. **3.** *Amér. Fam.* Arruinar.

fundo m. Finca, hacienda.

fúnebre adj. **1.** Relativo a los difuntos. **2.** Muy triste o sombrío.

funeral m. Oficio religioso que se hace por los difuntos.

funerario, ria adj. **1.** Relativo al entierro. ◆ f. **2.** Empresa encargada de la conducción y entierro de los difuntos.

funesto, ta adj. Que causa o acompaña desgracia.

fungi m. BIOL. Reino que agrupa a los hongos.

fungicida m. Sustancia que combate los hongos.

funicular adj./m. Dícese del vehículo cuya tracción se efectúa por medio de un cable.

furcia f. *Fam. Esp.* Prostituta.

furgón m. Vagón de equipajes.

furgoneta f. Vehículo automóvil, más pequeño que el camión, destinado al transporte.

furia f. **1.** Cólera, ira. **2.** Ímpetu.

furibundo, da adj. Lleno de furia, colérico: *mirada ~*.

furor m. **1.** Ira exaltada. **2.** Afición excesiva por una cosa.

furtivo, va adj. Que se hace a escondidas.

furúnculo m. Forúnculo*.

fusa f. MÚS. Figura equivalente a la mitad de la semicorchea.

fuselaje m. Cuerpo central de un avión.

fusible adj. **1.** Que puede fundirse. ◆ m. **2.** Dispositivo colocado en un circuito eléctrico para impedir el paso excesivo de corriente.

fusiforme adj. En forma de huso.

fusil m. Arma de fuego portátil, de cañón largo.

fusilar tr. Ejecutar a alguien con una descarga de fusil.

fusión f. **1.** Unión. **2.** Paso de un cuerpo sólido al estado líquido. **3.** FÍS. Unión de varios átomos ligeros, a temperatura muy elevada y con gran desprendimiento de energía.

fusta f. Látigo delgado y flexible.

fustán m. *Amér. Merid.* Enagua ancha de algodón.

fuste m. ARQ. Parte de la columna entre la basa y el capitel.

fustigar tr. **1.** Dar azotes. **2.** Censurar con dureza.

fútbol m. Juego entre dos equipos, que consiste en introducir en la portería del equipo contrario un balón, impulsándolo con los pies o la cabeza.

fútil adj. De poca importancia.

futre m. **1.** *Chile.* Persona bien vestida. **2.** *Chile.* En zonas rurales, patrón.

futuro, ra adj. **1.** Que está por venir o suceder. **2.** LING. Dícese del tiempo verbal que expresa acción futura. ◆ m. **3.** Tiempo que ha de venir: *pensar en el* ~.

g

g f. Séptima letra del abecedario.

gabacho, cha adj./m. y f. **1.** De algunos pueblos pirenaicos. **2.** *Desp.* Francés. **3.** *Méx. Fam.* Estadounidense.

gabán m. Abrigo, sobretodo.

gabardina f. Abrigo o sobretodo de tejido impermeable.

gabarra f. Pequeño barco de carga utilizado en los puertos.

gabela f. **1.** Carga, impuesto. **2.** *Colomb., Ecuad., P. Rico, R. Dom.* y *Venez.* Provecho, ventaja.

gabinete m. **1.** Aposento destinado a recibir visitas de confianza. **2.** Gobierno, conjunto de ministros.

gacela f. Pequeño mamífero rumiante, muy esbelto y ágil.

gaceta f. Publicación periódica de carácter cultural o científico.

gacho, cha adj. **1.** Inclinado hacia abajo: *cabeza ~.* ◆ f. **2.** *Colomb.* y *Venez.* Cuenco de loza o barro. ◆ pl. **3.** Comida hecha de harina cocida con agua y sazonada.

gaditano, na adj./m. y f. De Cádiz (España).

gaélico, ca adj./m. Dícese de los dialectos de la lengua céltica hablados en Irlanda y Escocia.

gafa f. **1.** Grapa. ◆ pl. **2.** Par de lentes engarzados en una montura, que se sujeta detrás de las orejas mediante patillas.

gafe adj./m. y f. *Fam.* Que trae mala suerte.

gag m. Situación cómica.

gaita f. Instrumento musical de viento formado por una bolsa de cuero a la cual van unidos tres tubos.

gaje m. Salario aparte del sueldo. ● **Gajes del oficio** *(Fam.),* molestias que acarrea un empleo u ocupación.

gajo m. **1.** Rama de árbol desprendida. **2.** Parte del racimo de uvas. **3.** Cada una de las porciones interiores de los cítricos.

gala f. **1.** Adorno o vestido suntuoso. **2.** Actuación artística excepcional. **3.** *Antill.* y *Méx.* Regalo, premio. ● **Hacer ~ de** una cosa, presumir de ella.

galaico, ca adj. Gallego.

galán m. **1.** Hombre muy atractivo. **2.** Especie de perchero con pie.

galante adj. Atento, cortés.

galápago m. Tortuga de agua dulce.

galardón m. Premio.

galaxia f. ASTRON. Conjunto de estrellas agrupadas en una determinada región del espacio.

galbana f. *Fam.* Pereza.

galena f. Mineral sulfuro de plomo.

galeno m. *Fam.* Médico.

galeón m. Antiguo navío de vela.

galeote m. Persona condenada a remar en las galeras.

galera f. **1.** Navío antiguo de remo y vela. **2.** *Argent., Chile* y *Urug.* Sombrero de copa.

galería f. **1.** Habitación larga y espaciosa. **2.** Corredor descubierto o con vidrieras. **3.** Sala donde se exponen obras de arte. **4.** Camino subterráneo. ◆ pl. **5.** Centro comercial.

galerna f. Viento frío y fuerte de la costa noroeste española.

galerón m. **1.** *Amér. Merid.* Romance vulgar que se canta en una especie de recitado. **2.** *Colomb.* y *Venez.* Melodía popular. **3.** *C. Rica* y *Salv.* Cobertizo. **4.** *Méx.* Construcción muy grande de espacios amplios.

galgo, ga adj./m. y f. Dícese de una raza de perros muy veloz.

galicismo m. Palabra o giro propio del francés empleado en otro idioma.

galimatías m. *Fam.* **1.** Lenguaje enrevesado. **2.** *Fam.* Confusión, lío.

gallardete m. Bandera de forma triangular.

gallardo, da adj. **1.** De buena presencia, airoso. **2.** Valiente.

gallego, ga adj./m. y f. De Galicia (España). ◆ m. **2.** Lengua hablada en Galicia.

galleta f. Dulce seco y cocido al horno.

galliforme adj./m. Relativo a un orden de aves de vuelo poco sostenido, con patas robustas y pico corto.

gallina m. y f. **1.** Persona cobarde. ◆ f. **2.** Hembra del gallo.

gallinazo m. Especie de buitre americano de plumaje totalmente negro.

gallinero m. Local donde se crían las aves de corral.

gallineta f. *Amér.* **1.** Pintada. **2.** *Amér. Merid.* Nombre de varias especies de aves acuáticas.

gallito m. Persona que intenta imponerse a las demás.

gallo m. **1.** Ave doméstica de cresta roja y carnosa. **2.** Pez comestible, de cuerpo comprimido. **3.** *Chile* y *Colomb. Vulg.* Refiriéndose al hombre, tipo, tío. **4.** *Méx.* Serenata.

galo, la adj./m. y f. De la Galia, antigua Francia.

galón m. Tejido fuerte y estrecho usado como adorno o distintivo.

galope m. Marcha más rápida del caballo.

galpón m. **1.** Dependencia destinada a los esclavos en las haciendas de América. **2.** *Amér. Merid.* y *Nicar.* Almacén.

galucha f. *Colomb., Cuba, P. Rico* y *Venez.* Galope.

galvanizar tr. Cubrir un metal con una capa de otro.

galvanómetro m. Instrumento para medir la intensidad y sentido de una corriente eléctrica.

gama f. **1.** Escala musical. **2.** Sucesión gradual de cosas: ~ *de azules.*

gamada adj. Dícese de la cruz con cuatro brazos en forma de codo.

gamba f. Crustáceo comestible semejante al langostino.

gamberro, rra adj./m. y f. Falto de civismo.

gambeta f. **1.** *Amér. Central* y *Amér. Merid.* DEP. Regate. **2.** *Argent.* y *Bol.* Ademán hecho con el cuerpo para evitar un golpe o caída. **3.** *Argent.* y *Urug. Fam.* Evasiva.

gambusino m. **1.** *Méx.* Minero encargado de buscar yacimientos minerales. **2.** *Méx.* Buscador de fortuna, aventurero.

gameto m. Célula sexual especializada en la función reproductora.

gamma f. Letra del alfabeto griego.

gamo m. Mamífero rumiante del grupo de los ciervos.

gamonal m. *Amér. Central* y *Amér. Merid.* Cacique de pueblo.

gamopétalo, la adj./f. BOT. Dícese de la corola cuyos pétalos están unidos entre sí y de las flores que así los tienen.

gamosépalo, la adj./f. BOT. Dícese del cáliz cuyos sépalos están unidos entre sí y de las flores que así los tienen.

gamuza f. **1.** Especie de antílope del tamaño de una cabra grande. **2.** Paño para limpiar.

gana f. Deseo de hacer algo: *ganas de vivir.*

ganadería f. **1.** Cría y comercio de ganado. **2.** Conjunto de los ganados de un país o región.

ganado m. Conjunto de bestias que se apacientan juntas.

ganancia f. **1.** Acción y efecto de ganar. **2.** Beneficio, provecho. **3.** *Chile, Guat.* y *Méx.* Propina.

ganar tr. **1.** Obtener un beneficio. **2.** Vencer. ◆ intr. **3.** Mejorar. ◆ prnl. **4.** Captar la voluntad.

ganchillo m. **1.** Aguja con punta corva. **2.** Labor hecha con esta aguja.

gancho m. **1.** Instrumento corvo y puntiagudo. **2.** En boxeo, golpe de abajo arriba. **3.** *Fam.* Atractivo. **4.** *Amér.* Horquilla para el pelo.

gandul, la adj./m. y f. *Fam.* Holgazán, perezoso.

ganga f. **1.** Materia mineral no aprovechable. **2.** Cosa a bajo precio.

ganglio m. Grosor en el recorrido de un nervio o vía linfática.

gangoso, sa adj./m. y f. Con resonancia nasal: *voz ~.*

gangrena f. Muerte de un tejido de un ser vivo.

ganso, sa m. y f. Ave doméstica de gran tamaño y pico grueso.

ganzúa f. Garfio para abrir sin llaves las cerraduras.

gañán m. Mozo de labranza.

gañir intr. Aullar el perro u otros animales con gritos agudos.

garabato m. **1.** Trazo irregular hecho con el lápiz o la pluma. **2.** *Chile.* Palabra o locución grosera usada como insulto.

garaje m. Local destinado a guardar automóviles.

garandumba f. **1.** *Amér. Merid.* Barcaza grande para conducir cargas por un río. **2.** *Méx.* Mujer gorda y grande.

garantía f. **1.** Fianza. **2.** Acción de asegurar durante un tiempo el buen funcionamiento de algo que se vende.

garañón m. **1.** Macho de asno, destinado a la reproducción. **2.** *Amér. Central, Chile, Méx.* y *Perú.* Caballo semental. **3.** *Chile* y *Méx.* Mujeriego.

garbanzo m. Planta de fruto en legumbre y semilla comestible.

garbeo m. *Fam.* Paseo corto.

garbo m. Desenvoltura en la manera de moverse.

gardenia f. **1.** Planta ornamental de flores blancas y olorosas. **2.** Flor de esta planta.

garduña f. Mamífero carnicero algo mayor que la comadreja.

garete. Ir o **irse al** ~, fracasar: *el negocio se fue al ~.*

garfio m. Gancho de hierro.

gargajo m. Mucosidad espesa que se arroja por la boca.

garganta f. **1.** Parte anterior del cuello. **2.** Valle estrecho.

gargantilla f. Collar corto que rodea el cuello.

gárgaras f. pl. Acción de mantener un líquido en la garganta, con la boca hacia arriba, y expulsando aire para moverlo.

gárgola f. Escultura de remate del canal de un tejado.

garigoleado, da adj. *Méx.* Adornado en exceso.

garita f. **1.** Caseta destinada al abrigo de centinelas. **2.** *Méx.* Oficina o puesto de aduana.

garito m. **1.** Casa de juego. **2.** Local de mala fama.

garra f. **1.** Pata del animal con uñas corvas. **2.** Mano del hombre.

garrafa f. **1.** Vasija ancha y redonda, de cuello largo y estrecho. **2.** *Argent.* y *Urug.* Envase metálico para gases.

garrafal adj. Muy grande o grave: *error ~.*

garrapata f. Ácaro parásito que vive chupando la sangre.

garrapiña f. Estado del líquido que se solidifica en grumos.

garrido, da adj. Gallardo.

garrocha f. Vara larga rematada en un pequeño arpón.

garronear tr. *Argent. Fam.* Pedir prestado con oportunismo o insistencia.

garronero, ra adj. *Argent. Fam.* Gorrón.

garrote m. **1.** Palo grueso. **2.** Instrumento de ejecución de los reos.

garrotear tr. **1.** *Amér. Central* y *Amér. Merid.* Apalear. **2.** *Chile.* Cobrar precios excesivos sin justificación.

garúa f. *Amér. Central* y *Amér. Merid.* Llovizna.

garuar intr. *Amér.* Lloviznar.

garufa f. Diversión.

garzo, za adj. **1.** De color azulado: *ojos garzos.* ◆ f. **2.** Ave zancuda de cuello alargado y sinuoso.

gas m. **1.** Fluido cuyas moléculas tienden a separarse unas de otras. ◆ pl. **2.** Restos gaseosos acumulados en el intestino.

> ■ **ENC.** El **gas** doméstico o urbano puede ser natural, cuando se extrae de yacimientos subterráneos, o artificial, cuando se obtiene a partir del carbón. Antaño, el gas se utilizaba como combustible para las lámparas.

gasa f. Tela de seda o hilo muy ligera.

gaseoducto m. Gasoducto*.

gaseoso, sa adj. **1.** Que se halla en estado de gas. **2.** Que contiene o desprende gases. ◆ f. **3.** Bebida efervescente y sin alcohol.

gasfitería f. *Chile, Ecuad.* y *Perú.* Fontanería, plomería.

gasificar tr. **1.** Convertir en gas. **2.** Disolver gas en un líquido.

gasoducto m. Tubería para la conducción de gas combustible.

gasógeno m. Aparato para obtener gas combustible.

gasoil o **gasóleo** m. Mezcla de hidrocarburos líquidos obtenida de la destilación del petróleo, usada como combustible.

gasolina f. Mezcla de hidrocarburos líquidos obtenida de la destilación del petróleo, usada como carburante.

gasolinera f. Lugar donde se vende gasolina y gasoil.

gastar tr. **1.** Emplear el dinero en algo. ◆ tr. y prnl. **2.** Deteriorar con el uso, acabar.

gasterópodo adj./m. Dícese del molusco de concha en espiral, cabeza con tentáculos y un pie carnoso para arrastrarse.

gástrico, ca adj. Relativo al estómago.

gastritis f. Inflamación de las mucosas del estómago.

gastroenteritis f. Inflamación de las mucosas del estómago y de los intestinos.

gastronomía f. Arte de preparar una buena comida.

gástrula f. Estado embrionario de los animales, tras la blástula.

gateado, da adj. **1.** Semejante en algún aspecto al gato. ◆ adj./m. y f. **2.** *Argent.* Dícese de la yegua de pelo bayo oscuro con manchas negras transversales.

gatear intr. **1.** Trepar como los gatos. **2.** Andar a gatas.

gatera f. **1.** *Bol., Ecuad.* y *Perú.* Verdulera. **2.** *Chile.* Cueva de ratones.

gatillo m. En las armas de fuego, palanca que acciona el disparo.

gato, ta m. y f. **1.** Pequeño mamífero carnívoro, de cabeza redonda, cola larga y pelaje suave. ◆ m. **2.** Aparato para levantar pesos. **3.** *Argent.* Baile folklórico ejecutado por una o dos parejas con movimientos rápidos. ◆ f. **4.** *Amér. Central.* Pez marino de color pardo amarillo. **5.** *Chile.* Gato, aparato.

> ■ **ENC.** El **gato** forma parte, junto con el león, la pantera y el guepardo de la familia de los félidos. Los egipcios fueron los primeros en domesticarlo. En la Edad Media, se le adoptó como animal casero para matar a las ratas portadoras de la peste. El angora de pelo largo, el siamés de ojos azules y pelaje beige, el gato gris azulado, el birmano, el abisinio, etc., son algunas de las principales razas de gatos domésticos.

gauchada f. **1.** *Argent., Chile, Perú* y *Urug.* Acción propia del gaucho. **2.** *Argent.* y *Urug. Fam.* Servicio ocasional realizado con buena disposición. **3.** *Chile.* Servicio, favor.

gaucho, cha adj./m. **1.** Dícese de ciertos habitantes de las pampas argentina y uruguaya dedicados a la ganadería. ◆ adj. **2.** *Argent., Chile* y *Urug.* Que posee las cualidades del gaucho. ◆ m. **3.** *Argent., Chile* y *Urug.* Peón rural experimentado en las faenas ganaderas tradicionales.

gaveta f. **1.** Cajón de un escritorio. **2.** Mueble con estos cajones.

gavilán m. **1.** Ave rapaz de pequeño tamaño y plumaje grisáceo. **2.** *Chile, Cuba, Méx.* y *P. Rico.* Uñero.

gavilla f. Conjunto de sarmientos, mieses, etc., atados.

gaviota f. Ave de alas largas y pico robusto.

> ■ **ENC.** La **gaviota** puede volar mucho tiempo. Nada poco y no se zambulle. Se alimenta principalmente de peces y moluscos. Aunque también come detritos y carroña. Hay una treintena de especies de gaviotas en el mundo.

gayola f. *Méx. Fam.* Parte más alta de una gradería.

gazapo m. **1.** Cría del conejo. **2.** Error al hablar o escribir.

gazmoño, ña adj./m. y f. Que finge devoción y escrúpulos.

gaznápiro, ra adj./m. y f. Palurdo, torpe.

gaznatada f. *Amér. Central, Méx., P. Rico* y *Venez.* Bofetada.

gaznate m. Garganta.

gazpacho m. Sopa fría hecha de hortalizas crudas y pan.

ge f. Nombre de la letra g.

géiser m. Surtidor intermitente de agua, de origen volcánico.

> ■ **ENC.** En el parque natural de Yellowstone, en los Estados Unidos, se encuentran más de 80 **géisers**. Entre estos hay uno que alcanza 70 metros de altura y otro, que brota cada 75 minutos.

geisha f. Muchacha japonesa que hace compañía a los hombres.

gel m. **1.** Sustancia de consistencia viscosa. **2.** Jabón líquido.

gelatina f. **1.** Sustancia sólida y transparente, que se obtiene de huesos, tendones y ligamentos. **2.** Jalea de frutas.

gélido, da adj. Muy frío.

gema f. Piedra preciosa.

gemación f. Modo de multiplicación de una célula en que ésta se divide en dos partes desiguales.

gemelo, la adj./m. y f. **1.** Dícese de cada uno de los seres nacidos en un mismo parto. ◆ m. **2.** Músculo doble de la pantorrilla. ◆ pl. **3.** Prismáticos. **4.** Juego de botones que se ponen en los puños de la camisa.

geminado, da adj. **1.** Doble o dispuesto en par. **2.** Dividido.

géminis m. y f./adj. Persona nacida bajo el signo zodiacal de Géminis.

gemir intr. Expresar con voz lastimera una pena o dolor.

gemología f. Ciencia que estudia las gemas.

gen m. BIOL. Elemento de un cromosoma que condiciona la transmisión de un carácter hereditario.

gendarme m. En Francia y otros países, agente de policía.

gene m. Gen*.

genealogía f. Serie de los ascendientes de cada individuo.

generación f. **1.** Acción y efecto de engendrar. **2.** Sucesión de descendientes en línea recta. **3.** Conjunto de seres coetáneos.

generador m. Aparato que produce energía.

general adj. **1.** Común a todos o a muchos. **2.** Indeterminado. ◆ m. **3.** Oficial superior del ejército.

generalidad f. **1.** Mayoría. **2.** Imprecisión en lo dicho o escrito.

generalizar tr. y prnl. Hacer común una cosa.

generar tr. **1.** Producir algo. **2.** Dar vida a un nuevo ser.

generatriz adj./f. **1.** Dícese de la máquina que transforma la energía mecánica en eléctrica. **2.** MAT. Línea cuyo desplazamiento genera una superficie.

genérico, ca adj. Común a los elementos de un conjunto.

género m. **1.** Conjunto de cosas o seres con caracteres comunes. **2.** BIOL. Categoría de clasificación de plantas y animales. **3.** LING. Categoría gramatical por la que sustantivos, adjetivos, artículos y pronombres se clasifican en masculinos, femeninos y neutros.

generoso, sa adj. **1.** Propenso a dar o a repartir lo que tiene. **2.** Noble, magnánimo.

génesis f. Origen de una cosa.

genético, ca adj. **1.** Relativo a la génesis, a los genes y a la genética. ◆ f. **2.** Ciencia que estudia las leyes de la transmisión de los caracteres hereditarios de los organismos.

genio m. **1.** Carácter de cada persona. **2.** Talento para crear.

genital adj. **1.** Relativo a los órganos reproductores. ◆ m. pl. **2.** Órganos sexuales masculinos o femeninos.

genitivo m. LING. Caso de la declinación que expresa pertenencia, posesión o materia.

genocidio m. Exterminio de un grupo social.

genoma m. BIOL. Conjunto de los cromosomas de una célula.

genotipo m. BIOL. Información genética de un organismo.

gente f. **1.** Conjunto de personas. **2.** Amér. En algunos países, persona, individuo.

gentil adj. **1.** Apuesto. **2.** Amable, cortés. ◆ adj./m. y f. **3.** Pagano.

gentileza f. Cortesía.

gentilicio, cia adj. **1.** Relativo a las gentes o naciones y al linaje o familia. ◆ adj./m. LING. **2.** Dícese del sustantivo o adjetivo que expresa origen o nacionalidad.

gentío m. Afluencia de gente.

genuflexión f. Acción de doblar la rodilla en señal de sumisión.

genuino, na adj. Puro, que no está mezclado con otras cosas.

geocéntrico, ca adj. Relativo al centro de la Tierra.

geofísica f. Ciencia que estudia los fenómenos físicos que afectan a la Tierra.

geografía f. Ciencia que describe los fenómenos físicos y humanos en la superficie de la Tierra.

geología f. Ciencia que estudia la historia de la Tierra y la formación de sus materiales.

geometría f. Disciplina matemática que estudia el espacio y las formas, figuras y cuerpos que en él se pueden imaginar.

■ **ENC.** La **geometría** nació en Grecia, entre los siglos IV y III a.C., con Euclides.

geopolítica f. Disciplina que estudia las relaciones entre el medio físico de un país y sus estructuras sociales y políticas.

geoquímica f. Estudio de la composición química del suelo.

georgiano, na adj./m. y f. **1.** De Georgia. ◆ m. **2.** Lengua caucásica hablada en la República de Georgia.

georgiopolitano, na adj./m. y f. De Georgetown.

geranio m. Planta de jardín con flores de vivos colores.

gerente m. y f. Persona que dirige una empresa mercantil.

geriatría f. Parte de la medicina que estudia la vejez.

gerifalte m. Halcón de gran tamaño.

germánico, ca adj./m. y f. **1.** De Alemania. ◆ m. **2.** Grupo de lenguas indoeuropeas del que derivan el inglés, el alemán, etc.

germanio m. Metal blanco grisáceo, resistente a ácidos y bases.

germano, na adj./m. y f. Germánico.

germen m. **1.** Causa, origen, semilla. **2.** Microorganismo capaz de provocar enfermedades.

germinar intr. Brotar y empezar a crecer una planta.

gerontología f. Ciencia que estudia los fenómenos de la vejez.

gerundense adj./m. y f. De Gerona (España).

gerundio m. Forma no personal del verbo que comunica a la acción verbal un carácter durativo.

EVOLUCIÓN

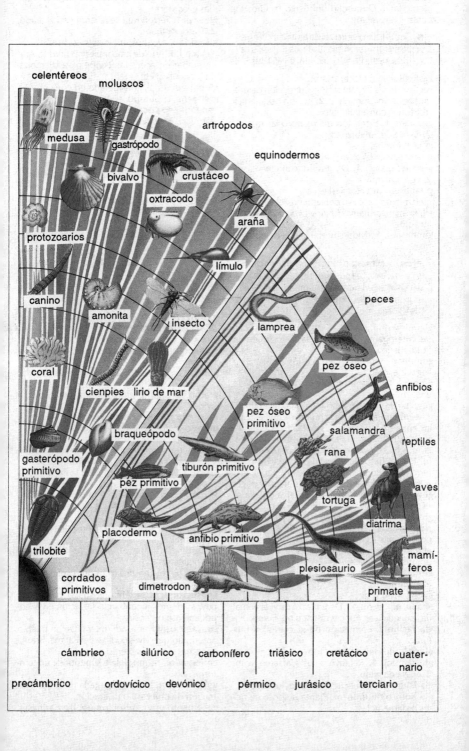

gesta f. Conjunto de hazañas o hechos heroicos.

gestación f. Desarrollo del óvulo fecundado, hasta el nacimiento.

■ **Enc.** El tiempo de **gestación** de un mamífero es proporcional a su tamaño. Entre los ovinos es de 150 días y entre los elefantes de 620 y 650 días.

gesticular intr. Hacer gestos.

gestión m. **1.** Organización y dirección de una empresa, un asunto, etc. **2.** Acción destinada a resolver o conseguir algo.

gesto m. **1.** Expresión del rostro o las manos. **2.** Rasgo de amabilidad.

giba f. Joroba.

giennense adj./m. y f. Jiennense*.

gigante, ta adj. **1.** De gran tamaño. ◆ m. y f. **2.** Persona muy alta.

gigantismo m. Enfermedad caracterizada por un crecimiento excesivo del tamaño del cuerpo.

gil, la m. y f. *Argent., Chile* y *Urug. Fam.* Tonto, incauto.

gimnasia f. Actividad de ejercitar el cuerpo o la mente.

■ **Enc.** La **gimnasia** olímpica se practica con aparatos y en el piso. Los principales aparatos utilizados son el caballo, el caballo con arzones, la barra fija, las barras paralelas, las barras asimétricas, los anillos y la viga.

gimnospermo, ma adj./f. BOT. Relativo a las plantas fanerógamas que llevan las semillas en un fruto abierto.

gimotear intr. *Fam.* Hacer gestos de llorar, sin llegar a ello.

ginebra f. Licor aromatizado con bayas de enebro.

gineceo m. BOT. Órgano femenino de la flor.

ginecología f. Parte de la medicina que estudia las enfermedades propias de la mujer.

girar intr. **1.** Dar vueltas. **2.** Cambiar de dirección. ◆ tr. **3.** Enviar dinero por correo o telégrafo. **4.** *Méx. Fam.* Ocuparse de una actividad determinada, cumplir cierta función, papel, etc. ◆ tr. e intr. **5.** Expedir letras u órdenes de pago.

girasol m. Planta herbácea de cuya semilla se extrae aceite.

giro, ra adj. **1.** *Amér.* Dícese del gallo o la gallina que tiene el plumaje matizado de amarillo con plumas rojas y negras. ◆ m. **2.** Acción y efecto de girar. **3.** Expresión, frase. ◆ f. **4.** Viaje por distintos lugares.

girola f. En algunas iglesias, galería que rodea el altar mayor.

gis m. *Méx.* Tiza.

gitano, na adj./m. y f. De una raza de vida nómada, extendida en épocas distintas por Europa.

glaciación f. Formación de glaciares en una época y región.

glacial adj. Helado, muy frío.

glaciar adj. **1.** Relativo a los glaciares. ◆ m. **2.** Masa de hielo.

gladiador m. En el circo romano, luchador.

gladíolo o **gladiolo** m. Planta bulbosa de flores ornamentales.

glande m. Cabeza del pene.

glándula f. Órgano que elabora ciertas sustancias y las vierte.

gleba f. **1.** Terrón que se levanta con el arado. **2.** Tierra de labor.

glicerina f. Alcohol incoloro y viscoso.

glíptica f. **1.** Arte de grabar piedras finas. **2.** Arte de grabar en acero los cuños para las monedas, medallas, etc.

global adj. Total, considerado en conjunto.

globo m. **1.** Cuerpo esférico. **2.** Vehículo aéreo formado por una bolsa llena de gas, y una barquilla. ● ~ **ocular,** el ojo.

■ **Enc.** 1783 fue un año decisivo para la historia de los **globos** aerostáticos: Étienne de Montgolfier lanzó el primer globo que transportó seres vivos: un gallo, un pato y un carnero. Este globo estaba inflado con aire caliente. Pilâtre de Rozier efectuó un viaje aéreo en globo cautivo (anclado en tierra) y sobrevoló París durante veinte minutos. Los hermanos Robert hicieron el primer viaje en un globo inflado con hidrógeno, que resultó más práctico que el de Montgolfier.

glóbulo m. Cuerpo esférico pequeño. ● ~ **blanco,** leucocito. ● ~ **rojo,** el de la sangre coloreado por la hemoglobina.

gloria f. **1.** Fama. **2.** En algunas religiones, cielo.

glorieta f. **1.** Plazoleta. **2.** Plaza donde desembocan varias calles.

glorificar tr. **1.** Conferir la gloria a alguien. **2.** Alabar, ensalzar.

glosa f. Explicación o comentario de un texto.

glosario m. Catálogo de palabras, con su explicación.

glotis f. Espacio en la laringe, entre las cuerdas vocales.

glotón, na adj./m. y f. Que come con exceso y avidez.

glucemia f. Presencia de glucosa en la sangre.

glúcido m. Compuesto de carbono, hidrógeno y oxígeno.

glucógeno m. Reserva de glucosa en el hígado y los músculos.

glucosa f. Glúcido presente en la fruta y en la sangre.

glúteo, a adj. **1.** Relativo a la nalga. ◆ adj./m. **2.** Dícese de cada uno de los tres músculos que forman las nalgas.

gnomo m. Ser fantástico, enano, con poder sobrenatural.

gnoseología f. FILOS. Ciencia de la teoría del conocimiento.

gnosis f. En el gnosticismo, conocimiento total de la divinidad.

gnosticismo m. Sistema filosófico y religioso, cuyos adeptos fundaban la salvación en el conocimiento o gnosis.

goayaná o **guayaná** adj./m. y f. De un pueblo amerindio que vive a orillas del Paraná, Brasil.

gobernación f. Gobierno.

gobernador, ra m. y f. Jefe superior de un territorio.

gobernanta f. Mujer encargada de la administración de una casa o institución.

gobernante m. y f. Persona que gobierna un país.

gobernar tr. e intr. Dirigir un país o conducir una colectividad dando las órdenes o normas necesarias.

gobierno m. **1.** Acción y efecto de gobernar. **2.** Conjunto de organismos políticos y personas que dirigen un estado.

goce m. Acción y efecto de gozar.

godo, da adj./m. y f. De un antiguo pueblo germánico que invadió gran parte del Imperio romano.

gofio m. *Argent., Bol., Cuba, Ecuad.* y *P. Rico.* Harina gruesa de maíz, trigo o cebada, tostada y con azúcar.

gol m. En algunos deportes, acción de meter el balón en la portería.

goleta f. Velero ligero, de dos o tres palos.

golf m. Deporte que consiste en introducir una pelota en ciertos hoyos, golpeándola con un palo.

golfo, fa m. y f. **1.** Pillo. ◆ m. **2.** Amplia entrada del mar en la tierra.

golilla f. *Argent.* y *Urug.* Pañuelo de cuello que usa el paisano.

golondrina f. Ave pequeña de lomo negro y vientre blanco. .

■ **Enc.** Las **golondrinas** construyen su nido con ramitas y arcilla que aglomeran con saliva. Este nido tiene forma de copa. En el otoño del hemisferio norte las golondrinas se agrupan, anuncio de su próxima partida hacia el sur.

golosina f. Cosa dulce y de sabor muy agradable.

goloso, sa adj./m. y f. Aficionado a comer golosinas.

golpe m. **1.** Encuentro brusco de dos cuerpos. **2.** Asalto, atraco. **3.** *Méx.* Instrumento de hierro parecido a un mazo. ● ~ **de estado**, apropiación del poder político por medios ilegales.

golpear tr., intr. y prnl. Dar uno o más golpes.

golpista adj./m. y f. Relativo al golpe de estado o que participa en él.

golpiza f. *Amér.* Paliza.

goma f. **1.** Sustancia que se endurece en contacto con el aire y forma con el agua disoluciones pegajosas. **2.** *Amér. Central.* Resaca tras una borrachera. **3.** *Argent.* Neumático. **4.** *Colomb.* Afición, manía.

gomera f. *Argent.* Tirachinas.

gomería f. *Argent.* Lugar de venta o reparación de neumáticos.

gomero m. **1.** *Amér. Merid.* Árbol que produce goma. **2.** *Argent.* Persona que se dedica a la reparación y venta de neumáticos de automóviles.

gomina f. Fijador del cabello.

gónada f. Glándula sexual que produce los gametos.

góndola f. Embarcación larga y plana, típica de Venecia.

gong m. Instrumento musical de percusión consistente en un disco de metal que se toca con una maza.

gonocito m. Célula embrionaria de los animales.

gonococo m. Bacteria que causa la blenorragia.

gordita f. *Méx.* Tortilla de maíz gruesa y rellena de carne, queso u otros ingredientes.

gordo, da adj. **1.** De muchas carnes. **2.** Grueso. ◆ m. **3.** Premio mayor de la lotería.

gordolobo m. Planta herbácea de flores algodonosas y amarillentas, que crece en lugares incultos y que a veces alcanza gran tamaño.

gorgojo m. Insecto coleóptero perjudicial para la agricultura.

gorgorito m. Quiebro que se hace con la voz.

gorgoteo m. Ruido producido por un líquido al moverse.

gorila m. Mono antropomorfo de gran tamaño y pelaje negro.

■ **Enc.** Los **gorilas** son los primates más grandes y fuertes: miden hasta 2 m, pueden pesar 200 kg y llegan hasta los 40 años de edad. Viven en África ecuatorial, en grupos formados por un macho, algunas hembras y las crías. Se alimentan de frutas y de hojas.

gorjeo m. Quiebro de la voz.

gorra f. Prenda para abrigar la cabeza, sin copa ni alas.

gorrino, na m. y f. Cerdo de menos de cuatro meses.

gorrión, na m. y f. Ave de pequeño tamaño y plumaje pardo.

gorro m. Prenda para abrigar la cabeza, sin alas ni visera.

gorrón, na adj./m. y f. Que vive o disfruta a costa de otros.

gota f. Pequeña cantidad de un líquido.

gotear intr. Caer gota a gota.

gotera f. Filtración de agua a través de un techo o pared.

gótico, ca adj. **1.** Relativo a los godos. ◆ adj./m. **2.** Relativo al arte europeo desarrollado desde el s. XII hasta el renacimiento.

■ **Enc.** El arte **gótico** nació en la región de l'Ile-de-France. Hacia el fin de la Edad Media, los monumentos góticos se cargaban de adornos en forma flameada, por eso se le llama gótico flamígero.

gourde m. Unidad monetaria de Haití.

gozar tr. y prnl. **1.** Experimentar gozo. ◆ tr. e intr. **2.** Disponer de algo útil, ventajoso o agradable.

gozne m. Bisagra de puertas y ventanas.

gozo m. Placer, alegría.

grabado m. **1.** Arte de grabar. **2.** Imagen, estampa.

■ **Enc.** Existen muchos procedimientos de **grabado**: el grabado en madera, sobre metal (a menudo sobre cobre rojo), el aguafuerte, que es un grabado sobre metal donde se utiliza ácido, el grabado sobre piedra o litografía, el grabado en linóleo o linograbado, etc.

grabar tr. y prnl. **1.** Labrar algo sobre una superficie. ◆ tr. e intr. **2.** Registrar imágenes o sonidos para que se puedan reproducir.

gracejo m. Gracia en el hablar o escribir.

gracia f. **1.** Cualidad de hacer reír. **2.** Chiste. **3.** Atractivo, donaire. **4.** En el cristianismo, don que Dios concede a los hombres para su salvación. ◆ pl. **5.** Expresión de agradecimiento.

grada f. **1.** Peldaño. **2.** Asiento a manera de escalón corrido. **3.** Instrumento de labranza para allanar la tierra.

gradería f. Graderío.

graderío m. **1.** Conjunto de gradas. **2.** Público que las ocupa.

gradiente m. **1.** Grado en que varía una magnitud con relación a la unidad. ◆ f. **2.** *Chile, Ecuad., Nicar.* y *Perú.* Pendiente, declive.

grado m. **1.** Cada uno de los estados o valores que puede tener algo. **2.** Fís. Unidad de medida de temperatura y densidad. **3.** MAT. Cada una de las 360 partes iguales en que puede dividirse la circunferencia.

graduado, da adj. **1.** Dividido en grados. ◆ adj./m. y f. **2.** Que tiene un grado universitario.

gradual adj. Que está por grados o que va de grado en grado.

graduar tr. **1.** Dar a una cosa el grado que le corresponde. **2.** Medir el grado de algo. ◆ tr. y prnl. **3.** Dar o recibir un grado o título.

grafía f. Signo con que se representa un sonido en la escritura.

gráfico, ca adj. **1.** Relativo a la escritura. ◆ adj./m. **2.** Que se representa por medio del dibujo. ◆ m. y f. **3.** Representación de datos mediante magnitudes geométricas o figuras.

grafismo m. **1.** Manera de escribir. **2.** Aspecto estético de lo escrito.

grafito m. Carbono puro cristalizado.

grafología f. Estudio de la personalidad a través de la escritura.

gragea f. Píldora medicinal cubierta de azúcar.

grajo m. **1.** Ave parecida al cuervo. **2.** *Antill., Colomb., Ecuad.* y *Perú.* Olor desagradable que se desprende del sudor.

grama f. Planta graminácea medicinal.

gramalote m. *Colomb., Ecuad.* y *Perú.* Hierba forrajera.

gramática f. Estudio y descripción del lenguaje como sistema.

gramilla f. *Amér. Merid.* Nombre de diversas gramíneas utilizadas para pasto.

gramíneo, a adj./f. Relativo a una familia de plantas con espigas de flores poco vistosas y frutos reducidos a granos.

gramo m. Unidad de masa en el sistema métrico decimal.

gramófono m. Aparato que reproduce las vibraciones de un sonido.

gramola f. Gramófono en forma de mueble.

gran adj. **1.** Apóc. de *grande: una ~ mujer.* **2.** Principal, primero.

grana f. **1.** Color rojo oscuro. **2.** Cochinilla.

granadino, na adj./m. y f. **1.** De Granada, estado insular caribeño. **2.** De Granada (España).

granado, da m. **1.** Arbusto de flores rojas y fruto comestible. ◆ f. **2.** Fruto de este arbusto. **3.** Proyectil que se arroja con la mano.

granar intr. Formarse y crecer el grano de ciertos frutos.

granate adj./m. **1.** Dícese del color rojo oscuro. ◆ adj. **2.** De color granate. ◆ m. **3.** Piedra de color rojo.

grande adj. **1.** Que tiene mayor dimensión de la normal. ◆ m. **2.** Persona ilustre.

grandilocuencia f. Elocuencia altisonante.

granel. A ~, 1. Sin envase, sin empaquetar. **2.** En abundancia.

granero m. Lugar destinado a almacenar granos.

granito m. Roca dura formada por cuarzo, feldespato y mica.

granívoro, ra adj. Que se alimenta de granos.

granizado, da adj./m. y f. **1.** Dícese del refresco parcialmente congelado. ◆ f. **2.** Precipitación grande de granizo.

granizo m. Agua congelada que cae en forma de granos.

granja f. **1.** Finca rústica con huerta, casa y establo. **2.** Lugar destinado a la cría de animales de corral.

granjear tr. y prnl. Conseguir.

grano m. **1.** Semilla y fruto de los cereales y otras plantas. **2.** Pequeño bulto en la piel. **3.** Trozo muy pequeño de algo.

granuja m. y f. Bribón, pillo.

granular tr. y prnl. Desmenuzar una cosa en granos.

granular adj. Que se compone de pequeños granos.

granza f. *Argent.* Ladrillo triturado.

grao m. Playa que sirve de desembarcadero.

grapa m. **1.** *Argent., Chile* y *Urug.* Aguardiente obtenido del orujo de la uva. ◆ f. **2.** Pieza de metal que se clava para unir o sujetar papeles, tablas, etc.

grapadora f. Utensilio que sirve para grapar.

grapar tr. Sujetar con grapas.

grasa f. **1.** Sustancia untuosa de origen animal o vegetal. **2.** Mugre.

gratificar tr. **1.** Recompensar a alguien por algo. **2.** Complacer.

gratis adv. Sin cobrar o sin pagar.

gratitud f. Acción y efecto de agradecer.

grato, ta adj. **1.** Que produce agrado. **2.** *Bol.* y *Chile.* Agradecido, obligado: *le estoy ~.*

gratuito, ta adj. **1.** Que no cuesta dinero. **2.** Arbitrario.

grava f. Piedra machacada usada para allanar caminos.

gravamen m. Impuesto.

gravar tr. Imponer una carga o gravamen.

grave adj. **1.** De mucha importancia. **2.** Que está muy enfermo. **3.** Dícese del sonido hueco y bajo. ◆ adj./f. LING. **4.** Llano.

gravedad f. **1.** Calidad de grave. **2.** Fís. Fuerza resultante de la gravitación entre la Tierra y los cuerpos situados cerca de ella.

■ **Enc.** En estado de ingravidez o ausencia de **gravedad,** los objetos y las personas tienden a flotar. Los astronautas tienen problemas para controlar sus movimientos y pueden tener náuseas y mareos. Es por ello que, antes de realizar sus vuelos, se someten a un largo entrenamiento que los acostumbra a los efectos de la ingravidez.

gravidez f. Estado de la hembra preñada o de la mujer embarazada.

gravitar intr. **1.** Obedecer a la atracción universal un cuerpo celeste. **2.** Tener un cuerpo propensión a caer sobre otro.

gravoso, sa adj. Molesto.

graznido m. Voz del cuervo, el grajo, etc.

greca f. **1.** Banda o tira adornada con motivos geométricos. **2.** *Antill., Colomb.* y *Venez.* Aparato para preparar café.

grecorromano, na adj. Relativo a la civilización nacida del encuentro de las culturas griega y romana.

greda f. Arcilla arenosa.

gregario, ria adj. Que está en compañía de otros sin distinción.

gregoriano, na adj. Dícese del canto propio de la liturgia cristiana.

greguería f. Género literario en prosa que presenta una visión humorística o sorprendente de la realidad.

gremialismo m. **1.** Tendencia a formar gremios. **2.** *Amér.* Sindicalismo.

gremio m. Conjunto de personas que tienen un mismo oficio.

■ **Enc.** Hasta el siglo XVI los comerciantes y los artesanos se organizaban en corporaciones llamadas **gremios**. Cada uno de los gremios tenía su reglamento y su administración. En su interior había jerarquías. La jerarquía más alta era la de los maestros, le seguía la de los oficiales y finalmente estaban los aprendices. Para convertirse en maestro había que producir una obra maestra. Los gremios se abolieron durante las revoluciones burguesas.

greña f. Mechón de pelo enredado y desarreglado.

gres m. Pasta cerámica de arcilla plástica y arena cuarzosa.

gresca f. **1.** Bulla, algazara. **2.** Riña.

grey f. **1.** Rebaño. **2.** Conjunto de individuos con caracteres comunes.

grial m. Copa que supuestamente sirvió a Jesús para la institución de la eucaristía.

griego, ga adj./m. y f. **1.** De Grecia. ◆ m. **2.** Lengua hablada en Grecia.

grieta f. Quiebra que se forma en la tierra o en cualquier cuerpo sólido.

grifero, ra m. y f. *Perú.* Empleado de una gasolinera.

grifo, fa adj. **1.** *Colomb.* Presuntuoso. ◆ m. **2.** Llave que regula el paso de un fluido por una cañería. **3.** Animal fabuloso con cuerpo de león y cabeza y alas de águila. **4.** *Perú.* Gasolinera. ◆ f. **5.** Mariguana.

grilla f. *Méx. Fam.* Actividad política, en especial la que se vale de intrigas.

grillete m. Arco de hierro que sujeta los pies de los presos.

grillo m. Pequeño insecto que produce un sonido agudo y monótono.

grima f. Desazón, irritación.

grimillón m. *Chile.* Multitud.

gringo, ga adj./m. y f. **1.** *Amér.* Extranjero, especialmente el de origen norteamericano o de rasgos anglosajones. **2.** *Chile.* Tonto. ◆ adj./m. **3.** *Amér.* Dícese de la lengua extranjera.

gripa f. *Amér.* Gripe.

gripe f. Afección vírica que se presenta con fiebre y catarro.

gris adj./m. **1.** Dícese del color que resulta de la mezcla de blanco y negro. ◆ adj. **2.** De color gris.

grisalla f. *Méx.* Chatarra.

grisma f. *Chile, Guat., Hond.* y *Nicar.* Brizna, pizca.

grisú m. Gas inflamable que se desprende de las minas de carbón.

gritar intr. Levantar mucho la voz.

griterío m. Confusión de voces altas y desentonadas.

grito m. Voz muy levantada y esforzada.

grosella f. Fruto en baya de color rojo y de sabor agridulce.

grosero, ra adj. **1.** Basto, ordinario. ◆ adj./m. y f. **2.** Maleducado.

grosor m. Espesor de un cuerpo.

grotesco, ca adj. Ridículo y extravagante.

grúa f. Máquina con un brazo giratorio para levantar pesos.

grueso, sa adj. **1.** Corpulento, abultado. **2.** Grande. ◆ m. **3.** Anchura de una cosa. **4.** Parte principal de un todo. ◆ f. **5.** Doce docenas.

grulla f. Ave zancuda de gran tamaño, de plumaje gris.

■ **Enc.** La **grulla** es un ave migratoria que vuela en bandadas. Algunas especies, como la grulla ceniciena, pasan el invierno en el sur.

grumete m. Aprendiz de marinero.

grumo m. Parte coagulada de un líquido.

gruñido m. **1.** Voz del cerdo. **2.** Voz amenazadora de algunos animales.

grupa f. Ancas de una caballería.

grupo m. Pluralidad de seres o cosas que forman un conjunto.

gruta f. Cavidad abierta en el seno de la tierra.

guabán m. *Cuba.* Planta arbórea con cuya madera se fabrican herramientas y mangos.

guabico m. *Cuba.* Planta arbórea anonácea de madera dura y fina.

guabina f. *Antill., Colomb.* y *Venez.* Pez de agua dulce, de carne suave y sabrosa.

guabirá m. *Argent., Par.* y *Urug.* Árbol grande de fruto amarillo.

guaca f. **1.** *Amér. Merid.* y *Amér. Central.* Tesoro enterrado. **2.** *Amér. Merid.* y *Amér. Central.* Tumba o yacimiento arqueológico de la época precolombina. **3.** *Bol., C. Rica* y *Cuba.* Hucha. **4.** *C. Rica* y *Cuba.* Hoyo donde se depositan frutas verdes para que maduren.

guacal m. **1.** *Amér. Central.* Planta arbórea que produce un fruto redondo, del que se hacen vasijas. **2.** *Amér. Central* y *Méx.* Recipiente hecho con el fruto de esta planta. **3.** *Colomb., Méx.* y *Venez.* Cesta o jaula de varillas que se utiliza para transportar mercancías.

guacamayo m. Especie de papagayo del tamaño de una gallina.

guacamol o **guacamole** m. *Amér. Central, Cuba* y *Méx.* Ensalada de aguacate, cebolla, tomate y chile verde.

guachafita f. *Colomb.* y *Venez.* Alboroto, bullicio.

guachapear tr. *Chile.* Hurtar, arrebatar.

guache m. *Colomb.* y *Venez.* Hombre vulgar, patán.

guachimán m. **1.** *Amér. Central, Chile, Perú* y *R. Dom.* Guardia jurado, vigilante. **2.** *Nicar.* Sirviente.

guacho, cha adj. **1.** *Amér. Central* y *Amér. Merid.* Dícese de la cría que ha perdido la madre. **2.** *Chile.* Que no tiene pareja. ◆ adj./m. y f. **3.** *Argent., Chile* y *Perú.* Huérfano, expósito. **4.** *Argent. Vulg.* Ruin, despreciable.

guácima f. *Antill., Colomb.* y *C. Rica.* Planta arbórea cuyo fruto y hojas sirven de alimento al ganado.

guaco m. **1.** Planta americana de flores blancas, que se utiliza para curar llagas, picaduras venenosas, etc. **2.** Ave casi tan grande como el pavo, de carne apreciada, abundante en América. **3.** *Amér. Central* y *Amér. Merid.* Objeto, por lo común cerámica, que se encuentra en una tumba o yacimiento precolombino. **4.** *C. Rica.* Ave con el cuerpo negro y el vientre blanco.

guadalajarense adj./m. y f. De Guadalajara (México).

guadalajareño, ña adj./m. y f. De Guadalajara (España).

guadaña f. Instrumento que sirve para segar a ras de tierra.

guagua m. o f. **1.** *Argent., Bol., Chile, Ecuad.* y *Perú.* Bebé. ◆ f. **2.** *Antill.* Autobús. **3.** *Cuba* y *R. Dom.* Insecto muy pequeño de color blanco o gris que destruye los naranjos y limoneros.

guaicurú m. *Argent.* y *Urug.* Hierba perenne de tallo áspero, hojas vellosas y largas, y flores moradas.

guairabo m. *Chile.* Ave nocturna de plumaje blanco, con la cabeza y el dorso negros.

guajiro, ra adj./m. y f. *Colomb.* y *Cuba.* Campesino.

guajolote adj. **1.** *Méx.* Tonto, bobo. ◆ m. **2.** *Méx.* Pavo.

gualdo, da adj. De color amarillo dorado.

gualeta f. **1.** *Chile.* Aleta de peces y reptiles. **2.** *Chile.* Parte saliente, y generalmente flexible, de cualquier objeto. **3.** *Chile.* Aleta para bucear.

gualve m. *Chile.* Terreno pantanoso.

guampa f. *Amér. Merid.* Asta o cuerno del animal vacuno.

guanaco m. **1.** Mamífero parecido a la llama, de lana muy apreciada, que habita en los Andes meridionales. **2.** *Amér.* Tonto, bobo. **3.** *Amér. Central.* Campesino, rústico.

guanche adj./m. y f. De un antiguo pueblo que habitaba las islas Canarias.

guando m. *Colomb., Ecuad., Pan.* y *Perú.* Parihuelas.

guangoche m. *Amér. Central* y *Méx.* Tela basta parecida a la arpillera.

guangocho, cha adj. **1.** *Méx.* Ancho, holgado. ◆ m. **2.** *Hond.* Guangoche. **3.** *Hond.* Saco hecho de guangoche.

guano m. **1.** Abono formado por excrementos de ciertas aves marinas. **2.** Abono mineral que se le parece. **3.** *Argent., Chile, Méx.* y *Perú.* Estiércol.

guantazo m. Bofetada fuerte.

guante m. Prenda que cubre o protege la mano.

guantear tr. *Amér. Central* y *Méx.* Golpear con la mano abierta.

guantera f. Caja del salpicadero de un automóvil.

guapear intr. *Argent., Chile* y *Urug.* Fanfarronear.

guapo, pa adj./m. y f. **1.** Bien parecido físicamente. **2.** Bonito.

guaraca f. *Chile, Colomb., Ecuad.* y *Perú.* Correa, látigo.

guarache m. *Méx.* Especie de sandalia tosca de cuero.

guarango, ga adj. *Amér. Merid.* Maleducado, grosero.

guaraní adj./m. y f. **1.** De un pueblo amerindio que en el s. XVI ocupaba la costa atlántica de América del Sur. ◆ m. **2.** Lengua hablada por este pueblo. **3.** Unidad monetaria de Paraguay.

guarapo m. *Amér.* Jugo extraído de la caña de azúcar.

guarapón m. *Chile* y *Perú.* Sombrero de ala ancha.

guarda m. y f. **1.** Persona que guarda. ◆ f. **2.** Acción de guardar. **3.** *Amér. Central* y *Amér. Merid.* Franja con que se adornan los bordes de vestidos, cortinas y telas en general.

guardabarros m. Pieza que cubre las ruedas de un vehículo.

guardabosque m. y f. Guarda forestal.

guardacostas m. Embarcación que vigila las costas.

guardaespaldas m. y f. Persona que protege la vida de otro.

guardagujas m. y f. Persona que maneja las agujas de una vía férrea.

guardameta m. y f. DEP. Portero.

guardamonte m. *Argent., Bol.* y *Urug.* Pieza de cuero que cuelga de la parte delantera de la montura y sirve para proteger las piernas del jinete.

guardar tr. **1.** Vigilar. **2.** Observar y cumplir: ~ *las leyes.* **3.** Conservar. ◆ prnl. Precaverse.

guardarropa m. Habitación o armario para guardar la ropa.

guardavalla m. *Amér. Central* y *Amér. Merid.* Guardameta.

guardería f. Lugar destinado al cuidado de los niños que aún no han cumplido la edad para la educación preescolar.

guardia m. **1.** Individuo de ciertos cuerpos armados. ◆ f. **2.** Defensa, custodia. **3.** Servicio especial que se realiza en algunas profesiones. **4.** Nombre de algunos cuerpos armados: ~ *civil.*

guardián, na m. y f. Persona que guarda algo.

guarecer tr. y prnl. Acoger, poner a cubierto.

guarida f. Lugar abrigado donde se refugian los animales.

guaripola m. y f. **1.** *Chile.* Director de una banda militar. ◆ f. **2.** *Chile.* Insignia del director de una banda militar.

guarismo m. Signo o conjunto de signos que expresan un número.

guarnecer tr. **1.** Poner guarnición. **2.** Dotar, proveer, equipar.

guarnición f. **1.** Adorno de las ropas. **2.** Alimento que acompaña a otro. **3.** Tropa. ◆ pl. **4.** Conjunto de correajes de las caballerías.

guaro m. *Amér. Central.* Aguardiente de caña.

guarro, rra adj./m. y f. Cochino.

guasanga f. *Amér. Central, Colomb., Cuba* y *Méx.* Algazara.

guasca f. **1.** *Amér. Merid.* y *Antill.* Ramal de cuero, cuerda o soga, que sirve de rienda o látigo. **2.** *Argent. Vulg.* Semen.

guaso, sa adj. **1.** *Amér. Merid.* Maleducado. ◆ f. *Fam.* **2.** Ironía o burla con que se dice algo.

guata f. **1.** Lámina gruesa de algodón que se usa como relleno. **2.** *Chile. Fam.* Barriga, vientre.

guate m. *Amér. Central* y *Méx.* Plantación de maíz destinado a servir de forraje.

guatemalteco, ca adj./m. y f. De Guatemala.

guateque m. Fiesta en una casa particular.

guayaba f. **1.** Fruto del guayabo. **2.** *Antill., Colomb., Salv., Nicar.* y *Urug. Fam.* Mentira, embuste.

guayabera f. Camisa suelta de tela ligera.

guayabo m. Árbol cultivado por sus bayas azucaradas.

guayaca f. *Argent., Bol.* y *Chile.* Bolsa de tela para guardar monedas o utensilios de fumar.

guayacán o **guayaco** m. Planta arbórea de América tropical, apreciada por su madera y por sus extractos.

guayanés, sa adj./m. y f. De Guayana.

guayar tr. **1.** *R. Dom.* Desmenuzar una cosa con el rallador. ◆ prnl. **2.** *P. Rico.* Embriagarse.

guayuco m. *Colomb., Pan.* y *Venez.* Taparrabos.

gubernamental adj. Relativo al gobierno o partidario de él.

gubia f. Herramienta usada en carpintería para hacer molduras.

güegüecho, cha adj. *Amér. Central* y *Méx.* Que tiene bocio.

güemul m. Mamífero parecido al ciervo, que vive en las estepas y bosques de los Andes.

guepardo m. Mamífero parecido al leopardo.

güero, ra adj./m. y f. *Méx.* y *Venez.* Rubio.

guerra f. Lucha armada entre sociedades humanas.

guerrilla f. Partida armada que lleva a cabo acciones coordinadas en territorio enemigo.

gueto m. Minoría de personas que vive aislada por motivos raciales, culturales, etc.

guía m. y f. **1.** Persona que encamina o enseña a otras. ◆ f. **2.** Cosa que dirige u orienta.

guijarro m. Piedra pequeña redondeada por la erosión.

guillotina f. Instrumento para decapitar a los condenados.

guinche m. *Argent.* Grúa.

guinda f. Variedad de cereza de color negro o rojo oscuro.

guindilla f. Pimiento pequeño, encarnado y muy picante.

guindo m. Variedad de cerezo que produce las guindas.

guineano, na adj./m. y f. De Guinea.

guineo m. Variedad de plátano en algunas zonas de América, pequeño y muy dulce.

guiñapo m. **1.** Jirón de ropa. **2.** Persona muy débil.

guiñar tr. y prnl. Cerrar y abrir un ojo con rapidez.

guiñol m. Teatro de marionetas.

guión m. **1.** Escrito esquemático que sirve de guía para un tema. **2.** Texto con el desarrollo de una película. **3.** Signo ortográfico (-).

guirigay m. Griterío y confusión.

guirlache m. Turrón de almendras tostadas y caramelo.

guirnalda f. Tira ornamental.

güiro m. **1.** *Amér.* Calabaza que es más ancha por la parte de la flor. **2.** *Antill.* y *Méx.* Instrumento musical que tiene como caja una calabaza de este tipo.

guisa f. Modo, manera.

guisante m. **1.** Planta trepadora cultivada por su fruto en legumbre, y semillas comestibles. **2.** Fruto y semilla de esta planta.

guisar tr. Preparar los alimentos al fuego.

güisqui m. Whisky*.

guitarra f. Instrumento musical de cuerdas, formado por una caja de madera y un mástil.

gula f. Exceso en la comida y en la bebida.

gurí, risa m. y f. *Argent.* y *Urug.* Niño, muchacho.

gusano m. Animal de cuerpo cilíndrico y alargado, sin patas.

gusarapo, pa m. y f. Cualquier animal con forma de gusano.

gustar tr. **1.** Percibir el sabor. ◆ tr. e intr. **2.** Resultar algo agradable o atractivo a alguien.

gusto m. **1.** Sentido que permite distinguir los sabores. **2.** Sabor de un alimento. **3.** Placer. **4.** Facultad de sentir o apreciar las cosas.

gutural adj. **1.** Relativo a la garganta. ◆ adj./f. **2.** LING. Velar.

guyanés, sa adj./m. y f. De Guyana.

G

h

h f. Octava letra del abecedario.

haba f. **1.** Planta leguminosa cultivada por su semilla comestible. **2.** Fruto y semilla de esta planta.

habanero, ra adj./m. y f. **1.** De La Habana. ◆ f. **2.** Música y danza de origen cubano.

habano m. Cigarro puro elaborado en Cuba.

haber impers. **1.** Estar en alguna parte: *hay mucha gente en la sala.* **2.** Existir. **3.** Suceder: *hubo altercados.* **4.** Verbo auxiliar que, seguido de un participio, forma los tiempos compuestos de éste: *hubo llegado.* **5.** Seguido de la preposición *de* y un infinitivo expresa la acción como obligatoria o necesaria: *has de estudiar.*

haber m. **1.** Conjunto de bienes. **2.** Parte de una cuenta en la que constan los ingresos.

habichuela f. Judía.

hábil adj. **1.** Inteligente, dispuesto. **2.** Legalmente capaz o apto.

habilitar tr. Hacer hábil o apto.

habitación f. Cualquiera de las piezas de una casa.

habitáculo m. **1.** Habitación, vivienda. **2.** Hábitat natural.

habitante m. y f. Persona que habita en un lugar.

habitar tr. e intr. Vivir o morar en un lugar o casa.

hábitat m. Territorio que presenta las condiciones adecuadas para la vida de una especie animal o vegetal.

hábito m. **1.** Traje usado por los religiosos. **2.** Costumbre.

habitual adj. Que se hace o posee por hábito o costumbre.

habituar tr. y prnl. Hacer que uno se acostumbre a una cosa.

habla f. **1.** Facultad, acción y efecto de hablar. **2.** Uso individual que hacen los hablantes de la lengua. **3.** Conjunto de medios de expresión propios de un grupo: *las hablas regionales.*

hablador, ra adj./m. y f. **1.** Que habla demasiado. **2.** *Méx.* y *R. Dom.* Fanfarrón, mentiroso.

habladuría f. Chisme, rumor.

hablar intr. **1.** Articular palabras. **2.** Tratar sobre un asunto: *el libro habla de política.* ◆ tr. **3.** Conocer y utilizar un idioma.

hacendado, da adj./m. y f. **1.** Que tiene haciendas. **2.** *Argent.* y *Chile.* Dícese del estanciero que se dedica a la cría de ganado.

hacendoso, sa adj. Diligente en las faenas domésticas.

hacer tr. **1.** Fabricar cosas materiales. **2.** Crear: *~ versos.* **3.** Representar: *~ cine.* ◆ tr. y prnl. **4.** Acostumbrar: *hacerse al frío.* ◆ intr. **5.** Actuar: *hace mal.* ◆ impers. **6.** Haber transcurrido cierto tiempo: *hoy hace un año.* **7.** Haber ciertas condiciones atmosféricas: *hace frío.*

hacha f. **1.** Herramienta cortante, de hoja ancha. **2.** Vela gruesa de cera. **3.** Mecha de esparto y alquitrán.

hachazo m. **1.** Golpe dado con un hacha. **2.** *Argent.* Golpe violento dado de filo con arma blanca. **3.** *Argent.* Herida y cicatriz así producidas. **4.** *Colomb.* Espanto súbito y violento del caballo.

hache f. Nombre de la letra *h.*

hachís m. Resina del cáñamo índico, usada como droga.

hacia prep. **1.** Indica dirección o tendencia: *fue ~ él.* **2.** Indica proximidad temporal: *~ fines de mes.*

hacienda f. **1.** Finca agrícola. **2.** Conjunto de bienes y propiedades. **3.** *Amér. Central* y *Amér. Merid.* Conjunto de ganado que hay en una estancia.

hacinar tr. y prnl. Amontonar.

hada f. Ser imaginario, de sexo femenino, dotado de poder mágico.

hado m. Destino.

haitiano, na adj./m. y f. De Haití.

halagar tr. **1.** Dar muestras de afecto o admiración. **2.** Adular.

halagüeño, ña adj. **1.** Que halaga. **2.** Prometedor: *noticia ~.*

halcón m. Ave rapaz, que puede ser domesticada.

■ **Enc.** Antaño los **halcones** se usaban frecuentemente para la caza, pues eran entrenados para recuperar las presas. Pueden volar cerca de 300 km/h. Se alimentan de otras aves y de pequeños mamíferos. El gavilán es una variedad de halcón.

hálito m. **1.** Aliento. **2.** Soplo suave del aire.

hallar tr. **1.** Dar con una persona o cosa. ◆ prnl. **2.** Estar en determinado lugar, situación o estado.

hallazgo m. **1.** Acción y efecto de hallar. **2.** Cosa hallada.

halo m. **1.** Círculo luminoso que rodea el Sol o la Luna. **2.** Aureola.

halofita, to adj. Dícese de los vegetales que crecen en lugares salados.

halógeno adj./m. QUÍM. **1.** Dícese del cloro, flúor, yodo y bromo. **2.** Dícese de ciertas lámparas que dan una luz blanca y potente.

halterofilia f. Deporte que consiste en levantar pesos.

haluro m. Combinación química de un halógeno con otro elemento.

hamaca f. **1.** Red que colgada por los extremos sirve de cama. **2.** *Argent.* y *Urug.* Mecedora.

hamacar tr. y prnl. **1.** *Argent., Guat., Par.* y *Urug.* Mecer. **2.** *Argent. Fam.* Afrontar con esfuerzo una situación difícil.

hamaquear tr. y prnl. **1.** *Amér. Central* y *Amér. Merid.* Mecer, columpiar, especialmente en hamaca. ◆ tr. **2.** *Cuba, P. Rico* y *Venez.* Zarandear.

hambre f. **1.** Deseo o necesidad de comer. **2.** Deseo ardiente de algo.

hamburguesa f. Bistec de carne picada.

hampa f. Gente maleante y tipo de vida que practica.

hámster m. Roedor de pequeño tamaño.

■ **Enc.** Los **hámsters** viven sobre todo en los campos y pastizales, donde cavan una red complicada de galerías subterráneas. En estas galerías almacenan, para el invierno, hasta 15 kg de alimento. Hay una especie originaria de Asia que se puede criar en cautiverio.

hándicap m. **1.** Dificultad. **2.** DEP. Ventaja que los participantes de inferior nivel reciben en algunas pruebas.

hangar m. Cobertizo donde se guardan y reparan los aviones.

haragán, na adj./m. y f. Perezoso, holgazán.

harakiri m. Modo japonés de suicidio, abriéndose el vientre.

harapo m. Trozo de un traje o prenda que cuelga roto.

haraquiri m. Harakiri*.

hardware m. INFORM. Conjunto de partes físicas de una computadora.

harén o harem m. **1.** En los países musulmanes, lugar de la casa destinado a las mujeres. **2.** Conjunto de estas mujeres.

harina f. Polvo resultante de moler el trigo y otras semillas.

harmonía f. Armonía*.

harnear tr. *Chile* y *Colomb.* Cribar.

hartar tr. y prnl. **1.** Saciar el apetito de comer o beber. **2.** Satisfacer el deseo de una cosa. **3.** Fastidiar, cansar.

harto, ta adj. **1.** Saciado. **2.** Cansado, aburrido. **3.** *Chile, Cuba* y *Méx.* Mucho, gran cantidad. ◆ adv. **4.** Bastante.

hasta prep. Expresa el término del cual no se pasa con relación al espacio, al tiempo y a la cantidad: *desde Madrid ~ Roma.*

hastío m. Disgusto, tedio.

hatajo m. Conjunto de gente o de cosas.

hato m. **1.** Porción de ganado. **2.** Hatajo.

haya f. Árbol de madera blanca, usada en ebanistería.

hayuco m. Fruto de la haya.

haz m. **1.** Porción de cosas atadas: *haz de leña.* **2.** Conjunto de rayos luminosos. ◆ f. **3.** Cara anterior de una cosa.

hazaña f. Hecho ilustre o heroico.

hazmerreír m. *Fam.* Persona ridícula que sirve de diversión.

he adv. Junto con *aquí, allí, ahí,* o unido a pronombres personales átonos, sirve para señalar: *he aquí lo que buscabas.*

hebilla f. Pieza de metal que une los dos extremos de una correa.

hebra f. Porción de hilo que se pone en la aguja para coser.

hebreo, a adj./m. y f. **1.** De un pueblo semita que se estableció en Palestina. ◆ m. **2.** Lengua semítica hablada antiguamente por los hebreos y, en la actualidad, lengua oficial de Israel.

hecatombe f. **1.** Catástrofe con muchas víctimas. **2.** Desastre.

hechizar tr. Ejercer un maleficio sobre alguien.

hechizo adj. **1.** *Chile* y *Méx.* Dícese del aparato o instrumento que no es de fábrica, que está hecho de forma rudimentaria. ◆ m. **2.** Acción y efecto de hechizar. **3.** Lo que se emplea para hechizar.

hecho, cha adj. **1.** Acabado, maduro. ◆ m. **2.** Obra, acción. **3.** Suceso.

hechura f. **1.** Acción y efecto de hacer. **2.** Forma externa.

hectárea f. Medida de superficie que equivale a 100 áreas.

hectómetro m. Medida de longitud que equivale a 100 m.

heder intr. Despedir mal olor.

hedonismo m. Doctrina que hace del placer el objetivo de la vida.

hedor m. Olor desagradable.

hegemonía f. Supremacía.

hégira o héjira f. Era musulmana que comienza en el año 622 de la nuestra.

heladera f. *Amér. Merid.* Nevera, frigorífico.

helado, da adj. **1.** Muy frío. **2.** Atónito, pasmado. ◆ m. **3.** Golosina o postre que se somete a cierto grado de congelación. ◆ f. **4.** Descenso de la temperatura por debajo de cero grados.

helar tr., intr. y prnl. **1.** Congelar. ◆ impers. **2.** Producirse heladas.

helecho m. Planta sin flores que vive en lugares húmedos.

helénico, ca adj. Griego.

heleno, na adj./m. y f. Griego.

hélice f. **1.** Dispositivo formado por aspas dispuestas alrededor de un eje accionado por un motor. **2.** MAT. Curva que corta las generatrices de un cilindro de revolución.

helicóptero m. Aeronave con una hélice de eje vertical.

helio m. Cuerpo simple gaseoso, inodoro, incoloro e insípido.

heliotropismo m. Fenómeno que ofrecen las plantas al dirigir sus órganos hacia la luz solar.

heliotropo m. Planta de jardín de flores blancas o violetas.

helvético, ca adj./m. y f. De Suiza.

hematíe m. Glóbulo rojo de la sangre.

hematología f. Parte de la medicina que estudia la sangre.

hematoma m. Derrame interno de sangre.

hembra f. **1.** Persona o animal del sexo femenino. **2.** Pieza que tiene un hueco en el que se introduce y encaja otra.

hemeroteca f. Biblioteca de periódicos y revistas.

hemiciclo m. **1.** Semicírculo. **2.** Sala o gradería semicircular.

hemiplejía o hemiplejia f. Parálisis de un lado del cuerpo.

hemíptero, ra adj./m. Relativo a un orden de insectos provistos de trompa chupadora.

hemisferio m. Cada una de las dos partes del globo terrestre.

hemistiquio m. Cada una de las dos partes de un verso con cesura.

hemofilia f. Enfermedad que se caracteriza por la dificultad de la sangre para coagularse.

hemoglobina f. Pigmento de los glóbulos rojos de la sangre.

hemorragia f. Flujo de sangre.

hemorroide f. Variz de las venas del ano, almorrana.

henchir tr. y prnl. Llenar.

hender tr. **1.** Atravesar un fluido. ◆ tr. y prnl. **2.** Hacer o causar una hendidura.

hendidura f. Abertura, corte en cuerpo sólido.

hendir tr. Hender*.

henequén m. **1.** *Méx.* Especie de pita de la que se extrae una fibra textil. **2.** *Méx.* Esta fibra textil.

heno m. Hierba segada y seca.

hepática f. Planta que vive sobre la tierra, las rocas o adherida a los árboles.

hepático, ca adj. Relativo al hígado.

hepatitis f. Inflamación del hígado.

heptaedro m. MAT. Sólido de siete caras.

heptágono m. MAT. Polígono de siete lados.

heptano m. Hidrocarburo saturado, componente de la gasolina.

heptasílabo, ba adj./m. Que consta de siete sílabas.

heráldica f. Conjunto de conocimientos sobre los escudos de armas.

heraldo m. Mensajero, emisario.

herbáceo, a adj.BOT. Dícese de las plantas endebles, no leñosas, cuyas partes aéreas mueren después de fructificar.

herbicida adj./m. Dícese del producto químico que destruye las malas hierbas.

herbívoro, ra adj./m. Que se alimenta de vegetales.

herbolario, ria m. y f. **1.** Persona que vende hierbas y plantas medicinales. ◆ m. **2.** Tienda donde se venden estas plantas.

hercio m. FÍS. Unidad de medida de frecuencia de todo movimiento vibratorio, expresada en ciclos por segundo.

heredad f. Terreno cultivado de un mismo dueño.

heredar tr. **1.** Recibir los bienes que tenía una persona al tiempo de su muerte. **2.** Recibir caracteres biológicos de los padres.

herejía f. Creencia contraria a los dogmas de la iglesia.

herencia f. **1.** Acción de heredar. **2.** Cosa que se hereda.

herida f. Lesión en la piel producida por un golpe o corte.

herir tr. y prnl. **1.** Romper de un modo violento los tejidos del cuerpo de un ser vivo. ◆ tr. **2.** Ofender.

hermafrodita adj./m. y f. Que tiene los órganos reproductores de los dos sexos.

hermanar tr. y prnl. Unir, armonizar.

hermanastro, tra m. y f. Hijo de uno de los cónyuges, respecto al hijo del otro.

hermandad f. **1.** Fraternidad. **2.** Cierto tipo de asociación.

hermano, na m. y f. Persona que con respecto a otra tiene los mismos padres o al menos uno de ellos.

hermenéutica f. Arte de interpretar textos, especialmente los sagrados.

hermético, ca adj. Que está perfectamente cerrado.

hermoso, sa adj. Que tiene belleza.

hernia f. Tumor formado por la salida total o parcial de un órgano fuera de su cavidad natural.

héroe m. **1.** Persona que se distingue por sus cualidades o acciones. **2.** Personaje principal de un poema, película, etc.

heroico, ca adj. Que narra las hazañas de los héroes.

heroína f. **1.** Persona que se distingue por sus cualidades o acciones. **2.** Personaje principal de un poema, película, etc. **3.** Estupefaciente derivado de la morfina.

herpes oherpe m. Erupción cutánea de vesículas agrupadas.

herradura f. Hierro que se clava en las patas de las caballerías.

herramienta f. Instrumento con que trabajan los artesanos.

■ **Enc.** El hombre ha utilizado **herramientas** desde que adquirió la posición erguida. Las primeras herramientas eran guijarros, pedazos de pedernal y huesos de animales. Poco a poco estas herramientas se tallaron y se les añadió un mango. Posteriormente, se inventaron herramientas más sofisticadas para esculpir, pintar y grabar.

herrar tr. **1.** Clavar las herraduras. **2.** Marcar con hierro candente.

herrero m. Persona que trabaja el hierro.

herrumbre f. Orín del hierro.

hertz m. FÍS. Hercio*.

hervidero m. **1.** Movimiento de los líquidos al hervir. **2.** Multitud.

hervir tr. **1.** Hacer que algo entre en ebullición. ◆ intr. **2.** Producir burbujas un líquido al elevar su temperatura, o por fermentación.

herzegovino, na adj./m. y f. De Bosnia-Herzegovina.

heterodoxo, xa adj./m. y f. Contrario a la doctrina ortodoxa o a una opinión comúnmente admitida.

heterogéneo, a adj. Compuesto de partes de diversa naturaleza.

heterosexual adj./m. y f. Que experimenta atracción sexual por el sexo contrario.

heterótrofo, fa adj./m. y f.BIOL. Que se alimenta de sustancias orgánicas elaboradas por otros seres vivos.

hexadecimal adj. Dícese del sistema de numeración de base 16.

hexaedro m. MAT. Sólido de seis caras.

hexágono m. MAT. Polígono de seis lados.

hez f. **1.** Sedimento de algunos líquidos. ◆ pl. **2.** Excremento.

hiato m. Pronunciación en sílabas distintas de vocales contiguas.

hibernación f. Letargo de ciertos animales durante el invierno. →

FRUTOS, RAÍCES Y HOJAS

FRUTOS

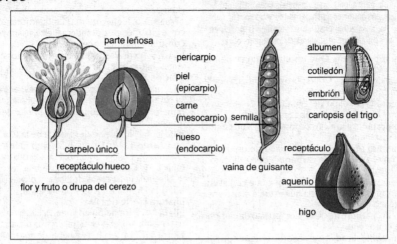

parte leñosa

pericarpio

piel (epicarpio)

carne (mesocarpio)

hueso (endocarpio)

carpelo único

receptáculo hueco

flor y fruto o drupa del cerezo

semilla

vaina de guisante

albumen

cotiledón

embrión

cariopsis del trigo

receptáculo

aquenio

higo

TIPOS DE RAÍCES

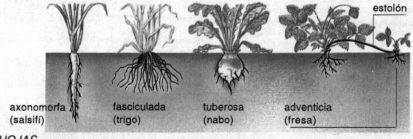

estolón

axonomorfa (salsifí)

fasciculada (trigo)

tuberosa (nabo)

adventicia (fresa)

HOJAS

hojas simples

haya

plátano

acebo

castaño

avellano

capuchina

hojas compuestas

otro tipo de hojas

fresno

acacia

pino

tuya

helecho

musgo

■ **Enc.** La **hibernación** de algunos animales dura todo el invierno y no se alimentan hasta que despiertan en la primavera. Otros animales despiertan sólo para alimentarse y después vuelven a dormirse. Los animales que hibernan se acurrucan en cuevas, en madrigueras, en escondrijos o se cubren con hojas, para protegerse de los depredadores.

híbrido, da adj. Que resulta del cruce de dos especies distintas.

hidalgo, ga m. y f. Miembro de la antigua nobleza castellana.

hidra f. **1.** Pólipo de agua dulce. **2.** Monstruo mitológico de siete cabezas.

hidratar tr. y prnl. Incorporar agua a un cuerpo o sustancia.

hidrato m. QUÍM. Combinación de un cuerpo con el agua. ● ~ **de carbono** (QUÍM.), glúcido o azúcar.

hidráulico, ca adj. **1.** Que funciona con ayuda de agua. ◆ f. **2.** Ciencia que estudia el uso energético del agua.

hidrocarburo m. QUÍM. Compuesto de carbono e hidrógeno.

hidrófilo, la adj. Que absorbe el agua con facilidad.

hidrógeno m. Cuerpo simple, gaseoso, que forma parte del agua.

hidrólisis f. QUÍM. Descomposición de un compuesto orgánico por acción del agua.

hidrología f. Ciencia que estudia las aguas.

hidropesía f. Acumulación anormal de suero en una cavidad o tejido del organismo.

hidrosfera f. Parte líquida del globo terráqueo.

hidróxido m. QUÍM. Compuesto que contiene el radical hidroxilo.

hidroxilo m. QUÍM. Radical que contiene un átomo de hidrógeno y otro de oxígeno.

hiedra f. Planta trepadora de hojas perennes y bayas negras.

hiel f. **1.** Bilis. **2.** Amargura.

hielera f. *Argent., Chile* y *Méx.* Nevera.

hielo m. Agua solidificada por el frío.

hiena f. Mamífero carnívoro, de pelo gris o rojizo.

hierático, ca adj. **1.** Relativo a las cosas sagradas o a los sacerdotes. **2.** Que no deja traslucir sentimientos.

hierba f. Cualquier planta pequeña de tallo tierno.

hierbabuena f. Planta herbácea aromática, usada como condimento.

hierbero, ra m. y f. **1.** *Méx.* Persona que vende hierbas. **2.** *Méx.* Curandero, persona que conoce las propiedades de las plantas medicinales y cura con ellas.

hierra f. **1.** *Amér.* Acción de marcar con el hierro el ganado. **2.** *Amér.* Temporada en que se hace y fiesta que se celebra con tal motivo.

hierro m. Metal de color gris plateado, de gran uso industrial.

hígado m. Órgano contenido en el abdomen que segrega la bilis.

higiene f. **1.** Parte de la medicina que se ocupa de la conservación de la salud o la prevención de enfermedades. **2.** Limpieza, aseo.

higo m. Fruto de la higuera.

higrometría f. Ciencia que determina la humedad de la atmósfera.

higuera f. Árbol de hojas grandes, cuyo fruto es el higo.

higuerón o **higuerote** m. Planta arbórea que crece en América, de madera fuerte, usada para construir embarcaciones.

hijastro, tra m. y f. Respecto de uno de los cónyuges, hijo o hija que el otro ha tenido de una relación anterior.

hijo, ja m. y f. **1.** Persona o animal respecto de su padre o de su madre. ◆ m. **2.** Brote o retoño.

hijuelo m. Retoño que nace de la raíz de los árboles.

hilacha f. Hilo que se desprende de la tela.

hilachento, ta adj. **1.** *Chile* y *Colomb.* Que tiene hilachas. **2.** *Chile* y *Colomb.* Harapiento.

hilar tr. **1.** Convertir en hilo las fibras textiles. **2.** Discurrir unas cosas de otras: ~ *planes.*

hilaridad f. Risa ruidosa y prolongada.

hilatura f. Arte de hilar.

hilera f. **1.** Formación en línea. **2.** Pieza de acero para transformar el metal en hilo o alambre.

hilo m. **1.** Fibra delgada y flexible de una materia textil. **2.** Tela de fibra de lino. **3.** Curso que siguen las cosas.

hilván m. **1.** Costura que se hace para preparar el cosido definitivo. **2.** *Venez.* Dobladillo.

hilvanar tr. **1.** Coser con hilvanes. **2.** Enlazar o coordinar: ~ *ideas.*

himen m. Membrana de la vagina de la mujer.

himenóptero, ra adj./m. Relativo a un orden de insectos que poseen dos pares de alas membranosas, como las abejas.

himno m. Composición musical o poética de alabanza o admiración.

hincapié. Hacer ~ *(Fam.),* insistir con tesón.

hincar tr. Introducir, clavar o apoyar una cosa en otra.

hincha m. y f. Seguidor entusiasta de un equipo deportivo.

hinchada f. Conjunto de hinchas.

hinchar tr. y prnl. **1.** Llenar de aire un objeto flexible. ◆ prnl. **2.** Abultarse una parte del cuerpo. **3.** Hartarse de comer.

hindi m. Lengua oficial de la India.

hindú adj./m. y f. De la India.

hinduismo m. Religión predominante en la India.

■ **Enc.** El **hinduismo** se basa en *Los Vedas*, serie de textos sagrados muy antiguos. Según estos textos, el Universo y los hombres están sometidos a un orden que nunca cambia. Quien sigue este orden es feliz y reencarna bajo la forma de un hombre superior. Quien no hace caso de este orden, reencarna bajo una forma inferior.

hinojo m. Planta aromática, usada en medicina y como condimento.

hipérbaton m. Figura retórica que consiste en alterar el orden lógico de las palabras.

hipérbola f. Curva simétrica formada por puntos cuya distancia respecto de dos puntos fijos, o focos, es constante.

hipérbole f. Figura retórica consistente en exagerar la realidad.

hipermetropía f. Defecto de la visión que impide ver bien de cerca.

hipertexto m. INFORM. Técnica de consulta de textos en una computadora, que permite saltar de un documento a otro.

hípico, ca adj. **1.** Relativo al caballo y a la equitación. ◆ f. **2.** Serie de deportes que se practican a caballo.

hipnosis f. Estado parecido al sueño, provocado por sugestión.

hipnotizar tr. Producir hipnosis.

hipo m. Contracción brusca del diafragma.

hipocentro m. Región del interior de la corteza terrestre donde tiene su origen un movimiento sísmico.

hipocondría f. Preocupación obsesiva por la propia salud.

hipocorístico, ca adj./m. Dícese de los diminutivos que se usan de forma cariñosa, como *Lola* por *Dolores*.

hipocresía f. Fingimiento de cualidades o sentimientos.

hipodermis f. Parte profunda de la piel, rica en tejido adiposo.

hipódromo m. Lugar destinado a las carreras de caballos.

hipófisis f. Glándula endocrina que regula el funcionamiento del organismo.

hipopótamo m. Mamífero de gran tamaño y boca amplia.

hipotálamo m. Región del encéfalo situada en la base cerebral.

hipoteca f. Contrato por el que se garantiza el cumplimiento de una obligación con un bien inmueble.

hipotenusa f. Lado opuesto al ángulo recto en un triángulo rectángulo.

hipótesis f. Teoría o suposición no confirmadas.

hirsuto, ta adj. Dícese del pelo áspero y duro.

hisopo m. **1.** Planta herbácea muy olorosa. **2.** *Chile* y *Colomb.* Brocha de afeitar.

hispalense adj./m. y f. De Sevilla (España).

hispánico, ca adj. Relativo a España o a la hispanidad.

hispanidad f. Conjunto de pueblos de lengua y cultura hispánica.

hispano, na adj. **1.** Hispanoamericano. ◆ adj./m. y f. **2.** Español. **3.** Dícese de los hispanohablantes afincados en EE UU.

hispanoamericano, na adj. **1.** De España y América. ◆ adj./m. y f. **2.** De Hispanoamérica.

hispanohablante adj./m. y f. Que habla español.

histeria f. Enfermedad nerviosa caracterizada por respuestas emocionales graves en estados de ansiedad.

histérico, ca adj. **1.** Relativo al útero. **2.** Relativo a la histeria. ◆ adj./m. y f. **3.** Que padece histeria.

histograma m. Gráfico formado por rectángulos de la misma base y cuya altura es proporcional a la cantidad que representan.

histología f. Ciencia que estudia los tejidos de los seres vivos.

historia f. **1.** Ciencia que estudia el pasado del hombre. **2.** Obra histórica: *la ~ de España.* **3.** Narración inventada.

historial m. Reseña de los antecedentes de un negocio, de los servicios de un empleado, etc.

histórico, ca adj. **1.** Relativo a la historia: *novela ~.* **2.** Sucedido realmente.

historieta f. **1.** Anécdota, chiste o cuento divertido. **2.** Cómic.

histrión m. Actor de la tragedia antigua.

hito m. **1.** Poste con que se marcan los límites de un terreno. **2.** Hecho importante dentro de un contexto.

hoacín m. Ave de la selva amazónica, pardusca, maloliente y provista de un gran moño.

hobby m. Pasatiempo favorito.

hocico m. Parte de la cabeza de algunos animales donde están la boca y las narices.

hocicón, na adj. **1.** *Chile* y *Méx.* Fanfarrón, mentiroso. **2.** *Méx. Vulg.* Dícese de la persona que tiene la boca grande.

hociquera f. *Argent.* y *Perú.* Bozal de los animales.

hockey m. Deporte entre dos equipos que impulsan una pelota con un bastón para introducirla en la portería contraria.

hoco m. Ave gallinácea originaria de América del Sur.

hogar m. **1.** Sitio donde se enciende fuego o lumbre. **2.** Lugar donde se vive con la familia.

hogaza f. Pan grande de forma circular.

hoguera f. Conjunto de materiales que arden con llama.

hoja f. **1.** Órgano vegetal, que crece en el extremo de los tallos o de las ramas. **2.** Lámina de papel. **3.** Parte plana y cortante de ciertas armas y herramientas. **4.** En puertas y ventanas, cada una de las partes que se abren y se cierran.

■ **ENC.** Las **hojas** sirven para la respiración y la fotosíntesis de las plantas. Estos órganos vegetales absorben el bióxido de carbono y liberan oxígeno. Por ello, los árboles son necesarios en las ciudades.

hojalata f. Chapa de acero, bañada de estaño.

hojalatería f. *Méx.* Taller donde se reparan las carrocerías de los automóviles.

hojaldre m. o f. Masa de harina y mantequilla que, cocida al horno, forma hojas delgadas y superpuestas.

hojarasca f. Conjunto de hojas secas de las plantas.

hojear tr. **1.** Pasar las hojas de un libro. **2.** Leer de forma rápida.

¡hola! interj. Voz que se emplea para saludar.

holandés, sa adj./m. y f. **1.** De Holanda. ◆ f. **2.** Hoja de papel más pequeña que el folio.

holgado, da adj. **1.** Amplio, ancho. **2.** Que vive con bienestar.

holgar intr. Estar ocioso.

holgazán, na adj./m. y f. Que es vago y ocioso.

holgura f. **1.** Amplitud de las cosas. **2.** Bienestar económico.

hollar tr. **1.** Pisar. **2.** Humillar.

hollejo m. Piel delgada que cubre algunas frutas y legumbres.

hollín m. Sustancia crasa y negra depositada por el humo.

holocausto m. Gran matanza de seres humanos.

holoceno adj./m. GEOL. Dícese de la época del período cuaternario que abarca desde el pleistoceno hasta nuestros días.

hombre m. **1.** Ser dotado de inteligencia y de lenguaje articulado. **2.** Individuo de la especie humana. **3.** Persona de sexo masculino.

hombrera f. Almohadilla cosida en los hombros de un vestido.

hombro m. Parte del tronco del hombre, de donde nace el brazo.

homenaje m. Acto que se celebra en honor de alguien.

homicidio m. Muerte de una persona causada por otra.

homínido adj./m. Relativo a un suborden de mamíferos primates, cuya especie superviviente es el hombre actual.

homófono, na adj. Dícese de las palabras de igual pronunciación, pero de sentido diferente, como *ora* y *hora*.

homogéneo, a adj. Que está formado por elementos de igual naturaleza y condición.

homógrafo, fa adj. Dícese de las palabras que se escriben igual, pero que tienen significados diferentes.

homologar tr. Reconocer una autoridad que un producto se ajusta a unas normas.

homólogo, ga adj. Que se corresponde exactamente con otro.

homónimo, ma adj./m. y f. Dícese de las palabras que tienen la misma pronunciación o la misma forma, pero sentido diferente.

homosexual adj./m. y f. Que siente atracción sexual por individuos de su mismo sexo.

hondo, da adj. **1.** Que tiene mucha profundidad. **2.** Aplicado a sentimientos, intenso: ~ *pesar*. ◆ **3.** Utensilio usado para lanzar piedras.

hondonada f. Parte más honda de un terreno.

hondureño, ña adj./m. y f. De Honduras.

honesto, ta adj. **1.** Decente. **2.** Honrado.

hongo m. Vegetal sin flores y sin clorofila.

■ **Enc.** Se conocen 200 000 especies de **hongos**. No pueden sintetizar su propio alimento. Por ello, lo toman de otros organismos (es el caso de los parásitos, como el mildeu) o de materia en descomposición (es el caso de los saprófitos, como los mohos). En los hombres, algunos hongos provocan micosis.

honor m. **1.** Cualidad moral de la persona, que obedece a los estímulos de su propia estimación. **2.** Buena reputación.

honorable adj. Respetable, digno.

honorario, ria adj. **1.** Que da honor. ◆ m. pl. **2.** Retribución percibida por las personas que ejercen profesiones liberales.

honra f. **1.** Circunstancia de ser alguien por su conducta digno de aprecio y respeto. ◆ pl. **2.** Oficio que se hace por los difuntos.

honrado, da adj. Que obra con justicia e imparcialidad.

honrar tr. **1.** Manifestar respeto y estima a alguien o algo. ◆ tr. y prnl. **2.** Ser motivo de estima.

hora f. **1.** Cada una de las veinticuatro partes en que se divide el día solar. **2.** Momento determinado del día.

horadar tr. Agujerear.

horario, ria adj. **1.** Relativo a las horas. ◆ m. **2.** Aguja del reloj que indica la hora. **3.** Cuadro con las horas en que debe hacerse algo.

horca f. **1.** Armazón con una cuerda para ahorcar a los reos. **2.** Palo rematado en dos puntas, para usos agrícolas.

horcajadas. A ~, poniendo cada pierna por su lado.

horchata f. Bebida de chufas machacadas, agua y azúcar.

horcón m. **1.** *Amér. Central* y *Amér. Merid.* Madero vertical que sostiene vigas, aleros, etc. **2.** *Chile.* Palo para sostener las ramas de los árboles.

horda f. **1.** Comunidad nómada. **2.** Grupo de gente indisciplinada.

horizontal adj. Que está paralelo al plano del horizonte.

horizonte m. Línea imaginaria que separa el cielo y la tierra o el mar.

horma f. **1.** Molde usado en la fabricación de zapatos y otras cosas. **2.** *Colomb., Cuba, Perú* y *Venez.* Molde para elaborar los panes de azúcar.

hormiga f. Insecto de pequeño tamaño que vive en colonias bajo tierra.

hormigón m. Mezcla de piedras menudas, grava, arena y cemento.

hormigueo m. **1.** Sensación de picor en el cuerpo. **2.** Desasosiego.

hormona f. Sustancia segregada por una glándula interna que actúa sobre la actividad de órganos y tejidos.

hornacina f. Hueco hecho en un muro, para colocar un objeto decorativo.

hornero m. *Argent.* Pájaro insectívoro, de color pardo rojizo, que construye su nido en forma de horno.

horno m. **1.** Obra de albañilería abovedada, que sirve para cocer a altas temperaturas. **2.** Aparato doméstico para cocer los alimentos.

horóscopo m. Predicción del futuro deducida de la posición de los astros y de los signos del Zodíaco.

horqueta f. **1.** *Argent.* Bifurcación de un camino. **2.** *Argent.* y *Chile.* Parte donde el curso de un río o arroyo forma ángulo agudo. **3.** *Argent.* y *Chile.* Terreno que éste comprende.

horquilla f. **1.** Pieza de alambre que sujeta el pelo. **2.** Horca, palo.

horrendo, da adj. Que causa horror: *un crimen* ~.

hórreo m. Granero.

horrible adj. Horroroso.

horror m. **1.** Miedo muy intenso. **2.** Temor por algo que desagrada.

horroroso adj. **1.** Horrendo. **2.** Muy feo o malo.

hortaliza f. Planta de huerta comestible.

hortelano, na adj. **1.** Relativo a la huerta. ◆ m. y f. **2.** Persona que tiene o cultiva una huerta.

hortense adj. Perteneciente a las huertas.

hortensia f. Arbusto cultivado por sus flores de varios colores.

hortera adj./m. y f. Que tiene gustos vulgares.

horticultura f. **1.** Cultivo de las plantas de huerta. **2.** Rama de la agricultura que se ocupa de este cultivo.

hosco, ca adj. Poco sociable.

hospedar tr. **1.** Tener a alguien como huésped. ♦ prnl. **2.** Estar como huésped.

hospicio m. Asilo para acoger a niños huérfanos y a pobres.

hospital m. Lugar donde se atiende y cura a los enfermos.

hospitalario, ria adj. **1.** Relativo al hospital. **2.** Acogedor.

hostal m. Lugar para huéspedes, de menor categoría que el hotel.

hostelería f. Conjunto de servicios que facilitan alojamiento y comida a los clientes.

hostia f. **1.** Oblea blanca que el sacerdote consagra en la misa. **2.** *Vulg.* Bofetada, golpe.

hostigar tr. **1.** Azotar, golpear. **2.** Perseguir, acosar. **3.** *Amér. Merid., Méx.* y *Nicar.* Ser empalagoso un alimento o bebida.

hostil adj. Contrario, enemigo.

hostilidad f. **1.** Acción hostil. ♦ pl. **2.** Conflicto armado.

hotel m. Establecimiento público donde se aloja a los clientes.

hoy adv. En el día y tiempo presente.

hoya f. Cavidad formada en la tierra.

hoyo m. Agujero en cualquier superficie.

hoyuelo m. Hoyo en el centro de la barba, o en las mejillas.

hoz f. **1.** Instrumento usado para segar. **2.** Estrechez de un valle.

huaca f. Guaca*.

huacal m. *Méx.* Caja para transportar frutas y verduras.

huachafo, fa adj./m. y f. *Perú.* Cursi, vanidoso.

huachinango m. *Méx.* Pez marino comestible de color rojo.

huaino m. *Argent., Bol., Chile* y *Perú.* Canto y baile tradicionales.

huarache m. *Méx.* Sandalia de cuero.

huasca f. Guasca*.

huáscar m. *Chile. Fam.* Camión policial que dispara agua.

huasipungo m. *Bol., Ecuad.* y *Perú.* Terreno de una hacienda donde los peones siembran sus propios alimentos.

huaso m. *Bol.* y *Chile.* Hombre rudo del campo.

huauzontle m. *Méx.* Planta herbácea cuyas inflorescencias se usan como alimento.

huave adj./m. y f. De un pueblo amerindio que vive en Oaxaca, México.

hucha f. *Esp.* Alcancía.

hueco, ca adj. **1.** Vacío en su interior. ♦ m. **2.** Espacio vacío.

huelga f. Suspensión del trabajo hecha por los obreros.

huella f. **1.** Señal que dejan en la tierra el pie del hombre, las ruedas, etc., al pasar. **2.** Vestigio. **3.** *Amér. Merid.* Senda hecha por el paso de personas, animales o vehículos. **4.** *Argent.* y *Urug.* Baile popular.

huemul m. Güemul*.

huérfano, na adj./m. y f. Que ha perdido a sus padres o alguno de los dos y es menor de edad.

huerta f. Terreno para cultivar hortalizas y árboles frutales.

huerto m. Pequeña extensión de terreno donde se plantan verduras, legumbres y árboles frutales.

hueso m. **1.** Parte sólida que forma el esqueleto de los vertebrados. **2.** Envoltura de las semillas. **3.** *Méx. Fam.* Puesto en la administración pública, por lo general obtenido gracias a influencias. ♦ pl. **4.** Restos mortales.

huésped, da m. y f. **1.** Persona alojada. **2.** Anfitrión. ♦ m. **3.** Organismo vivo a cuyas expensas vive un parásito.

hueste f. Gente o tropa armada.

hueva f. **1.** Masa oval que forman los huevos de ciertos peces. **2.** *Chile. Vulg.* Testículo. **3.** *Méx. Vulg.* Pereza.

huevo m. **1.** Cuerpo orgánico puesto por las hembras de algunos animales, que contiene el embrión. **2.** Óvulo. **3.** *Vulg.* Testículo. ● ~ tibio (*Amér. Central, Ecuad., Méx.* y *Perú*), huevo pasado por agua. ● **1.** A ~, fácil. **2.** *Méx. Vulg.* De manera obligada.

huevón, na adj. **1.** *Méx. Vulg.* Holgazán, flojo. ♦ adj./m. y f. **2.** *Amér. Vulg.* Lento, tardo. **3.** *Amér. Merid. Vulg.* Estúpido, imbécil.

huichol adj./m. y f. De un pueblo amerindio que vive en Jalisco y Nayarit, México.

huipil m. *Guat., Hond.* y *Méx.* Camisa suelta de mujer, sin mangas y con vistosos bordados.

huir intr. y prnl. **1.** Alejarse de un lugar para evitar un daño. **2.** Escaparse alguien de un lugar. ♦ intr. y tr. **3.** Evitar, apartarse.

huitlacoche m. *Méx.* Hongo negro, parásito del maíz, que se utiliza en la elaboración de gran variedad de platillos.

huitrín m. *Chile.* Choclo o mazorca de maíz que cuelga.

huizache m. Árbol de cuyas vainas de color morado se extrae una sustancia para elaborar tinta negra.

hule m. **1.** Caucho. **2.** Tela pintada y barnizada por uno de sus lados para que resulte impermeable. **3.** *Méx.* Árbol de hojas alargadas y ásperas del que se extrae caucho.

hulla f. Mineral fósil usado como combustible.

humanidad f. **1.** Naturaleza y género humanos. ♦ pl. **2.** Conjunto de conocimientos acerca del pensamiento griego y romano.

humanismo m. **1.** Conocimiento de las letras humanas. **2.** Doctrina de los humanistas del Renacimiento.

humanitario, ria adj. Solidario con sus semejantes.

humanizar tr. y prnl. Hacer a alguien o algo más humano.

humano, na adj. **1.** Relativo al hombre. ♦ m. **2.** Hombre, persona.

humear tr. **1.** *Amér.* Fumigar. ♦ intr. y prnl. **2.** Exhalar humo o vapor.

humedad f. **1.** Calidad de húmedo. **2.** Agua que impregna un cuerpo. **3.** Cantidad de vapor de agua que hay en la atmósfera.

húmedo, da adj. **1.** Que está algo mojado. **2.** Cargado de vapor de agua.

húmero m. Hueso del brazo entre el hombro y el codo.

humildad f. **1.** Ausencia de orgullo. **2.** Sumisión, docilidad.

humillar tr. **1.** Rebajar el orgullo de alguien. ◆ prnl. **2.** Adoptar una persona una actitud de inferioridad frente a otra.

humita o **huminta** f. *Amér. Merid.* Comida hecha de maíz rallado y hervido, al que se agrega una salsa de guindilla, tomate y cebolla frita.

humo m. **1.** Producto gaseoso que se desprende de los cuerpos en combustión o en fermentación. ◆ pl. **2.** Vanidad.

humor m. **1.** Líquido del cuerpo animal. **2.** Disposición del ánimo habitual o pasajera: *estar de mal ~.* **3.** Alegría, agudeza.

humus m. Capa externa del suelo.

hundir tr. y prnl. **1.** Hacer que algo se vaya al fondo. **2.** Introducir algo en una materia. **3.** Abatir, deprimir.

húngaro, ra adj./m. y f. **1.** De Hungría. ◆ m. **2.** Lengua ugrofinesa hablada en Hungría.

huno, na adj./m. y f. De un pueblo bárbaro asiático, que ocupó en el s. v el territorio europeo.

huracán m. Viento de gran fuerza.

■ **Enc.** Los **huracanes** tropicales se originan sobre el mar y se desplazan por los archipiélagos y litorales a una velocidad de 15 a 35 km/h. Pueden provocar maremotos y producir vientos de 300 km/h. Son de forma circular y su radio varía de 35 a 200 km. En su centro hay una zona de calma que puede tener 40 km de diámetro.

huraño, ña adj. Que rehuye el trato con la gente.

hure m. *Colomb.* Olla grande de barro para guardar líquidos.

hurgar tr. y prnl. **1.** Remover en un hueco o cavidad. ◆ tr. **2.** Fisgar.

hurón m. Mamífero carnívoro usado en la caza de conejos.

¡hurra! interj. Grito de alegría y entusiasmo.

hurtadillas. A ~, a escondidas.

hurto m. Robo sin violencia.

husmear tr. **1.** Rastrear con el olfato una cosa. **2.** Fisgar.

huso m. Instrumento para arrollar el hilo que se va formando.

¡huy! interj. Denota dolor físico agudo, extrañeza o asombro.

FÚTBOL Y BALONCESTO

FÚTBOL

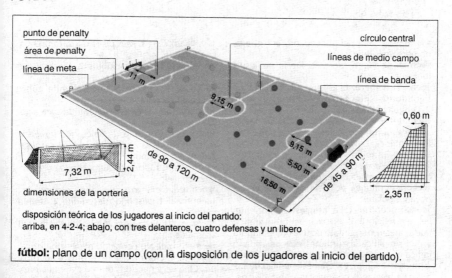

punto de penalty
área de penalty
línea de meta

círculo central
líneas de medio campo
línea de banda

11 m
9,15 m
0,60 m

2,44 m
7,32 m
de 90 a 120 m
9,15 m
5,50 m
16.50 m
de 45 a 90 m
2,35 m

dimensiones de la portería

disposición teórica de los jugadores al inicio del partido:
arriba, en 4-2-4; abajo, con tres delanteros, cuatro defensas y un libero

fútbol: plano de un campo (con la disposición de los jugadores al inicio del partido).

BALONCESTO

5,80 m
6 m
1,80

zona de tiros libres
línea de tiros libres
círculo central

1. base
2. alero izquierdo
3. alero derecho
4. pivot
5. pivot

línea de fondo

línea divisoria
línea de banda
tablero

0,45 m
26 m
1,80 m
1,20 m
3,05 m
1,20 m
14 m
6,25 m

baloncesto: esquema de un campo (con la disposición de los jugadores al comienzo del partido).

i

i f. Novena letra del abecedario. ● **I griega,** nombre de la letra y.

ibérico, ca adj. **1.** Ibero. **2.** De la península Ibérica.

ibero, ra o **íbero, ra** adj./m. y f. **1.** De la antigua Iberia, hoy España y Portugal. ◆ m. **2.** Lengua hablada por los iberos.

iberoamericano, na adj./m. y f. **1.** De Iberoamérica. ◆ adj. **2.** Relativo a los países de Iberoamérica, España y Portugal.

ibicenco, ca adj./m. y f. De Ibiza (España).

ibirapitá f. *Amér. Central* y *Amér. Merid.* Planta arbórea de madera muy apreciada.

iceberg m. Bloque de hielo que flota en los océanos polares.

icono o **ícono** m. **1.** En las iglesias de oriente, imagen religiosa. **2.** INFORM. Símbolo gráfico que aparece en la pantalla de una computadora y que simplifica las órdenes que un usuario indica a un programa en particular.

iconoclasta adj./m. y f. Que es enemigo de signos o emblemas de cualquier valor establecido.

icosaedro m. MAT. Sólido de veinte caras.

ictericia f. MED. Coloración amarilla de la piel.

ictiología f. Parte de la zoología que trata de los peces.

ida f. Acción de ir de un sitio a otro.

idea f. **1.** Representación mental y conocimiento de una cosa. **2.** Proyecto, plan. **3.** Opinión.

ideal adj. **1.** Que sólo existe en la imaginación. **2.** Perfecto en su clase. ◆ m. **3.** Aspiración, pretensión. **4.** Modelo, arquetipo.

idealismo m. **1.** Sistema filosófico que defiende las ideas por encima de lo práctico. **2.** Tendencia a idealizar.

idealizar tr. Considerar a alguien o algo mejor de lo que es.

idear tr. **1.** Pensar, discurrir. **2.** Trazar, inventar.

ídem pron. Significa *'lo mismo',* se usa para evitar repeticiones.

idéntico, ca adj. Completamente igual o muy parecido.

identidad f. **1.** Calidad de idéntico. **2.** Hecho de ser una persona o cosa lo que se dice que es.

identificar tr. **1.** Reconocer la identidad de una persona o cosa. ◆ tr. y prnl. **2.** Considerar dos o más cosas como idénticas. ◆ prnl. **3.** Hacerse solidario.

ideología f. Conjunto de ideas de una persona, doctrina, etc.

ideoso, sa adj. *Guat.* y *Méx.* Ingenioso.

idilio m. Aventura amorosa.

idioma m. Lengua de una comunidad de hablantes.

idiosincrasia f. Manera de ser.

idiota adj./m. y f. Que es muy poco inteligente.

ido, da adj. *Fam.* **1.** Muy distraído. **2.** *Fam.* Loco, chalado.

idolatrar tr. **1.** Adorar a ídolos. **2.** Amar mucho a una persona o cosa.

ídolo m. **1.** Objeto al que se rinde culto. **2.** Persona admirada.

idóneo, a adj. **1.** Que tiene aptitud para algo. **2.** Muy adecuado.

iglesia f. **1.** Conjunto de fieles que siguen la religión fundada por Jesucristo: ~ *católica.* **2.** Templo cristiano.

iglú m. Construcción esquimal hecha con bloques de hielo.

ígneo, a adj. De fuego o que tiene sus propiedades.

ignominia f. **1.** Deshonor, descrédito. **2.** Afrenta pública.

ignorancia f. Falta de cultura o conocimiento acerca de algo.

ignoto, ta adj. No conocido ni descubierto.

igual adj. **1.** Que no difiere de otro. ◆ adj./m. y f. **2.** Que pertenece a la misma clase que otro. ◆ m. **3.** Signo de igualdad (=). ◆ adv. **4.** Posiblemente. **5.** De la misma manera. **6.** *Argent., Chile* y *Urug.* A pesar de todo.

igualado, da adj. **1.** *Guat.* y *Méx.* Dícese de la persona que quiere igualarse con otras de clase social superior. **2.** *Méx.* Grosero.

igualar tr. y prnl. **1.** Hacer iguales dos o más personas o cosas. ◆ tr. **2.** Allanar una superficie: ~ *un suelo.* ◆ intr. y prnl. **3.** Ser una persona o cosa igual a otra.

igualdad f. **1.** Condición de igual. **2.** MAT. Expresión de la equivalencia de dos cantidades.

iguana f. **1.** Reptil con una cresta espinosa a lo largo del dorso. **2.** *Méx.* Instrumento musical parecido a la guitarra.

■ **ENC. La iguana** es uno de los lagartos más grandes del mundo (llega a medir hasta 2 m de largo). Vive cerca de los ríos. Las iguanas jóvenes se alimentan sobre todo de insectos, mientras las adultas comen principalmente hojas y frutos.

ijada f. Cavidad entre las costillas falsas y las caderas.

ijar m. Ijada.

ilación f. Relación entre ideas que se deducen unas de otras.

ilegal adj. Contrario a la ley.

ilegible adj. Que no se puede o no se debe leer.

ilegítimo, ma adj. Que está fuera de la ley.

íleon m. Tercera parte del intestino delgado.

ilerdense adj./m. y f. De Lérida (España).

ileso, sa adj. Que no ha recibido heridas o daño.

iletrado, da adj. Falto de instrucción, inculto.

ilíaco, ca adj. Relativo al íleon.

ilícito, ta adj. Prohibido por la ley o por la moral.

ilimitado, da adj. Sin límite.

ilion m. Hueso que forma el saliente de la cadera.

iluminado, da adj./m. y f. Que ve visiones en materia de religión.

iluminar tr. **1.** Alumbrar, dar luz. **2.** Adornar con luces.

ilusión f. **1.** Falsa imagen de un objeto que alguien se forma. **2.** Esperanza sin fundamento real. **3.** Alegría, satisfacción.

ilusionismo m. Arte de producir fenómenos en aparente contradicción con las leyes naturales.

iluso, sa adj. Que tiende a crearse esperanzas sin fundamento real.

ilustración f. **1.** Acción y efecto de ilustrar. **2.** Grabado o dibujo de un libro, periódico, etc. **3.** Movimiento cultural del s.XVIII, caracterizado por el predominio de la razón.

ilustrar tr. y prnl. **1.** Instruir, educar. ◆ tr. **2.** Aclarar un punto o materia. **3.** Adornar con láminas y grabados.

ilustre adj. **1.** De noble linaje. **2.** Célebre, insigne.

imagen f. **1.** Representación de alguien o algo por medio de la pintura, la escultura, etc. **2.** Representación mental de algo. **3.** Aspecto: *cambio de ~*.

imaginación f. Facultad de imaginar.

imaginar tr. y prnl. **1.** Representarse algo en la mente. **2.** Idear, concebir. **3.** Pensar o creer.

imaginaria m. **1.** Soldado que vela durante la noche en un cuartel. ◆ f. **2.** Guardia militar que presta servicio en caso de necesidad.

imago m. Insecto adulto que ha alcanzado todo su desarrollo.

imán m. **1.** Óxido natural de hierro que atrae el hierro y otros metales. **2.** Barra de acero magnetizada.

imantar o **imanar** tr. y prnl. Comunicar a algo las propiedades de un imán.

imbécil adj./m. y f. *Desp.* Poco inteligente, estúpido.

imberbe adj. Que no tiene barba o tiene muy poca.

imborrable adj. Indeleble.

imbricar tr. y prnl. Poner parte de unas cosas sobre otras.

imbuir tr. y prnl. Inculcar.

imitar tr. Hacer algo del mismo modo que otra persona.

impacientar tr. y prnl. Hacer perder la paciencia o perderla.

impacto m. Choque de un objeto con otro.

impalpable adj. Ligero, sutil.

impar adj./m. Dícese del número que no es divisible por dos.

imparcial adj./m. y f. Que juzga o procede con objetividad.

impartir tr. Comunicar, repartir.

impasible adj. Indiferente, imperturbable.

impávido, da adj. **1.** Que no tiene miedo. **2.** Impasible.

impecable adj. Intachable.

impedimenta f. Bagaje que lleva la tropa.

impedimento m. Obstáculo.

impedir tr. Imposibilitar o hacer difícil una cosa.

impeler tr. **1.** Impulsar. **2.** Animar.

impenetrable adj. **1.** Que no se puede penetrar: *escudo ~*. **2.** Que no se puede comprender o descifrar: *misterio ~*.

impenne f. Aves acuáticas cuyas alas se han modificado en aletas, como el pájaro bobo.

impensable adj. **1.** Absurdo. **2.** Muy difícil de realizar.

impensado, da adj. **1.** Inesperado. **2.** Improvisado.

imperar intr. Dominar, mandar.

imperativo, va adj./m.LING. **1.** Dícese del modo del verbo que expresa mandato o ruego. ◆ m. **2.** Obligación, deber.

imperceptible adj. Que apenas se percibe.

imperdible m. Alfiler que se abrocha.

imperdonable adj. Que no se debe o no se puede perdonar.

imperecedero, ra adj. Que no perece.

imperfecto, ta adj. **1.** Que tiene defectos. ◆ adj./m. LING. **2.** Dícese del tiempo verbal simple que presenta la acción en su transcurso.

imperialismo m. Sistema que pretende el dominio político y económico de países y estados por parte de una potencia.

imperio m. **1.** Organización política en que un estado extiende su autoridad sobre otros países. **2.** Cargo de emperador.

imperioso, sa adj. **1.** Autoritario, despótico. **2.** Que es necesario.

impermeable adj. **1.** Que no puede ser atravesado por un líquido. ◆ m. **2.** Abrigo hecho con tela impermeable.

impersonal adj.LING. Dícese del verbo que sólo se conjuga en tercera persona.

impertérrito, ta adj. Que no se altera o asusta ante nada.

impertinente adj./m. y f. **1.** Que molesta con sus exigencias. ◆ m. pl. **2.** Anteojos con mango.

imperturbable adj. Que no se altera.

ímpetu m. Gran intensidad de un movimiento o acción.

impío, a adj./m. y f. Falto de fe religiosa o de compasión.

implacable adj. Que no se puede aplacar o no se deja ablandar.

implantar tr. y prnl. **1.** Establecer, instaurar. ◆ tr. MED. **2.** Realizar un trasplante.

implicación f. **1.** Participación en un delito. **2.** Consecuencia.

implicar tr. y prnl. **1.** Mezclar. ◆ tr. **2.** Significar, comportar.

implícito, ta adj. Que se sobrentiende.

implorar tr. Pedir con ruegos.

impoluto, ta adj. Sin mancha.

imponderable adj./m. y f. Que no puede pesarse o medirse.

imponencia f. *Chile y Colomb.* Grandeza, majestuosidad.

imponente adj. Que sorprende por alguna cualidad extraordinaria.

imponer tr. y prnl. **1.** Obligar a alguien a la aceptación de algo. **2.** Infundir respeto o miedo. ◆ prnl. **3.** Sobresalir. **4.** *Méx.* Acostumbrarse.

imponible adj. Que se puede gravar con impuesto.

impopular adj. Que no es grato a la mayoría.

importante adj. **1.** Que tiene valor o interés. **2.** Que tiene autoridad.

importar intr. **1.** Convenir, ser de mucha entidad. ◆ tr. **2.** Valer, costar. **3.** Introducir mercancías de países extranjeros.

importe m. Cuantía de un precio, crédito, deuda o saldo.

importunar tr. Molestar con una pretensión o solicitud.

imposibilitado, da adj./m. y f. Tullido, inválido.

imposibilitar tr. Hacer imposible.

imposible adj. **1.** No posible. **2.** Intratable. ◆ m. **3.** Cosa muy difícil.

imposición f. Acción y efecto de imponer o imponerse.

impostor, ra adj./m. y f. Que se hace pasar por quien no es.

impotente adj. **1.** Falto de potencia. ◆ adj./m. y f. **2.** Incapaz de realizar el acto sexual.

impracticable adj. **1.** Que no se puede practicar. **2.** Intransitable.

imprecación f. Expresión exclamativa con que se evidencia el deseo de que a alguien le ocurra algo malo.

impreciso, sa adj. Vago, poco claro.

impregnar tr. y prnl. Empapar.

imprenta f. **1.** Arte de imprimir. **2.** Establecimiento donde se imprime.

> ■ **ENC.** El primer texto impreso lo realizaron los chinos en el siglo IX. Esta impresión la lograron con la ayuda de planchas de madera grabadas o esculpidas. En 1440, el alemán Johannes Gutenberg fue el primero en usar caracteres móviles de bronce en la **imprenta**. Este procedimiento de composición, llamado tipografía, existe en la actualidad al lado de técnicas más modernas, tales como la fotocomposición, el offset y las rotativas.

imprentar tr. *Chile.* Planchar los cuellos, solapas o perneras para darles la forma debida.

imprescindible adj. Que no se puede prescindir de ello.

impresión f. **1.** Acción y efecto de imprimir. **2.** Opinión sobre algo.

impresionar tr. y prnl. **1.** Conmover hondamente. **2.** Fijar la imagen por medio de la luz en una placa fotográfica.

impresionismo m. Movimiento pictórico de finales del s. XIX, que reproduce las impresiones que un objeto produce en el artista.

impreso m. **1.** Escrito reproducido por la imprenta. **2.** Formulario.

impresora f. INFORM. Máquina de un ordenador que imprime.

imprevisible adj. Que no se puede prever.

imprevisto, ta adj./m. Que ocurre sin haber sido previsto.

imprimar tr. **1.** Preparar las superficies que se han de pintar. **2.** *Colomb.* y *Perú.* Cubrir la superficie no pavimentada de una carretera con material asfáltico.

imprimir tr. **1.** Reproducir en un papel, tela, etc., caracteres, ilustraciones, etc. **2.** Dejar una huella por medio de la presión.

improbable adj. Poco probable.

improcedente adj. **1.** No conforme a derecho. **2.** Inadecuado.

impronta f. Carácter, estilo.

improperio m. Injuria.

impropio, pia adj. **1.** Ajeno, extraño. **2.** Inadecuado.

improsulto, ta adj. **1.** *Chile.* Sinvergüenza. **2.** *Hond.* Malo, inútil.

improvisar tr. Hacer algo sin haberlo preparado antes.

improviso, sa adj. Que no se prevé o previene.

imprudencia f. **1.** Falta de prudencia. **2.** Indiscreción.

impúber adj./m. y f. Que aún no ha alcanzado la pubertad.

impúdico, ca adj./m. y f. Deshonesto, falto de pudor.

impuesto m. Tributo que pagan los ciudadanos para cubrir los gastos públicos.

impugnar tr. Contradecir, refutar.

impulsar tr. y prnl. **1.** Dar empuje para producir movimiento. **2.** Aumentar la actividad de algo.

impulsivo, va adj./m. y f. Que actúa de modo irreflexivo.

impulso m. Acción y efecto de impulsar.

impune adj. Que queda sin castigo.

impureza f. **1.** Cualidad de impuro. **2.** Sustancia extraña en un cuerpo.

impuro, ra adj. No puro.

imputar tr. Atribuir a otro una culpa o acción.

in extremis loc. En los últimos momentos de la existencia.

in fraganti loc. En el mismo instante en que se está cometiendo un delito o falta.

inaccesible adj. No accesible.

inaceptable adj. Que no se puede aceptar.

inactivo, va adj. Sin acción o actividad.

inadaptado, da adj./m. y f. Que no está adaptado a la sociedad.

inadecuado, da adj. Que no es adecuado.

inadmisible adj. Que no se puede admitir o tolerar.

inadvertido, da adj. **1.** Desprevenido. **2.** No advertido o notado.

inagotable adj. Que no se puede agotar.

inalámbrico, ca adj. Dícese del sistema de comunicación eléctrica sin cables.

inalterable adj. Que no se altera.

inamovible adj. Que no se puede mover.

inanición f. Estado de desnutrición por la falta de alimentos.

inanimado, da adj. Que no tiene vida.

inapelable adj. **1.** Que no se puede apelar. **2.** Que no ofrece dudas.

inapetencia f. Falta de apetito.

inapreciable adj. Que no se puede apreciar o distinguir.

inaudito, ta adj. Nunca oído, sorprendente.

inauguración m. **1.** Acto de inaugurar. **2.** Ceremonia por la que oficialmente se procede a la puesta en servicio de una instalación, edificio, etc.

inaugural adj. Perteneciente a la inauguración.

inaugurar tr. Dar principio a una cosa.

inca adj./m. y f. De un pueblo amerindio que habitaba el oeste de Suramérica a la llegada de los españoles.

incalculable adj. Que no se puede calcular.

incalificable adj. **1.** Que no se puede calificar. **2.** Vituperable.

incandescente adj. Dícese del metal que por el calor se pone rojo.

incansable adj. Que resiste mucho o que no se cansa.

incapacidad f. **1.** Calidad de incapaz. **2.** DER. Carencia de capacidad legal para disfrutar de un derecho: ~ *jurídica*.

incapacitar tr. **1.** Ser causa de que alguien o algo sea incapaz. **2.** DER. Declarar la incapacidad de una persona.

incapaz adj. Que no tiene capacidad o aptitud para algo.

incautarse prnl. Apropiarse una autoridad de dinero o bienes.

incauto, ta adj./m. y f. Falto de cautela y precaución.

incendio m. Fuego grande que causa estragos.

incensario m. Especie de brasero usado para el incienso.

incentivar tr. Estimular.

incertidumbre f. Falta de certeza o seguridad.

incesto m. Relación sexual entre familiares cercanos.

incidencia f. **1.** Acción de incidir en un error. **2.** Incidente. **3.** Consecuencia, repercusión.

incidente m. Pequeño suceso que interrumpe el curso de otro.

incidir intr. **1.** Caer en una falta o error. **2.** Llegar un rayo de luz a una superficie. **3.** Repercutir. **4.** Hacer una incisión.

incienso m. Resina aromática que desprende un olor fuerte.

incierto, ta adj. **1.** Que no es cierto. **2.** Dudoso. **3.** Borroso.

incinerar tr. Reducir a cenizas.

incipiente adj. Que empieza.

incisión f. Hendidura hecha con un instrumento cortante.

incisivo, va adj. **1.** Punzante, mordaz. ◆ m. **2.** Cada uno de los dientes situados en la parte anterior del maxilar.

inciso m. Frase que se intercala en otra.

incitar tr. Estimular a alguien para que ejecute algo.

inclemencia f. **1.** Falta de clemencia. **2.** Rigor del tiempo atmosférico.

inclinar tr. y prnl. **1.** Desviar una cosa de su posición vertical u horizontal. ◆ tr. **2.** Influir, persuadir. ◆ prnl. **3.** Tender a algo.

ínclito, ta adj. Ilustre, célebre.

incluir tr. **1.** Poner una cosa dentro de otra. **2.** Contener una cosa a otra.

inclusa f. Casa donde se recogen y crían los niños abandonados.

inclusive adv. Incluyendo el último objeto nombrado.

incluso adv. **1.** Con inclusión de. **2.** Además.

incoar tr. Comenzar una cosa.

incoativo, va adj. Que indica el principio de una cosa o acción.

incógnito, ta adj. **1.** No conocido. ◆ m. **2.** Situación de una persona que oculta su identidad. ◆ f. **3.** Cantidad que hay que averiguar en una ecuación. **4.** Misterio.

incoherencia f. **1.** Cualidad de incoherente. **2.** Necedad, absurdo.

incoherente adj. Que carece de sentido.

incoloro, ra adj. Que carece de color.

incólume adj. Sano, sin lesión.

incómodo, da adj. **1.** Que molesta. **2.** Falto de comodidad.

incomparable adj. Que no tiene o no admite comparación.

incompatibilidad f. Imposibilidad de unirse.

incompetencia f. **1.** Falta de competencia. **2.** Ineptitud, incapacidad.

incompleto, ta adj. Que no está completo.

incomprendido, da adj./m. y f. Que no es comprendido por los demás.

incomprensible adj. Que no se puede comprender.

incomunicar tr. **1.** Privar de comunicación a personas o cosas. ◆ prnl. **2.** Apartarse del trato con otras personas.

inconcebible adj. **1.** Que no puede concebirse. **2.** Inaceptable.

inconcluso, sa adj. No concluido.

incondicional adj. **1.** Sin condiciones. ◆ m. y f. **2.** Partidario.

inconfesable adj. Que no puede confesarse por ser deshonroso.

inconfeso, sa adj. Que no confiesa el delito que se le imputa.

inconfundible adj. Que no se puede confundir.

incongruente adj. **1.** No conveniente. **2.** Falto de congruencia.

inconmensurable adj. **1.** Que no puede medirse. **2.** Enorme.

inconsciente adj./m. y f. **1.** Que ha quedado sin sentido. **2.** Irreflexivo. ◆ m. **3.** Conjunto de procesos mentales que escapan a la conciencia del individuo.

inconsecuente adj./m. y f. Que se comporta en desacuerdo con sus ideas.

incontable adj. **1.** Que no puede contarse. **2.** Muy numeroso.

incontenible adj. Que no puede ser contenido o refrenado.

incontinencia f. **1.** Falta de control o moderación. **2.** Alteración del control en la expulsión de la orina o excrementos.

inconveniente adj. **1.** No conveniente. ◆ m. **2.** Dificultad u obstáculo.

incordia f. *Colomb.* Aversión, antipatía.

incordiar tr. *Fam.* Molestar.

incorporar tr. **1.** Unir unas cosas con otras para que formen un todo. ◆ tr. y prnl. **2.** Levantar la parte superior del cuerpo el que está tendido. ◆ prnl. **3.** Sumarse a una asociación, grupo, etc.

incorrecto, ta adj. **1.** No correcto. **2.** Descortés.

incorregible adj. **1.** Que no se puede corregir. **2.** Que no se quiere enmendar.

incorrupto, ta adj. **1.** Que está sin corromperse. **2.** Honesto.

incrédulo, la adj. Que no cree fácilmente.

increíble adj. Que no puede creerse.

incrementar tr. y prnl. Aumentar.

increpar tr. **1.** Reprender con dureza. **2.** Insultar.

incriminar tr. Acusar a alguien de un delito o falta grave.

incrustar tr. Embutir en una superficie lisa y dura, piedras, metales, etc., formando dibujos.

incubadora f. Aparato en el que se mantiene a un niño prematuro en condiciones adecuadas.

incubar tr. **1.** Empollar los huevos. **2.** Estar sufriendo algo un desarrollo progresivo.

inculcar tr. Fijar en la mente de alguien una idea.

inculpar tr. Culpar, acusar a uno de un delito.

inculto, ta adj. **1.** No cultivado: *terreno ~*. **2.** Carente de cultura.

incumbir intr. Estar a cargo de alguien o concernirle una acción.

incumplir tr. Dejar de cumplir algo.

incunable adj./m. Dícese de las ediciones hechas desde la invención de la imprenta hasta el año 1500.

incurable adj./m. y f. Que no se puede curar.

incurrir intr. Cometer un error.

incursión f. **1.** Acción de incurrir. **2.** Penetración en un lugar nuevo.

indagar tr. Tratar de llegar al conocimiento de algo.

indecente adj. Que no es decente.

indeciso, sa adj./m. y f. Que le cuesta decidirse.

indecoroso, sa adj. Que carece de decoro o dignidad.

indefectible adj. Que no puede faltar o dejar de ser u ocurrir.

indefenso, sa adj. Que carece de defensa.

indefinido, da adj. LING. **1.** Dícese del adjetivo o pronombre que no se refiere a una persona o cosa en concreto, como *algún, cada*, etc. **2.** LING. Dícese del pretérito perfecto de indicativo.

indeleble adj. Que no se puede borrar o quitar.

indemne adj. Libre de daño.

indemnizar tr. y prnl. Resarcir de un daño o perjuicio.

independencia f. Situación del individuo que goza de libertad.

independentismo m. Movimiento que propugna la independencia política de un país, región, etc.

indescriptible adj. Que no se puede describir.

indeseable adj./m. y f. Que es indigno de trato.

indestructible adj. Que no se puede destruir.

indeterminado, da adj. **1.** No determinado, incierto. **2.** LING. Dícese del artículo que presenta algo que no necesita especificación, como *un, una*, etc.

indiada f. **1.** *Amér.* Muchedumbre de indios. **2.** *Amér.* Dicho o acción propia de indios. **3.** *Amér.* Dicho o hecho propio de un salvaje. **4.** *Méx.* Vulgo.

indiano, na adj. **1.** De las Indias. ◆ adj./m. y f. **2.** Dícese del emigrante que vuelve rico de América.

indicación f. **1.** Acción y efecto de indicar. **2.** *Chile.* Propuesta que se hace acerca de una cosa.

indicado, da adj. **1.** Señalado. **2.** Conveniente o adecuado.

indicar tr. Dar a entender una cosa con señales o con palabras.

indicativo, va adj./m. **1.** Que indica o sirve para indicar. **2.** LING. Dícese del modo verbal que expresa la acción con valor de real.

índice adj./m. **1.** Dícese del segundo dedo de la mano, respecto al pulgar. ◆ m. **2.** Lista de los títulos de un libro.

indicio m. Signo que permite presumir algo con fundamento.

indiferente adj./m. y f. Que no muestra interés o preferencia.

indígena adj./m. y f. Originario del país de que se trata.

indigencia f. Pobreza, miseria.

indigestión f. Digestión anómala.

indignar tr. y prnl. Irritar, enfadar vehementemente a uno.

indigno, na adj. **1.** Que es inferior a la calidad y mérito de alguien o algo. **2.** Despreciable, vil.

índigo m. Añil.

indio, dia adj./m. y f. **1.** De la India. **2.** Relativo a las poblaciones autóctonas de América y sus descendientes. ◆ m. **3.** Metal blanco que tiene analogías con el aluminio.

indirecto, ta adj. **1.** Que no va rectamente a un fin. ◆ f. **2.** Insinuación hecha con una intención determinada. ●**Objeto** ~ (LING.), elemento que expresa el destinatario de la acción del verbo.

indisciplinarse prnl. Negarse a seguir la disciplina.

indiscreto, ta adj./m. y f. Que obra o se hace sin discreción.

indiscriminado, da adj. No sujeto a discriminación.

indiscutible adj. Que no se duda ni discute sobre ello.

indisoluble adj. Que no se puede disolver o separar.

indispensable adj. Necesario.

indisposición f. Enfermedad ligera y pasajera.

indistinto, ta adj. Indiferente.

individual adj. No colectivo, de cada individuo.

individualismo m. Tendencia a actuar con independencia.

individualizar tr. Distinguir un individuo en una especie.

individuo m. **1.** Cada ser distinto. **2.** Persona, sujeto. **3.** ECOL. Integrante de una población.

indivisible adj. Que no puede ser dividido.

indocumentado, da adj. Que carece de documentos de identidad personal.

indoeuropeo, a adj./m. y f. **1.** De los pueblos que hacia el 2000 a.C. ocuparon el sudeste europeo y el occidente de Asia. ◆ m. **2.** Lengua de estos pueblos.

índole f. Condición natural de algo o alguien.

indolente adj./m. y f. **1.** Que no se conmueve. **2.** Flojo, perezoso.

indoloro, ra adj. Que no causa dolor.

indomable adj. Que no se puede domar o someter.

indómito, ta adj. **1.** Indomable. **2.** Difícil de dominar.

indonesio, sia adj./m. y f. **1.** De Indonesia. ◆ m. **2.** Lengua hablada en la República de Indonesia.

inducción f. **1.** Acción y efecto de inducir. **2.** Generalización de un razonamiento a partir de casos singulares. **3.** FÍS. Producción de corrientes eléctricas en un circuito, bajo la influencia de otra corriente eléctrica o de un imán.

inducir tr. Hacer que alguien realice una acción.

inductivo, va adj. Que procede por inducción.

indudable adj. Que no puede ponerse en duda.

indulgencia f. Facilidad en perdonar o conceder gracias.

indultar tr. **1.** Conceder un indulto. ◆ prnl. **2.** *Bol.* Entrometerse. **3.** *Cuba.* Salir de una situación comprometida.

indulto m. Gracia por la que se reduce la pena a los condenados.

indumentaria f. Ropa que se lleva puesta.

industria f. **1.** Conjunto de actividades económicas que producen bienes materiales. **2.** Destreza para hacer algo. **3.** Fábrica.

industrializar tr. y prnl. Dar o tomar carácter industrial una actividad o país.

industrioso, sa adj. Que obra o está hecho con destreza.

inédito, ta adj. Que no ha sido publicado.

inefable adj. Que no se puede expresar con palabras.

ineficaz adj. Que no es eficaz.

ineludible adj. Que no se puede eludir.

inenarrable adj. Imposible o difícil de describir.

inepto, ta adj./m. y f. **1.** No apto para algo. **2.** Necio.

inequívoco, ca adj. Que no admite duda: *señal ~.*

inercia f. **1.** Propiedad de los cuerpos por la que no pueden modificar por sí mismos su estado. **2.** Falta de actividad.

inerme adj. Desprovisto de armas o defensas.

inerte adj. Sin actividad propia, energía o movimiento.

inervar tr. Actuar el sistema nervioso en los demás órganos.

inescrutable adj. Que no se puede saber ni averiguar.

inesperado, da adj. Que no es esperado o previsto.

inestable adj. No estable.

inestimable adj. Que no se puede valorar debidamente.

inevitable adj. Que no se puede evitar.

inexacto, ta adj. **1.** No exacto o justo. **2.** Falso.

inexcusable adj. Que no se puede eludir o dejar de hacer.

inexorable adj. **1.** Que no se deja vencer por ruegos. **2.** Inevitable.

inexperiencia f. Falta de experiencia.

inexplicable adj. Que no se puede explicar.

inexpresivo, va adj. Que carece de expresión.

inexpugnable adj. Que no se puede vencer.

inextricable adj. Difícil de desenredar por intrincado.

infalible adj. Que no puede fallar.

infamar tr. y prnl. Difamar.

infame adj./m. y f. Vil, odioso.

infancia f. **1.** Período de la vida humana que va del nacimiento a la pubertad. **2.** Conjunto de los niños.

infante, ta m. y f. **1.** Niño de corta edad. **2.** Título de los hijos legítimos de los reyes de España, no herederos al trono.

infantería f. Tropa que combate a pie.

infanticidio m. Muerte dada a un niño.

infantil adj. **1.** Relativo a la infancia. **2.** Inocente, cándido.

infarto m. Lesión necrótica de los tejidos del corazón.

infatigable adj. Que nada le fatiga.

infección f. Invasión del organismo por microbios patógenos.

infectar tr. y prnl. Contaminar con gérmenes infecciosos.

infeliz adj./m. y f. **1.** Desgraciado, desventurado. **2.** *Fam.* Ingenuo.

inferior adj. **1.** Situado más bajo respecto a otra cosa. **2.** Menor en mérito, categoría o valor. ◆ m. y f. **3.** Subordinado, subalterno.

inferioridad f. Desventaja en rango, fuerza, mérito, etc.

inferir tr. y prnl. **1.** Sacar consecuencia de un hecho. ◆ tr. **2.** Causar heridas u ofensas.

infernal adj. **1.** Relativo al infierno. **2.** De mucha maldad o perfidia.

infestar tr. y prnl. **1.** Contaminar. **2.** Abundar en un lugar animales o plantas perjudiciales.

infiel adj./m. y f. **1.** Que no guarda fidelidad. **2.** Inexacto.

infierno m. **1.** Lugar de castigo eterno, según ciertas religiones. **2.** Tormento o castigo.

infiltrar tr. y prnl. **1.** Introducir un líquido en los poros de un sólido. **2.** Infundir una idea. ◆ prnl. **3.** Penetrar subrepticiamente.

ínfimo, ma adj. Muy bajo o el último en situación.

infinidad f. **1.** Calidad de infinito. **2.** Gran cantidad de algo.

infinitesimal adj. Dícese de la cantidad muy pequeña.

infinitivo, va adj./m. LING. Dícese de la forma del verbo que expresa la acción sin concretarla.

infinito, ta adj. **1.** Que no tiene fin o es muy grande. ◆ m. **2.** Aquello que no tiene límites. ◆ adv. **3.** Excesivamente, muchísimo.

inflación f. **1.** Acción y efecto de inflar. **2.** ECON. Desequilibrio económico en que suben mucho los precios.

inflamación f. Acción y efecto de inflamar o inflamarse.

inflamar tr. y prnl. **1.** Encender una cosa con llama. ◆ prnl. **2.** Irritarse una parte del cuerpo.

inflar tr. y prnl. **1.** Hinchar algo con aire o gas. **2.** Engreír.

inflexible adj. **1.** Incapaz de doblarse. **2.** Que no se deja conmover.

inflexión f. **1.** Acción y efecto de doblarse una línea en un punto. **2.** Cambio de tonos de la voz.

infligir tr. Aplicar o causar castigos o agravios.

inflorescencia f. BOT. Disposición de las flores en una planta.

influenciar intr. Influir.

influir intr. Causar personas o cosas sobre otras unos efectos.

informal adj./m. y f. Sin formalidad.

informar tr. **1.** Dar a alguien noticia de algo. ◆ intr. **2.** Dar informes sobre algo.

informática f. Ciencia del tratamiento automático de la información por medio de ordenadores.

informe adj. **1.** Deforme. ◆ m. **2.** Acción y efecto de informar. **3.** Noticia o dato que se da sobre alguien o algo.

infortunio m. Suerte o hecho desgraciado.

infracción f. Quebrantamiento de una ley o norma moral.

infraccionar tr. *Méx.* Multar.

infraestructura f. **1.** Conjunto de trabajos de cimentación. **2.** Conjunto de servicios básicos en la creación de una organización.

infrahumano, na adj. Inferior a lo humano.

infranqueable adj. Imposible o difícil de franquear.

infrarrojo, ja adj./m. Dícese de la radiación electromagnética usada en terapéutica, armas, etc.

infringir tr. Quebrantar una ley.

infructuoso, sa adj. Ineficaz.

infrutescencia f. BOT. Fructificación compuesta por la agrupación de varios frutos.

infundado, da adj. Sin fundamento real.

infundio m. Noticia falsa.

infundir tr. Provocar cierto estado de ánimo o sentimiento.

infusión f. Preparado líquido hecho de plantas y agua hirviendo.

ingeniar tr. y prnl. Inventar algo con ingenio.

ingeniería f. Arte de aplicar los conocimientos científicos a la invención y perfeccionamiento de la técnica industrial.

ingenio m. **1.** Talento para discurrir o maña para conseguir algo. **2.** Explotación y fábrica de azúcar.

ingente adj. Muy grande.

ingenuo, nua adj./m. y f. Sincero, sin doblez.

ingerir tr. Introducir por la boca alimentos o medicamentos.

ingle f. Pliegue de flexión entre el muslo y el abdomen.

inglés, sa adj./m. y f. **1.** De Inglaterra. ◆ m. **2.** Lengua germánica hablada en el Reino Unido, Estados Unidos, Australia y Canadá.

ingrato, ta adj. Desagradecido.

ingrávido, da adj. Leve, ligero.

ingrediente m. Uno de los elementos de un guiso, bebida, etc.

ingresar tr. **1.** Depositar dinero en una entidad bancaria o comercial. ◆ intr. **2.** Entrar como miembro en una corporación. **3.** Entrar en un establecimiento sanitario para ser tratado.

íngrimo, ma adj. *Amér. Central, Colomb., Ecuad., Pan., R. Dom.* y *Venez.* Solitario, aislado.

inhábil adj. No hábil.

inhabilitar tr. Incapacitar.

inhalar tr. Aspirar gases y vapores.

inherente adj. Unido inseparablemente a algo.

inhibirse prnl. Abstenerse de intervenir.

inhóspito, ta adj. Que no ofrece seguridad ni abrigo.

inhumano, na adj. Falto de humanidad, cruel.

inhumar tr. Dar sepultura.

inicial adj. Relativo al origen o principio de las cosas.

iniciar tr. y prnl. **1.** Empezar. **2.** Introducir en un conocimiento.

iniciativa f. Capacidad para emprender cosas.

inicuo, cua adj. **1.** Contrario a la equidad, injusto. **2.** Malvado.

ininteligible adj. Imposible de entender.

ininterrumpido, da adj. Continuado, sin interrupción.

`quidad f. **1.** Cualidad de inicuo. **2.** Acción ̀ua.

injerir tr. **1.** Incluir una cosa en otra. ◆ prnl. **2.** Entrometerse.

injertar tr. **1.** Introducir en una planta una parte de otra para que brote en ella. **2.** Implantar tejido vivo en un cuerpo humano.

injuria f. Insulto u ofensa grave.

injusticia f. **1.** Cualidad de injusto. **2.** Acción injusta.

injusto, ta adj. No conforme a la justicia o la equidad.

inmaculado, da adj. Que no tiene mancha.

inmaterial adj. No material.

inmediación f. **1.** Calidad de inmediato. ◆ pl. **2.** Alrededores.

inmediato, ta adj. Contiguo, cercano en espacio o tiempo.

inmenso, sa adj. **1.** Muy difícil de medir. **2.** Muy grande.

inmersión f. Acción y efecto de sumergir o sumergirse.

inmigrar intr. Llegar a un país para establecerse en él.

inminente adj. Que está muy próximo a suceder.

inmiscuirse prnl. Entrometerse.

inmobiliario, ria adj. **1.** Relativo a los bienes inmuebles. ◆ f. **2.** Empresa que construye, arrienda, vende y administra viviendas.

inmolar tr. y prnl. Sacrificar una víctima.

inmoral adj./m. y f. Contrario a la moral.

inmortal adj. **1.** No mortal, imperecedero. **2.** Inolvidable.

inmóvil adj. Que no se mueve.

inmueble adj./m. **1.** Dícese de los bienes que no pueden ser trasladados. ◆ m. **2.** Edificio.

inmundicia f. Suciedad, basura.

inmune adj. Que no puede ser atacado por ciertas enfermedades.

inmunidad f. **1.** Resistencia o protección ante un daño o enfermedad. **2.** Privilegio de ciertas personas ante algunas leyes.

inmutar tr. y prnl. Mudar o alterar una persona o cosa.

innato, ta adj. Que se posee desde el nacimiento.

innovar tr. Introducir novedades.

innumerable adj. **1.** Que no se puede contar. **2.** Muy abundante.

inocencia f. **1.** Condición de inocente. **2.** Candor, simplicidad.

inocentada f. Broma que se gasta a alguien.

inocente adj./m. y f. **1.** Libre de culpa. **2.** Cándido, sin picardía.

inocular tr. y prnl. Comunicar por medios artificiales una enfermedad contagiosa.

inocuo, cua adj. Que no es nocivo.

inodoro, ra adj. **1.** Que no tiene olor. ◆ m. **2.** Retrete.

inofensivo, va adj. Que no puede causar daño ni molestia.

inolvidable adj. Que no se puede olvidar.

inoperante adj. Que no produce efecto.

inopia f. Pobreza, miseria.

inoportuno, na adj. Fuera de tiempo o propósito.

inorgánico, ca adj. Dícese de la materia sin vida.

inoxidable adj. Que no se oxida.

inquietar tr. y prnl. Poner inquieto o nervioso.

inquieto, ta adj. **1.** Que no puede estarse quieto. **2.** Preocupado. **3.** *Hond.* Propenso a algo.

inquilinaje m. **1.** *Chile.* Inquilinato. **2.** *Chile.* Conjunto de inquilinos.

inquilinato m. **1.** *Argent., Colomb.* y *Urug.* Casa de vecindad. **2.** *Chile.* Modo de explotación de fincas agrícolas por inquilinos.

inquilino, na m. y f. **1.** Persona que alquila un local o casa. **2.** *Chile.* Persona que habita y trabaja en una finca rústica en beneficio de su propietario.

inquina f. Antipatía, odio.

inquirir tr. Indagar, examinar cuidadosamente una cosa.

inquisición f. **1.** Acción y efecto de inquirir. **2.** Tribunal que castigaba los delitos contra la fe.

insaciable adj. Que no se puede saciar.

insalubre adj. Perjudicial para la salud.

inscribir tr. **1.** Grabar. ◆ tr. y prnl. **2.** Anotar en una lista o registro.

insecticida adj./m. Dícese del producto para matar insectos.

insectívoro, ra adj./m. Dícese de los animales y plantas que se alimentan de insectos.

insecto adj./m. Dícese del artrópodo de respiración traqueal, dotado de un par de antenas, seis patas, cabeza, tórax y abdomen.

■ **ENC.** Los **insectos** representan 80% del conjunto de los animales. Existen más de 800 000 especies conocidas. Los más pequeños, como ciertas moscas, no tienen más de medio mm. Mientras que los más grandes, como algunos saltamontes, pueden medir hasta 30 cm. Los insectos ponen huevos. En algunas especies, las larvas que salen de los huevos tienen que pasar por varios estados antes de convertirse en adultas, como es el caso de la mariposa.

inseguro, ra adj. Falto de seguridad.

inseminación f. Depósito del semen del macho en las vías genitales de la hembra.

insensato, ta adj./m. y f. Que no es sensato.

insensible adj. **1.** Que carece de sensibilidad. **2.** Imperceptible.

inseparable adj. Imposible o difícil de separar.

inserción f. Acción y efecto de insertar.

insertar tr. Incluir, introducir una cosa en otra.

insidia f. **1.** Engaño. **2.** Acción o palabras con mala intención.

insigne adj. Célebre, famoso.

insignia f. Señal, distintivo.

insignificante adj. Muy pequeño, sin importancia.

insinuar tr. Dar a entender algo con sólo indicarlo ligeramente.

insípido, da adj. Falto de sabor.

insistir intr. Repetir varias veces una petición o acción para lograr lo que se intenta.

insociable adj. Que rehúye el trato con otras personas.

insolación f. Enfermedad producida por una exposición excesiva al sol.

insolencia f. **1.** Falta de respeto. **2.** Descaro, atrevimiento.

insólito, ta adj. No habitual.

insoluble adj. **1.** Que no puede disolverse. **2.** Que no tiene solución.

insolvencia f. Imposibilidad de pagar por falta de recursos.

insomnio m. Dificultad para conciliar el sueño.

insondable adj. Que no se puede sondear.

insonorizar tr. Aislar de ruidos un recinto.

insoportable adj. Difícil o imposible de soportar.

inspeccionar tr. Examinar, reconocer algo atentamente.

inspector, ra adj./m. y f. Que inspecciona.

inspectoría f. **1.** *Chile.* Cuerpo de policía sometido al mando de un inspector. **2.** *Chile.* Territorio vigilado por este cuerpo.

inspiración f. **1.** Acción y efecto de inspirar. **2.** Estado idóneo para la creación artística y estímulo que lo favorece.

inspirar tr. **1.** Atraer el aire exterior a los pulmones. **2.** Infundir sentimientos, ideas, etc. ◆ prnl. **3.** Sentir inspiración creadora.

instalar tr. **1.** Colocar algo de forma adecuada para la función que ha de realizar. **2.** Acomodar a una persona. ◆ prnl. **3.** Establecerse.

instancia f. **1.** Acción y efecto de instar. **2.** Solicitud escrita.

instantáneo, a adj. Que sólo dura un instante.

instante m. Porción brevísima de tiempo.

instar tr. **1.** Insistir en una petición o súplica. ◆ intr. **2.** Urgir.

instaurar tr. Establecer, instituir, fundar.

instigar tr. Incitar o inducir a uno a que haga una cosa.

instinto m. **1.** Impulso natural que determina los actos de los animales. **2.** Intuición.

institución f. **1.** Acción de instituir. **2.** Organismo que desarrolla una tarea social o cultural.

instituir tr. Fundar, crear.

instituto m. **1.** Corporación científica, artística, etc. **2.** Centro oficial de enseñanza secundaria.

institutor m. *Colomb.* Profesor.

institutriz f. Maestra en el hogar doméstico.

instrucción f. **1.** Acción de instruir o instruirse. **2.** Caudal de conocimientos adquiridos.

instruir tr. y prnl. Enseñar, proporcionar conocimientos.

instrumento m. **1.** Objeto utilizado para realizar alguna cosa. **2.** Objeto fabricado para producir sonidos musicales. **3.** Medio para conseguir un fin.

insubordinación f. Falta de subordinación, desobediencia.

insubstancial adj. Insustancial*.

insuficiente adj. **1.** Que no es suficiente. ◆ m. **2.** Valoración negativa del aprovechamiento de un alumno.

ínsula f. **1.** Isla. **2.** Territorio pequeño.

insular adj./m. y f. Isleño.

insulina f. Hormona segregada por el páncreas, que regula la cantidad de glucosa existente en la sangre.

insulso, sa adj. **1.** Falto de sabor. **2.** Falto de gracia y viveza.

insultar tr. Dirigir a alguien expresiones ofensivas.

insumiso, sa adj. Que no está sometido o se halla en rebeldía.

insuperable adj. Que no se puede superar.

insurrección f. Levantamiento, sublevación.

insustancial adj. De poca o ninguna sustancia.

intachable adj. Que no admite tacha o reproche.

intacto, ta adj. Que no ha sido tocado, alterado o dañado.

intangible adj. Que no puede tocarse.

integral adj. Que engloba todas las partes o aspectos de algo.

integrar tr. 1. Constituir las partes un todo. ♦ prnl. 2. Introducirse enteramente en un grupo.

integrismo m. Actitud partidaria de la estricta observancia de la tradición, especialmente en religión.

íntegro, gra adj. 1. Entero. 2. Que actúa con rectitud y honradez.

intelecto m. Entendimiento, facultad de entender.

intelectual adj. 1. Relativo al entendimiento. ♦ adj./m. y f. 2. Dícese de la persona cuyo trabajo exige especial empleo de la inteligencia.

inteligencia f. Capacidad de entender o comprender.

inteligible adj. Que puede ser entendido.

intemperie f. Destemplanza o desigualdad del tiempo.

intempestivo, va adj. Que está fuera de tiempo y sazón.

intemporal adj. Independiente del curso del tiempo.

intención f. Propósito de hacer o conseguir algo.

intendencia f. Dirección, gobierno de una cosa.

intensidad f. Grado de energía de un agente natural, de una cualidad, expresión o afecto.

intensificar tr. y prnl. Aumentar la intensidad de algo.

intenso, sa adj. Que tiene intensidad.

intentar tr. Trabajar o esforzarse para hacer o comenzar algo.

intentona f. Fam. Intento temerario, en especial frustrado.

interactivo, va adj. INFORM. Dícese de un modo de empleo de la computadora en el cual el usuario "dialoga" con los programas de la máquina.

intercalar tr. y prnl. Poner una cosa entre otras.

intercambio m. Trueque entre cosas, personas o grupos. ● ~ gaseoso (FISIOL.), absorción de oxígeno y liberación de dióxido de carbono y agua en los pulmones o piel, o proceso inverso en las hojas de las plantas verdes.

interceder intr. Intervenir en favor de alguien.

interceptar tr. Detener una cosa en su camino.

intercostal adj. Que está entre las costillas.

interés m. 1. Cualidad de una cosa que la hace importante o valiosa. 2. Inclinación del ánimo. 3. Beneficio de alguien. 4. Renta producida por un capital.

interesar intr. 1. Ser motivo de interés. ♦ prnl. 2. Mostrar interés.

interferencia f. 1. Acción y efecto de interferir. 2. Mezcla de las señales de dos emisoras de longitud de onda muy próxima.

interferir tr. y prnl. Interponerse una acción o movimiento en otro.

ïerfono m. Aparato telefónico para comunicaïones internas.

ínterin m. 1. Intervalo, intermedio. ♦ adv. 2. Entretanto, mientras.

interino, na adj./m. y f. Que temporalmente suple a otro.

interior adj. 1. Que está en la parte de dentro. 2. Perteneciente al país de que se habla. ♦ m. 3. La parte de dentro. 4. Méx. Provincia.

interjección f. LING. Voz exclamativa con que se expresa un estado anímico, una orden, etc.

interlocutor, ra m. y f. Cada una de las personas que toman parte en un diálogo.

interludio m. Pieza musical breve que sirve de intermedio.

intermediario, ria adj./m. y f. Que media entre dos o más personas.

intermedio, dia adj. 1. Que está en medio. ♦ m. 2. Espacio que hay de un tiempo a otro o de una acción a otra.

interminable adj. Que no tiene término o fin.

intermitente adj. 1. Que se interrumpe y prosigue a intervalos. ♦ m. 2. Dispositivo que enciende y apaga alternativamente una luz.

internacional adj. Relativo a dos o más naciones.

internado m. Centro educativo donde los alumnos pernoctan.

internar tr. 1. Hacer que alguien resida en una institución o local, con determinada finalidad. 2. Ingresar en un hospital. ♦ prnl. 3. Adentrarse.

internet m. INFORM. Sistema que permite a uno o varios usuarios de computadora comunicarse entre sí, desde cualquier parte del mundo u obtener información de diversos temas.

interno, na adj. 1. Interior. ♦ adj./m. y f. 2. Que está internado.

interpelar tr. Solicitar de alguien explicaciones sobre un suceso en que ha intervenido.

interponer tr. y prnl. Poner algo entre cosas o entre personas.

interpretar tr. 1. Explicar el sentido de una cosa. 2. Ejecutar el artista una obra. 3. Representar los actores un papel. 4. Traducir.

intérprete m. y f. 1. Persona que interpreta. 2. Persona que explica a otras, en lengua que entienden, lo dicho en otra que les es desconocida.

interregno m. Período en que un estado no tiene soberano.

interrogación f. 1. Pregunta. 2. Signo ortográfico (¿?) que expresa una pregunta directa.

interrogar tr. y prnl. Preguntar.

interrogatorio m. Serie de preguntas formuladas a alguien.

interrumpir tr. Impedir la continuación de una cosa.

interruptor m. Aparato con que se abre o cierra un circuito eléctrico.

intersección f. Encuentro de dos líneas, superficies o sólidos que se cortan.

intersticio m. Grieta, resquicio.

intervalo m. Porción de espacio o de tiempo que media entre dos cosas.

intervenir intr. 1. Tomar parte en un asunto. 2. Mediar, interceder.

interviú f. Entrevista.

intervocálico, ca adj. Situado entre dos vocales.

HONGOS

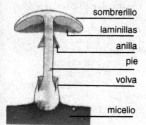

sombrerillo
laminillas
anilla
pie
volva
micelio

corte de un hongo

Geaster higrometricus

Lycoperdon perlatum

Lenzites saepiaria

COMESTIBLES

Fistulina hepatica
(hígado de buey)

Cantharellus cibarius
(rebozuelo)

Amanita caesarea
(oronja)

Tuber melanosporum
(trufa)

Sarcodon repandum

Morchella vulgaris
(colmenilla)

Psalliota bispora

Clavaria formosa
(cresta de gallo)

Boletus badius

MORTALES

Amanita virosa

Amanita phalloides

Cortinarius orellanus

intestino, na adj. **1.** Interno, interior. ◆ m. ANAT. **2.** Víscera hueca donde se realiza la última parte de la digestión. ● ~ **delgado**, sección que desdobla y absorbe los alimentos. ● ~ **grueso**, sección donde se forman las heces fecales a partir de las sustancias que no se absorbieron en el intestino delgado.

intimar intr. Entablar estrecha amistad con alguien.

intimidad f. Lo más íntimo y reservado de una persona.

intimidar tr. Infundir miedo.

íntimo, ma adj. **1.** Dícese de lo más interior y profundo. ◆ adj./m. y f. **2.** Aplícase a la amistad estrecha y al amigo de confianza.

intolerancia f. Falta de tolerancia.

intoxicar tr. y prnl. Envenenar.

intramuros adv. Dentro de una ciudad, villa o lugar.

intranquilo, la adj. Falto de tranquilidad.

intransigente adj. Que no se presta a transigir.

intransitable adj. Que no se puede transitar.

intransitivo, va adj./m. LING. Dícese del verbo que no lleva objeto directo.

intrascendente adj. Falto de trascendencia.

intratable adj. **1.** No tratable ni manejable. **2.** Insociable.

intrépido, da adj. Que no teme al peligro.

intriga f. Acción y efecto de intrigar.

intrigar tr. **1.** Excitar viva curiosidad una cosa. ◆ intr. **2.** Actuar con cautela y astucia para conseguir un fin.

intrincado, da adj. Enredado, enmarañado.

intríngulis m. Fam. Razón oculta.

intrínseco, ca adj. Que es propio de algo por sí mismo.

introducción f. **1.** Acción y efecto de introducir. **2.** Prólogo de una obra o discurso.

introducir tr. y prnl. **1.** Dar entrada a alguien, o entrar en un lugar, situación, etc. ◆ tr. **2.** Meter una cosa en otra.

introito m. Prólogo de un escrito o discurso.

intromisión f. Acción y efecto de entrometerse.

introspección f. Observación de la propia conciencia.

introvertido, da adj./m. y f. Que tiende a concentrarse en su propio mundo interior.

intruso, sa adj./m. y f. Que se ha introducido en un lugar sin derecho.

intuición f. Percepción inmediata de una idea o verdad, sin el concurso del razonamiento.

inundar tr. y prnl. Cubrir el agua un lugar.

inusitado, da adj. Poco habitual o frecuente.

inútil adj./m. y f. Que no sirve o no es apto.

invadir tr. Entrar por fuerza en un lugar.

invalidar tr. Hacer de ningún valor y efecto una cosa.

inválido, da adj./m. y f. **1.** Incapaz por algún defecto físico. ◆ adj. **2.** Nulo, sin valor.

invariable adj. Que no padece variación.

invasión f. Acción y efecto de invadir.

invectiva f. Discurso o escrito acre y violento.

inventar tr. **1.** Descubrir o crear una cosa nueva. ◆ tr. y prnl. **2.** Imaginar historias.

ʼ entario m. Relación ordenada de los bienes ʼ alguien.

invento m. **1.** Acción y efecto de inventar. **2.** Cosa inventada.

invernadero m. Lugar cubierto para defender las plantas del frío.

invernal adj. Relativo al invierno.

invernar intr. **1.** Pasar el invierno en un lugar. **2.** Argent., Colomb., Perú y Urug. Pastar el ganado en campos de clima más cálido.

invernazo m. **1.** P. Rico. Período de inactividad en los ingenios de azúcar. **2.** P. Rico y R. Dom. Período de lluvias de julio a septiembre.

inverosímil adj. Que no tiene apariencia de verdad.

inversión f. Acción y efecto de invertir.

inverso, sa adj. Contrario, opuesto.

invertebrado, da adj./m. ZOOL. Dícese del animal que no tiene columna vertebral.

invertido m. Homosexual.

invertir tr. **1.** Poner las cosas en orden opuesto al que tenían. **2.** Emplear dinero en un negocio para lograr provecho.

investidura f. **1.** Acción y efecto de investir. **2.** Carácter que se adquiere con la toma de posesión de ciertos cargos.

investigar tr. **1.** Hacer diligencias para descubrir algo. **2.** Estudiar a fondo un saber o ciencia.

investir tr. Conferir una dignidad o cargo importante.

inveterado, da adj. Antiguo.

invicto, ta adj. No vencido.

invidente adj./m. y f. Privado del sentido de la vista.

invierno m. Estación del año, entre el otoño y la primavera.

inviolable adj. Que no se debe o no se puede violar.

invisible adj. **1.** Que no se puede ver. ◆ m. **2.** Argent. Fam. Horquilla para el peinado femenino.

invitar tr. **1.** Comunicar a una persona el deseo de que asista a una fiesta, comida, etc. **2.** Obsequiar con el pago de algo, especialmente comida o bebida: ~ a una copa. **3.** Incitar.

invocar tr. Pedir con ruegos la ayuda de alguien.

involución f. Retroceso en la evolución de algo.

involucrar tr. y prnl. Complicar a alguien en un asunto.

involuntario, ria adj. Que escapa al control de la voluntad.

inyectar tr. Introducir a presión un fluido en un cuerpo.

ion m. QUÍM. Átomo o grupo de átomos con carga eléctrica.

ionización f. QUÍM. Transformación de átomos o de moléculas neutras en iones.

ionosfera f. Parte alta de la atmósfera, donde el aire es conductor de electricidad.

ipso facto loc. Inmediatamente, en el acto.

iquito adj./m. y f. De un pueblo amerindio que vive cerca de Iquitos, Perú.

ir intr. y prnl. **1.** Moverse de un lugar a otro. ◆ intr. **2.** Ser algo adecuado para alguien. **3.** Tener algo determinada dirección o extensión. **4.** Estar, funcionar, ser o suceder como se expresa. **5.** Con la prep. a y un infinitivo indica inminencia de la acción. ◆ prnl. **6.** Dejar de estar donde se estaba.

ira f. Enfado muy violento.

iraca f. *Colomb.* Palma utilizada para tejer sombreros.

iracundo, da adj./m. y f. Propenso a la ira.

iraní adj./m. y f. De Irán.

iraquí adj./m. y f. De Irak.

irascible adj. Propenso a irritarse.

iris m. Membrana del ojo, en cuyo centro está la pupila.

irlandés, sa adj./m. y f. **1.** De Irlanda. ◆ m. **2.** Lengua hablada en Irlanda.

ironía f. Burla fina con la que se insinúa lo contrario de lo que se expresa.

irracional adj. **1.** Que carece de razón o es opuesto a ella. ◆ adj./m. MAT. **2.** Dícese del número real que no puede expresarse como cociente de dos números enteros.

irradiar tr. Despedir un cuerpo radiaciones.

irreal adj. No real, falto de realidad.

irreflexivo, va adj. Que no reflexiona.

irrefutable adj. Que no se puede refutar.

irregular adj. **1.** Que no es regular. **2.** No conforme a la ley o uso establecidos.

irrelevante adj. Sin importancia.

irremediable adj. Sin remedio posible.

irremisible adj. Que no se puede perdonar.

irreparable adj. Que no se puede reparar.

irresistible adj. **1.** Que no se puede resistir. **2.** Muy atractivo.

irresoluto, ta adj./m. y f. Que carece de resolución.

irresponsable adj./m. y f. No responsable.

irreverente adj./m. y f. Que no tiene respeto.

irrevocable adj. Que no se puede revocar.

irrigar tr. **1.** Regar. **2.** MED. Rociar con un líquido una parte del cuerpo.

irrisorio, ria adj. **1.** Que provoca risa o burla. **2.** Insignificante.

irritar tr. y prnl. **1.** Hacer sentir ira. **2.** Causar algo escozor en alguna parte del cuerpo.

irrumpir intr. Entrar violentamente en un lugar.

isangas f. pl. *Perú.* Conjunto de nasas para la pesca del camarón.

isla f. **1.** Porción de tierra rodeada de agua. **2.** *Chile.* Terreno próximo a un río que se cubre a veces de agua.

islam m. **1.** Islamismo. **2.** Conjunto de los países musulmanes.

■ **ENC.** El **islam** nació con el profeta Mahoma, quien predicó la fe en un único Dios llamado Alá. El libro sagrado de los musulmanes es el Corán. El islam dicta varias leyes que regulan todos los detalles de la vida de los musulmanes. Entre estas leyes, se encuentran los cinco deberes de un buen musulmán: 1. Recitar su profesión de fe; 2. Rezar cinco veces al día en dirección a la Meca; 3. Dar limosna a los pobres; 4. Ayunar durante el mes del Ramadán; 5. Hacer la peregrinación a la Meca una vez en su vida.

islamismo m. Conjunto de dogmas y preceptos que constituyen la religión de Mahoma.

islandés, sa adj./m. y f. **1.** De Islandia. ◆ m. **2.** Lengua nórdica hablada en Islandia.

isleño, ña adj./m. y f. De una isla.

isleta f. *Argent.* Grupo de árboles en medio de la llanura.

islote m. Isla pequeña y despoblada.

isóbara o **isobara** f. Línea imaginaria que une los puntos de igual presión atmosférica.

isoca f. *Argent.* Oruga muy perjudicial para los cereales.

isómero, ra adj./m. QUÍM. Que tiene la misma composición química pero distintas propiedades físicas.

isósceles adj. MAT. Dícese del triángulo que tiene dos lados iguales.

isótopo m. QUÍM. Nombre que se da a los elementos químicos idénticos con masas atómicas diferentes.

israelí adj./m. y f. Del Estado de Israel.

istmo m. Lengua de tierra que une dos continentes o una península con un continente.

itacate m. *Méx.* Conjunto de provisiones que se llevan para el viaje.

italiano, na adj./m. y f. **1.** De Italia. ◆ m. **2.** Lengua hablada en Italia.

iterativo, va adj. **1.** Que se repite. ◆ adj./m. y f. LING. **2.** Dícese de la palabra que expresa una repetición de la acción.

itinerario m. **1.** Descripción de un recorrido. **2.** Ruta.

ixtle m. *Méx.* Especie de agave y fibra textil que proporciona.

izar tr. Hacer subir algo tirando de la cuerda a que está sujeto.

izquierdo, da adj. **1.** Dícese de las cosas y de las partes del cuerpo que están situadas del lado del corazón. ◆ f. **2.** Conjunto de las organizaciones políticas y de las personas de ideas progresistas.

j

j f. Décima letra del abecedario.

jabalí, lina m. y f. **1.** Mamífero parecido al cerdo, de morro alargado y colmillos desarrollados. ◆ f. **2.** Vara para lanzamientos, usada en atletismo.

jabato, ta adj./m. y f. *Fam.* **1.** Valiente. ◆ m. **2.** Cachorro de jabalí.

jabón m. Producto utilizado para lavar.

jabonado m. *Chile.* Reprimenda, regañina.

jabotí m. *Amér.* Tortuga terrestre de carne comestible.

jaca f. **1.** Caballo de poca alzada. **2.** Yegua, hembra del caballo.

jacal m. *Méx.* y *Venez.* Choza o casa humilde.

jacalón m. *Méx.* Cobertizo, tinglado.

jácara f. Romance festivo.

jacarandá o **jacaranda** m. Árbol de América tropical, de flores azules, cuya madera es muy estimada en ebanistería.

jachalí m. Árbol de América intertropical, de madera dura, muy apreciada en ebanistería.

jacinto m. Planta bulbosa que se cultiva por sus flores.

jaco m. Caballo pequeño y de mal aspecto.

jacobeo, a adj. Relativo al apóstol Santiago.

jacobino, na adj./m. y f. Se aplica a los miembros del partido más demagógico y violento de la Revolución francesa.

jactarse prnl. Presumir de algo que uno tiene o se atribuye.

jade m. Piedra preciosa de color verde.

jadear intr. Respirar con dificultad.

jaez m. Adorno que se pone a las caballerías.

jaguar m. Mamífero carnívoro americano, parecido al leopardo.

■ **Enc.** El **jaguar** caza en la noche. Es un buen trepador de árboles y un buen nadador. Sus presas son el ganado, los cocodrilos y las tortugas de agua. Puede ser peligroso para el hombre si éste invade su territorio o le disputa la presa.

jagüey m. **1.** Bejuco de Cuba, que crece enlazándose a un árbol, al cual mata. **2.** *Amér. Central* y *Amér. Merid.* Balsa, pozo o zanja llena de agua.

jaiba f. **1.** *Antill., Chile* y *Méx.* Cangrejo de río. ◆ adj./m. y f. **2.** *Cuba.* Perezoso. **3.** *Cuba* y *P. Rico.* Astuto, taimado.

jalar tr. *Fam.* **1.** Halar. **2.** *Fam.* Comer con ganas.

jalca f. *Perú.* Cumbre elevada de la cordillera andina.

jalea f. Conserva gelatinosa hecha de zumo de frutas.

jalear tr. Animar con palmadas y voces a los que cantan o bailan.

jaleo m. *Fam.* Alboroto, barullo.

jalisciense adj./m. y f. De Jalisco (México).

jalón m. **1.** Vara que se clava en tierra como señal. **2.** Hito. **3.** *Amér.* Tirón. **4.** *Méx.* Trago de bebida alcohólica.

jalonear tr. *Guat., Méx.* y *Nicar.* Dar tirones.

jamaica f. **1.** *Méx.* Flor seca de color rosa que se utiliza para preparar un refresco con agua. **2.** *Méx.* Tómbola o venta de caridad.

jamaicano, na adj./m. y f. De Jamaica.

jamar tr. y prnl. *Fam.* Comer.

jamás adv. Nunca.

jamba f. ARQ. Pieza que sostiene el dintel.

jamelgo m. Caballo flaco y desgarbado.

jamón m. **1.** Pierna de cerdo salada y curada. **2.** Carne de esta pierna.

japonés, sa adj./m. y f. **1.** De Japón. ◆ m. **2.** Lengua hablada en Japón.

jaque m. Lance del ajedrez en que el rey está amenazado.

jaqueca f. Dolor de cabeza intenso.

jarabe m. Bebida medicinal.

jarana f. **1.** Juerga. **2.** Riña.

jarcha f. Estrofa final, escrita en dialecto mozárabe, de una composición poética árabe denominada moaxaja.

jarcia f. **1.** Conjunto de cabos y aparejos de un buque. **2.** Conjunto de útiles para pescar.

jardín m. Terreno donde se cultivan árboles, plantas y flores.

jardinero, ra m. y f. **1.** Persona que cuida jardines. ◆ f. **2.** Mueble para colocar plantas o flores.

jareta f. Dobladillo en la ropa para meter una cinta o goma.

jarilla f. *Argent., Chile* y *Urug.* Nombre de diversas especies de arbustos que alcanzan los 2 m de altura y poseen pequeñas flores amarillas.

jarra f. Vasija de boca ancha, con una o dos asas.

jarrete m. **1.** Corva. **2.** Parte alta y carnosa de la pantorrilla.

jarro m. Jarra con una sola asa.

jarrón m. Vasija de adorno.

jaspe m. Roca de varios colores, empleada en joyería.

jauja f. Lugar o situación de prosperidad y abundancia.

jaula f. Caja para encerrar animales.

jauría f. Conjunto de perros que cazan juntos.

jazmín m. **1.** Arbusto trepador de flores blancas muy olorosas. **2.** Flor de esta planta.

jazz m. Género musical de ritmo cambiante y melodía sincopada con mucha improvisación.

■ **Enc.** El **jazz** viene del blues, canto rítmico creado por los descendientes de los esclavos negros de América. Apareció en Nueva Orleans al final de la Primera Guerra Mundial. En sus orígenes era la música de los negros oprimidos. Sin embargo, con el tiempo los blancos comenzaron a tocarla y se extendió por el mundo entero. Louis Armstrong, trompetista y cantante, Duke Ellington, pianista y Charles Parker, saxofonista, son algunos de los músicos de jazz más célebres.

jefe, fa m. y f. **1.** Persona que tiene a otras a sus órdenes. **2.** Líder o cabeza de algo. **3.** Categoría superior a la de capitán.

jején m. Insecto díptero, abundante en América Central y del Sur, más pequeño que el mosquito.

jengibre m. Planta de rizoma aromático, que se usa como especia.

jeniquén m. *Colomb., Cuba* y *P. Rico.* Pita, planta.

jeque m. Entre los musulmanes, jefe que gobierna un territorio.

jerarquía f. Orden y grados de categoría y poder que existen.

jerez m. Vino blanco de fina calidad y alta graduación.

jerga f. **1.** Lenguaje especial entre personas de una misma clase o profesión. **2.** Jerigonza.

jergón m. Colchón de paja, esparto o hierba y sin hilvanes.

jerigonza f. Lenguaje difícil de entender.

jeringa f. Instrumento para aspirar o inyectar líquidos.

jeringuilla f. Jeringa pequeña para poner inyecciones.

jeroglífico, ca adj./m. **1.** Dícese de la escritura en la que se usan figuras o símbolos. ◆ m. **2.** Pasatiempo que consiste en deducir frases a partir de unos signos dados.

jersey m. Prenda de vestir de punto y sin botones, que cubre hasta la cintura.

jesuita m. Religioso de la Compañía de Jesús.

jeta f. **1.** Boca abultada. **2.** *Fam.* Cara. ◆ m. y f. *Fam.* **3.** Caradura.

jetón, na adj. **1.** *Méx. Fam.* Malhumorado, enojado. **2.** *Méx. Fam.* Dormido.

jíbaro, ra adj./m. y f. Dícese del individuo de una tribu indígena del Ecuador.

jibia f. Sepia.

jícama f. *Méx.* Nombre de varios tubérculos comestibles.

jícara f. Vasija pequeña utilizada para tomar chocolate.

jico m. **1.** *Colomb.* Cabestro. **2.** *Colomb.* Cuerda para enlazar. **3.** *Cuba.* Ramal de muchos cordones con que se rematan los dos extremos de una hamaca.

jicote m. **1.** *Amér. Central* y *Méx.* Avispa gruesa de cuerpo negro y abdomen amarillo. **2.** *Hond.* y *Nicar.* Panal de esta avispa.

jicotea f. *Cuba, Méx.* y *P. Rico.* Reptil quelonio.

jiennense o **iennense** adj./m. y f. De Jaén (España).

jijona m. Turrón blando hecho a base de almendras.

jilguero m. Pájaro de pequeño tamaño, de canto melodioso.

jineta f. **1.** Pequeño mamífero carnívoro de pelaje claro moteado de negro. **2.** Manera de montar a caballo.

jinete m. Persona que monta a caballo.

jinetear tr. **1.** *Amér.* Domar caballos cerriles. **2.** *Méx.* Tardar en pagar un dinero con el fin de sacar ganancias. ◆ prnl. **3.** *Colomb.* y *Méx.* Montarse y asegurarse en la silla.

jiote m. *Méx.* Erupción cutánea acompañada de escozor.

jira f. *Esp.* Comida campestre.

jirafa f. **1.** Mamífero rumiante de cuello largo y esbelto. **2.** CINE y TV. Brazo articulado que sostiene el micrófono.

■ **Enc.** Las **jirafas** viven en la sabana africana. Gracias a su largo cuello pueden alcanzar las hojas de árboles de hasta 6 m de altura. Sin embargo, para ramonear las plantas del suelo o beber agua deben abrir las patas de adelante. Las jirafas son mudas.

jirajara adj./m. y f. De un pueblo amerindio que habita Venezuela.

jirón m. **1.** Trozo desgarrado de una tela. **2.** *Perú.* Vía urbana compuesta de varias calles.

jitomate m. *Méx.* Variedad de tomate carnoso y grande.

jobillo m. *Antill.* Jobo.

jobo m. *Amér. Central., Antill., Colomb., Pan., P. Rico* y *Venez.* Árbol con flores hermafroditas en panojas, y fruto parecido a la ciruela.

jockey m. Jinete profesional que monta los caballos de carreras.

jocoso, sa adj. Gracioso, chistoso.

joder tr. y prnl. **1.** *Vulg.* Practicar el coito. **2.** *Vulg.* Molestar.

jofaina f. Palangana.

jojoba f. *Amér.* Planta euforbiácea.

jojoto, ta adj. **1.** *Venez.* Dícese del fruto verde, que no está en sazón. ◆ m. **2.** *Venez.* Maíz cuando aún está tierno.

jolgorio m. *Fam.* Regocijo.

jónico, ca adj./m. y f. **1.** Jonio. ◆ adj. ARQ. **2.** Dícese del orden de la arquitectura griega caracterizado por una columna estriada, coronada por un capitel flanqueado por dos volutas.

jonio, nia adj./m. y f. De Jonia, región de la antigua Grecia.

jordano, na adj./m. y f. De Jordania.

jornada f. **1.** Día. **2.** Camino recorrido de una vez. **3.** Duración del trabajo diario o semanal de un trabajador.

jornal m. **1.** Dinero que percibe un trabajador por cada día de trabajo. **2.** Este mismo trabajo.

jornalero, ra m. y f. Persona que trabaja a jornal.

joroba f. Abultamiento en la espalda debido a una desviación de la columna vertebral.

jorobar tr. y prnl. *Fam.* Fastidiar, molestar.

jorongo m. **1.** *Méx.* Poncho con que se cubren los campesinos. **2.** *Méx.* Colcha de lana.

joropo m. Música y baile típicos de Venezuela.

josefino, na adj./m. y f. De San José (Costa Rica).

jota f. **1.** Nombre de la letra *j.* **2.** Baile popular de Aragón y otras regiones.

jote m. **1.** Especie de buitre de Chile, de color negro, con cabeza y cola violáceas. **2.** *Chile.* Cometa grande y cuadrada.

joto m. *Colomb.* Bulto o paquete pequeño.

joven adj./m. y f. Que tiene poca edad.

jovial adj. Alegre, risueño.

joya f. Objeto de metal y piedras preciosas.

joyero, ra m. y f. **1.** Persona que hace o vende joyas. ◆ m. **2.** Estuche para guardar joyas.

juanete m. Hueso del dedo grueso del pie, cuando sobresale demasiado.

jubilar tr. y prnl. Eximir del servicio, por ancianidad o imposibilidad física, a un empleado.

jubileo m. En el catolicismo, indulgencia plenaria concedida por el papa.

júbilo m. Alegría muy intensa.

jubón m. Vestidura ajustada, con o sin mangas, que cubría hasta la cintura.

judaísmo m. Religión de los judíos.

■ **ENC. El judaísmo** es la primera religión monoteísta. Según esta religión, Dios entregó a Moisés las Tablas de la Ley, con los 10 mandamientos, que todo judío debe respetar. El judaísmo predica que el hombre tiene el deber de ser lo mejor que pueda. Al final de los tiempos, un mesías enviado por Dios hará reinar la justicia sobre la Tierra y «ya no se emprenderá el arte de la guerra». La Biblia, libro sagrado de los judíos, relata la historia del pueblo hebreo desde sus inicios e indica cómo debe organizarse su vida religiosa.

judas m. Traidor.

judería f. Barrio en que habitaban los judíos.

judicial adj. Relativo a la organización, ejercicio o administración de la justicia.

judío, a adj./m. y f. **1.** De una comunidad étnica, cultural e histórica procedente de la antigua Palestina. **2.** Que profesa el judaísmo. ◆ f. **3.** Planta de fruto en vainas aplastadas, con varias semillas en forma de riñón. **4.** Fruto y semilla de esta planta.

judo m. Deporte de lucha japonés, que constituye un método de defensa sin emplear armas.

juego m. **1.** Acción de jugar. **2.** Cualquier diversión que se realice siguiendo ciertas reglas. **3.** Conjunto de piezas semejantes o para un mismo uso. **4.** Articulación de dos cosas de modo que tengan cierto movimiento.

juerga f. Diversión bulliciosa.

jueves m. Cuarto día de la semana.

juez m. y f. Persona con potestad para juzgar y sentenciar.

jugar intr. **1.** Hacer algo como diversión. **2.** Tomar parte en un juego, deporte o sorteo. ◆ tr. **3.** Llevar a cabo un juego. ◆ tr. y prnl. **4.** Apostar. ◆ prnl. **5.** Exponerse a perder algo.

jugarreta f. *Fam.* Engaño, mala pasada.

juglar, resa m. y f. Artista de la Edad Media que recitaba versos, cantaba y tocaba música.

jugo m. Líquido contenido en ciertos tejidos orgánicos.

juguete m. Objeto que sirve para que jueguen los niños.

juicio m. **1.** Facultad del entendimiento por la que se conoce, valora y compara. **2.** Opinión, criterio. **3.** DER. Tramitación de un pleito ante un juez o tribunal adecuado, y su resultado.

julepear tr. **1.** *Colomb.* Insistir, urgir. **2.** *Colomb.* Molestar, mortificar. **3.** *P. Rico.* Embro-

mar. ◆ tr. y prnl. **4.** *Argent., Par.* y *Urug.* Infundir miedo.

julio m. **1.** Séptimo mes del año. **2.** FÍS. Unidad de medida de trabajo y energía, en el Sistema Internacional.

jumarse prnl. *Colomb.* y *Cuba. Fam.* Emborracharse.

jumento, ta m. y f. Asno, burro.

junco m. Planta herbácea, de tallo recto y flexible.

jungla f. Formación herbácea de vegetación exuberante y fauna variada.

junio m. Sexto mes del año.

júnior adj. **1.** Se aplica a la persona más joven que otra y que lleva el mismo nombre. ◆ adj./m. y f. DEP. **2.** Dícese de la categoría que abarca los deportistas jóvenes.

juntar tr. **1.** Poner unas cosas en contacto con otras de manera que se toquen. **2.** Reunir, congregar. ◆ prnl. **3.** Unirse en amancebamiento.

junto, ta adj. **1.** Unido, cercano. **2.** En compañía de. ◆ adv. **3.** Seguido de la prep. *a*, cerca de: *sentarse ~ al fuego.* **4.** A la vez. ◆ f. **5.** Juntura. **6.** Reunión de personas para tratar algún asunto.

juntura f. Parte o lugar en que se unen dos o más cosas.

jurado, da adj. **1.** Que ha prestado juramento. ◆ m. **2.** Grupo de personas que califican en concursos, exposiciones, etc. **3.** Tribunal cuya misión consiste en determinar la culpabilidad del acusado.

juramento m. Acción de jurar.

jurar tr. Afirmar o prometer algo tomando por testigo a una persona o cosa que se considera sagrada.

jurásico, ca adj./m. GEOL. Dícese del segundo período del mesozoico.

jurel m. Pez marino de cabeza corta y cola en forma de horquilla.

jurero, ra m. y f. *Chile* y *Ecuad.* Que jura en falso.

jurídico, ca adj. Relativo al derecho, la justicia o las leyes.

jurisdicción f. **1.** Poder para gobernar y aplicar las leyes. **2.** Territorio sobre el que se extiende dicho poder.

jurisprudencia f. Ciencia del derecho.

jurista m. y f. Persona que se dedica al derecho.

justamente adv. **1.** Con justicia. **2.** Con exactitud. **3.** En el mismo lugar o tiempo en que sucede una cosa.

justicia f. **1.** Virtud que inclina a dar a cada uno lo que le pertenece. **2.** Derecho y su aplicación, cumplimiento de la ley.

justificar tr. y prnl. Probar una cosa con razones, testigos, etc.

justo, ta adj./m. y f. **1.** Que obra según justicia y razón. **2.** Que vive según la ley de Dios. ◆ adj. **3.** Conforme a la verdad o la razón. **4.** Exacto. **5.** Ajustado, apretado. ◆ f. **6.** Combate medieval a caballo y con lanza. **7.** Torneo. ◆ adv. **8.** Justamente.

juvenil adj. Relativo a la juventud.

juventud f. **1.** Edad entre la pubertad y la edad adulta. **2.** Conjunto de jóvenes.

juzgado m. Local donde se celebran los juicios.

juzgar tr. **1.** Decidir en calidad de juez. **2.** Creer, considerar.

INVERTEBRADOS

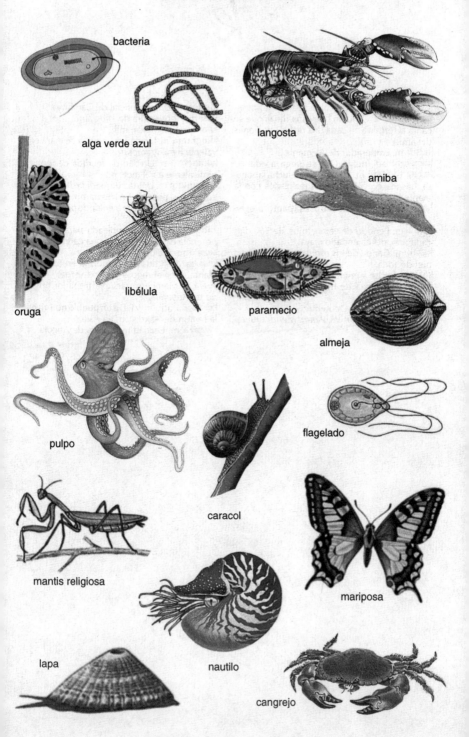

bacteria

langosta

alga verde azul

amiba

libélula

oruga

paramecio

almeja

pulpo

flagelado

caracol

mantis religiosa

mariposa

lapa

nautilo

cangrejo

k

k f. Undécima letra del abecedario.

kacharpaya f. Canción boliviana ritual, que se canta al término de cada una de las estaciones del año.

káiser m. Emperador de Alemania.

kamikaze adj./m. y f. Que se juega la vida.

karate o **kárate** m. Modalidad de lucha japonesa, basada en golpes secos realizados con la mano, los pies, etc.

katiusca f. Bota de caucho usada para protegerse del agua.

katún m. Período de veinte años, de 360 días cada uno, del calendario maya.

kayak m. Canoa de los esquimales hecha con piel de foca.

kéfir m. Leche fermentada artificialmente.

kelvin m. Unidad de medida de temperatura termodinámica.

keniata adj./m. y f. De Kenia.

kerosén o **kerosene** m. *Amér. Merid.* Queroseno.

khmer m. Lengua oficial de Camboya.

kilo m. Abreviatura de *kilogramo*.

kilo- pref. Significa 'mil'.

kilogramo m. Unidad de medida de masa equivalente a mil gramos.

kilómetro m. Unidad de medida de longitud equivalente a mil metros.

kilopondio m. Unidad de medida de fuerza que equivale al peso de un kilogramo.

kilovatio m. Unidad de medida de potencia equivalente a mil vatios.

kilotón m. Unidad empleada para evaluar la potencia de una bomba o una carga nuclear.

kiosco m. Quiosco*.

kiwi m. **1.** Arbusto trepador. **2.** Fruto de esta planta, de piel rugosa y pulpa verde.

koala m. Mamífero marsupial trepador, originario de Australia.

kurdo, da adj./m. y f. De un pueblo que vive en la región del Kurdistán, en Asia.

kwanza m. Unidad monetaria de Angola.

l

l f. Duodécima letra del abecedario.

la art. det. fem. sing. **1.** Se antepone a los sustantivos para individualizarlos: *la casa.* ◆ pron. pers. fem. de 3a. persona sing. **2.** Funciona como complemento directo. ◆ m. **3.** Sexta nota de la escala musical.

laberinto m. **1.** Lugar lleno de caminos entrecruzados, en el que es muy difícil encontrar la salida. **2.** ANAT. Estructura del oído interno.

labia f. *Fam.* Facilidad de palabra y gracia en el hablar.

labiada adj./f. BOT. Dícese de las plantas herbáceas o arbustivas con los pétalos en forma de labios.

labial adj. **1.** Relativo a los labios. **2.** LING. Dícese del fonema en cuya articulación intervienen los labios.

labio m. **1.** Cada uno de los bordes carnosos y móviles de la boca. ◆ pl. **2.** Órgano de la palabra.

labiodental adj. LING. Dícese del sonido que se articula con el labio inferior y los incisivos superiores, como la f.

labor f. **1.** Trabajo. **2.** Operación agrícola. **3.** Cualquier trabajo de costura, bordado, etc.

laborable adj. Dícese del día en que se trabaja.

laboral adj. Relativo al trabajo o a los trabajadores.

laboratorio m. Local dispuesto para realizar investigaciones científicas, análisis biológicos, trabajos fotográficos, etc.

laborioso, sa adj. **1.** Muy trabajador. **2.** Que cuesta trabajo.

labrador, ra m. y f. Persona que se dedica a labrar la tierra.

labranza f. Cultivo de los campos.

labrar tr. **1.** Trabajar un material dándole una forma determinada. **2.** Cultivar la tierra. **3.** Arar.

labriego, ga m. y f. Labrador.

laburar intr. *Argent.* y *Urug.* Trabajar.

laburo m. *Argent.* y *Urug. Fam.* Trabajo.

laca f. **1.** Sustancia resinosa obtenida de ciertos árboles orientales. **2.** Barniz preparado con esta resina. **3.** Producto que se aplica para fijar el peinado.

lacandón adj./m. y f. De un pueblo amerindio que vive en Guatemala y Chiapas, México.

lacayo m. **1.** Criado de librea. **2.** Persona servil.

lacerar tr. y prnl. **1.** Herir, lastimar. ◆ tr. **2.** Dañar, vulnerar.

lacio, cia adj. **1.** Marchito. **2.** Flojo, débil. **3.** Dícese del pelo liso.

lacón m. Pata delantera del cerdo, salada y curada.

lacónico, ca adj. Conciso.

lacra f. **1.** Señal que deja una enfermedad. **2.** Defecto o vicio.

lacrar tr. Cerrar con lacre.

lacre m. Pasta que, derretida, sirve para sellar y cerrar cartas.

lacrimal adj. Relativo a las lágrimas.

lacrimógeno, na adj. **1.** Que produce lágrimas. **2.** Que mueve a llanto.

lactancia f. Período de la vida en que la criatura mama.

lácteo, a adj. Perteneciente a la leche o parecido a ella.

lacustre adj. Relativo a los lagos.

ladear tr., intr. y prnl. **1.** Torcer hacia un lado. ◆ prnl. **2.** *Chile. Fam.* Prendarse, enamorarse.

ladera f. Declive de un monte.

ladero m. *Argent.* Compinche.

ladilla f. Insecto parásito del hombre.

ladino, na adj. **1.** Astuto. ◆ m. **2.** Sefardí, dialecto romance. **3.** Variante del sefardí empleada en algunas obras religiosas.

lado m. **1.** Costado del cuerpo humano. **2.** Parte de algo próxima a sus extremos, en oposición al centro. **3.** Cualquiera de las partes que limitan un todo. **4.** Lugar, sitio. **5.** Punto de vista. **6.** MAT. Cada una de las líneas que limitan un ángulo o un polígono.

ladrar intr. Dar ladridos el perro.

ladrido m. Voz que emite el perro.

ladrillo m. Pieza de arcilla cocida, en forma de prisma.

ladrón, na adj./m. y f. **1.** Que roba. ◆ m. **2.** Enchufe que permite tomar corriente eléctrica para más de un aparato.

lagar m. Lugar donde se prensa la aceituna, se pisa la uva, etc.

lagartija f. Denominación de diversos saurios de menor tamaño que los lagartos.

■ **Enc.** La **lagartija** se mueve con rapidez. En las noches se refugia en madrigueras para ocultarse de sus depredadores. Es un reptil que tiene la lengua bífida, es decir, hendida en dos partes. Esta lengua es extremadamente móvil y le sirve para atrapar insectos. Las lagartijas se encuentran sobre todo en las regiones tropicales, cerca de los muros viejos, en los árboles o en los prados.

lagarto, ta m. y f. **1.** Reptil de color verdoso y cola larga. ◆ m. **2.** *Méx.* Caimán.

lago m. Gran masa de agua depositada en depresiones del terreno.

lagomorfo, fa adj./m. Relativo a un grupo de mamíferos roedores, como la liebre y el conejo.

lágrima f. Cada una de las gotas segregadas por las glándulas lagrimales de los ojos.

lagrimal adj. **1.** Dícese de los órganos de secreción y excreción de las lágrimas. ◆ m. **2.** Parte del ojo próxima a la nariz.

laguna f. Extensión natural de agua menor que el lago.

laico, ca adj./m. y f. Que no es eclesiástico ni religioso.

laísmo m. LING. Uso de los pronombres *la, las,* en funciones de complemento indirecto, en lugar de *le, les.*

lama m. **1.** Monje budista del Tíbet. ◆ f. **2.** Cieno del fondo acuático. **3.** *Bol., Colomb.* y *Méx.* Moho. **4.** *Chile, Colomb., Hond., Méx.* y *P. Rico.* Musgo.

lambetear tr. *Amér. Central* y *Amér. Merid.* Lamer.

lambiche adj. *Méx.* Adulador.

lambiscón, na adj. *Méx. Fam.* Servil, adulador.

lamelibranquio adj./m. Dícese del molusco de concha bivalva, como el mejillón.

lamentar tr. **1.** Sentir disgusto por algo. ◆ prnl. **2.** Quejarse.

lamer tr. y prnl. Pasar la lengua por alguna cosa.

lametón m. Cada movimiento de la lengua al lamer.

lámina f. Pieza plana y delgada de cualquier material.

lampa f. *C. Rica, Chile, Ecuad.* y *Perú.* Azada.

lámpara f. **1.** Utensilio para dar luz. **2.** Bombilla eléctrica.

lamparón m. Mancha en la ropa.

lampear tr. **1.** *Chile.* Escuadrar. **2.** *Chile* y *Perú.* Remover la tierra con la lampa.

lampiño, ña adj. **1.** Que no tiene barba. **2.** De poco pelo o vello.

lamprea f. Pez comestible de cuerpo cilíndrico y alargado.

lana f. **1.** Pelo de las ovejas y carneros. **2.** Hilo y tejido elaborados con este pelo. ◆ m. **3.** *Chile, Méx.* y *Perú. Fam.* Dinero. **4.** *Guat.* y *Hond.* Persona de clase social muy baja.

lanar adj. Dícese del ganado o de la res que tiene lana.

lance m. **1.** Acción de lanzar. **2.** Riña. **3.** En el juego, cada uno de los accidentes notables que ocurren en él.

lanceolado, da adj. BOT. Dícese de las hojas con forma de lanza.

lancero m. Soldado armado de lanza.

lancha f. **1.** Bote grande para servicios auxiliares de los barcos y puertos. **2.** Barco pequeño y sin cubierta.

landa f. Llanura extensa en que sólo se crían plantas silvestres.

langosta f. **1.** Crustáceo marino de largas antenas, muy apreciado por su carne. **2.** Insecto herbívoro saltador.

■ **ENC.** Cuando el alimento es escaso, algunas especies de **langostas** se agrupan en millones de individuos que arrasan completamente con los cultivos.

langostino m. Crustáceo marino, de cuerpo comprimido y carne muy apreciada.

lánguido, da adj. **1.** Falto de fuerza. **2.** Sin ánimos, decaído.

lanolina f. Grasa extraída de la lana de oveja, utilizada en farmacia y cosmética.

lanza f. Arma ofensiva compuesta de un asta larga con una punta de hierro afilada.

lanzadera f. Instrumento que usan los tejedores para tramar.

lanzado, da adj. Decidido, audaz.

lanzamiento m. Acción y efecto de lanzar.

lanzar tr. y prnl. **1.** Aplicar impulso a una cosa para que recorra una distancia en el aire. ◆ tr. **2.** Proferir, exhalar. **3.** Divulgar. ◆ prnl. **4.** Abalanzarse.

laña f. Grapa que sirve para unir dos piezas.

laosiano, na adj./m. y f. **1.** De Laos. ◆ m. **2.** Lengua hablada en Laos.

lapa f. Molusco comestible que vive adherido a las rocas.

lapicera f. *Amér. Merid.* Estilográfica.

lapicero m. Lápiz.

lápida f. Losa con una inscripción.

lapidar tr. Matar a pedradas.

lapidario, ria adj. **1.** Relativo a las inscripciones en lápidas. **2.** Digno de perdurar por su perfección o solemnidad: *frase ~.*

lápiz m. **1.** Barra fina de grafito, envuelta en madera, que sirve para escribir o dibujar. **2.** Barra de cosmético para maquillar.

lapón, na adj./m. y f. De Laponia.

lapso m. **1.** Curso de un espacio de tiempo. **2.** Lapsus.

lapsus m. Equivocación cometida por descuido.

lar m. **1.** Cada uno de los dioses romanos del hogar. ◆ pl. **2.** Hogar.

largar tr. **1.** Soltar, dejar libre. **2.** MAR. Aflojar, ir soltando poco a poco. ◆ prnl. *Fam.* **3.** Marcharse.

largo, ga adj. **1.** Que tiene mucha longitud. **2.** De mucha o excesiva duración. ◆ m. **3.** Longitud. ◆ adv. **4.** Mucho: *hablar ~.* ● **A lo ~ de,** durante.

largometraje m. Película de más de una hora de duración.

larguero m. DEP. Travesaño que une los dos postes de una portería.

laringe f. Órgano del aparato respiratorio, que contiene las cuerdas vocales.

laringitis f. Inflamación de la laringe.

larva f. Fase de desarrollo por la que pasan determinadas especies de animales antes de alcanzar el estadio adulto.

larvado, da adj. Dícese de la enfermedad que se presenta con síntomas que ocultan su verdadera naturaleza.

las art. det. fem. pl. **1.** Se antepone a los sustantivos para individualizarlos. ◆ pron. pers. fem. de 3a. persona pl. **2.** Funciona como complemento directo.

lasca f. Trozo pequeño y delgado desprendido de una piedra.

lascivia f. Propensión a la lujuria.

láser m. Aparato que produce una luz coherente, utilizado en industria, medicina, etc.

lasitud f. Cansancio, falta de fuerzas.

lástima f. Sentimiento de compasión o disgusto.

lastimar tr. y prnl. **1.** Herir o hacer daño. ◆ tr. **2.** Ofender.

lastra f. Piedra plana y delgada.

lastrar tr. Poner lastre a una embarcación.

lastre m. **1.** Peso que se pone a una embarcación para darle estabilidad. **2.** Estorbo, inconveniente.

lata f. **1.** Hojalata. **2.** Envase de hojalata. **3.** *Fam.* Molestia, pesadez.

latacunga adj./m. y f. De un pueblo amerindio que vivía en la región de Quito, Ecuador.

latente adj. Que no se manifiesta en forma externa.

lateral adj. **1.** Que está situado en un lado. ◆ adj. LING. **2.** Dícese del sonido que se articula dejando escapar el aire por los lados de la lengua, como la *l* y la *ll*.

látex m. Jugo blanco o amarillo segregado por ciertos vegetales.

latido m. Movimiento alternativo de dilatación y contracción del corazón y las arterias.

latifundio m. Gran propiedad agrícola explotada extensivamente.

látigo m. Azote largo y flexible, de cuero u otra materia.

latiguillo m. Palabra o expresión que se repite constantemente.

latín m. Lengua de la antigua Roma.

latino, na adj./m. y f. **1.** De la región italiana del Lacio o de las demás regiones del Imperio romano. **2.** Dícese de los países cuya lengua deriva del latín, y de sus hablantes. ◆ adj. **3.** Relativo al latín.

latinoamericano, na adj./m. y f. De Latinoamérica.

latir intr. Dar latidos el corazón y las arterias.

latitud f. Distancia que hay desde un punto de la superficie terrestre al ecuador.

lato, ta adj. Dilatado, extendido.

latón m. Aleación de cobre y cinc.

latrocinio m. Robo o fraude.

laucha adj. **1.** *Chile.* Que es delgado y de cara alargada. ◆ adj./f. **2.** *Argent.* Fam. Listo, pícaro. ◆ f. **3.** *Argent., Chile* y *Urug.* Ratón de poco tamaño.

laúd m. Instrumento musical de cuerda; con caja de forma oval.

laudable adj. Digno de loa.

láudano m. Preparado farmacéutico a base de opio.

laudatorio, ria adj. Que contiene alabanza.

laurear tr. **1.** Coronar con laurel en señal de gloria. **2.** Premiar.

laurel m. **1.** Árbol siempre verde cuyas hojas se utilizan como condimento. **2.** Gloria, fama.

lava f. Materia líquida emitida por un volcán.

lavabo m. **1.** Pila con grifos que se usa para lavarse las manos, cara, etc. **2.** Habitación destinada al aseo personal.

lavadero m. Lugar, habitación o recipiente donde se lava la ropa.

lavanda f. **1.** Espliego. **2.** Esencia que se extrae del espliego.

lavandería f. Establecimiento industrial donde se lava la ropa.

lavandina f. *Argent.* y *Par.* Lejía.

lavaplatos m. **1.** Máquina para lavar platos y menaje de cocina. **2.** *Chile* y *Colomb.* Fregadero.

lavar tr. y prnl. Limpiar con agua u otro líquido.

lavativa f. **1.** Enema. **2.** Instrumento para administrarlo.

laxante adj. **1.** Que ablanda. ◆ m. MED. **2.** Purgante de acción suave.

laxo, xa adj. Que no está firme.

lazada f. Nudo que se deshace fácilmente tirando de uno de sus cabos.

lazarillo m. Muchacho que guía a un ciego.

lazo m. **1.** Nudo de cintas que sirve de adorno. **2.** Lazada. **3.** Cuerda con un nudo corredizo para cazar o sujetar animales. **4.** Vínculo. **5.** *Hond.* y *Méx.* Cuerda.

le pron. pers. masc. y fem. de 3a. persona sing. Funciona como complemento indirecto.

leal adj./m. y f. Dícese de la persona fiel y noble.

lealtad f. Calidad de leal.

lebrel adj./m. Dícese del perro apto para la caza de liebres.

lección f. **1.** Cada una de las partes en que se divide la materia de una disciplina. **2.** Aquello que enseña o escarmienta.

lechada f. Masa fina de cal, yeso o argamasa.

lechal adj./m. Dícese del animal que aún mama.

leche f. **1.** Líquido blanco y opaco producido por las mamas de los mamíferos hembras. **2.** Cosmético en forma de crema líquida.

lechiguana f. **1.** *Argent.* Avispa pequeña y negra. **2.** *Argent.* Nido colgante de esta avispa. **3.** *Argent.* Miel que esta avispa produce.

lecho m. **1.** Cama para dormir. **2.** Fondo de un río, lago, etc.

lechón m. **1.** Cerdo que aún mama. **2.** Cerdo macho.

lechosa f. *R. Dom.* y *Venez.* Papaya.

lechuga f. Planta herbácea de hojas grandes y comestibles.

lechuguino m. *Fam.* Joven excesivamente arreglado y presumido.

lechuza f. Ave rapaz nocturna, de cabeza redonda y ojos grandes.

lectivo, va adj. Dícese del tiempo y días destinados para dar lección en los centros docentes.

lectura f. **1.** Acción de leer. **2.** Cosa leída.

leer tr. **1.** Interpretar mentalmente o en voz alta la palabra escrita. **2.** MÚS. Traducir en sonidos las notas y signos.

legación f. **1.** Empleo o cargo del legado. **2.** Oficina del legado.

legado m. **1.** Persona que una suprema autoridad envía a otra, para tratar un asunto. **2.** Lo que se transmite a los sucesores.

legajo m. Conjunto, generalmente atado, de papeles.

legal adj. Establecido por la ley o de acuerdo con ella.

legalizar tr. Dar estado legal.

légamo m. Cieno, lodo.

legaña f. Secreción de las glándulas de los párpados.

legar tr. Dejar algo en testamento.

legendario, ria adj. Relativo a las leyendas.

legible adj. Que se puede leer.

legión f. **1.** Unidad principal del ejército romano. **2.** Cuerpo de tropa.

legislación f. Conjunto de leyes de un estado o referentes a una materia determinada.

legislar intr. Hacer, dictar o implantar leyes.
legislativo, va adj. Que tiene por misión hacer leyes.
legislatura f. Tiempo durante el cual funcionan los órganos legislativos.
legitimar tr. Certificar o probar la autenticidad de una cosa.
legítimo, ma adj. **1.** Conforme a las leyes. **2.** Auténtico, verdadero.
lego, ga adj./m. y f. **1.** Laico. **2.** Ignorante, profano.
legua f. Medida de longitud que equivale a 5 572 m.
leguleyo, ya m. y f. *Desp.* Jurista, abogado.
legumbre f. **1.** Todo género de fruto o semilla que se cría en vainas. **2.** Hortaliza.
leguminoso, sa adj./f. Relativo a un orden de plantas dicotiledóneas cuyo fruto se cría en vainas, como el guisante.
leído, da adj. Culto.
leísmo m.LING. Uso del pronombre *le* en funciones de complemento directo, en lugar de *lo, la.*
lejano, na adj. Que está lejos.
lejía f. Agua que lleva disueltos álcalis o sales alcalinas.
lejos adv. A gran distancia en el espacio o el tiempo.
lelo, la adj./m. y f. Necio.
lema m. Frase que expresa una intención o regla de conducta.
lempira m. Unidad monetaria de Honduras.
lencería f. Ropa blanca y, especialmente, ropa interior.
lengua f. **1.** Órgano carnoso de la cavidad bucal, que sirve para degustar, deglutir y articular sonidos. **2.** Sistema de señales verbales propio de una comunidad, individuo, etc.: ~ *inglesa.*
lenguado m. Pez marino comestible de cuerpo casi plano y oblongo.
lenguaje m. **1.** Capacidad humana de emplear sonidos articulados para comunicarse. **2.** Cualquier método de comunicación por medio de signos, señales, etc. **3.** Manera de expresarse.
lengüeta f. **1.** Pieza delgada en forma de lengua. **2.** Lámina movible que tienen algunos instrumentos músicos de viento.
lenidad f. Blandura en exigir el cumplimiento de los deberes o en castigar las faltas.
lenificar tr. Suavizar, ablandar.
lenitivo, va adj./m. Que suaviza o mitiga un padecimiento físico o moral.
lenocinio m. Acción y actividad de hacer de alcahuete.
lente f. **1.** Cristal u objeto transparente, limitado por dos superficies generalmente esféricas. ◆ m. pl. **2.** Anteojos, gafas. ● ~ **de contacto**, disco pequeño que se aplica directamente sobre la córnea para corregir defectos de la visión.
lenteja f. **1.** Planta herbácea trepadora de semillas comestibles. **2.** Semilla de esta planta.
lentejuela f. Lámina pequeña, redonda, de material brillante, que se aplica a los vestidos como adorno.
lenticular adj. De forma de lenteja: *vidrio* ~.
lentilla f. Lente de contacto.

lentisco m. Arbusto que crece en la región mediterránea.
lento, ta adj. Tardo o pausado en el movimiento o acción.
leña f. Conjunto de ramas, matas y troncos para hacer fuego.
leñador, ra m. y f. Persona que tiene por oficio cortar leña.
leño m. Trozo de árbol cortado y limpio de ramas.
leñoso, sa adj. BOT. Dícese de la planta de tallo resistente.
leo m. y f./adj. Persona nacida bajo el signo zodiacal de Leo.
león, na m. y f. Mamífero carnívoro félido, de pelaje amarillo rojizo y adornado por una melena en el caso del macho.

■ **Enc.** El **león** es, después del tigre, el felino más grande. Mide 2 m de largo y llega a pesar 200 kg. Su longevidad es de 40 años aproximadamente. El león vive en manadas de 10 a 30 animales sobre un territorio de caza bien delimitado. Los machos garantizan la protección del grupo, mientras las hembras cazan y crían a los cachorros. Sus presas principales son las gacelas, las cebras, los búfalos, los antílopes y los monos.

leonado, da adj. De color rubio oscuro.
leonense adj./m. y f. De León (Nicaragua).
leonés, sa adj./m. y f. **1.** De León (España). ◆ m. **2.** Dialecto romance que se hablaba en el antiguo reino de León.
leopardo m. Mamífero carnívoro félido, de pelaje rojizo con manchas negras.
leotardos m. pl. Media que cubre de los pies hasta la cintura.
leperada f. **1.** *Amér. Central* y *Méx.* Acción o dicho de lépero. **2.** *Amér. Central* y *Méx.* Dicho o expresión grosera.
lépero, ra adj. **1.** *Cuba.* Astuto, perspicaz. **2.** *Ecuad.* Fam. Dícese de la persona muy pobre y sin recursos. ◆ adj./m. y f. **3.** *Amér. Central* y *Méx.* Grosero, ordinario.
lepidóptero, ra adj./m. Relativo a un orden de insectos que en estado adulto tienen cuatro alas, como la mariposa.
lepra f. Enfermedad infecciosa crónica, que cubre la piel de pústulas y escamas.
lerdo, da adj. **1.** Torpe. **2.** Lento.
les pron. pers. masc. y fem. de 3a. persona pl. Funciona como complemento indirecto.
lesbiana f. Mujer homosexual.
lesear intr. *Chile.* Tontear, hacer o decir leseras.
lesera f. *Chile* y *Perú.* Tontería.
lesión f. **1.** Daño corporal. **2.** Cualquier daño o perjuicio.
leso, sa adj. **1.** Que ha sido lesionado o perjudicado. **2.** *Argent., Bol.* y *Chile.* Tonto, torpe.
letal adj. Mortífero.
letanía f. Conjunto de plegarias formadas por una serie de cortas invocaciones a Dios, a la Virgen o a los santos.
letargo m. **1.** Sueño profundo o prolongado. **2.** Estado de sopor que atraviesan algunos animales durante determinadas épocas del año.

letón, na adj./m. y f. **1.** De Letonia. ◆ m. **2.** Lengua báltica hablada en Letonia.

letra f. **1.** Cada uno de los signos con que se representan los sonidos de un alfabeto. **2.** Modo particular de escribir. **3.** Texto de una pieza musical. **4.** Documento mercantil de pago.

letrado, da adj. **1.** Docto, instruido. ◆ m. y f. **2.** Abogado.

letrero m. Escrito que se coloca en determinado lugar para avisar o hacer pública alguna cosa.

letrilla f. Composición poética de versos cortos.

letrina f. **1.** Retrete. **2.** Lugar sucio y repugnante.

leu m. Unidad monetaria de Rumania.

leucemia f. Enfermedad de la sangre que se manifiesta por un aumento de leucocitos en la médula ósea, bazo, y ganglios.

leucocito m. Célula de la sangre y de la linfa, que asegura la defensa contra las infecciones.

lev m. Unidad monetaria de Bulgaria.

leva f. **1.** Acción y efecto de levar. **2.** Palanca. **3.** Reclutamiento. **4.** *Cuba.* Americana.

levadizo, za adj. Que se puede levantar con algún artificio.

levadura f. Masa que hace fermentar el cuerpo con que se la mezcla.

levantamiento m. **1.** Acción y efecto de levantar o levantarse. **2.** Rebelión militar.

levantar tr. y prnl. **1.** Mover de abajo arriba. **2.** Llevar algo a un nivel más alto. **3.** Poner derecho o en posición vertical. ◆ tr. **4.** Edificar. ◆ prnl. **5.** Ponerse de pie. **6.** Dejar la cama. **7.** Sublevarse.

levante m. **1.** Este, punto cardinal. **2.** Viento del este.

levantisco, ca adj. Turbulento o rebelde.

levar tr. **1.** Recoger el ancla. ◆ intr. **2.** Zarpar.

leve adj. **1.** De poco peso. **2.** De poca importancia.

leviatán m. Monstruo marino bíblico.

levita f. Prenda de vestir masculina con faldones rectos que se cruzan por delante.

levitar intr. Elevarse en el aire una persona o cosa, sin intervenir una causa física.

lexema m. LING. Elemento léxico de un signo lingüístico que aporta el significado básico.

léxico, ca adj. **1.** Relativo a los lexemas o al vocabulario. ◆ m. **2.** Conjunto de palabras o giros de una lengua, o los usados por un individuo, grupo, etc.

lexicografía f. Arte y técnica de componer diccionarios.

lexicología f. Ciencia que estudia el léxico de una lengua.

ley f. **1.** Relación necesaria que enlaza entre sí fenómenos naturales. **2.** Precepto dictado por la suprema autoridad. **3.** Proporción de metal noble que entra en aleación.

leyenda f. Narración de sucesos fabulosos, a veces con una base histórica, que se transmiten por tradición oral o escrita.

lezna f. Punzón que usan los zapateros para agujerear y coser.

liana f. Nombre común de diversas especies de bejuco.

liar tr. **1.** Atar o envolver una cosa. ◆ tr. y prnl. **2.** Enredar, complicar un asunto. **3.** Confundir a alguien. ◆ prnl. **4.** Amancebarse.

libanés, sa adj./m. y f. De Líbano.

libar tr. **1.** Chupar el jugo de una cosa. **2.** Probar un licor.

libelo m. Escrito infamatorio.

libélula f. Insecto de abdomen largo, dotado de cuatro alas.

■ ENc. La **libélula** tiene ojos globulares y compuestos, es decir, formados por miles de facetas o unidades ópticas. Se alimenta de insectos que atrapa en pleno vuelo. Sus larvas viven en el agua y capturan sus presas por medio de un labio alargado. A este labio se le llama máscara porque cuando está en reposo cubre toda la cara de la larva.

líber m. BOT. Tejido interior de la corteza del tronco de los vegetales encargado de transportar la savia.

liberal adj./m. y f. **1.** Partidario del liberalismo. ◆ adj. **2.** Partidario de la libertad y la tolerancia. **3.** Generoso, dadivoso.

liberalismo m. Doctrina que defiende la primacía de la libertad individual.

liberar tr. y prnl. **1.** Libertar. **2.** Eximir de una obligación o carga.

libertad f. **1.** Capacidad que tiene el hombre de actuar libremente, sin obligación alguna. **2.** Estado del que no sufre ni sujeción ni impedimento. ◆ pl. **3.** Familiaridad, confianza.

libertar tr. y prnl. Poner en libertad.

libertario, ria adj./m. y f. Anarquista.

libertinaje m. **1.** Conducta viciosa o inmoral. **2.** Falta de respeto a las leyes o a la religión.

liberto, ta m. y f. Esclavo que recibía la libertad de su señor.

libidinoso, sa adj. Que muestra un deseo sexual exagerado.

libido f. Deseo sexual.

libio, bia adj./m. y f. De Libia.

libra m. y f./adj. **1.** Persona nacida bajo el signo zodiacal de Libra. **2.** Unidad monetaria del Reino Unido, Chipre, Egipto y otros países.

librar tr. y prnl. **1.** Preservar de un trabajo o peligro. ◆ tr. **2.** Expedir letras, órdenes de pago, etc.

libre adj. **1.** Que goza de libertad. **2.** Sin obstáculo: *vía ~.* **3.** Vacante, vacío. ◆ m. **4.** *Méx.* Taxi.

librea f. Uniforme que llevan algunos empleados y criados.

librecambio m. Comercio internacional sin derechos aduaneros.

librepensador, ra adj./m. y f. Defensor de la tolerancia y la razón frente a cualquier dogma, especialmente el religioso.

librería f. **1.** Tienda donde se venden libros. **2.** Mueble para libros. **3.** *Argent.* Comercio donde se venden cuadernos, lápices y otros artículos de escritorio.

librero, ra m. y f. **1.** Comerciante de libros. ◆ m. **2.** *Chile* y *Méx.* Librería, mueble. ◆ f. **3.** *Guat.* y *Pan.* Librería, mueble.

libreta f. **1.** Cuaderno en que se escriben anotaciones. ● ~ **cívica** (*Argent.*), documento oficial con el que la mujer acredita su identidad. ● ~ **de enrolamiento** (*Argent.*), cartilla militar.

libreto m. Texto que sirve de base a un drama musical.

libro m. **1.** Conjunto de hojas manuscritas o impresas, encuadernadas, y que forman un volumen ordenado para la lectura. **2.** Tercera cavidad del estómago de los rumiantes.

licencia f. **1.** Permiso. **2.** Documento en que consta ese permiso.

licenciado, da m. y f. Persona que ha obtenido en una facultad el grado que le habilita para ejercer.

licenciatura f. Grado o título de licenciado.

licencioso, sa adj. Disoluto.

liceo m. **1.** En algunos países, centro de segunda enseñanza. **2.** Sociedad cultural o recreativa.

licitar tr. Ofrecer precio por una cosa en subasta.

lícito, ta adj. Permitido por la ley o la moral.

licopodio m. Planta cuyas esporas se utilizan en farmacia y fuegos artificiales.

licor m. Bebida alcohólica obtenida por destilación.

licuar tr. y prnl. Convertir en líquido.

licuefacción f. Transformación de un gas en líquido.

lid f. **1.** Combate, pelea. **2.** Discusión, controversia.

líder adj./m. y f. **1.** Que va a la cabeza en una clasificación. ◆ m. y f. **2.** Jefe de un grupo, partido, etc.

liderato o **liderazgo** m. Condición o actividad de líder.

lidiar tr. **1.** Torear. ◆ intr. **2.** Batallar, pelear.

liebre m. **1.** *Chile.* Autobús pequeño. ◆ f. **2.** Mamífero roedor, algo mayor que el conejo.

liendre f. Huevo de piojo.

lienzo m. **1.** Tela de lino o cáñamo. **2.** Tela sobre la que se pinta.

liga f. **1.** Cinta elástica usada para sujetar, especialmente medias o calcetines. **2.** Competición deportiva entre varios equipos.

ligadura f. Acción y efecto de ligar.

ligamento m. Cordón fibroso que liga los huesos de las articulaciones.

ligar tr. **1.** Atar. **2.** Enlazar, unir. ◆ intr. *Fam.* **3.** Entablar una relación amorosa pasajera.

ligereza f. **1.** Calidad de ligero. **2.** Dicho o hecho irreflexivo.

ligero, ra adj. **1.** Que pesa poco. **2.** Que obra con rapidez.

lignito m. Carbón mineral de color negro o pardo.

ligón, na adj./m. y f. *Fam.* Que entabla con frecuencia relaciones amorosas.

liguano, na adj. **1.** *Chile.* Raza de carneros, de lana gruesa y larga. **2.** *Chile.* Lana producida por esta raza y de lo que se fabrica con ella.

liguero m. Especie de faja estrecha para sujetar las medias de las mujeres.

lija f. **1.** Pintarroja. **2.** Papel con polvos de vidrio o esmeril adheridos, que se usa para pulir maderas o metales.

lijar tr. Pulir con lija u otro abrasivo.

lila adj./m. **1.** De color morado. ◆ f. **2.** Arbusto de flores moradas y olorosas. **3.** Flor de este arbusto.

liliáceo, a adj./f. Relativo a una familia de plantas de raíz en bulbo, como el ajo.

liliputiense adj./m. y f. Dícese de la persona muy pequeña.

lima f. **1.** Instrumento de acero, con la superficie estriada, para desgastar metales, maderas, etc. **2.** Fruto del limero.

limaco m. Babosa.

limar tr. Pulir con la lima.

limbo m. **1.** En el catolicismo, estado o lugar en que se encuentran las almas de los niños que mueren sin bautizar. **2.** ASTRON. Cerco de un astro. **3.** BOT. Parte aplanada de hojas, sépalos y pétalos. ● **Estar en el ~** *(Fam.)*, estar distraído.

limeño, ña adj./m. y f. De Lima.

limero m. Árbol de flores blancas, cuyo fruto es la lima.

limitar tr. **1.** Fijar o señalar límites. ◆ tr. y prnl. **2.** Reducir, recortar. ◆ intr. **3.** Tener un país, territorio, etc., límites comunes con otro.

límite m. **1.** Línea real o imaginaria que señala la separación entre dos cosas. **2.** Fin o grado máximo de algo.

limítrofe adj. Que limita o linda.

limo m. Cieno, lodo.

limón m. Fruto del limonero.

limonada f. Refresco hecho con agua, azúcar y zumo de limón.

limonero m. Árbol perenne de flores blancas, cuyo fruto es el limón.

limosna f. Lo que se da a los pobres por caridad.

limosnero, ra m. y f. *Amér.* Mendigo, pordiosero.

limpiabotas m. y f. Persona que tiene por oficio lustrar el calzado.

limpiador m. *Méx.* Limpiaparabrisas.

limpiaparabrisas m. Varilla articulada que limpia el cristal del parabrisas de los automóviles.

limpiar tr. y prnl. Quitar la suciedad de una cosa.

límpido adj. Limpio, puro, claro.

limpieza f. **1.** Calidad de limpio. **2.** Acción y efecto de limpiar.

limpio, pia adj. Que no tiene suciedad.

linaje m. Ascendencia o descendencia de una familia.

linaza f. Semilla del lino.

lince m. **1.** Mamífero carnívoro parecido al gato, pero de mayor tamaño. ◆ m. y f./adj. **2.** Persona lista o sagaz.

■ **ENC. El lince** se alimenta de pequeños mamíferos y de aves. Aunque también puede cazar corzos y ciervos.

linchar tr. Ejecutar una muchedumbre a alguien sin un proceso regular previo.

lindar intr. Tener límites dos terrenos, fincas, etc.

linde m. o f. Límite o línea que divide terrenos, fincas, etc.

lindo, da adj. Bonito, agradable a la vista.

línea f. **1.** Trazo continuo, real o imaginario, que señala el límite o el fin de algo. **2.** Raya. **3.** Contorno, silueta. **4.** Vía de comunicación terrestre, marítima o aérea. **5.** MAT. Sucesión continua de puntos en el espacio.

lineal adj. **1.** Relativo a la línea. **2.** Que sigue un desarrollo constante.

linfa f. Líquido coagulable que circula por el sistema linfático.

JUEGOS DE MESA

AJEDREZ

El objetivo del ajedrez es capturar al rey del contrario.

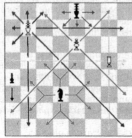

Movimiento de piezas

rey | reina o dama | alfil | caballo | torre | peón

Colocación de las piezas en el
tablero al inicio del juego

DOMINÓ

El objetivo del dominó es deshacerse de
todas las fichas asignadas, antes de que lo
hagan los otros participantes.

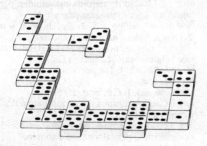

DAMAS

El objetivo de las damas es comerse
todas las fichas del contrario.

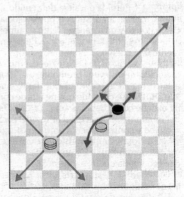

Movimiento de las fichas

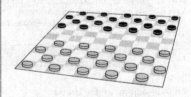

Colocación de las fichas al
inicio del juego

BACKGAMON

En el backgamon gana el jugador que logre primero sacar sus 15 fichas del área
que le corresponde en el tablero.

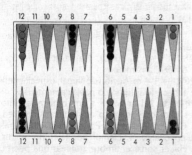

linfático, ca adj. 1. Que abunda en linfa. 2. Dícese de la parte del aparato circulatorio que interviene en la formación y circulación de la linfa.

lingote m. Barra o pieza de metal bruto fundido.

lingue m. Argent. y Chile. Árbol alto, frondoso y de madera flexible que se emplea en carpintería.

lingüística f. Ciencia que estudia el lenguaje y las lenguas.

linimento m. Preparado farmacéutico de aceites y bálsamos, que se aplica en fricciones.

lino m. 1. Planta herbácea de flores grandes y vistosas. 2. Fibra textil obtenida del tallo de esta planta y tejido de esta fibra.

linóleo m. Tela impermeable cubierta con una capa de corcho en polvo, amasado con aceite de linaza y resina.

linotipia f. En artes gráficas, máquina para componer textos.

linterna f. 1. Farol portátil con una sola cara de vidrio. 2. Aparato eléctrico con pila y bombilla, que sirve para alumbrar.

linyera m. Argent. y Urug. Vagabundo, pordiosero.

lío m. 1. Conjunto de cosas atadas. 2. Conjunto de cosas enredadas o revueltas.

liofilizar tr. Deshidratar un alimento u otra sustancia para asegurar su conservación.

lípido m. Sustancia orgánica denominada comúnmente grasa.

lipotimia f. Pérdida pasajera del sentido.

liquen m. Planta constituida por la asociación de un hongo y un alga, que viven en simbiosis.

liquidar tr. y prnl. 1. Licuar. ◆ tr. 2. Pagar enteramente una cuenta. 3. Poner fin.

líquido, da adj./m. 1. Dícese del cuerpo cuyas moléculas se mueven libremente, y se adaptan a la forma de la cavidad que las contiene. 2. ECON. Dícese del saldo que resulta de comparar el debe con el haber. ◆ adj./f. LING. 3. Dícese del fonema que participa a la vez del carácter vocálico y consonántico, como r en brazo.

lira f. 1. Instrumento musical compuesto de varias cuerdas tensadas en un marco. 2. Unidad monetaria de Italia y Turquía.

lírico, ca adj. 1. Relativo a la lírica. 2. Dícese de las obras dramáticas cantadas, como la ópera. ◆ f. 3. Género de poesía en que dominan los sentimientos del autor.

lirio m. Planta de bulbo escamoso y flores de seis pétalos azules, morados o blancos.

lirón m. Mamífero roedor que hiberna comiendo los frutos que ha almacenado.

■ ENC. El lirón mide 15 cm. Se alimenta de frutas y semillas. Anida en las ramas de los árboles.

lis f. Lirio.

lisboeta adj./m. y f. De Lisboa.

lisiado, da adj./m. y f. Que tiene una lesión permanente.

liso, sa adj. 1. Sin desigualdades o arrugas. 2. De un solo color.

lisonjear tr. Adular, halagar.

listín m. Guía de teléfonos.

listo, ta adj. 1. Que comprende y asimila las cosas con rapidez y acierto. 2. Preparado, dispuesto. 3. Astuto, sagaz. ◆ f. 4. Tira de tela,

papel, etc. 5. Franja de distinto color, especialmente en los tejidos. 6. Relación de personas o cosas.

listón m. 1. Tabla delgada y larga. 2. DEP. Barra horizontal sobre la que se ha de saltar.

lisura f. 1. Calidad de liso. 2. Fig. Sinceridad, franqueza. 3. Guat., Pan. y Perú. Fig. Palabra o acción grosera e irrespetuosa. 4. Pan. y Perú. Fig. Atrevimiento, desparpajo. 5. Perú. Fig. Gracia, donaire.

litera f. Mueble formado por dos camas superpuestas.

literal adj. Conforme a la letra del texto y al sentido exacto de las palabras que lo forman.

literario, ria adj. Relativo a la literatura.

literatura f. 1. Arte que emplea la palabra hablada o escrita como forma de expresión. 2. Conjunto de las obras literarias de un país, de una época, etc.

lítico, ca adj. Relativo a la piedra.

litigio m. 1. Pleito, juicio. 2. Contienda, enfrentamiento.

litio m. Metal alcalino, blando y muy ligero.

litografía f. 1. Arte de reproducir por impresión los dibujos grabados o dibujados sobre una piedra caliza porosa. 2. Reproducción así obtenida.

litoral adj. 1. Relativo a la costa. ◆ m. 2. Costa de un mar o país. 3. Argent., Par. y Urug. Franja de tierra al lado de los ríos.

litosfera f. Capa exterior sólida del globo terrestre.

litro m. Unidad de medida de volumen para líquidos y áridos, que equivale a 1 dm³.

lituano, na adj./m. y f. 1. De Lituania. ◆ m. 2. Lengua báltica hablada en Lituania.

liturgia f. Conjunto de prácticas y reglas de culto que la Iglesia católica rinde a Dios.

liviano, na adj. 1. De poco peso. 2. De poca importancia.

lívido, da adj. 1. Cárdeno. 2. Pálido.

liza f. Campo dispuesto para que luchen dos o más personas.

ll f. Letra doble que representa un sonido consonántico palatal fricativo y sonoro.

llaga f. Úlcera.

llama f. 1. Masa gaseosa en combustión. 2. Mamífero rumiante doméstico de América.

■ ENC. La llama es un mamífero ungulado pariente del camello. Mide 2.50 m de largo y no tiene gibas. Existen dos razas domésticas: la alpaca y la llama propiamente dicha. Se les cría para aprovechar su lana, su carne y para utilizarlas como bestias de carga.

llamada f. 1. Acción de llamar. 2. Impulso, atracción.

llamado m. 1. Amér. Llamada telefónica. 2. Amér. Llamamiento.

llamamiento m. Acción de llamar, especialmente al hacerlo solemne o patéticamente.

llamar tr. 1. Dar voces a uno o hacer ademanes para que venga o advierta alguna cosa. 2. Convocar, citar. 3. Poner un nombre a alguien o algo. 4. Llamar por teléfono. ◆ intr. 5. Hacer sonar el timbre, golpear una puerta, etc. ◆ prnl. 6. Tener por nombre.

llamativo, va adj. Que llama la atención.

llanca f. **1.** *Chile.* Cualquier mineral de cobre, de color verde azulado. **2.** *Chile.* Pedrezuelas de este mineral que usan los araucanos para hacer collares y adornar sus trajes.

llaneza f. Sencillez, naturalidad.

llano, na adj. **1.** Dícese de la superficie igual y lisa, sin desniveles. **2.** Natural, sencillo. **3.** MAT. Dícese del ángulo que mide 180°. ◆ adj./f.LING. **4.** Dícese de la palabra que tiene su acento en la penúltima sílaba, como *cáliz* y *engaño*. ◆ m. **5.** Llanura. ◆ f. **6.** Herramienta para extender el yeso o la argamasa.

llanque m. *Perú.* Sandalia rústica.

llanta f. **1.** Cerco metálico de las ruedas de los vehículos. **2.** *Amér.* Cubierta de caucho de un neumático. **3.** *Méx.* Pliegue de grasa que se forma alrededor del cuerpo.

llanto m. Efusión de lágrimas.

llanura f. Gran extensión de terreno de escaso relieve.

llapango, ga adj. Que no usa calzado.

llapar tr. *Amér. Merid.* En minería, añadir.

llareta f. Planta herbácea de Chile, cuyo tallo destila una resina balsámica, de uso medicinal, estimulante y estomacal.

llaucana f. *Chile.* Barreta corta que usan los mineros para picar la veta.

llave f. **1.** Instrumento que abre o cierra una cerradura. **2.** Dispositivo para abrir o cerrar el paso de un fluido. **3.** Herramienta para apretar o aflojar tuercas. **4.** Signo ortográfico representado como « » o { }.

llavero m. Utensilio que se utiliza para guardar las llaves.

llegar intr. **1.** Alcanzar el final de un recorrido, camino, etc. **2.** Durar hasta una época o tiempo determinados. **3.** Alcanzar cierta altura, grado o nivel. **4.** Conseguir o lograr lo que se expresa.

llenador, ra adj. *Chile.* Dícese del alimento que rápidamente produce saciedad.

llenar tr. y prnl. **1.** Ocupar por completo un espacio. ◆ tr. **2.** Poner muchas cosas en un sitio. ◆ prnl. **3.** Hartarse de comida.

lleno, na adj. **1.** Que contiene de algo tanto como permite su capacidad. ◆ m. **2.** Gran concurrencia en un espectáculo.

llevar tr. **1.** Transportar algo de una parte a otra. **2.** Guiar, dirigir, conducir. **3.** Vestir, lucir. **4.** Exceder en tiempo, distancia, etc.: *lleva una hora esperando.* **5.** Soportar, sufrir.

lliclla f. *Bol., Ecuad.* y *Perú.* Prenda de vestir con que las indias se cubren los hombros y la espalda.

llorar intr. Derramar lágrimas.

llorera f. *Fam.* Llanto fuerte y prolongado.

lloriquear intr. Llorar de forma débil, desganada o monótona.

llover impers. **1.** Caer agua de las nubes. ◆ intr. **2.** Venir u ocurrir de una vez muchas cosas.

llovizna f. Lluvia ligera, uniforme y menuda.

lluvia f. **1.** Precipitación líquida de agua atmosférica en forma de gotas. **2.** Gran cantidad de algo.

lo art. det. neutro. **1.** Se antepone a adjetivos o sintagmas para sustantivarlos: *lo bueno.* ◆ pron.

pers. masc. de 3a. persona sing. **2.** Funciona como complemento directo.

loa f. Alabanza, elogio.

loar tr. Alabar.

lobato o **lobezno** m. Cachorro de lobo.

lobería f. *Argent.* y *Perú.* Paraje de la costa donde los lobos marinos hacen su vida.

lobo, ba m. y f. Mamífero carnívoro, de orejas erguidas y hocico puntiagudo. ● ~ **marino**, foca.

> ■ **ENC. El lobo** vive en manadas que se desplazan sobre un territorio de caza determinado. Ha desaparecido en muchos países, pues se le ha cazado de manera excesiva por los estragos que causa a los rebaños. En Canadá, sin embargo, se les protege porque evita la multiplicación de los renos y caribús que destruyen la vegetación. Aunque, en general, el lobo evita al hombre, algunas creencias populares lo pintan como un «comedor de hombres». El lobo se considera el ancestro de todas las razas de perros.

lóbrego, ga adj. **1.** Oscuro, sombrío. **2.** Triste, melancólico.

lobulado, da adj. Dividido en lóbulos: *hoja ~.*

lóbulo m. **1.** Cada una de las partes redondeadas del borde de algo. **2.** Parte inferior carnosa de la oreja.

lobuno, na adj. *Argent.* Dícese del caballo cuyo pelaje es grisáceo en el lomo, más claro en las verijas y en el hocico, y negro en la cara, crines y remos.

local adj. **1.** Relativo a un lugar. **2.** Municipal o provincial. ◆ m. **3.** Sitio cerrado y cubierto.

localidad f. **1.** Población o ciudad. **2.** Asiento en un local de espectáculos. **3.** Billete que da derecho a ocupar este asiento.

localizar tr. **1.** Averiguar el lugar donde se halla una persona o cosa, etc. ◆ tr. y prnl. **2.** Reducir a ciertos límites.

locativo m. En algunas lenguas, caso de la declinación que expresa el lugar donde se desarrolla la acción.

loción f. **1.** Masaje, fricción. **2.** Producto líquido para el cuidado de la piel o cabello.

loco, ca adj./m. y f. **1.** Que ha perdido el juicio. ◆ m. **2.** *Chile.* Molusco de carne sabrosa, pero dura, que se come guisado.

locomoción f. Acción de desplazarse de un punto a otro.

locomotor, ra adj. **1.** Propio para la locomoción, o que la produce. ◆ f. **2.** Máquina que arrastra los vagones de un tren.

locomotriz adj. Forma femenina de *locomotor.*

locro m. *Amér. Merid.* Guiso de maíz, con patatas, carne, especias y otros ingredientes.

locuaz adj. Que habla mucho.

locución f. **1.** Modo de hablar. **2.** Combinación de dos o más palabras con un sentido unitario.

locura f. **1.** Privación del juicio o del uso de la razón. **2.** Dicho o hecho disparatado. **3.** Afecto o entusiasmo muy intenso.

locutor, ra m. y f. Profesional de radio o televisión que se dirige a la audiencia para dar noticias.

locutorio m. Departamento dividido comúnmente por una reja, donde reciben las visitas las monjas o los penados.

lodo m. Barro que forma la lluvia.

logaritmo m. MAT. Exponente a que es necesario elevar una cantidad positiva para obtener un número dado.

lógico, ca adj. **1.** Relativo a la lógica. **2.** Conforme a la razón. **3.** Natural, normal. ◆ f. **4.** Disciplina que estudia la estructura, el fundamento y el uso de las expresiones del conocimiento humano. **5.** Serie coherente de ideas y razonamientos.

logística f. **1.** Parte de la ciencia militar que se ocupa del traslado, disposición, etc., de las tropas. **2.** Organización.

logos m. FILOS. Razón o cualquiera de sus manifestaciones.

logotipo m. Símbolo o dibujo que distingue una marca o nombre de una empresa o de un producto.

lograr tr. Conseguir lo que se pretende.

logro m. **1.** Acción y efecto de lograr. **2.** Ganancia, lucro. **3.** Éxito.

loica f. Pájaro chileno de mayor tamaño que el estornino, muy apreciado por su canto.

loísmo m. LING. Uso del pronombre *lo* en funciones de complemento indirecto, en lugar de *le*.

lolo, la m. y f. *Chile.* Chico, adolescente.

loma f. Altura pequeña y alargada.

lomada f. *Amér. Merid.* Loma.

lombriz f. Gusano de cuerpo muy alargado, blando y segmentado.

lomo m. **1.** Parte inferior y central de la espalda. **2.** Espinazo de los cuadrúpedos. **3.** Carne de cerdo que se obtiene del espinazo. **4.** Parte del libro opuesta al corte de las hojas.

lona f. Tela fuerte e impermeable, para toldos, velas, etc.

loncha f. Trozo largo, ancho y delgado que se corta de algo.

londinense adj./m. y f. De Londres.

longaniza f. Embutido largo y delgado hecho de carne de cerdo.

longevo, va adj. Viejo, de edad muy avanzada.

longitud f. **1.** Dimensión mayor en un cuerpo plano o superficie. **2.** Distancia angular que existe desde un punto cualquiera de la superficie terrestre al primer meridiano.

lonja f. **1.** Loncha. **2.** Edificio donde se realizan operaciones comerciales. **3.** *Argent.* Tira de cuero.

lontananza f. Fondo de un cuadro más distante del plano principal.

lord m. Título de honor dado en Gran Bretaña.

loro m. **1.** Papagayo. **2.** *Fam.* Persona que habla mucho. **3.** *Chile.* Orinal para quien no puede levantarse de la cama. **4.** *Chile.* Persona enviada para que con cierto disimulo averigüe algo.

los art. det. masc. pl. **1.** Se antepone a los sustantivos para individualizarlos: *los locos.* ◆ pron. pers. masc. de 3a. persona pl. **2.** Funciona como complemento directo.

losa f. Piedra llana y delgada.

lote m. **1.** Cada una de las partes en que se divide un todo para su distribución. **2.** Conjunto de objetos similares que se agrupan con un fin.

lotería f. **1.** Juego de azar, administrado por el estado, en que se premian varios billetes sacados a la suerte. **2.** *Méx.* Juego de mesa que consta de una baraja de cartas con distintas figuras impresas, y varios cartones con casillas en las que aparecen las mismas figuras.

loto m. Planta acuática de flores blancas, grandes y olorosas.

loza f. **1.** Barro fino, cocido y barnizado. **2.** Vajilla hecha de este barro.

lozano, na adj. **1.** Verde, frondoso. **2.** De aspecto sano y juvenil.

lubina f. Pez marino de color gris, de carne muy apreciada.

lubricar tr. Impregnar con una sustancia grasa u oleosa las superficies que frotan entre sí para facilitar su funcionamiento.

lucense adj./m. y f. De Lugo (España).

lucerna f. **1.** Claraboya. **2.** Lámpara grande con varios brazos.

lucero m. Astro grande y brillante.

lucha f. **1.** Acción y efecto de luchar. **2.** Batalla, combate.

luchar intr. **1.** Contender cuerpo a cuerpo dos o más personas. **2.** Batallar, batirse. **3.** Disputar. **4.** Trabajar y esforzarse por algo.

lúcido, da adj. Claro en el razonamiento, en el lenguaje, etc.

luciérnaga f. Insecto de cuerpo blando, cuya hembra carece de alas y está dotada de un aparato luminiscente.

lucifer m. **1.** Príncipe de los demonios. **2.** Hombre maligno.

lucio m. Pez de agua dulce, de cuerpo alargado y aplanado.

lucir intr. **1.** Brillar, resplandecer. **2.** *Amér.* Ofrecer cierta imagen o aspecto exterior. ◆ tr. **3.** Mostrar una cosa o hacer ostentación de ella. ◆ intr. y prnl. **4.** Sobresalir, destacar. ◆ prnl. **5.** Fracasar.

lucro m. Ganancia o provecho que se obtiene de algo.

luctuoso, sa adj. Digno de llanto: *noticia ~.*

lúcuma f. *Chile y Perú.* Fruto del lúcumo, del tamaño de una manzana pequeña y muy usado en repostería.

lúcumo m. Árbol de Chile y Perú.

lúdico, ca adj. Relativo al juego.

ludopatía f. Adicción patológica al juego.

luego adv. **1.** Después: *cenamos y ~ fuimos al cine.* ◆ conj. **2.** Denota deducción o consecuencia: *esto no puede ser, ~ no es verdad.* ● **Desde ~**, indudablemente. **3. Hasta ~**, fórmula de despedida.

luengo, ga adj. Largo: *luengas barbas.*

lugar m. **1.** Espacio ocupado o que puede ser ocupado. **2.** Sitio, paraje o localidad. **3.** Situación relativa de algo en una serie o jerarquía. **4.** Causa, motivo. ● **Tener ~**, ocurrir, suceder.

lugarteniente m. Persona con autoridad para sustituir a otro en algún cargo.

lúgubre adj. Triste, fúnebre.

luisa f. Planta aromática cuyas hojas se usan en infusión.

lujo m. Suntuosidad, abundancia de riqueza.

lujuria f. Apetito desordenado del goce sexual.

lumbago m. Dolor en la zona lumbar.

lumbar adj. ANAT. Perteneciente a los lomos y caderas.

lumbre f. **1.** Materia combustible encendida. **2.** Brillo o luz de algo.

lumbrera f. Abertura hecha en el techo para proporcionar luz.

luminaria f. **1.** Luz que se pone en balcones, calles, etc., durante las fiestas. **2.** *Méx.* Actor o actriz muy famoso.

luminiscencia f. FÍS. Propiedad de numerosas sustancias que emiten luz a bajas temperaturas, bajo el efecto de una excitación.

luminoso, sa adj. Que despide luz.

luminotecnia f. Técnica de la iluminación con luz artificial.

lumpen m. Grupo social formado por los individuos más marginados de la sociedad.

luna f. **1.** Satélite natural de la Tierra. **2.** Espejo o pieza de cristal de gran tamaño. ● **Estar en la** ~ *(Fam.)*, estar distraído.

> ■ **Enc.** La **Luna** tiene un diámetro de 3 476 km. Se encuentra a una distancia media de la Tierra de 384 400 km. Gira alrededor de ésta en aproximadamente 27 días y 7 horas. Como no tiene luz propia, la Luna refleja la luz solar. El 21 de julio de 1969, el astronauta norteamericano Neil Armstrong fue el primer hombre que puso un pie sobre la Luna.

lunada f. *Méx.* Fiesta que se realiza cuando hay luna llena.

lunar adj. **1.** Relativo a la Luna. ◆ m. **2.** Pequeña mancha en la piel. **3.** En las telas, figura en forma de círculo.

lunarejo, ja adj./m. y f. *Colomb.* y *Perú.* Que tiene uno o más lunares en la cara.

lunático, ca adj./m. y f. Loco, maniático.

lunes m. Primer día de la semana.

lunfardo m. Jerga hablada en los barrios bajos de Buenos Aires.

lupa f. Lente de aumento sujeta a un mango.

lupanar m. Prostíbulo, burdel.

lúpulo m. Planta trepadora cuyo fruto se emplea para aromatizar la cerveza.

lusitano, na adj./m. y f. **1.** De la antigua Lusitania, hoy Portugal. **2.** Portugués.

luso, sa adj./m. y f. Portugués.

lustrabotas m. *Amér. Merid.* Limpiabotas.

lustrador m. *Argent., Bol., Chile, Perú y Urug.* Persona que tiene por oficio lustrar muebles.

lustrar tr. Dar brillo a algo.

lustre m. **1.** Brillo de las cosas tersas. **2.** Prestigio, fama.

lustrín m. *Chile.* Limpiabotas.

lustro m. Período de cinco años.

luteranismo m. Doctrina protestante que sostiene que la fe es la única justificación y vía de salvación del hombre.

luto m. Duelo por la muerte de una persona.

luxación f. Dislocación de un hueso.

luxemburgués, sa adj./m. y f. De Luxemburgo.

luz f. **1.** Agente físico que hace visibles los objetos. **2.** Corriente eléctrica. ◆ pl. *Fam.* **3.** Inteligencia. ● **Dar a** ~, parir una mujer.

L

m

m f. Decimotercera letra del abecedario.
maca f. Señal que presenta la fruta por algún daño recibido.
macabro, bra adj. Que participa de lo terrorífico de la muerte.
macachín m. *Argent.* y *Urug.* Pequeña planta de flores amarillas y tubérculo comestible.
macaco, ca adj./m. y f. **1.** *Chile* y *Cuba.* Feo, deforme. ◆ m. **2.** Mono pequeño de cola corta.
macana f. **1.** Palo corto y grueso. **2.** *Amér.* Garrote de madera dura y pesada. **3.** *Argent., Perú* y *Urug.* Desatino, embuste.
macanear tr. **1.** *Colomb.* Dirigir bien un negocio. **2.** *Cuba, P. Rico* y *R. Dom.* Golpear con la macana. ◆ intr. **3.** *Argent., Bol., Chile, Par.* y *Urug.* Decir desatinos o embustes. **4.** *Colomb.* y *Hond.* Trabajar fuertemente y con asiduidad.
macanudo, da adj./m. y f.*Amér. Central* y*Amér. Merid.* Muy bueno, en sentido material y moral.
macarra adj./m. **1.** *Esp.* Chulo, proxeneta. **2.** *Esp.* De mal gusto.
macarrón m. Pasta alimenticia de harina de trigo en forma de canuto.
macarrónico, ca adj. Dícese del lenguaje incorrecto o vulgar.
macedonio, nia adj./m. y f. **1.** De Macedonia, reino de la Grecia antigua. ◆ f. **2.** Postre preparado con trozos de diversas frutas.
macegual m. En México, denominación de los indios libres que formaban la mayor parte de la población autóctona.
macerar tr. Ablandar una cosa apretándola, golpeándola o poniéndola en remojo.
maceta f. Vaso de barro cocido en el que se cultivan plantas.
macetero m. Soporte para colocar macetas de flores.
machacar tr. **1.** Golpear para hacer pedazos, deshacer o aplastar una sustancia. ◆ intr. **2.** Porfiar e insistir.
machacón, na adj./m. y f. Pesado, que repite las cosas.
machamartillo. A ~, con firmeza moral o material.
machete m. **1.** Arma más corta que la espada, ancha y de un solo filo. **2.** Cuchillo grande.
machigua f. *Amér.* Agua con residuos de maíz.
machincuepa f. *Méx.* Voltereta que se da poniendo la cabeza en el suelo y dejándose caer sobre la espalda.
machismo m. Actitud que considera al sexo masculino superior al femenino.
macho m. **1.** Persona o animal del sexo masculino. **2.** Pieza que se introduce y encaja en otra. **3.** ARQ. Pieza que sostiene algo.

machote adj./m. *Fam.* **1.** Que tiene las cualidades consideradas típicamente masculinas. ◆ m. **2.** *C. Rica, Hond., Méx.* y *Nicar.* Borrador, modelo. **3.** *Méx.* Señal que se pone para medir los destajos en las minas. **4.** *Méx.* Formulario para rellenar.
macilento, ta adj. Flaco, pálido: *luz ~.*
macizo, za adj. **1.** Formado por una masa sólida, sin huecos en su interior. ◆ m. **2.** Conjunto de montañas de características uniformes.
macondo m. *Colomb.* Árbol corpulento que alcanza de treinta a cuarenta metros de altura.
macrobiótica f. Doctrina o régimen encaminado a prolongar la vida por medio de reglas higiénicas y una sana alimentación.
macrocéfalo, la adj./m. y f. Que tiene la cabeza muy grande.
macrocosmos m. El universo considerado en oposición al hombre o microcosmos.
macroeconomía f. Estudio de los sistemas económicos en su conjunto.
macuco, ca adj. **1.** *Chile.* Astuto, taimado. ◆ m. **2.** *Argent., Colomb.* y *Perú.* Muchacho grandullón.
mácula f. Mancha.
macuto m. Mochila.
madalena f. Magdalena*.
madeja f. Hilo recogido, sin soporte, en vueltas iguales.
madera f. **1.** Sustancia fibrosa y compacta del interior de los árboles. **2.** Pieza de esta materia labrada.
madero m. Pieza larga de madera.
madrastra f. Mujer del padre respecto de los hijos de éste tenidos de un matrimonio anterior.
madre f. **1.** Mujer o hembra respecto de sus hijos. **2.** Causa, origen. **3.** Cauce de un río. **4.** Título dado a ciertas religiosas.
madrejón m. *Argent.* Cauce seco de un río.
madreperla f. Molusco de concha casi circular, en cuyo interior recubierto de nácar se forma una perla.
madrépora f. Pólipo que vive formando colonias.
madreselva f. Planta arbustiva trepadora, muy olorosa.
madrigal m. Composición poética o musical, de carácter amoroso.
madriguera f. Guarida en que habitan ciertos animales.
madrileño, ña adj./m. y f. De Madrid.
madrina f. Mujer que presenta y asiste al que recibe el bautismo o algún honor, grado, etc.
madroño m. **1.** Planta arbustiva de fruto esférico comestible. **2.** Fruto de esta planta.
madrugada f. **1.** Amanecer. **2.** Horas que siguen a la medianoche.
madrugar intr. Levantarse temprano.

madurar tr. **1.** Volver maduro. ♦ intr. y prnl. **2.** Volverse maduros los frutos. **3.** Crecer en edad y prudencia.

maduro, ra adj. **1.** Dícese del fruto que está en el momento oportuno de ser recolectado o comido. **2.** Entrado en años. **3.** Prudente.

maestre m. Superior de una orden militar.

maestría f. Gran destreza en enseñar o ejecutar una cosa.

maestro, tra adj. **1.** Excelente o perfecto en su clase. ♦ m. y f. **2.** Persona que tiene por función enseñar. **3.** Persona experta en alguna ciencia o arte. ♦ m. MÚS. **4.** Compositor o intérprete.

mafia f. Organización secreta de carácter criminal.

magdalena f. Bollo pequeño hecho de harina, huevo y leche.

magenta adj./m. **1.** Dícese del color rojo violáceo utilizado en fotografía. ♦ adj. **2.** De color magenta.

magia f. Arte que mediante ciertas prácticas produce supuestamente efectos contrarios a las leyes naturales.

magiar adj./m. y f. Húngaro.

magín m. *Fam.* Imaginación.

magíster m. *Chile* y *Colomb.* Maestro, grado inmediatamente inferior al de doctor en universidades.

magisterio m. Labor o profesión de un maestro.

magistrado m. **1.** Superior en el orden civil. **2.** Dignidad o empleo de juez.

magistral adj. **1.** Relativo al ejercicio del magisterio. **2.** Hecho con maestría.

magistratura f. Oficio o dignidad de magistrado.

magma m. Masa ígnea en el interior de la Tierra.

magnánimo, ma adj. Que muestra grandeza de ánimo y generosidad.

magnate m. Persona muy poderosa.

magnesia f. Óxido de magnesio.

magnesio m. Metal sólido maleable de color blanco plateado.

magnetismo m. **1.** Parte de la física que estudia las propiedades de los imanes. **2.** Fuerza de atracción de un imán.

magnetita f. Mineral pesado, de color negro, muy magnético.

magnetizar tr. Comunicar a un cuerpo propiedades magnéticas.

magnetófono m. Aparato de registro y reproducción del sonido, por medio de una cinta magnética.

magnetosfera f. Parte externa de la atmósfera dotada de campo magnético.

magnicidio m. Asesinato de una persona relevante por su cargo.

magnificar tr. y prnl. **1.** Engrandecer, alabar. **2.** Exagerar.

magnificencia f. Calidad de magnífico.

magnífico, ca adj. Excelente, admirable.

magnitud f. **1.** Cualquier característica de los cuerpos capaz de ser medida. **2.** Grandeza o importancia de algo.

magno, na adj. Grande, importante.

magnolia f. **1.** Árbol de jardín, de flores blancas y aromáticas. **2.** Flor de esta planta.

mago, ga m. y f. Persona que practica la magia.

magrebí adj./m. y f. Del Magreb.

magro, gra adj. **1.** Con poca grasa. ♦ m. **2.** Carne magra del cerdo.

maguey m. *Amér.* Agave.

magullar tr. y prnl. Causar contusiones.

maharajá m. Marajá*.

mahometano, na adj./m. y f. Musulmán.

mahometismo m. Islamismo.

mahonesa f. Mayonesa*.

maicena f. Harina fina de maíz.

maicillo m. *Chile.* Arena gruesa y amarillenta con que se cubre el pavimento de jardines y patios.

maitén m. Árbol chileno de gran altura, de hojas dentadas muy apreciadas por el ganado.

maíz m. Cereal cuyo fruto en mazorca se emplea en alimentación.

maja f. Mazo del almirez.

majada f. **1.** Lugar donde se recogen de noche el ganado y los pastores. **2.** *Argent., Chile* y *Urug.* Manada de ganado lanar.

majadero, ra adj./m. y f. Insensato, pedante, necio.

majagua f. *Antill., Colomb., Ecuad., Méx., Pan.* y *Salv.* Planta arbórea, de hojas grandes y fruto amarillo, cuya madera se emplea en ebanistería.

majar tr. Machacar una cosa aplastándola.

majara o **majareta** adj./m. y f. *Esp. Fam.* Chiflado, perturbado.

majestad f. **1.** Calidad de una persona o cosa que inspira admiración y respeto. **2.** Título que se da a Dios y a los reyes y emperadores.

majestuoso, sa adj. Que tiene majestad.

majo, ja adj. *Esp. Fam.* **1.** Guapo, hermoso. **2.** *Esp. Fam.* Simpático.

mal adj. **1.** Apóc. de *malo: hace mal día.* ♦ m. **2.** Lo contrario del bien. **3.** Daño moral o material. **4.** Desgracia. **5.** Enfermedad, dolor. ♦ adv. **6.** De forma contraria a la debida: *hacer las cosas mal.* ● **Mal de Chagas** (*Argent.*), enfermedad infecciosa febril transmitida por la vinchuca, endémica en algunas regiones de América.

malabarismo m. Ejercicio de agilidad, destreza y equilibrio.

malacate m. **1.** Máquina que, con la ayuda de caballerías, se usa para extraer mineral en las minas. **2.** *Hond., Méx.* y *Nicar.* Huso, instrumento para hilar.

malacitano, na adj./m. y f. De Málaga (España).

malacología f. Estudio de los moluscos.

malacostumbrado, da adj. Que tiene malos hábitos, mimado.

malandrín, na adj./m. y f. Mentiroso, perverso.

malaquita f. Carbonato natural de cobre, de color verde.

malaria f. Paludismo.

malaventurado, da adj./m. y f. Desgraciado.

malaya f. *Chile* y *Perú.* Corte de carne vacuno correspondiente a la parte superior de las costillas.

malayo, ya adj./m. y f. **1.** De Malaca. ♦ m. **2.** Lengua indonesia hablada en Malaca.

malcriar tr. Educar mal a los hijos.

maldad f. **1.** Calidad de malo. **2.** Acción mala.

maldecir tr. **1.** Echar maldiciones. ♦ intr. **2.** Hablar mal de alguien.

maldición f. Imprecación.

A
B
C
D
E
F
G
H
I
J
K
L
M
N
Ñ
O
P
Q
R
S
T
U
V
W
X
Y
Z

maldito, ta adj. **1.** Perverso. **2.** Que disgusta o molesta.

maleable adj. Dícese del metal que puede extenderse en láminas.

maleante adj./m. y f. Delincuente.

malear tr. y prnl. **1.** Dañar, echar a perder. **2.** Pervertir.

malecón m. Muralla o terraplén para defensa contra las aguas.

maledicencia f. Acción y efecto de maldecir o murmurar.

maleducado, da adj./m. y f. Descortés, malcriado.

maleficio m. **1.** Daño causado por arte de hechicería. **2.** Hechizo que causa este daño.

malentendido m. Mala interpretación, error.

malestar m. Sensación de encontrarse mal o molesto.

maleta f. Caja de piel, lona, etc., que se lleva como equipaje.

maletero m. Lugar destinado en los vehículos al equipaje.

maletilla m. Joven que aspira a abrirse camino como torero.

maletudo, da adj. *Cuba, Colomb.* y *Ecuad.* Jorobado.

malévolo, la adj./m. y f. Inclinado a hacer mal.

maleza f. **1.** Abundancia de malas hierbas. **2.** Espesura de arbustos. **3.** *Nicar.* y *R. Dom.* Achaque, enfermedad.

malformación f. Deformación congénita.

malgastar tr. Gastar en cosas malas o inútiles.

malhablado, da adj./m. y f. Desvergonzado en el hablar.

malhechor, ra adj./m. y f. Que comete delitos.

malherir tr. Herir gravemente.

malhumorado, da adj. Que está de mal humor.

malicia f. **1.** Maldad, mala intención. **2.** Picardía.

maligno, na adj./m. y f. **1.** Propenso a pensar u obrar mal. ◆ adj. **2.** De índole perniciosa. **3.** Dícese de la enfermedad que evoluciona de modo desfavorable.

malinchista adj./m. y f. *Méx.* Que desprecia lo nacional y adopta una actitud servil ante los extranjeros.

malla f. **1.** Cuadrilátero del tejido de la red. **2.** Tejido poco tupido, hecho con un hilo que va enlazándose consigo mismo formando agujeros. **3.** *Argent., Perú* y *Urug.* Traje de baño. ◆ pl. **4.** Vestido elástico y ajustado.

mallorquín, na adj./m. y f. De Mallorca.

malo, la adj./m. y f. Que no es o no está bueno.

malograr tr. **1.** Perder, desaprovechar algo. ◆ prnl. **2.** Frustrarse.

malón m. *Amér. Merid.* Ataque inesperado de indios.

malparado, da adj. Que ha sufrido notable menoscabo.

malpensado, da adj./m. y f. Que piensa mal de los demás.

malsano, na adj. **1.** Perjudicial para la salud. **2.** Enfermizo.

malta f. Cebada germinada para elaborar cerveza o infusión.

maltés, sa adj./m. y f. De Malta.

maltón, na adj./m. y f. *Bol., Chile, Ecuad.* y *Perú.* Dícese del animal o la persona de desarrollo precoz.

maltraído, da adj. *Bol., Chile* y *Perú.* Mal vestido, desaliñado.

maltratar tr. y prnl. Golpear, insultar o tratar mal.

maltrecho, cha adj. Maltratado, malparado.

malva adj./m. **1.** Dícese del color violeta claro. ◆ adj. **2.** De color malva. ◆ f. **3.** Planta cuyas flores se usan en infusiones laxantes y calmantes.

malvado, da adj./m. y f. Muy malo, perverso.

malvender tr. Vender a bajo precio, con poca o ninguna ganancia.

malversar tr. Gastar indebidamente los fondos públicos.

malvivir intr. Vivir mal.

malvón m. *Argent., Méx., Par.* y *Urug.* Geranio.

mama f. **1.** Madre. **2.** Glándula de los mamíferos que en las hembras segrega la leche que alimenta a las crías.

mamá f. Mama, madre.

mamada f. **1.** Acción de mamar. **2.** *Argent., Perú* y *Urug. Vulg.* Borrachera. **3.** *Méx. Vulg.* Cosa, hecho o dicho absurdo.

mamadera f. *Amér. Central* y *Amér. Merid.* Biberón.

mamar tr. Chupar la leche de las mamas.

mamarracho m. Persona o cosa defectuosa o ridícula.

mamboretá m. *Argent., Par.* y *Urug.* Santateresa, insecto.

mameluco, ca adj./m. y f.*Fam.* **1.** Necio, bobo. ◆ m. **2.** *Amér.* Prenda de vestir enteriza, especial para niños, que cubre el tronco y extremidades. **3.** *Amér. Merid.* y *Antill.* Mono de trabajo.

mamey m. **1.** Planta arbórea americana, con flores blancas y fruto comestible. **2.** Fruto de esta planta.

mameyero m. *Amér. Merid.* Mamey.

mamífero, ra adj./m.ZOOL. Relativo a una clase de animales vertebrados cuyas hembras tienen glándulas mamarias, como el hombre.

■ **Enc.** Existen alrededor de 5 000 especies de **mamíferos.** Pueden ser aéreos, acuáticos y terrestres. Los mamíferos están repartidos en diferentes órdenes. Por ejemplo: los quirópteros (murciélago), los cetáceos (ballena, delfín), los insectívoros (musaraña, puerco espín, etc.), los roedores (ratón, rata, etc.), los carnívoros (comadreja, tigre), los marsupiales (canguro, koala) y los primates (mono, hombre). Los mamíferos son vivíparos. Aunque existen raras excepciones como el ornitorrinco que es ovíparo.

mamila f. **1.** Teta de la hembra. **2.** Tetilla del hombre. **3.** *Méx.* Biberón.

mamotreto m. **1.** Libro o legajo muy abultado. **2.** Armatoste.

mampara f. Tabique movible.

mamporro m.*Fam.* Golpe de poca importancia.

mampostería f. Obra de albañilería hecha de piedra sin labrar.

mamut m. Elefante fósil del cuaternario. →

LLAVES, SIERRAS, PALETAS Y DESTORNILLADORES

LLAVES

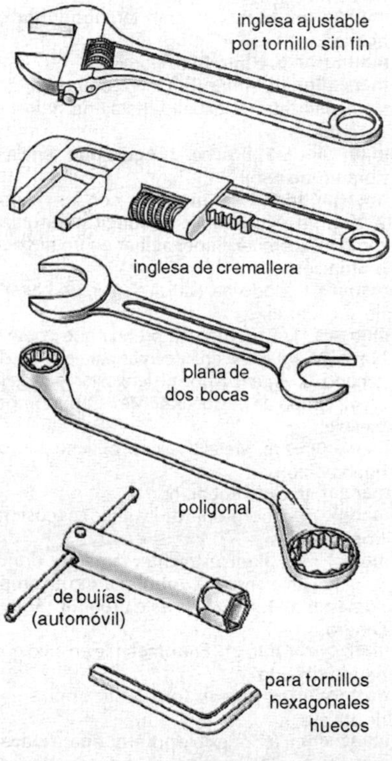

inglesa ajustable por tornillo sin fin

inglesa de cremallera

plana de dos bocas

poligonal

de bujías (automóvil)

para tornillos hexagonales huecos

SIERRAS

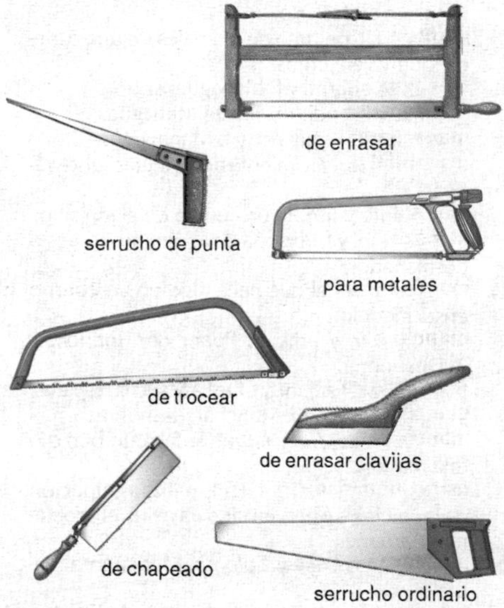

serrucho de punta

de enrasar

para metales

de trocear

de enrasar clavijas

de chapeado

serrucho ordinario

PALETAS

de albañil

de yesero

DESTORNILLADORES

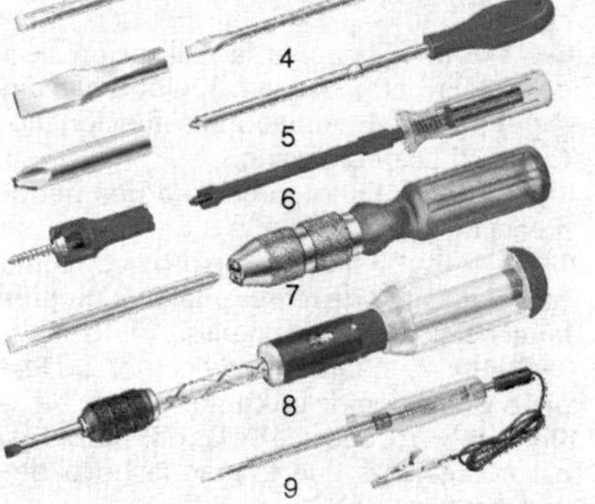

1

2

3

4

5

6

7

8

9

1. Micromecánico; 2. De desbloqueo; 3. De bayoneta; 4. Para tornillos de ranura; 5. Cruciforme; 6. Portatornillos; 7. De punta intercambiable; 8. Helicoidal, de trinquete; 9. Detector de tensión.

■ **Enc.** En los glaciares de Siberia se han conservado y encontrado cadáveres de **mamuts** enteros. Estos animales medían 3.50 m de altura, estaban cubiertos de un espeso vellón lanoso y poseían enormes colmillos curvos.

maná m. Alimento que Dios procuró a los hebreos en el desierto.

manada f. Conjunto de animales de una especie que viven juntos.

managua adj./m. y f. Managüense.

managüense adj./m. y f. De Managua.

managüero, ra adj./m. y f. Managüense.

manantial m. Nacimiento de las aguas subterráneas.

manar intr. y tr. Salir un líquido de algún sitio.

manazas m. y f. Persona de ademanes torpes o desmañados.

mancha f. Señal que hace algo en un cuerpo ensuciándolo.

manchar tr. y prnl. **1.** Poner con manchas. **2.** Deshonrar.

manchego, ga adj./m. y f. De La Mancha (España).

mancillar tr. y prnl. Manchar, deshonrar.

manco, ca adj./m. y f. Que le falta un brazo o una mano.

mancomunidad f. DER. En España, agrupación de municipios o provincias para resolver problemas comunes.

mancorna f. Chile y Colomb. Mancuerna, gemelos.

mancuerna f. **1.** Chile, Colomb. y Cuba. Porción de tallo de la planta del tabaco con un par de hojas. ◆ pl. **2.** Amér. Central, Méx. y Venez. Par de gemelos de los puños de la camisa.

mancuernillas f. pl.Méx. Mancuernas, gemelos.

manda f. **1.** Legado. **2.** Argent., Chile y Méx. Voto o promesa hecha a Dios o a un santo.

mandado, da m. y f. **1.** Persona que ejecuta una comisión por mandato ajeno. ◆ m. **2.** Mandato, orden. **3.** Argent. Compra de lo necesario para la comida. **4.** Méx. Conjunto de artículos de consumo familiar.

mandamiento m. Mandato, orden.

mandanga f. **1.** Pachorra. ◆ pl. **2.** Cuentos, chismes.

mandar tr. **1.** Imponer la realización de una cosa. **2.** Enviar. ◆ tr. e intr. **3.** Gobernar, dirigir.

mandarín m. **1.** Antiguo alto funcionario de China. **2.** Dialecto chino.

mandarina f. Fruto parecido a una pequeña naranja.

mandatario, ria m. y f. **1.** Persona que acepta de otra el encargo de representarla. **2.** Representante del gobierno de un país.

mandato m. **1.** Orden o precepto. **2.** Desempeño y duración de un cargo.

mandíbula f. Cada una de las dos piezas óseas o cartilaginosas que forman la boca de los vertebrados.

mandil m. Delantal que cuelga desde el cuello.

mandinga m. Amér. Central y Amér. Merid. Fam. El diablo.

mandioca f. Planta de cuya raíz se extrae la tapioca.

mando m. **1.** Autoridad del superior. **2.** Dispositivo que regula el funcionamiento de un mecanismo.

mandoble m. Golpe que se da esgrimiendo el arma con ambas manos.

mandolina f. Instrumento musical semejante al laúd.

mandrágora f. Planta herbácea usada como narcótico.

mandril m. Mono de gran tamaño y hocico alargado.

manducar tr. e intr. Fam. Comer.

maneador m. Amér. Tira larga de cuero, que sirve para atar el caballo, patas de animales muertos, etc.

manecilla f. **1.** Broche. **2.** Aguja que señala la hora en un reloj.

manejar tr. **1.** Usar una cosa con las manos. **2.** Regir, dirigir. **3.** Amér. Conducir, guiar un automóvil. ◆ prnl. **4.** Saber actuar en un negocio o situación.

manera f. Modo particular de ser, de hacer o de suceder algo.

manga f. **1.** Parte de una prenda que cubre el brazo. **2.** Amér. Vía entre cercas para el paso del ganado. **3.** Argent. Nube de langostas. **4.** Argent. Desp. Grupo de personas. **5.** Méx. Capote impermeable.

manganeso m. Metal grisáceo, brillante, duro y quebradizo.

mangar tr. Fam. Robar, hurtar.

mangle m. Árbol propio de las regiones costeras tropicales.

mango m. **1.** Parte estrecha y larga por donde se agarra un utensilio. **2.** Árbol de fruto en drupa, comestible. **3.** Fruto de este árbol. **4.** Argent. Dinero.

mangonear intr. y tr. Entrometerse en algo queriendo dirigirlo.

mangrullo m. Argent. Torre rústica que servía de atalaya.

manguera f. Tubo flexible por el que pasa el agua.

manguito m. **1.** Prenda para abrigar las manos. **2.** Pieza cilíndrica para unir o acoplar tubos.

maní m. Cacahuete.

manía f. **1.** Idea fija, obsesiva. **2.** Fam. Ojeriza.

maniatar tr. Atar las manos.

maniático, ca adj./m. y f. Que tiene manías.

manicomio m. Hospital para enfermos mentales.

manicurista m. y f. Antill., Colomb., Méx., Pan. y Perú. Manicuro.

manicuro, ra m. y f. **1.** Persona especializada en el cuidado de las manos y las uñas. ◆ f. **2.** Cuidado de las manos y uñas.

manido, da adj. **1.** Ajado por el uso. **2.** Falto de originalidad.

manifestación f. **1.** Acción y efecto de manifestar o manifestarse. **2.** Reunión pública al aire libre en favor de una reivindicación.

manifestar tr. y prnl. **1.** Dar a conocer una opinión o un deseo. ◆ prnl. **2.** Organizar o tomar parte en una manifestación.

manifiesto, ta adj. **1.** Evidente, patente. ◆ m. **2.** Declaración escrita.

manilla f. **1.** Asa de un picaporte. **2.** Grillete para las muñecas.

manillar m. Pieza de la bicicleta o de la motocicleta, en la cual el conductor apoya las manos para dirigir la máquina.

maniobra f. **1.** Operación manual. **2.** Operación que se ejecuta al manejar una máquina. ◆ pl. **3.** Conjunto de ejercicios de la tropa.

manipular tr. **1.** Operar con las manos. **2.** Influir en alguien.

maniqueísmo m. Doctrina y visión de la realidad basada en los principios del bien y del mal.

maniquí m. Muñeco de figura humana, usado para probar o exhibir prendas de ropa.

manirroto, ta adj./m. y f. Derrochador.

manivela f. Palanca o pieza que acciona un mecanismo.

manjar m. Comestible, especialmente comida exquisita.

mano f. **1.** Parte del cuerpo humano que va desde la muñeca hasta la punta de los dedos. **2.** En los cuadrúpedos, cada una de las patas delanteras. **3.** Lado en que se halla una cosa. **4.** Cada jugada parcial de una partida. **5.** Amér. Central y Amér. Merid. Cada uno de los gajos de diez o más frutos que forman el racimo de bananas. **6.** Chile, C. Rica y Hond. Aventura, percance. ● **~ derecha**, persona que es muy útil a otra. ● **~ izquierda**, habilidad para resolver situaciones difíciles. ● **Echar una ~**, ayudar. ● **Pedir la ~**, solicitar a la mujer en matrimonio.

manojo m. Conjunto de cosas que se pueden agarrar con la mano.

manómetro m. Instrumento para medir la presión de un fluido.

manopla f. Guante sin separaciones para los dedos.

manosear tr. Tocar repetidamente con las manos.

manotazo m. Golpe dado con la mano.

mansalva. A ~, sin peligro.

mansarda f. Amér. Central y Amér. Merid. Buhardilla.

mansedumbre f. Condición de manso.

mansión f. Casa suntuosa.

manso, sa adj. **1.** Apacible. **2.** Dícese del animal que no es bravo.

manta f. Pieza de tejido grueso para abrigarse en la cama.

mantear tr. Hacer saltar a una persona sobre una manta.

manteca f. Grasa del cerdo, de la leche o de algunos frutos.

mantecado m. **1.** Bollo amasado con manteca de cerdo. **2.** Helado elaborado con leche, huevos y azúcar.

mantel m. Pieza de tela con que se cubre la mesa para comer.

mantelería f. Juego de mantel y servilletas.

mantener tr. y prnl. **1.** Costear las necesidades económicas de alguien. **2.** Conservar. **3.** Sostener. ◆ tr. **4.** Cumplir una promesa o juramento. ◆ prnl. **5.** Perseverar en una acción o posición.

mantequería f. Fábrica de mantequilla y tienda en que se vende.

mantequilla f. Grasa comestible obtenida de la leche de vaca.

mantilla f. Prenda femenina que cubre la cabeza.

mantillo m. **1.** Capa superior del suelo. **2.** Estiércol fermentado.

mantis f. Santateresa.

manto m. **1.** Prenda amplia que se coloca sobre la cabeza o los hombros. **2.** GEOL. Parte del globo terrestre comprendida entre la corteza y el núcleo. **3.** GEOL. Capa de mineral que yace casi horizontalmente.

mantón m. Prenda femenina que se lleva sobre los hombros.

manual adj. **1.** Que se ejecuta con las manos. ◆ m. **2.** Libro en que se resume lo más sustancial de una materia.

manubrio m. **1.** Mango de un instrumento. **2.** Manivela. **3.** Argent., Chile y Méx. Manillar de la bicicleta. **4.** Chile. Volante del automóvil.

manufactura f. **1.** Obra hecha a mano o con la ayuda de máquinas. **2.** Fábrica.

manumitir tr. Dar libertad a un esclavo.

manuscrito m. Documento o libro escrito a mano.

manutención f. Acción y efecto de mantener o mantenerse.

manzana f. **1.** Fruto del manzano. **2.** Conjunto de casas contiguas limitado por calles.

manzanilla f. **1.** Planta aromática, cuyas flores se usan en infusión. **2.** Infusión de estas flores.

manzano m. **1.** Árbol de flores rosadas cuyo fruto es la manzana. **2.** Méx. y P. Rico. Variedad de plátano, de fruto pequeño y muy dulce.

maña f. **1.** Destreza, habilidad. **2.** Ardid, astucia.

mañana m. **1.** Tiempo futuro. ◆ f. **2.** Espacio de tiempo desde el amanecer hasta el mediodía. ◆ adv. **3.** En el día que seguirá al de hoy.

mañanitas f. pl. Méx. Composición musical que se canta para celebrar el cumpleaños de alguien.

mañerear intr. **1.** Argent. y Chile. Usar un animal malas mañas. **2.** Argent. y Urug. Obrar, proceder con malas mañas.

mapa m. Representación de la Tierra o parte de ella en un plano.

mapache m. Mamífero carnívoro americano apreciado por su pelaje.

mapamundi m. Mapa de la superficie terrestre.

mapuche adj./m. y f. Araucano.

maqueta f. **1.** Representación a escala reducida de un aparato, un edificio, etc. **2.** Boceto de un libro, revista o disco.

maqui m. y f. Guerrillero, especialmente el que combatía contra el régimen franquista en España.

maquiavélico, ca adj. Que actúa con astucia y engaño.

maquilar tr. Méx. Realizar el conjunto de los procesos de fabricación de un producto.

maquillar tr. y prnl. Aplicar cosméticos a un rostro.

máquina f. Conjunto de mecanismos combinados para transformar una forma de energía o para facilitar la realización de un trabajo.

maquinal adj. Dícese de los movimientos o actos involuntarios.

maquinar tr. Tramar algo oculta y artificiosamente.

maquinaria f. **1.** Conjunto de máquinas. **2.** Mecanismo.

maquinilla f. Utensilio para afeitar.

maquinista m. y f. Persona que construye o dirige máquinas.

maquis m. y f. Maqui*.

M

mar m. o f. **1.** Masa de agua salada que cubre la mayor parte de la superficie de la Tierra. **2.** Abundancia de algo.

marabú m. Ave zancuda, de pico muy grande y cuello desprovisto de plumas.

marabunta f. **1.** Migración masiva de hormigas que devoran todo lo comestible que encuentran. **2.** Destrucción, desorden.

maraca f. Instrumento musical de percusión.

maracaibero, ra adj./m. y f. De Maracaibo (Venezuela).

marajá m. Título que ostentaban ciertos soberanos indios.

maraña f. **1.** Maleza, espesura. **2.** Enredo.

marasmo m. **1.** Estado de extrema debilidad debido a una enfermedad. **2.** Suspensión, inmovilidad.

maratón m. Carrera pedestre de resistencia.

maravedí m. Antigua moneda española.

maravilla f. **1.** Suceso o cosa extraordinaria que causa admiración. **2.** Admiración, asombro.

maravillar tr. y prnl. Admirar, asombrar.

marca f. **1.** Señal hecha en una persona, animal o cosa. **2.** DEP. Resultado obtenido por un deportista en una prueba.

marcado, da adj. Notable, manifiesto.

marcador m. **1.** Tablero en que se anotan los tantos. **2.** *Argent.* Rotulador.

marcapasos m. MED. Aparato eléctrico que regula el ritmo del corazón.

marcar tr. **1.** Señalar. **2.** DEP. Apuntarse un tanto.

marcha f. **1.** Acción de marchar. **2.** Modo de andar, y velocidad con que se hace. **3.** DEP. Ejercicio atlético que consiste en andar. **4.** MÚS. Pieza musical destinada a indicar el paso de la tropa o de un cortejo.

marchamo m. Señal que se pone a los fardos en las aduanas.

marchante, ta m. y f. **1.** Traficante. **2.** *Amér.* Cliente habitual de un comercio.

marchar intr. y prnl. **1.** Ir o partir de un lugar. ◆ intr. **2.** Andar o funcionar una cosa o asunto.

marchitar tr. y prnl. Poner mustias las plantas.

marcial adj. **1.** Relativo a la guerra o a la milicia. **2.** Gallardo.

marciano, na adj. **1.** Del planeta Marte. ◆ m. y f. **2.** Supuesto habitante de Marte.

marco m. **1.** Cerco que rodea algunas cosas. **2.** Unidad monetaria de Alemania y Finlandia.

marea f. Movimiento de ascenso y descenso de las aguas del mar.

marear tr., intr. y prnl. **1.** Aturdir, molestar. ◆ prnl. **2.** Sentir mareo.

marejada f. Movimiento del mar, sin llegar a ser temporal.

maremagno o **mare mágnum** m. Abundancia, confusión.

maremoto m. Seísmo en el mar.

mareo m. Trastorno o malestar que provoca náuseas, vómitos, etc.

marfil m. Parte dura de los dientes cubierta por esmalte.

marga f. Roca que se usa como abono y para fabricar cemento.

margarina f. Sustancia grasa comestible, de aceites vegetales.

margarita f. **1.** Nombre de diversas plantas herbáceas de flores de centro amarillo y pétalos blancos. **2.** Flor de estas plantas.

margen m. o f. **1.** Extremidad de una cosa. ◆ m. **2.** Espacio en blanco alrededor de una página. ● **Al ~**, apartado, sin intervenir.

margesí m. *Perú.* Inventario de los bienes del Estado, de la Iglesia y de las corporaciones oficiales.

marginar tr. **1.** Dejar márgenes en un escrito. **2.** Poner a una persona o grupo en condiciones sociales de inferioridad.

mariano, na adj. Relativo a la Virgen María y a su culto.

marica m. *Fam.* Hombre afeminado u homosexual.

maridaje m. Unión y conformidad de los cónyuges.

marido m. Hombre casado, con respecto a su mujer.

mariguana o **marihuana** f. Nombre del cáñamo índico, cuyas hojas fumadas producen efecto narcótico.

marimorena f. Pelea, riña.

marinero, ra adj. **1.** Relativo a la marina. ◆ m. **2.** Hombre que sirve en un barco.

marino, na adj. **1.** Relativo al mar. ◆ m. **2.** Experto en navegación. **3.** Persona que sirve en la marina. ◆ f. **4.** Arte de navegar. **5.** Potencia naval de una nación. **6.** Zona de terreno próxima al mar.

marioneta f. Títere.

mariposa f. **1.** Insecto lepidóptero con cuatro alas de vistosos colores. **2.** Modalidad de la natación en la que los brazos se proyectan juntos hacia adelante.

mariquita m. *Fam.* **1.** Marica. ◆ f. **2.** Insecto de color anaranjado con siete puntos negros.

mariscal m. En algunos ejércitos, una de las altas graduaciones.

marisco m. Invertebrado marino comestible, con esqueleto externo.

marisma f. Terreno pantanoso cercano a la costa.

marital adj. Relativo al marido o a la vida conyugal.

marítimo, ma adj. Relativo al mar.

marketing m. Mercadotecnia.

marlo m. **1.** *Amér. Merid.* Espiga de maíz desgranada. **2.** *Argent.* Tronco de la cola de los caballos.

marmita f. Olla de metal, con tapadera ajustada.

mármol m. Roca caliza, con vetas de colores variados.

marmolina f. *Argent.* y *Chile.* Estuco de cal y polvo de mármol.

marmota f. Mamífero roedor que hiberna varios meses.

maroma f. **1.** Cuerda gruesa. **2.** *Amér.* Función y pirueta de un acróbata. **3.** *Amér.* Cambio oportunista de opinión o de partido político.

marqués, sa m. y f. Título nobiliario inferior al de duque y superior al de conde.

marquesina f. Especie de alero que resguarda de la lluvia.

marquesote m. *Hond.* y *Nicar.* Torta cocida al horno con figura de rombo.

marquetería f. Trabajo con maderas finas.

marranear tr. *Colomb.* Engañar.

marrano, na adj./m. y f. *Fam.* 1. Que es sucio.
♦ m. y f. 2. Cerdo.
marraqueta f. *Chile* y *Perú.* Conjunto de varios panes pequeños que se cuecen en una sola pieza.
marras. De ~, consabido.
marrón adj./m. 1. Dícese del color castaño.
♦ adj. 2. De color marrón.
marroquí adj./m. y f. De Marruecos.
marroquinería f. Industria y comercio de artículos de piel.
marrueco m. *Chile.* Bragueta del pantalón.
marrullería f. Astucia para engañar.
marsopa f. Mamífero muy voraz, parecido al delfín.
marsupial adj./m. Relativo a los mamíferos cuya hembra posee una bolsa ventral donde las crías completan su desarrollo.
marta f. Mamífero carnívoro de piel muy estimada.

■ ENC. La **marta** se alimenta de pequeños roedores, de aves, de insectos y de babosas.

martes m. Segundo día de la semana.
martillero m. *Argent., Chile* y *Perú.* Dueño o encargado de un establecimiento para las subastas públicas.
martillo m. 1. Herramienta formada por una cabeza metálica y un mango, usado para golpear. 2. ANAT. Primer huesecillo del oído medio.
martinete m. Ave parecida a la garza.
martingala f. Artimaña, artificio.
martiniqués, sa adj./m. y f. De Martinica.
mártir m. y f. Persona que ha sufrido o sufre martirio.
martirio m. 1. Muerte o tormento que alguien padece a causa de su fe religiosa, opiniones, etc. 2. Sufrimiento físico o moral.
marxismo m. Doctrina de Marx, filósofo y economista alemán.
marzo m. Tercer mes del año.
mas conj. Pero: *quiero verte, mas no puedo.*
más adv. 1. Denota mayor cantidad o intensidad. ♦ m. 2. Signo de la suma (+). ● **Más bien**, por el contrario. ● **Por más que**, aunque.
masa f. 1. Mezcla de un líquido con una sustancia. 2. Volumen.
masacre f. Matanza colectiva.
masaje m. Fricción del cuerpo con fines terapéuticos o higiénicos.
mascar tr. Partir y deshacer con los dientes.
máscara f. 1. Objeto con el que se cubre la cara. 2. Disfraz.
mascarilla f. 1. Máscara que sólo cubre la parte superior del rostro. 2. Máscara de cirujano. 3. Máscara para inhalar gases.
mascarón m. Máscara de fantasía usada en arquitectura.
mascota f. Persona, animal o cosa que trae suerte.
masculino, na adj. 1. Propio del hombre. 2. Dícese del ser dotado de órganos para fecundar. ♦ adj./m. LING. 3. Que tiene la forma atribuida gramaticalmente a los nombres que designan, en principio, seres del sexo masculino.
mascullar tr. Hablar entre dientes.
masetero m. Músculo elevador de la mandíbula inferior.

masía f. Casa rústica de Aragón y Cataluña.
masilla f. Mezcla pastosa usada para rellenar cavidades.
masita f. *Amér. Merid.* y *R. Dom.* Pastelito.
masivo, va adj. Que actúa o se hace en gran cantidad.
masonería f. Asociación secreta internacional, cuyos miembros profesan principios de fraternidad.
masoquismo m. Perversión sexual del que goza sufriendo maltrato.
mastaba f. Monumento funerario egipcio en forma de pirámide truncada.
masticar tr. Mascar.
mástil m. 1. Palo de un barco. 2. MÚS. Parte más estrecha de algunos instrumentos de cuerda.
mastín, na adj./m. Dícese de una raza de perros guardianes.
mastodonte m. Mamífero fósil parecido al mamut.
mastuerzo adj./m. 1. Torpe, necio. ♦ m. 2. Planta hortense.
masturbarse prnl. Procurarse uno mismo goce sexual.
mata f. Arbusto de poca altura, de tallo leñoso muy ramificado.
matadero m. Lugar donde se mata el ganado.
matador m. Torero.
matagalpino, na adj./m. y f. De Matagalpa (Nicaragua).
matambre m. 1. *Argent.* Lonja de carne que se saca de entre el cuero y las costillas del ganado vacuno. 2. *Argent.* Fiambre hecho con esa capa de carne.
matancero, ra adj./m. y f. De Matanzas (Cuba).
matanza f. 1. Acción y efecto de matar. 2. Mortandad de personas. 3. Acción y época de matar los cerdos y preparar su carne.
matar tr. y prnl. Quitar la vida.
matarife m. Hombre que mata y descuartiza las reses.
matasellos m. Instrumento y marca usados para inutilizar los sellos de las cartas.
matasuegras m. Tubo de papel enrollado, que al soplar se estira.
matazón f. *Amér. Central, Colomb., Cuba* y *Venez.* Matanza de personas, masacre.
mate adj. 1. Sin brillo. ♦ m. 2. En ajedrez, lance que pone término a la partida. 3. Planta arbórea que se cultiva en América del Sur. 4. Conjunto de hojas secas de esta planta e infusión que se prepara con ellas. 5. *Amér. Merid.* Calabaza seca y vaciada, especialmente la que se utiliza para servir esta infusión. 6. *Bol., Chile* y *R. de la Plata.* Juicio, talento. 7. *Bol.* y *R. de la Plata.* Calabacera. 8. *Bol.* y *R. de la Plata.* Infusión de cualquier yerba medicinal que se toma con bombilla. 9. *Chile* y *R. de la Plata.* Fam. Cabeza humana. 10. *R. de la Plata.* Cualquier recipiente que se emplea para tomar la infusión de yerba mate.
matemáticas f. pl. Ciencia que trata de la cantidad.
materia f. 1. Sustancia de la que están hechas las cosas. 2. Lo opuesto al espíritu. 3. Tema que se trata o estudia.
material adj. 1. Relativo a la materia. 2. Físico, opuesto a lo espiritual. ♦ m. 3. Materia que se necesita para hacer una obra.

materialismo m. Doctrina que considera la materia como única realidad.

materialista adj. **1.** Que valora en exceso los bienes materiales. **2.** Relativo al materialismo.

materializar tr. **1.** Representar algo bajo forma material. ◆ tr. y prnl. **2.** Realizar, llevar a cabo.

maternal adj. Materno.

maternidad f. **1.** Estado o calidad de madre. **2.** Hospital donde se atiende a las parturientas.

materno, na adj. Relativo a la madre.

matete m. **1.** *Argent.* y *Urug.* Enredo. **2.** *Argent.* y *Urug.* Reyerta, disputa. **3.** *Argent.* y *Urug.* Mezcla de sustancias deshechas en un líquido que forma una masa sin consistencia.

matinal adj. Matutino.

matiz m. **1.** Tono de un color. **2.** Rasgo o aspecto que da a una cosa un carácter determinado.

matizar tr. **1.** Armonizar los colores. **2.** Señalar matices.

matojo m. *Desp.* Mata, hierba.

matón, na m. y f. *Fam.* Bravucón, chulo.

matorral m. Terreno de arbustos bajos.

matraca f. Instrumento de madera que produce un ruido estridente.

matraz m. Vasija esférica de cristal, terminada en un tubo.

matrero, ra adj. **1.** Astuto. ◆ adj./m. y f. **2.** *Amér. Merid.* Dícese del fugitivo que buscaba el monte para huir de la justicia.

matriarcado m. Organización social en que mandan las mujeres.

matricidio m. Acción de matar a la propia madre.

matrícula f. **1.** Lista de los nombres de las personas o cosas que se inscriben para un fin determinado. **2.** Placa de los vehículos en la que figura la identificación de éste.

matrimonio m. **1.** Contrato civil o sacramento que une a un hombre y una mujer. **2.** *Fam.* Marido y mujer.

matriz f. **1.** Útero. **2.** Molde en que se funden metales idénticos. **3.** MAT. Cuadro de números distribuidos en filas y columnas.

matrona f. **1.** Madre de familia respetable. **2.** Comadrona.

matute m. Introducción de género de contrabando.

matutino, na adj. Relativo a las horas de la mañana.

maula adj./m. y f. **1.** *Argent., Perú* y *Urug.* Cobarde, despreciable. ◆ f. **2.** Cosa inútil.

maullido m. Voz del gato.

mausoleo m. Monumento funerario.

maxilar adj. **1.** Relativo a la mandíbula. ◆ m. **2.** Cada uno de los huesos de la cara que forman la mandíbula.

máxime adv. Más aún, con mayor motivo o más razón.

máximo, ma adj. **1.** Mayor o más importante en su especie. ◆ m. **2.** Límite superior o extremo a que puede llegar una cosa. ◆ f. **3.** Sentencia que resume un principio moral o un juicio general.

maya adj./m. y f. **1.** De un pueblo indio que habita la península de Yucatán, México. ◆ m. **2.** Lengua hablada por este pueblo.

mayate m. Coleóptero de color negro, que vive en México.

mayestático, ca adj. Relativo a la majestad.

mayo m. Quinto mes del año.

mayonesa f. Salsa de aceite y yema de huevo.

mayor adj. **1.** Más grande. **2.** De edad avanzada. ◆ adj./m. y f. **3.** Adulto. ◆ m. **4.** Grado militar de algunos países, que equivale al de comandante. ● **Al por ~**, en gran cantidad.

mayoral m. Capataz en las cuadrillas de trabajadores del campo.

mayorazgo m. **1.** Institución que perpetúa en una familia la propiedad de ciertos bienes. **2.** Poseedor y conjunto de estos bienes.

mayordomo m. Jefe del servicio y administración de una casa.

mayoría f. **1.** La mayor parte de algo. **2.** Mayor número de votos.

mayorista m. y f. Comerciante que vende al por mayor.

mayúsculo, la adj. **1.** Muy grande. ◆ adj./f. **2.** Dícese de la letra de mayor tamaño que la minúscula.

maza f. Utensilio para golpear.

mazacote m. **1.** Objeto de arte tosco. **2.** *Fam.* Cosa dura y pegajosa.

mazamorra f. **1.** *Colomb.* y *Perú.* Revoltijo de ideas o de cosas. **2.** *Perú.* Comida compuesta por harina de maíz con azúcar o miel. **3.** *R. de la Plata.* Comida criolla fría hecha con maíz blanco partido y hervido.

mazapán m. Pasta de almendras molidas y azúcar, cocida al horno.

mazateca adj./m. y f. De un pueblo amerindio que habita Oaxaca, Guerrero y Veracruz, México.

mazmorra f. Prisión subterránea.

mazo m. **1.** Martillo de madera. **2.** Conjunto de cosas atadas.

mazorca f. Espiga con los granos muy juntos, como la del maíz.

me pron. pers. masc. y fem. de 1a. persona sing. Funciona como complemento directo e indirecto.

meandro m. Sinuosidad que describe un río o un camino.

mear tr., intr. y prnl. *Fam.* Orinar.

mecánico, ca adj. **1.** Relativo a la mecánica. **2.** Que se hace con máquina. **3.** Maquinal. ◆ m. y f. **4.** Persona que maneja o repara máquinas. ◆ f. **5.** Parte de la física que estudia el equilibrio y el movimiento de los cuerpos sometidos a una fuerza.

mecanismo m. Combinación de piezas, para obtener un resultado.

mecanizar tr. y prnl. Someter a elaboración mecánica.

mecano m. Juguete compuesto de piezas articulables.

mecanografía f. Técnica de escribir a máquina.

mecapal m. *Amér. Central.* y *Méx.* Faja de cuero con dos cuerdas en los extremos que, aplicada a la frente, sirve para llevar carga a cuestas.

mecate m. *Amér. Central, Méx.* y *Venez.* Cuerda.

mecedora f. Silla para mecerse.

mecenas m. y f. Protector de las letras y las artes.

mecer tr. y prnl. Mover rítmicamente de un lado a otro.

mecha f. **1.** Cuerda retorcida de velas y bujías. **2.** Mechón. **3.** Cuerda con pólvora para dar fuego a un explosivo. **4.** *Amér. Merid.* Barrita con vueltas en espiral de los taladros, barrenas, etc. **5.** *Colomb., Ecuad.* y *Venez.* Burla. ◆ pl. **6.** *Amér.* Conjunto de cabellos largos, greñas.

mechero m. **1.** Utensilio provisto de mecha, para dar lumbre. **2.** Encendedor.

mechón m. Porción de pelos, hebras, etc.

mechoso, sa adj. Que tiene abundancia de mechas.

mechudo, da adj. *Amér. Central, Argent., Chile, Colomb., Méx.* y *Urug.* Mechoso.

medalla f. **1.** Pieza de metal, con un grabado. **2.** Premio honorífico.

medallón m. **1.** Bajorrelieve redondeado o elíptico. **2.** Joya en forma de caja pequeña.

medellense adj./m. y f. Medellinense.

medellinense adj./m. y f. De Medellín (Colombia).

mediagua f. *Amér.* Construcción con el techo inclinado y de una sola vertiente.

mediano, na adj. **1.** De calidad o tamaño intermedios. ◆ f. ESTAD. **2.** En un conjunto ordenado de datos, término que tiene igual número de datos a la derecha y a la izquierda. **3.** MAT. Recta que une un vértice con el punto medio del lado opuesto.

medianoche f. Las doce de la noche.

mediante adv. Por medio de.

mediar intr. **1.** Llegar a la mitad de algo. **2.** Intervenir alguien en una discusión, problema, etc., tratando de solucionarlo.

mediatizar tr. Influir de modo decisivo en el poder de otro.

mediatriz f. MAT. Recta perpendicular a otra por su punto medio.

medicamento m. Sustancia usada como remedio para una enfermedad.

medicina f. **1.** Ciencia que trata de las enfermedades, de su curación y prevención. **2.** Medicamento. **3.** Profesión de médico.

medicinal adj. Que tiene propiedades o usos curativos.

médico, ca adj. **1.** Relativo a la medicina: *examen ~.* ◆ m. y f. **2.** Persona que ejerce profesionalmente la medicina.

medida f. **1.** Acción y efecto de medir. **2.** Unidad usada para medir. **3.** Disposición, prevención. **4.** Grado, proporción.

medidor m. *Amér.* Contador de agua, gas o electricidad.

medievo m. Tiempo transcurrido desde el s. V hasta el s. XV.

medio, dia adj./m. **1.** Que es la mitad de algo: *~ litro.* **2.** Que está entre dos extremos. ◆ m. **3.** Aquello que sirve para conseguir algo. ◆ f. **4.** Valor intermedio. **5.** Prenda de vestir que cubre el pie y la pierna. **6.** *Amér.* Calcetín. ◆ adv. **7.** No del todo. ● **~ ambiente**, conjunto de circunstancias físicas que rodean a los seres vivos.

mediocre adj. Vulgar, de poca calidad, talento, etc.

mediodía m. **1.** Hora en que el Sol está en el punto más alto. **2.** Espacio de tiempo alrededor de las doce de la mañana. **3.** Sur.

medioevo m. Medievo*.

medir tr. **1.** Determinar la longitud, extensión, volumen o capacidad de algo. ◆ tr. y prnl. **2.** Moderar: *~ las palabras.*

meditar tr. Aplicar el pensamiento a la consideración de algo.

mediterráneo, a adj. Del mar Mediterráneo.

médium m. y f. Persona a la que se considera dotada de facultades para comunicarse con los espíritus.

medrar intr. **1.** Mejorar de fortuna o posición. **2.** Crecer.

medroso, sa adj./m. y f. Miedoso.

médula f. **1.** Sustancia del interior de los huesos. **2.** Centro del tallo y la raíz de una planta. ● **~ espinal**, parte del sistema nervioso central que recorre el interior de la columna vertebral.

medusa f. Animal marino con forma de sombrilla y sin esqueleto.

■ ENC. Las **medusas** son de tamaño muy variable. En el Atlántico, lejos de las costas, habita una especie de medusa (*Cyanea*) que llega a medir 3.60 m de diámetro y cuyos tentáculos pueden medir hasta 30 m.

megabyte m. INFORM. Unidad de medida para determinar la memoria de un disco.

megáfono m. Aparato que amplifica la voz.

megalito m. Monumento prehistórico formado por grandes bloques de piedra.

megalomanía f. Actitud de quien muestra deseos de grandeza.

meiosis f. BIOL. Proceso de división celular en el que, a partir de una célula madre, se obtienen cuatro células hijas, reduciéndose a la mitad el número de cromosomas.

mejilla f. Parte carnosa de la cara, debajo de cada ojo.

mejillón m. Molusco bivalvo comestible, de concha de color negro azulado.

mejor adj. **1.** Superior, más bueno. ◆ adv. **2.** Más bien: *ahora me tratan ~.* ● **A lo ~** (*Fam.*), expresa posibilidad.

mejorar tr. **1.** Hacer que algo sea mejor de lo que era. ◆ intr. y prnl. **2.** Restablecerse un enfermo.

mejunje m. Bebida de aspecto desagradable.

melancolía f. Tristeza vaga, profunda y permanente.

melanina f. Pigmento que da color al cabello, la piel, etc.

melaza f. Residuo de la cristalización del azúcar.

melcocha f. Miel concentrada y caliente, que al enfriarse queda muy correosa.

melena f. **1.** Cabello largo y suelto. **2.** Crin del león.

melifluo, flua adj. **1.** Que tiene miel o se parece a ella. **2.** Afectadamente amable: *mirada ~.*

melillense adj./m. y f. De Melilla (España).

melindre m. **1.** Dulce de miel y harina. **2.** Delicadeza exagerada.

mella f. Rotura en el borde de algo. ● **Hacer ~**, impresionar, afectar.

mellizo, za adj./m. y f. Gemelo.

melocotón m. Fruto esférico de piel amarillenta y vellosa.

melocotonero m. Árbol cuyo fruto es el melocotón.

melodía f. Composición musical.

melodrama m. Obra dramática que trata de conmover.

melomanía f. Afición exagerada por la música.

melón m. **1.** Planta de tallo rastrero, de fruto grande y pulpa jugosa. **2.** Fruto de esta planta.

melopea f. **1.** Entonación musical. **2.** *Fam.* Borrachera.

meloso, sa adj. **1.** Semejante a la miel. **2.** Empalagoso, melifluo.

membrana f. Lámina o piel muy delgada, elástica y resistente.

membrete m. Nombre de una persona o entidad, impreso en la parte superior del papel de escribir.

membrillo m. **1.** Árbol de fruto amarillo y muy aromático. **2.** Fruto de este árbol. **3.** Dulce que se elabora con este fruto.

memo, ma adj./m. y f. *Esp.* Necio, bobo.

memorable adj. Digno de recordar.

memorándum m. **1.** Libro de apuntes. **2.** Nota diplomática.

memoria f. **1.** Capacidad de recordar cosas pasadas. **2.** Disertación o resumen escrito. **3.** INFORM. Dispositivo del ordenador capaz de almacenar información. ◆ pl. **4.** Autobiografía.

memorial m. Libro o cuaderno en que se apunta algo.

memorizar tr. Fijar en la memoria.

mena f. Mineral rico en metal, tal como se extrae del yacimiento.

menaje m. Conjunto de muebles, utensilios y ropas de la casa.

mencionar tr. Citar, nombrar.

mendaz adj./m. y f. Mentiroso.

mendelismo m. Teoría derivada de las leyes de Mendel, relativa a la transmisión hereditaria de los caracteres.

mendicidad f. Condición de mendigo.

mendigo, ga m. y f. Persona que habitualmente pide limosna.

mendocino, na adj./m. y f. De Mendoza (Argentina).

mendrugo m. Pedazo de pan duro.

menear tr. y prnl. Mover, agitar.

menester m. **1.** Necesidad de algo. **2.** Ocupación, trabajo.

menesteroso, sa adj./m. y f. Pobre, necesitado.

menestra f. Guiso de verduras y trozos de carne o jamón.

mengano, na m. y f. Una persona cualquiera.

menguar intr. **1.** Disminuir. **2.** Disminuir la parte clara de la Luna.

menhir m. Megalito formado por una piedra alta hincada verticalmente en el suelo.

■ ENC. Se cree que los **menhires** son piedras conmemorativas levantadas en honor de personajes, eventos o dedicadas al culto divino. También se piensa que servían para hacer observaciones astronómicas o bien como marcadores de caminos. Se les encuentra aisladas o dispuestas en líneas o en círculos. Hay cerca de 5 000 en Bretaña, Francia, entre los que se encuentran las célebres alineaciones de Carnac.

meninge f. Cada una de las membranas que rodean el encéfalo y la médula espinal.

meningitis f. Inflamación de las meninges.

menisco m. **1.** Lente convexa por un lado y cóncava por el otro. **2.** ANAT. Cartílago de ciertas articulaciones, como la rodilla.

menopausia f. Fin de la menstruación en la mujer.

menor adj. **1.** Más pequeño. ◆ adj./m. y f. **2.** Que no tiene la edad legal para ejercer todos los derechos civiles. ● **Al por ~**, en pequeñas cantidades.

menorquín, na adj./m. y f. De la isla de Menorca (España).

menos adv. **1.** Denota menor cantidad o intensidad: *tengo ~ dinero que antes.* ◆ prep. **2.** Excepto: *asistieron todos ~ él.* ◆ m. **3.** Signo de la resta (-). ● **A ~ que**, a no ser que: *no iré ~ que me acompañes.*

menoscabar tr. y prnl. **1.** Mermar. **2.** Desacreditar.

menospreciar tr. **1.** Tener a alguien o algo en menos de lo que merece. **2.** Despreciar.

mensaje m. Noticia o comunicación enviada a alguien.

mensajero, ra m. y f. Persona que lleva un mensaje.

menso, sa adj. *Colomb.* y *Méx.* Tonto, bobo.

menstruación f. **1.** Fenómeno periódico por el que la mujer y la hembra de ciertos animales eliminan sangre. **2.** Dicha sangre.

mensual adj. **1.** Que ocurre cada mes. **2.** Que dura un mes. ◆ m. **3.** *Argent.* y *Urug.* Peón contratado para labores del campo.

mensualidad f. Sueldo de un mes.

mensurable adj. Que se puede medir.

menta f. Planta aromática, usada en infusión.

mentalidad f. Cultura y modo de pensar: *~ anticuada.*

mentar tr. Nombrar, mencionar.

mente f. Conjunto de capacidades intelectuales humanas.

mentecato, ta adj./m. y f. **1.** Poco sensato. **2.** Tonto, necio.

mentir intr. Decir algo distinto de lo que se piensa o se sabe.

mentira f. Cosa que se dice contraria a la verdad, para engañar.

mentís m. Acción y efecto de desmentir.

mentón m. Extremo saliente de la mandíbula inferior.

mentor m. Consejero, guía.

menú m. **1.** Lista de los platos de una comida o que ofrece un restaurante. **2.** INFORM. Presentación de las opciones de un programa y del modo de acceder a cada una de ellas.

menudear tr. **1.** Hacer algo repetidas veces. ◆ tr. e intr. **2.** *Chile* y *Colomb.* Vender al por menor. ◆ intr. **3.** Ocurrir una cosa con frecuencia.

menudencia f. **1.** Cosa de poco valor o importancia. ◆ pl. **2.** *Chile* y *Méx.* Conjunto de vísceras de las aves.

menudillos m. pl. Conjunto de vísceras de las aves.

menudo, da adj. **1.** Pequeño. **2.** Poco importante. ◆ m. pl. **3.** Vientre, manos y sangre de las reses. ● **A ~**, con frecuencia.

meñique adj./m. Dícese del quinto dedo de la mano, respecto del pulgar.

meollo m. **1.** Parte esencial de algo. **2.** Seso, masa encefálica.

MAMÍFEROS

leopardo

gibón

camello

foca

pangolín

ballena

marmota

león

cachalote

ardilla

canguro

orangután

oso

mequetrefe m. y f. *Fam.* Persona de poco juicio, inútil.

mercader, ra m. y f. Comerciante.

mercado m. **1.** Conjunto de operaciones de compra y venta. **2.** Edificio público destinado al comercio.

mercadotecnia f. Conjunto de operaciones que contribuyen al desarrollo de las ventas de un producto o servicio.

mercancía f. Cosa que se puede comprar o vender.

mercante adj.**1.** Relativo al comercio marítimo. ◆ adj./m. **2.** Dícese del barco que transporta mercancías.

mercantil adj. Relativo al comercio.

mercar tr. y prnl. Comprar.

merced f. Beneficio que hace una persona a otra.

mercenario, ria adj./m. y f. Que combate por dinero.

mercería f. Tienda de artículos de costura.

mercurio m. Metal líquido de color plateado brillante, usado en la fabricación de termómetros.

merecer tr. Ser alguien o algo digno de lo expresado.

merecido m. Castigo de que se juzga digna a una persona.

merendar intr. Tomar la merienda.

merengue m. **1.** Dulce elaborado con claras de huevo y azúcar. **2.** Baile originario de la República Dominicana. **3.** *Argent., Par.* y *Urug. Fam.* Lío, trifulca.

meretriz f. Prostituta.

meridiano, na adj. **1.** Relativo a la hora del mediodía. ◆ m. **2.** En la esfera terrestre, círculo máximo que pasa por los polos.

meridional adj./m. y f. Del sur o mediodía: *Asia ~.*

merienda f. **1.** Comida ligera de la tarde. **2.** *Ecuad.* Cena.

merino, na adj./m. Dícese de una raza de carneros que dan una lana fina y rizada.

mérito m. **1.** Acción por la que alguien se merece algo. **2.** Aquello que da valor a algo: *un trabajo de ~.*

merluza f. Pez de color grisáceo, de carne muy apreciada.

mermar intr. y prnl. Disminuir una parte de algo.

mermelada f. Conserva de fruta cocida con azúcar o miel.

mero, ra adj. **1.** Puro, simple: *meras conjeturas.* ◆ m. **2.** Pez de color castaño rojizo y carne muy apreciada. ● **Ya ~** *(Méx.),* pronto.

merodear intr. Andar por un lugar con malas intenciones.

merolico m. *Méx.* Vendedor callejero que atrae a los transeúntes con su verborrea.

mes m. Cada una de las doce divisiones del año.

mesa f. **1.** Mueble compuesto por una tabla horizontal sostenida por una o varias patas. **2.** Presidencia de una asamblea o asociación. ● **~ de luz** *(Argent.),* mesilla de noche.

mesada f. **1.** Dinero que se paga todos los meses.**2.** *Argent.* Superficie plana que cubre la parte superior de los muebles de una cocina.

mesar tr. y prnl. Arrancar los cabellos o barbas con las manos.

mesenterio m. ANAT. Repliegue membranoso del peritoneo, que une el intestino con la pared posterior del abdomen.

mesero, ra m. y f.*Chile, Colomb., Ecuad., Guat.* y *Méx.* Camarero de restaurante.

meseta f. Terreno elevado y llano de gran extensión.

mesianismo m. Confianza absoluta en un líder como remedio de todos los problemas.

mesías m. Enviado divino, redentor de Israel.

mesilla f. Mueble pequeño, que se coloca junto a la cama.

mesnada f. Compañía de gente armada al servicio de un señor.

mesocarpio m. BOT. Zona media de un fruto, entre la epidermis y el hueso o las semillas.

mesocracia f. **1.** Gobierno de la clase media. **2.** Burguesía.

mesolítico, ca adj./m. Dícese del período de transición entre el paleolítico y el neolítico.

mesón m. **1.** Restaurante decorado al estilo rústico. **2.** Venta, posada. **3.** *Chile.* Mostrador de los bares y cantinas, barra.

mesosfera f. Capa atmosférica que se extiende entre la estratosfera y la termosfera.

mesozoico, ca adj./m.GEOL. Dícese de la segunda era geológica, comprendida entre el paleozoico y el cenozoico.

mester m. Arte, oficio. ● **~ de clerecía,** poesía cultivada en la Edad Media por las personas doctas. ● **~ de juglaría,** poesía de los juglares.

mestizo, za adj./m. y f. De padre y madre de raza diferente.

mesura f. **1.** Gravedad y compostura: *obrar con ~.* **2.** Moderación.

meta f. **1.** Objetivo de una acción. **2.** DEP. Línea en que termina una carrera. **3.** DEP. Portería.

metabolismo m. Conjunto de reacciones químicas que se dan en las células vivas.

metacarpo m. Parte de la mano entre la muñeca y los dedos.

metafísica f. Disciplina filosófica que se ocupa de la esencia del ser y de la realidad.

metáfora f. Figura literaria que consiste en usar palabras con un sentido distinto del propio, en virtud de una comparación.

metal m. Elemento químico sólido, de brillo característico, buen conductor del calor y de la electricidad.

■ **ENC.** La mayoría de los **metales** no existen en estado puro. Deben ser extraídos de minerales metálicos. Los metales naturales, como las pepitas de oro, fueron los primeros que utilizó el hombre prehistórico.

metalenguaje m. Lenguaje usado para hablar del lenguaje mismo.

metálico, ca adj. **1.** Relativo al metal. ◆ m. **2.** Dinero: *pagar en ~.*

metaloide m. QUÍM. Antigua denominación de los elementos químicos no metálicos.

metalurgia f. Arte de extraer y labrar los metales.

metamorfismo m. GEOL. Conjunto de transformaciones de las rocas en el interior de la corteza terrestre.

metamorfosis f. **1.** Transformación de una cosa en otra. **2.** ZOOL. Conjunto de cambios de ciertos animales durante su desarrollo biológico.
metano m. Gas incoloro, principal componente del gas natural.
metatarso m. Parte del pie entre el tarso y los dedos.
metate m. *Méx.* Piedra para moler grano.
metazoo adj./m. Dícese del animal pluricelular constituido por células diferenciadas y agrupadas en tejidos y órganos.
meteorismo m. Acumulación de gases en el intestino.
meteorito m. Pequeño cuerpo sólido procedente del espacio.

■ **ENC.** Los **meteoritos** abundan en el Sistema Solar. Tienen la misma edad que éste, es decir, 4 600 millones de años. Son principalmente restos de cometas. A estas piedras caídas del cielo se les consideró objetos de estudio científico hasta 1803. Los más pequeños se desintegran al entrar en contacto con la atmósfera terrestre. Sin embargo, los meteoritos grandes —que pesan desde algunos kilos hasta varias toneladas— caen sobre la tierra y forman cráteres. Hace 50 000 años cayó un meteorito en Arizona que formó el cráter «Meteoro» de 1 200 m de diámetro. Es el más grande que existe. Es probable, aunque no seguro, que el cráter de Vredefort en Sudáfrica, que tiene cerca de 2 mil millones de años y 140 km de diámetro, sea producto del impacto de un meteorito.

meteoro o **metéoro** m. Fenómeno físico aéreo, acuoso, luminoso o eléctrico, que tiene lugar en la atmósfera.
meteorología f. Ciencia que estudia los fenómenos naturales de la atmósfera.
meter tr. y prnl. **1.** Poner una cosa dentro de otras o entre otras. ♦ prnl. **2.** Introducirse. **3.** Implicarse.
metiche adj./m. y f. *Chile* y *Méx.* Metementodo.
meticuloso, sa adj. Minucioso.
metido, da adj. **1.** Abundante en algo: ~ *en carnes.* ♦ adj./m. y f. **2.** *Amér. Central* y *Amér. Merid.* Metementodo.
metódico, ca adj. **1.** Hecho con método. **2.** Que actúa con gran orden.
metodismo m. Movimiento religioso protestante fundado en Inglaterra en el s. XVIII.
método m. **1.** Conjunto de operaciones ordenadas con que se pretende obtener un resultado. **2.** Obra destinada a enseñar.
metodología f. **1.** Ciencia del método. **2.** Aplicación de un método.
metomentodo adj./m. y f. Entrometido, chismoso.
metonimia f. Figura retórica que designa una cosa con el nombre de otra, tomando el todo por la parte.
metraje m. Longitud de una película cinematográfica.
metralla f. Munición menuda con que se cargan ciertos artefactos.
metralleta f. Nombre de ciertas armas automáticas portátiles.

métrica f. Arte del ritmo, medida y combinación de los versos.
metro m. **1.** Unidad de medida de longitud, en el Sistema Internacional. **2.** Medida de los versos. **3.** Apóc. de *metropolitano,* ferrocarril subterráneo. ●~ **cuadrado**, unidad de medida de superficie, equivalente al área de un cuadrado de un metro de lado. ● ~ **cúbico**, unidad de medida de volumen, equivalente al volumen de un cubo de un metro de lado.
metrópoli o **metrópolis** f. **1.** Estado o ciudad, respecto de sus colonias. **2.** Ciudad principal.
metropolitano, na adj. **1.** Relativo a la metrópoli. ♦ m. **2.** Ferrocarril eléctrico, subterráneo o elevado.

■ **ENC.** El primer **metropolitano** entró en servicio en 1863 en Londres. Pronto le siguieron el de Nueva York (1868), el de Berlín (1882) y el de París (1900). En Buenos Aires el primer metropolitano se inauguró en 1913 y en México en 1969.

mexicano, na adj./m. y f. De México.
mexiquense adj./m. y f. Del Estado de México (México).
mezcal m. **1.** Variedad de pita. **2.** *Hond.* Fibra de esta planta preparada para hacer cuerdas. **3.** *Méx.* Bebida alcohólica obtenida de la destilación de ciertas especies de maguey.
mezcla f. **1.** Acción y efecto de mezclar o mezclarse. **2.** Sustancia resultante de la combinación de varias.
mezclar tr. y prnl. **1.** Juntar varias cosas para que sus partes queden unas entre otras. ♦ prnl. **2.** Meterse uno entre otros.
mezclilla f. *Chile* y *Méx.* Tela basta de algodón, usada en la confección de pantalones vaqueros.
mezcolanza f. *Fam.* Mezcla extraña y confusa.
mezquinar tr. *Argent.* Esquivar.
mezquino, na adj. **1.** Escaso: *sueldo* ~. ♦ adj./m. y f. Ruin, despreciable. **2.** Avaro.
mezquita f. Templo de los musulmanes.

■ **ENC.** La **mezquita** es principalmente un lugar de oración. En la pared del fondo de la sala de oración hay un nicho vacío, el mirhab, que indica la dirección de La Meca. Desde la torre o alminar, el almuecín llama a los fieles a orar.

mezquite m. *Méx.* Árbol de ramas espinosas, cuyas hojas y frutos se usan como forraje y contra la inflamación de los ojos.
mi adj. pos. **1.** Apóc. de *mío,* cuando va antepuesto al nombre. ♦ m. **2.** Tercera nota de la escala musical.
mí pron. pers. masc. y fem. de 1a. persona sing. Funciona como complemento con preposición.
miaja f. Migaja*.
miasma m. Efluvio maligno.
mica f. Mineral brillante, que se puede separar en hojas.
micción f. Acción de orinar.
micelio m. BOT. Aparato vegetativo de los hongos.
mico m. Mono de cola larga.
micología f. Parte de la botánica que estudia los hongos.
micosis f. Infección provocada por hongos.

micra f. Unidad de medida de longitud igual a la millonésima parte de un metro.
microbio m. Microorganismo.
microbús m. Autobús pequeño usado en el transporte urbano.
micrococo m. Bacteria de forma esférica o elíptica.
microcosmos m. El hombre considerado como un mundo en pequeño, reflejo del universo o macrocosmos.
microeconomía f. Estudio de la economía en función de las actividades individuales.
microfilme m. Película de tamaño muy reducido.
micrófono m. Aparato que transforma las ondas sonoras en oscilaciones eléctricas, para transmitirlas o registrarlas.
micrón m. Micra.
microonda f. **1.** Onda electromagnética cuya longitud se halla comprendida entre 1 m y 1 mm. ◆ m. pl. **2.** Horno en que el calor está generado por ondas de alta frecuencia.
microorganismo m. Organismo microscópico, vegetal o animal.
microprocesador m. Circuito integrado que hace las funciones de la unidad central de una computadora.
microscopio m. Instrumento óptico para observar objetos muy pequeños.

■ **Enc.** El **microscopio** óptico se inventó en los Países Bajos a principios del siglo XVII. El microscopio electrónico apareció en 1939. Es tan potente que permite observar los objetos aumentados 75 000 veces.

miedo m. Perturbación angustiosa del ánimo ante un peligro.
miel f. Sustancia viscosa y dulce, elaborada por las abejas.
miembro m. **1.** Extremidad del hombre o de los animales. **2.** Órgano sexual masculino. **3.** Individuo de una colectividad.
mientras adv. **1.** Entretanto: ~ esperaba empezó a llover. ◆ conj. **2.** Une oraciones expresando simultaneidad entre ellas.
miércoles m. Tercer día de la semana.
mierda f. **1.** Excremento. **2.** Fam. Suciedad, porquería.
mies f. **1.** Cereal maduro. ◆ pl. **2.** Campo sembrado.
miga f. **1.** Parte blanda del pan. **2.** Migaja.
migaja f. **1.** Fragmento o partícula de pan. **2.** Porción pequeña de cualquier cosa. ◆ pl. **3.** Sobras, residuos: dar las migajas a los pobres.
migajón m. **1.** Miga de pan o parte de ella. **2.** Fig. y Fam. Meollo e interés de una cosa.
migración f. **1.** Movimiento de población humana de un lugar a otro. **2.** Viaje periódico que realizan las aves y otros animales.
migraña f. Jaqueca.
migrar intr. Hacer migraciones.
mijo m. **1.** Planta de grano redondo. **2.** Semilla de esta planta.
mil adj./m. **1.** Diez veces cien. ◆ adj./m. y f. **2.** Milésimo. ◆ m. **3.** Millar.
milagro m. Hecho que se atribuye a una intervención divina.
milano m. Ave rapaz de cola y alas muy largas.

milenio m. Período de mil años.
milésimo, ma adj./m. y f. **1.** Que corresponde en orden al número mil. **2.** Dícese de cada una de las mil partes iguales en que se divide un todo.
milibar m. Unidad de medida de presión atmosférica.
milicia f. **1.** Conjunto de técnicas seguidas para hacer la guerra. **2.** Profesión militar. **3.** Tropa o gente de guerra.
milico m. Amér. Merid. Militar, soldado.
milímetro m. Medida de longitud equivalente a la milésima parte del metro.
militar intr. **1.** Servir en el ejército o en una milicia. **2.** Pertenecer a un partido político, grupo, etc.
militar adj. **1.** Relativo a las fuerzas armadas o a la guerra. ◆ m. y f. **2.** Miembro del ejército.
militarismo m. Predominio de los militares en el gobierno.
militarizar tr. Organizar militarmente un cuerpo.
milla f. **1.** Medida de longitud anglosajona equivalente a 1 609 m. **2.** Medida internacional de navegación marítima o aérea equivalente a 1 852 m.
millar m. Conjunto de mil unidades.
millón m. Conjunto de mil veces mil unidades.
millonario, ria adj./m. y f. Muy rico.
milonga f. Baile y canto popular de Río de la Plata, de ritmo lento.
milpa f. Amér. Central y Méx. Maíz o plantación de maíz.
milpear intr. **1.** Amér. Central y Méx. Comenzar a brotar el maíz. **2.** Amér. Central y Méx. Plantar, cultivar el maíz.
mimar tr. **1.** Tratar a alguien con mimo. **2.** Maleducar, malcriar.
mimbre m. Rama flexible de la mimbrera, usada para hacer cestas.
mimbrera f. Planta arbustiva de ramas largas y flexibles.
mimetismo m. Propiedad que poseen ciertos seres vivos de adoptar el color y la forma de objetos de su entorno.
mímica f. Arte de imitar o expresarse mediante gestos.
mimo m. **1.** Cariño, halago. **2.** Actor de mímica.
mimosa f. Planta muy apreciada en jardinería.
mina f. **1.** Yacimiento un mineral y excavación para extraerlo. **2.** Aquello de lo que se puede sacar mucho provecho. **3.** Artefacto explosivo. **4.** Barrita de grafito del interior del lápiz.
minar tr. **1.** Abrir minas en un terreno. **2.** Colocar minas o artefactos explosivos. **3.** Debilitar o destruir poco a poco.
minarete m. Alminar.
mineral adj. **1.** Inorgánico. ◆ m. **2.** Compuesto natural inorgánico.
mineralogía f. Ciencia que estudia los minerales.
minería f. Explotación de las minas o yacimientos.
mini adj. **1.** Pequeño, breve. ◆ f. **2.** Minifalda.
mini- pref. Significa 'pequeño': minigolf.
miniatura f. **1.** Reproducción a tamaño muy pequeño de algo. **2.** Pintura de pequeñas dimensiones.

minifalda f. Falda muy corta.

minifundio m. Finca rústica de reducida extensión.

minimizar tr. Quitar importancia o valor a una cosa.

mínimo, ma adj. **1.** Menor o menos importante en su especie. ◆ m. **2.** Grado más pequeño al que puede reducirse algo.

ministerio m. **1.** Cada uno de los departamentos en que se divide el gobierno de una nación. **2.** Cargo de ministro. **3.** Función, empleo.

ministro, tra m. y f. **1.** Persona que regenta un ministerio o departamento. **2.** Persona que ejerce un ministerio o función.

minorar tr. y prnl. Aminorar.

minoría f. **1.** Parte menor de los componentes de una colectividad. **2.** Conjunto de votos opuestos a los de la mayoría.

minorista m. y f. Comerciante que vende al por menor.

minucioso, sa adj. Que se detiene en los detalles: *relato ~*.

minué m. Baile clásico francés.

minuendo m. MAT. Cantidad de la que ha de restarse otra.

minúsculo, la adj. **1.** Muy pequeño. ◆ adj./f. **2.** Dícese de la letra de menor tamaño que la mayúscula.

minusválido, da adj./m. y f. Dícese de la persona que por un defecto psíquico o físico tiene menor capacidad que otra.

minuta f. **1.** Extracto o borrador de un documento. **2.** Cuenta de honorarios de ciertos profesionales. **3.** Menú, lista de platos.

minutero m. Manecilla del reloj que señala los minutos.

minuto m. Unidad de tiempo que vale 60 segundos.

mío, a adj. pos./pron. pos. Indica posesión de o pertenencia a la 1a. persona del sing.

miocardio m. Capa de fibras musculares del corazón.

miopía f. Anomalía de la visión en que se ven borrosos los objetos alejados.

mira f. **1.** Pieza que sirve para mirar a un punto con más precisión. **2.** Intención, propósito.

mirador m. **1.** Balcón cubierto y cerrado con cristales. **2.** Lugar bien situado para observar un paisaje.

miramiento m. Consideración o cortesía que se observa ante alguien.

mirar tr. y prnl. **1.** Fijar la vista. ◆ tr. **2.** Estar algo orientado en determinada dirección.

miriápodo, da adj./m. Relativo a una clase de artrópodos con el tronco dividido en segmentos con uno o dos pares de patas cada uno de ellos, como el ciempiés.

mirilla f. Pequeña abertura de una puerta para mirar.

miriñaque m. Prenda interior femenina con que se ahuecaban las faldas.

mirlo m. Ave de plumaje oscuro, que imita los sonidos.

mirra f. Resina aromática y medicinal.

mirto m. Arbusto de follaje siempre verde, con flores blancas y olorosas.

misa f. En el catolicismo, sacrificio del cuerpo y sangre de Jesucristo, que realiza el sacerdote en el altar.

misántropo, pa m. y f. Persona que se aparta del trato humano.

miscelánea f. **1.** Mezcla. **2.** Recopilación de textos diversos.

miscible adj. Que se puede mezclar.

miserable adj. **1.** Muy pobre. **2.** Escaso. **3.** Desgraciado. **4.** Malvado.

miseria f. **1.** Extrema pobreza. **2.** Desgracia. **3.** Tacañería.

misericordia f. Compasión que impulsa a ayudar o perdonar.

misia o **misiá** f. *Amér. Merid.* Tratamiento de cortesía equivalente a señora.

misil m. Proyectil controlado por procedimientos electrónicos.

■ **ENC.** Los **misiles** portan cargas explosivas clásicas o nucleares. Los misiles tácticos tienen un alcance inferior a 1 100 km, mientras que los estratégicos, llegan hasta 12 000 km. Según su punto de lanzamiento y su objetivo, los misiles pueden ser aire-aire, aire-tierra, tierra-tierra, mar-mar, aire-mar, etc.

misión f. **1.** Acción de enviar. **2.** Cosa encomendada a alguien. **3.** Evangelización de los pueblos no cristianos.

misionero, ra m. y f. Religioso dedicado a las misiones evangelizadoras.

misiva f. Carta, escrito.

mismo, ma adj./pron. **1.** Expresa identidad o semejanza. ◆ adv. **2.** Pospuesto a un adverbio tiene valor enfático. **3.** Pospuesto a un nombre o un adverbio añade un matiz de indiferencia.

misoginia f. Aversión a las mujeres.

misquito, miskitos o **mosquitos** adj./m. y f. De un pueblo amerindio que ocupa la costa de los Mosquitos o Mosquitia, entre Honduras y Nicaragua.

misterio m. Cosa incomprensible para la mente humana.

mística f. Parte de la teología que trata de la unión espiritual del hombre con Dios.

mistol m. *Argent.* y *Par.* Planta de flores pequeñas y fruto castaño ovoide, con el que se elabora arrope y otros alimentos.

mistral m. Viento que en el Mediterráneo viene de la parte intermedia entre el poniente y la tramontana.

mitad f. **1.** Cada una de las dos partes iguales en que se divide un todo. **2.** Punto o parte que equidista de sus extremos.

mitigar tr. y prnl. Moderar, calmar.

mitin m. Acto público de propaganda, sobre asuntos políticos.

mito m. **1.** Relato popular o literario que cuenta acciones imaginarias de dioses y héroes. **2.** Cosa fabulosa. **3.** Persona o cosa rodeada de extraordinaria estima.

mitocondria f. BIOL. Orgánulo en forma de grano o filamento, presente en el citoplasma de las células.

M

mitología f. **1.** Conjunto de los mitos y leyendas de un pueblo o una religión. **2.** Estudio de los mitos.

mitómano, na m. y f. Persona que tiende a crear y cultivar mitos.

mitosis f. BIOL. Proceso de división indirecta de la célula, que se caracteriza por la duplicación de todos sus elementos, y un reparto por igual entre las dos células hijas.

mitote m. **1.** Amér. Fiesta casera. **2.** Amér. Aspaviento, melindre. **3.** Méx. Situación en que impera el desorden o en que hay mucho ruido o alboroto.

mitotero, ra adj./m. y f. **1.** Amér. Que hace mitotes o melindres. **2.** Amér. Bullanguero, amigo de diversiones.

mitra f. Tocado que llevan los prelados en los actos solemnes.

mixe adj./m. y f. De un pueblo amerindio que habita Oaxaca, México.

mixomatosis f. Enfermedad infecciosa vírica del conejo.

mixto, ta adj. **1.** Formado por elementos de diferente naturaleza. ◆ adj./m. y f. **2.** Mestizo. ◆ m. Cerilla, fósforo.

mixtura f. Mezcla.

mízcalo m. Níscalo*.

mnemotecnia f. Arte de desarrollar la memoria.

moaxaja f. Estrofa poética en árabe que termina con una jarcha en dialecto mozárabe.

mobiliario, ria adj. **1.** Relativo al mueble. **2.** Dícese de los valores públicos negociables en bolsa. ◆ m. **3.** Conjunto de muebles.

moca m. Variedad de café.

mocárabe m. Elemento decorativo del arte musulmán.

mocasín m. Calzado plano, flexible y sin cordones.

mocedad f. Edad o estado del mozo, persona joven y soltera.

mochila f. Bolsa que se lleva a la espalda sujeta a los hombros.

mocho, cha adj. **1.** Falto de punta. **2.** Méx. Dícese de la persona o animal al que le falta un miembro. ◆ adj./m. y f. **3.** Chile. Dícese del religioso lego. **4.** Venez. Manco. ◆ m. **5.** Chile. Pedazo corto de un madero para aserrar.

mochuelo m. Ave rapaz nocturna, de pequeño tamaño.

moción f. **1.** Acción y efecto de mover, moverse o ser movido. **2.** Proposición que se hace en una asamblea o congreso.

moco m. Humor pegajoso que segregan las membranas mucosas.

mocoso, sa adj. **1.** Que tiene mocos. ◆ m. y f. Fam. **2.** Persona joven que se las da de adulta o de experta en algo.

moda f. **1.** Manera pasajera de actuar, pensar, etc., de una época. **2.** ESTAD. Dato que se presenta con mayor frecuencia.

modal adj. **1.** Relativo al modo gramatical. ◆ m. pl. **2.** Conjunto de comportamientos que se consideran o no correctos.

modalidad f. Modo particular de ser o de manifestarse una cosa.

modelar tr. Dar forma artística a una sustancia plástica.

modelo m. **1.** Cosa que se imita. ◆ m. y f. **2.** Persona que posa para artistas o en publicidad.

módem m. INFORM. Equipo que permite la comunicación entre dos computadoras por medio del teléfono.

moderador, ra m. y f. Persona que dirige un debate.

moderar tr. y prnl. **1.** Hacer que algo vuelva a una justa medida. ◆ tr. **2.** Hacer de moderador en un debate.

modernismo m. **1.** Gusto por lo moderno. **2.** Tendencia literaria y arquitectónica desarrollada a principios del s. xx.

moderno, na adj. Actual o de época reciente.

modesto, ta adj. **1.** No lujoso. ◆ adj./m. y f. **2.** Que actúa con sencillez y recato.

módico, ca adj. No excesivo.

modificar tr. y prnl. **1.** Hacer que algo sea diferente de como era sin alterar su esencia. ◆ tr. **2.** Limitar el sentido de una palabra.

modismo m. Frase o locución propia de una lengua.

modisto, ta m. y f. Persona que confecciona o diseña vestidos.

modo m. **1.** Cada realización que puede presentar una cosa variable. **2.** Forma de hacer una cosa. **3.** LING. Accidente gramatical del verbo que expresa cómo se concibe la acción verbal.

modorra f. Somnolencia pesada.

modular tr. **1.** Variar el tono al hablar o cantar. ◆ intr. MÚS. **2.** Pasar de una tonalidad a otra.

modular adj. Relativo al módulo.

módulo m. **1.** Proporción entre las dimensiones de los elementos de un cuerpo. **2.** Elemento combinable con otro por su misma función.

mofa f. Burla, escarnio: hacer ~ de alguien.

mofeta f. Mamífero carnívoro que se defiende de sus enemigos lanzando un líquido fétido por vía anal.

moflete m. Fam. Carrillo grueso y carnoso.

mogolla f. Colomb. Pan moreno hecho de salvado.

mohín m. Gesto gracioso que expresa enfado fingido.

mohíno, na adj. **1.** Triste, melancólico. ◆ f. **2.** Disgusto, tristeza.

moho m. **1.** Hongo que se desarrolla sobre materia orgánica. **2.** Capa que se forma por alteración química en la superficie de algunos metales.

moisés m. Cuna de mimbre portátil.

mojama f. Cecina de atún.

mojar tr. y prnl. **1.** Hacer que un líquido penetre en un cuerpo o cubra su superficie. ◆ prnl. **2.** Comprometerse.

mojarra f. **1.** Pez marino de color gris plateado con tornasoles y grandes fajas transversales negras. **2.** Lancha que se utiliza en la pesca del atún. **3.** Amér. Central y Amér. Merid. Cuchillo ancho y corto. **4.** Argent. Nombre genérico de varias especies de peces pequeños de agua dulce de América del Sur.

mojigato, ta adj./m. y f. Que se escandaliza fácilmente.

mojón m. Piedra, poste, etc., para señalar los límites o la dirección en los caminos.

moka m. Moca*.

mol m. QUÍM. Unidad básica de cantidad de sustancia, en el Sistema Internacional.

molar adj. **1.** Relativo a la muela. ◆ m. **2.** Cada uno de los dientes posteriores que trituran los alimentos.

molaridad f. QUÍM. Concentración de una solución.

molcajete m. Mortero grande de piedra o de barro cocido, con tres pies.

molde m. Instrumento hueco usado para dar forma a una materia.

moldura f. Parte saliente que sirve de adorno en arquitectura, ebanistería u otras artes.

mole m. **1.** *Méx.* Salsa espesa preparada con diferentes chiles y otros ingredientes. **2.** *Méx.* Guiso de carne de pollo, de guajolote o de cerdo que se prepara con esta salsa. ◆ f. **3.** Cuerpo pesado y grande.

molécula f. QUÍM. Porción más pequeña de un cuerpo.

molejón m. *Cuba.* Roca alta y cortada en vertical que sobresale en el mar.

moler tr. **1.** Golpear o frotar algo hasta reducirlo a trozos o polvo. ◆ tr. e intr. **2.** Cansar mucho.

molestar tr. y prnl. **1.** Causar molestia. ◆ prnl. **2.** Ofenderse. **3.** Tomarse algún trabajo por alguien.

molestia f. Perturbación del bienestar del cuerpo o del ánimo.

molibdeno m. Metal de color plomizo, maleable y poco fusible.

molinillo m. Utensilio doméstico para moler.

molino m. Máquina para moler.

molla f. **1.** Parte carnosa de una cosa orgánica. **2.** Miga del pan.

molleja f. **1.** Segundo estómago de las aves. **2.** Apéndice carnoso de las reses jóvenes.

mollera f. Parte más alta de la cabeza.

molo m. *Chile.* Malecón.

molote m. **1.** *Amér. Central, Antill., Colomb.* y *Méx.* Alboroto, escándalo. **2.** *Méx.* Moño. **3.** *Méx.* Envoltura alargada, lío.

molusco adj./m. Relativo al animal invertebrado de cuerpo blando, protegido por una concha calcárea.

■ ENC. La mayor parte de los **moluscos** viven en el agua y respiran por branquias. Existen especies terrestres como las babosas y los caracoles, que respiran por órganos que funcionan como pulmones. Según la forma de su caparazón, los moluscos se clasifican en tres grupos: los gasterópodos que tienen un caparazón de una sola pieza y que se desplazan sobre su pie ventral (caracoles de jardín y de mar); los bivalvos que tienen un caparazón dividido en dos partes (mejillones, ostras, almejas) y los cefalópodos que tienen un caparazón interno o que carecen de él (sepia, calamar, pulpo).

momento m. **1.** Espacio breve de tiempo. **2.** Tiempo en que ocurre algo. **3.** Oportunidad.

momia f. Cadáver desecado con el tiempo sin descomponerse.

■ ENC. Los egipcios creían que existía una vida después de la muerte. Sin embargo, para lograr la inmortalidad, el cuerpo debía de conservarse como **momia**. Después de extraer del cadáver el cerebro y las vísceras, los embalsamadores y los sacerdotes lo llenaban de perfumes y resinas. Posteriormente, lo cubrían de finos listones de lino. Finalmente, lo envolvían con un lienzo más sólido y lo depositaban en un ataúd que se introducía en un sarcófago decorado.

monacal adj. Relativo a la vida de los monjes o las monjas.

monada f. **1.** Acción propia de monos. **2.** Cosa bonita y pequeña.

mónada f. FILOS. Sustancia simple, activa e indivisible, cuyo número es infinito y de la que todos los seres están compuestos.

monaguillo m. Niño que ayuda al sacerdote en la misa.

monarca m. Soberano de una monarquía.

monarquía f. **1.** Forma de gobierno en que el poder supremo es ejercido de forma vitalicia por el rey. **2.** Estado regido así.

■ ENC. Hay muchas clases de **monarquías**. En la monarquía absoluta los poderes del rey son ilimitados (Francia antes de la Revolución de 1789). En la monarquía constitucional el rey comparte el poder con el parlamento (Bélgica). En la monarquía parlamentaria el poder lo ejerce un gobierno responsable ante el parlamento y no ante el rey (Gran Bretaña, Holanda y Suecia).

monasterio m. Casa o convento de religiosos.

mondar tr. Quitar la cáscara o vaina a las frutas y legumbres.

mondongo m. Intestinos y panza de las reses y del cerdo.

moneda f. Pieza de metal acuñada que sirve de medida común para el precio de las cosas.

■ ENC. En las llamadas sociedades primitivas se practica el trueque, es decir, el intercambio de mercancías por otras mercancías. El dinero bajo la forma de **monedas** apareció en el siglo VII a.C. El papel moneda apareció en Inglaterra a fines del siglo XVII. Actualmente, el dinero circula de una cuenta bancaria a otra por medio de cheques, giros y tarjetas de crédito. Las transacciones con dinero en efectivo son cada vez menores.

monegasco, ca adj./m. y f. De Mónaco.

monema m. LING. **1.** Mínima unidad significativa. **2.** LING. Cada uno de los términos que integran un sintagma.

monetario, ria adj. Relativo a la moneda.

mongol, la adj./m. y f. **1.** De Mongolia. **2.** De un grupo étnico de piel amarilla que habita el centro de Asia.

mongolismo m. Enfermedad cromosómica que produce en la persona retraso intelectual y del crecimiento.

monigote m. **1.** Muñeco o figura ridícula. **2.** *Fam.* Persona de poco carácter.

monitor, ra m. y f. 1. Persona que enseña ciertos deportes. ♦ m. 2. Receptor de televisión para controlar las transmisiones. 3. Aparato de una computadora o televisor que presenta la información de manera visual.

monja f. Religiosa que profesa los votos solemnes.

monje m. Religioso que vive en un monasterio.

mono, na adj. 1. Bonito, gracioso. 2. *Colomb.* Rubio. ♦ m. y f. 3. Mamífero del orden de los primates. ♦ m. 4. Traje de una sola pieza. 5. *Chile.* Montón en que se exponen los frutos y mercancías en tiendas y mercados. 6. *Chile* y *Méx.* Muñeco. 7. *Esp. Vulg.* Síndrome de abstinencia de la droga.

■ **Enc.** En general, los **monos** viven en los árboles y se alimentan principalmente de frutas. Se distinguen dos grupos: los de nariz chata, fosas nasales separadas y cola prensil (por ejemplo el mono titi) que viven en América y los de nariz protuberante y fosas nasales juntas (como el mandril) que viven en África y Asia. Por otro lado, está el grupo de los grandes simios, como el orangután, el gorila y el chimpancé, caracterizados por su mayor tamaño, la ausencia de cola y un cerebro más grande y más desarrollado que el de los otros monos.

monocorde adj. 1. Dícese del instrumento musical de una sola cuerda. 2. Dícese de los sonidos que repiten una misma nota.

monocotiledóneo, a adj./f. BOT. Relativo a las plantas angiospermas cuyas semillas tienen un solo cotiledón.

monóculo m. Lente para un solo ojo.

monogamia f. Sistema que prohíbe tener más de una esposa.

monografía f. Estudio sobre un tema concreto.

monograma m. Figura formada por dos o más letras de un nombre, utilizada como abreviatura de éste.

monoico, ca adj. BOT. Dícese de la planta que tiene las flores masculinas y femeninas en un solo pie.

monolingüe adj. 1. Que habla una sola lengua. 2. Que está escrito en una sola lengua.

monolito m. Monumento de piedra de una sola pieza.

monólogo m. 1. Acción de hablar alguien consigo mismo. 2. Obra dramática en que habla un solo personaje.

monomio m. MAT. Expresión algebraica que comprende un solo término.

monopolio m. Privilegio exclusivo en la venta de un producto.

monosílabo, ba adj./m. Que tiene una sola sílaba.

monoteísmo m. Religión que sólo admite un Dios.

monotonía f. 1. Uniformidad de tono. 2. Falta de variedad.

monotrema adj./m. Mamíferos que ponen huevos, amamantan a las crías, están cubiertos de pelo o púas y tienen un pico sin dientes, como el ornitorrinco.

monovalente adj. QUÍM. Que tiene valencia uno.

monóxido de carbono m. QUÍM. Óxido compuesto de un átomo de oxígeno y uno de carbono, que es sumamente tóxico.

monseñor m. Título de ciertas dignidades eclesiásticas.

monserga f. *Fam.* 1. Lenguaje confuso. 2. *Fam.* Pretensión fastidiosa.

monstruo m. Ser vivo de caracteres contrarios al orden natural.

monta f. 1. Acción y efecto de montar una caballería. 2. Importancia: *asunto de poca ~*. 3. Importe total.

montacargas m. Ascensor para elevar pesos.

montaje m. 1. Acción y efecto de montar. 2. Selección y empalme en una cinta de las escenas de una película.

montante m. 1. Elemento vertical que sirve de soporte de una estructura. 2. Suma o importe.

montaña f. Gran elevación natural del terreno.

montañismo m. Alpinismo.

montar tr., intr. y prnl. 1. Subir sobre un animal o sobre una cosa. ♦ tr. e intr. 2. Cabalgar. ♦ tr. 3. Colocar los elementos de algo en condiciones de funcionar. ♦ intr. 4. Ascender una cantidad.

montaraz adj. 1. Que se ha criado en los montes. 2. Insociable.

monte m. Montaña. 1. Terreno sin roturar. 2. Juego de naipes.

montenegrino, na adj./m. y f. De Montenegro.

montepío m. Establecimiento y fondo de dinero que forman los miembros de algún cuerpo para ayudas mutuas.

montera f. Gorro de terciopelo negro que usan los toreros.

montés, sa adj. Que anda, está o se cría en el monte: *gato ~*.

montevideano, na adj./m. y f. De Montevideo.

montículo m. Pequeña elevación del terreno.

montón m. 1. Conjunto de cosas puestas sin orden unas encima de otras. 2. Gran cantidad.

montonera f. 1. Montón. 2. *Amér. Merid.* Guerrilla, en la época de las luchas por la independencia. 3. *Colomb.* Montón de hierba o paja.

montubio, bia adj./m. y f. 1. *Colomb., Ecuad.* y *Perú.* Montaraz, agreste. 2. *Colomb., Ecuad.* y *Perú.* Campesino de la costa.

montuno, na adj. *Amér. Central* y *Amér. Merid.* Salvaje, agreste, montaraz.

montura f. 1. Bestia para cabalgar. 2. Soporte de algunos objetos. 3. Conjunto de arreos de una caballería.

monumento m. 1. Obra realizada en memoria de un personaje o acontecimiento. 2. Edificio notable. 3. Objeto histórico.

monzón m. Viento que sopla periódicamente en el océano Índico.

moño m. Cabello arrollado sobre la cabeza.

moqueta f. Tejido fuerte para tapizar el suelo.

moquillo m. Enfermedad contagiosa de algunos animales.

mor. **Por mor de**, por causa de.

mora f. 1. Fruto de la morera y del moral. 2. Zarzamora.

morado, da adj./m. 1. Dícese del color violeta que tira a rojo o azul. ♦ adj. 2. De color morado. ♦ f. 3. Lugar donde se mora.

MARIPOSAS

pelaje disuasivo

mimetismo

pelaje disuasivo (cabeza de cárabo)

Papilio dardanus

Danaus chrysippus

Trophonius

Kenya

Samia cynthia
India

disimulo

cara ventral foliácea   cara dorsal oculta

Caligo prometheus
Colombia

dimorfismo de la hembra y del macho

Armandia lidderdali
India

Kalima
Java

diversas formas de alas

Morpho cypris ♂
Colombia

homocromía

diferente colorido según la estación

en primavera   en verano

Eustera troglophylla
Gabón

Troïdes priamus hecuba
islas Salomón

Catocala nupta
Europa

*Araschnia
levana*   *prorsa*
Europa

Satunia pyri
(gran pavón)
España

Vanessa io
España

Iphiclides podalirius
España

Argynnis paphia
España

Apatura iris
Europa

Papilio machaon
**África del Norte,
Europa, Asia templada**

Allancastria cerisyi
**SE de Europa,
Asia Menor**

Vanessa aglais polychloros
**África del Norte,
Europa, Asia**

Euvanessa antiopa
**Europa occidental,
Asia, América del
Norte**

Deilephila [Daphnis] merii
Europa meridional

Parnassius apollo
**sur de Francia,
España y Portugal,
África del Norte**

Gonopteryx cleopatra
España

Acherontia atropos
Europa

moral adj. **1.** Relativo a las normas de conducta. ◆ m. **2.** Árbol cuyo fruto es la mora. ◆ f. **3.** Doctrina de la conducta humana respecto a la bondad o la maldad.

moraleja f. Enseñanza que se deduce de un cuento, fábula, etc.

moralidad f. Conformidad con los preceptos de la sana moral.

morar intr. Residir habitualmente en un lugar.

morbo m. **1.** Atracción hacia lo prohibido, lo cruel, etc. **2.** Enfermedad.

morboso, sa adj. **1.** Enfermo. **2.** Que causa enfermedad. **3.** Que revela un estado físico o psíquico insano.

morcilla f. Embutido compuesto de sangre de cerdo, especias y otros ingredientes.

mordaz adj. **1.** Corrosivo. **2.** Que critica con ironía y sarcasmo.

mordaza f. Objeto que se pone en la boca para impedir hablar.

morder tr. y prnl. Hincar los dientes en una cosa.

mordida f. **1.** Acción de morder. **2.** *Argent., Bol., Colomb., Méx., Nicar.* y *Pan. Fam.* Cantidad de dinero que un funcionario recibe indebidamente de un particular, por hacerle un servicio o evitarle una sanción. **3.** *Argent., Bol., Colomb., Méx., Nicar.* y *Pan.* Fruto de cohechos.

moreno, na adj. **1.** De color oscuro que tira a negro. ◆ adj./m. y f. **2.** De color menos claro en la raza blanca. ◆ f. **3.** Pez marino teleósteo, de cuerpo cilíndrico y alargado.

morera f. Árbol cuyo fruto es la mora.

morería f. Barrio o territorio propio de los moros.

moretón m. Mancha de color morado que aparece en la piel después de haber recibido un golpe.

morfema m. LING. El más pequeño de los elementos significativos de un enunciado.

morfina f. Sustancia narcótica, alcaloide del opio.

morfología f. **1.** Estudio de la forma de los seres vivos. **2.** LING. Estudio de la forma de las palabras.

moribundo, da adj./m. y f. Que está a punto de morir.

morir intr. y prnl. **1.** Dejar de vivir. ◆ intr. **2.** Tener algo fin.

morisco, ca adj./m. y f. **1.** Moro. **2.** Dícese del moro bautizado que se quedó en España tras la Reconquista.

mormonismo m. Movimiento religioso estadounidense.

moro, ra adj. **1.** *Amér. Merid.* Dícese del caballo tordo. ◆ adj./m. y f. **2.** Del norte de África. **3.** Dícese del individuo de la población musulmana de al-Ándalus.

morocho, cha adj. *Argent., Perú* y *Urug.* Dícese de la persona que tiene pelo negro y tez blanca.

morona f. *Colomb.* y *Méx.* Migaja de pan.

moronga f. *Guat., Hona.* y *Méx.* Morcilla, salchicha.

moroso, sa adj. **1.** Que se retrasa en un pago. **2.** Lento.

morral m. **1.** Saco para el pienso que se cuelga de la cabeza de las bestias. **2.** Bolsa que usan los cazadores.

morralla f. **1.** Pescado menudo. **2.** Conjunto de personas o cosas inútiles y sin valor. **3.** *Méx.* Dinero menudo.

morrear intr., tr. y prnl. *Esp.* Besar en la boca largo tiempo.

morrena f. Conjunto de materiales transportados por un glaciar.

morriña f. Nostalgia, melancolía.

morro m. **1.** Hocico de los animales. **2.** Labios de una persona, si son abultados. **3.** Extremo delantero de ciertas cosas.

morrocotudo, da adj. *Fam.* De mucha importancia o dificultad.

morrón adj. Dícese de una variedad de pimiento muy grueso.

morsa f. Mamífero marino parecido a la foca.

■ ENC. La **morsa** es un mamífero gigante que vive en grandes grupos y que se alimenta de moluscos. El embarazo de la hembra dura 8 meses y ésta amamanta a su cría durante un año. Los esquimales cazan a las morsas para aprovechar su grasa, su piel, su carne, sus huesos y sus colmillos. La morsa se encuentra protegida por la ley en Siberia y en Canadá.

morse m. Sistema de telegrafía que usa un alfabeto convencional.

■ ENC. En 1829, Samuel Morse se enteró de los descubrimientos de Ampère sobre la electricidad. Estos descubrimientos le sugirieron la idea del telégrafo eléctrico, cuya invención y construcción terminó en 1832. Posteriormente, en 1838 inventó un modo de transmisión de mensajes muy rápido: cada letra del alfabeto se representa mediante una combinación de puntos y rayas. Los puntos son impulsos breves y las rayas impulsos largos. A este sistema se le llama **morse** en honor a su inventor.

mortadela f. Embutido grueso de carne de cerdo picada.

mortaja f. Sudario.

mortal adj. **1.** Que ha de morir. **2.** Que causa muerte. ◆ m. y f. **3.** El ser humano.

mortandad f. Multitud de muertes por causa extraordinaria.

mortecino, na adj. Falto de vigor o viveza.

mortero m. **1.** Vasija ancha en la que se machacan especias, semillas, etc. **2.** Arma de artillería de gran calibre. **3.** Argamasa.

mortífero, ra adj. Que puede ocasionar la muerte.

mortificar tr. y prnl. **1.** Castigar el cuerpo con penitencias. **2.** Producir algo aflicción o remordimiento.

mórula f. BIOL. Uno de los primeros estadios del embrión animal, cuyo aspecto es de una mora.

mosaico m. Obra hecha con pequeñas piezas de materiales diversos que se incrustan en un muro o pavimento.

mosca f. Insecto díptero de cuerpo negro y alas transparentes.

moscardón m. Mosca grande y vellosa.

moscatel adj./m. Dícese de una uva muy dulce y del vino que se produce con ella.

moscovita adj./m. y f. De Moscú.

mosén m. Tratamiento que se daba a los clérigos en regiones del antiguo reino de Aragón.
mosquearse prnl. *Fam.* Enfadarse o resentirse.
mosquetón m. **1.** Carabina corta. **2.** Anilla que se abre y cierra mediante un muelle.
mosquitera f. Mosquitero*.
mosquitero m. Tejido fino con que se protege la cama de los mosquitos.
mosquito m. Insecto díptero, con aparato bucal perforador.

■ **Enc.** La hembra del **mosquito** pica la piel de los animales para extraer la sangre. El macho se alimenta de la savia de las plantas. Las larvas del mosquito viven en las aguas estancadas. Los mosquitos propagan diversas enfermedades contagiosas, como el paludismo y la fiebre amarilla.

mostacho m. Bigote.
mostaza f. Planta herbácea que proporciona la semilla y el condimento del mismo nombre.
mosto m. Zumo de la uva o de la manzana, antes de fermentar.
mostrador m. Mesa de las tiendas para presentar el género.
mostrar tr. **1.** Indicar. **2.** Exponer a la vista. **3.** Hacer patente. ◆ prnl. **4.** Portarse de cierta manera.
mostrenco, ca adj. **1.** Sin hogar o dueño conocido. ◆ adj./m. y f. *Fam.* **2.** Ignorante o torpe.
mota f. **1.** Porción muy pequeña de algo. **2.** *Amér. Merid.* Cabello corto, ensortijado y crespo. **3.** *Méx. Fam.* Mariguana.
mote m. **1.** Apodo. **2.** *Amér.* Guiso de maíz desgranado, cocido y deshollejado. **3.** *Chile.* Postre de trigo quebrantado, después de haber sido cocido en lejía y deshollejado.
motel m. Hotel situado cerca de la carretera.
motín m. Alzamiento desordenado contra la autoridad.
motivar tr. **1.** Dar motivo. ◆ tr. y prnl. **2.** Concienciar para la realización de una acción.
motivo m. **1.** Causa o razón que determina que exista o se haga algo. **2.** Dibujo que se repite en una decoración.
motocicleta f. Vehículo de dos ruedas impulsado por un motor.
motor, ra adj. **1.** Que produce movimiento. ◆ m. **2.** Máquina que genera energía mecánica a partir de otra energía.
motorizar tr. y prnl. Dotar de medios mecánicos de tracción.
motricidad f. Acción del sistema nervioso que determina la contracción muscular.
motriz adj. Forma femenina de *motor.*
motudo, da adj./m. y f. *Amér. Merid.* Dícese del cabello dispuesto en forma de mota y de la persona que lo tiene.
mover tr. y prnl. **1.** Hacer que un cuerpo cambie de lugar o posición. ◆ tr. **2.** Agitar, menear. **3.** Originar. **4.** Inducir a hacer algo.
móvil adj. **1.** Que puede moverse o ser movido. ◆ m. **2.** Circunstancia que motiva un hecho: *el ~ de un crimen.*
movilizar tr. Poner en actividad tropas, capitales, etc.

movimiento m. **1.** Acción de moverse o ser movido. **2.** Tendencia de ciertos grupos de personas a determinadas realizaciones. **3.** MÚS. Velocidad del tiempo.
mozalbete m. Joven de poca edad.
mozárabe adj./m. y f. **1.** Dícese del cristiano que vivía en los territorios musulmanes de la península Ibérica. ◆ m. **2.** Lengua romance hablada por esta población.
mozo, za adj./m. y f. **1.** Joven. ◆ m. y f. **2.** Persona que trabaja en tareas modestas.
mucamo, ma m. y f. **1.** *Amér. Merid.* Criado, servidor. **2.** *Argent.* Persona encargada de la limpieza en hospitales y hoteles.
muchacho, cha m. y f. Adolescente, joven.
muchedumbre f. Conjunto o grupo numeroso de personas.
mucho, cha adj./pron. **1.** Que abunda en número o intensidad: *~ comida.* ◆ adv. **2.** En gran cantidad: *llovió ~.* **3.** Largo tiempo: *tardó ~ en volver.* ● **Por ~ que,** aunque.
mucílago o **mucilago** m. Sustancia viscosa de algunos vegetales.
mucoso, sa adj. **1.** Semejante al moco. ◆ f. **2.** Membrana que segrega una especie de moco.
múcura adj. **1.** *Colomb.* Tonto. ◆ f. **2.** *Bol., Colomb. y Venez.* Ánfora de barro para transportar agua y conservarla fresca.
mudar tr. e intr. **1.** Cambiar el aspecto, el estado, etc. **2.** Renovar los animales la piel, el pelo o las plumas. ◆ prnl. **3.** Cambiarse de ropa. **4.** Trasladar la residencia a otra casa o lugar.
mudéjar adj./m. y f. **1.** Relativo a la población musulmana que vivía en los reinos cristianos de la península Ibérica. ◆ adj. **2.** Dícese de un estilo arquitectónico, con influencias árabes, que floreció en la península Ibérica entre los ss. XIII y XV.
mudo, da adj./m. y f. **1.** Privado de la facultad de hablar. ◆ adj. LING. **2.** Dícese de la letra que no se pronuncia. ◆ f. **3.** Acción y efecto de mudar o cambiar. **4.** Juego de ropa interior.
mueble adj./m. **1.** Dícese de los bienes que se pueden trasladar. ◆ m. **2.** Objeto móvil que adorna y equipa un lugar.
mueca f. Gesto muy expresivo del rostro.
muela f. **1.** Cada uno de los dientes posteriores a los caninos. **2.** Piedra para moler o para afilar.
muelle m. **1.** Pieza elástica en espiral. **2.** Construcción a orillas del mar o de un río, para operaciones de carga y descarga.
muermo m. **1.** Enfermedad contagiosa de las caballerías. **2.** *Fam.* Aburrimiento, tedio.
muerte f. **1.** Final de la vida. **2.** Acto de matar.
muerto, ta adj./m. y f. **1.** Sin vida. ◆ adj. **2.** Inactivo, apagado.
muesca f. **1.** Concavidad de una cosa para encajar otra. **2.** Incisión o corte hecho como señal.
muestra f. **1.** Parte de un conjunto representativa del mismo. **2.** Prueba, señal: *~ de cariño.* **3.** Modelo que se copia.
mugido m. Voz de las reses vacunas.
mugre f. Suciedad grasienta.
mujer f. **1.** Persona del sexo femenino. **2.** Esposa.

mujeriego, ga adj./m. Dícese del hombre muy aficionado a las mujeres.

mújol m. Pez muy apreciado por su carne y sus huevas.

mula f. Hembra del mulo.

muladar m. Sitio donde se tira el estiércol o la basura.

mulato, ta adj./m. y f. Que es hijo de blanco y negra o viceversa.

muleta f. **1.** Especie de bastón para ayudarse a andar. **2.** Paño rojo usado para torear al toro.

muletilla f. Expresión que se repite con frecuencia.

mullir tr. Ahuecar algo para que esté blando y esponjoso.

mulo m. Mamífero híbrido resultante del cruce de caballo y asno.

multa f. Sanción económica que se impone por haber cometido una infracción, delito, etc.

multicopista adj./f. Dícese de la máquina que reproduce copias de un escrito, dibujo, etc.

multígrafo adj./m. *Méx.* y *Venez.* Multicopista.

multimedia adj. **1.** Referente a varios medios de comunicación. **2.** Que utiliza varios medios de comunicación.

multinacional f. Dícese de la empresa cuyas actividades se extienden a varios países.

multíparo, ra adj. ZOOL. **1.** Que pare varios hijos en un solo parto. **2.** Dícese de la mujer que ha tenido más de un parto.

múltiple adj. Que no es uno ni simple.

multiplicación f. **1.** Acción y efecto de multiplicar. **2.** MAT. Operación aritmética que consiste en sumar de forma directa y abreviada un número, tantas veces como indica otro.

multiplicador m. MAT. Factor que en una multiplicación indica las veces que se debe tomar el multiplicando.

multiplicando m. MAT. Factor que en una multiplicación debe tomarse como sumando tantas veces como indique el multiplicador.

multiplicar tr. y prnl. **1.** Aumentar el número de algo varias veces. ◆ tr. MAT. **2.** Efectuar una multiplicación.

múltiplo, pla adj./m. MAT. Dícese del número que contiene a otro dos o más veces exactamente.

multitud f. **1.** Gran número de personas o cosas. **2.** Gente.

mundanal adj. Mundano.

mundano, na adj. Relativo al mundo y a la alta sociedad.

mundial adj. **1.** Relativo al mundo entero. ◆ m. **2.** Competición deportiva en la que participan representantes de muchos países.

mundo m. **1.** Conjunto de todo lo que existe. **2.** La Tierra como planeta. **3.** Parte en que se divide lo que existe: ~ *de las ideas.*

munición f. Carga de las armas de fuego.

municipal adj. **1.** Relativo al municipio. ◆ adj./m. **2.** Dícese del cuerpo de policía dependiente de un ayuntamiento.

municipio m. **1.** División administrativa regida por un ayuntamiento. **2.** Ayuntamiento.

munido, da adj. *Argent.* y *Chile.* Provisto.

muñeco, ca m. y f. **1.** Figurilla humana usada como juguete. ◆ f. **2.** Parte del brazo donde la mano se articula con el antebrazo.

muñeira f. Danza popular de Galicia.

muñón m. Parte de un miembro amputado que permanece en el cuerpo.

mural m. Pintura hecha o colocada sobre un muro o pared.

muralla f. Muro defensivo.

murciélago m. Mamífero volador de costumbres nocturnas.

murga f. **1.** Compañía de músicos callejeros. **2.** *Fam.* Fastidio.

murmullo m. Ruido continuo, suave y confuso.

murmurar tr. e intr. **1.** Hablar entre dientes. ◆ intr. **2.** Hablar mal de alguien.

muro m. Pared o tapia gruesa.

mus m. Juego de naipes que se practica entre dos parejas.

musa f. **1.** Inspiración de un poeta. ◆ pl. **2.** Conjunto de las ciencias y las artes humanísticas.

musaraña f. Mamífero insectívoro muy pequeño y voraz.

■ **ENC.** La **musaraña** consume cada día su propio peso en insectos, gusanos y huevos de pájaro. Por ello, es muy útil para la agricultura. Se orienta, como los murciélagos, con el eco que provocan sus chillidos al rebotar con los objetos.

musculatura f. Conjunto de los músculos del cuerpo.

músculo m. Órgano formado por tejido elástico que sirve para producir el movimiento en el hombre y en los animales.

■ **ENC.** Los **músculos** están unidos a los huesos por los tendones. Los músculos estriados (o esqueléticos) se distienden y se contraen voluntariamente para sostener una parte del cuerpo o para permitir que éste se mueva. Los músculos lisos (o viscerales) aseguran la circulación de la sangre y la digestión. Su contracción es involuntaria. El músculo cardíaco tiene la particularidad de ser un músculo estriado, cuya contracción es involuntaria e ininterrumpida.

muselina f. Tela muy fina y transparente.

museo m. Lugar donde se guardan objetos científicos o artísticos para su estudio y exposición al público.

musgo adj./m. Relativo a un tipo de plantas de tallos cortos y apretados, que forman una especie de alfombra.

músico, ca adj. **1.** Relativo a la música. ◆ m. y f. **2.** Persona que compone música o toca un instrumento. ◆ f. **3.** Arte de combinar los sonidos para producir un efecto expresivo o estético.

musitar intr. Hablar muy bajo.

muslo m. Parte de la pierna desde la cadera hasta la rodilla.

mustio, tia adj. Dícese de las plantas o flores de aspecto ajado.

musulmán, na adj./m. y f. Adepto a la religión de Mahoma.

mutación f. **1.** Acción y efecto de mutar. **2.** BIOL. Alteración genética en el conjunto de caracteres hereditarios de un ser vivo.

mutar tr. y prnl. Mudar, transformar.

mutilar tr. y prnl. Cortar un miembro del cuerpo.

mutis m. **1.** Acción de retirarse de cualquier lugar.

mutismo m. Silencio voluntario o impuesto.

mutro, tra adj. **1.** *Chile.* Dícese de la persona que pronuncia mal. **2.** *Chile.* Mudo. **3.** *Chile.* Tartamudo. ◆ m. y f. **4.** *Chile.* Individuo que no habla español.

mutualidad f. Régimen de prestaciones mutuas.

mutualismo m. BIOL. Asociación entre individuos de especies diferentes, en que ambas partes resultan beneficiadas.

mutuo, tua adj. **1.** Que se intercambia entre dos o más personas o cosas de forma respectiva. ◆ f. **2.** Mutualidad.

muy adv. Marca la intensidad de un adjetivo o de un adverbio llevada a su más alto grado: *muy bueno; muy mal.*

M

n

n f. Decimocuarta letra del abecedario.

nabo m. Planta anual, de raíz blanca y comestible.

nácar m. Sustancia blanca y dura que se forma en el interior de la concha de los moluscos.

nacer intr. **1.** Salir un ser del vientre de la madre si es vivíparo, de un huevo si es ovíparo o de una semilla si es un vegetal. **2.** Tener principio: *el Ebro nace en Fontibre.*

naciente adj. **1.** Que está naciendo. ◆ m. **2.** Este, punto cardinal.

nacimiento m. **1.** Acción y efecto de nacer. **2.** Origen, principio.

nación f. **1.** Conjunto de habitantes de un país, que se rigen por una misma estructura política. **2.** Territorio de este país.

nacionalidad f. Condición de pertenecer a una nación.

nacionalismo m. **1.** Apego explícito a la propia nación. **2.** Tendencia que muestra un pueblo hacia la independencia o autonomía y movimiento político que lo defiende.

nacionalizar tr. y prnl. **1.** Conceder la nacionalidad. **2.** Hacer que determinados bienes pasen a manos del estado.

nacionalsocialismo m. Doctrina nacionalista establecida por Hitler, basada en la supremacía de la raza germánica.

naco m. **1.** *Amér. Central* y *Amér. Merid.* Hoja larga de tabaco arrollada. **2.** *Colomb.* Puré de patata.

nada pron. **1.** Ninguna cosa: *no hay ~.* ◆ adv. **2.** En absoluto: *no me gusta ~.* ◆ f. **3.** El no ser. ● **De ~**, expresión usada para responder a quien da las gracias.

nadar intr. Sostenerse y avanzar dentro del agua.

nadería f. Cosa baladí.

nadie pron. Ninguna persona: *no había ~.*

nadir m. ASTRON. Punto de la esfera celeste opuesto al cenit.

nafta f. **1.** Líquido volátil e inflamable obtenido del petróleo. **2.** *Argent.* y *Urug.* Gasolina.

naftalina f. Hidrocarburo sólido usado contra la polilla.

nagual m. *Amér. Central* y *Méx.* Brujo, hechicero que se supone tiene la facultad de convertirse en animal.

nahua adj./m. y f. **1.** De un pueblo amerindio de México y Centroamérica. ◆ m. **2.** Lengua hablada por este pueblo.

náhuatl m. Dialecto nahua hablado en México.

nailon m. Material sintético con el que se fabrican tejidos.

naipe m. Cartulina rectangular que con otras forma una baraja.

nalga f. Cada una de las dos partes carnosas situadas debajo de la espalda del hombre.

nana f. **1.** Canción para dormir a los niños. **2.** *Amér. Central.* Madre. **3.** *Amér. Central, Méx.* y *Venez.* Niñera, nodriza. **4.** *Argent., Chile, Par.* y *Urug.* En lenguaje infantil, pupa. ◆ pl. **5.** *Amér. Merid.* Conjunto de achaques y dolencias sin importancia, en especial las de la vejez.

nao f. Nave, embarcación.

napalm m. Gel inflamable.

naranja adj./m. **1.** Dícese del color parecido al de la naranja. ◆ adj. **2.** De color naranja. ◆ f. **3.** Fruto del naranjo.

naranjo m. Árbol perenne de flores blancas y olorosas, cuyo fruto es la naranja.

narciso m. **1.** Persona muy preocupada de su aspecto. **2.** Planta bulbosa, de flores blancas o amarillas. **3.** Flor de esta planta.

narcótico, ca adj./m. Dícese de la sustancia que provoca sueño y pérdida de la sensibilidad.

narcotráfico m. Tráfico ilegal de drogas o narcóticos.

nardo m. **1.** Planta herbácea de flores blancas. **2.** Flor de esta planta.

nariz f. Parte de la cara, entre la boca y la frente, en la que reside el sentido del olfato.

narración f. **1.** Acción de narrar. **2.** Escrito en prosa en que se relata una historia.

narrar tr. Decir de palabra o por escrito alguna historia.

narrativo, va adj. **1.** Relativo a la narración. ◆ f. **2.** Género literario en prosa que abarca la novela, el relato y el cuento.

nasa f. Cesta cilíndrica usada para pescar.

nasal adj. **1.** Relativo a la nariz. ◆ adj. LING. **2.** Dícese del sonido en cuya articulación el aire aspirado pasa por la nariz, como el que representan m, n o ñ.

nassauense adj./m. y f. De Nassau.

nata f. **1.** Capa cremosa que se forma en la superficie de la leche. **2.** Lo mejor: *la flor y ~ de la sociedad.*

natación f. Deporte o ejercicio que consiste en nadar.

natal adj. Relativo al nacimiento.

natalicio, cia adj. Relativo al día del nacimiento.

natalidad f. Número de nacimientos en un lugar y tiempo dados.

natillas f. pl. Crema elaborada con huevos, leche y azúcar.

natividad f. Nacimiento de Jesucristo, la Virgen o san Juan.

nativo, va adj. **1.** Relativo al lugar de nacimiento. ◆ adj./m. y f. **2.** Nacido en el lugar de que se trata: *profesor de inglés ~.*

nato, ta adj. **1.** Que se tiene de nacimiento. **2.** Dícese de los títulos o cargos inseparables de la persona que los desempeña.

natural adj. **1.** Relativo a la naturaleza. **2.** Intrínseco a la naturaleza de un ser: *bondad ~*. **3.** No forzado. ◆ adj./m. y f. **4.** Originario de un país, región o provincia. ◆ m. **5.** Manera de ser. ● **Número ~** (MAT.), cada uno de los números enteros positivos.

naturaleza f. **1.** Conjunto de los seres y cosas que forman el universo y en los que no ha intervenido el hombre. **2.** Conjunto de caracteres fundamentales propios de un ser o de una cosa.

naturalidad f. **1.** Calidad de natural. **2.** Espontaneidad, sencillez.

naturalismo m. Tendencia a reflejar la realidad tal como es.

naufragar intr. **1.** Hundirse un barco en el agua. **2.** Fracasar.

náusea f. **1.** Ansia de vomitar. **2.** Repugnancia, asco.

náutico, ca adj. **1.** Relativo a la navegación. ◆ f. **2.** Técnica y arte de navegar.

navaja f. **1.** Cuchillo plegable. **2.** Molusco de cuerpo alargado.

naval adj. Relativo a las naves o a la navegación.

nave f. **1.** Embarcación. **2.** Vehículo espacial.

■ **ENC.** El transbordador espacial es una **nave** que puede volar en la órbita terrestre. Gracias a un depósito exterior enorme y a dos cohetes propulsores, el transbordador despega como un cohete, es decir, verticalmente. Sin embargo, en la órbita terrestre se desplaza de manera horizontal. Cuando regresa a la Tierra, entra en la atmósfera como un planeador y aterriza sobre una pista a la manera de un avión. La nave estadounidense «Columbia» efectuó su primer vuelo en el espacio en 1981. Después de ella le siguieron el «Challenger», el «Atlantis» y el «Endeavour». En 1986, el «Challenger» explotó mientras despegaba. En este accidente murieron siete astronautas, lo que provocó que se detuviera el programa espacial estadounidense. Con el transbordador se envían los satélites a la órbita terrestre.

navegar intr. **1.** Viajar en una nave. **2.** Trasladarse la nave.

navidad f. Fiesta de la natividad de Jesucristo.

naviero, ra adj. **1.** Naval. ◆ adj./m. y f. **2.** Propietario de barcos. ◆ f. **3.** Empresa que posee barcos.

navío m. Embarcación de grandes dimensiones.

nazareno, na adj./m. y f. De Nazaret.

nazarí adj./m. y f. De una dinastía musulmana que reinó en Granada desde el s. XIII al XV.

nazismo m. Nacionalsocialismo.

neblina f. Niebla ligera.

neblinear impers. *Chile.* Lloviznar.

nebulosa f. ASTRON. Gran masa celeste formada por materia cósmica.

necesario, ria adj. Que no puede dejar de ser o suceder.

neceser m. Caja o estuche con los objetos de aseo o costura.

necesidad f. **1.** Todo lo que es necesario para alguien o algo. **2.** Hecho de ser necesaria una cosa. **3.** Escasez o pobreza.

necesitar tr. Tener necesidad.

necio, cia adj./m. y f. Tonto, ignorante.

nécora f. Cangrejo de mar de caparazón de color rojo.

necrofagia f. Acción de alimentarse de cadáveres o carroña.

necrofilia f. Atracción sexual hacia los cadáveres.

necrología f. **1.** Biografía de una persona muerta recientemente. **2.** Lista de personas muertas.

necrópolis f. Cementerio.

■ **ENC.** Los faraones del Nuevo Imperio (1580-1085 a.C.) hicieron construir, cerca de su capital Tebas, enormes **necrópolis**. Estas necrópolis se llamaron Valle de los Reyes y Valle de las Reinas. Aquí, las tumbas de los soberanos se encuentran rodeadas de las de otras grandes familias. En el Valle de los Reyes fue descubierta la tumba de Tutankamen.

néctar m. **1.** Jugo que contienen ciertas flores. **2.** Licor delicioso.

nectario m. BOT. Órgano glandular productor del néctar.

neerlandés, sa adj./m. y f. **1.** Holandés. ◆ m. **2.** Lengua germánica hablada en los Países Bajos.

nefando, da adj. Que repugna u horroriza moralmente.

nefasto, ta adj. **1.** Que causa desgracia: *día ~*. **2.** De mala calidad.

nefrología f. Rama de la medicina que se ocupa del riñón.

negación f. Acción y efecto de negar.

negado, da adj./m. y f. Inepto.

negar tr. **1.** Decir que algo no existe o no es verdad. **2.** No conceder lo que se pide. ◆ prnl. **3.** No querer hacer una cosa.

negativo, va adj. **1.** Que expresa una negación. **2.** FÍS. Dícese del polo que posee menor potencial eléctrico. **3.** MAT. Dícese de los números reales menores de cero. ◆ m. **4.** Primera imagen fotográfica que se obtiene. ◆ f. **5.** Palabra o gesto con que se niega.

negligencia f. Falta de cuidado.

negociado m. **1.** Sección de ciertas organizaciones administrativas. **2.** *Amér. Merid.* Negocio de importancia, ilícito y escandaloso.

negociar tr. **1.** Tratar asuntos para llegar a un acuerdo. ◆ intr. **2.** Comprar o vender algo para obtener ganancias.

negocio m. **1.** Cualquier operación de la que se espera un beneficio. **2.** Local comercial.

negrero, ra adj./m. y f. **1.** Que comerciaba con esclavos negros. **2.** Déspota con los inferiores.

negro, gra adj./m. **1.** Dícese del color totalmente oscuro. ◆ adj. **2.** De color negro. ◆ adj./m. y f. **3.** Que pertenece a una raza humana caracterizada por el color oscuro de la piel. ◆ f. MÚS. **4.** Figura que equivale a la mitad de una blanca.

nematodo, da adj./m. Especie de gusano que habita en el suelo o como parásito de mamíferos.

neme m. *Colomb.* Betún o asfalto.

nemotecnia f. Mnemotecnia*.

nene, na m. y f. Niño pequeño.

nenúfar m. Planta acuática de flores blancas.

neocelandés, sa adj./m. y f. Neozelandés*.

neoclasicismo m. Estilo artístico surgido a mediados del s. XVIII e inspirado en la antigüedad grecolatina.

neófito, ta m. y f. Persona recién incorporada a un colectivo.

neógeno, na adj./m. GEOL. Dícese del segundo período del cenozoico.

neolítico, ca adj./m. Dícese del segundo período de la Edad de Piedra, que se caracteriza por el uso de la piedra pulimentada.

■ ENC. El **neolítico** comenzó hace 8 000 años en el Cercano Oriente. Durante este período los hombres comenzaron a practicar la agricultura, a domesticar animales, a fabricar cerámica y a elaborar textiles. El neolítico terminó en el año 3300 a.C. con la invención de la escritura.

neologismo m. Palabra o sentido nuevos en una lengua.

neón m. Gas noble existente en la atmósfera.

neoyorquino, na adj./m. y f. De Nueva York.

neozelandés, sa adj./m. y f. De Nueva Zelanda.

nepalés, sa adj./m. y f. **1.** De Nepal. ◆ m. **2.** Lengua indoirania hablada en Nepal.

nepotismo m. Tendencia a favorecer en cargos, premios, etc., a familiares y conocidos.

nervadura f. Conjunto de nervios.

nervio m. **1.** Cada uno de los haces de fibras que conducen los impulsos nerviosos. **2.** Haz fibroso en una hoja o ala de insecto. **3.** Vigor. **4.** ARQ. Moldura saliente del interior de una bóveda.

nervioso, sa adj. **1.** Relativo a los nervios. **2.** Impetuoso, vigoroso.

neto, ta adj. **1.** Exento de deducciones: *salario ~.* **2.** Claro, bien definido.

neumático m. Parte de la rueda que rodea la llanta.

neumología f. Rama de la medicina que se ocupa de los pulmones.

neumonía f. Pulmonía.

neuralgia f. Dolor en un nervio.

neurastenia f. MED. Debilidad nerviosa.

neurología f. Rama de la medicina que se ocupa del sistema nervioso.

neurona f. Célula nerviosa.

neurosis f. Afección nerviosa sin aparente causa fisiológica.

neutral adj./m. y f. Que no toma partido.

neutralizar tr. y prnl. **1.** Hacer neutro o neutral. **2.** Debilitar o anular el efecto de una acción con otra opuesta.

neutro, tra adj. **1.** Que no presenta ni uno ni otro de dos caracteres opuestos. **2.** LING. Dícese del género que no es ni masculino ni femenino.

neutrón m. FÍS. Partícula eléctricamente neutra que, con los protones, forma el núcleo del átomo.

nevado, da adj. **1.** Cubierto de nieve. ◆ m. **2.** *Amér.* Cumbre o área montañosa cubierta por nieves perpetuas. ◆ f. **3.** Cantidad de nieve caída de una vez.

nevar impers. Caer nieve.

nevazón f. *Argent., Chile* y *Ecuad.* Temporal de nieve.

nevera f. Frigorífico.

newton m. FÍS. Unidad de fuerza en el Sistema Internacional.

nexo m. Nudo, unión.

ni conj. Enlaza palabras o frases indicando negación: *ni Juan ni Pedro han estado aquí.*

nicaragüense adj./m. y f. De Nicaragua.

nicho m. Concavidad construida en un muro para colocar cadáveres.

nicotina f. Alcaloide presente en las hojas del tabaco.

nido m. Construcción que hacen las aves para poner sus huevos.

niebla f. Nube que reposa sobre la superficie terrestre.

nieto, ta m. y f. Respecto de una persona, hijo de un hijo suyo.

nieve f. **1.** Precipitación de hielo, que cae en forma de copos. **2.** *Cuba, Méx.* y *P. Rico.* Polo, sorbete helado.

nigromancia o **nigromancía** f. **1.** Invocación a los muertos para conocer el futuro. **2.** *Fam.* Magia negra.

nigua f. Insecto parecido a la pulga, pero más pequeño, que vive en América y en África.

nihilismo m. Negación de toda creencia.

nilón m. Nailon*.

nimbo m. **1.** Círculo luminoso que rodea la cabeza de las imágenes religiosas. **2.** Círculo que aparece alrededor de un astro.

nimio, mia adj. Insignificante.

ninfa f. **1.** Deidad femenina de las aguas, bosques, etc. **2.** ZOOL. En los insectos, estadio transitorio entre la larva y el imago.

ninfomanía f. Deseo sexual exagerado en la mujer.

ningún adj. Apóc. de *ninguno.*

ninguno, na adj./pron. Ni uno solo de lo que se expresa: *~ protestó.*

niñera f. Criada encargada del cuidado de los niños.

niñez f. Período de la vida, desde la infancia a la pubertad.

niño, ña m. y f./adj. **1.** Persona en la etapa de la niñez. **2.** Persona infantil. **3.** *Amér.* Tratamiento dado a personas de mayor consideración social, especialmente a los solteros. ◆ f. **4.** Pupila del ojo.

nipón, na adj./m. y f. De Japón.

níquel m. Metal blanco grisáceo, brillante, maleable y dúctil.

■ ENC. El **níquel** se encuentra en la corteza terrestre. Su cantidad es muy reducida comparada con la que existe en los meteoritos, donde abunda. Este metal se utiliza principalmente en las aleaciones, debido a que aumenta la resistencia a la corrosión. El acero inoxidable es una aleación de hierro, carbono y níquel.

nirvana m. En el budismo, estado de beatitud caracterizado por la ausencia de dolor y la posesión de la verdad.

níscalo m. Hongo comestible que crece en los pinares.

níspero m. **1.** Árbol de tronco delgado, de fruto comestible. **2.** Fruto de este árbol. **3.** *Amér. Central* y *Amér. Merid.* Zapote, árbol. **4.** *Amér. Central* y *Amér. Merid.* Fruto de este árbol.

nítido, da adj. Limpio, claro.

nitrato m. Sal o éster del ácido nítrico. ● ~ **de Chile**, compuesto que se usa como abono natural.

ÓRGANOS DE LOS SENTIDOS

PIEL (tacto)

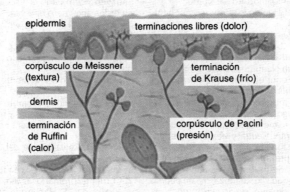

epidermis

terminaciones libres (dolor)

corpúsculo de Meissner (textura)

terminación de Krause (frío)

dermis

terminación de Ruffini (calor)

corpúsculo de Pacini (presión)

OÍDO (oído)

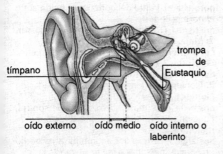

tímpano

trompa de Eustaquio

oído externo   oído medio   oído interno o laberinto

NARIZ (olfato)

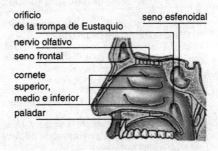

orificio de la trompa de Eustaquio

seno esfenoidal

nervio olfativo

seno frontal

cornete superior, medio e inferior

paladar

LENGUA (gusto)

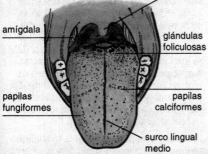

uvula

amígdala

glándulas foliculosas

papilas fungiformes

papilas calciformes

surco lingual medio

OJO (vista)

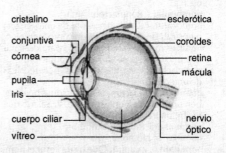

cristalino

esclerótica

conjuntiva

coroides

córnea

retina

mácula

pupila

iris

cuerpo ciliar

vítreo

nervio óptico

nítrico, ca adj. **1.** Relativo al nitro. **2.** Relativo al nitrógeno. ● **Ácido** ~ (QUÍM.), compuesto oxigenado derivado del nitrógeno.

nitro m. Nitrato de potasio.

nitrógeno m. Elemento químico no metálico, gaseoso, incoloro, inodoro e insípido.

nitroglicerina f. Líquido explosivo componente de la dinamita.

nivel m. **1.** Altura o grado en que está una persona o cosa. **2.** Aparato para comprobar la horizontalidad o verticalidad de un plano. **3.** Estado de un plano horizontal.

nivelar tr. **1.** Poner un plano en posición horizontal. **2.** Verificar con un nivel. ◆ tr. y prnl. **3.** Poner a un mismo nivel, grado o altura: ~ *la balanza de pagos.*

níveo, a adj. De nieve o semejante a ella.

nixtamal m. *Amér. Central* y *Méx.* Maíz preparado para hacer tortillas.

no adv. **1.** Expresa la idea de negación, y se opone a *sí.* **2.** Se usa en frases interrogativas para expresar duda o extrañeza, o para pedir la confirmación de algo: *de acuerdo, ¿no?* ◆ m. **3.** Negación.

nobiliario, ria adj. Relativo a la nobleza.

noble adj. **1.** De sentimientos elevados. **2.** Dícese de algunos materiales muy finos. **3.** QUÍM. Dícese de las sustancias que no reaccionan con otras, y permanecen inalterables. ◆ adj./m. y f. **4.** Dícese de la persona que goza de ciertos títulos.

nobleza f. **1.** Calidad de noble, magnánimo. **2.** Conjunto de nobles de un país.

noche f. Tiempo entre la puesta y la salida del Sol.

nochebuena f. Noche de la vigilia de Navidad.

nochevieja f. Última noche del año.

noción f. Conocimiento o idea de algo.

nocivo, va adj. Perjudicial.

noctámbulo, la adj./m. y f. Que acostumbra a salir de noche.

nocturno, na adj. **1.** Relativo a la noche. **2.** Dícese de las flores que se abren durante la noche y de los animales que desarrollan su actividad por la noche.

nodriza f. Ama de cría.

nódulo m. **1.** Concreción de poco tamaño. **2.** MED. Acumulación de células que origina un bulto pequeño.

nogal m. Árbol de gran tamaño, cuyo fruto es la nuez.

nómada adj./m. y f. Que no tiene una residencia fija.

nombradía f. Reputación, fama.

nombrar tr. **1.** Decir el nombre de una persona o cosa. **2.** Elegir a uno para un cargo o empleo.

nombre m. **1.** Palabra que sirve para designar una persona o cosa. **2.** Fama, reputación.

nomenclatura f. Conjunto de las voces técnicas de una ciencia.

nómina f. **1.** Relación de las personas que reciben un sueldo en una empresa. **2.** Salario que recibe un trabajador.

nominal adj. Relativo al nombre.

nominar tr. Nombrar.

nominativo, va adj. **1.** Que ha de llevar el nombre de su propietario. ◆ m. LING. **2.** Caso de la declinación que expresa la función del sujeto y de su atributo.

nomo m. Gnomo*.

non adj./m. **1.** Impar. ◆ m. pl. **2.** *Fam.* Negación repetida de una cosa.

nonagésimo, ma adj./m. y f. Que corresponde en orden al número noventa.

nono, na adj. **1.** Noveno. ◆ m. y f. **2.** *Argent.* y *Urug.* Abuelo.

nordeste m. Noreste*.

nórdico, ca adj./m. y f. De los países escandinavos.

noreste m. Punto del horizonte situado entre el norte y el este.

noria f. **1.** Máquina y conjunto de instalaciones para elevar agua. **2.** En ferias y parques de atracciones, gran rueda que gira con cabinas para las personas.

norma f. **1.** Regla que se debe seguir. **2.** DER. Precepto jurídico.

normal adj. **1.** Que se halla en su estado natural. **2.** Corriente, ordinario. **3.** MAT. Perpendicular.

normalizar tr. **1.** Hacer que algo sea normal. **2.** Fijar normas.

normando, da adj./m. y f. De Normandía, región de Francia.

normativo, va adj. **1.** Que sirve de norma. ◆ f. **2.** Conjunto de normas aplicables a una determinada materia o actividad.

noroeste m. Punto del horizonte situado entre el norte y el oeste.

norte m. **1.** Punto cardinal opuesto al sur. **2.** Meta, fin.

norteamericano, na adj./m. y f. **1.** De América del Norte. **2.** Estadounidense.

noruego, ga adj./m. y f. **1.** De Noruega. ◆ m. **2.** Conjunto de lenguas nórdicas habladas en Noruega.

nos pron. pers. masc. y fem. de 1a. persona pl. Funciona como complemento directo e indirecto.

nostalgia f. Tristeza que acompaña al recuerdo de épocas, personas o lugares queridos.

nosticismo m. Gnosticismo*.

nota f. **1.** Escrito breve para recordar o comentar algo. **2.** Puntuación dada sobre un trabajo. **3.** MÚS. Cada uno de los siete sonidos de la escala musical.

■ ENC. El nombre de las **notas** se originó en la Edad Media. Consiste en la primera sílaba de siete versos latinos del himno a San Juan Bautista: ut, re, mi, fa, sol, la, si. Ut fue reemplazado por do en el siglo XVII. Las notas se escriben sobre un pentagrama. Cada nota se representa con un signo que indica a la vez su altura (do, re, mi, etc.) y su duración (corchea, negra, blanca, redonda). En los países anglosajones las notas se llaman A (la), B (si), C (do), D (re), E (mi), F (fa), G (sol). En Alemania, la B es si bemol y la H es si. Bach escribió un pasaje en el cual se suceden las notas si bemol, la, do y si: B, A, C, H.

notable adj. **1.** Importante. ◆ m. **2.** Calificación inferior al sobresaliente y superior al aprobado.

notar tr. **1.** Ver, advertir. ◆ prnl. **2.** Ser perceptible.

notario, ria m. y f. Funcionario público que da fe de los contratos, testamentos y otros actos.

noticia f. Información sobre un acontecimiento reciente.

noticiario m. Programa de radio o de televisión en que se transmiten noticias.

noticioso m. *Amér. Central y Amér. Merid.* Noticiario.

notificar tr. Comunicar una noticia.

notorio, ria adj. **1.** Evidente, manifiesto. **2.** Conocido, famoso.

novatada f. Broma que en una colectividad hacen los compañeros antiguos a los novatos.

novato, ta adj./m. y f. Nuevo o principiante.

novecientos, tas adj./m. **1.** Nueve veces ciento. ◆ adj./m. y f. **2.** Que corresponde en orden al número novecientos.

novedad f. **1.** Calidad de nuevo. **2.** Cambio en la moda. **3.** Noticia.

novel adj. Principiante.

novela f. Obra literaria extensa en prosa y de carácter narrativo.

novelista m. y f. Autor de novelas.

noveno, na adj./m. y f. **1.** Que corresponde en orden al número nueve. ◆ adj./m. **2.** Dícese de cada una de las nueve partes iguales en que se divide un todo.

noventa adj./m. **1.** Nueve veces diez. ◆ adj./m. y f. **2.** Nonagésimo.

novicio, cia m. y f. Religioso que aún no ha profesado.

noviembre m. Undécimo mes del año.

novillero, ra m. y f. Persona que lidia novillos.

novillo, lla m. y f. Toro o vaca de dos o tres años. ● **Hacer novillos** *(Fam.)*, faltar a clase.

novilunio m. Conjunción de la Luna con el Sol.

novio, via m. y f. Persona respecto a otra con la que mantiene relaciones amorosas con vistas a casarse.

novohispano, na adj./m. y f. *Méx.* De la Nueva España.

nube f. Masa de vapor de agua suspendida en la atmósfera.

nublar tr. y prnl. **1.** Cubrirse el cielo de nubes. **2.** Enturbiar la vista.

nuca f. Parte posterior del cuello.

nuclear adj. Relativo al núcleo, especialmente al del átomo. ● **Arma ~**, aquella que utiliza la energía nuclear.

nucleico adj. Dícese de los ácidos que son uno de los constituyentes fundamentales del núcleo de la célula.

núcleo m. **1.** Parte central o fundamental de una cosa. **2.** BIOL. Corpúsculo esencial de la célula. **3.** FÍS. Parte central del átomo, formada por protones y neutrones.

nucléolo m. BIOL. Cuerpo esférico que se encuentra en el interior del núcleo de las células.

nudillo m. Articulación de las falanges de los dedos.

nudismo m. Doctrina que defiende la vida al aire libre en un estado de completa desnudez.

nudo m. **1.** Entrelazamiento de uno o más hilos, cuerdas, etc. **2.** Vínculo, lazo. **3.** BOT.

Parte abultada del tronco o tallo de una planta de donde salen las ramas y hojas. **4.** MAR. Unidad de velocidad equivalente a una milla marina por hora.

nuera f. Esposa del hijo, respecto de los padres de éste.

nuestro, tra adj. pos./pron. pos. Indica posesión de o pertenencia a la 1a. persona del pl.

nueve adj./m. **1.** Ocho y uno. ◆ adj./m. y f. **2.** Noveno.

nuevo, va adj. **1.** Recién hecho, aparecido o conocido. **2.** Que se suma o sustituye a lo de su misma clase. **3.** Poco o nada usado. **4.** Otro, distinto. ◆ f. **5.** Noticia reciente. ● **De ~**, otra vez.

nuez f. **1.** Fruto del nogal. **2.** ANAT. Prominencia que forma la laringe en la garganta.

nulo, la adj. **1.** Que no tiene validez legal. **2.** Incapaz, inepto.

numantino, na adj./m. y f. De Numancia, antigua ciudad española.

numeración f. **1.** Acción y efecto de numerar. **2.** Forma de escribir los números y de enunciarlos.

numerador m. MAT. Término superior de una fracción que indica de cuántas partes de la unidad se compone dicha fracción.

numeral adj. Perteneciente o relativo al número.

numerar tr. **1.** Contar las cosas de una serie según el orden de los números. **2.** Marcar con números.

numérico, ca adj. Relativo a los números: *cálculo ~*.

número m. **1.** Concepto matemático que expresa la relación existente entre la cantidad y la unidad. **2.** Símbolo o expresión con que se representa este concepto. **3.** Cantidad indeterminada. **4.** Parte de un espectáculo. **5.** LING. Categoría gramatical que permite la oposición entre el singular y el plural.

■ **ENC.** Los **números** que utilizamos son los árabes. El matemático italiano Leonardo Fibonacci comenzó a utilizarlos en el siglo XIII. Estos números reemplazaron a los números romanos.

numeroso, sa adj. Que comprende gran número.

numismática f. Ciencia que estudia las monedas y medallas.

nunca adv. En ningún tiempo, ninguna vez.

nuncio m. **1.** Mensajero. **2.** Representante del papa en un estado.

nupcias f. pl. Boda, casamiento.

nutria f. Mamífero carnívoro nadador, de pelaje pardo rojizo.

nutrición f. Acción y efecto de nutrir o nutrirse.

nutrido, da adj. Lleno, numeroso.

nutrimento o **nutrimiento** m. **1.** Nutrición. **2.** Sustancia asimilable de los alimentos. **3.** *Fig.* Lo que mantiene o fomenta algo.

nutriólogo, ga m. y f. *Méx.* Especialista en dietética.

nutrir tr. y prnl. Proporcionar a un organismo el alimento que necesita para vivir.

nylon m. Nailon*.

ñ f. Decimoquinta letra del abecedario.

ñame m. Planta trepadora que forma un gran rizoma comestible.

ñanco m. *Chile.* Ave rapaz esbelta y robusta.

ñandú m. Ave corredora parecida al avestruz, pero con sólo tres dedos en cada pie.

ñandutí m. *Amér. Merid.* Encaje que imita la tela de araña.

ñáñigo, ga m. y f. En Cuba, durante la dominación española, adepto a una sociedad secreta afrocubana.

ñaño, ña adj. **1.** *Colomb.* y *Pan.* Consentido, mimado. **2.** *Ecuad.* y *Perú.* Unido por amistad íntima. ◆ m. y f. **3.** *Argent.* y *Chile. Fam.* Hermano, compañero. **4.** *Perú.* Niño.

ñapa f. **1.** *Amér. Central* y *Amér. Merid.* Propina. **2.** *Amér. Central* y *Amér. Merid.* Añadidura.

ñato, ta adj. **1.** *Amér.* Chato. ◆ f. **2.** *Amér. Central* y *Amér. Merid.* Nariz.

ñire m. *Argent.* y *Chile.* Árbol de gran altura, con flores solitarias y hojas aserradas.

ñizca f. *Chile* y *Perú. Fam.* Porción mínima de algo.

ño, ña m. y f. *Amér. Central* y *Amér. Merid.* Tratamiento vulgar de respeto por don y doña.

ñoco, ca adj./m. y f. *Colomb., P. Rico, R. Dom.* y *Venez.* Dícese de la persona a quien le falta un dedo o una mano.

ñoño, ña adj. **1.** Recatado, remilgado. **2.** Sin gracia, soso.

ñu m. Antílope que habita en África del Sur.

O

o f. **1.** Decimosexta letra del abecedario. ◆ conj. **2.** Indica exclusión, alternativa o contraposición: *ser un buen o un mal estudiante*. **3.** Indica equivalencia: *en la guerra o en la paz*.

oasis m. Paraje con agua y vegetación en medio del desierto.

obcecar tr. y prnl. Cegar, ofuscar.

obedecer tr. **1.** Cumplir lo que otro manda. ◆ intr. **2.** Provenir.

obelisco m. Monolito de base cuadrangular, tallado en forma de pirámide muy esbelta.

■ **ENC.** En el antiguo Egipto los **obeliscos** se colocaban por pares ante los templos o las tumbas. Su función era captar los rayos solares, símbolo de la luz divina.

obertura f. MÚS. Pieza instrumental con que se inicia una ópera u otra composición musical.

obeso, sa adj. Dícese de la persona demasiado gruesa.

óbice m. Inconveniente, obstáculo.

obispo m. Prelado que gobierna una diócesis.

óbito m. Fallecimiento.

objeción f. Inconveniente que se opone contra un plan o idea. ● ~ **de conciencia**, negación, por motivos religiosos o éticos, a prestar el servicio militar.

objetar tr. Poner objeciones.

objetivo, va adj. **1.** Relativo al objeto en sí. ◆ m. **2.** Fin, propósito. **3.** Lente de una cámara, un microscopio, etc., que se dirige hacia el objeto que se quiere fotografiar u observar.

objeto m. **1.** Cosa material y determinada. **2.** Motivo, finalidad.

oblación f. Ofrenda de carácter religioso.

oblea f. Hoja muy fina, hecha de harina y agua.

oblicuo, cua adj. Que no es perpendicular ni paralelo a un plano o recta.

obligación f. **1.** Aquello que se está obligado a hacer. **2.** Documento en el que se reconoce una deuda o se promete su pago.

obligar tr. **1.** Imponer como deber por medio de una ley, una norma, etc. ◆ prnl. **2.** Comprometerse a cumplir una cosa.

oblongo, ga adj. Más largo que ancho.

obnubilar tr. y prnl. Ofuscar.

oboe m. Instrumento musical de viento, formado por un tubo cónico de madera con orificios y llaves.

obra f. **1.** Cosa producida por un agente. **2.** Producto resultante de una actividad literaria o artística. **3.** Edificio en construcción. **4.** Reforma en un edificio.

obraje m. **1.** Manufactura. **2.** *Amér.* Establecimiento de una explotación forestal. **3.** *Méx.* Despacho público de carnes porcinas.

obrar tr. **1.** Hacer una cosa, trabajar en ella. ◆ tr. e intr. **2.** Causar efecto. ◆ intr. **3.** Comportarse de una manera determinada. **4.** Existir una cosa en sitio determinado.

obrero, ra m. y f. Trabajador manual retribuido.

obsceno, na adj./m. y f. Deshonesto, contrario al pudor.

obscurecer tr. Oscurecer*.

obscuro, ra adj. Oscuro*.

obsequio m. Cosa que se da o se hace para complacer a alguien.

observación f. **1.** Acción y efecto de observar. **2.** Advertencia.

observancia f. Cumplimiento exacto de lo que se manda.

observar tr. **1.** Examinar con atención. **2.** Advertir. **3.** Cumplir.

observatorio m. Lugar apropiado para hacer observaciones, especialmente astronómicas o meteorológicas.

obsesión f. Idea que no se puede alejar de la mente.

obsoleto, ta adj. Anticuado o caído en desuso.

obstáculo m. Aquello que dificulta o impide el paso o la realización de algo.

obstante. No ~, sin que estorbe ni sea impedimento para algo.

obstetricia f. Parte de la medicina que se ocupa de la gestación y del parto.

obstinarse prnl. Mantenerse firme en una resolución u opinión.

obstruir tr. y prnl. Estorbar el paso, cerrar un conducto.

obtener tr. Alcanzar, lograr.

obturar tr. y prnl. Tapar o cerrar un orificio o conducto.

obtusángulo adj. MAT. Dícese del triángulo que tiene un ángulo obtuso.

obtuso, sa adj. **1.** Romo, sin punta. **2.** Torpe, lento de comprensión. **3.** MAT. Dícese del ángulo mayor que el recto.

obús m. **1.** Pieza de artillería corta, intermedia entre el cañón y el mortero. **2.** Proyectil disparado por esta pieza.

obvio, via adj. Claro, evidente.

oca f. **1.** Ganso. **2.** Juego de mesa formado por un tablero con casillas dispuestas en espiral, en las que la oca es la figura principal.

ocasión f. **1.** Tiempo o lugar al que se asocian determinadas circunstancias. **2.** Oportunidad.

ocasional adj. Que sucede accidentalmente.

ocasionar tr. Ser causa de algo.

ocaso m. **1.** Puesta del Sol por el horizonte. **2.** Decadencia, declive. **3.** Oeste, punto cardinal.

occidente m. **1.** Oeste. **2.** Conjunto de los países europeos, o de influencia europea.

occipital adj. 1. Relativo al occipucio. ◆ adj./m. 2. Dícese del hueso que forma la pared posterior e inferior del cráneo.

occipucio m. Parte posterior e inferior de la cabeza.

occitano, na adj./m. y f. De Occitania, conjunto de regiones situadas en el sur de Francia.

océano m. Vasta extensión de agua salada que cubre unas tres cuartas partes de la superficie terrestre.

oceanografía f. Estudio de las aguas y de los fondos marinos.

ocelo m. Ojo simple de los artrópodos.

ocelote m. Mamífero félido, de pelo brillante con dibujos.

ochenta adj./m. 1. Ocho veces diez. ◆ adj./m. y f. 2. Octogésimo.

ocho adj./m. 1. Siete y uno. ◆ adj./m. y f. 2. Octavo.

ochocientos, tas adj./m. 1. Ocho veces ciento. ◆ adj./ y f. 2. Que corresponde en orden al número ochocientos.

ocio m. 1. Estado de la persona inactiva. 2. Tiempo libre.

ocluir tr. y prnl. MED. Cerrar un conducto.

oclusivo, va adj. LING. Dícese del sonido consonántico que se pronuncia cerrando momentáneamente el paso del aire en la boca, como el que representan p, t, k, b, d y g.

ocosial m. Perú. Terreno húmedo y hundido, con alguna vegetación.

ocote m. Guat. y Méx. Pino de distintas especies, de madera resinosa, usada como combustible.

ocre adj./m. 1. Dícese del color amarillo oscuro. ◆ adj. 2. De color ocre. ◆ m. 3. Variedad de arcilla de este color.

octaedro m. MAT. Sólido de ocho caras.

octágono m. MAT. Polígono de ocho lados.

octano m. Hidrocarburo saturado líquido existente en el petróleo.

octavilla f. 1. Octava parte de un pliego de papel. 2. Impreso de propaganda política o social.

octavo, va adj./m. y f. 1. Que corresponde en orden al número ocho. ◆ adj./m. 2. Dícese de cada una de las ocho partes iguales en que se divide un todo.

octogésimo, ma adj./m. y f. Que corresponde en orden al número ochenta.

octógono m. MAT. Octágono*.

octosílabo, ba adj./m. Dícese del verso de ocho sílabas.

octubre m. Décimo mes del año.

ocular adj. Relativo a los ojos: globo ~.

oculista m. y f. Especialista en las enfermedades de los ojos.

ocultar tr. y prnl. 1. Esconder, impedir que alguien o algo sea visto. ◆ tr. 2. Callar intencionadamente alguna cosa.

ocultismo m. Estudio y práctica de fenómenos que no pueden ser demostrados científicamente.

oculto, ta adj. Que no se ve, no se nota o no se encuentra.

ocupación f. 1. Acción y efecto de ocupar. 2. Trabajo, oficio.

ocupar tr. 1. Tomar posesión. 2. Llenar un espacio o lugar. 3. Ejercer un empleo o cargo. 4. Proporcionar trabajo. ◆ prnl. 5. Encargarse, cuidar.

ocurrencia f. Dicho agudo u original.

ocurrir intr. 1. Suceder. ◆ intr. y prnl. 2. Venir a la mente una idea.

oda f. Composición poética de tema lírico.

odio m. Sentimiento vivo de antipatía o aversión.

odisea f. Viaje o serie de sucesos penosos y molestos.

odonato adj./m. Relativo a un orden de insectos de larva acuática, como las libélulas.

odontología f. Estudio de los dientes y de su tratamiento.

odre m. Cuero para contener líquidos.

oeste m. Punto cardinal por donde se pone el Sol.

ofender tr. 1. Hacer o decir algo que moleste o demuestre falta de respeto. ◆ prnl. 2. Sentirse despreciado, enfadarse.

ofensa f. 1. Acción y efecto de ofender. 2. Aquello que ofende.

ofensivo, va adj. 1. Que ofende o puede ofender. ◆ f. 2. Acción y efecto de atacar.

oferta f. 1. Proposición o promesa que se hace a alguien. 2. Ofrecimiento de algo en venta. 3. Producto a precio rebajado.

ofertar tr. 1. Ofrecer en venta un producto. 2. Amér. Ofrecer, prometer algo. 3. Amér. Ofrecer, dar voluntariamente una cosa.

oficial adj. 1. Que procede del gobierno o de la autoridad competente. ◆ m. 2. Persona que en un oficio tiene el grado intermedio entre aprendiz y maestro. 3. Militar que posee un grado o empleo, desde alférez hasta capitán.

oficialista m. Argent. y Chile. Partidario o servidor incondicional del gobierno.

oficiar tr. 1. Celebrar el sacerdote un servicio religioso. ◆ intr. 2. Actuar con el carácter que se determina.

oficina f. Local donde se trabaja, prepara o gestiona algo.

oficio m. 1. Profesión mecánica o manual. 2. Ocupación habitual. 3. Función de alguna cosa. 4. Servicio religioso.

oficioso, sa adj. Que no tiene carácter oficial.

ofidio adj./m. Dícese de los reptiles con escamas, de cuerpo alargado y sin extremidades, como las serpientes.

ofrecer tr. y prnl. 1. Poner algo o ponerse a disposición de alguien. 2. Mostrar.

ofrecido, da adj. Méx. Que se ofrece para ayudar a los demás, en actitud generalmente servil.

ofrenda f. Cosa que se ofrece en señal de gratitud, en especial a Dios o a los santos.

oftalmología f. Especialidad médica que trata de las enfermedades de los ojos.

ofuscar tr. y prnl. Turbar la vista o la razón.

ogro m. 1. Gigante legendario. 2. Fam. Persona de mal carácter.

¡oh! interj. Denota generalmente asombro, alegría o dolor.

ohmio m. Unidad de medida de resistencia eléctrica en el Sistema internacional.

oído m. **1.** Sentido de la audición. **2.** Cada uno de los órganos de la audición. **3.** Aptitud para la música. ● **Regalar** a alguien **el ~**, halagarle.

oír tr. **1.** Percibir los sonidos. **2.** Atender ruegos o avisos.

ojal m. Corte o raja en una tela por donde entra el botón.

¡ojalá! interj. Denota vivo deseo de que suceda una cosa.

ojear tr. **1.** Mirar rápida y superficialmente. **2.** Espantar la caza.

ojera f. Coloración lívida bajo el párpado inferior.

ojeriza f. Antipatía que se tiene hacia alguien.

ojete m. Ojal redondo para meter por él un cordón.

ojiva f. **1.** Figura formada por dos arcos que se cortan formando un ángulo. **2.** Arco que tiene esta figura.

ojo m. **1.** Órgano de la visión. **2.** Abertura o agujero de ciertos objetos. ● **No pegar ~** (Fam.), no poder dormir.

ojota f. Amér. Merid. Calzado rústico a modo de sandalia.

ola f. **1.** Onda que se forma en la superficie de las aguas. **2.** Fenómeno atmosférico que causa un cambio repentino en la temperatura.

¡olé! u **¡ole!** interj. Exclamación con que se anima y aplaude.

oleáceo, a adj./f. Relativo a una familia de árboles o arbustos de flores hermafroditas en racimo, como el olivo.

oleaginoso, sa adj. Que tiene la naturaleza del aceite.

oleaje m. Sucesión continuada de olas.

óleo m. **1.** Pintura hecha con colores disueltos en aceite secante. **2.** Aceite consagrado que se usa en diversas ceremonias litúrgicas.

oleoducto m. Tubería para conducir petróleo.

oler tr. **1.** Percibir los olores. **2.** Sospechar. ◆ intr. **3.** Despedir olor.

olfatear tr. Aplicar el olfato.

olfato m. Sentido que permite la percepción de los olores.

oligarquía f. Forma de gobierno en la que el poder es controlado por un pequeño grupo de individuos o familias.

oligoelemento m. BIOL. Sustancia necesaria, en muy pequeña cantidad, para el funcionamiento de los organismos vivos.

oligofrenia f. Desarrollo deficiente de la inteligencia.

olimpiada u **olimpíada** f. Competición universal de juegos atléticos que se celebra cada cuatro años.

olimpo m. Residencia de los antiguos dioses griegos.

oliscar u **olisquear** tr. **1.** Olfatear ligeramente. **2.** Curiosear.

oliva f. **1.** Aceituna. **2.** Olivo.

olivino m. Mineral cristalino, silicato de magnesio y hierro.

olivo m. Árbol de tronco grueso y torcido, copa ancha y ramosa, que proporciona la aceituna.

olla f. Vasija redonda que se utiliza para guisar.

olmo m. Árbol de gran altura, de copa ancha y hojas caducas.

olor m. Emanación que producen ciertas sustancias e impresión percibida por el olfato.

oloroso, sa adj. Que exhala de sí fragancia.

olote m. Amér. Central y Méx. Raspa de la mazorca del maíz.

olvidar tr. y prnl. **1.** Dejar de retener algo en la memoria. **2.** Descuidar.

omagua adj./m. y f. De un pueblo amerindio del norte de Perú.

ombligo m. Cicatriz formada en el vientre por el cordón umbilical.

omega f. Letra del alfabeto griego.

omisión f. **1.** Acción y efecto de omitir. **2.** Cosa omitida.

omitir tr. **1.** Dejar de hacer algo. **2.** Dejar de decir cierta cosa.

ómnibus m. Vehículo de gran capacidad para el transporte público.

omnipotente adj. Que todo lo puede.

omnívoro, ra adj. Que se alimenta de toda clase de comida.

omóplato u **omoplato** m. Hueso plano situado en la parte posterior del hombro.

once adj./m. **1.** Diez y uno. ◆ adj./m. y f. **2.** Undécimo. ◆ f. **3.** Chile. Merienda.

onceavo, va adj./m. Dícese de cada una de las once partes iguales en que se divide un todo.

oncología f. Parte de la medicina que trata de los tumores.

onda f. **1.** Cada una de las elevaciones que se producen al perturbar la superficie de un líquido. **2.** Cada una de las curvas de una superficie o línea sinuosa. **3.** Méx. Fam. Asunto, tema. **4.** FÍS. En la propagación del movimiento vibratorio, conjunto de partículas vibrantes. ● **~ luminosa**, la que se origina en un cuerpo luminoso y transmite su luz, como una bombilla. ● **~ sonora**, la que se origina en un cuerpo elástico y transmite su sonido, como la cuerda de una guitarra.

ondear intr. Formar ondas un cuerpo flexible: ~ las banderas.

ondular tr. **1.** Hacer ondas. ◆ intr. **2.** Moverse formando ondas.

oneroso, sa adj. Pesado, molesto.

ónice m. Variedad de ágata, con bandas de diversos colores.

onírico, ca adj. Relativo a los sueños.

ónix m. Ónice*.

on-line adj. INFORM. (En línea, conectado). Que opera en conexión directa con la computadora central.

onomástico, ca adj. **1.** Relativo a los nombres propios. ◆ f. **2.** Ciencia que estudia y cataloga los nombres propios. **3.** Día en que una persona celebra su santo.

onomatopeya f. **1.** Imitación del sonido de una cosa en la palabra que se forma para significarla. **2.** Esta misma palabra.

ontogenia f. BIOL. Desarrollo individual de un ser vivo.

ontología f. Parte de la metafísica que trata del ser en general.

onubense adj./m. y f. De Huelva (España).

onza f. División de una tableta de chocolate.

opa adj./m. y f. *Argent., Bol.* y *Urug.* Tonto, idiota.

opacar tr. y prnl. *Amér.* Hacer opaco, nublar.

opaco, ca adj. **1.** Que no deja pasar la luz. **2.** Sin brillo.

ópalo m. Mineral de sílice, de diversos colores.

ópata adj./m. y f. De un grupo amerindio, formado por ópatas, cahitas y tarahumaras, que habita en México.

opción f. **1.** Facultad de elegir. **2.** Elección.

ópera f. **1.** Obra dramática escrita para ser cantada y representada con acompañamiento de orquesta. **2.** Lugar donde se representa.

■ **ENC.** En la antigua Grecia se inventó la tragedia, una forma de teatro que reunía la poesía, el canto y la danza. En el Renacimiento, los músicos italianos retomaron esta idea y crearon la **ópera.** En ella, los diálogos se cantan y se acompañan por una orquesta. Entre los diálogos se intercalan recitativos. Los más grandes compositores de ópera en Europa son Mozart, Verdi y Wagner.

operación f. **1.** Acción y efecto de operar. **2.** Ejecución de una cosa. **3.** Ejecución de un cálculo.

operar tr. y prnl. **1.** Realizar, producir un resultado. **2.** Realizar o someterse a una operación quirúrgica. ◆ intr. **3.** Hacer efecto. **4.** Negociar. **5.** Realizar operaciones matemáticas.

operario, ria m. y f. Obrero.

operativo, va adj. Dícese de lo que obra y hace su efecto.

opérculo m. Pieza que tapa o cierra ciertas aberturas de algunos organismos.

opereta f. Ópera corta o ligera.

opinión f. Juicio, manera de pensar sobre un tema.

opio m. Narcótico que se obtiene de la adormidera.

opíparo, ra adj. Dícese de la comida abundante y espléndida.

oponer tr. y prnl. **1.** Poner en contra. ◆ prnl. **2.** Ser una cosa contraria a otra.

oportunidad f. **1.** Calidad de oportuno. **2.** Circunstancia oportuna.

oportuno, na adj. **1.** Que se hace o sucede en el tiempo, lugar o circunstancia a propósito o conveniente. **2.** Ingenioso.

oposición f. **1.** Acción y efecto de oponer u oponerse. **2.** Concurso consistente en una serie de ejercicios a los que se someten los aspirantes a un cargo o empleo. **3.** Grupo o partido contrario a la política del gobierno.

opresión f. Acción y efecto de oprimir.

oprimir tr. **1.** Ejercer presión. **2.** Someter mediante el excesivo rigor o la violencia. **3.** Causar ahogo o angustia.

oprobio m. Deshonor público.

optar tr. e intr. **1.** Elegir entre varias posibilidades. ◆ tr. **2.** Aspirar a algo.

óptico, ca adj. **1.** Relativo a la óptica o a la visión. ◆ m. y f. **2.** Persona que fabrica o vende aparatos ópticos. ◆ f. **3.** Parte de la física que estudia las leyes y los fenómenos de la luz.

optimismo m. Tendencia a ver las cosas por su lado más favorable.

óptimo, ma adj. Que en su línea es lo mejor posible.

opuesto, ta adj. **1.** Contrario, que se opone a algo por estar enfrente. **2.** Que se opone o contradice a alguien o algo.

opulencia f. Gran abundancia o riqueza.

oquedad f. Espacio vacío en el interior de un cuerpo.

ora conj. Implica relación de alternancia: ~ leía, ~ paseaba.

oración f. **1.** Palabras que se dirigen a Dios o a los santos. **2.** Discurso. **3.** LING. Conjunto de elementos lingüísticos que forman una unidad sintáctica independiente y completa.

oráculo m. **1.** Respuesta divina. **2.** Persona de gran sabiduría, cuyos dictámenes se escuchan sin discusión.

orador, ra m. y f. Persona que pronuncia un discurso.

oral adj. **1.** Relativo a la boca. **2.** Expresado verbalmente.

orangután m. Mono antropomorfo que llega a los 2 m de altura.

orar intr. **1.** Hablar en público. **2.** Hacer oración.

oratoria f. Arte de hablar con elocuencia.

oratorio m. Lugar destinado para orar.

orbe m. **1.** Mundo, universo. **2.** Esfera celeste o terrestre.

orbicular adj. Redondo o circular.

órbita f. **1.** Curva que describe un astro. **2.** Cuenca del ojo.

orca f. Cetáceo de gran tamaño que vive en el Atlántico norte.

■ **ENC.** La **orca** habita los mares polares. Es el cetáceo más voraz y feroz. Se alimenta de otros mamíferos como delfines, marsopas y narvales. Es tan agresiva que puede, incluso, atacar a las ballenas.

orden m. **1.** Organización y disposición regular de las cosas. **2.** Normalidad, tranquilidad. **3.** ARQ. Cada uno de los estilos de la arquitectura clásica. **4.** BIOL. Categoría de clasificación de plantas y animales, intermedia entre la clase y la familia. ◆ f. **5.** Mandato que se debe obedecer. **6.** Cuerpo de personas unidas por alguna regla común o por una distinción honorífica.

ordenada adj./f. MAT. Dícese de la coordenada vertical.

ordenador m. *Esp.* Máquina electrónica de gran capacidad de memoria, dotada de métodos de tratamiento de la información.

ordenanza m. **1.** Empleado de oficina encargado de hacer recados. ◆ f. **2.** Conjunto de preceptos dictados para la reglamentación de una comunidad.

ordenar tr. **1.** Poner en orden. **2.** Mandar. ◆ tr. y prnl. **3.** Administrar o recibir las órdenes sagradas.

ordeñar tr. Extraer la leche exprimiendo la ubre del animal.

ordinal adj./m. LING. Dícese del adjetivo numeral que expresa orden.

ordinario, ria adj. **1.** Común, corriente. **2.** Vulgar, basto.

ordovícico, ca adj./m. GEOL. Dícese del segundo período del paleozoico.

PALEONTOLOGÍA

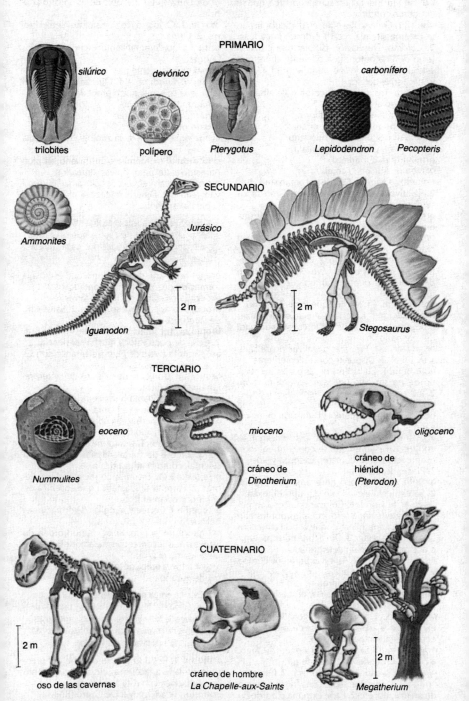

PRIMARIO

silúrico

devónico

carbonífero

trilobites

polípero

Pterygotus

Lepidodendron

Pecopteris

SECUNDARIO

Ammonites

Jurásico

2 m

2 m

Iguanodon

Stegosaurus

TERCIARIO

eoceno

mioceno

oligoceno

Nummulites

cráneo de
Dinotherium

cráneo de
hiénido
(Pterodon)

CUATERNARIO

2 m

2 m

oso de las cavernas

cráneo de hombre
La Chapelle-aux-Saints

Megatherium

paleontología: esqueletos o fósiles de seres vivos que han poblado la tierra en distintas épocas geológicas.

orear tr. Poner al aire una cosa.

orégano m. Planta herbácea aromática, que se usa como condimento.

oreja f. **1.** Órgano del oído, en particular la parte externa situada a cada lado de la cabeza. **2.** *Colomb.* Desviación circular que cruza la recta de una autopista a diferente altura que ésta. **3.** *Méx.* Asa de una vasija. ◆ m. y f. **4.** *Méx.* y *Salv.* Espía, delator.

orejón m. Trozo de melocotón o de albaricoque secado al aire.

orfanato m. Asilo de huérfanos.

orfanatorio m. *Méx.* Asilo, orfanato.

orfandad f. Situación de huérfano.

orfebrería f. Obra de oro o plata.

orfelinato m. Orfanato.

orfeón m. Sociedad coral.

orgánico, ca adj. **1.** Dícese del organismo vivo. **2.** Relativo a los órganos o al organismo de los seres vivos.

organigrama m. Gráfico de la estructura de una organización.

organillo m. Órgano portátil, movido por un manubrio.

organismo m. **1.** Ser vivo. **2.** Conjunto de órganos que forman un ser vivo. **3.** Conjunto de dependencias que forman un cuerpo o institución.

organista m. y f. Músico que toca el órgano.

organización f. **1.** Acción y efecto de organizar u organizarse. **2.** Asociación constituida para determinado fin.

organizar tr. **1.** Preparar la realización de algo. ◆ tr. y prnl. **2.** Disponer convenientemente.

órgano m. **1.** Cualquiera de las partes del cuerpo de un ser vivo que ejercen una función. **2.** Instrumento musical de viento y teclado.

organulo m. BIOL. Estructura o parte de una célula que en ésta cumple la función de un órgano.

orgasmo m. Culminación del placer sexual.

orgía f. **1.** Festín en que se come y bebe con exageración, y se cometen excesos sexuales. **2.** Placer desenfrenado.

orgullo m. **1.** Exceso de estimación propia. **2.** Sentimiento elevado de la propia dignidad.

orientar tr. y prnl. **1.** Colocar una cosa en posición determinada respecto a los puntos cardinales. **2.** Determinar dónde está la dirección que se ha de seguir. **3.** Dirigir una persona, cosa o acción hacia un fin determinado.

oriente m. **1.** Este. **2.** Asia y las partes de Europa y África contiguas a ella.

orificio m. Boca o agujero.

origen m. **1.** Principio, causa, procedencia de algo. **2.** Ascendencia.

original adj. **1.** Relativo al origen. **2.** Singular, excéntrico. ◆ adj./m. **3.** Dícese de lo que no es copia, imitación o traducción.

originar tr. **1.** Ser motivo u origen de algo. ◆ prnl. **2.** Proceder una cosa de otra.

originario, ria adj. **1.** Que da origen. **2.** Oriundo.

orilla f. **1.** Límite que separa una franja de tierra de un mar, río, etc. **2.** Parte extrema o borde de una superficie, tela, etc. ◆ pl. **3.** *Argent.* y *Méx.* Arrabal.

orillero, ra adj./m. y f. *Amér. Central, Argent., Cuba, Urug.* y *Venez.* Propio de las orillas o arrabales.

orín m. **1.** Óxido rojizo que se forma en el hierro. **2.** Orina.

orina f. Líquido amarillento excretado por los riñones.

orinal m. Recipiente para recoger la orina.

oriundo, da adj./m. y f. Que ha nacido en el lugar que se especifica o procede de él.

ornamento m. Adorno.

ornar tr. y prnl. Adornar.

ornato m. Adorno.

ornitología f. Parte de la zoología que estudia las aves.

ornitorrinco m. Mamífero australiano, de pico parecido al del pato, y pies palmeados.

oro m. **1.** Metal precioso, de color amarillo, dúctil y maleable. **2.** Dinero, riqueza. ◆ pl. **3.** Palo de la baraja española.

■ **Enc. El oro** se puede encontrar en filones, vetas, pepitas y lentejuelas. Los principales países productores de oro son Sudáfrica, Canadá y Estados Unidos.

orogenia f. Parte de la geología que estudia la formación de los sistemas montañosos.

orografía f. Estudio del relieve terrestre.

orondo, da adj. **1.** Grueso, gordo. **2.** Satisfecho de sí mismo.

oropel m. **1.** Lámina de latón que imita el oro. **2.** Cosa de poco valor y mucha apariencia.

oropéndola f. Ave de plumaje amarillo con las alas y cola negras.

orquesta f. Conjunto de músicos que interpretan una obra musical.

orquídea f. **1.** Planta herbácea de flores muy vistosas. **2.** Flor de esta planta.

ortiga f. Planta herbácea cubierta de pelos que segregan un líquido irritante.

ortodoxo, xa adj. **1.** Conforme al dogma católico. **2.** Dícese de ciertas iglesias de la Europa oriental, como la griega o la rusa.

ortografía f. **1.** Escritura correcta de las palabras. **2.** Parte de la gramática que enseña a escribir correctamente.

ortopedia f. Corrección de las deformaciones del cuerpo.

ortóptero, ra adj./m. Relativo a un orden de insectos masticadores con metamorfosis incompleta, como el grillo.

oruga f. Larva típica de los lepidópteros, en forma de gusano.

■ **Enc. La oruga** tiene el cuerpo largo y blando. Este cuerpo está formado por anillos y provisto de tres pares de patas y de varios pares de ventosas. Sólo se alimenta de plantas y su enorme voracidad la convierte en una plaga muy dañina.

orujo m. **1.** Residuo que se obtiene del prensado de la uva, aceituna, etc. **2.** Aguardiente que se fabrica con este residuo de la uva.

orureño, ña adj./m. y f. De Oruro (Bolivia).

orzuelo m. Pequeño grano que aparece en el borde del párpado.

os pron. pers. masc. y fem. de 2a. persona pl. Funciona como complemento directo e indirecto.

osadía f. **1.** Temeridad, atrevimiento. **2.** Falta de respeto.

osamenta f. Esqueleto.

osar intr. Atreverse.

oscense adj./m. y f. De Huesca (España).

oscilar intr. **1.** Moverse alternativamente un cuerpo a un lado y otro. **2.** Variar, cambiar algunas cosas dentro de unos límites.

ósculo m. Beso.

oscurecer tr. **1.** Privar de luz o claridad. ◆ impers. **2.** Anochecer.

oscuro, ra adj. **1.** Falto de luz o claridad. **2.** Confuso. **3.** Dícese del color que tira a negro.

óseo, a adj. De hueso.

osezno m. Cachorro del oso.

ósmosis u osmosis f. FÍS. Paso recíproco de líquidos de distinta densidad a través de una membrana permeable.

oso, sa m. y f. Mamífero plantígrado, de cuerpo pesado y pelaje abundante. ● ~ **hormiguero**, mamífero desdentado, de hocico alargado, que se alimenta de hormigas.

■ **ENC.** El **oso** blanco o polar vive en las regiones árticas. Pesa hasta 500 kg y mide, erguido, 2.70 m. El oso pardo se encuentra en los bosques de Asia, América del Norte y Europa. Se alimenta de peces, de carroña, de plantas y de miel. Es una especie en peligro de extinción, por lo que actualmente está protegida.

ostensible adj. Manifiesto, patente.

ostentar tr. **1.** Mostrar. **2.** Hacer gala de grandeza y lujo. **3.** Poseer.

ostra f. Molusco bivalvo comestible, de concha rugosa con el interior nacarado. ● **Aburrirse como una ~**, aburrirse mucho.

ostracismo m. Acción de tener apartada a una persona que no resulta grata.

otear tr. **1.** Observar desde un lugar elevado. **2.** Escudriñar.

otero m. Cerro aislado que domina un llano.

otitis f. Inflamación del oído.

otomano, na adj./m. y f. De Turquía.

otoño m. Estación del año, entre el verano y el invierno.

otorgar tr. Dar, conceder.

otorrinolaringología f. Parte de la medicina que trata de las enfermedades de los oídos, la nariz y la laringe.

otro, tra adj./pron. Distinto de aquello de que se habla.

ovación f. Aplauso ruidoso del público.

oval adj. Que tiene la forma de un óvalo o huevo.

ovalado, da adj. Oval.

óvalo m. Curva cerrada semejante a la de una elipse.

ovario m. Órgano de reproducción femenino.

oveja f. Hembra del carnero. ● ~ **negra**, persona que dentro de una colectividad no sigue las líneas de conducta aceptadas.

overlock m. *Argent.* y *Chile.* Costura que se utiliza para rematar los tejidos.

overol m. *Amér.* Mono, traje de faena.

ovetense adj./m. y f. De Oviedo (España).

óvido, da adj./m. Relativo a los mamíferos rumiantes bóvidos de pequeño tamaño.

oviducto m. Conducto por donde salen los óvulos del ovario.

ovillo m. Bola formada devanando un hilo.

ovino, na adj./m. Dícese del ganado lanar.

ovíparo, ra adj./m. y f. ZOOL. Dícese del animal que se desarrolla en un huevo.

ovni m. Objeto volante de origen y naturaleza desconocidos.

ovulación f. Desprendimiento natural del óvulo en el ovario.

óvulo m. **1.** Célula femenina destinada a ser fecundada. **2.** BOT. Pequeño órgano contenido en el ovario, que proporciona la semilla.

oxácido m. QUÍM. Ácido que contiene oxígeno.

oxidación f. Acción y efecto de oxidar.

oxidar tr. y prnl. **1.** Combinar un elemento con el oxígeno. **2.** Formar una capa de óxido.

óxido m. **1.** Compuesto que resulta de la combinación de un elemento con el oxígeno. **2.** Capa rojiza de este compuesto que se forma sobre los metales expuestos al aire o a la humedad.

oxigenar tr. **1.** Oxidar. ◆ prnl. **2.** Airearse.

oxígeno m. Cuerpo simple gaseoso existente en el aire, imprescindible para la respiración.

oyamel u oyamelete m. Planta arbórea que habita en América Central y de la cual se obtiene madera.

oyente adj./m. y f. Que oye.

ozono m. Gas azulado, existente en la atmósfera, que protege a los seres vivos de las radiaciones ultravioletas del Sol.

ozonosfera f. Capa de la atmósfera terrestre que contiene ozono.

O

p f. Decimoséptima letra del abecedario.
pabellón m. **1.** Edificio aislado que forma parte de un conjunto. **2.** Bandera nacional. **3.** ANAT. Parte exterior de la oreja.
pabilo o **pábilo** m. Mecha de una vela.
pábulo m. Lo que sirve para fomentar una acción.
pacense adj./m. y f. De Badajoz (España).
paceño, ña adj./m. y f. De La Paz (Bolivia).
pacer tr. e intr. Comer el ganado la hierba del campo.
pachá m. Persona que se da buena vida.
pachocha f. Chile, Colomb., Cuba, Pan. y Perú. Lentitud, flema.
pachón, na adj. Chile, Hond., Méx. y Nicar. Peludo, lanudo.
pachorra f. Cachaza, flema.
pachorriento, ta adj. Amér. Merid. Lento y pesado.
pachucho, cha adj. **1.** Falto de frescura. **2.** Fam. Decaído, débil.
pachuco adj./m. Méx. Fam. Dícese del joven mexicano emigrado al sur de Estados Unidos.
paciencia f. Capacidad de soportar trabajos y adversidades con fortaleza y resignación.
paciente adj. **1.** Que tiene paciencia. **2.** LING. Dícese del sujeto de las oraciones pasivas. ◆ m. y f. **3.** Enfermo que sigue un tratamiento.
pacífico, ca adj. **1.** Que ama la paz. **2.** Tranquilo, sosegado.
pacifismo m. Doctrina encaminada a mantener la paz.
pacotilla f. Mercancía que los tripulantes de un buque pueden embarcar sin pagar por el transporte. ● **De ~**, de clase inferior.
pacto m. Acuerdo entre dos o varias partes.
padecer tr. e intr. **1.** Recibir la acción de algo que causa dolor físico o moral. ◆ tr. **2.** Soportar, aguantar.
padrastro m. Marido de la madre respecto de los hijos de ésta tenidos de un matrimonio anterior.
padre m. **1.** Varón o macho respecto de sus hijos. **2.** Creador de algo. **3.** Título dado a ciertos religiosos. ◆ pl. **4.** El padre y la madre.
padrillo m. Argent., Chile, Par., Perú y Urug. Caballo semental.
padrino m. Hombre que presenta o asiste a alguien en un sacramento o en otros actos.
padrón m. **1.** Censo, lista de habitantes de un municipio. **2.** Bol., Colomb., P. Rico y Venez. Semental.
padrote m. Amér. Central, Colomb., P. Rico y Venez. Semental.
paella f. Plato de arroz típico de la región valenciana.

paga f. **1.** Acción de pagar. **2.** Sueldo de un empleado.
paganismo m. Conjunto de creencias no cristianas.
pagar tr. **1.** Dar a uno lo que se le debe. **2.** Cumplir una pena o castigo por un delito o falta.
pagaré m. Documento por el cual una persona se compromete a pagar una cantidad en determinada fecha.
página f. Cada una de las dos caras de una hoja de un libro.
pago m. **1.** Entrega de lo que se debe. **2.** Recompensa. **3.** Conjunto de tierras. **4.** Argent., Par., Perú y Urug. Lugar en el que ha nacido o está arraigada una persona.
pagoda f. Templo oriental.
paila f. **1.** Amér. Central y Amér. Merid. Sartén. **2.** Chile. Fam. Oreja.
paipay m. Abanico en forma de pala y con mango.
país m. Territorio que constituye una unidad geográfica o política.
paisaje m. **1.** Extensión de terreno visto desde un lugar determinado. **2.** Pintura o dibujo que representa este terreno.
paisano, na adj./m. y f. **1.** Dícese de la persona que es del mismo país, región o lugar que otra. ◆ m. **2.** Persona que no es militar.
paja f. **1.** Caña o tallo seco de un cereal. **2.** Conjunto de estas cañas o tallos. **3.** Cosa insignificante o de relleno. **4.** Colomb., Guat. y Hond. Grifo, llave.
pajar m. Lugar donde se guarda la paja.
pájara f. **1.** Hembra del pájaro. **2.** Mujer astuta.
pajarero, ra adj. Amér. Dícese de la caballería asustadiza.
pajarita f. **1.** Figura de papel que tiene forma de pájaro. **2.** Corbata en forma de mariposa.
pájaro m. Cualquier ave con capacidad para volar.
pajarraco m. Desp. Pájaro grande y desconocido.
paje m. Criado joven que antiguamente servía a la nobleza.
pajizo, za adj. **1.** Hecho o cubierto de paja. **2.** De color de paja.
pajolero, ra adj. Fam. Que molesta o produce enfado.
pajonal m. Argent., Chile, Urug. y Venez. Sitio poblado de hierbas.
pakistaní adj./m. y f. De Pakistán.
pala f. **1.** Herramienta compuesta por una plancha de madera o hierro adaptada a un mango. **2.** Parte ancha y delgada de ciertos instrumentos.
palabra f. **1.** Conjunto de sonidos o de letras que representan un ser, una idea. **2.** Facultad de hablar. **3.** Promesa.

palabrota f. Juramento, maldición o insulto groseros.

palacio m. Edificio grande y suntuoso.

paladar m. **1.** Parte interior y superior de la boca. **2.** Gusto, sabor.

paladear tr. y prnl. Saborear.

paladín m. **1.** Caballero valeroso. **2.** Defensor de una persona o causa.

palanca f. **1.** Barra que se apoya sobre un punto y sirve para transmitir la fuerza aplicada a uno de sus extremos. **2.** Amér. Influencia, enchufe.

palangana f. Vasija ancha y poco profunda que sirve para lavarse.

palanquear tr. Argent. y Urug. Fam. Emplear alguien su influencia para conseguir algo.

palatal adj. **1.** Relativo al paladar. ◆ LING. adj. **2.** Dícese del sonido que se articula con la lengua en el paladar, como el de la ñ.

palatino, na adj. **1.** Relativo al palacio. **2.** Relativo al paladar.

palco m. Departamento de los teatros, plazas de toros, etc., en forma de balcón, con varios asientos.

palenque m. **1.** Valla de madera para defender o cerrar un terreno. **2.** Amér. Merid. Madero al que se atan los animales. **3.** Méx. Ruedo donde se realizan peleas de gallos.

palentino, na adj./m. y f. De Palencia (España).

paleógeno, na adj./m. GEOL. Dícese del primer período del cenozoico.

paleolítico, ca adj./m. Dícese del primer período de la Edad de Piedra.

■ **ENC.** El **paleolítico** comenzó hace 3 millones de años. En este período los hombres vivían de la caza, de la pesca y de la recolección. Dominaron el fuego. Eran nómadas que se refugiaban en grutas o en tiendas recubiertas de pieles de animales. Las herramientas que usaron se fueron sofisticando con el tiempo: primero eran guijarros; posteriormente se sustituyeron por pedernal o piedra dura; en seguida aparecieron las herramientas hechas de hueso o marfil de mamut, como raspadores y azagayas; finalmente, las cavernas se decoraron con dibujos, grabados, pinturas y aparecieron las primeras esculturas. El paleolítico terminó hace 8 000 años a.C.

paleontología f. Ciencia que estudia los seres orgánicos fósiles.

paleozoico, ca adj./m. GEOL. Dícese de la era geológica anterior al mesozoico y comprendida entre los –600 y –230 millones de años aproximadamente.

palestra f. **1.** Lugar donde se celebraban luchas. **2.** Lugar en que se compite o discute sobre algún asunto.

paletilla f. Omóplato.

paleto, ta adj./m. y f. **1.** Dícese del campesino tosco e ignorante. ◆ f. **2.** Pala pequeña para usos diversos. **3.** Tabla de madera sobre la que los pintores mezclan los colores.

paliar tr. Atenuar un sufrimiento.

pálido, da adj. Que tiene el color atenuado, poco intenso.

palillo m. **1.** Instrumento para limpiar los dientes. **2.** Varita con que se toca el tambor.

palíndromo m. Escrito o palabra que se lee igual de izquierda a derecha que a la inversa, como anilina.

palio m. Dosel colocado sobre cuatro o más varas largas, utilizado para ciertas solemnidades.

palique m. Fam. Charla ligera.

paliza f. **1.** Serie de golpes o azotes. **2.** Fam. Derrota.

palma f. **1.** Parte cóncava de la mano. **2.** Palmera. **3.** Hoja de la palmera. **4.** Triunfo, victoria. ◆ pl. **5.** Aplausos.

palmáceo, a adj./f. Dícese de la planta de tallo recto, coronado por un penacho de grandes hojas, como la palmera.

palmada f. **1.** Golpe dado con la palma de la mano. **2.** Golpe de una palma de la mano contra otra.

palmar intr. Fam. Morir.

palmar adj. **1.** Relativo a la palma de la mano. ◆ m. **2.** Terreno poblado de palmas.

palmarés m. **1.** Lista de vencedores en una competición. **2.** Historial.

palmatoria f. Soporte en que se coloca una vela.

palmeado, da adj. De forma de palma.

palmense adj./m. y f. De Las Palmas de Gran Canaria (España).

palmero, ra adj./m. y f. **1.** De Las Palmas (España). ◆ f. **2.** Árbol largo y esbelto, con un penacho de robustas hojas en su cima.

palmesano, na adj./m. y f. De Palma de Mallorca (España).

palmípedo, da adj./f. Relativo a un grupo de aves nadadoras, cuyos dedos están unidos por una membrana.

palmito m. **1.** Palmera pequeña de hojas en forma de abanico. **2.** Cogollo comestible de esta planta.

palmo m. Distancia que hay con la mano abierta y extendida desde el extremo del pulgar hasta el del meñique.

palmotear tr. Dar palmadas.

palo m. **1.** Trozo de madera alargado y cilíndrico. **2.** Golpe dado con un palo. **3.** Cada una de las cuatro series de la baraja de naipes. **4.** MAR. Pieza larga y circular que sostiene el velamen de un buque. ● ~ **borracho** (Argent. y Urug.), nombre de dos especies de árboles cuyas semillas, recubiertas de pelos sedosos, forman un copo blanco. ● ~ **grueso** (Chile), persona influyente. ● **1.** ~ **santo** (Argent. y Par.), árbol de madera aromática. **2.** (Argent. y Par.), árbol de madera apreciada en ebanistería.

paloma f. Ave de cabeza pequeña, cola ancha y pico corto.

■ **ENC.** La **paloma** es el símbolo de la paz. Se le representa con una rama de olivo en el pico, en alusión a la narración bíblica del Arca de Noé.

palometa f. Pez comestible, parecido al jurel.

palomilla f. **1.** Mariposa pequeña. **2.** Tuerca con dos expansiones laterales que facilita su enroscamiento a mano.

palomita f. Grano de maíz que se abre al tostarlo.

palomo m. **1.** Macho de la paloma. **2.** Paloma torcaz.

palote m. Trazo que se hace como primer ejercicio caligráfico.

palpable adj. **1.** Que puede tocarse. **2.** Claro, evidente.

palpar tr. y prnl. Tocar una cosa con las manos para reconocerla.

palpitar intr. Contraerse y dilatarse el corazón.

palpo m. ZOOL. Pequeño apéndice móvil que tienen los artrópodos alrededor de la boca.

palta f. *Amér. Merid.* Aguacate, fruto.

paludismo m. Enfermedad febril, transmitida por el mosquito anofeles.

palurdo, da adj./m. y f. Tosco e ignorante.

palustre adj. Relativo a las lagunas o pantanos.

pamela f. Sombrero de mujer, de ala amplia y flexible.

pampa f. Llanura extensa sin vegetación arbórea, propia de algunas zonas de América Meridional.

pámpano m. Vástago de la vid.

pampeño, ña adj./m. y f. Pampero.

pampero m. Viento fuerte, frío y seco que sopla en el Río de la Plata.

pampero, ra adj./m. y f. De La Pampa (Argentina).

pamplina f. Tontería.

pan m. **1.** Masa de harina y agua, fermentada y cocida al horno. **2.** Alimento, sustento.

pana f. **1.** Tela gruesa, parecida al terciopelo. **2.** *Chile.* Hígado de los animales. **3.** *Chile.* Conjunto de desperfectos que provocan el mal funcionamiento de una máquina. **4.** *Chile.* Detención de un vehículo por alguna avería.

panacea f. Remedio para cualquier mal.

panadería f. Establecimiento donde se hace o vende pan.

panal m. Conjunto de celdas hexagonales que construyen las abejas para depositar la miel.

panameño, ña adj./m. y f. De Panamá.

panamericanismo m. Movimiento tendente a mejorar y desarrollar las relaciones entre los pueblos americanos.

panca f. *Bol.* y *Perú.* Vaina que envuelve la mazorca de maíz.

pancarta f. Cartel grande con lemas políticos o reivindicativos.

panceta f. Tocino con vetas de carne.

pancho, cha adj. Tranquilo.

páncreas m. Glándula humana, que segrega un jugo que contribuye a la digestión intestinal.

panda m. Mamífero carnívoro parecido al oso, de pelaje blanco y negro.

pandereta f. Pandero.

pandero m. Instrumento musical de percusión, formado por una piel estirada y unida a uno o dos aros superpuestos con sonajas.

pandilla f. Grupo de amigos.

pando, da adj. *Méx.* Torcido, combado.

panecillo m. Pieza pequeña de pan.

panegírico, ca adj./m. Dícese del discurso, escrito, etc., en alabanza de una persona.

panel m. **1.** Cada uno de los compartimentos en que se dividen los lienzos de pared, las hojas de las puertas, etc. ◆ f. **2.** *Méx.* Camioneta cerrada para el transporte de mercancías.

pánfilo, la adj./m. y f. **1.** Pausado, lento. **2.** Bobo.

panfleto m. **1.** Folleto de propaganda política. **2.** Libelo.

pánico m. Terror muy grande, generalmente colectivo.

panícula f. BOT. Conjunto de espigas que nacen de un eje común.

panículo m. Capa de tejido adiposo situada en la hipodermis.

panificar tr. Hacer pan.

panizo m. Planta herbácea de grano redondo comestible.

panocha o panoja f. **1.** Mazorca del maíz. **2.** BOT. Panícula.

panoli adj./m. y f. *Fam.* Bobo, de poco carácter.

panoplia f. **1.** Armadura completa. **2.** Colección de armas.

panorama m. Vista extensa de un horizonte.

panqué m. *Méx.* Bizcocho alargado, cocido en un molde de papel encerado.

panqueque m. *Amér. Central* y *Amér. Merid.* Torta delgada de harina, leche, huevos, etc., rellena con ingredientes dulces o salados.

pantagruélico, ca adj. Opíparo.

pantaletas m. *Colomb., Méx.* y *Venez.* Braga.

pantalla f. **1.** Lámina que se coloca delante o alrededor de la luz. **2.** Superficie sobre la que se proyectan imágenes.

pantalón m. Prenda de vestir ceñida a la cintura, que cubre por separado ambas piernas.

pantano m. **1.** Hondonada natural donde se recogen las aguas. **2.** Embalse.

panteísmo m. Doctrina según la cual Dios se identifica con el mundo.

panteón m. Tumba grande para el enterramiento de varias personas.

pantera f. Leopardo.

pantocrátor m. Representación de Cristo sentado en un trono y en actitud de bendecir.

pantógrafo m. Instrumento para ampliar, copiar o reducir dibujos.

pantomima f. **1.** Mímica. **2.** Comedia, farsa.

pantorrilla f. Parte carnosa de la pierna por debajo de la corva.

pantufla f. Zapatilla sin talón.

panza f. **1.** Vientre. **2.** Primera cámara del estómago de los rumiantes.

pañal m. Prenda absorbente que se pone a los bebés a modo de braga.

pañil m. *Chile.* Planta arbórea cuyas hojas se utilizan para curar úlceras.

paño m. **1.** Tela de lana muy tupida. **2.** Trapo para limpiar.

pañoleta f. Chal.

pañuelo m. Pieza cuadrada de tela, que tiene diversos usos.

papa adj. **1.** *Argent.* y *Chile. Vulg.* Fácil. ◆ m. **2.** Máxima autoridad de la Iglesia católica. ◆ f. **3.** *Amér.* Patata. **4.** *Chile.* Mentira.

papá o papa m. *Fam.* Padre.

papada f. Abultamiento carnoso debajo de la barba.

papagayo m. **1.** Ave prensora, de pico grueso y encorvado y colores brillantes, que puede imitar el habla humana. **2.** *Argent.* Orinal de cama para varones.

papalote m. *Amér. Central, Antill.* y *Méx.* Cometa.

papanatas m. y f. *Fam.* Persona simple y crédula.

paparrucha f. *Fam.* Noticia falsa y desatinada.

papaya adj./f. **1.** *Chile.* Fácil, sencillo. ◆ f. **2.** Fruto del papayo, de forma oblonga y carne dulce.

papayo m. Pequeño árbol tropical cuyo fruto es la papaya.

papel m. **1.** Lámina delgada hecha con pasta de fibras vegetales. **2.** Trozo u hoja de este material. **3.** Parte de la obra que representa cada actor. **4.** Función que uno cumple. **5.** Documento.

papeleo m. Conjunto de trámites para resolver un asunto.

papelera f. Cesto para echar papeles inservibles.

papelerío m. *Amér.* Documentación excesiva y engorrosa en los trámites administrativos.

papeleta f. **1.** Papel en que se acredita un derecho o se consigna algún dato de interés. **2.** *Fam.* Asunto difícil y engorroso.

papera f. **1.** Bocio. ◆ pl. **2.** Inflamación de las glándulas parótidas.

papila f. Pequeña prominencia en la superficie de una mucosa, principalmente en la lengua.

papilionáceo, a adj./f. Relativo a una familia de plantas de fruto en legumbre, como la judía.

papilionado, da adj. BOT. Dícese de la corola de cinco pétalos con forma de mariposa.

papilla f. Comida triturada para niños y enfermos.

papiro m. Planta de tallos largos, de los que se sacaban láminas para escribir.

papista m. y f./adj. Nombre que algunos protestantes y ortodoxos dan a los católicos romanos.

papo m. **1.** Parte abultada del animal entre la barba y el cuello. **2.** Buche de las aves.

paquebote m. Barco que transporta correo y pasajeros.

paquete m. Envoltorio bien dispuesto y no muy abultado.

par adj. **1.** Igual o semejante. ◆ adj./m. **2.** Dícese del número divisible por dos. ◆ m. **3.** Conjunto de dos personas o cosas.

para prep. **1.** Denota utilidad, fin o destino de una acción. **2.** Señala el tiempo en que finaliza o se ejecuta algo: *estará listo ~ el jueves.* **3.** Con relación a: *le pagan poco ~ lo que trabaja.*

parabién m. Felicitación, elogio.

parábola f. **1.** Narración que encierra una enseñanza moral. **2.** MAT. Curva abierta, simétrica respecto de un eje, con un solo foco.

parabrisas m. Cristal delantero de un vehículo automóvil.

paracaídas m. Dispositivo destinado a amortiguar el movimiento vertical u horizontal de un cuerpo en la atmósfera.

parachoques m. Pieza delantera y trasera de algunos vehículos que los protege contra posibles golpes.

paradero m. **1.** Sitio donde se para o se va a parar. **2.** *Amér. Merid.* y *Méx.* Apeadero de ferrocarril o parada de autobuses.

paradigma m. **1.** Ejemplo que sirve de norma. **2.** LING. Conjunto de formas que sirven de modelo en los diversos tipos de flexión: *~ verbal.*

paradisiaco, ca adj. Relativo al paraíso.

parado, da adj. **1.** Tímido. **2.** *Amér.* De pie. **3.** *Chile, Perú* y *P. Rico.* Orgulloso, engreído. ◆ adj./m. y f. **4.** Que está sin empleo. ◆ f. **5.** Acción de parar o detenerse. **6.** Sitio donde se para.

paradoja f. Frase, situación, etc., que aparentemente encierra una contradicción.

parador m. Hotel dependiente de organismos oficiales.

parafernalia f. Aparato ostentoso que rodea a una persona, acto, etc.

parafina f. Mezcla de hidrocarburos que se emplea para hacer velas, entre otros usos.

paráfrasis f. Interpretación ampliada de un texto.

paragolpes m. *Argent., Par.* y *Urug.* Parachoques.

paraguas m. Utensilio portátil para resguardarse de la lluvia.

paraguayo, ya adj./m. y f. De Paraguay.

paraíso m. **1.** Lugar en que, según la Biblia, colocó Dios a Adán y Eva. **2.** Cielo, mansión celestial.

paraje m. Lugar, principalmente el lejano o aislado.

paralelepípedo m. MAT. Sólido compuesto por seis paralelogramos, siendo iguales y paralelos cada dos opuestos.

paralelismo m. Calidad o circunstancia de ser paralelo.

paralelo, la adj. **1.** Dícese de las líneas o planos que se mantienen siempre equidistantes entre sí. ◆ m. **2.** Cada uno de los círculos menores del globo terrestre paralelos al ecuador, que sirven para determinar la latitud.

paralelogramo m. MAT. Cuadrilátero cuyos lados son paralelos dos a dos.

parálisis f. Privación o disminución del movimiento de una o varias partes del cuerpo.

paralizar tr. y prnl. **1.** Causar parálisis. **2.** Detener una actividad o movimiento.

paramecio m. Protozoo ciliado, común en aguas estancadas.

parámetro m. **1.** Elemento constante en el planteamiento de una cuestión. **2.** MAT. Constante de valor indeterminado.

páramo m. **1.** Terreno yermo. **2.** *Colomb.* y *Ecuad.* Llovizna.

parangón m. Comparación o símil.

paraninfo m. Salón de actos de la universidad.

paranoia f. Psicosis crónica caracterizada por la fijación de ideas obsesivas en la mente.

paranomasia f. Paronomasia*.

paranormal adj. Dícese del fenómeno que no puede explicarse por medio de principios científicos reconocidos.

parapeto m. Baranda o pretil de una escalera, puente, etc.

paraplejía o **paraplejia** f. Parálisis de la mitad inferior del cuerpo.

parapsicología f. Estudio de los fenómenos paranormales.

parar intr. y prnl. **1.** Cesar en el movimiento o en la acción. **2.** *Amér.* Estar o ponerse de pie. ◆ intr. **3.** Llegar a un fin. ◆ tr. **4.** Detener un movimiento o acción.

pararrayos m. Dispositivo de protección contra los rayos.

parasimpático, ca adj./m. ANAT. Dícese de una de las dos partes del sistema nervioso vegetativo.

parasíntesis f. LING. Modo de formación de palabras en que se combinan la composición y la derivación.

parásito, ta adj./m. Dícese del animal o vegetal que vive dentro o sobre otro organismo, del que obtiene su alimento.

parasol m. Sombrilla.

parathormona f. Hormona producida por las glándulas paratiroideas, que regula el nivel de fósforo y calcio del cuerpo.

paratiroides f. Glándula endocrina situada a los lados de la tiroides, que produce la hormona parathormona.

parcela f. Porción pequeña de terreno.

parche m. Pedazo de cualquier material que se pega sobre una cosa.

parchís m. Juego que consta de un tablero, en el que cada jugador avanza tirando un dado.

parcial adj. **1.** Relativo a una parte del todo. **2.** Incompleto. **3.** Que se inclina por alguien o algo sin tener razones objetivas.

parco, ca adj. **1.** Sobrio. **2.** Escaso.

pardillo, lla adj./m. y f. **1.** Paleto. ◆ m. **2.** Pájaro granívoro.

pardo, da adj./m. **1.** Dícese del color de la tierra. **2.** Oscuro. ◆ adj. **3.** De color pardo.

pareado, da adj./m. Dícese de la estrofa compuesta por dos versos que riman entre sí.

parecer intr. **1.** Tener determinada apariencia. ◆ prnl. **2.** Tener parecido.

parecer m. Opinión.

parecido, da adj. **1.** Semejante. ◆ m. **2.** Semejanza.

pared f. Obra de albañilería que cierra o separa un espacio.

paredón m. Pared junto a la que se fusila a los condenados.

parejo, ja adj. **1.** Igual, semejante. ◆ f. **2.** Conjunto de dos personas, animales o cosas, especialmente si son varón y mujer.

parénquima m. **1.** Tejido que forma las glándulas. **2.** BOT. Tejido vegetal que realiza funciones de fotosíntesis y almacenamiento.

parentesco m. Vínculo por consanguinidad.

paréntesis m. **1.** Frase que se intercala en un período, con sentido independiente del mismo. **2.** Signo ortográfico ( ) en que suele encerrarse esta frase. **3.** MAT. Signo que aísla una expresión algebraica.

paria m. y f. **1.** En la India, individuo que no pertenece a casta alguna. **2.** Persona excluida del trato con los demás.

paridad f. **1.** Igualdad o semejanza. **2.** Comparación.

pariente, ta m. y f. Respecto de una persona, otra de su familia.

parietal adj./m. Dícese de cada uno de los dos huesos que forman los lados y la parte media de la bóveda del cráneo.

parihuelas f. pl. Artefacto compuesto de unas tablas atravesadas sobre dos varas para llevar una carga entre dos.

paripé m. Fam. Fingimiento, simulación.

parir tr. e intr. Expeler la hembra de los mamíferos el hijo concebido.

parisino, na adj./m. y f. De París.

parking m. Aparcamiento.

parlamentar intr. **1.** Conversar. **2.** Entrar en negociaciones.

parlamento m. **1.** Acción de parlamentar. **2.** Asamblea legislativa.

parlanchín, na adj./m. y f. Muy hablador.

parnaso m. Conjunto de todos los poetas de una lengua, país, etc.

paro m. **1.** Acción y efecto de parar. **2.** Situación del que no tiene trabajo. **3.** Huelga.

parodia f. Imitación burlesca.

paronomasia f. Semejanza fonética entre dos o más vocablos.

parótida f. Glándula salival situada en la parte lateral y posterior de la boca.

paroxismo m. **1.** Ataque violento de una enfermedad. **2.** Exaltación extrema de las pasiones.

parpadear intr. **1.** Mover los párpados. **2.** Oscilar una luz.

párpado m. Repliegue cutáneo, móvil, que protege el ojo.

parque m. **1.** Terreno cercado y con plantas, para recreo. **2.** Conjunto de máquinas, vehículos, etc., destinados a un servicio público: ~ de bomberos.

parqué m. Suelo hecho con tablas de madera ensambladas.

parquear tr. Amér. Aparcar.

parquedad f. Moderación, sobriedad.

parquet m. Parqué*.

parra f. Vid levantada artificialmente, que se extiende mucho.

párrafo m. Cada una de las partes de un escrito separadas del resto por un punto y aparte.

parranda f. Juerga.

parricida m. y f. Persona que mata a un progenitor o a su cónyuge.

parrilla f. Utensilio de cocina en forma de rejilla, para asar o tostar los alimentos.

parrillada f. **1.** Plato compuesto por diversas clases de pescados, o carnes, asados a la parrilla. **2.** Argent. y Chile. Carne de vacuno asada en una parrilla.

párroco m./adj. Sacerdote encargado de una parroquia.

parroquia f. Iglesia que tiene a su cargo la jurisdicción espiritual de una diócesis.

parsimonia f. Calma, flema.

parte f. **1.** Porción de un todo. **2.** Cantidad que corresponde a cada uno en un reparto. **3.** Sitio, lugar. **4.** Cada una de las personas, equipos, ejércitos, etc., que dialogan, luchan o contienden. ◆ pl. Fam. **5.** Órganos genitales.

parteluz m. ARQ. Columna que divide en dos un hueco de ventana.

partenogénesis f. Reproducción a partir de un óvulo no fecundado.

partero, ra m. y f. Persona que asiste en los partos.

parterre m. Parte de un jardín con césped y flores.

participación f. Acción y efecto de participar.

participar tr. **1.** Notificar. ◆ intr. **2.** Tomar parte, intervenir.

participio m. LING. Forma no personal del verbo que puede realizar la función de adjetivo y sustantivo.

partícula f. **1.** Parte pequeña. **2.** LING. Parte invariable. ● ~ **elemental** (FÍS.), elemento constituyente del átomo.

PECES, ANFIBIOS Y REPTILES

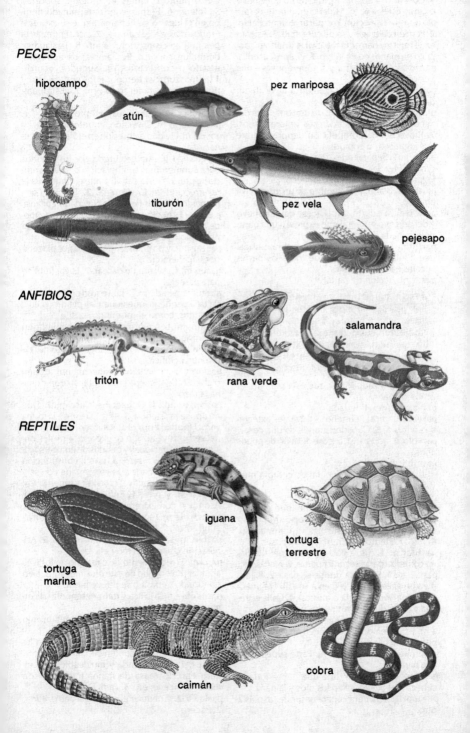

PECES

hipocampo

atún

pez mariposa

tiburón

pez vela

pejesapo

ANFIBIOS

tritón

rana verde

salamandra

REPTILES

iguana

tortuga terrestre

tortuga marina

caimán

cobra

particular adj. **1.** Propio de una persona o cosa. **2.** Extraordinario. **3.** Singular, individual. **4.** Concreto. ◆ adj./m. y f. **5.** Que no tiene título o cargo oficial. **6.** m. Materia de que se trata.

partida f. **1.** Acción de partir o marcharse. **2.** Porción de un género de comercio. **3.** Asiento en el registro parroquial o civil. **4.** Mano o conjunto de manos de un juego. **5.** Grupo, cuadrilla.

partidario, ria adj./m. y f. Que apoya a una persona, idea, etc.

partidismo m. Celo exagerado a favor de un partido u opinión.

partido m. **1.** Agrupación de personas que defiende unas ideas e intereses determinados. **2.** Provecho. **3.** Competición deportiva entre dos jugadores o equipos.

partir tr. **1.** Separar en partes. **2.** Repartir. ◆ tr. y prnl. **3.** Hender, rajar. ◆ intr. **4.** Alejarse de un lugar. ◆ prnl. *Fam.* **5.** Reírse mucho.

partisano, na m. y f. Miembro de un grupo civil armado.

partitivo, va adj./m. LING. Dícese del sustantivo y del adjetivo numeral que expresan una parte determinada de un todo.

partitura f. Texto escrito de una obra musical que contiene el conjunto de todas las partes vocales e instrumentales.

parto m. Acción de parir.

> ■ **Enc.** Al final del embarazo, el cuello del útero se dilata para permitir el paso del bebé. En seguida, comienzan las contracciones que empujan al niño hacia afuera. Cuando el **parto** se produce al cabo de 9 meses (exactamente 280 días), se habla de un parto a término. Entre los 6 y los 9 meses se trata de un parto prematuro o antes de término.

parturienta f./adj. Mujer que está pariendo o acaba de parir.

parvada f. *Méx.* Bandada.

parvo, va adj. **1.** Pequeño. ◆ f. **2.** Mies extendida en la era. **3.** Cantidad grande de una cosa.

párvulo, la adj./m. y f. Dícese del niño de pocos años.

pasa f. Uva seca.

pasacalle m. Marcha popular de compás muy vivo.

pasadizo m. Paso estrecho.

pasado, da adj. **1.** Dícese del período de tiempo anterior al presente. **2.** Estropeado por no ser reciente. ◆ m. **3.** Tiempo ya transcurrido. **4.** LING. Pretérito. ◆ f. **5.** Acción de pasar.

pasador m. **1.** Aguja para sujetar el pelo. **2.** Barra corrediza para asegurar puertas, ventanas, etc.

pasaje m. **1.** Sitio por donde se pasa. **2.** Billete para un viaje en barco o en avión. **3.** Fragmento de una obra literaria o musical. **4.** Calle estrecha y corta de paso entre dos calles.

pasajero, ra adj. **1.** Que dura poco tiempo. ◆ m. y f. **2.** Persona que viaja en un vehículo sin conducirlo ella misma.

pasamano o **pasamanos** m. Parte superior de una baranda.

pasamontañas m. Prenda que cubre toda la cabeza y el cuello, salvo los ojos y la nariz.

pasaporte m. Licencia para pasar de un país a otro.

pasar tr. **1.** Llevar o mover una cosa de un sitio a otro. **2.** Atravesar, cruzar. **3.** Ir más allá de cierto punto o límite. **4.** Padecer, soportar. **5.** Tolerar. **6.** Permanecer determinado tiempo en el lugar o de la manera que se expresa: ~ *unos días en el campo.* **7.** DEP. Entregar la pelota a un compañero. ◆ intr. **8.** Trasladarse de un lugar a otro. **9.** Cambiar de actividad, estado o condición. **10.** Suceder, ocurrir. **11.** Transcurrir el tiempo: ~ *los años.* ◆ intr. y prnl. **12.** Cesar, tener fin. ◆ prnl. **13.** Estropearse las frutas, carnes, etc.

pasarela f. Puente pequeño o provisional.

pasatiempo m. Diversión, entretenimiento.

pascal m. Unidad de presión en el Sistema Internacional.

pascua f. **1.** Fiesta celebrada por los hebreos para conmemorar su liberación del cautiverio de Egipto. **2.** Fiesta católica que conmemora la resurrección de Cristo. ◆ pl. **3.** Tiempo comprendido entre las fiestas de Navidad y Epifanía.

pase m. **1.** Acción y efecto de pasar: ~ *de modelos.* **2.** Documento en que se concede un privilegio o permiso.

pasear intr. y prnl. Andar despacio por placer o por hacer ejercicio.

paseo m. **1.** Acción de pasear. **2.** Lugar público para pasear.

paseriforme adj./m. Relativo a un orden de aves de talla pequeña, que tienen las patas con cuatro dedos, como el ruiseñor.

pashto m. Lengua indoeuropea hablada en Afganistán.

pasillo m. Pieza de paso, larga y angosta, de cualquier edificio.

pasión f. **1.** Inclinación exagerada por alguien o algo. **2.** Sentimiento muy intenso que domina la razón.

pasivo, va adj. **1.** Que recibe la acción. **2.** Que no opone resistencia. **3.** LING. Dícese de la forma verbal formada por el auxiliar *ser* y el participio del verbo cuya acción se expresa. ◆ m. **4.** Conjunto de obligaciones y deudas de una persona, empresa, etc. ● ~ **refleja** (LING.), construcción verbal de significado pasivo formada con *se* y un verbo en voz activa, como *se venden pisos.*

pasmar tr. y prnl. **1.** Enfriar mucho. **2.** *Fam.* Asombrar con extremo.

pasmarote m. *Fam.* Persona embobada con alguna cosa.

pasmo m. **1.** Efecto de un enfriamiento. **2.** Admiración o asombro muy grandes.

paso m. **1.** Movimiento de cada uno de los pies al andar. **2.** Longitud de este movimiento. **3.** Sitio por donde se pasa o se puede pasar.

pasodoble m. Música y danza españolas de ritmo vivo.

paspadura f. *Argent., Par.* y *Urug.* Agrietamiento de la piel.

pasquín m. Escrito anónimo colocado en lugares públicos, con contenido crítico.

pasta f. **1.** Masa blanda y moldeable de cualquier tipo. **2.** Masa de harina trabajada con manteca, aceite, etc. **3.** *Fam.* Dinero.

pastar tr. **1.** Conducir el ganado al pasto. ◆ intr. **2.** Pacer.

pastel m. **1.** Masa de harina, azúcar, huevos, etc., cocida al horno. **2.** Barrita de pasta de color.

pastelón m. *Chile.* Losa pequeña usada para pavimentar.

pasteurización f. Proceso que consiste en esterilizar un líquido alimenticio calentándolo a una temperatura de unos 80ºC.

pastilla f. **1.** Pequeña porción de pasta de forma redonda o cuadrangular. **2.** Caramelo. **3.** Pequeña porción de pasta medicinal.

pastina f. *Argent.* Mezcla de albañilería para sellar grietas o realizar junturas de mampostería.

pastizal m. Terreno abundante en pastos.

pasto m. **1.** Acción de pastar. **2.** Prado o campo en que pasta el ganado. **3.** Hierba que pace el ganado. **4.** *Argent., Chile, Méx.* y *Perú.* Césped.

pastor, ra m. y f. **1.** Persona que guarda y apacienta el ganado.◆ m. **2.** Ministro de una iglesia, especialmente protestante.

pastoril adj. Relativo a los pastores.

pastoso, sa adj. Dícese de las cosas blandas y moldeables.

pata f. **1.** Pie y pierna de los animales. **2.** Pieza que soporta un mueble. ● **Estirar la** ~ *(Fam.)*, morirse. ● **Mala** ~ *(Fam.)*, mala suerte.

patada f. Golpe dado con el pie o con la pata.

patalear intr. **1.** Agitar las piernas. **2.** Golpear con los pies el suelo violentamente.

pataleta f. Enfado violento y poco duradero.

patán m./adj. *Fam.* Hombre zafio y tosco.

patata f. **1.** Planta herbácea de tubérculos comestibles. **2.** Tubérculo de esta planta.

patatús m. *Fam.* Desmayo.

patay m. *Amér. Merid.* Pasta seca hecha de algarrobas.

paté m. Pasta hecha de carne o hígado picado.

patena f. Recipiente de metal en que se pone la hostia en la misa.

patentar tr. Conceder, obtener o expedir patentes.

patente adj. **1.** Visible, evidente. ◆ f. **2.** Documento expedido por el estado, en que se concede a alguien el derecho exclusivo a poner en práctica una determinada invención. **3.** *Amér. Merid.* Matrícula de un vehículo.

paternalismo m. Actitud protectora de un superior hacia sus subordinados.

paterno, na adj. Relativo al padre.

patético, ca adj. Capaz de conmover y agitar el ánimo.

patíbulo m. Lugar en que se ejecuta la pena de muerte.

patidifuso, sa adj. *Fam.* Atónito.

patilla f. **1.** Franja de pelo que crece por delante de las orejas. **2.** Cada una de las dos varillas del armazón de las gafas.

patín m. Plancha adaptable a la suela del zapato para deslizarse sobre el hielo o sobre una superficie dura y lisa.

pátina f. Tono que da el tiempo a los objetos antiguos.

patinar intr. **1.** Deslizarse con patines. **2.** Resbalar.

patineta f. *Argent., Chile, Méx.* y *Urug.* Juguete que consiste en una plataforma montada sobre cuatro ruedas, el cual se impulsa con un pie.

patinete m. Juguete compuesto de una plancha con ruedas y un manillar para conducirlo.

patio m. Espacio descubierto en el interior de un edificio.

patitieso, sa adj. *Fam.* **1.** Que no puede moverse o no siente alguna parte del cuerpo. **2.** *Fam.* Que se queda sorprendido.

patizambo, ba adj./m. y f. Que tiene las piernas torcidas hacia afuera.

pato m. **1.** Ave palmípeda de pico ancho y patas pequeñas y palmeadas. **2.** *Argent.* Deporte en el que dos equipos de cuatro jugadores cada uno intentan introducir en el aro una pelota, llamada pato. **3.** *Cuba.* Orinal de cama para varón. **4.** *P. Rico* y *Venez.* Hombre afeminado.

■ **Enc.** Algunos días después de salir del huevo, el patito ya es capaz de buscar su alimento y nadar detrás de su madre. El **pato** salvaje es un ave migratoria que puede recorrer enormes distancias. El pato doméstico se cría en muchos países, para consumir su carne y sus huevos.

patógeno, na adj. Que produce enfermedad.

patojo, ja adj. **1.** *Amér. Central* y *Amér. Merid.* Cojo. ◆ m. y f. **2.** *Colomb.* Niño, muchacho.

patología f. Parte de la medicina que estudia las enfermedades.

patoso, sa adj. Torpe y sin gracia en los movimientos.

patota f. *Amér. Merid.* Pandilla de jóvenes gamberros.

patotero, ra adj. *Amér. Merid.* Que manifiesta o posee los caracteres propios de una patota.

patraña f. Mentira de pura invención.

patria f. Tierra natal o adoptiva.

patriada f. *Argent., Par.* y *Urug.* Acción penosa y desinteresada.

patriarca m. **1.** Nombre dado a los primeros jefes de familia, en el Antiguo Testamento. **2.** Título de dignidad de algunos prelados.

patricio, cia adj./m. y f. Dícese de los ciudadanos, que en el Imperio romano, pertenecían a las familias más antiguas y nobles.

patrimonio m. Conjunto de bienes adquiridos o heredados.

patriota m. y f. Persona que ama a su patria y quiere serle útil.

patriotismo m. Amor a la patria.

patrocinar tr. **1.** Proteger, favorecer. **2.** Pagar los gastos que origina la realización de una actividad.

patrón, na m. y f. **1.** Amo, señor. **2.** Dueño de una casa en que se aloja alguien. **3.** Santo bajo cuya protección se halla una iglesia, un pueblo, etc. ◆ m. **4.** Aquello que sirve de modelo para hacer otra cosa igual. **5.** Hombre que gobierna una embarcación menor.

patronato m. **1.** Derecho, poder o facultad del patrono. **2.** Corporación que forman los patronos. **3.** Fundación benéfica.

patronímico, ca adj./m. y f. Dícese del apellido familiar que antiguamente se formaba del nombre de los padres.

patrono, na m. y f. Patrón.

patrulla f. **1.** Partida de gente armada que ronda para mantener el orden y seguridad en cam-

P

pamentos, ciudades, etc. **2.** *Méx.* Automóvil en que van los policías.

paúl m. Terreno pantanoso y cubierto de hierbas.

paulatino, na adj. Lento, gradual.

paulista adj./m. y f. Paulistano.

paulistano, na adj./m. y f. De São Paulo (Brasil).

paupérrimo, ma adj. Muy pobre.

pausa f. **1.** Interrupción momentánea. **2.** Lentitud, tardanza.

pauta f. **1.** Raya hecha en el papel para no torcerse al escribir. **2.** Modelo, norma.

pavada f. *Argent., Perú* y *Urug.* Tontería, estupidez.

pavesa f. Partícula que salta de una materia encendida y acaba por convertirse en ceniza.

pávido, da adj. Lleno de miedo.

pavimento m. Revestimiento de suelo artificial.

pavo, va m. y f. **1.** Ave galliforme con la cabeza y el cuello cubiertos de carnosidades rojas colgantes. **2.** Polizón. ◆ f. **3.** *Amér. Merid.* Recipiente de metal con asa en la parte superior, usado para calentar agua. ● **~ real**, ave galliforme cuyo macho posee una larga cola que extiende en abanico.

pavonear intr. y prnl. Presumir, hacer ostentación de sí mismo.

pavor m. Miedo muy grande.

payada f. *Argent., Chile* y *Urug.* Canto del payador.

payador m. *Argent., Chile* y *Urug.* Cantor popular que, acompañándose con una guitarra, improvisa sobre temas variados.

payaso, sa m. y f. **1.** Persona poco seria en su comportamiento. ◆ m. **2.** Artista de circo que hace de gracioso.

■ **Enc.** Actualmente existen muchos tipos de **payasos**, pero todos descienden de los dos tipos básicos que había en el siglo XIX: el de nariz roja redonda y grandes zapatos, que hace reír, y el de cara blanca y sombrero puntiagudo que hace el papel de serio.

payés, sa m. y f. Campesino de Cataluña o de las islas Baleares.

payo, ya m. y f. Entre los gitanos, persona que no es de su raza.

paz f. **1.** Ausencia de guerra. **2.** Tranquilidad, sosiego.

pazguato, ta adj./m. y f. Cándido, pasmado.

pazo m. En Galicia, casa solariega.

PC m. Abrev. de *Personal Computer* (computadora personal), computadora personal de capacidad reducida.

pe f. Nombre de la letra *p*. ● **De pe a pa**, de principio a fin.

peaje m. Derecho de tránsito.

peana f. Basa para colocar encima una figura u otro objeto.

peatón, na m. y f. Persona que va a pie.

peca f. Mancha del cutis, pequeña y de color pardo.

pecado m. Transgresión voluntaria de la ley divina.

pecar intr. **1.** Cometer un pecado. **2.** Cometer cualquier tipo de falta.

pecarí m. *Amér. Merid.* Especie de cerdo salvaje.

pecera f. Vasija de cristal con agua para tener peces vivos.

peceto m. *Argent.* Corte de carne extraído del cuarto trasero de los vacunos.

pechar tr. **1.** *Amér. Central* y *Amér. Merid.* Estafar. **2.** *Amér. Central* y *Amér. Merid.* Empujar.

pechina f. **1.** Concha vacía de un molusco. **2.** ARQ. Cada uno de los cuatro triángulos que forman el anillo de la cúpula con los arcos sobre los que estriba.

pecho m. **1.** Parte del cuerpo entre el cuello y el abdomen. **2.** Parte exterior y delantera de esta cavidad. **3.** Seno de la mujer.

pechuga f. Pecho del ave.

pecíolo o **peciolo** m. BOT. Rabillo de la hoja que la une al tallo.

pécora f. *Fam.* **1.** Mujer astuta y maligna. **2.** *Fam.* Prostituta.

pectoral adj. Relativo al pecho.

pecuario, ria adj. Relativo al ganado.

peculiar adj. Característico o propio de cada persona o cosa.

pecuniario, ria adj. Relativo al dinero en efectivo.

pedagogía f. Ciencia que se ocupa de la educación de los jóvenes.

pedal m. Palanca de un mecanismo, máquina o vehículo que se acciona con el pie.

pedante adj./m. y f. Que hace vano alarde de erudición.

pedazo m. Porción de una cosa.

pederastia f. **1.** Relación sexual de un hombre con un niño. **2.** Homosexualidad masculina.

pedernal m. Variedad de cuarzo que produce chispas al ser golpeado.

pedestal m. Cuerpo que sostiene una columna, estatua, etc.

pedestre adj. **1.** Que se hace a pie: *carrera ~.* **2.** Vulgar, ordinario.

pediatría f. Rama de la medicina que se ocupa de las enfermedades de los niños.

pedículo m. BOT. Pedúnculo de una hoja, flor o fruto.

pedicuro, ra m. y f. Persona que se dedica al cuidado de los pies.

pedido m. Encargo de géneros hecho a un fabricante o vendedor.

pedigrí m. Genealogía de un animal de raza.

pedigüeño, ña adj. Demasiado aficionado a pedir.

pedir tr. **1.** Rogar a una persona que dé o haga cierta cosa. **2.** Requerir una cosa algo como necesario o conveniente.

pedo m. Ventosidad que se expele por el ano.

pedrada f. **1.** Acción de arrojar una piedra. **2.** Golpe dado con una piedra lanzada.

pedregal m. Terreno cubierto de piedras.

pedregullo m. *Amér. Merid.* Conjunto de piedras pequeñas, trituradas, que se usan para afirmar caminos.

pedrería f. Conjunto de piedras preciosas.

pedrisco m. Piedra o granizo grueso que cae de las nubes.

pedrusco m. *Fam.* Pedazo de piedra sin labrar.

pedúnculo m. BOT. **1.** Rabo que une una hoja, flor o fruto al tallo. **2.** ZOOL. Prolongación del cuerpo de algunos crustáceos.

peer intr. y prnl. Expeler por el ano los gases del intestino.

pega f. **1.** Acción de pegar o unir. **2.** Obstáculo, contratiempo. **3.** *Chile.* Lugar donde se trabaja. **4.** *Chile.* Edad del hombre en que culminan sus atractivos. **5.** *Chile, Colomb., Cuba* y *Perú. Fam.* Empleo, trabajo. **6.** *Cuba* y *P. Rico.* Especie de cola para cazar pájaros.

pegajoso, sa adj. Que se pega con facilidad.

pegamento m. Sustancia que sirve para pegar.

pegar tr. **1.** Unir una cosa a otra con pegamento, cola, etc., de modo que no puedan separarse. **2.** Arrimar. **3.** Maltratar con golpes. ◆ tr. y prnl. **4.** Contagiar. ◆ intr. **5.** Armonizar una cosa con otra.

pegatina f. Lámina de papel adhesivo.

peinado m. Cada una de las diversas formas de arreglarse el pelo.

peinar tr. y prnl. Desenredar o componer el cabello.

peine m. Utensilio con púas para peinar.

peineta f. Peine curvado que usan las mujeres como adorno o para sujetar el peinado.

pejerrey m. *Argent.* y *Chile.* Nombre de diversos peces marinos o de agua dulce, muy apreciados por su carne.

pejiguera f. *Fam.* Cosa que causa dificultades o molestias.

pela f. *Fam.* **1.** Peseta. **2.** *Méx.* Azotaina, zurra.

peladilla f. Almendra cubierta de un baño de azúcar.

pelado, da adj. **1.** Desprovisto de lo que naturalmente suele adornarlo, cubrirlo o rodearlo. **2.** *Argent., Chile* y *Ecuad.* Calvo. ◆ adj./m. y f. **3.** *Méx.* Mal educado, grosero. **4.** *Méx.* De clase social baja y sin educación. ◆ f. **5.** *Amér.* Acción y efecto de cortar el pelo. **6.** *Chile.* La muerte, representada por el esqueleto.

pelagatos m. y f. *Fam.* Persona con escasos recursos económicos.

pelaje m. Naturaleza y calidad del pelo de un animal.

pelambre m. o f. **1.** Gran cantidad de pelo. **2.** Conjunto de pelo arrancado o cortado.

pelandusca f. *Fam.* Prostituta.

pelar tr. y prnl. **1.** Cortar el pelo. ◆ tr. **2.** Desplumar. **3.** Quitar la piel o corteza a una cosa. **4.** *Argent.* Desenvainar un arma. **5.** *Argent. Fam.* Sacar, exhibir algo. **6.** *Chile. Fam.* Hablar mal de alguien. **7.** *Méx. Fam.* Hacer caso a alguien, prestar atención. ◆ prnl. **8.** Levantarse la piel por haber tomado mucho el sol.

peldaño m. Cada uno de los tramos de una escalera.

pelear intr. y prnl. **1.** Usar las armas o las propias fuerzas para vencer a otros. ◆ intr. **2.** Afanarse por conseguir algo. ◆ prnl. **3.** Enemistarse.

pelele m. Muñeco de figura humana, hecho de paja o trapos.

peletería f. **1.** Tienda donde se venden prendas de piel. **2.** Arte de adobar pieles de animales para hacer prendas de vestir.

peliagudo, da adj. *Fam.* Dícese del asunto difícil de resolver.

pelícano o **pelicano** m. Ave palmípeda de pico largo y ancho, con la piel de la mandíbula inferior en forma de bolsa.

película f. **1.** Capa muy fina y delgada que cubre algo. **2.** Cinta de celuloide perforada, usada en fotografía y en cinematografía.

peligro m. Situación en la que puede ocurrir algún mal.

pelirrojo, ja adj. Que tiene el pelo rojo.

pella f. **1.** Masa de cualquier material, de forma redondeada. **2.** Manteca del cerdo tal como se saca de él.

pellejo m. **1.** Piel. **2.** Odre.

pellín m. *Chile.* Persona o cosa muy fuerte y de gran resistencia.

pelliza f. Prenda de abrigo hecha o forrada de piel.

pellizcar tr. y prnl. **1.** Asir con dos dedos un trozo de carne o de piel, apretándola para que cause dolor. ◆ tr. **2.** Tomar una pequeña cantidad de una cosa.

pellón m. *Amér. Central* y *Amér. Merid.* Piel curtida que se usa sobre la silla de montar.

pelmazo, za m. y f./adj. *Fam.* Persona pesada y fastidiosa.

pelo m. **1.** Filamento que nace y crece entre los poros de la piel de los mamíferos. **2.** Conjunto de estos filamentos, y en especial los que crecen en la cabeza del hombre. ● **No tener** o **pelos en la lengua** (*Fam.*), no tener reparo en decir lo que piensa. **3. Por los pelos** (*Fam.*), por poco. **4. Tomar el ~** a uno (*Fam.*), burlarse de él.

pelota f. **1.** Bola hecha de algún material flexible, que sirve para jugar. **2.** Juego que se realiza con esta bola. ◆ m. y f. **3.** Persona que trata de agradar a alguien para conseguir un beneficio.

pelotear intr. **1.** Jugar a la pelota como entrenamiento. **2.** Reñir. ◆ tr. **3.** *Argent. Fam.* Demorar deliberadamente un asunto. **4.** *Argent., Par.* y *Urug. Fam.* Tratar a alguien sin consideración.

pelotera f. *Fam.* Riña, pelea.

pelotón m. Grupo de soldados a las órdenes de un sargento.

peluca f. Cabellera postiza.

peluche m. **1.** Felpa. **2.** Muñeco hecho de este tejido.

peludo, da adj./m. y f. **1.** Que tiene mucho pelo. ◆ m. **2.** *Argent.* y *Urug.* Borrachera. **3.** *Argent.* y *Urug.* Armadillo, animal.

peluquear tr. y prnl. *Amér. Merid., C. Rica.* y *Méx.* Cortar o arreglar el cabello.

peluquero, ra m. y f. Persona que tiene por oficio peinar o cortar el pelo.

peluquín m. Peluca pequeña.

pelusa f. **1.** Vello. **2.** Pelo menudo que se desprende de las telas.

pelvis f. Cavidad ósea de los vertebrados, situada en la parte inferior del tronco, formada por los huesos sacro y coxis.

pena f. **1.** Castigo impuesto. **2.** Tristeza producida por algo desagradable. **3.** Dificultad, trabajo. **4.** *Amér. Central, Colomb., Méx.* y *Venez.* Vergüenza, cortedad.

penacho m. Grupo de plumas que tienen algunas aves en la cabeza.

penal adj. **1.** Relativo a los delitos y a las penas que se les asignan. ◆ m. **2.** Lugar donde cumplen pena los condenados.

P

penalidad f. Dificultad que comporta trabajo y sufrimiento.

penalty m. En fútbol, falta cometida por un equipo dentro del área de gol, y sanción que le corresponde.

penar tr. **1.** Imponer pena. ◆ intr. **2.** Padecer, sufrir un dolor o pena.

penca f. **1.** Hoja carnosa de ciertas plantas. **2.** Tallo de ciertas hortalizas.

penco m. *Fam.* **1.** Jamelgo. **2.** *Fam.* Persona holgazana o inútil.

pendejo m. **1.** Pelo del pubis y las ingles. **2.** *Méx. Vulg.* Tonto. **3.** *Perú. Fam.* Astuto, mañoso.

pendencia f. Riña, disputa.

pender intr. **1.** Estar colgada una cosa. **2.** Estar por resolverse un asunto.

pendiente adj. **1.** Que pende. **2.** Que aún no se ha resuelto. ◆ m. **3.** Adorno que se pone en el lóbulo de la oreja. ◆ f. **4.** Cuesta o declive de un terreno.

pendón m. **1.** Bandera más larga que ancha que se usa como distintivo. **2.** *Fam.* Persona de vida desordenada.

péndulo m. Cuerpo suspendido en un punto fijo y que oscila por acción de su peso.

pene m. Miembro viril.

penetrar tr. e intr. **1.** Introducir un cuerpo en otro. **2.** Introducirse en el interior de un espacio. ◆ tr. **3.** Hacerse sentir con intensidad una cosa. ◆ tr. y prnl. **4.** Comprender bien, profundizar.

penicilina f. Antibiótico usado para combatir las enfermedades infecciosas.

penillanura f. Meseta de relieves suaves, formada por erosión.

península f. Tierra rodeada de agua por todas partes excepto por una, por donde se une al continente.

penique m. Moneda inglesa, centésima parte de la libra.

penitencia f. **1.** Sacrificio que uno se impone a sí mismo para expiar sus pecados. **2.** Sacramento de la Iglesia católica por el cual se perdonan los pecados.

penitenciaría f. Cárcel, prisión.

penoso, sa adj. **1.** Que causa pena. **2.** Que es muy trabajoso.

penquisto, ta adj./m. y f. De Concepción (Chile).

pensador, ra m. y f. Filósofo.

pensamiento m. Acción, efecto y facultad de pensar.

pensar tr. e intr. **1.** Formar y ordenar en la mente ideas y conceptos. **2.** Examinar con cuidado una idea, asunto, etc. ◆ tr. **3.** Hacer proyectos para poner en práctica alguna cosa.

pensión f. **1.** Cantidad de dinero entregada periódicamente a alguien. **2.** Establecimiento hotelero de categoría inferior al hotel.

pensionado, da adj./m. y f. **1.** Que cobra una pensión. ◆ m. **2.** Colegio de alumnos internos.

pensionista m. y f. **1.** Persona que cobra una pensión. **2.** Persona que paga una pensión de manutención y alojamiento.

pentaedro m. Sólido de cinco caras.

pentágono m. Polígono de cinco lados.

pentagrama m. MÚS. Conjunto de cinco líneas paralelas, sobre las que se escriben las notas musicales.

pentecostés m. Fiesta cristiana que conmemora la venida del Espíritu Santo.

penúltimo, ma adj./m. y f. Inmediatamente antes del último.

penumbra f. Sombra débil entre la luz y la oscuridad.

penuria f. Escasez de las cosas más necesarias para vivir.

peña f. **1.** Roca de gran tamaño. **2.** *Fam.* Grupo de amigos.

peñasco m. Peña grande y elevada.

peñón m. Monte peñascoso.

peón m. **1.** Obrero no especializado. **2.** Pieza del juego de ajedrez.

peonza f. Juguete de madera, de forma cónica, al que se arrolla una cuerda para lanzarlo y hacerlo bailar.

peor adj. **1.** De inferior calidad que aquello con lo que se compara: *es ~ bailarín que su hermano.* ◆ adv. **2.** Más mal que aquello con lo que se compara.

pepa f. *Amér. Central* y *Amér. Merid.* Pepita, semilla.

pepinillo m. Variedad de pepino pequeño.

pepino m. **1.** Planta de tallo rastrero, flores amarillas y fruto carnoso y cilíndrico. **2.** Fruto de esta planta.

pepita f. **1.** Semilla de ciertos frutos. **2.** Trozo rodado de oro u otro metal.

pepsina f. Enzima del jugo gástrico que inicia la digestión de las proteínas.

pequeñez f. **1.** Calidad de pequeño. **2.** Cosa sin importancia.

pequeño, ña adj. **1.** De poco tamaño. **2.** Dícese de las personas de baja estatura. **3.** De pocos años. ◆ m. y f. **4.** Niño.

pequinés, sa adj./m. y f. **1.** De Pekín. **2.** Dícese de una raza de perros de pequeño tamaño, de hocico corto y pelo largo.

pera f. Fruto del peral.

peral m. Árbol de flores blancas, cuyo fruto es la pera.

peralte m. Mayor elevación de la parte exterior de una curva con respecto a la interior, en carreteras, vías de tren, etc.

peralto m. Altura de una figura geométrica desde su base.

perborato m. Sal del ácido bórico.

perca f. Pez de agua dulce, de cuerpo oblongo con escamas duras.

percal m. Tela de algodón fina y barata.

percance m. Contratiempo que entorpece el curso de algo.

percatar intr. y prnl. Advertir, darse cuenta.

percebe m. Crustáceo marino con un pedúnculo carnoso comestible.

percepción f. Acción de percibir.

percha f. **1.** Madero largo y delgado que se atraviesa en otro para sostener algo. **2.** Utensilio para colgar ropa.

percibir tr. **1.** Recibir algo. **2.** Recibir impresiones por medio de los sentidos.

perclorato m. Sal de cloro que se utiliza en higiene dental.

percusión f. Acción y efecto de percutir. ● **Instrumento de~**, instrumento musical que se toca golpeándolo con las manos, bastones, etc.

percusor m. Percutor.

percutir tr. Golpear.

percutor m. Pieza que golpea, en especial la que provoca la explosión de la carga en las armas de fuego.

perder tr. **1.** Dejar de tener o no hallar una cosa. **2.** Verse privado de alguien a causa de su muerte. **3.** Desperdiciar, malgastar. ◆ tr. e intr. **4.** Resultar vencido en una competición, lucha, etc. ◆ prnl. **5.** Errar el camino. **6.** Dejarse llevar por los vicios.

perdición f. **1.** Acción de perder o perderse. **2.** Perjuicio grave.

pérdida f. **1.** Privación de lo que se poseía. **2.** Cantidad o cosa perdida. **3.** Daño que se recibe en una cosa.

perdido, da adj. **1.** Que no tiene o no lleva destino determinado. ◆ m. y f. **2.** Persona viciosa.

perdigón m. **1.** Pollo de la perdiz. **2.** Pequeño grano de plomo usado como munición de caza.

perdiz f. Ave galliforme, de cabeza pequeña y pico y patas rojas.

perdón m. Acción y efecto de perdonar.

perdonar tr. **1.** Librar a alguien de una pena, deuda, castigo, etc. **2.** No tener en cuenta la falta que otro comete.

perdulario, ria adj./m. y f. Vicioso incorregible.

perdurar intr. Durar algo largo tiempo o un tiempo indefinido.

perecer intr. Morir, fenecer.

peregrinar intr. **1.** Andar por tierras extrañas. **2.** Ir a un santuario por devoción o por voto.

peregrino, na adj. **1.** Dícese de las aves de paso. **2.** Singular, extravagante. ◆ adj./m. y f. **3.** Dícese de la persona que peregrina.

perejil m. Planta herbácea aromática, utilizada como condimento.

perenne adj. **1.** Perpetuo, que no muere. **2.** Dícese de la planta que puede vivir muchos años.

perentorio, ria adj. **1.** Urgente. **2.** Dícese del último plazo que se concede para hacer algo.

pereza f. **1.** Falta de ganas de hacer algo. **2.** Lentitud o descuido en las acciones o movimientos.

perezoso, sa adj. **1.** Que tiene pereza. **2.** Lento o pesado. ◆ f. **3.** *Argent., Perú* y *Urug.* Tumbona.

perfección f. **1.** Calidad de perfecto. **2.** Cosa perfecta.

perfeccionar tr. y prnl. Acabar una obra con el mayor grado de perfección posible.

perfecto, ta adj. **1.** Que tiene todas las cualidades requeridas. **2.** LING. Dícese del tiempo verbal que expresa la acción como acabada.

perfidia f. Deslealtad, traición.

perfil m. **1.** Contorno, línea que limita cualquier cuerpo. **2.** Contorno de alguna cosa no vista de frente. **3.** Conjunto de rasgos que caracterizan a una persona o cosa.

perfilar tr. **1.** Precisar el perfil de una cosa. **2.** Perfeccionar.

perforar tr. Agujerear algo atravesándolo en parte o totalmente.

perfume m. **1.** Materia que exhala buen olor. **2.** Olor agradable.

perfumería f. Tienda en que se venden perfumes.

pergamino m. **1.** Piel de carnero preparada para la escritura, encuadernación, etc. **2.** Documento escrito en esta piel.

pergenio m. **1.** *Chile. Fam.* Persona chica y de mala traza. **2.** *Chile.* Persona entrometida.

pergeñar tr. Ejecutar una cosa a grandes rasgos o rápidamente.

pérgola f. Galería con columnas y enrejados, por donde trepan plantas ornamentales.

periantio m. BOT. Conjunto de las envolturas florales, cáliz y corola, que rodean los estambres y el pistilo.

pericardio m. Membrana que envuelve el corazón.

pericarpio m. BOT. Parte del fruto que envuelve las semillas.

pericia f. Habilidad, cualidad del que es experto en algo.

perico m. Loro.

periferia f. Espacio que rodea un núcleo cualquiera.

perifollo m. **1.** Planta aromática usada como condimento. ◆ pl. *Fam.* **2.** Conjunto de adornos superfluos y generalmente de mal gusto.

perífrasis f. Figura retórica que consiste en expresar por medio de un rodeo un concepto único.

perigeo m. ASTRON. Punto en que la Luna se halla más próxima a la Tierra.

perihelio m. ASTRON. Punto más cercano al Sol en la órbita de un planeta.

perilla f. Barba formada por los pelos que crecen en la barbilla.

perillán, na adj./m. y f. Granuja, pícaro.

perímetro m. **1.** Ámbito. **2.** MAT. Contorno de una figura.

perineo o **periné** m. Región comprendida entre el ano y los órganos sexuales.

perinola f. Peonza pequeña que se hace bailar con los dedos.

periódico, ca adj. **1.** Que sucede o se hace con determinados espacios de tiempo. ◆ m. **2.** Publicación impresa que se edita diariamente.

periodismo m. Profesión de las personas que escriben en periódicos o en programas informativos de radio o televisión.

período o **periodo** m. **1.** Espacio de tiempo determinado. **2.** Tiempo que una cosa tarda en volver al estado o posición que tenía al principio. **3.** Ciclo de tiempo. **4.** Menstruación. **5.** MAT. Cifra o conjunto de cifras que se repiten indefinidamente, después del cociente entero, en las divisiones inexactas.

periostio m. Membrana fibrosa que rodea los huesos.

peripecia f. Suceso que acontece de manera imprevista.

periplo m. Navegación alrededor.

periquete. En un ~ *(Fam.)*, en un tiempo muy breve.

periquito m. Ave de pequeño tamaño y plumaje de vistosos colores.

periscopio m. Instrumento óptico que, por medio de prismas y espejos, permite ver por encima de un obstáculo.

perisodáctilo, la adj./m. Relativo a los mamíferos con un número impar de dedos, de los cuales el tercero está muy desarrollado.

peristáltico, ca adj. FISIOL. **1.** Que tiene la capacidad de contraerse. **2. Movimiento** ~, contracción del intestino que permite el avance de los alimentos.

perito, ta adj./m. y f. Experto en una ciencia o arte.

peritoneo m. Membrana que cubre la cavidad interior del abdomen y las vísceras.

peritonitis f. Inflamación del peritoneo.

perjudicar tr. y prnl. Causar daño material o moral.

perjudicial adj. Que perjudica o puede perjudicar.

perjuicio m. Efecto de perjudicar o perjudicarse.

perjurar intr. **1.** Jurar mucho o por vicio. ◆ intr. y prnl. **2.** Jurar en falso. ◆ prnl. **3.** Faltar al juramento.

perla f. Pequeño cuerpo esférico de nácar que se forma en el interior de algunos moluscos.

permanecer intr. **1.** Mantenerse en un lugar durante un tiempo determinado. **2.** Continuar en el mismo estado, situación, etc.

permanente adj. **1.** Que permanece. ◆ f. **2.** Ondulación artificial del cabello.

permeable adj. Que puede ser penetrado por el agua u otro fluido.

pérmico, ca adj./m. GEOL. Dícese del último período del paleozoico.

permiso m. **1.** Acción y efecto de permitir. **2.** Posibilidad de dejar temporalmente el trabajo u otra obligación.

permitir tr. y prnl. **1.** Manifestar, quien tiene autoridad para ello, que una persona puede hacer o dejar de hacer alguna cosa. ◆ tr. **2.** No impedir algo. **3.** Hacer posible.

permutar tr. **1.** Cambiar una cosa por otra. **2.** Variar el orden.

pernera f. Parte del pantalón que cubre la pierna.

pernicioso, sa adj. Peligroso o muy perjudicial.

pernil m. Anca y muslo del animal.

perno m. Pieza metálica que por un extremo termina en una cabeza, y en el otro tiene una rosca en que se atornilla una tuerca.

pernoctar intr. Pasar la noche en algún lugar fuera del propio domicilio.

pero conj. **1.** Expresa contraposición u oposición: *es muy inteligente* ~ *vago.* **2.** Se usa encabezando algunas frases: ~ *¿cómo es posible?* ◆ m. **3.** Defecto, inconveniente.

perogrullada f. Verdad que por sabida es simpleza decirla.

perol m. **1.** Vasija semiesférica de metal, que sirve para guisar. **2.** *Venez.* Cosa, asunto.

peroné m. Hueso largo y delgado de la pierna.

perorata f. Discurso inoportuno y aburrido para el oyente.

perpendicular adj. **1.** Que forma un ángulo recto con una recta o plano. ◆ f. **2.** Línea que forma ángulo recto con otra.

perpetrar tr. Cometer un delito.

perpetuar tr. y prnl. Hacer perpetua o perdurable una cosa.

perpetuo, tua adj. **1.** Que dura siempre. **2.** Que dura toda la vida: *cadena* ~.

perplejidad f. Confusión, indecisión.

perrera f. Sitio donde se guardan o encierran los perros.

perrería f. **1.** Conjunto de perros. **2.** *Fam.* Mala pasada.

perro, rra adj. *Fam.* **1.** Muy malo, indigno. ◆ m. y f. **2.** Mamífero doméstico carnicero del que existen gran número de razas, tamaños y pelajes. **3.** Persona despreciable y malvada. ◆ f. *Fam.* **4.** Rabieta.

■ **ENC.** El **perro** vive entre 10 y 15 años. Ha sido entrenado por el hombre para cumplir distintas funciones: perros de trineo, guardianes, de caza, policías, rescatistas, etc. También se usa como mascota, pues es un animal muy fiel. Las diferencias entre razas pueden ser muy notorias. Por ejemplo, el San Bernardo pesa hasta 100 kg, mientras el pequinés 1.5 kg. El perro fue el primer animal domesticado por el hombre. Junto con el lobo, el chacal y el zorro, el perro forma parte de la familia de los cánidos.

persa adj./m. y f. **1.** De Persia. ◆ m. **2.** Lengua hablada en Irán.

persecución f. Acción de perseguir.

perseguir tr. Seguir al que huye para alcanzarle.

perseverancia f. Constancia en la ejecución de las cosas.

perseverar intr. Mantenerse firme en una actitud u opinión.

persiana f. Cierre formado por tablas largas y delgadas, unidas entre sí, que se coloca en ventanas, puertas y balcones.

persignar tr. y prnl. Signar, hacer la señal de la cruz.

persistir intr. **1.** Mantenerse firme y constante en alguna cosa. **2.** Durar largo tiempo.

persona f. **1.** Individuo de la especie humana. **2.** LING. Accidente gramatical del verbo y del pronombre, que hace referencia a la relación de los hablantes respecto al discurso.

personaje m. **1.** Persona importante. **2.** Cada uno de los seres que toman parte en la acción de una obra literaria, película, etc.

personal adj. **1.** Relativo a la persona o propio o particular de ella. ◆ m. **2.** Conjunto de las personas que trabajan en un mismo organismo o empresa. ● **Pronombre** ~, el que lleva o es indicador de persona gramatical.

personalidad f. **1.** Conjunto de características que constituyen y diferencian a una persona. **2.** Persona que destaca en una determinada actividad o campo.

personalizar tr. Referirse a una persona determinada.

personarse prnl. Presentarse personalmente en cierto lugar.

personificar tr. Atribuir lo que es propio de los seres humanos a animales o cosas.

perspectiva f. **1.** Forma de representar por medio del dibujo, en un plano, los objetos tal como aparecen a la vista. **2.** Aquello que apa-

PLANTAS

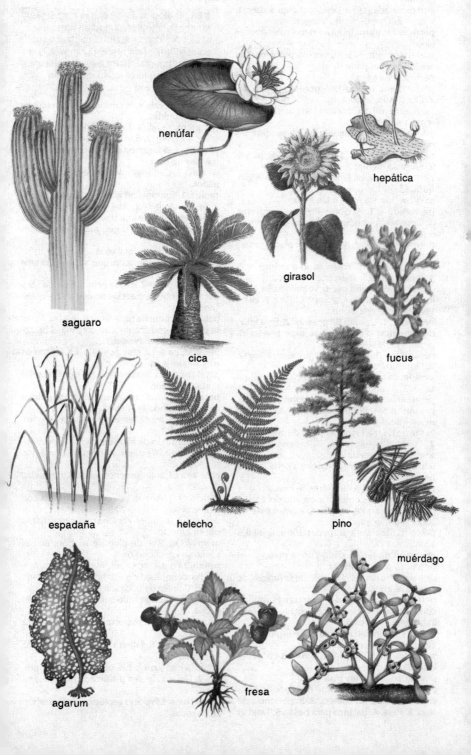

nenúfar

hepática

saguaro

girasol

cica

fucus

espadaña

helecho

pino

muérdago

agarum

fresa

rece ante la vista del que lo contempla. **3.** Expectativa.

perspicaz adj. **1.** Que percibe a larga distancia: *vista ~*. **2.** Que es agudo y sagaz.

persuadir tr. y prnl. Inducir a uno a creer o hacer algo.

pertenecer intr. **1.** Ser una cosa propiedad de uno. **2.** Formar parte de algo.

pértiga f. Vara larga.

pertinaz adj. **1.** Duradero, persistente: *dolor ~*. **2.** Obstinado, terco.

pertinente adj. **1.** Oportuno, adecuado. **2.** Referente, relativo.

pertrechos m. pl. Conjunto de útiles necesarios para un fin.

perturbado, da adj. **1.** Inquieto. ◆ adj./m. y f. **2.** Enfermo mental.

perturbar tr. y prnl. Producir desorden o intranquilidad.

peruano, na adj./m. y f. De Perú.

perversión f. **1.** Acción y efecto de pervertir. **2.** Desviación y corrupción de las costumbres: *~ sexual*.

perverso, sa adj./m. y f. Que por placer realiza actos crueles.

pervertir tr. y prnl. Volver malo o vicioso.

pervivir tr. Seguir viviendo.

pesa f. **1.** Masa tipo que sirve para hallar el valor de otra masa. **2.** *Colomb., C. Rica, Nicar.* y *Venez.* Carnicería, tienda.

pesadez f. **1.** Calidad de pesado. **2.** Sensación de cansancio o peso que se experimenta en algunas partes del cuerpo.

pesadilla f. **1.** Ensueño angustioso y tenaz. **2.** Disgusto intenso.

pesado, da adj. **1.** Que pesa mucho. **2.** Insoportable. **3.** Aburrido.

pesadumbre f. Padecimiento moral, y su causa.

pésame m. Manifestación de sentimiento por la muerte de alguien.

pesar tr. **1.** Determinar el peso de algo. ◆ intr. **2.** Tener gran influencia. **3.** Experimentar un sentimiento de pena.

pesar m. **1.** Sentimiento de dolor o pena. **2.** Arrepentimiento.

pesca f. Acción, efecto y arte de pescar.

pescado m. Pez comestible sacado del agua.

pescante m. En los carruajes, asiento exterior para el conductor.

pescar tr. Sacar del agua peces u otros animales acuáticos.

pescozón m. Golpe dado con la mano en el pescuezo o en la cabeza.

pescuezo m. Parte del cuerpo de un animal de la nuca al tronco.

pesebre m. **1.** Especie de cajón o artesa donde comen los animales y lugar destinado para éste. **2.** Nacimiento, belén.

peseta f. **1.** Unidad monetaria de España. ◆ pl. *Esp. Fam.* **2.** Dinero, capital.

pesimismo m. Disposición a ver las cosas del lado desfavorable.

pésimo, ma adj. Muy malo.

peso m. **1.** Fuerza resultante de la acción de la gravedad sobre un cuerpo. **2.** Importancia de algo. **3.** Pesa. **4.** Balanza para pesar. **5.** Unidad

monetaria de México, Argentina, Colombia, Filipinas y otros países.

■ **Enc.** No deben confundirse **peso** y masa. El peso de un objeto depende de la atracción terrestre. Así, un saco de 50 kg es más fácil de cargar en la Luna que en la Tierra, ya que su «peso lunar» no es igual a su «peso terrestre». Sin embargo, la masa de arena que se encuentra en el saco, es la misma en la Luna que en la Tierra.

pespunte m. Labor de costura hecha mediante puntadas unidas.

pesquero, ra adj. **1.** Relativo a la pesca: *industria ~*. ◆ m./adj. **2.** Barco de pesca.

pesquisa f. Indagación que se hace de una cosa para averiguarla.

pestaña f. Cada uno de los pelos de los párpados.

peste f. **1.** Enfermedad infecciosa que ocasiona gran mortandad. **2.** Mal olor. **3.** *Fam.* Abundancia excesiva de una cosa molesta o nociva.

pesticida m. Sustancia que mata los parásitos de los cultivos.

pestilencia f. Peste, mal olor.

pestillo m. Pasador con que se asegura una puerta o ventana.

pesto m. **1.** *Argent.* Pasta hecha a base de albahaca y ajo que se mezcla con aceite. **2.** *Argent. Fam.* Paliza.

petaca f. **1.** Estuche para tabaco. **2.** *Méx.* Maleta pequeña con tirante para colgarla al brazo. ◆ pl. **3.** *Méx. Fam.* Nalga.

petacón, na adj. *Colomb.* y *Méx.* Que tiene las nalgas muy grandes.

pétalo m. Cada una de las piezas que forman la corola de la flor.

petanca f. Juego consistente en arrojar varias bolas acercándolas entre sí.

petardo m. Canuto lleno de pólvora, que provoca detonación.

petate m. **1.** Lío de ropa de los marineros, soldados, etc. **2.** *Méx.* Esterilla de palma para dormir sobre ella.

petenera f. Cante flamenco de gran intensidad dramática.

petición f. **1.** Acción de pedir. **2.** Cláusula con que se pide.

petimetre, tra m. y f. Persona muy preocupada por su aspecto.

petirrojo m. Ave de plumaje marrón, con el cuello y el pecho rojos.

petizo, za o **petiso, sa** adj./m. y f. **1.** *Amér. Merid.* Pequeño, bajo de estatura. ◆ m. **2.** *Amér. Merid.* Caballo de poca alzada.

peto m. Pieza del vestido que se coloca sobre el pecho.

petrel m. Ave que vive en alta mar, y va a tierra a reproducirse.

pétreo, a adj. **1.** Relativo a la piedra. **2.** Cubierto de piedra.

petrificar tr. y prnl. **1.** Convertir algo en piedra. **2.** Dejar a alguien paralizado por el asombro.

petrogénesis f. Proceso geológico de formación de las rocas.

petróleo m. Mezcla de hidrocarburos combustible, de color oscuro, que se encuentra en estado líquido en el interior de la tierra.

petroquímica f. Ciencia o industria de los productos químicos derivados del petróleo.

petulancia f. **1.** Insolencia. **2.** Presunción.

petunia f. **1.** Planta de flores grandes y olorosas. **2.** Flor de esta planta.

peyorativo, va adj. Que expresa una idea desfavorable.

pez m. **1.** Animal vertebrado acuático, de respiración branquial, de piel cubierta de escamas y con extremidades en forma de aleta. ◆ f. **2.** Materia oscura y pegajosa, que se obtiene como residuo en la destilación de la trementina y otros productos.

pezón m. **1.** Parte central y más prominente de la glándula mamaria. **2.** Rabillo de la hoja, la flor o el fruto de las plantas.

pezuña f. En los animales de pata hendida, conjunto de los dedos de una pata cubierto con sus uñas.

pH m. QUÍM. Coeficiente que caracteriza el grado de acidez de un medio.

phylum m. En taxonomía, una categoría de clasificación.

pi f. **1.** Letra del alfabeto griego. **2.** MAT. Signo que representa la relación entre el diámetro de una circunferencia y su longitud.

piadoso, sa adj. **1.** Religioso. **2.** Inclinado a sentir compasión.

piano m. Instrumento musical de cuerdas percutidas mediante pequeños martillos accionados por unas teclas.

■ **ENC.** En 1698, el italiano Cristófori construyó el primer **piano**. Este instrumento surge de la necesidad que tenían los músicos de poder tocar notas suaves y fuertes, matices que eran imposibles de lograr en el clavicémbalo. Así, Cristófori tuvo la idea de hacer golpear las cuerdas con pequeños martillos e inventó el pianoforte (que significa suave-fuerte), cuya evolución originó el piano moderno.

pianola f. Piano que se toca por pedales o corriente eléctrica.

piar intr. Emitir su sonido las aves, y especialmente el pollo.

piara f. Manada de cerdos.

piastra f. En algunos países, moneda de valor variable.

pibe, ba m. y f. Argent. y Urug. Muchacho.

pica f. **1.** Vara para picar los toros. **2.** Lanza larga antiguamente usada en infantería.

picadero m. Escuela de equitación.

picadillo m. Guiso de carne picada.

picado, da adj. **1.** Que comienza a avinagrarse. ◆ f. **2.** Amér. Senda que se abre en un bosque o en un monte espeso. **3.** Amér. Central, Argent., Bol., Chile, C. Rica, Par. y Urug. Carrera ilegal de automóviles que se realiza en la vía pública. **4.** Argent. Tapa, aperitivo. **5.** Colomb. Fam. Punzada, dolor agudo.

picador, ra m. y f. **1.** Persona que doma los caballos. **2.** Torero de a caballo que pica con garrocha a los toros. **3.** Persona que arranca el mineral con el pico. ◆ f. **4.** Aparato que pica alimentos.

picadura f. **1.** Acción de picar o picarse. **2.** Mordedura de ciertos insectos, aves o reptiles. **3.** Tabaco picado para fumar.

picaflor m. **1.** Colibrí. **2.** Amér. Central y Amér. Merid. Hombre enamoradizo y galanteador.

picana f. Amér. Merid. y Méx. Vara para picar a los bueyes.

picante adj. **1.** Que pica al paladar. **2.** Fam. Dicho con intención o gracia maliciosa. ◆ m. **3.** Sustancia que pica al paladar.

picapleitos m. y f. Desp. Abogado.

picaporte m. **1.** Aldaba. **2.** Dispositivo para cerrar una puerta.

picar tr. **1.** Morder las aves, los insectos y ciertos reptiles. **2.** Morder los peces el cebo. **3.** Cortar una cosa en trozos muy menudos. **4.** Herir al toro con una pica desde el caballo. ◆ tr. e intr. **5.** Sentir escozor en alguna parte del cuerpo. ◆ prnl. **6.** Agujerearse: *picarse un diente.* **7.** Enfadarse.

picardía f. **1.** Manera de obrar hábil y con cierto engaño. **2.** Dicho en el que hay malicia o intención pícara.

picaresco, ca adj. Relativo a los pícaros. ● **Novela ~**, novela autobiográfica, que narra la vida de los pícaros.

pícaro, ra adj./m. y f. Que comete engaños para sobrevivir.

picatoste m. Rebanada de pan, tostada con manteca o frita.

picazón f. **1.** Picor producido por algo que pica. **2.** Inquietud, temor.

pichi m. Vestido sin mangas que se lleva sobre la blusa o jersey.

pichincha f. Amér. Merid. Precio muy bajo, ganga.

pichón m. Palomo joven.

picnic m. Merienda campestre.

pico m. **1.** Órgano de las aves formado por dos mandíbulas recubiertas por dos piezas córneas. **2.** Cúspide de una montaña. **3.** Herramienta formada por una pieza puntiaguda de acero y un mango de madera.

picor m. **1.** Sensación en alguna parte del cuerpo, producida por algo que pica. **2.** Escozor en el paladar por haber comido algo picante.

picota f. **1.** Columna donde se exhibían las cabezas de los ajusticiados. **2.** Variedad de cereza.

picotazo m. Señal que deja al picar un ave, insecto o reptil.

picotear tr. Picar algo las aves.

pictografía f. Tipo de escritura en el que se dibujan los objetos que se desea expresar.

pictograma m. Dibujo de una escritura pictográfica.

pictórico, ca adj. Relativo a la pintura.

pie m. **1.** Extremidad de la pierna o de la pata. **2.** Base en que se apoya un objeto. **3.** Chile. Cantidad de dinero que se da como garantía de lo que se ha comprado. **4.** BOT. Tronco de las plantas y de los árboles. ● **A ~**, andando.

piedad f. **1.** Fervor en las prácticas religiosas. **2.** Compasión ante una persona que sufre.

P

piedra f. **1.** Materia mineral usada en construcción. **2.** MED. Cálculo. ● ~ **preciosa,** piedra fina y rara, que tallada, se usa como adorno.

piel f. **1.** Tejido externo que recubre el cuerpo del hombre y de los animales. **2.** Parte exterior de ciertos frutos. **3.** Cuero curtido.

pienso m. Ración de alimento seco que se da al ganado.

pierna f. **1.** Extremidad inferior del hombre. ◆ m. y f. **2.** *Argent. Fam.* Persona dispuesta a prestar compañía.

pieza f. **1.** Cada parte de un todo. **2.** Composición suelta de música vocal o instrumental.

pífano m. Flauta pequeña de tono muy agudo.

pifia f. *Fam.* **1.** Error, descuido. **2.** *Fam.* Dicho o hecho indiscreto.

pigmento m. Sustancia coloreada producida por un ser vivo.

pigmeo, a adj. Relativo a un conjunto de pueblos de África y Asia, caracterizados por su baja estatura.

pijama m. Conjunto de chaqueta y pantalón que se usa para dormir.

pijo, ja adj./m. y f.*Esp.* **1.** Dícese de los jóvenes, cuyos gestos, indumentaria, etc., reflejan una buena posición social. ◆ m. y f. **2.** Pene, miembro viril.

pijotero, ra adj. Dícese de la persona que molesta o fastidia.

pila f. **1.** Acumulación de cosas. **2.** Pilar. **3.** Generador de corriente eléctrica continua. **4.** Recipiente donde cae o se echa el agua.

pilar m. Soporte vertical que sostiene una estructura.

pilcha f. **1.** *Amér. Merid.* Prenda de vestir pobre o en mal estado. **2.** *Argent.* Prenda de vestir elegante y cara. **3.** *Argent., Chile* y *Urug.* Prenda del recado de montar.

píldora f. Medicamento en forma de bola que se toma por vía oral.

pileta f. **1.** *Argent., Par.* y *Urug.* Pila de cocina o de lavar. **2.** *Argent.* y *Urug.* Abrevadero. **3.** *R. de la Plata.* Piscina.

pillaje m. Robo, rapiña.

pillar tr. **1.** Robar. **2.** Alcanzar a alguien o algo. **3.** *Fam.* Encontrar.

pillastre m. y f. *Fam.* Pillo.

pillo, lla adj./m. y f. Que busca su provecho con habilidad.

pilón m. **1.** Pilar. **2.** Pesa móvil que se coloca en el brazo mayor de la romana. **3.** Abrevadero de las fuentes. **4.** *Méx.* Mercancía extra que el comerciante regala al cliente. ● **De** ~ *(Méx.),* por añadidura.

píloro m. Orificio que comunica el estómago y el duodeno.

piloso, sa adj. **1.** Relativo al pelo. **2.** Peludo.

pilotar tr. Dirigir un vehículo, globo, avión, etc.

pilote m. Madero hincado en el suelo para asegurar los cimientos.

piloto m. **1.** Persona que dirige un vehículo, avión, etc. **2.** Pequeña lámpara eléctrica de advertencia.

piltrafa f. **1.** Parte de carne flaca, que casi todo es pellejo. **2.** Conjunto de residuos menudos de cualquier cosa.

pimentero m. **1.** Arbusto que da una semilla aromática y picante. **2.** Recipiente para la pimienta.

pimienta f. Fruto del pimentero, usado como condimento.

pimiento m. **1.** Planta herbácea de fruto en baya hueca, con multitud de semillas. **2.** Fruto de esta planta.

pimpollo m. **1.** Vástago de las plantas. **2.** Persona joven y atractiva.

pimpón m. Ping-pong.

pinacate m.*Méx.* Escarabajo de color negro que despide un olor fuerte cuando es atacado.

pinacoteca f. Museo de pintura.

pináculo m. **1.** Parte más alta de un edificio. **2.** Apogeo.

pinar m. Bosque de pinos.

pincel m. Útil formado por un mechón de cerdas sujeto a un mango.

pinchar tr. y prnl. **1.** Introducir una cosa punzante en un cuerpo poroso. **2.** *Fam.* Poner inyecciones. ◆ intr. **3.** Sufrir un pinchazo en una rueda de un vehículo. ◆ prnl. *Esp. Fam.* **4.** Inyectarse una droga.

pinchazo m. **1.** Huella que queda al pincharse algo. **2.** Incisión en un neumático que le produce pérdida de aire.

pinche adj./m. y f.**1.** *Méx. Fam.* Despreciable, miserable. ◆ m. y f. **2.** Ayudante de cocina. **3.** *Chile. Fam.* Persona con quien se forma pareja en una relación amorosa informal y de corta duración. ◆ m. **4.** *Chile. Fam.* Trabajo ocasional.

pincho m. **1.** Punta aguda de una cosa. **2.** Aperitivo.

pindonguear intr. *Fam.* Callejear.

pingajo m. Andrajo que cuelga.

pingo m. **1.** Pingajo. **2.** *Argent., Chile* y *Urug.* Caballo. **3.** *Méx.* Muchacho travieso.

ping-pong m. Deporte parecido al tenis, que se juega sobre una mesa rectangular.

pingüe adj. **1.** Graso, mantecoso. **2.** Abundante, cuantioso.

pingüinera f. *Argent.* Lugar donde se agrupan los pingüinos.

pingüino m. Ave que vive en la zona del Atlántico septentrional.

pinnípedo, da adj./m. Mamíferos acuáticos, con cuerpo alargado y aletas, como la foca.

pino m. Árbol resinoso, de hojas en forma de aguja.

■ **ENC. El pino** crece en las regiones templadas del hemisferio norte. Alcanza los 50 m de altura y más de 2 m de diámetro. Puede vivir cientos de años. Se le explota cuando alcanza de 100 a 150 años.

pinta f. **1.** Mota, lunar. **2.** Apariencia. **3.** Medida de capacidad.

pintado, da adj. **1.** Que tiene pintas o lunares. ◆ f. **2.** Acción de pintar en las paredes letreros o escritos. **3.** Ave mayor que la gallina, de plumaje negro con manchas blancas.

pintalabios m. Barra para pintarse los labios.

pintar tr. **1.** Representar algo mediante líneas y colores. **2.** Cubrir de pintura la superficie de algo. ◆ prnl. **3.** Maquillarse el rostro.

pintarrajear tr. y prnl. *Fam.* Pintar de cualquier forma.

pintarroja f. Pez de pequeño tamaño y piel rasposa.

pintor, ra m. y f. **1.** Artista que se dedica a la pintura. **2.** Persona que tiene por oficio pintar paredes, puertas, ventanas, etc.

pintoresco, ca adj. Original, extravagante.

pintura f. **1.** Arte de pintar. **2.** Obra pintada. **3.** Materia colorante usada para pintar.

■ **Enc.** Hasta la invención de los solventes modernos, el agua constituyó la base de todos los procedimientos de **pintura**. Los hombres prehistóricos pintaron sobre los muros de las cavernas. Después, los antiguos Griegos y los Romanos pintaron frescos sobre los muros de los templos y palacios. En la Edad Media, los monjes decoraban los manuscritos con ilustraciones a la aguada y a la acuarela. El óleo abrió el camino a las técnicas de pintura utilizadas hasta nuestros días.

pinza f. **1.** Instrumento cuyos extremos se aproximan para sujetar algo. **2.** ZOOL. Apéndice prensil de algunos artrópodos.

piña f. **1.** Fruto del pino y otras plantas, en forma de cono. **2.** Grupo muy unido. **3.** Ananás. **4.** *Argent.* y *Urug.* Puñetazo.

piñata f. Cacharro lleno de dulces, que se cuelga para ser roto con un palo, llevando los ojos vendados.

piñón m. **1.** Semilla del pino. **2.** Rueda dentada que engrana con otra.

pío, a adj. **1.** Piadoso. ◆ m. **2.** Voz que imita el sonido del pollo.

piocha f. *Méx.* Barba terminada en punta que cubre únicamente la barbilla.

piojo m. Insecto parásito externo de los mamíferos.

piola adj. **1.** *Argent.* Astuto. ◆ f. **2.** *Amér.* Soga, cuerda. **3.** *Argent., Chile* y *Perú.* Cuerda de cáñamo.

piolet m. Pico ligero que utilizan los alpinistas.

piolín m. *Amér. Central* y *Amér. Merid.* Cordel delgado de cáñamo, algodón u otra fibra.

pionero, ra m. y f. Persona que inicia una actividad nueva.

piorrea f. Flujo de pus, especialmente en las encías.

pipa f. **1.** Utensilio formado por una cazoleta y una boquilla usado para fumar. **2.** Tonel para líquidos. **3.** Pepita de las frutas. ◆ m. **4.** *Méx.* Camión que lleva un depósito grande para transportar líquidos.

pipeta f. Tubo de cristal, que sirve para trasvasar pequeñas cantidades de líquido en los laboratorios.

pipí m. *Fam.* Orina.

pípila f. *Méx.* Pava, hembra del guajolote.

pipón, na adj. **1.** *Amér. Central* y *Amér. Merid.* Que tiene mucha barriga. **2.** *Argent.* y *Urug.* Harto de comida.

pique m. **1.** Resentimiento, disgusto. **2.** Sentimiento de rivalidad. **3.** *Argent., Nicar.* y *Pan.* Camino estrecho que se abre en un bosque. **4.** *Chile.* Juego infantil. **5.** *Chile* y *Hond.* Soca-

vón abierto con fines mineros. **6.** *Méx.* Enfrentamiento entre personas, que se manifiesta mediante ironías o agresiones indirectas. ● **1. Irse a ~**, hundirse una embarcación. **2.** Frustrarse una cosa.

piqué m. Tejido de algodón con dibujos en relieve.

piqueta f. Herramienta de albañil, con mango de madera y dos bocas opuestas, una plana y otra afilada.

piquete m. Grupo de personas que intenta imponer una huelga.

pira f. Hoguera.

piragua f. Embarcación larga y estrecha, mayor que la canoa.

pirámide f. **1.** Poliedro que tiene como base un polígono y cuyas caras son triángulos que se juntan en un vértice común. **2.** Monumento con forma de pirámide.

piraña f. Pez de agua dulce, muy voraz.

■ **Enc.** Algunas especies de **piraña** atacan al ganado, a los caballos y al hombre. Atraídas por la sangre de una herida, devoran a su presa en unos minutos. En la cuenca del Amazonas se han multiplicado debido a que el cocodrilo, su principal enemigo, ha sido cazado en exceso.

pirar intr. y prnl. *Fam.* Largarse.

pirata adj. **1.** Clandestino, ilegal. ◆ m. y f. **2.** Persona que asalta y roba barcos en el mar.

pirca f. *Amér. Merid.* Tapia de piedras que en el campo suele acotar propiedades.

pirenaico, ca adj./m. y f. De los Pirineos.

pirita f. Nombre del sulfuro de hierro.

pirómano, na m. y f. Que tiene tendencia a provocar incendios.

piropo m. Lisonja, alabanza dicha a una persona.

pirotecnia f. Arte de preparar fuegos de artificio.

piroxeno m. Silicato de hierro, magnesio y calcio.

pirrarse prnl. *Fam.* Gustarle a uno mucho algo o alguien.

pirú o **pirul** m. *Méx.* Árbol de tronco torcido y fruto globoso, cuya semilla tiene un sabor parecido a la pimienta.

pirueta f. **1.** Vuelta dada sobre la punta de un pie. **2.** Voltereta.

pirulí m. Caramelo con un palo que sirve de mango.

pisada f. **1.** Acción de pisar al andar. **2.** Huella del pie.

pisapapeles m. Utensilio pesado que se pone sobre los papeles.

pisar tr. **1.** Poner un pie sobre alguna cosa. **2.** Apretar o estrujar algo con los pies o con algún instrumento. **3.** Pisotear.

piscicultura f. Arte de criar peces en un río, estanque o lago.

piscifactoría f. Establecimiento de piscicultura.

piscina f. Estanque para bañarse o nadar.

piscis m. y f./adj. Persona nacida bajo el signo zodiacal de Piscis.

piscívoro, ra adj. Que se alimenta de peces.

pisco m. **1.** *Bol., Chile* y *Perú.* Aguardiente de uva. **2.** *Colomb.* y *Venez.* Pavo, ave.

piscolabis m. *Fam.* Refrigerio o aperitivo.

P

piso m. **1.** Suelo. **2.** *Esp.* Cada vivienda de un edificio con plantas.

pisotear tr. **1.** Pisar algo repetidamente. **2.** Humillar, maltratar.

pispiar o **pispar** tr. *Amér. Merid.* Observar sin ser visto lo que otros hacen, espiar.

pista f. **1.** Rastro dejado por una persona o un animal. **2.** Indicio, señal. **3.** Terreno donde despegan y aterrizan aviones.

pistacho m. Fruto cuya semilla se usa en pastelería y en cocina.

pistilo m. Órgano femenino de una flor.

pisto m. **1.** Plato elaborado a base de pimientos, tomates, cebolla, calabacín, etc., fritos. **2.** *Amér. Central* y *Perú.* Dinero.

pistola f. **1.** Arma de fuego, de cañón corto. **2.** Objeto que sirve para pulverizar un líquido.

pistón m. **1.** Émbolo. **2.** Pieza central de la cápsula en que está el fulminante. **3.** Llave de ciertos instrumentos musicales.

pita f. **1.** Planta con hojas o pencas grandes, de las que se extrae una fibra textil. **2.** Hilo que se hace de las hojas de esta planta. **3.** *Amér. Central* y *Méx.* Planta vivaz utilizada para hacer setos.

pitahaya f. Planta trepadora de América Meridional con hermosas flores rojas o blancas.

pitanga f. *Argent.* Planta arbórea de hojas olorosas y fruto comestible.

pitar tr. e intr. **1.** Hacer sonar el pito. ◆ tr. **2.** *Amér. Merid.* Fumar.

pitido m. **1.** Sonido emitido con un pito. **2.** Silbido de protesta.

pitillo m. Cigarrillo.

pito m. **1.** Instrumento que produce al soplar un sonido agudo. **2.** *Fam.* Pene, miembro viril.

pitón m. **1.** Serpiente que mata a sus presas enrollándose alrededor de ellas. **2.** Pitorro. **3.** Extremo superior del cuerno del toro. **4.** *Chile, Ecuad.* y *Hond.* Boquilla metálica que remata la manguera.

■ **ENC.** El **pitón** moluro del sureste de Asia y de Indonesia mide de 7 a 10 m y pesa 100 kg. Es la serpiente más grande de todas. El pitón ataca a los perros, a los antílopes y a los puercos salvajes.

pitonisa f. Mujer dotada del don de la profecía.

pitorrearse prnl. *Fam.* Burlarse.

pitorro m. Parte de los botijos, porrones, etc., que tiene un agujero por donde sale el líquido para beber.

pituco, ca adj./m. y f. **1.** *Amér. Merid.* Cursi, petimetre. **2.** *Argent.* Persona elegantemente vestida.

pituitaria f. Membrana que recubre la cavidad nasal.

piure m. *Chile.* Animal en forma de saco con dos aberturas, la boca y el ano, cuya carne es muy apreciada.

pívot m. y f. En baloncesto, jugador que se mueve cerca del aro.

pivote m. Extremo cilíndrico de una pieza, donde se inserta otra para girar.

pixel m. FOT. Abrev. de *picture element* (elemento pictórico), el menor de los elementos de una imagen al que se puede aplicar color o intensidad.

piyama m. o f. *Amér.* Pijama.

pizarra f. **1.** Roca sedimentaria de color gris o azulado. **2.** Trozo de dicha roca preparado para escribir sobre él. **3.** Encerado.

pizarrón m. *Amér.* Pizarra, encerado.

pizca f. *Fam.* Porción pequeña.

pizcar tr. *Méx.* Recoger la cosecha de maíz y algodón.

placa f. **1.** Lámina delgada. **2.** Pieza de metal con inscripciones.

placard m. *Argent.* y *Urug.* Armario empotrado.

placenta f. En los mamíferos, órgano que relaciona el embrión con el útero materno durante la gestación.

placentero, ra adj. Agradable, apacible.

placer tr. Agradar.

placer m. **1.** Sensación agradable. **2.** GEOL. Depósito de arena que contiene minerales explotables.

plácido, da adj. Agradable, tranquilo.

plafón m. Lámpara plana que se coloca pegada al techo.

plaga f. **1.** Desgracia pública. **2.** Abundancia de algo perjudicial. **3.** Organismo animal o vegetal que perjudica a la agricultura.

plagar tr. y prnl. Llenar con abundancia de algo perjudicial.

plagiar tr. **1.** Copiar una obra ajena, presentándola como propia. **2.** *Amér.* Secuestrar, robar.

plaguicida adj./m. Que combate las plagas del campo.

plan m. **1.** Proyecto, idea. **2.** Programa de una obra o acción.

plancha f. **1.** Lámina delgada. **2.** Utensilio con asa para planchar.

planchar tr. Quitar las arrugas a la ropa con la plancha.

plancton m. Conjunto de pequeños organismos que viven en el mar.

planeador m. Avión sin motor que vuela usando las corrientes de aire.

planear tr. **1.** Hacer planes. ◆ intr. **2.** Volar un avión con los motores parados.

planeta m. Astro que gira alrededor del Sol o de una estrella.

planicie f. Llanura muy extensa.

planificar tr. Elaborar un plan detallado con un objetivo.

planilla f. **1.** *Méx.* Cada uno de los grupos que contienden en un proceso electoral. **2.** *Méx.* Boleta para ser llenada de cupones.

planisferio m. Mapa que representa la esfera celeste o terrestre.

plano, na adj. **1.** Llano, liso. ◆ m. **2.** Representación gráfica de las partes de un lugar. **3.** CINE y TV. Cada una de las partes rodadas de una vez. **4.** MAT. Superficie que puede contener una línea recta en cualquier posición. ◆ f. **5.** ~ Cada una de las caras de una hoja de papel. ● ~ inclinado (FÍS.), máquina simple constituida por una superficie plana e inclinada, por medio de la cual se facilita la elevación o el descenso de cuerpos pesados.

planta f. **1.** Parte inferior del pie. **2.** Vegetal. **3.** Piso de un edificio. **4.** Establecimiento industrial.

plantación f. **1.** Acción y efecto de plantar. **2.** Gran explotación agrícola o cultivo extensivo de ciertas plantas industriales.

plantar tr. **1.** Meter en la tierra una planta, una semilla o un esqueje. **2.** *Fam.* Abandonar a alguien o dejarlo esperando.

plante m. Protesta de un grupo para exigir o rechazar algo.

plantear tr. Poner en condiciones de resolver un problema.

plantel m. **1.** Institución donde se forman personas hábiles para cierta cosa. **2.** Criadero de plantas. **3.** *Argent.* Conjunto de animales que pertenecen a un establecimiento ganadero. **4.** *Argent.* y *Chile.* Conjunto de integrantes de un equipo deportivo.

plantígrado, da adj./m. Dícese del cuadrúpedo que al andar apoya en el suelo toda la planta del pie, como el oso.

plantilla f. **1.** Pieza usada como modelo. **2.** Personal fijo de una empresa. **3.** Pieza que cubre la planta del calzado.

plantío m. Lugar plantado recientemente de vegetales.

plantón m. **1.** Acto de dejar a alguien esperando inútilmente. **2.** *Méx.* Grupo de gente que se congrega en un lugar público para protestar por algo.

plañidera f. Mujer que llora en los entierros.

plañir intr., tr. y prnl. Llorar y gemir.

plaqueta f. Elemento coagulador de la sangre.

plasma m. Parte líquida de la sangre antes de la coagulación.

plasmar tr. y prnl. Expresar en una obra de arte algo que uno piensa y siente.

plasta f. **1.** Cosa blanda o aplastada. ◆ m. y f. *Fam.* **2.** Persona pesada.

plástico, ca adj. **1.** Relativo a la plástica. ◆ m. **2.** Sustancia sintética, que puede moldearse fácilmente. ◆ f. **3.** Arte de plasmar o de modelar una materia blanda.

plasto m. Orgánulo de las células vegetales que puede cargarse de diversas sustancias nutritivas o de pigmentos.

plata f. **1.** Metal precioso, blanco, brillante e inalterable. **2.** *Amér. Central* y *Amér. Merid.* Dinero en general, riqueza.

plataforma f. **1.** Superficie elevada. **2.** Organización que agrupa a personas con ideas e intereses comunes. **3.** *Argent.* Andén de una estación de tren.

plátano m. **1.** Planta de hojas largas y frutos comestibles. **2.** Fruto de esta planta.

platea f. Parte baja de un teatro.

plateado, da adj. **1.** Bañado de plata. **2.** De color de plata.

platelminto adj./m. Relativo a unos gusanos de cuerpo aplanado, como la tenia.

plateresco, ca adj./m. Dícese del estilo arquitectónico desarrollado en España durante el primer tercio del s. XVI.

platero m. Persona que vende objetos labrados de plata u oro.

plática f. **1.** Conversación. **2.** Sermón breve.

platillo m. **1.** Pieza pequeña semejante al plato. **2.** MÚS. Pieza par, metálica circular que forma un

instrumento musical de percusión. ● ~ **volante**, objeto que vuela, supuestamente extraterrestre.

platina f. Plataforma del microscopio en que se coloca el objeto.

platino m. Metal precioso de color blanco grisáceo.

plato m. Recipiente redondo, usado para poner en él la comida.

■ **ENC.** Hasta la Edad Media, la comida se servía en una fuente puesta sobre la mesa. Posteriormente, se comenzaron a fabricar escudillas de madera o estaño en las que se tomaba la sopa o el guiso. Sin embargo, la carne se servía en grandes rebanadas de pan duro. Finalmente, en el siglo XVI apareció el **plato** individual que conocemos actualmente.

plató m. Escenario de un estudio de cine o televisión.

platónico, ca adj. Relativo a la filosofía de Platón.

plausible adj. **1.** Digno de aplauso. **2.** Admisible, justificado.

playo, ya adj./m. **1.** *Argent., Par.* y *Urug.* Que tiene poco fondo. ◆ f. **2.** Extensión casi plana y arenosa, en la orilla del mar. **3.** *Amér.* Lugar llano y espacioso.

plaza f. **1.** Espacio libre y ancho, en una población. **2.** Mercado. **3.** Lugar donde se hacen corridas de toros. **4.** Población forticada.

plazo m. Espacio de tiempo señalado para hacer cierta cosa.

plazoleta f. Plaza pequeña.

pleamar f. Altura máxima de la marea y tiempo que dura.

plebe f. Clase social más baja.

plebeyo, ya adj./m. y f. **1.** Relativo a la plebe. **2.** Grosero.

plebiscito m. Modo de votación directa de todos los ciudadanos.

plegamiento m. GEOL. Deformación de los estratos de la corteza terrestre.

plegar tr. **1.** Hacer pliegues en una cosa. ◆ prnl. **2.** Ceder, someterse.

plegaria f. Oración que se hace para pedir una cosa.

pleistoceno adj./m. GEOL. Dícese de la primera época del período cuaternario.

pleitesía f. Muestra reverente de cortesía.

pleito m. **1.** Disputa. **2.** DER. Controversia judicial entre las partes.

plenamar f. Pleamar*.

plenario, ria adj. **1.** Completo, lleno. ◆ m. **2.** Reunión general.

plenilunio m. Luna llena.

plenitud f. **1.** Totalidad. **2.** Apogeo, mayor grado o intensidad.

pleno, na adj. **1.** Lleno. ◆ m. **2.** Reunión general de una corporación.

pletina f. Aparato que reproduce y graba cintas de casete.

plétora f. Gran abundancia de alguna cosa.

pletórico, ca adj. Pleno, lleno.

pleura f. Membrana que envuelve los pulmones.

plexo m. ANAT. Red de cordones vasculares o nerviosos.

pléyade f. Grupo de personas destacadas y contemporáneas.

pliego m. Hoja de papel cuadrangular y doblada por la mitad.

pliegue m. 1. Doblez o arruga. 2. GEOL. Deformación de las capas geológicas en forma de ondulaciones.

plinto m. 1. Aparato gimnástico usado para saltos y otros ejercicios. 2. ARQ. Parte cuadrada inferior de la basa de una columna.

plisar tr. Marcar pliegues en una tela.

plomada f. Pesa metálica usada para señalar la línea vertical.

plomero m. Amér. Fontanero.

plomizo, za adj. 1. Que tiene plomo. 2. Semejante al plomo.

plomo m. 1. Metal pesado, de color gris azulado, dúctil y maleable. 2. Fusible de hilo de plomo. 3. Plomada. 4. Fam. Persona pesada.

pluma f. 1. Órgano de la epidermis de las aves, formado por un tubo provisto de barbas. 2. Instrumento para escribir.

plumaje m. Conjunto de plumas que cubren el cuerpo de un ave.

■ ENC. El **plumaje** permite a las aves conservar el calor. Es abundante, sobre todo, en las aves acuáticas como el ganso o el pato.

plúmbeo, a adj. 1. De plomo. 2. Pesado como el plomo.

plumero m. 1. Utensilio para limpiar el polvo. 2. Adorno de plumas.

plumífero, ra adj. Que tiene o lleva plumas.

plumón m. Pluma fina de las aves, bajo el plumaje exterior.

plural adj. 1. Que expresa pluralidad. ◆ m. LING. 2. Accidente gramatical que se refiere a dos o más personas, animales o cosas.

pluralidad f. 1. Circunstancia de ser más de uno. 2. Multitud.

pluralismo m. Sistema en que se admite la pluralidad, la diversidad de opiniones, de tendencias, etc.

pluricelular adj. BIOL. Que consta de muchas células.

pluriempleo m. Ejercicio de varios empleos por una persona.

plus m. Cualquier cantidad de dinero suplementaria.

pluscuamperfecto m. LING. Tiempo del verbo que expresa una acción pasada que se ha producido antes que otra acción pasada.

plusmarca f. Récord deportivo.

plusvalía f. Aumento del valor de un bien.

plutocracia f. Régimen político en el que gobiernan los ricos.

plutónico, ca adj. GEOL. Dícese de las rocas que han cristalizado lentamente a grandes profundidades, como el granito.

plutonio m. Elemento químico radiactivo, altamente tóxico.

pluvial adj. Que procede de la lluvia: régimen ~.

pluviómetro m. Aparato para medir la cantidad de lluvia.

pluviosidad f. Cantidad de lluvia caída en un lugar y tiempo determinados.

población f. 1. Conjunto de los habitantes de un país. 2. Ciudad. 3. Chile. Barrio marginal de chabolas.

poblado m. Población.

poblano, na adj./m. y f. Amér. Central y Amér. Merid. Lugareño, campesino.

poblar tr. 1. Ocupar con gente un lugar para que habite en él. ◆ prnl. 2. Llenarse de una cosa.

pobre adj. De poca calidad. ◆ m. y f./adj. 3. Persona que no tiene lo necesario para vivir. 4. Mendigo. 5. Infeliz, desdichado.

pobreza f. 1. Calidad o estado de pobre. 2. Escasez, estrechez.

pocho, cha adj. 1. Marchito, pasado. 2. Pálido, descolorido. ◆ m. y f. 3. Méx. Persona de origen mexicano que vive en Estados Unidos y ha adoptado las costumbres norteamericanas.

pochote m. C. Rica, Hond. y Méx. Planta silvestre, muy espinosa, cuyo fruto encierra una especie de algodón con el que se rellenan almohadas.

pocilga f. 1. Establo para el ganado de cerda. 2. Fam. Lugar sucio.

pocillo m. Jícara, vasija pequeña.

pócima f. Bebida medicinal hecha de materias vegetales.

poción f. Cualquier líquido medicinal para beber.

poco, ca adj. 1. Escaso en cantidad o calidad. ◆ m. 2. Cantidad escasa de algo. ◆ adv. 3. Con escasez. 4. Con algunos verbos, denota corta duración: tardó ~ en llegar.

pocoman adj./m. y f. De un pueblo amerindio que vive en Guatemala.

poconchi adj./m. y f. De un pueblo amerindio que vive en Guatemala.

podar tr. Cortar las ramas superfluas de los árboles y plantas.

podenco, ca adj./m. y f. Dícese del perro adecuado para cazar.

poder tr. 1. Tener la facultad de hacer una cosa. ◆ intr. 2. Ser posible que suceda una cosa.

poder m. 1. Dominio o influencia. 2. Gobierno de un estado. ◆ pl. 3. Facultad para hacer algo, dada por el que tiene autoridad.

poderío m. 1. Poder, dominio. 2. Conjunto de bienes. 3. Fuerza.

poderoso, sa adj. 1. Activo, eficaz. ◆ adj./m. y f. 2. Que tiene mucho poder o riquezas.

podio o podium m. Plataforma sobre la que se coloca al vencedor de una prueba deportiva para hacerle homenaje.

podología f. Rama de la medicina que trata de los pies.

podredumbre f. Estado de aquello que está podrido.

podrido, da adj. Dícese de lo que resulta de pudrir o pudrirse.

podrir tr. y prnl. Pudrir*.

poema m. Texto oral o escrito, compuesto en verso.

poesía f. 1. Arte de evocar emociones e ideas, mediante un uso del lenguaje, sujeto a unas reglas determinadas. 2. Poema.

poeta m. y f. Persona que compone poesía.

poético, ca adj. 1. Relativo a la poesía o propio de ella. ◆ f. 2. Arte de componer poesía. 3. Tratado sobre las reglas de la poesía.

SATÉLITE Y ESTACIÓN ESPACIAL "MIR"

SATÉLITE DE TELECOMUNICACIONES

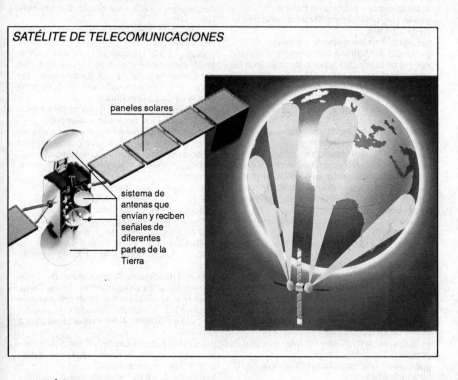

paneles solares

sistema de antenas que envían y reciben señales de diferentes partes de la Tierra

ESTACIÓN ESPACIAL "MIR"

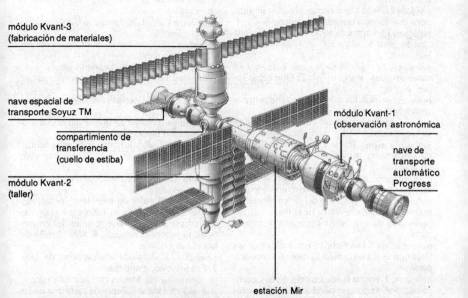

módulo Kvant-3 (fabricación de materiales)

nave espacial de transporte Soyuz TM

compartimiento de transferencia (cuello de estiba)

módulo Kvant-2 (taller)

módulo Kvant-1 (observación astronómica

nave de transporte automático Progress

estación Mir

poetisa f. Mujer que compone poesía.
poker m. Póquer*.
polaco, ca adj./m. y f. 1. De Polonia. ◆ m. 2. Lengua eslava hablada en Polonia.
polaina f. Especie de media que cubre la pierna hasta la rodilla.
polar adj. Relativo a uno de los polos.
polaridad f. Cualidad que permite distinguir entre sí cada uno de los polos de un imán o de un generador eléctrico.
polarizar tr. y prnl. Concentrar la atención en una cosa.
polca f. Danza de origen polaco que se baila por parejas.
polea f. Rueda acanalada, por donde pasa una cuerda, y sirve para elevar cuerpos.
polémica f. Controversia, discusión.
polen m. Conjunto de granos microscópicos producidos por los estambres de las flores.
polenta f. En Italia, cocido de harina de maíz.
poleo m. Planta que se usa para preparar infusiones.
poliamida f. Compuesto químico usado en la industria textil.
poliandria f. Estado de una mujer casada con varios hombres.
policía f. 1. Fuerza pública encargada de mantener el orden. ◆ m. y f. 2. Miembro de esta fuerza.
policlínica f. Clínica de diversas especialidades médicas.
polícromo, ma adj. De varios colores.
polideportivo m. Instalación destinada al ejercicio de deportes.
poliedro m. MAT. Sólido limitado por varios polígonos llamados caras.
poliéster m. Materia usada en la fabricación de fibras y tejidos.
polifacético, ca adj. Que ofrece varias facetas o aspectos.
polifonía f. MÚS. Conjunto de sonidos simultáneos que forman un todo armónico.
poligamia f. Forma de relación conyugal en la que se permite al varón tener varias esposas legítimas.
polígloto, ta o poligloto, ta adj. 1. Escrito en varias lenguas. ◆ adj./m. y f. 2. Que habla varias lenguas.
polígono m. MAT. Porción de plano limitado por segmentos de recta.
polilla f. Insecto nocturno cuyas larvas destruyen los tejidos.
polimerización f. Transformación de moléculas de poca masa molecular, en otras moléculas gigantes.
polimorfismo m. BIOL. Presencia en una sola especie de individuos de formas muy diferentes.
polinización f. Transporte del polen desde los estambres hasta el estigma de la flor.
polinomio m. MAT. Suma algebraica de monomios.
poliomielitis f. Enfermedad producida por un virus que se fija en la médula espinal y provoca parálisis.
pólipo m. 1. Forma fija de los celentéreos, compuesta por un cuerpo cilíndrico con dos paredes. 2. MED. Tumor benigno.

polisacáridos m. pl. Hidratos de carbono.
polisemia f. Pluralidad de significados de una palabra.
politécnico, ca adj. Que abarca diversas ciencias o artes.
politeísmo m. Religión que admite una pluralidad de dioses.
político, ca adj. 1. Relativo a la política. 2. Dícese del parentesco que lo es por afinidad y no por consanguinidad. ◆ f. 3. Ciencia que trata del gobierno de un estado. ◆ m. y f. 4. Persona que se dedica a la política.
polivalente adj. 1. Que tiene varios usos o valores. 2. QUÍM. Que tiene varias valencias.
póliza f. 1. Documento que recoge las cláusulas de un contrato. 2. Sello con que se paga en los documentos, el impuesto del timbre.
polizón m. Persona que se embarca clandestinamente.
polizonte m. Desp. Agente de policía.
polla f. 1. Gallina joven. 2. Esp. Vulg. Pene.
pollera f. Amér. Merid. Falda de mujer.
pollería f. Tienda donde se venden pollos, huevos, etc.
pollino, na m. y f. Asno joven y sin domar.
pollo m. 1. Cría de las aves. 2. Gallo o gallina joven.
polo m. 1. Cualquiera de los extremos del eje de rotación de una esfera, en especial de la Tierra. 2. Cada uno de los extremos de un generador de electricidad. 3. Helado alargado con un palo hincado en su base. 4. Juego que se practica a caballo.
pololear tr. 1. Amér. Central y Amér. Merid. Molestar, importunar. 2. Chile. Requebrar, galantear. 3. Tontear, bromear.
pololo m. 1. Chile. Individuo que pretende a una mujer con fines amorosos. 2. Chile. Insecto que al volar produce un zumbido como el moscardón.
poltrón, na adj. 1. Holgazán. ◆ f. 2. Butaca cómoda y ancha.
polución f. 1. Derrame involuntario de semen. 2. Contaminación.
polvareda f. Gran cantidad de polvo.
polvo m. Tierra o materia en pequeñísimas partículas.
pólvora f. Mezcla explosiva usada para disparar proyectiles.
polvorín m. 1. Lugar en que se almacenan explosivos. 2. Pólvora fina.
polvorón m. Dulce de harina, manteca y azúcar.
pomada f. Ungüento de uso medicinal y de aplicación externa.
pomelo m. 1. Árbol parecido al naranjo. 2. Fruto de este árbol.
pomo m. 1. Tirador de muebles, puertas, etc. 2. Extremo de la espada. 3. Argent. Recipiente de material flexible en que se expenden cosméticos, fármacos o pinturas. 4. Méx. Botella de bebida alcohólica.
pompa f. 1. Ampolla líquida llena de aire. 2. Ostentación, grandeza.
pomposo, sa adj. Hecho con pompa y lujo.
pómulo m. Hueso saliente de cada una de las mejillas.

ponchada f. *Amér. Merid.* Cantidad importante de algo.

poncharse prnl. *Guat.* y *Méx.* Pincharse la rueda de un automóvil.

ponche m. Bebida hecha de licor, agua caliente, limón y azúcar.

poncho m. Manta cuadrada, con una abertura para pasar la cabeza.

ponderar tr. **1.** Alabar con fuerza a alguien o algo. **2.** Considerar con atención e imparcialidad un asunto.

ponedora adj. Dícese del ave que pone muchos huevos.

ponente m. y f. Persona que presenta en una asamblea una propuesta a discutir.

poner tr. y prnl. **1.** Asignar a un objeto un lugar en el espacio. ◆ tr. **2.** Preparar algo para un fin determinado. **3.** Dar un nombre. **4.** Representar una obra teatral o proyectar una película. **5.** Soltar el huevo las aves. ◆ prnl. **6.** Ocultarse el Sol bajo el horizonte.

poney o **poni** m. Caballo de talla pequeña.

poniente m. **1.** Oeste, punto cardinal. **2.** Viento del oeste.

pontífice m. Prelado supremo de la Iglesia católica romana.

ponzoña f. Sustancia de cualidades nocivas para la salud.

pop adj. **1.** Dícese de una forma musical que deriva del rock and roll, del rhythm and blues y de la música folk. **2.** Dícese de un movimiento artístico de origen norteamericano caracterizado por la representación de objetos cotidianos.

popa f. MAR. Parte posterior de una nave.

popayanense adj./m. y f. De Popayán (Colombia).

pope m. Sacerdote de alguna de las iglesias ortodoxas.

popoloca adj./m. y f. De un pueblo amerindio que habita en México.

popote m. *Méx.* Tubo delgado para sorber líquidos.

popular adj. **1.** Relativo al pueblo o propio de él: *lenguaje ~.* **2.** Muy conocido o extendido en una colectividad.

popularidad f. Estimación y fama entre el pueblo.

populoso, sa adj. Dícese del lugar muy poblado.

popurrí m. **1.** Composición musical que consiste en una serie de fragmentos de obras diversas. **2.** Mezcla de cosas diversas.

popusa f. *Bol., Guat.* y *Salv.* Tortilla de maíz con queso o trocitos de carne.

póquer m. Juego de cartas.

por prep. **1.** Forma el complemento agente de las oraciones pasivas. **2.** Determina tránsito por un lugar: *iremos por Madrid.* **3.** Indica fecha aproximada. **4.** Indica parte o lugar concreto: *lo cogió por el asa.* **5.** Denota causa: *lo detuvieron por robo.* **6.** Indica medio o modo de ejecutar una cosa. **7.** Denota multiplicación de números. ● **Por que**, porque. ● **Por qué**, por cuál causa o motivo.

porcelana f. Loza fina, traslúcida, impermeable y vitrificada.

porcentaje m. Proporción de una cantidad respecto a otra, evaluada sobre la centena.

porche m. Entrada adosada a un edificio, cubierta con un techo.

porcino, na adj. Relativo al cerdo.

porción f. Cantidad separada de otra mayor.

pordiosero, ra adj./m. y f. Mendigo.

porfiar intr. **1.** Disputar con obstinación. **2.** Rogar con insistencia.

porífero, ra adj./m. Relativo a un tipo de animales acuáticos cuyas paredes están perforadas por canales de circulación.

pormenor m. **1.** Conjunto de pequeñas circunstancias. **2.** Cosa secundaria.

pornografía f. Representación de actos sexuales en fotografías, películas, etc.

poro m. **1.** Intersticio que hay entre las partículas de los sólidos. **2.** Orificio de la piel o de la superficie de los vegetales.

porongo m. **1.** *Argent., Par.,* y *Urug.* Calabaza. **2.** *Bol., Chile, Pan., Par.* y *Urug.* Vasija de arcilla para guardar la chicha. **3.** *Perú.* Recipiente metálico para vender leche.

poroto m. *Amér. Merid.* Especie de alubia.

porque conj. Por causa o razón de que: *no vino ~ estaba enfermo.*

porqué m. *Fam.* Causa, razón o motivo: *preguntarse el ~ de algo.*

porquería f. **1.** Suciedad, inmundicia. **2.** *Fam.* Cosa de poco valor.

porra f. **1.** Palo más grueso por un extremo que por otro. **2.** *Argent.* Maraña de cerdas, tierra y abrojos que se forma en la cola y crines de yeguarizos. **3.** *Argent. Fam.* Pelo abundante y enmarañado. **4.** *Méx.* Frases fijas que se dicen con fuerza para animar a alguien. **5.** *Méx.* Conjunto de seguidores de un equipo deportivo.

porrazo m. **1.** Golpe dado con la porra. **2.** Golpe fuerte al caer.

porro m. *Esp. Fam.* Cigarrillo de marihuana, hachís, etc.

porrón m. Vasija de vidrio, con pitón, para beber a chorro.

portaaviones m. Buque de guerra que transporta aviones.

portada f. **1.** Adorno de la fachada de un edificio. **2.** Primera plana de un libro, periódico o revista.

portafolios m. Carpeta para llevar papeles, documentos, etc.

portal m. **1.** Zaguán, entrada. **2.** Arco que corona una entrada.

portalámparas m. Dispositivo que sostiene la bombilla.

portaligas m. *Argent., Chile, Perú* y *Urug.* Liguero.

portallaves m. *Méx.* y *Venez.* Llavero.

portaminas m. Especie de lapicero cuya mina de grafito va suelta y es recambiable.

portar tr. **1.** Llevar o traer. ◆ prnl. **2.** Actuar de cierta manera.

portátil adj. Fácil de ser llevado de una parte a otra.

portaviones m. Portaaviones*.

portavoz m. y f. Persona autorizada para representar a un grupo, partido, etc.

portazo m. Golpe recio dado con una puerta al cerrarse.

porte m. **1.** Acción de portear. **2.** Cantidad que se paga por un transporte. **3.** Aspecto, presencia.

P

portear tr. Transportar.

portento m. Persona o cosa que tiene dotes extraordinarias.

porteño, ña adj./m. y f. **1.** Bonaerense. **2.** De Valparaíso (Chile).

portería f. **1.** Parte de un edificio donde está el portero. **2.** En ciertos deportes, armazón por donde ha de entrar el balón.

portero, ra m. y f. **1.** Persona que custodia la puerta de una casa. **2.** En ciertos deportes, jugador que defiende su portería.

pórtico m. Espacio cubierto y con columnas.

portorriqueño, ña adj./m. y f. Puertorriqueño.

portuario, ria adj. Relativo al puerto de mar.

portugués, sa adj./m. y f. **1.** De Portugal. ◆ m. **2.** Lengua hablada en Portugal y en Brasil.

porvenir m. **1.** Hecho o tiempo futuro. **2.** Situación futura.

pos- pref. Significa 'detrás', 'después de': *posguerra.*

posada f. Establecimiento en que se hospedan viajeros.

posar tr. **1.** Dejar la carga que se trae. ◆ intr. **2.** Servir de modelo a un artista o fotógrafo. ◆ prnl. **3:** Detenerse las aves en un sitio. **4.** Depositarse en el fondo lo que está en suspensión.

posdata f. Texto que se añade a una carta ya concluida y firmada.

pose f. Postura, actitud.

poseer tr. Tener en propiedad.

poseído, da adj./m. y f. **1.** Dominado por una pasión. **2.** Poseso.

posesión f. **1.** Acción de poseer: *una ~ legítima.* **2.** Cosa poseída.

posesivo, va adj. **1.** Que denota posesión. ◆ adj./m. y f. **2.** Que es dominante y absorbente. **3.** LING. Dícese del adjetivo o pronombre que expresa posesión.

poseso, sa adj./m. y f. Dícese de la persona a la que se atribuye la posesión de algún espíritu.

posguerra f. Período de tiempo posterior a una guerra.

posible adj. **1.** Que puede ser o suceder, o se puede hacer. ◆ m. pl. **2.** Conjunto de medios necesarios para hacer una cosa.

posición f. **1.** Situación. **2.** Actitud, postura. **3.** Categoría social.

positivismo m. Sistema filosófico que no admite otra realidad que los hechos que pueden captarse por los sentidos y la experiencia.

positivo, va adj. **1.** Que se basa en los hechos. **2.** FÍS. Dícese del polo en que hay defecto de electrones. **3.** MAT. Dícese de los números reales mayores de cero. ◆ m. **4.** Copia fotográfica obtenida de un negativo.

positrón m. FÍS. Partícula elemental con carga eléctrica igual a la del electrón, pero positiva.

poso m. Sedimento del líquido contenido en una vasija.

posología f. Estudio de las dosis y de las vías de administración de los medicamentos.

posponer tr. **1.** Poner una persona o cosa después de otra. **2.** Aplazar.

post- pref. Pos-*.

posta f. **1.** Conjunto de caballerías que se situaban en los caminos para renovar las del correo, diligencias, etc. **2.** Bala de plomo.

postal adj. **1.** Relativo al correo. ◆ f./adj. **2.** Tarjeta que se envía por correo sin sobre.

poste m. **1.** Madero o columna colocado verticalmente. **2.** Cada uno de los dos palos verticales de la portería del fútbol.

postergar tr. Hacer sufrir un retraso a una cosa.

posteridad f. **1.** Generación venidera. **2.** El tiempo futuro.

posterior adj. **1.** Que sigue en el orden del tiempo. **2.** Que está detrás de algo. **3.** LING. Dícese de la consonante cuya articulación se produce en la parte posterior del canal bucal.

postigo m. Puerta pequeña abierta en otra mayor.

postilla f. Costra que se forma en las llagas al secarse.

postín m. *Fam.* Presunción, vanidad. ● De ~ *(Fam.),* de lujo.

postizo, za adj. **1.** Que suple una falta natural. ◆ m. **2.** Añadido de pelo que suple una escasez.

postor m. Persona que licita en una subasta.

postrar tr. y prnl. **1.** Debilitar física o moralmente. ◆ prnl. **2.** Arrodillarse en señal de respeto, veneración o súplica.

postre m. Fruta o plato dulce que se toma tras las comidas.

postrero, ra adj./m. y f. Que está el último en una serie.

postrimerías f. pl. Último período en la duración de algo.

postulado m. Principio admitido como cierto, sin demostración.

postular tr. **1.** Pedir en una colecta. **2.** Defender un principio.

póstumo, ma adj. **1.** Que nace después de la muerte del padre. **2.** Que aparece después de la muerte del autor.

postura f. **1.** Manera de estar o colocarse. **2.** Actitud ante un asunto.

potabilizar tr. Hacer potable.

potable adj. Que se puede beber sin que dañe.

potaje m. Guiso hecho con legumbres secas y otros ingredientes.

potasa f. Nombre común del hidróxido de potasio y los carbonatos de potasio.

potasio m. Metal alcalino, cuyos compuestos se usan como abono.

pote m. Vasija cilíndrica con asa.

potencia f. **1.** Capacidad para hacer algo o producir un efecto. **2.** Fuerza, poder. **3.** FÍS. Trabajo realizado por unidad de tiempo. **4.** MAT. Resultado de multiplicar una cantidad por sí misma cierto número de veces.

potencial adj. **1.** Relativo a la potencia. **2.** Que sólo existe en potencia. ◆ adj./m. LING. **3.** Dícese de una forma verbal que indica posibilidad. ◆ m. **4.** Fuerza o poder disponibles: *~ militar.* **5.** Cantidad de energía liberable almacenada en un cuerpo.

potenciar tr. Facilitar, fomentar.

potentado, da m. y f. Persona poderosa y opulenta.

potente adj. **1.** Que tiene potencia. **2.** Poderoso, fuerte.

potestad f. Poder o facultad que se tiene sobre personas o cosas.

potestativo, va adj. Voluntario, no obligatorio.

potingue m. *Fam.* **1.** Medicamento. **2.** *Fam.* Cosmético.

poto m. **1.** *Argent., Bol., Chile y Perú.* Nalga. **2.** *Perú.* Vasija pequeña de barro.

potosí m. Riqueza extraordinaria.

potrero m. **1.** *Amér.* Finca cercada destinada al ganado. **2.** *Argent.* Parcela en que se divide la estancia ganadera.

potro, tra m. y f. **1.** Caballo o yegua jóvenes. ◆ m. **2.** Aparato gimnástico para efectuar saltos.

poyo m. Banco de obra junto a la pared.

pozo m. Hoyo para sacar agua o petróleo o bajar a las minas.

practicante adj./m. y f. **1.** Que profesa y practica su religión. ◆ m. y f. **2.** Auxiliar médico que pone inyecciones y hace curas.

practicar tr. **1.** Realizar una actividad. **2.** Hacer algo con asiduidad.

práctico, ca adj. **1.** Que produce utilidad material. ◆ m. **2.** Persona que dirige las entradas y salidas de los barcos en un puerto. ◆ f. **3.** Acción de realizar una actividad. **4.** Destreza, habilidad. **5.** Aplicación de los conocimientos adquiridos.

pradera f. **1.** Conjunto de prados. **2.** Prado grande.

prado m. **1.** Terreno en el que se deja crecer la hierba para pasto del ganado. **2.** Lugar con árboles y césped que sirve de paseo.

pragmático, ca adj. **1.** Relativo a la acción y no a la teoría. **2.** Relativo a la pragmática y al pragmatismo. ◆ f. **3.** Enfoque lingüístico que estudia el lenguaje en relación con sus usuarios.

pragmatismo m. Doctrina que toma como criterio el valor práctico.

praxis f. Práctica, en oposición a teoría.

preámbulo m. Introducción, prefacio.

prebenda f. Renta aneja a un oficio eclesiástico.

preboste m. Persona que es cabeza o jefe de una comunidad.

precario, ria adj. Inestable, inseguro o escaso.

precaución f. Medida que se toma para evitar un peligro.

precaver tr. y prnl. Tomar medidas para evitar un mal.

precedente m. Acción anterior que justifica hechos posteriores.

preceder tr. e intr. **1.** Ir delante en tiempo, orden o lugar. ◆ tr. **2.** Tener primacía o superioridad sobre una persona o cosa.

preceptivo, va adj. **1.** Que obliga a hacer algo. ◆ f. **2.** Conjunto de preceptos aplicables a una materia.

precepto m. **1.** Orden de obligado cumplimiento. **2.** Norma o regla.

preceptor, ra m. y f. Persona encargada de la educación de los niños en una casa.

preces f. pl. Conjunto de ruegos o súplicas.

preciado, da adj. Valioso, digno de estimación.

preciarse prnl. Vanagloriarse, presumir de algo.

precinto m. Ligadura y sello que mantiene cerrado algo.

precio m. Valor atribuido a una cosa, expresado en dinero.

preciosidad f. **1.** Calidad de precioso. **2.** Cosa preciosa.

precioso, sa adj. **1.** Que tiene mucho valor. **2.** Hermoso, bonito.

preciosura f. *Amér.* Preciosidad.

precipicio m. Abismo o declive alto y profundo en un terreno.

precipitación f. **1.** Acción y efecto de precipitar o precipitarse. **2.** Cantidad total de agua precipitada por la atmósfera.

precipitado, da adj. **1.** Hecho con prisa. ◆ adj./m. QUÍM. **2.** Dícese de la sustancia que se separa de su disolvente y se deposita en el fondo del recipiente.

precipitar tr. y prnl. **1.** Arrojar desde un lugar alto. **2.** Hacer que una cosa ocurra antes de tiempo. ◆ prnl. **3.** Actuar con prisa.

precisar tr. **1.** Necesitar. **2.** Expresar algo con detalle y exactitud.

precisión f. **1.** Calidad de preciso, necesario. **2.** Exactitud.

preciso, sa adj. **1.** Necesario. **2.** Exacto, justo. **3.** Claro, distinto.

precolombino, na adj. Relativo a la América anterior a la llegada de Cristóbal Colón.

preconcebir tr. Pensar o proyectar una cosa de antemano.

preconizar tr. Recomendar con intensidad algo de interés general.

precoz adj. Que se produce antes de tiempo.

precursor, ra adj./m. y f. Que anuncia o empieza algo.

predecesor, ra m. y f. Ser que precede a otro en tiempo o lugar.

predecir tr. Anunciar algo que ha de suceder en el futuro.

predestinado, da adj. **1.** Elegido por Dios para lograr la gloria. **2.** Que fatalmente debe acabar de determinada forma.

predicado m. LING. Parte de la oración que dice algo del sujeto.

predicamento m. Prestigio.

predicar tr. **1.** Pronunciar un sermón. **2.** Aconsejar. **3.** Reprender.

predicativo, va adj. Relativo al predicado.

predicción f. **1.** Acción y efecto de predecir. **2.** Conjunto de palabras con que se predice.

predilección f. Preferencia por una persona o cosa entre otras.

predilecto, ta adj. Preferido por amor o afecto especial.

predio m. Finca, hacienda, tierra o posesión inmueble.

predisponer tr. y prnl. **1.** Disponer anticipadamente a alguien para alguna cosa. **2.** Poner a alguien a favor o en contra de algo.

predominar tr. e intr. Preponderar, destacar.

predominio m. Superioridad, influencia.

preescolar adj. Que precede a lo escolar. ● **Educación ~**, primer nivel educativo que precede a la escolarización obligatoria.

prefabricar tr. Fabricar de antemano las piezas de un edificio.

prefacio m. Introducción, preámbulo, prólogo.

prefecto m. **1.** Gobernador de un departamento francés. **2.** Presidente de una comunidad eclesiástica.

P

preferencia f. Tendencia favorable hacia una persona o cosa.

preferir tr. y prnl. Gustar más una persona o cosa que otra.

prefijo m. **1.** Elemento antepuesto a una palabra que modifica su sentido. **2.** Señal telefónica que precede a otra.

pregón m. Divulgación en voz alta de un hecho, aviso, etc.

pregonar tr. **1.** Divulgar con un pregón. **2.** Difundir algo que debía permanecer oculto. **3.** Alabar en público a alguien.

pregunta f. **1.** Acción de preguntar. **2.** Frase con que se pregunta.

preguntar tr. y prnl. Hacer preguntas.

prehistoria f. Historia de la humanidad desde su aparición hasta los primeros escritos.

■ **Enc.** En ausencia de documentos escritos, la **prehistoria** estudia los vestigios materiales de la sociedad. Por ejemplo, los objetos de piedra tallada, de hueso, de barro o metal. Actualmente, se auxilia de las ciencias naturales (el estudio de las rocas, de los fósiles, del clima, etc.) de las ciencias físicas y químicas, de las matemáticas (la estadística) y de las ciencias humanas.

prejuicio m. Acción y efecto de prejuzgar.

prejuzgar tr. Juzgar las cosas antes de conocerlas.

prelado m. Clérigo con cargo superior en la Iglesia católica.

preliminar adj. **1.** Que sirve de preámbulo o introducción a una cosa. ◆ adj./m. **2.** Que antecede o se antepone a algo.

preludio m. Aquello que precede o anuncia.

prematuro, ra adj. Que no está maduro u ocurre antes de tiempo.

premeditar tr. Reflexionar algo antes de hacerlo.

premio m. Aquello que se da como reconocimiento o recompensa.

premisa f. Supuesto a partir del cual se infiere una cosa.

premolar m. Cada uno de los dientes situados entre los caninos y los molares.

premonición f. Presentimiento.

premura f. Prisa, urgencia.

prenda f. **1.** Pieza de vestido o de calzado. **2.** Aquello que se da como garantía o prueba de algo. ◆ pl. **3.** Juego en que el jugador entrega un objeto como castigo.

prendar tr. **1.** Gustar mucho. ◆ prnl. **2.** Enamorarse o entusiasmarse.

prender tr. **1.** Agarrar. **2.** Poner preso. **3.** *Amér.* Conectar la luz o un aparato eléctrico. ◆ tr. y prnl. **4.** Enredarse dos cosas. ◆ intr. **5.** Arraigar una planta. ◆ intr. y tr. **6.** Hacer arder.

prensa f. **1.** Máquina para comprimir. **2.** Imprenta. **3.** Conjunto de publicaciones periódicas. **4.** Periodismo. ● ~ **del corazón**, *(Esp.)*, prensa dedicada a temas sentimentales sobre personas famosas.

prensar tr. Apretar, comprimir.

prensil adj. Que sirve para asir o prender.

prensor, ra adj. Que agarra.

preñar tr. Fecundar a una hembra.

preocupar tr. y prnl. Causar algo intranquilidad o inquietud.

preparado m. Medicamento.

preparar tr. **1.** Poner en condiciones para cierto fin. ◆ tr. y prnl. **2.** Entrenar. ◆ prnl. **3.** Estar algo próximo a suceder.

preparativo m. Cosa dispuesta y preparada.

preponderar intr. Prevalecer.

preposición f. Partícula invariable que une palabras o frases.

prepotencia f. Abuso de poder.

prepucio m. Piel móvil que recubre el glande del pene.

prerrogativa f. Ventaja o facultad de ciertos cargos.

presagio m. Señal que anuncia algo.

presbiterianismo m. Rama del protestantismo que no reconoce la jerarquía episcopal.

presbiterio m. Parte de la iglesia donde está el altar mayor.

presbítero m. Sacerdote.

prescindir intr. Pasar sin alguien o algo: ~*de sus servicios.*

prescribir tr. **1.** Ordenar, mandar. **2.** Recetar. ◆ intr. **3.** Extinguirse un derecho o responsabilidad.

presencia f. **1.** Hecho de estar una persona o cosa en un lugar. **2.** Aspecto exterior de una persona. ● ~ **de ánimo**, serenidad.

presenciar tr. Estar presente o asistir a algo.

presentar tr. **1.** Poner algo ante alguien para que lo vea. **2.** Conducir un programa de radio o televisión. ◆ tr. y prnl. **3.** Mostrar alguien una persona a otra para que la conozca. ◆ prnl. **4.** Acudir, estar presente.

presente adj. **1.** Que está en presencia de alguien o algo. ◆ adj./m. **2.** Dícese del tiempo actual. **3.** LING. Dícese del tiempo que indica que la acción expresada por el verbo se realiza actualmente. ◆ m. **4.** Regalo.

presentir tr. Tener una sensación de que va a ocurrir algo.

preservar tr. y prnl. Proteger de un daño o peligro.

preservativo m. Funda de goma colocada sobre el pene durante el coito.

presidencia f. **1.** Acción y efecto de presidir. **2.** Cargo de presidente y tiempo que dura. **3.** Oficina que ocupa un presidente.

presidencialismo m. Régimen político en que el presidente de la república es también jefe del gobierno.

presidente, ta m. y f. Superior de un consejo, junta o estado.

presidiario, ria m. y f. Persona que está en presidio.

presidio m. Cárcel.

presidir tr. Tener el cargo de presidente.

presilla f. Tira de tela cosida al borde de una prenda que sirve para abrochar o como adorno.

presión f. **1.** Acción de apretar u oprimir. **2.** Coacción. **3.** FÍS. Fuerza ejercida por un fluido en cada unidad de superficie.

preso, sa m. y f. **1.** Persona encarcelada. ◆ f. **2.** Acción de prender, agarrar. **3.** Cosa apresada. **4.** Obstáculo artificial para detener un curso de agua. **5.** Acequia.

prestación f. **1.** Acción de prestar un servicio. **2.** Servicio prestado.

préstamo m. **1.** Acción de prestar. **2.** Cosa que se presta. **3.** LING. Elemento que una lengua toma de otra.

prestancia f. **1.** Aspecto de distinción. **2.** Superior calidad.

prestar tr. **1.** Ceder por un tiempo algo para que después sea restituido. ◆ prnl. **2.** Ofrecerse a hacer algo.

presteza f. Prontitud, rapidez.

prestidigitación f. Arte de hacer trucos con las manos.

prestigio m. Buena fama.

presto, ta adj. **1.** Dispuesto para hacer algo. **2.** Rápido. ◆ adv. **3.** Pronto, en seguida.

presumir tr. **1.** Creer que algo va a ocurrir. ◆ intr. **2.** Vanagloriarse de sí mismo. **3.** Cuidar excesivamente el arreglo personal.

presunción f. Suposición fundada en indicios o señales.

presunto, ta adj./m. y f. Que se cree o supone: ~ *culpable*.

presuntuoso, sa adj. **1.** Con muchas pretensiones. ◆ adj./m. y f. **2.** Vanidoso, presumido.

presuponer tr. Dar por supuesta una cosa.

presupuesto m. **1.** Hipótesis, supuesto. **2.** Estimación anticipada de los gastos e ingresos de un país, empresa, etc. **3.** Cálculo del coste previsto de una obra, reparación, etc.

presuroso, sa adj. Rápido, ligero.

pretencioso, sa adj. Presuntuoso.

pretender tr. **1.** Tratar de conseguir algo. **2.** Cortejar a una mujer.

pretensión f. **1.** Intención, propósito. **2.** Derecho que alguien cree tener sobre algo. **3.** Aspiración ambiciosa o vanidosa.

pretérito, ta adj. **1.** Pasado. ◆ m. LING. **2.** Tiempo verbal que presenta la acción como realizada en el pasado.

pretexto m. Razón fingida que se alega para ocultar la verdadera.

pretil m. Barrera que se pone a los lados de un puente.

pretor m. Magistrado romano.

prevalecer intr. Imponerse una persona o cosa entre otras.

prevaler intr. **1.** Prevalecer. ◆ prnl. **2.** Servirse de algo.

prevención f. **1.** Acción y efecto de prevenir. **2.** Medida tomada para evitar un daño o peligro.

prevenir tr. y prnl. **1.** Preparar con anticipación las cosas. **2.** Tomar las medidas precisas para evitar un mal. ◆ tr. **3.** Advertir de algo.

prever tr. **1.** Conjeturar algo que va a ocurrir. **2.** Tomar las medidas necesarias para afrontar algo.

previo, via adj. Que precede o sirve de preparación a algo.

previsión f. Acción y efecto de prever.

prez m. o f. Honor que proporciona una acción meritoria.

prieto, ta adj. **1.** Dícese del color casi negro. **2.** Apretado, tenso. ◆ adj./m. y f. **3.** *Méx.* Muy moreno.

primacía f. **1.** Hecho de ser el primero. **2.** Prioridad concedida a alguien o a algo. **3.** Dignidad u oficio de primado.

primado m. Prelado eclesiástico con jurisdicción sobre los arzobispos u obispos de una región o de un país.

primar tr. **1.** Dar una prima, dinero. ◆ intr. **2.** Sobresalir, prevalecer.

primario, ria adj. **1.** Principal o primero. **2.** Primitivo, salvaje. ◆ adj./m. GEOL. **3.** Paleozoico.

primate adj./m. Relativo a un orden de mamíferos trepadores, de uñas planas y cerebro muy desarrollado.

primavera f. Estación del año entre el invierno y el verano.

primer adj. Apóc. de *primero* que se antepone al sustantivo: *el ~ día*.

primero, ra adj./m. y f. **1.** Que precede a todos los demás elementos de una serie. **2.** Que predomina en calidad o importancia. ◆ adv. **3.** En primer lugar.

primicia f. Noticia hecha pública por primera vez.

primigenio, nia adj. Primitivo, originario.

primitivo, va adj. **1.** Del primer período de la historia. **2.** Originario. **3.** Salvaje, sin civilizar. ◆ adj./m. y f. **4.** Dícese de las sociedades humanas de civilización poco desarrollada.

primo, ma adj. **1.** Primero. ◆ m. y f. **2.** Respecto a una persona, hijo de un tío suyo. ◆ f. **3.** Dinero que se da como incentivo. **4.** MÚS. Primera cuerda de algunos instrumentos. ● **Número ~** (MAT.), número entero que sólo es divisible por sí mismo y la unidad.

primogénito, ta adj./m. y f. Dícese del hijo que nace primero.

primor m. **1.** Esmero con que se hace algo. **2.** Cosa hecha de esta forma.

primordial adj. Que es necesario, básico, esencial.

primoroso, sa adj. Que está hecho con primor.

princesa f. **1.** Título que se da a la hija de un rey. **2.** Esposa de un príncipe. **3.** Soberana de un principado.

principado m. **1.** Título o dignidad de príncipe. **2.** Territorio sujeto a la potestad de un príncipe.

principal adj. **1.** De más importancia o valor: *el papel ~*. **2.** LING. Dícese de la oración de la que depende una subordinada. ◆ adj./m. **3.** Dícese del piso que está sobre el entresuelo. ◆ m. **4.** Jefe.

príncipe m. **1.** Título que se da al hijo de un rey. **2.** Título del soberano de un principado.

principeño, ña adj./m. y f. De Puerto Príncipe.

principiante, ta adj./m. y f. Que comienza a ejercer un arte.

principio m. **1.** Primera parte de una cosa. **2.** Concepto que sirve de base a un razonamiento. **3.** Norma moral que rige la conducta. **4.** Ley que regula un conjunto de fenómenos físicos. ◆ pl. **5.** Conjunto de nociones primeras de una ciencia o arte.

pringar tr. **1.** Mojar el pan en pringue u otra salsa. ◆ tr. y prnl. **2.** Manchar con pringue.

pringue m. o f. **1.** Grasa. **2.** Suciedad, porquería.

prior, ra m. y f. Superior o segundo prelado del convento.

P

prioridad f. Anterioridad de una cosa respecto de otra.

prisa f. **1.** Rapidez con que sucede algo. **2.** Necesidad de apresurarse.

prisión f. Establecimiento donde están los privados de libertad.

prisionero, ra m. y f. Preso.

prisma m. Cuerpo formado por dos planos paralelos y tantos paralelogramos como caras tienen los planos.

prismático, ca adj. **1.** Que tiene forma de prisma. ◆ m. pl. **2.** Anteojos, instrumento óptico.

privado, da adj. **1.** Que pertenece a un particular. **2.** Personal, íntimo: *vida ~.* ◆ m. **3.** Valido.

privar tr. **1.** Dejar a alguien o a algo sin alguna cosa. ◆ intr. **2.** Estar de moda una cosa. ◆ prnl. **3.** Renunciar a algo.

privatizar tr. Convertir en privados bienes o empresas públicas.

privilegio m. **1.** Ventaja que se da a uno. **2.** Documento en que consta esta ventaja.

pro m. o f. **1.** Provecho. ◆ prep. **2.** En favor de: *asociación pro ciegos.*

proa f. MAR. Parte delantera de una nave.

probable adj. **1.** Que se puede probar. **2.** Que puede suceder.

probado, da adj. **1.** Acreditado por la experiencia. **2.** DER. Aceptado por el juez como verdad en los autos.

probador m. Habitación para probarse las prendas de vestir.

probar tr. **1.** Demostrar la verdad de cierta cosa. **2.** Examinar las cualidades de una persona o cosa. **3.** Tomar una comida o bebida para apreciar su sabor. ◆ intr. **4.** Intentar hacer una cosa.

probeta f. Recipiente de cristal usado en los laboratorios.

problema m. **1.** Cuestión en que hay algo que averiguar o que provoca preocupación. **2.** Hecho que impide o dificulta alguna cosa.

problemático, ca adj. **1.** Que implica o causa problema. ◆ f. **2.** Conjunto de problemas relativos a una ciencia o actividad.

probo, ba adj. Honrado.

proboscidio, dia adj./m. Relativo a un orden de mamíferos ungulados provistos de una trompa prensil, como el elefante.

procaz adj. Desvergonzado, grosero.

procedencia f. Origen de donde procede alguien o algo.

proceder intr. **1.** Tener una cosa su origen en algo. **2.** Comportarse, actuar. **3.** Ser oportuno o conforme a unas normas. **4.** Iniciar un juicio contra alguien.

proceder m. Manera de actuar.

procedimiento m. **1.** Acción de proceder. **2.** Método. **3.** Actuación por trámites judiciales o administrativos.

prócer adj. **1.** Noble, majestuoso. ◆ m. y f. **2.** Persona ilustre.

procesado, da adj./m. y f. DER. Que es tratado y declarado como presunto reo en un proceso criminal.

procesador, ra adj. **1.** Que procesa. **2.** INFORM. Circuito que funciona como unidad central en

una computadora. **3.** INFORM. Programa de un sistema operativo que ejecuta una función.

procesar tr. **1.** DER. Formar procesos. **2.** INFORM. Desarrollar un proceso de datos.

procesión f. Sucesión de personas que avanzan una tras otra llevando imágenes de santos.

procesionaria f. Oruga que se alimenta de las hojas del pino, roble y encina, a los que causa grandes estragos.

proceso m. **1.** Desarrollo de las fases de un fenómeno. **2.** Método, sistema. **3.** DER. Conjunto de actuaciones de una causa criminal. **4.** INFORM. Conjunto de operaciones a que se someten los datos.

proclama f. **1.** Alocución política o militar. **2.** Notificación pública.

proclamar tr. **1.** Hacer saber una cosa de forma pública y solemne. **2.** Mostrar algo claramente. ◆ tr. y prnl. **3.** Otorgar un título.

proclive adj. Propenso a una cosa negativa.

procrear tr. Engendrar.

procurador, ra m. y f. Persona que representa legalmente a otra.

procurar tr. y prnl. **1.** Hacer esfuerzos o diligencias para conseguir algo. ◆ tr. **2.** Proporcionar o facilitar a alguien una cosa.

prodigar tr. y prnl. **1.** Dar mucho de algo. ◆ prnl. **2.** Exhibirse.

prodigio m. **1.** Suceso extraño. **2.** Persona o cosa extraordinaria.

pródigo, ga adj. **1.** Generoso. ◆ adj./m. y f. **2.** Que malgasta.

producción f. **1.** Acción de producir. **2.** Cosa producida.

producir tr. **1.** Hacer una cosa natural salir otra de sí misma: *los árboles producen frutos.* **2.** Fabricar. **3.** Causar. **4.** Organizar la realización de una película, programa, etc. ◆ prnl. **5.** Ocurrir.

productivo, va adj. **1.** Que tiene virtud de producir. **2.** Que proporciona mucha utilidad.

producto m. **1.** Cosa producida. **2.** MAT. Resultado de una multiplicación.

proemio m. Prólogo de un discurso o libro.

proeza f. Hazaña.

profanar tr. Tratar una cosa sagrada sin el debido respeto.

profano, na adj. **1.** Que no es sagrado. ◆ adj./m. y f. **2.** Inexperto.

profecía f. **1.** Don sobrenatural para conocer el futuro por inspiración divina. **2.** Predicción.

proferir tr. Emitir palabras o sonidos.

profesar tr. **1.** Ser adepto a una doctrina. **2.** Ejercer una profesión. ◆ intr. **3.** Obligarse en una orden religiosa a cumplir los votos.

profesión f. **1.** Acción y efecto de profesar. **2.** Oficio o empleo.

profesional adj. **1.** Relativo a la profesión. ◆ adj./m. y f. **2.** Que ejerce una profesión.

profesor, ra m. y f. Persona que enseña una ciencia o arte.

profeta m. **1.** Persona que posee el don de la profecía. **2.** Persona que anuncia un acontecimiento futuro.

profetisa f. Mujer que posee el don de la profecía.

profiláctico m. Preservativo.

profilaxis f. Conjunto de medidas destinadas a impedir la aparición o la propagación de enfermedades.

prófugo, ga adj./m. y f. Que huye de la justicia.

profundizar tr. **1.** Hacer más profundo. ◆ tr. e intr. **2.** Examinar o analizar algo a fondo.

profundo, da adj. **1.** Que tiene el fondo muy distante del borde. **2.** Que penetra mucho: *herida ~*. **3.** Intenso, muy grande.

profusión f. Abundancia excesiva.

progenitor, ra m. y f. **1.** Pariente en línea recta ascendente. ◆ m. pl. **2.** Padre y madre de una persona.

progesterona f. Hormona producida por el ovario.

programa m. **1.** Exposición de los proyectos de una persona, partido, etc. **2.** Emisión de televisión, radio, etc. **3.** INFORM. Conjunto de instrucciones que permite ejecutar una serie de operaciones.

progresar tr. Hacer progresos.

progresión f. **1.** Acción de progresar. **2.** MAT. Serie de números ordenados según una constante. ●*~* **aritmética** (MAT.), aquella en que la diferencia entre un número y el anterior es una constante. ●*~* **geométrica** (MAT.), aquella en que el cociente entre un número y el anterior es una constante.

progresista adj./m. y f. De ideas avanzadas.

progresivo, va adj. **1.** Que procura el avance. **2.** Que progresa.

progreso m. **1.** Acción de ir hacia adelante. **2.** Desarrollo favorable.

prohibir tr. Vedar o impedir el uso o ejecución de algo.

prohombre m. Hombre ilustre.

prójimo, ma m. Una persona con respecto a otra.

prolactina f. Hormona responsable de la secreción de leche materna.

prole f. Hijos, descendencia.

prolegómeno m. Tratado que precede a una obra y establece los fundamentos generales del tema.

proletariado m. Clase social cuyos miembros no poseen los medios de producción y venden su trabajo por un salario.

proletario, ria adj. **1.** Relativo al proletariado. ◆ m. y f. **2.** Miembro del proletariado.

proliferar intr. Multiplicarse rápidamente.

prolífico, ca adj. **1.** Capaz de reproducirse. **2.** Muy productivo.

prolijo, ja adj. Demasiado largo y detallado.

prólogo m. Texto antepuesto a una obra.

prolongar tr. y prnl. Aumentar la longitud o duración de algo.

promedio m. Cantidad o valor medio.

promesa f. **1.** Acción de prometer. **2.** Persona o cosa que promete.

prometer tr. **1.** Decir alguien que se obliga a hacer o dar algo. ◆ intr. **2.** Dar muestras una persona o cosa de que llegará a ser muy buena. ◆ prnl. **3.** Darse palabra de matrimonio.

prometido, da m. y f. Persona a la que se promete matrimonio.

prominencia f. Abultamiento, elevación.

prominente adj. Que sobresale más de lo normal.

promiscuo, cua adj. **1.** Mezclado confusa o indiferentemente. **2.** Que tiene relaciones sexuales con varias personas.

promoción f. **1.** Acción de promocionar. **2.** Conjunto de personas que han obtenido al mismo tiempo un grado o título.

promocionar tr. **1.** Dar impulso a una empresa, producto, etc. ◆ tr. y prnl. **2.** Hacer que alguien mejore en su cargo o categoría.

promontorio m. Elevación del terreno de poca altura.

promotor, ra adj./m. y f. Que promueve o promociona.

promover tr. **1.** Iniciar cierta acción. **2.** Producir, causar.

promulgar tr. Publicar algo oficialmente, en especial una ley.

prono, na adj. Tumbado boca abajo.

pronombre m. Parte de la oración que sustituye al nombre o lo determina.

pronominal adj. **1.** Relativo al pronombre. **2.** Dícese del verbo que se conjuga con dos pronombres de la misma persona.

pronóstico m. **1.** Anuncio de una cosa futura, basado en ciertos indicios. **2.** Juicio médico sobre la evolución de una enfermedad.

prontitud f. Rapidez o diligencia en hacer una cosa.

pronto, ta adj. **1.** Rápido, inmediato. **2.** Dispuesto, preparado. ◆ m. *Fam.* **3.** Decisión o impulso repentino. ◆ adv. **4.** En seguida.

pronunciado, da adj. Muy perceptible o acusado.

pronunciamiento m. **1.** Alzamiento militar. **2.** DER. Acto de pronunciar la sentencia.

pronunciar tr. **1.** Emitir y articular sonidos para hablar. **2.** DER. Dictar una sentencia judicial. ◆ prnl. **3.** Declararse a favor o en contra de alguien o algo.

propaganda f. Publicidad para difundir un producto.

propagar tr. y prnl. Extender, difundir o aumentar una cosa.

propalar tr. Divulgar algo oculto.

propano m. Hidrocarburo gaseoso, empleado como combustible.

propasarse prnl. **1.** Excederse de lo razonable. **2.** Faltar al respeto.

propender intr. Tender uno a una cosa.

propiciar tr. **1.** Hacer propicio. **2.** Favorecer la ejecución de algo.

propicio, cia adj. Favorable, adecuado.

propiedad f. **1.** Derecho de usar una cosa. **2.** Cosa poseída. **3.** Cualidad característica.

propietario, ria adj./m. y f. Que tiene derecho de propiedad sobre una cosa.

propina f. Dinero que se da de más como gratificación.

propinar tr. Dar: *~ una bofetada*.

propio, pia adj. **1.** Que pertenece en propiedad a una persona. **2.** Característico. **3.** Apropiado. **4.** LING. Dícese del nombre que sólo puede aplicarse a un único ser u objeto.

proponer tr. **1.** Exponer un proyecto para que sea aceptado. **2.** Presentar a una persona para un empleo, premio, etc. ◆ tr. y prnl. **3.** Tomar la decisión de lograr una cosa.

proporción f. **1.** Disposición o correspondencia entre las cosas. **2.** Tamaño, medida. **3.** MAT. Igualdad entre dos razones.

proporcional adj. **1.** Relativo a la proporción, o que la incluye en sí. **2.** MAT. Que está relacionado por una proporción.

proporcionalidad f. **1.** Proporción. **2.** Carácter de las cantidades proporcionales entre sí.

proporcionar tr. **1.** Hacer que algo tenga la debida proporción. ◆ tr. y prnl. **2.** Poner a disposición de uno lo que necesita.

proposición f. **1.** Acción y efecto de proponer. **2.** LING. Unidad de estructura oracional.

propósito m. **1.** Aquello que uno se propone hacer. ● **1.** A ~, oportuno, adecuado. **2.** De forma voluntaria o deliberada.

propuesta f. Proposición que se expone con un determinado fin.

propugnar tr. Defender una idea que se considera conveniente.

propulsar tr. Impulsar hacia adelante.

prorrata f. Parte proporcional que toca a cada uno en un reparto.

prorrogar tr. **1.** Hacer que algo dure más tiempo. **2.** Aplazar.

prorrumpir intr. Emitir un grito, suspiro, etc.: ~ en llanto.

prosa f. Forma natural del lenguaje.

prosaico, ca adj. **1.** Relativo a la prosa. **2.** Vulgar, anodino.

proscenio m. Parte del escenario más cercana al público.

proscribir tr. **1.** Desterrar por causa política. **2.** Prohibir.

proseguir tr. e intr. Continuar lo empezado.

proselitismo m. Empeño en ganar seguidores.

prosista m. y f. Escritor de obras en prosa.

prosodia f. Parte de la gramática que enseña la correcta pronunciación y acentuación.

prosopopeya f. Tropo que consiste en atribuir cualidades de los seres animados a los inanimados y abstractos.

prospección f. **1.** Exploración de los yacimientos minerales de un terreno. **2.** Estudio de posibilidades futuras basado en indicios presentes.

prospectivo, va adj. **1.** Relativo al futuro. ◆ f. **2.** Ciencia que estudia las condiciones científicas y sociales de la sociedad futura.

prospecto m. **1.** Anuncio breve de una obra, espectáculo, etc. **2.** Impreso informativo que acompaña a un medicamento, máquina, etc.

prosperar intr. **1.** Tener prosperidad. **2.** Imponerse una opinión.

prosperidad f. **1.** Bienestar material. **2.** Buena suerte, éxito.

próspero, ra adj. Que mejora y se enriquece progresivamente.

próstata f. Cuerpo glandular del sexo masculino, que rodea el cuello de la vejiga y la uretra.

prosternarse prnl. Arrodillarse o inclinarse por respeto.

prostíbulo m. Casa de prostitución.

prostitución f. Acto por el cual una persona admite relaciones sexuales por dinero.

prostituta f. Mujer que ejerce la prostitución.

prosudo, da adj. Chile, Ecuad. y Perú. Dícese del orador pomposo.

protagonismo m. **1.** Condición de protagonista. **2.** Afán de mostrarse como la persona más calificada y necesaria en algo.

protagonista m. y f. Personaje principal de una obra.

proteccionismo m. Sistema que protege la producción nacional.

protectorado m. **1.** Situación de un estado que está bajo la protección de otro. **2.** Estado bajo la protección de otro.

proteger tr. **1.** Evitar un daño o peligro poniendo algo delante, encima, etc. **2.** Favorecer, apoyar.

proteico, ca adj. **1.** Relativo a las proteínas. **2.** Que cambia de formas, ideas o aspecto.

proteína f. Sustancia química que forma parte de la célula.

prótesis f. **1.** Adición artificial para sustituir un órgano del cuerpo. **2.** LING. Adición de una letra al principio de una palabra.

protestantismo m. **1.** Conjunto de las iglesias y comunidades cristianas surgidas de la Reforma. **2.** Doctrina de estas iglesias.

■ **ENC.** El **protestantismo** apareció en el siglo XVI cuando Lutero y Calvino se opusieron al Papa. Se caracteriza por tener a la Biblia como una autoridad en materia de fe y por una fidelidad personal al evangelio. El protestantismo comprende varios grupos como los anglicanos, los evangelistas, los reformistas, los metodistas y los bautistas.

protestar intr. **1.** Mostrar vehementemente desacuerdo. **2.** Quejarse. ◆ tr. **3.** Hacer el protesto de una letra de cambio.

protesto m. Acta notarial en que consta la negativa a la aceptación y pago de una letra de cambio o un cheque.

prótido m. Proteína.

protocolo m. **1.** Conjunto de reglas usadas en ciertas ceremonias. **2.** DER. Serie de documentos que un notario autoriza y custodia.

protohistoria f. Período que sigue a la prehistoria.

protón m. FÍS. Partícula elemental cargada de electricidad positiva.

protoplasma m. Sustancia que forma la parte viva de una célula.

prototipo m. Primer ejemplar, modelo.

protozoo adj./m. Dícese de los seres unicelulares de núcleo diferenciado, sin clorofila.

protuberancia f. Abultamiento.

provecho m. **1.** Beneficio, utilidad. **2.** Buen rendimiento.

proveer tr. y prnl. **1.** Disponer o suministrar lo necesario para un fin. ◆ tr. **2.** Cubrir un empleo.

provenir intr. Proceder, tener su origen.

provenzal adj./m. y f. **1.** De Provenza. ◆ m. **2.** Dialecto hablado antiguamente en el sur de Francia. **3.** Lengua hablada en la actualidad en Provenza.

proverbio m. Sentencia, refrán.

providencia f. **1.** Medida que se toma para remediar un daño. **2.** Previsión y cuidado que Dios tiene de sus criaturas.

SISTEMA SOLAR, FASES DE LA LUNA Y MAREAS

SISTEMA SOLAR

El Sistema Solar está formado por el Sol (en la parte superior) y los planetas (en la parte inferior). Los nombres de los planetas de izquierda a derecha son: Mercurio, Venus, Tierra, Marte, Júpiter, Saturno, Urano, Neptuno y Plutón.

FASES DE LA LUNA

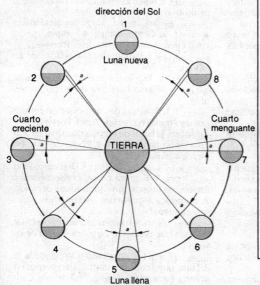

Las fases de la Luna vistas desde la Tierra

Las fases de la Luna se deben a que cuando ésta gira alrededor de la Tierra, los rayos solares iluminan una mayor o menor área de su superficie.

MAREAS

Las mareas son un fenómeno por el cual el océano invade o se aleja de la costa debido a la atracción conjunta que sobre él ejercen la Luna y el Sol.

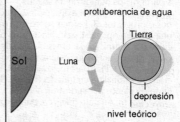

Marea viva

La atracción del Sol y la Luna se suman

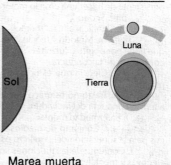

Marea muerta

La atracción del Sol y la Luna son contrarias

provincia f. División administrativa de algunos países.

provisión f. **1.** Acción y efecto de proveer. **2.** Conjunto de cosas necesarias o útiles para el mantenimiento.

provisional adj. No definitivo, temporal.

provocar tr. **1.** Desafiar a alguien a que haga una cosa. **2.** Tratar de despertar deseo sexual en alguien. **3.** Ocasionar, causar. **4.** *Colomb., Perú y Venez.* Apetecer.

proxeneta m. y f. Persona que procura la prostitución de otra.

próximo, ma adj. **1.** Que está muy cerca. **2.** Que está justo después.

proyección f. **1.** Acción y efecto de proyectar. **2.** MAT. Figura plana que resulta de trazar rectas a partir de los puntos de un sólido.

proyectar tr. **1.** Lanzar a distancia. **2.** Hacer planes o proyectos. **3.** Formar sobre una pantalla una imagen óptica. **4.** MAT. Hacer una proyección. ◆ tr. y prnl. **5.** Hacer visible una figura.

proyectil m. Cuerpo que es lanzado contra algo.

proyecto m. **1.** Plan para realizar algo. **2.** Redacción provisional de un tratado, ley, etc. **3.** Conjunto de planos para construir algo.

proyector m. Aparato que sirve para proyectar imágenes.

prudencia f. **1.** Moderación, cautela. **2.** Sensatez, buen juicio.

prueba f. **1.** Acción y efecto de probar. **2.** Examen para demostrar determinadas cualidades. **3.** Competición deportiva. **4.** DER. Aquello que sirve para atestiguar la verdad de un hecho.

prurito m. **1.** Picazón, comezón. **2.** Deseo persistente de hacer una cosa lo mejor posible.

pseudo- pref. Seudo-*.

psico- pref. Significa 'alma', 'mente'.

psicoanálisis m. Método y técnica psicológica que tiene por objeto dilucidar el significado inconsciente de la conducta.

psicología f. Ciencia que estudia la actividad psíquica.

psicopatía f. Trastorno psíquico por el que se altera la conducta del individuo.

psicosis f. Enfermedad mental.

psicoterapia f. Conjunto de medios terapéuticos para la superación del conflicto psíquico.

psique f. Conjunto de las funciones sensitivas, afectivas y mentales de un individuo.

psiquiatría f. Parte de la medicina que estudia y trata las enfermedades mentales.

psíquico, ca adj. Relativo a la psique.

pteridofito, ta adj./m. BOT. Relativo a un tipo de plantas sin flores que comprende los helechos y plantas próximas.

púa f. **1.** Cuerpo rígido, delgado y puntiagudo. **2.** Chapa triangular que se usa para tocar instrumentos de cuerda.

pubertad f. Inicio de la adolescencia.

pubis m. **1.** Parte inferior del vientre. **2.** ANAT. Parte media o anterior del hueso coxal.

publicar tr. **1.** Difundir una cosa. **2.** Imprimir o editar una obra.

publicidad f. **1.** Condición de ser una cosa conocida por todos. **2.** Conjunto de medios usados para dar a conocer una cosa.

publicista m. y f. Profesional de la publicidad.

público, ca adj. **1.** Relativo a la comunidad. **2.** Que puede ser usado o es conocido por todos. ◆ m. **3.** Conjunto de personas que asisten a un lugar, espectáculo, etc.

pucherazo m. Fraude electoral.

puchero m. **1.** Vasija para guisar. **2.** Guiso, cocido.

pucho m. **1.** *Amér. Merid.* Colilla de cigarro. **2.** *Amér. Merid.* Pequeña cantidad sobrante de alguna cosa.

puchusco, ca m. y f. *Chile.* Hijo menor de una familia.

púdico, ca adj. Que tiene pudor.

pudiente adj./m. y f. Rico, poderoso.

pudin o **pudín** m. Plato dulce hecho con bizcocho, leche y azúcar.

pudor m. Vergüenza, timidez.

pudrir tr. y prnl. Corromper una materia orgánica.

pudú m. *Argent. y Chile.* Pequeño ciervo de los Andes.

pueblada f. *Amér. Merid.* Revuelta popular.

pueblo m. **1.** Conjunto de personas que forman una comunidad o tienen la misma nacionalidad. **2.** Población pequeña.

puelche m. *Chile.* Viento que sopla de la cordillera de los Andes hacia poniente.

puente m. **1.** Estructura construida sobre ríos, fosos, etc., para cruzarlos. **2.** MAR. Parte del barco donde está el puesto de mando.

puercada f. *Amér. Central y Méx.* Porquería, injusticia.

puerco, ca adj./m. y f. **1.** Sucio, desaliñado. ◆ m. y f. **2.** Cerdo, animal. ● ~ **espín**, roedor cuyo cuerpo está cubierto de pinchos.

puericultura f. Estudio de los cuidados de los niños pequeños.

pueril adj. **1.** Propio de un niño. **2.** Fútil, trivial.

puerro m. Planta hortícola de bulbo comestible.

puerta f. **1.** Abertura de comunicación cerrada por uno o más batientes. **2.** DEP. Portería.

puerto m. **1.** Lugar de la costa que sirve de abrigo a las embarcaciones. **2.** Punto de paso entre montañas.

puertorriqueño, ña adj./m. y f. De Puerto Rico.

pues conj. **1.** Expresa causa, consecuencia o ilación: *no insistas, pues ya lo tengo decidido.* **2.** Introduce expresiones exclamativas: *¡pues será caradura!*

puestero, ra m. y f. *Argent., Chile, Par. y Urug.* Persona que tiene a su cargo un puesto de estancia.

puesto, ta adj. **1.** Bien vestido o arreglado. ◆ m. **2.** Lugar que ocupa una cosa. **3.** Cargo, empleo. **4.** Pequeña tienda. **5.** *Argent., Chile y Urug.* Cada una de las partes en que se divide una estancia. ◆ f. **6.** Acción y efecto de poner o ponerse. **7.** Acción de poner huevos las aves. **8.** Acción de ponerse un astro. ● ~ **que**, expresión que introduce una oración con sentido causal: ~ *que no te gusta, no comas.*

púgil m. Boxeador.

pugilismo m. Boxeo.

pugnar intr. **1.** Luchar. **2.** Hacer esfuerzos para conseguir una cosa.

pujanza f. Fuerza con que crece o se desarrolla algo.

pujar tr. **1.** Hacer esfuerzos por proseguir una acción. ◆ tr. e intr. **2.** Aumentar el precio puesto a una cosa que se subasta.

pulcro, cra adj. **1.** Aseado. **2.** Delicado en la conducta o el habla.

pulga f. Insecto parásito sin alas y de patas aptas para dar grandes saltos.

pulgada f. Unidad de longitud, equivalente a algo más de 25 mm.

pulgar adj./m. Dícese del dedo primero y más grueso de la mano.

pulgón m. Insecto hemíptero cuyas hembras y larvas viven parásitas sobre ciertos vegetales.

pulguiento, ta adj. *Amér.* Que tiene pulgas.

pulido, da adj. **1.** Arreglado con mucho cuidado y esmero. ◆ m. **2.** Acción y efecto de pulir.

pulimento m. Sustancia usada para dar lustre a una superficie.

pulir tr. **1.** Lustrar o suavizar una superficie. **2.** Perfeccionar algo. ◆ tr. y prnl. **3.** Quitar la tosquedad a una persona.

pulla f. Dicho con que indirectamente se zahiere.

pulmón m. Víscera par situada en el tórax, que constituye el órgano principal del aparato respiratorio.

pulmonía f. Inflamación del pulmón.

pulover m. *Argent.* y *Urug.* Jersey.

pulpa f. **1.** Carne sin huesos. **2.** Parte blanda de las frutas.

pulpería f. *Amér. Central* y *Amér. Merid.* Tienda donde se venden comestibles y artículos diversos.

púlpito m. Plataforma que hay en las iglesias desde donde se predica, canta, etc.

pulpo m. Molusco cefalópodo con ocho brazos dotados de ventosas.

pulque m. *Méx.* Bebida alcohólica obtenida del jugo del maguey fermentado, que suele mezclarse con jugos de frutas.

pulsar tr. Tocar o presionar algo con la yema de los dedos.

púlsar m. ASTRON. Estrella de emisiones breves y regulares.

pulsera f. Aro que se lleva como adorno en la muñeca.

pulso m. **1.** Latido intermitente de las arterias. **2.** Firmeza en la mano para realizar un trabajo delicado.

pulular intr. Abundar y moverse en un sitio personas, animales o cosas.

pulverizar tr. y prnl. **1.** Reducir a polvo. ◆ tr. **2.** Esparcir un líquido en gotas muy menudas.

puma m. Mamífero carnívoro americano, de pelo leonado.

puna f. **1.** *Amér. Central* y *Amér. Merid.* Tierra alta próxima a una cordillera. **2.** *Amér. Central* y *Amér. Merid.* Páramo. **3.** *Amér. Central* y *Amér. Merid.* Soroche.

punción f. MED. Introducción en el organismo de un instrumento punzante para obtener muestras de tejido.

punible adj. Que merece castigo.

púnico, ca adj./m. y f. De Cartago, antigua ciudad del norte de África.

punta f. **1.** Extremo agudo de una cosa. **2.** Lengua de tierra que penetra en el mar. **3.** Clavo. **4.** *Amér.* Gran cantidad de algo, montón. ◆ pl. **5.** Puntilla, encaje.

puntada f. **1.** Cada uno de los agujeros hechos al coser. **2.** Porción de hilo que ocupa este espacio.

puntal m. Madero sólido que sirve para sostener un muro o techo.

puntapié m. Golpe dado con la punta del pie.

puntarense adj./m. y f. De Punta Arenas (Chile).

puntear tr. **1.** Dibujar, pintar o grabar con puntos. **2.** *Argent., Chile* y *Urug.* Remover la tierra con la punta de la pala. **3.** MÚS. Tocar un instrumento pulsando cada cuerda con un dedo. ◆ intr. **4.** *Amér. Merid.* y *Méx.* Marchar a la cabeza de un grupo de personas o animales.

puntería f. **1.** Acción de apuntar un arma. **2.** Destreza para dar en el blanco.

puntero, ra adj./m. y f. **1.** Que sobresale en alguna actividad. **2.** *Amér. Merid.* y *Méx.* Dícese de la persona o animal que va delante de un grupo. ◆ m. **3.** Palo terminado en punta usado para señalar. **4.** *Amér. Merid.* y *Méx.* En algunos deportes, el que juega en primera fila. **5.** *Argent.* El que se halla en primer puesto en las competencias de velocidad. ◆ f. **6.** Parte del calzado que cubre la punta del pie.

puntiagudo, da adj. Que acaba en punta aguda.

puntilla f. **1.** Encaje estrecho. **2.** Puñal usado para rematar al toro.

puntilloso, sa adj. Que tiene mucho amor propio.

punto m. **1.** Dibujo o relieve redondeado y muy pequeño. **2.** Signo de puntuación (.) que indica una pausa. **3.** Cada una de las partes de un escrito o asunto. **4.** Unidad con que se valoran juegos, notas escolares, etc. **5.** Puntada que se da al coser. **6.** Tejido hecho de lazadas trabadas entre sí. ● ~ **de vista**, modo de juzgar algo. ● **A ~ de**, expresa la inminencia de un hecho. ● **Estar en su** ~ una cosa, estar en su mejor momento o manera.

puntuación f. **1.** Acción y efecto de puntuar. **2.** Conjunto de los signos gráficos que sirven para puntuar un escrito.

puntual adj. **1.** Que llega a los sitios a tiempo o hace las cosas a su tiempo. **2.** Exacto, detallado.

puntualizar tr. Especificar con exactitud algo impreciso.

puntuar tr. **1.** Poner en la escritura signos ortográficos. **2.** Calificar con puntos.

punzar tr. **1.** Herir con un objeto puntiagudo. **2.** Causar dolor o aflicción.

punzón m. Instrumento alargado y puntiagudo para abrir orificios, grabar metales, etc.

puñado m. Cantidad de algo que cabe en el puño.

puñal m. Arma de acero, de hoja corta y puntiaguda.

puñetazo m. Golpe dado con el puño.

puño m. **1.** Mano cerrada. **2.** Parte de un objeto por donde se agarra. **3.** Pieza de la prenda de vestir que rodea la muñeca.

pupa f. **1.** Erupción en los labios. **2.** Cualquier lesión cutánea.

pupilo, la m. y f. **1.** Huérfano menor de edad, respecto de su tutor. ◆ f. **2.** Parte negra y redonda del ojo.

pupitre m. Mueble con tapa inclinada para escribir encima.

pupo m. *Argent., Bol.* y *Chile.* Ombligo.

puré m. Plato que se hace de alimentos cocidos y triturados.

purgante m. Sustancia que facilita la evacuación de heces.

purgar tr. y prnl. **1.** Administrar un purgante. ◆ tr. **2.** Purificar, limpiar. **3.** Expiar una culpa.

purgatorio m. **1.** En el catolicismo, lugar en el que las almas purgan sus faltas. **2.** Lugar donde se padecen penalidades.

purificar tr. y prnl. Quitar las impurezas.

puritano, na adj./m. y f. **1.** Miembro de ciertas comunidades inglesas que quisieron volver a la pureza del cristianismo primitivo. **2.** Que profesa una moral rigurosa.

puro, ra adj. **1.** Sin mezcla ni impurezas: *aire* ~. **2.** Que es sólo lo que se expresa: *la ~ verdad.* ◆ m. **3.** Cigarro.

púrpura adj./m. **1.** Dícese del color rojo que tira a morado. ◆ adj. **2.** De color púrpura. ◆ f. **3.** Molusco gasterópodo que segrega un colorante rojo.

purpurina f. Polvo finísimo de bronce o de metal blanco.

purulento, ta adj. Que tiene aspecto semejante al pus.

pus m. Líquido espeso que se forma en los focos de infección.

pusilánime adj. Falto de ánimo y de audacia.

pústula f. Vesícula que contiene pus.

puta f. Prostituta.

puteada f. *Amér. Vulg.* Insulto grosero.

putrefacción f. Acción y efecto de pudrir o pudrirse.

pútrido, da adj. Podrido.

puya f. Punta de la garrocha del picador.

puzzle m. Rompecabezas, juego.

q

q f. Decimoctava letra del abecedario.

quásar m. ASTRON. Astro de apariencia estelar que constituye una poderosa fuente de radiación.

que pron. rel. **1.** Sigue a un nombre o a otro pronombre, y puede ir precedido del artículo o la preposición: *este es el amigo del que te he hablado*. ◆ conj. **2.** Introduce oraciones subordinadas sustantivas: *quiero que vengas*. **3.** Se utiliza como conjunción comparativa o ilativa: *prefiero luchar que salir corriendo; habla tan mal que no se le entiende*.

qué pron. interr. y exclam. Inquiere o pondera la naturaleza, cantidad, etc., de algo: *¿qué color prefieres?; ¡qué calor hace!*

quebracho m. Árbol americano de gran altura, de madera dura, usada en la construcción.

quebrado, da adj./m. MAT. **1.** Dícese del número que expresa una o varias partes proporcionales de la unidad. ◆ f. **2.** Abertura estrecha entre montañas.

quebrantahuesos m. Ave rapaz diurna de gran tamaño.

quebrantar tr. **1.** Romper algo sin llegar a deshacerlo. **2.** Violar una ley, palabra u obligación. ◆ tr. y prnl. **3.** Cascar, hender.

quebrar tr. **1.** Romper con violencia. **2.** *Méx.* Matar. ◆ tr. y prnl. **3.** Doblar o torcer. ◆ intr. **4.** Cesar en una actividad por no poder hacer frente a las obligaciones.

quebrazón f. *Amér. Central, Chile, Colomb.* y *Méx.* Destrozo grande de objetos de vidrio o loza.

quechua adj./m. y f. **1.** De los pueblos amerindios del área andina. ◆ m. **2.** Lengua hablada por estos pueblos.

quedar intr. y prnl. **1.** Permanecer en cierto lugar o estado. ◆ intr. **2.** Haber todavía de cierta cosa. **3.** Resultar en cierta situación o estado: *~ en ridículo*. **4.** Acordar, convenir. ◆ prnl. **5.** Apoderarse. **6.** *Argent., Chile* y *Urug.* Morirse. **7.** *Méx.* Permanecer soltera una mujer.

quedo, da adj. **1.** Suave, silencioso. ◆ f. **2.** Hora de la noche señalada para que los habitantes se recojan en sus casas: *toque de ~*. ◆ adv. **3.** Con voz baja: *hablar ~*.

quehacer m. Ocupación, negocio.

queja f. Expresión de dolor, pena o desacuerdo.

quejido m. Exclamación lastimosa de pena o dolor.

quelite m. *Méx.* Hierba silvestre, tierna y comestible.

quelonio adj./m. Dícese de un orden de reptiles de cuerpo protegido por un caparazón duro, como la tortuga.

queltehue m. Ave zancuda de Chile que se tiene en los jardines para que destruya los insectos nocivos.

queltro m. *Chile.* Suelo preparado para la siembra.

quema f. **1.** Acción y efecto de quemar o quemarse. **2.** Incendio. **3.** *Argent.* Lugar donde se queman basuras o residuos.

quemada f. **1.** Parte del monte quemado. **2.** *Argent.* y *Méx.* Acción que pone en ridículo.

quemado, da adj. **1.** *Argent., Chile, Méx.* y *Urug.* Que tiene la piel morena por haber tomado el sol. **2.** *Méx. Fam.* Desacreditado. ◆ m. **3.** Cosa quemada.

quemadura f. Herida causada por el fuego o algo que quema.

quemar tr. y prnl. **1.** Destruir con fuego. ◆ tr. **2.** Calentar mucho. ◆ tr., intr. y prnl. **3.** Causar lesión algo muy caliente. ◆ intr. **4.** Estar una cosa muy caliente.

quemarropa. **A ~**, a poca distancia, muy cerca.

quemazón f. **1.** Calor excesivo. **2.** Sensación de ardor o picor.

queratina f. Sustancia que interviene en la constitución de las uñas, pelo, plumas, etc.

querella f. **1.** Discordia. **2.** DER. Acusación ante el juez.

querencia f. **1.** Acción de amar o querer bien. **2.** Tendencia de personas y animales a volver al lugar en que se criaron.

querendón, na adj./m. y f. *Amér.* Cariñoso.

querer tr. **1.** Desear poseer o lograr algo. **2.** Tener amor o cariño.

querer m. Cariño, amor.

querido, da m. y f. Amante.

querosén m. *Amér.* Queroseno.

queroseno m. Hidrocarburo obtenido como producto intermedio entre la gasolina y el gasoil.

querubín m. **1.** Cierta categoría de ángeles. **2.** Niño de gran belleza.

quesadilla f. *Ecuad.* y *Hond.* Pan de maíz, relleno de queso y azúcar, frito en manteca.

queso m. Alimento elaborado a partir de la leche cuajada.

quetzal m. **1.** Ave de plumaje verde tornasolado. **2.** Moneda de Guatemala.

quevedos m. pl. Anteojos que se sujetan en la nariz.

quezalteco, ca adj./m. y f. De Quezaltenango (Guatemala).

quiasmo m. Figura retórica que consiste en presentar en órdenes inversos los miembros de dos secuencias.

quicio m. Parte de una puerta o ventana en que se asegura la hoja.

quid m. Punto más importante: *ese es el quid del problema.*

quiebra f. **1.** Acción de quebrar. **2.** Rotura de algo. **3.** Fracaso.

quiebro m. **1.** Gesto que se hace doblando el cuerpo por la cintura. **2.** Inflexión hecha con la voz.

quien pron. rel. **1.** Se refiere a personas: *la mujer de quien te hablé.* **2.** Equivale a *el que,* y carece de antecedente expreso: *cásate con quien quieras.*

quién pron. interr. y exclam. Introduce frases interrogativas o exclamativas: *¿quién llama?; ¡quién lo diría!*

quienquiera pron. Cualquiera, persona indeterminada.

quieto, ta adj. **1.** Que no se mueve. **2.** Pacífico, tranquilo.

quietud f. **1.** Falta de movimiento. **2.** Sosiego, reposo.

quijada f. Cada uno de los dos huesos del cráneo de los mamíferos en que están encajados los dientes y muelas.

quijote m. Hombre que interviene en asuntos que no le atañen, en defensa de la justicia.

quilate m. **1.** Unidad de peso para perlas y piedras preciosas, que equivale a 205 mg. **2.** Cantidad de oro puro contenido en una aleación de este metal.

quilla f. Pieza que va de proa a popa y forma la base del barco.

quillango m. *Argent., Chile* y *Urug.* Manta de pieles.

quillay m. *Argent.* y *Chile.* Árbol de gran tamaño con una gruesa corteza que en medios rurales se emplea para lavar.

quilo m. **1.** Líquido blanquecino, resultado de la digestión de los alimentos en el intestino delgado. **2.** *Chile.* Arbusto de tallos trepadores y fruto azucarado. **3.** *Chile.* Fruto de este arbusto.

quilo- pref. Kilo-*.

quilombo m. **1.** *Argent. Vulg.* Lío, gresca. **2.** *Chile* y *R. de la Plata.* Burdel. **3.** *Venez.* Cabaña campestre.

quiltro adj./m. y f. **1.** *Chile. Fam.* Dícese de la persona despreciable y sin ninguna importancia. ◆ m. **2.** *Chile.* Perro ordinario.

quimbayá adj./m. y f. De un pueblo amerindio que ocupaba el valle central del río Cauca, Colombia.

quimera f. **1.** Monstruo fabuloso, con cabeza de león, vientre de cabra y cola de dragón. **2.** Creación de la mente, que se toma como algo real.

químico, ca adj. **1.** Relativo a la química. ◆ f. **2.** Ciencia que estudia las propiedades, composición y transformación de los cuerpos. ◆ m. y f. **3.** Especialista en química.

quimioterapia f. MED. Tratamiento de las enfermedades mediante sustancias químicas.

quimo m. Líquido contenido en el estómago, que resulta de la digestión de los alimentos.

quimono m. Túnica japonesa muy amplia, de una sola pieza.

quincalla f. Artículo de metal, de poco precio o escaso valor.

quince adj./m. **1.** Diez y cinco. ◆ adj./m. y f. **2.** Decimoquinto.

quinceavo, va adj./m. Dícese de cada una de las quince partes iguales en que se divide un todo.

quincena f. Serie de quince días consecutivos.

quincha f. **1.** *Amér. Merid.* Tejido o trama de junco con que se afianza un techo o pared. **2.** *Argent., Chile* y *Perú.* Pared hecha de cañas o juncos recubiertos de barro.

quinchar tr. *Amér. Merid.* Cercar o cubrir con quinchas.

quincho m. *Argent.* Cobertizo para comidas al aire libre.

quincuagésimo, ma adj./m. y f. Que corresponde en orden al número cincuenta.

quinde m. *Colomb., Ecuad.* y *Perú.* Colibrí.

quingombó m. Planta herbácea originaria de África y cultivada en América por sus frutos.

quiniela f. **1.** Juego de apuestas sobre los resultados del fútbol. **2.** *Argent., Par., R. Dom.* y *Urug.* Juego que consiste en apostar a las últimas cifras de los premios mayores de la lotería.

quinientos, tas adj./m. **1.** Cinco veces ciento. ◆ adj./m. y f. **2.** Que corresponde en orden al número quinientos.

quinoa o **quinua** f. *Argent., Bol.* y *Perú.* Nombre de diversas plantas anuales de hojas tiernas comestibles y flores pequeñas en racimos.

quinqué m. Lámpara con un depósito de aceite o petróleo.

quinquenio m. Período de cinco años.

quinqui m. y f. *Esp.* Miembro de un grupo social marginal.

quintal m. Antigua unidad de peso. ● ~ **métrico,** peso de 100 kg.

quinteto m. **1.** Estrofa de cinco versos de arte mayor. **2.** MÚS. Conjunto de cinco voces o cinco instrumentos.

quinto, ta adj./m. y f. **1.** Que corresponde en orden al número cinco. ◆ adj./m. **2.** Dícese de cada una de las cinco partes iguales en que se divide un todo. ◆ m. **3.** Recluta. ◆ f. **4.** Conjunto de hombres que entran cada año para prestar el servicio militar. **5.** Casa de recreo en el campo.

quintril m. *Chile.* Fruto del algarrobo.

quíntuplo, pla adj./m. Que contiene un número cinco veces exactamente.

quinzavo, va adj./m. Quinceavo*.

quiñazo m. *Chile, Colomb., Ecuad., Pan.* y *Perú.* Golpe o choque violento.

quiosco m. **1.** Pabellón abierto que decora terrazas y jardines. **2.** Pequeña construcción donde se venden periódicos, flores, etc.

quirófano m. Sala donde se hacen operaciones quirúrgicas.

quiromancia o **quiromancía** f. Adivinación fundada en el estudio de la mano.

quiróptero, ra adj./m. Relativo a un orden de mamíferos adaptados para el vuelo, como el murciélago.

quirque m. *Chile.* Lagartija.

quirquincho m. *Amér. Merid.* Especie de armadillo, relativamente cubierto de cerdas sobre su caparazón.

quirúrgico, ca adj. Relativo a la cirugía.

SISTEMA VASCULAR
Y SISTEMA NERVIOSO

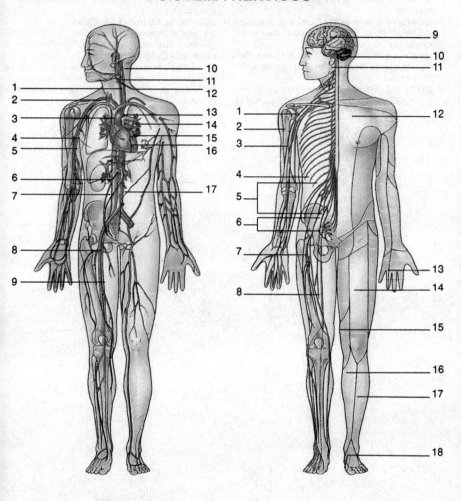

SISTEMA VASCULAR

1	arteria carótida	10	vena yugular interna
	primitiva izquierda	11	arteria carótida
2	arteria subclavia		interna
	derecha	12	arteria carótida
3	vena cava superior		externa
4	arteria humeral	13	aorta
5	vena humeral	14	arteria pulmonar
6	vena renal	15	arteria y vena
7	vena cava inferior		coronarias
8	vena femoral	16	corazón
9	arteria femoral	17	aorta abdominal

SISTEMA NERVIOSO

1	nervio radial	11	médula espinal
2	nervio musculo-	12	nervios torácicos
	cutáneo	13	nervio mediano
3	nervio medio	14	rama del nervio
4	nervio torácico		crural
5	plexo lumbar	15	nervio obturador
6	plexo sacro	16	nervio cutáneo
7	nervio crural		peroneo
8	nervio ciático	17	rama del nervio
9	cerebro		crural
10	cerebelo	18	nervio plantar interno

quisca f. **1.** *Chile.* Espina grande, especialmente de los cactos. **2.** *Chile.* Quisco.

quisco m. *Chile.* Cacto espinoso con aspecto de cirio.

quisqueyano, na adj./m. y f. De Santo Domingo.

quisquilloso, sa adj./m. y f. Que se para en pequeñeces.

quiste m. Formación patológica con contenido líquido, que se desarrolla en diferentes regiones del cuerpo.

quitar tr. **1.** Separar o apartar una cosa de otra o de donde estaba. **2.** Hacer desaparecer. **3.** Privar de una cosa. **4.** Impedir. ◆ prnl. **5.** Apartarse de un lugar.

quite m. Movimiento con que se evita un golpe o ataque.

quiteño, ña adj./m. y f. De Quito.

quitilipi m. *Argent.* Ave nocturna.

quitina f. Sustancia orgánica que da dureza al caparazón de los artrópodos.

quizá o **quizás** adv. Expresa posibilidad o duda.

quórum m. Número de miembros que una asamblea debe reunir para que sea válida una votación o deliberación.

r

r f. Decimonovena letra del abecedario.

rabadilla f. Punta o extremidad de la columna vertebral.

rábano m. Planta herbácea de raíz carnosa comestible.

rabí m. Rabino.

rabia f. 1. Enfermedad transmitida por la mordedura de algunos animales. 2. Ira, enfado.

rabiar intr. 1. Padecer un intenso dolor. 2. Encolerizarse.

rabieta f. *Fam.* Enfado o llanto corto y violento.

rabillo m. 1. Pedúnculo. 2. Prolongación en forma de rabo.

rabino m. 1. Doctor de la ley judía. 2. Jefe espiritual de una comunidad judía.

rabo m. 1. Cola de algunos animales. 2. Pecíolo, pedúnculo.

rabón, na adj. 1. Dícese del animal sin rabo o de rabo corto. 2. *Argent.* y *Méx.* Dícese de la prenda de vestir que queda corta.

racha f. 1. Ráfaga de viento. 2. Período de fortuna o desgracia.

racial adj. Relativo a la raza.

racimo m. Grupo de uvas, o de otros frutos, que cuelgan de un tallo común.

raciocinio m. Capacidad de pensar.

ración f. Cantidad de comida que se da a cada individuo.

racional adj. 1. Relativo a la razón. 2. Dotado de razón. 3. MAT. Dícese del número entero.

racionalismo m. Filosofía del conocimiento basada en la razón.

racionar tr. 1. Distribuir raciones. 2. Reducir el consumo repartiendo algo.

racismo m. Ideología que afirma la superioridad de un grupo racial respecto a los demás.

radar m. Dispositivo que detecta la presencia y la posición de objetos por medio de ondas.

radiación f. Acción y efecto de emitir luz u otra energía.

radiactivo, va adj. Que emite radiaciones.

radiado, da adj. Que tiene sus diversas partes dispuestas, a manera de radios, alrededor de un punto o eje.

radiador m. 1. Aparato de calefacción. 2. Dispositivo en que se enfría el líquido de refrigeración de algunos motores.

radial adj. 1. Relativo al radio. 2. De disposición análoga a la de los radios de una rueda.

radián m. Unidad de medida angular, que corresponde a un arco de longitud igual a su radio.

radiante adj. 1. Que radia. 2. Resplandeciente, brillante. 3. Que manifiesta una gran alegría.

radiar tr. 1. Difundir por radio. 2. Emitir radiaciones.

radical adj. 1. Relativo a la raíz. 2. Fundamental. ♦ adj./m. y f. 3. Tajante, intransigente. ♦ m. MAT. 4. Signo (√) de la raíz cuadrada. 5. QUÍM. Parte de un compuesto molecular que puede existir en estado no combinado.

radicar intr. y prnl. 1. Echar raíces. ♦ intr. 2. Estribar, consistir.

radier m. *Chile.* Losa de hormigón sin armar.

radio m. 1. En una circunferencia, distancia entre uno de sus puntos y el centro. 2. Cada varilla que une la llanta con el eje de una rueda. 3. Metal radiactivo. 4. El más corto de los dos huesos del antebrazo. ♦ f. 5. Apóc. de *radiodifusión.* 6. Apóc. de *radioemisora.*

radiocomunicación f. Telecomunicación por medio de ondas radioeléctricas.

radiodifusión f. Emisión de noticias, música, etc., por medio de ondas hertzianas, con destino al público en general.

radioelectricidad f. Producción, propagación y recepción de las ondas hertzianas.

radioemisora f. Emisora.

radiofonía f. Sistema de transmisión por medio de ondas radioeléctricas.

radiografía f. Fotografía por medio de rayos X.

radiología f. Aplicación de los rayos X al diagnóstico y a la terapéutica.

radio-taxi m. Aparato de radio conectado a un taxi, que permite al conductor comunicar y recibir mensajes de una central.

radioteatro m. 1. Programa radiofónico consistente en la emisión de piezas teatrales. 2. *Argent.* Serial radiofónico.

radiotelefonía f. Sistema de enlace telefónico por medio de ondas hertzianas.

radiotelegrafía f. Telegrafía sin hilos.

radioterapia f. MED. Tratamiento por medio de radiaciones.

radiotransmisor m. Transmisor por ondas hertzianas.

radón m. Elemento gaseoso radiactivo.

raer tr. Raspar una superficie con un instrumento áspero o cortante.

ráfaga f. 1. Golpe de viento de poca duración. 2. Golpe de luz vivo e instantáneo.

rafia f. Palmera que da una fibra muy resistente y flexible.

raído, da adj. Dícese del vestido o tela muy gastados por el uso.

raigambre f. 1. Conjunto de raíces. 2. Tradición o antecedentes que ligan a alguien a un sitio.

raíl m. Carril de las vías férreas.

raíz f. 1. Órgano de los vegetales que fija la planta al suelo. 2. Causa u origen de algo. 3. LING. Parte irreductible común a todas las palabras de una misma familia. ● ~ cuadrada

(MAT.), número que ha de multiplicarse por sí mismo para obtener un número determinado.

raja f. Abertura larga y fina.

rajadiablo adj./m. *Chile*. Dícese de la persona aficionada a hacer picardías y travesuras.

rajar tr. y prnl. **1.** Hacer rajas. ◆ tr. **2.** *Chile. Fam.* Suspender a alguien en un examen. ◆ prnl. *Fam.* **3.** Acobardarse. **4.** *Amér. Central, Chile, Perú* y *P. Rico.* Dar con generosidad. **5.** *Chile.* Gastar mucho dinero en obsequios y fiestas.

rajatabla. A ~, con todo rigor.

ralea f. **1.** Especie, clase. **2.** *Desp.* Raza, casta.

ralentí m. Régimen más débil del motor de un vehículo.

rallar tr. Desmenuzar algo restregándolo.

rally m. Competición de automóviles en carreteras públicas.

ralo, la adj. Muy separado.

RAM adj./f. INFORM. Abrev. de *Random-Access Memory* (memoria de acceso directo), dícese de la memoria cuyo contenido puede ser leído, borrado o modificado a voluntad.

rama f. **1.** Parte que nace del tronco o del tallo de una planta. **2.** Cada una de las divisiones de un arte o ciencia.

ramada f. **1.** *Amér. Central* y *Amér. Merid.* Cobertizo de ramas de árboles. **2.** *Chile*. Puesto de feria construido con ramas.

ramadán m. Noveno mes del año musulmán, dedicado al ayuno.

ramal m. **1.** Cada uno de los cabos de que se componen las cuerdas, sogas, etc. **2.** Parte que arranca de la línea principal de algo.

ramalazo m. **1.** Dolor repentino. **2.** Leve locura. **3.** *Esp. Fam.* Apariencia afeminada.

rambla f. **1.** Lecho natural de las aguas pluviales. **2.** Avenida, paseo.

ramera f. Prostituta.

ramificarse prnl. Dividirse en ramas.

ramillete m. Ramo pequeño de flores.

ramo m. **1.** Rama que nace de una principal. **2.** Manojo de flores. **3.** Parte en que se divide una ciencia o actividad.

rampa f. **1.** Plano inclinado. **2.** Terreno en pendiente.

rampla f. **1.** *Chile*. Carrito de mano utilizado para transportar mercancías o muebles. **2.** *Chile.* Acoplado de un camión.

ramplón, na adj. Vulgar, chabacano.

rana f. Anfibio de piel lisa, ojos saltones y patas traseras adaptadas al salto.

■ **Enc. La rana** es un anfibio que en estado larvario se llama renacuajo. Existen más de 150 especies de ranas en el mundo. La más grande es la *rana gigante* que vive en Camerún, África. Mide 30 cm de longitud, sin contar las patas posteriores.

ranchería f. *Méx*. Pueblo pequeño.

ranchero, ra m. y f. **1.** Persona que gobierna un rancho. ◆ f. **2.** Canción popular mexicana.

ranchito m. *Venez*. Barraca mal construida que se levanta en las afueras de las poblaciones.

rancho m. **1.** Comida que se hace para muchos en común, como la que se da a los soldados. **2.** *Antill.* y *Méx*. Granja donde se crían caballos y otros cuadrúpedos.

rancio, cia adj. Dícese del vino y de los comestibles que con el tiempo adquieren sabor y olor más fuerte.

rango m. Clase, categoría.

rangoso, sa adj. *Amér. Central, Cuba* y *Chile.* Generoso.

ranura f. Canal estrecho que tienen algunos objetos.

rapapolvo m. *Fam*. Reprimenda.

rapar tr. y prnl. **1.** Afeitar. **2.** Cortar mucho el pelo.

rapaz adj. **1.** Inclinado al robo. ◆ adj./f. **2.** Relativo a un orden de aves carnívoras, de pico curvado y garras fuertes y encorvadas.

rape m. Pez comestible, de cabeza enorme y comprimida.

rapé m. Tabaco en polvo que se aspira por la nariz.

rápido, da adj. **1.** Que se mueve o se hace muy deprisa. ◆ m. **2.** Parte del río muy impetuosa.

rapiña f. Robo o saqueo. ● **Ave de ~**, ave rapaz.

raposo, sa m. y f. Zorro.

rapsoda m. **1.** En la antigua Grecia, persona que iba de pueblo en pueblo recitando poemas. **2.** Poeta.

raptar tr. Capturar y retener a una persona para obtener un rescate.

raqueta f. Pala provista de una red, utilizada para jugar al tenis y a otros juegos de pelota.

raquídeo, a adj. Del raquis: *bulbo* ~.

raquis m. **1.** Columna vertebral. **2.** BOT. Eje de una espiga o racimo.

raquítico, ca adj. **1.** Muy débil. ◆ adj./m. y f. **2.** Que padece raquitismo.

raquitismo m. Enfermedad infantil, caracterizada por la falta de solidez de los huesos.

rareza f. **1.** Calidad de raro. **2.** Cosa o acción rara.

raro, ra adj. **1.** Escaso en su clase. **2.** Poco frecuente. ◆ adj./m. y f. **3.** Extraño, extravagante.

ras m. Igualdad en la superficie o altura de las cosas. ● **A ~ de,** casi tocando.

rasante adj. **1.** Que pasa rozando. ◆ f. **2.** Inclinación del perfil longitudinal de una calle o vía.

rasca adj. **1.** *Argent.* y *Chile*. Ordinario. ◆ f. *Fam.* **2.** Frío. **3.** *Amér. Central* y *Amér. Merid.* Borrachera, embriaguez.

rascacielos m. Edificio con gran número de pisos.

rascar tr. y prnl. Restregar con una cosa aguda o áspera.

rascuache adj. **1.** *Méx*. Pobre, miserable. **2.** *Méx*. De mala calidad.

rasero m. Palo con que se nivelan las medidas de áridos.

rasgar tr. y prnl. Romper o hacer pedazos telas, papel, etc.

rasgo m. **1.** Línea trazada al escribir. **2.** Línea característica del rostro. **3.** Aspecto de la personalidad.

rasguño m. Corte o herida superficial hecha con las uñas o con roce violento.

rasmillarse prnl. *Chile*. Arañarse la piel ligeramente.

raso, sa adj. **1.** Llano, liso. **2.** Que va a poca altura del suelo. ◆ m. **3.** Tejido de seda, liso y brillante.

raspa f. Filamento de la cáscara del grano de los cereales.

raspadilla f. *Méx.* y *Perú.* Hielo rallado y endulzado con jarabe.

raspado, da adj. **1.** *C. Rica.* Desvergonzado. ◆ m. **2.** Acción y efecto de raspar. **3.** *Méx.* Hielo rallado al que se añade jarabe de frutas.

raspar tr. **1.** Frotar o rascar una superficie.◆ intr. **2.** *Venez.* Salir apresuradamente.

rasposo, sa adj. **1.** Áspero al tacto. **2.** *Argent.* y *Urug.* Dícese de la prenda de vestir raída y en mal estado, y del que la lleva. ◆ adj./m. y f. **3.** *Argent.* y *Urug.* Mezquino, tacaño.

rasquetear tr. *Amér. Merid.* Cepillar el pelo de un caballo.

rastra f. **1.** Rastrillo. **2.** Cualquier cosa que va colgando o arrastrando. **3.** *Argent.* y *Urug.* Cinturón ancho adornado con monedas o medallas.

rastrear tr. **1.** Buscar siguiendo el rastro. **2.** Inquirir, indagar.

rastrero, ra adj. **1.** Que va arrastrando. **2.** Vil, mezquino. **3.** BOT. Dícese de los tallos que están extendidos sobre el suelo.

rastrillada f. *Argent.* y *Urug.* Surco o huellas que dejan las tropas de animales sobre el pasto o la tierra.

rastrillo m. Instrumento agrícola formado por un mango largo y un travesaño con púas.

rastro m. **1.** Indicio, pista. **2.** Rastrillo. **3.** *Esp.* Mercado de cosas viejas.

rastrojo m. Conjunto de restos que quedan de las mieses segadas.

rasurar tr. y prnl. Afeitar.

rata f.**1.** Mamífero roedor de cabeza pequeña y hocico puntiagudo, muy nocivo y voraz. ◆ m. y f. *Fam.* **2.** Persona tacaña.

ratero, ra adj./m. y f. Dícese del ladrón que hurta cosas de poco valor.

ratificar tr. y prnl. Confirmar la validez o verdad de algo.

rato m. Espacio de tiempo, especialmente cuando es corto.

ratón m. **1.** Mamífero roedor, más pequeño que la rata. **2.** INFORM. Dispositivo manual que mueve el cursor en la pantalla.

■ Enc. El **ratón** gris tiene el hocico puntiagudo, orejas grandes y bigotes. Se reproduce en grandes cantidades. Una hembra puede tener de 4 a 6 camadas por año. Cada camada consta de 4 a 8 crías. Viven un máximo de dos años.

raudal m.**1.** Caudal de agua que corre con fuerza. **2.** Abundancia.

raudo, da adj. Rápido, veloz.

raulí m.*Argent.* y *Chile.* Planta arbórea de gran altura cuya madera se utiliza en construcción.

raya f. **1.** Señal larga y estrecha en un cuerpo o superficie. **2.** Guión largo (—) que se usa para separar oraciones, indicar el diálogo, etc. **3.** Límite. **4.** Dosis de droga en polvo. **5.** Pez marino de cuerpo aplanado y en forma de rombo. **6.** *Méx.* Salario del obrero o campesino.

rayado, da adj. Que tiene rayas.

rayano, na adj. **1.** Que linda con algo. **2.** Casi igual.

rayar tr. **1.** Hacer rayas. **2.** Tachar lo escrito. ◆ intr. **3.** Lindar.

rayo m. **1.** Chispa eléctrica entre dos nubes o entre una nube y la Tierra. **2.** Línea de luz procedente de un cuerpo luminoso. ● **Rayos X,** ondas electromagnéticas que atraviesan ciertos cuerpos.

rayuela f. Juego que consiste en tirar piedras o monedas a una raya, en el que gana el que se acerca más a ella.

raza f. **1.** Agrupación de seres humanos que presentan rasgos físicos comunes. **2.** Grupo en que se subdividen algunas especies animales. **3.** *Méx. Fam.* Grupo de gente. **4.** *Méx. Fam.* Plebe. **5.** *Perú.* Descaro.

razón f. **1.** Facultad de pensar. **2.** Conjunto de palabras con que se expresa el discurso. **3.** Argumento. **4.** Causa, motivo. **5.** Acierto en lo que se hace o dice. **6.** MAT. Cociente de dos números.

razonable adj. Conforme a la razón.

razonamiento m. **1.** Acción y efecto de razonar. **2.** Serie de conceptos encaminados a demostrar una cosa.

razonar tr. **1.** Aducir razones en apoyo de algo. ◆ intr. **2.** Pensar.

re m. Segunda nota de la escala musical.

reacción f. **1.** Acción provocada por otra y contraria a ésta. **2.** Respuesta a un estímulo. **3.** Sistema de propulsión de aeronaves mediante gases a presión. **4.** QUÍM. Fenómeno entre cuerpos químicos en contacto que da lugar a nuevas sustancias.

reaccionar intr. **1.** Producirse una reacción por efecto de un estímulo. **2.** Volver a recobrar actividad. **3.** Defenderse.

reaccionario, ria adj./m. y f. Contrario a las innovaciones.

reacio, cia adj. Que muestra oposición o resistencia a algo.

reactivar tr. Activar de nuevo.

reactor m. **1.** Motor de reacción. **2.** Avión con motor de reacción.

reafirmar tr. y prnl. Afirmar de nuevo, ratificar.

reajustar tr. **1.** Volver a ajustar. **2.** Aumentar o disminuir salarios, impuestos, etc.

real adj.**1.** Perteneciente o relativo al rey. **2.** Que tiene existencia verdadera y efectiva. ◆ m. **3.** Moneda que equivalía a 0.25 pesetas. ● **Números reales,** conjunto de números racionales e irracionales.

realce m. **1.** Acción y efecto de realzar. **2.** Importancia.

realidad f. **1.** Existencia real y efectiva. **2.** Mundo real.

realismo m. **1.** Consideración de las cosas tal como son. **2.** Tendencia literaria y artística que representa la realidad tal como es.

realizar tr. **1.** Hacer, llevar a cabo. ◆ prnl. **2.** Cumplir las propias aspiraciones.

realzar tr. y prnl. Hacer que algo o alguien parezca mayor, mejor o más importante.

reanimar tr. y prnl. Restablecer las fuerzas o el aliento.

reanudar tr. y prnl. Continuar algo que se había interrumpido.

reavivar tr. y prnl. Excitar o avivar de nuevo.

rebaja f. Disminución, especialmente del precio de una cosa.

rebajar tr. **1.** Hacer más bajo el nivel o la altura de algo. **2.** Bajar el precio o la cantidad de algo. ◆ tr. y prnl. **3.** Humillar.

rebalsar intr. *Argent., Chile* y *Urug.* Rebosar.

rebanada f. Porción delgada y ancha que se saca de una cosa.

rebañar tr. **1.** Recoger algo sin dejar nada. **2.** Apurar el contenido de un plato.

rebaño m. Hato de ganado.

rebasar tr. Pasar o exceder de un límite o señal.

rebatinga f. *Méx.* Rebatiña.

rebatiña f. Acción de recoger arrebatadamente una cosa que se disputan varios.

rebatir tr. Refutar.

rebeca f. Cierto tipo de jersey abrochado por delante.

rebeco m. Gamuza, mamífero.

rebelarse prnl. **1.** Negarse a obedecer. **2.** Oponer resistencia.

rebelde adj./m. y f. **1.** Que se rebela. ◆ adj. **2.** Difícil de manejar, educar o trabajar.

rebenque m. *Amér. Merid.* Látigo de jinete.

rebobinar tr. Enrollar hacia atrás un rollo de película o cinta.

reborde m. Borde saliente.

reborujar tr. *Méx.* Desordenar.

rebosar tr. e intr. **1.** Abundar con exceso. ◆ intr. y prnl. **2.** Salirse un líquido por los bordes de un recipiente.

rebotar intr. **1.** Botar repetidamente un cuerpo al chocar con otro. ◆ tr. **2.** *Argent.* y *Méx.* Rechazar el banco un cheque por falta de fondos. **3.** *Méx.* Enturbiar el agua.

rebozar tr. y prnl. **1.** Cubrir el rostro. ◆ tr. **2.** Pasar un alimento por huevo batido, harina, etc.

rebozo m. **1.** Parte de una prenda que cubre la cara. **2.** *Amér. Central* y *Méx.* Manto amplio que usan las mujeres como abrigo.

rebujo m. Envoltorio hecho de cualquier manera.

rebullir intr. y prnl. Empezar a moverse lo que estaba quieto.

rebuscado, da adj. Dícese del lenguaje afectado.

rebuscar tr. Buscar algo con minuciosidad.

● **Rebuscársela** (*Argent., Chile* y *Par. Fam.*), ingeniarse para sortear las dificultades cotidianas.

rebusque m. **1.** *Argent.* y *Par. Fam.* Acción y efecto de rebuscársela. **2.** *Argent.* y *Par. Fam.* Solución ingeniosa con que se sortean las dificultades cotidianas.

rebuzno m. Voz del asno.

recabar tr. Conseguir con instancias y súplicas lo que se desea.

recado m. **1.** Mensaje que se da o envía a otro. **2.** Diligencia, compra, etc., que debe hacer una persona. **3.** *Amér. Central* y *Amér. Merid.* Apero de montar. **4.** *Nicar.* Picadillo con que se rellenan las empanadas.

recaer intr. **1.** Volver a caer. **2.** Caer nuevamente enfermo.

recalar tr. y prnl. **1.** Empapar un líquido un cuerpo. ◆ intr. MAR. **2.** Llegar una embarcación a un punto de la costa.

recalcar tr. Decir algo acentuándose con énfasis.

recalcitrante adj. Reacio, terco.

recámara f. **1.** Habitación contigua a la principal. **2.** Parte del arma de fuego donde se coloca el proyectil. **3.** *Amér. Central, Colomb.* y *Méx.* Alcoba, dormitorio.

recamarera f. *Méx.* Criada.

recambio m. Pieza que puede sustituir a otra igual en una máquina.

recapacitar tr. e intr. Pensar detenidamente una cosa.

recapitular tr. Resumir ordenadamente lo ya manifestado.

recargar tr. **1.** Aumentar la carga. **2.** Aumentar una cantidad que se debe pagar. **3.** Volver a cargar.

recato m. **1.** Honestidad, pudor. **2.** Cautela, reserva.

recauchaje m. *Chile.* Acción de volver a cubrir con caucho una llanta desgastada.

recaudar tr. Reunir cierta cantidad de dinero.

recaudería f. *Méx.* Tienda en la que se venden especias.

recelar tr. y prnl. Temer, desconfiar.

recensión f. Reseña, crítica.

recepción f. **1.** Acción y efecto de recibir. **2.** Lugar donde se recibe a los clientes en hoteles, empresas, etc.

receptáculo m. Cavidad que contiene algo.

receptor, ra adj./m. y f. **1.** Que recibe. ◆ m. **2.** Aparato que recibe una señal de telecomunicación.

recesar tr. **1.** *Perú.* Clausurar una cámara legislativa, una universidad, etc. ◆ intr. **2.** *Bol., Cuba, Nicar.* y *Perú.* Cesar temporalmente en sus actividades una corporación.

recesión f. Disminución de la actividad económica.

receso m. **1.** Separación, desvío. **2.** *Amér.* Suspensión temporal de actividades en los cuerpos colegiados, asambleas, etc., y tiempo que dura.

receta f. **1.** Escrito que contiene una prescripción médica. **2.** Nota que indica los ingredientes de un plato y el modo de prepararlo.

recetar tr. Prescribir un medicamento o tratamiento.

rechazar tr. No admitir lo que alguien propone u ofrece.

rechinar intr. Producir cierto ruido el roce de algunos objetos.

rechistar intr. Chistar.

rechoncho, cha adj. *Fam.* Grueso y de poca altura.

rechupete. **De ~** (*Fam.*), muy bueno.

recibido, da adj. *Amér.* Que ha terminado un ciclo de estudios.

recibidor m. Pieza que da entrada a un piso.

recibir tr. **1.** Tomar uno lo que le dan o envían. **2.** Padecer lo que se expresa. **3.** Salir al encuentro de alguien que llega. ◆ prnl. **4.** *Amér.* Terminar un ciclo de estudios.

recibo m. **1.** Acción y efecto de recibir. **2.** Documento en que el se declara haber recibido dinero u otra cosa.

reciclar tr. **1.** Someter una materia a un proceso para que vuelva a ser utilizable. **2.** Poner al día.

recién adv. **1.** Sucedido poco antes. **2.** *Amér.* Se emplea con todos los tiempos verbales, indicando que la acción expresada por el verbo se acaba de realizar.

reciente adj. **1.** Que ha sucedido poco antes. **2.** Acabado de hacer.

recinto m. Espacio cerrado dentro de ciertos límites.

recio, cia adj. **1.** Fuerte, robusto. ◆ adv. **2.** Con vigor y violencia.

recipiente m. Objeto que puede contener algo en su interior.

recíproco, ca adj. **1.** Igual en la correspondencia de uno a otro. **2.** LING. Dícese del verbo pronominal que expresa la acción mutua de varios sujetos.

recital m. Concierto dado por un solo intérprete.

recitar tr. Decir en voz alta textos, versos, etc.

reclamar tr. **1.** Exigir con derecho. ◆ intr. **2.** Protestar contra algo.

reclamo m. **1.** Voz con que un ave llama a otra. **2.** Cosa que atrae.

reclinar tr. y prnl. Inclinar una cosa apoyándola en otra.

recluir tr. y prnl. Encerrar a alguien en un lugar.

recluso, sa m. y f. Preso.

recluta m. Mozo alistado para el servicio militar.

reclutar tr. **1.** Alistar reclutas. **2.** Reunir personas para algún fin.

recobrar tr. **1.** Recuperar. ◆ prnl. **2.** Restablecerse después de un daño, enfermedad, etc.

recochineo m. *Esp. Fam.* Guasa.

recodo m. Ángulo o curva muy marcada de calles, ríos, etc.

recoger tr. **1.** Tomar o agarrar algo que se ha caído. **2.** Reunir cosas separadas o distintas. **3.** Ir a buscar a alguien o algo al lugar donde está. **4.** Ordenar. ◆ prnl. **5.** Retirarse alguien a su casa.

recolectar tr. **1.** Recoger la cosecha. **2.** Reunir: ~ *dinero*.

recoleto, ta adj. Que lleva una vida retirada y austera.

recomendar tr. **1.** Aconsejar. **2.** Hablar en favor de una persona.

recompensar tr. **1.** Premiar una acción o servicio. **2.** Compensar.

reconciliar tr. y prnl. Hacer que se concilien de nuevo dos o más personas, grupos, etc.

recóndito, ta adj. Muy escondido y oculto.

reconfortar tr. Confortar física o espiritualmente a alguien.

reconocer tr. **1.** Distinguir de las demás personas a una por sus rasgos propios. **2.** Examinar con cuidado. **3.** Admitir, aceptar. **4.** Mostrar gratitud por un beneficio recibido.

reconocimiento m. **1.** Acción y efecto de reconocer. **2.** Gratitud.

reconquistar tr. Volver a conquistar.

reconstruir tr. **1.** Construir de nuevo. **2.** Volver a componer el desarrollo de un hecho.

reconvenir tr. Reprender a alguien por sus actos o palabras.

reconvertir tr. Hacer que vuelva a su ser o estado lo que había sufrido un cambio.

recopilar tr. Juntar en compendio, recoger diversas cosas.

récord m. **1.** Marca deportiva que supera las anteriores. **2.** Cualquier cosa que supera una realización precedente.

recordar tr. e intr. Traer algo a la memoria.

recorrer tr. Atravesar un lugar en toda su extensión o longitud.

recortar tr. **1.** Cortar lo que sobra de una cosa. **2.** Cortar figuras de un papel, cartón, etc. **3.** Disminuir, reducir: ~ *el presupuesto*.

recorte m. **1.** Acción y efecto de recortar. ◆ pl. **2.** Conjunto de trozos que sobran al recortar.

recostar tr. y prnl. Apoyar el cuerpo o una cosa sobre algo.

recoveco m. **1.** Curva o revuelta en una calle, pasillo, etc. **2.** Sitio escondido, rincón.

recrear tr. **1.** Crear de nuevo. ◆ tr. y prnl. **2.** Divertir, deleitar.

recriminar tr. y prnl. Reprochar, censurar a alguien.

recrudecer intr. y prnl. Tomar nuevo incremento un mal.

rectángulo, la adj. MAT. **1.** Que tiene uno o más ángulos rectos: *triángulo* ~. ◆ m. MAT. **2.** Paralelogramo de ángulos rectos y lados contiguos desiguales.

rectificar tr. **1.** Poner recto. **2.** Corregir defectos o errores.

rectilíneo, a adj. Que se compone de líneas rectas.

recto, ta adj. **1.** Que no está inclinado o torcido, ni hace ángulos o curvas. **2.** Justo, severo. **3.** MAT. Dícese del ángulo de 90°. ◆ m. **4.** ANAT. Segmento terminal del tubo digestivo. ◆ f. **5.** Línea recta.

rector, ra adj./m. y f. **1.** Que rige. ◆ m. y f. **2.** Superior de una universidad. ◆ m. **3.** Párroco.

recua f. Conjunto de animales de carga que sirve para trajinar.

recuadro m. Superficie limitada por una línea en forma de cuadrado o rectángulo.

recuento m. Acción y efecto de contar el número de personas o cosas que forman un conjunto.

recuerdo m. **1.** Acción y efecto de recordar. **2.** Objeto que sirve para recordar una persona, situación o lugar.

recular intr. Retroceder.

recuperar tr. **1.** Volver a tener algo perdido. ◆ prnl. **2.** Restablecerse.

recurrir intr. Buscar ayuda en alguien o en algo.

recurso m. **1.** Medio al que se recurre para lograr algo. ◆ pl. **2.** Conjunto de bienes o medios materiales. ● **recursos naturales**, elementos que produce la naturaleza y que el hombre aprovecha para su beneficio. ● **recursos naturales no renovables**, los que no se producen de manera continua, como el petróleo. ● **recursos naturales renovables**, los que de manera continua se producen, como los bosques.

recusar tr. Rechazar.

red f. **1.** Aparejo hecho de cuerdas o alambres trabados en forma de mallas. **2.** Conjunto de vías de comunicación. **3.** Trampa. ● **~ de teleproceso** (INFORM.), conjunto de elementos capaces de tratar información, conectados entre sí por líneas telefónicas. ● **~ local**, soporte de telecomunicaciones informáticas. ● **~ pública,**

R

la que conecta varias computadoras entre sí, sin utilizar enlaces telefónicos.

redacción f. **1.** Acción y efecto de redactar. **2.** Oficina donde se redacta. **3.** Conjunto de redactores de una publicación periódica.

redactar tr. Escribir cartas, artículos, discursos, etc.

redada f. Conjunto de personas o cosas capturadas de una vez.

redecilla f. **1.** Tejido de mallas de que se hacen las redes. **2.** Cavidad del estómago de los rumiantes.

rededor. Al, o **en ~,** alrededor*.

redención f. Acción y efecto de redimir o redimirse.

redentor, ra adj./m. y f. **1.** Que redime. ◆ m. **2.** Jesucristo.

redil m. Aprisco cercado.

redimir tr. y prnl. **1.** Rescatar de la esclavitud. **2.** Poner fin a una vejación, dolor, etc. **3.** DER. Dejar libre una cosa de un gravamen.

rédito m. Interés, renta.

redoble m. Toque vivo y sostenido en el tambor.

redoma f. Recipiente de laboratorio ancho de base.

redomado, da adj. Muy cauteloso y astuto.

redondear tr. y prnl. Poner redondo.

redondel m. **1.** Ruedo. **2.** *Fam.* Círculo o circunferencia.

redondo, da adj. **1.** De forma esférica o circular. **2.** Perfecto, sin fallos. ◆ f. MÚS. **3.** Figura que equivale a cuatro negras.

reducir tr. y prnl. **1.** Disminuir el tamaño, extensión, intensidad, etc. **2.** Dominar, someter. ◆ prnl. **3.** Ceñirse a algo.

reducto m. Lugar que tiene buenas condiciones para ser defendido.

redundancia f. Repetición innecesaria de una palabra o concepto.

redundar intr. Resultar una cosa en beneficio o daño de alguno.

reelegir tr. Volver a elegir.

reembolso m. **1.** Acción de devolver una cantidad al que la había desembolsado. **2.** Pago de una mercancía enviada por correo.

reemplazar tr. Sustituir.

reemprender tr. Reanudar algo interrumpido.

reencarnar intr. y prnl. Encarnarse un alma en otro cuerpo.

refacción f. *Chile* y *Méx.* Pieza de repuesto.

refalosa f. *Argent.* y *Chile.* Baile popular.

referencia f. **1.** Mención expresa o implícita. **2.** Informe sobre las cualidades de alguien o algo.

referéndum m. Procedimiento por el que se somete al voto popular una ley o asunto.

referí o **réferi** m. *Amér.* Árbitro.

referir tr. **1.** Relatar, narrar. ◆ prnl. **2.** Aludir: *se refería a ti.*

refilar intr. *Chile.* Pasar tocando ligeramente algo.

refilón. De ~, 1. De lado. **2.** De forma superficial.

refinado, da adj. Fino, elegante.

refinar tr. Hacer más pura una cosa, separando las impurezas.

refinería f. Instalación industrial donde se refina un producto.

reflectar intr. FÍS. Reflejar.

reflejar tr., intr. y prnl. FÍS. **1.** Rechazar una superficie lisa la luz, el calor, el sonido, etc. ◆ tr. y prnl. **2.** Devolver una superficie brillante la imagen de un objeto. ◆ tr. **3.** Manifestar, mostrar.

reflejo, ja adj. **1.** Que ha sido reflejado. **2.** Dícese del acto, movimiento, etc., involuntario que responde a un estímulo externo. ◆ m. **3.** Luz reflejada. **4.** Imagen reflejada.

reflexión f. **1.** Acción y efecto de reflejar. **2.** Acción y efecto de reflexionar.

reflexionar tr. Pensar o considerar algo con detenimiento.

reflexivo, va adj. **1.** Que refleja o reflecta. **2.** Que habla o actúa con reflexión. **3.** LING. Dícese del pronombre personal átono que designa la misma persona o cosa que el sujeto. **4.** LING. Dícese del verbo cuyo complemento es un pronombre reflexivo.

reflujo m. Movimiento de descenso de la marea.

reforestación f. **1.** Reconstitución de un bosque. **2.** Renovación artificial de un bosque, al plantar árboles pequeños criados en viveros, o por siembra directa de semilla.

reformar tr. **1.** Modificar con el fin de mejorar. ◆ tr. y prnl. **2.** Enmendar, corregir la conducta.

reformatorio m. Establecimiento para corregir delincuentes menores de edad.

reformismo m. Doctrina orientada a la transformación gradual de las estructuras políticas y sociales.

reforzar tr. **1.** Añadir nuevas fuerzas a algo. **2.** Fortalecer.

refracción f. FÍS. Cambio de dirección de una onda al pasar de un medio a otro.

refractar tr. y prnl. Producir refracción.

refractario, ria adj. **1.** Opuesto a una idea, cambio, etc. **2.** Que resiste la acción del fuego.

refrán m. Dicho popular que contiene una enseñanza moral.

refrenar tr. y prnl. Contener, reprimir.

refrendar tr. Autorizar un documento.

refrescar tr. y prnl. **1.** Disminuir el calor de algo. ◆ intr. **2.** Descender la temperatura. ◆ intr. y prnl. **3.** Tomar un refresco.

refresco m. **1.** Bebida fría. **2.** Refrigerio.

refriega f. **1.** Combate de poca importancia. **2.** Riña violenta.

refringencia f. FÍS. Capacidad de los cuerpos transparentes para refractar la luz.

refrigerar tr. y prnl. Enfriar.

refrigerio m. Comida ligera para reparar fuerzas.

refuerzo m. **1.** Cosa con que se refuerza algo. **2.** Ayuda.

refugiado, da m. y f. Persona que se ve obligada a buscar asilo fuera de su país por razones políticas, sociales, etc.

refugio m. **1.** Acogida, amparo. **2.** Lugar donde poder refugiarse de algún peligro, ataque, etc.

refulgir intr. Resplandecer.

refunfuñar intr. Emitir voces confusas en señal de enojo.

refutar tr. Contradecir con argumentos lo que otros dicen.

regadera f. **1.** Vasija portátil para regar. **2.** *Méx.* Ducha.

regadío, a adj./m. Dícese del terreno que se cultiva con riego.

SISTEMAS Y APARATOS

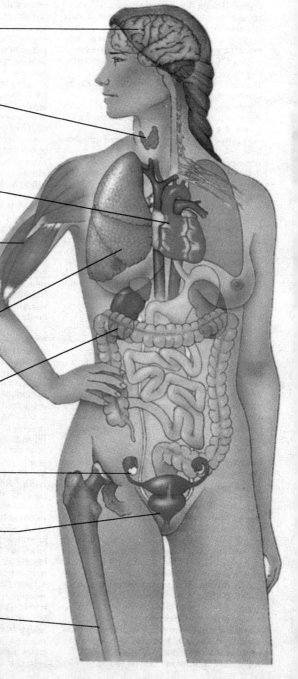

Sistema nervioso
Comprende al cerebro, la médula espinal, los nervios, los ojos y los oídos

Sistema endocrino
Produce las hormonas que coordinan las funciones del cuerpo

Aparato circulatorio
Comprende el corazón, las venas, las arterias y la sangre

Aparato muscular
Tiene relación estrecha con el tejido óseo

Aparato respiratorio
Comprende la nariz, la garganta, los bronquios y los pulmones

Aparato digestivo
Comprende la boca, los dientes, el estómago, los intestinos y el hígado

Aparato genital
Permite la reproducción y en el caso de la mujer la gestación

Aparato urinario
Comprende los riñones y la vejiga. Limpia la sangre y, a través de la orina, expulsa los desechos del cuerpo

Esqueleto
Sirve de estructura al cuerpo y junto con los músculos permite que éste se mueva

regalar tr. **1.** Dar algo a alguien como muestra de afecto o agradecimiento. **2.** Halagar. ◆ prnl. **3.** Procurarse uno comodidad.

regaliz m. Planta leguminosa de raíz medicinal.

regalo m. **1.** Cosa que se regala. **2.** Comodidad que uno se procura.

regañadientes. A ~, de mala gana.

regañar tr. *Fam.* **1.** Reprender. ◆ intr. **2.** Dar muestras de enfado.

regar tr. **1.** Echar agua sobre la tierra, las plantas, etc. **2.** Atravesar un río una comarca o territorio.

regata f. Competición entre varias embarcaciones.

regate m. Movimiento rápido que se hace apartando el cuerpo.

regatear tr. **1.** Debatir el comprador y el vendedor el precio de una mercancía. **2.** *Fam.* Escatimar. ◆ tr. e intr. **3.** Hacer regates.

regazo m. Parte del cuerpo de una persona sentada, entre la cintura y la rodilla.

regencia f. **1.** Acción de regir o gobernar. **2.** Gobierno de un estado durante la minoría de edad del soberano.

regenerar tr. y prnl. **1.** Dar nuevo ser a una cosa que degeneró. **2.** Hacer que una persona abandone un vicio.

regentar tr. Dirigir un negocio.

régimen m. **1.** Conjunto de normas que rigen una cosa o una actividad. **2.** Forma de gobierno. **3.** Conjunto de medidas sobre alimentación que ha de seguir una persona por motivos de salud, para adelgazar, etc. **4.** LING. Hecho de regir un verbo, sustantivo, etc., cierto complemento.

regimiento m. Unidad del ejército al mando de un coronel.

regio, gia adj. **1.** Relativo al rey. **2.** Suntuoso, espléndido. **3.** *Argent., Chile y Urug. Fam.* Excelente, magnífico.

regiomontano, na adj./m. y f. De Monterrey (México).

región f. **1.** Parte de un territorio definido por unas características propias. **2.** Cada una de las partes del cuerpo: ~ *frontal.*

regir tr. **1.** Gobernar. **2.** LING. Tener una palabra bajo su dependencia otra palabra de la oración. ◆ intr. **3.** Estar vigente.

registrar tr. **1.** Examinar con cuidado en busca de alguien o algo. **2.** Grabar la imagen o el sonido. ◆ tr. y prnl. **3.** Inscribir en un registro.

registro m. **1.** Acción y efecto de registrar. **2.** Libro en que se anotan hechos y datos. **3.** Lugar y oficina en donde se registra.

regla f. **1.** Instrumento para trazar líneas o efectuar mediciones. **2.** Aquello que debe cumplirse por estar así establecido. **3.** Menstruación. **4.** MAT. Método para realizar una operación.

reglamentación f. Conjunto de reglas.

reglamento m. Conjunto de normas para la ejecución de una ley, la realización de una actividad, deporte, etc.

regocijo m. Alegría, júbilo.

regodearse prnl. Deleitarse.

regresar intr. **1.** Volver de nuevo al lugar de donde se ha salido. ◆ tr. **2.** *Amér.* Devolver o restituir algo a su poseedor.

regresión f. Retroceso: ~ *de las ventas.*

reguero m. Chorro o arroyo pequeño.

regular tr. **1.** Poner en orden: ~ *la circulación.* **2.** Ajustar.

regular adj. **1.** Sujeto y conforme a una regla. **2.** Sin cambios bruscos. **3.** Mediano. **4.** LING. Aplícase a las palabras formadas según la regla general de su clase: *verbo* ~. **5.** MAT. Dícese de la figura en que los ángulos, lados, etc., son iguales entre sí.

regularidad f. Calidad de regular.

rehabilitar tr. y prnl. Habilitar de nuevo: ~ *una casa en ruinas.*

rehacer tr. y prnl. Volver a hacer.

rehén m. Persona que alguien retiene para obligar a otra a cumplir ciertas condiciones.

rehilete m. **1.** *Méx.* Juguete de niños que consiste en una varilla en cuya punta hay una estrella de papel que gira movida por el viento. **2.** *Méx.* Aparato mecánico que echa agua en círculos y se usa para regar el pasto.

rehogar tr. Cocinar a fuego lento en manteca o aceite.

rehuir tr., intr. y prnl. Evitar.

rehusar tr. No aceptar una cosa.

reina f. **1.** Mujer que reina por derecho propio. **2.** Esposa del rey. **3.** Pieza del ajedrez.

reinado m. Ejercicio de las funciones de un rey o reina y tiempo que éste dura.

reinar intr. **1.** Ejercer su poder un rey, reina o príncipe de estado. **2.** Predominar una o varias personas o cosas sobre otras.

reincidir intr. Volver a incurrir en un error, falta o delito.

reino m. **1.** Territorio o estado sujeto al gobierno de un rey. **2.** Cada uno de los tres grandes grupos en que se consideran divididos los seres naturales: ~ *mineral, vegetal, animal.*

reinsertar tr. y prnl. Integrar de nuevo en la sociedad a alguien que vive marginado.

reintegrar tr. y prnl. **1.** Volver a incorporar a alguien a un trabajo, empleo, etc. ◆ tr. **2.** Restituir íntegramente una cosa.

reír intr. y prnl. **1.** Exteriorizar alegría. ◆ prnl. **2.** Burlarse.

reiterar tr. y prnl. Repetir.

reivindicar tr. Reclamar alguien aquello que tiene derecho.

reja f. Estructura formada por barras de hierro que sirve para cerrar una abertura.

rejilla f. Red de madera, alambre, etc.

rejón m. Asta de madera con una punta de hierro para rejonear.

rejonear tr. Herir el jinete al toro con un rejón.

rejuvenecer tr., intr. y prnl. Dar la energía de la juventud.

relación f. **1.** Situación que se da entre dos cosas, ideas, etc., cuando existe alguna circunstancia que las une. **2.** Trato o comunicación. **3.** Lista. **4.** Narración, explicación.

relacionar tr. **1.** Poner en relación. **2.** Narrar, referir. ◆ prnl. **3.** Establecer relaciones de amistad, sociales, etc.

relajar tr. y prnl. Poner flojo o menos tenso.

relámpago m. Resplandor muy vivo producido en las nubes por una descarga eléctrica.

relatar tr. Contar, narrar.

relatividad f. Calidad de relativo. ● **Teoría de la ~** (FÍS.), teoría formulada por Einstein sobre la imposibilidad de encontrar un sistema de referencia absoluto.

relativismo m. FILOS. Doctrina que niega la existencia de verdades absolutas.

relativo, va adj. **1.** Que hace referencia. **2.** Que no es absoluto: *verdad ~.* ◆ adj./m.LING. **3.** Dícese del pronombre o adverbio que introduce una proposición subordinada.

relato m. **1.** Acción de relatar. **2.** Narración breve.

relegar tr. Apartar, dejar de lado: *~ al olvido.*

relente m. Humedad de la atmósfera en las noches serenas.

relevante adj. **1.** Excelente. **2.** Importante, significativo.

relevar tr. **1.** Destituir. **2.** Sustituir.

relieve m. **1.** Cualquier parte que sobresale en una superficie plana. **2.** Renombre, prestigio. ● **Poner de ~,** destacar.

religión f. Conjunto de creencias y prácticas relativas a lo que un individuo considera divino o sagrado.

religioso, sa adj. **1.** Relativo a la religión. ◆ adj./m. y f. **2.** Dícese del que ha tomado hábito en una orden religiosa.

relinchar intr. Emitir su voz el caballo.

reliquia f. **1.** Vestigio de cosas pasadas. **2.** Parte del cuerpo de un santo, o cosa que lo ha tocado.

rellano m. Espacio llano entre dos tramos de escalera.

rellenar tr. y prnl. Volver a llenar una cosa.

relleno, na adj. **1.** Muy lleno. ◆ m. **2.** Cualquier material con que se llena algo.

reloj m. Dispositivo o máquina que sirve para medir el tiempo.

relucir intr. Despedir o reflejar luz una cosa.

reluctante adj. Reacio, opuesto.

relumbrar intr. Resplandecer.

remachar tr. Machacar la punta o la cabeza del clavo ya clavado.

remanente m. Parte que queda o se reserva de algo.

remangar tr. y prnl. Recoger hacia arriba las mangas o la ropa.

remanso m. Detención de una corriente de agua.

remar intr. Mover los remos para impulsar una embarcación.

rematar tr. **1.** Acabar de matar. **2.** Concluir, finalizar. **3.** *Amér. Merid.* y *Méx.* Comprar o vender en subasta pública.

remate m. Fin, extremidad o conclusión de algo.

rembolso m. Reembolso*.

remedar tr. Imitar.

remediar tr. **1.** Reparar un daño. **2.** Socorrer una necesidad. **3.** Evitar.

remedio m. **1.** Medio que se toma para reparar o evitar un daño. **2.** Medicina o procedimiento para curar o aliviar una enfermedad.

rememorar tr. Recordar, traer a la memoria: *~ días pasados.*

remendar tr. Reforzar lo viejo o roto con un remiendo.

remera f. *Argent.* Camiseta de manga corta.

remesa f. **1.** Envío. **2.** Aquello que se envía de una vez.

remezón m. *Amér. Central* y *Amér. Merid.* Terremoto de poca intensidad.

remiendo m. Pedazo de tela que se cose a una prenda vieja o rota.

remilgo m. Gesto o acción que muestra delicadeza exagerada.

reminiscencia f. Recuerdo.

remitir tr. **1.** Enviar. ◆ tr., intr. y prnl. **2.** Perder intensidad.

remo m. Especie de pala larga usada para impulsar la embarcación.

remojar tr. y prnl. Empapar en agua una cosa.

remolacha f. Planta herbácea de la que se extrae azúcar.

remolcar tr. **1.** Llevar una embarcación a otra. **2.** Llevar por tierra un vehículo a otro.

remolino m. Movimiento giratorio y rápido del aire, el agua, etc.

remolón, na adj./m. y f. Perezoso.

remolque m. **1.** Acción y efecto de remolcar. **2.** Cosa remolcada.

remontar tr. **1.** Superar una dificultad. ◆ prnl. **2.** Ir hacia arriba.

rémora f. Pez marino que se adhiere a otros peces mayores.

remordimiento m. Inquietud o pesar de quien ha obrado mal.

remoto, ta adj. **1.** Lejano, apartado. **2.** Poco probable.

remover tr. Mover una cosa agitándola o dándole vueltas.

remozar tr. Dar aspecto más nuevo o moderno.

remplazar tr. Reemplazar*.

remunerar tr. Pagar, recompensar.

renacer intr. Volver a nacer.

renacimiento m. **1.** Acción de renacer. **2.** Movimiento cultural europeo de los ss. XV y XVI, inspirado en la antigüedad clásica grecolatina.

renacuajo m. Cría de la rana.

renal adj. Relativo al riñón.

rencor m. Sentimiento tenaz de odio o antipatía.

rendido, da adj. **1.** Sumiso, galante. **2.** Muy cansado.

rendija f. Ranura, raja.

rendir tr. y prnl. **1.** Vencer al enemigo y obligarle a entregarse. **2.** Cansar. ◆ tr. e intr. **3.** Dar utilidad o provecho una cosa.

renegar tr. **1.** Negar con insistencia. ◆ intr. **2.** Rechazar alguien su patria, raza, religión o creencias. **3.** *Fam.* Refunfuñar.

renglón m. Serie de palabras escritas en línea recta.

reno m. Mamífero rumiante, parecido al ciervo.

renombre m. Fama, celebridad.

renovar tr. y prnl. **1.** Cambiar una cosa por otra nueva. **2.** Reanudar.

renta f. **1.** Beneficio que rinde anualmente una cosa. **2.** Lo que se paga por un arrendamiento.

rentable adj. Que produce ganancias.

renuevo m. Brote que echa el árbol después de podado o cortado.

renunciar tr. **1.** Dejar voluntariamente. **2.** No querer aceptar algo.

reñir tr. **1.** Reprender. ◆ intr. **2.** Discutir, pelear. **3.** Enemistarse.

R

reo, a m. y f. Persona acusada de un delito en un proceso penal.

reojo. **Mirar de~,** mirar con disimulo, sin volver la cabeza.

reóstato m. Instrumento que sirve para hacer variar la resistencia en un circuito eléctrico.

repantigarse prnl. Extenderse en el asiento con comodidad.

reparar tr. **1.** Arreglar algo roto o estropeado. ◆ intr. **2.** Advertir.

reparo m. Objeción, traba.

repartición f. **1.** Acción y efecto de repartir. **2.** *Amér. Central* y *Amér. Merid.* Cada una de las dependencias de una organización administrativa.

repartir tr. y prnl. Distribuir entre varios.

repasador m. *Argent., Par.* y *Urug.* Paño de cocina.

repasar tr. **1.** Examinar de nuevo. **2.** Volver a pasar.

repatriar tr., intr. y prnl. Hacer que uno regrese a su patria.

repecho m. Cuesta bastante empinada, pero corta.

repeler tr. **1.** Arrojar de sí. **2.** Rechazar. **3.** Causar repugnancia.

repelús o **repeluzno** m. Escalofrío producido por temor, asco, etc.

repente m. *Fam.* Movimiento súbito de personas o animales. ● **De ~,** de manera repentina.

repentino, na adj. Pronto, inesperado, no previsto.

repercutir intr. **1.** Producir eco el sonido. **2.** Causar efecto una cosa en otra.

repertorio m. Lista de obras que tiene preparados un actor, compañía, etc.

repetir tr. y prnl. **1.** Volver a hacer o decir lo que se había hecho o dicho. ◆ intr. y prnl. **2.** Suceder varias veces una misma cosa.

repicar tr. Tañer repetidamente las campanas en señal de fiesta.

repipi adj./m. y f. *Fam.* Cursi.

repisa f. **1.** Estante. **2.** ARQ. Elemento de construcción voladizo.

replegar tr. **1.** Plegar muchas veces. ◆ prnl. **2.** Retirarse ordenadamente las tropas.

repleto, ta adj. Muy lleno.

réplica f. **1.** Acción y efecto de replicar. **2.** Reproducción exacta de una obra de arte.

replicar intr. **1.** Contestar a una respuesta o argumento. **2.** Poner objeciones a lo que se dice o manda.

repliegue m. Pliegue doble.

repoblar tr. y prnl. **1.** Volver a poblar. **2.** Plantar árboles.

repollo m. **1.** Cabeza formada por las hojas de algunas plantas. **2.** Variedad de col.

reponer tr. **1.** Volver a poner. ◆ prnl. **2.** Recobrar la salud.

reportaje m. Trabajo periodístico, cinematográfico, etc., de carácter informativo.

reportar tr. y prnl. **1.** Refrenar. ◆ tr. **2.** Proporcionar: ~ *beneficios.*

reportero, ra m. y f./adj. Periodista que recoge noticias.

reposar intr. **1.** Descansar. ◆ intr. y prnl. **2.** Posarse un líquido.

reposera f. *Argent.* y *Par.* Tumbona.

reposo m. **1.** Acción y efecto de reposar. **2.** Tranquilidad. **3.** FÍS. Inmovilidad de un cuerpo.

repostar tr. y prnl. Reponer provisiones, combustible, etc.

repostería f. Oficio y técnica de hacer pasteles, dulces, etc.

reprender tr. Amonestar a alguien desaprobando su conducta.

reprensión f. Acción y efecto de reprender.

represa f. Construcción para contener el curso de las aguas.

represalia f. Daño que se causa a otro para vengar un agravio.

representación f. **1.** Acción y efecto de representar. **2.** Persona o personas que representan a una colectividad. **3.** Imagen que sustituye a la realidad.

representar tr. **1.** Ser imagen o símbolo de algo. **2.** Actuar oficialmente en nombre de otro. **3.** Interpretar una obra dramática. ◆ tr. y prnl. **4.** Hacer presente en la imaginación a alguien o algo.

reprimenda f. Represión severa.

reprimir tr. y prnl. Impedir que se manifieste un sentimiento o impulso.

reprobar tr. **1.** Censurar o no aprobar, dar por malo. **2.** *Argent., Chile* y *Méx.* No aprobar un curso o examen.

reprochar tr. y prnl. Reconvenir.

reproducir tr. y prnl. **1.** Volver a producir. ◆ tr. **2.** Repetir. **3.** Sacar copia de algo. ◆ prnl. **4.** Procrear una especie.

reprografía f. Reproducción de documentos por medios mecánicos, como la fotocopia, la fotografía, etc.

reptil adj./m. Dícese de los animales vertebrados de sangre fría, ovíparos, con respiración pulmonar.

república f. Forma de gobierno en la que el poder del jefe de estado o presidente procede del voto de los ciudadanos.

repudiar tr. **1.** Rechazar. **2.** Rechazar el marido a su mujer.

repuesto m. **1.** Provisión de víveres u otros artículos. **2.** Recambio.

repugnancia f. Asco, aversión.

repujar tr. Labrar a martillo chapas metálicas.

repulsa f. Condena enérgica.

repulsión f. **1.** Acción y efecto de repeler. **2.** Repugnancia.

repuntar tr. **1.** *Argent.* y *Urug.* Reunir el ganado que está disperso. ◆ intr. **2.** *Argent.* y *Chile.* Recobrar impulso un hecho o fenómeno cuya intensidad había disminuido. **3.** *Argent., Chile* y *Urug.* Recuperar una posición favorable.

reputación f. Fama, crédito.

reputar tr. Estimar, juzgar la calidad de alguien o algo.

requerir tr. **1.** Pedir algo la autoridad. **2.** Necesitar. **3.** Solicitar.

requesón m. **1.** Masa de la leche cuajada. **2.** Cuajada que se saca de la leche después de hecho el queso.

réquiem m. Composición musical que se canta en la misa de difuntos.

requisar tr. Expropiar una autoridad competente ciertos bienes.

requisito m. Condición necesaria para una cosa.

res f. Animal cuadrúpedo de las especies domésticas de ganado vacuno, lanar, etc., o salvajes, como jabalíes, venados, etc.

resabio m. **1.** Sabor desagradable. **2.** Vicio o mala costumbre.

resaca f. **1.** Movimiento de retroceso de las olas. **2.** Malestar que se siente al día siguiente de haber bebido en exceso.

resaltador m. *Argent.* Marcador de fibra usado para señalar con colores traslúcidos diversas partes de un texto.

resaltar intr. **1.** Destacar. **2.** Sobresalir de una superficie.

resarcir tr. y prnl. Compensar, reparar un daño o perjuicio.

resbaladilla f. *Méx.* Tobogán pequeño para niños.

resbalar intr. y prnl. Escurrirse, deslizarse.

resbalín m. *Chile.* Tobogán pequeño para niños.

rescatar tr. **1.** Recuperar lo caído en poder ajeno. ◆ tr. y prnl. **2.** Librar de un daño, peligro, etc.

rescindir tr. Dejar sin efecto una obligación, un contrato, etc.

rescoldo m. Resto de brasa que queda bajo las cenizas.

resentirse prnl. **1.** Debilitarse. **2.** Sentir dolor o molestia a causa de una enfermedad pasada. **3.** Sentir disgusto o pena por algo.

reseña f. **1.** Breve exposición crítica sobre una obra literaria, científica, etc. **2.** Relato breve.

resero m. *Argent.* y *Urug.* Persona que cuida el ganado, especialmente vacuno.

reserva f. **1.** Acción de pedir con antelación una plaza de avión, tren, etc. **2.** Provisión. **3.** Prudencia, cautela. **4.** Parte del ejército que no está en servicio activo. **5.** Parque nacional.

reservado, da adj. **1.** Introvertido. **2.** Confidencial. ◆ m. **3.** Compartimiento destinado a determinados usos o personas.

reservar tr. **1.** Hacer una reserva. **2.** Guardar para más adelante. **3.** Destinar un lugar o cosa para persona o uso determinado.

resfriado m. Catarro.

resfrío m. *Argent.* Resfriado.

resguardar tr. y prnl. Defender o proteger.

resguardo m. **1.** Protección, amparo. **2.** Documento que acredita haber realizado una gestión, pago o entrega.

residencia f. **1.** Acción y efecto de residir. **2.** Lugar en que se reside. **3.** Casa donde residen y conviven personas afines.

residir intr. Vivir habitualmente en un lugar.

residuo m. **1.** Parte que queda de un todo. **2.** Lo que resulta de la descomposición o destrucción de algo.

resignación f. Capacidad para soportar situaciones adversas.

resina f. Sustancia orgánica vegetal, de consistencia pastosa.

resistencia f. **1.** Acción y efecto de resistir o resistirse. **2.** Capacidad para resistir. **3.** FÍS. Causa que se opone a la acción de una fuerza. **4.** FÍS. Elemento que se intercala en un circuito eléctrico para dificultar el paso de la corriente o hacer que ésta se transforme en calor.

resistir tr. e intr. **1.** Aguantar. ◆ prnl. **2.** Oponerse con fuerza a hacer lo que se expresa.

resma f. Conjunto de quinientos pliegos de papel.

resolana f. *Amér.* Luz y calor producidos por la reverberación del sol.

resolución f. **1.** Acción y efecto de resolver. **2.** Cosa que se decide. **3.** DER. Decisión de una autoridad.

resolver tr. y prnl. **1.** Hallar la solución a algo. **2.** Decidir.

resonancia f. **1.** Prolongación de un sonido que va disminuyendo gradualmente. **2.** Gran divulgación que adquiere un hecho.

resorte m. **1.** Muelle, pieza elástica. **2.** Medio para lograr un fin.

resortera f. *Méx.* Tirachinas.

respaldar tr. y prnl. Apoyar o proteger.

respaldar m. Respaldo.

respaldo m. **1.** Parte de un asiento en que se apoya la espalda. **2.** Apoyo, amparo.

respectivo, va adj. Correspondiente: *respectivos asientos.*

respecto m. Relación de una cosa con otra.

respetar tr. Tratar con la debida consideración.

respeto m. **1.** Acción o actitud de respetar. **2.** Miedo, temor.

respetuoso, sa adj. Que se porta con respeto.

respingo m. **1.** Sacudida violenta del cuerpo debida a un susto, sorpresa, etc. **2.** *Chile* y *Méx.* Arruga, pliegue.

respingona adj. Dícese de la nariz con la punta hacia arriba.

respirar tr. e intr. Absorber y expulsar el aire los seres vivos.

respiro m. **1.** Descanso en el trabajo. **2.** Alivio.

resplandecer intr. Brillar.

resplandor m. **1.** Luz muy clara. **2.** Brillo muy intenso.

responder tr. e intr. **1.** Expresar algo para satisfacer una duda, pregunta, etc. **2.** Contestar uno al que le llama o toca a la puerta. **3.** Replicar. ◆ intr. **4.** Experimentar el resultado o efecto de algo. **5.** Garantizar.

responsable adj. **1.** Dícese de la persona formal en sus acciones. ◆ adj./m. y f. **2.** Que responde de algo. **3.** Culpable.

responso m. Oración por los difuntos.

respuesta f. **1.** Acción y efecto de responder. **2.** Reacción de un ser vivo a un estímulo.

resquemor m. Resentimiento.

resquicio m. Abertura entre el quicio y la puerta.

resta f. Operación de restar.

restablecer tr. **1.** Volver a establecer. ◆ prnl. **2.** Recobrar la salud.

restar tr. **1.** Quitar parte de alguna cosa. **2.** MAT. Hallar la diferencia entre dos cantidades. ◆ intr. **3.** Quedar, faltar.

restaurante m. Establecimiento donde se sirven comidas.

restaurar tr. Devolver una cosa a su estado anterior.

restinga f. Banco de arena en el mar a poca profundidad.

R

restirador m. *Méx.* Mesa movible que usan los dibujantes.

restituir tr. Volver una cosa a quien la tenía antes.

resto m. **1.** Parte que queda de un todo. **2.** MAT. Resultado de una resta. ◆ pl. **3.** Conjunto de residuos o sobras de comida.

restregar tr. y prnl. Pasar con fuerza una cosa sobre otra.

restricción f. Acción y efecto de restringir.

restringir tr. Reducir, limitar.

resucitar tr. e intr. Hacer que un muerto vuelva a la vida.

resuelto, ta adj. **1.** Solucionado. **2.** Que actúa con decisión, audaz.

resultado m. Efecto o consecuencia de algo.

resultar intr. **1.** Producirse algo como consecuencia o efecto de una causa. **2.** Tener una cosa el resultado que se expresa.

resumen m. **1.** Acción y efecto de resumir. **2.** Exposición resumida.

resumidero m. *Amér.* Conducto por el que se desaguan las aguas residuales o de lluvia.

resumir tr. y prnl. Exponer algo de forma más breve.

resurgir intr. Surgir de nuevo.

resurrección f. Acción y efecto de resucitar.

retablo m. Colección de figuras pintadas o talladas que representan en serie una historia.

retaco m. **1.** Escopeta corta. **2.** Persona baja y rechoncha.

retacón, na adj. *Amér.* Dícese de la persona baja y robusta.

retaguardia f. Conjunto de tropas últimas de una marcha.

retahíla f. Serie de cosas que se suceden con monotonía.

retal m. Pedazo sobrante de piel, tela, etc.

retama f. Arbusto de flores pequeñas y amarillas en racimos.

retar tr. **1.** Desafiar. **2.** *Amér. Merid.* Regañar.

retardar tr. y prnl. Retrasar.

retazo m. Retal de una tela.

retén m. **1.** Provisión. **2.** Tropa que refuerza un puesto militar. **3.** *Chile.* Pequeño cuartel de carabineros. **4.** *Méx.* Puesto militar o policial para controlar las carreteras.

retener tr. **1.** Hacer que alguien o algo permanezca donde estaba. **2.** Conservar, no devolver. **3.** Conservar en la memoria.

reticencia f. Efecto de dar a entender que se calla algo que pudiera decirse.

retículo m. Tejido en forma de red.

retina f. Membrana interna del globo ocular, sensible a la luz.

retirar tr. y prnl. **1.** Quitar, separar. ◆ prnl. **2.** Dejar de prestar servicio activo en una profesión. **3.** Recogerse, irse. **4.** Abandonar una competición, concurso, etc.

retiro m. **1.** Acción y efecto de retirarse. **2.** Situación de la persona retirada. **3.** Lugar apartado y tranquilo.

reto m. **1.** Acción de retar. **2.** *Bol.* y *Chile.* Insulto, injuria.

retocar tr. **1.** Tocar repetidamente. **2.** Perfeccionar una cosa haciendo las últimas correcciones.

retoño m. **1.** Vástago que echa de nuevo la planta. **2.** *Fam.* Hijo de corta edad.

retorcer tr. y prnl. Torcer mucho una cosa dándole vueltas.

retorcido, da adj. De malas intenciones.

retórica f. Arte que enseña a expresarse correctamente y con elocuencia.

retornar tr. **1.** Devolver, restituir. ◆ intr. y prnl. **2.** Volver al lugar o la situación en que se estuvo.

retortijón m. Dolor agudo en el abdomen.

retozar intr. **1.** Saltar alegremente. **2.** Darse a juegos amorosos.

retractar tr. y prnl. Volverse atrás de una cosa que se ha dicho.

retráctil adj. Que puede retraerse o esconderse por sí mismo.

retraer tr. y prnl. **1.** Retirar, esconder. **2.** Disuadir. ◆ prnl. **3.** Apartarse del trato con la gente.

retraído, da adj. **1.** Que gusta de la soledad. **2.** Tímido.

retransmitir tr. **1.** Volver a transmitir. **2.** Difundir emisiones de radio o televisión procedentes de otra emisora.

retrasar tr. y prnl. **1.** Hacer que algo suceda, se realice, etc., más tarde. ◆ intr. **2.** Ir atrás o a menos. ◆ prnl. **3.** Llegar tarde.

retrato m. **1.** Dibujo, fotografía, etc., que representa la figura de alguien o algo. **2.** Descripción de una persona o cosa.

retreta f. Toque militar para señalar la retirada o el momento en que la tropa debe regresar al cuartel.

retrete m. **1.** Habitación dispuesta para evacuar las necesidades. **2.** Recipiente utilizado para ello.

retribuir tr. Recompensar o pagar un servicio o trabajo.

retroactivo, va adj. Que obra o tiene fuerza sobre lo pasado.

retroceder intr. Volver hacia atrás.

retroceso m. Acción y efecto de retroceder.

retrógrado, da adj. *Desp.* Apegado excesivamente al pasado.

retrospectivo, va adj. Que se refiere a tiempo pasado.

retrotraer tr. y prnl. Retroceder con la memoria a un tiempo o época pasada.

retrovisor m. Espejo de un automóvil que permite al conductor ver detrás de sí.

retrucar intr. *Argent., Perú* y *Urug. Fam.* Replicar con acierto y energía.

retumbar intr. Sonar una cosa muy fuerte y repetidamente.

reuma o **reúma** m. o f. Reumatismo.

reumatismo m. Enfermedad caracterizada por dolores en las articulaciones.

reunión f. **1.** Acción y efecto de reunir o reunirse. **2.** Conjunto de personas reunidas.

reunir tr. y prnl. **1.** Volver a unir. **2.** Poner a personas o cosas en un lugar formando parte de un conjunto.

revancha f. Venganza, desquite.

revelación f. **1.** Acción y efecto de revelar lo que era secreto u oculto. **2.** Manifestación divina.

revelado m. Conjunto de operaciones para hacer visible la imagen impresa en la placa fotográfica.

revelar tr. **1.** Descubrir lo que se mantenía secreto u oculto. **2.** Efectuar un revelado.

revenirse prnl. Ponerse algo correoso por la humedad o el calor.

reventadero m. **1.** *Chile.* Lugar donde las olas del mar se deshacen. **2.** *Méx.* Manantial del que brota el agua a borbollones.

reventar tr., intr. y prnl. **1.** Abrirse una cosa por impulso interior. ◆ tr. **2.** Deshacer o aplastar con violencia. **3.** *Fam.* Fastidiar. ◆ tr. y prnl. **4.** Cansar, fatigar.

reverberar intr. Reflejarse la luz de un cuerpo luminoso en otro.

reverencia f. **1.** Respeto o admiración hacia alguien. **2.** Inclinación del cuerpo en señal de respeto o cortesía.

reverendo, da adj./m. y f. Se aplica como tratamiento a sacerdotes y religiosos.

reversa f. *Chile, Colomb.* y *Méx.* Marcha atrás de un vehículo.

reversible adj. **1.** Que puede revertir. **2.** Dícese de las prendas que pueden usarse por el derecho y por el revés.

reverso m. Revés de una moneda o medalla.

revertir intr. **1.** Volver una cosa al estado que tuvo antes. **2.** Volver una cosa a la propiedad del dueño que antes tuvo.

revés m. **1.** Lado opuesto al principal. **2.** Golpe que se da con el dorso de la mano. **3.** Desgracia, contratiempo. ● **Al ~**, de manera opuesta o contraria a la normal.

revestir tr. Cubrir con una capa protectora o de adorno.

revisada f. *Amér.* Revisión, acción de revisar.

revisar tr. Examinar una cosa con cuidado.

revisión f. **1.** Acción de revisar. **2.** Reconocimiento médico.

revisor, ra adj. **1.** Que examina con cuidado una cosa. ◆ m. y f. **2.** Persona que revisa los billetes en un transporte público.

revista f. **1.** Publicación periódica. **2.** Espectáculo teatral de carácter frívolo. **3.** Inspección militar.

revivir intr. **1.** Resucitar. **2.** Volver en sí el que parecía muerto. **3.** Traer a la memoria.

revocar tr. Anular un mandato, una resolución, etc.

revolcar tr. **1.** Derribar a alguien y maltratarle en el suelo. ◆ prnl. **2.** Echarse sobre una cosa, restregándose en ella.

revolotear intr. Volar o moverse algo en el aire dando vueltas.

revoltijo o **revoltillo** m. Conjunto de muchas cosas desordenadas.

revoltoso, sa adj. Travieso.

revolución f. **1.** Cambio violento en la estructura social o política de un estado. **2.** Cambio total y radical. **3.** Giro que da una pieza sobre su eje.

revolucionario, ria adj. **1.** Relativo a la revolución. ◆ adj./m. y f. **2.** Partidario de la revolución.

revolvedora f. *Méx.* Máquina en forma de torno para mezclar los materiales de construcción.

revolver tr. **1.** Mezclar varias cosas dándoles vueltas. **2.** Enredar lo ordenado. ◆ prnl. **3.** Moverse de un lado para otro. **4.** Enfrentarse.

revólver m. Arma corta de fuego, provista de un cilindro giratorio en el que se colocan las balas.

revuelo m. **1.** Agitación, turbación. **2.** Acción y efecto de revolotear.

revuelto, ta adj. **1.** Desordenado. **2.** Intranquilo, agitado. ◆ m. **3.** Plato hecho de huevos y otros ingredientes. ◆ f. **4.** Alteración del orden público. **5.** Punto en que una cosa se desvía.

revulsivo, va adj./m. Que provoca una reacción brusca.

rey m. **1.** Monarca o príncipe soberano de un reino. **2.** Pieza principal del juego de ajedrez.

reyerta f. Contienda, riña.

rezagarse prnl. Quedarse atrás.

rezar tr. **1.** Decir una oración. **2.** *Fam.* Decir un escrito una cosa. ◆ intr. **3.** Dirigir a Dios, la Virgen o los santos, alabanzas o súplicas.

rezongar intr. Refunfuñar.

rezumar intr. y prnl. Salir un líquido a través de los poros del recipiente que lo contiene.

ría f. Valle fluvial invadido por el mar.

riachuelo m. Río pequeño y de poco caudal.

riada f. **1.** Crecida del caudal de un río. **2.** Inundación.

rial m. Unidad monetaria de Irán.

ribera f. **1.** Orilla del mar o de un río. **2.** Tierra cercana a un río.

ribete m. **1.** Cinta con que se adorna la orilla de una prenda, calzado, etc. ◆ pl. **2.** Indicio.

ribosoma m. BIOL. Partícula de las células vivas, que asegura la síntesis de las proteínas.

ricino m. Planta de cuyas semillas se extrae un aceite purgante.

rico, ca adj./m. y f. **1.** Que posee grandes bienes o gran fortuna. ◆ adj. **2.** Abundante. **3.** Sabroso. **4.** *Fam.* gracioso, guapo.

ricota f. *Argent.* y *Chile.* Requesón.

rictus m. Contracción de la boca que da al rostro una expresión de risa forzada, dolor, etc.

ridículo, la adj. **1.** Que mueve a risa o burla. **2.** Insignificante, escaso. ◆ m. **3.** Situación que provoca risa o burla.

riego m. Acción y efecto de regar.

riel m. **1.** Barra pequeña de metal en bruto. **2.** Carril de tren. **3.** Unidad monetaria de Camboya.

rienda f. **1.** Cada una de las dos correas para conducir las caballerías. ◆ pl. **2.** Dirección o gobierno de algo.

riesgo m. Peligro o inconveniente posible.

riesgoso, sa adj. *Amér.* Arriesgado, peligroso.

rifa f. Sorteo de una cosa por medio de billetes numerados.

rifar tr. Sortear mediante rifa.

rifle m. Tipo de fusil con el interior del cañón rayado.

riflero m. *Chile.* Persona que hace negocios ocasionales, generalmente deshonestos o ilícitos.

rígido, da adj. **1.** Que no se puede doblar o torcer. **2.** Severo, que no tiene indulgencia.

rigor m. **1.** Severidad, dureza. **2.** Gran exactitud y precisión.

riguroso, sa adj. Que implica rigor.

rima f. **1.** Repetición de sonidos en varios versos a partir de la última vocal acentuada. **2.** Composición poética.

rimar tr. **1.** Hacer que rimen dos o más palabras. ◆ intr. **2.** Haber rima entre dos o más palabras. **3.** Componer en verso.

rimbombante adj. Muy aparatoso y ostentoso.

R

rin m. *Méx.* Aro metálico de la rueda de un automóvil al cual se ajusta la llanta.

rincón m. **1.** Ángulo entrante que resulta del encuentro de dos superficies. **2.** Lugar alejado o retirado. **3.** Espacio pequeño.

rinde m. *Argent.* Provecho que da una cosa.

ringletear intr. *Chile.* Corretear, callejear.

rinoceronte m. Mamífero de gran tamaño, con uno o dos cuernos sobre la nariz.

■ **Enc.** El **rinoceronte** es un mamífero ungulado, es decir, con pezuñas. Es un animal muy corpulento que puede alcanzar 4 m de largo por 2 m de alto. Vive en las ciénagas de Asia y de África donde causa estragos en las plantaciones. Mientras el rinoceronte de Asia tiene, generalmente, un cuerno sobre la nariz, el de África tiene dos.

riña f. Acción de reñir.

riñón m. **1.** Órgano par, que segrega la orina. ◆ pl. **2.** Parte del cuerpo que corresponde a la pelvis.

río m. Curso de agua que desemboca en el mar.

riobambeño, ña adj./m. y f. De Riobamba (Ecuador).

riojano, na adj./m. y f. De La Rioja (España).

rioplatense adj./m. y f. Del Río de la Plata (Argentina).

ripio m. **1.** Palabra superflua que se emplea para completar el verso. **2.** *Argent., Chile* y *Perú.* Piedra menuda que se usa para pavimentar.

riqueza f. **1.** Cualidad de rico. **2.** Abundancia de bienes, fortuna.

risa f. **1.** Acción de reír. **2.** Sonido que produce esta acción.

risco m. Peñasco alto y escarpado.

ristra f. **1.** Trenza de ajos o cebollas. **2.** Hilera.

ristre m. Hierro del peto de la armadura, donde se afianzaba el cabo de la lanza.

risueño, ña adj. **1.** Que tiene la cara sonriente. **2.** Propenso a reír.

ritmo m. **1.** Disposición armoniosa de voces y pausas en el lenguaje. **2.** Orden en la sucesión de algo. **3.** MÚS. Proporción de los tiempos.

rito m. **1.** Costumbre o ceremonia. **2.** Conjunto de normas para una ceremonia o culto religioso.

rival m. y f. Quien compite con otro por una misma cosa.

riyal m. Unidad monetaria de Arabia Saudí.

rizar tr. y prnl. Formar rizos.

rizo m. Mechón de pelo en forma de onda.

rizófago, ga adj. Dícese del animal que se alimenta de raíces.

rizoma m. Tallo horizontal y subterráneo de ciertas plantas.

róbalo o **robalo** m. Lubina.

robar tr. Quitar a alguien algo que le pertenece.

roble m. Árbol de madera dura y fruto en bellota.

■ **Enc.** Al **roble** se le ha considerado por mucho tiempo un árbol sagrado. Esto se debe a su madera dura y resistente, su longevidad (vive varios siglos) y su imagen de gran solidez. Los griegos pensaban que el roble era el árbol de Zeus y los celtas lo veneraban, pues el muérdago en sus ramas revelaba la presencia del Dios supremo.

robot m. Autómata.

robusto, ta adj. Fuerte, resistente.

roca f. **1.** Materia mineral que forma parte de la corteza terrestre. **2.** Piedra dura y sólida.

rocambolesco, ca adj. Extraordinario, inverosímil.

roce m. **1.** Acción de rozar o rozarse. **2.** *Fam.* Trato frecuente.

rociar tr. Esparcir en menudas gotas un líquido.

rocín m. Caballo de mala raza y de poca alzada.

rocío m. Vapor que se condensa en la atmósfera en gotas muy menudas.

rock m. **1.** Estilo musical de ritmo binario, derivado del jazz y el blues. **2.** Baile que se practica con esta música.

rococó m./adj. Estilo artístico característico del s. XVIII europeo.

rodaballo m. Pez marino de cuerpo aplanado y asimétrico.

rodado, da adj. **1.** Dícese del tránsito de vehículos de ruedas. ◆ m. **2.** *Argent.* Cualquier vehículo de ruedas.

rodaja f. Tajada circular.

rodaje m. **1.** Acción de filmar una película. **2.** Acción de hacer funcionar un motor nuevo para ajustarlo.

rodamiento m. Pieza que permite que un determinado dispositivo gire.

rodar intr. **1.** Dar vueltas un cuerpo alrededor de su eje. **2.** Moverse por medio de ruedas. **3.** Caer dando vueltas. ◆ tr. **4.** Proceder al rodaje de una película.

rodear tr. y prnl. **1.** Poner algo alrededor de una persona o cosa. ◆ intr. **2.** Andar alrededor. **3.** Dar un rodeo.

rodeo m. **1.** Acción de rodear. **2.** Camino más largo o desvío del camino recto. **3.** Manera indirecta de hacer o decir algo. **4.** *Argent., Chile* y *Urug.* Acción de contar o separar el ganado.

rodilla f. Articulación del muslo con la pierna.

rodillo m. Cilindro de madera u otro material para diversos usos.

roedor, ra adj. **1.** Que roe. ◆ adj./m. **2.** Relativo a un orden de mamíferos que poseen largos incisivos para roer, como la rata.

roer tr. **1.** Cortar menuda y superficialmente con los dientes una cosa dura. **2.** Desgastar poco a poco.

rogar tr. **1.** Pedir por gracia. **2.** Instar con súplicas.

rojo, ja adj./m. y f. **1.** De ideología de izquierdas. ◆ adj./m. **2.** Dícese del primer color del espectro solar. ◆ adj. **3.** De color rojo.

rol m. Lista, nómina.

rollizo, za adj. **1.** Robusto y grueso. ◆ m. **2.** Madero redondo.

rollo m. **1.** Cilindro de cualquier materia. **2.** Porción de cuerda, hilo, etc., dispuesta dando vueltas alrededor de un eje central. **3.** Carrete de película. **4.** *Fam.* Persona o cosa pesada, aburrida. **5.** *Fam.* Tema, asunto.

ROM adj./f. INFORM. Abrev. de *Read Only Memory* (memoria de sólo lectura), dícese de la memoria cuya información no puede ser modificada una vez introducida.

romance adj. **1.** Románico. ◆ m. **2.** Idioma español. **3.** Composición poética con rima asonante en los pares. **4.** Aventura amorosa.

TENIS, BALONVOLEA, GIMNASIA
Y JUDO

TENIS Y BALONVOLEA

El tenis y el balonvolea consisten en pasar una pelota por encima de una red y lograr que el contrario pierda el dominio de la misma.

tenis   balonvolea

GIMNASIA

Consiste en una serie de pruebas individuales de alto nivel de dificultad donde se pone a prueba la destreza física.

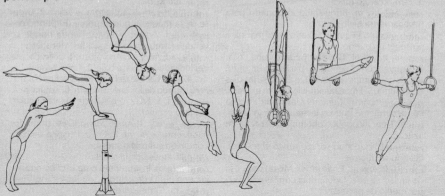

JUDO

Deporte de combate cuyo objetivo es lograr que el contrario pierda el equilibrio.

romancero m. Colección de romances.

romanche m. Lengua retorrománica hablada en Suiza.

románico, ca adj. **1.** Dícese de las lenguas derivadas del latín. ◆ adj./m. **2.** Dícese del arte que se desarrolló en Europa desde el s. XI hasta el s. XIII.

romano, na adj./m. y f. **1.** De Roma o del Imperio romano. ◆ adj. **2.** De la Iglesia católica. ◆ f. **3.** Balanza de dos brazos desiguales.

romanticismo m. **1.** Movimiento intelectual y artístico surgido a fines del s. XVIII. **2.** Calidad de romántico, sentimental.

romántico, ca adj. **1.** Relativo al romanticismo. ◆ adj./m. y f. **2.** Dícese del escritor que refleja el carácter del romanticismo. **3.** Sentimental.

romanza f. Aria de carácter sencillo y tierno.

rombo m. Cuadrilátero de lados iguales y ángulos oblicuos.

romboide m. MAT. Paralelogramo cuyos lados, iguales dos a dos, no son perpendiculares.

romería f. **1.** Marcha que se hace por devoción a un santuario. **2.** Fiesta popular junto a una ermita o santuario.

romero, ra adj./m. y f. **1.** Dícese del peregrino que va en romería. ◆ m. **2.** Arbusto de hojas aromáticas y flores azules.

romo, ma adj. Sin punta.

rompecabezas m. **1.** Juego que consiste en componer determinada figura dispuesta en piezas. **2.** Fam. Acertijo difícil.

rompehielos m. Buque acondicionado para navegar entre hielos.

rompeolas m. Dique avanzado en el mar para proteger un puerto.

romper tr. y prnl. **1.** Hacer pedazos una cosa. **2.** Separar con violencia las partes de un todo. ◆ tr. **3.** Interrumpir. ◆ intr. **4.** Deshacerse las olas en espuma. **5.** Empezar aquello que se expresa.

rompope m. Amér. Central y Méx. Bebida hecha con aguardiente, huevos, leche, azúcar y canela.

ron m. Licor alcohólico obtenido de la caña de azúcar.

roncar intr. Hacer un sonido ronco al respirar, cuando se duerme.

roncear intr. Argent., Chile y Méx. Mover una cosa de un lado a otro, ladeándola con las manos o por medio de palancas.

roncha f. Bulto pequeño eruptivo de la piel.

ronco, ca adj. **1.** Que tiene ronquera. **2.** Dícese de la voz o sonido áspero y bronco.

ronda f. **1.** Acción de rondar. **2.** Rondalla. **3.** Paseo, calle o carretera que rodea una ciudad. **4.** Cada serie de consumiciones que toma un grupo de personas.

rondador, ra adj./m. y f. **1.** Que ronda o va de ronda. **2.** Instrumento musical de Ecuador, similar a una flauta recta.

rondalla f. Grupo de mozos que tocan y cantan por la calle.

rondar tr. e intr. **1.** Andar de noche vigilando o paseando. **2.** Pasear los mozos las calles donde viven las mozas a las que cortejan. ◆ tr. **3.** Dar vueltas alrededor de una cosa.

rondín m. Bol. y Chile. Individuo que ronda de noche.

ronquera f. Afección de la laringe que hace bronco el timbre de la voz.

ronquido m. Ruido que se hace al roncar.

ronronear intr. Emitir el gato cierto sonido ronco.

roña f. **1.** Porquería pegada. ◆ m. y f. Fam. **2.** Persona tacaña.

ropa f. **1.** Cualquier prenda de tela. **2.** Prenda de vestir.

ropero m./adj. Armario o cuarto donde se guarda la ropa.

ros m. Gorro militar con visera.

rosa adj./m. **1.** Dícese del color rojo claro. ◆ adj. **2.** De color rosa. ◆ f. **3.** Flor del rosal.

rosal m. Arbusto espinoso cultivado por sus flores.

rosariense adj./m. y f. Rosarino.

rosarino, na adj./m. y f. De Rosario (Argentina).

rosario m. **1.** Rezo de la Iglesia católica. **2.** Sarta de cuentas usada para este rezo. **3.** Sarta, serie.

rosca f. **1.** Máquina compuesta de tornillo y tuerca. **2.** Cualquier cosa redonda que se cierra en forma de aro dejando en medio un espacio vacío.

rosetón m. **1.** Cualquier adorno parecido a una flor, de forma redonda. **2.** ARQ. Gran ventana circular, cerrada por vidrieras.

rosquilla f. Bollo en forma de rosca pequeña.

rosticería f. Chile, Méx. y Nicar. Establecimiento donde se asan y venden pollos.

rostro m. **1.** Cara, semblante. **2.** Pico del ave.

rotación f. Acción y efecto de rodar.

rotar intr. Rodar.

rotativo, va adj. **1.** Que rota. ◆ adj./f. **2.** Dícese de la máquina que imprime un periódico.

rotisería f. Argent. y Chile. Tienda donde se venden fiambres, carnes asadas, vinos, etc.

roto, ta adj./m. y f. **1.** Andrajoso. **2.** Chile. Dícese del individuo de clase baja. **3.** Chile. Maleducado. **4.** Méx. Dícese del petimetre del pueblo. **5.** Perú. Apodo de los chilenos. ◆ m. **6.** Rotura, raja.

rotonda f. **1.** Edificio o sala de planta circular. **2.** Plaza circular.

rotoso, sa adj. **1.** Amér. Merid. Desharrapado, harapiento. ◆ m. y f. **2.** Chile. Persona de baja condición cultural o social.

rótula f. Hueso de la rodilla.

rotulador m. Instrumento para escribir o dibujar, con punta de fieltro.

rótulo m. Cartel, letrero.

rotundo, da adj. Categórico.

rotura f. Acción y efecto de romper o romperse.

roturar tr. Arar por primera vez las tierras.

rozamiento m. FÍS. Resistencia que se opone a la rotación o al deslizamiento de un cuerpo sobre otro.

rozar tr., intr. o prnl. Tocar ligeramente.

ruana f. Amér. Merid. Especie de poncho.

rubéola o **rubeola** f. Enfermedad vírica contagiosa.

rubí m. Piedra preciosa, de color rojo vivo.

rubicundo, da adj. **1.** Rubio rojizo. **2.** De aspecto saludable.

rubidio m. Metal parecido al potasio, aunque más pesado.

rubio, bia adj. **1.** Del color del oro. ◆ adj./m. y f. **2.** Dícese de la persona que tiene el pelo de este color.

rublo m. Unidad monetaria de Rusia, Estonia, Georgia y otros países.

rubor m. **1.** Color que sube al rostro por vergüenza. **2.** Vergüenza.

rúbrica f. Garabato que acompaña a la firma de alguien.

rubricar tr. **1.** Poner uno su rúbrica. **2.** Suscribir, apoyar.

rubro m. **1.** Amér. Central y Amér. Merid. Título o rótulo. **2.** Amér. Merid. y Méx. Conjunto de artículos de consumo de un mismo tipo.

rudimentario, ria adj. Simple, poco desarrollado.

rudo, da adj. **1.** Tosco, basto. **2.** Grosero. **3.** Riguroso, violento.

rueca f. Utensilio con una rueda que sirve para hilar.

rueda f. **1.** Pieza circular que gira alrededor de un eje. **2.** Corro.

ruedo m. **1.** Espacio destinado a la lidia en las plazas de toros. **2.** Borde de una cosa redonda. **3.** Corro de personas.

ruego m. Súplica, petición.

rufián m. **1.** Proxeneta. **2.** Hombre despreciable, malvado.

rugby m. Deporte que se practica con un balón ovalado.

rugir intr. **1.** Bramar el león. **2.** Bramar una persona colérica.

rugoso, sa adj. Que tiene arrugas.

ruido m. Sonido irregular, confuso y no armonioso.

ruin adj. **1.** Vil, despreciable. **2.** Avaro, tacaño.

ruina f. **1.** Acción de destruirse algo. **2.** Pérdida de los bienes. ♦ pl. **3.** Conjunto de restos de una construcción destruida.

ruiseñor m. Ave de plumaje pardo rojizo y canto melodioso.

rulemán m. Argent. y Urug. Rodamiento.

rulenco, ca adj. Chile. Enclenque y raquítico.

rulero m. Amér. Merid. Rulo, cilindro para rizar el pelo.

ruleta f. Juego de azar en que el ganador es designado por una bola que gira sobre una rueda con casillas numeradas.

ruletear intr. Amér. Central y Méx. Fam. Conducir un taxi.

rulo m. **1.** Rizo de cabello. **2.** Cilindro hueco para rizar el cabello. **3.** Chile. Tierra de secano o sin riego.

rumano, na adj./m. y f. **1.** De Rumania. ♦ m. **2.** Lengua románica hablada en Rumania.

rumba f. Baile popular cubano y música de dicho baile.

rumbear intr. Amér. Orientarse, tomar un rumbo.

rumbo m. Dirección que se sigue al andar o navegar.

rumboso, sa adj. Fam. Desprendido, generoso.

rumiante adj./m. Dícese de los mamíferos herbívoros que tienen el estómago dividido en tres o cuatro cavidades, como el camello.

■ **Enc.** Los **rumiantes** agrupan familias muy diversas, como las de los bóvidos (res, carnero, cabra), los cérvidos (ciervo, gamo, reno, etc.) y los jiráfidos (jirafa, okapi, etc.).

rumiar tr. Masticar el alimento los rumiantes por segunda vez.

rumor m. **1.** Noticia oficiosa. **2.** Ruido sordo y continuado.

rupestre adj. Relativo a las rocas.

rupia f. Unidad monetaria de la India, Indonesia y otros países.

ruptura f. Acción y efecto de romper o romperse.

rural adj. Relativo al campo.

ruso, sa adj./m. y f. **1.** De Rusia. ♦ m. **2.** Lengua hablada en Rusia.

rústico, ca adj. **1.** Relativo al campo. **2.** Grosero, basto. ♦ m. y f. **3.** Persona del campo.

ruta f. Camino establecido para un viaje, expedición, etc.

rutina f. Costumbre de hacer algo por mera práctica.

R

S

s f. Vigésima letra del abecedario.

sábado m. Sexto día de la semana.

sabana f. Llanura sin vegetación arbórea.

sábana f. Pieza de lienzo que se usa como ropa de cama.

sabandija f. Bicho pequeño.

sabañón m. Lesión inflamatoria producida por el frío.

sabático, ca adj. Relativo al sábado. ● **Año ~,** año de descanso.

sabatina f. *Chile.* Zurra.

sabelotodo m. y f. *Fam.* Sabihondo.

saber tr. **1.** Conocer una cosa. **2.** Ser docto en alguna cosa. **3.** Tener habilidad para una cosa. ◆ tr. e intr. **4.** Tener noticias de alguien o algo. ◆ intr. **5.** Tener determinado sabor. **6.** *Argent., Ecuad., Guat.* y *Perú.* Soler, acostumbrar.

saber m. Conocimiento, sabiduría.

sabiduría f. Conocimiento profundo en ciencias, letras o artes.

sabiendas. A ~, 1. De un modo cierto. **2.** Con conocimiento.

sabihondo, da adj./m. y f. *Fam.* Que presume de saber mucho.

sabina f. Arbusto conífero de las regiones mediterráneas.

sabio, bia adj./m. y f. Que posee sabiduría.

sabiondo, da adj./m. y f. *Fam.* Sabihondo*.

sable m. Arma blanca, algo curva, parecida a la espada.

sabor m. Sensación que una cosa produce en el sentido del gusto.

saborear tr. y prnl. Percibir con deleite el sabor de algo.

sabotaje m. Daño o deterioro de instalaciones o máquinas como procedimiento de lucha.

sabroso, sa adj. Agradable al sentido del gusto.

sabueso, sa adj./m. **1.** Dícese de un tipo de perro de olfato muy fino. ◆ m. **2.** Policía, detective.

saca f. **1.** Acción y efecto de sacar. **2.** Costal grande de tela fuerte.

sacacorchos m. Instrumento para quitar tapones de corcho.

sacapuntas m. Instrumento que sirve para afilar lápices.

sacar tr. **1.** Hacer salir algo o a alguien fuera del lugar o situación en que estaba. **2.** Conseguir, obtener. **3.** DEP. Poner en juego el balón o la pelota.

sacárido m. Hidrato de carbono.

sacarina f. Sustancia blanca que da un sabor azucarado.

sacarosa f. Azúcar formado por fructosa y glucosa.

sacavueltas m. y f. *Chile. Fam.* Persona que rehúye una obligación, responsabilidad o trabajo.

sacerdote m. Ministro de una religión.

sacerdotisa f. Mujer consagrada al culto de una divinidad.

saché o **sachet** m. *Argent.* Envase sellado de plástico o celofán para contener líquidos.

saciar tr. y prnl. **1.** Satisfacer el hambre o la sed. **2.** Satisfacer plenamente ambiciones, deseos, etc.

saco m. **1.** Receptáculo de tela, cuero, etc., abierto por arriba. **2.** *Amér.* Chaqueta.

sacralizar tr. Conferir carácter sagrado.

sacramento m. Acto ritual sagrado, destinado a santificar a los hombres.

> ■ **ENC.** Para los ortodoxos y los católicos hay siete **sacramentos**: el bautismo, la confirmación, la eucaristía, la extremaunción, la penitencia, la orden sacerdotal y el matrimonio. Los protestantes sólo tienen dos sacramentos, el bautismo y la cena.

sacrificar tr. **1.** Ofrecer algo a una divinidad en señal de reconocimiento. **2.** Matar reses para el consumo. **3.** Exponer a un riesgo o trabajo para obtener algún beneficio.

sacrificio m. **1.** Acción de sacrificar. **2.** Renuncia, privación.

sacrilegio m. Profanación de una cosa, persona o lugar sagrados.

sacristán m. Hombre que ayuda al sacerdote y cuida de la iglesia.

sacro, cra adj. **1.** Sagrado. ◆ adj./m. **2.** Dícese del hueso situado en el extremo inferior de la columna vertebral.

sacrosanto, ta adj. Que es a la vez sagrado y santo.

sacudir tr. **1.** Agitar o golpear violentamente una cosa. **2.** Pegar. ◆ tr. y prnl. **3.** Quitarse una cosa de encima con violencia.

sadismo m. **1.** Crueldad. **2.** Tendencia sexual de quien encuentra placer haciendo sufrir a otro.

saeta f. **1.** Flecha. **2.** Manecilla de reloj. **3.** Copla de cante flamenco.

safari m. Expedición de caza mayor en África.

saga f. **1.** Leyenda poética de los pueblos escandinavos. **2.** Relato de la historia de dos o más generaciones de una familia.

sagaz adj. Agudo, astuto.

sagitario m. y f./adj. Persona nacida bajo el signo zodiacal de Sagitario.

sagrado, da adj. Relativo a la divinidad o a su culto.

sahariana f. Chaqueta de tela ligera con bolsillos y cinturón.

sainete m. Obra dramática jocosa y de carácter popular.

sajadura f. Incisión o corte hecho en la carne.

sajón, na adj./m. y f. De un pueblo germánico que invadió Gran Bretaña en el s. v.

sal f. **1.** Sustancia blanca y cristalina, muy soluble en agua, empleada como condimento. **2.** Gracia, ingenio. **3.** QUÍM. Compuesto formado por la sustitución del hidrógeno de un ácido por un metal. ♦ pl. **4.** Sustancia para reanimar.

■ ENC. La **sal** es esencial para la vida. Permite fijar el agua en el organismo y contribuye a la mayor parte de las funciones vitales. La sangre humana contiene casi la misma proporción de sal que el agua de mar. La sal marina se obtiene a partir de la evaporación del agua de mar en las salinas (un litro de agua de mar contiene alrededor de 25 a 30 g de sal). En los continentes, la sal se encuentra en los lechos de sal gema que provienen de la evaporación de los mares geológicos.

sala f. **1.** Pieza principal de la casa. **2.** Aposento o local de grandes dimensiones. **3.** Pieza donde se constituye un tribunal.

salado, da adj. **1.** Que tiene exceso de sal. **2.** Gracioso, agudo. **3.** Amér. Desgraciado, gafe, que tiene mala suerte. **4.** Argent., Chile y Urug. Fam. Caro, costoso.

salamandra f. Anfibio parecido al lagarto, de color negro con manchas amarillas.

■ ENC. La **salamandra** se alimenta de insectos y de gusanos. En Estados Unidos hay una especie gigante que llega a medir 1.60 m de longitud y a pesar 40 kg. En la antigüedad, la salamandra era símbolo del fuego. Se creía que vivía en él y que lo conservaba. Sin embargo, también era capaz de apagarlo por ser un animal de cuerpo frío.

salame m. y f. Argent., Par. y Urug. Tonto, ingenuo.

salami m. Embutido parecido al salchichón.

salamín m. **1.** Argent., Par. y Urug. Variedad de salami en forma de chorizo. **2.** Argent. Fam. Salame, ingenuo.

salar tr. **1.** Curar con sal carnes y pescados. **2.** Sazonar con sal. ♦ tr. y prnl. **3.** Amér. Central, Perú y P. Rico. Desgraciar, echar a perder. **4.** Argent. y C. Rica. Dar o causar mala suerte. **5.** Cuba, Hond. y Perú. Deshonrar.

salario m. Remuneración del trabajo efectuado por una persona.

salazón f. **1.** Acción y efecto de salar alimentos. **2.** Amér. Central, Cuba y Méx. Desgracia, mala suerte.

salchicha f. Embutido de carne de cerdo en tripa delgada.

salchichón m. Embutido de jamón, tocino y pimienta.

saldo m. **1.** Pago de una deuda u obligación. **2.** Diferencia entre el debe y el haber de una cuenta. **3.** Mercancía vendida a bajo precio.

salero m. **1.** Recipiente para servir o guardar la sal. **2.** Fam. Gracia.

salesiano, na adj./m. y f. De la congregación fundada por san Juan Bosco.

sálica adj. Dícese de la ley que excluía del trono a las mujeres.

salicáceo, a adj./f. Relativo a una familia de plantas arbóreas con flores sin pétalos, como el sauce.

salicílico, ca adj. Dícese de un ácido que posee propiedades antisépticas.

salido, da adj. **1.** Que sobresale. **2.** Dícese de algunos animales cuando están en celo. ♦ f. **3.** Acción y efecto de salir. **4.** Lugar por donde se sale. **5.** Solución. **6.** Ocurrencia, dicho oportuno.

saliente adj. **1.** Que sale. ♦ m. **2.** Parte que sobresale de una cosa.

salino, na adj. **1.** Que participa de los caracteres de la sal. **2.** Que contiene sal. ♦ f. **3.** Mina de sal. **4.** Lugar donde se evapora el agua de mar para obtener sal.

salir intr. y prnl. **1.** Pasar de dentro a fuera. ♦ intr. **2.** Partir de un lugar. **3.** Aparecer, manifestarse: sale en la tele. **4.** Nacer, brotar. **5.** Sobresalir. **6.** Tener algo su origen en otra cosa.

salitre m. **1.** Nitro. **2.** Sustancia salina.

saliva f. Líquido segregado en la boca.

salivadera f. Amér. Merid. Escupidera.

salmantino, na adj./m. y f. De Salamanca (España).

salmo m. Cántico que contiene alabanza a Dios.

salmón adj./m. **1.** Dícese del color anaranjado como el de la carne del salmón. ♦ m. **2.** Pez parecido a la trucha.

salmonella f. Género de bacterias que producen infecciones intestinales.

salmonete m. Pez de color rojo, muy apreciado por su carne.

salmuera f. Líquido preparado con sal para conservas.

salobre adj. Que por su naturaleza tiene sabor de sal.

salón m. **1.** Sala, pieza principal de la casa. **2.** Local donde se celebran juntas, actos, etc. **3.** Ciertos establecimientos: ~ de té.

salpicadera f. Méx. Guardabarros.

salpicadero m. Tablero de los automóviles situado frente al conductor en que se hallan algunos mandos e indicadores.

salpicar tr. e intr. **1.** Esparcir en gotas un líquido. ♦ tr. y prnl. **2.** Mojar o ensuciar con esas gotas.

salpullido m. Sarpullido*.

salsa f. **1.** Sustancia líquida o pastosa que acompaña a ciertos platos. **2.** Aquello que excita el gusto. **3.** Género musical que resulta de la fusión de varios tipos de ritmos caribeños.

salsamentaría f. Colomb. Tienda donde se venden embutidos.

saltamontes m. Insecto de color pardo o verde y patas posteriores adaptadas al salto.

■ ENC. Por las noches, el **saltamontes** macho frota sus alas, una con la otra, y produce su característico canto estridente. El abdomen de la hembra termina en una punta con forma de sable llamado oviscapto. En otoño, este oviscapto le permite cavar el suelo y enterrar sus huevos. Usualmente, al saltamontes se le confunde con el grillo, pero son especies diferentes.

saltanejoso, sa adj. Cuba y Méx. Dícese del terreno ondulado.

saltar intr. **1.** Levantarse del suelo con impulso. **2.** Arrojarse desde una altura. **3.** Desprenderse una cosa de otra. ◆ tr. **4.** Salvar de un salto un espacio o distancia. ◆ tr. y prnl. **5.** Omitir parte de algo.

saltear tr. **1.** Salir a robar en los caminos. **2.** Hacer una cosa sin continuidad. **3.** Sofreír a fuego vivo.

saltimbanqui m. y f. *Fam.* Persona que realiza ejercicios de acrobacia.

salto m. **1.** Acción y efecto de saltar. **2.** Espacio o distancia que se salta. **3.** Despeñadero muy profundo.

saltón, na adj. Prominente: *ojos saltones.*

salubre adj. Saludable.

salud f. **1.** Estado de un ser orgánico exento de enfermedades. **2.** Condiciones físicas de un organismo en un determinado momento.

saludable adj. **1.** Bueno para la salud. **2.** Que goza de salud.

saludar tr. Dirigir palabras o gestos de cortesía a una persona al encontrarla o despedirse.

salva f. Serie de disparos en señal de honores o saludos.

salvado m. Cáscara desmenuzada del grano de los cereales.

salvadoreño, ña adj./m. y f. De El Salvador.

salvaguardar tr. Proteger, defender: ~ *el honor.*

salvaje adj. **1.** Que crece de forma natural. **2.** Que no está domesticado. **3.** Dícese del terreno inculto. ◆ adj./m. y f. **4.** Que vive en estado primitivo, sin civilizar. **5.** *Fam.* Cruel, inhumano.

salvar tr. y prnl. **1.** Librar de un peligro o riesgo. ◆ tr. **2.** Evitar un riesgo o dificultad. **3.** Exceptuar. **4.** Vencer un obstáculo. **5.** Dar Dios la gloria eterna.

salvavidas m. Objeto utilizado para flotar en el agua.

salve f. Oración dedicada a la Virgen.

salvedad f. Razonamiento que limita o excusa, excepción.

salvia f. Planta herbácea aromática de flores azuladas.

salvilla f. *Chile.* Vinagreras.

salvo, va adj. **1.** Ileso, librado de un peligro. ◆ prep. **2.** Excepto.

salvoconducto m. Documento expedido por una autoridad para poder transitar libremente por determinado territorio.

samba f. Música y baile popular brasileño.

sambenito m. Descrédito.

sampaulero, ra adj./m. y f. Paulistano.

samurai m. Miembro de una clase de guerreros japoneses.

samuro m. *Colomb.* y *Venez.* Ave rapaz.

san adj. Apóc. de *santo.*

sanar tr. **1.** Restituir a alguien la salud. ◆ intr. **2.** Recobrar la salud.

sanatorio m. Establecimiento destinado a la cura o convalecencia de un tipo determinado de enfermos.

sanción f. **1.** Pena establecida para el que infringe una ley. **2.** Aprobación, legitimación.

sandalia f. Calzado formado por una suela que se asegura con cintas o correas.

sándalo m. Árbol de Asia, de madera olorosa.

sandez f. Tontería.

sandía f. **1.** Planta herbácea que se cultiva por su fruto de pulpa roja y refrescante. **2.** Fruto de esta planta.

sandwich m. Emparedado.

sanear tr. **1.** Dar condiciones de salubridad. **2.** Remediar, reparar.

sangrar tr. **1.** Abrir una vena y dejar salir determinada cantidad de sangre. **2.** En imprenta, comenzar una línea más adentro que las otras. ◆ intr. **3.** Echar sangre.

sangre f. **1.** Líquido rojo que circula por las venas y arterias. **2.** Linaje, familia. ● ~ **fría**, serenidad, entereza.

■ **Enc.** La **sangre** circula por todo el organismo. Aporta a los tejidos sustancias nutritivas y oxígeno. También, transporta el bióxido de carbono y los desechos del cuerpo hacia los órganos que los eliminan (pulmones, riñones, piel). La sangre se compone del plasma. Este plasma está constituido por un 90% de agua en la que están suspendidos los glóbulos rojos, los glóbulos blancos y las plaquetas. El plasma transporta sustancias nutritivas como azúcares, grasas, proteínas y sales minerales. Los glóbulos rojos dan el color rojo a la sangre y transportan el oxígeno o el bióxido de carbono. Los glóbulos blancos son los defensores del organismo y se multiplican cuando hay una infección. Las plaquetas se especializan en la coagulación. Cuando hay una herida, estos fragmentos celulares espesan la sangre que tapa la abertura y detiene el sangrado.

sangría f. **1.** Acción y efecto de sangrar. **2.** Bebida refrescante compuesta de vino, azúcar, limón y otros ingredientes.

sanguijuela f. Gusano anélido que se alimenta de la sangre de otros organismos.

sanguinario, ria adj. Cruel, despiadado.

sanguíneo, a adj. **1.** Relativo a la sangre. **2.** Que contiene sangre.

sanidad f. **1.** Calidad de sano. **2.** Calidad de saludable. **3.** Conjunto de servicios para preservar la salud pública.

sanitario, ria adj. **1.** Perteneciente o relativo a la sanidad. ◆ adj./m. **2.** Dícese de los aparatos de higiene instalados en los cuartos de baño. ◆ m. y f. **3.** Empleado de los servicios de sanidad.

sanjuanero, ra adj./m. y f. De San Juan de Puerto Rico.

sano, na adj./m. y f. **1.** Que goza de salud. ◆ adj. **2.** Bueno para la salud. **3.** Que está en buen estado. ● ~ y **salvo**, sin daño.

sánscrito, ta adj./m. Dícese de una antigua lengua india.

■ **Enc.** El **sánscrito** es una lengua culta y académica. Pertenece a una de las quince lenguas oficiales de la India. Los Vedas, texto sagrado de los brahmanes, fueron escritos en sánscrito. Hoy día esta lengua juega un papel semejante al que antaño tuvo el latín en Europa. El hindi, lengua que se habla en el norte de la India, procede del sánscrito y tiene el mismo alfabeto.

sanseacabó *Fam.* Expresión con que se da por terminado un asunto.

santateresa f. Insecto de color verde, con patas anteriores prensoras.

■ **Enc.** La **santateresa** acecha a sus presas escondida entre la hierba. A este insecto también se le llama mantis religiosa. A este insecto también se le de las patas delanteras evoca a una persona cuando ora. La hembra devora a veces al macho durante el apareamiento.

santería f. **1.** *Amér.* Tienda de objetos religiosos. **2.** *Cuba.* Brujería.

santiaguino, na adj./m. y f. De Santiago de Chile.

santiamén. En un ~ *(Fam.)*, en un instante.

santidad f. **1.** Calidad de santo. **2.** Tratamiento honorífico dado al papa.

santificar tr. Hacer santo.

santiguar tr. y prnl. Hacer la señal de la cruz.

santo, ta adj. **1.** Dícese de Dios y de las personas o cosas a él consagradas. ◆ adj./m. y f. **2.** Dícese de la persona canonizada por la Iglesia católica. **3.** Virtuoso. ◆ m. y f. **4.** Imagen de un santo. ◆ m. **5.** Respecto de una persona, festividad del santo cuyo nombre lleva.

santoral m. **1.** Libro que contiene vidas de santos. **2.** Lista de los santos que se conmemoran en cada día del año.

santuario m. **1.** Lugar sagrado. **2.** Templo en que se venera la imagen o reliquia de un santo.

saña f. **1.** Insistencia cruel en el daño que se causa. **2.** Rabia.

sao m. *Cuba.* Pradera con algunos matorrales o grupos de árboles.

sapo m. Batracio de piel verrugosa y ojos saltones.

■ **Enc.** Los **sapos** viven en tierra. Las hembras sólo se introducen en el agua cuando desovan. Son animales nocturnos.

saprofito, ta adj./m. Dícese del vegetal que vive sobre materia orgánica en descomposición.

saque m. DEP. Acción de sacar.

saquear tr. Apoderarse violentamente los soldados de lo que encuentran en un lugar.

sarampión m. Enfermedad eruptiva y contagiosa, propia de la infancia.

sarao m. Reunión o fiesta de sociedad, con baile o música.

sarape m. *Guat.* y *Méx.* Poncho de colores vivos.

sarasa m. *Esp. Fam.* Hombre afeminado, marica.

saraviado, da adj. *Colomb.* y *Venez.* Dícese del ave con pintas o manchas.

sarazo, za adj. *Colomb., Cuba, Méx.* y *Venez.* Dícese del fruto que empieza a madurar, especialmente el maíz.

sarcasmo m. Ironía cruel con la que se ofende.

sarcófago m. Sepulcro.

sarcoma m. Tumor maligno del tejido conjuntivo.

sardana f. Danza y música tradicional catalana.

sardina f. Pez marino comestible, de dorso azulado y plateado.

sardinel m. *Colomb.* y *Perú.* Bordillo de la acera.

sardo, da adj./m. y f. De Cerdeña.

sardónico, ca adj. Sarcástico, irónico: *risa* ~.

sargento m. Grado militar superior al de cabo e inferior al del alférez.

sariga f. *Bol.* y *Perú.* Zarigüeya.

sarmiento m. Vástago de la vid, largo, flexible y nudoso.

sarna f. Enfermedad de la piel, caracterizada por pústulas que producen un vivo escozor.

sarpullido m. Urticaria.

sarraceno, na m. y f. Nombre que daban los cristianos de la Edad Media a los musulmanes de Europa y de África.

sarro m. **1.** Sedimento que dejan en los recipientes algunos líquidos. **2.** Sustancia que se deposita sobre el esmalte de los dientes.

sarta f. **1.** Serie de cosas sujetas una tras otra en un hilo, cuerda, etc. **2.** Sucesión, retahíla.

sartén f. Utensilio de cocina poco profundo de mango largo.

sarteneja f. **1.** *Ecuad.* y *Méx.* Grieta formada por la sequía en un terreno. **2.** *Ecuad.* y *Méx.* Huella de ganado.

sartorio m. Músculo de la parte anterior del muslo.

sastre, tra m. y f. Artesano que confecciona trajes.

satanás m. Lucifer.

satélite m. Cuerpo celeste que gravita alrededor de un planeta. ● ~ **artificial,** vehículo espacial puesto en órbita alrededor de un planeta.

satén m. Tejido parecido al raso.

satinar tr. Dar brillo a una tela, papel, etc.

sátira f. Obra, discurso, etc., que ridiculiza a alguien o algo.

sátiro m. **1.** En la mitología griega, genio de la naturaleza, medio hombre medio cabra. **2.** Hombre lascivo.

satisfacer tr. **1.** Complacer o aquietar un deseo, apetito, etc. **2.** Pagar, abonar. **3.** Dar solución a una duda. ◆ intr. **4.** Gustar, agradar.

satisfecho, cha adj. **1.** Contento, complacido. **2.** Que ha calmado alguna necesidad o deseo.

saturar tr. y prnl. **1.** Llenar algo completamente, colmar. ◆ tr. **2.** Hacer que una solución contenga la mayor cantidad posible de cuerpos disueltos.

sauce m. Árbol de hojas lanceoladas, que crece junto a los ríos.

saudí o **saudita** adj./m. y f. De Arabia Saudí.

sauna f. **1.** Baño de vapor. **2.** Local donde se toma.

■ **Enc.** Al principio, el **sauna** se tomaba al natural. Se vertía agua sobre piedras volcánicas encendidas, lo que provocaba un vapor intenso. Después, el cuerpo se frotaba con ramas de abedul. Finalmente, se reposaba cubierto con una manta 15 o 20 minutos.

saurio adj./m. Relativo a un orden de reptiles de cola larga y cuerpo escamoso, como el lagarto.

savia f. Líquido que circula por los vegetales y los nutre.

saxofón o **saxófono** m. Instrumento musical de viento, de metal y con varias llaves.

saya f. Falda o enagua.

sayo m. **1.** Casaca larga y sin botones. **2.** *Fam.* Cualquier vestido.

sazón f. **1.** Punto, madurez. **2.** Sabor que se da a las comidas.

S

sazonar tr. Aderezar.

scanner m. **1.** Aparato conectado a una computadora que sirve para reproducir un documento original o visualizar el interior de un objeto. **2.** MED. Aparato conectado a una computadora, que permite reconstruir imágenes de una sección del cuerpo.

se pron. pers. masc. y fem. de 3a. persona sing. **1.** Forma reflexiva que funciona como complemento directo e indirecto: *los dos se aman; el niño se lava las manos.* **2.** Marca la voz pasiva: *se vendieron todos los ejemplares del periódico.* **3.** Marca impersonalidad o indeterminación: *se ruega no fumar.* **4.** Forma del objeto indirecto en combinación con el objeto directo: *se las dio.*

sebáceo, a adj. Relativo al sebo.

sebo m. Grasa sólida que se saca de los animales herbívoros.

sebucán m. *Colomb., Cuba* y *Venez.* Talego utilizado para exprimir la yuca rallada y eliminar el zumo venenoso que contiene, a fin de hacer el cazabe.

secano m. Tierra de cultivo sin riego.

secante adj. **1.** Que seca. ◆ adj./f. MAT. **2.** Dícese de la línea o superficie que corta a otra.

secar tr. y prnl. Dejar o quedar seca una cosa.

sección f. **1.** Corte. **2.** Cada una de las partes o divisiones de un todo. **3.** Figura que resultaría si se cortara un cuerpo por un plano.

seccionar tr. **1.** Cortar. **2.** Dividir en secciones.

secesión f. Acción de separarse de una nación parte de su pueblo o territorio.

seco, ca adj. **1.** Que carece de humedad. **2.** Falto de agua. **3.** Dícese de las plantas sin vida. **4.** Dícese del país o del clima de escasa lluvia. **5.** Flaco. **6.** Poco cariñoso, áspero.

secoya f. Secuoya*.

secreción f. **1.** Acción de secretar. **2.** Sustancia segregada.

secretar tr. Producir las glándulas ciertas sustancias.

secretario, ria m. y f. Persona encargada de la administración en un organismo, empresa, etc., o al servicio de otra persona.

secreter m. Mueble con cajones y un tablero para escribir.

secreto, ta adj. **1.** Dícese de lo que sólo unos conocen y no se comunica a los demás. ◆ m. **2.** Lo que se tiene oculto.

secta f. **1.** Doctrina religiosa o ideológica que se diferencia e independiza de otra. **2.** Conjunto de seguidores de una doctrina o religión que el hablante considera falsa.

sectario, ria adj./m. y f. **1.** Que profesa y sigue una secta. ◆ adj. **2.** Fanático.

sector m. **1.** Parte delimitada de un todo. **2.** Parte de una clase o de una colectividad que presenta caracteres peculiares. **3.** MAT. Porción de círculo limitado por dos radios y arco que los une.

secuaz adj./m. y f. Que sigue el partido o doctrina de otro.

secuela f. Consecuencia de algo, en especial una enfermedad.

secuencia f. **1.** Sucesión ordenada. **2.** CINE y TV. Sucesión de imágenes o escenas que forman un conjunto.

secuestrar tr. Raptar a una persona o apoderarse violentamente de un vehículo para exigir dinero por su rescate.

secular adj. **1.** Seglar. **2.** Que dura un siglo o más. ◆ adj./m. y f. **3.** Dícese del clero o sacerdote que no vive en clausura.

secundar tr. Apoyar, ayudar a alguien en sus propósitos.

secundario, ria adj. **1.** Segundo en orden. **2.** No principal. ◆ adj./m. GEOL. **3.** Mesozoico.

secuoya f. Árbol conífero que puede alcanzar los 140 m de altura.

sed f. **1.** Gana y necesidad de beber. **2.** Deseo vehemente.

seda f. **1.** Sustancia viscosa que, en forma de hebras, segregan las larvas de ciertos insectos. **2.** Hilo formado con esta sustancia. **3.** Tejido fabricado con este hilo.

sedal m. Hilo de la caña de pescar.

sedar tr. Apaciguar, sosegar.

sede f. **1.** Domicilio. **2.** Capital de una diócesis.

sedentario, ria adj. **1.** Dícese del oficio o vida de poco movimiento. ◆ adj./m. y f. **2.** Dícese de las colectividades que permanecen en un lugar fijo.

sedición f. Levantamiento contra la autoridad.

sedimento m. Materia que, habiendo estado suspensa en un líquido, se posa en el fondo por su mayor gravedad.

seducir tr. **1.** Persuadir suavemente al mal. **2.** Cautivar el ánimo.

seductor, ra adj. Que seduce.

sefardí adj./m. y. f. **1.** Dícese del judío oriundo de España y de sus descendientes. ◆ m. **2.** Dialecto romance hablado por los sefardíes.

segar tr. **1.** Cortar la mies o la hierba. **2.** Cortar, cercenar.

seglar adj./m. y f. Laico.

segmento m. **1.** Parte cortada de una cosa. **2.** MAT. Porción de recta comprendida entre dos puntos. **3.** ZOOL. Artejo.

segregar tr. **1.** Separar una cosa de otra u otras. **2.** Secretar.

seguidilla f. **1.** Estrofa formada por versos de cinco y siete sílabas. ◆ pl. **2.** Canción y danza popular española.

seguido, da adj. **1.** Continuo, sin interrupción. ◆ adv. **2.** *Amér.* Con frecuencia, a menudo.

seguir tr. e intr. **1.** Ir después o detrás de alguien o algo. ◆ tr. **2.** Proseguir lo empezado. **3.** Tomar un camino o dirección. **4.** Tener como modelo, imitar. **5.** Ser partidario de alguien o algo.

según prep. **1.** Conforme, con arreglo a. ◆ adv. **2.** Como, con conformidad a: *ocurrió ~ estaba previsto.* **3.** Expresa simultaneidad: *~ hablaba, iba emocionándose.* **4.** Denota eventualidad o contingencia: *no sé si iré, ~.*

segundero m. Manecilla del reloj que señala los segundos.

segundilla f. *Colomb.* Refrigerio.

segundo, da adj./m. y f. **1.** Que corresponde en orden al número dos. ◆ m. **2.** Cada una de las 60 partes iguales en que se divide un minuto.

seguridad f. Calidad de seguro.

seguro, ra adj. **1.** Libre de todo daño, peligro o riesgo. **2.** Que no admite duda. **3.** Firme, estable. ◆ m. **4.** Contrato por el que se asegura a

TIPOS DE ENERGÍA

La energía es todo aquello capaz de producir trabajo. Puede manifestarse de muchas formas: movimiento, luz, calor, etc. La energía no puede crearse ni destruirse, pero sí se transforma: en la ilustración puede verse como un cierto tipo de energía (la fuerza muscular del hombre, el viento, el combustible) se transforman en movimiento o (la electricidad) en luz.

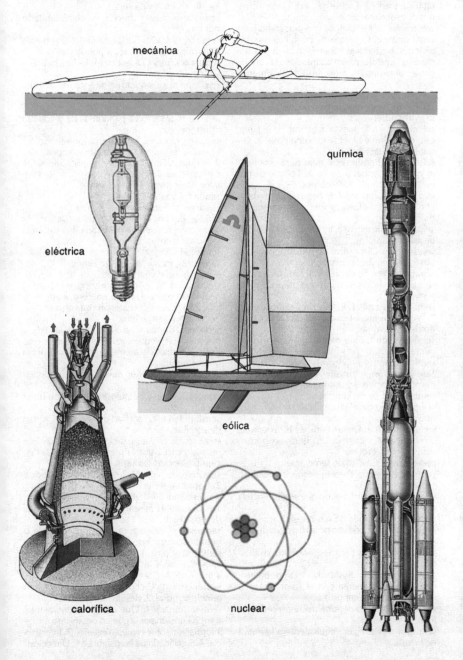

mecánica

química

eléctrica

eólica

calorífica

nuclear

una persona o cosa de algún riesgo. **5.** Dispositivo para impedir el funcionamiento de una máquina, mecanismo, etc. **6.** *Méx.* Imperdible.

seis adj./m. **1.** Cinco y uno. ◆ adj./m. y f. **2.** Sexto.

seiscientos, tas adj./m. **1.** Seis veces ciento. ◆ adj./m. y f. **2.** Que corresponde en orden al número seiscientos.

seísmo m. Sismo*.

seláceo, a adj./m. Dícese de ciertos peces marinos de esqueleto cartilaginoso, como el tiburón.

selección f. **1.** Elección de una persona o cosa entre otras. **2.** Conjunto de personas o cosas elegidas. ● ~ **natural**, supervivencia de los animales o vegetales mejor adaptados a las condiciones ambientales, a expensas de los menos aptos.

selecto, ta adj. Que es lo mejor en su especie.

selenio m. Elemento químico no metálico, análogo al azufre.

selenita m. y f. Supuesto habitante de la Luna.

sellar tr. **1.** Imprimir el sello a una cosa. **2.** Cerrar herméticamente.

sello m. **1.** Utensilio que sirve para estampar lo que está grabado en él. **2.** Lo que queda estampado con él. **3.** Trozo pequeño de papel que se usa como señal de pago de algún derecho. **4.** *Chile, Colomb.* y *Perú.* Reverso de las monedas.

selva f. Bosque extenso, inculto y muy poblado de árboles.

semáforo m. Dispositivo de señalización luminosa para regular la circulación.

semana f. Período de siete días consecutivos.

semanario m. Publicación que aparece cada semana.

semántico, ca adj. **1.** Relativo al significado. ◆ f. **2.** Parte de la lingüística que estudia el significado de las palabras.

semblante m. **1.** Cara, rostro. **2.** Apariencia, aspecto.

semblantear tr. e intr. *Argent., Chile, Nicar., Par., Salv.* y *Urug.* Mirar a alguien a la cara para adivinar sus intenciones y pensamientos.

semblanza f. Breve biografía.

sembrar tr. Esparcir las semillas en la tierra para que germinen.

semejante adj. **1.** Que se parece a otra persona o cosa. **2.** MAT. Dícese de las figuras proporcionales. ◆ m. **3.** Prójimo.

semejanza f. Calidad de semejante.

semejar intr. y prnl. Parecer o tener semejanza.

semen m. Esperma.

semental m. Animal macho que se destina a la reproducción.

semestre m. Período de seis meses.

semicírculo m. Cada una de las dos mitades del círculo.

semicorchea f. MÚS. Figura equivalente a la mitad de la corchea.

semiconductor m. Sustancia cuya conductividad eléctrica aumenta con el calor o con la adición de ciertas impurezas.

semifinal f. Prueba deportiva que precede a la final.

semifusa f. MÚS. Figura equivalente a la mitad de la fusa.

semilla f. Parte del fruto que da origen a una nueva planta.

seminal adj. **1.** Relativo al semen. **2.** Relativo a la semilla.

seminario m. **1.** Centro donde se forma a los que aspiran al sacerdocio. **2.** Serie de actividades sobre un tema determinado.

semiótica o **semiología** f. Ciencia que estudia los signos en la vida social.

semiplano m. MAT. Porción de plano limitado por una recta.

semirrecta f. MAT. Cada una de las dos partes determinadas en una recta por un punto.

semita adj./m. y f. Dícese de los árabes, hebreos y otros pueblos.

semitono m. MÚS. Mitad del intervalo de un tono.

sémola f. Pasta de harina reducida a granos muy menudos.

senado m. Asamblea parlamentaria y edificio donde se reúne.

senador, ra m. y f. Miembro de un senado.

sencillo, lla adj. **1.** Simple, sin composición. **2.** Sin lujo. **3.** Sin dificultad o complicación. **4.** De carácter natural y espontáneo. ◆ m. **5.** *Amér. Central* y *Amér. Merid.* Dinero suelto.

senda f. Camino estrecho.

sendero m. Senda.

sendos, das adj. Dícese de aquellas cosas de las que corresponde una para cada una de otras personas o cosas.

senectud f. Vejez.

senegalés, sa adj./m. y f. De Senegal.

senil adj. Relativo a la vejez.

sénior adj. **1.** Se aplica a la persona de más edad respecto a otra del mismo nombre. ◆ adj./m. y f. DEP. **2.** Dícese de la categoría que abarca a los deportistas de más edad.

seno m. **1.** Concavidad o hueco. **2.** Mama de la mujer. **3.** MAT. Perpendicular que va desde uno de los extremos del arco al radio que pasa por la otra extremidad.

sensación f. Impresión que las cosas producen en los sentidos.

sensato, ta adj. Que piensa y actúa con buen juicio.

sensibilidad f. **1.** Facultad de sentir. **2.** Calidad de sensible.

sensible adj. **1.** Que goza de sensibilidad. **2.** Que recibe o capta una impresión externa. **3.** Perceptible por los sentidos.

sensitivo, va adj. **1.** Relativo a los sentidos. **2.** Capaz de sentir.

sensorial adj. Relativo a los sentidos.

sensual adj. **1.** Sensitivo. **2.** Que despierta el deseo sexual.

sentador, ra adj. *Argent.* y *Chile.* Dícese de la prenda de vestir que sienta bien.

sentar tr. y prnl. **1.** Poner a uno en un sitio, apoyado sobre las nalgas. ◆ tr. **2.** Establecer. ◆ intr. *Fam.* **3.** Caer bien o mal una cosa.

sentencia f. **1.** Dicho breve que contiene un principio moral. **2.** Resolución judicial.

sentido, da adj. **1.** Que contiene sentimiento. ◆ m. **2.** Función por la que un organismo recibe información sobre el medio exterior. **3.** Inteligencia. **4.** Significado de las palabras. **5.** Dirección.

sentimental adj. **1.** Relativo al sentimiento. ◆ adj./m. y f. **2.** Que denota una sensibilidad algo exagerada.

sentimiento m. **1.** Acción y efecto de sentir. **2.** Estado afectivo del ánimo. **3.** Parte afectiva del ser humano, por oposición a razón.

sentir tr. **1.** Percibir una sensación con los sentidos. **2.** Oír. **3.** Lamentar algún suceso doloroso. ◆ prnl. **4.** Hallarse en un estado. **5.** *Chile* y *Méx.* Ofenderse.

sentir m. Sentimiento.

seña f. **1.** Detalle de una cosa, por la que se la distingue. **2.** Gesto o ademán para comunicarse. ◆ pl. **3.** Domicilio de una persona.

señal f. **1.** Aquello que indica la existencia de algo. **2.** Signo conocido para advertir, anunciar, indicar, etc.

señalar tr. **1.** Ser señal o indicio de algo. **2.** Hacer o poner señales. **3.** Llamar la atención con la mano, un gesto, etc.

señalizar tr. Instalar señales en una carretera, vía férrea, etc.

señor, ra m. y f. **1.** Tratamiento de respeto que se da a los adultos. ◆ m. **2.** Hombre. ◆ f. **3.** Mujer.

señoría f. Tratamiento que se da a personas con determinada dignidad.

señorío m. **1.** Dominio sobre algo. **2.** Distinción, elegancia.

señorito, ta m. y f. *Esp.* **1.** Nombre que dan los criados al amo. ◆ f. **2.** Tratamiento dado a la mujer soltera. **3.** Maestra.

señuelo m. Cualquier objeto con que se atrae a las aves.

sépalo m. BOT. Pieza floral situada debajo de la corola.

separación f. **1.** Acción y efecto de separar. **2.** Interrupción de la vida conyugal sin ruptura del vínculo. **3.** QUÍM. Operación de extracción destinada a aislar uno o varios constituyentes de una mezcla.

separar tr. y prnl. **1.** Establecer distancia entre cosas que están juntas. ◆ prnl. **2.** Realizar la separación conyugal.

separatismo m. Tendencia a separar un territorio de su estado.

sepelio m. Acción de inhumar la Iglesia a los fieles.

sepia f. Molusco de concha interna, parecido al calamar.

septentrional adj. Del norte.

septiembre m. Noveno mes del año.

séptimo, ma adj./m. y f. **1.** Que corresponde en orden al número siete. ◆ adj./m. **2.** Dícese de cada una de las siete partes iguales en que se divide un todo. ● ~ **arte,** el cine.

septuagenario, ria adj./m. y f. De edad comprendida entre los setenta y los ochenta años.

septuagésimo, ma adj./m. y f. Que corresponde en orden al número setenta.

sepulcro m. **1.** Obra levantada del suelo, para enterrar un cadáver. **2.** Hueco del altar donde están depositadas las reliquias.

sepultar tr. **1.** Poner en la sepultura a un muerto. **2.** Cubrir.

sepultura f. **1.** Acción y efecto de sepultar. **2.** Hoyo hecho en la tierra para enterrar un cadáver.

sequedad f. Calidad de seco.

sequía f. Tiempo seco de larga duración.

séquito m. Gente que acompaña a una persona ilustre.

ser intr. **1.** Haber o existir. **2.** Verbo auxiliar que sirve para la conjugación de todos los verbos en la voz pasiva. **3.** Estar en lugar o situación. **4.** Suceder, ocurrir: *el eclipse fue ayer.* **5.** Pertenecer a uno: *esta casa es mía.* **6.** Junto con sustantivos, adjetivos o participios, tener las propiedades, condiciones, etc., que se expresan: *es médico.* **7.** Se utiliza para indicar tiempo: *son las dos.*

ser m. **1.** Principio constitutivo de las cosas. **2.** Ente.

serafín m. Ángel.

serbio, bia adj./m. y f. De Serbia.

serbocroata m. Lengua eslava hablada en Bosnia-Herzegovina.

serenar tr., intr. y prnl. Situar en estado de calma.

serenata f. Pequeño concierto nocturno en honor de alguien.

sereno, na adj. **1.** Sin nubes. **2.** Tranquilo. ◆ m. **3.** Humedad de la atmósfera durante la noche. **4.** Vigilante nocturno.

serie f. Conjunto de cosas relacionadas, que se suceden.

serigrafía f. Procedimiento de impresión mediante una pantalla o tamiz metálico fino.

serio, ria adj. **1.** Que no se ríe. **2.** Que obra con reflexión. **3.** Importante.

sermón m. Discurso religioso pronunciado por un sacerdote.

seropositivo, va adj./m. y f. Que presenta un diagnóstico positivo, en particular para el virus del sida.

serpentear o **serpear** intr. Moverse formando ondulaciones.

serpentina f. **1.** Tira de papel enrollada que se lanza en las fiestas. **2.** Piedra de color verdoso.

serpiente f. Reptil de cuerpo alargado y sin extremidades.

■ **ENC.** Algunas **serpientes** como los crótalos, las cobras y las víboras poseen colmillos venenosos que les permiten matar a sus presas. Otras especies como los boas, los pitones y las anacondas no son venenosas, pero asfixian a sus presas al enrollarse alrededor de ellas y presionarlas.

serrano, na adj./m. y f. De la sierra.

serrar tr. Cortar con una sierra.

serrín m. Conjunto de partículas que se desprenden de la madera al serrarla.

serruchar tr. *Argent., Chile, Méx.* y *P. Rico.* Serrar con el serrucho.

serrucho m. **1.** Sierra de mano de hoja ancha. **2.** *Chile.* Revisor del transporte colectivo.

servicial adj. Que sirve o ayuda con diligencia.

servicio m. **1.** Acción de servir. **2.** Personal de trabajos domésticos. **3.** Estado de alguien o algo que sirve a lo que está obligado. **4.** Retrete. **5.** Organización que sirve a intereses colectivos.

servidumbre f. **1.** Conjunto de sirvientes. **2.** Condición de siervo.

servil adj. **1.** Relativo al siervo. **2.** Que muestra excesiva sumisión.

S

servilleta f. Pieza de tela usada en la comida para limpiarse.

servio, via adj./m. y f. Serbio*.

servir tr. e intr. **1.** Trabajar para alguien en tareas domésticas. ◆ intr. **2.** Ser útil para un fin. ◆ tr. **3.** Atender a los clientes en un comercio. ◆ tr. y prnl. **4.** Poner comida o bebida a alguien.

sesear intr. Pronunciar la z o la c ante e, i, como s.

sesenta adj./m. **1.** Seis veces diez. ◆ adj./m. y f. **2.** Sexagésimo.

sesera m. Parte de la cabeza del animal en que están los sesos.

sesgar tr. Cortar en sesgo.

sesgo, ga adj. Cortado o colocado oblicuamente. ● Al ~, en diagonal.

sesión f. **1.** Reunión de una asamblea. **2.** Representación que se realiza ante el público.

seso m. **1.** Masa encefálica. **2.** Sensatez, buen juicio.

sestear intr. **1.** Dormir la siesta. **2.** Recogerse el ganado a la sombra durante el calor.

set m. En tenis, ping-pong y balonvolea, parte de un partido.

seta f. Hongo con forma de sombrero y sostenido por un pie.

setecientos, tas adj./m. **1.** Siete veces ciento. ◆ adj./m. y f. **2.** Que corresponde en orden al número setecientos.

setenta adj./m. **1.** Siete veces diez. ◆ adj./m. y f. **2.** Septuagésimo.

setiembre m. Septiembre*.

seto m. Cercado hecho con palos o varas entretejidos.

seudo- pref. Significa 'falso' o 'supuesto'.

seudónimo m. Nombre que toma una persona para tapar su identidad.

seudópodo m. BIOL. Prolongación del protoplasma que utilizan para moverse algunos seres unicelulares.

severo, ra adj. **1.** Inflexible en el cumplimiento de la norma. **2.** Serio.

sevillano, na adj./m. y f. **1.** De Sevilla (España). ◆ f. pl. **2.** Música y danza propios de Sevilla.

sexagenario, ria adj./m. y f. De edad comprendida entre los sesenta y los setenta años.

sexagésimo, ma adj./m. y f. Que corresponde en orden al número sesenta.

sexismo m. Actitud discriminatoria por razón de sexo.

sexo m. **1.** Constitución orgánica que distingue macho y hembra. **2.** Conjunto de individuos del mismo sexo. **3.** Sexualidad.

sexología f. Estudio de la sexualidad.

sexto, ta adj./m. y f. **1.** Que corresponde en orden al número seis. ◆ adj./m. **2.** Dícese de cada una de las seis partes iguales en que se divide un todo.

sexuado, da adj. Que posee sexo.

sexualidad f. **1.** Conjunto de caracteres fisiológicos que determinan a cada sexo. **2.** Actividad sexual y su satisfacción.

shekel m. Unidad monetaria de Israel.

shock m. MED. Impresión violenta e imprevista que trastorna.

show m. Número de un espectáculo de variedades.

si m. **1.** Séptima nota de la escala musical. ◆ conj. **2.** Expresa la condición necesaria para que se produzca algo. **3.** Introduce oraciones interrogativas indirectas: no sé si vendrá.

sí pron. pers. de 3a. persona. **1.** Forma reflexiva que funciona como complemento con preposición. ◆ adv. **2.** Responde afirmativamente a una pregunta.

sial m. Capa externa sólida de la corteza terrestre.

siamés, sa adj./m. y f. Dícese del gemelo unido al otro por alguna parte del cuerpo.

sibarita adj./m. y f. Aficionado a los placeres refinados.

siberiano, na adj. De Siberia.

sibila f. Profetisa.

sic adv. Indica que una cita es textual aunque parezca incorrecta.

sicario m. Asesino asalariado.

sico- pref. Psico-*.

sida m. Afección de transmisión sexual o sanguínea que altera gravemente el sistema inmunitario.

sidecar m. Vehículo de una sola rueda y provisto de un asiento, que se acopla lateralmente a las motocicletas.

sideral adj. Relativo a los astros.

siderurgia f. Metalurgia del hierro.

sidra f. Bebida alcohólica que se obtiene del zumo de manzana.

siega f. Acción, efecto y tiempo de segar.

siembra f. Acción, efecto y época de sembrar.

siempre adv. **1.** En todo tiempo. **2.** Que ocurre cuando se da una situación determinada.

sien f. Parte lateral de la cabeza entre la frente y la mejilla.

sierpe f. Serpiente.

sierra f. **1.** Herramienta formada por una hoja de acero con el borde dentado que sirve para cortar. **2.** Cordillera de montes.

siervo, va m. y f. Esclavo.

siesta f. Sueño que se echa después de comer.

siete adj./m. **1.** Seis y uno. ◆ adj./m. y f. **2.** Séptimo.

sietecolores m. Argent., Chile, Ecuad. y Perú. Pájaro pequeño con plumaje de colores.

sietemesino, na adj./m. y f. Nacido a los siete meses de embarazo.

sífilis f. Enfermedad venérea infecciosa.

sifón m. **1.** Tubo encorvado para trasvasar líquidos. **2.** Tubo usado para obstruir la salida de gases en ciertas cañerías. **3.** Botella con agua carbónica provista de un tubo acodado con llave.

sifonero m. Argent. Persona que reparte soda.

sigilo m. **1.** Secreto que se guarda. **2.** Silencio o disimulo.

sigla f. **1.** Letra inicial que se usa como abreviatura. **2.** Denominación que se forma con varias de estas letras.

siglo m. Espacio de cien años.

signar tr. **1.** Firmar. ◆ tr. y prnl. **2.** Hacer la señal de la cruz.

signatura f. **1.** Acción de firmar. **2.** Señal de un libro que indica su colocación en una biblioteca.

significación f. **1.** Acción y efecto de significar. **2.** Importancia.

significado, da adj. **1.** Conocido, importante. ◆ m. **2.** Idea que expresa una palabra, símbolo, etc. **3.** LING. Concepto representado por el significante.

significante m. LING. Imagen acústica del signo lingüístico.

significar tr. **1.** Ser una cosa signo o representación de otra. ◆ intr. **2.** Tener importancia.

signo m. **1.** Cosa que evoca o representa la idea de otra. **2.** Carácter usado en la escritura o imprenta. **3.** MAT. Símbolo que representa una operación o caracteriza a una magnitud.

siguiente adj. **1.** Que sigue. **2.** Ulterior, posterior.

sílaba f. Fonema o conjunto de fonemas que se pronuncian con una sola emisión de voz.

silba f. Acción de silbar en señal de desaprobación.

silbar tr. e intr. **1.** Dar o producir silbidos. ◆ intr. **2.** Producir el aire un sonido muy agudo.

silbatina f. Argent., Chile, Ecuad. y Perú. Silba.

silbato m. Instrumento que produce un silbido al soplar por él.

silbido o **silbo** m. **1.** Sonido agudo que hace el aire o se produce con la boca o las manos. **2.** Voz aguda de algunos animales.

silencio m. **1.** Ausencia de todo ruido. **2.** Hecho de estar callado.

sílex m. Piedra silícea muy dura.

silgado, da adj. Ecuad. Enjuto, delgado.

silicato m. Sal del ácido silícico.

sílice f. Óxido no metálico de silicio.

silícico, ca adj. **1.** Relativo a la sílice. **2.** Dícese del ácido de color blanco compuesto de silicio, oxígeno e hidrógeno.

silicio m. Elemento químico no metálico que se obtiene del cuarzo.

silicona f. Compuesto sintético formado por silicio y oxígeno.

silla f. **1.** Asiento individual con respaldo y patas. **2.** Aparejo para montar a caballo.

sillón m. Asiento de brazos, generalmente mullido y amplio.

silo m. **1.** Fosa o cavidad subterránea para guardar grano. **2.** Chile. Pasto prensado que se guarda para alimento del ganado.

silogismo m. Razonamiento que contiene tres proposiciones.

silueta f. Dibujo del contorno de algo.

silúrico, ca adj./m. GEOL. Dícese del tercer período del paleozoico.

silvestre adj. Que crece o se cría espontáneamente, sin cultivo.

silvicultura f. Cultivo y explotación racional de los bosques.

sima f. Hendidura natural profunda en una región calcárea.

simbiosis f. Asociación de organismos de distinta especie.

símbolo m. Signo que representa algo abstracto o convencional.

simetría f. Repetición de las partes de un cuerpo respecto a una línea o plano.

simiente f. Semilla.

símil m. Comparación, ejemplo.

similar adj. Semejante.

simio, mia adj./m. Relativo a un suborden de primates, de rostro desnudo y manos y pies prensiles.

simpatía f. Modo de ser de una persona que la hace agradable.

simpático, ca adj. **1.** Que inspira simpatía. ◆ adj./m. ANAT. **2.** Dícese de una de las dos partes del sistema nervioso vegetativo.

simple adj. **1.** No compuesto de partes. **2.** Poco complicado.

simplificar tr. Hacer más sencillo o más fácil.

simposio o **simposium** m. Reunión, congreso científico.

simulacro m. Acción por la que se finge realizar una cosa.

simulador, ra m. y f. **1.** Que simula. ◆ m. **2.** Aparato que reproduce el funcionamiento de otro que se quiere estudiar. **3.** INFORM. Programa realizado para representar el funcionamiento de una máquina, de un sistema o de un fenómeno antes de su construcción.

simular tr. Hacer aparecer como real algo que no lo es.

simultáneo, a adj. Que ocurre al mismo tiempo que otra cosa.

sin prep. **1.** Denota privación o carencia. **2.** Además de.

sinagoga f. Casa de oración de las comunidades judías.

■ **ENC.** Las primeras **sinagogas** probablemente se construyeron en el año 587 a.C. En esta fecha, los judíos, exiliados en Babilonia, construyeron «salas de reunión» para mantener el sentimiento religioso, la tradición y para observar la Ley. Posteriormente, estas salas se convirtieron en centros de culto.

sinalefa f. Pronunciación en una sola sílaba de la vocal final de una palabra y la vocal inicial de la siguiente.

sincero, ra adj. Que se expresa como piensa o siente.

síncopa f. LING. Supresión de un fonema o grupo de fonemas en el interior de una palabra.

síncope m. Suspensión repentina de la actividad cardíaca y respiratoria con pérdida del conocimiento.

sincronía f. Circunstancia de coincidir hechos en el tiempo.

sindicalismo m. Sistema de organización obrera por sindicatos.

sindicato m. Agrupación de trabajadores formada para la defensa de intereses profesionales comunes.

síndico m. **1.** Persona que liquida al deudor en una quiebra. **2.** Persona elegida por una corporación para cuidar de sus intereses.

síndrome m. Conjunto de síntomas de una enfermedad.

sinécdoque f. Tropo de dicción en que se emplea una palabra en lugar de otra alterando su significado.

sinfín m. Infinidad, sinnúmero.

sinfonía f. **1.** Conjunto de voces o instrumentos que suenan a la vez. **2.** Composición instrumental para orquesta.

singladura f. Distancia recorrida por una nave en un día entero.

S

singular adj. **1.** Único, solo. **2.** Extraordinario, raro. ♦ adj./m. LING. **3.** Dícese del número que señala una sola persona o cosa.

siniestro, tra adj. **1.** Izquierdo. **2.** Perverso. **3.** Infausto, funesto. ♦ m. **4.** Suceso catastrófico con pérdidas materiales y humanas.

sinnúmero m. Número incalculable.

sino m. **1.** Destino, hado. ♦ conj. **2.** Contrapone a un concepto negativo otro afirmativo.

sínodo m. **1.** Concilio. **2.** Junta de eclesiásticos.

sinónimo, ma adj./m. Dícese de las palabras que tienen un significado igual o muy próximo.

sinopsis f. Resumen esquemático de una materia o ciencia.

sinovia f. ANAT. Líquido viscoso que lubrica las articulaciones.

sinrazón f. Acción injusta cometida con abuso de poder.

sinsabor m. Disgusto, pesar.

sinsonte m. Ave paseriforme, parecida al mirlo, que vive en América.

sintagma m. LING. Unidad sintáctica elemental de una frase.

sintaxis f. Parte de la gramática que estudia la estructura de la oración.

síntesis f. **1.** Resumen, compendio. **2.** BIOL. Proceso por el que se producen materias complejas a partir de moléculas simples.

sintético, ca adj. **1.** Relativo a la síntesis. **2.** Que resume.

sintetizador, ra adj. **1.** Que sintetiza. ♦ m. **2.** Órgano electrónico utilizado en estudios de composición musical.

síntoma m. Fenómeno que revela un trastorno o una lesión.

sintonía f. **1.** Estado en que el aparato receptor se halla adaptado a la misma longitud de onda que el emisor. **2.** Hecho de adaptarse una cosa al entorno.

sintonizar tr. **1.** Hacer coincidir la frecuencia de un aparato receptor con la de la estación emisora. ♦ intr. **2.** Adaptarse a las características del entorno.

sinuoso, sa adj. Con ondulaciones o recodos.

sinusitis f. Inflamación de los senos de la cara.

sinusoide f. MAT. Curva plana que representa las variaciones del seno cuando el arco varía.

sinvergüenza adj./m. y f. Que actúa en provecho propio.

sionismo m. Movimiento político que defiende la formación de una nación independiente judía en Palestina.

siqu- pref. Psico-*.

siquiera conj. **1.** Equivale a *aunque.* ♦ adv. **2.** Por lo menos, tan sólo.

sirena f. **1.** Ninfa marina con cuerpo de ave o pez y busto de mujer. **2.** Alarma que se usa en ambulancias, fábricas, etc., para avisar.

sirenio, nia adj./m. Mamíferos acuáticos, herbívoros y con aletas, como el manatí.

sirio, ria adj./m. y f. De Siria.

siripita f. **1.** *Bol.* Grillo. **2.** *Bol.* Persona entrometida y pequeña.

siroco m. Viento seco y cálido que sopla desde el Sahara.

sirope m. Jarabe de azúcar para endulzar los postres.

sirviente, ta m. y f. Persona dedicada al servicio doméstico.

sisa f. **1.** Parte que se hurta de lo que se maneja por cuenta de otro. **2.** Corte en una prenda de vestir para que ajuste al cuerpo.

sisear intr. y tr. Emitir el sonido de s y ch, para llamar a alguien.

sismo m. Temblor que se produce en la superficie terrestre.

sismógrafo m. Aparato que registra la amplitud de los sismos.

sismología f. Ciencia y tratado de los sismos.

sismológico, ca adj. Relativo a la sismología.

sistema m. **1.** Conjunto de elementos relacionados entre sí con un mismo propósito. **2.** Conjunto de diversos órganos de idéntica naturaleza. **3.** Medio empleado para realizar algo. ●~ **operativo** (INFORM.), programa o conjunto de programas que efectúan los procesos básicos de una computadora y permiten la ejecución de otros programas.

sistemático, ca adj. Relativo a un sistema o que se ajusta a él.

sístole f. Movimiento de contracción del corazón y las arterias.

sitial m. Asiento de ceremonia.

sitiar tr. **1.** Cercar una plaza o fortaleza. **2.** Acosar.

sitio m. **1.** Porción del espacio que es o puede ser ocupada. **2.** Acción y efecto de sitiar.

sito, ta adj. Situado o localizado.

situación f. **1.** Disposición de una cosa respecto al lugar que ocupa. **2.** Estado o condición de una persona o de una cosa.

situar tr. y prnl. **1.** Poner en determinado lugar o situación. ♦ prnl. **2.** Conseguir una buena posición económica o social.

siútico, ca adj. **1.** *Chile. Fam.* Dícese de la persona que presume de fina o imita a las clases más elevadas. **2.** *Chile. Fam.* Cursi.

sketch m. Escena breve intercalada en una obra de teatro o cine.

ski m. Esquí*.

slálom m. Eslalon*.

slip m. Calzoncillo corto y ajustado.

slogan m. Eslogan*.

smoking m. Esmoquin*.

snob adj./m. y f. Esnob*.

so prep. Bajo, debajo de.

¡so! interj. Se usa para hacer que se paren las caballerías.

sobaco m. Concavidad que forma el brazo con el cuerpo.

sobado, da adj. Manido, ajado.

sobajar tr. *Méx.* Humillar, rebajar.

sobandero m. *Colomb.* Persona que se dedica a arreglar los huesos dislocados.

sobar tr. **1.** Tocar y oprimir una cosa repetidamente. **2.** Manosear. **3.** *Amér. Central* y *Amér. Merid.* Curar una dislocación ósea. **4.** *Argent.* Dar masajes.

soberado m. *Chile* y *Colomb.* Desván.

soberano, na adj. **1.** Excelente. ♦ adj./m. y f. **2.** Que ejerce la autoridad suprema. ♦ m. y f. **3.** Rey o príncipe gobernante de un país.

soberbia f. Estimación de uno mismo en menosprecio de los demás.

sobornar tr. Dar dinero a alguien para que haga algo ilícito.

sobra f. **1.** Exceso. ◆ pl. **2.** Parte que queda de alguna cosa.

sobrado, da adj. **1.** Abundante. **2.** *Chile.* Enorme, colosal. **3.** *Chile. Fam.* Que excede de cierto límite. **4.** *Chile y Colomb. Desp.* Arrogante.

sobrar intr. **1.** Haber más de lo necesario de algo. **2.** Estorbar. **3.** Restar, quedar algo de una cosa. ◆ tr. **4.** *Argent.* Tratar a los demás con superioridad.

sobrasada f. Embutido de carne de cerdo.

sobre m. **1.** Bolsa de papel para contener cartas. ◆ prep. **2.** Encima de. **3.** Acerca de. **4.** Además de. **5.** Con superioridad. **6.** Expresa aproximación en una cantidad o número: *valdrá ~ los tres millones.* **7.** A o hacia.

sobrecarga f. Exceso de carga.

sobrecargo m. Miembro de la tripulación de un avión o barco encargado de la carga o pasaje.

sobrecoger tr. **1.** Sorprender. ◆ tr. y prnl. **2.** Asustar, espantar.

sobredosis f. Dosis excesiva de medicamento o drogas.

sobreentender tr. y prnl. Sobrentender*.

sobreesdrújulo, la adj./f. Sobresdrújulo*.

sobreexplotación f. ECOL. Explotación excesiva de un recurso.

sobregirar tr. Sobrepasar el límite de crédito autorizado o los fondos de una cuenta bancaria.

sobrellevar tr. Aguantar con dificultad, soportar.

sobremanera adv. Muy o mucho más de lo normal.

sobremesa f. Tiempo que se está en la mesa, después de comer.

sobrenatural adj. Que excede a las leyes de la naturaleza.

sobrenombre m. Apodo o nombre usado para distinguir especialmente a una persona.

sobrentender tr. y prnl. Entender algo que no está expreso.

sobrepasar tr. Aventajar, exceder en algo.

sobreponerse prnl. No dejarse abatir por las adversidades.

sobreprecio m. Recargo en el precio ordinario.

sobreproducción f. Producción excesiva de un producto.

sobresaliente m. Máxima calificación posible en un examen.

sobresalir intr. Exceder en figura, tamaño, cualidades, etc.

sobresalto m. Sorpresa o alteración por un suceso repentino.

sobrescrito m. **1.** Lo que se escribe en el sobre o en la parte exterior de un pliego o paquete para darle dirección. **2.** El mismo sobre con la dirección.

sobresdrújulo, la adj./f. LING. Dícese de la palabra acentuada en una de las sílabas anteriores a la antepenúltima.

sobreseer tr. e intr. DER. Suspender la tramitación de una causa.

sobrestimar tr. Estimar algo o a alguien por encima de su valor.

sobretodo m. Prenda de vestir larga que se pone sobre el traje.

sobrevenir intr. Suceder una cosa repentinamente.

sobrevivir intr. Vivir después de un determinado suceso.

sobrevolar tr. Volar sobre un lugar, ciudad, etc.

sobrino, na m. y f. Con respecto a una persona, hijo o hija de un hermano o hermana y también hijo de un primo o prima.

sobrio, bria adj. **1.** No exagerado. **2.** Que no está borracho.

socarrar tr. y prnl. Quemar o tostar superficialmente.

socarrón, na adj./m. y f. Que se burla con palabras serias.

socavar tr. Excavar por debajo de algo.

socavón m. **1.** Cueva excavada en la ladera de un monte. **2.** Hundimiento que se produce en el suelo.

soche m. *Colomb. y Ecuad.* Mamífero similar al ciervo.

sociable adj. Que es fácil de trato.

social adj. **1.** Que concierne a la sociedad o a las clases sociales. **2.** Relativo a una sociedad comercial.

socialismo m. Doctrina política y económica que propugna la propiedad pública de los medios de producción.

socializar tr. Transferir al estado las propiedades particulares.

sociedad f. **1.** Reunión permanente de personas, pueblos o naciones que conviven bajo unas leyes comunes. **2.** Agrupación de individuos para cumplir un fin.

socio, cia m. y f. **1.** Persona asociada con otra u otras para algún fin. **2.** Miembro de una sociedad o asociación.

sociología f. Disciplina que estudia las sociedades humanas.

socolar tr. *Colomb., Ecuad., Hond. y Nicar.* Limpiar de maleza un terreno.

socorrer tr. Ayudar en una necesidad o peligro.

socorrismo m. Conjunto de primeros auxilios para la ayuda inmediata en un accidente.

soda f. Agua efervescente que contiene ácido carbónico.

sodio m. Metal alcalino, blando y muy ligero, de color plateado.

sodomía f. Coito anal.

soez adj. Grosero, de mal gusto.

sofá m. Asiento con respaldo y brazos para varias personas.

sofisma m. Razonamiento que hace pasar lo falso por verdadero.

sofisticar tr. **1.** Falsificar, adulterar. **2.** Dar exceso de artificio.

sofocar tr. **1.** Extinguir algo. ◆ tr. y prnl. **2.** Abochornar, sonrojar.

sofoco m. **1.** Acción y efecto de sofocar. **2.** Sensación de calor.

sofreír tr. Freír ligeramente.

sofrología f. Técnica de relajamiento fundada en la hipnosis.

software m. INFORM. Conjunto de programas de una computadora.

S

soga f. Cuerda gruesa de esparto.

soja f. Planta de cuyas semillas se obtiene aceite y harina.

sojuzgar tr. Someter, dominar o mandar con violencia.

sol m. **1.** Quinta nota de la escala musical. **2.** Estrella luminosa, centro de nuestro sistema planetario. **3.** Estrella fija. **4.** Unidad monetaria de Perú.

solamente adv. Nada más, con exclusión de: ~ *tengo cien pesetas.*

solana f. Lugar donde da el sol de lleno.

solanáceo, a adj./f. Relativo a la planta dicotiledónea de flores acampanadas y fruto en cápsula.

solano m. Viento del este.

solapa f. Doblez que tienen las prendas de vestir en el pecho.

solapar tr. **1.** Poner dos cosas de modo que una cubra parcialmente a la otra. **2.** Disimular. ◆ intr. **3.** Cubrirse parcialmente dos cosas.

solar adj. **1.** Relativo al Sol y a la energía que proporciona. ◆ adj./m. **2.** Dícese de la casa más antigua y noble de una familia. ◆ m. **3.** Linaje noble. **4.** Terreno en que está construido un edificio. **5.** *Cuba.* Casa de vecindad, inquilinato.

solariego, ga adj./m. y f. De linaje antiguo y noble.

solárium o **solario** m. Lugar preparado para tomar el sol.

solaz m. Esparcimiento y recreo del cuerpo o del espíritu.

soldada f. Sueldo de un soldado o marinero.

soldado m. Militar sin graduación.

soldar tr. Unir sólidamente entre sí dos cosas.

soledad f. **1.** Falta de compañía. **2.** Lugar solitario.

solemne adj. **1.** Que se celebra con mucho ceremonial. **2.** Pomposo.

soler intr. Hacer ordinariamente u ocurrir con frecuencia.

solera f. **1.** Cualidad que da carácter especial a alguien o algo. **2.** *Argent.* y *Chile.* Prenda femenina de vestir a modo de vestido ligero e informal. **3.** *Chile.* Faja de piedra que forma el borde de las aceras. **4.** *Méx.* Baldosa, ladrillo.

solfa f. **1.** Arte de solfear. **2.** Conjunto de signos con que se escribe la música.

solfear tr. Cantar una pieza pronunciando el nombre de las notas.

solicitar tr. **1.** Pedir, pretender. **2.** Tratar de enamorar a alguien.

solícito, ta adj. Diligente, afanoso por servir o ser agradable.

solicitud f. **1.** Calidad de solícito. **2.** Acción y efecto de solicitar. **3.** Documento formal con que se solicita algo.

solidaridad f. **1.** Comunidad de intereses y responsabilidades. **2.** Adhesión circunstancial a la causa de otros.

solidificar tr. y prnl. Hacer que un fluido pase a estado sólido.

sólido, da adj. **1.** Firme, macizo. **2.** Con un fundamento real. ◆ m. **3.** Cuerpo con forma propia, que opone resistencia a ser dividido.

soliloquio m. Discurso de una persona consigo misma.

solista m. y f. Músico o cantante que interpreta un solo.

solitario, ria adj. **1.** Solo, sin compañía. **2.** No habitado. ◆ adj./m. y f. **3.** Que ama la soledad. ◆ m. **4.** Diamante grueso engastado en una joya. ◆ f. **5.** Tenia.

soliviantar tr. y prnl. **1.** Inducir a rebelarse. **2.** Alterar el ánimo.

sollozar intr. Llorar convulsivamente.

solo, la adj. **1.** Único en su especie. **2.** Sin compañía. ◆ m. **3.** Composición que canta o toca una persona sola. **4.** Café sin leche.

sólo o **solo** adv. Solamente, con exclusión de: ~ *faltan dos días.*

solomillo m. Capa muscular entre las costillas y el lomo.

solsticio m. ASTRON. **1.** Punto de la eclíptica más alejado del ecuador. **2.** ASTRON. Época del año en que el Sol alcanza este punto.

soltar tr. y prnl. **1.** Desasir. **2.** Dar salida o libertad. ◆ prnl. **3.** Perder la contención.

soltero, ra adj./m. y f. Que no ha contraído matrimonio.

soltura f. Desenvoltura con que se hace una cosa.

soluble adj. **1.** Que se puede disolver. **2.** Que se puede resolver.

solución f. **1.** Acción y efecto de disolver. **2.** Acción y efecto de solucionar. **3.** Modo de resolver una dificultad.

solucionar tr. Resolver un asunto o hallar una solución.

soluto m. QUÍM. Sustancia en disolución.

solventar tr. **1.** Dar solución a una dificultad. **2.** Pagar una deuda.

solvente adj. Que puede pagar sus deudas.

soma f. BIOL. Conjunto de células no reproductoras.

somalí adj./m. y f. De Somalia.

somático, ca adj. Que concierne al cuerpo de un ser animado.

sombra f. **1.** Falta de luz. **2.** Imagen oscura que proyecta un cuerpo al interceptar la luz.

sombrear tr. Dar o producir sombra.

sombrero m. Prenda para cubrir la cabeza, con copa y ala.

sombrilla f. Utensilio con forma de paraguas, usado para protegerse del sol.

sombrío, a adj. **1.** Casi siempre con sombra. **2.** Triste, tétrico.

somero, ra adj. Superficial.

someter tr. y prnl. **1.** Poner algo o alguien bajo la autoridad de otro. ◆ tr. **2.** Exponer algo a la consideración de otros.

somier m. Armazón de la cama sobre el que se coloca el colchón.

somnífero, ra adj./m. Que produce sueño.

somnolencia f. Ganas de dormir.

son m. **1.** Sonido agradable. **2.** Estilo, modo de hacer una cosa.

sonaja f. Par de chapas de metal que suenan al agitarlas.

sonajero m. Juguete consistente en un mango con sonajas.

sonambulismo m. Sueño anormal en que la persona camina dormida.

sonámbulo, la adj./m. y f. Que padece sonambulismo.

sonar intr. **1.** Producir un sonido. ◆ tr. **2.** Hacer que algo produzca un sonido. ◆ tr. y prnl. **3.** Limpiar la nariz de mocos.

sonata f. Composición musical formada por trozos diferentes.

sonda f. **1.** Acción y efecto de sondar. **2.** Instrumento usado para la exploración de zonas inaccesibles. **3.** MED. Instrumento alargado y fino que se introduce en el cuerpo con fines terapéuticos.

sondar tr. **1.** Examinar con una sonda zonas inaccesibles. **2.** MED. Introducir la sonda en una parte del cuerpo.

sondear tr. **1.** Sondar zonas inaccesibles. **2.** Averiguar algo con discreción.

sondeo m. **1.** Acción y efecto de sondar o sondear. **2.** Encuesta.

soneto m. Composición poética de catorce versos, que se distribuyen en dos cuartetos y dos tercetos.

sonido m. **1.** Efecto de las vibraciones de los cuerpos, percibido por el oído. **2.** LING. Pronunciación de cada letra.

sonorizar tr. **1.** Convertir en sonoro. **2.** Instalar en un lugar equipos de sonido.

sonoro, ra adj. **1.** Que suena o puede sonar. **2.** Relativo al sonido. ◆ adj./f. LING. **3.** Dícese del sonido o letra que se articula con vibración de las cuerdas vocales.

sonreír intr. y prnl. Reír levemente, sin emitir sonido.

sonrisa f. Gesto de sonreír.

sonrojar tr. y prnl. Causar rubor o vergüenza.

sonrosado, da adj. De color rosado.

sonsacar tr. Lograr algo con maña y disimulo.

sonsonete m. Sonido repetido y monótono.

soñar tr. e intr. **1.** Representarse en la imaginación cosas durante el sueño. **2.** Imaginar como verdad cosas que no lo son.

sopa f. Caldo con fideos, arroz, verduras, etc.

sopaipilla f. *Argent.* y *Chile.* Masa frita que se hace con harina, manteca, grasa o aceite y zapallo. ● ~ **pasada** (*Chile*), la que se sirve empapada en almíbar o miel.

sopapo m. Golpe dado con la mano debajo de la barbilla.

sopesar tr. **1.** Levantar una cosa para tantear su peso. **2.** Considerar las ventajas o inconvenientes de una cosa.

sopetón m. Golpe fuerte dado con la mano. ● **De ~**, de repente.

soplar intr. y tr. **1.** Despedir aire con violencia por la boca. ◆ intr. **2.** Moverse el viento.

soplete m. Aparato que produce una llama, usado para soldar.

soplido m. Soplo brusco.

soplo m. **1.** Acción y efecto de soplar. **2.** Instante breve de tiempo. **3.** MED. Sonido anormal percibido por auscultación de un órgano.

soponcio m. *Fam.* Desmayo.

sopor m. **1.** Estado de sueño profundo patológico. **2.** Somnolencia.

soporífero, ra adj./m. Que mueve o inclina al sueño.

soportal m. Espacio cubierto en la entrada de una casa.

soportar tr. **1.** Sostener una carga o peso. **2.** Aguantar, tolerar.

soporte m. Apoyo, sostén.

soprano m. MÚS. Voz más aguda, propia de mujer o de niño.

soquete m. *Argent., Chile, Par.* y *Urug.* Calcetín corto.

sor f. Tratamiento que se da a algunas religiosas.

sorber tr. **1.** Beber algo aspirando. **2.** Empapar, absorber.

sorbete m. **1.** Refresco helado, de consistencia pastosa. **2.** *Amér. Central* y *Amér. Merid.* Tubo fino para sorber líquidos.

sorbo m. **1.** Acción de sorber. **2.** Cantidad que se sorbe de una vez.

sórdido, da adj. **1.** Sucio, pobre y miserable. **2.** Avaro, mezquino.

sordina f. Pieza colocada en un instrumento musical para disminuir su sonoridad.

sordo, da adj./m. y f. **1.** Privado del sentido del oído. ◆ adj./f. LING. **2.** Dícese del sonido o letra que se articula sin vibración de las cuerdas vocales.

sordomudo, da adj./m. y f. Que es sordo y mudo.

sorna f. Burla o disimulo con que se hace o dice algo.

soroche m. *Amér. Merid.* Dificultad para respirar que se siente en ciertos lugares elevados.

sorprender tr. y prnl. **1.** Causar algo impresión o extrañeza. ◆ tr. **2.** Pillar desprevenido a alguien. **3.** Descubrir lo que alguien oculta.

sorpresa f. **1.** Acción y efecto de sorprender. **2.** Cosa que sorprende.

sorpresivo, va adj. *Amér.* Que sorprende o produce sorpresa.

sortear tr. **1.** Someter algo a la decisión de la suerte. **2.** Esquivar.

sorteo m. **1.** Acción y efecto de sortear. **2.** Operación de sortear los premios de la lotería y los mozos en las quintas.

sortija f. Anillo, aro.

sortilegio m. Acción realizada por arte de magia o superstición.

sosegar tr. y prnl. Tranquilizar, apaciguar, reposar.

sosiego m. Tranquilidad, reposo, serenidad.

soslayar tr. Eludir una dificultad.

soslayo. De ~, de costado.

soso, sa adj. **1.** Falto de sal o sabor. ◆ adj./m. y f. **2.** Sin gracia. ◆ f. **3.** Óxido de sodio.

sospechar tr. **1.** Creer por indicios o conjeturas. ◆ intr. **2.** Recelar.

sostén m. **1.** Acción de sostener. **2.** Prenda interior femenina que se usa para sujetar el pecho.

sostener tr. y prnl. **1.** Sujetar a alguien o algo para impedir que caiga. **2.** Defender con firmeza. **3.** Mantener económicamente.

sostenido, da adj. MÚS. Dícese de la nota musical cuya entonación es un semitono más alta que la de su sonido natural.

sota f. Décima carta de cada palo de la baraja española.

sotana f. Traje talar que llevan los eclesiásticos.

sótano m. Piso o pieza situada bajo el nivel de la calle.

S

sotavento m. MAR. Costado de la nave opuesto al barlovento.

soterrar tr. **1.** Enterrar. **2.** Esconder.

soto m. Lugar poblado de árboles a orillas de un río.

sotobosque m. Vegetación que crece bajo los árboles de un bosque.

soviético, ca adj./m. y f. De la antigua Unión Soviética.

soya f. Soja*.

spot m. Espacio publicitario de televisión.

spray m. Envase de un líquido mezclado con un gas a presión.

sprint m. DEP. Esfuerzo máximo de un corredor.

stand m. Caseta reservada a los participantes en una exposición.

standard adj./m. Estándar*.

statu quo m. Estado actual de las cosas.

status m. Posición social.

stock m. Provisión de un producto o material.

stop m. Señal de tráfico que indica la detención del vehículo.

su adj. pos. Apóc. de *suyo*, cuando va antepuesto al nombre.

suave adj. **1.** Liso y blando al tacto. **2.** Tranquilo: *temperamento* ~.

suavizar tr. y prnl. Hacer suave.

subalterno, na adj./m. y f. **1.** Inferior, subordinado. **2.** Que realiza trabajos que no requieren conocimientos técnicos.

subarrendar tr. Dar o tomar en arrendamiento una cosa del que ya la tiene arrendada.

subasta f. Forma de venta en que se adjudica una cosa al que más dinero ofrece por ella.

subcampeón, na m. y f./adj. Deportista que obtiene el segundo puesto en una competición.

subclase f. BIOL. Categoría de clasificación de animales o plantas entre la clase y el orden.

subclavia, vio adj. Que está situado debajo de la clavícula: *venas subclavias.*

subconjunto m. MAT. Conjunto cuyos elementos pertenecen a otro.

subconsciencia f. Estado de la conciencia en que el sujeto no percibe ciertas percepciones.

subconsciente adj. **1.** Relativo a la subconsciencia. ◆ m. **2.** Conjunto de contenidos psíquicos no presentes en la conciencia.

subdelegar tr. Ceder un delegado sus funciones a alguien.

subdesarrollo m. **1.** Falta o insuficiencia de desarrollo. **2.** Situación de atraso y pobreza en que viven algunas zonas del mundo.

subdirector, ra m. y f. Persona que sustituye al director.

súbdito, ta adj./m. y f. **1.** Sujeto a la autoridad de un superior. ◆ m. y f. **2.** Ciudadano de un país.

subdividir tr. y prnl. Dividir lo ya dividido.

subestimar tr. y prnl. Estimar en menos el valor de algo.

subíndice m. Pequeño número o letra situado en la parte inferior de un signo matemático, una palabra, etc.

subir intr. **1.** Ir desde un lugar a otro más alto. **2.** Crecer la altura, el volumen o el precio de algo. ◆ tr. **3.** Recorrer un espacio hacia arriba. **4.** Hacer más alto.

súbito, ta adj. Repentino.

subjetivo, va adj. Relativo a la propia forma de pensar o sentir.

subjuntivo, va adj./m. LING. Dícese del modo verbal que expresa duda, posibilidad, etc.

sublevar tr. y prnl. **1.** Hacer que una persona se resista a obedecer a una autoridad. **2.** Irritar o enfadar mucho.

sublimar tr. y prnl. **1.** Engrandecer, exaltar. **2.** QUÍM. Hacer que un cuerpo pase directamente del estado sólido al gaseoso.

sublime adj. Excelente.

subliminal adj. Dícese de la percepción no consciente.

submarinismo m. Conjunto de técnicas desarrolladas bajo el agua.

submarino, na adj. **1.** Que está o se realiza bajo la superficie del mar. ◆ m. **2.** Barco capacitado para navegar bajo el agua.

submúltiplo, pla adj./m. MAT. Dícese del número o cantidad contenido en otro un número exacto de veces.

suborden m. BIOL. Subdivisión de un orden.

subordinado, da adj./m. y f. **1.** Bajo la dependencia de alguien. ◆ adj./f. LING. **2.** Dícese de la oración que depende de otra.

subordinar tr. y prnl. **1.** Someter, sujetar. **2.** LING. Hacer dependiente una proposición con respecto a otra.

subrayar tr. **1.** Señalar por debajo con una raya en lo escrito. **2.** Recalcar, destacar.

subreino m. BIOL. Cada uno de los grupos en que se dividen los reinos animal y vegetal.

subrepticio, cia adj. Que se hace ocultamente.

subsanar tr. **1.** Resolver una dificultad. **2.** Resarcir un daño.

subscribir tr. y prnl. Suscribir*.

subsecretario, ria m. y f. **1.** Persona que sustituye al secretario. **2.** En España, secretario general de un ministerio.

subsidio m. Ayuda económica de carácter oficial.

subsiguiente adj. Que sigue inmediatamente a lo que se expresa.

subsistir intr. **1.** Durar, conservarse. **2.** Vivir.

substancia f. Sustancia*.

substancial adj. Sustancial*.

substantivo m. Sustantivo*.

substituir tr. Sustituir*.

substracción f. Sustracción*.

substraendo m. Sustraendo*.

substraer tr. Sustraer*.

substrato m. Sustrato*.

subsuelo m. Terreno que está debajo de una capa de tierra.

subte m. *Argent.* Ferrocarril metropolitano, metro.

subterfugio m. Evasiva, pretexto.

subterráneo, a adj. Que está debajo de tierra.

subtipo m. Subdivisión de un tipo.

subtítulo m. CINE y TV. Texto que traduce los diálogos de películas en versión original.

suburbano, na adj. Que está muy próxima a la ciudad.

suburbio m. Barrio situado en los alrededores de una ciudad.

TRANSBORDADOR ESPACIAL
Y CÁPSULA "APOLO"

TRANSBORDADOR ESPACIAL

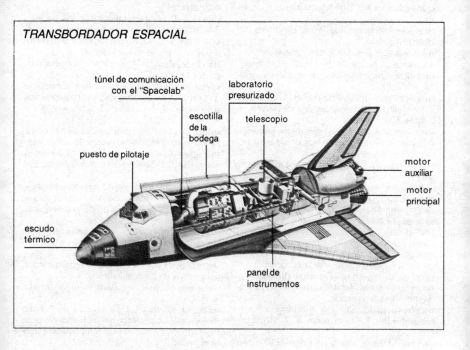

túnel de comunicación con el "Spacelab"

laboratorio presurizado

escotilla de la bodega

telescopio

puesto de pilotaje

motor auxiliar

motor principal

escudo térmico

panel de instrumentos

CÁPSULA ESPACIAL "APOLO"

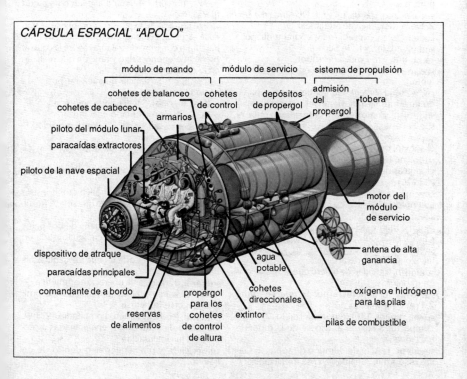

módulo de mando

módulo de servicio

sistema de propulsión

cohetes de balanceo

cohetes de control

depósitos de propergol

admisión del propergol

tobera

cohetes de cabeceo

armarios

piloto del módulo lunar

paracaídas extractores

piloto de la nave espacial

motor del módulo de servicio

dispositivo de atraque

antena de alta ganancia

paracaídas principales

agua potable

comandante de a bordo

cohetes direccionales

oxígeno e hidrógeno para las pilas

reservas de alimentos

propergol para los cohetes de control de altura

extintor

pilas de combustible

subvención f. Ayuda económica otorgada por un organismo oficial.

subversivo, va adj. Que intenta alterar el orden social.

subyacer intr. Existir algo debajo de una cosa o como trasfondo.

subyugar tr. y prnl. Someter, dominar.

succionar tr. **1.** Chupar, sorber. **2.** Absorber.

sucedáneo m. Sustancia que puede reemplazar a otra.

suceder intr. **1.** Producirse un hecho o suceso. **2.** Ir alguien o algo después de otra persona o cosa. ◆ tr. **3.** Heredar a alguien.

sucesión f. **1.** Acción y efecto de suceder. **2.** Prole. **3.** Herencia. **4.** MAT. Conjunto de números que siguen una ley dada.

sucesivo, va adj. Que sucede o sigue a otra cosa.

suceso m. **1.** Cosa que sucede. **2.** Delito, accidente o hecho dramático.

sucesor, ra adj./m. y f. Que sucede a otro en un cargo o herencia.

sucinto, ta adj. Breve, resumido: *una ~ explicación.*

sucio, cia adj. **1.** Que tiene manchas. **2.** Que se ensucia fácilmente.

sucre m. Unidad monetaria de Ecuador.

sucreño, ña adj./m. y f. De Sucre (Bolivia).

sucucho m. *Amér.* Habitación pequeña y precaria que sirve de vivienda.

suculento, ta adj. Sabroso, nutritivo.

sucumbir intr. **1.** Ceder, rendirse. **2.** Morir, perecer.

sucursal f. Establecimiento que depende de otro principal.

sudafricano, na adj./m. y f. **1.** De África del Sur. **2.** De la República de Sudáfrica.

sudamericano, na adj./m. y f. Suramericano*.

sudaní adj./m. y f. De Sudán.

sudar intr. y tr. Expulsar el sudor.

sudario m. Lienzo en que se envuelve a un difunto.

sudestada f. *Argent.* Viento fuerte, acompañado de temporal, que viene del sudeste.

sudeste m. Punto del horizonte situado entre el sur y el este.

sudoeste m. Punto del horizonte situado entre el sur y el oeste.

sudor m. Líquido transparente segregado por glándulas de la piel.

sudoríparo, ra adj. Que produce o segrega sudor.

sueco, ca adj./m. y f. **1.** De Suecia. ◆ m. **2.** Lengua nórdica hablada en Suecia.

suegro, gra m. y f. Con respecto a un cónyuge, padre o madre del otro.

suela f. Parte del calzado que toca el suelo.

suelazo m. *Chile, Colomb., Ecuad.* y *Venez.* Batacazo, golpe fuerte al caer.

sueldo m. Cantidad de dinero que se recibe por un trabajo.

suelo m. **1.** Superficie por la que se anda. **2.** Piso o pavimento.

suelto, ta adj. **1.** Que no está sujeto. **2.** Poco compacto. ◆ adj./m. **3.** Dícese de la moneda fraccionaria.

sueño m. **1.** Acto de dormir o de soñar. **2.** Ganas de dormir. **3.** Fantasía, cosa irrealizable.

suero m. **1.** Parte acuosa de un líquido orgánico. **2.** MED. Disolución en agua de ciertas sales o sustancias.

suerte f. **1.** Encadenamiento de los sucesos. **2.** Casualidad a la que se fía la resolución de una cosa. **3.** En tauromaquia, cada uno de los tercios en que se divide la lidia.

suertudo, da adj. *Amér. Merid.* Afortunado.

suéter m. Jersey.

suevo, va adj./m. y f. De unas tribus germánicas que en el s.v penetraron en la península Ibérica.

suficiente adj. **1.** Bastante. **2.** Apto. ◆ m. **3.** Calificación de aprobado.

sufijo m. LING. Elemento que va detrás de las palabras para modificar su sentido o función.

sufragar tr. Costear los gastos que ocasiona algo.

sufragio m. **1.** Sistema electoral. **2.** Voto, opinión.

sufragismo m. Movimiento surgido en Inglaterra, que defendía la concesión del voto a la mujer.

sufrir tr. e intr. **1.** Padecer un daño o perjuicio. ◆ tr. **2.** Soportar.

sugerir tr. Provocar en alguien una idea.

sugestionar tr. Influir sobre alguien de determinada manera.

sugestivo, va adj. Muy atractivo o prometedor.

sui generis loc. Singular, único.

suicidio m. Acción de quitarse voluntariamente la vida.

suizo, za adj./m. y f. **1.** De Suiza. ◆ m. **2.** Bollo muy esponjoso hecho de harina, huevo y azúcar.

sujetador m. Prenda interior femenina que sujeta el pecho.

sujetar tr. y prnl. Agarrar a alguien o algo con fuerza.

sujeto, ta adj. **1.** Expuesto o propenso a una cosa. ◆ m. **2.** Persona, sin especificar. **3.** LING. Palabra o conjunto de palabras sobre las que el predicado enuncia algo y función que realizan en la oración.

sulfamida f. Sustancia química de poderosa acción bactericida.

sulfato m. QUÍM. Sal del ácido sulfúrico.

sulfurar tr. y prnl. Irritar o encolerizar.

sulfúrico, ca adj. QUÍM. Dícese de un ácido líquido oleoso.

sulfuro m. QUÍM. Sal de un ácido tóxico y gaseoso.

sultán m. **1.** Emperador turco. **2.** Príncipe o gobernador musulmán.

suma f. **1.** Operación aritmética que consiste en reunir varias cantidades en una sola. **2.** Resultado de esta operación.

sumaca f. Embarcación pequeña de dos palos propia para navegar en poca agua, usada en América del Sur.

sumando m. MAT. Cada una de las cantidades que se suman.

sumar tr. **1.** Realizar la operación aritmética de la suma. ◆ tr. y prnl. **2.** Juntar, reunir. ◆ prnl. **3.** Agregarse, adherirse.

sumario m. **1.** Resumen, compendio. **2.** DER. Conjunto de actuaciones encaminadas a preparar el juicio criminal.

sumergir tr. y prnl. Poner algo dentro de un líquido.

sumersión f. Acción y efecto de sumergir o sumergirse.

sumidero m. **1.** Canal que sirve de desagüe. **2.** Boca de alcantarilla.

suministrar tr. Proporcionar a alguien lo necesario.

sumir tr. y prnl. **1.** Hundir, sumergir. **2.** Méx. Abollar alguna cosa.

sumisión f. **1.** Acción y efecto de someter o someterse. **2.** Obediencia.

sumiso, sa adj. Obediente, dócil.

súmmum m. El colmo, el máximo grado.

sumo, ma adj. **1.** Supremo. **2.** Muy grande, enorme.

sunco, ca adj./m. y f. Chile. Manco.

suntuoso, sa adj. Muy lujoso.

supeditar tr. y prnl. Hacer depender una cosa de otra.

superar tr. **1.** Ser superior a una persona o cosa. **2.** Vencer dificultades. ◆ prnl. **3.** Hacer una cosa mejor que otras veces.

superávit m. Exceso de los ingresos sobre los gastos.

superchería f. **1.** Engaño, treta. **2.** Superstición.

superdotado, da adj./m. y f. De cualidades que exceden a las normales.

superficial adj. **1.** Relativo a la superficie. **2.** Poco profundo. **3.** Frívolo, insustancial.

superficie f. **1.** Parte externa que limita un cuerpo. **2.** MAT. Espacio geométrico cuya extensión se expresa en dos dimensiones.

superfluo, flua adj. No necesario.

superíndice m. Pequeño número o letra situado en la parte superior de una palabra, símbolo matemático, etc.

superintendente m. y f. Director superior de una empresa.

superior adj. **1.** Que está situado encima de otra cosa. **2.** De más calidad o categoría. ◆ adj./m. **3.** Que tiene personas bajo su mando.

superior, ra adj./m. y f. Que dirige una comunidad religiosa.

superlativo, va adj. **1.** Muy grande o excelente en su línea. ◆ adj./m. LING. **2.** Dícese del grado del adjetivo o adverbio que expresa el significado de éstos en su mayor intensidad.

supermercado m. Establecimiento comercial de grandes dimensiones.

superponer tr. y prnl. **1.** Poner una cosa sobre otra. **2.** Anteponer.

supersónico, ca adj. Dícese de la velocidad superior a la del sonido.

superstición f. Creencia en lo sobrenatural.

supervisar tr. Examinar algo la persona que debe hacerlo.

supervivencia f. Acción y efecto de sobrevivir.

supino, na adj. Acostado sobre la espalda.

suplantar tr. Ocupar con malas artes el lugar de otro.

suplemento m. **1.** Aquello que completa, suple o amplía otra cosa. **2.** Cuaderno u hoja adicional de un periódico o revista.

suplicar tr. Pedir algo de modo humilde e insistente.

suplicio m. Padecimiento físico o moral intenso y prolongado.

suplir tr. **1.** Completar la falta de algo. **2.** Hacer las veces de otro.

suponer tr. **1.** Considerar algo como cierto. **2.** Implicar.

supositorio m. Medicamento sólido que se introduce por el recto o la vagina.

suprarrenal adj. ANAT. Dícese de cada una de las dos glándulas endocrinas situadas por encima de los riñones.

supremacía f. **1.** Superioridad sobre los demás. **2.** Grado supremo.

supremo, ma adj. Que tiene el grado máximo de algo.

suprimir tr. **1.** Hacer que desaparezca algo. **2.** Omitir.

supuesto, ta adj. **1.** Pretendido, presunto. ◆ m. **2.** Hipótesis.

supurar intr. Formarse pus en una herida y expulsarlo.

sur m. Punto cardinal opuesto al norte.

suramericano, na adj./m. y f. De América del Sur.

surcar tr. **1.** Volar por el espacio y navegar por el mar. **2.** Hacer surcos en la tierra.

surco m. Hendidura que deja en la tierra el arado.

sureste m. Sudeste*.

surgir intr. **1.** Brotar agua u otro líquido. **2.** Levantarse, aparecer.

surinamita adj./m. y f. De Surinam.

suroeste m. Sudoeste*.

surrealismo m. Movimiento artístico europeo del s. XX que pretendía reflejar las imágenes del subconsciente.

surtido, da adj./m. Dícese del conjunto de cosas variadas, pero de una misma especie.

surtidor m. **1.** Chorro de agua. **2.** Aparato que distribuye gasolina.

surtir tr. y prnl. **1.** Proveer de algo. ◆ intr. **2.** Brotar un líquido.

susceptible adj. **1.** Capaz de recibir modificación o impresión. **2.** Que se ofende con facilidad.

suscitar tr. Promover, provocar.

suscribir tr. **1.** Firmar al pie de un escrito. **2.** Adherirse, apoyar. ◆ tr. y prnl. **3.** Abonar a una publicación periódica o asociación.

susodicho, cha adj./m. y f. Citado, mencionado antes.

suspender tr. **1.** Sostener en alto. **2.** Detener temporalmente una cosa. **3.** No aprobar un examen.

suspense m. Esp. Misterio, intriga.

suspensión f. **1.** Acción y efecto de suspender. **2.** Mezcla formada por un sólido en pequeñas partículas y un líquido.

suspenso, sa adj. **1.** Perplejo, admirado. ◆ m. **2.** Calificación que indica que no se ha aprobado un examen. **3.** Amér. Expectación impaciente y ansiosa por el desarrollo de un suceso.

suspensores m. pl. Chile, Perú y P. Rico. Par de tirantes para sujetar los pantalones.

suspicaz adj. Propenso a desconfiar o sospechar.

suspiro m. Aspiración fuerte seguida de una espiración.

sustancia f. **1.** Materia de que están formados los cuerpos. **2.** Esencia de las cosas. **3.** Valor o importancia de una cosa.

S

sustancial adj. **1.** Relativo a la sustancia. **2.** Fundamental.

sustantivo, va adj. **1.** Fundamental. ◆ m./adj. LING. **2.** Parte de la oración que designa a los seres materiales o inmateriales y desempeña fundamentalmente las funciones de sujeto y complemento.

sustentar tr. y prnl. **1.** Sostener. **2.** Alimentar. **3.** Basar, fundar.

sustento m. Alimento, conjunto de cosas necesarias para vivir.

sustituir tr. Poner a alguien o algo en lugar de otro.

susto m. Impresión causada por el miedo o la sorpresa.

sustracción f. **1.** Acción y efecto de sustraer. **2.** MAT. Resta.

sustraendo m. MAT. Cantidad que hay que restar de otra.

sustraer tr. **1.** Robar, hurtar. **2.** Apartar, separar. **3.** MAT. Restar.

sustrato m. **1.** Terreno situado debajo de otro. **2.** LING. Influencia que ejerce una lengua sobre otra que se ha impuesto sobre ella.

susurrar intr. Hablar en voz muy baja.

sutil adj. **1.** Fino, delicado. **2.** Ingenioso, agudo.

sutura f. Cosido quirúrgico con que se cierra una herida.

suyo, ya adj. pos./pron. pos. Indica posesión de o pertenencia a la 3a. persona.

t

t f. Vigésima primera letra del abecedario.

taba f. Astrágalo, hueso.

tabaco m. **1.** Planta herbácea, cuyas hojas se emplean para fabricar cigarros, cigarrillos, etc. **2.** Hoja de esta planta. **3.** Cigarro.

tábano m. Insecto que se alimenta de la sangre que chupa.

tabaquería f. *Cuba* y *Méx.* Taller donde se elaboran los cigarros puros.

tabardo m. Prenda de abrigo de paño tosco.

tabarra f. *Fam.* Molestia, pesadez.

taberna f. Establecimiento donde se venden bebidas y comidas.

tabernáculo m. Tienda donde los antiguos hebreos colocaban el arca de la Alianza.

tabique m. **1.** Pared delgada. **2.** *Méx.* Ladrillo de caras cuadrangulares. **3.** ANAT. Membrana o cartílago que separa dos cavidades: ~ *nasal*.

tabla f. **1.** Trozo de madera plano y de poco grosor. **2.** Bancal de huerto. **3.** Lista de cosas dispuestas en un determinado orden. ◆ pl. **4.** En los juegos de ajedrez y damas, situación en que nadie puede ganar la partida. **5.** Escenario de un teatro.

tablado m. Suelo de tablas construido en alto.

tablero m. **1.** Plancha de madera. **2.** Conjunto de tablas unidas por el canto. **3.** Superficie cuadrada para jugar al ajedrez o las damas.

tableta f. Pastilla.

tablilla f. Tabla pequeña para exponer una lista o un anuncio.

tablón m. **1.** Tabla gruesa. **2.** *Fam.* Borrachera. **3.** *Amér.* Faja de tierra preparada para la siembra.

tabú m. Aquello que no se puede mencionar o tratar debido a ciertas convenciones sociales, prejuicios, etc.

tabulación f. **1.** Acción y efecto de tabular. **2.** INFORM. Posición donde puede situarse el cabezal de impresión de una impresora o el cursor de un monitor.

tabulador m. Dispositivo de la máquina de escribir y de los ordenadores que fija los márgenes en el lugar deseado.

tabular adj. **1.** Que tiene forma de tabla. ◆ tr. **2.** Expresar valores, magnitudes, conceptos, etc., por medio de tablas. ◆ intr. **3.** Accionar el tabulador de una máquina de escribir o una computadora.

taburete m. Asiento individual sin brazos ni respaldo.

tacana adj./m. y f. De un grupo de pueblos amerindios establecidos principalmente en Bolivia, Perú y la Amazonia brasileña.

tacaño, ña adj./m. y f. Mezquino, avaro.

tacha f. **1.** Falta o defecto. **2.** Tachuela grande.

tachar tr. **1.** Borrar algo en un escrito. **2.** Atribuir a alguien o algo una falta o defecto.

tacho m. **1.** *Amér. Merid.* Recipiente para calentar agua y otros usos culinarios. **2.** *Amér. Merid.* Cubo de la basura. **3.** *Argent. Fam.* Taxi. **4.** *Argent.* y *Chile.* Vasija de metal, de fondo redondeado y con asas. **5.** *Argent.* y *Chile.* Cualquier recipiente de latón, plástico, etc. **6.** *Urug.* Cubo para fregar suelos.

tachuela f. Clavo corto y de cabeza ancha.

tácito, ta adj. **1.** Silencioso. **2.** Que no se expresa claramente.

taciturno, na adj. **1.** Callado, silencioso. **2.** Triste, melancólico.

taco m. **1.** Pedazo de madera que se usa para rellenar un hueco, fijar algo, etc. **2.** Palo del billar. **3.** *Amér. Merid.* y *P. Rico.* Tacón. **4.** *Esp. Fam.* Palabrota. **5.** *Méx.* Tortilla de maíz rellena de carne de pollo, de res, etc.

tacón m. Pieza de la suela del calzado correspondiente al talón.

táctica f. Método que se sigue para conseguir un objetivo.

táctil adj. Relativo al tacto.

tacto m. **1.** Sentido corporal con el que se percibe la forma, aspereza, etc., de los objetos. **2.** Habilidad para tratar con alguien, llevar un asunto, etc.

tacuara f. *Argent., Par.* y *Urug.* Especie de bambú de cañas muy resistentes.

tacurú m. **1.** *Argent.* y *Par.* Hormiga pequeña. **2.** *Argent.* y *Par.* Nido resistente y muy alto que hacen las hormigas o las termitas con sus excrementos mezclados con tierra y saliva.

tafilete m. Cuero curtido.

tagalo m. Lengua hablada en Filipinas.

tahona f. Panadería.

tahúr m. y f. Persona que se dedica al juego como profesión.

taifa f. Cada uno de los reinos que surgieron al disgregarse el califato de Córdoba.

tailandés, sa adj./m. y f. De Tailandia.

taimado, da adj./m. y f. Astuto.

taimarse prnl. *Chile.* Emperrarse, obstinarse.

taino, na o **taíno, na** adj./m. y f. De un pueblo amerindio que en la época del descubrimiento habitaba en La Española, Puerto Rico, este de Cuba y parte de Jamaica.

taiwanés, sa adj./m. y f. De Taiwán.

tajada f. **1.** Porción cortada de una cosa. **2.** *Fam.* Borrachera.

tajamar m. **1.** Tablón de forma curva que corta el agua cuando navega la embarcación. **2.** *Argent.* y *Ecuad.* Dique pequeño. **3.** *Argent.* y *Perú.* Zanja en la ribera de los ríos para menguar el efecto de las crecidas. **4.** *Chile, Ecuad.* y *Perú.* Malecón.

tajante adj. **1.** Que no admite discusión. **2.** Sin término medio.

tajo m. **1.** Corte hecho con un instrumento afilado. **2.** Corte profundo y vertical del terreno.

tal adj./pron. **1.** Igual, semejante: *nunca vi tal cosa.* **2.** Tan grande: *tal es su poder.* **3.** No especificado: *un tal García.* ◆ adv. **4.** Así, de esta manera: *tal me dijo.*

tala f. **1.** Acción y efecto de talar. **2.** *Chile.* Acción de comer los animales la hierba que no puede ser cortada por la hoz.

talacha f. **1.** *Méx. Fam.* Tarea pequeña, principalmente la relacionada con el cuidado de algo. **2.** *Méx. Fam.* Reparación, en especial la de carrocerías de automóviles.

taladrar tr. **1.** Agujerear. **2.** Herir los oídos un sonido agudo.

taladro m. Instrumento para taladrar y agujero hecho con él.

tálamo m. **1.** Lecho conyugal. **2.** ANAT. Parte del encéfalo situada en la base del cerebro.

talante m. **1.** Humor, estado de ánimo. **2.** Gana, agrado, gusto.

talar tr. Cortar por el pie los árboles.

talar adj. Dícese del traje que llega hasta los talones.

talasocracia f. Dominio económico o político de los mares.

talco m. Silicato de magnesio, blando y suave al tacto.

talego m. Saco largo y estrecho de tela basta.

talento m. Capacidad intelectual.

talero m. *Argent., Chile* y *Urug.* Látigo para azotar a las caballerías formado por un mango corto y una tira de cuero ancha.

talio m. Metal maleable, usado en sistemas de comunicación.

talión m. Pena en que alguien sufre el mismo daño que ha causado.

■ **ENC.** «Ojo por ojo» dice la ley del **talión**. Fue un mandato a los antiguos hebreos para evitar que el castigo fuera más cruel que la ofensa.

talismán m. Objeto al que se atribuye un poder sobrenatural.

talla f. **1.** Acción y efecto de tallar. **2.** Escultura. **3.** Estatura. **4.** Importancia: *actor de ~.* **5.** Medida de una prenda de vestir.

tallador, ra m. y f. **1.** Persona que talla. **2.** *Argent., Chile, Guat., Mex.* y *Perú.* Persona que da las cartas o lleva las apuestas en una mesa de juego.

tallar tr. **1.** Dar forma a un material. **2.** Medir la estatura.

talle m. **1.** Cintura de una persona. **2.** Disposición del cuerpo humano.

taller m. **1.** Lugar donde se realizan trabajos manuales o artísticos. **2.** Lugar donde se reparan aparatos, máquinas, etc.

tallo m. Órgano de las plantas que sirve de soporte a hojas, flores y frutos.

talmud m. Libro religioso de los judíos.

talo m. BOT. Cuerpo vegetativo de algunas plantas, en el que no se diferencian raíz, tallo y hojas.

talofito, ta adj./f. BOT. Relativo a las plantas cuyo aparato vegetativo está constituido por un talo, como las algas.

talón m. **1.** Parte posterior del pie humano. **2.** Cheque.

talonario m. Libro de cheques.

talud m. Inclinación de un terreno o de un muro.

tamal m. *Amér.* Masa de maíz con manteca, cocida y envuelta en una hoja de maíz o plátano, rellena de carne, pollo, etc.

tamaño, ña adj. **1.** Semejante, tal: *no aceptaré ~ tontería.* ◆ m. **2.** Conjunto de las medidas físicas de alguien o algo.

tamarindo m. Planta arbórea de fruto en legumbre.

tambalearse prnl. Moverse de un lado a otro.

tambero, ra adj. **1.** *Amér. Merid.* Relativo al tambo. ◆ m. y f. **2.** *Amér. Merid.* Persona que tiene un tambo o se encarga de él.

también adv. Afirma la relación de una cosa con otra.

tambo m. **1.** *Argent.* Establecimiento ganadero destinado al ordeño de vacas y a la venta. **2.** *Perú.* Tienda rural pequeña.

tambor m. Instrumento musical de percusión, formado por una caja cilíndrica hueca, con las bases cubiertas por una piel.

tamborito m. Baile nacional de Panamá, de origen africano.

tamiz m. Cedazo muy tupido.

tampoco adv. Sirve para negar una cosa después de haberse negado otra: *ayer no vino ni hoy ~.*

tampón m. **1.** Almohadilla para manchar de tinta sellos, estampillas, etc. **2.** Artículo higiénico, usado por las mujeres en la menstruación.

tan adv. **1.** Apóc. de *tanto*, que intensifica el significado de un adjetivo o un adverbio: *es tan caro.* **2.** Denota idea de equivalencia o igualdad: *tan duro como el hierro.*

tanate m. **1.** *Amér. Central* y *Méx.* Cesto cilíndrico de palma o tule tejidos. **2.** *Amér. Central.* Lío, fardo. **3.** *Méx. Vulg.* Testículo. ◆ pl. **4.** *Amér. Central.* Conjunto de trastos, cachivaches.

tanatorio m. Edificio destinado a servicios funerarios.

tanda f. **1.** Turno, partida. **2.** Serie de cosas que se dan seguidas.

tándem m. Bicicleta para dos o más personas.

tangente adj. **1.** Que está en contacto con otra cosa. ◆ adj./f. MAT. **2.** Dícese de las líneas que tienen puntos comunes sin cortarse.

tangerina f. Variedad de mandarina.

tangible adj. Que se puede tocar.

tango m. **1.** Baile argentino, de ritmo lento y muy marcado. **2.** Variedad del cante y baile flamenco.

tano adj./m. y f. De un grupo de pueblos amerindios establecidos en Nuevo México, E.U.A.

tanque m. **1.** Vehículo terrestre acorazado, de uso militar. **2.** Depósito de agua u otro líquido preparado para su transporte.

■ **ENC.** El 15 de septiembre de 1916, los británicos utilizaron los primeros vehículos blindados provistos de orugas. Con estos vehículos, atravesaron las líneas alemanas en el río Somme. Esta nueva arma, llamada **tanque** por los ingleses y carro de asalto por los franceses, permitió traspasar las trincheras y alambradas bajo el fuego del enemigo.

tantear tr. **1.** Calcular aproximadamente. **2.** Pensar, considerar.

tanto, ta adj./pron. **1.** En correlación con *como*, introduce una comparación de igualdad: *come ~ como yo*. **2.** Expresa una cantidad o número indeterminado. ◆ pron. dem. **3.** Equivale a *eso*: *no podré llegar a ~*. ◆ adv. **4.** Hasta tal punto: *no trabajes ~*. ◆ m. **5.** Unidad de cuenta en muchos juegos o deportes. ● ~ **por ciento,** porcentaje.

tañer tr. Tocar un instrumento de percusión o de cuerda.

tapa f. **1.** Pieza que cierra la abertura de un recipiente. **2.** Cubierta de un libro. **3.** Comida que se sirve como aperitivo.

tapacubos m. Tapa de la cara exterior de la llanta de la rueda.

tapadera f. Tapa que se ajusta a la boca de un recipiente.

tapado, da adj./m. y f. **1.** *Amér.* Dícese del candidato político cuyo nombre se mantiene en secreto hasta el momento propicio. ◆ m. **2.** *Amér. Merid.* Abrigo o capa de señora o de niño. **3.** *Argent., Bol.* y *Perú.* Tesoro enterrado.

tapanco m. *Méx.* Piso de madera que se pone sobre vigas o columnas en habitaciones con gran altura, para dividirlas a lo alto en dos espacios.

tapar tr. **1.** Cubrir o cerrar lo que está descubierto o abierto. **2.** Encubrir, ocultar. ◆ tr. y prnl. **3.** Abrigar o cubrir con ropas.

taparrabos m. Pieza de tela, piel, etc., con que los miembros de ciertos pueblos se tapan los genitales.

tapatío, tía adj./m. y f. Guadalajarense.

tape m. *Argent.* y *Urug.* Persona que parece india.

tapete m. **1.** Alfombra pequeña. **2.** Tela que se pone sobre la mesa.

tapia f. Pared que sirve como valla o cerca.

tapicería f. Oficio e industria de fabricar tapices o de tapizar.

tapioca f. Fécula comestible obtenida de la mandioca.

tapir m. Mamífero de cabeza grande, trompa pequeña y orejas redondeadas, propio de Asia y de América.

tapisca f. *Amér. Central* y *Méx.* Recolección del maíz.

tapiz m. Paño tejido con lana, lino, etc., usado para decorar.

tapizar tr. Cubrir las paredes o muebles con tapices o telas.

tapón m. **1.** Pieza que tapa la boca de botellas y otros recipientes. **2.** Acumulación de cerumen en el oído.

taponar tr. y prnl. Cerrar un orificio con un tapón.

tapujo m. Disimulo, engaño: *hablar sin tapujos*.

taquería f. *Méx.* Restaurante o casa de comidas donde se venden tacos.

taquicardia f. Ritmo cardíaco acelerado.

taquigrafía f. Sistema de escritura a base de signos especiales.

taquilla f. **1.** Ventana pequeña donde se despachan billetes o entradas. **2.** Armario pequeño en que se guardan objetos personales o papeles. **3.** *Amér. Central.* Taberna. **4.** *Chile, C. Rica* y *Ecuad.* Clavo pequeño.

taquímetro m. Instrumento usado para medir distancias y ángulos.

tara f. **1.** Peso del embalaje, vehículo, etc., que contiene o transporta una mercancía. **2.** Defecto físico o psíquico grave. **3.** *Chile* y *Perú.* Planta arbustiva de cuya madera se extrae un tinte. **4.** *Colomb.* Serpiente venenosa. **5.** *Venez.* Langosta de tierra de mayor tamaño que la común.

tarahumara adj./m. y f. De un pueblo amerindio que habita Chihuahua, México.

tarambana o **tarambanas** adj./m. y f. *Fam.* Alocado, irreflexivo.

tarantín m. **1.** *Amér. Central, Cuba* y *P. Rico.* Cachivache, trasto. **2.** *Venez.* Tienda muy pobre.

tarántula f. Araña de tórax velloso, cuya picadura es peligrosa.

tararear tr. Cantar en voz baja sólo con sonidos.

tararira f. *Argent.* y *Urug.* Pez que vive en las grandes cuencas de América del Sur, de carne muy estimada.

tarasca f. *Chile* y *C. Rica.* Boca grande.

tarascón m. *Argent., Bol., Ecuad.* y *Perú.* Mordedura.

tardar intr. **1.** Invertir un tiempo determinado en hacer una cosa. ◆ intr. y prnl. **2.** Emplear más tiempo del previsto en hacer algo.

tarde f. **1.** Tiempo desde el mediodía hasta el anochecer. ◆ adv. **2.** A hora avanzada del día o la noche. **3.** Después del momento previsto.

tardío, a adj. **1.** Dícese de los frutos que tardan más en madurar. **2.** Que ocurre fuera de tiempo.

tarea f. **1.** Trabajo que ha de hacerse en un tiempo limitado. **2.** *Argent., Chile, Méx.* y *Urug.* Trabajo escolar que los alumnos deben realizar en su casa.

tareco m. *Cuba, Ecuad.* y *Venez.* Cachivache, trasto.

tarifa f. Tabla de precios o impuestos.

tarima f. Plataforma de madera, a poca altura del suelo.

tarjar tr. *Chile.* Tachar parte de un escrito.

tarjeta f. Cartulina donde constan los datos de una persona.

tarraconense adj./m. y f. De la antigua Tarraco, hoy Tarragona (España).

tarro m. Vasija cilíndrica, generalmente más alta que ancha.

tarso m. Región posterior del pie.

tarta f. Pastel grande, relleno de frutas, crema, etc.

tartajear intr. *Fam.* Hablar pronunciando mal las palabras.

tartamudear intr. Hablar con pronunciación entrecortada y repitiendo las sílabas o sonidos.

tartana f. **1.** Carruaje de dos ruedas, con asientos laterales. **2.** Embarcación menor de vela.

tártaro, ra adj. De un conjunto de pueblos de origen mongol y turco.

tartera f. Fiambrera, recipiente.

tarugo m. Trozo de madera o pan grueso y corto.

tasa f. **1.** Acción y efecto de tasar. **2.** Precio fijado oficialmente.

tasajo m. Cecina.

tasar tr. **1.** Fijar la autoridad competente el precio de algo. **2.** Valorar, evaluar. **3.** Poner límite para evitar excesos.

tasca f. **1.** Taberna. **2.** *Perú.* Conjunto de corrientes encontradas y oleaje fuerte, que dificultan un desembarco.

tata m. **1.** *Amér.* Padre, papá y ocasionalmente abuelo. ◆ f. *Fam.* **2.** Niñera.

tatarabuelo, la m. y f. Respecto a una persona, el padre o la madre de su bisabuelo o su bisabuela.

tataranieto, ta m. y f. Respecto a una persona, hijo o hija de su bisnieto o de su bisnieta.

tatetí m. *Argent.* Juego del tres en raya.

tatú m. *Argent., Bol., Chile, Par.* y *Urug.* Especie de armadillo de gran tamaño.

tatuaje m. Palabra o dibujo grabado en el cuerpo humano.

taumaturgia f. Facultad de realizar prodigios o milagros.

taurino, na adj. Relativo a los toros o a las corridas de toros.

tauro m. y f./adj. Persona nacida bajo el signo zodiacal de Tauro.

tauromaquia f. Técnica y arte de torear.

■ **Enc.** En la **tauromaquia** el toro de lidia se enfrenta al torero. Éste incita al animal con ayuda de una capa roja llamada muleta. El torero debe contener las embestidas del toro y dominarlo, antes de usar su espada para matarlo de una estocada. El torero es asistido por picadores y banderilleros.

tautología f. Repetición inútil de un mismo pensamiento.

taxativo, va adj. Que limita al sentido estricto de la palabra.

taxi m. Automóvil de alquiler con chófer, provisto de taxímetro.

taxidermia f. Arte de disecar animales muertos.

taxímetro m. Contador que, en los taxis, indica el precio que se debe pagar por la distancia recorrida.

taxonomía f. Ciencia de la clasificación en historia natural.

taza f. **1.** Vasija con asa, en que se toman bebidas. **2.** Pilón de las fuentes. **3.** Receptáculo del retrete.

te f. **1.** Nombre de la letra *t.* ◆ pron. pers. masc. y fem. de 2a. persona sing. **2.** Funciona como complemento directo e indirecto.

té m. **1.** Planta que se cultiva por sus hojas. **2.** Hojas de esta planta, secadas, enrolladas y tostadas. **3.** Infusión que se hace con estas hojas.

tea f. Astilla muy resinosa que, encendida, sirve para alumbrar.

teatral adj. **1.** Relativo al teatro. **2.** Exagerado.

teatro m. **1.** Edificio donde se representan obras dramáticas. **2.** Género literario cuyas obras están pensadas para ser representadas.

tebeo m. *Esp.* Revista infantil con historietas.

techo m. **1.** Parte interior de la cubierta de una habitación, edificio, etc. **2.** Tejado.

techumbre f. Cubierta de un edificio.

tecla f. Pieza que, pulsada con los dedos, hace sonar un instrumento musical o funcionar un mecanismo.

teclado m. **1.** Conjunto ordenado de teclas de un instrumento o aparato. **2.** INFORM. Dispositivo

formado por teclas, utilizado para introducir datos y dar órdenes a una computadora.

tecnicismo m. **1.** Calidad de técnico. **2.** LING. Palabra de una técnica.

técnico, ca adj. **1.** Relativo a la aplicación de las ciencias y de las artes: *una carrera ~.* **2.** Dícese de los términos propios del lenguaje de un arte, una ciencia, etc. ◆ f. **3.** Conjunto de métodos de una ciencia, arte, etc. **4.** Conjunto de las aplicaciones prácticas de las ciencias. **5.** Sistema para conseguir algo. ◆ m. y f. **6.** Persona que posee los conocimientos de una técnica.

tecnocracia f. Gobierno de los técnicos o especialistas.

tecnología f. Estudio de los medios, de las técnicas y de los procesos empleados en las diferentes ramas de la industria.

tecolote m. *Amér. Central* y *Méx.* Búho.

tecomate m. **1.** *Guat.* y *Méx.* Planta de aplicaciones medicinales, de fruto comestible y corteza utilizada para hacer vasijas. **2.** *Méx.* Vasija de barro de forma similar a la jícara.

tectónico, ca adj. **1.** Relativo a la corteza terrestre. ◆ f. **2.** Parte de la geología que estudia las deformaciones de la corteza terrestre y los movimientos que la han originado.

tedio m. Aburrimiento, fastidio.

tegucigalpense adj./m. y f. De Tegucigalpa.

tegumento m. Tejido que recubre algunas partes de un ser vivo.

tehuelche adj./m. y f. De un pueblo amerindio que vivía en Argentina.

teísmo m. Doctrina que afirma la existencia de un Dios personal.

teja f. Pieza de barro cocido o de cemento, de forma de canal, usada para cubrir los tejados.

tejado m. Parte superior de un edificio, que suele estar recubierta por tejas o pizarras.

tejamanil m. *Cuba, Méx.* y *P. Rico.* Tabla delgada que se coloca como teja en los techos de las casas.

tejedor, ra adj./m. y f. **1.** *Chile* y *Perú. Fam.* Intrigante, enredador. ◆ f. **2.** Máquina de hacer punto.

tejemaneje m. *Fam.* **1.** Actividad y destreza para realizar algo. **2.** *Fam.* Intriga y manejos poco honestos para conseguir algo.

tejer tr. **1.** Formar en el telar la tela con la trama y la urdimbre. **2.** Entrelazar hilos para formar alfombras, esteras, etc.

tejido m. **1.** Manufactura textil, obtenida por entrecruzamiento ordenado de hilos. **2.** ANAT. Conjunto organizado de células con la misma estructura y función.

tejocote m. *Méx.* Planta de fruto amarillo, comestible y agridulce, parecido a la ciruela.

tejón m. Mamífero carnívoro, de color gris y patas cortas.

tela f. **1.** Tejido fabricado en un telar. **2.** Lienzo pintado. **3.** Tejido que forman las arañas.

telar m. **1.** Máquina para tejer. **2.** Parte superior del escenario de un teatro, de donde bajan telones y bambalinas.

telaraña f. Tela que forma la araña con el hilo que segrega.

telecomunicación f. Transmisión a distancia de mensajes hablados, sonidos, imágenes o señales convencionales.

teledirigir tr. Conducir o mandar a distancia.

telefacsímil m. Telefax.

telefax m. **1.** Servicio de copia a distancia que emplea copiadoras y los circuitos de la red telefónica. **2.** Documento enviado de esta manera.

teleférico m. Medio de transporte formado por uno o varios cables portantes de cabinas suspendidas en un carril.

telefilm m. Película realizada para la televisión.

telefonazo m. *Fam.* Llamada telefónica.

teléfono m. Instalación y aparato que permite hablar a dos personas situadas en lugares distantes entre sí. ● ~ **celular,** aquél que transmite y recibe la señal por medio de microondas. ● ~ **inalámbrico**, aquél que carece de alambres y, por medio de ondas electromagnéticas, envía la señal a la red telefónica.

telegrafía f. Sistema de telecomunicación para enviar mensajes escritos, mediante la utilización de un código de señales.

telégrafo m. Conjunto de aparatos que permiten transmitir escritos con rapidez y a distancia.

telegrama m. Mensaje transmitido por telégrafo.

telele m. *Fam.* Soponcio.

telemática f. Conjunto de técnicas y servicios basados en redes que asocian la telecomunicación y la informática.

telémetro m. Aparato que permite medir la distancia a la que se encuentra un objeto lejano.

telenque adj. *Chile.* Que es débil y enfermizo.

teleobjetivo m. Objetivo fotográfico para captar objetos lejanos.

teleósteo adj./m. Relativo a un orden de peces, de esqueleto óseo.

telepatía f. Transmisión de pensamientos a gran distancia.

telera f. **1.** *Cuba.* Galleta delgada y cuadrilonga. **2.** *Méx.* Pan blanco, de forma ovalada y con hendiduras a lo largo.

telescopio m. Instrumento óptico astronómico, que permite la observación de cuerpos muy alejados.

teletipo m. Aparato telegráfico que permite la impresión a distancia.

televisión f. **1.** Transmisión a distancia de imágenes o sonidos. **2.** Televisor.

■ **Enc.** La cámara de **televisión** graba las imágenes en movimiento (25 o 30 cuadros por segundo) y las analiza, es decir, las descompone en múltiples puntos. Cada punto se convierte en una señal eléctrica, que es transmitida al televisor por medio de un cable o mediante ondas de radiofrecuencia. El receptor recibe estas señales eléctricas y las convierte, mediante una síntesis, en imágenes luminosas (para cada señal eléctrica se ilumina un punto sobre la pantalla). En la televisión a colores, cada imagen se separa en tres colores primarios, cuyas señales correspondientes van a dar a tres «cañones» diferentes en el receptor.

televisor m. Aparato receptor de televisión.

télex m. Servicio telegráfico por medio de teletipos.

telón m. Lienzo grande del escenario de un teatro.

telúrico, ca adj. Relativo a la Tierra como planeta.

telurio m. Cuerpo simple no metálico, laminar y frágil.

tema m. **1.** Asunto o materia de que trata una obra de arte, un escrito, etc. **2.** Idea musical formada por una melodía.

temático, ca adj. **1.** Relativo al tema: *núcleo ~.* ◆ f. **2.** Tema de una obra, ciencia, autor, etc.

temazcal m. En el México prehispánico, construcción de piedra y argamasa en la que se tomaban baños de vapor.

temblar intr. **1.** Moverse con sacudidas cortas y rápidas. **2.** *Argent., Chile* y *Méx.* Ocurrir un movimiento sísmico.

temblor m. Agitación involuntaria y repetida del cuerpo.

temer intr. **1.** Sentir temor. ◆ tr. **2.** Recelar de algo, sospechar.

temerario, ria adj. **1.** Atrevido. **2.** Que se hace sin fundamento.

temeroso, sa adj. **1.** Que causa temor. **2.** Que siente temor.

temible adj. Capaz de causar temor o digno de ser temido.

temor m. **1.** Miedo. **2.** Recelo, aprensión hacia algo.

témpano m. **1.** Plancha flotante de hielo. **2.** Lámina.

temperamento m. **1.** Conjunto de disposiciones físicas innatas de un individuo que determinan su carácter. **2.** Vitalidad, vivacidad.

temperatura f. **1.** Magnitud física que mide la sensación subjetiva de calor o frío de un cuerpo. **2.** Grado de calor de un cuerpo.

tempestad f. **1.** Tormenta. **2.** Agitación violenta del agua del mar.

tempestuoso, sa adj. **1.** Dícese del tiempo que amenaza tempestad. **2.** Tenso.

templado, da adj. **1.** Que actúa con moderación. **2.** Ni frío ni caliente. **3.** *Fam.* Valiente.

templar tr. **1.** Moderar la fuerza o violencia de algo. **2.** MÚS. Afinar un instrumento. ◆ tr. y prnl. **3.** Calentar ligeramente. ◆ prnl. **4.** No cometer excesos.

temple m. **1.** Carácter o estado de ánimo de alguien. **2.** Serenidad para afrontar dificultades. **3.** Tratamiento térmico al que se someten ciertos materiales para mejorar sus propiedades físicas.

templete m. **1.** Construcción pequeña en forma de templo. **2.** Quiosco.

templo m. Edificio destinado al culto religioso.

temporada f. Espacio de tiempo indeterminado.

temporal adj. **1.** Que dura sólo cierto tiempo. **2.** Relativo a las sienes. ◆ adj./m. ANAT. **3.** Dícese del hueso del cráneo situado en la sien. ◆ m. **4.** Tempestad.

temprano, na adj. **1.** Que es el primero en aparecer: *fruta ~.* ◆ adv. **2.** En las primeras horas del día o de la noche. **3.** Muy pronto.

T

tenaz adj. **1.** Difícil de quitar, separar o romper. **2.** Firme.

tenaza f. Instrumento compuesto de dos piezas cruzadas y articuladas, que se pueden cerrar para asir o sujetar objetos.

tenca f. **1.** Pez de agua dulce, con cuerpo alargado de color verde, que vive en fondos cenagosos. **2.** *Argent.* y *Chile.* Ave similar a la alondra. **3.** *Chile.* Mentira.

tendajón m. *Méx.* Tienda pequeña.

tendal m. **1.** *Amér. Central* y *Amér. Merid.* Lugar soleado donde se coloca el café y otros granos para secarlos. **2.** *Argent., Chile* y *Urug.* Cantidad de cosas que por causa violenta han quedado tendidas. **3.** *Chile.* Tienda ambulante. **4.** *Ecuad.* Barbacoa usada en las haciendas para tener al sol el cacao.

tendencia f. **1.** Fuerza por la que un cuerpo se mueve hacia otro. **2.** Inclinación del hombre hacia ciertos fines.

tendencioso, sa adj. Que presenta una determinada tendencia.

tender tr. **1.** Colgar la ropa mojada para que se seque. ◆ tr. y prnl. **2.** Colocar a alguien o ponerse extendido a lo largo sobre una superficie. ◆ intr. **3.** Estar alguien inclinado hacia algún fin.

tenderete m. **1.** Puesto de venta callejero. **2.** Juego de naipes.

tendero, ra m. y f. Dueño o dependiente de una tienda.

tendido, da adj. **1.** Dícese del galope del caballo o de otro animal cuando es muy fuerte. ◆ m. **2.** Acción y efecto de tender un cable. **3.** Graderío descubierto de las plazas de toros.

tendón m. Haz de tejido que une los músculos a los huesos.

tenebroso, sa adj. **1.** Cubierto de sombras. **2.** Cargado de misterio.

tenedor, ra m. y f. **1.** Persona que tiene o posee algo. ◆ m. **2.** Instrumento de mesa que sirve para pinchar alimentos sólidos.

ener tr. **1.** Poseer. **2.** Asir, sujetar. **3.** Expresa una relación de contigüidad física, intelectual, etc., entre el sujeto y el complemento: ~ *miedo.* ◆ tr. y prnl. **4.** Estimar, considerar: *tenerse por listo.* **5.** Con *que* y un infinitivo, expresa obligación: *tienes que venir.*

tenia f. Gusano parásito del intestino delgado de los mamíferos.

tenida f. *Chile.* Traje.

teniente m. y f. Grado militar inferior al de capitán.

tenis m. **1.** Deporte que se practica entre dos o cuatro jugadores provistos de raquetas. **2.** *Méx.* Zapato de lona u otro material, especial para hacer deporte. ● ~ **de mesa,** ping-pong.

tenor m. MÚS. Voz más aguda entre las masculinas.

tensión f. **1.** Estado emocional de la persona que siente temor, angustia, etc. **2.** FÍS. Estado de un cuerpo sometido a la acción de dos fuerzas contrarias. **3.** FÍS. Diferencia de potencial eléctrico. ● ~ **arterial,** presión de la sangre sobre las paredes de las arterias.

tenso, sa adj. Que se halla en tensión.

tentación f. Impulso que induce a hacer algo.

tentáculo m. Apéndice móvil de algunos animales, como los moluscos, utilizado para agarrarse o como órgano sensorial.

tentar tr. y prnl. **1.** Tocar una cosa para reconocerla o examinarla, por medio del tacto. **2.** Inducir a la tentación.

tentativa f. Acción de intentar, experimentar o tantear algo.

tentempié m. *Fam.* Refrigerio.

tenue adj. **1.** Delgado. **2.** Delicado, de poca consistencia.

teñir tr. y prnl. Dar a algo un color distinto mediante un tinte.

teocracia f. Gobierno ejercido por Dios o por los que están investidos de autoridad religiosa.

teología f. Ciencia que trata de Dios.

teorema m. Proposición científica que puede demostrarse.

teoría f. **1.** Conocimiento especulativo independiente de toda aplicación. **2.** Conjunto de teoremas, sometidos a la verificación experimental y encaminados a una demostración científica.

tepalcate m. *Méx.* Tiesto.

tepehuano adj./m. y f. De un pueblo amerindio que vive en México.

tepetate m. *Méx.* Piedra amarillenta blanquecina, porosa, que cortada en bloques se usa en construcción.

tequiar tr. *Amér. Central.* Dañar, perjudicar.

tequila m. Bebida alcohólica mexicana que se obtiene por la destilación de cierta especie de maguey.

terapéutico, ca adj. **1.** Relativo a la terapia o la terapéutica. ◆ f. **2.** Parte de la medicina que se ocupa del tratamiento de las enfermedades.

terapia f. Tratamiento o curación de una enfermedad.

tercer adj./m. y f. Apóc. de *tercero.* ● ~ **mundo,** conjunto de países con subdesarrollo económico y social.

tercero, ra adj./m. y f. **1.** Que corresponde en orden al número tres. ◆ adj./m. **2.** Dícese de cada una de las tres partes iguales en que se divide un todo.

terceto m. **1.** Estrofa de tres versos endecasílabos. **2.** MÚS. Conjunto de tres voces o tres instrumentos.

terciar intr. **1.** Intervenir para zanjar una disputa o contienda. ◆ prnl. **2.** Presentarse la ocasión de hacer algo.

terciario, ria adj. **1.** Que ocupa el tercer lugar en un orden. ◆ adj./m. GEOL. **2.** Cenozoico.

tercio m. **1.** Cada una de las tres partes iguales en que se divide un todo. **2.** Cuerpo militar de voluntarios.

terciopelo m. Tejido de superficie velluda.

terco, ca adj. **1.** Obstinado. **2.** *Ecuad.* Desabrido, despegado.

tereque m. *Ecuad., Nicar., P. Rico* y *Venez.* Trasto, cacharro.

tergiversar tr. Alterar o desfigurar los hechos.

termas f. pl. Baños públicos de los antiguos romanos.

termes m. Insecto que se alimenta de madera.

■ **Enc.** El **termes** vive en sociedades compuestas de un rey, una reina, obreras y soldados. La reina tiene un abdomen enorme que mide hasta 15 cm de largo. Puede poner 10 000 huevos diarios. Las obreras construyen el termitero y aportan el alimento. Los soldados están encargados de la defensa, especialmente frente a sus enemigas implacables: las hormigas.

térmico, ca adj. Relativo al calor y a la temperatura.

terminación f. **1.** Acción y efecto de terminar. **2.** Conclusión, extremo. **3.** Final de una palabra, sufijo o desinencia variable.

terminal adj. **1.** Que pone término a algo. ◆ adj./f. **2.** Dícese del extremo de una línea de transporte público. ◆ m. INFORM. **3.** Dispositivo que permite la entrada de datos en el ordenador.

terminante adj. Categórico.

terminar tr. **1.** Acabar una cosa. ◆ intr. y prnl. **2.** Tener fin una cosa.

término m. **1.** Extremo, límite, fin. **2.** Vocablo. **3.** MAT. Cada una de las cantidades que componen una suma, una expresión algebraica, etc.

terminología f. Conjunto de vocablos propios de una materia.

termita o **térmite** f. Termes.

termo m. Botella que conserva la temperatura de lo que contiene.

termodinámica f. Parte de la física que estudia la acción mecánica del calor.

termoelectricidad f. Energía eléctrica producida por el calor.

termómetro m. Instrumento que sirve para medir la temperatura.

termosfera f. Capa de la atmósfera que se encuentra por encima de los 80 km de altura.

termostato m. Dispositivo para mantener la temperatura constante.

terna f. Conjunto de tres personas de las que se elige una.

ternejo, ja adj. *Ecuad.* y *Perú.* Que es fuerte, vigoroso y valiente.

ternero, ra m. y f. **1.** Cría de la vaca. ◆ f. **2.** Carne de esta cría.

ternura f. **1.** Actitud cariñosa y afable. **2.** Calidad de tierno.

tero m. *Argent.* y *Urug.* Ave zancuda de plumaje blanco mezclado de negro y pardo.

terracería f. *Méx.* Tierra que se acumula en terraplenes y carreteras en construcción.

terracota f. Escultura de arcilla cocida.

terrado m. Cubierta plana de un edificio.

terraplén m. Desnivel del terreno con cierta pendiente.

terráqueo, a adj. De la Tierra: *globo ~.*

terrario o **terrarium** m. Instalación para la cría y cuidado de reptiles, anfibios, etc.

terrateniente m. y f. Propietario de tierras o fincas rurales.

terraza f. **1.** Terrado. **2.** Balcón grande.

terrazo m. Pavimento con aspecto de granito, mosaico o mármol.

terregal m. **1.** *Méx.* Tierra suelta. **2.** *Méx.* Polvareda.

terremoto m. Sismo.

terrenal adj. Relativo a la tierra.

terreno, na adj. **1.** Terrestre. **2.** Terrenal. ◆ m. **3.** Espacio de tierra destinado a un uso concreto. **4.** Campo o esfera de acción.

térreo, a adj. De tierra o parecido a ella.

terrera f. Terreno empinado carente de vegetación.

terrestre adj. **1.** Relativo a la Tierra. **2.** Que vive en la tierra. ◆ m. y f. **3.** Habitante de la Tierra.

terrible adj. Que inspira o puede inspirar terror.

terrícola adj./m. y f. Que vive en la tierra.

territorio m. Porción de tierra delimitada.

terrón m. Masa pequeña y compacta de tierra, azúcar, etc.

terror m. Miedo muy grande e intenso.

terrorismo m. Conjunto de actos de violencia que pretenden crear inseguridad o derribar el gobierno establecido.

terso, sa adj. **1.** Limpio, transparente. **2.** Liso, sin arrugas.

tertulia f. Reunión de personas que se juntan para conversar.

tesina f. Tesis breve necesaria, en ocasiones, para obtener el grado de licenciado universitario.

tesis f. **1.** Proposición que se mantiene con argumentos. **2.** Trabajo de investigación que se presenta para obtener el grado de doctor universitario.

tesitura f. Actitud o disposición del ánimo.

tesón m. Constancia, perseverancia.

tesorero, ra m. y f. Persona que guarda el dinero de una entidad.

tesoro m. **1.** Cantidad de dinero, joyas u objetos preciosos, reunida y guardada. **2.** Persona o cosa digna de estimación.

test m. Prueba para valorar las aptitudes y funciones mentales.

testa f. Cabeza del hombre y de los animales.

testamento m. **1.** Declaración que hace una persona distribuyendo sus bienes para después de su muerte. **2.** Documento en que consta.

testar intr. Hacer testamento.

testarudo, da adj./m. y f. Terco, obstinado, porfiado.

testículo m. Glándula genital masculina.

testificar tr. **1.** Declarar como testigo. **2.** Probar algo con testigos.

testigo m. y f. **1.** Persona que declara en un juicio o da testimonio de algo. **2.** Persona que presencia una cosa. ◆ m. DEP. **3.** Objeto que un corredor entrega a otro en ciertas pruebas de atletismo.

testimonio m. **1.** Declaración de un testigo. **2.** Prueba de certeza.

testuz m. o f. En algunos animales, frente, y en otros, nuca.

teta f. **1.** Mama. **2.** Pezón de la mama.

tétano o **tétanos** m. Enfermedad infecciosa que produce contracciones convulsivas de los músculos.

tetera f. **1.** Vasija para la infusión y el servicio del té. **2.** *Amér. Central* y *P. Rico.* Tetilla de biberón.

tetero m. *Colomb.* Biberón.

tetilla f. **1.** Teta de los mamíferos machos. **2.** Pezón del biberón.

tetraedro m. Sólido de cuatro caras.

tetrágono m. Polígono de cuatro lados.

tetraplejía f. Parálisis de los cuatro miembros.

tétrico, ca adj. Triste, lúgubre.

teutón, na adj./m. y f. **1.** De un antiguo pueblo germánico que habitó cerca de la desembocadura del Elba. **2.** *Fam.* Alemán.

textil adj. Relativo a los tejidos y al arte de tejer.

texto m. Conjunto de palabras que componen un escrito.

textura f. **1.** Disposición de los hilos en un tejido. **2.** Sensación que produce al tacto una materia.

tez f. Cutis.

tezontle m. *Méx.* Piedra volcánica de color rojizo usada en la construcción.

ti pron. pers. masc. y fem. de 2a. persona sing. Funciona como complemento con preposición.

tiangue o **tianguis** m. *Méx.* Mercado, principalmente el que se instala periódicamente en la calle.

tiara f. Mitra alta que utiliza el papa.

tibio, bia adj. **1.** Templado, ni frío, ni caliente. ◆ f. ANAT. **2.** Hueso anterior de la pierna entre la rodilla y el pie.

tiburón m. Pez marino depredador muy voraz.

■ ENC. Sólo algunas especies de **tiburones**, como el azul, el blanco y el tigre son carnívoros y feroces. Los tiburones más grandes, como el tiburón ballena de 15 m de longitud y un peso de 8 toneladas, se alimentan de plancton y son inofensivos.

tic m. Contracción brusca involuntaria de ciertos músculos.

ticket m. Tique*.

tictac m. Voz onomatopéyica que imita el sonido del reloj.

tiempo m. **1.** El devenir como sucesión continuada de momentos. **2.** Duración de la vida de una persona o de una acción. **3.** Estado de la atmósfera. **4.** LING. Accidente del verbo que expresa el momento en que se realiza la acción.

tienda f. **1.** Establecimiento comercial al por menor. **2.** Pabellón desmontable que se monta al aire libre.

tiento m. **1.** Acción y efecto de tocar. **2.** Tacto, acierto al obrar. **3.** *Argent., Chile* y *Urug.* Tira delgada de cuero sin curtir.

tierno, na adj. **1.** Blando, fácil de romper. **2.** Afectuoso, cariñoso.

tierra f. **1.** Planeta del sistema solar habitado por el hombre. **2.** Parte sólida del planeta Tierra. **3.** Materia inorgánica de que se compone el suelo natural. **4.** Terreno cultivable.

■ ENC. La **Tierra** se divide en tres zonas concéntricas. la corteza, el manto y el núcleo. La corteza tiene, en la parte continental, de 30 a 40 km de espesor y de 5 a 10 km en los océanos. El manto es sólido. El núcleo exterior es líquido, pero el núcleo interno es sólido. Mediante el estudio de la propagación de las ondas sísmicas, se sabe que las ondas se aceleran o retardan según la zona que atraviesan.

tieso, sa adj. **1.** Erguido, firme. **2.** Poco flexible. **3.** Engreído.

tiesto m. Maceta.

tifoideo, a adj. Relativo al tifus.

tifón m. Ciclón propio del mar de China.

tifus m. Enfermedad contagiosa que presenta fiebre y estupor.

tigre, gresa m. y f. Mamífero carnicero de gran tamaño y piel rayada.

tigrillo m. *Amér. Central, Colomb., Ecuad., Perú* y *Venez.* Mamífero carnicero de pequeño tamaño, parecido al gato montés.

tijera f. Instrumento con dos brazos móviles usado para cortar.

tijereta f. **1.** Insecto de cuerpo alargado y abdomen terminado en pinzas. **2.** Ave migratoria de América meridional, con una cola parecida a las hojas de la tijera.

tila f. **1.** Tilo. **2.** Flor del tilo. **3.** Infusión del tilo.

tildar tr. **1.** Aplicar a alguien una falta o defecto. **2.** Poner tilde.

tilde m. o f. Acento gráfico.

tiliche m. *Amér. Central.* y *Méx.* Baratija, cachivache.

tilico, ca adj. **1.** *Bol.* Débil, apocado, cobarde. **2.** *Bol.* y *Méx.* Flaco, enclenque.

tilingo, ga adj. *Argent., Perú* y *Urug.* Que dice tonterías y se comporta con afectación.

tilma f. *Méx.* Manta de algodón que llevan los hombres del campo, a modo de capa, anudada sobre el hombro.

tilo m. Árbol de flores blanquecinas, olorosas y medicinales.

timar tr. Estafar.

timbal m. Tambor hecho con una caja metálica semiesférica.

timbre m. **1.** Aparato para llamar. **2.** Sonido de una voz. **3.** Sello.

tímido, da adj./m. y f. Falto de seguridad en uno mismo.

timón m. **1.** Pieza para gobernar la nave. **2.** *Colomb.* Volante de un automóvil.

timorato, ta adj. **1.** Tímido. **2.** Mojigato, de moralidad exagerada.

tímpano m. **1.** Membrana del oído. **2.** Instrumento musical de percusión formado por tiras de vidrio.

tina f. Vasija de madera de forma de media cuba.

tinaco m. *Amér. Central* y *Méx.* Depósito de agua situado en la azotea de la casa.

tinaja f. Vasija grande y de boca muy ancha.

tincar tr. **1.** *Argent.* y *Chile.* Dar un golpe a algo para lanzarlo con fuerza. ◆ intr. **2.** *Chile.* Tener un presentimiento, intuir algo.

tinerfeño, ña adj./m. y f. De Santa Cruz de Tenerife (España).

tinglado m. **1.** Cobertizo. **2.** Tablado instalado a bastante altura.

tiniebla f. Oscuridad, falta de luz.

tino m. **1.** Destreza al disparar. **2.** Juicio, cordura.

tinta f. **1.** Líquido de color que sirve para escribir, imprimir, etc. **2.** Tinte.

tinte m. **1.** Acción y efecto de teñir. **2.** Sustancia con que se tiñe.

tintero m. Recipiente en que se pone la tinta de escribir.

tinto, ta adj. **1.** Que está teñido. ◆ adj./m. **2.** Dícese del vino de color oscuro. ◆ f. **3.** Preparación coloreada, usada para escribir o imprimir. **4.** Líquido que segregan los calamares, pulpos, etc.

tintorería f. Establecimiento donde se tiñen telas y se lavan prendas de vestir.

tiña f. **1.** Enfermedad contagiosa de la piel del cráneo. **2.** Tacañería.

tío, a m. y f. Con respecto a una persona, hermano o hermana de su padre o madre.

tiovivo m. Artefacto de feria en el que giran figuras de madera.

tipa f. Árbol leguminoso suramericano, de madera dura y amarillenta, usada en ebanistería.

típico, ca adj. Que caracteriza a algo o alguien.

tipificar tr. Adaptar algo a un tipo o norma común.

tiple m. MÚS. Voz más aguda entre las humanas.

tipo m. **1.** Modelo característico de los rasgos de un género. **2.** Conjunto de los caracteres distintivos de una raza. **3.** Silueta del cuerpo de una persona. **4.** Fam. Persona, individuo.

tipografía f. Procedimiento de impresión con formas en relieve.

tipología f. **1.** Estudio y clasificación de tipos. **2.** Estudio de los caracteres del hombre, comunes a las diferentes razas.

tipoy m. Especie de túnica larga y sin mangas, que visten las indias y campesinas guaraníes.

tique m. Vale, cédula o recibo que acredita ciertos derechos.

tira f. **1.** Pedazo largo y estrecho de una materia. ◆ m. **2.** Chile y Méx. Agente de policía.

tirabuzón m. **1.** Sacacorchos. **2.** Rizo de pelo largo en espiral.

tirachinas m. Horquilla con mango y dos gomas elásticas para disparar piedras.

tirado, da adj. **1.** Muy barato. **2.** Fam. Sencillo, fácil. ◆ f. **3.** Acción y efecto de tirar. **4.** Distancia grande entre dos lugares. **5.** Número de ejemplares de una edición.

tirador, ra m. y f. **1.** Persona que tira, lanza o dispara. ◆ m. **2.** Asa de que se estira. **3.** Argent. Cinturón de cuero curtido propio de la vestimenta del gaucho. **4.** Argent. y Urug. Tirante para sujetar el pantalón.

tiraje m. **1.** Acción y efecto de tirar, imprimir. **2.** Amér. Tiro de la chimenea.

tiralíneas m. Instrumento de dibujo para trazar líneas.

tiranía f. **1.** Gobierno despótico. **2.** Abuso excesivo de autoridad.

tirante adj. **1.** Tenso, estirado. ◆ m. **2.** Cada una de las dos tiras elásticas, que sostienen desde los hombros una prenda de vestir.

tirar tr. **1.** Arrojar en dirección determinada. **2.** Derribar una cosa. **3.** Desechar algo. **4.** Imprimir un libro, periódico, etc. ◆ tr. e intr. **5.** Disparar la carga de un arma de fuego. ◆ intr. **6.** Hacer fuerza para traer hacia sí. ◆ prnl. **7.** Abalanzarse.

tiritar intr. Temblar de frío o por efecto de la fiebre.

tiro m. **1.** Acción y efecto de tirar. **2.** Disparo de un arma de fuego. **3.** Corriente de aire en un conducto. **4.** Conjunto de caballerías que tiran de un carruaje.

tiroides m. Glándula endocrina que regula el metabolismo.

tirón m. Acción y efecto de tirar bruscamente de algo.

tirotear tr. y prnl. Disparar repetidamente contra alguien.

tirria f. Fam. Antipatía inmotivada hacia alguien.

tisis f. Nombre clásico de la tuberculosis.

tisú m. **1.** Tela de seda entretejida con hilos de oro y plata. **2.** Pañuelo de papel suave.

titán m. Persona excepcional en algún aspecto.

títere m. Figura que se mueve por hilos o con las manos.

titiritero, ra m. y f. Persona que maneja los títeres.

titubear intr. **1.** Oscilar. **2.** Balbucir. **3.** Dudar, mostrarse indeciso.

titulado, da adj./m. y f. Que tiene un título académico o nobiliario.

titular tr. **1.** Poner título o nombre a algo. ◆ prnl. **2.** Tener por título. **3.** Obtener un título académico.

titular adj./m. y f. **1.** Que ocupa un cargo con el título correspondiente. ◆ m. **2.** Encabezamiento de una noticia en un periódico.

título m. **1.** Nombre o frase que designa la materia o partes de un texto, libro, etc. **2.** Testimonio dado para ejercer un empleo, dignidad o profesión. **3.** Documento de propiedad.

tiza f. Barra de arcilla blanca para escribir en los encerados.

tizne m. o f. Hollín, humo que se pega a los objetos.

tizón m. Palo a medio quemar que arde produciendo mucho humo.

tlaconete m. Méx. Babosa, molusco gasterópodo.

tlacuilo m. Entre los aztecas, individuo que se dedicaba a dibujar los signos de la escritura náhuatl.

tlapalería f. Méx. Comercio en el que se venden artículos de ferretería y droguería.

toalla f. Pieza de tejido suave y esponjoso para secarse.

toar tr. Remolcar un barco.

tobiano, na adj. Argent. Dícese del caballo cuyo pelaje presenta manchas blancas en la parte superior del cuerpo.

tobillera f. **1.** Venda elástica, con que se sujeta o protege el tobillo. **2.** Méx. Calcetín corto.

tobillo m. Parte ósea donde la pierna se junta con el pie.

tobogán m. **1.** Pista deslizante por la que las personas sentadas se dejan resbalar. **2.** Especie de trineo bajo.

tocadiscos m. Aparato que reproduce los sonidos grabados en un disco.

tocado, da adj. **1.** Algo perturbado. ◆ m. **2.** Prenda que cubre o adorna la cabeza.

tocador, ra adj./m. y f. **1.** Que toca un instrumento musical. ◆ m. **2.** Mueble con espejo ante el cual se arreglan las mujeres.

tocar tr. **1.** Entrar en contacto una parte del cuerpo con otra cosa. **2.** Hacer sonar un instrumento musical. ◆ tr. y prnl. **3.** Estar una cosa en contacto con otra. ◆ intr. **4.** Corresponder, tener relación.

tocata f. Breve composición musical.

tocayo, ya m. y f. Persona con el mismo nombre que otra.

tocho, cha adj. **1.** Tosco, tonto. ◆ m. **2.** Ladrillo ordinario y tosco.

tocineta f. *Colomb.* y *P. Rico.* Tocino, panceta.

tocino m. Carne grasa del cerdo y especialmente la salada.

toco m. *Perú.* Hornacina rectangular muy usada en la arquitectura incaica.

tocología f. Obstetricia.

todavía adv. **1.** Expresa la duración de una acción o un estado hasta un momento determinado: ~ *no ha llegado.* **2.** No obstante. **3.** Con *más, menos, mejor,* etc., expresa encarecimiento o ponderación.

todo, da adj./pron. **1.** Dícese de lo considerado en el conjunto de sus partes. **2.** Cada: *juega al tenis todos los martes.* ◆ m. **3.** Cosa íntegra.

todopoderoso, sa adj./m. Que todo lo puede.

toga f. Traje talar usado por los magistrados y abogados.

tojolabal adj./m. y f. De un pueblo amerindio de México y Guatemala.

tola f. *Amér. Merid.* Nombre de diferentes especies de arbustos que crecen en las laderas de la cordillera.

toldería f. Campamento de algunos pueblos amerindios de Argentina, Bolivia y Chile, formado por toldos, chozas hechas de pieles y ramas.

toldo m. **1.** Cubierta que se extiende para dar sombra. **2.** *Argent.* y *Chile.* Tienda de algunos pueblos amerindios hecha con pieles y ramas.

tolerancia f. **1.** Acción y efecto de tolerar. **2.** Respeto a las formas de pensar o actuar de los otros.

tolerar tr. **1.** Soportar, sufrir. **2.** Permitir, consentir. **3.** Admitir.

tolete adj./m. y f. **1.** *Cuba.* Torpe, tardo en entendimiento. ◆ m. **2.** *Amér. Central, Colomb., Cuba* y *Venez.* Garrote corto.

tololoche m. *Méx.* Contrabajo.

tolueno m. Hidrocarburo líquido semejante al benceno.

toma f. **1.** Acción de tomar. **2.** Porción de una cosa tomada de una vez. **3.** Conquista, ocupación. **4.** *Chile.* Muro para desviar el agua de su cauce, presa. **5.** *Colomb.* Cauce, acequia. **6.** CINE y TV. Acción y efecto de filmar.

tomacorriente m. *Argent.* y *Méx.* Conmutador.

tomador, ra adj./m. y f. *Amér.* Aficionado a la bebida.

tomar tr. **1.** Agarrar, asir, coger. **2.** Aceptar, admitir. **3.** Conquistar, ocupar. **4.** Filmar, fotografiar. ◆ tr., intr. y prnl. **5.** Comer, beber: ~ *una copa.* ◆ intr. **6.** Seguir una dirección determinada.

tomate m. **1.** Fruto de la tomatera, comestible y carnoso. **2.** Tomatera. **3.** *Guat.* y *Méx.* Planta herbácea cuyo fruto es parecido al tomate, pero del tamaño de una ciruela y de color amarillo verdoso. **4.** *Guat.* y *Méx.* Fruto de esta planta, que se emplea para preparar salsas.

tomatera f. Planta herbácea cuyo fruto es el tomate.

tomavistas m. *Esp.* Cámara de filmar para uso doméstico.

tómbola f. Rifa pública de objetos y local en que se celebra.

tómbolo m. Istmo de arena que une una isla al continente.

tomillo m. Planta usada en perfumería, cocina y farmacología.

tomo m. División de una obra que corresponde a un volumen.

ton m. Apóc. de *tono.*

tonada f. **1.** Composición poética para ser cantada. **2.** *Amér.* Entonación.

tonadilla f. Tonada o canción ligera.

tonalidad f. **1.** Conjunto de sonidos que sirve de base en una composición musical. **2.** Sistema de colores y tonos.

tonel m. Recipiente grande, abombado y de base circular.

tonelada f. Unidad de masa que vale 1 000 kg.

tongo m. Trampa realizada en competiciones deportivas.

tónico, ca adj. **1.** Que recibe el tono o acento. **2.** Que tiene un efecto estimulante. ◆ m. **3.** Loción para la piel del rostro. ◆ f. **4.** Tendencia general. **5.** Bebida refrescante, gaseosa.

tonificar tr. Dar fuerza y vigor al organismo.

tono m. **1.** Intensidad de un sonido o color. **2.** Carácter o matriz.

tontería f. **1.** Dicho o hecho de tonto. **2.** Calidad de tonto.

tonto, ta adj./m. y f. **1.** De poca inteligencia o entendimiento. ◆ adj. **2.** Falto de sentido o finalidad.

topacio m. Piedra fina, amarilla y transparente.

topar tr. **1.** Chocar una cosa con otra. **2.** *Amér.* Echar a pelear los gallos para probarlos.

tope m. **1.** Límite, extremo a que se puede llegar. **2.** Pieza para detener el movimiento de un mecanismo.

tópico, ca adj. **1.** Relativo a un lugar determinado. ◆ adj./m. **2.** Dícese del medicamento de uso externo. ◆ m. **3.** Asunto muy repetido. **4.** *Amér.* Tema de conversación.

topo m. **1.** Mamífero insectívoro que excava galerías en el suelo. **2.** Lunar de una tela. **3.** Carácter de imprenta. **4.** *Argent., Chile* y *Perú.* Alfiler grande que remata en forma de cuchara con grabados regionales.

topografía f. Representación del relieve de un terreno.

topología f. Ciencia que estudia los razonamientos matemáticos prescindiendo de sus significados concretos.

topónimo m. Nombre propio de lugar.

toque m. **1.** Acción de tocar. **2.** Golpe suave. **3.** Advertencia. **4.** *Méx.* Calambre que produce en el cuerpo el contacto con una corriente eléctrica.

toquetear tr. Manosear.

toquilla f. Pañuelo de punto que usan las mujeres para abrigarse.

torácico, ca adj. Relativo al tórax.

tórax m. **1.** Pecho. **2.** ZOOL. Segunda parte del cuerpo de los insectos.

torbellino m. Remolino de viento, polvo o agua.

torcaz adj./f. Dícese de una variedad de paloma de cuello verdoso y blanquecino.

torcedura f. **1.** Acción y efecto de torcer. **2.** Distensión de las partes blandas que rodean las articulaciones.

torcer tr. y prnl. **1.** Inclinar una cosa o ponerla sesgada. **2.** Retorcer. ◆ tr. **3.** Desviar algo de su posición o dirección. ◆ prnl. **4.** Dificultarse o frustrarse algo.

torcido, da adj. **1.** Que no está recto. **2.** Que no obra con rectitud. **3.** *Amér.* Desafortunado.

tordo, da adj./m. y f. **1.** Dícese de la caballería que tiene el pelo mezclado de negro y blanco. ◆ m. **2.** Pájaro de lomo gris aceitunado, y vientre blanco amarillento con manchas pardas. **3.** *Amér. Central, Argent.* y *Chile.* Estornino, pájaro.

torear tr. e intr. **1.** Lidiar al toro en una plaza y matarlo. ◆ tr. **2.** *Argent.* y *Chile.* Provocar, dirigir insistentemente a alguien palabras que pueden molestarle. **3.** *Chile.* Azuzar, provocar. ◆ intr. **4.** *Argent., Bol.* y *Par.* Ladrar un perro y amenazar con morder.

torero, ra m. y f. **1.** Persona que lidia toros. ◆ f. **2.** Chaqueta corta y ceñida.

toril m. En las plazas de toros, lugar donde están las reses.

torito m. **1.** *Argent.* y *Perú.* Nombre de diversas especies de coleópteros cuya coloración varía entre el castaño y el negro. **2.** *Cuba.* Pez con dos espinas como cuernos. **3.** *Ecuad.* y *Nicar.* Especie de orquídea.

tormenta f. **1.** Perturbación atmosférica con descargas eléctricas, aire y lluvia. **2.** Manifestación violenta del estado de ánimo.

tormento m. **1.** Aflicción, congoja. **2.** Dolor físico.

tornado m. Torbellino, huracán.

tornar intr. **1.** Regresar. ◆ tr. **2.** Devolver. ◆ tr. y prnl. **3.** Cambiar.

tornasol m. **1.** Reflejo de la luz en algunas telas haciéndolas cambiar de color. **2.** Girasol.

tornear tr. Labrar o dar forma a una cosa con el torno.

torneo m. Competición deportiva.

tornillo m. Pieza cilíndrica de metal, con resalto en espiral.

torniquete m. Instrumento quirúrgico para contener la hemorragia.

torno m. **1.** Aparato para la elevación de cargas por medio de un cable. **2.** Máquina que hace girar un objeto para labrarlo o tallarlo. ● **En ~,** alrededor.

toro m. **1.** Macho adulto del ganado vacuno, provisto de dos cuernos. **2.** Hombre muy fuerte y robusto. ◆ pl. **3.** Corrida de toros.

torpe adj. Falto de agilidad y destreza.

torpedo m. **1.** Pez marino parecido a la raya que produce descargas eléctricas. **2.** Proyectil explosivo submarino.

torrar tr. Tostar al fuego.

torre f. **1.** Cuerpo de edificio más alto que ancho, que sobresale. **2.** En el ajedrez, pieza con forma de torre.

torrefacto, ta adj. Que está tostado al fuego.

torrente m. **1.** Curso de agua impetuoso. **2.** Abundancia.

torrentoso, sa adj. *Amér.* Dícese de los ríos y arroyos de corriente impetuosa.

torreón m. Torre fortificada para la defensa de una plaza.

tórrido, da adj. Muy caliente.

torrija f. **1.** Rebanada de pan frito, empapada en leche y azúcar. **2.** *Chile.* Rodaja de limón o naranja que se pone en las bebidas.

torsión f. Acción y efecto de torcer o torcerse.

torso m. Tronco del cuerpo humano.

torta f. **1.** Masa de harina, que se cuece a fuego lento. **2.** Bofetada. **3.** *Argent., Chile* y *Urug.* Tarta.

tortícolis m. o f. Dolor de los músculos del cuello.

tortilla f. **1.** Plato de huevos batidos y fritos. **2.** *Amér. Central, Antill.* y *Méx.* Pieza delgada y circular de masa de maíz cocida. **3.** *Argent.* y *Chile.* Panecillo en forma de disco, chato, por lo común salado, hecho con harina de trigo o maíz y cocido al rescoldo.

tórtola f. Ave parecida a la paloma, pero más pequeña.

tortuga f. Reptil quelonio de cuerpo corto, y caparazón óseo.

■ **Enc.** Las **tortugas** terrestres se desplazan lentamente y son herbívoras. Las tortugas de agua dulce tienen un caparazón poco abombado, patas palmeadas y son carnívoras. Las tortugas marinas tienen las patas en forma de aletas, nadan con rapidez y sólo salen a la playa para poner sus huevos.

tortuoso, sa adj. Sinuoso.

tortura f. Suplicio físico o moral que se provoca a alguien.

tos f. Espiración brusca y enérgica del aire de los pulmones.

tosco, ca adj. **1.** Hecho con poca habilidad. ◆ adj./m. y f. **2.** Rústico, carente de cultura.

tosedera f. *Amér.* Tos persistente.

tostada f. Rebanada de pan tostado.

tostar tr. y prnl. **1.** Exponer algo al fuego hasta que se dore. **2.** *Chile.* Vapulear, azotar.

tostón m. **1.** Trozo de pan frito. **2.** *Fam.* Fastidio, pesadez.

total adj. **1.** Completo. ◆ m. **2.** Resultado de una suma. **3.** Totalidad. ◆ adv. **4.** En conclusión.

totalidad f. Todo el total, el conjunto de todos los componentes.

totalitario, ria adj. **1.** Que incluye la totalidad. **2.** Dícese del régimen político que concentra todo el poder en el estado.

tótem m. Entidad natural y emblema que es objeto de culto.

totora f. *Amér. Merid.* Especie de junco que crece a orillas de los lagos y junto al mar.

totuma f. **1.** *Amér. Central* y *Amér. Merid.* Fruto del totumo. **2.** *Amér. Central* y *Amér. Merid.* Vasija hecha con este fruto.

totumo m. *Amér. Central* y *Amér. Merid.* Planta cuyo fruto es una calabaza con la que se fabrican vasijas.

tóxico, ca adj./m. Que es venenoso.

toxicomanía f. Adicción a ingerir sustancias tóxicas.

toxina f. Sustancia tóxica elaborada por los seres vivos.

tozudo, da adj. Que sostiene fijamente una actitud u opinión.

traba f. **1.** Cosa que sujeta a otras, asegurándolas. **2.** Obstáculo.

trabajar intr. **1.** Realizar un esfuerzo en una actividad. **2.** Tener una ocupación u oficio.

trabajo m. **1.** Acción y efecto de trabajar. **2.** Ocupación retribuida. **3.** Obra resultante de una actividad física o intelectual.

trabajoso, sa adj. **1.** Que da o cuesta mucho trabajo. **2.** *Chile.* Molesto, enfadoso. **3.** *Colomb.* Que es poco complaciente y muy exigente.

trabalenguas m. Palabra o frase difícil de pronunciar.

trabar tr. **1.** Juntar dos cosas para afianzarlas. **2.** Poner trabas. **3.** Comenzar algo. ◆ prnl. **4.** Entorpecérsele a uno la lengua al hablar.

trabilla f. Pequeña tira de tela por la que se pasa una correa.

trabuco m. Arma de fuego más corta que la escopeta.

traca f. Serie de petardos que estallan sucesivamente.

trácala f. *Méx.* y *P. Rico. Fam.* Trampa, engaño.

tracción f. **1.** Acción de tirar o arrastrar algo para moverlo. **2.** Acción de poner tirante una cuerda, cable, etc.

tractor, ra adj./m. y f. **1.** Que produce la tracción. ◆ m. **2.** Vehículo de motor usado en los trabajos agrícolas.

tradición f. Transmisión de creencias, costumbres, etc., de unas generaciones a otras.

traducir tr. Expresar en una lengua lo expresado en otra.

traer tr. **1.** Llevar algo desde un lugar a otro más próximo al que habla. **2.** Causar. **3.** Llevar puesto: *trae un traje nuevo.*

traficar intr. Comerciar, especialmente con mercancías ilegales.

tráfico m. **1.** Acción de traficar. **2.** Circulación de vehículos por calles y carreteras. **3.** Transporte de personas, mercancías, etc.

tragaluz m. Claraboya.

tragaperras m. o f. *Esp.* Máquina de juego que funciona con monedas.

tragar tr. y prnl. Hacer que algo pase de la boca al estómago.

tragedia f. **1.** Obra dramática de asunto serio y final desdichado. **2.** Género de estas obras. **3.** Suceso desgraciado de la vida.

trágico, ca adj. **1.** Relativo a la tragedia. ◆ adj./m. y f. **2.** Dícese del autor de tragedias y del actor que las interpreta.

tragicomedia f. **1.** Obra dramática con elementos propios de la comedia y de la tragedia. **2.** Género de estas obras.

trago m. Cantidad de líquido que se bebe de una vez.

traición f. Violación de la lealtad y fidelidad debidas.

traidor, ra adj./m. y f. Que traiciona.

trailer m. **1.** Remolque de un camión. **2.** *Esp.* Avance de una película.

trainera f. Barco usado para la pesca de sardinas con red.

traje m. Vestido completo de una persona. ●~ **de baño,** prenda que se utiliza para bañarse en piscinas, playas, etc.

trajinar tr. **1.** Llevar mercancías de un lugar a otro. ◆ intr. **2.** Desarrollar una actividad intensa.

trama f. **1.** Conjunto de hilos que, cruzados con los de la urdimbre, forman una tela. **2.** Disposición interna de las partes de un asunto. **3.** Argumento de una obra. **4.** Treta, confabulación.

tramar tr. **1.** Preparar con sigilo. **2.** Cruzar los hilos de la trama por los de la urdimbre.

tramitar tr. Hacer pasar un asunto por los trámites necesarios para resolverlo.

trámite m. **1.** Acción de tramitar. **2.** Diligencia que hay que realizar para la resolución de un asunto.

tramo m. Parte de una superficie: *un ~ de carretera.*

tramontana f. Viento del norte, frío y seco.

tramoya f. Maquinaria teatral con la que se realizan los cambios de decorado y los efectos especiales.

trampa f. **1.** Artificio para cazar animales. **2.** Puerta abierta en el suelo. **3.** Plan para engañar a alguien. **4.** Infracción maliciosa en el juego o la competición con el fin de sacar provecho.

trampolín m. Tabla inclinada y flexible que sirve a los nadadores y a los gimnastas para impulsarse en un salto.

tranca f. **1.** Palo con que se aseguran puertas y ventanas. **2.** *Méx.* Puerta tranquera.

trancazo m. **1.** Golpe dado con una tranca. **2.** *Fam.* Gripe. **3.** *Cuba.* Trago largo de licor. **4.** *Méx. Fam.* Golpe muy fuerte.

trance m. Momento crítico, decisivo y difícil.

tranquera f. *Amér. Merid.* Puerta rústica de un alambrado hecha con maderos.

tranquilizar tr. y prnl. Poner tranquilo, calmar, sosegar.

tranquilo, la adj. **1.** Que está en calma. **2.** Que no está nervioso.

trans- pref. Significa 'al otro lado', 'a través de'.

transa f. *Méx. Fam.* Engaño, especialmente el que se hace para despojar a alguien de sus bienes.

transacción f. **1.** Negocio, trato. **2.** Acción y efecto de transigir.

transar intr. y prnl. **1.** *Amér.* Transigir, ceder. ◆ tr. **2.** *Méx. Fam.* Despojar a uno de algo mediante trampas.

transatlántico m. Barco de grandes dimensiones destinado al transporte de pasajeros en largas travesías.

transbordar tr. e intr. Trasladar cosas o personas de un vehículo a otro.

transcribir tr. **1.** Copiar un escrito. **2.** Escribir lo que se oye.

transcurrir intr. Pasar el tiempo.

transeúnte adj./m. y f. **1.** Que transita por un lugar. **2.** Que está de paso.

transexual adj./m. y f. Dícese de la persona que adquiere los caracteres sexuales del sexo opuesto.

transferir tr. **1.** Pasar a alguien o algo de un lugar a otro. **2.** Ceder a otro el derecho sobre una cosa.

transfigurar tr. y prnl. Hacer cambiar de figura o aspecto a una persona o cosa.

transformador m. Aparato que transforma la corriente eléctrica de un voltaje a otro.

transformar tr. y prnl. **1.** Hacer cambiar de forma. **2.** Convertir una cosa en otra mediante un proceso.

tránsfuga m. y f. Persona que pasa de un partido político a otro.

transfundir tr. Hacer pasar un líquido de un recipiente a otro.

transfusión f. Acción y efecto de transfundir. ● ~ **de sangre,** introducción de sangre de un individuo en los vasos sanguíneos de otro.

transgredir tr. Violar o quebrantar una ley o norma.

transición f. Acción y efecto de pasar de un estado a otro.

transigir intr. Ceder a los deseos u opiniones de otro.

transistor m. Dispositivo electrónico que sirve para rectificar y ampliar los impulsos eléctricos.

transitar intr. Ir por una vía pública.

transitivo, va adj. LING. Dícese del verbo que puede llevar objeto directo.

tránsito m. **1.** Acción de transitar. **2.** Movimiento de gente y vehículos por calles, carreteras, etc.

transitorio, ria adj. Que dura poco tiempo o no es definitivo.

transmigrar intr. **1.** Emigrar. **2.** Según ciertas creencias, pasar un alma de un cuerpo a otro.

transmisión m. Acción y efecto de transmitir.

transmisor m. Aparato que sirve para transmitir las señales eléctricas, telefónicas o telegráficas.

transmitir tr. **1.** Hacer llegar a alguien un mensaje. **2.** Comunicar por radio, telégrafo, etc. **3.** Contagiar una enfermedad.

transmutar tr. y prnl. Convertir una cosa en otra.

transparente adj. Dícese del cuerpo a través del cual pueden verse claramente los objetos.

transpirar intr. **1.** Expulsar a través de la piel un líquido orgánico. **2.** Expulsar las plantas vapor de agua.

transportador m. Semicírculo graduado que sirve para medir y trazar ángulos.

transportar tr. **1.** Llevar personas o cosas de un lugar a otro. ♦ prnl. **2.** Extasiarse, embelesarse.

transporte m. **1.** Acción y efecto de transportar. **2.** Medio o vehículo usado para transportar personas o cosas.

transversal adj. **1.** Que atraviesa una cosa de un lado a otro perpendicularmente. **2.** Oblicuo, en diagonal.

tranvía m. Vehículo para el transporte urbano de personas, que se mueve por electricidad a través de raíles.

trapeador m. Chile y Méx. Trapo, bayeta para limpiar el suelo.

trapear tr. Amér. Fregar el suelo con un trapo o bayeta.

trapecio m. **1.** Palo horizontal suspendido en sus extremos por dos cuerdas. **2.** ANAT. Músculo situado en la parte posterior del cuello. **3.** MAT. Cuadrilátero que sólo tiene dos lados paralelos.

trapecista m. y f. Artista de circo que actúa en el trapecio.

trapezoide m. MAT. Cuadrilátero irregular que no tiene ningún lado paralelo a otro.

trapiche m. **1.** Molino para prensar frutas y extraer su jugo. **2.** Argent., Chile y Méx. Molino para reducir a polvo los minerales. **3.** Méx. Ingenio azucarero.

trapichear intr. Fam. Buscar medios para lograr algo.

trapo m. **1.** Trozo de tela vieja o inútil. **2.** Paño usado para limpiar. **3.** Velamen. **4.** Capote, muleta. ♦ pl. **5.** Conjunto de prendas de vestir.

tráquea f. Conducto que comunica la laringe con los bronquios.

traqueotomía f. MED. Abertura que se hace en la tráquea para evitar la asfixia.

traro m. Argent. y Chile. Carancho, ave rapaz.

tras prep. **1.** Después de, a continuación. **2.** Detrás de. **3.** En busca de: ir tras la fama.

tras- pref. Trans*.

trascendencia f. Consecuencia de índole grave o importante.

trascendental adj. Muy importante, interesante o valioso.

trascender intr. **1.** Empezar a conocerse lo que estaba oculto. **2.** Extenderse las consecuencias de algo.

trasegar tr. **1.** Desordenar cosas. **2.** Mudar de vasija un líquido.

trasero, ra adj. **1.** Situado detrás. ♦ m. Fam. **2.** Nalgas, culo. ♦ f. **3.** Parte posterior de un objeto, edificio, etc.

trashumancia f. Migración del ganado, para buscar nuevos pastos.

traslación f. **1.** Acción y efecto de trasladar. **2.** ASTRON. Movimiento de la Tierra alrededor del Sol.

trasladar tr. **1.** Hacer pasar a alguien de un puesto a otro de la misma categoría. ♦ tr. y prnl. **2.** Cambiar de lugar o de tiempo.

traslúcido, da adj. Que deja pasar la luz, pero no permite ver lo que hay detrás.

trasluz. Al ~, dícese de la forma de mirar una cosa, poniéndola entre la luz y el ojo.

trasminante adj. Chile. Dícese del frío penetrante e intenso.

trasnochar intr. Pasar la noche sin dormir o acostarse muy tarde.

traspapelar tr. y prnl. Perder un papel entre otros.

traspasar tr. **1.** Pasar de un lado a otro de un cuerpo. **2.** Pasar más allá de un límite. **3.** Ceder el alquiler de un local.

traspatio m. Amér. Patio interior de la casa, situado tras el patio principal.

traspié m. **1.** Resbalón o tropezón. **2.** Error, desliz.

trasplantar tr. **1.** Trasladar plantas de un terreno a otro. **2.** MED. Realizar un trasplante.

trasplante m. **1.** Acción y efecto de trasplantar. **2.** MED. Sustitución de un órgano enfermo o dañado por otro sano.

trasponer tr. y prnl. **1.** Poner a alguien o algo en un lugar diferente. **2.** Atravesar. ♦ prnl. **3.** Quedarse medio dormido.

trasquilar tr. Esquilar.

trastada f. Fam. Mala pasada.

traste m. Cada uno de los salientes colocados a lo largo del mástil de una guitarra u otro instrumento de cuerda.

trastear tr. **1.** Poner los trastes a la guitarra o a otro instrumento. ◆ intr. **2.** Pisar las cuerdas de los instrumentos de trastes. **3.** Mover trastos de un lado a otro. **4.** Hacer travesuras.

trastero m. Habitación donde se guardan trastos, muebles, etc.

trastienda f. Habitación situada detrás de la tienda.

trasto m. **1.** Utensilio viejo o inútil. ◆ pl. **2.** Conjunto de utensilios propios de alguna actividad.

trastocar tr. **1.** Desordenar las cosas. ◆ prnl. **2.** Enloquecer.

trastornar tr. **1.** Causar a alguien una gran molestia. **2.** Inquietar, intranquilizar. ◆ tr. y prnl. **3.** Perturbar las facultades mentales.

trastorno m. **1.** Acción y efecto de trastornar o trastornarse. **2.** Alteración leve de la salud.

trasvasar tr. Pasar un líquido de un lugar a otro.

trata f. Tráfico de seres humanos.

tratado m. **1.** Acuerdo entre naciones y documento en el que consta. **2.** Obra sobre determinada materia.

tratamiento m. **1.** Acción y efecto de tratar o tratarse. **2.** Título de cortesía. **3.** Método para curar una enfermedad.

tratar tr. **1.** Comportarse con alguien de una determinada manera. **2.** Dar tratamiento: ~ *de usted*. **3.** Someter a cuidados médicos. **4.** Discutir sobre un asunto. ◆ tr., intr. y prnl. **5.** Relacionarse con alguien. ◆ intr. **6.** Hablar o escribir sobre cierto asunto. **7.** Intentar: *trató de engañarme.*

tratativa f. *Argent.* y *Perú.* Etapa preliminar de una negociación.

trato m. **1.** Acción y efecto de tratar o tratarse. **2.** Manera de dirigirse a una persona. **3.** Acuerdo entre dos personas o partes.

trauma m. Trastorno emocional.

traumatismo m. MED. Lesión de los tejidos orgánicos provocada por un agente exterior.

través m. Inclinación o torcimiento. ◆ **A ~ de,** por medio de.

travesaño m. Pieza que atraviesa algo de una parte a otra.

travesía f. **1.** Vía transversal. **2.** Viaje por mar o aire. **3.** *Argent.* Región vasta y desértica. **4.** *Chile.* Viento oeste que sopla desde el mar.

travesti m. y f. Persona que utiliza vestiduras del sexo contrario.

travesura f. Acción realizada por los niños, con afán de divertirse y sin malicia, con la que causan algún trastorno.

travieso, sa adj. **1.** Que hace travesuras. ◆ f. **2.** Cada una de las piezas sobre las que se asientan los rieles.

trayecto m. **1.** Espacio que se recorre de un punto a otro. **2.** Acción de recorrer dicho espacio.

trayectoria f. **1.** Línea descrita en el espacio por un punto en movimiento. **2.** Conducta u orientación del comportamiento.

traza f. **1.** Diseño, plano o proyecto de una obra de construcción. **2.** Aspecto, apariencia. **3.** Habilidad para hacer algo.

trazar tr. **1.** Hacer trazos. **2.** Representar a grandes líneas: ~ *un retrato.* **3.** Disponer los medios oportunos para conseguir algo.

trazo m. **1.** Línea trazada sobre una superficie. **2.** En la escritura, cada una de las partes en que se considera dividida la letra.

trébol m. Planta de hojas agrupadas de tres en tres.

trece adj./m. **1.** Diez y tres. ◆ adj./m. y f. **2.** Decimotercero.

treceavo, va adj./m. Dícese de cada una de las trece partes iguales en que se divide un todo.

trecho m. Espacio de lugar o de tiempo.

tregua f. **1.** Cesación temporal de hostilidades. **2.** Descanso temporal en una actividad.

treinta adj./m. **1.** Tres veces diez. ◆ adj./m. y f. **2.** Trigésimo.

tremebundo, da adj. Que causa terror.

tremendo, da adj. **1.** Digno de ser temido. **2.** Muy grande.

trementina f. Resina que se extrae del abeto y otros árboles.

tremolar tr. Enarbolar las banderas, estandartes, etc.

trémulo, la adj. **1.** Que tiembla. **2.** Que tiene un movimiento parecido al temblor.

tren m. **1.** Conjunto de una locomotora y de los vagones arrastrados por ella. **2.** Conjunto de aparatos para realizar una operación.

trenca f. Abrigo corto y con capucha.

trenza f. Conjunto de tres mechones de pelo que se cruzan.

trepador, ra adj. **1.** Que trepa: *planta* ~. ◆ adj./f. **2.** Dícese de las aves que tienen el dedo externo hacia atrás para trepar con facilidad por los árboles.

trepanar tr. MED. Perforar el cráneo.

trepar tr. e intr. **1.** Subir a un lugar ayudándose de los pies y las manos. ◆ intr. **2.** Crecer las plantas agarrándose a los árboles u otros objetos.

tres adj./m. **1.** Dos y uno. ◆ adj./m. y f. **2.** Tercero.

trescientos, tas adj./m. **1.** Tres veces ciento. ◆ adj./m. y f. **2.** Que corresponde en orden al número trescientos.

tresillo m. **1.** Conjunto de un sofá y dos butacas. **2.** MÚS. Grupo de tres notas de igual valor que se ejecutan en el tiempo correspondiente a dos de ellas.

tresquilar tr. *Chile, C. Rica* y *Ecuad.* Trasquilar.

treta f. Ardid, artimaña.

triángulo m. **1.** Polígono de tres lados. **2.** Instrumento musical de percusión formado por un triángulo metálico.

triásico, ca adj./m. GEOL. Dícese del primer período del mesozoico.

tribu f. Agrupación política, social y económica propia de los pueblos primitivos, dirigida por un jefe.

tribulación f. **1.** Disgusto, pena. **2.** Dificultad.

tribuna f. **1.** Plataforma elevada desde donde se habla al público. **2.** En los campos deportivos, localidad preferente.

tribunal m. **1.** Órgano del estado formado por uno o varios magistrados que juzgan conjuntamente. **2.** Conjunto de magistrados que componen este órgano. **3.** Conjunto de personas reunidas para juzgar en un concurso, examen u oposición.

tributar tr. **1.** Pagar un tributo. **2.** Dar muestras de admiración o gratitud.

tributo m. **1.** Impuesto u otra obligación fiscal. **2.** Carga que se impone a alguien por el disfrute de algo.

tríceps adj./m. Dícese de los músculos con tres tendones.

triciclo m. Vehículo de tres ruedas.

tricornio m. Sombrero de tres puntas, usado en ocasiones por la Guardia civil española.

tricota f. *Argent.* Suéter, prenda de punto.

tricotar tr. e intr. Hacer labores de punto.

tridimensional adj. Que tiene tres dimensiones.

triedro adj.MAT. Dícese del ángulo formado por tres planos que concurren en un punto.

trienio m. **1.** Período de tres años. **2.** Incremento económico de un sueldo correspondiente a cada tres años de servicio activo.

trifulca f. *Fam.* Pelea, riña.

trigésimo, ma adj./m. y f. Que corresponde en orden al número treinta.

triglifo o **tríglifo** m.ARQ. Motivo ornamental del friso dórico.

trigo m. **1.** Planta herbácea de cuyo grano se obtiene la harina. **2.** Grano de esta planta.

trigonometría f. MAT. Estudio de las relaciones que se establecen entre los lados y los ángulos de un rectángulo.

trilita f. Trinitrotolueno.

trillado, da adj. Muy conocido o sabido.

trillar tr. Triturar la mies y separar el grano de la paja.

trillizo, za adj./m. y f. Dícese de cada uno de los tres hermanos nacidos en un mismo parto.

trillo m. **1.** Instrumento para trillar. **2.** *Amér. Central y Antill.* Senda abierta comúnmente por el continuo tránsito de peatones.

trilobites adj./m. Relativo a una clase de artrópodos marinos fósiles de la era primaria, cuyo cuerpo estaba dividido en tres partes.

trilogía f. Conjunto de tres obras de un autor, que forman una unidad.

trimestre m. Período de tres meses.

trinar intr. **1.** Cantar las aves. **2.** *Fam.* Estar muy enfadado: *está que trina.*

trinca f. **1.** Conjunto de tres cosas de una misma clase. **2.** MAR. Cabo que sujeta una cosa.

trinchar tr. Partir en trozos la comida para servirla.

trinche m. **1.** *Chile y Ecuad.* Mueble donde se trincha. **2.** *Colomb., Ecuad. y Méx.* Tenedor.

trinchera f. **1.** Zanja defensiva que permite disparar a cubierto del enemigo. **2.** Gabardina.

trineo m. Vehículo que se desliza sobre la nieve y el hielo.

trinidad f. Misterio de la fe católica según el cual hay tres personas distintas que forman un solo Dios.

trinitario, ria adj./m. y f. **1.** De Trinidad. ◆ f. **2.** *Colomb., P. Rico y Venez.* Planta trepadora de flores moradas o rojas.

trinitrotolueno m. Compuesto que constituye un potente explosivo.

trino m. Gorjeo de los pájaros.

trinquete m. **1.** *Méx.* Engaño para obtener alguna cosa. **2.** MAR. Palo de proa. **3.** MAR. Verga mayor y vela que se sujeta a esta verga.

trío m. **1.** Conjunto de tres personas o cosas. **2.** MÚS. Conjunto de tres voces o tres instrumentos.

tripa f. **1.** Intestino. **2.** Parte abultada de ciertos objetos. **3.** *Colomb. y Venez.* Cámara de las ruedas del automóvil.

tripartito, ta adj. Dividido en tres partes, órdenes o clases.

triple adj./m. Que contiene un número tres veces exactamente.

trípode m. Armazón de tres pies, para sostener ciertos instrumentos.

tríptico m. **1.** Pintura o grabado de tres cuerpos. **2.** Tratado o libro que consta de tres partes.

triptongo m. LING. Conjunto de tres vocales que forman una sola sílaba.

tripulación f. Conjunto de personas al servicio de un barco o una aeronave.

tripular tr. **1.** Conducir o prestar servicio en una embarcación o aeronave. **2.** Dotar de tripulación.

tripulina f. *Chile.* Confusión, barullo.

triquina f. Gusano parásito del intestino de ciertos mamíferos.

triquiñuela f. *Fam.* Artimaña.

tris m. **1.** Leve sonido que hace una cosa delicada al quebrarse. **2.** *Fam.* Porción muy pequeña de tiempo o lugar.

triste adj. **1.** Afligido, apesadumbrado. **2.** Que ocasiona aflicción o pena: *noticia ~.* **3.** Insignificante, insuficiente: *~ consuelo.* ◆ m. **4.** *Amér.* Composición popular de tema amoroso que se canta al son de la guitarra.

tritón m. Anfibio parecido a la salamandra.

triturar tr. Reducir una materia sólida a trozos pequeños.

triunfar intr. **1.** Quedar victorioso. **2.** Tener éxito: *quiere ~ en la vida.*

triunfo m. **1.** Acción y efecto de triunfar. **2.** Trofeo. **3.** *Argent. y Perú.* Baile popular.

triunvirato m. Magistratura de la antigua Roma formada por tres personas.

trivial adj. Que carece de toda importancia o interés.

triza f. Trozo pequeño de algo.

trocar tr. **1.** Cambiar una cosa por otra. ◆ tr. y prnl. **2.** Variar una cosa en otra distinta: *~ la risa en llanto.*

trocear tr. Dividir en trozos.

trocha f. **1.** Camino abierto en la maleza. **2.** Atajo. **3.** *Argent.* Ancho de la vía ferroviaria.

trofeo m. **1.** Objeto en recuerdo de un éxito o una victoria: *~ de guerra.* **2.** Premio que se entrega en una competición.

troglodita adj./m. y f. Que habita en cavernas.

trola f. *Fam. Esp.* Mentira, engaño.

trole m. Dispositivo que transmite la corriente de la red aérea a los vehículos eléctricos.

trolebús m. Autobús que se mueve mediante un trole doble.

tromba f. Chaparrón repentino.

trombo m. Coágulo sanguíneo que se forma en una vena o vaso.

T

trombocito m. Plaqueta.

trombón m. Instrumento musical de viento, parecido a la trompeta.

trombosis f. Formación de un trombo en el interior de un vaso sanguíneo.

trompa f. **1.** Instrumento musical de viento compuesto de un tubo cónico arrollado sobre sí mismo. **2.** Peonza. **3.** Prolongación de la nariz de algunos animales. **4.** Aparato chupador de algunos insectos. ● ~ **de Eustaquio** (ANAT.), conducto que comunica la faringe con el oído medio. ● ~ **de Falopio** (ANAT.), cada uno de los conductos que permite el paso del óvulo desde el ovario al útero.

trompazo m. Golpe recio.

trompear tr. *Amér.* Dar trompazos o puñetazos.

trompeta f. Instrumento musical de viento formado por un tubo de metal, que va ensanchándose desde la boquilla.

trompicón m. **1.** Tropezón. **2.** Porrazo, golpe fuerte.

trompo m. Peonza.

trompudo, da adj. *Amér.* Dícese de la persona de labios prominentes.

tronar impers. **1.** Sonar truenos. ◆ intr. **2.** *Méx. Fam.* No aprobar un curso un estudiante. **3.** *Méx. Fam.* Romper relaciones una pareja.

tronchar tr. y prnl. **1.** Partir el tronco, tallo o ramas de una planta. ◆ prnl. *Fam.* **2.** Reírse mucho sin poder contenerse.

troncho m. **1.** Tallo de las hortalizas. **2.** *Colomb.* y *Nicar.* Porción, pedazo.

tronco m. **1.** Tallo principal de una planta arbórea. **2.** Parte central del cuerpo, sin la cabeza y las extremidades.

tronera f. **1.** Ventana pequeña y angosta. **2.** Cada uno de los agujeros de la mesa de billar.

trono m. **1.** Asiento regio con gradas y dosel. **2.** Dignidad de rey.

tropa f. **1.** Conjunto de soldados, cabos y sargentos. **2.** Multitud. **3.** *Amér. Merid.* Recua de ganado. ◆ pl. **4.** Conjunto de cuerpos de un ejército.

tropel m. **1.** Muchedumbre que se mueve con desorden y gran ruido. **2.** Conjunto revuelto y desordenado de cosas.

tropelía f. Atropello, acto violento o ilegal.

tropezar intr. **1.** Topar en algún obstáculo al caminar. ◆ intr. y prnl. *Fam.* **2.** Encontrar casualmente una persona a otra.

tropezón m. **1.** Acción y efecto de tropezar. **2.** Trozo pequeño de carne que se mezcla con la sopa o las legumbres.

trópico m. **1.** Cada uno de los dos círculos menores en los que se considera dividida la Tierra, que son paralelos al ecuador. **2.** Región situada entre estos dos círculos.

tropiezo m. **1.** Tropezón. **2.** Contratiempo.

tropilla f. *Argent.* Conjunto de caballos de un mismo dueño.

tropismo m. BIOL. Orientación de crecimiento de plantas y microorganismos en respuesta a determinados estímulos externos.

tropo m. Figura retórica que consiste en emplear las palabras en sentido distinto al habitual, como la metáfora.

troposfera f. Primera capa de la atmósfera, en contacto con la superficie de la Tierra.

troquel m. Molde para acuñar monedas, medallas, etc.

trotamundos m. y f. *Fam.* Persona aficionada a viajar.

trote m. **1.** Modo de andar de las caballerías levantando a la vez el pie y la mano opuesta. **2.** Ocupación muy intensa.

trova f. **1.** Verso o poesía. **2.** Canción amorosa compuesta o cantada por los trovadores.

trovador m. Poeta provenzal de la Edad Media.

troyano, na adj./m. y f. De Troya, antigua ciudad de Asia Menor.

trozo m. Parte o porción de una cosa separada del todo.

trucar tr. **1.** Disponer las cartas para hacer trampas en los juegos de naipes, o hacer trucos en el juego de billar. **2.** Falsificar.

trucha f. Pez de agua dulce, de carne muy apreciada.

truco m. **1.** Ardid o artimaña para lograr un fin. **2.** Procedimiento para producir un efecto con apariencia de verdad. **3.** *Argent.* Juego de naipes.

truculento, ta adj. Que exagera la crueldad o el dramatismo.

trueno m. **1.** Ruido del rayo. **2.** Estampido, explosión.

trueque m. Cambio, acción y efecto de trocar.

trufa f. **1.** Hongo comestible muy apreciado, que crece bajo tierra. **2.** Golosina en forma de bombón de chocolate.

truhán, na adj./m. y f. Granuja.

trumao m. *Chile.* Tierra arenisca muy fina procedente de rocas volcánicas.

truncar tr. Cortar una parte de una cosa o dejarla incompleta.

trusa f. **1.** *Méx.* y *Perú.* Calzoncillos. **2.** *Perú.* Bragas.

tse-tsé f. Mosca africana que transmite la enfermedad del sueño.

tu adj. pos. Apóc. de *tuyo*, cuando va antepuesto al nombre.

tú pron. pers. masc. y fem. de 2a. persona sing. Funciona como sujeto.

tubérculo m. **1.** Porción engrosada de un tallo subterráneo, como la patata. **2.** MED. Pequeño tumor del interior de los tejidos.

tuberculosis f. Enfermedad infecciosa, caracterizada por la formación de tubérculos, principalmente en los pulmones.

tubería f. **1.** Conducto formado por tubos. **2.** Conjunto de tubos.

tubo m. **1.** Pieza cilíndrica, hueca y alargada: ~ *de desagüe.* **2.** Recipiente alargado de forma cilíndrica: ~ *de pasta dentífrica.*

tucán m. Ave trepadora de plumaje muy coloreado y pico grande.

tuco, ca adj. **1.** *Bol., Ecuad.* y *P. Rico.* Manco. ◆ m. **2.** *Amér. Central, Ecuad.* y *P. Rico.* Muñón. **3.** *Argent., Chile* y *Urug.* Salsa de tomate cocida con cebolla, orégano, perejil, ají, etc.

tucumá m. Palmera de la que se obtiene una fibra textil y de cuyo fruto se extrae un aceite.

tucutuco m. *Amér. Merid.* Mamífero insectívoro similar al topo, que vive en galerías subterráneas.

tuerca f. Pieza cuya superficie interna está labrada por un surco en espiral en el que se ajusta la rosca de un tornillo.

tuerto, ta adj./m. y f. Falto de un ojo.

tuétano m. Médula contenida en los huesos.

tufo m. **1.** Emanación gaseosa que se desprende de las fermentaciones y combustiones. **2.** Olor desagradable.

tugurio m. Vivienda o habitación pequeña y miserable.

tul m. Tejido transparente.

tule m. *Méx.* Planta de tallos largos y erectos que crece a la orilla de los ríos y lagos, con cuyas hojas se hacen petates.

tulipán m. **1.** Planta de raíz bulbosa y flor grande. **2.** Flor de esta planta.

tullido, da adj./m. y f. Que ha perdido el movimiento del cuerpo o de algún miembro.

tulpa f. *Colomb., Ecuad.* y *Perú.* Cada una de las piedras que forman el fogón de las cocinas campesinas.

tumba f. Sepulcro, sepultura.

tumbado m. *Colomb.* y *Ecuad.* Techo interior plano y liso.

tumbar tr. **1.** Hacer caer a alguien o algo. ◆ prnl. *Fam.* **2.** Tenderse.

tumbo m. Vaivén violento.

tumbona f. Silla extensible y articulada para estar tumbado.

tumefacción f. *MED.* Hinchazón de alguna parte del cuerpo.

tumor m. Aumento patológico del volumen de los tejidos o de un órgano, debido a una proliferación anormal celular.

túmulo m. **1.** Sepulcro levantado de la tierra. **2.** Armazón sobre el que se coloca el ataúd para celebrar las exequias de un difunto.

tumulto m. **1.** Alboroto de una multitud. **2.** Agitación ruidosa.

tuna f. **1.** Fruto de la chumbera. **2.** Estudiantina.

tunante, ta adj./m. y f. Granuja, pícaro.

tunda f. *Fam.* Paliza.

tundra f. Formación vegetal propia de climas fríos.

túnel m. Galería subterránea que se abre artificialmente.

tungsteno m. Volframio.

túnica f. Vestido más o menos holgado y largo.

tunjano, na adj./m. y f. De Tunja (Colombia).

tuntún. Al ~ *(Fam.)*, sin reflexión.

tupé m. Mechón de cabello sobre la frente.

tupido, da adj. **1.** Denso, apretado. **2.** *Argent., Méx.* y *Urug.* Abundante, copioso.

tupí-guaraní adj./m. y f. **1.** De un pueblo amerindio que comprende diversas tribus extendidas a lo largo de la costa atlántica y de la cuenca del río Amazonas. ◆ m. **2.** Familia de lenguas amerindias de América del Sur.

turba f. **1.** Carbón fósil formado de residuos vegetales. **2.** Muchedumbre de gente incontrolada.

turbante m. Tocado oriental de tela que se arrolla a la cabeza.

turbar tr. y prnl. **1.** Alterar el orden o estado natural de algo. **2.** Aturdir a alguien de modo que no acierte a reaccionar.

turbina f. Máquina motriz compuesta de una rueda móvil sobre la que se aplica la energía de un fluido propulsor.

turbio, bia adj. **1.** Sucio o revuelto. **2.** *Fam.* Confuso: *un negocio ~.*

turboalternador m. Grupo generador de electricidad, compuesto de una turbina y un alternador.

turbogenerador m. Generador eléctrico accionado por una turbina.

turbulento, ta adj. **1.** Agitado, alborotado. **2.** Dícese del movimiento de un fluido que presenta una agitación desordenada.

turco, ca adj./m. y f. **1.** De Turquía. ◆ m. **2.** Lengua hablada en Turquía.

turismo m. **1.** Práctica de viajar por placer. **2.** Automóvil particular.

turnar intr. y prnl. **1.** Establecer un turno con otras personas en la realización de algo. ◆ tr. **2.** *Méx.* Remitir un expediente o asunto, un funcionario a otro.

turno m. **1.** Orden por el que se suceden unas a otras las personas que se turnan. **2.** Momento en el que corresponde actuar a cada uno.

turolense adj./m. y f. De Teruel (España).

turquesa f. Piedra preciosa de color azul verdoso.

turrón m. Masa de almendras, piñones, avellanas o nueces, tostados y mezclados con miel o azúcar.

tusa f. **1.** *Argent.* y *Chile.* Crin del caballo. **2.** *Argent.* y *Chile.* Acción de tusar. **3.** *Bol., Colomb.* y *Venez.* Mazorca de maíz desgranada. **4.** *Chile.* Conjunto de filamentos de la mazorca de maíz. **5.** *Colomb.* Marca de viruela. **6.** *Cuba.* Cigarrillo que se lía con hojas de maíz. **7.** *Cuba.* Mazorca de maíz.

tusar tr. **1.** *Amér.* Trasquilar. **2.** *Argent.* Cortar las crines al caballo.

tute m. Juego de naipes con baraja española.

tutear tr. y prnl. Hablar a uno de *tú* y no de *usted.*

tutela f. **1.** Autoridad y cargo de tutor. **2.** Amparo, protección.

tutor, ra m. y f. **1.** Persona que representa al menor en los actos civiles. **2.** Profesor encargado de orientar a los alumnos.

tutuma f. *Chile.* Chichón, bulto.

tuyo, ya adj. pos./pron. pos. Indica posesión de o pertenencia a la 2a. persona del sing.

tuza f. *Méx.* Pequeño roedor similar al topo.

tzotzil adj./m. y f. De un pueblo amerindio que habita en Chiapas, México.

T

u

u f. **1.** Vigésima segunda letra del abecedario. ◆ conj. **2.** Se emplea en vez de *o* ante palabras que empiezan por *o* o por *ho: uno u otro.*

ubicar intr. y prnl. **1.** Estar o encontrarse en un lugar o espacio. ◆ tr. **2.** *Amér.* Situar o instalar en determinado espacio o lugar.

ubicuo, cua adj. Que está en varios sitios a la vez.

ubre f. Glándula mamaria.

ucraniano, na adj./m. y f. De Ucrania.

ufano, na adj. **1.** Engreído. **2.** Satisfecho, alegre.

ujier m. **1.** Portero de un palacio. **2.** Empleado subalterno de algunos tribunales.

úlcera f. Herida que no cicatriza, generalmente acompañada de secreción de pus.

uliginoso, sa adj. BOT. Que crece en lugares húmedos.

ulmo m. **1.** *Chile.* Árbol cuya corteza se emplea para curtir. **2.** *Chile.* Madera de esta planta.

ulterior adj. Que se dice, sucede o se hace después de otra cosa.

ultimadamente adv. *Méx. Fam.* Finalmente, a todo esto.

ultimar tr. **1.** Terminar algo. **2.** *Amér.* Matar, rematar.

ultimátum m. Resolución definitiva.

último, ma adj. **1.** Que está después que todos los demás en el espacio o en el tiempo. **2.** Decisivo, definitivo.

ultra adj. **1.** Relativo a la política de extrema derecha. ◆ m. y f. **2.** Persona que tiene ideas políticas radicales.

ultraje m. Injuria, ofensa.

ultramar m. País o territorio situado al otro lado del mar.

ultramarinos m. pl. Tienda donde venden comestibles.

ultranza. A ~, firme, resueltamente.

ultrarrojo, ja adj. Infrarrojo.

ultrasonido m. Onda sonora no audible por el oído humano.

ultratumba f. Aquello que se cree que existe tras la muerte.

ultravioleta adj. FÍS. Dícese de las radiaciones situadas en el espectro más allá del violeta.

ulular intr. **1.** Dar aullidos o alaridos. **2.** Sonar el viento.

umbela f. BOT. Inflorescencia en forma de parasol.

umbelífero, ra adj./f. Relativo a una familia de plantas con flores dispuestas en umbelas, como la zanahoria.

umbilical adj. Relativo al ombligo.

umbral m. **1.** Pieza inferior de una puerta. **2.** Entrada.

umbrío, a adj. Dícese del lugar donde da poco el sol.

un, una art. indet. **1.** Sirve para indicar una persona o cosa de un modo indeterminado. ◆ **2.** adj. Apóc. de *uno.*

unánime adj. Que tiene o expresa un mismo parecer o sentimiento.

unción f. **1.** Acción y efecto de ungir. **2.** Extremaunción.

undécimo, ma adj./m. y f. Que corresponde en orden al número once.

ungir tr. **1.** Untar. **2.** Signar a una persona con óleo sagrado.

ungüento m. Sustancia que sirve para untar, especialmente con fines curativos.

unguiculado, da adj./m. Dícese de los animales cuyos dedos terminan en uñas.

ungulado, da adj./m. Dícese de los mamíferos cuyos dedos terminan en cascos o pezuñas.

unicelular adj. BIOL. Formado por una sola célula.

único, ca adj. **1.** Solo y sin otro de su especie. **2.** Excepcional.

unicornio m. Animal fabuloso, con cuerpo de caballo y un cuerno en la frente.

■ ENC. En la antigua China, el **unicornio** era el símbolo de la realeza y de la justicia. Se creía que golpeaba a los culpables con su cuerno y que luchaba contra el Sol cuando hacía mucho calor. También era capaz de devorar eclipses. En la Edad Media, era el símbolo del poder y de la pureza.

unidad f. **1.** Propiedad de lo que constituye un todo indivisible. **2.** Cada una de las cosas que forman un conjunto. **3.** Magnitud tomada como término de comparación al medir otra de la misma especie.

unifamiliar adj. Que corresponde a una sola familia.

unificar tr. y prnl. **1.** Reunir varias cosas o personas para crear un todo homogéneo. **2.** Igualar, equiparar.

uniforme adj. **1.** Dícese de dos o más cosas que tienen la misma forma. ◆ m. **2.** Vestido distintivo de un cuerpo, colegio, etc.

unigénito, ta adj. Dícese del hijo único.

unilateral adj. Relativo a una sola parte de una cuestión.

unión f. **1.** Acción y efecto de unir. **2.** Alianza, asociación.

uníparo, ra adj. BOT. **1.** Que produce un solo cuerpo, flor, etc. **2.** ZOOL. Que sólo tiene una cría en cada camada.

unipersonal adj. **1.** Que consta de una sola persona. **2.** Que corresponde o pertenece a una sola persona.

unir tr. y prnl. Hacer que dos o más personas o cosas queden juntas o formando una unidad.

unísono, na adj. Que tiene el mismo tono que otra cosa.

unitario, ria adj. Que tiende a la unidad o la conserva.

universal adj. **1.** Relativo al universo. **2.** Que se refiere o es común a todo el mundo, todas las épocas o todos los hombres.

universidad f. Institución y edificio donde se imparte la enseñanza superior.

universo m. Mundo, conjunto de todo lo que existe.

unívoco, ca adj. **1.** Que sólo tiene un significado. **2.** Que tiene igual naturaleza o valor que otra cosa.

uno, una adj. **1.** Que no está dividido en sí mismo. **2.** Primero: *página ~.* ◆ pron. indef. **3.** Indica una persona indeterminada. ◆ m. **4.** Indica el primero de los números naturales. **5.** Signo con que se expresa la unidad.

untar tr. Cubrir con materia grasa una superficie.

unto m. **1.** Materia grasa que se emplea para untar. **2.** *Chile.* Betún para limpiar el calzado.

uña f. **1.** Lámina córnea de las extremidades de los dedos. **2.** Pezuña.

uñero m. **1.** Inflamación en la raíz de la uña. **2.** Herida que produce una uña cuando crece introduciéndose en la carne.

uolof m. Lengua hablada en Senegal.

uralita f. Nombre comercial de una mezcla de cemento y amianto.

uranio m. Metal radiactivo duro y muy denso.

urbanidad f. Comportamiento que demuestra buena educación.

urbanismo m. Ciencia que estudia la construcción y desarrollo de las ciudades.

urbanizar tr. Acondicionar un terreno para crear una ciudad.

urbano, na adj. Relativo a la ciudad.

urbe f. Ciudad muy populosa.

urdimbre f. Conjunto de hilos paralelos, dispuestos para pasar la trama en las telas.

urdir tr. **1.** Preparar los hilos de la urdimbre. **2.** Maquinar algo contra alguien.

urdu m. Lengua hablada en Pakistán.

urea f. Sustancia que se halla en la orina.

uréter m. Cada uno de los dos conductos que transportan la orina desde los riñones hasta la vejiga.

uretra f. Conducto por donde se expele la orina.

urgente adj. Que urge o se cursa con más rapidez de lo ordinario.

urgir intr. Apremiar, acuciar.

úrico, ca adj. Dícese del ácido incoloro y poco soluble que se halla en la orina.

urinario, ria adj. **1.** Relativo a la orina. ◆ m. **2.** Local público dispuesto para orinar.

urna f. **1.** Vasija usada para guardar las cenizas de los muertos. **2.** Caja de cristal para guardar objetos o para depositar los votos.

uro m. Especie de buey salvaje, extinguido en la actualidad.

urodelo, la adj./m. Anfibios que conservan la cola en la metamorfosis, como la salamandra y el tritón.

urogallo m. Ave galliforme que vive en los bosques de Europa.

urología f. Estudio de las enfermedades de las vías urinarias.

urpila f. *Argent., Bol.* y *Ecuad.* Especie de paloma pequeña.

urraca f. **1.** Ave de plumaje negro y blanco, con pico y pies negruzcos, parecida al cuervo. **2.** *Amér.* Ave de dorso pardo y vientre blancuzco, que suele vivir en parques y jardines.

urticaria f. Erupción cutánea que produce gran escozor.

uruguayo, ya adj./m. y f. De Uruguay.

urutaú m. *Argent., Par.* y *Urug.* Ave nocturna similar a la lechuza

usanza f. Uso, moda.

usar tr. e intr. **1.** Hacer servir una cosa. ◆ tr. **2.** Hacer o llevar algo por costumbre.

usía m. y f. Vuestra señoría.

usina f. *Argent., Bol., Chile, Colomb.* y *Urug.* Instalación industrial, particularmente la destinada a producir gas, energía eléctrica, etc.

uslero m. *Chile.* Palo cilíndrico de madera que se utiliza en la cocina para extender la masa.

uso m. **1.** Acción y efecto de usar. **2.** Capacidad para usar algo. **3.** Modo de usar algo. **4.** Costumbre, moda.

usted pron. pers. masc. y fem. de 2a. persona. **1.** Se emplea como tratamiento de respeto y se usa con el verbo y formas pronominales en 3a. persona. ◆ pl. **2.** En zonas de Andalucía, Canarias y América, equivale a *vosotros.*

usual adj. De uso frecuente, común o fácil.

usuario, ria adj./m. y f. Que usa ordinariamente una cosa.

usufructo m. **1.** Derecho de uso de un bien de otro, percibiendo los beneficios. **2.** Utilidad o provecho que se saca de alguna cosa.

usura f. Infracción cometida al prestar dinero a un alto interés.

usurpar tr. Apoderarse injustamente de lo que pertenece a otro.

usuta f. *Argent., Bol.* y *Perú.* Sandalia de cuero o fibra vegetal usada por los campesinos.

utensilio m. Objeto usado para trabajos, labores u oficios.

útero m. Órgano de la gestación en la mujer y en las hembras de los mamíferos.

útil adj. **1.** Que produce provecho o sirve para algo. ◆ m. **2.** Utensilio. ◆ pl. **3.** *Argent., Chile, Méx.* y *Urug.* Conjunto de libros, cuadernos, lápices, etc., que usan los escolares.

utilidad f. **1.** Calidad de útil. **2.** Provecho que se saca de una cosa.

utilizar tr. y prnl. Valerse de alguien o algo de forma útil.

utillaje m. Conjunto de útiles necesarios para una actividad.

utopía f. Sistema o proyecto irrealizable.

uva f. Fruto comestible de la vid.

uve f. Nombre de la letra *v.* ● ~ **doble,** nombre de la letra *w.*

uxoricidio m. Delito que comete el que mata a su mujer.

¡uy! interj. Expresa dolor, sorpresa o agrado.

uzbeko, ka adj./m. y f. De Uzbekistán.

V

v f. Vigésima tercera letra del abecedario.

vaca f. Hembra adulta del toro.

vacación f. Suspensión temporal del trabajo o estudios por descanso, y tiempo que dura.

vacante adj./f. Dícese del empleo, cargo o plaza que está sin proveer.

vaciar tr. y prnl. **1.** Dejar algo vacío. ◆ intr. **2.** Desaguar.

vacilar intr. **1.** Moverse una cosa por falta de estabilidad. **2.** Dudar. **3.** *Amér. Central* y *Méx.* Divertirse, estar de juerga.

vacío, a adj. **1.** Falto de contenido. ◆ m. FÍS. **2.** Espacio en el que no hay atmósfera.

vacuno, na adj. **1.** Bovino. ◆ f. **2.** Virus u otra sustancia biológica que se inocula a un individuo o animal para inmunizarlo contra una enfermedad.

vacuola f. BIOL. Cavidad del citoplasma de las células que encierra diversas sustancias en disolución acuosa.

vadear tr. Atravesar un río u otra corriente de agua por un vado.

vado m. **1.** Paraje de un río con fondo firme y poco profundo. **2.** En la vía pública, espacio en la acera destinado al libre acceso de vehículos a locales situados frente al mismo.

vagabundo, da adj. **1.** Que anda errante. ◆ adj./m. y f. **2.** Que no tiene trabajo ni lugar donde vivir.

vagar intr. **1.** Andar sin destino ni rumbo fijo. **2.** Estar ocioso.

vagar m. **1.** Tiempo libre. **2.** Tranquilidad, lentitud.

vagina f. Conducto que en las hembras de los mamíferos va desde la vulva hasta la matriz.

vago, ga adj. **1.** Errante. **2.** Falto de precisión. ◆ adj./m. y f. **3.** Poco trabajador.

vagón m. Coche de un metro o ferrocarril.

vaguada f. Parte más honda de un valle por donde van las aguas.

vahído m. Desvanecimiento breve, desmayo.

vaho m. **1.** Vapor que despiden los cuerpos. **2.** Aliento.

vaina f. **1.** Funda de algunas armas. **2.** *Amér.* Contrariedad, molestia. **3.** BOT. Envoltura donde están las semillas de ciertas leguminosas, como la judía.

vainilla f. **1.** Planta trepadora que se cultiva por su fruto. **2.** Fruto de esta planta usado como condimento y aromatizante.

vaivén m. Movimiento alternativo de un cuerpo en dos sentidos opuestos.

vajilla f. Conjunto de platos usados en el servicio de la mesa.

vale m. **1.** Papel canjeable por cualquier cosa. **2.** Nota firmada que se da en una entrega para acreditarla. **3.** *Méx.* Amigo, compinche.

valedura f. **1.** *Colomb.* y *Cuba.* En un juego, regalo que hace el ganador al que pierde o al que mira. **2.** *Méx.* Favor, ayuda.

valencia f. QUÍM. Número que representa la capacidad de unión de un elemento químico para combinarse con otros.

valenciano, na adj./m. y f. **1.** De Valencia (España). ◆ m. **2.** Variedad del catalán que se habla en gran parte del territorio de Valencia, Castellón y Alicante.

valentía f. **1.** Calidad de valiente. **2.** Hecho heroico.

valer tr. **1.** Tener las cosas un precio determinado. **2.** Equivaler. ◆ intr. **3.** Tener valor o mérito. **4.** Ser útil.

valer m. Valor, valía.

valeroso, sa adj. Valiente.

valía f. Valor, cualidad de la persona o cosa que vale.

valido m. Persona que gozaba de la amistad de un soberano y ejercía gran influencia en el gobierno.

válido, da adj. Que tiene valor o fuerza legal.

valiente adj./m. y f. Que tiene valor.

valija f. **1.** Maleta. **2.** Saco de cuero donde se lleva el correo.

valla f. **1.** Cerca que delimita un lugar. **2.** Cartelera publicitaria.

valle m. **1.** Llanura de terreno entre montañas. **2.** Cuenca de un río.

vallisoletano, na adj./m. y f. De Valladolid (España).

valor m. **1.** Cualidad de una persona o cosa por la que merece ser apreciada. **2.** Importancia. **3.** Cualidad del que afronta sin miedo los peligros. **4.** Precio de una cosa. **5.** MÚS. Duración de una nota. ◆ pl. **6.** Conjunto de títulos o acciones.

valorar tr. **1.** Fijar el precio de una cosa. **2.** Apreciar el valor de alguien o algo.

vals m. Baile y música de origen alemán, de ritmo vivo y rápido.

valuar tr. Valorar, evaluar.

valva f. Cada parte de la concha de un molusco y otros animales.

válvula f. **1.** Obturador usado para regular el paso de un fluido. **2.** ANAT. Repliegue de algunos vasos para impedir el retroceso de sangre en sentido opuesto al de la corriente.

vampiro m. **1.** Cadáver que, según la superstición, sale de su tumba para chupar la sangre de los vivos. **2.** Murciélago insectívoro, que chupa la sangre de las personas y animales dormidos.

vanadio m. Metal usado para aumentar la resistencia del acero.

vanagloriarse prnl. Jactarse.

vándalo, la adj./m. y f. **1.** De un pueblo bárbaro procedente de Escandinavia. **2.** Bárbaro, de espíritu destructivo.

vanguardia f. **1.** Parte de un ejército que va delante del cuerpo principal. **2.** Aquello que se anticipa a su propio tiempo.

vanidad f. **1.** Calidad de vano. **2.** Orgullo inspirado en un alto concepto de los propios méritos.

vano, na adj. **1.** Falto de realidad, sustancia o entidad. **2.** Insustancial: *palabras vanas*. **3.** Presuntuoso. **4.** Inútil. ◆ m. **5.** Hueco de un muro.

vapor m. **1.** Gas en que se transforma un líquido o un sólido al absorber calor. **2.** Embarcación de vapor.

vaporizar tr. y prnl. **1.** Convertir un líquido en vapor. **2.** Dispersar en gotas finísimas.

vapulear tr. **1.** Golpear, azotar. **2.** Reprender duramente.

vaquería f. Lugar donde hay vacas o se vende su leche.

vaquero, ra adj. **1.** Propio de los pastores de ganado bovino. ◆ adj./m. pl. **2.** Dícese del pantalón de tela de algodón, muy resistente. ◆ m. y f. **3.** Pastor de ganado vacuno.

vaquetón, na m. y f. *Méx. Fam.* Persona vaga o dejada.

vaquilla f. *Chile* y *Nicar.* Ternera de año y medio a dos años.

vaquillona f. *Argent., Chile, Nicar.* y *Perú.* Ternera de dos a tres años.

váquira f. *Colomb.* y *Venez.* Pecarí.

vara f. **1.** Rama delgada, larga y sin hojas. **2.** Palo largo.

varadero m. Lugar donde se varan las embarcaciones.

varapalo m. **1.** Golpe dado con una vara o palo. **2.** Disgusto grande.

varar tr. **1.** Sacar a la playa una embarcación. ◆ intr. **2.** Encallar una embarcación.

varear tr. **1.** Golpear las ramas de ciertos árboles con una vara o palo para recolectar el fruto. **2.** *Argent.* Entrenar un caballo de competición.

variable adj. **1.** Que varía o es capaz de variar. ◆ f. MAT. **2.** Magnitud que puede tomar distintos valores dentro de un conjunto.

variante f. **1.** Cada una de las diferentes formas en que se presenta algo. **2.** Diferencia. **3.** Desviación de un camino.

variar tr. **1.** Hacer que una cosa sea diferente a como era antes. **2.** Dar variedad. ◆ intr. **3.** Cambiar, ser diferente.

varice o **várice** f. Variz*.

varicela f. Enfermedad infecciosa que produce fiebre y erupciones en la piel.

variedad f. **1.** Calidad de vario. **2.** Cada una de las distintas clases de algo. ◆ pl. **3.** Espectáculo compuesto por diversos números.

varilla f. Barra larga y delgada.

vario, ria adj. **1.** Diverso. ◆ pl. **2.** Algunos.

variz f. Dilatación permanente de una vena.

varón m. **1.** Persona del sexo masculino. **2.** Hombre de autoridad.

vasallo, lla adj./m. y f. **1.** Que está sujeto a un señor por un feudo. ◆ m. y f. **2.** Súbdito.

vasco, ca adj./m. y f. **1.** Del País Vasco (España). ◆ m. **2.** Lengua hablada en el País Vasco, Navarra y el territorio vasco francés.

vascón, na adj./m. y f. De un pueblo prerromano de la península Ibérica que vivió en la actual Navarra y en sus alrededores.

vascuence m. Lengua vasca.

vascular adj. Relativo a los vasos de las plantas y animales.

vasectomía f. Operación quirúrgica para esterilizar al varón.

vaselina f. Sustancia lubricante extraída del petróleo.

vasija f. Recipiente para contener líquidos o alimentos.

vaso m. **1.** Recipiente cóncavo y cilíndrico que sirve para beber. **2.** Conducto por donde circula un líquido orgánico. ● **Vasos comunicantes** (FÍS.), vasos unidos por conductos que permiten el paso de un líquido de unos a otros.

vástago m. **1.** Ramo tierno de una planta. **2.** Hijo o descendiente.

vasto, ta adj. Muy grande o extenso.

váter m. Wáter*.

vaticano, na adj. De Ciudad del Vaticano.

vaticinar tr. Adivinar, predecir.

vatio m. Unidad de potencia eléctrica.

vecindad f. **1.** Calidad de vecino. **2.** Conjunto de personas que viven en un mismo edificio o barrio. **3.** *Méx.* Conjunto de viviendas populares con patio común.

vecindario m. Conjunto de los vecinos de una población.

vecino, na adj./m. y f. **1.** Que vive en la misma casa o barrio. **2.** Que tiene casa en una población.

vector m. **1.** Agente que transporta algo de un lugar a otro. **2.** MAT. Segmento de recta en el que se distingue un origen y un extremo.

veda f. **1.** Acción y efecto de vedar. **2.** Tiempo en que está prohibido cazar o pescar.

vedar tr. **1.** Prohibir. **2.** Impedir.

vega f. Tierra baja fértil.

vegetación f. **1.** Conjunto de plantas de un área determinada. ◆ pl. **2.** Crecimiento anormal de las amígdalas y de los folículos linfáticos de la parte posterior de las fosas nasales.

vegetal adj. **1.** Relativo a las plantas. ◆ m. **2.** Ser orgánico que crece y vive, pero no cambia de lugar por impulso voluntario.

vegetar intr. y prnl. **1.** Crecer las plantas. ◆ intr. **2.** Vivir alguien sin interés moral o intelectual.

vegetariano, na m. y f./adj. Persona que se alimenta exclusivamente de alimentos de origen vegetal.

vegetativo, va adj. Que realiza funciones vitales, excepto las reproductoras.

vehemente adj. Que obra con ímpetu o impulsivamente.

vehículo m. **1.** Medio de transporte terrestre, aéreo o acuático. **2.** Aquello que sirve de transmisor o conductor de algo.

veinte adj./m. **1.** Dos veces diez. ◆ adj./m. y f. **2.** Vigésimo.

vejar tr. Maltratar o molestar humillando.

vejestorio m. *Desp.* Persona muy vieja.

A
B
C
D
E
F
G
H
I
J
K
L
M
N
Ñ
O
P
Q
R
S
T
U
V
W
X
Y
Z

vejez f. **1.** Calidad de viejo. **2.** Último período de la vida humana.

vejiga f. Receptáculo abdominal en el que se acumula la orina.

vela f. **1.** Acción de velar. **2.** Cilindro de cera con pabilo para que pueda encenderse y dar luz. **3.** Lona fuerte que sirve para propulsar una embarcación, por la acción del viento.

velada f. Reunión nocturna.

velador, ra m. y f. **1.** Méx. Vigilante nocturno de un edificio. ◆ m. **2.** Amér. Merid. Mesa de noche. ◆ f. **3.** Argent., Méx. y Urug. Lámpara que suele colocarse en la mesilla de noche. **4.** Méx. Vela gruesa y corta que se prende ante un santo por devoción.

velamen o **velaje** m. Conjunto de las velas de una embarcación.

velar tr. **1.** Asistir de noche a un enfermo o pasarla con un difunto. ◆ tr. y prnl. **2.** Cubrir con un velo. ◆ intr. **3.** Permanecer despierto por la noche. ◆ prnl. **4.** Borrarse una imagen fotográfica.

velar adj. **1.** Relativo al velo del paladar. **2.** LING. Dícese del sonido cuyo punto de articulación es el velo del paladar, como el que representan *u* y *k*.

velatorio m. Acto y lugar en que se vela un difunto.

veleidad f. Naturaleza inconstante y caprichosa.

velero m. Buque de vela.

veleta f. Pieza giratoria que indica la dirección del viento.

veliz o **velís** m. Méx. Maleta de mano de cuero o de metal.

vello m. **1.** Pelo corto y suave que cubre algunas partes del cuerpo humano. **2.** Pelusa de algunas frutas y plantas.

velo m. Tejido muy fino y transparente. ● ~ **del paladar,** especie de cortina muscular que separa la boca de la faringe.

velocidad f. **1.** Magnitud física que representa el espacio recorrido en una unidad de tiempo. **2.** Ligereza o prontitud en el movimiento. **3.** Cada una de las combinaciones de engranaje de un motor de automóvil.

velocípedo m. Vehículo que constituyó el origen de la bicicleta.

velódromo m. Pista para determinadas carreras ciclistas.

velorio m. **1.** Fiesta nocturna para celebrar algo. **2.** Velatorio.

veloz adj. Que se mueve o puede moverse con rapidez.

vena f. **1.** Vaso que conduce la sangre o la linfa al corazón. **2.** Filón. **3.** BOT. Nervio de la hoja.

venado m. Ciervo.

vencejo m. Ave parecida a la golondrina.

vencer tr. **1.** Derrotar al enemigo. **2.** Resultar el primero en una competición. ◆ tr. y prnl. **3.** Producir su efecto en uno aquello a lo que es difícil resistir: *le venció el sueño.* ◆ tr. e intr. **4.** Dominar las pasiones. ◆ intr. **5.** Terminar un plazo.

vencimiento m. **1.** Acción y efecto de vencer. **2.** Cumplimiento de un plazo.

venda f. Tira de tela o gasa para cubrir heridas.

vendaje m. Conjunto de vendas.

vendaval m. Viento fuerte.

vender tr. **1.** Ceder a otro algo a un determinado precio. ◆ prnl. **2.** Dejarse sobornar o corromper.

vendimia f. Recolección de la uva y tiempo en que se efectúa.

veneno m. Sustancia que, introducida en el cuerpo, ocasiona la muerte o graves trastornos.

venerar tr. **1.** Sentir y mostrar respeto y devoción por alguien. **2.** Dar culto a Dios, a los santos y a las cosas sagradas.

venéreo, a adj. **1.** Relativo al placer o al acto sexual. **2.** Dícese de las enfermedades infecciosas contraídas por vía sexual.

venezolano, na adj./m. y f. De Venezuela.

venganza f. Acción y efecto de vengar o vengarse.

vengar tr. y prnl. Dar respuesta a un agravio o daño.

venia f. Permiso, licencia.

venial adj. Que de manera leve es contrario a la ley o precepto.

venir intr. **1.** Trasladarse de allá para acá. **2.** Estar próximo en el tiempo: *el año que viene.* **3.** Tener su origen: *ese carácter le viene de familia.* ◆ intr. y prnl. **4.** Llegar al sitio donde está el que habla: *vinieron a verme.*

venta f. **1.** Acción y efecto de vender. **2.** Cantidad de cosas que se venden. **3.** Posada.

ventaja f. **1.** Hecho de ir o estar delante de otro en una actividad. **2.** Provecho, utilidad.

ventajear tr. Argent., Colomb., Guat. y Urug. Sacar ventaja a alguien mediante procedimientos reprobables.

ventana f. **1.** Abertura practicada en la pared, para dar luz y ventilación. **2.** Hoja con que se cierra esta abertura.

ventilador m. Aparato provisto de un eje con aspas que ventila.

ventilar tr. **1.** Exponer al viento. ◆ tr. y prnl. **2.** Renovar el aire de un lugar.

ventisca f. Borrasca o tempestad de viento y nieve.

ventisquero m. **1.** Parte del monte más expuesto a las ventiscas. **2.** Masa de nieve o hielo que hay en este lugar.

ventosa f. **1.** Objeto cóncavo de goma que, al hacerse el vacío, queda adherido a una superficie. **2.** ZOOL. Órgano de fijación y succión de algunos animales, como el pulpo.

ventosidad f. Gas intestinal expulsado por el ano.

ventrículo m. Cada una de las dos cavidades del corazón que recibe sangre de la aurícula.

ventrílocuo, cua adj./m. y f. Que puede hablar sin mover los labios y los músculos faciales.

ventura f. **1.** Felicidad. **2.** Suerte. **3.** Casualidad.

ver tr. **1.** Percibir mediante el sentido de la vista. **2.** Observar, examinar. **3.** Comprender, entender: *no quiere ver los motivos de mi enfado.* **4.** Considerar: *yo no lo veo de esta manera.* ◆ tr. y prnl. **5.** Visitar. ◆ prnl. **6.** Hallarse en determinada situación.

ver m. **1.** Sentido de la vista. **2.** Aspecto, apariencia.

vera f. Orilla de un mar, río, etc.

veracruzano, na adj./m. y f. De Veracruz (México).

verano m. Estación del año entre la primavera y el otoño.

veras f. pl. Verdad en aquello que se dice o hace.

veraz adj. Que dice siempre la verdad.

verbal adj. **1.** Relativo a la palabra. **2.** Relativo al verbo: *forma* ~. **3.** Que se hace de palabra y no por escrito.

verbena f. Fiesta popular nocturna.

verbigracia adv. Por ejemplo.

verbo m. **1.** Palabra. **2.** LING. Categoría lingüística que expresa dentro de la oración la acción o estado del sujeto.

verborrea f. *Fam.* Locuacidad excesiva.

verdad f. **1.** Conformidad entre lo que se dice y lo que se piensa. **2.** Principio aceptado como cierto. **3.** Existencia real de una cosa.

verdadero, ra adj. **1.** Que es o contiene verdad. **2.** Real, verdadero. **3.** Veraz.

verde adj./m. **1.** Dícese del color comprendido entre el amarillo y el azul en el espectro solar. ◆ adj. **2.** De color verde. **3.** adj. Dícese de la fruta que no está madura. **4.** Dícese de los movimientos ecologistas y de sus miembros.

verderón m. Ave cantora de plumaje verdoso.

verdor m. Color verde vivo de las plantas.

verdugo m. **1.** Tallo verde de un árbol. **2.** Estoque muy delgado. **3.** Funcionario de justicia que ejecuta las penas de muerte.

verdulero, ra m. y f. **1.** Persona que vende verduras. ◆ f. **2.** Mujer ordinaria.

verdura f. Hortaliza.

vereda f. **1.** Camino angosto. **2.** *Amér. Merid.* y *Cuba.* Acera de una calle o plaza.

veredicto m. Fallo pronunciado por un jurado.

verga f. Palo colocado en un mástil para asegurar la vela.

vergel m. Huerto con flores y árboles frutales.

vergonzoso, sa adj. **1.** Que causa vergüenza. ◆ adj./m. y f. **2.** Propenso a sentir vergüenza.

vergüenza f. **1.** Sentimiento ocasionado por alguna falta cometida o el temor a la humillación. **2.** Timidez. ◆ pl. **3.** Aparato genital.

vericueto m. Lugar o paraje alto y escarpado.

verídico, ca adj. **1.** Que dice o incluye verdad. **2.** Auténtico, real.

verificar tr. **1.** Probar que es verdadero algo de lo que se dudaba. **2.** Comprobar la verdad de algo que ya se sabía.

verija f. *Amér. Central* y *Amér. Merid.* Ijar, ijada.

verja f. Enrejado que se emplea como puerta, ventana o cerca.

vermut o **vermú** m. Licor compuesto de vino blanco, ajenjo y otras sustancias.

vernáculo, la adj. Propio del país de que se trata.

verosímil adj. Que parece verdadero o puede ser creíble.

verraco m. Cerdo semental.

verruga f. Abultamiento rugoso que sale en la piel.

versado, da adj. Entendido o instruido en alguna materia.

versar intr. Tener como asunto o tema la materia que se expresa.

versátil adj. **1.** Que cambia con facilidad de gustos, opiniones o sentimientos. **2.** Adaptable.

versículo m. **1.** Cada una de las divisiones breves de un capítulo de la Biblia y de otros libros sagrados. **2.** Cada uno de los versos de un poema sin rima ni metro fijo y determinado.

versificar tr. **1.** Poner en verso. ◆ intr. **2.** Componer versos.

versión f. **1.** Traducción de un texto. **2.** Interpretación particular de un hecho. **3.** Adaptación de una obra musical, teatral, etc.

verso m. Conjunto de palabras combinadas según ciertas reglas, y sujetas a un ritmo.

vértebra f. Cada uno de los huesos de la columna vertebral.

vertebrado, da adj./m. ZOOL. Dícese del animal provisto de columna vertebral.

vertebral adj. Relativo a las vértebras. ● **Columna** ~ (ANAT.), conjunto óseo formado por una serie de vértebras articuladas entre sí.

verter tr. y prnl. **1.** Vaciar un líquido fuera del recipiente que lo contiene. ◆ tr. **2.** Desembocar una corriente de agua en otra, o en el mar.

vertical adj./f. Perpendicular al horizonte o al plano horizontal.

vértice m. MAT. Punto en que concurren los dos lados de un ángulo o las aristas de tres o más planos de un poliedro.

verticilo m. BOT. Conjunto de hojas, flores o ramas dispuestas en un mismo plano alrededor del tallo.

vertiente m. o f. **1.** Pendiente o declive por donde corre el agua. ◆ f. **2.** Modo de presentarse una cosa entre varias posibles.

vertiginoso, sa adj. Relativo al vértigo o que lo causa.

vértigo m. Sensación de falta de equilibrio en el espacio.

vesícula f. **1.** Ampolla pequeña de la epidermis. **2.** ANAT. Órgano en forma de saco que contiene aire o líquido.

vespertino, na adj. Relativo a la tarde.

vestíbulo m. **1.** Portal que da entrada a un edificio. **2.** Recibidor. **3.** ANAT. Cavidad central del oído interno de los vertebrados.

vestido m. **1.** Pieza de tela, piel, etc., que sirve para cubrir o abrigar el cuerpo. **2.** Traje femenino de una sola pieza.

vestigio m. **1.** Señal o memoria que queda de algo. **2.** Indicio.

vestimenta f. Vestido.

vestir tr. y prnl. **1.** Cubrir el cuerpo con un vestido **2.** Cubrir, adornar. ◆ tr. e intr. **3.** Llevar tal o cual vestido.

vestuario m. **1.** Conjunto de vestidos. **2.** Lugar para cambiarse de ropa.

veta f. Franja que se distingue de la masa que la rodea.

vetar tr. Poner veto.

veterano, na adj./m. y f. Que es experimentado en una cosa.

veterinaria f. Ciencia que estudia y cura las enfermedades de los animales.

veto m. **1.** Derecho para vedar una cosa. **2.** Prohibición.

vetusto, ta adj. Muy viejo o antiguo.

vez f. **1.** Cada realización de un suceso en momentos distintos: *la primera vez que vi el mar.* **2.** Tiempo en que se ejecuta una acción. ● **A la** ~, simultáneamente. ● **Tal** ~, posiblemente.

vía f. **1.** Camino. **2.** Raíl del ferrocarril. **3.** Medio de transporte o comunicación. **4.** Sistema para realizar una cosa.

V

vía crucis m. Camino señalado con catorce paradas que representan los pasos que dio Jesucristo hacia el Calvario.

viable adj. **1.** Que tiene probabilidades de llevarse a cabo. **2.** MED. Capaz de vivir: *feto ~.*

viaducto m. Puente con arcos sobre una hondonada.

viajar intr. **1.** Desplazarse de un lugar a otro: *~ en tren.* **2.** Efectuar un medio de transporte el trayecto establecido.

viaje m. **1.** Acción y efecto de viajar: *hizo un ~ este verano.* **2.** Recorrido que se hace andando y volviendo de un lugar a otro.

vial adj. **1.** Relativo a la vía. ◆ m. **2.** Frasco que contiene un medicamento inyectable.

vianda f. Alimento que sirve de sustento al hombre.

viaraza f. *Argent., Colomb., Guat.* y *Urug.* Acción irreflexiva y repentina.

viario, ria adj. Relativo a los caminos y carreteras.

víbora f. Serpiente venenosa, con cabeza triangular.

vibrar intr. **1.** Moverse un cuerpo a uno y otro lado de sus puntos de equilibrio. **2.** Conmoverse.

vicario, ria adj./m. y f. **1.** Que hace las veces de otro en determinados asuntos. ◆ m. **2.** Sacerdote que ejerce su ministerio en una parroquia bajo la autoridad de un párroco.

vicepresidente, ta m. y f. Persona que suple al presidente.

viceversa adv. Invirtiendo el orden de los términos: *viaje Madrid-Londres y ~.*

vichar o **vichear** tr. *Argent.* y *Urug. Fam.* Espiar, acechar.

viciar tr. **1.** Alterar, falsear. ◆ tr. y prnl. **2.** Pervertir o corromper a alguien. ◆ prnl. **3.** Aficionarse con exceso a algo.

vicio m. **1.** Afición excesiva por algo. **2.** Costumbre censurable.

vicisitud f. Alternancia de sucesos opuestos.

víctima f. Persona que sufre las consecuencias de una acción.

victoria f. Triunfo que se consigue sobre el contrario.

vicuña f. **1.** Mamífero andino de color leonado, apreciado por su fina lana. **2.** Lana de este animal. **3.** Tejido fabricado con dicha lana.

vid f. Planta arbustiva, cultivada por su fruto, la uva.

vida f. **1.** Conjunto de las propiedades características de los seres orgánicos transmisible a la descendencia. **2.** Espacio de tiempo entre el nacimiento y la muerte. **3.** Duración de las cosas. **4.** Modo de vivir. **5.** Energía, vigor. **6.** Biografía. **7.** Persona o ser humano.

vidalita f. *Argent.* Canción popular de carácter melancólico.

vidente adj./m. y f. Que es capaz de adivinar cosas ocultas.

vídeo m. **1.** Técnica de grabación y reproducción de imágenes y sonidos a través de un magnetoscopio, una cámara y un televisor. **2.** Cinta grabada con esta técnica. **3.** Aparato que graba o reproduce sobre esta cinta.

videoclub m. Comercio dedicado a la venta o alquiler de películas de vídeo.

videodisco m. Disco donde se graban imágenes y sonidos para su posterior reproducción en televisión.

videojuego m. Aparato que permite reproducir en una pantalla diversos juegos contenidos en un disquete o casete, y juego contenido en dicho aparato.

videoteca f. **1.** Colección de videocasetes. **2.** Mueble o lugar donde se guardan.

vidriera f. Bastidor con vidrios con que se cierran puertas y ventanas.

vidrio m. Cuerpo sólido, mineral, no cristalino y frágil, que resulta de la solidificación de ciertas sustancias.

vidrioso, sa adj. **1.** Que tiene el aspecto del vidrio. **2.** Dícese de la mirada o de los ojos que parecen no mirar a ningún punto.

vieira f. **1.** Molusco comestible que puede nadar en el mar cerrando bruscamente sus valvas. **2.** Concha de este molusco.

viejo, ja adj. **1.** Antiguo. **2.** Deslucido, estropeado. ◆ adj./m. y f. **3.** De mucha edad: *animal ~.* ◆ m. y f. **4.** *Amér.* Apelativo cariñoso que se aplica a los padres y también entre cónyuges y amigos. ◆ f. **5.** *Méx. Fam.* Mujer.

vienés, sa adj./m. y f. De Viena.

viento m. **1.** Movimiento del aire que se desplaza de una zona de altas presiones a una zona de bajas presiones. **2.** Cuerda con que se sujeta algo. **3.** Rumbo de una embarcación.

vientre m. Cavidad del cuerpo de los vertebrados que contiene principalmente el estómago y los intestinos.

viernes m. Quinto día de la semana.

vietnamita adj./m. y f. **1.** De Vietnam. ◆ m. **2.** Lengua hablada en Vietnam.

viga f. **1.** Pieza horizontal de una construcción, destinada a soportar una carga. **2.** Prensa para exprimir la aceituna.

vigente adj. Que está en vigor y observancia: *ley ~.*

vigésimo, ma adj./m. y f. Que corresponde en orden al número veinte.

vigía m. y f. **1.** Persona que vigila desde una atalaya. ◆ f. **2.** Atalaya.

vigilar tr. e intr. Estar atento, cuidar con solicitud.

vigilia f. **1.** Acción de estar despierto o en vela. **2.** Falta de sueño. **3.** Víspera de una festividad religiosa.

vigor m. **1.** Fuerza o capacidad con la que se lleva a cabo algo: *actuar con ~.* **2.** Validez legal de las leyes. **3.** Vitalidad, energía.

vikingo, ga adj./m. y f. De un antiguo pueblo de navegantes y guerreros escandinavos.

vil adj. Digno de desprecio.

vilano m. BOT. Limbo del cáliz de una flor, que sirve para transportar las semillas con ayuda del viento.

vilipendiar tr. Despreciar, insultar o tratar con desdén.

villa f. **1.** Casa aislada de las demás, con jardín o huerta. **2.** Denominación dada a ciertas poblaciones. ● **~ miseria** *(Argent.),* barrio marginal de chabolas.

villancico m. Canción de tema religioso, que se canta en Navidad.

villano, na adj./m. y f. **1.** Dícese de los vecinos de una villa o aldea, que no son nobles o hidalgos. **2.** Ruin, infame.

vinagre m. Líquido agrio y astringente, resultante de la fermentación del vino.

vinagrera f. **1.** Vasija destinada a contener vinagre. ◆ pl. **2.** Utensilio compuesto de una vasija para el aceite y otra para el vinagre.

vincha f. *Amér. Merid.* Cinta o pañuelo que se ciñe a la cabeza para sujetar el pelo.

vinchuca f. *Argent., Chile* y *Perú.* Nombre de diversos insectos, de tamaño mediano, generalmente perjudiciales para el hombre por transmitirle el mal de Chagas.

vincular tr. **1.** Sujetar ciertos bienes a vínculo. ◆ tr. y prnl. **2.** Unir con vínculos una cosa a otra.

vincular adj. Relativo al vínculo.

vínculo m. Unión o atadura que une a una persona o cosa con otra.

vindicar tr. y prnl. **1.** Vengar. **2.** Defender o rehabilitar a quien ha sido calumniado injustamente.

vinicultura f. Técnica para la elaboración y crianza de vinos.

vino m. Bebida alcohólica que se obtiene del zumo de las uvas fermentado.

viña f. Terreno plantado de vides.

viñatero, ra m. y f. *Argent.* y *Perú.* Persona que se dedica al cultivo de la vid.

viñedo m. Viña.

viñeta f. Cada uno de los recuadros de una serie en la que con dibujos y texto se compone una historieta de un cómic o tebeo.

viola f. Instrumento musical de cuerda y arco, parecido al violín.

violáceo, a adj. **1.** De color violeta. ◆ adj./f. **2.** Relativo a una familia de plantas herbáceas, como la violeta.

violación f. **1.** Acción y efecto de violar. **2.** Relación sexual impuesta por coacción y que constituye un delito.

violar tr. **1.** Infringir una ley. **2.** Cometer violación sexual.

violento, ta adj. **1.** Que se hace o sucede con brusquedad. **2.** Que se sirve de la fuerza contra la razón. **3.** Irritable, iracundo.

violeta adj./m. **1.** Dícese del color morado claro. ◆ adj. **2.** De color violeta. ◆ f. **3.** Planta herbácea apreciada por sus flores. **4.** Flor de esta planta.

violín m. Instrumento musical de cuerda que se frota con un arco.

violón m. Contrabajo.

violoncelo o **violoncello** m. Violonchelo*.

violonchelo m. Instrumento musical de cuerda y arco, más pequeño que el contrabajo.

vira vira f. *Argent., Chile, Perú* y *Venez.* Planta cubierta de una pelusa blanca, que se emplea en infusión para curar la tos.

virar tr. e intr. Girar un barco cambiando de dirección.

viraró m. *Argent.* y *Urug.* Árbol de la familia de las leguminosas, de hojas lustrosas, que llega a los veinte metros de altura.

virgen adj. **1.** Que se conserva en su estado originario: *selva ~.* **2.** Genuino: *aceite ~.* ◆ adj./m. y f. **3.** Dícese de la persona que no ha tenido

unión sexual. ◆ f. **4.** Para los cristianos, María, madre de Jesús.

virginidad f. Estado o cualidad de virgen.

virgo m. **1.** Himen. ◆ m. y f./adj. **2.** Persona nacida bajo el signo zodiacal de Virgo.

virgulilla f. Raya o trazo usado en la escritura, como la cedilla, el apóstrofo, etc.

vírico, ca adj. Relativo a los virus.

viril adj. Propio de hombre.

virrey m. Hombre que con este título gobierna en nombre del rey.

virtual adj. **1.** Que es en potencia pero no en la realidad. **2.** INFORM. Dícese de los elementos (unidad de disco, memoria, etc.) de una computadora a los que se considera poseedores de propiedades distintas de sus características físicas.

virtud f. **1.** Cualidad moral particular a observar determinados deberes. **2.** Facultad de producir un efecto. **3.** Castidad.

virtuoso, sa adj./m. y f. **1.** Dotado de virtudes. ◆ m. y f. **2.** Artista que sobresale en la técnica de su arte.

viruela f. Enfermedad vírica muy contagiosa, que se manifiesta con la aparición de pústulas.

virulento, ta adj. **1.** Irónico o mordaz: *discurso ~.* **2.** MED. Ocasionado por un virus. **3.** MED. Infectado, que tiene pus.

virus m. **1.** Microorganismo no celular que sólo puede desarrollarse en el interior de una célula viva. **2.** INFORM. Programa que se introduce en la memoria de un ordenador y produce daños en dicha memoria.

viruta f. Lámina fina desprendida de la madera, el metal, etc.

visa f. *Amér.* Visado.

visado m. **1.** Acción y efecto de visar. **2.** Sello o certificación que se pone en un documento al visarlo.

visar tr. Examinar un documento la autoridad competente, poniéndole la certificación necesaria para que tenga validez.

víscera f. Órgano contenido en una cavidad del cuerpo.

visceral adj. **1.** Relativo a las vísceras. **2.** Profundo: *miedo ~.*

viscoso, sa adj. De consistencia pastosa y pegajosa: *saliva ~.*

visera f. Ala pequeña de las gorras, para protegerse del sol.

visible adj. **1.** Que se puede ver. **2.** Que no ofrece dudas.

visigodo, da adj./m. y f. De una de las dos ramas del pueblo germánico de los godos, que fundó un reino en España.

visillo m. Cortina de tela fina y transparente.

visión f. **1.** Percepción por el órgano de la vista. **2.** Cosa que se ve o aparece. **3.** Hecho de ver o de representarse algo.

visir m. Ministro principal de los soberanos musulmanes.

visitadora f. *Hond., P. Rico, R. Dom.* y *Venez.* Lavativa.

visitar tr. **1.** Ir a ver a alguien al lugar donde se encuentra. **2.** Ir a un lugar para conocerlo. **3.** Examinar un médico a los enfermos.

V

vislumbrar tr. **1.** Ver algo de manera imprecisa. **2.** Presentir.

viso m. Aspecto, apariencia.

visón m. Mamífero carnívoro de piel muy apreciada.

visor m. Dispositivo montado en una cámara fotográfica o cinematográfica, que sirve para delimitar la imagen.

víspera f. **1.** Día anterior a otro determinado. ◆ pl. **2.** Tiempo anterior a un suceso.

vistazo m. Ojeada, mirada rápida y superficial.

visto, ta adj. **1.** Llevado por mucha gente. **2.** Considerado: *una acción mal ~.* ◆ f. **3.** Sentido corporal localizado en los ojos, mediante el cual es posible percibir la luz, los objetos, etc. **4.** Acción y efecto de ver. **5.** Aspecto, apariencia. **6.** Sagacidad para percibir las cosas.

vistoso, sa adj. Que atrae la atención.

visual adj. **1.** Relativo a la visión. ◆ f. **2.** Línea recta imaginaria que va desde el ojo del espectador al objeto observado.

visualizar tr. **1.** Hacer visible lo que no se puede ver a simple vista. **2.** Formar en la mente la imagen de un concepto abstracto.

vital adj. **1.** Relativo a la vida. **2.** Muy importante. **3.** Optimista.

vitalicio, cia adj. Que dura desde que se obtiene hasta el fin de la vida: *cargo ~.*

vitalidad f. **1.** Circunstancia de ser vital o trascendente una cosa. **2.** Actividad, eficacia.

vitamina f. Sustancia orgánica indispensable para el crecimiento y buen funcionamiento del organismo.

vitelo m. BIOL. Citoplasma del huevo de los animales.

viticultura f. Cultivo de la vid.

vitola f. **1.** Marca con que se distinguen, según su tamaño, los cigarros puros. **2.** Faja o banda que llevan como distintivo de fábrica los cigarros puros.

vitorear tr. Aplaudir o aclamar.

vítreo, a adj. De vidrio, parecido a él o con sus propiedades.

vitrina f. Escaparate o mueble con puertas y paredes de cristal para exponer objetos o artículos de comercio.

vitualla f. Conjunto de víveres.

vituperar tr. Criticar, censurar o reprender duramente a alguien.

viudita f. *Argent.* y *Chile.* Ave de plumaje blanco que tiene el extremo de la cola y los bordes de las alas de color negro.

viudo, da adj./m. y f. Dícese de la persona a quien se le ha muerto su cónyuge y no ha vuelto a casarse.

¡viva! interj. Expresa alegría y aplauso.

vivac o **vivaque** m. Campamento provisional que instalan los montañeros para pasar la noche.

vivar tr. *Amér. Central* y *Amér. Merid.* Vitorear, aclamar con vivas.

vivaracho, cha adj. *Fam.* Que es joven y de carácter alegre.

vivaz adj. **1.** Eficaz. **2.** Perspicaz. **3.** Dícese de las plantas que viven varios años, pero cuyos órganos aéreos mueren cada dos años.

vivencia f. Hecho o experiencia propios de cada persona.

víveres m. pl. Conjunto de alimentos o provisiones.

vivero m. **1.** Terreno donde se crían plantas. **2.** Lugar donde se crían peces, moluscos, etc.

viveza f. **1.** Rapidez, agilidad. **2.** Brillantez. **3.** Agudeza de ingenio.

vividor, ra adj./m. y f. **1.** Que sabe disfrutar de la vida. ◆ m. y f. **2.** Persona que vive a expensas de los demás.

vivienda f. Refugio natural, o construido por el hombre, en el que éste habita de modo temporal o permanente.

vivificar tr. **1.** Dar vida. **2.** Dar fuerza y vigor.

vivíparo, ra adj./m. y f. ZOOL. Dícese del animal cuyas crías se desarrollan en el período fetal en el interior de la hembra.

vivir intr. **1.** Tener vida. **2.** Mantenerse, obtener de algo los medios de subsistencia: *vive de su propio trabajo.* **3.** Habitar.

vivisección f. Disección practicada en un animal vivo.

vivo, va adj. **1.** Que tiene vida. **2.** Intenso: *color ~.* **3.** Vivaz, espabilado, eficaz. **4.** Que se manifiesta con fuerza: *dolor ~.* ◆ adj./m. y f. **5.** Astuto, listo: *ser más ~ que el hambre.* ◆ m. **6.** Borde, canto u orilla de algo.

vizcacha f. Roedor que vive en América del Sur, de pelaje grisáceo con el vientre blanco y la cara blanca y negra.

vizcachera f. Madriguera de la vizcacha.

vizcaíno, na adj./m. y f. De Vizcaya (España).

vizconde, desa m. y f. Título nobiliario inmediatamente inferior al de conde.

vocablo m. Palabra.

vocabulario m. **1.** Conjunto de palabras ordenadas alfabética o sintácticamente que hace referencia a una lengua, ciencia, etc.: *~ técnico.* **2.** Diccionario.

vocación f. **1.** Inclinación de una persona hacia un arte o profesión. **2.** Llamada al sacerdocio o a la vida religiosa.

vocal adj. **1.** Relativo a la voz. ◆ m. y f. **2.** Persona que tiene voz en una junta. ◆ f. **3.** Sonido del lenguaje producido por las vibraciones de las cuerdas vocales. **4.** Letra que representa este sonido, como *a, e, i, o* y *u,* en español.

vocalista m. y f. Cantante de un conjunto musical.

vocativo m. LING. Caso de la declinación usado para invocar, mandar, llamar o suplicar.

voceador, ra m. y f. *Méx.* Vendedor de periódicos callejeros.

vocear tr. **1.** Anunciar algo en voz alta. ◆ intr. **2.** Dar voces o gritos.

vocero, ra m. y f. Portavoz.

vociferar intr. Hablar a grandes voces o dando gritos.

vocinglero, ra adj./m. y f. Que grita o habla muy alto.

vodevil m. Comedia ligera y divertida.

vodka m. o f. Aguardiente de centeno, maíz o cebada.

voladizo m. Parte que sobresale del muro de un edificio.

volandas. En~, por el aire o levantado del suelo.

volante m. **1.** Rueda de mano que sirve para accionar y guiar el mecanismo de dirección de un automóvil. **2.** Hoja de papel en que se manda un aviso. **3.** Adorno de tela, de una prenda de vestir.

volantín m. Cordel con varios anzuelos, que se usa para pescar.

volar intr. **1.** Ir, moverse o mantenerse en el aire. **2.** Transcurrir rápidamente el tiempo. ◆ tr. **3.** *Méx.* Sustraer, robar.

volatería f. **1.** Conjunto de aves de diversas especies. **2.** Caza de aves que se hace con otras aves enseñadas para ello.

volátil adj. **1.** Voluble, versátil: *persona ~.* **2.** QUÍM. Dícese de la sustancia que tiene la propiedad de volatilizarse. ◆ adj./m. y f. **3.** Que vuela o puede volar.

volatilizar tr. y prnl. **1.** Transformar un cuerpo sólido o líquido en gaseoso. ◆ prnl. *Fam.* **2.** Desaparecer rápidamente una cosa.

volcán m. **1.** Abertura en la corteza terrestre, por la que salen a la superficie, materias a alta temperatura. **2.** *Colomb.* Precipicio. **3.** *P. Rico.* Conjunto de cosas amontonadas.

■ **ENC.** Cuando un **volcán** hace erupción, el magma, que está bajo la corteza terrestre, sube a la superficie por una fisura llamada falla. El magma emerge en forma de lava y, al mismo tiempo, son proyectados a la atmósfera gases, piedras y polvo. Las cenizas y la lava se enfrían y se acumulan alrededor de una chimenea. Con el tiempo se forma una montaña cuya cima es un cráter. Actualmente se pueden predecir las erupciones volcánicas, lo que permite salvar muchas vidas.

volcar tr. y prnl. **1.** Inclinar o invertir un recipiente de manera que se caiga o vierta su contenido. ◆ tr., intr. y prnl. **2.** Caer de costado un vehículo. ◆ prnl. *Fam.* **3.** Poner el máximo interés en alguien o algo.

volea f. En algunos deportes, acción de golpear la pelota antes de que bote.

voleibol m. Deporte que se disputa entre dos equipos, lanzando un balón, que se golpea con la mano, por encima de una red.

voleo m. Golpe dado en el aire a algo antes de que caiga.

volframio m. QUÍM. Metal de color gris, muy duro, denso y difícil de fundir.

volitivo, va adj. Relativo a la voluntad: *acto ~.*

voltaico, ca adj. Dícese de la electricidad de las pilas.

voltaje m. Tensión eléctrica.

voltear tr. **1.** Dar vueltas a una persona o cosa. **2.** *Amér. Merid.* y *Méx.* Derribar con violencia, derramar.

voltereta f. Vuelta dada en el aire.

voltímetro m. Aparato que sirve para medir una diferencia de potencial en voltios.

voltio m. Unidad de potencial eléctrico en el Sistema internacional.

voluble adj. **1.** Que cambia con frecuencia de actitud. **2.** BOT. Dícese del tallo y la planta que crecen en espiral.

volumen m. **1.** Espacio y medida del espacio ocupado por un cuerpo. **2.** Cuerpo material de un libro. **3.** Intensidad de los sonidos o de la voz.

voluntad f. **1.** Capacidad de determinarse a hacer o no hacer algo. **2.** Energía con la que se ejerce esta facultad: *tener ~.* **3.** Deseo, aquello que se quiere: *respetar la ~ de alguien.*

voluntario, ria adj. **1.** Que nace de la propia voluntad. ◆ m. y f. **2.** Persona que se presta voluntariamente a hacer algo.

voluptuoso, sa adj. Que inspira o expresa placer.

voluta f. ARQ. Adorno en figura de espiral que forma los ángulos de los capiteles jónicos y compuestos.

volver tr. y prnl. **1.** Dar la vuelta, cambiar de sentido o dirección. **2.** Cambiar o hacer que alguien o algo cambie de estado. ◆ intr. y prnl. **3.** Regresar al lugar del que se salió. ◆ intr. **4.** Repetirse un suceso, situación, etc.

vomitar tr. Arrojar por la boca lo contenido en el estómago.

vorágine f. **1.** Remolino fuerte de las aguas. **2.** Pasión desenfrenada.

voraz adj. **1.** Que come mucho y con avidez. **2.** Que consume con rapidez: *incendio ~.*

vos pron. pers. masc. y fem. de 2a. persona pl. **1.** Antigua forma de tratamiento. **2.** *Amér.* Tú.

voseo m. Empleo hispanoamericano de *vos* por *tú.*

vosotros, tras pron. pers. de 2a. persona pl. Funciona como sujeto o como complemento con preposición.

votar tr. e intr. Dar uno su voto o decir su dictamen.

voto m. **1.** Opinión de cada persona en orden a una elección. **2.** Derecho a votar: *no tener ni voz ni ~.* **3.** Promesa religiosa.

voz f. **1.** Sonido emitido por el hombre y los animales. **2.** Manera de expresarse una colectividad: *la voz de la conciencia.* **3.** Grito. **4.** Derecho a opinar. **5.** Palabra, vocablo. **6.** LING. Forma que toma el verbo según la acción sea realizada o sufrida por el sujeto: *voz activa; voz pasiva.*

vudú m. Culto muy difundido entre los negros de las Antillas y de los estados del sur de Estados Unidos.

vuelco m. Acción y efecto de volcar.

vuelo m. **1.** Acción y efecto de volar. **2.** Desplazamiento en el aire de diversos animales, por medio de alas. **3.** Espacio que de una vez se recorre volando. **4.** Amplitud de un vestido.

vuelta f. **1.** Movimiento circular completo de un cuerpo alrededor de un punto o sobre sí mismo. **2.** Paseo: *dar una ~.* **3.** Regreso, retorno. **4.** Repetición. **5.** Dinero sobrante que se devuelve al pagar algo.

vuelto m. *Amér.* Cambio, dinero sobrante de un pago.

vuestro, tra adj. pos./pron. pos. Indica posesión de o pertenencia a la 2a. persona del pl.

vulcanismo m. Conjunto de manifestaciones volcánicas.

vulcanización f. Operación que consiste en mejorar el caucho, tratándolo con azufre.

vulcanizadora f. *Méx.* Negocio en el que se arreglan llantas de coche.

V

vulcanizar tr. Combinar azufre con caucho para hacerlo más impermeable y duradero.

vulcanología f. Estudio de los volcanes y de los fenómenos volcánicos.

vulcanólogo, ga m. y f. Especialista en vulcanología.

vulgar adj. **1.** Relativo al vulgo. **2.** Común o general, por oposición a científico o técnico. **3.** Impropio de personas cultas y educadas: *modales vulgares.*

vulgarismo m. Palabra o frase propia de la lengua popular.

vulgo m. Estrato inferior de la población.

vulnerable adj. Que puede dañarse con facilidad.

vulnerar tr. **1.** Causar daño a alguien. **2.** Quebrantar una ley.

vulva f. Parte externa del aparato genital de las hembras de los mamíferos, que constituye la abertura de la vagina.

W

w f. Vigésima cuarta letra del abecedario, llamada *uve doble*.

wat m. Nombre del vatio en la nomenclatura internacional.

wáter m. Retrete.

waterpolo m. Deporte acuático que juegan dos equipos y que consiste en introducir un balón en la portería contraria.

watt m. Wat*.

weber m. Unidad de medida de flujo magnético en el Sistema Internacional.

whisky m. Licor obtenido por la fermentación de cereales.

wolframio m. Volframio*.

won m. Unidad monetaria de Corea.

X

x f. **1.** Vigésima quinta letra del abecedario. **2.** MAT. Signo de la incógnita.

xenofobia f. Odio hacia los extranjeros.

xenón m. Gas inerte, incoloro e inodoro.

xerocopia f. Copia obtenida por xerografía.

xerófilo, la adj. BOT. Dícese de las plantas que viven en medios secos.

xerografía f. Procedimiento electrostático para imprimir en seco.

xilófono m. Instrumento musical de percusión, compuesto de láminas de madera o metal.

xilografía f. Arte de grabar en madera e impresión así obtenida.

xocoyote m. *Méx.* Benjamín, último de los hijos de una familia.

xoxalero, ra m. y f. *Méx.* Hechicero, brujo.

A
B.
C
D
E
F
G
H
I
J
K
L
M
N
Ñ
O
P
Q
R
S
T
U
V
W
X
Y
Z

y f. **1.** Vigésima sexta letra del abecedario. ◆ conj. **2.** Une palabras, sintagmas u oraciones con la misma función.

ya adv. **1.** Expresa el tiempo pasado: *ya se ha hablado de esto.* **2.** Indica el tiempo presente pero con relación al pasado: *era rico, pero ya es pobre.* **3.** En tiempo u ocasión futura: *ya nos veremos.* ◆ conj. **4.** Indica que cada una de varias alternativas conduce a la misma consecuencia: *ya con gozo, ya con dolor.*

yabuna f. *Cuba.* Hierba gramínea muy abundante en las sabanas.

yac m. Yak*.

yacaré m. *Argent., Bol. y Par.* Reptil parecido al cocodrilo pero de menor tamaño.

yacer intr. **1.** Estar echado o tendido. **2.** Estar enterrado.

yacimiento m. Acumulación natural de minerales, rocas o fósiles.

yagua f. **1.** *Colomb. y Venez.* Planta palmácea. **2.** *Cuba y P. Rico.* Tejido fibroso que envuelve la parte más tierna de ciertas palmas.

yagual m. *Amér. Central y Méx.* Objeto con forma de rosca o rueda que se pone sobre la cabeza para llevar pesos.

yaguané adj./m. **1.** *Argent., Par. y Urug.* Vacuno o caballar con el pescuezo y los costillares de distinto color al del resto del cuerpo. ◆ m. **2.** *Amér.* Mofeta, zorrillo.

yaguar m. Jaguar*.

yaguareté m. *Argent., Par. y Urug.* Jaguar.

yaguasa f. *Cuba y Hond.* Ave acuática similar al pato salvaje.

yak m. Bóvido asiático de gran tamaño, de pelo lanoso.

■ ENC. Los tibetanos utilizan al **yak** para cargar fardos. También aprovechan su leche, su carne y su piel.

yanqui adj./m. y f. Estadounidense, norteamericano.

yantar tr. Antiguamente, comer.

yapa f. *Amér. Central y Amér. Merid.* Propina, añadidura.

yarará f. *Amér. Merid.* Serpiente venenosa, de unos 150 cm de longitud, de color pardo claro con dibujos más oscuros, cuya mordedura puede ser mortal.

yaraví m. *Bol. y Perú.* Canto melancólico de origen inca.

yarda f. Medida inglesa de longitud equivalente a 91.4 cm.

yareta f. *Amér. Merid.* Planta que crece en los páramos andinos.

yataí o **yatay** m. *Argent., Par. y Urug.* Planta de cuyos frutos se obtiene aguardiente y las ye-

mas terminales son utilizadas como alimento para el ganado.

yate m. Embarcación de recreo, de vela o a motor.

yayo, ya m. y f. *Fam.* Abuelo.

ye f. Nombre de la letra *y.*

yedra f. Hiedra*.

yegua f. **1.** Hembra del caballo. **2.** *Amér. Central.* Colilla de cigarro. ◆ adj. **3.** *Amér. Central. y P. Rico.* Estúpido, tonto.

yeguarizo, za adj./m. y f. *Argent.* Relativo al caballo.

yeísmo m. Pronunciación de la *ll* como *y.*

yelmo m. Parte de la armadura que cubría la cabeza y la cara.

yema f. **1.** Parte central, de color amarillo, del huevo de los animales. **2.** Dulce de azúcar y yema de huevo. **3.** Parte del dedo opuesta a la uña. **4.** BOT. Brote que aparece en el tallo de las plantas.

yen m. Unidad monetaria de Japón.

yerba f. **1.** Hierba*. **2.** *R. de la Plata.* Producto industrializado, elaborado a partir de la planta yerba mate, que se consume en infusión. ● ~ **mate** (*Argent., Par. y Urug.*), planta de hojas lampiñas y aserradas, fruto en drupa roja y flores blancas.

yerbatero, ra adj. **1.** *R. de la Plata.* Relativo a la yerba mate o a su industria. ◆ adj./m. y f. **2.** *Chile, Colomb., Ecuad., Méx., P. Rico. y Venez.* Dícese del médico o curandero que cura con hierbas. ◆ m. y f. **3.** *Chile, Colomb., Ecuad., Méx., P. Rico. y Venez.* Vendedor de hierbas de forraje. **4.** *R. de la Plata.* Persona que se dedica al cultivo, industrialización o venta de la yerba mate.

yerbero, ra m. y f. **1.** *Méx.* Curandero. ◆ f. **2.** *Argent. y Par.* Conjunto de dos recipientes para la yerba y el azúcar con que se prepara el mate.

yermo, ma adj. **1.** Despoblado. ◆ adj./m. **2.** Dícese del campo erial.

yerno m. Respecto de una persona, marido de su hija.

yerra f. *R. de la Plata.* Acción de marcar con el hierro el ganado.

yerro m. Falta o equivocación.

yerto, ta adj. Tieso, rígido.

yesca f. Materia muy seca en la que prende cualquier chispa.

yeso m. Sulfato de calcio que se emplea en escultura, construcción, etc.

yeta f. *Argent. y Urug.* Desgracia, mala suerte.

yeyuno m. Parte del intestino delgado a continuación del duodeno.

yo pron. pers. masc. y fem. de 1a. persona sing. **1.** Funciona como sujeto. ◆ m. FILOS. **2.** Sujeto pensante.

yodo m. Cuerpo simple no metálico de color gris negruzco.

yoga m. Disciplina espiritual y corporal hindú destinada a alcanzar la perfección del espíritu a través de técnicas de concentración mental.

yogur m. Producto lácteo preparado con leche fermentada.

yola f. Embarcación estrecha y ligera, movida a remo y vela.

yóquey o **yoqui** m. Jockey*.

yoyo m. Juguete consistente en un disco acanalado al que se hace subir y bajar a lo largo de un hilo atado a su eje.

yuan m. Unidad monetaria de China.

yuca f. Planta con cuya raíz se elabora una harina alimenticia.

yudo m. Judo*.

yugo m. Instrumento de madera al cual se enganchan dos animales de tiro.

yugoslavo, va adj./m. y f. De Yugoslavia.

yugular tr. Degollar.

yugular adj. ANAT. **1.** Relativo al cuello. ◆ f. **2.** Una de las grandes venas del cuello.

yunque m. **1.** Bloque de hierro acerado sobre el que se forjan los metales. **2.** ANAT. Segundo huesecillo del oído medio.

yunta f. Par de bueyes o mulas que sirven en la labor del campo.

yurumí m. Amér. Merid. Tipo de oso hormiguero.

yuxtaponer tr. y prnl. Poner una cosa junto a otra.

yuxtaposición f. Unión de oraciones sin utilizar un nexo.

yuyero, ra adj. **1.** Argent. Aficionado a las hierbas medicinales. **2.** Argent. Dícese del curandero que las aplica.

yuyo m. **1.** Amér. Merid. Hierba. ◆ pl. **2.** Colomb. y Ecuad. Conjunto de hierbas que sirven de condimento. **3.** Perú. Conjunto de hierbas tiernas comestibles.

A
B
C
D
E
F
G
H
I
J
K
L
M
N
Ñ
O
P
Q
R
S
T
U
V
W
X
Y
Z

z f. Vigésima séptima letra del abecedario.

zabordar intr. MAR. Varar un barco en tierra.

zacate m. **1.** *Amér. Central* y *Méx.* Hierba, pasto, forraje. **2.** *Méx.* Estropajo.

zafado, da adj./m. y f. **1.** *Argent.* Atrevido, descarado. **2.** *Méx.* Loco, chiflado.

zafarrancho m. **1.** Disposición de una parte de la embarcación, para determinada faena. **2.** *Fam.* Riña o pelea.

zafarse prnl. **1.** Escaparse, esconderse. **2.** Excusarse de hacer algo. **3.** *Amér.* Dislocarse un hueso.

zafio, fia adj. Tosco, inculto o grosero en los modales.

zafiro m. Piedra preciosa de color azul.

zafra f. **1.** Vasija grande de metal, con tapadera, para almacenar aceite. **2.** Cosecha y fabricación de la caña de azúcar.

zaga f. **1.** Parte de atrás de una cosa. **2.** DEP. Defensa de un equipo.

zagal, la m. y f. Joven que ha llegado a la adolescencia.

zaguán m. Pieza cubierta, inmediata a la entrada de un edificio.

zaherir tr. Reprender con humillación o malos tratos.

zahón m. Prenda que llevan los cazadores y gente de campo para resguardar el traje.

zahúrda f. **1.** Pocilga para cerdos. **2.** Vivienda sucia y miserable.

zaino, na adj. **1.** Traidor, falso. **2.** Dícese de la caballería de pelaje castaño oscuro. **3.** Dícese de la res vacuna de color negro.

zaire m. Unidad monetaria de Zaire.

zalamería f. Halago, demostración de cariño exagerada.

zamarra f. Chaleco hecho de piel con su lana o pelo.

zamarro m. **1.** Zamarra. ◆ pl. **2.** *Colomb., Ecuad.* y *Venez.* Especie de zahón para montar.

zambo, ba adj./m. y f. **1.** Que tiene torcidas las piernas hacia afuera y juntas las rodillas. **2.** *Amér.* Dícese del hijo de negro e india o viceversa. ◆ f. **3.** *Amér. Merid.* Danza popular que se baila en pareja suelta y con revuelo de pañuelos.

zambomba f. Instrumento musical popular que produce un sonido fuerte y áspero.

zambullir tr. y prnl. Meter de golpe algo debajo del agua.

zambutir tr. *Méx.* Introducir, meter, hundir.

zampabollos m. y f. *Fam.* Persona glotona.

zampar tr. **1.** Meter bruscamente una cosa en un líquido o en un sitio. ◆ intr. y prnl. **2.** Comer de prisa y con exageración.

zampoña f. Instrumento musical rústico a modo de flauta o gaita.

zamuro m. *Colomb.* y *Venez.* Zopilote.

zanahoria f. **1.** Planta herbácea cultivada por su raíz comestible. **2.** Raíz de esta planta.

zanate m. *C. Rica, Guat., Hond., Méx.* y *Nicar.* Pájaro de plumaje negro que se alimenta de semillas.

zancada f. Paso largo.

zancadilla f. Acción de cruzar uno su pierna por entre las de otro para hacerle perder el equilibrio y caer.

zanco m. Cada uno de los dos palos altos, con soportes para los pies, sobre los que se anda en algunos juegos.

zancón, na adj. *Colomb., Guat., Méx.* y *Venez.* Dícese del traje demasiado corto.

zancudo, da adj./f. **1.** Dícese del ave de largas patas. ◆ m. **2.** *Amér.* Mosquito.

zángano, na m. **1.** Abeja macho. ◆ m. y f. *Fam.* **2.** Persona holgazana que vive del trabajo de otras.

zanguango, ga m. y f. *Amér. Merid.* Persona que se comporta de manera estúpida y torpe.

zanja f. **1.** Excavación larga y estrecha que se hace en la tierra. **2.** *Amér. Central* y *Amér. Merid.* Surco que abre en la tierra la corriente de un arroyo.

zanjar tr. **1.** Abrir zanjas. **2.** Resolver un asunto o problema.

zanjón m. *Chile.* Precipicio, despeñadero.

zapa f. **1.** Especie de pala que usan los zapadores. **2.** Excavación de una galería subterránea o de una zanja al descubierto.

zapador m. Soldado que se ocupa de abrir trincheras.

zapallo m. **1.** *Amér. Merid.* Calabacera. **2.** *Amér. Merid.* Fruto de esta planta.

zapata f. **1.** Calzado que llega a media pierna. **2.** Pieza del sistema de freno de algunos vehículos.

zapatear tr. Dar golpes en el suelo con los pies calzados.

zapatero, ra m. y f. Persona que hace o vende zapatos.

zapatilla f. **1.** Zapato cómodo para estar en casa. **2.** Calzado deportivo.

zapato m. Calzado que no pasa del tobillo.

zapote m. Árbol americano cuyo fruto, esférico y blando, es comestible y de sabor muy dulce.

zar m. Título que se daba al emperador de Rusia y a los soberanos de Bulgaria y Serbia.

zarandear tr. y prnl. **1.** Mover a alguien o algo de un lado a otro con rapidez y energía. **2.** *Chile, Perú, P. Rico* y *Venez.* Contonearse.

zarcillo m. **1.** Pendiente en forma de aro. **2.** BOT. Hoja o brote en forma de filamento voluble.

zarigüeya f. Mamífero marsupial parecido a la rata.

zarina f. Emperatriz de Rusia.

zarpa f. Mano con dedos y uñas afiladas de ciertos animales.

zarpar tr. **1.** Levar anclas. ◆ intr. **2.** Partir un barco de un lugar.

zarrapastroso, sa adj./m. y f. *Fam.* De aspecto andrajoso.

zarza f. Planta espinosa de frutos en drupas.

zarzamora f. **1.** Fruto de la zarza. **2.** Zarza.

zarzaparrilla f. Planta arbustiva, de tallo voluble y espinoso, de la que se obtiene la bebida refrescante homónima.

zarzuela f. **1.** Obra dramática española, en la que alternan los fragmentos hablados y los cantados. **2.** Plato con varias clases de pescado condimentado con una salsa especial.

zascandil m. *Fam.* Hombre informal y entrometido.

zedilla f. Cedilla*.

zéjel m. Estrofa derivada de la moaxaja.

zepelín m. Globo dirigible.

zeta f. Nombre de la letra z.

zeugma m. LING. Figura que consiste en no repetir en dos o más enunciados un término expresado en uno de ellos.

zigoto m. Cigoto*.

zigzag m. Línea formada por segmentos que forman alternativamente ángulos entrantes y salientes.

zinc m. Cinc*.

zíper m. *Méx.* Cremallera.

zipizape m. *Fam.* Riña, discusión.

zloty m. Unidad monetaria de Polonia.

zócalo m. **1.** Cuerpo inferior de un edificio, que sirve para elevar los basamentos a un mismo nivel. **2.** Banda que se coloca en la pared a ras de suelo.

zoco m. En los países árabes, mercado.

zodiaco o **zodíaco** m. ASTRON. Zona de la esfera celeste en la que se desplazan los principales planetas del sistema solar, y que está dividida en doce partes llamadas signos del zodíaco.

zombi m. Según el vudú, cadáver desenterrado y revivido.

zompopo m. *Amér. Central.* Hormiga de cabeza grande, que se alimenta de hojas.

zona f. **1.** Extensión o superficie cuyos límites están determinados. **2.** Parte de una cosa. **3.** Cada una de las divisiones de la Tierra determinadas por los trópicos y los círculos polares.

zoncera f. **1.** *Amér.* Comportamiento tonto. **2.** *Argent.* Dicho, hecho u objeto de poco o ningún valor.

zonda m. *Argent.* Viento cálido y seco proveniente del oeste, que sopla en el área de la cor-

dillera y alcanza particular intensidad en la región de Cuyo.

zoo m. Abreviatura de *parque zoológico.*

zoófago, ga adj./m. y f. Que se alimenta de materias animales.

zoología f. Rama de las ciencias naturales que estudia los animales.

zoológico, ca adj. Relativo a la zoología. ● **Parque ~**, establecimiento acondicionado para que vivan en él animales salvajes, a fin de exponerlos al público.

zootecnia f. Ciencia de la producción de los animales domésticos.

zopenco, ca adj./m. y f. *Fam.* Muy torpe, tonto, bruto.

zopilote m. *C. Rica, Guat., Hond., Méx.* y *Nicar.* Ave de color negro parecida al buitre.

zoquete adj./m. y f. *Fam.* **1.** Torpe, tardo para entender. ◆ m. **2.** Trozo de madera que sobra al labrar un madero.

zorra f. **1.** Hembra del zorro. **2.** *Fam.* Ramera, prostituta.

zorrillo o **zorrino** m. *Amér.* Mofeta.

zorro m. Mamífero carnívoro de cola tupida y hocico puntiagudo.

zorzal m. Ave de formas esbeltas y canto melodioso.

zote adj./m. y f. Torpe e ignorante.

zozobrar intr. **1.** Naufragar una embarcación. **2.** Fracasar un proyecto.

zueco m. **1.** Zapato de madera de una sola pieza. **2.** Zapato de cuero con suela de madera o de corcho.

zulo m. Escondite, generalmente subterráneo.

zulú adj./m. y f. De cierto pueblo de raza negra que habita en África austral.

zumbar intr. Producir un sonido continuado y bronco.

zumbido m. Acción y efecto de zumbar.

zumo m. Líquido que se extrae exprimiendo frutas.

zurcir tr. Coser la rotura o desgaste de una tela.

zurdo, da adj./m. y f. Que usa la mano o el pie izquierdos para hacer lo que, en general, se hace con la derecha o el derecho.

zurra f. **1.** Acción de zurrar las pieles. **2.** *Fam.* Paliza, tunda.

zurrar tr. **1.** Golpear a una persona o animal. **2.** Curtir las pieles.

zurriago m. Látigo que se emplea para golpear.

zurrón m. Talego para llevar la caza o provisiones.

zutano, na m. y f. Una persona cualquiera, en correlación con *fulano* o *mengano.*

FORMACIÓN DE PALABRAS

I DERIVACIÓN

La **derivación** es un mecanismo que permite crear una palabra nueva, un **derivado**, a partir de una palabra ya existente, por el procedimiento de añadirle un **afijo**, un elemento que puede entrar a formar parte de distintos términos, a los que modifica en su significado y/o en su categoría gramatical. Así podemos construir los derivados *crueldad* y *soledad* a partir de las palabras *cruel* y *solo* si añadimos a ambos el afijo *-dad*.

Los afijos se caracterizan por no ser palabras y no aparecer sueltos; sólo los encontramos unidos a una raíz formando algún derivado. Forman un conjunto limitado (un total de 200 o 300 elementos en cada lengua). Se clasifican según su posición respecto a la raíz:

prefijos, se colocan delante de la raíz: *re + coger, super + interesante,*
sufijos, van detrás de la raíz: *jardin + ero, gener + al,*
infijos, aparecen en medio de la raíz. La infijación no es un procedimiento habitual en español. Algunos autores consideran que se puede hablar de infijos en algunos casos de sufijación apreciativa: *lej + it + os.*

Es posible llevar a cabo varias derivaciones sucesivas sobre una misma palabra. Así, por ejemplo, tomando una raíz como base, es decir, un elemento primitivo, que no es divisible en unidades significativas más pequeñas, se puede construir un derivado añadiendo un afijo: *nación* más el sufijo *-al* produce *nacional*. Pero también es posible derivar elementos ya derivados: con *nacional* como base, añadiendo el afijo *-ismo* conseguimos *nacionalismo*.

Una **familia de palabras** es el conjunto de todas las palabras derivadas de una misma raíz. Por ejemplo, *empapelar, papelería, papelera, papelón, papeleo, papeleta, papelista,* pertenecen a la misma familia, puesto que todas son derivadas de *papel*.

PREFIJACIÓN

La **prefijación** es el procedimiento por el cual construimos un derivado al añadir un prefijo a una palabra ya existente.

Podemos clasificar los derivados por prefijación en función del significado que añaden los prefijos:

1) **Prefijos de negación**. La palabra derivada significa lo contrario que la base: *deportivo > antideportivo, preocupación > despreocupación.*

2) Prefijos locativos. Los prefijos usados para crear derivados de este grupo indican conceptos referentes al espacio, posición y localización del elemento base: *sala > antesala, volar > sobrevolar.*

3) Prefijos temporales. Crean derivados que añaden significados temporales a la base: *anoche > anteanoche, guerra > posguerra.*

4) Prefijos de cantidad y tamaño. Constituyen el grupo de prefijos más productivo: *semanal > bisemanal, copiar > multicopiar.*

5) Prefijos de intensificación. Se utilizan para producir un efecto de exageración: *millonario > archimillonario, flexible > extraflexible.*

Muchas veces es difícil distinguir entre composición y prefijación. Hay dos tipos de casos dudosos:

a) Prefijoides: son elementos que en latín o griego eran raíces y que ahora aparecen en formas cultas o técnicas: *tele-, radio-,* etc. Puesto que no son palabras, no aparecen nunca sueltas y es habitual considerarlos prefijos.

b) Preposiciones y **adverbios** como *sobre* o *mal* pueden aparecer como primer elemento de ciertas palabras: *malcarado, sobremesa.* Es posible considerar que no se trata de la misma unidad, que hay una preposición *sobre* y un prefijo *sobre-* por separado, o por el contrario, que estas palabras son compuestos.

SUFIJACIÓN

APRECIATIVA

Hay un gran número de sufijos que alteran el significado de la palabra a la que se añaden, pero sin cambiar su categoría gramatical. Se suelen dividir en:

diminutivos,	transmiten idea de pequeñez: *casita, cuentecillo,*
aumentativos,	implican amplia dimensión: *señorona, golazo.*

Estos elementos tienen como significado básico un cambio de tamaño: una *mesita* es más pequeña que una *mesaza*. Pero se utilizan muy frecuentemente en español de un modo subjetivo o emocional, añadiendo significados valorativos, matices cariñosos o despectivos: *lueguito* no puede ser un *luego* pequeño, un *raterillo* y un *ladronazo* pueden medir exactamente lo mismo.

Suele decirse que los diminutivos están valorados positivamente y que los aumentativos suelen ser peyorativos. Pero tanto diminutivos como aumentativos pueden interpretarse de los dos modos:

diminutivo y peyorativo,	reyezuelo, discursejo,
diminutivo y positivo,	amorcito, cerquita,
aumentativo y peyorativo,	calzonazos, tiparraco,
aumentativo y positivo,	golazo, machote.

Por último encontramos sufijos que solamente aportan valoraciones subjetivas. Son los que implican desagrado o ridiculez, sin marcar diferencias de tamaño y frecuentemente con un matiz irónico:

peyorativos,   gentuza, señoringa, vivales, intelectualoide.

Hay palabras de nuestra lengua que se formaron en su día como diminutivos o aumentativos y que contienen sufijos apreciativos, pero que en este momento han dejado de significar tamaño o valoración. Son palabras que no podemos deducir de la raíz y el sufijo que contienen: bombilla, horquilla, colilla, sillín, zapatilla, camarote.

NO APRECIATIVA

El proceso de añadir sufijos no apreciativos a distintas bases tiene como resultado palabras derivadas con significados muy variados.

Nombres derivados por sufijación

Son aquellos nombres que se forman al añadir un sufijo a otras palabras. Podemos clasificarlos según el cambio de significado que supone ese sufijo, que dependerá tanto de la palabra primitiva como de cada sufijo en particular.

1) Nombres derivados de otros nombres

Predominan los significados relacionados con la colectividad, situación y designación profesionales:

- A partir de frutos derivamos los árboles o plantas que los producen: limón > limonero.
- Y también los lugares de cultivo: café > cafetal.
- Designamos acción repentina o golpe producido por el instrumento designado por la base: pata > patada.
- Si la base refiere a un ser animado, podemos indicar sus acciones peculiares: chiquillo > chiquillada.
- Formaciones que designan grupos políticos y culturales: fascista > fascismo.
- También añaden el significado de 'grupo o colectividad de': estudiante > estudiantado.
- Denominaciones de oficios y cargos, a veces combinados con lugares: virrey > virreinato, peluca > peluquero.
- También aportan el significado de lugar de venta o manufactura de la base y el receptáculo de objetos concretos: pollo > pollería, moneda > monedero.
- Con algunas bases animadas, indica el lugar de trabajo del profesional que designa: panadero > panadería.
- También crean nombres de cualidad que representan la abstracción de la base: brujo > brujería.

2) *Nombres derivados de adjetivos*

En general, suelen indicar la cualidad inherente al adjetivo base: *bello > belleza.*

3) *Nombres derivados de verbos*

- Indican la acción y el efecto del verbo base: *afeitar > afeitado.*
- También suelen nombrar al agente, a quien lleva a cabo la acción del verbo base: *fabricar > fabricante.*
- Y en algunos casos, el material que se usa para el proceso o que resulta de él: *embalar > embalaje.*
- Con verbos base que significan 'realizar algún sonido' podemos derivar el sonido en cuestión: *silbar > silbido.*

Adjetivos derivados por sufijación

Son los adjetivos resultantes de añadir un sufijo a otra palabra. Los clasificaremos, también, según sea la palabra base y según el cambio de significado que pueda suponer el sufijo.

1) *Adjetivos derivados de otros adjetivos*

Destacan los que indican:

- Matizaciones de la cualidad expresada por el adjetivo base: *verde > verdoso.*
- El grado máximo de una cualidad: *delicado > delicadísimo.*

2) *Adjetivos derivados de nombres*

Suelen expresar una cualidad inherente del nombre base, es decir: *labor > laboral* y, en consecuencia *laboral* significa 'relacionado con la labor' o 'propio de la labor'; *espacio > espacial.*

3) *Adjetivos derivados de verbos*

Pueden significar:

- Susceptible de recibir la acción del verbo base: *comer > comestible.* Aptitud para recibir la acción del verbo: *quebrar > quebradizo.*
- La cualidad de llevar a cabo la acción del verbo base habitual o frecuentemente: *conciliar > conciliador.*

4) *Adjetivos derivados de adverbios*

No es posible derivar adjetivos de adverbios en -*mente*, pero sí a partir de otros tipos de adverbios: *lejos > lejano.*

Verbos derivados por sufijación

1) *Verbos derivados de adjetivos*

Significan:

- El principio del proceso que lleva a la consecución de la cualidad que expresa el adjetivo base: *pálido > palidecer.*

- El mismo tipo de proceso que el grupo anterior, pero sin matiz incoativo: *simple* > *simplificar*.

2) *Verbos derivados de nombres*

Se pueden clasificar por su significado según:

- Signifiquen la acción que lleva a cabo típicamente el nombre base: *relámpago* > *relampaguear*.
- La acción que tiene como efecto el nombre base. Pueden incluir connotaciones iterativas: *gol* > *golear*.

3) *Verbos derivados de otros verbos*

Suelen tener, además de otros matices, algunos valores apreciativos:

- Pueden tener significados diminutivos frecuentativos: *morder* > *mordisquear*.
- Frecuentativos aumentativos: *tirar* > *tirotear*.
- Frecuentativos peyorativos: *pintar* > *pintarrajear*.

Adverbios derivados por sufijación

La manera morfológica más productiva de crear adverbios es a partir de adjetivos a los que se añade el sufijo -*mente*, con el significado de 'modo y manera' que expresa el adjetivo: *ligero* > *ligeramente*.

PARASÍNTESIS

Llamamos **parasíntesis** al proceso de formación de palabras que une **prefijación** y **sufijación**. No deben confundirse los parasintéticos con elementos resultado de una doble derivación: *desorganizar* contiene un prefijo *des-* y un sufijo -*izar*, pero se han añadido a la raíz sucesivamente, primero se deriva *organizar* y luego, sobre esta base, se forma *desorganizar*. Hablaremos de parasintéticos sólo cuando no haya estadios intermedios de este tipo, cuando prefijo y sufijo hayan tenido que añadirse al mismo tiempo: *acaramelar* es un parasintético porque no existe ni *caramelar ni *acaramelo.

Hay un par de formaciones parasintéticas productivas en español:

- Generar verbos a partir de nombres o de adjetivos, añadiendo al mismo tiempo un prefijo *a-* o *en-* y un sufijo -*izar*, -*ificar* o -*ecer* (o simplemente una terminación verbal de la primera conjugación -*ar*): *trampa* > *entrampar*, *pavor* > *empavorecer*, *vinagre* > *avinagrar*, *viejo* > *envejecer*, *luna* > *alunizar*.
- También es frecuente formar adjetivos a partir de nombres añadiéndoles el prefijo *a-* y el sufijo -*ado*: *canal* > *acanalado*, *naranja* > *anaranjado*, *caramelo* > *acaramelado*.

RETRODERIVACIÓN

Se llama **retroderivación** o **derivación regresiva** al proceso que tiene como resultado una palabra derivada con un número inferior de sílabas o de sonidos que el de la base: *deteriorar* > *deterioro*, *recortar* > *recorte*.

II COMPOSICIÓN

La **composición** es el procedimiento que permite crear una palabra nueva, un **compuesto**, al combinar dos palabras ya existentes en la lengua, dos raíces: *vanagloria, cieloraso.*

También son posibles en español compuestos formados a partir de más de dos palabras, en ocasiones resultado de la transformación de frases enteras en una sola palabra: *enhorabuena, correveidile, hazmerreír, tentempié.* Algunos elementos que en este momento funcionan como prefijos o sufijos son de hecho raíces latinas o griegas y algunos autores explican las palabras que forman como compuestos: *agorafobia, dactilógrafo, piscifactoría.*

Los elementos que más frecuentemente se combinan para crear palabras compuestas en español son:

verbo + nombre = nombre:
lavaplatos, rompecabezas
adjetivo + adjetivo = adjetivo:
agridulce, claroscuro
nombre + nombre = nombre:
compraventa, carricoche
nombre + adjetivo = adjetivo:
boquiabierto, pelirrojo
nombre + adjetivo = nombre:
bancarrota, hierbabuena
preposición + nombre = nombre:
sobremesa, contratiempo
preposición + verbo = verbo:
sobreponer, contradecir
adverbio + verbo = verbo:
malcasar, maldecir
adverbio + adjetivo = adjetivo:
malcontento, bienamado

III ACRONIMIA

Los **acrónimos** son palabras formadas a partir de siglas, de las letras iniciales de los títulos o frases, que se pronuncian como si se tratara de palabras normales de la lengua. En algunos casos hemos olvidado su origen, lo que significaba cada letra: *UNICEF (United Nations International Children's Emergency Fund).* A veces nuestra lengua toma acrónimos ya formados en otras lenguas y ni siquiera somos conscientes de que lo son: *radar (RAdio Detection And Ranging), laser (Light Amplification by Stimulated Emission of Radiation), BASIC (Beginner's All-purpose Symbolic Instruction Code).* También es posible adoptar acrónimos de otra lengua traduciéndolos: *SIDA (Síndrome de InmunoDeficiencia Adquirida),* del inglés *AIDS (Acquired Immune Deficiency Syndrome).*

Algunos acrónimos se pueden pronunciar directamente, del mismo modo en que leeríamos una palabra cualquiera, aunque puedan resultar algo extraños fonéticamente: *OVNI*; otros los pronunciamos enunciando el nombre de cada letra: *DDT (dedeté), LP (elepé)*.

También llaman acrónimos algunos autores a palabras formadas, no ya a partir de la inicial de otras, sino a partir de una sílaba o una parte de éstas: *motel < mo*[tor] + [ho]*tel*.

IV ACORTAMIENTOS

Son frecuentes, aunque no muy regulares, los nuevos términos resultado de acortar, de eliminar una parte del nombre base. Algunos están limitados a usos familiares o coloquiales: *película > peli, profesor > profe*. Pero otros están fijados y se utilizan en cualquier registro: *automóvil > auto*.

V PRÉSTAMOS

Otra manera de crear palabras en una lengua es tomar términos de otras lenguas. Así podemos usar el nombre que tienen las nuevas realidades en su comunidad de origen: *fútbol* es un préstamo del inglés *(football)*, frente al término propio del español *balompié*. Aunque no haya objetos nuevos que nombrar, a veces se toma una palabra de una lengua de prestigio, de moda, en lugar de la palabra española.

Esta obra se terminó de imprimir en agosto de 1998 en
Cía. Editorial Ultra, S. A. de C. V., Centeno 162,
Col. Granjas Esmeralda, México 09810, D. F.

La edición consta de 60 000 ejemplares